밑줄 쫙 감정평가 관계법론 上

밑줄 쫙 감정평가 관계법론 上

발행일	2020년 10월 29일			
지은이	배명호			
펴낸이	손형국			
펴낸곳	(주)북랩			
편집인	선일영	편집	정두철, 윤성아, 최승헌, 이예지, 최예원	
디자인	이현수, 한수희, 김민하, 김윤주, 허지혜	제작	박기성, 황동현, 구성우, 권태련	
마케팅	김회란, 박진관, 장은별			
출판등록	2004. 12. 1(제2012-000051호)			
주소	서울특별시 금천구 가산디지털 1로 168, 우림라이온스밸리 B동 B113~114호, C동 B101호			
홈페이지	www.book.co.kr			
전화번호	(02)2026-5777	팩스	(02)2026-5747	

ISBN   979-11-6539-443-1 14360 (종이책)   979-11-6539-444-8 15360 (전자책)
       979-11-6539-455-4 14360 (세트)

이 도서의 국립중앙도서관 출판예정도서목록(CIP)은 서지정보유통지원시스템 홈페이지(http://seoji.nl.go.kr)와
국가자료공동목록시스템(http://www.nl.go.kr/kolisnet)에서 이용하실 수 있습니다.
(CIP제어번호: CIP2020045359)

2021년
감정평가사
제1차 시험 대비
최신판

배명호 지음

밑줄 쫙

감정평가 관계법론 上

최신 법령까지 반영한 가장 정확한 이론서

북랩 book Lab

머리말

우리나라에서 감정평가 관계법규의 효시는 아마도 공·사법의 분류를 넘어서 1973. 12. 31. 제정(법률 제2663호, 시행 1974. 4. 1.)된 「감정평가에 관한 법률」일 것입니다. 동법은 제2조 정의규정에서 "감정평가"라 함은 동산·부동산 기타 재산의 경제적 가치를 판정하여 그 결과를 가액으로 표시하는 것이라 하였습니다. 동법은 다원화된 지가체계를 일원화하는 차원에서 정부입법으로 1989년 「지가공시 및 토지등의 평가에 관한 법률」이 제정되었고, 그 이후 진동 끝에 이른바 '감정평가 선진화 3법'의 일환으로 2016년 「감정평가법」(이하 약칭)이 제정되었습니다.

한편, 「감정평가법」 제14조 제4항 및 같은 법 시행령 제9조 제1항 [별표1]에서는 감정평가 관계법규로 9개 법률(국토계획법, 건축법, 공간정보관리법 중 지적에 관한 규정, 국유재산법, 도시정비법, 부동산등기법, 감정평가법, 부동산가격공시법, 동산채권담보법)만을 정하고 있지만, 학문적인 의미에서 "감정평가 관계법규"란 주로 부동산의 가치평가와 관련된 법학을 의미합니다. 그러나 감정평가 관계법규는 그 전신이 "부동산관계법규"이었고, 출제경향도 "토지공법학" 측면에서 출제되어 왔습니다. 이는 현실적인 제약으로 동 과목에는 법률을 9개로 정하고 있을 뿐이지만, 이밖에도 중요한 감정평가 관계법규로 「도시개발법」, 「주택법」, 「농지법」, 「산지관리법」, 「택지개발촉진법」, 「한국감정원법」 등 이루 말할 수 없는 많은 관계법이 있습니다. 이 책의 구성을 부동산공법이 아니라 감정평가와 관련된 법규라는 제목의 체계에 맞추어, ① 「감정평가법」, ② 「부동산가격공시법」, ③ 「국토계획법」, ④ 「건축법」, ⑤ 「도시정비법」, ⑥ 「국유재산법」, ⑦ 「공간정보관리법」 중 지적에 관한 규정, ⑧ 「부동산등기법」, ⑨ 「동산채권담보법」의 순서로 하였습니다. 이들 9개 법률의 법(약 825조), 시행령(약 819조), 시행규칙(약 341조) 모두 약 1,985조문이라 적지 않은 양이라 할 수 있습니다. 따라서 감정평가사 1차 수험생 입장에서 밑줄을 넣었습니다.

한편, 감정평가 관계법규에서의 동 법률들은 토목·건축공학이라는 공학적 측면에서 접근이 아니고, 법학이론에 바탕을 두고 법률의 제정취지와 연혁, 학설 및 판례와 법제처 법령해석 사례의 검토에 이르기까지 이론과 실무를 통한 법학 과목으로서의 법리에 주목하였습니다. 따라서 부동산가치평가의 법적 근거로서의 법학 과목으로 이해할 수 있습니다. 그리고 감정평가사 1차 시험과목으로 감정평가 관계법규라는 과목은 감정평가업무를 하는 데 필요한 공·사법적 기초지식 측면에서 이들을 염두한 것이 입법자의 의중일 것입니다. 그러나 곤란하게도 이들 법규는 민법학이나 행정법학에 대한 선행 학습이 있은 후 공부를 한다면 이해에 더욱 도움이 되리라 생각하지만, 1차 시험과목인 민법(총칙·물권법)의 공부만으로 감정평가 관계법규를 이해하기에는 수험생의 고충이 클 것으로 생각됩니다. 부동산사법의 이해 측면에서 「민법총칙」·「물권법」이 시험과목임에도 다시 감정평가 관계법규 과목 내에 「부동산등기법」 및 「동산채권담보법」이 들어와 있고, 공·사법이 혼용되어 있으며, 그 밖에 「감정평가법」, 「부동산가격공시법」이라는 감정평가실무와 관련된 법률이 있어서 아마도 이론서가 부족하다는 생각이 들었습니다. 이해하기 쉽고 단권의 책을 만들어 수험생의 수고를 들어주는 것이 집필의도이지만, 현실적으로 9개 법령의 조문수가 많음으로 인하여 책의 분량이 부담을 주는 것은 아닌지 우려를 감출 수 없습니다. 필자가 분석한 기출경향은 법령조문을 중심으로 출제되었는 바 이들의 법령을 이해하기 위한 수단으로 법리와 판례를 공부하여 주시기를 바랍니다.

아울러 졸저가 출간되기까지 지도와 조언을 아끼지 않으신 필자의 은사이신 경북대 법학전문대학원 신봉기 교수님, 기꺼이 교정에 도움을 준 경북대 법학전문대학원 황헌순 박사과정님, 출간의 동기를 불어넣은 제일감정평가법인 장희재 대구경북지사장님을 비롯한 임·직원, 불효자를 늘 기다리시는 경북 성주에 계시는 아버님, 나쁜 남편과 아빠를 응원하는 아내와 아이들(珉胄·素緣·祉炫), 그 밖에 모든 분들께 감사의 마음을 올립니다.

2020년 10월 대구 수성3가롯데캐슬에서

배명호

5

※ 법률약어

가등기담보법: 가등기담보 등에 관한 법률
감정평가법: 감정평가 및 감정평가사에 관한 법률
건축물분양법: 건축물의 분양에 관한 법률
국토계획법: 국토의 계획 및 이용에 관한 법률
공공기관운영법: 공공기관의 운영에 관한 법률
공원녹지법: 도시공원 및 녹지 등에 관한 법률
감칙: 감정평가에 관한 규칙
개발이익법: 개발이익환수에 관한 법률
개발제한구역법: 개발제한구역의 지정 및 관리에 관한 특별조치법
공간정보관리법: 공간정보의 구축 및 관리 등에 관한 법률
공유수면법: 공유수면 관리 및 매립에 관한 법률
공유재산법: 공유재산 및 물품 관리법
공특법: 공공용지의 취득 및 손실보상에 관한 특례법
도시정비법: 도시 및 주거환경정비법
도시재정비특별법: 도시재정비 촉진을 위한 특별법
도시재생법: 도시재생 활성화 및 지원에 관한 특별법
동산·채권 등의 담보에 관한 법률: 동산채권담보법
부감법: 부동산 가격공시 및 감정평가에 관한 법률
부동산가격공시법: 부동산 가격공시에 관한 법률
부동산거래신고법: 부동산 거래신고 등에 관한 법률
부특법: 부동산 투기 억제에 관한 특별조치세법
소규모주택정비법: 소규모주택 정비에 관한 특례법
산림자원법: 산림자원의 조성 및 관리에 관한 법률
산업입지법: 산업입지 및 개발에 관한 법률
제주도특별법: 제주특별자치도 설치 및 국제자유도시 조성을 위한 특별법
재건축이익법: 재건축 초과이익환수에 관한 법률
재난기본법: 재난 및 안전관리 기본법
주촉법: 주택건설촉진법
지역개발법: 지역 개발 및 지원에 관한 법률
집합건물법: 집합건물의 소유 및 관리에 관한 법률
청탁금지법: 부정청탁 및 금품등 수수의 금지에 관한 법률
토지보상법: 공익사업을 위한 토지 등의 취득 및 보상에 관한 법률
특정동산 저당법: 자동차 등 특정동산 저당법
행정기관위원회법: 행정기관 소속 위원회의 설치·운영에 관한 법률

목 차

제 **1** 편

감정평가 및 감정평가사에 관한 법률

제1장 총설

I. 「감정평가법」의 의의[1]

당초 「지가공시및토지등의평가에관한법률」(이하 '지가공시법'이라 한다)상 **감정평가사**제도의 도입목적은 두 가지였다. 첫 번째는 토지평가 체계를 갖추기 위해서라고 한다. 즉 매년 전국 토지 중 표준지를 선정하여 그에 대하여 적정한 가격을 감정평가하여 공시함으로써 토지평가에 있어서 일원적인 기준을 마련하는 것이었다. 두 번째는 토지평가체계의 효율화이다. 그 전에는 토지평가사와 공인감정사가 각각 토지 등 가격을 평가하고 있었는데 그로 인한 혼란이 적지 않았다. **감정평가사**제도의 신설은 토지의 감정평가에 대한 전문자격제도를 도입함으로써 기존의 평가업무 자격자를 일원화하고, 전문가를 양성하여 감정평가업의 정상화를 이루려는 목적이 있었다.[2] 즉 도입취지가 지가공시제도와 양자격제도의 일원화에 있었다.

그 후 이러한 도입취지는 다음으로 변색되었다. 2016. 1. 19. 제정·공포된 이른바 감정평가 선진화 3법(이하 '감정평가 3법' 이라 한다)은, ① 감정평가의 객관성·공정성 강화를 위한 「감정평가 및 **감정평가사**에 관한 법률」(이하 '감정평가법'이라 한다)의 제정, ② 부동산 공시가격의 적정성·효율성 개선을 위한 「부동산 가격공시에 관한 법률」(이하 '부동산가격공시법'이라 한다)의 전면개정, ③ 공공기관 기능조정을 위해 「한국감정원법」의 제정을 말한다.[3]

위 3법 중 「감정평가법」은 부동산 가격공시에 관한 사항은 따로 떼어내어 「부동산가격공시법」과 분리되고, 감정평가 및 **감정평가사** 제도와 국민의 재산권 보호를 목적으로 제정되었다(법 제1조). 첫 번째로, 감정평가 및 **감정평가사**의 제도에 관한 사항으로 "감정평가"라 함은 「감정평가법」 제2조에 따르면 토지등의 경제적 가치를 판정하여 그 결과를 가액(價額)으로 표시하는 것이다. 따라서 감정평가는 경제적 가치로 표시 가능한 모든 물건을 그 대상으로 한다. "토지등"이란 토지 및 그 정착물, 동산, 그 밖에 **대통령령**으로 정하는 재산[1. 저작권·산업재산권[4]·어업권·광업권 및 그 밖의 물권에 준하는 권리, 2. 「공장 및 광업재단 저당법」에 따른 공장재단과 광업재단, 3. 「입목에 관한 법률」에 따른

---

1) 2020. 4. 7. 개정으로 2020. 7. 8.부터 시행되는 법률 제17219호를 기준으로 하였다.
2) 김광수, "감정평가제도와 헌법상 재산권 보장", 토지공법연구 제74집, 2016, 57면.
3) 국토교통부, "부동산 가격 조사·평가, 지금부터 달라집니다.", 「보도자료」, 부동산평가과, 2016.8.31, 1면.
4) 산업재산권이란 저작권과 함께 지적재산권을 구성하는 재산권으로 특허권·실용신안권·의장권·상표권(특실의상)을 말한다. 종래 공업재산권의 바뀐 이름이다.

입목, 4. 자동차·건설기계·선박·항공기 등 관계 법령에 따라 등기하거나 등록하는 재산, 5. 유가증권(영 제2조)]과 이들에 관한 소유권 외의 권리를 말한다(법 제2조 제1호). 그리고 「감정평가법」 제2장에서 감정평가 일반에 관한 사항들을 별도로 규정하고 있다는 점이 특징이다. "**감정평가사**"는 "**감정평가법인등**"에 해당하는데, 여기서 감정평가업이란 타인의 의뢰에 따라 일정한 보수를 받고 토지등의 감정평가를 업(業)으로 행하는 것을 말하고(법 제2조 제3호), **감정평가법인등**이란 법 제21조에 따라 신고를 한 **감정평가사**와 법 제29조에 따라 인가를 받은 **감정평가법인**을 말한다(법 제2조 제4호).

두 번째, 감정평가제도는 감정평가 자체의 의미부여보다는 감정평가제도의 확립으로 국민의 재산권을 보호한다는 점이 숨어 있는 제도적 취지이다. 「감정평가법」의 내용에는 감정평가기준과 **감정평가사** 자격제도에 관한 것이 명시되어 있을 뿐 국민의 재산권을 보호하는 규정이 눈에 띄지 않는 것으로 보인다. 그러나 감정평가기준 및 **감정평가사**제도 자체의 규율만으로도 국민의 재산권은 보장된다.

II. 「감정평가법」의 연혁

1. 「감정평가법」의 제정 이전

가. 「국토이용관리법」 및 「감정평가에관한법률」의 제정

(1) 「감정평가법」의 연혁을 말할 때 제2편 「부동산가격공시법」의 연혁과 구분하여 설명하기는 쉽지 않다. 왜냐하면 **감정평가사** 제도도입은 부동산가격공시 제도 도입의 목적이기도 하였다.

「감정평가법」의 전신이라 할 수 있는 「감정평가에관한법률」 제정(1973. 12. 31.) 꼭 1년 전, 건설부는 1972. 12. 30. 「국토이용관리법」을 제정(시행 1973. 3. 31. 법률 제2408호) 하면서, **대통령령**으로 정하는 지역에 대하여는 표준지공시지가의 모태라 할 수 있는 기준지가를 고시하도록 하고, 지가평가를 위하여 토지평가사를 두도록 하였다.[5] 즉, 토지평가사 제도도입의 목적은 기준지가의 조사·평가 등을 위한 것이다. 「국토이용관리법」 제29조 제1항에 따르면 건설부장관은 지가의 적정한 유지와 토지이용의 증진을 도모하기 위하여 지가를 조사·평가하여 이를 기준지가로 고시할 수 있도록 하였다. 같은 법 제29조의2 제1항에 따르면 기준지가의 조사·평가와 기준지가가 고시된 지역 안에서 매수 또는 수용할 토지 기타 권리의 평가를 위해 건설부장관의 면허를 받은 토지평가사를 두도록 하였다.

(2) 이러한 「국토이용관리법」에 의한 토지평가사에 대한 기준지가의 조사·평가업무 위탁제도 도입 1년 후, 재무부는 재산의 감정평가에 관하여 필요한 사항을 규정하여 그 경제적 가치를 정확하게 평가하기 위하여 1973. 12. 31. 「감정평가에관한법률」을 제정(시행 1974. 4. 1. 법률 제2663호)하였다. 공인감정사제도의 도입 없이, 1969년 이미 「국유재산의 현물출자에 관한 법률」에 의한 정부출자기관으로 한국감정원을 설립하였고,[6] 그 이후 공인감정사제도를 신설하여 자격취득요건과 결격사유 및 등록

---

5) 법제처 제정이유 참조.

에 관한 사항을 규정하였다(감정평가에관한법률 제3조). 이에 따라 감정업을 영위하고자 하는 법인(감정회사)은 자본금 5억원 이상으로서 100인 이상의 공인감정사를 고용하고 재무부장관의 인가를 받도록 하였는데(같은 법 제6조), 그 당시 국가경제규모에서 자본금 액수나 고용요건으로 비추어볼 때 이러한 제한은 법 제정 당시 감정업을 영위하고 있었던 감정회사의 기득권을 보호하고자 하는 취지일 것이다(부칙 제3조). 한편, 같은 법에서 '감정업자'라 함은 법 제5조의 규정에 의한 등록을 한 공인감정사와 법 제6조의 규정에 의한 인가를 받은 법인으로 구분하였고(같은 법 제2조 제3호), 감정업자의 업무는 동산·부동산 기타 **대통령령**이 정하는 재산의 감정평가로 하되 감정회사가 아닌 감정업자의 업무범위는 따로 정하도록 하였다(같은 법 제10조). 국가기관 등이 감정의뢰하거나, 금융기관 등이 대출 또는 재산재평가를 위하여 감정을 필요로 할 때에는 감정회사에 의뢰하는 것을 원칙으로 하였다(같은 법 제13조). 등록한 공인감정사와 인가 받은 법인을 감정업자라 하고, 법 제10조 제1항에서 감정업자의 업무범위를 정하고 제2항에서 감정회사가 아닌 감정업자가 행할 수 있는 업무범위는 시행령 제38조에 위임하여 제한을 두어, 실질적으로 법 제6조에 의한 인가 받은 법인(감정회사)만을 위한 법률이었다. 「감정평가에관한법률」의 제정 목적은 현행 「감정평가법」의 제정 목적과 같이 감정평가 및 공인감정사 제도에 관한 것을 규율할 목직으로 하였다.

(3) 전술한 「국토이용관리법」 제29조의2 제1항의 기준지가의 조사·평가와 기준지가가 고시된 지역 안에서 매수 또는 수용할 토지 기타 권리의 평가를 위해 건설부장관의 면허를 받은 토지평가사를 둔다는 규정을 둘러씨고 갈등이 발생하였다. 재무부는 공인감정사의 주관부처로서 공인감정사는 감정에 관한 일반적인 자격이기 때문에 기준지가 고시지역 안에서의 감정업무도 당연히 할 수 있다고 해석하였다. 그러나 건설부는 기준지가를 고시한 지역 안에서는 토지평가사만이 감정업무를 행할 수 있다고 보았다. 이에 대하여 대법원은 "「국토이용관리법」 제29조의2 제1항에 기준지가의 조사·평가와 기준지가가 고시된 지역내에서 매수 또는 수용 할 토지 기타 권리를 평가하기 위하여 토지평가사를 둔다고 규정되어 있다하여, 법원이 소송사건을 심리할 필요에 의하여 토지의 평가를 명할 경우에도 그 평가의 대상이 된 토지가 기준지가 고시지역 내에 들어있는 경우에는 반드시 토지평가사로 하여금 평가시켜야 하고, 「감정평가에관한법률」이 정하는 공인감정사에 의한 감정평가는 배제되어야 한다고 볼 수 없고, 그 규정에 관한 소론과 같은 행정관청의 법률해석에 법원이 구속받아야 할 이유도 없다."고[7] 판시하여, 「국토이용관리법」의 기준지가 고시지역 내에서 토지평가사 이외에 공인감정사도 토지가격을 평가할 수 있다고 하여, 재무부의 유권해석에 손을 들어 주었다. 위 판례는 당시 토지평가사에 대한 일반인들의 불만을 반영하는 측면도 있었다. 즉, 토지평가사는 건설부의 입장만을 반영하여 평가하기 때문에 신뢰할 수 없다고 비판받았다. 이와 같은 논란을 해소하고 토지정책의 일관성과 효율성을 증진시키기 위하여 제도 개선이 필요하였다. 즉, 제도 개선의 목표는 첫 번째가 전국적으로 통일적이고 객관적인 토지가격을 산정하고 이를 공시할 수 있는 체계를 갖추는 것이며, 두 번째는 이런 제도를 뒷받침할

---

6) 한국감정원 홈페이지, 회사소개/http://www.kab.co.kr/kab/home/introduce/setup_history.jsp
7) 대법원 1984. 1. 24. 선고 82누415 판결.

수 있는 <u>전문자격자 제도</u>를 마련하여 활용하는 것이다.[8]

나. 「지가공시법」의 제정

(1) 1988년 6월 건설부는 공고 제76호로 「지가공시에관한법률」(안)을 입법예고 하였다. 동 법률안은 「<u>지가공시법</u>」의 입법에 큰 전환점이 되었고, 입법과정에 대체로 건설부의 주장이 크게 반영되었다고 볼 수 있다. 여기에는 다음과 같은 몇 가지 요인이 작용하였다. 첫 번째, 당시 사회문제로 제기되던 부동산 투기 및 지가폭등을 해결하기 위하여 관련입법의 정비가 절실하였는데, 이로 인하여 토지정책을 주관하는 <u>건설부가 주도권</u>을 쥘 수 있는 유리한 위치에 있었다. 즉, 공인감정사가 감정에 관한 일반적인 자격제도라고 볼 수도 있었으나 토지평가가 사회적으로 가장 중요한 업무로 인정되고, 토지평가를 중심으로 자격제도가 일원화되는 계기를 맞았다는 것이다. 두 번째로, 당시 <u>토지평가 업무</u>는 건설부의 업무 가운데 중요한 부분을 차지하였으며, 토지평가사의 상당수가 건설부의 퇴직공무원으로 충원되고 있던 점에서 건설부에서 보다 더 이해관계에 민감하게 반응할 수 있는 조건이 형성되었다. 이에 비해 공인감정사는 대출물건에 대한 담보가액 감정이라는 특성상 재무부 공무원들의 직접적인 관심대상이 아니었다. 세 번째로 건설부는 국토의 개발과 관련하여 그간 상당한 업무경험과 지식 및 정보축적이 이루어져 있었기 때문에 지가산정과 관련된 문제를 어떻게 풀 것인가라는 문제에 대하여 독자적인 비전과 역량을 갖추고 있었다는 점이다. 따라서 입법과정의 우여곡절에도 불구하고 결국에는 <u>건설부가 주도권</u>을 쥐게 되었다. 마지막으로 입법과정에서 <u>건설부가 내세운 논리가 설득력</u>이 있었다는 점이다. 건설부는 토지평가에 대한 공익성·전문성 그리고 독립성을 주장하며 **감정평가사**와 **감정평가법인**의 설립을 법안에 담았다. 이러한 주장은 그간의 토지평가사의 업무방법이나 행태와는 별개로 새로운 전문자격제도로서의 **감정평가사**의 업무행태에 대한 제안으로 향후 감정평가업계를 활성화시키는 계기를 만들었다고 평가하기도 한다.[9]

(2) 당시 우리나라 지가의 조사·평가체계는 건설부의 「국토이용관리법」에 의한 <u>기준지가</u>, 내무부의 「지방세법」에 의한 <u>과세시가표준액</u>, 국세청의 <u>기준시가</u>, 재무부의 「감정평가에관한법률」에 의한 <u>감정시가</u> 등으로 각 부처의 사용목적과 기능에 따라 다양한 형태로 되어 있어 정부에서 조사·발표하는 지가에 대하여 국민의 신뢰도가 저하되고, 토지정책과 제도발전의 준거기준이 되는데 미흡한 실정이었다. 이에 따라 1989. 4. 1. 정부입법으로 정부가 매년 단일지가를 조사·평가 및 공시하고 지가체계를 정비하여 관계기관이 이를 공동으로 활용할 수 있도록 공시지가제도를 도입하는 「지가공시법」을 제정(법률 제4120호, 시행 1989. 7. 1.) 하였다. 매년 전국의 토지 중에서 표준지를 선정하고 이에 대한 적정가격을 조사·평가 및 공시하여 각 관련기관에서 토지를 평가할 때에 이를 기준으로 하도록 함으로써 <u>다원화되어 있는 토지평가체계를 일원화</u>하였다. 그리고 <u>토지평가사와 공인감정사로 이원화</u>되어 있

---

8) 김광수, "감정평가제도와 헌법상 재산권 보장", 60면.
9) 김광수, "감정평가제도와 헌법상 재산권 보장", 61면.

는 제도는 그 업무의 본질이 감정평가라는 점에서는 근본적으로 같은 업무라고 할 수 있으나 그 근거 법률과 소관부처가 달라 오랫동안 양 자격제도의 통합 필요성이 제기되어 **감정평가사**로 일원화함으로써 토지·건물·동산 등에 대한 감정평가제도를 효율화하려는 것이다.10)

(3) 이렇게 제정된 「지가공시법」 제2장 지가의 공시는 日本 「地價公示法」의 영향을 받았다. 「지가공시법」에 의한 지가공시제도는 「국토이용관리법」상의 기준지가를 모태로 한 것이며, 표준지공시지가의 조사·평가 및 공시권자를 건설부장관으로 함으로써 근간 조사·평가 및 공시주체의 논란의 계기가 되었다.11) 폐지된 「감정평가에관한법률」의 제3장에서 **감정평가사**·감정평가업으로 규정하였다.

(4) 그 후, 2005. 1. 14. 「지가공시법」은 전면개정(시행 2005.1.14. 법률 제7335호) 하면서 법률 제목을 「부동산 가격공시 및 감정평가에 관한 법률」(이하 '부감법'이라 한다)로 하였다. 세부담의 형평성을 제고하기 위하여 주택에 대한 토지·건물 통합 과세의 부동산 보유세제 개편에 따라 토지와 건물의 적정가격을 통합 평가하여 공시하는 주택가격공시제도를 도입하였다(법 제16조 및 제17조).

2. 감정평가 3법의 제·개정12)

당초 정부안으로 2011. 04. 12. 「부감법」 일부 개정 법률안을 제안하였지만 18대 국회 임기만료로 폐기되었다. 이와 같은 정부입법의 시도는 다음과 같은 「부감법」 전면 또는 일부개정에 대한 제·개정의 발단이 되었다. 당초 정부안 이후 ① 안홍준의원 등 10인, ② 이노근의원 등 10인, ③ 신기남의원 등 10인, ④ 이노근의원 등 12인, ⑤ 부좌현의원 등 11인이 국회에 발의되었으나 2015. 12월 제337회 국회(정기회) 제8차 국토교통위원회(2015. 12. 4)는 위 5건의 법률안을 심사한 결과 이를 본회의에 부의하지 않기로 하고, 「국회법」 제51조에 따라 위원회 대안으로 제안 하였고, 동 대안은 2015. 12. 28. 국회본회의 심의를 거쳐 원안가결 되어 2016. 1. 19. 공포되었다. 따라서 같은 날 「부감법」 전면개정 (시행 2016. 9. 1. 법률 제13796호)으로, 「감정평가법」 및 「부동산가격공시법」으로 분리되고, 「한국감정원법」이 제정되었다.

① 「감정평가법」은 그 제정 이유에서 **감정평가사**제도는 1989년 도입되어 2012년까지 3,800여 명의 합격자를 배출하는 등 안정적인 전문자격자 제도로 확립되었다. 그러나 변호사·공인회계사·변리사 등과 달리 별도의 근거 법률이 없고 부동산가격공시제도와 함께 하나의 법률에 규정되어 있어 **감정평가사**제도가 부동산가격공시업무에 한정되는 것으로 오해될 수 있는 여지가 있다. 이에 **감정평가사** 제도를 별도의 법률로 제정하여 **감정평가사**제도를 발전시킴과 동시에 감정평가의 신뢰성과 공정성제고에

---

10) 주요 내용으로 ① 건설부장관은 매년 표준지를 선정, 공시기준일 현재 조사·평가 및 공시하며, ② 국가·지방자치단체 등이 공공용지의 매수 및 토지수용에 대한 보상, 국·공유토지의 취득 또는 처분 등을 위하여 표준지의 공시지가를 기준으로 하고, ③ 표준지의 선정·관리 및 조정, 감정평가준칙 등을 심의하기 위하여 건설부에 토지평가위원회를 두도록 하며, ④ 건설부장관이 **감정평가사**의 자격을 부여하고, ⑤ **감정평가법인등**의 사무소의 개설등록 및 법인의 설립인가에 관한 요건·절차 등을 주요 내용으로 한다.

11) 국토교통부 해명자료, "표준지공시지가는 법적으로 국토부가 최종 결정·공시하는 주체입니다.", 2019. 1. 5.

12) 기타 상세한 내용은 협회 주최의 2015. 11. 20(금) 제9회 한·일 보상세미나 발표 논문자료 참조.

기여하고자 함이다.

　② 「부동산가격공시법」은 전면개정이유에서 현행 「부감법」은 부동산 가격공시로 적정가격을 공시하여 부동산을 평가하고 산정하는 기준이 되고 있는 업무의 영역이다. 그러나 **감정평가사** 및 **감정평가사**의 업무에 관한 사항과 함께 규정되어 있어 일반 국민에게는 부동산가격공시업무가 감정평가업자의 업무로 인식되고 있다. 이에 **감정평가사** 관련 규정을 분리하여 별도의 법률(감정평가법)을 제정함으로써 일반 국민의 오해를 없애기 위하여, 감정평가에 관한 사항을 분리하고, 부동산가격공시에 관한 사항만을 제정하였다. 주요 내용으로 지가 변동이 미미한 지역에서 표준지공시지가 조사·평가는 1인의 **감정평가법인등**에게 의뢰할 수 있도록 하고(법 제3조 제5항 단서), 표준주택가격의 조사·산정 및 개별주택가격 검증업무를 한국감정원에 의뢰하며(법 제16조 제4항 및 제17조 제6항), 비주거용 부동산에 대한 가격공시 제도를 도입하였다(제5장).

　③ 「한국감정원법」은 제정이유에서 한국감정원의 설립 근거를 마련하고, 그 업무를 공적 기능 위주로 재편하여 이를 법률에 명시하였다. 동법은 감정평가 관계법규의 시험과목은 아니지만, 실무상 **감정평가법인등** 징계의 준거기준이 되는 타당성조사기관이므로 **감정평가법인등**이 유의해야 할 감정평가관계법률에 속한다.

Ⅲ. 「감정평가법」의 법적 성격 및 체계

　「감정평가법」에는 사법(私法)의 규정들이 많지만, 대부분의 규정들은 **감정평가사**에 관한 제도를 확립하여 공정한 감정평가를 도모함으로써 국민의 재산권을 보호하는 공익을 목적으로 하면서, 법률관계의 한쪽 당사자가 국가 공권력이라는 우월적 지위에 있는 점에서 국내공법이라 할 것이다.

〈표 1〉 「감정평가법」의 구성

제1장 총칙	제18조(등록 및 갱신등록의 거부)	제38조(회원에 대한 교육·연수 등)
제1조(목적)	제19조(등록의 취소)	**제5장 징계**
제2조(정의)	제20조(외국감정평가사)	제39조(징계)
제2장 감정평가	**제4절 권리와 의무**	제40조(감정평가관리·징계위원회)
제3조(기준)	제21조(사무소 개설신고 등)	**제6장 과징금**
제4조(직무)	제22조(사무소의 명칭 등)	제41조(과징금의 부과)
제5조(감정평가의 의뢰)	제23조(수수료 등)	제42조(이의신청)
제6조(감정평가서)	제24조(사무직원)	제43조(과징금 납부기한의 연장과 분
제7조(감정평가서의 심사)	제25조(성실의무 등)	할납부)
제8조(감정평가 타당성조사)	제26조(비밀엄수)	제44조(과징금의 징수와 체납처분)
제9조(감정평가 정보체계의 구축·운	제27조(명의대여 등의 금지)	**제7장 보칙**
용 등)	제28조(손해배상책임)	제45조(청문)
제3장 감정평가사	**제5절 감정평가법인**	제46조(업무의 위탁)
제1절 업무와 자격	제29조(설립 등)	제47조(지도·감독)
제10조(**감정평가법인등**의 업무)	제30조(해산)	제48조(벌칙 적용에서 공무원 의제)

제2장 감정평가

I. 의의

법 제1조의 법문에 충실하자면 이 법은 감정평가 및 **감정평가사**에 관한 제도를 목적으로 한 것이므로 제2장 감정평가 규정은 "**감정평가사**"가 아닌 "감정평가제도" 자체에 관한 규율로 이해하는 것이 입법자의 의도일 것이다. 제2장 제3조 내지 제9조에서는 감정평가<u>기준</u>, 감정평가의<u>뢰</u>, 감정평가서의 <u>심사</u>, 감정평가 타당성조사, <u>정보체계의 구축</u> 등에 관해서 정하고 있다.

II. 감정평가기준

1. 개정 경과

구법(2000. 1. 28. 법률 제6237호로 개정 이전)은 **감정평가법인등**이 토지를 개별적으로 감정평가하는 경우에 당해 토지와 유사한 이용가치를 지닌다고 인정되는 표준지의 공시지가를 기준으로 평가대상토지와 객관적 가치에 영향을 미치는 제요인을 비교하여 평가대상토지의 가격과 표준지의 공시지가가 균형을 유지하도록 감정평가하는 "표준지공시지가기준법"에 따르도록 규정하고 있었다(구법 제9조).

이는 다른 물건에 비하여 토지평가가 사회적으로 중요한 만큼, 가급적 감정평가의 객관성을 유지하기 위한 것이었고, 토지에 대한 담보평가에 있어서도 위와 같은 방법에 따르게 되어 있다(구법 제20조 제1항 제4, 5호). 그리고 위 법 제22조의 위임을 받은 당시의 「감정평가에 관한 규칙」(이하 '감칙'이라 한다)에서도 토지의 평가에 관하여는 "표준지공시지가기준법"에 따르도록 되어 있다(감칙 제17조). 반면 2000. 1. 28. 법률 제6237호로 개정된 법률은 "표준지공시지가기준법"을 원칙으로 하되 담보권의 설정·경매 등 **대통령령**이 정하는 감정평가를 하는 경우에는 당해 토지의 임대료, 조성비용 등을 고려하여 감정평가를 할 수 있다고 개정하였다. 즉, 담보·경매 감정평가에서 표준지공시지가기준법을 주방식으로 거래사례비교법과 수익환원법을 보조방식으로 채택한 것이다.[13] 그 후 「부감법」으로 전면 개정되면서 동 규정은 제21조에 규정하여 오다가, 「감정평가법」으로 분법되면서 제3조에서 규정하게 되었다.

---

13) 법제처 개정이유.

감정평가제도를 운영함에 있어서 감정평가기법을 경직화하는 것이 바람직한가 아니면 유연성이 클수록 옳은가에 대한 논쟁은 계속되어왔다. 감정평가기법을 경직화하면 **감정평가법인등**의 주관적 평가에 따른 감정평가의 편차를 줄일 수 있는 반면, 경우에 따라 적정한 감정평가를 방해하는 장애가 될 수도 있다. 토지의 감정평가는 토지의 시장가격을 보편타당성 있게 예측하고 추정함을 목적으로 하는 것이지 시장가격과 동떨어진 자기만족의 독단적인 가격을 설정함을 목적으로 하는 것이 아니고 감정평가에 관한 학문은 끊임없이 과거를 반성하고 더 보편타당한 감정평가방법을 발견하기 위한 발전을 거듭한다는 점을 참작하면 토지에 대한 감정평가방법을 "표준지공시지가기준법"이라는 단 한 가지 방법으로 한정하였던 구법은 유연하지 못한 것이었다. 「지가공시법」은 지가공시제도에서의 통일성의 요청이 감정평가제도에도 그대로 적용되었기 때문인 것으로 보이는데, 그 후의 개정 법률이 지가공시제도에서는 단일한 평가방법을 유지하면서도 손실보상·담보 목적 등의 경우에는 그 목적을 참작한 조정을 허용한 것도 구법의 합리성에 대한 반성적 고려를 담은 것이다.[14]

2. 토지 감정평가기준

가. 표준지공시지가기준법 원칙

(1) 의의

감정평가법인등이 토지를 감정평가하는 경우에는 그 토지와 이용가치가 비슷하다고 인정되는 「부동산가격공시법」에 따른 <u>표준지공시지가를 기준</u>으로 하여야 한다(법 제3조 제1항 본문). 이를 공시지가기준법이라 하는데(감칙 제14조 제1항), 여기서 공시지가기준법이란 「감정평가법」 제3조 제1항 본문에 따라 대상토지와 가치형성요인이 같거나 비슷하여 유사한 이용가치를 지닌다고 인정되는 표준지의 공시지가를 기준으로 대상토지의 현황에 맞게 시점수정, 지역요인 및 개별요인 비교, 그 밖의 요인의 보정을 거쳐 대상토지의 가액을 산정하는 감정평가방법을 말한다(감칙 제2조 제9호). 공시지가기준법의 적용 순서는 후술하지만 대체로 비교표준지선정과 가격형성요인비교(품등비교)의 순서를 거친다(감칙 제14조 제2항).

(2) 표준지선정과 가격형성요인비교(품등비교)의 법적 문제

판례와 감정원 타당성조사에서 쟁점이 되는 것이 이른바 상대적 유사성론 및 품등비교 적용 법리에[15] 관한 것으로 표준지와 평가대상토지의 용도지역이나 주변환경 등이 다소 상이한 점이 있더라도 이러한 점은 지역요인이나 개별요인의 분석 등 품등비교에서 참작하면 되는 것이지 그러한 표준지선정 자체의 잘못을 별도로 인정할 것인가에 관한 논란이며,[16] 그 밖의 요인보정에 관한 쟁점은 후술하기로 한다.

---

14) 대전고등법원 2006. 8. 23. 선고 2004나1088 판결.
15) 「감칙」이나 「실무기준」에서 사용하는 지역요인 및 개별요인비교라는 용어가 있음에도, 판례는 대법원 1987. 7. 7. 선고 87누45 판결 등에서 부터 '품등비교'라는 용어를 사용하고 있다.

대법원은 비교표준지 선정과 관련하여 "비교표준지는 특별한 사정이 없는 한 도시계획구역 내에서는 용도지역을 우선으로 하고, 도시계획구역 외에서는 현실적 이용상황에 따른 실제 지목을 우선으로 하여 선정하여야 할 것이나, 이러한 토지가 없다면 지목, 용도, 주위환경, 위치 등의 제반 특성을 참작하여 그 자연적, 사회적 조건이 수용대상 토지와 동일 또는 가장 유사한 토지를 선정하여야 한다고(상대적 유사성론)," 판시하였다.[17] 그리고 가격형성요인 비교와 관련하여 "표준지와 수용대상토지의 이용상황이나 주변환경 등에 다소 상이한 점이 있다 하더라도 이러한 점은 지역요인이나 개별요인의 분석 등 품등비교에서 참작하면 되는 것이지, 그러한 표준지의 선정 자체가 잘못된 것으로 단정할 수는 없다(품등비교 적용 법리)."[18]

상기 판례를 종합하면 비교표준지 선정은 평가대상토지 주변 여러 표준지 중에서 상대적으로 유사해야 함을 의미하며, 비교표준지선정 기준은 「감칙」 제14조 제2항이나 「실무기준」에 명시되어 있기 때문에, 특별한 사정없이 용도지역이 다른 토지를 표준지로 선정하는 등 감정평가준칙을 따르지 않을 경우 위법으로 보고 있다. 그리고 표준지 선정이 잘못되어 위법한 이상 품등비교 또는 보상액 산정 시 참작사유의 하나에 불과한 인근유사토지의 정상거래가격만으로 적정손실보상액을 산정할 수 있는 것도 아니다.[19] 즉 표준지 선정의 잘못을 품등비교로 덮을 수는 없다는 것이 판례의 태도이다.

나. 예외

(1) 다만, 적정한 실거래가가 있는 경우에는 이를 기준으로 할 수 있도록 한 단서규정은, 전술한 공시지가기준법 원칙에 대한 예외규정으로 보아야 한다(법 제3조 제1항 단서). 여기서 적정한 실거래가란 「부동산거래신고법」에 따라 신고된 실제 거래가격(이하 '거래가격'이라 한다)으로서, 거래 시점이 도시지역(「국토계획법」 제36조 제1항 제1호에 따른 도시지역을 말한다)은 3년 이내, 그 밖의 지역은 5년 이내인 거래가격 중에서 **감정평가법인등**이 인근지역의 지가수준 등을 고려하여 감정평가의 기준으로 적용하기에 적정하다고 판단하는 거래가격을 말한다(감칙 제2조 제12의2호). 만약 3년 또는 5년 이내의 거래가격이 없다면, 특별한 사유가 있는 경우에는 그 기간을 초과할 수 있도록 하고 있다(실무기준 1.5.3.1 제1항 제3호 단서). 법제처는 개정이유에서 2016. 9. 1. 제정·시행법부터 토지에 대한 감정평가 기준으로 실거래가를 활용할 수 있도록 하였다.

(2) 법문에 충실하자면 공시지가기준법 원칙을 강제하고 있으면서, 이에 더하여 법 제3조 제1항을 위반하거나 아래의 법 제3조 제3항에 따른 감정평가준칙을 위반하여 감정평가를 한 경우, 감정평가관

16) 국토교통부·한국감정원, 감정평가 타당성조사 5개년 사례집, 209~222면.
17) 대법원 2001. 3. 27. 선고 99두7968 판결; 대법원 2009. 9. 10. 선고 2006다64627 판결; 비교표준지 선정에서 상대적 유사성이란 여러 비교표준지 중 가장 유사한 비교표준지를 선정해야 한다는 의미로 이해할 수 있다. 다시 말해 평가대상토지와 절대적으로 유사한 비교표준지를 선정해야 하는 정도가 아닌 평가대상토지 인근에 여러 비교표준지가 있고 평가대상토지와 상대적으로 가장 유사한 비교표준가 있다면 이를 비교표준지로 선정해야 한다는 것이다.
18) 대법원 1993. 8. 27. 선고 93누7068 판결; 대법원 2009. 9. 10. 선고 2006다64627 판결.
19) 대법원 1994. 6. 24. 선고 93누21972 판결.

리·징계위원회의 의결에 따라 자격취소, 등록취소, 2년 이하의 업무정지, 견책의 어느 하나에 해당하는 징계를 할 수 있기 때문에 **감정평가법인등**에게는 다양한 평가기법의 선도적 적용보다는 징계의 위험으로부터 자유로운 보수적 평가기법을 택할 것이다.

3. 담보·경매 등 감정평가와 수익환원법·조성원가법

그리고 토지감정평가의 원칙과 예외 규정(법 제3조 제1항)에도 불구하고 **감정평가법인등**이 「주식회사 등의 외부감사에 관한 법률」에 따른 재무제표 작성 등 기업의 재무제표 작성에 필요한 감정평가와 담보권의 설정·경매 등 **대통령령**으로 정하는 감정평가(법 제10조 제3호·제4호(법원에 계속 중인 소송을 위한 감정평가 중 보상과 관련된 감정평가는 제외한다) 및 제5호에 따른 감정평가(영 제3조)]를 할 때에는 해당 토지의 임대료, 조성비용 등을 고려하여 감정평가를 할 수 있다(법 제3조 제2항). 예외 규정에도 불구하고 실무에서는 공시지가기준법을 많이 적용하고 있다.

4. 위임된 감정평가준칙의 법적 성격

가. 의의

감정평가의 공정성과 합리성을 보장하기 위하여 **감정평가법인등**이 준수하여야 할 세부적인 원칙과 기준은 **국토교통부령**으로 정한다. 같은 항에 따라 위임을 받아 **감정평가법인등**이 감정평가를 할 때 준수하여야 할 원칙과 기준을 정한 것이 「감정평가에 관한 규칙」이다(법 제3조 제3항).[20] 한편, **감정평가법인등**의 징계처분에 관한 조항(법 제39조 제1항 제2호)과 **감정평가법인등**의 설립인가취소·업무정지에 관한 조항(법 제32조 제1항 제5호)에서는 이를 감정평가준칙이라 규정하고 있다. 이의 감정평가준칙은 「감칙」과 「실무기준」을 말한다.

나. 감정평가에 관한 규칙

「감칙」은 **감정평가법인등**이 감정평가를 할 때 준수하여야 할 원칙과 기준을 규정함을 목적으로 「감정평가법」 제3조 제3항의 위임에 따라 부령(**국토교통부령**)의 형식으로 제정되었다(감칙 제1조). 따라서 형식에 있어서는 법규명령에 해당한다. 그러나 그 실질이 법규명령인지 행정규칙인지 논할 필요가 있다.

사견으로 동 「감칙」은 ① 형식에 있어서 부령인 점, ② 감정평가에 관한 전문적·기술적 사항을 법률의 위임(법 제3조 제3항)에 따라 부령에서 정하고 있는 점, ③ 수범자가 「감칙」을 위반할 경우 행정적 책임(법 제32조 제1항 제5호 및 제39조 제1항 제2호)에 그치지 않고, 형사책임(법 제49조 제5호)을 질 수 있다는 점에서 법규의 성질을 가지는 법규명령으로 보아야 하고, 위임명령과 집행명령의 성격을

---

20) **국토교통부령** 제356호로 2016. 8. 31. 일부개정 2016. 9. 1.부터 시행하고 있다.

아울러 가진다. 다만, 「감칙」은 **감정평가법인등**의 업무를 정한 것이므로, 수범자가 **감정평가법인등**에 한정될 뿐이다.

다. 감정평가실무기준

(1) 종래 협회는 1993. 2. 16. 토지보상관계법령의 규정에 의하여 공공사업을 목적으로 취득·수용 또는 사용하는 토지에 대한 손실보상을 위한 평가에 관하여 세부적인 기준과 절차 등을 정할 목적으로 「토지보상평가지침」(이하 '토보침'이라 한다)을 제정하였고, 그 후 14차례 개정·운용하다가, 2011. 8. 12. 감사원 공공사업 보상실태 감사결과 발표에서 「토보침」은 법적 구속력이 없어 이를 위반하더라도 평가결과를 부정하는 데에는 한계가 있다는 지적에 따라,[21] 「감정평가법」 제3조 제3항의 위임을 받은 「감칙」 제28조에 의한 재위임에 따라 감정평가의 구체적인 기준을 정한 것이 「감정평가실무기준」(이하 '실무기준'이라 한다)이다.[22] 「실무기준」은 국토교통부(고시 제2013-620호)에서 고시의 형식으로 2013. 10. 21. 제정하였고, 그 이전 2011. 11. 28. 동 기준 제정을 행정예고하면서, 제정이유로 감정평가업자가 감정평가를 수행할 때 「실무기준」을 준수하도록 권장하여 감정평가의 공정성과 신뢰성을 제고하는 것을 목적으로 한다. 이는 동 「실무기준」의 목적 규정이 되었다. 주요 내용으로는 1. 법령·지침·이론 등 다양한 형태로 산재한 관련 내용들을 망라하여 실무에 적용할 수 있는 종합적·체계적 기준으로 정립하고, 2. 물건별·목적별 평가방법을 구체화하여 다양한 평가 수요에 부응한 전문적 평가기법을 적용할 수 있는 근거를 마련하며, 3. 품질관리제도 도입, 윤리규정 구체화, 감정평가액 결정의 근거자료 제시 의무화 등을 통해 감정평가의 객관성·신뢰성 제고와, 4. 가치기준, 시산가격 조정 등 학문적으로만 논의되던 감정평가기법에 관한 세부적 사항을 실무에 접목시킬 수 있는 토대 마련을 내용으로 하였다.

(2) 「실무기준」은 제정이유 및 목적 조항에서와 같이 감정평가의 구체적인 기준이면서 **감정평가법인등**이 감정평가를 수행할 때 「실무기준」을 준수하도록 권장하고(감칙 제1조) 있어 법규성이 있는지 문제된다. 따라서 이러한 고시 형식의 「실무기준」이 행정규칙에 머무는 것인지, 아니면 법규명령으로 보아야 하는지에 관한 것이다. 판례는 「실무기준」의 법적 성격에 관하여 직접 언급하지는 않았으나 「토보침」이 일반 국민이나 법원을 기속하는 것이 아니라는 판시한 것에[23] 반대해석할 여지도 필요해 보인다. 따라서 「실무기준」의 법규성 여부에 관해서, **사견**으로는 ① 부령의 재위임을 받아 그 위임받은 사항을 정하고 있으며, 위 상위법령과 결합하여 **감정평가법인등**에 대해서는 대외적인 구속력을 갖

---

21) 대법원 2007. 7. 12. 선고 2006두11507 판결에서 협회가 제정한 '토지보상평가지침'의 법적 성질은 협회가 내부적으로 기준을 정한 것에 불과하여 일반 국민이나 법원을 기속하는 것이 아니라고 하였다; 대법원 2010. 3. 25. 선고 2009다97062 판결; 대법원 2014. 6. 12. 선고 2013두4620 판결; 헌재 2006. 7. 27. 2005헌마307 헌재도 같은 취지로 협회가 제정한 토지보상평가지침은 헌법소원의 대상이 되는 공권력의 행사에 해당하지 아니한다고 결정하였다.

22) 2018. 1. 11. 일부개정(시행 2018. 1. 11. 국토교통부고시 제2018-36호)을 기준으로 하였다.

23) 대법원 2014. 6. 12. 선고 2013두4620 판결.

는 법규적 성격을 갖는 것이라 할 수 있으며, 이를 행정규칙 형식의 법규명령이라 할 것이다. 따라서 「실무기준」의 목적 조항에서 정하고 있는 "권장"이라는 행정지도적인 표현은 「실무기준」의 수범자에 대한 구속성에 비추어 옳지 않다. ② 법령에서 감정평가에 관한 전문적·기술적 사항으로서 업무의 성질상 위임이 불가피한 사항에 관하여 구체적으로 범위를 정하여 위임한 경우에 고시 등으로 정할 수 있는데(행정규제기본법 제4조 제2항 단서), 같은 법 제4조 제2항 단서에서 "고시 등"이라 함은 훈령·예규·고시 및 공고를 말한다는(같은 법 시행령 제2조 제2항) 점, ③ 「감칙」에서와 같이 「실무기준」과 같은 감정평가준칙을 수범자가 위반할 경우 행정적 책임에 그치지 않고, 형사책임까지 질 수 있으므로 재판규범으로서의 효력을 지닐 수 있다는 점 등에서 법규적 성질을 가진다 할 것이다. 단지 일반국민이 수범자의 영역에 들어오는 경우는 극히 적을 뿐이고, 감정평가기준을 정한 것이므로 「감칙」과 같이 수범자가 **감정평가법인등**으로 한정될 수밖에 없을 것이다.

Ⅲ. 감칙의 내용[24]

1. 의의

「감칙」의 구체적 내용은 감정평가이론 및 실무에서도 중요시되나, 감정평가 관계법규의 과목에서도 소홀히 할 수 없는 내용이다. 그 이유는 「감칙」은 **감정평가법인등**이 감정평가를 할 때 준수하여야 할 원칙과 기준을 규정함을 목적으로 「감정평가법」 제3조 제3항의 위임에 따라 제정되었기 때문에, **감정평가법인등**이 준수하여야 할 규범이다(감칙 제1조). 후술하겠지만, 「감칙」이 정하고 있는 감정평가 "절차와 방법 등"은 감정평가 타당성조사의 대상이 되고(법 제8조 제1항), 결과에 따라 감정평가관리·징계위원회의 의결이 있게 되면 **감정평가사**는 징계라는 제재적 처분을 받게 된다(법 제39조).[25]

---

24) 2016. 8. 31. 일부개정(시행 2016. 9. 1. **국토교통부령** 제356호); 「감칙」이 감정평가 관계법규의 시험범위 내인가가 논란일 수 있다. 여기서 **법규**란 다의적인 의미로 사용되는데, 최광의로는 <u>法規範一般</u>을, 광의로는 <u>성문의 法令</u>을 의미하나, <u>협의로는 추상적 의미를 가지는 법규범 또는 국민일반의 권리·의무에 관계있는 법규범을 특히 법규</u>라 부른다. 이에 비해 법령은 법률과 명령, 좁은 의미로는 국회에서 제정한 법률과 행정부에서 제정한 명령(**대통령령·총리령·부령**)만을 의미하지만, 넓은 의미로는 지방자치단체의 조례·규칙·대법원규칙·국회규칙 등 각종의 법 형식을 총칭하는 의미로 쓰인다. <u>법규는 광의의 개념에서는 법령과 동의어로 보이고</u>, 「감칙」은 법령에 속하므로 <u>감정평가 관계법규의 시험범위 내로 보인다.</u>

25) 「감칙」은 2016. 8. 31. 일부개정(시행 2016. 9. 1. **국토교통부령** 제356호) 하였고, 제1조(목적), 제2조(정의), 제3조(감정평가법인등의 의무), 제4조(적용범위), 제5조(시장가치기준 원칙), 제6조(현황기준 원칙), 제7조(개별물건기준 원칙 등), 제8조(감정평가의 절차), 제9조(기본적 사항의 확정), 제10조(대상물건의 확인), 제11조(감정평가방식), 제12조(감정평가방법의 적용 및 시산가액 조정), 제13조(감정평가서 작성), 제14조(토지의 감정평가), 제15조(건물의 감정평가), 제16조(토지와 건물의 일괄감정평가), 제17조(산림의 감정평가), 제18조(과수원의 감정평가), 제19조(공장재단 및 광업재단의 감정평가), 제20조(자동차 등의 감정평가), 제21조(동산의 감정평가), 제22조(임대료의 감정평가), 제23조(무형자산의 감정평가), 제24조(유가증권 등의 감정평가), 제25조(소음 등으로 인한 대상물건의 가치 하락분에 대한 감정평가), 제26조(그 밖의 물건의 감정평가), 제27조(조언·정보 등의 제공), 제28조(그 밖의 감정평가 기준), 부칙으로 구성되어 있다.

2. 감정평가법인등의 의무

감정평가법인등은 다음 각 호 1. 자신의 능력으로 업무수행이 불가능하거나 매우 곤란한 경우, 2. 이해관계 등의 이유로 자기가 감정평가하는 것이 타당하지 아니하다고 인정되는 경우의 어느 하나에 해당하는 경우에는 감정평가를 하여서는 아니 된다(감칙 제3조).

3. 적용범위

감정평가법인등은 다른 법령에 특별한 규정이 있는 경우를 제외하고는 이 규칙으로 정하는 바에 따라 감정평가하여야 한다(감칙 제4조).

4. 감정평가의 원칙

가. 시장가치기준 원칙

대상물건에 대한 감정평가액은 시장가치를 기준으로 결정한다(감칙 제5조 제1항). 여기서 "시장가치"란 감정평가의 대상이 되는 토지등(이하 "대상물건"이라 한다)이 통상적인 시장에서 충분한 기간 동안 거래를 위하여 공개된 후 그 대상물건의 내용에 정통한 당사자 사이에 신중하고 자발적인 거래가 있을 경우 성립될 가능성이 가장 높다고 인정되는 대상물건의 가액을 말한다(감칙 제2조 제1호).

감정평가법인등은 「감칙」제5조 제1항에도 불구하고 다음 각 호 1. 법령에 다른 규정이 있는 경우, 2. 감정평가 의뢰인(이하 "의뢰인"이라 한다)이 요청하는 경우, 3. 감정평가의 목적이나 대상물건의 특성에 비추어 사회통념상 필요하다고 인정되는 경우의 어느 하나에 해당하는 경우에는 대상물건의 감정평가액을 시장가치 외의 가치를 기준으로 결정할 수 있다(감칙 제5조 제2항).

감정평가법인등은 「감칙」제5조 제2항에 따라 시장가치 외의 가치를 기준으로 감정평가할 때에는 다음 각 호 1. 해당 시장가치 외의 가치의 성격과 특징, 2. 시장가치 외의 가치를 기준으로 하는 감정평가의 합리성 및 적법성의 사항을 검토하여야 한다. 다만, 제2항 제1호의 경우에는 그러하지 아니하다(감칙 제5조 제3항).

감정평가법인등은 시장가치 외의 가치를 기준으로 하는 감정평가의 합리성 및 적법성이 결여(缺如)되었다고 판단할 때에는 의뢰를 거부하거나 수임(受任)을 철회할 수 있다(감칙 제5조 제4항).

감정평가의뢰 반려의 근거가 「감정평가법」에 규정되어 있지 않고, 다만 하위법령이라 할 수 있는 「실무기준」300 "감정평가 의뢰와 수임", 2 "수임제한 이유", 6호에 따르면 의뢰받은 감정평가 수행에 필요한 인력과 전문성을 보유하지 못한 경우에 수임을 거부할 수 있는 근거를 두고 있다.

나. 현황기준 원칙

감정평가는 기준시점에서의 대상물건의 이용상황(불법적이거나 일시적인 이용은 제외한다) 및 공법상 제한을 받는 상태를 기준으로 한다(감칙 제6조 제1항). 여기서 "기준시점"이란 대상물건의 감정평가액을 결정하는 기준이 되는 날짜를 말한다(감칙 제2조 제2호).

감정평가법인등은 다음 각 호 1. 법령에 다른 규정이 있는 경우, 2. 의뢰인이 요청하는 경우, 3. 감정평가의 목적이나 대상물건의 특성에 비추어 사회통념상 필요하다고 인정되는 경우의 어느 하나에 해당하는 경우에는 기준시점의 가치형성요인 등을 실제와 다르게 가정하거나 특수한 경우로 한정하는 조건(이하 "감정평가조건"이라 한다)을 붙여 감정평가할 수 있다(감칙 제6조 제2항). 여기서 "가치형성요인"이란 대상물건의 경제적 가치에 영향을 미치는 일반요인, 지역요인 및 개별요인 등을 말한다(감칙 제2조 제4호).

감정평가법인등은 감정평가조건을 붙일 때에는 감정평가조건의 합리성, 적법성 및 실현가능성을 검토하여야 한다. 다만, 감칙 제6조 제2항 제1호의 경우에는 그러하지 아니하다(감칙 제6조 제3항). **감정평가법인등**은 감정평가조건의 합리성, 적법성이 결여되거나 사실상 실현 불가능하다고 판단할 때에는 의뢰를 거부하거나 수임을 철회할 수 있다(감칙 제6조 제4항).

다. 개별물건기준 원칙 등

감정평가는 대상물건마다 개별로 하여야 한다(감칙 제7조 제1항). 둘 이상의 대상물건이 일체로 거래되거나 대상물건 상호 간에 용도상 불가분의 관계가 있는 경우에는 일괄하여 감정평가할 수 있다(감칙 제7조 제2항).

하나의 대상물건이라도 가치를 달리하는 부분은 이를 구분하여 감정평가할 수 있다(감칙 제7조 제3항). 일체로 이용되고 있는 대상물건의 일부분에 대하여 감정평가하여야 할 특수한 목적이나 합리적인 이유가 있는 경우에는 그 부분에 대하여 감정평가할 수 있다(감칙 제7조 제4항)

5. 감정평가의 절차

가. 의의

감정평가법인등은 다음 각 호 1. 기본적 사항의 확정, 2. 처리계획 수립, 3. 대상물건 확인, 4. 자료수집 및 정리, 5. 자료검토 및 가치형성요인의 분석, 6. 감정평가방법의 선정 및 적용, 7. 감정평가액의 결정 및 표시의 순서에 따라 감정평가를 하여야 한다. 다만, 합리적이고 능률적인 감정평가를 위하여 필요할 때에는 순서를 조정할 수 있다(감칙 제8조).

나. 기본적 사항의 확정

감정평가법인등은 감정평가를 의뢰받았을 때에는 의뢰인과 협의하여 다음 각 호 1. 의뢰인, 2. 대상물건, 3. 감정평가 목적, 4. 기준시점, 5. 감정평가조건, 6. 기준가치, 여기서 "기준가치"란 감정평가의 기준이 되는 가치를 말한다(법 제2조 제3호). 7. 관련 전문가에 대한 자문 또는 용역(이하 "자문등"이라 한다)에 관한 사항, 8. 수수료 및 실비에 관한 사항을 확정하여야 한다(감칙 제9조 제1항). 기준시점은 대상물건의 가격조사를 완료한 날짜로 한다. 다만, 기준시점을 미리 정하였을 때에는 그 날짜에 가격 조사가 가능한 경우에만 기준시점으로 할 수 있다(감칙 제9조 제2항). **감정평가법인등**은 필요한 경우 관련 전문가에 대한 자문 등을 거쳐 감정평가할 수 있다(감칙 제9조 제3항).

다. 대상물건의 확인

감정평가법인등이 감정평가를 할 때에는 실지조사를 하여 대상물건을 확인하여야 한다(감칙 제10조 제1항). **감정평가법인등**은 제1항에도 불구하고 다음 각 호 1. 천재지변, 전시·사변, 법령에 따른 제한 및 물리적인 접근 곤란 등으로 실지조사가 불가능하거나 매우 곤란한 경우, 2. 유가증권 등 대상물건의 특성상 실지조사가 불가능하거나 불필요한 경우의 어느 하나에 해당하는 경우로서 실지조사를 하지 아니하고도 객관적이고 신뢰할 수 있는 자료를 충분히 확보할 수 있는 경우에는 실지조사를 하지 아니할 수 있다(감칙 제10조 제2항).

라. 감정평가방식

감정평가법인등은 다음 각 호의 감정평가방식에 따라 감정평가를 한다(감칙 제11조). (1) 원가방식은 원가법 및 적산법 등 비용성의 원리에 기초한 감정평가방식을 말한다(감칙 제11조 제1호).[26] (2) 비교방식은 거래사례비교법, 임대사례비교법 등 시장성의 원리에 기초한 감정평가방식 및 공시지가기준법을 말한다(감칙 제11조 제2호).[27] (3) 수익방식은 수익환원법 및 수익분석법 등 수익성의 원리에 기초한 감정평가방식을 말한다(감칙 제11조 제3호).[28]

---

26) 여기서 **"원가법"**이란 대상물건의 재조달원가에 감가수정(減價修正)을 하여 대상물건의 가액을 산정하는 감정평가방법을 말한다(감칙 제2조 제5호). "감가수정"이란 대상물건에 대한 재조달원가를 감액하여야 할 요인이 있는 경우에 물리적 감가, 기능적 감가 또는 경제적 감가 등을 고려하여 그에 해당하는 금액을 재조달원가에서 공제하여 기준시점에 있어서의 대상물건의 가액을 적정화하는 작업을 말한다(감칙 제2조 제12호). "적산법(積算法)"이란 대상물건의 기초가액에 기대이율을 곱하여 산정된 기대수익에 대상물건을 계속하여 임대하는 데에 필요한 경비를 더하여 대상물건의 임대료(사용료를 포함한다)를 산정하는 감정평가방법을 말한다(감칙 제2조 제6호).

27) **"거래사례비교법"**이란 대상물건과 가치형성요인이 같거나 비슷한 물건의 거래사례와 비교하여 대상물건의 현황에 맞게 사정보정(事情補正), 시점수정, 가치형성요인 비교 등의 과정을 거쳐 대상물건의 가액을 산정하는 감정평가방법을 말한다(감칙 제2조 제7호). **"임대사례비교법"**이란 대상물건과 가치형성요인이 같거나 비슷한 물건의 임대사례와 비교하여 대상물건의 현황에 맞게 사정보정, 시점수정, 가치형성요인 비교 등의 과정을 거쳐 대상물건의 임대료를 산정하는 감정평가방법을 말한다(감칙 제2조 제8호).

28) **"수익환원법"**이란 대상물건이 장래 산출할 것으로 기대되는 순수익이나 미래의 현금흐름을 환원하거나 할인하여 대상물건의 가액을 산정하는 감정평가방법을 말한다(법 제2조 제10호). **"수익분석법"**이란 일반기업 경영에 의하여 산출된 총수익을 분석하여 대상물건이 일정한 기간에 산출할 것으로 기대되는 순수익에 대상물건을 계속하여 임대하는 데에 필요한 경비를 더하여 대상물건의 임대료를 산정하는 감정평가방법을 말한다(감칙 제2조 제11호).

마. 감정평가방법의 적용 및 시산가액 조정

감정평가법인등은 「감칙」 제14조부터 제26조까지의 규정에서 대상물건별로 정한 감정평가방법(이하 "주된 방법"이라 한다)을 적용하여 감정평가하여야 한다. 다만, 주된 방법을 적용하는 것이 곤란하거나 부적절한 경우에는 다른 감정평가방법을 적용할 수 있다(감칙 제12조 제1항).

감정평가법인등은 대상물건의 감정평가액을 결정하기 위하여 어느 하나의 감정평가방법을 적용하여 산정(算定)한 가액(이하 "시산가액"이라 한다)을 감칙 제11조 각 호의 감정평가방식 중 다른 감정평가방식에 속하는 하나 이상의 감정평가방법(이 경우 공시지가기준법과 그 밖의 비교방식에 속한 감정평가방법은 서로 다른 감정평가방식에 속한 것으로 본다)으로 산출한 시산가액과 비교하여 합리성을 검토하여야 한다. 다만, 대상물건의 특성 등으로 인하여 다른 감정평가방법을 적용하는 것이 곤란하거나 불필요한 경우에는 그러하지 아니하다(감칙 제12조 제2항).

감정평가법인등은 합리성 검토 결과 산출한 시산가액의 합리성이 없다고 판단되는 경우에는 주된 방법 및 다른 감정평가방법으로 산출한 시산가액을 조정하여 감정평가액을 결정할 수 있다(감칙 제12조 제3항).

바. 감정평가서 작성

감정평가법인등은 법 제6조에 따른 감정평가서를 의뢰인과 이해관계자가 이해할 수 있도록 명확하고 일관성 있게 작성하여야 한다(감칙 제13조 제1항).

감정평가서에는 다음 각 호 1. **감정평가법인등**의 명칭, 2. 의뢰인의 성명 또는 명칭, 3. 대상물건(소재지, 종류, 수량, 그 밖에 필요한 사항), 4. 대상물건 목록의 표시근거, 5. 감정평가 목적, 6. 기준시점, 조사기간 및 감정평가서 작성일, 7. 실지조사를 하지 아니한 경우에는 그 이유, 8. 시장가치 외의 가치를 기준으로 감정평가한 경우에는 제5조 제3항 각 호의 사항. 다만, 같은 조 제2항 제1호의 경우에는 해당 법령을 적는 것으로 갈음할 수 있다. 9. 감정평가조건을 붙인 경우에는 그 이유 및 제6조 제3항의 검토사항. 다만, 같은 조 제2항 제1호의 경우에는 해당 법령을 적는 것으로 갈음할 수 있다. 10. 감정평가액, 11. 감정평가액의 산출근거 및 결정 의견, 12. 전문가의 자문 등을 거쳐 감정평가한 경우 그 자문 등의 내용, 13. 그 밖에 이 규칙이나 다른 법령에 따른 기재사항이 포함되어야 한다(감칙 제13조 제2항).

감칙 제13조 제2항 제11호의 내용에는 다음 각 호 1. 적용한 감정평가방법 및 시산가액 조정 등 감정평가액 결정 과정(감칙 제12조 제1항 단서 또는 제2항 단서에 해당하는 경우 그 이유를 포함한다), 2. 공시지가기준법으로 토지를 감정평가한 경우 비교표준지의 선정 내용, 비교표준지와 대상토지를 비교한 내용 및 그 밖의 요인을 보정한 경우 그 내용, 3. 재조달원가 산정 및 감가수정 등의 내용, 4. 적산법이나 수익환원법으로 감정평가한 경우 기대이율 또는 환원율(할인율)의 산출근거, 5. 일괄감정평가, 구분감정평가 또는 부분감정평가를 한 경우 그 이유, 6. 감정평가액 결정에 참고한 자료가 있는 경우 그 자료의 명칭, 출처와 내용, 7. 대상물건 중 일부를 감정평가에서 제외한 경우 그 이유의 사항을 포함하여야 한다. 다만, 부득이한 경우에는 그 이유를 적고 일부를 포함하지 아니할 수 있다(감칙 제13조 제3항).

감정평가법인등은 감정평가서를 작성할 때에 [별지] 제1호 서식에 따라 작성하되, [별지] 제1호 서식에서 정한 사항 외에 필요한 사항이 있는 경우에는 이를 추가할 수 있다. 다만, **감정평가법인등**이 의뢰인의 요청에 따라 다음 각 호 1. 시장가치 외의 가치를 기준으로 하는 경우, 2. 감정평가조건을 붙인 경우의 어느 하나에 해당하는 방법으로 감정평가를 하는 경우 감정평가서 표지는 [별지] 제2호 서식에 따라야 한다(감칙 제13조 제4항).

감정평가법인등은 **국토교통부장관**이 별도로 정하는 표준서식 또는 의뢰인의 요구에 따른 서식을 사용할 수 있다. 이 경우 「감칙」 제13조 제2항부터 제4항까지의 규정에 따른 기재사항을 적어야 하고, 표지에는 감정평가서라는 제목을 명확하게 적어야 한다(감칙 제13조 제5항).

6. 토지의 감정평가

가. 의의

감정평가법인등은 법 제3조 제1항 본문에 따라 토지를 감정평가할 때에는 공시지가기준법을 주방식으로 적용하고(감칙 제14조 제1항), 일정한 경우 보조방식으로 거래사례비교법이나 수익환원법 및 조성원가법을 적용할 수 있다(감칙 제14조 제3항 및 제4항).

동 규정의 시행은 2016. 9. 1. 「감칙」에서 도입한 것이나, 1989. 12. 21. 제정 「지가공시법」 제9조 제1항과 「감칙」 제17조에서 토지의 평가는 표준지공시지가기준법에 의하도록 하면서 제재적 처분 규정까지는 두지 않았다가, 2007. 4. 27. 「부감법」의 일부를 개정(법률 제8409호, 시행 2007. 7. 28.)하면서 감정평가준칙을 위반하여 감정평가를 한 경우에(법 제38조 제1항 제10호) **감정평가법인**의 설립인가취소 또는 2년간의 업무정지라는 제재적 처분기준을 두었다. 이후 거래사례비교법을 도입하였지만, 감정평가준칙을 위반한 것에 대하여 전술한 제재 이외에도 해당 **감정평가사**에 대하여 징계처분까지 가능하므로, 보조방식을 택하기는 망설일 것이다.

나. 주방식: 공시지가기준법

(1) 의의

감정평가법인등은 공시지가기준법에 따라 토지를 감정평가할 때에 다음 각 호 1. 비교표준지 선정: 인근지역에 있는 표준지 중에서 대상토지와 용도지역·이용상황·주변환경 등이 같거나 비슷한 표준지를 선정할 것. 다만, 인근지역에 적절한 표준지가 없는 경우에는 인근지역과 유사한 지역적 특성을 갖는 동일수급권 안의 유사지역에 있는 표준지를 선정할 수 있다. 2. 시점수정: 「국토계획법」 제125조에 따라 **국토교통부장관**이 조사·발표하는 비교표준지가 있는 시·군·구의 같은 용도지역 지가변동률을 적용할 것. 3. 지역요인 비교, 4. 개별요인 비교, 5. 그 밖의 요인 보정: 대상토지의 인근지역 또는 동일수급권 내 유사지역의 가치형성요인이 유사한 정상적인 거래사례 또는 평가사례 등을 고려할 것의 순서에 따라야 한다(감칙 제14조 제2항).

판례는 "토지의 수용·사용에 따른 보상액을 평가할 때에는 관계 법령에서 들고 있는 모든 산정요인을 구체적·종합적으로 참작하여 그 요인들을 모두 반영하여야 하고, 이를 위한 감정평가서에는 모든 산정요인의 세세한 부분까지 일일이 설시하거나 그 요인들이 평가에 미치는 영향을 수치적으로 나타내지는 않더라도 그 요인들을 특정·명시함과 아울러 각 요인별 참작 내용과 정도를 객관적으로 납득할 수 있을 정도로 설명을 기재하여야 한다. 이는 보상선례를 참작하는 것이 상당하다고 보아 이를 보상액 산정요인으로 반영하여 평가하는 경우에도 마찬가지라 할 것이므로, <u>감정평가서에는 보상선례토지와 평가대상인 토지의 개별요인을 비교하여 평가한 내용 등 산정요인을 구체적으로 밝혀 기재하여야 한다. 따라서 보상선례를 참작하면서도 위와 같은 사항을 명시하지 않은 감정평가서를 기초로 보상액을 산정하는 것은 위법하다고 보아야 한다고"</u>[29] 판시했다.

(2) 그 밖의 요인의 보정에 관한 법적 문제

상기 표준지공시지가기준법 산식은 "감정평가 단가 = 표준지공시지가 × 시점수정 × 지역요인비교 × 개별요인비교 × 그 밖의 요인 보정"에 의한다. 표준지공시지가에 시점수정·지역요인 및 개별요인의 비교 외에 그 밖의 대상토지의 가치에 영향을 미치는 사항이 있는 경우, 이를 반영할 수 있는가의 문제는 표준지공시지가를 기준으로 평가하도록 강제하고 있는 규정을 벗어나 인근 유사지역 토지의 거래사례와 보상사례를 참작할 수 있는가의 문제이다. 그 밖의 요인 보정은 표준지공시지가의 적정가격과 실거래가격 및 인근 보상평가선례 등과의 괴리를 보정하는 역할을 한다. 종래와 달리 현재는 법적근거로 감정평가실무기준은 시점수정, 지역요인 및 개별요인의 비교 외에 대상토지의 가치에 영향을 미치는 사항이 있는 경우에는 그 밖의 요인 보정을 할 수 있다. **그 밖의 요인 보정**을 한 경우에는 그 근거를 감정평가서에 구체적이고 명확하게 기재하여야 한다(동 실무기준 610-1.5.2.5).

또한 보상평가에서는 **해당 공익사업의 시행에 따른 가격의 변동**은 보정하여서는 아니 된다. **그 밖의 요인**을 보정하는 경우에는 **대상토지**의 인근지역 또는 동일수급권 안의 유사지역의 정상적인 거래사례나 **보상사례**를 참작할 수 있다. 다만, 이 경우에도 그 밖의 요인 보정에 대한 **적정성을 검토하여야 한다. 거래사례 등은** 다음 각 호 1. 용도지역 등 공법상 제한사항이 같거나 비슷할 것, 2. 실제 이용상황 등이 같거나 비슷할 것, 3. 주위환경 등이 같거나 비슷할 것, 4. 적용공시지가의 선택기준에 적합할 것의 요건을 갖추어야 한다. 다만, 제4호는 해당 공익사업의 시행에 따른 가격의 변동이 반영되어 있지 아니하다고 인정되는 사례의 경우에는 적용하지 아니한다(실무기준 810-5.6.6).

---

29) 대법원 1993. 8. 24. 선고 93누8603 판결; 대법원 1999. 1. 29. 선고 98두4641 판결; 2013. 6. 27. 선고 2013두2587판결.

다. 보조방식

감정평가법인등은 법 제3조 제1항 단서에 따라 적정한 실거래가를 기준으로 토지를 감정평가할 때에는 거래사례비교법을 적용하여야 한다(거래사례비교법, 감칙 제14조 제3항). 여기서 "적정한 실거래가"란 「부동산거래신고법」에 따라 신고된 실제 거래가격으로서 거래 시점이 도시지역(「국토계획법」 제36조 제1항 제1호에 따른 도시지역을 말한다)은 3년 이내, 그 밖의 지역은 5년 이내인 거래가격 중에서 **감정평가법인등**이 인근지역의 지가수준 등을 고려하여 감정평가의 기준으로 적용하기에 적정하다고 판단하는 거래가격을 말한다(감칙 제2조 제12의2호).

감정평가법인등은 법 제3조 제2항에 따라 토지를 감정평가할 때에는 제1항부터 제3항까지의 규정을 적용하되, 해당 토지의 임대료, 조성비용 등을 고려하여 감정평가할 수 있다(수익환원법·조성원가법, 감칙 제14조 제4항).

7. 건물의 감정평가

감정평가법인등은 건물을 감정평가할 때에 원가법을 적용하여야 한다(감칙 제15조 제1항).

8. 토지와 건물의 일괄감정평가

감정평가법인등은 「집합건물의 소유 및 관리에 관한 법률」에 따른 구분소유권의 대상이 되는 건물부분과 그 대지사용권을 일괄하여 감정평가하는 경우 등 제7조 제2항에 따라 토지와 건물을 일괄하여 감정평가할 때에는 거래사례비교법을 적용하여야 한다. 이 경우 감정평가액은 합리적인 기준에 따라 토지가액과 건물가액으로 구분하여 표시할 수 있다(감칙 제16조).

9. 기타 물건의 감정평가[30)]

10. 조언·정보 등의 제공

감정평가법인등이 법 제10조 제7호에 따른 토지등의 이용 및 개발 등에 대한 조언이나 정보 등의 제공에 관한 업무를 수행할 때에 이와 관련한 모든 분석은 합리적이어야 하며 객관적인 자료에 근거하여야 한다(감칙 제27조).

---

30) 가. 산림의 감정평가: **감정평가법인등**은 산림을 감정평가할 때에 산지와 입목(立木)을 구분하여 감정평가하여야 한다. 이 경우 입목은 거래사례비교법을 적용하되, 소경목림(小徑木林: 지름이 작은 나무·숲)인 경우에는 원가법을 적용할 수 있다(감칙 제17조 제1항). **감정평가법인등**은 「감칙」 제7조 제2항에 따라 산지와 입목을 일괄하여 감정평가할 때에 거래사례비교법을 적용하여야 한다(감칙 제17조 제2항).
　나. 과수원의 감정평가: **감정평가법인등**은 과수원을 감정평가할 때에 거래사례비교법을 적용하여야 한다(감칙 제18조).
　다. 공장재단 및 광업재단의 감정평가: **감정평가법인등**은 공장재단을 감정평가할 때에 공장재단을 구성하는 개별 물건의 감정평가액을 합산하여 감정평가하여야 한다. 다만, 계속적인 수익이 예상되는 경우 등 「감칙」 제7조 제2항에 따라 일괄하여 감정평가하는 경우에는 수익환원법을 적용할 수 있다(감칙 제19조 제1항). **감정평가법인등**은 광업재단을 감정평가할 때에 수익환원법을 적용하여야 한다(감칙 제19조 제2항).
　라. 자동차 등의 감정평가: **감정평가법인등**은 자동차를 감정평가할 때에 거래사례비교법을 적용하여야 한다(감칙 제20조 제1항). **감정평가법인등**은 건설기계를 감정평가할 때에 원가법을 적용하여야 한다(감칙 제20조 제2항). **감정평가법인등**은 선박을 감정평가할 때에 선체·기관·의장(艤裝)별로 구분하여 감정평가하되, 각각 원가법을 적용하여야 한다(감칙 제20조 제3항). **감정평가법인등**은 항공기를 감정평가할 때에 원가법을 적용하여야 한다(감칙 제20조 제4항). **감정평가법인등**은 제1항부터 제4항까지에도 불구하고 본래 용도의 효용가치가 없는 물건은 해체처분가액으로 감정평가할 수 있다(감칙 제20조 제5항).
　마. 동산의 감정평가: **감정평가법인등**은 동산을 감정평가할 때에는 거래사례비교법을 적용하여야 한다. 다만, 본래 용도의 효용가치가 없는 물건은 해체처분가액으로 감정평가할 수 있다(감칙 제21조).
　바. 임대료의 감정평가: **감정평가법인등**은 임대료를 감정평가할 때에 임대사례비교법을 적용하여야 한다(감칙 제22조).
　사. 무형자산의 감정평가: **감정평가법인등**은 광업권을 감정평가할 때에 제19조제2항에 따른 광업재단의 감정평가액에서 해당 광산의 현존시설 가액을 빼고 감정평가하여야 한다. 이 경우 광산의 현존시설 가액은 적정 생산규모와 가행조건(稼行條件) 등을 고려하여 산정하되 과잉유휴시설을 포함하여 산정하지 아니한다(감칙 제23조 제1항). **감정평가법인등**은 어업권을 감정평가할 때에 어장 전체를 수익환원법에 따라 감정평가한 가액에서 해당 어장의 현존시설 가액을 빼고 감정평가하여야 한다. 이 경우 어장의 현존시설 가액은 적정 생산규모와 어업권 존속기간 등을 고려하여 산정하되 과잉유휴시설을 포함하여 산정하지 아니한다(감칙 제23조 제2항). **감정평가법인등**은 영업권, 특허권, 실용신안권, 디자인권, 상표권, 저작권, 전용측선이용권(專用側線利用權), 그 밖의 무형자산을 감정평가할 때에 수익환원법을 적용하여야 한다(감칙 제23조 제3항).
　아. 유가증권 등의 감정평가: **감정평가법인등**은 주식을 감정평가할 때에 다음 각 호 1. 상장주식(「자본시장과 금융투자업에 관한 법률」 제373조의2에 따라 허가를 받은 거래소(이하 "거래소"라 한다)에서 거래가 이루어지는 등 시세가 형성된 주식으로 한정한다): 거래사례비교법을 적용할 것, 2. 비상장주식(상장주식으로서 거래소에서 거래가 이루어지지 아니하는 등 형성된 시세가 없는 주식을 포함한다): 해당 회사의 자산·부채 및 자본 항목을 평가하여 수정재무상태표를 작성한 후 기업체의 유·무형의 자산가치(이하 "기업가치"라 한다)에서 부채의 가치를 빼고 산정한 자기자본의 가치를 발행주식 수로 나눌 것의 구분에 따라야 한다(감칙 제24조 제1항). **감정평가법인등**은 채권을 감정평가할 때에 다음 각 호 1. 상장채권(거래소에서 거래가 이루어지는 등 시세가 형성된 채권을 말한다): 거래사례비교법을 적용할 것, 2. 비상장채권(거래소에서 거래가 이루어지지 아니하는 등 형성된 시세가 없는 채권을 말한다): 수익환원법을 적용할 것의 구분에 따라야 한다(감칙 제23조 제2항). **감정평가법인등**은 기업가치를 감정평가할 때에 수익환원법을 적용하여야 한다(감칙 제23조 제3항).
　자. 소음 등으로 인한 대상물건의 가치하락분에 대한 감정평가: **감정평가법인등**은 소음·진동·일조침해 또는 환경오염 등(이하 '소음등'이라 한다)으로 대상물건에 직접적 또는 간접적인 피해가 발생하여 대상물건의 가치가 하락한 경우 그 가치하락분을 감정평가할 때에 소음등이 발생하기 전의 대상물건의 가액 및 원상회복비용 등을 고려하여야 한다(감칙 제25조).
　차. 그 밖의 물건의 감정평가: **감정평가법인등**은 제14조부터 제25조까지에서 규정되지 아니한 대상물건을 감정평가할 때에 이와 비슷한 물건이나 권리 등의 경우에 준하여 감정평가하여야 한다(감칙 제26조).

11. 그 밖의 감정평가 기준

이 규칙에서 규정하는 사항 외에 **감정평가법인등**이 감정평가를 할 때 지켜야 할 세부적인 기준은 **국토교통부장관**이 정하여 고시한다(감칙 제28조). 「감정평가법」 제3조 제3항 및 「감칙」 제28조에 따라 재위임된 감정평가의 구체적인 기준이 「감정평가실무기준」이다.

IV. 감정평가사의 직무

감정평가사는 타인의 의뢰를 받아 토지 등을 감정평가하는 것을 그 직무로 한다(법 제4조). 이를 반대해석하면 **감정평가사**가 아닌 자는 감정평가를 할 수 없다는 의미이다. 다른 한편, 법 제3장 **감정평가사** 제10조에서 "**감정평가법인등**의 업무"를 규정하면서도 법 제2장 감정평가 제4조에서 직무를 별도로 규정한 입법자의 취지는 감정평가업무는 **감정평가사**만이 하는 것임을 의도한 것으로 이해된다. 2016. 9. 1. 제정·시행법부터 **감정평가사**의 직무 및 **감정평가법인등**의 업무 범위를 규정하였다.

V. 감정평가의 의뢰·심사 및 발급

1. 감정평가의뢰

가. 감정평가의뢰(계약)의 법적 성질

감정평가의뢰(계약)가 「민법」상의 전형계약 중 도급(민법 제664조)인지 또는 위임(민법 제680조)인지가 논란이 될 수 있으나, 감정평가의뢰인의 지시나 감독을 받지 않는 위임계약의 본질로 보는 견해가 우세하다.[31] 도급계약이 아닌 위임계약으로 보는 한 감정평가의뢰인으로부터 독립성이 보장된다.

감정평가계약은 도급계약으로 볼 경우 도급인은 수급인에게 큰 부담을 주지 않는 범위 내에서 적당한 지시나 감독을 할 지위에 있다고 할 수 있으나,[32] 감정평가액을 결정하는 업무의 독립성·전문성의 특성에 비추어 도급계약으로 볼 여지가 많지 않다. 통상 감정평가의뢰는 **감정평가법인등**에 대한 직업적·개인적 신뢰를 바탕으로 계약이 이루어지며, 감정평가서 납품기한의 준수라든지 현장조사에서 유의사항 등의 사무의 처리에 있어서는 수급인으로서 위임인의 지시나 감독이 있으면 그에 따라야 하지만 반면에 감정평가의뢰인의 상대방이 있기 때문에 감정평가액의 결정에 있어서는 위임인이 신뢰를 바탕으로 맡긴 사무를 수임인이 자주적으로 처리하는 점에 특색이 있어서 감정평가업무는 위임계약이

---

31) 박형남, "감정평가과오에 대한 법적 책임-전문가책임의 관점에서-", 감정평가논집, 1999, 100면; 김용담, 주석민법 제4판, 한국사법행정학회, 2016, 142면; 「부동산가격공시법」 제3조 제5항에 따른 표준지공시지가의 조사·평가의뢰 계약의 경우도 위임계약이라 할 수 있다.
32) 송덕수, 민법강의(제12판), 박영사, 2019, 1256면.

라 할 수 있다.[33]

나. 의뢰의 유형

(1) 직접 의뢰

국가, 지방자치단체, 「공공기관운영법」에 따른 공공기관 또는 그 밖에 **대통령령**으로 정하는 공공단체[「지방공기업법」 제49조에 따라 설립한 지방공사(영 제4조 제1항)](이하 "**국가등**"이라 한다)가 토지등의 관리·매입·매각·경매·재평가 등을 위하여 토지등을 감정평가하려는 경우에는 **감정평가법인등**에 의뢰하여야 한다(법 제5조 제1항).

금융기관·보험회사·신탁회사 또는 그 밖에 **대통령령**으로 정하는 기관[1. 「신용협동조합법」에 따른 신용협동조합, 2. 「새마을금고법」에 따른 새마을금고(영 제4조 제2항)]이 대출, 자산의 매입·매각·관리 또는 「주식회사 등의 외부감사에 관한 법률」에 따른 재무제표 작성을 포함한 기업의 재무제표 작성 등과 관련하여 토지등의 감정평가를 하려는 경우에는 **감정평가법인등**에 의뢰하여야 한다(법 제5조 제2항).

(2) 간접 의뢰(협회 추천)

법 제5조 제1항 또는 제2항에 따라 감정평가를 의뢰하려는 자는 법 제33조에 따른 협회에 요청하여 추천받은 **감정평가법인등**에게 감정평가를 의뢰할 수 있다(법 제5조 제3항). 2016. 9. 1. 제정·시행법부터 국가·지방자치단체·공공기관·금융회사 등이 감정평가를 의뢰하는 경우 협회에 **감정평가법인등**의 추천을 요청할 수 있도록 하였다(법 제5조). 실무에서 국가·지방자치단체·공공기관 등이 시·도지사에게 **감정평가법인등** 추천을 요구하면 시·도지사는 협회추천제도를 이용하고 있으며, 금융기관에서는 기관자체의 소위 랜덤(random)방식을 선호하고 있다.

의뢰의 절차와 방법 및 추천의 기준 등에 필요한 사항은 **대통령령**으로 정한다(법 제5조 제4항). 협회는 법 제5조 제3항에 따라 **감정평가법인등**의 추천을 요청받은 경우에는 요청을 받은 날부터 7일 이내에 **감정평가법인등**을 추천하여야 한다(영 제5조 제1항). 협회는 법 제5조 제3항에 따라 **감정평가법인등**을 추천할 때에는 다음 각 호 1. 감정평가 대상물건에 대한 전문성 및 업무실적, 2. 감정평가 대상물건의 규모 등을 고려한 **감정평가법인등**의 조직규모 및 손해배상능력, 3. 법 제39조에 따른 징계건수, 4. 그 밖에 협회가 추천에 필요하다고 인정하는 사항의 기준을 고려하여야 한다(영 제5조 제2항).

---

33) 송덕수, 민법강의(제12판), 1277면.

2. 감정평가서의 서명·날인 및 심사 의무

가. 감정평가서 서명·날인 의무

감정평가서에는 **감정평가법인등**의 사무소 또는 법인의 명칭을 적고, 감정평가를 한 **감정평가사**가 그 자격을 표시한 후 서명과 날인을 하여야 한다. 담당 **감정평가사**는 서명과 날인 두 가지를 함께 해야 한다. **감정평가법인**의 경우에는 그 대표사원 또는 대표이사도 서명이나 날인을 하여야 한다(법 제6조 제2항). 이 경우는 서명이나 날인 둘 중 하나만 하면 된다.[34]

나. 감정평가의 적정성을 인정받기 위한 감정평가서의 기재 내용과 정도

판례는 "표준지공시지가는 당해 토지뿐 아니라 인근 유사토지의 가격을 결정하는 데에 전제적·표준적 기능을 수행하는 것이어서 특히 그 가격의 적정성이 엄격하게 요구된다. 이를 위해서는 무엇보다도 적정가격 결정의 근거가 되는 감정평가업자의 평가액 산정이 적정하게 이루어졌음이 담보될 수 있어야 하므로, 그 감정평가서에는 평가원인을 구체적으로 특정하여 명시함과 아울러 각 요인별 참작 내용과 정도가 객관적으로 납득이 갈 수 있을 정도로 설명됨으로써, 그 평가액이 당해 토지의 적정가격을 평가한 것임을 인정할 수 있어야 한다. 건설교통부장관이 2개의 **감정평가법인**에 토지의 적정가격에 대한 평가를 의뢰하여 그 평가액을 산술평균한 금액을 그 토지의 적정가격으로 결정·공시하였으나, 감정평가서에 거래선례나 평가선례, 거래사례비교법, 원가법 및 수익환원법 등을 모두 공란으로 둔 채, 그 토지의 전년도 공시지가와 세평가격 및 인근 표준지의 감정가격만을 참고가격으로 삼으면서 그러한 참고가격이 평가액 산정에 어떻게 참작되었는지에 관한 별다른 설명 없이 평가의견을 추상적으로만 기재한 사안에서, 평가요인별 참작 내용과 정도가 평가액 산정의 적정성을 알아볼 수 있을 만큼 객관적으로 설명되어 있다고 보기 어려워, 이러한 감정평가액을 근거로 한 표준지공시지가 결정은 그 토지의 적정가격을 반영한 것이라고 인정하기 어려워 위법하다."고 판시하였다.[35]

다. 감정평가서 심사 의무

감정평가법인은 감정평가서를 의뢰인에게 발급하기 전에 감정평가를 한 소속 **감정평가사**가 작성한 감정평가서의 적정성을 같은 법인 소속의 다른 **감정평가사**에게 심사하게 하고, 그 적정성을 심사한 **감정평가사**로 하여금 감정평가서에 그 심사사실을 표시하고 서명과 날인을 하게 하여야 한다(법 제7조 제1항). 감정평가하려는 경우에는 모든 **감정평가법인등**에게 의뢰하도록 하고 있어(법 제5조 제1항), 의뢰에 제한을 받지 않는 것에 비하여, **감정평가법인등**에 해당하기만 하면 감정평가서의 적정성에 대

---

34) 이에 비하여 등록한 세무사가 납세자 등을 대리하여 조세에 관한 신고서·신청서·청구서, 그 밖의 서류를 작성하여 관계 기관에 제출할 때에는 그 서류에 기명날인하고 있다(세무사법 제9조). 즉, 이름을 수기로 쓰지 않고 인쇄를 하고 도장을 찍으면 된다.

35) 대법원 2009. 12. 10. 선고 2007두20140 판결.

한 심사에 대해서는 **감정평가법인**만 받도록 한 것은 형평성이 맞지 않는 규정이다.

심사대상, 절차 등에 필요한 사항은 **대통령령**으로 정한다(법 제7조 제2항). 감정평가서의 적정성 심사는 법 제3조 제3항에 따른 원칙과 기준의 준수 여부를 그 내용으로 한다(영 제7조 제1항). 감정평가서를 심사하는 **감정평가사**는 작성된 감정평가서의 수정·보완이 필요하다고 판단하는 경우에는 해당 감정평가서를 작성한 **감정평가사**에게 수정·보완 의견을 제시하고, 해당 감정평가서의 수정·보완을 확인한 후 감정평가서에 심사사실을 표시하고 서명과 날인을 하여야 한다(영 제7조 제2항).

3. 감정평가서 발급 의무

감정평가법인등은 감정평가를 의뢰받은 때에는 지체 없이 감정평가를 실시한 후 **국토교통부령**으로 정하는 바에 따라 감정평가 의뢰인에게 감정평가서를 발급하여야 한다(법 제6조 제1항).

「감정평가법」 제6조 제1항에 따른 감정평가서는 해당 감정평가에 대한 수수료 등이 완납되는 즉시 감정평가 의뢰인에게 발급하여야 한다. 다만, 감정평가 의뢰인이 국가·지방자치단체 또는 「공공기관운영법」에 따른 공공기관이거나 **감정평가법인등**과 감정평가 의뢰인 간에 특약이 있는 경우에는 수수료 등을 완납하기 전에 감정평가서를 발급할 수 있다(칙 제2조 제1항). 현행 실무에서 그렇게 하고 있다.

법 제6조 제1항에 따른 감정평가가 금융기관·보험회사·신탁회사 또는 영 제4조 제2항 각 호의 기관으로부터 대출을 받기 위하여 의뢰된 때에는 대출기관에 직접 감정평가서를 송부할 수 있다. 이 경우 감정평가 의뢰인에게는 그 사본을 송부하여야 한다(칙 제2조 제2항). 이 규정은 종래 채무자가 감정평가수수료를 부담하던 때에 따른 규정이며 현행 실무와 맞지 않는 규정이다. 왜냐하면 현재 금융기관이 의뢰인이므로 당연히 금융기관에 감정평가서를 송부하여야 하고 토지소유자 내지 채무자가 의뢰인이 되는 경우가 없다.

감정평가 의뢰인이 감정평가서를 분실하거나 훼손하여 감정평가서 재발급을 신청한 경우 **감정평가법인등**은 정당한 사유가 있을 때를 제외하고는 감정평가서를 재발급하여야 한다. 이 경우 **감정평가법인등**은 재발급에 필요한 실비를 받을 수 있다(칙 제2조 제3항).

4. 감정평가서 보존 의무

감정평가법인등은 감정평가서의 원본과 그 관련 서류를 **국토교통부령으로 정하는 기간**[1. 감정평가서의 원본: 발급일부터 5년, 2. 감정평가서의 관련 서류: 발급일부터 2년(칙 제3조)]에 따른 기간 이상 보존하여야 하며, 해산하거나 폐업하는 경우에도 **대통령령으로 정하는 바**에 따라 보존하여야 한다(법 제6조 제3항).

감정평가법인등은 해산하거나 폐업하는 경우 법 제6조 제3항에 따른 보존을 위하여 감정평가서의 원본과 그 관련 서류를 **국토교통부장관**에게 제출하여야 한다(영 제6조 제1항). **국토교통부장관**은 제출받은 감정평가서의 원본과 관련 서류를 다음 각 호 1. 감정평가서 원본: 발급일부터 5년, 2. 감정평가서 관련 서류: 발급일부터 2년의 구분에 따른 기간 동안 보관하여야 한다(영 제6조 제2항).

VI. 감정평가 타당성조사

1. 의의 및 쟁점

가. 의의

감정평가 타당성조사라 함은 발급된 감정평가서에 대해 **국토교통부장관**이 직권 또는 관계 기관 등의 요청이 있는 경우 해당 감정평가가 「감정평가법」 또는 다른 법률에서 정하는 절차와 방법 등에 따라 타당하게 이루어졌는지 조사하는 것을 말한다.[36]

나. 법적 근거

국토교통부장관은 감정평가서가 발급된 후 해당 감정평가가 이 법 또는 다른 법률에서 정하는 절차와 방법 등에 따라 타당하게 이루어졌는지를 직권으로 또는 관계 기관 등의 요청에 따라 조사할 수 있다(법 제8조 제1항). 타당성조사를 할 경우에는 해당 **감정평가법인등** 및 **대통령령**으로 정하는 이해관계인[감정평가를 의뢰한 자(영 제8조 제3항)]에게 의견진술기회를 주어야 한다(법 제8조 제2항). 타당성조사의 절차 등에 필요한 사항은 **대통령령**으로 정한다(법 제8조 제3항).

다. 쟁점

우리나라에서는 2016. 1. 19 제정 「감정평가법」에서 도입되었지만, 日本에서는 이러한 제도가 없다. 동 조항은 조사대상을 "절차와 방법 등"이라고 하고, 조사요청자도 "직권으로 또는 관계 기관 등"이라고 규정하여, 입법자가 **국토교통부장관**에게 재량권을 부여한 것으로 보인다. 이렇게 보이는 이유는 절차의 타당성을 조사대상으로 하고 있으나, 감정평가절차라는 것이 감정평가액이라는 결론에 이르는 여러 절차 중 가장 일반적인 절차를 규정하였다는 점에서 감정평가업무의 전문성과 충돌 할 것으로 보인다. 절차하자를 구성하는 행정처분은 무효사유가 아닌 취소사유라는 것이고 하자를 치유하고 나면 당초 처분은 되살아난다는 점에서 절차하자로 **감정평가사**가 징계벌의 대상이 된다면 전문성이라는 법익과 충돌할 것이다.

방법의 타당성에 관해서는 감정평가업무의 전문성·독립성에 비추어 조사대상에서 한층 더 객관성 논란이 있을 수 있다. 이에 더하여 절차와 방법 이외에 "등"까지 법률에서 규정하고 있어서 어디까지가 한계인지 명확하지 않다. 감정평가준칙에 해당하는 「감칙」이나 「실무기준」에서 감정평가의 절차와 방법을 구체적으로 규정하고 있으며 절차는 그나마 객관적인 용어이나 감정평가방법은 감정평가기준과 더불어 보다 전문적이고 실무적일 수 있어서 이에 대하여 타당성을 논하는 것은 논란의 여지가 있다. 그리고 그 범위에 제한이 없는 "등"을 추가한 것은 조사대상에 제한을 두지 않는 것으로 권한 남용이

---

36) 국토교통부·한국감정원, 감정평가 타당성조사 5개년 사례집, 3면.

될 수 있다.

타당성조사 결과에 따라 감독청에 의해 감정평가관리·징계위원회에 회부될 수 있고(법 40조 제1항 제5호), **감정평가사**는 징계처분을 받을 수 있다.[37] 따라서 동 조항에서 징계처분 하고자 하는 행위(조사대상)가 무엇이며 그에 대한 제재적 처분이 어떠한 것인지를 누구나 예견할 수 있도록 하여야 한다. 그렇지 않으면 위반행위에 따라 자신의 행위를 결정할 수 있도록 구성요건을 명확하게 규정하는 것을 의미하는 명확성 원칙에 위배될 수 있다. 따라서 감정평가의 전문성·독립성이라는 법익과 입법자가 추구하는 공익이 충돌할 수 있으므로 「감정평가법」이 징계처분을 하고자 하는 행위를 보다 명확히 하여야 할 것이다. 조사요청자에 관해서도 "직권으로 또는 관계 기관 등"에 관계기관 등을 구체적으로 명시하는 것이 좋을 것으로 보인다.[38]

2. 조사 사유

국토교통부장관은 다음 각 호 1. **국토교통부장관**이 법 제47조에 따른 지도·감독을 위한 **감정평가법인등**의 사무소 출입·검사 또는 영 제49조에 따른 표본조사의 결과, 그 밖의 사유에 따라 조사가 필요하다고 인정하는 경우, 2. 관계 기관 또는 제3항에 따른 이해관계인이 조사를 요청하는 경우의 어느 하나에 해당하는 경우 법 제8조 제1항에 따른 타당성조사를 할 수 있다(영 제8조 제1항). 조사의 사유에 관해 "그 밖의 사유"에 따라 조사를 할 수 있도록 하여 입법자는 **국토교통부장관**에게 재량을 부여하고 있다.

3. 조사 제외 및 중지 대상

국토교통부장관은 법 제8조 제1항에 따른 타당성조사 대상이 되는 감정평가가 다음 각 호 1. 법원의 판결에 따라 확정된 경우, 2. 재판에 계류 중이거나 수사기관에서 수사 중인 경우, 3. 「토지보상법」 등 관계 법령에 감정평가와 관련하여 권리구제 절차가 규정되어 있는 경우로서 권리구제 절차가 진행 중이거나 권리구제 절차를 이행할 수 있는 경우(권리구제 절차를 이행하여 완료된 경우를 포함한다), 4. 징계처분, 제재처분, 형사처벌 등을 할 수 없어 타당성조사의 실익이 없는 경우의 어느 하나에 해당하는 경우에는 타당성조사를 하지 아니하거나 중지할 수 있다(영 제8조 제2항).

---

37) 법률이 조사대상에 관해 "절차와 방법 등"이라고 한 것에 대하여, 상기 감정평가 타당성조사 5개년 사례집에서 조사대상으로 삼고 있는 것이 ① 기본적 사항의 적정성, ② 감정평가방법의 적정성, ③ 감정평가 과정의 적정성, ④ 감정평가액의 적정성 검토 네 가지로 구분하고 있는 바, ②와 ③은 절차와 방법을 의미하며 ①에 대해서 절차의 타당성으로 볼 수 있을지는 몰라도, 우려하는 것은 ④ 감정평가액의 적정성 검토는 감정평가의 전문성과 독립성의 영역이므로 이에 대해서는 "등"을 과도하게 확장해석을 한 것 아닌가 하는 우려가 된다. 다행히도 사례집에서는 ④의 사례가 발견되지 않는다.
38) 국토교통부·한국감정원, 감정평가 타당성조사 5개년 사례집, 4면.

4. 조사 유형

타당성조사는 비정기적일 수 있는 타당성 기초조사와 정기적일 수 있는 표본조사로 나눌 수 있다.

가. 타당성 기초조사

「감정평가법」 제46조 제1항 제1호, 영 제47조 제1항 제2호에 "타당성조사를 위한 기초자료 수집 및 감정평가 내용 분석"(이하, '타당성 기초조사')을 감정원에 위탁한다고 규정하고, 감정원은 타당성조사 접수하고, 기초자료 수집, 감정평가 내용 분석, 검토보고서 작성, 타당성 기초조사 결과를 보고하는 절차에 의하고 있다.[39]

나. 감정평가제도 개선을 위한 표본조사

(1) 법적 근거: **국토교통부장관**은 법 또는 다른 법률에 따른 감정평가의 방법·절차 등과 실제 감정평가서의 작성 간에 차이가 있는지 여부를 확인하여 감정평가제도를 개선하기 위해 다음 각 호 1. 무작위추출방식의 표본조사, 2. 우선추출방식의 표본조사의 어느 하나에 해당하는 표본조사를 할 수 있다(영 제49조 제1항). 업무 위탁의 법적 근거는 영 제47조 제1항 제3호에 의한다.

(2) **우선추출방식의 표본조사 대상**: 우선추출방식의 표본조사는 다음 각 호 1. **최근 3년 이내**에 실시한 법 제8조 제1항에 따른 타당성조사 결과 감정평가의 부실이 발생한 분야, 2. **무작위추출방식**의 표본조사를 실시한 결과 법 또는 다른 법률에서 정하는 방법이나 절차 등을 위반한 사례가 다수 발생한 분야, 3. 그 밖에 감정평가의 부실을 방지하기 위해 **협회요청**을 받아 **국토교통부장관**이 필요하다고 인정하는 분야의 어느 하나에 해당하는 분야에 대해 **국토교통부장관**이 정하는 바에 따라 실시한다(영 제49조 제2항).

5. 절차

국토교통부장관은 타당성조사에 착수한 경우에는 착수일부터 10일 이내에 해당 **감정평가법인등**과 이해관계인에게 다음 각 호 1. 타당성조사의 사유, 2. 타당성조사에 대하여 의견을 제출할 수 있다는 것과 의견을 제출하지 아니하는 경우의 처리방법, 3. 법 제46조 제1항 제1호에 따라 업무를 수탁한 기관의 명칭 및 주소, 4. 그 밖에 **국토교통부장관**이 공정하고 효율적인 타당성조사를 위하여 필요하다고 인정하는 사항을 알려야 한다(영 제8조 제4항). 영 제8조 제4항에 따른 통지를 받은 **감정평가법인등** 또는 이해관계인은 통지를 받은 날부터 10일 이내에 **국토교통부장관**에게 의견을 제출할 수 있다(영 제8조 제5항). **국토교통부장관**은 법 제8조 제1항에 따른 타당성조사를 완료한 경우에는 해당 **감정평가법인등**, 이해관계인 및 타당성조사를 요청한 관계 기관에 지체 없이 그 결과를 통지하여야 한다(영 제8

---

39) 감정원/주요업무/타당성기초조사 http://www.kab.co.kr/kab/home/business/research_adequacy.jsp 2019. 1. 5.

조 제6항).

6. 법적 효과

국토교통부장관은 공시지가기준평가법 등을 위반하여 감정평가하거나(법 제39조 제1항), 그 밖에 감정평가와 관련하여(법 제40조 제1항 제5호) 감정평가관리·징계위원회에 부의를 하면서, 타당성조사 종합양정기준(적정·다소 미흡·미흡·징계위원회 심의 필요) 결과와 감정평가관리·징계위원회의 의결(법 제40조 제1항 각호 외의 부분)에 따라 자격취소, 등록취소, 2년 이하의 업무정지, 견책의 어느 하나에 해당하는 징계를 할 수 있다(법 제39조 제2항).

VII. 감정평가 정보체계의 구축·운용 등

1. 의의 및 입법 취지

감정평가 정보체계란 감정평가 선례정보, 토지 및 건물의 가격에 관한 정보(공시지가·지가변동률·임대정보·수익률·실거래가 등) 및 그 밖에 감정평가에 필요한 정보를 데이터베이스화하여, 이를 관리·활용하고 정보수요자에게 제공하는 시스템 및 정보통신망의 운영체계를 말한다.[40] **국토교통부장관**은 국가등이 의뢰하는 감정평가와 관련된 정보 및 자료를 효율적이고 체계적으로 관리하기 위하여 감정평가 정보체계를 구축·운영할 수 있다(법 제9조 제1항).[41] 법 제9조 제1항 및 제2항에 따른 정보 및 자료의 종류, 감정평가 정보체계의 구축·운영방법 등에 필요한 사항은 **국토교통부령**으로 정한다(법 제9조 제항).

이에 따라 구축·운영하는 감정평가 정보체계에 관리하는 정보 및 자료는 다음 각 호 1. 칙 제5조 제1항에 따른 감정평가의 선례정보(평가기관·평가목적·기준시점·평가가액 및 대상 토지·건물의 소재지·지번·지목·용도지역 또는 용도 등을 말한다), 2. 토지 및 건물의 가격에 관한 정보(공시지가·지가변동률·임대정보·수익률·실거래가 등을 말한다) 및 자료, 3. 그 밖에 감정평가에 필요한 정보 및 자료와 같다(칙 제4조).

---

40) 국토교통부·한국감정원, 2019년 감정평가정보체계 업무요령, 1면.
41) 감정평가정보체계는 감정평가를 할 때에 유용한 정보로 활용될 수 있도록 개별 감정평가 결과를 취합·정리한 DB 로서, 현재는 국토해양부가 협회에 위탁하여 운영하고 있다. 그러나, 그동안 협회는 이익단체라는 성격상 한계로 인해 감정평가정보체계 구축에 적극적이지 못했고, 이 때문에 축적된 데이터의 양이 미흡하고 정확도가 떨어져 정보체계로서 가치가 낮고 잘못된 감정평가를 유발한다는 문제점이 지적되어왔다. 최근 감사원도 감정평가정보체계에 대한 문제를 지적하고 해결방안 마련을 촉구했다고 한다. 2012년부터는 한국감정원이 감정평가정보체계를 새로 구축해서 필요한 정보를 최대한 축적하도록 하고 수집되는 데이터의 확인 절차를 강화할 뿐만 아니라, 부동산 가격공시나 감정평가 업무까지도 함께 처리할 수 있도록 하고, 각종 부동산 정보를 한 번에 확인할 수 있는 인터페이스를 제공할 계획이라고 하였으나(2011. 10. 21(금) 국토교통부 보도자료), 이러한 취지에 따라 정보수요자에게 잘 제공되고 있는지는 의문이다.

2. 감정평가법인등의 등록 의무 및 위반의 법적 효과

「토지보상법」에 따른 감정평가 등 **국토교통부령**으로 정하는 감정평가를 의뢰받은 **감정평가법인등**은 감정평가 결과를 감정평가 정보체계에 등록하여야 한다. 다만, 개인정보 보호 등 **국토교통부장관**이 정하는 정당한 사유가 있는 경우에는 그러하지 아니하다(법 제9조 제2항). 이에 따라 **감정평가법인등**이 감정평가 정보체계에 등록하여야 하는 감정평가 결과는 칙 제4조 제1호의 감정평가 선례정보로 하며 (칙 제5조 제2항), 감정평가서 발급일부터 40일 이내에 감정평가 결과를 감정평가 정보체계에 등록하여야 한다(칙 제5조 제3항). **국토교통부장관**은 필요한 경우에는 **감정평가법인등**에게 감정평가 정보체계에 등록된 감정평가 결과의 수정·보완을 요청할 수 있다. 이 경우 요청을 받은 **감정평가법인등**은 요청일부터 10일 이내에 수정·보완된 감정평가 결과를 감정평가 정보체계에 등록하여야 한다(칙 제5조 제4항). 법 제9조 제2항 단서에 따라 감정평가 결과를 감정평가 정보체계에 등록하지 아니하여도 되는 경우는 「개인정보 보호법」 제3조에 따라 개인정보 보호가 필요한 경우로 한다. 이 경우 보호가 필요한 개인정보를 제외한 감정평가 결과는 등록하여야 한다(칙 제5조 제5항). 감정평가 정보체계에 정보를 등록하고 확인하는 세부적인 절차 및 그 밖의 사항은 **국토교통부장관**이 정한다(칙 제5조 제6항).

칙 제5조 제5항에서 위임된 사항과 그 시행에 필요한 사항을 정함을 목적으로 2016. 9. 1. 제정(시행 2016. 9. 1. 국토교통부훈령 제755호,)한 것이「감정평가 정보체계 구축·운영지침」이다. 2016. 9. 1. 제정·시행법부터 **감정평가법인등**의 감정평가 정보체계에 대한 감정평가 결과 등록의무를 부과하였으므로, 2016. 9. 1. 이후 감정평가 의뢰된 것부터 적용한다. 감정평가 결과 등록 의무(법 제9조 제2항)를 위반하여 감정평가 결과를 감정평가 정보체계에 등록하지 아니한 자에게는 500만원 이하의 과태료(행정질서벌)를 부과한다(법 제52조 제1항 제2호).

3. 등록 대상

법 제9조 제2항 본문에서 "「토지보상법」에 따른 감정평가 등 **국토교통부령**으로 정하는 감정평가"란 국가, 지방자치단체, 「공공기관운영법」에 따른 공공기관 또는 「지방공기업법」 제49조에 따라 설립한 지방공사가 다음 각 호 1. 「토지보상법」에 따른 토지·물건 및 권리의 취득 또는 사용, 2. 「국유재산법」·「공유재산법」 또는 그 밖의 법령에 따른 국유·공유재산(토지와 건물만 해당한다)의 취득·처분 또는 사용·수익, 3. 「국토계획법」에 따른 도시·군계획시설부지 및 토지의 매수, 「개발제한구역법」에 따른 토지의 매수, 4. 「도시개발법」, 「도시정비법」, 「산업입지법」 또는 그 밖의 법령에 따른 조성토지 등의 공급 또는 분양, 5. 「도시개발법」, 「산업입지법」 또는 그 밖의 법령에 따른 환지 및 체비지의 처분, 6. 「민사소송법」, 「형사소송법」 등에 따른 소송, 7. 「국세징수법」, 「지방세기본법」에 따른 공매, 8. 「도시정비법」 제24조 및 제26조에 따라 시장·군수등이 직접 시행하는 정비사업의 관리처분계획, 9. 「공공주택 특별법」에 따른 토지 또는 건물의 매입 및 임대료 평가의 어느 하나에 해당하는 목적을 위하여 의뢰한 감정평가를 말한다(칙 제5조 제1항).

이는 「감정평가법」 제10조 **감정평가법인등**의 업무 중 법원경매 감정평가(제4호), 금융기관 등의 담보감정평가(제5호), 기타(제9호) 업무를 제외한 대부분의 업무를 대상으로 한다.

4. 기타

국토교통부장관은 감정평가 정보체계의 운용을 위하여 필요한 경우 관계 기관에 자료제공을 요청할 수 있다. 이 경우 이를 요청받은 기관은 정당한 사유가 없으면 이에 응하여야 한다(법 제9조 제3항).

정보 및 자료의 종류, 감정평가 정보체계의 구축·운영방법 등에 필요한 사항은 **국토교통부령**으로 정한다(법 제9조 제4항). 감정평가 정보체계에 정보를 등록하고 확인하는 세부적인 절차 및 그 밖의 사항은 **국토교통부장관**이 정한다(영 제5조 제6항). 이에 따라 위임된 사항과 그 시행에 필요한 사항을 정한 지침도 전술한 「감정평가 정보체계 구축·운영지침」(2016. 9. 1. 제정 및 시행, 국토교통부훈령 제755호)이다.

제3장 감정평가사

제1절 감정평가법인등의 업무와 감정평가사 자격

Ⅰ. 감정평가법인등의 업무

감정평가사라 하여 감정평가업무를 할 수 있는 것이 아니고, **감정평가사** 자격을 득한 후 **감정평가사사무소** 개설신고 신고를 하거나(법 제21조), **감정평가법인** 설립인가를 받아야(법 제29조) **감정평가법인등**으로서 지위가 인정되어 감정평가업무를 할 수 있으므로, **감정평가사**의 업무가 아니라 **감정평가법인등**의 업무로 규정한 것이다.

따라서 **감정평가법인등**은 다음 각 호 1. 「부동산가격공시법」에 따라 **감정평가법인등**이 수행하는 업무, 2. 「부동산가격공시법」 제8조 제2호에 따른 목적을 위한 토지등의 감정평가, 3. 「자산재평가법」에 따른 토지등의 감정평가, 4. 법원에 계속 중인 소송 또는 경매를 위한 토지등의 감정평가, 5. 금융기관·보험회사·신탁회사 등 타인의 의뢰에 따른 토지등의 감정평가, 6. 감정평가와 관련된 상담 및 자문, 7. 토지등의 이용 및 개발 등에 대한 조언이나 정보 등의 제공, 8. 다른 법령에 따라 **감정평가법인등**이 할 수 있는 토지등의 감정평가, 9. 제1호부터 제8호까지의 업무에 부수되는 업무를 행한다(법 제10조).

Ⅱ. 감정평가사의 자격

1. 자격

감정평가사시험에 합격한 사람은 **감정평가사**의 자격이 있다(법 제11조).

2. 결격사유

다음 각 호 1. 미성년자 또는 피성년후견인·피한정후견인, 2. 파산선고를 받은 사람으로서 복권되지 아니한 사람, 3. 금고 이상의 실형을 선고받고 그 집행이 종료(집행이 종료된 것으로 보는 경우를 포함한다)되거나 그 집행이 면제된 날부터 3년이 지나지 아니한 사람, 4. 금고 이상의 형의 집행유예를 받고 그 유예기간이 만료된 날부터 1년이 지나지 아니한 사람, 5. 금고 이상의 형의 선고유예를 받고 그 선고유예기간 중에 있는 사람, 6. **감정평가사**가 부정한 방법으로 **감정평가사**의 자격을 받은 경우(법 제13조)에 해당되어 **감정평가사** 자격이 취소된 후 3년이 경과되지 아니한 사람, 7. **감정평가사**의 직무와 관련하여 금고 이상의 형을 2회 이상 선고받아(집행유예를 선고받은 경우를 포함한다) 그 형이 확정된 경우(법 제39조 제1항 제11호) 및 이 법에 따라 업무정지 1년 이상의 징계처분을 2회 이상 받은 후 다시 제1항에 따른 징계사유가 있는 사람으로서 **감정평가사**의 직무를 수행하는 것이 현저히 부적당하다고 인정되는 경우(법 제39조 제1항 제12호)에 따라 자격이 취소된 후 5년이 경과되지 아니한 사람의 어느 하나에 해당하는 사람은 **감정평가사**가 될 수 없다(법 제12조).

종전에는 **감정평가사**의 결격사유를 「부감법」에 따라 징역의 형(刑)의 선고를 받고 그 집행이 종료된 후 2년이 경과되지 아니한 경우 등으로 한정하고 있었으므로, 감정평가업무와 관련하여 다른 법률에 따라 형의 선고를 받은 경우에는 동법에서 정하고 있는 결격사유에 해당되지 아니하였다. 2007. 7. 28. 시행법(법률 제8409호)부터, **감정평가사**의 결격사유 중 동법을 위반한 경우에 추가하여 감정평가업무와 관련하여 다른 법률을 위반한 경우까지 포함되도록 그 위반사유를 확대하고, 종전에는 징역형의 선고를 받고 집행 종료 후 2년이 경과되지 아니한 자로 규정하던 것을 금고 이상 실형의 선고를 받고 집행 종료 후 3년이 경과되지 아니한 자로 하는 등 결격사유를 강화하였다.[42] 결격사유가 강화되어 부적격한 자가 **감정평가사**가 되는 것을 방지하는 데 기여할 수 있을 것이다.

3. 자격의 취소

국토교통부장관은 **감정평가사**가 부정한 방법으로 **감정평가사**의 자격을 받은 경우에는 그 자격을 취소하여야 한다(법 제13조 제1항). **국토교통부장관**은 **감정평가사**의 자격을 취소한 경우에는 **국토교통부령**으로 정하는 바에 따라 그 사실을 공고하여야 한다(법 제13조 제2항). **감정평가사**의 자격이 취소된 사람은 자격증(법 제17조에 따라 등록한 경우에는 등록증을 포함한다)을 **국토교통부장관**에게 반납하여야 한다(법 제13조 제3항).

---

42) 허강무, "한국의 공시지가 및 **감정평가사**제도의 과제", 토지공법연구 제52집, 2011, 127면.

제2절 감정평가사 시험

Ⅰ. 시험

감정평가사시험(이하 "시험"이라 한다)은 **국토교통부장관**이 실시하며, 제1차 시험과 제2차 시험으로 이루어진다(법 제14조 제1항). 시험의 최종 합격 발표일을 기준으로 제12조에 따른 결격사유에 해당하는 사람은 시험에 응시할 수 없다(법 제14조 제2항).

국토교통부장관은 제2항에 따라 시험에 응시할 수 없음에도 불구하고 시험에 응시하여 최종 합격한 사람에 대해서는 합격결정을 취소하여야 한다(법 제14조 제3항). 시험과목, 시험공고 등 시험의 절차·방법 등에 필요한 사항은 **대통령령**으로 정한다(법 제14조 제4항).[43]

---

43) **영 제9조(시험과목 및 방법)** ① 법 제14조에 따른 **감정평가사**시험(이하 "시험"이라 한다)의 시험과목은 [별표 1]과 같다.

구분	시험과목
1. 제1차 시험	가. 「민법」 중 총칙, 물권에 관한 규정, 나. 경제학원론, 다. 부동산학원론, 라. 감정평가 관계 법규(「국토의 계획 및 이용에 관한 법률」, 「건축법」, 「공간정보의 구축 및 관리 등에 관한 법률」 중 지적에 관한 규정, 「국유재산법」, 「도시 및 주거환경정비법」, 「부동산등기법」, 「감정평가 및 **감정평가사**에 관한 법률」, 「부동산 가격공시에 관한 법률」 및 「동산·채권 등의 담보에 관한 법률」을 말한다), 마. 회계학, 바. 영어
2. 제2차 시험	가. 감정평가 및 보상 법규(「감정평가 및 **감정평가사**에 관한 법률」, 「공익사업을 위한 토지 등의 취득 및 보상에 관한 법률」 및 「부동산 가격공시에 관한 법률」을 말한다), 나. 감정평가이론, 다. 감정평가실무

② 제1차 시험은 선택형으로 한다.
③ 제2차 시험은 논문형으로 하되, 기입형을 병행할 수 있다.
④ 제1항에 따른 제1차 시험의 과목 중 영어 과목은 제1차 시험 응시원서 접수마감일부터 역산(逆算)하여 2년이 되는 날 이후에 실시된 다른 시험기관의 시험(이하 "영어시험"이라 한다)에서 취득한 성적으로 시험을 대체한다.
⑤ 제4항에 따른 영어시험의 종류 및 합격에 필요한 점수는 별표 2와 같다.
⑥ 시험에 응시하려는 사람은 응시원서를 제출할 때에 **국토교통부장관**이 별표 2에서 정한 영어시험의 합격에 필요한 기준점수를 확인할 수 있도록 하여야 한다.
　영 제10조(합격기준) ① 제1차 시험 과목 중 영어과목을 제외한 나머지 시험과목의 합격기준은 과목당 100점을 만점으로 하여 모든 과목 40점 이상, 전 과목 평균 60점 이상의 득점으로 한다.
② **국토교통부장관**은 **감정평가사**의 수급 상황 등을 고려하여 제2차 시험의 최소합격인원을 정할 수 있다. 이 경우 법 제40조에 따른 감정평가관리·징계위원회의 심의를 거쳐야 한다.
③ 제2차 시험과목의 합격기준은 과목당 100점을 만점으로 하여 모든 과목 40점 이상, 전 과목 평균 60점 이상의 득점으로 한다. 다만, 모든 과목 40점 이상, 전 과목 평균 60점 이상을 득점한 사람의 수가 제2항에 따른 최소합격인원에 미달하는 경우에는 모든 과목 40점 이상을 득점한 사람 중에서 전 과목 평균점수가 높은 순으로 최소합격인원의 범위에서 합격자를 결정한다.
④ 제3항 단서에 따라 합격자를 결정하는 경우 동점자로 인하여 최소합격인원을 초과하는 경우에는 그 동점자 모두를 합격자로 결정한다. 이 경우 동점자의 점수는 소수점 이하 둘째 자리까지만 계산하며, 반올림은 하지 아니한다.
　영 제11조(시험시행공고) **국토교통부장관**은 시험을 시행하려는 경우에는 시험의 일시, 장소, 방법, 과목, 응시자격, 별표 2에서 정한 영어능력 검정시험의 합격에 필요한 기준점수의 확인방법, 제2차 시험의 최소합격인원, 응시절차 및 그 밖에 필요한 사항을 시험일 90일 전까지 인터넷 홈페이지 등에 공고하여야 한다.
　영 제12조(합격자의 공고 등) ① **국토교통부장관**은 시험합격자가 결정된 경우에는 모든 응시자가 알 수 있는 방법으로 합격자 결정에 관한 사항과 실무수습신청기간 및 실무수습기간 등 실무수습에 필요한 사항을 관보에 공고하고, 합격자에게는 최종 합격 확인서를 발급하여야 한다.
② **국토교통부장관**은 법 제11조에 해당하는 사람이 **감정평가사** 자격증의 발급을 신청하는 경우 법 제12조에 따른 결

시험에 응시하려는 사람은 실비의 범위에서 **대통령령**으로 정하는 수수료를 내야 한다. 이 경우 수수료의 납부방법, 반환 등에 필요한 사항은 **대통령령**으로 정한다(법 제14조 제5항).[44]

Ⅱ. 시험의 일부면제

법 제15조의 제목으로 시험이 제1차 시험과 제2차 시험으로 이루어진다는 점에서 일부면제라 하고 법령에서 1차 시험을 면제한다고 하여 법령면제자라는 표현을 쓰고 있으나, 보다 명확한 표현은 제1차 시험 전체과목을 면제하므로, "제1차 시험면제"가 더 명확하다.

1. 법적 근거와 비교법적 검토

감정평가법인 등 **대통령령**으로 정하는 기관[다음 각 호 1. **감정평가법인**, 2. **감정평가사**사무소, 3. 협회, 4. 「한국부동산원법」에 따른 부동산원, 5. 감정평가업무를 지도하거나 감독하는 기관, 6. 「부동산가격공시법」에 따른 개별공시지가·개별주택가격·공동주택가격 또는 비주거용 부동산가격을 결정·공시하는 업무를 수행하거나 그 업무를 지도·감독하는 기관, 7. 「부동산가격공시법」에 따른 토지가격비준표, 주택가격비준표 및 비주거용 부동산가격비준표를 작성하는 업무를 수행하는 기관, 8. 국유재산을 관리하는 기관, 9. 과세시가표준액을 조사·결정하는 업무를 수행하거나 그 업무를 지도·감독하는 기관을 말한다(영 제14조 제1항)]에서 5년 이상 감정평가와 관련된 업무에 종사한 사람에 대해서는 시험 중 제1차 시험을 면제한다(법 제15조 제1항).[45]

법 제15조 제1항에 따른 업무종사기간을 산정할 때 기준일은 제2차 시험 시행일로 하며, 둘 이상의 기관에서 해당 업무에 종사한 사람에 대해서는 각 기관에서 종사한 기간을 합산한다(영 제14조 제2항). 제1차 시험에 합격한 사람에 대해서는 다음 회의 시험에 한정하여 제1차 시험을 면제한다(법 제15조 제2항).

「법무사법」은 법원, 헌법재판소, 검찰청의 법원사무직렬·등기사무직렬·검찰사무직렬 또는 마약수사직렬 공무원으로 10년 이상 근무한 경력이 있는 자에게는 제1차 시험을 면제한다(법 제5조의2 제1항). 「법무사법」 제5조의2 제1항의 입법 취지에 대한 판시에서, "'법원, 헌법재판소, 검찰청의 법원사무직렬·등기사무직렬·검찰사무직렬 또는 마약수사직렬 공무원으로 10년 이상 근무한 경력이 있는 자'(법무사법 제5조의2)에게 법무사 제1차 시험 면제 규정은 법원사무직렬 등의 공무원으로 근무하면서 관련 직무에 종사한 자는 특별한 사정이 없는 한 그 직무수행과정에서 법무사로서의 업무수행에 필요한 법

격사유에 해당하는 경우를 제외하고는 **감정평가사** 자격증을 발급하여야 한다.

44) **제13조(응시수수료)** ① 법 제14조 제5항 전단에 따른 수수료(이하 "응시수수료"라 한다)는 4만원으로 하며, 현금 또는 정보통신망을 이용한 전자화폐·전자결제 등의 방법으로 납부할 수 있다.

② **국토교통부장관**은 응시수수료를 납부한 사람이 다음 각 호 1. 응시수수료를 과오납(過誤納)한 경우, 2. **국토교통부장관**의 귀책사유로 시험에 응시하지 못한 경우, 3. 시험시행일 10일 전까지 응시원서 접수를 취소한 경우의 어느 하나에 해당하는 경우에는 **국토교통부령**으로 정하는 바에 따라 응시수수료의 전부 또는 일부를 반환하여야 한다.

45) [별표3] 법령면제기관 등의 감정평가업무경력사항 인정기준(부동산가격 조사·평가를 위한 감정평가업자 선정·추천 지침, 협회 개정 2016. 12. 27.)

률지식을 습득하고 실무처리능력을 배양하게 되므로 이러한 지식이나 능력을 갖추었는지 평가하기 위하여 별도로 법무사시험의 제1차 시험을 거칠 필요가 없다는 데에 그 취지가 있다.”고 판시하였다.[46]

구 「세무사법」(1989. 12. 30. 법률 제4166호로 개정되기 전의 것) 제5조의2는 10년 이상 국세에 관한 행정사무에 종사한 자는 국세에 관한 실무능력이 갖추어진 자로 간주하여 세무사시험에 있어 실무시험을 면제한다는 취지라고 할 것이므로 “국세에 관한 행정사무에 통산 10년 이상 종사”란 실제로 이에 종사한 기간만을 의미한다 할 것이고,[47] 「공인회계사법」 제6조 제1항에서 1. 5급 이상 공무원 또는 고위공무원단에 속하는 일반직공무원으로서 3년 이상 기업회계·회계감사 또는 직접세 세무회계에 관한 사무를 담당한 경력이 있는 자, 2. 대학·전문대학(이에 준하는 학교를 포함한다)의 조교수 이상의 직에서 3년 이상 회계학을 교수한 경력이 있는 자, 3. 「은행법」 제2조의 규정에 의한 은행 또는 **대통령령**이 정하는 기관에서 **대통령령**이 정하는 직급이상의 직에서 5년 이상 회계에 관한 사무를 담당

대상기관	경력인정업무	제외자
1. 감정평가법인 2. 감정평가사 사무소 3. 한국감정평가사협회	• 감정평가에 관한 조사 연구 등 보조업무	• 단순노무자 • 특정업무를 위한 계약직 • 아르바이트 경력 • 기타 정규업무 경력 이외의 경력
4. 감정평가업무를 지도·감독하는 기관	• 토지수용 및 용지보상 • 부동산공시가격 및 감정평가에 관한 제도운영 및 지도·감독 • 택지소유상한제 및 개발부담금제 운영 • 위 업무에 대한 지도감독	• 국토교통부 해당부서 이외의 부서 • 지방청 보상과·관리과, 국도유지 관리과 이외 부서 • 감사원 해당업무 감사부서 이외의 부서
5. 개별공시지가를 결정·공시하는 업무를 수행하거나 동 업무를 지도·감독하는 기관	• 개별공시지가결정·공시업무 • 위 업무에 대한 지도 감독	• 시·도 담당부서 이외의 부서 • 감사원 해당업무 감사부서 이외의 부서
6. 국유재산을 관리하는 기관	• 국유재산을 관리하는 업무	• 기획재정부 국유재산과 이외의 부서
7. 과세시가표준액을 조사·결정하는 업무를 수행하거나 지도·감독하는 기관	• 과세시가 표준액의 조사·결정 • 기준시가의 조사·결정 • 위 업무에 대한 지도·감독	• 행정안전부 세제과 및 세정과 이외의 부서 • 시·도 및 시·군·구 담당부서 이외의 부서 • 국세청 재산세 관련과 이외의 부서 • 감사원 해당업무 감사부서 이외의 부서
8. 토지, 주택 및 비주거용부동산가격비준표 작성 기관	• 토지, 주택 및 비주거용부동산가격비준표 작성 업무	• 토지, 주택 및 비주거용부동산가격비준표 작성 기관내 담당부서 이외의 부서
9. 토지수용 및 용지보상업무를 수행하는 기관	• 토지수용 및 용지보상을 수행하는 업무	• 시·도 및 시·군·구 담당부서 이외의 부서 • 대한주택공사, 한국수자원공사, 한국도로공사, 한국토지공사, 지방공기업법과 지방자치단체 조례에 의해 설립된 관련 기관 해당부서 이외의 부서
10. 부동산가격공시법 부칙 제9조('89. 4. 1. 기준)에 의한 감정평가업무를 수행한 기관	• 대출을 목적으로 하는 토지 등의 감정평가에 관한 업무	• '89. 4. 1부터 '04. 6. 30까지 동 업무를 담당한 부서 이외의 부서

46) 대법원 2006. 6. 30. 선고 2004두4802 판결.
47) 대법원 1991. 11. 12. 선고 91누1035 판결.

한 경력이 있는 자, 4. 대위이상의 경리병과장교로서 5년 이상 군의 경리 또는 회계감사에 관한 사무를 담당한 경력이 있는 자, 5. 제1호 내지 제4호에 규정된 자와 동등이상의 능력이 있다고 인정하여 **대통령령**으로 정하는 자(같은 조 같은 항) 등에 대하여 시험이 일부면제 규정을 두고 있으며, 반면에 「변호사법」은 시험의 일부면제 조항 자체가 없다.

2. 위헌성 여부

「법무사법」과 「세무사법」도 1차 시험 면제규정을 두고 있으나 경력기간에 있어서 대체로 10년 이상의 근무기간을 요건으로 하고 있으며, 「공인회계사법」에서는 회계법인 소속직원 등에 대하여 1차 시험 면제규정을 두고 있지 않다. 「변호사법」에서는 시험 면제규정 자체를 두고 있지 않다. 따라서 「감정평가법」은 그 기간에 있어서 5년 이상으로 짧고, 감정평가와 관련된 업무에 종사한 사람이라는 불확정개념을 사용하면서 더욱이 「공인회계사법」과 달리 **대통령령**으로 정하는 기관에서 종사한 사람에 대해서 면제하도록 하위법령에 위임하였다는 점에서 포괄위임금지원칙 위배의 여지나 다른 전문자격자와 비교하여 「헌법」 제11조 평등의 원칙에 위배될 여지가 있다. 이 밖에도 다른 전문자격자 제도와 비교해 볼 때 1차 시험부터 공부해야하는 일반 수험생의 기본권에 해당하는 「헌법」 제15조의 직업 선택의 자유를 침해할 우려가 있다. 왜냐하면 직업선택의 기회는 국민 모두에게 평등하여야 할 것이나, **사견**으로는 감정평가업무라는 것이 "**감정평가법인** 등 **대통령령**으로 정하는 기관"에서 5년간 근무하기만 하면 1차 시험을 면제할 수 있을 만큼의 능력과 지식이 갖추어지는지 의문이다. 이에 반해 변호사·세무나 공인회계사 등 다른 전문자격자의 업무에 종사하는 직원은 **감정평가법인**과 유사한 사무소·법인 및 그 업무를 지도·감독하는 기관에서 5년간 근무하였는데도 그러한 능력이 갖추어지지 않는 것인지도 이해하기 힘들다.

개정 전 「법무사법」 제4조 제1항 제1호는 신규 법무사의 수요를 충당하는 두 개의 공급원 즉, 하나는 경력공무원이고 다른 하나는 시험합격자라고 하는 두 개의 공급원을 규정하고 있었다. 「법무사법」은 2003. 3. 12. 일부개정으로 법무사시험에 합격한 자에게만 법무사자격을 부여하도록 하고, 일정한 자격을 가진 자에게 법무사자격을 자동적으로 부여하던 무시험 제도를 폐지하였다. 그러나 헌법재판소는 "무시험으로 법무사 자격을 대법원장이 인정하는 경력공무원에게 부여하는 이 사건 법률조항은 청구인들이 법무사라는 직업을 선택하는 자유를 침해하지 않는다는"[48] 경력공무원에 대한 법무사 자격 자동부여 대하여 합헌 결정하는 헌재의 태도로 보아서 1차 시험 일부 면제에 대하여 위헌 결정되기는 쉽지 않아 보인다.

---

48) 헌재 2001. 11. 29. 2000헌마84.

Ⅲ. 부정행위자에 대한 제재

국토교통부장관은 다음 각 호 1. 부정한 방법으로 시험에 응시한 사람, 2. 시험에서 부정한 행위를 한 사람, 3. 법 제15조 제1항에 따른 시험의 일부 면제를 위한 관련 서류를 거짓 또는 부정한 방법으로 제출한 사람의 어느 하나에 해당하는 사람에 대해서는 해당 시험을 정지시키거나 무효로 한다(법 제16조 제1항).

법 제16조 제1항에 따라 처분을 받은 사람은 그 처분을 받은 날부터 5년간 시험에 응시할 수 없다. 2016. 9. 1. 제정·시행법부터 **감정평가사** 자격시험, 시험의 일부면제, 부정행위자에 대한 제재처분 등의 근거를 규정하였다(제3장 제2절).

제3절 감정평가사 등록

Ⅰ. 등록 및 갱신등록

법 제11조에 따른 **감정평가사** 자격이 있는 사람이 제10조에 따른 업무를 하려는 경우에는 **대통령령**으로 정하는 기간[1년(법 제15조 제1항에 따라 제1차 시험을 면제받고 감정평가사 자격을 취득한 사람인 경우에는 1주일)(영 제15조)] 이상의 실무수습을[49) 마치고 **국토교통부장관**에게 등록하여야[50) 한다(법 제17조 제1항).

법 제11조 제1항에 따라 등록한 **감정평가사**는 **대통령령**으로 정하는 바에 따라 등록을 갱신하여야 한다. 이 경우 갱신기간은 3년 이상으로 한다(법 제17조 제2항).[51)

---

49) **영 제16조(실무수습사항)** ① 법 제17조 제1항에 따른 실무수습(이하 "실무수습"이라 한다)을 받는 사람은 실무수습 기간 중에 감정평가에 관한 이론·실무 및 그 밖에 **감정평가사**의 업무수행에 필요한 사항을 습득하여야 한다.
   ② **국토교통부장관**은 실무수습에 필요한 지시를 협회에 할 수 있다.
   ③ 협회는 실무수습계획을 수립하여 **국토교통부장관**의 승인을 받아야 하며, 실무수습이 종료되면 실무수습 종료일부터 10일 이내에 그 결과를 **국토교통부장관**에게 보고하여야 한다.
   ④ 실무수습의 내용·방법·절차 및 그 밖에 필요한 사항은 국토교통부령으로 정한다.
50) **영 제17조(등록)** ① 법 제17조 제1항에 따라 등록을 하려는 사람은 등록신청서에 **감정평가사** 자격을 증명하는 서류 및 실무수습 종료를 증명하는 서류를 첨부하여 **국토교통부장관**에게 제출하여야 한다.
   ② **국토교통부장관**은 제1항에 따른 등록신청을 받았을 때에는 신청인이 법 제18조 제1항 각 호의 어느 하나에 해당하는 경우를 제외하고는 **감정평가사** 등록부에 등재하고, 신청인에게 등록증을 발급하여야 한다.
51) **영 제18조(갱신등록)** ① 법 제17조 제1항에 따라 등록한 **감정평가사**는 같은 조 제2항에 따라 5년마다 그 등록을 갱신하여야 한다.
   ② 제1항에 따라 등록을 갱신하려는 **감정평가사**는 등록일부터 5년이 되는 날의 60일 전까지 갱신등록 신청서를 **국토교통부장관**에게 제출하여야 한다.
   ③ **국토교통부장관**은 **감정평가사** 등록을 한 사람에게 **감정평가사** 등록을 갱신하려면 갱신등록 신청을 하여야 한다는 사실과 갱신등록신청절차를 등록일부터 5년이 되는 날의 120일 전까지 통지하여야 한다.
   ④ 제3항에 따른 통지는 문서, 팩스, 전자우편, 휴대전화에 의한 문자메시지 등의 방법으로 할 수 있다.
   ⑤ **국토교통부장관**은 제2항에 따른 갱신등록 신청을 받은 경우 신청인이 법 제18조 제1항 각 호의 어느 하나에 해당하는 경우를 제외하고는 **감정평가사** 등록부에 등재하고, 신청인에게 등록증을 갱신하여 발급하여야 한다.

종전에는 **감정평가사** 자격이 있는 자는 행정관청에 별도로 등록을 하지 아니하여도 감정평가업무를 할 수 있었으므로, **감정평가사** 자격 취득 이후 결격사유가 발생한 경우라 하더라도 계속적으로 감정평가업무를 수행할 수 있게 되는 문제가 있었다. 따라서 2007. 7. 28. 시행법(법률 제8409호)부터, **감정평가사** 자격이 있는 자가 감정평가업무를 하려는 경우에는 **국토교통부장관**에게 등록하도록 하고, 일정기간마다 그 자격을 갱신하여 등록하도록 하여 적격 여부를 주기적으로 검증받도록 하며, **국토교통부장관**은 **감정평가사**가 결격사유에 해당하는 경우에는 그 자격등록 및 갱신등록을 거부하거나 취소하도록 개정하였다.

법 제11조 제1항에 따른 실무수습은 협회가 **국토교통부장관**의 승인을 받아 실시·관리한다(법 제17조 제3항). 법 제11조 제1항 및 제2항에 따른 실무수습, 등록 및 갱신등록을 위하여 필요한 신청절차, 구비서류 및 그 밖에 필요한 사항은 **대통령령**으로 정한다(법 제17조 제4항).

Ⅱ. 등록 및 갱신등록의 거부

국토교통부장관은 제17조에 따른 등록 또는 갱신등록을 신청한 사람이 다음 각 호 1. **감정평가사** 결격사유(법 제12조 각 호)에 해당하는 경우, 2. 법 제17조 제1항에 따른 실무수습을 받지 아니한 경우, 3. 법 제39조에 따라 자격 또는 등록이 취소된 후 3년이 지나지 아니한 경우, 4. 법 제39조에 따라 업무가 정지된 **감정평가사**로서 그 업무정지 기간이 지나지 아니한 경우의 어느 하나에 해당하는 경우에는 그 등록을 거부하여야 한다(법 제18조 제1항).

국토교통부장관은 등록 또는 갱신등록을 거부한 경우에는 그 사실을 관보에 공고하고, 정보통신망 등을 이용하여 일반인에게 알려야 한다(법 제18조 제2항). 제2항에 따른 공고의 방법, 내용 및 그 밖에 필요한 사항은 **국토교통부령**으로 정한다(법 제18조 제3항).[52]

Ⅲ. 등록의 취소

국토교통부장관은 제17조에 따라 등록한 **감정평가사**가 다음 각 호 1. **감정평가사** 결격사유(법 제12조 각 호)에 해당하는 경우, 2. 사망한 경우, 3. 등록취소를 신청한 경우의 어느 하나에 해당하는 경우에는 그 등록을 취소하여야 한다(법 제19조 제1항). **국토교통부장관**은 등록을 취소한 경우에는 그 사실을 관보에 공고하고, 정보통신망 등을 이용하여 일반인에게 알려야 한다(법 제19조 제2항).

등록이 취소된 사람은 등록증을 **국토교통부장관**에게 반납하여야 한다(법 제19조 제3항). 공고의 방

---

52) **칙 제14조(등록 및 갱신등록 거부의 공고)** 법 제18조에 따른 등록 또는 갱신등록 거부사실의 공고는 다음 각 호 1. **감정평가사**의 소속, 성명 및 생년월일, 2. 등록 또는 갱신등록의 거부사유의 사항을 관보에 공고하고, 국토교통부의 인터넷 홈페이지에 게시하는 방법으로 한다.

법, 내용 및 그 밖에 필요한 사항은 **국토교통부령**으로 정한다(법 제19조 제4항).[53]

Ⅳ. 외국감정평가사

외국의 **감정평가사** 자격을 가진 사람으로서 법 제12조에 따른 결격사유에 해당하지 아니하는 사람은 그 본국에서 대한민국정부가 부여한 **감정평가사** 자격을 인정하는 경우에 한정하여(상호주의) **국토교통부장관**의 인가를 받아 법 제10조 각 호의 업무를 수행할 수 있다(법 제20조 제1항).

국토교통부장관은 제1항에 따른 인가를 하는 경우 필요하다고 인정하는 때에는 그 업무의 일부를 제한할 수 있다(법 제20조 제2항).

제1항 및 제2항에 규정된 것 외에 외국**감정평가사**에 필요한 사항은 **대통령령**으로 정한다(법 제20조 제3항).[54]

제4절 감정평가법인등의 권리와 의무

Ⅰ. 의의

감정평가법인등은 사경제 주체로서 감정평가서 발급의 대가로 의뢰인에 대하여 수수료 및 실비라는 금원을 받을 권리와 감정평가의 사회성·공공성에 따른 적지 않은 의무와 민·형사 및 행정적 책임 규정을 두고 있다. 여기서 권리란 법익을 향수하기 위하여 법에서 허여된 힘이라 할 수 있다(권리법력설). 의무란 의무자의 의사 여하와는 관계없이 법에 의하여 강요되는 법률상의 구속을 말하고, 그 내용에 따라 작위와 부작위 의무로 나뉜다. 의무는 권리와 표리관계(表裏關係)를 이루면서 대응한다. 그리고 이러한 의무위반에 대한 법적 효과로서 책임을 가하고 있다.

한편, 「감정평가법」에는 감정평가업무의 성격이 반영된 의무조항을 포함하여 다소 넓은 의무조항을 두고 있지만, 日本의 경우나 다른 전문 자격자와 비교법적으로 검토를 해보면 과다한 의무와 책임으로

---

53) 칙 제15조(등록 취소의 공고) 법 제19조에 따른 등록 취소사실의 공고는 다음 각 호 1. **감정평가사**의 소속, 성명 및 생년월일, 2. 등록의 취소사유의 사항을 관보에 공고하고, 국토교통부의 인터넷 홈페이지에 게시하는 방법으로 한다.

54) **영 제19조(외국감정평가사의 인가 등)** ① 법 제20조 제1항에 따른 본국은 외국**감정평가사**가 그 자격을 취득한 국가로 한다.

② 외국**감정평가사**는 법 제20조 제1항에 따라 인가를 받으려는 경우에는 인가 신청서에 그 자격을 취득한 본국이 대한민국정부가 부여하는 **감정평가사** 자격을 인정함을 증명하는 서류를 첨부하여 **국토교통부장관**에게 제출하여야 한다. 이 경우 협회를 거쳐야 한다.

③ 법 제20조 제1항에 따라 **국토교통부장관**이 외국**감정평가사**의 업무에 대하여 인가를 하는 경우 같은 조 제2항에 따라 제한할 수 있는 업무는 법 제10조 제1호부터 제5호까지 및 제8호의 업무로 한다.

보이는 것들이 있다.[55]

Ⅱ. 감정평가법인등의 권리

1. 수수료 및 실비를 받을 권리

감정평가법인등은 의뢰인으로부터 업무수행에 따른 <u>수수료와 그에 필요한 실비를 받을 수 있다</u>(법 제23조 제1항). 이를 반대해석해도 <u>수수료와 실비 외에는 어떠한 명목으로도 그 업무와 관련된 대가를 받아서는 아니 되는</u> 청렴 의무(법 제25조 제4항) 및 「보수기준」 준수 의무(법 제23조 제3항)와 표리관계에 있다.

이 같은 「감정평가법」 제23조에 따라 **감정평가법인등**이 업무 수행에 관하여 감정평가 의뢰인으로부터 받는 수수료의 요율 및 실비의 범위와 적용방법을 정함을 목적으로 「감정평가업자의 보수에 관한 기준」(이하 '보수기준'이라 한다)에 의하도록 하고 있다. 이 기준에 관해서는 「보수기준」 준수 의무에서 후술한다.

2. 사무직원을 고용할 권리

감정평가법인등은 그 <u>직무의 수행을 보조하기 위하여 사무직원을 둘 수 있다</u>(법 제24조 제1항). **감정평가법인등**도 사경제 주체이므로 「민법」상 고용계약을 할 수 있는 것은 당연할 것이므로 이를 권리로 보아야 할지 의문이지만, 「변호사법」은 1982년 전면개정 및 시행(법률 제3594호) 이래 동법 제18조(현행 제22조)에 규정을 두고 있는 반면,[56] 구 「지가공시법」이나 구 「부감법」과 달리, 2016년 「감정평가법」에서 비로소 법적 근거를 명시하였다는 점이다(법 제24조). 이와 같은 고용계약은 당사자 일방(사무직원)이 상대방(**감정평가법인등**)에 대하여 노무를 제공할 것을 약정하고 상대방이 이에 대하여 보수를 지급할 것을 약정함으로써 그 효력이 생긴다(민법 제655조).

Ⅲ. 감정평가법인등의 의무

1. 의무의 유형

감정평가법인등은 감정평가제도의 사회성과 공공성을 충분히 이해하고, 전문인으로서 부여된 의무

---

55) **사견**으로는 의무와 이에 따른 책임을 강조하는 입법에서 한 걸음 더 나아가 고도의 전문성이 요구되는 **감정평가법인등**에게 직업윤리 조항의 입법을 통하여 자율규제를 유도하는 조화로운 입법개선이 있기를 기대한다.

56) 「세무사법」도 2003. 12. 31. 개정(시행2003.12.31. 법률 제7032호)전까지 사무직원을 지도·감독할 책임 의무만 규정하였다가 제12조의4조(현행 제12조의5) 개정을 통하여 사무직원을 둘 수 있도록 근거를 명시하였다.

와 책임을 인식하여 행동을 스스로 규율하여야 한다(자율적 규제). **감정평가법인등** 의무규정은 다음과 같이 세 가지 유형으로 구분할 수 있다.

제1유형으로, 「감정평가법」에서 의무로 규정하고 있어 법적 구속을 받고 책임이 법정되어 있지만 규범의 성격상 **감정평가법인등** 직업윤리의 성격이라 할 수 있는 것들이다. ① 품위유지 의무(법 제25조 제1항), ② 성실 의무(같은 조 같은 항), ③ 고의·중과실 감정평가금지 의무(같은 조 같은 항), ④ 불공정한 감정평가금지 의무(같은 조 같은 항), ⑤ 청렴 의무(같은 조 제4항), ⑥ 비밀엄수 의무(법 제26조), ⑦ 자격증 등의 양도·대여 및 부당한 행사 금지 의무(법 제27조) 등은 실질적으로는 **감정평가법인등**의 직업윤리 규정이기도 하다.

제2유형으로, 현행법상 의무 규정이지만 입법정책에 따라 폐지될 수 있는 규정들인데, ① 토지 등 매매업의 겸업금지(법 제25조 제3항), ② 사무소 개설신고 등 의무(법 제21조 제1항), ③ 사무직원의 고용 등에 대한 신고 의무(법 제21조의2), ④ 사무소의 명칭 등 사용 의무(법 제22조 제1항), ⑤ 「보수기준」 준수 의무(법 제23조 제3항), ⑥ 둘 이상의 **감정평가법인** 등에 소속 금지(법 제25조 제5항) ⑦ 보증보험 또는 공제사업 가입 의무(법 제28조 제2항) 등이 이에 해당한다. 종래 **감정평가법인등**의 종별에 따른 업무지역 및 업무범위의 제한준수 의무는 입법정책에 따라 폐지되었다.

제3유형으로, 「실무기준」의 자기계발 의무나 의뢰인에 대한 설명 의무, 日本「鑑定評価法」제7조 지식 및 기능의 유지향상노력 의무 등은 직업윤리이기는 하지만, 「감정평가법」에서는 의무 규정으로 채택하고 있지 않다. 이하에서는 유형별 순서로 설명하기로 한다.

2. 품위유지 의무

가. 의의

감정평가법인등(감정평가법인 또는 감정평가사사무소의 소속 감정평가사를 포함한다)은 "업무를 하는 경우" "품위"를 유지하여야 한다(법 제25조 제1항). 품위유지 의무는 **감정평가법인등**에게만 부과된 의무가 아니고, 「변호사법」제24조, 「공인회계사법」제15조, 「세무사법」제12조, 「공인중개사법」제29조, 「국가공무원법」제63조, 「지방공무원법」제55조 등 광범위하게 규정되어 있다. **감정평가법인등**의 품위란 무엇인가에 대해서는 다음의 경우를 비추어 보자. 어떤 행위가 변호사의 품위를 손상시키는지에 대해서는 구체적 사건에서 건전한 사회통념에 의하여 판단할 수밖에 없고, 결국 징계처분을 한 행정청과 법원에 의한 보충적 해석에 의하여 확정된다.[57] 이 밖에도 「국가공무원법」제63조에 따른 품위유지 의무에서 공무원의 품위손상행위란, 국가의 권위·위신·체면·신용 등에 영향을 미칠 수 있는 공무원의 불량하거나 불건전한 행위를 말한다(가령, 축첩·도박·마약이나 알코올 중독).[58] 「국가공무원법」제63조와 「변호사법」제91조 제2항 제3호에서 "직무의 내외를 막론하고"와는 달리 「감정평

---

57) 박선아, "변호사의 품위유지의무와 직무외 비행", 법학논총 34권4호, 2017, 186면.
58) 홍정선, 행정법원론(하), 박영사, 2015, 337면.

가법」제25조 제1항에 따르면 "**감정평가법인등**의 업무를 하는 경우"라고 하여 어떤 한계를 설정한 것이라고 보이지만, 업무외 사적인 비행을 제외하는 의미인지 개념이 모호하다. 업무를 하는 경우를 **감정평가법인** 설립인가 후 통상적인 업무 수행을 의미할 경우 직무의 내외를 막론하고와 같은 의미로 해석될 수 있으나, 감정평가업무를 수행하면서 의뢰인 및 토지소유자 등 이해관계인과의 업무상 관계 범위 내에서 만을 의미한다면 다소 한계를 인정할 수 있을 것이다.

나. 행정적 책임 및 형사책임

(1) 법 제25조에 따른 의무 어느 하나라도 위반한 경우 **국토교통부장관**은 그 설립인가를 취소하거나 2년 이내의 범위에서 기간을 정하여 업무의 정지를 명할 수 있다(법 제32조 제1항 제11호). 그리고 감정평가관리·징계위원회의 의결에 따라 해당 **감정평가사**에 대해서는 자격의 취소, 등록의 취소, 2년 이하의 업무정지, 견책의 어느 하나에 해당하는 징계와 같은 행정상 책임을 물을 수 있다(법 제39조 제1항 및 제2항).

(2) 위반의 법적 효과로서「변호사법」상 품위손상과 같은 추상적인 징계사유는 악용될 경우 징계권의 남용과 변호사의 독립성을 해칠 수 있고, 정당성 여부에 대하여 끊임없이 논란이 되어 왔다.[59] 따라서 품위유지 의무는 불확정개념이라서「감정평가법」상 행정청의 **감정평가법인등**에 대한 **감정평가법인** 설립인가취소나 업무정지처분 및 징계처분의 행정적 책임을 묻는 경우 감독권 남용의 여지가 있을 수 있다. 그래서 품위유지 의무위반의 법적 효과로서 형사책임은 면책된다.

3. 성실 의무

가. 의의 및 연혁

감정평가법인등은 업무를 하는 경우 신의와 성실로써 공정하게 감정평가를 하여야 한다(법 제25조 제1항). 이를 성실 의무라 하는데,「민법」제2조 제1항에 따른 신의칙 조항의 개별법적 규정이라 할 수 있다. 이는 전술한 대표적인 제1유형 의무에 속한다. 그러나 어떻게 업무를 하는 것이 성실한 업무 인가에 대한 구체적인 요건이 규정되어 있지 않다. 이와 같이 특히 요건이 구체적으로 정하여져 있지 않은 법률규정을 일반조항 또는 백지규정이라고 한다.[60] 이러한 일반조항은 **감정평가법인등**의 행위규 범이면서 실제의 재판에서는 법관을 구속하는 재판규범으로 작용할 것이다.

한편, 동 규정은 1973년「감정평가에관한법률」제정당시부터 성실·공정 의무 등 의무규정으로 두었으나 책임에 관한 규정은 두지 않았다. 1989년「지가공시법」의 제정에서는 제27조의 조문제목으로 규정하였으며, 1995. 12. 29.「지가공시법」제27조 및 제28조를 개정(시행 1996. 6. 30. 법률 제5108호)

---

59) 박선아, 앞의 논문, 192면.
60) 송덕수, 민법강의(제12판), 34면.

하면서 행정적 책임에 관한 규정을 두게 되었다.

나. 성실 의무 및 위반의 유형에 대한 판례

성실 의무를 준수한 사례로, 대법원은 "신의와 성실로써 공정하게 감정평가를 하여야 할 주의 의무가 무엇인가에 대하여, **감정평가법인등**이 토지를 개별적으로 감정평가하는 경우에는 실지조사에 의하여 대상 물건을 확인하고, 당해 토지와 용도·지목·주변환경 등이 동일 또는 유사한 인근지역에 소재하는 하나 또는 둘 이상의 표준지의 공시지가를 기준으로 공시 기준일로부터 가격시점까지의 지가변동률, 도매물가상승률 및 지가변동에 영향을 미치는 관계 법령에 의한 토지의 사용·처분 등의 제한 또는 그 해제, 토지의 형질변경이나 지목의 변경 등의 기타 사항을 종합적으로 참작하고 평가 대상 토지와 표준지의 지역요인 및 개별요인에 대한 분석 등 필요한 조정을 하는 방법을 말한다고" 판시하였다.[61] 이는 곧 관계법령에 따라 일반적인 방법으로 감정평가하는 것이 성실 의무를 준수하는 것이다.

그러나 대법원은 성실 의무를 위반의 유형에 대해서 "「감칙」 제8조 제5호, 「부감법」 제37조 제1항 및 관계 법령의 취지를 종합해 보면, **감정평가사**는 공정하고 합리적인 평가액의 산정을 위하여 성실하고 공정하게 자료검토 및 가격형성요인 분석을 해야 할 의무가 있고, 특히 특수한 조건을 반영하거나 현재가 아닌 시점의 가격을 기준으로 하는 경우에는 제시된 자료와 대상물건의 구체적인 비교·분석을 통하여 평가액의 산출근거를 논리적으로 밝히는 데 더욱 신중을 기하여야 한다. 만약 위와 같이 하는 것이 곤란한 경우라면 **감정평가사**로서는 자신의 능력에 의한 업무수행이 불가능하거나 극히 곤란한 경우로 보아 대상물건에 대한 평가를 하지 말아야 하지 구체적이고 논리적인 가격형성요인의 분석이 어렵다고 하여 자의적으로 평가액을 산정해서는 안 된다. 원고는 이 사건 토지에 대한 가격자료 검토 및 가격형성요인 분석을 제대로 하지 않은 것으로 보이고, 결국 「감칙」 제8조 제5호에서 규정한 자료 검토 및 가격형성요인 분석을 함에 있어 「부감법」 제37조 제1항에서 규정한 성실 의무를 위반하였다고" 보았다.[62] 가격자료 검토 및 가격형성요인 분석을 제대로 하지 않은 것이 성실 의무위반이라는 입장이다.

다. 행정적 책임 및 형사책임에 대한 법적 검토

성실 의무 위반의 법적 효과로서, 행정청은 **감정평가법인등**에 대하여 설립인가취소나 업무정지처분(법 제32조 제1항 제11호) 및 징계처분(법 제39조 제1항 및 제2항)이라는 행정적 책임을 물을 수 있다. 그러나 신의와 성실을 의무규정으로 두었더라도 불확정개념의 한계상 「감정평가법」에서도 형사책임까지 지우고 있지는 않다. 日本 「鑑定評価法」 제5조를 보면 부동산감정사의 책무(不動産鑑定士の責務) 조항으로, 양심에 따라 성실하게 감정평가업무를 하도록 정하고 있을 뿐, 우리나라처럼 **감정평가법인**

---

61) 대법원 1999. 5. 25. 선고 98다56416 판결.
62) 대법원 2012. 4. 26. 선고 2011두14715 판결.

등의 의무 조항으로 정하고 있지 않다. 「변호사법」 제1조에서는 변호사는 그 사명에 따라 성실히 직무를 수행하도록 사명의 하나로 정하고 있다. 「법무사법」 제30조에 성실 의무를 정하고 있으나 책임이 따르지 않고, 「세무사법」 제1조와 제12조에서 사명과 성실 의무를 정하고 있으나 책임에 관해서는 정하고 있지 않다. 「공인회계사법」 제15조에서 성실 의무를 정하고 등록취소나 업무정지를 정하고 있는 정도이다(법 제39조). 「공인중개사법」 제29조에서 품위유지와 성실 의무를 의무조항으로 강제하고 있는 것이 아니라 기본윤리조항으로 명시하고 있으며 더욱이 책임 규정으로 강제하고 있지 않으며 이는 통상적으로 자율적 규제를 의미한다.

한편, **감정평가법인등**의 성실 여부가 감독처분의 대상이 되었을 때, 성실 의무는 일반조항·백지규정, 불확정개념으로서 감독권 남용의 소지가 있다. 따라서 1989년 제정 「지가공시법」 제27조의 규정처럼 허위감정·불공정한 감정평가는 성실 의무 위반의 유형으로 귀결되는 법리가 대체로 무난한 규정이다. 이들 위반의 유형은 日本「鑑定評価法」 제40조에 따른 부당한 감정평가로 보아야 하기 때문에 성실 의무를 의무조항으로 별도로 규정할 실익이 없어 보인다. 그러므로 법적 구속을 의미하는 의무규정보다는, **감정평가법인등**에 대하여 직업윤리 내지 자율규제 조항으로 총칙편에서 정하는 것이 오히려 불확정개념으로 인한 명확성 원칙의 논란을 줄이고, 법률 체계를 한 단계 더 높이는 입법기술이 될 수도 있다. 가령 하위법령인 국토교통부 고시 「실무기준」 200 "**감정평가법인등**의 윤리"에서 이와 같이 규정하고 있다. 따라서 사경제 주체이기도 한 **감정평가법인등**이 전문자격자로서 사회적 책임을 느끼고 공정하고 성실하게 직무를 행하도록 직업윤리 조항으로 정할 필요가 있다.

4. 고의·중과실 감정평가금지 의무

가. 의의

(1) **감정평가법인등**은 업무를 하는 경우 고의 또는 중대한 과실로 잘못된 평가를 하여서는 아니 된다(법 제25조 제1항).

(2) 고의는 자기의 행위로부터 일정한 결과가 발생할 것을 인식하면서도 그 행위를 하는 심리상태이다. 고의가 인정되기 위해서는 결과의 발생을 의욕할 필요까지는 없고, 결과발생을 인식한 것으로 충분하다. 뿐만 아니라 결과발생을 구체적으로 인식했을 필요는 없으며, 일정한 결과가 발생할지도 모른다고 인식하면서 행위를 하는 것도 고의로 인정된다.[63] 이를 미필적 고의라고 한다.[64]

(3) 과실은 자기의 행위로부터 일정한 결과가 발생할 것을 인식했어야 함에도 불구하고 부주의로 말미암아 인식하지 못하고 그 행위를 하는 심리상태를 말한다. 과실은 전제가 되는 부주의의 종류에 따라 추상적 과실과 구체적 과실로 나누어진다. 추상적 과실은 일반적으로 보통·평균인에게 요구되는 주의를 게을리 한 것이다. 이 경우의 주의를 선량한 관리자의 주의라고 한다. 구체적 과실은 행위자

---

63) 대법원 1991. 3. 8. 선고 90다16771 판결.
64) 송덕수, 민법강의(제12판), 1370면.

자신의 평상시의 주의를 게을리한 것이다. 따라서 구체적 과실에서는 개인의 능력 차이가 인정된다. 과실은 부주의의 정도에 따라 경과실과 중과실로 나누어진다. 경과실은 다소라도 주의를 게을리 한 경우이고, 중과실은 현저하게 주의를 게을리 한 경우이다. 「감정평가법」상 과실은 본래는 행위자의 주의력을 문제 삼는 구체적 과실이어야 할 것이나, 그렇게 새기면 피해자 보호에 불충분하게 되므로 보통·평균인의 주의력을 기준으로 하는 추상적 과실이라고 해석한다(통설·판례).[65] 일반적으로「민법」에서 과실이라고 하면 경과실을 의미하나「감정평가법」에서는 중과실을 요구하고 있다.

(4) 한편 잘못된 감정평가의 유형인 고의 또는 중과실에 대한 형사책임은 다르게 정하고 있다. 즉, 고의에 의한 잘못된 평가는 허위감정평가가 되고 이에 대하여 3년 이하의 징역 또는 3천만원 이하 벌금형의 무거운 형사책임(법 제49조 제5호)을 진다. 중과실로 잘못된 평가를 하였다면 허위감정으로 볼 것이 아니라 결과적으로 잘못된 평가에 해당하고, 고의범만을 형사처벌하는 원칙에 따라「감정평가법」에서도 형사책임의 대상이 아닌 행정적 책임(법 제32조 제1항 제11호, 제39조 제1항 제9호 및 제2항)을 정하고 있다. 이와 같이 중과실에 대하여 행정적 책임을 정하고 있어서 문제가 있어 보인다. 이 밖에도 중과실로 인한 감정평가금지 의무와 이에 따른 행정적 책임과 달리, 과실의 경중에 관계없이 감정평가로 의뢰인 등에게 손해를 끼친 때에는「민법」제750조 불법행위책임에 해당한다고 보아 「감정평가법」제28조에서 손해배상책임을 정하고 있다.[66] 민사책임은 피해자에게 생긴 손해를 전보하는 제도인데 비하여 형사책임은 가해자에 대한 응보 또는 장래에 있어서 해악 발생의 방지를 목적으로 한다는 점에서 차이가 있다.

나. 연혁 및 비교법적 검토

(1) 연혁적으로 구법은 "고의로 진실을 숨기거나 허위의 감정평가"만을 성실 의무로 규정하였으나, 2000. 1. 28.「지가공시법」의 개정(시행2000. 4. 29. 법률 제6237호)으로 "고의 또는 중대한 과실로 잘못된 평가"로 개정하면서 중과실을 책임 규정으로 하였다.[67] 동 개정안은 1999. 12. 13. 정부입법으로 제안된 것인데, 동 제안에서는 중과실로 인한 잘못된 평가, 즉 과실범에 대하여 등록 또는 설립인가 취소 및 영업정지는 물론, 형사처벌을 할 수 있도록 추가하려고 하였었다. 이에 국회 건설교통위원회의 법안 심사과정에서 수정되어 중과실에 의한 형사책임은 정부입법자의 의도대로 반영되지 못하였다. 당시 정부입법 개정안에서는 **감정평가법인등**의 성실 의무로 "故意 또는 중대한 過失로 잘못된 평가를 하여서는 아니 된다."로 제안하였는데, 구법의 "故意"에 "중대한 過失"을 추가하여 이를 위반했을 때 업무정지를 명할 수 있도록 하고 있으나, 자격자와 관련된 타법의 규정을 고려할 때 손해배상책임과 관련된 규정에서는 "고의 또는 과실"로 규정하고 있으며, 자격자의 영업정지 또는 면허취소와 관련된

---

65) 대법원 1991. 3. 8. 선고 90다16771 판결.

66) 송덕수, 민법강의(제12판), 1369~1370면;「민법」제750조도 불법행위 성립요건으로 ① 고의·과실 ② 위법성을 요건으로 하고 있다.

67) 정부입법안의 제안이유에 동 규정의 제안이유를 밝히고 있지 않아 구체적인 개정이유를 알 수가 없다.

규정에서는 "故意"로 그 요건을 한정하는 것이 일반적인 입법례이나, 「건설기계관리법」 제28조 제4호에 따른 건설기계조종사와 같이 일부 입법례에서는 그 책임을 강화하기 위하여 "故意 또는 過失"로 규정하는 경우도 나타나고 있으며, 「건축사법」 제11조 제1항 제6호에 따른 건축사, 「주세법」 제19조 제5항 제2호에 따른 주류제조관리사 및 「경비업법」 제28조 제2항 제7호에 따른 특수경비원의 경우에는 "故意 또는 중대한 過失"로 규정하고 있는 바, 이는 입법정책의 문제로 보아 다수의 입법례와 같이 현행의 "故意"에 "중대한 過失"을 추가할 것인지 또는 예외적으로 "過失"을 추가할 것인지에 대하여 심도 있는 검토가 있어야 할 것이라는 국회 전문위원의 검토 의견이 있었다. 다만, **감정평가사**의 중과실에 대하여 형벌을 부과하는 것은 다른 입법례와 비교할 때 과중한 처벌이므로, 만약 법 제27조 제1항에서 정부원안대로 "故意"를 "故意 또는 중대한 過失"로 개정할 경우에는, 법 제33조 제4호(현행 법 제49조 제5호)의 벌칙규정에서 붙임 수정안과 같이 "허위로 감정평가를 한 자"를 "故意로 잘못된 평가를 한 자"로 수정하여 "중대한 過失"로 인한 경우를 형사처벌에서 제외하는 것이 바람직할 것이라는 수정안이[68] 법률 개정에 반영되었다.

(2) 비교법적 검토로 日本「鑑定評価法」제40조 제1항에 따르면 고의에 의한 부당한 행위를 정하고 있을 뿐, 과실에 의한 감정평가에 대해서는 정하고 있지 않다. 고의범에 대해서도 형사책임은 없고 징계처분만 따른다. 다만 1년 이내의 업무정지(業務禁止) 징계처분을 위반하여 감정평가 등 업무를 행한 자에게 형사책임을[69] 과하고 있을 뿐이다(법 제57조 제7호). 그리고 우리나라 「변호사법」 제58조의11에서는 수임사건에 관하여 고의나 과실로 그 수임사건의 위임인에게 손해를 발생시킨 경우에는 손해배상책임을 정하고 있다. 이 밖에도 「법무사법」 제26조 및 제47조의10, 「세무사법」 제16조의2, 「공인회계사법」 제19조에서도 과실범에 대하여 민사상 손해배상책임만을 정하고 있을 뿐, 행정적 책임을 과하고 있지 않다는 점에서 법률 형평성이 맞지 않다.

다. 판례

대법원은 "구 「감정평가에관한법률」 제16조는 감정업에 종사하는 자는 그 직무를 수행함에 있어서 고의로 진실을 숨기거나 허위의 감정을 하였을 때 처벌하도록 규정하고 있으므로 위 법조에 따른 <u>허위감정죄는 고의범에 한한다 할 것이고 여기서 말하는 허위감정이라 함은 신빙성이 있는 감정자료에 의한 합리적인 감정결과에 현저히 반하는 근거가 시인되지 아니하는 자의적 방법에 의한 감정을 일컫는 것이</u>어서, 위 범죄는 정당하게 조사수집하지 아니하여 사실에 맞지 아니하는 감정자료임을 알면서 그것을 기초로 감정함으로써 허무한 가격으로 평가하거나, 정당한 감정자료에 의하여 평가함에 있어서도 합리적인 평가방법에 의하지 아니하고 고의로 그 평가액을 그르치는 경우에 성립된다고" 판시하였다.[70]

그리고 대법원은 "감정평가업자가 감정평가 대상 <u>기계들을 제대로 확인하지 않았음에도 이를 확인</u>

---

68) 지가공시법중 개정법률안 검토보고서 1999.11. 건설교통위원회 수석전문위원.
69) 6개월 이하의 징역 또는 50만엔 이하의 벌금에 처하거나 이를 병과한다.
70) 대법원 1987. 7. 21. 선고 87도853 판결.

하여 종합적으로 감정한 것처럼 허위의 감정평가서를 작성한 경우, 피고인의 행위는 감정평가의 원칙과 기준에 어긋나거나 신의성실 의무에 위배되는 방법으로 감정평가를 행함으로써 그 결과가 공정성과 합리성을 갖추지 못한 경우에 해당하므로 「지가공시법」 제33조 제4호(법 제27조 제1항의 규정에 위반하여 허위로 감정평가를 한 자) 위반죄가 성립한다고" 판시하였다.[71]

이 밖에도 대법원은 감정평가업자가 대상 토지가 하천구역에 편입되어 국유로 된 사정을 알지 못한 채 시가 감정평가를 한 경우, 과실로 인한 감정평가의 하자인지 여부의 판단 기준에 대한 판시에서, "당해 토지가 하천구역에 편입되어 국유로 된 경우에 그 토지가 하천구역에 편입되었음을 의심할 만한 객관적으로 명백한 사유가 있어 감정평가업자가 감정평가 과정에서 통상적으로 요구되는 선량한 관리자의 주의를 기울였더라면 이를 쉽게 알 수 있었음에도 그 주의 의무를 게을리 한 결과 이를 알지 못한 채 감정평가를 하였다면 과실로 인한 감정평가의 하자가 있다고 할 것이나, 한편으로 외관상 강물이 흐르고 있지 아니한 토지가 하천구역에 편입되어 국유로 되었다는 사정은 토지의 외관이나 이용상황만으로는 쉽게 알기가 어렵고 감정평가업무에 통상적으로 이용되는 공부나 공적 서류에 의하여도 그와 같은 사정을 알아보기가 쉽지 않다는 점에 비추어 보면, 감정평가업자가 실지조사·공부조사 등 감정평가에 수반되는 조사업무를 통상적으로 요구되는 주의정도에 따라 성실히 수행하였음에도 당해 토지가 하천구역에 편입되어 국유로 된 토지인 사실을 알아내지 못한 채 그 시가에 대하여 감정평가를 하였다고 하더라도 이를 가지고 과실로 인한 감정평가의 하자라고 볼 수는 없다고" 판시하였다.[72]

라. 행정적 책임 및 형사책임의 법적 문제

(1) 고의·중과실로 잘못된 감정평가에 대한 행정적 책임으로 **국토교통부장관**은 설립인가취소(법 제32조 제1항 제11호)를 하거나 2년 이내의 범위에서 기간을 정하여 업무의 정지를 명할 수 있다. 그리고 해당 **감정평가사**에 대해서는 자격취소, 등록취소, 2년 이하의 업무정지, 견책의 어느 하나에 해당하는 징계처분을 할 수 있다(법 제39조 제1항 및 제2항). 고의범에 대한 형사책임으로 3년 이하의 징역 또는 3천만원 이하의 벌금에 처해질 수 있는 범죄를 구성한다(법 제50조 제3호). 이에 반하여 과실범은 예외적으로 형사처벌 규정이 있는 경우에만 처벌하고 과실범을 처벌하는 경우에도 그 형벌은 고의범에 비해 현저히 가볍다. 한편 「감정평가법」은 과실범에 대하여 형사처벌 규정을 두고 있지 않다.

(2) 日本 「鑑定評価法」 제40조 제1항에 따르면 고의에 의한 부당한 행위에 대해서도 형사책임은 없고 징계처분만 정하고 있으며 과실에 의한 감정평가에 대해서는 정하고 있지 않다. 그리고 우리나라 「변호사법」 제58조의11에서 고의나 과실로 위임인에게 손해를 발생시킨 경우에는 손해배상책임만을 정하고 있다. 이 밖에도 「법무사법」 제26조 및 제47조의10, 「세무사법」 제16조의2, 「공인회계사법」 제19조에서도 과실범에게 행정적 책임을 과하고 있지 않은 점과 비교할 때, 우리나라 「감정평가법」

---

71) 대법원 2003. 6. 24. 선고 2003도1869 판결.
72) 대법원 2002. 9. 27. 선고 2001다19295 판결.

제25조 제1항에 따른 고의·중과실로 인한 허위·잘못된 감정평가금지 의무위반에 대하여 비교법적으로 과도한 제재를 가하고 있음이 논증되었다.

5. 불공정한 감정평가 회피 의무

가. 의의

감정평가법인등(감정평가법인 또는 **감정평가사**사무소의 소속 **감정평가사**를 포함한다)은 자기 또는 친족 소유, 그 밖에 불공정한 감정평가를 할 우려가 있다고 인정되는 토지 등에 대해서는 감정평가하여서는 아니 된다(법 제25조 제2항).[73] 동 조항은 1989년 「지가공시법」의 제정으로 도입되었다. "그 밖에 불공정한 감정평가를 할 우려"에 대하여, 「실무기준」에서는 200-4.2 ②에서 "이해관계 등의 이유로" 자기가 감정평가하는 것이 타당하지 아니하다고 인정되는 경우를 불공정한 감정평가의 내용으로 보고 있다. 결국은 사회통념상 공정성을 잃을 우려가 있는 이해관계인의 소유 토지라고 이해하면 된다. 가령 ○○**감정평가법인**에 속한 A**감정평가사** 자신 또는 아버지 소유의 토지에 대하여 ○○**감정평가법인**이 토지소유자 **감정평가법인등** 추천을 받아 ○○**감정평가법인**에 소속하는 B**감정평가사**가 감정평가를 하는 경우에 불공정한 감정평가가 성립할 수 있다.

나. 행정적 책임 및 형사책임의 법적 문제

법 제25조의 의무를 위반한 경우 위반의 법적 효과로서 설립인가취소(법 제32조 제1항 제11호)나 업무정지 및 징계처분이라는 행정적 책임을 받을 수 있다(법 제39조 제1항 및 제2항). 그러나 불공정한 감정평가 등은 불확정개념이라서 행정청의 **감정평가법인등**에 대한 행정적 책임은 감독권 남용의 여지가 있을 수 있다. 형사책임은 면책된다.

6. 청렴 의무

가. 의의

감정평가법인등이나 그 사무직원은 법 제23조에 따른 수수료와 실비 외에는 어떠한 명목으로도 그 업무와 관련된 대가를 받아서는 아니 되며, 감정평가 수주의 대가로 금품 또는 재산상의 이익을 제공하거나 제공하기로 약속하여서는 아니 된다(법 제25조 제4항). **감정평가법인등**이 감정평가 의뢰 및 수주의 대가로 금품·향응, 그 밖의 이익을 제공받거나 제공하거나 이같이 약속하여서는 아니 되는 의무

---

73) 「민법」상으로 친족의 범위는 ① 8촌 이내의 혈족, ② 4촌 이내의 인척, ③ 배우자로 되어 있다(민법 777조). 혈족은 혈연관계가 있는 친족이다. 혈족은 자연혈족·법정혈족, 직계혈족·방계혈족, 부계혈족·모계혈족으로 나누어진다. 인척은 혼인으로 인하여 성립하는 친족이다. 「민법」은 혈족의 배우자, 배우자의 혈족, 배우자의 혈족의 배우자를 인척으로 규정한다(769조).

를 말한다. 이는 법 제23조 제1항에 따른 수수료 및 실비를 받을 권리를 남용한 것이며, 법 제23조 제3항에 따른 「보수기준」 준수 의무위반보다 더 적극적 의무위반이다.

나. 형사책임 및 행정적 책임의 법적 문제

(1) 법 제25조 제4항에 따른 청렴 의무를 위반하여 업무와 관련된 대가를 받거나 감정평가 수주의 대가로 금품 또는 재산상의 이익을 제공하거나 제공하기로 약속한 자는 「형법」상 뇌물죄에 해당하여 행정적 책임이외에 3년 이하의 징역 또는 3천만원 이하의 벌금에 처해질 수 있는 범죄를 구성한다(법 제49조 제6호).

(2) 다음 각 호 1. 법 제10조 제1호 및 제2호의 업무를 수행하는 **감정평가사**, 2. 제40조에 따른 위원회의 위원 중 공무원이 아닌 위원, 3. 제46조에 따른 위탁업무에 종사하는 협회의 임직원의 어느 하나에 해당하는 사람은 「형법」 제129조부터 제132조까지의 규정을 적용할 때에는 공무원으로 보도록 하는 벌칙 적용에서 공무원 의제된다(법 제48조). 이들에 관해서는 형법상 뇌물죄와 달리 대가성 여부를 불문하고 처벌의 대상이 되는 법취지에 따라 「청탁금지법」이 적용된다.

(3) 의무위반의 법적 효과로서 형사처벌을 받더라도 법 제25조에 따른 의무 중 어느 하나라도 위반한 경우(다만, 소속 **감정평가사**나 사무직원이 법 제25조 제4항을 위반한 경우로서 그 위반행위를 방지하기 위하여 해당 업무에 관하여 상당한 주의와 감독을 게을리하지 아니한 경우는 제외한다) **감정평가법인**의 설립인가취소(법 제32조 제1항 제11호), 감정평가관리·징계위원회의 의결에 따라 해당 **감정평가사**에 대해서는 자격취소·등록취소·2년 이하의 업무정지·견책의 어느 하나에 해당하는 징계와 같은 행정상 책임을 물을 수 있다(법 제39조 제1항 및 제2항). 이 밖에도 2019. 8. 20. 개정(시행 2020. 2. 21. 법률 제16481호)으로, **감정평가사** 사무직원의 금품수수로 인한 부실 및 허위 감정평가가 이루어지지 않도록 **감정평가사** 사무직원에 대하여 금품수수 금지 의무를 부과하고, 이를 위반한 경우 인가취소, 업무정지 등의 행정처분을 할 수 있는 근거가 마련되었다.

7. 비밀엄수 의무

가. 비밀의 의의 및 법적 근거

감정평가법인등(**감정평가법인** 또는 **감정평가사**사무소의 소속 **감정평가사**를 포함한다)이나 그 사무직원 또는 **감정평가법인등**이었거나 그 사무직원이었던 사람은 업무상 알게 된 비밀을 누설하여서는 아니 된다. 다만, 다른 법령에 특별한 규정이 있는 경우에는 그러하지 아니하다(법 제26조).[74] 여기서

---

74) 이 밖에도 「형법」 제127조의 공무상비밀누설죄를 비롯하여 다른 법령의 입법례로는 「변호사법」 제26조, 「국가공무원법」 제60조, 「지방공무원법」 제52조, 「대한무역투자진흥공사법」 제9조, 「한국농수산식품유통공사법」 제9조, 「부정경쟁방지 및 영업비밀보호에 관한 법률」 제9조의7, 「법관인사위원회규칙」 제8조, 「대법관후보추천위원회 규칙」 제9조, 「질병관리본부 보통승진심사위원회 규정」 제5조 등 행정법규에 광범위하게 규정되어 있다.

비밀이 무엇인지에 관하여 「감정평가법」에 별다른 규정이 없다. 이와 관련하여, 감정평가의뢰인 등 본인이 제3자에게 비밀로 삼고자 하는 사실이면 족하는 주관설과, 일반인의 입장에서 사회통념상 비밀로 삼을 만하다고 보는 사실이어야 한다는 객관설, 양자 모두를 비밀로 보아야 한다는 절충설이 대립한다.[75] 대법원은 공무상비밀누설죄에 있어서의 비밀의 의미에 대하여 「형법」 제127조는 법령에 의한 직무상 비밀이란 비밀로서 보호할 가치가 있다면 반드시 법령에 의하여 비밀로 규정되었거나 비밀로 분류 명시된 사항에 한하지 아니하고, 정치·군사·외교·경제·사회적 필요에 따라 비밀로 된 사항은 물론, 정부나 공무소 또는 국민이 객관적·일반적인 입장에서 외부에 알려지지 않는 것에 상당한 이익이 있는 사항도 포함한다고 한다.[76] 판례는 절충설의 입장에 서 있는 것으로 보인다.

한편, 실무에서 표준지공시지가 조사·평가 업무 등을 수행하면서 보안각서에 기명·날인하는 경우가 있다. 이에는 조사·평가업무 외에 조사자료 및 전산자료를 이용하거나 제3자에게 유출을 금하고, 영리목적에 이용하지 않도록 하고 비밀을 엄수할 것을 서약하도록 하고 있다. 이에 위반할 경우 민·형사상 및 보안상의 책임과 관련법규에 의한 조치에 따를 것을 서약하도록 하고 있다.[77]

나. 비밀엄수 의무 위반 및 의무 해제의 요건

비밀엄수 의무의 주체는 위반행위 당시 현직은 물론이거니와, 과거에 **감정평가법인등** 이었거나 **감정평가법인등** 업무를 보조했던 그 사무직원이었던 사람도 비밀엄수 의무의 주체가 될 수 있다. 비밀엄수의 대상은 업무상 알게 된 모든 사항에 미치므로 정보의 출처나 취득방법을 따지지 않을 것이다. 비밀엄수 의무의 위반이 되는 누설은 의사소통방법이 구두로 이루어지든 문서로 이루어지든 가리지 않는다. 그리고 불특정 다수인에게 알리는 것만을 뜻하는 것이 아니라 특정인 또는 소수의 사람에게 알리는 것도 포함하는 개념이다. 비밀엄수 의무의 존속기간에는 사실상 제한이 없다. 사익을 위한 평가에서 의뢰인이 사망한 경우에도 해제사유가 되지 못한다.[78]

「감정평가법」 제26조 단서에서는 다른 법령에 특별한 규정이 있는 경우에는 비밀엄수 의무가 해제된다고 규정하고 있고, 「실무기준」 200 "감정평가업자의 윤리", 4.3에서도 정당한 이유가 있으면 이를 누설할 수 있다고 규정하고 있다. 상기의 단서 규정인 다른 법령에 특별한 규정이 있는 경우의 대표적인 예가 「형사소송법」 제149조 및 제112조 각 단서의 규정이다.[79] 따라서 본인의 승낙이 있거나 중대한 공익상 필요가 있을 때 비밀엄수 의무는 해제된다.

---

75) 김태봉, "변호사의 비밀유지의무", 법학논총, 전남대 법학연구소, 2016.12., 270면.
76) 대법원 2003. 6. 13 선고 2001도1343 판결; 대법원 2007. 6. 14. 선고 2004도5561 판결.
77) 2019년 표준지공시지가 조사·평가 보안각서.
78) 김태봉, "변호사의 비밀유지의무", 269~272면.
79) 「형사소송법」 제149조(업무상비밀과 증언거부) 변호사, 변리사, 공증인, 공인회계사, 세무사, 대서업자, 의사, 한의사, 치과의사, 약사, 약종상, 조산사, 간호사, 종교의 직에 있는 자 또는 이러한 직에 있던 자가 그 업무상 위탁을 받은 관계로 알게 된 사실로서 타인의 비밀에 관한 것은 증언을 거부할 수 있다. 단, 본인의 승낙이 있거나 중대한 공익상 필요있는 때에는 예외로 한다.

다. 행정적 책임 및 형사책임의 법적 문제

위반의 법적 효과로서 **국토교통부장관**은 **감정평가법인등**이 비밀엄수 의무(법 제26조)를 위반하는 경우에는 그 설립인가를 취소(법 제32조 제1항 제11호) 하거나 2년 이내의 범위에서 기간을 정하여 업무의 정지를 명할 수 있다. 그리고 감정평가관리·징계위원회의 의결에 따라 해당 **감정평가사**에 대해서는 자격취소, 등록취소, 2년 이하의 업무정지, 견책의 어느 하나에 해당하는 징계와 같은 <u>행정적 책임</u>을 물을 수 있고(법 제39조 제1항 및 제2항), 그 이외에도 <u>형사책임</u>으로 1년 이하의 징역 또는 1천만원 이하의 벌금에 처한다(법 제50조 제3호).

8. 자격증 등의 양도·대여 및 부당한 행사 금지 의무

가. 의의

감정평가사 또는 **감정평가법인등**은 다른 사람에게 자기의 성명 또는 상호를 사용하여 제10조에 따른 업무를 수행하게 하거나 자격증·등록증 또는 인가증을 양도·대여하거나 이를 부당하게 행사하여서는 아니 된다(법 제27조 제1항). 누구든지 자격증 등의 부당한 사용의 행위를 알선해서는 아니 된다(법 제27조 제2항). 이 의무는 부작위 의무에 속한다.

당초 **국토교통부장관**은 **감정평가사** A(원고)에 대하여 **감정평가사** 자격등록을 취소하는 처분을 하였다. 1심판결과[80] 환송전판결에서는[81] 피고가 원고에 대하여 한 자격등록취소처분을 취소하도록 하여 원고(A)가 승소하였다. 이에 대법원은 "**감정평가사**가 자신의 감정평가경력을 부당하게 인정받는 한편, 소속 법인으로 하여금 설립과 존속에 필요한 **감정평가사**의 인원수만 형식적으로 갖추게 하거나 법원으로부터 감정평가 물량을 추가로 배정받을 수 있는 자격을 얻게 할 목적으로 자신의 등록증을 사용한 경우, 구 「부감법」 제37조 제2항(현행 제27조 명의대여 등의 금지)이 금지하는 자격증 등의 부당행사에 해당하는지 여부(적극)에서, 당초 1심판결과 원심에서 **감정평가법인**의 부당한 부동산가격 공시물량 배정이나 분사무소의 부당한 설립·유지에 관여하거나 방조하였다고 볼 수 없고, 원고 **감정평가법인등**이 법 제37조 제2항을 위반하였음을 전제로 하는 이 사건 처분이 위법하다고" 판단한 원심판결을 파기하고, 사건을 서울고등법원으로 환송하였다.[82] 환송후판결인 서울고등법원에서는[83] 당초 1심판결(자격등록취소의 취소)을 취소하고 원고의 청구를 기각함으로써, 당초 자격등록취소처분이 확정되었다.

---

80) 서울행정법원 2012. 3. 29. 선고2011구합30977 판결.
81) 서울고등법원 2013. 1. 11. 선고2012누10903 판결.
82) 대법원 2013. 10. 24. 선고 2013두3306 판결.
83) 서울고등법원 2014. 6. 10. 선고 2013누30829판결.

나. 행정적 책임 및 형사책임

위반의 법적 효과로서 **국토교통부장관**은 감정평가법인등이 명의대여 등의 부당행사 금지 의무(법 제27조)를 위반하는 경우에는 그 설립인가를 취소(법 제32조 제1항 제11호) 하거나 2년 이내의 범위에서 기간을 정하여 업무의 정지를 명할 수 있다. 그리고 감정평가관리·징계위원회의 의결에 따라 해당 **감정평가사**에 대해서는 자격의 취소, 등록의 취소, 2년 이하의 업무정지, 견책의 어느 하나에 해당하는 징계와 같은 행정상 책임을 물을 수 있고(법 제39조 제1항 및 제2항), 이 외에도 형사책임으로 1년 이하의 징역 또는 1천만원 이하의 벌금에 처해질 수 있다(법 제50조 제4호).

9. 토지 등 매매업의 겸업금지

가. 문제의 의의

감정평가법인등(감정평가법인 또는 **감정평가사**사무소의 소속 **감정평가사**를 포함한다)은 토지등의 매매업을 직접 하여서는 아니 된다(법 제25조 제3항). 이는 대표적인 제2유형 의무라 할 수 있는데, 직업윤리 규정이 아니라 입법정책에 따라 부가된 의무 조항으로 보아야 한다. 동 조항은 1973년 「감정평가에관한법률」 제정 당시 제17조(겸업의 금지)에서 "감정업자는 동산·부동산 기타 재산의 매매 그 중개 또는 대리에 관한 사업을 영위하지 못하도록 하였고", 1989년 「지가공시법」의 제정으로 제27조 제4항에서 **"감정평가법인등**은 토지등의 매매업·중개업 또는 그 대리업을 직접 영위하거나 이들 업무에 종사하지 못하도록" 하였다. 그 후 1999. 3. 31. 「지가공시법」의 개정·시행(법률 제5954호)으로 감정평가업계에 대한 불합리한 규제를 개선하기 위해 토지등의 중개업 등의 경우 겸직 금지를 삭제하면서도 감정평가업의 본질과 상충되는 매매업의 경우에만 직접 영위하는 것은 계속하여 금지하도록 하였으며, 이러한 점에 비추어 볼 때 **감정평가법인등**에게 토지등의 매매업을 금지하는 것은 감정평가업무의 객관성, 공공성, 정확성을 확보하기 위한 핵심적인 제도로 이해되어 현행법에 이르고 있다. 분설하여 검토하기로 한다.

(1) **"감정평가법인등**"이란 법 제21조에 따라 신고를 한 **감정평가사**와 법 제29조에 따라 인가를 받은 **감정평가법인**을 말하지만(법 제2조 제4호), 토지등의 매매업이 금지되는 **감정평가법인등**은 법 제25조 제1항 괄호에서 그 범위에 **감정평가법인** 또는 **감정평가사**사무소의 소속 **감정평가사**를 포함한다고 규정하고 있어서, **감정평가법인**의 사원 또는 이사도 매매업 금지 의무의 규율을 받을 것이다. 이 밖에도 **감정평가사**가 아닌 자도 **감정평가법인**의 대표사원 또는 대표이사가 될 수 있도록 하고 있는데(법 제29조 제2항 단서), 법인의 수족에 불과한 **감정평가법인**의 사원 또는 이사가 금지 의무 대상이 된다면, **감정평가법인**의 우두머리격인 대표사원 또는 대표이사도 당연히 수범자(受範者)에 해당할 것으로 이해한다.

(2) 특히 "토지등"에는 부동산 및 의제부동산 이외에 동산도 포함(법 제2조 제1호)되므로 법문에 충실하자면 **감정평가법인등**은 용역을 제외한 어떠한 재화에 대해서도 매매업을 직접 할 수가 없다. 따라

서 **감정평가법인등**의 명의로 부동산이나 의제부동산까지는 별론으로 하더라도, 동산에 관한 매매업을 할 수 없다. 가령 동산에 대한 매매업 직접 금지 의무위반에 대해서도, 1년 이하의 징역 또는 1천만원 이하의 벌금에 처하는 형사책임이 예정되어 있어서, 범죄구성요건의 명확성 원칙 위배여부의 논란이 될 수 있다.

(3) 부동산에 대한 매매업은[84] 임대업이나 관리업에 대응하는 의미이다. 그러나 「감정평가법」에서 매매업이 무엇인지에 대하여 명시적으로 밝히고 있지 않고 있으나, 우리나라 업종의 표준분류는 「통계법」 제22조에 따라 통계청장이 작성·고시하고 있으며, 같은 법 같은 조의 위임에 따라 한 통계청의 「한국표준산업분류」(통계청 고시 제2017-13호, 시행 2017. 7. 1.)를 참고 할 필요가 있다. 이에 따르면, 대분류 L 부동산업(68)Real estate activities 아래에, 소분류 "부동산 임대 및 공급업"이 있고, 소분류 아래 세분류 "부동산 개발 및 공급업"이 있으며, 세분류 아래 세세분류로 주거용·비주거용·기타 부동산별로 부동산 개발 및 공급업을 구분하여 분류하고 있다. 그런데 한국표준산업분류에서 매매업이라는 용어로 분류를 하고 있지 않아서 부동산 개발 및 공급업만을 매매업으로 보아야 하는지 분명하지는 않다. 그리고 「소득세법」 제64조와 같은 법 시행령 제122조에서 부동산매매업에 대해서 규율하고 있으며 다만 「소득세법」은 주택정책상 필요에 의해 세제상 혜택을 주기 위한 법취지에서 부동산매매업을 분류하고 있어서 이를 원용하기는 어렵다. 이를 추론하면 건물건설업과 부동산 개발 및 공급업 모두를 의미하는 것으로 이해된다.

(4) 직접매매를 금지하고 있어서 반대해석하면 간접매매나 제3자를 통한 매매업은 가능하다고 추론할 수 있다.

나. 행정적 책임·형사책임 및 법적 쟁점의 검토

(1) 위반의 법적 효과로서 법 제25조에 따른 의무 어느 하나라도 위반한 경우 **국토교통부장관**은 그 설립인가를 취소하거나(법 제32조 제1항 제11호), 2년 이내의 범위에서 기간을 정하여 업무의 정지를 명할 수 있다. 그리고 감정평가관리·징계위원회의 의결에 따라 해당 **감정평가사**에 대해서는 자격취소, 등록취소, 2년 이하의 업무정지, 견책의 어느 하나에 해당하는 징계와 같은 행정적 책임을 물을 수 있고(법 제39조 제1항 및 제2항), 이외에도 형사책임으로 1년 이하의 징역 또는 1천만원 이하의 벌금에 처해진다(법 제50조 제3호).

(2) 「변호사법」 제38조에서도 겸직 제한을 규정하고 있는데, 특히, 같은 조 제2항에 따르면 변호사는 소속 지방변호사회의 허가 없이 상업이나 그 밖에 영리를 목적으로 하는 업무를 경영하거나 이를 경영하는 자의 사용인이 되는 것과 영리를 목적으로 하는 법인의 업무집행사원·이사 또는 사용인이 되는 것의 행위를 할 수 없다고 하고 있으나, 이를 반대해석하면 소속 지방변호사회의 허가를 받으면

---

84) 매매란 당사자의 일방(매도인)이 어떤 재산권을 상대방에게 이전할 것을 약정하고 상대방(매수인)이 이에 대하여 그 대금을 지급할 것을 약정함으로써 성립되는 계약을 말한다.

겸업을 할 수 있다는 것이므로, 「감정평가법」과 비교된다. 「공인중개사법」 제14조 제1항에서는 법인인 개업공인중개사에 한하여 겸업제한을 하고 있으며, 법인이 아닌 개업공인중개사에 대한 겸업제한은 없다. 따라서 법률 형평성이 맞지 않다.

(3) 토지 등 매매업의 겸업금지 의무는 현행법상 의무 규정이지만 입법정책에 따라 폐지될 수 있는 규정들이다. **사견**으로 다음과 같은 이유 (가) 다른 전문자격자의 겸업금지조항과 비교법적 검토가 시사하는 점, (나) 그리고 「헌법」 제15조 직업선택의 자유에는 여러 개의 직업을 선택하여 동시에 함께 행사할 수 있는 자유, 즉, 겸직의 자유가 직업선택의 자유에 해당하므로[85] 직업선택의 자유라는 기본권 침해의 여지가 있는 점, 전술한 바와 같이 **감정평가법인등**의 직업윤리 성격이라 할 수 있는 제1유형의 의무조항만으로도 충분히 **감정평가법인등**에 대한 법적 구속을 가할 수 있는 점에서 토지 등 매매업의 겸업금지 의무에 대한 검토가 필요하다.

10. 사무소 개설신고 등 의무

가. 의의

법 제17조에 따라 등록을 한 **감정평가사**가 감정평가업을 하려는 경우에는 **국토교통부장관**에게 **감정평가사**사무소의 개설신고를 하여야 한다. 신고사항을 변경하거나 감정평가업을 휴업 또는 폐업한 경우에도 또한 같다(법 제21조 제1항).

그러나 다음 각 호 1. **감정평가사** 등록 및 갱신등록의 거부를 당한(법 제18조 제1항) 사람, 2. 법 제32조 제1항(제1호, 제7호 및 제15호는 제외한다)에 따라 설립인가가 취소되거나 업무가 정지된 **감정평가법인**의 설립인가가 취소된 후 1년이 지나지 아니하였거나 업무정지 기간이 지나지 아니한 경우 그 **감정평가법인**의 사원 또는 이사였던 사람, 3. 법 제32조 제1항(제1호 및 제7호는 제외한다)에 따라 업무가 정지된 **감정평가사**로서 업무정지 기간이 지나지 아니한 사람의 어느 하나에 해당하는 사람은 제1항에 따른 개설신고를 할 수 없다(법 제21조 제2항).

감정평가사는 그 업무를 효율적으로 수행하고 공신력을 높이기 위하여 필요한 경우에는 2명 이상의 **감정평가사**로 구성된 합동사무소를 설치할 수 있다(법 제21조 제3항 및 영 제21조 제2항). 법 제21조 제3항에 따라 **감정평가사**합동사무소를 개설하려는 **감정평가사**는 신고서에 규약을 첨부하여 **국토교통부장관**에게 제출하여야 한다(영 제21조 제1항). 규약에 정하여야 할 사항과 그 밖에 **감정평가사**합동사무소 관리 등에 필요한 사항은 **국토교통부령**으로 정한다(영 제21조 제3항).

감정평가사는 감정평가업을 하기 위하여 1개의 사무소만을 설치할 수 있다(법 제21조 제4항).

감정평가사사무소에는 소속 **감정평가사**를 둘 수 있다. 이 경우 소속 **감정평가사**는 제18조 제1항 각 호의 어느 하나에 해당하는 사람이 아니어야 하며, **감정평가사**사무소의 개설신고를 한 **감정평가사**는 소속 **감정평가사**가 아닌 사람에게 법 제10조에 따른 업무를 하게 하여서는 아니 된다(법 제21조

---

85) 성낙인, 헌법학, 법문사, 2014., 1240면; 헌재 1997. 4. 24. 95헌마90.

제5항).

　감정평가사사무소의 개설신고 절차 및 그 밖에 필요한 사항은 **대통령령**으로 정한다(법 제21조 제6항).[86]

나. 행정적 책임 및 형사책임

　(1) 의무위반의 법적 효과로서 **국토교통부장관**은 감정평가법인등이 법 제21조 제3항에 따른 **감정평가사**의 수에 미달한 날부터 3개월 이내에 **감정평가사**를 보충하지 아니한 경우에는 그 설립인가를 취소(법 제32조 제1항 제7호) 하거나, 법 제21조를 위반하여 감정평가업을 한 경우 감정평가관리·징계위원회의 의결에 따라 해당 **감정평가사**에 대해서는 자격취소, 등록취소, 2년 이하의 업무정지, 견책의 어느 하나에 해당하는 징계와 같은 행정상 책임을 물을 수 있다(법 제39조 제1항 제7호 및 제2항).

　(2) 법 제21조 제4항 위반하여 둘 이상의 사무소를 설치한 사람과 법 제21조 제5항 또는 제29조 제8항을 을 위반하여 소속 **감정평가사** 외의 사람에게 **감정평가법인등**의 업무(법 제10조)를 하게 한 자에 대해서는 형사책임으로 1년 이하의 징역 또는 1천만원 이하의 벌금에 처하고(법 제50조 제3호), 법 제21조 제1항에 따른 사무소 개설 신고 등을 하지 아니하고 감정평가업을 한 사람과 법 제21조에 따라 사무소 개설 신고한 **감정평가사**로서 제28조 제2항을 위반하여 보험 또는 협회가 운영하는 공제사업에의 가입 등 필요한 조치를 하지 아니한 사람에게는 500만원 이하의 과태료를 부과한다(법 제52조 제5호).

11. 사무직원의 고용 등에 대한 신고 의무

가. 의의

　감정평가법인등은 소속 **감정평가사** 또는 법 제24조에 따른 사무직원을 고용하거나 고용관계가 종료된 때에는 **국토교통부령**으로 정하는 바에 따라 **국토교통부장관**에게 신고하여야 한다(법 제21조의2). **감정평가사** 사무직원에 대한 관리·감독을 강화하기 위하여 **감정평가법인등**은 소속 사무직원 등을 고용하거나 고용관계가 종료된 때에는 **국토교통부장관**에게 신고하도록 하고, **감정평가사** 사무직원의 결격사유를 신설하였다.

---

86) **영 제20조(사무소 개설신고 등)** ① 법 제21조 제1항에 따라 **감정평가사**사무소의 개설신고를 하려는 **감정평가사**는 신고서에 사무실 보유를 증명하는 서류를 첨부하여 **국토교통부장관**에게 제출하여야 한다.
　② 법 제21조 제1항에 따른 **감정평가사**사무소의 개설신고를 한 **감정평가사**는 신고사항이 변경(소속 **감정평가사** 및 합동사무소 규약의 변경을 포함한다)되었을 때에는 변경이 된 날부터 14일 이내에 **국토교통부장관**에게 신고서를 제출하여야 한다.
　③ **감정평가사**사무소를 휴업하거나 폐업한 **감정평가사**는 지체 없이 **국토교통부장관**에게 신고서를 제출하여야 한다.

나. 사무직원의 결격사유

감정평가법인등은 그 직무의 수행을 보조하기 위하여 사무직원을 둘 수 있다. 다만, 다음 각 호 1. 미성년자 또는 피성년후견인·피한정후견인, 2. 이 법 또는 「형법」 제129조부터 제132조까지, 「특정범죄 가중처벌 등에 관한 법률」 제2조 또는 제3조, 그 밖에 **대통령령**으로 정하는 법률에 따라 유죄 판결을 받은 사람으로서 다음 각 목 가. 징역 이상의 형을 선고받고 그 집행이 끝나거나 그 집행을 받지 아니하기로 확정된 후 3년이 지나지 아니한 사람, 나. 징역형의 집행유예를 선고받고 그 유예기간이 지난 후 1년이 지나지 아니한 사람, 다. 징역형의 선고유예를 받고 그 유예기간 중에 있는 사람의 어느 하나에 해당하는 사람, 3. 법 제13조에 따라 **감정평가사** 자격이 취소된 후 1년이 경과되지 아니한 사람, 4. 법 제39조 제1항 제11호 및 제12호에 따라 자격이 취소된 후 3년이 경과되지 아니한 사람의 어느 하나에 해당하는 사람은 사무직원이 될 수 없다(법 제24조 제1항).

다. 행정적 책임

법 제24조 제1항을 위반하여 사무직원을 둔 자는 500만원 이하의 과태료를 부과한다(법 제52조 제1항 제6의2호).

12. 사무소의 명칭 등 사용 의무

법 제21조에 따라 신고를 한 **감정평가법인등**은 그 사무소의 명칭에 "**감정평가사**사무소"라는 용어를 사용하여야 하며, 제29조에 따른 법인은 그 명칭에 "**감정평가법인**"이라는 용어를 사용하여야 한다(법 제22조 제1항).

이 법에 따른 **감정평가사**가 아닌 사람은 "**감정평가사**" 또는 이와 비슷한 명칭을 사용할 수 없으며, 이 법에 따른 **감정평가법인등**이 아닌 자는 "**감정평가사**사무소", "**감정평가법인**" 또는 이와 비슷한 명칭을 사용할 수 없다(법 제22조 제2항). 가령 감정원의 감정평가업무 철수 후에도 불구하고 현재 감정원은 사명을 그대로 쓰고 있어서, 협회 등을 중심으로 감정원 사명 변경에 관한 논란이 불거진 상태이다.[87] 제정된 「한국감정원법」 제12조에 따르면 감정원은 감정평가업무를 하지 않는다. 따라서 **감정평가법인등**의 지위를 상실한 것이므로 **감정평가법인**과 비슷한 감정원의 명칭을 사용할 수 없는 것으로 이해한다.

법 제22조 제1항을 위반하여 "**감정평가사**사무소" 또는 "**감정평가법인**"이라는 용어를 사용하지 아니하거나, 같은 조 제2항을 위반하여 "**감정평가사**", "**감정평가사**사무소", "**감정평가법인**" 또는 이와 유사한 명칭을 사용한 자에게는 500만원 이하의 과태료를 부과한다(법 제52조 제1항 제6호).

---

87) 한국감정원 사명! 우물 안 개구리식 시각을 버려야, 파이낸셜뉴스, 2019. 6. 13.; 감정평가協 "감정원 사명 변경" 주장…감정원 "금융감독원에서 '금융' 떼라는 격", 매일경제, 2019. 6. 12.; 한국감정원-**감정평가사**협회 '감정원' 사명 변경 놓고 신경전, 아주경제, 2019. 5. 22. 외 다수.

13. 「보수기준」 준수 의무

감정평가법인등은 <u>수수료의 요율 및 실비에 관한 기준을 준수하여야 한다</u>(법 제23조 제3항). 이에 따른 행정규칙이 「감정평가업자의 보수에 관한 기준」(전면개정 및 시행 2016. 9. 1. 국토교통부공고 제2016-1220호)이며, 「보수기준」의 법적 성격에 관해서는 ① 형식이 공고에 의한다는 점, ② 「보수기준」 준수의무 위반에 대해서는 행정적 책임만을 규율하고 있다는 점 등에 비추어 <u>행정규칙</u>으로 보인다.

감정평가법인등은 이 기준에서 정하는 것 외에 다른 이유로 보수나 금품을 감정평가 의뢰인에게 요구할 수 없다(보수기준 제2조 제1항). 이는 법 제25조 제4항에 따른 청렴 의무를 말하는 것으로 청렴 의무위반도 「보수기준」 준수 의무를 위반한 것이나, 청렴 의무위반보다 소극적 의무위반이 「보수기준」 준수 의무를 위반한 것으로 형사책임은 면책되지만, 「보수기준」 준수 의무위반의 법적 효과로서 **감정평가법인**의 설립인가를 취소(법 제32조 제1항 제10호) 하거나, 감정평가관리·징계위원회의 의결에 따라 해당 **감정평가사**에 대해서는 자격취소·등록취소·2년 이하의 업무정지·견책의 어느 하나에 해당하는 징계와 같은 <u>행정상 책임</u>을 물을 수 있다(법 제39조 제1항 제8호 및 제2항).[88]

14. 둘 이상의 감정평가법인 등에 소속 금지 의무

가. 의의

감정평가사(**감정평가법인** 또는 **감정평가사**사무소의 소속 **감정평가사**를 포함한다)는 둘 이상의 **감정평가법인** 또는 **감정평가사**사무소에 소속될 수 없다(법 제25조 제5항). 따라서 이를 반대해석 할 경우 법인 내에서 둘 이상의 분사무소 소속이 되는 것은 가능하다는 의미이다. 실무적으로 두 개 이상의 분사무소에서 지배인 등기를 하는 경우가 이에 해당한다. 결국 **감정평가사**는 감정평가업을 하기 위하여 1개의 사무소만을 설치할 수 있고(법 제21조 제4항), 둘 이상의 **감정평가법인** 또는 **감정평가사**사무소에 소속될 수 없으나(법 제25조 제5항), 둘 이상의 분사무소를 설치하거나 소속될 수 있다.

---

88) 감정평가 의뢰를 받은 **감정평가법인등**은 업무수행 개시 전 가격산출 근거자료, 가치형성요인 분석, 적용 감정평가 기법 등 감정평가에 관한 개략적인 사항에 대해 의뢰인에게 고지하여야 한다(보수기준 제2조 제2항). **감정평가법인 등**은 감정평가를 착수하기 이전에 보수기준 제4조 제1항 별표의 감정평가수수료 체계에 따라 적용하는 수수료 요율을 의뢰인과 협의하고, 보수기준 제5조와 제6조에 따라 감정평가수수료에 할증률 또는 할인율을 적용하는 경우에는 이를 의뢰인에게 고지하여야 한다. 다만, 평가물건의 의뢰내용이 현지 조사결과와 다른 경우에는 수수료 요율을 재협의할 수 있다(보수기준 제2조 제3항). **감정평가법인등**은 본인의 사정에 따라 감정평가 의뢰를 반려하는 경우 지급받은 착수금의 1.5배에 해당하는 금액을 의뢰인에게 반환하여야 한다(보수기준 제2조 제4항). **감정평가법인등**은 공정하고 객관적인 평가를 위하여 동 기준에서 정하는 사항을 준수하여야 한다(보수기준 제2조 제5항). 「보수기준」 제16조에 따르면 **국토교통부장관**은 「훈령·예규 등의 발령 및 관리에 관한 규정」에 따라 이 공고에 대하여 2017년 1월 1일 기준으로 매3년이 되는 시점마다(매3년째의 12월 31일까지를 말한다) 그 타당성을 검토하여 개선 등의 조치를 하도록 재검토기한을 명시하고 있다(훈령·예규 등의 발령 및 관리에 관한 규정 [시행 2018. 11. 6.] [대통령훈령 제394호, 2018. 11. 6., 일부개정] 제7조). 수수료의 요율 및 실비의 범위는 **국토교통부장관**이 감정평가 관리·징계위원회의 심의를 거쳐 결정한다(법 제23조 제2항).

나. 행정적 책임 및 형사책임

위반의 법적 효과로서 법 제25조에 따른 의무 어느 하나라도 위반한 경우 **국토교통부장관**은 그 설립인가를 취소하거나(법 제32조 제1항 제11호), 2년 이내의 범위에서 기간을 정하여 업무의 정지를 명할 수 있다. 그리고 감정평가관리·징계위원회의 의결에 따라 해당 **감정평가사**에 대해서는 자격취소, 등록취소, 2년 이하의 업무정지, 견책의 어느 하나에 해당하는 징계와 같은 행정상 책임을 진다(법 제39조 제1항 및 제2항).

이외에도 둘 이상의 사무소를 설치하거나 둘 이상의 **감정평가법인** 또는 **감정평가사**사무소에 소속될 경우 형사책임으로 1년 이하의 징역 또는 1천만원 이하의 벌금에 처해진다(법 제50조 제3호).

제5절 감정평가법인등의 책임

Ⅰ. 책임의 의의

책임이란 법률적 불이익 또는 제재를 받는 법률적 책임을 말하는데, 위법한 행위를 한 자에 대한 법률적 제재로서 민·형사 및 행정적 책임으로 구분되고, **감정평가법인등**에게도 권리와 표리관계인 의무위반에 대한 법적 효과로서 책임을 가하고 있다. 「감정평가법」상 민사책임은 가해자(**감정평가법인등**)의 불법행위로 발생한 손해전보를 목적으로 하며 타인에게 끼친 손해를 배상하여야 할 대개인적 책임이다. 형사책임은 가해행위를 한 **감정평가법인등**에 대한 국가의 제재 및 부수적으로 장래의 범죄발생의 방지를 목적으로 하고 따라서 위법한 행위로 인하여 사회질서를 문란케 한 데 대한 대사회적 책임인 점에서 양 책임은 근본적으로 다르지만, 양 책임은 규범에 반하는 행위의 억제를 통한 사회질서의 유지라는 목적을 공유한다. 양 책임은 별개의 책임으로 다루어지며, 구제절차 역시 민사재판과 형사재판으로 구별된다.[89] 그리고 주목할 것은 감정평가업무가 국민의 재산권을 보호하는 사회성·공공성이 높은 점에서 입법자는 국가감독권에 근거하여 「감정평가법」에서는 강한 행정적 책임을 요구하고 있다. 그러나 전술한 바와 같이 의무와 책임을 강조하는 입법에서 한 걸음 더 나아가 고도의 전문성이 요구되는 **감정평가법인등**에게 직업윤리 조항의 입법을 통하여 자율적 규제를 유도하는 조화로운 입법개선이 요구된다.

---

89) 지원림, 민법강의, 홍문당, 2011, 1661면.

Ⅱ. 민사 책임

1. 의의

전술한 바와 같이 감정평가계약의 법적 성질은 감정평가업무의 독립성·전문성에 비추어 감정평가의 뢰인의 지시나 감독을 받지 않는 <u>위임계약</u>이다. 따라서 **감정평가법인등**은 의뢰인에 대하여 위임계약의 본지에 따라 선량한 관리자의 주의로써 위임사무를 처리할 의무를 부담한다(민법 제681조). 이러한 **감정평가법인등**의 선관 의무는「감정평가법」제25조 등 **감정평가법인등**의 의무에서 구체화된다.

수임한 사무처리에 있어서 그 업무 본래의 취지에 따르지 않을 때, 즉 감정평가를 잘못한 경우 의뢰 인은 감정평가의뢰계약상의 책임(채무불이행으로 인한 손해배상책임)이든[90] 불법행위이든[91] 두 책임 중에 선택하여 손해배상책임을 물을 수 있다(이른바 청구권경합설). 원래 채무불이행으로 인한 손해배 상책임(계약책임)은 계약관계가 있는 자들 사이에서 생기는 것이고, 불법행위책임은 일반인 사이에서 생기는 것이나, **감정평가법인등**과 감정평가의뢰인간의 계약관계가 있는 자들 사이에서 불법행위가 발 생한 경우도 상정한 것이며, 논란이 있기는 하나 피해자(감정평가의뢰인)는 두 권리 중 자신이 원하는 것을 자유롭게 선택하여 행사할 수 있다고 하여야 한다. 물론 어느 하나의 권리를 행사하여 손해배상 을 받은 뒤에는 다른 권리는 더 이상 행사하지 못한다.[92]

2.「감정평가법」제28조 제1항에 따른 손해배상책임

가. 의의

감정평가법인등이 감정평가를 하면서 <u>고의 또는 과실</u>로 감정평가 당시의 적정가격과 현저한 차이가 있게 감정평가를 하거나 감정평가 서류에 거짓을 기록함으로써 감정평가 의뢰인이나 선의의 제3자에 게 손해를 발생하게 하였을 때에는 **감정평가법인등**은 그 손해를 배상할 책임이 있다(법 제28조 제1항). **감정평가법인등**은 손해배상책임을 보장하기 위하여 보험에 가입하거나 공제사업에 가입하는 등 필요 한 조치를 하여야 한다(법 제28조 제2항).

나. 법적 성질

(1) 문제의 의의:「민법」제750조에 따른 불법행위로 인한 손해배상책임은 불법행위를 규율하는 「민법」규정으로 그 조문수가 적고(제750 내지 제766조의 17개 조항) 그것들은 일반화·추상화 되어 있 다. 불법행위에 있어서 기존의 민법규정만으로 부적절한 경우가 있으며, 이러한 경우에「감정평가법」

---

90) 민법 제390조(채무불이행과 손해배상) 채무자가 채무의 내용에 좋은 이행을 하지 아니한 때에는 채권자는 손해배상 을 청구할 수 있다. 그러나 채무자의 고의나 과실 없이 이행할 수 없게 된 때에는 그러하지 아니하다.
91) 민법 제750조(불법행위의 내용) 고의 또는 과실로 인한 위법행위로 타인에게 손해를 가한 자는 그 손해를 배상할 책임이 있다.
92) 송덕수, 신민법입문, 453면.

제28조에 따른 손해배상책임이라는 특별규정을 두고 있다.

그러나 「감정평가법」 제28조에 따른 손해배상책임 조항의 성격에 관하여, 불법행위 내지 채무불이행에 대한 특별규정으로 그 요건에 해당하는 경우에만 불법행위책임을 부담한다는 견해(불법행위 특칙설)와 불법행위 내지 채무불이행에 대한 별도규정으로서 그 요건에 해당되지 않더라도 일반조항인 「민법」 제750조에 의하여 책임을 물을 수 있다는 견해(법정책임설)가 있다.

(2) 학설·판례

(가) 불법행위 특칙설(면책설, 특례긍정설): 위 규정은 **감정평가법인등**을 보호하기 위하여 채무불이행(계약책임)이나 불법행위에 따른 손해배상책임을 져야 할 경우라도 특별한 경우에 한하여 불법행위책임만을 지도록 특칙을 정한 것이라는 견해로서, 이에 의하면 위 문언의 반대해석상 **감정평가법인등**에게 고의·과실이 있더라도 감정평가결과가 적정가격과 현저한 차이가 없는 한 손해배상책임을 지지 않도록 하는 것이 위 조문의 입법취지라는 것이다. 이 견해는 ① 소액의 감정평가수수료에[93] 비하여 막대한 손해배상책임을 져야 하는 경우가 생길 수 있어서 **감정평가법인등**에게 가혹하고, ② 감정평가 자체가 주관적 가치 판단을 전제로 하는 것이어서 객관적인 적정가격을 찾아내는 것이 어려운데 **감정평가법인등**을 빈번한 손해배상청구에 노출된 채로 방치시켜 두어서는 감정평가제도의 존속 자체가 위태로울 수도 있다는 정책적 고려를 논거로 들고 있다.[94]

(나) 법정책임설(보험관련설, 특례부정설): 「감정평가법」 제28조(구법 제26조) 제1항은 같은 조 제2항의 보험이나 공제와 관련하여서 규정된 것으로서 보험이나 공제로 처리되는 **감정평가법인등**의 손해배상책임의 범위를 한정하는 것일 뿐, 채무불이행(계약책임)이나 불법행위책임을 배제하는 규정은 아니라고 하는 견해이다. 이 견해에 따르면 「감정평가법」 제28조는 감정평가업에 종사하는 자의 배상책임을 부과하며 이를 위한 보험가입의 조치를 취하도록 함에 입법취지가 있는 것이고, 그 논거로 **감정평가법인등**의 고의·과실이 드러났는데도 다른 요건을 추가로 요구하여 **감정평가법인등**을 보호하는 것은 문제가 있다는 점을 논거로 든다. 또한 조문의 문언상 다른 책임을 배제한다는 표현이 없고 전자에 의하면 고의 또는 중과실에 의한 경우까지 면책될 수 있다는 점을 든다.[95]

(다) 판례: **감정평가법인등**의 부실감정으로 인하여 손해를 입게 된 감정평가의뢰인이나 선의의 제3자는 「지가공시및토지등의평가에관한법률」상의 손해배상책임과 「민법」상의 불법행위로 인한 손해배상책임을 함께 물을 수 있다고 하여,[96] 후설(법정책임설)을 취하고 있다.

(3) 검토: 「감정평가법」상의 손해배상책임과 「민법」상의 불법행위로 인한 손해배상책임을 함께 물

---

93) 보수기준상 감정평가수수료율는 감정평가액의 0.1~0.04% 이내이다.
94) 한기택, "지가공시및토지등의평가에관한법률" 제26조 제1항의 의미와 '현저한 차이'의 판단 기준, 대법원판례해설 제28호, 1997, 454면.
95) 박형남, "감정평가과오에 대한 법적 책임-전문가책임의 관점에서-", 113면; 김용담, 주석민법 제4판, 144면; 박창석, "감정평가업자의 책임", 홍익법학 제11권 제3호, 2010, 291면.
96) 대법원 1998. 9. 22. 선고 97다36293 판결.

을 수 있는지에 대해서 판례와 일부 학설(법정책임설)은 이를 긍정하고 한다. 그러나 「민법」제750조에 따른 위법성 요건은 침해된 이익 측면에서 감정평가업무의 성질상 재산적 이익의 침해에 국한할 것이고, 따라서 「감정평가법」제28조 제1항의 "감정평가 당시의 적정가격과 현저한 차이"는 「민법」제750조의 위법행위로 보아야 하며, 「감정평가법」으로 손해배상책임이 채워지지 않는 경우 「민법」규정에 따라 손해를 전보해야 할 것으로 보인다.

다. 손해배상책임의 요건

(1) 「감정평가법」제28조 제1항

「감정평가법」은 「민법」제390조 및 제750조에 따른 채무불이행 내지 불법행위에 의한 손해배상책임 규정과 별도로, 다음과 같이 보다 명확한 규정을 두고 있다. **감정평가법인등**이 감정평가를 하면서 ① 고의 또는 과실로 ② 감정평가 당시의 적정가격과 현저한 차이가 있게 감정평가를 하거나 감정평가 서류에 거짓을 기록함으로써 ③ 감정평가 의뢰인이나 선의의 제3자에게 손해를 발생하게 하였을 때에는 **감정평가법인등**은 그 손해를 배상할 책임이 있다.

(2) 고의 또는 과실

법 제25조 제1항에 따른 고의·중과실의 요건과 달리, 「감정평가법」제28조에 따른 손해배상책임은 "고의 또는 과실"을[97] 요건으로 하는데, 고의는 법 제25조 제1항과 같으나, 일반적으로 「민법」에서 과실이라고 하면 경과실을 의미한다. 따라서 동 조항의 손해배상책임도 민사책임이기 때문에 그에 따른 것이다. 중과실을 요하는 경우에는 「감정평가법」제25조 제1항, 「민법」제109조 제1항 단서의 예와 같이 특별히 중대한 과실이라고 표현한다.[98]

(가) 손해배상책임 인정 사례: 대법원은 ① "**감정평가법인등**이 과실로 감정평가 당시의 적정가격과 현저한 차이가 있게 감정평가함으로써 감정평가 의뢰인에게 손해를 발생하게 한 때에는 그 손해를 배상할 책임이 있고,[99] ② 감정목적물의 동일성을 오인한 것으로서, 법원으로부터 주택이 건축된 토지에 대한 임의경매에 따른 감정평가명령을 받은 피고 **감정평가법인등**은 이 사건 대지의 분할 전 토지에 대한 건축물관리대장이나 건물등기부등본 등을 열람하여 보지도 않고, 이 사건 대지의 위치를 잘못 파악하여 그곳으로부터 약 200m 정도 떨어진 곳에 위치한 토지를 이 사건 대지로 착각하여 이 사건 대지는 나지 상태의 택지예정지로 노폭 8m 정도의 지방도로변에 위치하고, 임야를 절단하여 대지가 조성되었으며, 형태나 면적으로 보아 주유소 부지 등으로 활용될 개연성이 짙다는 점 등을 이유로 이

---

97) 고의와 과실에 대해서는 "제3장 **감정평가사**/제4절 **감정평가법인등**의 권리와 의무/Ⅲ. **감정평가법인등**의 의무/4. 고의·중과실 감정평가금지 의무" 참조하라.
98) 송덕수, 민법강의(제12판), 1369~1370면.
99) 대법원 1999. 5. 25. 선고 98다56416 판결.

사건 대지를 감정한 사안에서 「지가공시법」 제26조 제1항에 의한 책임이 없다는 것이나, 대법원은 원심에서 피고가 원고에게 민법상의 불법행위책임을 인정한 원심의 판결 이유를 인용하였다.[100] ③ 한◆◆◆◆의 감정역이 감정을 위한 현장검사를 함에 있어서는 목적물의 실제위치와 경계를 측량 기타 방법으로 확인하고 공부상의 지목, 지적과 대조하여 동일성을 확인한 다음에 적정시가를 산출하여야 함에도 현장안내인이 허위 지적하는 토지를 목적물로 오인하고 감정을 하였다면 동 감정역에게 감정상의 **과실**이 있다 할 것이다.[101] ④ 다음의 판례는 「감정평가법」 제28조 제1항의 요건을 망라한 판례이다. 대법원은 "시가감정대상이 환지예정지이고 거기에 권리면적 이외에 절반 이상의 과도면적이 포함되어 있는 토지라면 장차 환지확정에 따라 과도면적에 해당하는 청산금은 토지소유자가 부담하는 것이므로 이와 같은 환지예정지를 평가함에 있어서는 그 환지면적을 기준으로 하여 가격산정을 하되 권리면적과 과도면적의 구체적 사정을 고려하고 과도면적에 대한 환지처분 후 확정될 청산금 등 제반조건을 감안하여 그 시가를 산정하여야 할 것이고, 감정인이 위 환지예정지를 감정평가하면서 위와 같은 사정을 고려함이 없이 만연히 과도면적에 대한 청산금이 이미 청산된 것임을 전제로 하여 그 시가를 정산하는 평가를 하였다면, 「감정평가에관한법률」 제20조 소정의 감정인이 **과실**로 위 토지를 감정당시 **시가와 현저한 차이**가 있게 평가한 경우에 해당한다고 할 것이다. 감정인의 부당감정으로 인하여 입은 **제3자**의 **손해액**은 부당감정이 없었더라면 지급하지 아니하여도 될 비용을 지급하거나 부담하게 된 경우 그 수액이 이에 해당한다고" 판시했다.[102]

(나) 손해배상책임 부정 사례: ① 당해 토지가 하천구역에 편입되어 국유로 된 경우에 그 토지가 하천구역에 편입되었음을 의심할 만한 객관적으로 명백한 사유가 있어 **감정평가법인등**이 감정평가 과정에서 통상적으로 요구되는 선량한 관리자의 주의를 기울였더라면 이를 쉽게 알 수 있었음에도 그 주의 의무를 게을리한 결과 이를 알지 못한 채 감정평가를 하였다면 **과실**로 인한 감정평가의 하자가 있다고 할 것이나, 한편으로 외관상 강물이 흐르고 있지 아니한 토지가 하천구역에 편입되어 국유로 되었다는 사정은 토지의 외관이나 이용상황만으로는 쉽게 알기가 어렵고 감정평가업무에 통상적으로 이용되는 공부나 공적 서류에 의하여도 그와 같은 사정을 알아보기가 쉽지 않다는 점에 비추어 보면, **감정평가법인등**이 실지조사·공부조사 등 감정평가에 수반되는 조사업무를 통상적으로 요구되는 주의 정도에 따라 성실히 수행하였음에도 당해 토지가 하천구역에 편입되어 국유로 된 토지인 사실을 알아내지 못한 채 그 시가에 대하여 감정평가를 하였다고 하더라도 이를 가지고 **과실**로 인한 감정평가의 하자라고 볼 수는 없다.[103] ② 금융기관이 담보물에 관한 감정평가를 감정평가업자에게 의뢰하면서 감정업무협약에 따라 감정 목적물에 관한 대항력 있는 임대차계약의 존부와 그 임차보증금의 액수에 대한 사실조사를 함께 의뢰한 경우, 감정평가업자가 금융기관의 신속한 감정평가 요구에 따라 그의 양해 아래 임차인이 아닌 건물 소유자를 통하여 담보물의 임대차관계를 조사하였으나 그것이 허위로

100) 대법원 1998. 9. 22. 선고 97다36293 판결.
101) 대법원 1978. 11. 14 선고 78다1789 판결 [손해배상] [공보불게재].
102) 대법원 1987. 11. 10. 선고 87다카1646 판결.
103) 대법원 2002. 9. 27 선고 2001다19295 판결.

밝혀진 경우, 감정평가업자는 과실이 없으므로 손해배상책임이 인정되지 않는다고" 판시하였다.[104] ③ 한◆◆◆◆의 감정인이 감정의뢰인의 피용자가 변조한 감정자료를 변조된 것을 모르고 부동산의 시가를 감정한 경우에 감정인이 감정자료를 변조한 감정의뢰인의 피용자와 부정감정할 것을 공모하였거나 감정인이 부동산의 현황 자체의 판단을 **잘못**하였다는 등의 사정이 없는 한 손해배상책임이 없다.[105]

(3) 현저한 차이

"감정평가 당시의 적정가격과 현저한 차이"는 「민법」 제750조에 따른 불법행위에 의한 손해배상책임 조항의 추상적 요건의 하나에 해당하는 "위법행위"에 대하여, 「감정평가법」에 맞게 구체화된 규정이다.

"현저한 차이"에 대하여 대법원은 ① 「지가공시법」 제5조 제2항, 같은 법 시행령 제7조 제4항, 「공특법 시행규칙」 제5조의4 제1항, 제4항의 각 규정들은 표준지공시지가를 정하거나 공공사업에 필요한 토지의 보상가를 산정함에 있어서 2인 이상의 **감정평가법인등**에게 평가를 의뢰하였는데 평가액 중 최고평가액이 최저평가액의 1.3배를 초과하는 경우에는 건설교통부장관이나 사업시행자가 다른 2인의 **감정평가법인등**에게 대상 물건의 평가를 다시 의뢰할 수 있는 것뿐으로서 여기서 정하고 있는 1.3배의 격차율이 바로 「지가공시법」 제26조 제1항이 정하는 평가액과 적정가격 사이에 "현저한 차이"가 있는가의 유일한 판단 기준이 될 수 없다. 그러나 **감정평가법인등**이 「지가공시법」과 「감정평가규칙」의 기준을 무시하고 자의적 방법에 의하여 대상 토지를 감정평가한 경우, **감정평가법인등**의 고의·중과실에 의한 부당 감정을 근거로 하여 같은 법 제26조 제1항의 **"현저한 차이"**를 인정하였다.[106] ② 그리고, 원심판결이 적법히 확정한 바에 의하면 **감정평가법인등**인 피고로서는 이 사건 임지의 사용 방법 및 용도상의 제한의 종류를 조사하고, 그것이 전용된 경위 및 보전임지가 전용된 경우 그 사용상의 제한 내역은 어떠한 것인지 관련 법규를 조사하여 그 사용 내역에 맞추어 비교표준지를 선택한 다음 이를 기준으로 당해 토지의 특성비교에 따른 평가를 하였어야 할 주의 의무가 있음에도 불구하고, 피고 소속 **감정평가사**인 소외인이 토지의 평가에 중대한 영향을 줄 특성의 조사를 다하지 아니한 채 건축물 신고수리통보서만을 근거로 기준에 적합하지 아니한 비교표준지를 선정하여 감정가격을 산출하였으므로, 이는 피고가 **과실**에 의하여 이 사건 토지들에 관하여 감정평가 당시의 적정가격과 **현저한 차이**가 있게 감정평가를 한 경우에 해당한다고 보아야 할 것이라고[107] 판시하였다.

(4) 선의의 제3자

(가) 긍정사례: "선의의 제3자"의 의미에 대하여 대법원은 ① "여기에서 '선의의 제3자'라 함은 감정

---

104) 대법원 1997. 9. 12. 선고 97다7400 판결.
105) 대법원 1974. 12. 24. 선고 73다235 판결.
106) 대법원 1997. 5. 7. 선고 96다52427 판결.
107) 대법원 1999. 5. 25. 선고 98다56416 판결.

내용이 허위 또는 감정평가 당시의 적정가격과 현저한 차이가 있음을 인식하지 못한 것뿐만 아니라 감정평가서 자체에 그 감정평가서를 감정의뢰 목적 이외에 사용하거나 감정의뢰인 이외의 타인이 사용할 수 없음이 명시되어 있는 경우에는 그러한 사용사실까지 **인식하지 못한 제3자**를 의미한다."[108] 가령 감정평가서의 부실감정을 믿어 손해를 본 피해자라도, 그것이 매도목적 감정평가서로서 감정의뢰목적 이외에 사용할 수 없다고 명시되어 있음을 알면서도, 이를 담보목적으로 사용하여 손해를 입은 경우에는 "선의의 제3자"에 해당하지 아니하므로 **감정평가법인등**은 손해배상책임을 지지 아니한다. ② 그러나 감정목적이 시가라고만 되어 있으나 원래 부동산매매의 목적으로 작성된 감정평가서가 담보물 평가목적으로 담보권자에게 제공된 경우, 감정의뢰인이 담보제공자 이외의 자이고 감정목적이 시가라고만 기재되어 있다는 사실이나 위 감정평가서가 작성된지 상당시일(7월)이 경과되어 제출되었다는 사실만으로 감정평가서가 당초 감정목적 이외의 용도로 사용된 것임을 담보권자가 알았다고 단정하기 어려우므로 그를 **악의의 제3자**라고 볼 수 없다.[109] ③ 당초 은행앞으로 제출된 피고(주식회사 ○○○○원)의 감정평가 목적이 담보목적으로 되어 있었고, 의뢰인이 소외 1 주식회사로 되어 있었으며, 리스업자인 원고가 리스계약을 체결한 날 피고에게 감정평가서의 채권기관 명의변경을 요청하자, 피고는 별다른 심사 없이 채권기관 명의를 원고로 변경하여 주었다면, 원고(리스업자)는 당초의 감정평가목적에 따라 자신이 그 감정평가서를 사용할 수 있는 채권기관이라 인식한 **선의의 제3자**에 해당한다고 판단하였다.[110]

(나) **부정사례**: ① 원고가 이 사건 토지에 관하여 원심 판시의 근저당권을 취득하는 과정에서 위와 같이 위 감정평가서(이 문서 안에는 이를 감정의뢰 목적 이외에 사용하거나 감정의뢰인 이외의 타인이 사용할 수 없다는 취지의 문구가 명기되어 있다)가 감정의뢰인이 아닌 타인에 의하여 당초의 감정의뢰 내지 평가목적 이외의 용도로 사용된다는 사정을 알고 있었다면, 위의 법리에 비추어 이러한 원고를 위 같은 법률 조항에 규정된 **선의의 제3자**에 해당한다고 말할 수는 없다 하였다.[111] ② 문제가 된 감정평가서는 원래 소외 A가 소외 B와 사이에 화장품 대리점계약을 체결함에 있어 이 ○○아파트를 담보로 제공할 목적으로 위 A의 의뢰에 의하여 작성된 것인 사실, 피고(**감정평가법인**) 소속 직원이 이 ○○아파트에 대한 감정평가서 작성을 위한 현장조사 당시 이 ○○아파트의 소유자라고 자칭하는 사람을 만나 그로부터 이 ○○아파트에 임대사실이 없다는 말을 듣고 그 말을 피고 소속 **감정평가사** 소외 C에게 전달한 사실, 위 C는 이에 따라 이 사건 감정평가서의 ○○아파트감정요항표에 일응 임대상황이 없다고 기재하면서도, 평소 거래관계에 있던 위 B에 대하여 전화로 그 현장조사의 경위를 설명하고 담보설정 시 별도의 조사가 필요하다고 고지한 사실, 이에 따라 위 B는 이 ○○아파트의 임대상황을 다시 조사한 끝에 이 ○○아파트에 대항력 있는 임대차가 존재하는 사실을 밝혀내고 위 A와의 화장품 대리점계약 체결을 거절한 사실, 위 A는 그 며칠 뒤 이 사건 감정평가서를 위 B로부터 돌려받아 다른

---

108) 대법원 1999. 9. 7. 선고 99다28661 판결; 대법원 2009. 9. 10. 선고 2006다64627 판결.
109) 대법원 1983. 6. 28. 선고 83다카395 판결.
110) 대법원 2009. 9. 10. 선고 2006다64627 판결.
111) 대법원 1999. 9. 7 선고 99다28661 판결.

화장품 제조업체인 원고(D)에게 이를 제출하여 이 ○○아파트를 담보로 제공하고 화장품 대리점계약을 체결하게 되었는데, 이 사건 감정평가서의 표지 다음 장에는 큰 글자로 '알리는 말씀'이라고 제목을 붙여 그 면 전체에 걸쳐 "감정평가 의뢰목적 이외에 사용하거나 타인(감정평가의뢰인 또는 담보감정평가 시에는 그 확인기관 이외의 자)이 사용할 수 없고 이로 인한 결과에 대하여 피고가 책임을 지지 않는다."는 취지의 기재가 있고, 평가의뢰인은 표지에는 'B'가, 내용에는 'A'로 기재되어 있으며, 평가목적란에는 '담보(B)'로 기재되어 있는 사실을 알 수 있다. 사정이 이와 같다면, 원고는 이 사건 감정평가서의 위와 같은 기재에 비추어 이 사건 감정평가의뢰인과 이를 사용할 상대방이 누구이며, 그 이외의 사람은 사용할 수 없다는 점을 인식하였다고 보아야 할 것이고, 이러한 경우 원고는 구 「지가공시법」 제26조 제1항에 의한 손해배상을 청구할 수 있는 **선의의 제3자**라고 할 수는 없다.[112]

(5) 손해액의 범위

대법원은 ① "불법행위로 인한 재산상 손해는 위법한 가해행위로 인하여 발생한 재산상 불이익, 즉 위법행위가 없었더라면 존재하였을 재산 상태와 위법행위가 가해진 현재의 재산 상태와의 차이이므로, 낙찰자가 **감정평가법인등**의 불법행위로 인하여 입은 손해도 **감정평가법인등**의 위법한 감정이 없었더라면 존재하였을 재산 상태와 위법한 감정으로 인한 재산 상태와의 차이가 되고, 이는 결국 위법한 감정이 없었다면 낙찰자가 낙찰 받을 수 있었던 낙찰대금과 실제 지급한 낙찰대금과의 차액이 되고,[113] ② 담보목적물에 대하여 **감정평가법인등**이 부당한 감정을 함으로써 감정의뢰인이 그 감정을 믿고 정당한 감정가격을 초과한 대출을 한 경우에는 부당한 감정가격에 근거하여 산출된 담보가치와 정당한 감정가격에 근거하여 산출된 담보가치의 차액을 한도로 하여 대출금 중 정당한 감정가격에 근거하여 산출된 담보가치를 초과한 부분이 손해액이 되고,[114] ③ 통상 **감정평가법인등**으로서는 대출 당시 앞으로 대출금이 연체되리라는 사정을 알기는 어려우므로 대출 당시 **감정평가법인등**이 대출금이 연체되리라는 사정을 알았거나 알 수 있었다는 특별한 사정이 없는 한 연체된 약정 이율에 따른 지연손해금은 **감정평가법인등**의 부당한 감정으로 인하여 발생한 손해라고 할 수 없다."[115]

라. 보증보험 또는 공제사업 가입 의무

(1) 입법취지는 불법행위로 인한 손해배상책임제도의 목적이 손해의 공평한 분담에 있고 가해행위의 부당성에 대한 배상책임 의무라 할 것이다. 그러나 배상 의무자에게 변제자력이 없다면, 비록 무과실책임에 의하여 피해자에게 손해배상청구권을 인정하더라도 위의 목적을 달성할 수 없게 될 수 있다.

---

112) 대법원 2000. 4. 21 선고 99다66618 판결.
113) 대법원 1998. 9. 22. 선고 97다36293 판결.
114) 대법원 1999. 5. 25. 선고 98다56416 판결; 대법원 2004. 5. 27. 선고 2003다24840 판결; 대법원 2009. 9. 10. 선고 2006다64627 판결.
115) 대법원 2007. 4. 12. 선고 2006다82625 판결.

그리고 배상 의무자에게 자력이 있더라도 일시에 많은 배상금을 지급하게 한다면 **감정평가법인등**의 기업 활동 내지는 개인의 생계(生計)에 심각한 영향을 초래할 수 있다. 따라서 피해자의 구제를 위하여 배상 의무자의 배상능력의 강화를 꾀하지 않을 수 없으며,[116] 그를 위한 수단으로 규정한 것이 보증보험 또는 공제사업에 가입 의무이다.

(2) **감정평가법인등**은 손해배상책임을 보장하기 위하여 **대통령령**으로 정하는 바에 따라 보증보험에 가입하거나 협회가 운영하는 공제사업에 가입하는 등 필요한 조치를 하여야 한다(법 제28조 제2항 및 영 제23조 제1항). **감정평가법인등**은 보증보험에 가입한 경우에는 **국토교통부령**으로 정하는 바에 따라 **국토교통부장관**에게 통보하여야 한다(영 제23조 제2항). **감정평가법인등**이 보증보험에 가입하는 경우 해당 보험의 보험 가입 금액은 **감정평가사** 1인당 1억원 이상으로 한다(영 제23조 제3항). **감정평가법인등**은 보증보험금으로 손해배상을 하였을 때에는 10일 이내에 보험계약을 다시 체결하여야 한다(영 제23조 제4항).

(3) **감정평가법인등**이 법 제28조 제2항을 위반하여 보험 또는 협회가 운영하는 공제사업에 가입하지 아니한 경우에는 **국토교통부장관**은 그 설립인가를 취소(법 제32조 제1항 제11호) 하거나 2년 이내의 범위에서 기간을 정하여 업무의 정지를 명할 수 있다.

3. 채무불이행에 의한 손해배상책임(계약책임)

가. 의의

채무불이행이란 채무자에게 책임 있는 사유로 채무의 내용에 좇은 이행이 이루어지지 않고 있는 상태를 통틀어서 말하며, 이러한 채무불이행의 경우에는 채권자의 손해배상청구권 등의 법률효과가 발생한다. 이러한 유형에는 이행지체, 이행불능, 불완전급부, 기타 행위 의무의 위반 네 가지로 나뉘나, **감정평가법인등**의 손해배상책임은 기타 행위 의무위반의 유형에 속할 것으로 보인다.[117] 아래의 판례들은 「감정평가법」 제28조에 따른 손해배상책임에서는 면책될 수도 있는 것들이나, **감정평가법인등**과 감정평가 의뢰인과 기타 행위 의무의 위반에 따른 책임을 물은 사례들이다.

나. 사례

① 의뢰인의 요청을 따르지 않은 의무위반으로서 감정인이 감정평가서를 직접 송부해 달라는 감정 의뢰인인 은행의 요청을 무시하고 감정평가서를 대출신청인에게 교부한 결과 그 감정평가서가 정당한 감정평가액보다 높은 감정평가액으로 위조되고 은행이 그 위조된 감정평가서를 믿고 대출을 하였으나 경매절차에서 일부만 배당받고 나머지 대출원리금이 회수불능 되는 손해를 입게 된 사안에서[118] 기타

---

116) 지원림, 민법강의, 홍문당, 2011, 1663~1664면.
117) 송덕수, 신민법입문, 306면.
118) 대법원 1998. 9. 8. 선고 98다17022 판결.

의 행위 의무의 위반으로 인한 **감정평가법인등**의 <u>계약책임을 인정한</u> 것으로 보인다.

② **감정평가법인등**이 현장 조사 당시 감정 대상 <u>주택이 공실 상태라는 사유만으로 탐문 조사를 생략</u>한 채 감정평가서에 '<u>임대차 없음</u>'이라고 기재했으나 그것이 허위로 밝혀진 경우, **감정평가법인등**은 그로 인해 부실 대출을 한 금융기관의 손해를 배상할 책임에 대하여 원심은[119] 이 사건 협약에 따른 채무불이행이나 불법행위의 책임을 물을 만한 고의나 과실이 있다고 할 수 없고, 이 사건 손해는 오로지 원고의 전적인 과실에 의하여 발생한 것이라고 판단하여 원고(농협)의 위 주장을 배척하였으나, 상고심에서 원심에는 채무불이행에 관한 법리를 오해한 위법이 있다 할 것이고 이와 같은 원심의 위법은 판결 결과에 영향을 미쳤음이 분명하다고 하였고 <u>피고 **감정평가법인등**의 손해배상책임이 있다</u>고 하여 대법원은 원심판결을 파기환송 하였다.[120]

③ **감정평가법인등**이 금융기관과 감정평가업무협약을 체결하면서 감정 목적물인 <u>주택에 관한 임대차 사항을 상세히 조사할 것을 약정한 경우</u>, **감정평가법인등**이 현장조사 당시 감정대상 주택 소유자의 처로부터 임대차가 없다는 확인을 받고 감정평가서에 "임대차 없음"이라고 기재하였으나 <u>이후에 임차인의 존재가 밝혀진 경우</u>, **감정평가법인등**은 감정평가서를 근거로 부실 대출을 한 금융기관의 손해를 배상할 책임이 있다고 인정하였고,[121] **감정평가법인등**이 금융기관으로부터 조사를 의뢰받은 담보물건과 관련된 임대차관계 등을 조사함에 있어 단순히 다른 조사기관의 <u>전화조사만으로 확인된 실제와는 다른 임대차관계 내용을 기재한 임대차확인조사서를 제출한 사안</u>에서, **감정평가법인등**에게 감정평가업무협약에 따른 조사 의무를 다하지 아니한 과실이 있으므로, 위와 같은 과실로 인하여 원고가 입은 손해를 배상할 책임이 있다고 판단하였다.[122] 위 모두 **감정평가법인등**의 본연의 업무와 다른 부대업무일지라도 <u>금융기관 협약에 따른 계약책임을 인정하였다.</u>

4. 사용자 책임

감정평가법인등은 <u>사무직원을 지도·감독할</u> 책임이 있다(법 제24조 제2항). **감정평가법인등**의 <u>사무직원에 대한 지도·감독에 대하여 형사책임까지는 지우지</u> 않고 있으나, 2019. 8. 20. 개정(시행 2020. 2. 21. 법률 제16481호)으로, 행정적 책임을 신설하였다(법 제32조 제1항 제11호). 그리고 민법상 사용자 책임도 면하기 어렵다. 즉, **감정평가법인등**은 사용자 책임으로 타인을 사용하여 어느 사무에 종사하게 한 자는 피용자가 그 사무집행에 관하여 제3자에게 가한 손해를 배상할 책임이 있다. 사무직원의 불법행위에 대한 **감정평가법인등**의 손해배상책임 의무이다. 그러나 사용자가 피용자의 선임 및 그 사무감독에 상당한 주의를 한 때 또는 상당한 주의를 하여도 손해가 있을 경우에는 손해배상책임을 면한다(민법 제756조).

---

119) 서울고법 1997. 7. 30. 선고 97나20108 판결.
120) 대법원 1997. 12. 12. 선고 97다41196 판결.
121) 대법원 2004. 5. 27. 2003다24840 판결.
122) 대법원 2007. 4. 12. 선고 2006다82625 판결.

Ⅲ. 형사적·행정적 책임[123]

전술한 바와 같이 일정한 행위를 한 자에 대한 <u>형사책임</u>은 법 제49조 내지 제50조의2에서 정하고 있으며 **감정평가법인등**이 아닌 자도 수범자가 될 수 있다.

그리고 행정적 책임으로 **국토교통부장관**은 **감정평가법인등**에 대하여 **감정평가법인**설립인가 취소나 업무정지처분(법 제32조) 및 과징금부과(법 제41조 내지 제44조)라는 침익적 행정처분을 할 수 있고, 이 밖에도 징계책임(법 제39조)과 행정질서벌로서 과태료처분(법 제52조)을 받을 수 있다.

제6절 　감정평가법인

Ⅰ. 감정평가법인 설립·변경의 인가

감정평가사는 **감정평가법인등**의 업무(법 제10조)를 조직적으로 수행하기 위하여 **감정평가법인**을 설립할 수 있다(법 제29조 제1항).

감정평가법인의 사원 또는 이사는 **감정평가사**여야 한다. 다만, **감정평가법인**의 대표사원 또는 대표이사는 **감정평가사**가 아닌 자로 할 수 있으며, 이 경우 **감정평가법인**의 대표사원 또는 대표이사는 **감정평가사** 결격사유(법 제12조 각 호)에 해당하는 사람이 아니어야 한다(법 제29조 제2항).[124]

감정평가법인과 그 주사무소(主事務所) 및 분사무소(分事務所)에는 **대통령령**으로 정하는 수[5명(영 제24조 제1항)] 이상의 **감정평가사**를 두어야 한다(법 제29조 제3항 전단). **감정평가법인**의 주사무소 및 분사무소에 주재하는 최소 **감정평가사**의 수는 주사무소에 2명, 분사무소에 2명 이상을 두어야 한다(영 제24조 제2항). 이 경우 **감정평가법인**의 소속 **감정평가사**는 법 제18조 제1항 각 호[1. 법 제12조 각 호(**감정평가사** 결격사유)의 어느 하나에 해당하는 경우, 2. 법 제17조 제1항에 따른 실무수습을 받지 아니한 경우, 3. 법 제39조에 따라 자격 또는 등록이 취소된 후 3년이 지나지 아니한 경우, 4. 법 제39조에 따라 업무가 정지된 **감정평가사**로서 그 업무정지 기간이 지나지 아니한 경우의 어느 하나에 해당하는 경우에는 그 등록을 거부하여야 한다]의 어느 하나에 해당하는 사람이 아니어야 한다(법 제29조 제3항 후단).

감정평가법인을 설립하려는 경우에는 사원이 될 사람 또는 **감정평가사**인 발기인이 공동으로 다음 각 호 1. 목적, 2. 명칭, 3. 주사무소 및 분사무소의 소재지, 4. 사원(주식회사의 경우에는 발기인)의 성명, 주민등록번호 및 주소, 5. 사원의 출자(주식회사의 경우에는 주식의 발행)에 관한 사항, 6. 업무에 관한 사항을 포함한 정관을 작성하여 **대통령령**으로 정하는 바에 따라 **국토교통부장관**의 인가를 받아야 하며, 정관을 변경할 때에도 또한 같다. 다만, **대통령령**으로 정하는 경미한 사항의 변경은 신고할

---

123) 제3장 **감정평가사**/제4절 **감정평가법인등**의 권리와 의무/Ⅲ. **감정평가법인등**의 의무에서 설명하였다.
124) 단서 규정이 타당한지 의문스럽다. 가령, 의사 아닌 사람이 병원장을 할 수도 있다는 규정이다.

수 있다(법 제29조 제4항). **국토교통부장관**은 제4항에 따른 인가의 신청을 받은 날부터 20일 이내에 인가 여부를 신청인에게 통지하여야 한다(법 제29조 제5항). **국토교통부장관**이 제5항에 따른 기간 내에 인가 여부를 통지할 수 없을 때에는 그 기간이 끝나는 날의 다음 날부터 기산(起算)하여 20일의 범위에서 기간을 연장할 수 있다. 이 경우 **국토교통부장관**은 연장된 사실과 연장 사유를 신청인에게 지체 없이 문서(전자문서를 포함한다)로 통지하여야 한다(법 제29조 제6항).

감정평가법인은 사원 전원의 동의 또는 주주총회의 의결이 있는 때에는 **국토교통부장관**의 인가를 받아 다른 **감정평가법인**과 합병할 수 있다(법 제29조 제7항).

감정평가법인은 해당 법인의 소속 <u>감정평가사</u> 외의 사람에게 **감정평가법인등**의 업무(법 제10조)를 하게 하여서는 아니 된다(법 제29조 제8항).

감정평가법인은 「주식회사 등의 외부감사에 관한 법률」 제5조에 따른 회계처리 기준에 따라 회계처리를 하여야 한다(법 제29조 제9항). **감정평가법인**은 「주식회사 등의 외부감사에 관한 법률」 제2조 제2호에 따른 재무제표를 작성하여 매 사업연도가 끝난 후 3개월 이내에 **국토교통부장관**이 정하는 바에 따라 **국토교통부장관**에게 제출하여야 한다(법 제29조 제10항). **국토교통부장관**은 필요한 경우 재무제표가 적정하게 작성되었는지를 검사할 수 있다(법 제29조 제11항). **감정평가법인**에 관하여 이 법에 정한 사항을 제외하고는 「상법」 중 회사에 관한 규정을 준용한다(법 제29조 제12항).

Ⅱ. 해산

감정평가법인은 다음 각 호 1. 정관으로 정한 해산 사유의 발생, 2. 사원총회 또는 주주총회의 결의, 3. 합병, 4. 설립인가의 취소, 5. 파산, 6. 법원의 명령 또는 판결의 어느 하나에 해당하는 경우에는 해산한다(법 제30조 제1항). **감정평가법인**이 해산한 때에는 **국토교통부령**으로 정하는 바에 따라 이를 **국토교통부장관**에게 신고하여야 한다(법 제30조 제2항).

Ⅲ. 자본금 등

감정평가법인의 자본금은 2억원 이상이어야 한다(법 제31조 제1항). **감정평가법인**은 직전 사업연도 말 재무상태표의 자산총액에서 부채총액을 차감한 금액이 2억원에 미달하면 미달한 금액을 매 사업연도가 끝난 후 6개월 이내에 사원의 증여로 보전(補塡)하거나 증자(增資)하여야 한다(법 제31조 제2항). 증여받은 금액은 특별이익으로 계상(計上)한다(법 제31조 제3항). **국토교통부장관**은 **감정평가법인**이 보전이나 증자를 하지 아니한 경우에는 기간을 정하여 보전 또는 증자를 명할 수 있다(법 제31조 제4항).

Ⅳ. 인가취소 등

1. 인가취소 등의 사유

국토교통부장관은 감정평가법인등이 다음 각 호의 어느 하나에 해당하는 경우에는 그 설립인가를 취소(법 제29조에 따른 **감정평가법인**에 한정한다)하거나 2년 이내의 범위에서 기간을 정하여 업무의 정지를 명할 수 있다. 다만, **제2호 또는 제7호에 해당하는 경우에는 그 설립인가를 취소하여야 하는 강행규정**이다(법 제32조 제1항).

1. **감정평가법인**이 설립인가의 취소를 신청한 경우
2. **감정평가법인등**이 업무정지처분 기간 중에 **감정평가법인등**의 업무(법 제10조)를 한 경우
3. **감정평가법인등**이 업무정지처분을 받은 소속 **감정평가사**에게 업무정지처분 기간 중에 **감정평가법인등**의 업무(법 제10조)를 하게 한 경우
4. 표준지공시지가기준법 원칙(법 제3조 제1항)을 위반하여 감정평가를 한 경우
5. 법 제3조 제3항에 따른 감정평가준칙을 위반하여 감정평가를 한 경우
6. 법 제6조에 따른 감정평가서의 작성·발급 등에 관한 사항을 위반한 경우
7. **감정평가법인등이 법 제21조 제3항이나 제29조 제3항에 따른 감정평가사의 수에 미달한 날부터 3개월 이내에 감정평가사를 보충하지 아니한 경우**
8. 법 제21조 제4항을 위반하여 둘 이상의 **감정평가사**사무소를 설치한 경우
9. 법 제21조 제5항이나 제29조 제8항을 위반하여 해당 **감정평가사** 외의 사람에게 **감정평가법인등**의 업무(법 제10조)를 하게 한 경우
10. 법 제23조 제3항을 위반하여 수수료의 요율 및 실비에 관한 기준을 지키지 아니한 경우
11. 성실 의무등(법 제25조), 비밀엄수(법 제26조) 또는 명의대여 등의 금지(법 제27조)를 위반한 경우. 다만, 소속 **감정평가사**나 그 사무직원이 청렴 의무(법 제25조 제4항)를 위반한 경우로서 그 위반행위를 방지하기 위하여 해당 업무에 관하여 상당한 주의와 감독을 게을리하지 아니한 경우는 제외한다.
12. 법 제28조 제2항을 위반하여 보험 또는 협회가 운영하는 공제사업에 가입하지 아니한 경우
13. 정관을 거짓으로 작성하는 등 부정한 방법으로 법인설립인가(법 제29조)를 받은 경우
14. 법 제29조 제9항에 따른 회계처리를 하지 아니하거나 같은 조 제10항에 따른 재무제표를 작성하여 제출하지 아니한 경우
15. 법 제31조 제2항 또는 제4항에 따라 기간 내에 미달한 금액을 보전하거나 증자하지 아니한 경우
16. 법 제47조에 따른 지도와 감독 등에 관하여 업무에 관한 사항의 보고 또는 자료의 제출을 하지 아니하거나 거짓으로 보고 또는 제출한 경우나 장부나 서류 등의 검사를 거부, 방해 또는 기피한 경우의 어느 하나에 해당하는 경우

2. 협회의 인가취소 등 요청

협회는 **감정평가법인등**에게 법 제32조 제1항 각 호의 어느 하나에 해당하는 사유가 있다고 인정하는 경우에는 그 증거서류를 첨부하여 **국토교통부장관**에게 그 설립인가를 취소하거나 업무정지처분을 하여 줄 것을 요청할 수 있다(법 제32조 제2항).

3. 인가취소 등 공고

국토교통부장관은 설립인가를 취소하거나 업무정지를 한 경우에는 그 사실을 관보에 공고하고, 정보통신망 등을 이용하여 일반인에게 알려야 한다(법 제32조 제3항). 법 제32조 제1항에 따른 설립인가 취소 또는 업무정지 사실의 공고는 다음 각 호 1. **감정평가법인등**의 명칭, 2. 처분내용, 3. 처분사유의 사항을 관보에 공고하고, 국토교통부의 인터넷 홈페이지에 게시하는 방법으로 한다(칙 제23조).

설립인가의 취소 및 업무정지처분은 위반 사유가 발생한 날부터 5년이 지나면 할 수 없다(법 제32조 제4항).

4. 설립인가의 취소와 업무정지에 관한 기준

설립인가의 취소와 업무정지에 관한 기준은 **대통령령**으로 정하고, 제3항에 따른 공고의 방법, 내용 및 그 밖에 필요한 사항은 **국토교통부령**으로 정한다(법 제32조 제5항). 법 제32조 제1항에 따른 **감정평가법인등**의 설립인가 취소와 업무정지의 기준은 [별표 3]과 같다(영 제29조).

[별표 3]

감정평가법인등의 설립인가 취소와 업무정지의 기준(제29조 관련)

1. 일반기준
   가. 위반행위의 횟수에 따른 행정처분의 기준은 최근 1년간(제2호하목의 경우에는 최근 3년간을 말한다) 같은 위반행위(근거 법조문 내에서 위반행위가 구분되어 있는 경우에는 그 구분된 위반행위를 말한다)로 행정처분을 받은 경우에 적용한다. 이 경우 위반횟수는 같은 위반행위에 대하여 행정처분을 받은 날과 그 처분 후에 다시 같은 위반행위를 하여 적발된 날을 각각 기준으로 하여 계산한다.
   나. 위반행위가 둘 이상인 경우에는 각 처분기준을 합산한 기간을 넘지 않는 범위에서 가장 무거운 처분기준의 2분의 1 범위에서 그 기간을 늘릴 수 있다. 다만, 늘리는 경우에도 총 업무정지기간은 2년을 넘을 수 없다.
   다. **국토교통부장관**은 위반행위의 동기·내용 및 위반의 정도 등을 고려하여 처분기준의 2분의 1 범위에서 그 기간을 늘릴 수 있다. 다만, 늘리는 경우에도 총 업무정지기간은 2년을 넘을 수 없다.
   라. **국토교통부장관**은 위반행위의 동기·내용 및 위반의 정도 등 다음의 사유를 고려하여 처분기준의 2분의 1 범위에서 그 처분기간을 줄일 수 있다. 이 경우 법을 위반한 자가 천재지변 등 부득이한 사유로 법에 따른 의무를 이행할 수 없었음을 입증한 경우에는 업무정지처분을 하지 않을 수 있다.
      1) 위반행위가 고의나 중대한 과실이 아닌 사소한 부주의나 오류로 인한 것으로 인정되는 경우
      2) 위반의 내용·정도가 경미하여 감정평가 의뢰인 등에게 미치는 피해가 적다고 인정되는 경우
      3) 위반행위자가 처음 위반행위를 한 경우로서 3년 이상 해당 사업을 모범적으로 해 온 사실이 인정된 경우
      4) 위반행위자가 해당 위반행위로 인하여 검사로부터 기소유예 처분을 받거나 법원으로부터 선고유예의 판결을 받은 경우
      5) 위반행위자가 부동산 가격공시 업무 등에 특히 이바지한 사실이 인정된 경우

2. 개별기준

위반행위	근거 법조문	행정처분기준		
		1차 위반	2차 위반	3차 이상 위반
가. **감정평가법인**이 설립인가의 취소를 신청한 경우	법 제32조 제1항 제1호	설립인가 취소		
나. **감정평가법인등**이 업무정지처분 기간 중에 법 제10조에 따른 업무를 한 경우	법 제32조 제1항 제2호	설립인가 취소		
다. 감정평가법인등이 업무정지처분을 받은 소속 **감정평가사**에게 업무정지처분 기간 중에 법 제10조에 따른 업무를 하게 한 경우	법 제32조 제1항 제3호	업무정지 1개월	설립인가 취소	
라. 법 제3조 제1항을 위반하여 감정평가를 한 경우	법 제32조 제1항 제4호	업무정지 1개월	업무정지 3개월	업무정지 6개월
마. 법 제3조 제3항에 따른 감정평가준칙을 위반하여 감정평가를 한 경우	법 제32조 제1항 제5호	업무정지 1개월	업무정지 2개월	업무정지 4개월
바. 법 제6조에 따른 감정평가서의 작성·발급 등에 관한 사항을 위반한 경우	법 제32조 제1항 제6호			
1) 정당한 이유 없이 타인이 의뢰하는 감정평가업무를 거부하거나 기피한 경우		업무정지 15일	업무정지 1개월	업무정지 2개월
2) 감정평가서의 발급을 정당한 이유 없이 지연한 경우		업무정지 15일	업무정지 1개월	업무정지 2개월
3) 타인이 작성한 감정평가서에 서명·날인한 경우		업무정지 6개월	업무정지 1년	업무정지 2년
4) 감정평가서의 기재사항에 중대한 하자가 있는 경우		업무정지 1개월	업무정지 2개월	업무정지 4개월
5) 감정평가서의 원본과 그 관련 서류를 보존기간 동안 보존하지 않은 경우		업무정지 1개월	업무정지 3개월	업무정지 6개월
사. **감정평가법인등**이 법 제21조 제3항이나 법 제29조 제3항에 따른 **감정평가사**의 수에 미달한 날부터 3개월 이내에 **감정평가사**를 보충하지 않은 경우	법 제32조 제1항 제7호	설립인가 취소		
아. 법 제21조 제4항을 위반하여 둘 이상의 **감정평가사**사무소를 설치한 경우	법 제32조 제1항 제8호	업무정지 6개월	업무정지 1년	업무정지 2년
자. 법 제21조 제5항이나 법 제29조 제6항을 위반하여 해당 **감정평가사** 외의 사람에게 법 제10조에 따른 업무를 하게 한 경우	법 제32조 제1항 제9호	업무정지 3개월	업무정지 6개월	업무정지 1년
차. 법 제23조 제3항을 위반하여 수수료 요율 및 실비에 관한 기준을 지키지 않은 경우	법 제32조 제1항 제10호	업무정지 1개월	업무정지 2개월	업무정지 4개월
카. 법 제25조, 제26조 또는 제27조를 위반한 경우	법 제32조 제1항 제11호			
1) 법 제10조에 따른 업무를 하면서 고의로 잘못된 평가를 한 경우		업무정지 6개월	업무정지 1년	업무정지 2년

위반행위	근거 법조문	행정처분기준		
		1차 위반	2차 위반	3차 이상 위반
2) 법 제10조에 따른 업무를 하면서 중대한 과실로 잘못된 평가를 한 경우		업무정지 3개월	업무정지 6개월	업무정지 1년
3) 법 제10조에 따른 업무를 하면서 신의와 성실로써 공정하게 감정평가를 하지 않은 경우		업무정지 15일	업무정지 1개월	업무정지 2개월
4) 다른 사람에게 자격증·등록증 또는 인가증을 양도 또는 대여하거나 이를 부당하게 행사한 경우		업무정지 1년	업무정지 2년	설립인가 취소
5) 본인 또는 친족의 소유토지나 그 밖에 불공정한 감정평가를 할 우려가 있다고 인정되는 토지 등에 대해 감정평가를 한 경우		업무정지 1개월	업무정지 3개월	업무정지 6개월
6) 토지 등의 매매업을 직접 경영한 경우		업무정지 3개월	업무정지 6개월	업무정지 1년
7) 법 제23조에 따른 수수료 및 실비 외에 그 업무와 관련된 대가를 받은 경우		업무정지 6개월	업무정지 1년	업무정지 2년
8) 정당한 사유 없이 업무상 알게 된 비밀을 누설한 경우		업무정지 3개월	업무정지 6개월	업무정지 1년
타. 법 제28조 제2항을 위반하여 보험 또는 협회가 운영하는 공제사업에 가입하지 않은 경우	법 제32조 제1항 제12호	설립인가 취소		
파. 정관을 거짓으로 작성하는 등 부정한 방법으로 법 제29조에 따른 인가를 받은 경우	법 제32조 제1항 제13호	설립인가 취소		
하. 법 제29조 제7항에 따른 회계처리를 하지 않거나 같은 조 제8항에 따른 재무제표를 작성하여 제출하지 않은 경우	법 제32조 제1항 제14호	업무정지 1개월	업무정지 2개월	업무정지 4개월
거. 법 제31조 제2항 또는 제4항에 따라 기간 내에 미달한 금액을 보전하거나 증자하지 않은 경우	법 제32조 제1항 제15호	업무정지 15일	업무정지 1개월	업무정지 2개월
너. 법 제47조에 따른 지도와 감독 등에 관해 다음의 어느 하나에 해당하는 경우				
1) 업무에 관한 사항을 보고 또는 자료의 제출을 하지 않거나 거짓으로 보고 또는 제출한 경우	법 제32조 제1항 제16호 가목	업무정지 1개월	업무정지 3개월	업무정지 6개월
2) 장부나 서류 등의 검사를 거부, 방해 또는 기피한 경우	법 제32조 제1항 제16호 나목	업무정지 1개월	업무정지 3개월	업무정지 6개월

한국감정평가사협회[125]

협회의 설립 근거를 규정하고, **감정평가사** 등의 협회 가입을 의무화하였다(법 제33조 및 제35조).

I. 목적 및 설립인가

1. 목적

감정평가사의 품위 유지와 직무의 개선·발전을 도모하고, 회원의 관리 및 지도에 관한 사무를 하도록 하기 위하여 협회를 둔다(법 제33조 제1항).

2. 설립인가

협회는 법인으로 한다(법 제33조 제2항). 협회는 **국토교통부장관**의 인가를 받아 주된 사무소의 소재지에서 설립등기를 함으로써 성립한다(법 제33조 제3항). 협회는 회칙으로 정하는 바에 따라 공제사업을 운영할 수 있다(법 제33조 제4항). 협회의 조직 및 그 밖에 필요한 사항은 **대통령령**으로 정한다(법 제33조 제5항). 법 제33조 제3항에 따라 협회를 설립하려는 경우에는, **감정평가법인**의 소속 **감정평가사** 또는 **감정평가사**사무소의 소속 **감정평가사**(이하 "**감정평가법인등**"이라 한다) 30인 이상이 발기인이 되어 창립총회를 소집하고, **감정평가법인등** 300인 이상이 출석한 창립총회에서 출석한 **감정평가법인등**의 과반수의 동의를 받아 회칙을 작성한 후 인가 신청서를 **국토교통부장관**에게 제출하여야 한다(영 제30조 제1항). 영 제30조 제1항에 따른 인가 신청서에는 다음 각 호 1. 명칭, 2. 목적, 3. 사무소의 소재지, 4. 임원과 이사회에 관한 사항, 5. 사무국의 설치에 관한 사항, 6. 회원의 가입 및 탈퇴에 관한 사항, 7. 회원의 권리 및 의무에 관한 사항, 8. 회원의 교육·훈련, 평가기법 개발에 관한 사항, 9. 회원의 직무상 분쟁의 조정에 관한 사항, 10. 공제사업의 운영에 관한 사항, 11. 회의에 관한 사항, 12. 회비에 관한 사항, 13. 회계 및 재산에 관한 사항이 포함되어야 한다(영 제30조 제2항). 협회에 관하여 이 법에 규정된 것 외에는 「민법」 중 사단법인에 관한 규정을 준용한다(법 제33조 제6항).

II. 회칙

협회는 회칙을 정하여 **국토교통부장관**의 인가를 받아야 한다. 회칙을 변경할 때에도 또한 같다(법

---

125) 「감정평가법」상 제4장에 속한다.

제34조 제1항).

　회칙에는 다음 각 호 1. 명칭과 사무소 소재지, 2. 회원가입 및 탈퇴에 관한 사항, 3. 임원 구성에 관한 사항, 4. 회원의 권리 및 의무에 관한 사항, 5. 회원의 지도 및 관리에 관한 사항, 6. 자산과 회계에 관한 사항, 7. 그 밖에 필요한 사항이 포함되어야 한다(법 제34조 제2항).

Ⅲ. 회원가입 의무 등

1. 회원가입 의무

　감정평가법인등과 그 소속 **감정평가사**는 협회에 회원으로 가입하여야 하며, 그 밖의 **감정평가사**는 협회의 회원으로 가입할 수 있다(법 제35조 제1항). **감정평가사** 등의 협회 가입은 의무 규정이다. 협회에 회원으로 가입한 **감정평가법인등**과 **감정평가사**는 회칙을 준수하여야 한다(법 제35조 제2항).

2. 직업윤리 규정

　협회는 회원이 직무를 수행할 때 지켜야 할 직업윤리에 관한 규정을 제정하여야 한다(법 제36조 제1항). 회원은 이에 따른 직업윤리에 관한 규정을 준수하여야 한다(법 제36조 제2항).

3. 자문 등

　국가등은 **감정평가사**의 직무(법 제4조)에 관한 사항에 대하여 협회에 업무를 자문하거나 위촉할 수 있다(법 제37조 제1항). 협회는 자문 또는 위촉을 요청받은 경우 그 회원으로 하여금 요청받은 업무를 수행하게 할 수 있다(법 제37조 제2항). 협회는 국가등에 대하여 필요한 경우 감정평가의 관리·감독·의뢰 등과 관련한 업무의 개선을 건의할 수 있다(법 제37조 제3항).

Ⅳ. 회원에 대한 교육·연수 등

　협회는 다음 각 호 1. 회원, 2. 법 제17조에 따라 등록을 하려는 **감정평가사**, 3. 법 제24조에 따른 사무직원에 대하여 교육·연수를 실시하고 회원의 자체적인 교육·연수활동을 지도·관리한다(법 제38조 제1항).

　교육·연수를 실시하기 위하여 협회에 연수원을 둘 수 있다(법 제38조 제2항). 교육·연수 및 지도·관리에 필요한 사항은 협회가 **국토교통부장관**의 승인을 얻어 정한다(법 제38조 제3항).

제4장 국가 감독처분

국토교통부장관은 국가감독권에 근거하여 **감정평가법인등**에 대하여 <u>행정적 책임의 일환으로 징계처분을 할 수 있고</u>, 업무정지처분을 하여야 하는 경우로서 그 업무정지처분이 「부동산가격공시법」 제3조에 따른 표준지공시지가의 공시 등의 업무를 정상적으로 수행하는 데에 지장을 초래하는 등 공익을 해칠 우려가 있는 경우에는 <u>업무정지처분을 갈음하여 과징금처분을 할 수 있다.</u>

제1절 징계[126]

I. 의의

일반적으로 징계는 특별권력관계 또는 공법상 특별한 감독관계의 규율·질서를 유지하기 위하여 징계사유에 해당하는 경우에 그 관계에 속하는 자에게 과하는 제재를 말한다. 따라서 「감정평가법」상 징계는 **감정평가법인등**의 의무위반에 대하여 국가가 **감정평가사** 개인에 대한 특별한 감독권 차원에서 질서를 유지하기 위하여 과하는 행정상 제재를 징계벌이라 한다.[127] 한편, 「감정평가법」상 **감정평가사**에 대한 징계책임은 **감정평가법인등**의 의무위반에 대한 민·형사책임 이외에 행정적 책임의 하나로서 행정처분으로 행해지는 것을 말한다. 「감정평가법」상 <u>행정적 책임은 징계 규정 이외에도 전술한 사무소의 개설신고 및 **감정평가법인**의 설립인가 취소와 업무정지 처분이 이에 해당한다.</u>

「감정평가법」상 징계처분은 두 가지 검토 대상이 있다. 첫 번째는 「감정평가법」상 징계의 비교대상은 변호사·변리사·법무사·세무사 등과 같이 국가의 특별한 감독을 받는 자에 대해서 각각 법률로서 정한 징계제도가 검토 대상이다.

두 번째는 징계벌도 고통 내지 불이익의 부과라는 점에서는 형벌과 다를 바가 없다. 그러나 그 목적과 불이익의 구체적인 내용에 있어서는 차이가 있다. 즉, ① 형벌은 국가와 일반사회공공의 질서유지를 목적으로 하나, 징계벌은 국가와 **감정평가법인등**간의 질서유지를 목적으로 하며, ② 형벌은 일반국

---

126) 「감정평가법」상 제5장에 속한다.
127) 근로관계에서의 징계는 노동법의 영역이므로 논외로 한다.

민을 대상으로 하나, 징계벌은 **감정평가법인등**을 대상으로 하며, ③ 따라서 형벌은 **감정평가법인등**의 자격취소·등록취소 여하에 관계없이 언제나 적용대상이 되나, 징계벌은 자격취소·등록취소 후에는 문제되지 않는다. ④ 그리고 처벌의 내용도 징계벌은 형벌과 달리 **감정평가법인등**이라는 신분상 갖게 되는 이익의 박탈 내지 제한과 관련한다. 따라서 <u>양자는 목적·내용 등에 있어서 상이하므로, 하나의 행위에 대하여 병과할 수 있다.</u> 즉, 양자의 병과는 일사부재리의 원칙(헌법 제13조 제1항)에[128] 반하는 것이 아니다.[129] 그러나 징계처분에도 일사부재리의 원칙이 적용된다.

Ⅱ. 징계의 사유

징계의 사유란 징계처분을 받게 되는 **감정평가사**의 법정 위반행위이다. 징계사유의 발생에 있어서는 행위자의 고의·과실의 유무와 관계없이 아래의 사유에 해당하기만 하면 성립할 것이나,[130] 아래 법 제39조 제1항 제11호에서는 과실범을 제외하고 있다. 그리고 <u>최소한 고의·과실의 유무가 징계의 양정에 있어서의 고려사항은 된다고 보는 견해가 있다.</u>[131]

국토교통부장관은 **감정평가사**가 다음 각 호 1. 법 제3조 제1항에 따른 표준지공시지가기준법 원칙 감정평가기준을 위반하여 감정평가를 한 경우, 2. 법 제3조 제3항에 따른 감정평가준칙을 위반하여 감정평가를 한 경우, 3. 법 제6조에 따른 감정평가서의 작성·발급 등에 관한 사항을 위반한 경우, 4. 업무정지처분 기간에 법 제10조에 따른 **감정평가법인등**의 업무를 하거나 업무정지처분을 받은 소속 **감정평가사**에게 업무정지처분 기간에 법 제10조에 따른 업무를 하게 한 경우, 5. 법 제17조 제1항 또는 제2항에 따른 등록이나 갱신등록을 하지 아니하고 **감정평가법인등**의 업무를 수행한 경우, 6. 구비 서류를 거짓으로 작성하는 등 부정한 방법으로 제17조 제1항 또는 제2항에 따른 등록이나 갱신등록을 한 경우, 7. 법 제21조에 따른 사무소개설신고 의무를 위반하여 감정평가업을 한 경우, 8. 법 제23조 제3항을 위반하여 <u>수수료의 요율 및 실비에 관한 기준을 지키지 아니한 경우</u>, 9. 법 제25조에 따른 성실 의무 등, 법 제26조에 따른 비밀누설금지 또는 법 제27조에 따른 자격증 명의대여 등의 금지를 위반한 경우, 10. 법 제47조에 따른 **국토교통부장관**의 지도와 감독 등에 관하여 다음 각 목 가. 업무에 관한 사항의 보고 또는 자료의 제출을 하지 아니하거나 거짓으로 보고 또는 제출한 경우, 나. 장부나 서류 등의 검사를 거부 또는 방해하거나 기피한 경우의 어느 하나에 해당하는 경우, 11. **감정평가사의 직무와 관련하여 금고 이상의 형을 2회 이상 선고받아(집행유예를 선고받은 경우를 포함한다) 그 형이**

---

128) 「형사소송법」상으로는 어떤 사건에 대하여 유죄 또는 무죄의 실체적 판결 또는 면소(免訴)의 판결이 확정되었을 경우, 판결의 기판력(旣判力 : 판결의 구속력)의 효과로서 동일사건에 대하여 두 번 다시 공소의 제기를 허용하지 않는 원칙을 말한다. 「헌법」은 "동일한 범죄에 대하여 거듭 처벌받지 아니한다."고 규정하여 이 원칙을 명문화하고 있다.

129) 홍정선, 기본행정법, 박영사, 2013, 376면; 대법원 2001. 11. 9. 선고 2001두4184 판결.

130) 류지태·박종수, 행정법신론, 837면; 김동희, 행정법Ⅱ, 180면.

131) 김남진·김연태, 행정법Ⅱ, 266면.

확정된 경우(다만, **과실범의 경우는 제외**한다), 12. 이 법에 따라 **업무정지 1년 이상의 징계처분을 2회 이상 받은 후 다시 법 제39조 제1항에 따른 징계사유가 있는 사람으로서 감정평가사의 직무를 수행하는 것이 현저히 부적당하다고 인정되는 경우**의 어느 하나에 해당하는 경우에는 법 제40조에 따른 감정평가관리·징계위원회의 의결에 따라 법 제39조 제2항 각 호의 어느 하나에 해당하는 징계를 할 수 있다.

다만, **자격의 취소에 따른 징계**는 제11호, 제12호를 위반한 경우 및 **법 제27조를 위반하여 다른 사람에게 자격증·등록증 또는 인가증을 양도 또는 대여한 경우에만** 할 수 있다(법 제39조 제1항).

Ⅲ. 징계의 유형

징계의 유형은 「감정평가법」에서 정하고 있는 법정 징계와 법정하고 있지 않는 비법정 징계 사항으로 분류할 수 있다.

1. 법정 징계

감정평가사에 대한 징계의 종류는 ① 자격취소, ② 등록취소, ③ 2년 이하의 업무정지, ④ 견책(譴責)(법 제39조 제2항)으로서 4가지 유형이다.

기획재정부장관이 세무사에 대하여 행하는 징계의 종류는 ① 등록취소, ② 2년 이내의 직무정지, ③ 1천만원 이하의 과태료, ④ 견책 4가지이다(세무사법 제17조 제2항). 특이한 것은 과태료 처분을 징계처분에 포함한 것인데, 이는 행정질서벌이 별도로 없기 때문에 징계 종류에 포함하고 있다. 따라서 「감정평가법」상의 자격취소를 제외시킨 징계처분에 행정질서벌을 포함한 것이 세무사의 징계 유형이다. 시사점은 「세무사법」에서는 자격취소의 징계는 없다는 점이다.

변호사에 대한 징계는 다음 ① 영구제명, ② 제명, ③ 3년 이하의 정직, ④ 3천만원 이하의 과태료, ⑤ 견책, 다섯 종류로 한다(변호사법 제90조). 여기서 영구제명은 대한변호사협회에서 회원자격의 영원한 박탈이지 자격박탈이 아니다. 변호사의 징계는 대한변호사협회에 설치된 변호사징계위원회가 하고(변호사법 제92조 제1항), 대한변호사협회장이 집행한다(변호사법 제98조의5 제1항). 그리고 대한변호사협회와 법무부에 각각 변호사징계위원회를 두는데(변호사법 제92조 제2항), 법무부징계위원회는 변협징계위원회의 징계 결정에 대한 이의신청 사건을 심의한다(변호사법 제96조). 따라서 변협징계위원회 징계결정은 원처분의 성격이다.

日本의 경우는 우리나라 「감정평가법」 제25조 제1항에 해당하는 고의 또는 중대한 과실로 잘못된 평가를 한 경우에 해당하는, 부동산감정사가 고의적으로 부당한 부동산의 감정평가를 행한 때, 1년 이내의 기간을 정하여 업무를 정지(禁止)하거나 등록을 취소(削除)할 수 있고,[132] 상당한 주의를 게을리하여 부당한 감정평가를 행한 때에는 징계처분으로 견책(戒告)을[133] 하거나 1년 이하의 업무정지를

할 수 있다.134)

2. 비법정 징계의 법적 근거 문제

위의 「감정평가법」에 따른 법정 징계 이외에도, 경고·주의 등 행정처분에 의한 징계가 행해지는 바, 이를 **편의상** 비법정 징계라 부르기로 한다.

3. 징계의 적정성 판단기준

징계양정의 적정성의 문제는 징계사유와 징계유형간의 상관관계, 즉, **감정평가법인등**의 비위행위에 대하여 가해지는 징계의 종류와 내용의 적정함을 의미한다. 판례는 징계처분의 선택재량은 원칙적으로 징계권자의 재량에 속한다 할 것이나, 이와 같은 재량은 징계권자의 자의에 맡겨져 있는 것이 아니라 징계사유와 징계처분 사이에 사회통념상 상당하다고 인정되는 균형이 요구되고, 가벼운 징계사유에 대하여 무거운 제재를 과하는 것은 징계권의 남용으로서 무효라고 일관되게 판단하고 있다.135) 즉 당해 징계조치보다 가벼운 징계수단을 선택하여 징계의 목적을 달성할 수 있음에도 불구하고 보다 중한 징계 조치를 취하였다면 이는 징계권자가 징계에 관한 재량권을 남용한 경우로서 정당한 징계라 할 수 없게 되는 바, 외형상으로는 적법한 징계사유가 있다고 하더라도 그 징계가 반드시 정당한 것이라고 말할 수는 없게 되는 것이다.136)

IV. 징계의 절차

1. 감정평가관리·징계위원회

가. 법적 성격

2008년 12월 31일 중앙정부의 행정기관위원회 운영의 민주성·투명성·효율성을 제고하기 위하여, 「행정기관 소속 위원회의 설치·운영에 관한 법률」(이하 '행정기관위원회법' 이라 한다)을 제정하였다.137)

---

132) 日本은 우리나라의 등록의 취소를 등록의 삭제라 한다.
133) 日本의 계고(戒告)는 우리나라의 견책에 해당한다.
134) 日本 「鑑定評価法」 제40조 제1항 및 제2항.
135) 대법원 1998. 11. 10. 선고 97누18189 판결; 2008. 1. 31. 선고 2005두8269 판결; 대법원 2014. 6. 26. 선고 2014두35799 판결 등.
136) 김경태, "징계양정의 적정성 판단기준에 대한 검토", 법학논총 제31집 제4호, 2014, 312면.
137) 2017년 6월 현재, 법률과 대통령령에 근거한 행정기관위원회는 총 556개이다. 이 중 대통령, 국무총리 및 중앙행정기관에 설치된 행정위원회가 38개, 자문위원회가 518개 이다(행정안전부, 2017년 행정기관위원회 현황, 1~8면).

우리나라 행정기관위원회는 독임제 기관에 대응하는 개념으로써 위원회·심의회·협의회 등 명칭을 불문하고 행정기관 소관 사무에 관하여 자문에 응하거나 조정·협의·심의 또는 의결 등을 하기 위하여 복수의 구성원으로 이루어진 합의제 기관을 말한다. 이 위원회는 법령에 따라 설치된 것에 한정된다.[138] 법령에는 법률·명령 및 지방자치단체의 조례 및 규칙도 포함되고, 상위법령의 위임에 근거한 고시·훈령·지침 등의 행정규칙에 의한 위원회도 포함된다.[139] 감정평가관리·징계위원회는 자문위원회에 속한다.

나. 심의 또는 의결 사항

다음 각 호 1. 감정평가 관계 법령의 제정·개정에 관한 사항 중 **국토교통부장관**이 부의하는 사항, 2. 제14조에 따른 **감정평가사**시험에 관한 사항, 3. 제23조에 따른 <u>수수료의 요율 및 실비의 범위</u>에 관한 사항, 4. 제39조에 따른 징계에 관한 사항, 5. <u>그 밖에 감정평가와 관련하여 **국토교통부장관**이 부의하는 사항을</u> **심의 또는 의결**하기 위하여 국토교통부에 감정평가관리·징계위원회(이하 '위원회'라 한다)를 둔다(법 제40조 제1항).

다. 구성과 운영

그 밖에 위원회의 구성과 운영 등에 필요한 사항은 **대통령령**으로 정한다(법 제40조 제2항).

---

138) 김종세, "중앙정부의 행정기관위원회의 현황과 개선방향", 한양법학 제27권 제2집(통권 제54집), 2016, 89면.
139) 행정기관위원회는 행정위원회와 자문위원회로 나뉜다. 전자의 예로는 대통령 소속의 개인정보보호위원회, 규제개혁위원회 2곳, 국무총리 소속으로 사행산업통합감독위원회 등 11곳, 중앙노동위원회 등 고용노동부 소속 3곳, 국사편찬위원회 등 교육부 소속 2곳, 국민권익위원회 소속의 중앙행정심판위원회 등 합계 38개의 위원회가 있다. 「정부조직법」 제5조는 행정기관에는 그 소관사무의 일부를 독립하여 수행할 필요가 있는 때에는 법률로 정하는 바에 따라 행정위원회 등 합의제행정기관을 둘 수 있도록 하여 행정위원회의 설치 근거를 명시하고 있다. 행정위원회는 법률에 의하여 행정기관 소관사무의 일부를 부여받아 독자적으로 그 권한을 행사하는데, 집단적 의사결정을 하며, 규칙을 제정하는 준입법적 활동 및 재결을 행하는 준사법적 활동을 수행하고, 독임제행정청에 비해 행정의 안정성의 확보에 기여한다. 또한 행정위원회는 산하에 보좌기관을 운용하는 경우가 많고, 법적 구속력이 있다(김종세, 앞의 논문, 90면). 후자의 예로는 대통령 소속의 문화융성위원회, 청년위원회 등 16곳을 비롯하여 국무총리 소속의 국토정책위원회, 새만금위원회, 문화다양성위원회 및 환경부 소속의 빛공해방지위원회 등 518개의 위원회가 있다. 「정부조직법」 제4조는 "행정기관에는 그 소관사무의 범위에서 필요한 때에는 자문기관 등을 둘 수 있다."고 규정함으로써 설치 근거를 명시하고 있다. 또한 「행정기관통칙」 제2조 4호에서는 "자문기관이라 함은 부속기관 중 행정기관의 자문에 응하여 행정기관에 전문적인 의견을 제공하거나, 자문을 구하는 사항에 관하여 심의·조정·협의하는 등 행정기관의 의사결정에 도움을 주는 행정기관을 말한다."고 규정하고, 「행정기관위원회법」은 위원회의 설치·구성·운영 등에 대한 내용을 담고 있으며 자문위원회 구성시에도 이에 따르도록 규정하고 있다. 자문위원회는 주로 행정기관의 자문에 응하여 전문적인 의견을 제공하거나, 자문을 구하는 사항에 관하여 심의·조정·협의하는 등 행정기관의 의사결정에 도움을 주는 기능을 한다. 자문위원회는 대부분 기존의 행정인력을 활용하고 있으며, 대통령령에서 정한 사항을 제외하고는 별도의 사무국을 설치할 수 없으며, 일반적으로 법적 구속력을 가지고 있지 않다(김종세, 앞의 논문, 90~91면).

(1) 감정평가관리·징계위원회의 구성

위원회는 위원장 1명과 부위원장 1명을 포함하여 13명의 위원으로 구성하며, 성별을 고려하여야 한다(영 제37조 제1항).

위원회의 위원장은 제3항 제2호 또는 제3호의 위원 중에서, 부위원장은 같은 항 제1호의 위원 중에서 **국토교통부장관**이 위촉하거나 지명하는 사람이 된다(영 제37조 제2항).

위원회의 위원은 다음 각 호 1. 국토교통부의 4급 이상 공무원 중에서 **국토교통부장관**이 지명하는 사람 3명, 2. 변호사 중에서 **국토교통부장관**이 위촉하는 사람 2명, 3. 「고등교육법」에 따른 대학에서 토지·주택 등에 관한 이론을 가르치는 조교수 이상으로 재직하고 있거나 재직하였던 사람 중에서 **국토교통부장관**이 위촉하는 사람 4명, 4. 협회의 장이 소속 상임임원 중에서 추천하여 **국토교통부장관**이 위촉하는 사람 1명, 5. 한국부동산원장이 소속 상임이사 중에서 추천하여 **국토교통부장관**이 위촉하는 사람 1명, 6. **감정평가사** 자격을 취득한 날부터 10년 이상 지난 **감정평가사** 중에서 **국토교통부장관**이 위촉하는 사람 2명의 사람이 된다(영 제37조 제3항). 영 제37조 제3항 제2호부터 제6호까지의 위원의 임기는 2년으로 하며, 한 차례만 연임할 수 있다(영 제37조 제4항).

(2) 위원의 제척·기피·회피

위원회 위원(이하 "위원"이라 한다)이 다음 각 호 1. 위원 또는 그 배우자나 배우자였던 사람이 해당 안건의 당사자가 되거나 그 안건의 당사자와 공동권리자 또는 공동의무자인 경우, 2. 위원이 해당 안건의 당사자와 친족이거나 친족이었던 경우, 3. 위원이 해당 안건에 대하여 증언, 진술, 자문, 연구, 용역 또는 감정을 한 경우, 4. 위원이나 위원이 속한 법인·단체 등이 해당 안건의 당사자의 대리인이거나 대리인이었던 경우, 5. 위원이 해당 안건의 당사자와 같은 **감정평가법인** 또는 **감정평가사**사무소에 소속된 경우의 어느 하나에 해당하는 경우에는 위원회의 심의·의결에서 제척(除斥)된다(영 제38조 제1항).

해당 안건의 당사자는 위원에게 공정한 심의·의결을 기대하기 어려운 사정이 있는 경우에는 위원회에 기피 신청을 할 수 있고, 위원회는 의결로 기피 여부를 결정한다. 이 경우 기피 신청의 대상인 위원은 그 의결에 참여할 수 없다(영 제38조 제2항). 위원이 제1항 각 호의 제척 사유에 해당하는 경우에는 스스로 해당 안건의 심의·의결에서 회피(回避)하여야 한다(영 제38조 제3항).

(3) 위원의 지명 철회·해촉

국토교통부장관은 제37조 각 호의 위원이 다음 각 호 1. 심신장애로 인하여 직무를 수행할 수 없게 된 경우, 2. 직무와 관련된 비위사실이 있는 경우, 3. 직무태만, 품위손상이나 그 밖의 사유로 인하여 위원으로 적합하지 아니하다고 인정되는 경우, 4. 제38조 제1항 각 호의 어느 하나에 해당하는 데에도 불구하고 회피하지 아니한 경우, 5. 위원 스스로 직무를 수행하는 것이 곤란하다고 의사를 밝히는 경우의 어느 하나에 해당하는 경우에는 해당 위원에 대한 지명을 철회하거나 해당 위원을 해촉(解囑)할 수 있다(영 제39조).

(4) 위원장의 직무

위원회의 위원장(이하 이 조에서 "위원장"이라 한다)은 위원회를 대표하고, 위원회의 업무를 총괄한다(영 제40조 제1항). 위원장은 위원회의 회의를 소집하고 그 의장이 된다(영 제40조 제2항). 위원장이 부득이한 사유로 직무를 수행할 수 없을 때에는 부위원장이 그 직무를 대행하며, 위원장 및 부위원장이 모두 부득이한 사유로 직무를 수행할 수 없는 때에는 위원장이 지명하는 위원이 그 직무를 대행한다. 다만, 불가피한 사유로 위원장이 직무를 대행할 위원을 지명하지 못할 경우에는 **국토교통부장관**이 지명하는 위원이 그 직무를 대행한다(영 제40조 제3항).

(5) 소위원회 구성

영 제34조 제1항에 따른 징계의결 요구 내용을 검토하기 위해 위원회에 소위원회를 둘 수 있다(영 제40조의2 제1항). 소위원회의 설치·운영에 필요한 사항은 위원회의 의결을 거쳐 위원회의 위원장이 정한다(영 제40조의2 제2항).

(6) 당사자의 출석 및 위원회의 의결

당사자는 위원회에 출석하여 구술 또는 서면으로 자기에게 유리한 사실을 진술하거나 필요한 증거를 제출할 수 있다(영 제41조). 위원회의 회의는 재적위원 과반수의 출석으로 개의(開議)하고, 출석위원 과반수의 찬성으로 의결한다(영 제42조).

2. 징계요구절차

협회는 **감정평가사**에게 법 제39조 제1항 각 호의 어느 하나에 해당하는 징계사유가 있다고 인정하는 경우에는 그 증거서류를 첨부하여 **국토교통부장관**에게 징계를 **요청**할 수 있다(법 제39조 제3항). 그러나 **감정평가사**에 대한 **징계의결의 요구는 국토교통부장관의 요구**에 따라 감정평가관리·징계위원회가 의결한다(법 제39조 제6항).

3. 자격증과 등록증의 반납 및 공고

자격이 취소된 사람은 자격증과 등록증을 **국토교통부장관**에게 반납하여야 하며, 등록이 취소되거나 업무가 정지된 사람은 등록증을 **국토교통부장관**에게 반납하여야 한다(법 제39조 제4항). 등록취소의 공고(법 제19조 제2항·제4항)에 관한 조항은 징계의 사유 및 종류(법 제39조 제1항과 제2항) 규정에 따라 자격 취소 또는 등록 취소를 하는 경우에 준용한다(법 제39조 제5항).

4. 징계의 시효

징계의결은 **국토교통부장관**의 요구에 따라 하며, 징계의결의 요구는 위반사유가 발생한 날부터 5년이 지나면 할 수 없다(법 제39조 제6항). 징계사유의 발생기산점은 비위행위가 종료된 때이며, 5년을 경과할 때의 계산은 위원회의 징계의결요구서가 **국토교통부장관**에게 도달(접수)된 때를 기준으로 한다는 견해가 있으나,[140] 처분의 상대방에게 도달한 때로 볼 수도 있다.

V. 징계에 대한 불복

징계는 처분에 해당하므로 행정쟁송을 통하여 다툴 수 있다. 징계사유가 발생한 경우, 어떠한 징계처분을 할 것인가 하는 것은 <u>징계권자의 재량행위(특히, 선택재량)</u>라는 것이[141] 통설·판례[142] 이다.[143] 그러나 징계 양정에 관해 별도의 규정은 보이지 않는다.[144]

제2절   과징금[145]

I. 과징금의 의의

과징금이란 행정법상의 의무위반자에 대하여 과하는 금전벌의 일종이라 할 수 있다. 과징금제도는 본래 행정법규의 위반자에게 경제적 이익이 발생한 경우 그 이익을 박탈함으로써 간접적으로 행정법상의 의무를 이행시키고자 하는 제도로 도입된 것으로 알려져 있다. 본래 부당이득금 박탈적 성격의 것으로서 도입된 과징금은 그 뒤 여타의 많은 법률에 도입되는 동시에, 그의 성격에도 변화가 일어났다. 즉, 다수국민이 이용하는 사업이나 국가·사회에 중대한 영향을 미치는 사업을 시행하는 자가 행정법규를 위반한 경우, 그 위반자에 대하여 영업정지 등 처분을 하게 한다면 국민에게 생활상 불편을 주는

---

140) 김동희, 행정법II, 180면.
141) 김남진·김연태, 행정법II, 268면.
142) 대법원 2008. 10. 9. 선고 2006두13626 판결.
143) 김철용, 행정법(제6판), 824면.
144) 징계의 한 종류인 등록의 취소가 다투어진 사례로, 제4절 **감정평가법인등**의 권리와 의무 및 책임/7. 자격증 등의 부당한 사용 금지에서 대법원 2013. 10. 24. 선고 2013두3306 판결을 참고하라.
145) 「감정평가법」상 제6장에 속한다.

경우 등 제재적 처분에 갈음하여 과하는 금전상의 제재로서 활용되는 경향으로 변화한 것이다. 부당이득금 박탈적 성격의 과징금이든 변형된 형태의 과징금이든, 과징금은 직접적으로는 과거의 의무위반에 대한 제재를 가하는 수단으로써 장래의 의무이행을 강제하는 것을 직접 목적으로 하는 이행강제금과는 구별된다.[146)147)]

Ⅱ. 과징금의 부과

1. 의의

국토교통부장관은 **감정평가법인등**이 업무정지처분사유(법 제32조 제1항 각 호)에 해당되어 업무정지처분을 하여야 하는 경우로서 그 업무정지처분이「부동산가격공시법」제3조에 따른 표준지공시지가의 공시 등의 업무를 정상적으로 수행하는 데에 지장을 초래하는 등 공익을 해칠 우려가 있는 경우에는 업무정지처분을 갈음하여 5천만 원(**감정평가법인**인 경우는 5억 원) 이하의 과징금을 부과할 수 있다(법 제41조 제1항).

2. 부과기준

과징금의 부과기준 등에 필요한 사항은 **대통령령**으로 정한다(법 제41조 제4항). 법 제41조에 따른 과징금의 부과기준은 다음 각 호 1. 위반행위로 인한 [별표 3] 제2호의 개별기준에 따른 업무정지 기간이 1년 이상인 경우: 법 제41조 제1항에 따른 과징금최고액(이하 '과징금최고액'이라 한다)의 100분의 70 이상을 과징금으로 부과, 2. 위반행위로 인한 [별표 3] 제2호의 개별기준에 따른 업무정지 기간이 6개월 이상 1년 미만인 경우: 과징금최고액의 100분의 50 이상 100분의 70 미만을 과징금으로 부과, 3. 위반행위로 인한 [별표 3] 제2호의 개별기준에 따른 업무정지 기간이 6개월 미만인 경우: 과징금최고액의 100분의 20 이상 100분의 50 미만을 과징금으로 부과한다(영 제43조 제1항).

---

146) 김연태, "건축법상 이행강제금 부과의 요건과 한계에 관한 고찰", 고려법학 제70호, 2013. 9., 161~162면.
147) 법제처는 구「부감법」제27조에 따라 **국토교통부장관**에게 **감정평가사**사무소의 개설신고를 하고 감정평가업을 영위하는 **감정평가법인등**에 대하여, **국토교통부장관**이 같은 법 제42조의3 제1항에 따라 업무정지처분을 갈음하여 부과한 과징금처분이 같은 법 제42조의2 제1항에 따른 징계처분에 해당하는지에 대한 법령해석에서, **국토교통부장관**이 구「부감법」제42조의3의 과징금제도는 **감정평가법인등**에 대한 업무정지처분을 갈음하여 과징금을 부과할 수 있도록 한 것으로서, 이와 같은 과징금 제도의 취지는 행정법규 위반에 대하여 업무정지를 명하여야 하는 경우 행정법규위반인 사업자의 업무를 정지함으로써 시민 등이 더 큰 불편을 겪거나 국민경제에 적지 않은 피해를 주는 등 공익을 해할 우려가 있는 경우에 그 업무정지로 인하여 초래될 공익에 대한 침해 등의 문제를 고려하여 업무정지를 하지 않고 그 대신 그 업무로 인한 이익을 박탈하려는 제도로서 같은 법 제42조의2 제1항에 따른 영업정지처분과는 별개의 독립된 행정제재라고 할 것이라고 해석하였다(법제처 법령해석 사례, 민원인 - **감정평가법인등**에 대한 과징금 부과처분이 **감정평가사**에 대한 징계에 해당하는지(「부동산가격공시법」제42조의3 등 관련), 안건번호 14-0499, 회신일자 2014. 8. 29.).

위반행위로 인한 개별기준	과징금 최고액에 대한 비율	비고
업무정지 기간이 1년 이상	100분의 70 이상	
업무정지 기간이 6개월 이상 1년 미만	100분의 50 이상 100분의 70 미만	
업무정지 기간이 6개월 미만	100분의 20 이상 100분의 50 미만	

국토교통부장관은 과징금을 부과하는 경우에는 다음 각 호 1. 위반행위의 내용과 정도, 2. 위반행위의 기간과 위반횟수, 3. 위반행위로 취득한 이익의 규모의 사항을 고려하여야 한다(법 제41조 제2항). 산정한 과징금의 금액은 법 제41조 제2항 각 호의 사항을 고려하여 그 금액의 2분의 1 범위에서 늘리거나 줄일 수 있다. 다만, 늘리는 경우에도 과징금의 총액은 과징금최고액을 초과할 수 없다(영 제43조 제2항).

3. 과징금납부 의무자의 승계

국토교통부장관은 이 법을 위반한 **감정평가법인**이 합병을 하는 경우 그 **감정평가법인**이 행한 위반행위는 합병 후 존속하거나 합병으로 신설된 **감정평가법인**이 행한 행위로 보아 과징금을 부과·징수할 수 있다(법 제41조 제3항).

4. 납부절차

국토교통부장관은 법 제41조에 따라 과징금을 부과하는 경우에는 위반행위의 종류와 과징금의 금액을 명시하여 서면으로 통지하여야 한다(영 제43조 제3항). 영 제43조 제3항에 따라 통지를 받은 자는 통지가 있은 날부터 60일 이내에 **국토교통부장관**이 정하는 수납기관에 과징금을 납부하여야 한다(영 제43조 제4항).

Ⅲ. 이의신청 및 행정소송

과징금의 부과에 이의가 있는 자는 이를 통보받은 날부터 30일 이내에 사유서를 갖추어 **국토교통부장관**에게 이의를 신청할 수 있다(법 제42조 제1항).

국토교통부장관은 이의신청에 대하여 30일 이내에 결정을 하여야 한다. 다만, 부득이한 사정으로 그 기간에 결정을 할 수 없을 때에는 30일의 범위에서 기간을 연장할 수 있다(법 제42조 제2항). **국토교통부장관**이 행한 이의신청에 대한 결정에 이의가 있는 자는 「행정심판법」에 따라 행정심판을 청구할 수 있다(법 제42조 제3항). 1998년 3월 1일부터 시행된 개정 「행정소송법」은 이전의 필요적 행정심판전치주의를 폐지하고 임의적 행정심판전치주의를 채택하였다. **국토교통부장관**이 행한 이의신청에 대한 결정에 이의가 있는 자는 행정심판을 거치지 않고 행정소송을 제기할 수 있다.

IV. 과징금 납부기한의 연장과 분할납부

1. 사유

국토교통부장관은 과징금납부 의무자가 다음 각 호 1. 재해 등으로 재산에 큰 손실을 입은 경우, 2. 과징금을 일시에 납부할 경우 자금사정에 큰 어려움이 예상되는 경우, 3. 그 밖에 제1호나 제2호에 준하는 사유가 있는 경우의 어느 하나에 해당하는 사유로 과징금의 전액을 일시에 납부하기 어렵다고 인정될 때에는 그 납부기한을 연장하거나 분할 납부하게 할 수 있다. 이 경우 필요하다고 인정할 때에는 담보를 제공하게 할 수 있다(법 제43조 제1항).

과징금 납부기한의 연장, 분할납부, 담보의 제공 등에 필요한 사항은 **대통령령**으로 정한다(법 제43조 제4항). 법 제43조 제1항에 따른 납부기한 연장은 납부기한의 다음 날부터 1년을 초과할 수 없다(영 제44조 제1항). 법 제43조 제1항에 따라 분할 납부를 하게 하는 경우 각 분할된 납부기한 간의 간격은 6개월 이내로 하며, 분할 횟수는 3회 이내로 한다(영 제44조 제2항).

과징금납부 의무자가 과징금 납부기한을 연장 받거나 분할 납부를 하려면 납부기한 10일 전까지 **국토교통부장관**에게 신청하여야 한다(법 제43조 제2항).

2. 납부기한 연장이나 분할납부 결정 취소사유

국토교통부장관은 납부기한이 연장되거나 분할납부가 허용된 과징금납부 의무자가 다음 각 호 1. 분할납부가 결정된 과징금을 그 납부기한 내에 납부하지 아니하였을 때, 2. 담보의 변경이나 담보 보전에 필요한 **국토교통부장관**의 명령을 이행하지 아니하였을 때, 3. 강제집행, 경매의 개시, 파산선고, 법인의 해산, 국세나 지방세의 체납처분을 받는 등 과징금의 전부나 나머지를 징수할 수 없다고 인정될 때, 4. 그 밖에 제1호부터 제3호까지에 준하는 사유가 있을 때의 어느 하나에 해당할 때에는 납부기한 연장이나 분할납부 결정을 취소하고 과징금을 일시에 징수할 수 있다(법 제43조 제3항).

V. 과징금의 징수와 체납처분

1. 가산금의 징수

국토교통부장관은 과징금납부 의무자가 납부기한 내에 과징금을 납부하지 아니한 경우에는 납부기한의 다음 날부터 과징금을 납부한 날의 전날까지의 기간에 대하여 **대통령령**으로 정하는 가산금을 징수할 수 있다(법 제44조 제1항). 법 제44조 제1항에서 "**대통령령**으로 정하는 가산금"이란 체납된 과징금액에 연 100분의 6을 곱하여 계산한 금액을 말한다. 이 경우 가산금을 징수하는 기간은 60개월을 초과할 수 없다(영 제45조).

2. 체납처분

국토교통부장관은 과징금납부 의무자가 납부기한 내에 과징금을 납부하지 아니하였을 때에는 기간을 정하여 독촉을 하고, 그 지정한 기간 내에 과징금이나 법 제44조 제1항에 따른 가산금을 납부하지 아니하였을 때에는 국세 체납처분의 예에 따라 징수할 수 있다(법 제44조 제2항).

과징금의 징수와 체납처분 절차 등에 필요한 사항은 **대통령령**으로 정한다(법 제44조 제3항). 법 제44조 제2항에 따른 독촉은 납부기한이 지난 후 15일 이내에 서면으로 하여야 한다(영 제46조 제1항). 독촉장을 발부하는 경우 체납된 과징금의 납부기한은 독촉장 발부일부터 10일 이내로 한다(영 제46조 제2항).

제5장 보칙 및 벌칙

제1절 **보칙**148)

Ⅰ. 보칙규정의 의의

입법기술의 관점에서 보칙규정은 법령의 본체를 이루는 실체(본칙)규정의 전제로서 그 전반에 걸쳐 공통적으로 적용되는 사항으로서 총칙규정에 두기에는 적합하지 않는 절차적·기술적인 사항은 벌칙에 앞서 보칙규정을 두는 것이 일반적이다. 이러한 규정은 법령이 장으로 구분되는 경우에는 "보칙"이라는 장명을 둔다. 즉, 해당 법률 전체에 공통적인 사항 중 중요한 것은 총칙편에 두고 상대적으로 덜 중요한 사항이거나 몇 개의 장에만 관련되는 규정은 보칙으로 편제한다. 일반적으로 보칙규정으로, ① 보고 의무(자료제출의 요청), ② 출입검사 또는 조사, ③ 청문, ④ 수수료, ⑤ 권한의 위임·위탁, ⑥ 벌칙적용에 있어서의 공무원의제, ⑦ 관계행정기관의 협조·조정 등을 든다.149)

Ⅱ. 청문

국토교통부장관은 다음 각 호 1. 법 제13조 제1항에 따른 **감정평가사** 자격의 취소, 2. 법 제32조 제1항에 따른 **감정평가법인**의 설립인가 취소의 어느 하나에 해당하는 처분을 하려는 경우에는 청문을 실시하여야 한다(법 제45조).

여기서 "청문"이란 행정청이 어떠한 처분을 하기 전에 당사자등의 의견을 직접 듣고 증거를 조사하는 절차를 말한다(행정절차법 제2조 제5호). 행정청이 「행정절차법」 제22조 제1항 제2호에 따라 처분에 대한 청문의 필요 여부를 결정할 때 그 처분이 인·허가 등의 취소, 신분·자격의 박탈, 법인이나 조합 등의 설립허가의 취소, 그 밖에 당사자 등의 권익을 심히 침해하거나 이해관계에 중대한 영향을

---

148) 「감정평가법」상 제7장에 속한다.
149) 박영도, 입법학입문, 535면.

미치는 처분인 경우에는 청문을 실시하도록 적극 노력하여야 한다(동법 시행령 제13조의2). 청문의 진행 등에 관한 사항은 「행정절차법」 제28조 이하에서 상세하게 규율하고 있다.

Ⅲ. 업무의 위탁

1. 의의 및 위탁업무

여기서 "위탁"이란 법률에 규정된 행정기관의 장의 권한 중 일부를 다른 행정기관의 장에게 맡겨 그의 권한과 책임 아래 행사하도록 하는 것을 말한다(행정권한의 위임 및 위탁에 관한 규정 제2조 제2호).

이 법에 따른 **국토교통부장관**의 업무 중 다음 1. 법 제8조에 따른 감정평가 타당성조사와 관련하여 **대통령령**으로 정하는 업무, 2. 법 제14조에 따른 **감정평가사**시험의 관리, 3. 법 제17조에 따른 **감정평가사** 등록 및 등록 갱신, 4. 법 제21조의2에 따른 소속 **감정평가사** 또는 사무직원의 신고, 5. 그 밖에 **대통령령**으로 정하는 업무는 「한국부동산원법」에 따른 한국부동산원, 「한국산업인력공단법」에 따른 한국산업인력공단 또는 협회에 위탁할 수 있다. 다만, 제3호 및 제4호에 따른 업무는 협회에만 위탁할 수 있다(법 제46조 제1항).

업무를 위탁할 때에는 예산의 범위에서 필요한 경비를 보조할 수 있다(법 제46조 제2항).

2. 위탁 기관[150]

가. 한국감정원

국토교통부장관은 법 제46조 제1항에 따라 다음 각 호 1. 법 제9조에 따른 감정평가 정보체계의 구축·운영, 2. 영 제8조 제1항에 따른 타당성조사를 위한 기초자료 수집 및 감정평가 내용 분석, 3. 영 제49조에 따른 표본조사의 업무를 부동산원에 위탁한다(영 제47조 제1항).

나. 협회

국토교통부장관은 법 제46조 제1항에 따라 다음 각 호 1. 법 제6조 제3항 및 영 제6조에 따른 감정평가서의 원본과 관련 서류의 접수 및 보관, 2. 법 제17조에 따른 **감정평가사**의 등록 신청과 갱신등록

---

150) 상위 법률인 법 제46조 제1항에서 "위탁할 수 있다"는 입법 취지에 대하여 하위법인 시행령(대통령령) 제47조에서와 같이 업무를 특정하여 "위탁한다"고 제한하는 것이 법체계에 맞는 것인지 의문이다. 왜냐하면 협회의 경우 상위법인 법 제46조 제1항에 따르면 제1호에서 4호까지 모든 업무의 위탁대상이 되고 한국감정원이나 한국산업인력공단의 경우 제3호를 제외한 업무만 위탁 받을 수 있어 협회가 위탁대상범위가 넓다. 그러나 하위법이 시행령에서 위탁대상범위를 특정하고 있다는 점이다. 이런 규정은 다른 법률에서도 많이 보인다.

신청의 접수 및 영 제18조에 따른 갱신등록의 사전통지, 3. 법 제21조 및 영 제20조에 따른 **감정평가사**사무소의 개설신고, 변경신고, 휴업신고 또는 폐업신고의 접수, 3의2. 법 제21조의2에 따른 소속 **감정평가사** 또는 사무직원의 고용 및 고용관계 종료 신고의 접수, 4. 영 제23조 제2항에 따른 보증보험 가입 통보의 접수의 업무를 협회에 위탁한다(영 제47조 제2항).

다. 한국산업인력공단

국토교통부장관은 법 제46조 제1항에 따라 법 제14조에 따른 **감정평가사**시험의 관리 업무를 「한국산업인력공단법」에 따른 한국산업인력공단에 위탁한다(영 제47조 제3항).

Ⅳ. 지도·감독

1. 보고 또는 자료의 제출, 그 밖에 필요한 명령권

국토교통부장관은 감정평가법인등 및 협회에 대하여 감독상 필요할 때에는 그 업무에 관한 보고 또는 자료의 제출, 그 밖에 필요한 명령을 할 수 있으며, 소속 공무원으로 하여금 그 사무소에 출입하여 장부·서류 등을 검사하게 할 수 있다(법 제47조 제1항). 출입·검사를 하는 공무원은 그 권한을 표시하는 증표를 지니고 이를 관계인에게 내보여야 한다(법 제47조 제2항).

2. 민감정보 및 고유식별정보의 처리

국토교통부장관(법 제46조에 따라 **국토교통부장관**의 업무를 위탁받은 자를 포함한다)은 다음 각 호 1. 법 제13조에 따른 **감정평가사**의 자격 취소에 관한 사무, 2. 법 제14조에 따른 **감정평가사**시험에 관한 사무, 3. 법 제17조 및 제18조에 따른 실무수습, 등록·갱신등록 및 그 거부에 관한 사무, 4. 법 제19조에 따른 **감정평가사**의 등록 취소에 관한 사무, 5. 법 제20조에 따른 외국**감정평가사**의 인가에 관한 사무, 5의2. 법 제21조의2에 따른 소속 **감정평가사** 또는 사무직원의 고용 및 고용관계 종료 신고에 관한 사무, 6. 법 제29조 및 제30조에 따른 **감정평가법인**의 설립, 정관인가, 합병 및 해산에 관한 사무, 7. 법 제33조에 따른 협회의 설립인가에 관한 사무, 8. 법 제38조에 따른 **감정평가사** 교육·연수에 관한 사무, 9. 법 제39조에 따른 징계에 관한 사무, 10. 영 제12조 제2항에 따른 **감정평가사** 자격증 발급에 관한 사무의 사무를 수행하기 위하여 불가피한 경우 「개인정보 보호법 시행령」 제18조 제2호의 범죄경력자료에 해당하는 정보나 같은 영 제19조 제1호 또는 제4호의 주민등록번호 또는 외국인등록번호가 포함된 자료를 처리할 수 있다(영 제48조).

V. 벌칙 적용에서 공무원 의제

1. 의의 및 입법취지

다음 각 호의 어느 하나에 해당하는 사람은 「형법」 제129조부터 제132조까지의 규정을 적용할 때에는 공무원으로 본다(법 제48조).[151]

1. 법 제10조 제1호 및 제2호의 업무를 수행하는 **감정평가사**(제1호)

    가. 「부동산가격공시법」에 따라 **감정평가법인등**이 수행하는 업무

    나. 「부동산가격공시법」 제8조 제2호에 따른 지가의 산정목적을 위한 토지등의 감정평가

    (1) 공공용지의 매수 및 토지의 수용·사용에 대한 보상

    (2) 국유지·공유지의 취득 또는 처분

    (3) 그 밖에 **대통령령**으로 정하는 지가의 산정을 말하는데, 영 제13조 제2항에 따르면 법 제8조 제2호 다목에서 "**대통령령**으로 정하는 지가의 산정"이란 다음 각 호의 목적을 위한 지가의 산정을 말한다.

    (가) 「국토계획법」 또는 그 밖의 법령에 따라 조성된 용지 등의 공급 또는 분양

    (나) 다음 각 목의 어느 하나에 해당하는 사업을 위한 환지·체비지(替費地)의 매각 또는 환지신청

    ① 「도시개발법」 제2조 제1항 제2호에 따른 도시개발사업

    ② 「도시정비법」 제2조 제2호에 따른 정비사업

    ③ 「농어촌정비법」 제2조 제5호에 따른 농업생산기반 정비사업

    (다) 토지의 관리·매입·매각·경매 또는 재평가

2. 제40조에 따른 위원회의 위원 중 **공무원이 아닌 위원**(제2호)

3. 제46조에 따른 위탁업무에 종사하는 **협회의 임직원**(제3호)

    따라서 <u>법문에 충실하자면 금융기관·보험회사·신탁회사 등 타인의 의뢰에 따른 토지등의 감정평가(법 제10조 제5호)와 법원에 계속 중인 소송을 위한 토지등의 감정평가(법 제10조 제4호)를 행하고</u>

---

151) 「형법」 제129조(수뢰, 사전수뢰) ① 공무원 또는 중재인이 그 직무에 관하여 뇌물을 수수, 요구 또는 약속한 때에는 5년 이하의 징역 또는 10년 이하의 자격정지에 처한다. ② 공무원 또는 중재인이 될 자가 그 담당할 직무에 관하여 청탁을 받고 뇌물을 수수, 요구 또는 약속한 후 공무원 또는 중재인이 된 때에는 3년 이하의 징역 또는 7년 이하의 자격정지에 처한다.

제130조(제삼자뇌물제공) 공무원 또는 중재인이 그 직무에 관하여 부정한 청탁을 받고 제3자에게 뇌물을 공여하게 하거나 공여를 요구 또는 약속한 때에는 5년 이하의 징역 또는 10년 이하의 자격정지에 처한다.

제131조(수뢰후부정처사, 사후수뢰) ① 공무원 또는 중재인이 전2조의 죄를 범하여 부정한 행위를 한 때에는 1년 이상의 유기징역에 처한다. ② 공무원 또는 중재인이 그 직무상 부정한 행위를 한 후 뇌물을 수수, 요구 또는 약속하거나 제삼자에게 이를 공여하게 하거나 공여를 요구 또는 약속한 때에도 전항의 형과 같다. ③ 공무원 또는 중재인이었던 자가 그 재직 중에 청탁을 받고 직무상 부정한 행위를 한 후 뇌물을 수수, 요구 또는 약속한 때에는 5년 이하의 징역 또는 10년 이하의 자격정지에 처한다. ④ 전3항의 경우에는 10년 이하의 자격정지를 병과할 수 있다.

제132조(알선수뢰) 공무원이 그 지위를 이용하여 다른 공무원의 직무에 속한 사항의 알선에 관하여 뇌물을 수수, 요구 또는 약속한 때에는 3년 이하의 징역 또는 7년 이하의 자격정지에 처한다.

있는 **감정평가사**는 공무원으로 의제되지 않는다. 「형법」 제129조 내지 제132조는 뇌물죄에 관한 규정이며, 뇌물죄의 보호법익은 공무원의 직무집행의 공정과 그에 대한 사회의 신뢰 및 직무행위의 불가매수성으로 보고 있다.[152] 벌칙의 적용에 있어서 공무원으로 의제하는 규정을 두고 있는 법률은 「감정평가법」 외에도 여러 법률이 있는데, 이들 법률에서 두고 있는 의제 규정의 취지도 마찬가지로 공공적 성격을 띤 직무수행의 공정성·청렴성을 확보하기 위한 취지라 할 것이다.[153]

2. 「형법」상 뇌물죄의 요건[154] 및 「청탁금지법」의 적용

감정평가법인등이 「감정평가법」 제48조 제1호 및 제2호에 따른 업무를 하는 경우 공무원으로 의제되어 범죄를 구성한다. 아래는 범죄의 구성요건이다. 설사 「형법」상 뇌물죄의 요건에 비껴갈 수 있을지라도, 후술하는 **감정평가법인등**의 업무(법 제10조)는 「청탁금지법」의 적용 대상에서 자유로울 수 없다.

(1) 뇌물과 직무관련성: 뇌물은 직무와 관련한 불법한 이익이므로 뇌물은 직무와 관련성이 있어야 한다. 직무란 법령, 관례에 의해 공무원 등이 담당하는 일체의 사무를 말한다. 뇌물은 직무와 관련성이 있어야 하고, 직무와 무관한 이익은 뇌물이 될 수 없다. 「감정평가법」 제48조에서 직무관련성이 있는 사람을 예시하고 있다.

(2) 직무와의 대가관계: 뇌물이 되기 위해서는 직무행위와 대가관계가 있어야 하는가에 대해 긍정설(다수설)과 부정설이 있다. 한편 대가관계를 요구하는 견해(긍정설)도 최근에는 대가관계의 개념을 넓게 해석하여 구체적·개별적이 아니라 일반적·포괄적 대가관계이면 족하다고 한다.

(3) 뇌물과 불법한 이익: 뇌물은 직무에 관한 불법한 보수 또는 부당한 이익이다. 직무와 관련성이 있더라도 법령에 근거가 있는 봉급, 수당, 상여금, 여비, 수수료 등은 뇌물이 되지 않는다. 그러나 뇌물에는 물건뿐만 아니라 이익도 포함된다. 이익이란 수령자의 경제적·법적·인격적 지위를 유리하게 하여 주는 것으로 일체의 유형·무형의 이익이 포함된다. 이성 간의 성행위도 뇌물에 포함된다. 사교적 의례에 속하는 물건 내지 이익이 뇌물이 되는가에 대해 판례는 "공무원이 그 직무의 대상이 되는 사람으로부터 금품 기타 이익을 받은 때에는 그것이 그 사람이 종전에 공무원으로부터 접대 또는 수수 받은 것을 갚는 것으로서 사회상규에 비추어 볼 때에 의례상의 대가에 불과한 것이라고 여겨지거나, 개인적인 친분관계가 있어서 교분상의 필요에 의한 것이라고 명백하게 인정할 수 있는 경우 등 특별한 사정이 없는 한 직무와의 관련성이 없는 것으로 볼 수 없고, 공무원의 직무와 관련하여 금품을 수수하였다면 비록 사교적 의례의 형식을 빌어 금품을 주고받았다 하더라도 그 수수한 금품은 뇌물이 된다고" 판시하였다.[155]

「부정청탁 및 금품등 수수의 금지에 관한 법률」(이하 '청탁금지법'이라 한다)상 금품 등의 수수행위

---

152) 대법원 2014. 3. 27. 선고 2013도11357판결 등.
153) 이광훈, "도시정비법상 조합 임원에 대한 공무원 개념의 확장", 법률신문, 2017. 4. 19.
154) 오영근, 형법입문, 박영사, 2012, 568~569면.
155) 대법원 2000. 1. 21. 선고 99도4940판결.

에 대한 처벌은 「형법」상 뇌물죄와 유사하지만 대가성이 없어 뇌물죄로 처벌되기 어려운 행위들에 대한 처벌로 이해하고 그 행위 자체를 불법으로 정의하여 강력하게 금지하는 것 자체가 입법취지이다.

따라서, 「감정평가법」 제10조 제1호 및 제2호의 업무를 수행하는 **감정평가사**(법 제48조 제1호)는 공무원으로 의제되기 때문에 토지소유자 등에 대한 관계에서는 공직자 등의 지위에서(청탁금지법 제2조 제2호) 「청탁금지법」의 수범자가 되고, 부동산가격공시업무나 기타 손실보상 감정평가 의뢰처의 공무원에 대한 관계에서는 뇌물을 공여하는 지위에서 수범자가 될 수 있다.

제2절   벌칙(156)

I. 벌칙 규정의 의의

벌칙규정이란 「감정평가법」이 규정하는 **감정평가법인등**의 의무의 위반이 있는 경우에 그 위반에 상당한 벌이 부과될 수 있음을 예고함과 아울러 현실적으로 그러한 위반이 발생한 경우에는 그 위반자에게 그 예정된 벌을 과하는 취지를 정하는 규정을 말한다.

제정 이유로는 법령의 실효성을 담보하는 수단이라는 점이다. 법령의 실체규정에 있어서 일정한 작위 또는 부작위의 의무를 부과한 경우에 그 위반이 있는 때 그 상태가 방치된다면 법령의 실효성을 확보할 수 없으며, 나아가 그 법령에 대한 신뢰를 상실케 하고 국민의 준법정신에 악영향을 미치는 등 여러 폐단이 발생할 가능성이 있다. 행정법관계의 특질 중의 하나로서 행정행위의 상대방이 행정행위에 의해 부과된 의무를 위반하는 경우에는 그에 대한 제재로서 행정벌(행정형벌 또는 행정질서벌)을 부과함으로써 강제력을 실현할 수 있으므로 그 법적 강제의 하나가 벌칙규정이다.[157]

「감정평가법」은 제8장에서 행정형벌과 행정질서벌이라는 벌칙규정을 두고 있는데, 이를 행정벌이라 한다. 행정벌이라 함은 행정법상의 의무위반, 즉, 행정법규에 의한 의무위반에 대한 제재로서 일반통치권에 근거하여 과하는 처벌을 말하며 이를 형사벌과 구별하여 행정벌이라 한다.[158] 「감정평가법」에서 벌칙규정은 **감정평가법인등**의 의무위반에 대한 제재로서 민사책임인 손해배상책임을 제외하고, 형사책임에 해당하는 행정형벌과 행정적 책임의 일부에 해당하는 행정질서벌을 말한다. 행정형벌은 「형법」에 형명(刑名)이 있는 형벌을 과하는 행정벌이며, 행정질서벌은 「형법」에 형명이 없는 과태료를 과하는 행정벌을 말한다.

---

156) 「감정평가법」상 제8장에 속한다.
157) 박영도, 입법학입문, 536면.
158) 신봉기, 행정법개론, 삼영사, 2016, 412면.

II. 행정형벌

1. 의의

행정벌로서 형법에 정하여져 있는 형을 과하는 것을 행정형벌이라고 한다. 이에 대하여 원칙적으로 형법총칙이 적용되며, 과벌절차는 원칙적으로 형사소송절차에 의한다.

행정벌은 이론상 어떠한 의무위반에 대하여도 과할 수 있으므로 거의 대부분의 행정법규가 행정벌을 규정하고 있다. 다만 주의하여야 할 것은 행정벌은 행정명령의 이행확보수단으로서 최후적·보충적이어야 한다는 점이다. 행정형벌은 국민의 신체의 자유를 제한하거나 재산권의 침해를 그 내용으로 하는 것이며, 이는 곧 국민의 자유와 권리에 대한 중요한 영향을 미치므로, 특히 행정법규에 벌칙을 규정하는 경우에는 그 제재수단도 가능하다면 형벌이 아닌 행정질서벌 등의 간접적 강제수단으로서 법령의 실효성을 확보하는 것이 바람직하다. [159]

2. 3년 이하의 징역 또는 3천만원 이하의 벌금

(1) 다음 각 호 1. 부정한 방법으로 **감정평가사**의 자격을 취득한 사람, 2. **감정평가법인등**이 아닌 자로서 감정평가업을 한 자, 3. 구비서류를 거짓으로 작성하는 등 부정한 방법으로 법 제17조에 따른 등록이나 갱신등록을 한 사람, 4. 법 제18조에 따라 등록 또는 갱신등록이 거부되거나 법 제13조, 법 제19조 또는 법 제39조에 따라 자격 또는 등록이 취소된 사람으로서 **감정평가법인등**의 업무(법 제10조)를 한 사람, 5. 법 제25조 제1항을 위반하여 **고의로 잘못된 평가를 한 자**, 6. **청렴 의무**(법 제25조 제4항)을 위반하여 업무와 관련된 대가를 받거나 감정평가 수주의 대가로 금품 또는 재산상의 이익을 제공하거나 제공하기로 약속한 자, 7. 정관을 거짓으로 작성하는 등 부정한 방법으로 법 제29조에 따른 인가를 받은 자의 어느 하나에 해당하는 자는 3년 이하의 징역 또는 3천만원 이하의 벌금에 처한다(법 제49조). [160]

(2) 日本의 경우, 우리나라 「감정평가법」 제49조 제2호 내지 4호의 경우에 한해서 1년 이하의 징역 또는 100만 엔 이하의 벌금에 처하거나, 이를 병과 할 수 있도록 규정하고 있는데,[161] 日本과 비교해서 우리나라는 강한 처벌규정을 두고 있다.

3. 1년 이하의 징역 또는 1천만원 이하의 벌금

다음 각 호 1. 법 제21조 제4항을 위반하여 둘 이상의 사무소를 설치한 사람, 2. 법 제21조 제5항

---

159) 헌재 1995. 3. 23. 92헌가14결정.
160) 종래 2년 이하의 징역 또는 3천만원 이하의 벌금에 처하도록 하였으나, 2017. 11. 28. 개정(시행 2018. 5. 29., 법률 제15111호)을 하였는데, 법제처는 그 개정이유에서 징역형 대비 적정 벌금액의 일반기준인 '징역형 1년당 벌금형 1천만원'에 따라 조정함으로써 법정형의 편차를 조정하고 형사처벌의 공정성을 기하려는 것이라고 하고 있다.
161) 日本 「鑑定評価法」 제56조.

또는 제29조 제8항을 위반하여 소속 **감정평가사** 외의 사람에게 **감정평가법인등**의 업무(법 제10조)를 하게 한 자, 3. 토지등 매매업의 직접금지(법 제25조 제3항), 둘 이상의 **감정평가법인등**에 소속 금지 의무(법 제25조 제5항) 또는 비밀누설금지 의무(법 제26조)를 위반한 자, 4. 법 제27조 제1항을 위반하여 **감정평가사**의 자격증·등록증 또는 **감정평가법인**의 인가증을 다른 사람에게 양도 또는 대여한 자와 이를 양수 또는 대여 받은 자, 5. 명의대여 등의 금지를 위반하여 같은 조 제1항의 행위를 알선한 자(법 제27조 제2항)의 어느 하나에 해당하는 자는 1년 이하의 징역 또는 1천만원 이하의 벌금에 처한다(법 제50조). 2020. 7. 8. 시행법(법률 제17219호, 2020. 4. 7. 개정)에서는 법 제27조 제2항 및 법 제50조 제5호의 신설로 무자격자의 감정평가로 인한 국민 혼란과 자격제도 근간의 훼손을 방지하기 위하여 **감정평가사** 자격증 등의 대여 등을 알선하는 행위를 한 자를 처벌할 수 있는 근거를 마련하였다.[162]

III. 몰수·추징

1. 의의

몰수는 범죄반복의 방지나 범죄에 의한 이득의 금지를 목적으로 범죄행위와 관련된 재산을 박탈하는 것을 내용으로 하는 재산형이다(형법 제48조 제1항). 그러나 몰수는 형벌의 일종으로서 유죄판결을 함에 있어서 피고사건의 주형에 부가하여 선고하는 부가형이다.[163] 따라서 재산형의 일종인 벌금, 과료 등과 구별된다.[164] 몰수대상인 물건을 몰수하기 불능한 때에는 그 가액을 추징한다(형법 제48조 제2항).

일반적으로 '범죄수익 몰수'란 범죄로 인하여 발생한 재산을 범죄자로부터 박탈하여 국고에 귀속시키는 것을 말하고, 만약 이를 몰수할 수 없거나 몰수하는 것이 적절하지 않는 경우에는 범죄자에게 그 가액을 납부하도록 명령하는 추징제도를 보충적으로 두고 있다.[165]

2. 근거 규정

2018. 3. 20. 개정(시행 2018. 3. 20. 법률 제15514호)으로 **감정평가법인등**이 수수료와 실비 외 업무와 관련된 대가를 받거나(법 제49조 제6호), **감정평가사**의 자격증·등록증 또는 **감정평가법인**의 인가

---

162) ⽇本의 경우, 우리나라 「감정평가법」 제49조 제2호 **감정평가법인등**이 아닌 자로서 감정평가업을 한 자, 법 제49조 제4호에 해당하거나, 제50조 제3호 법 제26조(비밀누설금지)를 위반한 자 등에 대하여 6개월 이하의 징역 또는 50만 엔 이하의 벌금에 처하거나, 이를 병과 할 수 있도록 규정하고 있는데(⽇本 「鑑定評価法」 제57조), ⽇本과 비교해서 우리나라는 강한 처벌규정을 두고 있다.
163) 「형법」 제49조에 따르면, 몰수는 타형에 부가하여 과한다. 단, 행위자에게 유죄의 재판을 아니할 때에도 몰수의 요건이 있는 때에는 몰수만을 선고할 수 있다고 규정하고 있다. 이를 몰수의 부가성(후단은 예외문제)이라고 한다.
164) 이재상, 형법총론, 박영사, 2003, 540면.
165) 박찬걸, "성매매 수익에 대한 몰수 및 추징제도의 활성화방안", 저스티스 156, 2016. 10., 205면.

증을 다른 사람에게 양도 또는 대여한 행위(법 제50조 제4호)의 죄를 지은 자가 받은 금품이나 그 밖의 이익은 몰수한다. 이를 몰수할 수 없을 때에는 그 가액을 추징한다. 이와 같은 필요적 몰수·추징 규정을 마련하였다.

Ⅳ. 양벌규정

법인의 대표자나 법인 또는 개인의 대리인, 사용인, 그 밖의 종업원이 그 법인 또는 개인의 업무에 관하여 제49조 또는 제50조의 위반행위를 하면 그 행위자를 벌하는 외에 그 법인 또는 개인에게도 해당 조문의 벌금형을 부과한다. 다만, 법인 또는 개인이 그 위반행위를 방지하기 위하여 해당 업무에 상당한 주의와 감독을 게을리하지 아니한 경우에는 그러하지 아니하다(법 제51조).

Ⅴ. 행정질서벌(과태료)

1. 의의

행정벌로서 과태료를 과하는 경우를 행정질서벌이라고 한다. 그런데 행정질서벌에 관해서는 형법총칙이 적용되지 않고 종래 통칙적 규정이 없어 행정질서벌의 대상이 되는 행위에 대하여 개개의 법률규정에 따라 판단할 수밖에 없었다. 이에 따라 행정질서벌의 대상이 되는 행위의 성립과 과태료 처분에 관한 법률규정의 불명확성으로 인하여 실무에서 적용하는 데 어려움이 많았으며 국민의 권익이 침해될 우려도 적지 않았다. 그리하여 이러한 점들을 개선하여 과태료가 의무이행확보수단으로서의 기능을 효과적으로 수행할 수 있도록 하는 한편 국민의 권익을 보호하려는 목적으로 「질서위반행위규제법」이 제정되어 2008. 6. 22.부터 시행되고 있다. 동법에서는 국가에 의한 경우와 지방자치단체에 의한 경우로 구분되어 있던 과벌 절차를 일원화하고 있다.[166]

2. 500만원 이하의 과태료

다음 각 호 1. 법 제6조 제3항을 위반하여 감정평가서의 원본과 그 관련 서류를 보존하지 아니한 자, 2. 법 제9조 제2항을 위반하여 감정평가 결과를 감정평가 정보체계에 등록하지 아니한 자, 3. 부정한 방법으로 **감정평가사**의 자격을 받은 경우의 자격취소(법 제13조 제3항), 일정한 사유에 의한 등록취소(법 제19조 제3항) 및 징계에 의한 자격취소 또는 등록취소나 업무정지(법 제39조 제4항)에 해당하여 자격증 또는 등록증을 반납하지 아니한 사람, 4. 법 제21조 제1항에 따른 개설신고 등을 하지

---

166) 김남진·김연태, 행정법 Ⅰ, 법문사, 2017, 553면.

아니하고 감정평가업을 한 사람, 5. 법 제21조에 따라 신고한 **감정평가사**로서 제28조 제2항을 위반하여 보험 또는 협회가 운영하는 공제사업에의 가입 등 필요한 조치를 하지 아니한 사람, 6. 법 제22조 제1항을 위반하여 "**감정평가사사무소**" 또는 "**감정평가법인**"이라는 용어를 사용하지 아니하거나 같은 조 제2항을 위반하여 "**감정평가사**", "**감정평가사**사무소", "**감정평가법인**" 또는 이와 유사한 명칭을 사용한 자, 6의2. 사무직원의 결격사유(법 제24조 제1항)에 위반하여 사무직원을 둔 자, 7. 법 제47조에 따른 업무에 관한 보고, 자료 제출, 명령 또는 검사를 거부·방해 또는 기피하거나 **국토교통부장관**에게 거짓으로 보고한 자의 어느 하나에 해당하는 자에게는 500만원 이하의 과태료를 부과한다(법 제52조 제1항). 日本의 경우 30만엔 이하의 벌금(三十万円以下の罰金)에 처하도록 하고 있다.[167]

3. 부과·징수

과태료는 **대통령령**으로 정하는 바에 따라 **국토교통부장관**이 부과·징수한다(법 제52조 제2항). 법 제52조 제1항에 따른 과태료의 부과기준은 [별표 4]에서 정하고 있다(영 제50조).

---

167) 日本 「鑑定評価法」 제58조.

제 **2** 편

부동산 가격공시에 관한
법률

제1장 총설

Ⅰ. 「부동산가격공시법」의 의의

이 법은[168] 부동산의 적정가격 공시에 관한 기본적인 사항과 부동산 시장·동향의 조사·관리에 필요한 사항을 규정함으로써 부동산의 적정한 가격형성과 각종 조세·부담금 등의 형평성을 도모하고 국민경제의 발전에 이바지함을 목적으로 한다(법 제1조). 부동산가격공시로 적정한 지가형성을 바라는 것은 日本의 「地価公示法」도 같으나(동법 제1조),[169] 日本은 여전히 지가형성 내지는 지가산정의 기준으로서 표준지공시가격에 대해서만 규율하고 있지만, 우리나라는 조세평등을 법 목적으로 명시하였다. 이는 과세표준으로서의 부동산공시가격의 역할에 중점을 두어 조세법의 영역에 상대적으로 가까워진 반면, 지가산정의 기준은 법 목적에서 삭제되었고, 「감정평가법」에서 감정평가기준을 정하고 있다. 법 목적을 분설하면 다음과 같다.

첫 번째로 이법은 부동산공시가격은 "적정가격"의 공시에 관한 기본적인 사항을 정하는 것을 목적으로 한다(법 제1조). 여기서 적정가격(適正價格)이란 토지, 주택 및 비주거용 부동산에 대하여 통상적인 시장에서 정상적인 거래가 이루어지는 경우 성립될 가능성이 가장 높다고 인정되는 가격을 말한다(법 제2조 제5호). 종래 「감칙」(국토해양부령 제215호)에서는 정상가격으로 하였다가, 2012. 8. 2. 「감칙」의 전면개정(시행 2013. 1. 1. 국토해양부령 제508호)으로 시장가치로 개정하였다.[170] 그렇다면 **국토교통부장관**이 조사·평가 의뢰하여 공시하는 표준지공시지가도 원칙적으로 시장가치를 원칙으로 하는 것이 체계적일 것이다. 그러나 상위법인 「부동산가격공시법」은 적정가격을, 하위법인 「감칙」에서는 시장가치기준을 원칙으로 하고 있는데, 표준지공시지가는 감정평가액이므로 양자는 같은 의미라 할 수 있을 것이나, 주택공시가격 등은 감정평가액이라 할 수 없으므로 양자의 의미가 같다고 할 수 없다. 그래서 제1편에서 「감정평가법」과 「부동산가격공시법」 양 법률간의 비체계성을 지적하였다. 결국 표

---

168) 2020. 6. 9. 개정하여 2020. 12. 10. 시행되는 법률 제17459호를 기준으로 하였다.

169) 우리나라 「지가공시법」 제정에 영향을 준, 日本 「地価公示法」은 제1조 목적 규정에서, 이 밖에도 일반 토지거래의 지표를 제공하고 적정한 보상금액의 산정 등에 기여하는 것을 목적으로 한다고 하여 법률의 전체 규정을 압축한 목적 규정을 두고 있는 점이 주목할 만하다. 동법은 1969년(昭和四十四年法律第四十九号)에 제정되었고, 최종개정은 2014년(平成二十六年五月三十日公布, 法律第四十二号)에 개정되었다.

170) 「감칙」 제2조 제1호에 따르면 "시장가치"란 감정평가의 대상이 되는 토지등이 통상적인 시장에서 충분한 기간 동안 거래를 위하여 공개된 후 그 대상물건의 내용에 정통한 당사자 사이에 신중하고 자발적인 거래가 있을 경우 성립될 가능성이 가장 높다고 인정되는 대상물건의 가액(價額)을 말한다.

준지공시지가는 시장가치 내지 적정가격이고 이를 제외한 주택공시가격 등은 적정가격의 공시로 이해해야 할 것이다.

이 밖에도 이 법 제15조에 따라 **국토교통부장관**이 부동산의 적정가격 조사 등 부동산 정책의 수립 및 집행을 위하여 부동산 시장·동향의 조사·관리에 필요한 사항을 규정한 법이다(법 제1조).

두 번째로 이 법은 첫 번째를 규정함으로써 부동산의 적정한 가격형성을 목적으로 한다(법 제1조). 적정가격은 이 법에 따른 부동산가격공시이며, 적정한 부동산공시가격을 공시함으로써 일반인의 실거래가격이 부동산공시가격과 같게 형성되도록 하는 것을 지향한다는 의미가 된다. 부동산은 공공재의 성격이 있어 규제와 제한을 할 수 있지만, 국민 개개인에게는 사경제의 기반이 되는 자본재에 해당한다는 점에서 부동산가격의 형성은 「헌법」 제119조 제1항에 따른 "시장경제질서원리"에 바탕을 두고 자율적으로 형성되는 것을 존중하는 것이 헌법 원칙이다. 다만, 예외적으로 「헌법」 제119조 제2항의 규정에 따라 같은 조 제1항의 시장경제원리는 제약을 받을 수 있는 것이다.

이외에도 각종 조세·부담금 등의 형평을 도모하는 것을 목적으로 한다(법 제1조). 이러한 점에서 이 법은 광의로는 조세법의 영역이기도 하다. 먼저 조세법 전체를 지배하는 기본원칙으로 조세법률주의와 조세공평주의가 있다. 전자는 과세요건의 설정은 형식적인 법률의 규정에 의하여서만 가능하고, 후자는 그 법률의 내용은 모든 납세자에게 공평하게 세 부담을 분담시키는 내용이어야 한다는 것이다.[171] 조세공평주의는 헌법질서의 근본이 되고 있는 평등의 원칙 내지 불평등취급금지의 원칙(헌법 제11조 제1항)에 그 근거를 둔다. 日本의 「地價公示法」에 의한 표준지공시가격은 조세목적으로 직접 적용하지 않는다(제1조 및 제3장 공시가격의 효력).

Ⅱ. 「부동산가격공시법」의 연혁

1. 「지가공시법」의 제정 이전

「부동산가격공시법」에 의한 부동산가격공시제도의 연혁을 설명할 때 제1편 「감정평가법」에 의한 감정평가제도의 연혁과 별개로 설명하기는 쉽지 않다. 왜냐하면 부동산가격공시제도의 도입목적은 **감정평가사**제도와 같기 때문이다.

따라서 「부동산가격공시법」의 연혁은 제1편 「감정평가법」의 연혁과 큰 흐름은 같으나, 오히려 **감정평가사**제도 전신의 하나에 해당하는 "토지평가사제도"와 가깝다. 「지가공시법」에 의한 지가공시제도를 도입하기 이전에는 우리나라 지가의 조사·평가체계는 건설부의 「국토이용관리법」에 의한 기준지가,[172] 내무부의 「지방세법」에 의한 과세시가표준액, 국세청의 기준시가, 재무부의 「감정평가에관한법률」에 의한 감정시가 등으로 각 부처의 사용목적과 기능에 따라 다양한 형태로 되어 있었다. 이는 무

---

171) 임승순, 조세법, 박영사, 2013, 25면.
172) 우리나라 지가공시지제도는 「국토이용관리법」에서 처음 도입되었다.

엇보다도 전국적으로 통일적인 토지가격이 산정되지 못하고 각 부서의 필요에 따라서 개별적으로 지가의 산정과 평가가 이루어져 오던 상황을 반영하고 있었다.

1972. 12. 30. 건설부는 「국토이용관리법」을 제정(시행 1973. 3. 31. 법률 제2408호) 하면서 **대통령령**으로 정하는 지역에 대하여는 기준지가를 고시하도록 하고, 지가를 평가하기 위한 토지평가사를 두도록 하였다.[173] 이에 따라 건설부장관은 지가의 부당한 변동을 억제하고 토지이용계획의 원활한 수행을 도모하기 위하여 지가가 현저히 변동될 우려가 있는 **대통령령**으로 정하는 일정한 지역안의 토지의 지가를 조사·평가하여 이를 기준지가로 고시할 수 있었다(법 제29조 제1항). 당시 건설부의 기준지가는 토지평가사가 평가하며, 기준지가는 일반토지거래의 지표가 되고 공공시설용지의 매수·수용하는 경우의 보상액의 기준이 되었다.

한편 내무부의 「지방세법」에 의한 과세시가표준액은 취득세·등록세 및 재산세 등의 과세에서 과표로 이용되었다. 과세시가표준액은 토지평가사 또는 공인감정사가 평가하였는데, 비준지 및 개별필지의 경우에는 공무원이 산정할 수 있었다. 과세시가표준액은 다른 지가체계와 비교할 때 현실화율이 상당히 낮은 것으로 나타났다. 이는 조세저항을 피하기 위하여 정책적으로 낮게 책정했던 데서 그 원인을 찾을 수 있다.

그리고 국세청의 기준시가는 「소득세법」 등에 그 근거를 두고 있었다. 기준시가는 필지별 토지등급에 일정한 배율을 곱하는 방식으로 담당 공무원이 산정하였다.[174]

마지막으로 이와 별도로 재무부는 재산의 감정평가에 관하여 필요한 사항을 규정하여 그 경제적 가치를 정확하게 평가하기 위하여 1973. 12. 31. 「감정평가에관한법률」을 제정(시행 1974. 4. 1. 법률 제2663호)하였다. 그 이전에 1969년 공인감정사제도의 도입이 없이 「국유재산의 현물출자에 관한 법률」에 의한 정부출자기관으로 한국감정원을 설립하였다.[175] 한국감정원의 감정시가는 은행 등의 의뢰에 의하여 담보 및 자산재평가 등의 목적으로 재산가치를 감정하였다. 감정대상은 도시지역의 대지가 주를 이루었다.

이상과 같이 각 기관별로 토지등 재산에 대한 평가가 다르게 운영된 결과 허다한 문제점이 발생하였다. 우선 통일적인 평가 기준의 부재로 인하여 토지정책을 효율적으로 수행할 수 있는 기반이 미비하였다. 토지가격의 안정기에는 문제가 없었으나 산업화·도시화로 지가가 상승하고 또한 수용보상 수요가 발생 지역을 기준으로 정책실현의 기준이 되는 토지가격의 부재가 사회적 문제로 제기되었다.

먼저 건설부의 기준지가는 3년에 한 번씩 산정되는 결과 토지가격의 변동이 급격한 지역에서는 실거래가격과 많은 차이가 발생하였다. 그리고 특성상 도심지역보다는 도시외곽지역에 표준지가 많이 분포한 관계로 실제로 가격산정이 필요한 지역의 수요에 제대로 대응하지 못하였다. 그리고 표준지의 지가를 기준으로 기준지가고시 이외의 지역의 토지가격을 산정하는 방법 및 기준이 미비하였다.

---

173) 법제처 제정이유 참조.

174) 김광수, "감정평가제도와 헌법상 재산권 보장", 58면.

175) 한국감정원, 회사소개/설립목적 및 연혁/http://www.kab.co.kr/kab/home/introduce/setup_history.jsp

내무부의 과세시가표준액은 시가의 20~50%를 반영하고 있어서 현실화율이 비교적 저조하였다. 그리고 지역 간 그 현실화율의 격차가 컸다. 도시와 농촌간, 용도지역과 지목 간 현실화율의 격차가 발생하였다. 또한 담당공무원들이 주관적으로 토지가격을 산정한 결과 국민들의 신뢰를 받을 수 없는 근본적인 문제점이 지적되었다.

국세청의 기준시가는 투기목적으로 고시되었기 때문에 특정지역 내에서 의미가 있었다. 즉, 공식적인 지가의 기준으로 활용될 수 있는 가능성은 낮았다. 그리고 공무원이 주관적인 가격을 정함으로써 국민들의 신뢰를 받을 수 없는 한계도 가지고 있었다.

감정시가는 의뢰인들의 요청에 의하여 산정하기 때문에 내부 자료이고 법적인 구속력이 없는 한계가 있었다. 이런 문제점으로 인하여 토지정책 수행에 차질을 빚게 되었다. 뿐만 아니라 토지를 평가하는 전문가들 간에도 갈등이 발생하였다.[176]

2. 「지가공시법」의 제정 및 「부감법」으로 전면개정

건설부는 위와 같은 문제점을 해소하고 토지정책의 일관성과 효율성을 증진시키기 위하여 제도의 개선이 필요하였다. 즉, 제도개선의 목표는 첫 번째로 전국적으로 통일적이고 객관적인 토지가격을 산정하고 이를 공시할 수 있는 체계를 갖추는 것이며, 두 번째로는 이런 제도를 뒷받침할 수 있는 전문자격자제도를 만드는 것이었다.[177] 따라서 1989. 4. 1. 정부입법으로 「지가공시법」을 제정(법률 제4120호, 시행 1989. 7. 1.)하였다. 정부에서 조사·발표하는 지가에 대하여 국민의 신뢰도가 저하되고, 토지정책과 제도발전에 준거기준이 되는데 미흡한 실정이므로 정부가 매년 단일지가를 조사·공시하고 지가체계를 정비하여 관계기관이 이를 공동으로 활용할 수 있도록 공시지가제도를 도입하였다. 이로써 매년 전국의 토지 중에서 표준지를 선정하고 이에 대한 적정가격을 조사·평가 및 공시하여 각 관련기관에서 토지를 평가할 때에 이를 기준으로 하도록 함으로써 다원화되어 있는 토지평가제도를 체계화하는 데 있다. 그리고, 토지평가사와 공인감정사로 이원화되어 있는 제도는 그 업무의 본질이 감정평가라는 점에서는 근본적으로 같은 업무라고 할 수 있으나 그 근거 법률과 소관부처가 달라 오랫동안 양자격제도의 통합에 대한 필요성이 제기되어 **감정평가사**로 일원화함으로써 토지·건물·동산 등에 대한 감정평가제도를 효율화하려는 것이다.

「지가공시법」의 도입은 日本의 지가공시제도를 받아들인 것이지만, 日本과 달리 매년 1월 1일을 공시기준일로 하는 공시지가로 통합하여 도입한 것이다. 日本은 여전히 다원적인 지가체계를 유지하면서 부처마다 그 목적에 맞게 지가를 공시하고 있다. 우리나라는 지가체계의 본질에 대하여 다원성을 부정하고 통일적 지가체계를 채택한 것이나, 日本은 지가체계의 다원성을 인정하고 있는 것으로 보인다.

그 후, 2005. 1. 14. 「지가공시법」을 전면개정(시행 2005. 1. 14. 법률 제7335호) 하면서 법률의 명칭을 「부동산 가격공시 및 감정평가에 관한 법률」(이하 '부감법'이라 한다)로 하였다. 세부담의 형평

---

176) 김광수, "감정평가제도와 헌법상 재산권 보장", 59면.
177) 김광수, "감정평가제도와 헌법상 재산권 보장", 60면.

성을 제고하기 위하여 주택에 대한 토지·건물 통합 과세를 내용으로 하는 부동산 보유세제 개편에 따라 현행 공시지가제도 외에 토지와 건물의 적정가격을 통합평가하여 공시하는 주택가격공시제도를 도입하고, 각 중앙행정기관별로 분산되어 있는 부동산가격의 평가체계를 일원화하였는데 개정 당시 지가공시와 별도로 단독주택 및 공동주택의 적정가격을 공시하는 주택가격공시제도를 신설(법 제16조 및 제17조)하였다.

3. 현행 「부동산가격공시법」[178]

이 법은 제2장 지가의 공시, 제3장 주택가격의 공시, 제4장 비주거용부동산가격의 공시에 관한 사항으로 구성되어 있다. 주요내용으로 표준지공시지가를 조사·평가하는 경우 지가 변동이 미미한 지역에서는 1인의 **감정평가법인등**에게 의뢰할 수 있도록 하고(법 제3조 제5항 단서), 종전에 **감정평가사**들이 수행하던 표준주택·개별주택가격의 조사·산정 및 검증업무를 **부동산원**이 전담하게 됨에 따라 **부동산원**이 수행할 수 있도록 관련 절차·기준 등을 구체화하였다(법 제16조 제4항 및 제17조 제6항).

그리고 비주거용 부동산 가격공시와 관련된 세부 기준·절차 등을 신설하였다. 현재 국토교통부에서 가격산정방식, 적용범위 등 구체적 운영방안을 검토 중에 있으며, 도입근거가 마련된 만큼 관계부처와 협의하여 조속히 방안을 확정·도입할 수 있도록 전력을 다할 예정이라고(제5장) 하였으나,[179] 동 규정은 임의규정이며, 아직 시행이 이루어지지 않고 있는 상태이다.

〈표 2〉 법의 구성

| 제1장 총칙
제1조(목적)
제2조(정의)
제2장 지가의 공시
제3조(표준지공시지가의 조사·평가 및 공시 등)
제4조(표준지공시지가의 조사협조)
제5조(표준지공시지가의 공시사항)
제6조(표준지공시지가의 열람 등)
제7조(표준지공시지가에 대한 이의신청)
제8조(표준지공시지가의 적용)
제9조(표준지공시지가의 효력)
제10조(개별공시지가의 결정·공시 등)
제11조(개별공시지가에 대한 이의신청)
제12조(개별공시지가의 정정) | 제13조(타인토지에의 출입 등)
제14조(개별공시지가의 결정·공시비용의 보조)
제15조(부동산 가격정보 등의 조사)
제3장 주택가격의 공시
제16조(표준주택가격의 조사·산정 및 공시 등)
제17조(개별주택가격의 결정·공시 등)
제18조(공동주택가격의 조사·산정 및 공시 등)
제19조(주택가격 공시의 효력)
제4장 비주거용부동산가격의 공시
제20조(비주거용 표준부동산가격의 조사·산정 및 공시 등)
제21조(비주거용 개별부동산가격의 결정·공시 등) | 제22조(비주거용 집합부동산가격의 조사·산정 및 공시 등)
제23조(비주거용 부동산가격공시의 효력)
제5장 부동산가격공시위원회
제24조(중앙부동산가격공시위원회)
제25조(시·군·구부동산가격공시위원회)
제6장 보칙
제26조(공시보고서의 제출)
제27조(공시가격정보체계의 구축 및 관리)
제28조(업무위탁)
제29조(수수료 등)
제30조(벌칙 적용에서 공무원 의제)
부칙 |

---

178) 개정경과와 개정이유는 제1편 「감정평가법」을 참고하라.
179) 국토교통부, "부동산 가격 조사·평가, 지금부터 달라집니다.", 「보도참고자료」, 부동산평가과, 2016. 8. 31., 3~4면 참고.

제2장 지가의 공시

공시지가는 표준지공시지가와 개별공시지가를 포함하는 개념인데, 지가공시의 근거법인 「부동산가격공시법」 제2장 지가공시에서도 제1절에서 표준지공시지가의 공시와 제2절에서 개별공시지가의 공시로 구분하여 정하고 있다. 공시지가는 지가정보의 제공과 토지거래의 지표 등으로 사용되므로 토지에 대한 정확한 조사·평가가 매우 중요하다.

우리나라의 토지는 약 3,847만 필지로 이루어져 있어 이들 필지를 모두 조사·평가할 경우 많은 인력, 예산, 시간이 소요되어 현실적으로 불가능한 실정이다. 따라서 **국토교통부장관**은 조세나 부담금의 부과대상인 사유지와 국·공유지 중 잡종지 등 지가산정이 필요한 전국 3,309만여 필지 중 대표성이 인정되는 50만 필지의 표준지를 선정하고, 그 가격을 조사·평가하여 표준지공시지가를 공시하며, 나머지 필지는 시·군·구청장이 국가가 공시한 표준지공시지가를 기준으로 해당 지역의 토지에 대한 개별공시지가를 조사·산정하여 공시한다.[180]

제1절 표준지공시지가의 공시

Ⅰ. 의의

현행 「부동산가격공시법」에서는 정의규정을 두고 있지 않으나, 구 「부감법」에서 "표준지공시지가"라 함은 이 법의 규정에 의한 절차에 따라 **국토교통부장관**이 조사·평가하여 공시한 표준지의 단위면적당 가격을 말한다(구법 제2조 제5호).

국토교통부장관은 토지이용상황이나 주변 환경, 그 밖의 자연적·사회적 조건이 일반적으로 유사하다고 인정되는 일단의 토지 중에서 선정한 표준지에 대하여 매년 공시기준일 현재의 단위면적당 적정가격을 조사·평가하고, 중앙부동산가격공시위원회의의 심의를 거쳐 이를 공시하여야 한다(법 제3조 제1항).

따라서 **국토교통부장관**은 **감정평가법인등**에게 의뢰하여 표준지공시지가를 조사·평가하고, 이에 대

---

180) 국토교통부, 2018년도 부동산 가격공시에 관한 연차보고서, 2018. 8. 30면.

한 부동산가격공시위원회의의 심의를 거쳐, **국토교통부장관**이 공시한다. 조사·평가 및 공시의 절차를 거치면 당해 표준지공시지가는 일정한 효력을 지니게 된다.

Ⅱ. 표준지공시지가의 조사·평가

1. 의의

법 제3조 제1항만을 놓고 법문에 충실하자면 우리나라 표준지공시지가의 조사·평가권자는 **국토교통부장관**이다. 그러나 법률은 홀로 독립하여 존재하는 것이 아니라 여러 공법체계가 유기적으로 정당한 관련성을 갖는 입법원리의 지배를 받는다. 「감정평가법」에 의하면 토지등의 감정평가를 업으로 행하는 것은 **감정평가법인등**이 하도록 하고(같은 법 제2조 제3호), 국가 등은 토지등의 관리 등을 위하여 토지등을 감정평가하려는 경우에는 **감정평가법인등**에게 의뢰하도록 하고 있다(같은 법 제5조 제1항). 「감정평가법」에서는 **감정평가법인등**의 업무에 대해서 규정하고, 그 중에서 「부동산가격공시법」에 따라 **감정평가법인등**이 수행하는 업무를 **감정평가법인등**의 업무로 정하고 있다. **국토교통부장관**은 표준지공시지가를 조사·평가할 때에는 **감정평가법인등**에게 이를 의뢰하여야 하므로 표준지공시지가 조사·평가업무가 「부동산가격공시법」에 따라 **감정평가법인등**이 수행하는 업무에 해당하고, 따라서 동 업무는 **감정평가법인등**의 업무이며, 감정평가영역이라고 제1편 「감정평가법」에서 언급하였다. 이외에도 개별공시지가의 검증업무도 감정평가업무영역에 해당한다(법 제10조 제5항). 그러나 주택가격(제3장)·비주거용부동산가격(제4장)의 조사·산정업무는 **감정평가법인등**의 업무가 아니고 **한국부동산원**의 업무라 할 수 있다(**한국부동산원법** 제12조 및 같은 법 시행령 제13조).

국토교통부장관은 표준지의 선정 또는 표준지공시지가의 조사·평가를 위하여 필요한 경우에는 관계 행정기관에 해당 토지의 인·허가 내용, 개별법에 따른 등록사항 등 **대통령령**으로 정하는 관련 자료[1. 「건축법」에 따른 건축물대장(현황도면을 포함한다), 2. 「공간정보관리법」에 따른 지적도, 임야도, 정사영상지도(正射映像地圖), 토지대장 및 임야대장, 3. 「토지이용규제 기본법」에 따른 토지이용계획확인서(확인도면을 포함한다), 4. 「국토계획법」에 따른 도시·군관리계획 지형도면(전자지도를 포함한다), 5. 행정구역별 개발사업 인·허가 현황, 6. 표준지 소유자의 성명 및 주소, 7. 그 밖에 표준지의 선정 또는 표준지 적정가격의 조사·평가에 필요한 자료로서 **국토교통부령**으로 정하는 자료(영 제9조)]의 열람 또는 제출을 요구할 수 있다. 이 경우 관계 행정기관은 정당한 사유가 없으면 이에 응하여야 한다(법 제4조).

감정평가법인등에 의한 표준지의 적정가격 조사·평가는 영 제2조 제2항에 따른 「표준지의 선정 및 관리지침」에서 정한 지역분석 등을 실시한 후에 일반적으로 다음 각 호 1. 표준지 선정을 위한 공부조사와 실지조사, 2. 가격자료의 수집 및 정리, 3. 사정보정 및 시점수정, 4. 지역요인 및 개별요인의 비교, 5. 평가가격의 결정 및 표시, 6. 경계지역 간 가격균형 여부 검토, 7. 표준지 소유자의 의견청취, 8. 시장·군수·구청장의 의견청취, 9. 조사·평가보고서의 작성의 절차에 따라 실시한다(조사·평가 기준

제4조). **국토교통부장관**이 표준지공시지가 조사·평가 및 공시를 위해서 **감정평가법인등**에게 조사·평가를 의뢰하면 **감정평가법인등**은 먼저 표준지를 선정하고 그 후 표준지 가격의 조사·평가를 수행한다.

2. 국토교통부장관의 조사·평가의뢰

가. 둘 이상의 감정평가법인등에게 의뢰

국토교통부장관이 표준지공시지가를 조사·평가할 때에는 업무실적, 신인도(信認度) 등을 고려하여 둘 이상의 「감정평가법」에 따른 **감정평가법인등**에게 이를 의뢰하여야 한다(법 제3조 제5항 본문).

나. 하나의 감정평가법인등에게 의뢰

다만, 지가 변동이 작은 경우 등 **대통령령**으로 정하는 기준에 해당하는 표준지에 대해서는 하나의 **감정평가법인등**에 의뢰할 수 있다(법 제3조 제5항 단서). 법 제3조 제5항 단서에서 "지가 변동이 작은 경우 등 **대통령령**으로 정하는 기준에 해당하는 표준지"란 다음 각 호 1. 최근 1년간 읍·면·동별 지가변동률이 전국 평균 지가변동률 이하인 지역, 2. 개발사업이 시행되거나 「국토계획법」 제2조 제15호에 따른 용도지역 또는 같은 조 제16호에 따른 용도지구가 변경되는 등의 사유가 없는 지역의 요건을 모두 갖춘 지역의 표준지를 말한다(영 제7조 제4항).

다. 감정평가법인등의 선정기준

국토교통부장관은 표준지공시지가 조사·평가를 의뢰받은 감정평가업자가[181] 공정하고 객관적으로 해당 업무를 수행할 수 있도록 하여야 한다(법 제3조 제6항). 법 제3조 제5항에 따른 **감정평가법인등**의 선정기준 및 업무범위는 **대통령령**으로 정한다(법 제3조 제7항). **국토교통부장관**은 법 제3조 제5항에 따라 다음 각 호 1. 표준지공시지가 조사·평가 의뢰일부터 30일 이전이 되는 날(이하 "선정기준일"이라 한다)을 기준으로 하여 직전 1년간의 업무실적이 표준지 적정가격 조사·평가업무를 수행하기에 적정한 수준일 것, 2. 회계감사절차 또는 감정평가서의 심사체계가 적정할 것, 3. 「감정평가법」에 따른 업무정지처분, 과태료 또는 소속 **감정평가사**에 대한 징계처분 등이 다음 각 목 가. 선정기준일부터 직전 2년간 업무정지처분을 3회 이상 받은 경우, 나. 선정기준일부터 직전 1년간 과태료처분을 3회 이상 받은 경우, 다. 선정기준일부터 직전 1년간 징계를 받은 소속 **감정평가사**의 비율이 선정기준일 현재 소속 전체 **감정평가사**의 10퍼센트 이상인 경우, 라. 선정기준일 현재 업무정지기간이 만료된 날부터 1년이 지나지 아니한 경우의 기준 어느 하나에도 해당하지 아니할 것의 요건을 모두 갖춘 **감정평가법인등**(「감정평가법」 제2조 제4호에 따른 **감정평가법인등**을 말한다) 중에서 표준지공시지가 조사·평가를 의뢰할 자를 선정해야 한다(영 제7조 제1항). 영 제7조 제1항 각 호의 요건에 관한 세부기준은 **국토**

---

181) 2020. 4. 7. 개정을 하면서 "**감정평가법인등**"으로 개정하여야 할 것을 놓친 것으로 보인다.

교통부장관이 정하여 고시한다(영 제7조 제2항).

법 제3조 제5항 및 영 제7조 제5항에 따라 표준지 적정가격의 조사·평가를 의뢰하는 **감정평가법인**등을 선정하기 위한 세부사항을 행정규칙의 형식으로 규정한 것이 「표준지공시지가 조사·평가를 위한 **감정평가법인**등 선정에 관한 기준」(이하 '**감정평가법인**등의 선정기준'이라 한다)이다.[182]

국토교통부장관은 선정한 **감정평가법인**등별로 조사·평가물량을 배정할 때에는 선정된 전체 **감정평가법인**등 소속 **감정평가사**(조사·평가에 참여할 수 있는 **감정평가사**를 말한다) 중 개별 **감정평가법인**등 소속 **감정평가사**(조사·평가에 참여할 수 있는 **감정평가사**를 말한다)가 차지하는 비율을 기준으로 비례적으로 배정하여야 한다. 다만, **감정평가법인**등의 신인도, 종전 표준지공시지가 조사·평가에서의 성실도 및 소속 **감정평가사**의 징계 여부에 따라 배정물량을 조정할 수 있다(영 제7조 제3항).

감정평가법인등 선정 및 표준지 적정가격 조사·평가 물량 배정 등에 필요한 세부기준은 **국토교통부장관**이 정하여 고시한다(영 제7조 제5항). 이의 세부기준도 전술한 「감정평가업자의 선정기준」이다.

3. 표준지의 선정

국토교통부장관은 토지이용상황이나 주변 환경, 그 밖의 자연적·사회적 조건이 일반적으로 유사하다고 인정되는 일단의 토지 중에서 표준지를 선정하며(법 제3조 제1항), 법 제3조 제1항에 따라 표준지를 선정할 때에는 일단(一團)의 토지 중에서 해당 일단의 토지를 대표할 수 있는 필지의 토지를 선정하여야 한다(영 제2조 제1항). 이러한 표준지의 선정에 필요한 사항은 **대통령령**으로 정한다(법 제3조 제3항).

법 제3조 제1항에 따른 표준지 선정 및 관리에 필요한 세부기준은 중앙부동산가격공시위원회의 심의를 거쳐 **국토교통부장관**이 정한다(영 제2조 제2항). 법 제3조 제3항 및 영 제2조 제2항의 위임에 따라 표준지의 선정 및 관리 등에 관하여 필요한 사항을 정한 것이 「표준지의 선정 및 관리지침」이다.[183] 동 지침에서 표준지의 선정기준을 정하고 있다. 여기서 표준지 선정 기준은 대상 토지를 감정평가할 때 여러 표준지 중에서 비교대상 표준지를 선정하는 기준이 아니라, 표준지자체의 적정가격을 조사·평가할 때 여러 개별필지 중에서 선정하는 기준으로 「표준지의 선정 및 관리지침」에서 정하고 있다.

4. 표준지공시지가의 조사·평가 및 기준

가. 평가방법

국토교통부장관이 표준지공시지가를 조사·평가하는 경우에는 인근 유사토지의 거래가격·임대료 및 해당 토지와 유사한 이용가치를 지닌다고 인정되는 토지의 조성에 필요한 비용추정액, 인근지역 및

---

182) 2020. 7. 28. 일부개정(시행 2020. 7. 28. 국토교통부고시 제2020-529호).
183) 2017. 10. 25. 일부개정(시행 2017. 10. 25. 국토교통부훈령 제926호).

다른 지역과의 형평성·특수성, 표준지공시지가 변동의 예측 가능성 등 제반사항을 종합적으로 참작하여야 한다(법 제3조 제4항). 이를 거래사례비교법, 수익환원법 및 원가법이라 하고 감정평가이론에서는 평가3방식이라 한다. 이는 표준지공시지가 조사·평가의 기준이기도 하다.

표준지의 조사·평가 기준 등에 필요한 사항은 **대통령령**으로 정한다(법 제3조 제3항). 법 제3조 제4항에 따라 **국토교통부장관**이 표준지공시지가를 조사·평가하는 경우 참작하여야 하는 사항의 기준은 다음 각 호 1. 인근 유사토지의 거래가격 또는 임대료의 경우: 해당 거래 또는 임대차가 당사자의 특수한 사정에 의하여 이루어지거나 토지거래 또는 임대차에 대한 지식의 부족으로 인하여 이루어진 경우에는 그러한 사정이 없었을 때에 이루어졌을 거래가격 또는 임대료를 기준으로 할 것, 2. 해당 토지와 유사한 이용가치를 지닌다고 인정되는 토지의 조성에 필요한 비용추정액의 경우: 공시기준일 현재 해당 토지를 조성하기 위한 표준적인 조성비와 일반적인 부대비용으로 할 것과 같다(영 제6조 제1항).

나. 나지상정평가

표준지에 건물 또는 그 밖의 정착물이 있거나 지상권 또는 그 밖의 토지의 사용·수익을 제한하는 권리가 설정되어 있을 때에는 그 정착물 또는 권리가 존재하지 아니하는 것으로 보고 표준지공시지가를 평가하여야 한다(영 제6조 제2항).

다. 표준지가격 조사·평가에 필요한 세부기준

표준지공시지가의 조사·평가에 필요한 세부기준은 **국토교통부장관**이 정한다(영 제6조 제3항). 이에 따라 「부동산가격공시법」 제3조에서 규정하고 있는 표준지 공시지가의 공시를 위하여 같은 법 제3조 제4항 및 같은 법 시행령 제6조 제3항의 위임에 따라 표준지의 적정가격 조사·평가에 필요한 세부기준과 절차 등을 정함을 목적으로 「표준지공시지가 조사·평가 기준」을 제정하였다.[184]

5. 표준지가격에 대한 가격균형 협의

가격균형 협의의 법적 근거는 표준지의 조사·평가 기준 등에 필요한 사항은 **대통령령**으로 정한다(법 제3조 제3항). 영 제6조 제3항에서는 표준지공시지가의 조사·평가에 필요한 세부기준은 **국토교통부장관**이 정하도록 하고 있다. 이에 따라 국토교통부 훈령으로 제정한 것이 「표준지공시지가 조사·평가 기준」인데 동 기준 제11조 제1항에서 인근 시·군·구의 유사용도 표준지의 평가가격과 비교하여 그 가격의 균형여부를 검토하도록 하고 있다.

따라서 가격균형 협의는 시·군·구내, 시·군·구간 가격균형협의로 나뉘고, 이 밖에도 표준지가격에 관한 시·도간 가격균형협의, 전국 가격균형협의로 나뉜다.

---

184) 2019. 10. 23. 일부개정(시행 2019. 10. 23. 국토교통부훈령 제1235호).

이 밖에도 가격균형여부의 검토는 용도지역·용도지대 및 토지이용상황별 지가수준을 비교하는 것 외에 특수토지 및 경계지역 부분에 있는 유사용도 표준지에 대하여 개별필지별로 행하되, 필요한 경우 에는 인근 시·군·구의 가격자료 등을 활용하여 평가가격을 조정함으로써 상호 균형이 유지되도록 하 여야 한다(조사·평가 기준 제11조 제2항).

6. 표준지공시지가(안)에 대한 의견청취

가. 표준지 소유자

국토교통부장관은 표준지공시지가를 공시하기 위하여 표준지의 가격을 조사·평가할 때에는 **대통령 령**으로 정하는 바에 따라 해당 토지소유자의 의견을 들어야 한다(법 제3조 제2항). 공시 전(前) 토지소 유자만을 대상으로 한 의견청취 절차이다.

국토교통부장관은 법 제3조 제2항에 따라 표준지 소유자의 의견을 들으려는 경우에는 부동산공시가 격시스템에 다음 각 호 1. 공시대상, 열람기간 및 방법, 2. 의견제출기간 및 의견제출방법, 3. 법 제3조 제5항에 따라 **감정평가법인등**이 평가한 공시 예정가격의 사항을 **20일 이상 게시**하여야 한다(영 제5조 제1항). **국토교통부장관**은 제1항에 따른 **게시사실**을 표준지 소유자에게 개별 통지하여야 한다(영 제5 조 제2항). 게시된 가격에 이의가 있는 표준지 소유자는 의견제출기간에 의견을 제출할 수 있다(영 제5조 제3항).

영 제5조 제3항에 따라 표준지 소유자가 표준지의 평가가격에 대하여 의견을 제시한 때에는 그 평가 가격의 적정여부를 재검토하고 표준지 소유자가 제시한 의견이 객관적으로 타당하다고 인정되는 경우 에는 이를 반영하여 평가가격을 조정하여야 한다(조사·평가 기준 제12조).

표준지의 가격을 조사·평가하면서 **공시하기 전**에는 **표준지 소유자에 한해서** 의견을 들으면 된다(법 제3조 제2항). 그러나 **공시 이후**에는 일정한 기간 내에 **표준지공시지가에 이의가 있는 자 모두** 이의신청 할 수 있다(법 제7조 제1항).

나. 시장·군수·구청장

감정평가법인등은 **조사·평가보고서를 작성하는 경우**에는 미리 해당 표준지를 관할하는 **시장·군수 또는 구청장**(자치구의 구청장을 말한다)의 의견을 들어야 한다(영 제8조 제2항).

시장·군수 또는 구청장은 의견 제시 요청을 받은 경우에는 요청받은 날부터 20일 이내에 의견을 제시하여야 한다. 이 경우 법 제25조에 따른 시·군·구부동산가격공시위원회의 심의를 거쳐야 한다(영 제8조 제3항).

영 제8조 제2항에 따라 **시장·군수 또는 구청장**(필요한 경우 특별시장·광역시장 또는 도지사를 포 함한다)의 의견을 듣고자 할 때에는 표준지의 필지별 가격 및 가격변동률, 용도지역별·지목별 최고·최 저지가, 전년대비 가격변동이 현저한 표준지의 내역 및 변동사유, 표준지 위치표시도면 등 표준지의 평가가격 검토에 필요한 자료를 제출하여야 한다(조사·평가 기준 제13조 제1항). **시장·군수 또는 구청장**으로부터 특정한 표준지에 대하여 평가가격의 조정의견이 제시된 때에는 그 평가가격의 적정여부를 재검토하고 그 의견이 객관적으로 타당하다고 인정되는 경우에는 이를 반영하여 평가가격을 조정하여야 한다(조사·평가 기준 제13조 제2항).

7. 조사·평가보고서의 작성 및 제출

가. 조사·평가보고서의 법적 성격

감정평가법인등은 선정된 표준지에 대하여 공시지가를 조사·평가하는 일련의 과정을 거친 후 조사·평가보고서를 작성하여 **국토교통부장관**에게 제출하는데 조사·평가보고서의 법적 성격에 대하여, 대법원은 "표준지공시지가의 결정절차 및 그 효력과 기능 등에 비추어 보면, 표준지공시지가는 당해 토지뿐 아니라 인근 유사토지의 가격을 결정하는 데에 전제적·표준적 기능을 수행하는 것이어서 특히 그 가격의 적정성이 엄격하게 요구된다. 이를 위해서는 무엇보다도 적정가격 결정의 근거가 되는 **감정평가법인등**의 평가액 산정이 적정하게 이루어졌음이 담보될 수 있어야 하므로, 그 **감정평가서**에는 평가원인을 구체적으로 특정하여 명시함과 아울러 각 요인별 참작 내용과 정도가 객관적으로 납득이 갈 수 있을 정도로 설명됨으로써, 그 평가액이 당해 토지의 적정가격을 평가한 것임을 인정할 수 있어야 한다."고 하여 표준지공시지가 조사·평가보고서를 감정평가서로 보고 있다.[185]

따라서 판례가 표준지공시지가 조사·평가보고서의 법적 성격을 감정평가서로 본 것이나, 표준주택가격 조사·산정보고서의 법적 성격을 어떻게 볼지 귀추가 주목된다. 우리나라의 판례와 같이, 日本의 「地價公示法」 제5조에서도 표준지의 감정평가를 행한 부동산감정사는 土地鑑定委員會에 감정평가서를 제출하도록 하고 있다.

나. 조사·평가보고서의 작성 및 제출

(1) 법 제3조 제5항에 따라 표준지공시지가 조사·평가를 의뢰받은 **감정평가법인등**은 표준지공시지가 및 그 밖에 **국토교통부령**으로 정하는 사항[다음 각 호 1. 토지의 소재지, 면적 및 공부상 지목, 2. 지리적 위치, 3. 토지 이용 상황, 4. 「국토계획법」 제2조 제15호에 따른 용도지역, 5. 주위 환경, 6. 도로 및 교통 환경, 7. 토지 형상 및 지세(地勢)의 사항을 말한다(칙 제3조 제1항)]을 조사·평가한 후 **국토교통부령**으로 정하는 바에 따라 조사·평가보고서를 작성하여 **국토교통부장관**에게 제출하여야 한다(영 제8조 제1항). 표준지공시지가 조사·평가를 의뢰받은 **감정평가법인등**은 법정한 서식의 조사·평가보고서에 다음 각 호 1. 지역분석조서, 2.

---

185) 이 사건은 원고 토지소유자가 2006. 2. 28. 서울 중구 ○○동 (지번 1 생략) 대 70.1㎡에 대하여 피고(**국토교통부장관**)가 결정·공고한 2006년도 공시지가확정처분의 취소를 구하는 1심판결에서 표준지 평가방식인 거래사례비교법, 원가법, 수익환원법 중 어느 하나의 방식을 채택하여 평가가격을 산정하지 아니한 채 세평가격만을 참작하여 감정평가를 하였다(평가서에 이러한 평가방법을 적용하지 아니한 합리적인 사유의 설시도 없다고 판시하였다(대법원 2009. 12. 10. 선고 2007두20140 판결).

표준지별로 작성한 표준지 조사사항 및 가격평가의견서, 3. 의견청취결과서(영 제8조 제2항 및 제3항에 따라 시장·군수 또는 자치구의 구청장의 의견을 들은 결과를 기재한다), 4. 표준지의 위치를 표시한 도면, 5. 그 밖에 사실 확인에 필요한 서류의 서류를 첨부하여 **국토교통부장관**에게 제출하여야 한다(칙 제3조 제2항).

(2) **감정평가법인등**은 영 제8조 제1항에 따라 조사·평가보고서를 작성하는 경우에는 미리 해당 표준지를 관할하는 **시장·군수 또는 구청장**(자치구의 구청장을 말한다)의 의견을 들어야 한다(영 제8조 제2항). **시장·군수 또는 구청장**은 영 제8조 제2항에 따라 의견 제시 요청을 받은 경우에는 요청받은 날부터 20일 이내에 의견을 제시하여야 한다. 이 경우 시·군·구부동산가격공시위원회의 심의를 거쳐야 한다(영 제8조 제3항).

(3) 표준지공시지가는 조사·평가보고서에 따른 조사·평가액의 산술평균치를 기준으로 한다(영 제8조 제4항).

다. 조사·평가보고서의 적정성 검토

(1) **국토교통부장관**은 제출된 표준지공시지가 조사·평가보고서에 대하여 「부동산거래신고법」 제3조에 따라 신고한 실제 매매가격(이하 "실거래신고가격"이라 한다) 및 「감정평가법」 제9조에 따른 감정평가 정보체계(이하 "감정평가 정보체계"라 한다) 등을 활용하여 그 적정성 여부를 검토할 수 있고(영 제8조 제5항), 만약 **국토교통부장관**이 전항에 따라 검토 결과 부적정하다고 판단되거나, **조사·평가액 중 최고평가액이 최저평가액의 1.3배를 초과**하는 경우에는 해당 **감정평가법인등에게 보고서를 시정하여 다시 제출**하게 할 수 있다(영 제8조 제6항).[186]

영 제8조 제5항 및 같은 조 제6항 전단에 근거한 조사·평가보고서의 적정성 검토는 조사·평가보고서가 감정평가서의 성격이고, 적정성 검토는 제1편 「감정평가법」 제2장 감정평가 Ⅵ. 감정평가 타당성 조사에서 설명한 바와 같이 「감정평가법」 제8조에 따른 감정평가 타당성조사와 동일한 법적 문제가 있다고 생각된다.

(2) **국토교통부장관**은 제출된 보고서의 조사·평가가 **관계 법령을 위반하여 수행되었다고 인정되는 경우**에는 해당 **감정평가법인등**에게 그 사유를 통보하고, **다른 감정평가법인등 2인에게 대상 표준지공시지가의 조사·평가를 다시 의뢰**해야 한다. 이 경우 표준지 적정가격은 다시 조사·평가한 가액의 산술평

---

186) 그리고 영 제8조 제6항 후단을 반대해석 할 경우 조사·평가액 중 최고평가액이 최저평가액의 1.3배 이내인 경우 재제출하지 않아도 된다는 의미가 되는데, 동 규정은 오류가 있어 보인다. 동 규정의 연혁은 1996. 6. 29. 「지가공시법 시행령」을 개정(대통령령 제15093호) 하면서 도입된 규정이다. 동 조항의 도입취지를 법제처 개정이유에서 밝히고 있지 않아 알 수 없지만, 추정컨대, 당초 「토지보상법 시행규칙」 제17조(재평가 등) 제2항 제2호에 따르면 평가액 중 최고평가액이 최저평가액의 130퍼센트를 초과하는 경우 재평가 의뢰할 수 있도록 한 규정의 영향을 받아 개정한 것으로 추정된다. 그러나 「토지보상법 시행규칙」 제17조 제2항 제2호는 그 후 2006. 3. 17. 개정(시행 2006. 3. 17. 건설교통부령 제504호)되어 평가액 중 최고평가액이 최저평가액의 110퍼센트를 초과하는 경우 다른 2인 이상의 **감정평가법인등**에게 대상물건의 평가를 재의뢰할 수 있도록 개정되었는데도 불구하고, 영 제8조 제6항은 개정되지 않고 현행 규정에 이르고 있는 것으로 보인다.

균치를 기준으로 한다(영 제8조 제7항).

(3) 조사·평가보고서상의 표준지가격 구체적 산출근거의 기재정도에 대하여 판례는 "건설교통부장관이 2개의 감정평가법인에 토지의 적정가격에 대한 평가를 의뢰하여 그 평가액을 산술평균한 금액을 그 토지의 적정가격으로 결정·공시하였으나, 감정평가서에 거래선례나 평가선례, 거래사례비교법, 원가법 및 수익환원법 등을 모두 공란으로 둔 채, 그 토지의 전년도 공시지가와 세평가격 및 인근 표준지의 감정가격만을 참고가격으로 삼으면서 그러한 참고가격이 평가액 산정에 어떻게 참작되었는지에 관한 별다른 설명 없이 평가의견을 추상적으로만 기재한 사안에서, 평가요인별 참작 내용과 정도가 평가액 산정의 적정성을 알아볼 수 있을 만큼 객관적으로 설명되어 있다고 보기 어려워, 이러한 감정평가액을 근거로 한 표준지공시지가 결정은 그 토지의 적정가격을 반영한 것이라고 인정하기 어려워 위법하다고" 판시 한 이후,[187] 실무에서 거래사례비교법, 원가법 및 수익환원법을 적용하여 조사·평가보고서를 작성하도록 하였다.

III. 부동산가격공시위원회의 심의

1. 의의

표준지공시지가 조사·평가를 의뢰받은 **감정평가법인등**은 표준지공시지가 조사·평가보고서를 작성하는 경우에는 미리 해당 표준지를 관할하는 시장·군수·구청장의 의견을 들어야 하는데, 이 경우 법 제25조에 따른 시·군·구부동산가격공시위원회의 심의를 거쳐야 한다(영 제8조 제3항). 그리고 법 제3조에 따라 조사·평가된 표준지공시지가는 **국토교통부장관** 소속의 중앙부동산가격공시위원회 심의를 거쳐야 한다(법 제3조 제1항).

이와 같은 부동산가격평가위원회의 법적 성격은 조사·평가된 표준지의 공시가격을 변동시킬 수 있는 의결기관이 아니라 자문기관이라고 보아야 한다.

2. 시·군·구 부동산가격공시위원회

표준지공시지가 조사·평가를 의뢰받은 **감정평가법인등**은 표준지공시지가 조사·평가보고서를 작성한 후, **국토교통부장관**에게 제출하기 전에, 시장·군수·구청장의 의견을 들어야 하는데 **시장·군수 또는 구청장**은 의견 제시 요청을 받은 경우에는 요청받은 날부터 20일 이내에 의견을 제시하며, 이 경우 법 제25조에 따른 시·군·구부동산가격공시위원회의 심의를 거쳐야 한다(영 제8조 제3항).

법률에서는 심의사항만을 정하고(법 제25조 제1항), 시·군·구부동산가격공시위원회의 조직 및 운영에 필요한 사항은 **대통령령**에 위임하였으며(법 제25조 제2항), 시·군·구부동산가격공시위원회의 구

187) 대법원 2009. 12. 10. 선고 2007두20140 판결.

성·운영에 필요한 사항은 해당 시·군·구의 조례에서 정하도록 위임하고 있다(영 제74조 제5항).

따라서 법 제25조 제1항의 심의사항에서 **감정평가법인등**의 표준지공시지가의 결정에 관한 사항 및 **한국부동산원**의 표준주택가격 조사·산정에 관한 사항에 관해서는 시·군·구부동산가격공시위원회의 심의사항이 아닌 것으로 하고 있다. 그러나 법 제25조 제1항에 따른 시·군·구부동산가격공시위원회의 심의 사항에 이를 명시하는 것이 옳을 것으로 보인다. 이에 관한 법적 문제는 제6장 제1절 부동산가격공시위원회에서 설명하기로 한다.

3. 중앙부동산가격공시위원회[188]

국토교통부장관은 표준지공시지가를 공시하기 전에 제출된 표준지공시지가 조사·평가보고서의 조사·평가된 가격 등을 심의하기 위하여 **국토교통부장관** 소속하에 학자, 법률가, 공무원 등으로 구성된 중앙부동산가격공시위원회를 두고 있다(법 제24조 제1항 제3호).

중앙부동산가격공시위원회는 20인 이내로 구성되며(법 제24조 제2항), 국토교통부제1차관을 위원장으로(법 제24조 제3항), 위원은 **대통령령**이 정하는 **중앙행정기관의 장**이 임명하는 6인 이내의 공무원과 대학교수, 판사·검사 및 지가공시 또는 감정평가에 관한 학식과 경험이 풍부한 자로서 **국토교통부장관**이 위촉한다(법 제24조 제4항).

IV. 표준지공시지가의 공시

1. 공시권자 및 공시기준일

표준지공시지가의 공시권자는 **국토교통부장관**이다(법 제3조 제1항). 표준지공시지가의 공시기준일, 공시의 시기 등 필요한 사항은 **대통령령**으로 정하도록 하고 있다(법 제3조 제3항). 그러나 공시의 시기에 관해 구체적 위임 조항은 보이지 않는다. 표준지공시지가의 공시기준일은 1월 1일로 한다. 다만, **국토교통부장관**은 표준지공시지가 조사·평가인력 등을 고려하여 부득이하다고 인정하는 경우에는 일부 지역을 지정하여 해당 지역에 대한 공시기준일을 따로 정할 수 있다(영 제3조).

	공시기준일	공시시한	비고
표준지공시지가	1월 1일(영3조)		
개별공시지가	1월 1일(법 제10조 제8항 근거 규정 불명확), 7월 1일(영 제16조 제2항)	매년 5월 31일 또는 10월 31까지(영 제21조 제1항)	
표준주택가격	1월 1일(영 제27조)		
개별주택가격	1월 1일(법 제17조 제1항)	매년 4월 30일까지(영 제38조 제1항)	

---

188) 자세한 사항은 제6장 보칙/제1절 부동산가격공시위원회에서 후술한다.

	공시기준일	공시시한	비고
공동주택가격	1월 1일(영 제40조)	매년 4월 30일까지(영 제43조 제1항)	
비주거용표준부동산가격	1월 1일(영 제49조)		
비주거용 개별부동산가격		매년 4월 30일까지(영 제62조 제1항)	
비주거용집합부동산가격	1월 1일(영 제63조)	매년 4월 30일까지(영 제64조 제1항)	

2. 공시사항 및 공시방법

(1) 표준지공시지가의 공시에는 다음 각 호 1. 표준지의 지번, 2. 표준지의 단위면적당 가격[단위면적은 1제곱미터로 한다(영 제10조 제1항)], 3. 표준지의 면적 및 형상, 4. 표준지 및 주변토지의 이용상황, 5. 그 밖에 **대통령령**으로 정하는 사항[1. 지목, 2. 용도지역, 3. 도로 상황, 4. 그 밖에 표준지공시지가 공시에 필요한 사항(영 제10조 제2항)]이 포함되어야 한다(법 제5조).

(2) 표준지 공시절차 등에 필요한 사항은 **대통령령**으로 정한다(법 제3조 제3항). 법률이 공시절차 등에 관하여 **대통령령**에 위임하고 있으나 어느 범위까지가 공시절차인지 명확해 보이지 않는다. **국토교통부장관**은 법 제3조 제1항에 따라 표준지공시지가를 공시할 때에는 다음 각 호 1. 공시사항(법 제5조 각 호)의 개요, 2. 표준지공시지가의 열람방법, 3. 이의신청의 기간·절차 및 방법의 사항을 관보에 공고하고, 표준지공시지가를 국토교통부가 운영하는 부동산공시가격시스템(이하 "부동산공시가격시스템"이라 한다)에 게시하여야 한다(영 제4조 제1항).

표준지공시지가를 공시할 때에는 **국토교통부장관**은 필요하다고 인정하는 경우에는 표준지공시지가와 이의신청의 기간·절차 및 방법을 표준지 소유자(소유자가 여러 명인 경우에는 각 소유자를 말한다)에게 개별 통지할 수 있으며(영 제4조 제2항), 이는 재량규정이므로 소유자에게 개별 통지하는 것이 의무사항은 아니다. **국토교통부장관**은 영 제4조 제2항에 따른 통지를 하지 아니하는 경우에는 영 제4조 제1항에 따른 공고 및 **게시사실을 방송·신문 등을 통하여 알려** 표준지 소유자가 표준지공시지가를 열람하고 필요한 경우에는 이의신청을 할 수 있도록 하여야 한다(영 제4조 제3항).

3. 표준지공시지가의 공시 이후 조치

가. 토지가격비준표의 공급 및 법적 성격

(1) **국토교통부장관**은 법 제10조에 따른 개별공시지가의 산정을 위하여 필요하다고 인정하는 경우에는 표준지와 산정대상 개별 토지의 가격형성요인에 관한 표준적인 비교표(이하 "토지가격비준표"라 한다)를 작성하여 **시장·군수 또는 구청장**에게 제공하여야 한다(법 제3조 제8항). 법 제3조 제8항의 규정과 달리, 구 「부감법」 제9조 제2항에서는 "국토해양부장관은 법 제9조 제1항의 목적을 위한 지가산정을 위하여 필요하다고 인정하는 경우에는 토지가격비준표(표준지와 지가산정대상토지의 지가형성요인에 관한 표준적인 비교표)를 작성하여 관계행정기관 등에 제공하여야 하며, 관계행정기관 등은 이를

사용하여 지가를 산정하여야 한다.”라고 정하고 있었다.

(2) 이에 대하여 판례는 구「부감법」제9조 제2항에 따르면 “국토해양부장관은 지가산정을 위하여 필요하다고 인정하는 경우에는 표준지와 지가산정 대상 토지의 지가형성요인에 관한 표준적인 비교표를 작성하여 관계 행정기관 등에 제공하여야 하고, 관계 행정기관 등은 이를 사용하여 지가를 산정하여야 한다”고 규정하고 있으므로, 국토해양부장관이 위 규정에 따라 작성하여 제공하는 토지가격비준표는 「부감법 시행령」제16조 제1항에 따라 국토해양부장관이 정하는 「개별공시지가의 조사·산정지침」과 더불어 법률 보충적인 역할을 하는 법규적 성질을 가진다고 할 것”이라고,[189] 판시하였다.

주의할 것은 토지가격비준표가 모든 경우에 법규적 성질을 가지는 것이 아니라 법 제10조에 따라 개별공시지가를 산정하거나, 법 제8조에 따라 특정한 지가 산정의 주체가 특정한 지가 산정의 목적을 위하여 지가를 산정하는 경우이거나, 「토지보상법」제68조 단서에 의하여 사업시행자가 **국토교통부령**으로 토지가격비준표를 사용하여 직접 보상액을 산정하도록 기준을 정하는 경우에 비로소 법적 구속력을 발휘할 것이다.

(3) 그러나 다음 판례에서는 “건설교통부장관이 작성하여 관계 행정기관에 제공하는 토지가격비준표는 개별공시지가를 산정하기 위한 자료로 제공되는 것으로, 토지수용에 따른 보상액 산정의 기준이 되는 것은 아니고 단지 참작자료에 불과할 뿐”이라고[190] 판시하였으며, 이는 감정평가 의뢰에 의하여 **감정평가법인등**이 토지의 수용·사용에 따른 보상액을 평가함에 있어서는 관계 법령에서 들고 있는 모든 산정요인을 구체적·종합적으로 참작하여 그 각 요인들을 모두 반영하되 비교표준지와 수용대상토지에 대한 지역요인 및 개별요인 등 품등비교에 있어서는 토지가격비준표의 격차율은 단지 참작자료에 불과할 뿐이라는 것이다.

나. 표준지공시지가의 열람 등

국토교통부장관은 법 제3조에 따라 표준지공시지가를 공시한 때에는 그 내용을 특별시장·광역시장 또는 도지사를 거쳐 **시장·군수 또는 구청장**(지방자치단체인 구의 구청장에 한정한다)에게 **송부**하여 일반인이 **열람**할 수 있게 하고, **대통령령**으로 정하는 바에 따라 이를 도서·도표 등으로 작성하여 관계 행정기관 등에 **공급**하여야 한다(법 제6조). 법 제6조에 따라 **국토교통부장관**이 관계 행정기관 등에 공급하는 도서·도표 등에는 법 제5조 각 호의 사항이 포함되어야 한다(영 제11조 제1항). **국토교통부장관**은 제1항에 따른 도서·도표 등을 전자기록 등 특수매체기록으로 작성·공급할 수 있다(영 제11조 제1항).

---

189) 대법원 1998. 5. 26. 선고 96누17103 판결; 대법원 2013. 5. 9. 선고 2011두30496 판결.

190) 서울행정법원 2005. 6. 3. 선고 2003구합23820 판결(1심), 서울고등법원 2006. 5. 24. 선고 2005누14990 판결(원심), 대법원 2007. 7. 12. 선고 2006두11507 판결; 대법원 1999. 1. 29. 선고 98두4641 판결.

V. 표준지공시지가의 적용 및 효력[191]

1. 법적 쟁점

「부동산가격공시법」제2장 지가의 공시라는 제목아래 제8조 및 제9조에서는 "표준지공시지가의 적용 및 효력"을 연이어 두고 있는데, 특히 주목할 것이 법 제8조 표준지공시지가의 적용에 관한 규정이다. 따라서 본서에서 제기한 쟁점은 ① 법 제8조 "표준지공시지가의 적용"은 국가 등이 공익목적을 위하여 감정평가를 의뢰하지 않고 자신이 직접산정 할 수 있는 근거 규정이고, 동 조항의 규범력을 뒷받침하기 위하여 법 제9조에서 별도의 조항까지 두면서 표준지공시지가가 국가 등에 의한 직접 산정의 기준이 된다고 하고 있다. 그렇다면 법 제8조에 근거하여 실질적으로 법집행자인 국가 등이 표준지공시지가를 적용하는지 의문이고, 이 같은 적용에 따라 수범자도 동 규정의 규범력에 구속을 받는 등 행정법규로서 규범력을 인정하는 규정인지가 의문스럽다. ② 설령 국가 등이 직접 산정하였거나 또는 **감정평가법인등**에게 감정평가를 의뢰하여 산정된 지가에 대하여, 또다시 법 제8조의 단서 규정에 의하여 국가 등이 최종적으로 가감(加減) 조정하여 적용할 수 있도록 한 재량규정의 실효성도 의문이다. 나아가 가감 조정 적용의 기준이나 방법을 구체적으로 정하고 있지 않은 현행법에서 어떻게 가감 적용할 것인지도 모호할 뿐이다. ③ 이에 더하여 **감정평가법인등**의 감정평가액을 두고 비전문가인 국가 등이 공익목적이라고 해서 가감 조정하는 것이 과연 현실성이 있는 규정인지도 의문이다. 이는 목적의 공익성에서 정당성이 인정될지라도 수단의 적합성에서 헌법 제37조 제2항 비례원칙 위반의 여지가 있다. 이를 염두에 두면서 「부동산가격공시법」상 표준지공시지가의 적용 및 효력에 관하여 연혁적·비교법적으로 검토를 한 후 법적 문제를 논하기로 한다.

2. 법적 근거

가. 표준지공시지가의 적용

(1) 법 제8조 및 제9조에서 표준지공시지가의 적용 및 효력 규정을 두고 있다. 국가 등이라는 제한된 산정주체(법 제8조 제1호 각 목)가 제한된 법정 산정목적(법 제8조 제2호 각 목)을 위하여 지가를 산정할 때에는 감정평가의뢰 없이 표준지공시지가를 기준으로 토지가격비준표[192]를 사용하여 개별공시지가의 산정방식처럼 직접 산정 할 수 있고, 이에 더하여 지가 산정의 주체가 필요하다고 인정할 때에는 자신이 직접 산정한 지가와 **감정평가법인등**에게 감정평가를 의뢰하여 산정된 지가에 대해서도 또다시 국가 등이라는 제한된 산정주체가 필요하다고 인정할 때에는 제한된 법정 산정목적에 따라 가감 조정하여 적용할 수 있다는 것이다.

---

191) 아래 글은 한국토지공법학회 토지공법연구 제86집(2019)에 게재된, 졸고 "「부동산가격공시법」상 표준지공시지가의 적용 및 효력에 관한 법적 문제"를 바탕으로 하였다.

192) 표준지와 산정대상 개별 토지의 가격형성요인에 관한 표준적인 비교표를 말한다(법 제3조 제8항 괄호).

아래와 같은 지가 산정의 주체(법 제8조 제1호 각 목의 자)가 아래와 같은 지가 산정의 목적(법 제8조 제2호 각 목의 목적)을 위하여 지가를 산정할 때에는 그 토지와 이용가치가 비슷하다고 인정되는 하나 또는 둘 이상의 표준지공시지가를 기준으로 토지가격비준표를 사용하여 지가를 **직접 산정**하거나, **감정평가법인등**에게 **감정평가를 의뢰하여 산정**할 수 있다. 다만, 필요하다고 인정할 때에는 산정된 지가를 제2호 각 목의 목적에 따라 **가감(加減) 조정**하여 적용할 수 있다(법 제8조).

(가) **"지가 산정의 주체"**에 대한 제한은 다음과 같다(법 제8조 제1호).

가. 국가 또는 지방자치단체, 나. 「공공기관운영법」에 따른 공공기관,[193] ③ 그 밖에 **대통령령으로 정하는 공공단체**, 법 제8조 제1호 다목에서 **"대통령령으로 정하는 공공단체"**란 다음 각 호 1. 「산림조합법」에 따른 산림조합 및 산림조합중앙회, 2. 「농업협동조합법」에 따른 조합 및 농업협동조합중앙회, 3. 「수산업협동조합법」에 따른 수산업협동조합 및 수산업협동조합중앙회, 4. 「한국농어촌공사 및 농지관리기금법」에 따른 한국농어촌공사, 5. 「중소기업진흥에 관한 법률」에 따른 중소벤처기업진흥공단, 6. 「산업집적활성화 및 공장설립에 관한 법률」에 따른 산업단지관리공단의 기관 또는 단체를 말한다(영 제13조 제1항).

(나) **"지가 산정의 목적"**에 대한 제한은 다음과 같다(법 제8조 제2호).

가. 공공용지의 매수 및 토지의 수용·사용에 대한 보상, 나. 국유지·공유지의 취득 또는 처분, 다. 그 밖에 **대통령령으로 정하는 지가의 산정**으로 법 제8조 제2호 다목에서 **"대통령령으로 정하는 지가의 산정"**이란 다음 각 호 1. 「국토계획법」 또는 그 밖의 법령에 따라 조성된 용지 등의 공급 또는 분양, 2. 다음 각 목 가. 「도시개발법」 제2조 제1항 제2호에 따른 도시개발사업, 나. 「도시정비법」 제2조 제2호에 따른 정비사업, 다. 「농어촌정비법」 제2조 제5호에 따른 농업생산기반 정비사업의 어느

---

193) 「공공기관운영법」 제4조(공공기관) ① 기획재정부장관은 국가·지방자치단체가 아닌 법인·단체 또는 기관(이하 "기관"이라 한다)으로서 다음 각 호의 어느 하나에 해당하는 기관을 공공기관으로 지정할 수 있다.
  1. 다른 법률에 따라 직접 설립되고 정부가 출연한 기관
  2. 정부지원액(법령에 따라 직접 정부의 업무를 위탁받거나 독점적 사업권을 부여받은 기관의 경우에는 그 위탁업무나 독점적 사업으로 인한 수입액을 포함한다. 이하 같다)이 총수입액의 2분의 1을 초과하는 기관
  3. 정부가 100분의 50 이상의 지분을 가지고 있거나 100분의 30 이상의 지분을 가지고 임원 임명권한 행사 등을 통하여 당해 기관의 정책 결정에 사실상 지배력을 확보하고 있는 기관
  4. 정부와 제1호 내지 제3호의 어느 하나에 해당하는 기관이 합하여 100분의 50 이상의 지분을 가지고 있거나 100분의 30 이상의 지분을 가지고 임원 임명권한 행사 등을 통하여 당해 기관의 정책 결정에 사실상 지배력을 확보하고 있는 기관
  5. 제1호 내지 제4호의 어느 하나에 해당하는 기관이 단독으로 또는 두개 이상의 기관이 합하여 100분의 50 이상의 지분을 가지고 있거나 100분의 30 이상의 지분을 가지고 임원 임명권한 행사 등을 통하여 당해 기관의 정책 결정에 사실상 지배력을 확보하고 있는 기관
  6. 제1호 내지 제4호의 어느 하나에 해당하는 기관이 설립하고, 정부 또는 설립 기관이 출연한 기관
  ② 제1항의 규정에 불구하고 기획재정부장관은 다음 각 호의 어느 하나에 해당하는 기관을 공공기관으로 지정할 수 없다.
  1. 구성원 상호 간의 상호부조·복리증진·권익향상 또는 영업질서 유지 등을 목적으로 설립된 기관
  2. 지방자치단체가 설립하고, 그 운영에 관여하는 기관
  3. 「방송법」에 따른 한국방송공사와 「한국교육방송공사법」에 따른 한국교육방송공사
  ③ 제1항 제2호의 규정에 따른 정부지원액과 총수입액의 산정 기준·방법 및 동항 제3호 내지 제5호의 규정에 따른 사실상 지배력 확보의 기준에 관하여 필요한 사항은 **대통령령**으로 정한다.

하나에 해당하는 사업을 위한 환지·체비지(替費地)의 매각 또는 환지신청, 3. 토지의 관리·매입·매각·경매 또는 재평가의 목적을 위한 지가의 산정을 말한다(영 제13조 제2항).

(2) 구「부감법」제9조 제2항에 따르면 "국토해양부장관은 토지가격비준표를 작성하여 관계 행정기관 등에 제공하여야 하고, 관계 행정기관 등은 이를 사용하여 지가를 산정하여야 한다."고 규정하고 있었으나, 현행법 제3조 제8항에 따르면 **국토교통부장관**은 제10조에 따른 개별공시지가의 산정을 위하여 필요하다고 인정하는 경우에는 토지가격비준표를 작성하여 **시장·군수 또는 구청장**에게 제공하여야 한다. 따라서 **시장·군수 또는 구청장**이 아닌 공공기관이나 공공단체 등의 지가 산정의 주체가 지가를 산정하려고 하는 경우, 개별공시지가 산정 목적이 아니고 **시장·군수 또는 구청장**이 아니라는 점에서, 표준지공시지가를 기준으로 토지가격비준표를 사용하여 직접 산정하고 싶어도, 법 제3조 제8항에 따른 **국토교통부장관**으로부터 토지가격비준표를 제공받을 근거가 없다. 따라서 국가 또는 시장·군수·구청장이 아닌 자가 직접 산정을 위해서는 토지가격비준표를 제공받을 근거가 필요하다.

나. 표준지공시지가의 효력

표준지공시지가는 토지시장에 지가정보를 제공하고 일반적인 토지거래의 지표가 되며, 국가·지방자치단체 등이 그 업무와 관련하여 지가를 산정하거나 **감정평가법인등**이 개별적으로 토지감정평가를 하는 경우에 기준이 된다(법 제9조). 법적 문제는 후술하기로 한다.

3. 표준지공시지가의 적용 및 효력에 관한 법적 문제

가. 국가 등에 의한 직접 산정의 법적 문제

국가 등이 **감정평가법인등**에 의한 감정평가액에 의하지 않고 다음과 같이 표준지공시지가를 기준으로 토지가격비준표를 사용하여 직접 산정하는 경우 어떠한 법적 문제가 있는가? 동 규정의 제정 계기는 전술한 바와 같이 1972년 건설부장관 자신이 지가를 조사·평가하여 이를 기준지가로 고시할 수 있도록 한「국토이용관리법」제29조 제1항의 법리에서 비롯된 것이다. 그리고 국가 등에 의한 직접산정은「부동산가격공시법」제8조 이 외에도「공익사업을 위한 토지 등의 취득 및 보상에 관한 법률」(이하 '토지보상법'이라 한다)에서도 발견되고 있다.「토지보상법」제68조 단서에서 **감정평가법인등**에게 의뢰하지 않고 사업시행자가 건설교통부령이 정하는 기준에 따라 직접 보상액을 산정할 수 있도록 하였다. 그러나 2002년「토지보상법」제정 이래 **국토교통부령**에서 직접 보상액을 산정할 수 있는 기준을 마련하고 있지 않아, 같은 법 제68조 단서 규정도 사문화된 규정이라 할 수 있다. 국가 등이 감정평가를 의뢰하지 않고 법정한 방법으로 직접산정 한다는 것은, 표준지공시지가를 기준으로 토지가격비준표를 사용하여 지가를 산정하는 방법으로, 결국「부동산가격공시법」제10조 제4항에 따른 **시장·군수 또는 구청장**에 의한 개별공시지가를 산정하는 방법과 같은 것을 의미한다. 그러나 시·군·구청장이 개별공시지가를 결정·공시하기 위해서는 표준지공시지가를 기준으로 토지가격비준표를 사용하여 개별

토지가격을 산정한 후, 그 타당성에 대하여 **감정평가법인등**의 검증을 받아야 하는 점에서(법 제10조 제5항 본문 전단), 국가 등에 의해 직접 산정한 결과도 **감정평가법인등**의 검증을 받아야 하는 문제로 귀결된다. 따라서 국가 등에 의한 직접 산정은 시·군·구청장에 의한 개별공시지가의 산정방법과 같기 때문에 개별공시지가의 산정에 따른 법리로부터 문제점을 추론할 수 있고, 더욱이 국가 등에 의한 직접산정은 행정실무에서 거의 행해지지 않는다는 점에서 행정법규로서의 규범력과 실효성이 없는 것으로 논증될 수 있다. 日本의「地価公示法」에서도 이러한 규정을 두고 있지 않다.

나. 표준지공시지가 효력의 법적 문제

전항의 표준지공시지가 적용의 법적 문제점인 국가 등에 의한 직접산정의 문제가 표준지공시지가의 효력 규정에도 여과 없이 현행법에 입법되었다. 국가·지방자치단체 등이 그 업무와 관련하여 지가를 산정하는 경우에 표준지공시지가를 기준으로 산정하는 것에 대하여 마치 **감정평가법인등**에 의한 토지의 감정평가액 결정 이외에도 국가 등이 표준지공시지가를 기준으로 토지가격비준표를 사용하여 **감정평가법인등**의 감정평가를 대신하여 직접산정 하는 경우가 일반화되어 있는 것처럼 표준지공시지가를 기준으로 지가를 직접산정의 산정하는 법적 효력을 가지는 것으로 입법되었다는 점이다. 日本의「地価公示法」은 제3장 공시가격의 효력에서 3개 조항(제8조 내지 제11조)을 두고, 부동산감정사의 토지감정평가준칙(제8조), 토지수용법 등 기타 법률에 의한 토지취득 및 수용보상액 산정의 준칙이 될 뿐(제9조 내지 제11조), 국가 등이 지가를 산정할 때 공시가격을 기준으로 한다는 규정을 두고 있지 않다.

다. 소결

일선 행정실무에서 법 제8조에 근거하여 법집행자인 국가 등에 속한 공무원에 의하여 표준지공시지가를 적용하여 직접적으로 지가를 산정하지는 않는다. 그리고「토지보상법」제68조 제1항 단서에서도 사업시행자가 **감정평가법인등**의 감정평가액에 의하지 않고 **국토교통부령**이 정하는 기준에 따라 직접 보상액을 산정할 수 있도록 하였음에도「토지보상법」제정 이래 현재까지 위임을 받은 하위법령에서 기준을 구체적으로 정하고 있지 않다. 따라서 같은 법 제68조 단서 규정도 사문화(死文化)된 규정이다. 단지 공공용지의 매수 및 수용·사용을 위한 손실보상액의 산정은 각 **감정평가법인등**의 평가액 산술평균치를 기준으로 할 뿐이다(토지보상법 시행규칙 제16조 제6항). 이와 같이 법집행자와 정부입법자가 법집행과 입법을 주저하는 이유는 동 규정의 적용만으로도 국민의 재산권 보장을 침해할 수 있는 위헌의 소지가 있기 때문이다. 그리고 법 제8조의 단서 규정에 의하여 국가 등이 직접 산정하거나 감정평가액으로 산정한 지가에 대하여 최종적으로 가감 조정하여 적용하지도 않는다. 또한 지가산정의 전문가인 **감정평가법인등**의 감정평가액을 두고 비전문가인 국가 등에 속한 공무원이 가감 조정하여 적용하지도 않는다. 연혁적 검토에서 1983년 국가에 의한 직접 산정이 도입된 이후 현재까지 약 36년이라는 연혁을 갖는 동안 본칙의 핵심규정이지만 실질은 사문화 내지 실효성이 없는 규정이다.

비교법적으로도 日本의 「地價公示法」은 감정평가의뢰에 의하지 않고 표준지공시가격(標準地公示価格)을 기준으로 국가 등이 직접 산정하는 규정을 두고 있지 않다. 한편, 법치주의라는 헌법 원리에서 입법자의 광범위한 입법 형성의 자유가 적정한 지가가형성이나 과세형평이라는 「부동산가격공시법」의 입법목적의 충실을 기하기 위해서 발휘되어야 한다. 입법과정에서 입법자가 입법의 명분으로 내세운 공익들에 대해서는 공익 간의 제대로 된 비교형량이 요구되는 시점이다. 다양한 입법의 수단 가운데서 자의에 의해 선택하는 입법재량이 입법기술로 변질되거나 입법과오가 될 수 있음을 주시해야 하며, 이러한 규정들로 보이는 표준지공시지가의 적용 및 효력에 관한 법적 문제나 이에 파생된 제반 문제점들에 대해서 입법자는 법률 개정을 통하여 보다 더 헌법합치적으로 법률개선의무를 다하기를 기대한다.

VI. 표준지공시지가에 대한 권리구제

1. 법적 성질

표준지공시지가의 법적 성질에 관하여 다음과 같은 견해가 대립하고 있다. 이러한 표준지공시지가의 법적 성질 논의는 개별공시지가의 산정의 기준이 되는 표준지로서의 법적 성질이며 예외적으로 표준지공시지가 자체가 개별공시지가로 인정되는 경우에는 개별공시지가의 법적 성질의 문제가 된다.

가. 학설 및 판례

(1) 행정입법(입법행위)설: 표준지공시지가는 법률의 수권에 의해 정해지며 개별공시지가결정 등 행정처분의 구속력 있는 기준이 되고 표준지공시지가가 위법한 경우 당해 표준지공시지가를 기준으로 행해진 처분도 위법하다고 보아야 하므로 법규명령의 성질을 가지는 고시에 준하는 것으로 보아야 한다(행정규칙 형식의 법규명령).[194] 공시지가는 지가정책의 집행을 위한 활동기준으로서 그 활동기준은 일반적·추상적으로 정해지는 것으로 행정규칙의 성질을 가지는 것으로 보는 견해도 있다.[195] 이밖에도 법규명령인지 행정규칙인지 구별 없이 국민의 권리·의무를 발생시키는 것이 아니기 때문에 행정입법의 성질을 가진다는 견해도 있다.[196]

(2) 행정계획설: 표준지공시지가를 내부적 효력만을 갖는 구속력 없는 행정계획으로 보는 견해이다.[197]

(3) 사실행위설: 이 설은 공시지가(표준지공시지가)는 현실적으로 존재하는 정상지가를 조사하여 공시함으로써 지가정보를 제공하는 의사작용을 요소로 하는 사실행위로서 그 자체로서는 어떠한 법적 효과도 발생하지 아니한다고 본다.[198]

---

194) 박균성, 행정법론(하), 박영사, 2017, 793면.
195) 석종현, 신토지공법론(제11판), 삼영사, 2016, 651면; 김남철, 행정법강론, 박영사, 2016, 1270면.
196) 홍정선, 행정법원론(하), 박영사, 2015, 716면.
197) 정하중, 행정법개론, 법문사, 2018, 1331면; 류지태·박종수, 행정법신론, 박영사, 2011, 1163면.

(4) **행정행위설**: 표준지공시지가를 행정행위로 보는 견해의 논거는 다음과 같다. ① 표준지공시지가는 개발부담금 등의 산정기준이 되므로 국민의 구체적인 권리·의무에 직접 영향을 미친다. ②「부동산가격공시법」이 표준지공시지가에 대하여 이의신청(행정심판)을 할 수 있다고 규정하고 있다.[199] 판례도 표준지공시지가에 대하여 항고소송의 대상이 되는 것으로 보고 있다.[200]

(5) **개별검토설**: 먼저 표준지의 소유자에게 표준지공시지가는 동시에 개별공시지가의 성질을 아울러 가지는 것이므로(부동산가격공시법 제10조 제2항 후문), 그것은 행정소송의 대상으로서의 처분성이 인정된다.[201] 표준지공시지가가 일반적인 토지거래의 지표로서의 의미를 가지는 한에서는 그 처분성을 인정할 여지가 없다.[202] 그리고 표준지공시지가가 개별공시지가의 기준이 되거나 토지수용시 보상액산정의 기준이 되는 경우 등에는 처분성이 인정된다는 견해이다.[203]

나. 검토

표준지공시지가의 법적 성질에 대하여 판례와 달리 처분성을 부인하는 것이 다수설이며 대체로 다음과 같이 정리된다. 현행「행정소송법」상 처분개념은 항고소송의 본질에 비추어 국민의 권리·의무를 직접 구체적으로 발생시키는 공권력 행사에 한정될 수밖에 없다는 견지에서 표준지공시지가를 처분이 아니라고 한다.[204] 그러면서 표준지공시지가는 원칙적으로 토지거래의 지표가 되고 토지감정평가의 기준이 되는 것이므로 행정내부적인 일반적·추상적 규율을 의미하는 행정입법(행정규칙 내지는 법규명령)으로 보는 견해가 우세하다. 그리고 필자도 그 외 처분성을 부인하는 견해의 논거로 표준지공시지가는 중간적 처분에 불과하고 사건도 성숙되지 않았다는 점, 표준지공시지가 이후에 이루어지는 후속처분을 다투는 것이 실효성이 있다는 점, 표준지공시지가를 다투도록 함으로써 법률관계를 조기에 확정하는 것이 오히려 국민에게 도움이 되지 않는다는 점 등에서 처분성을 부정한다.[205]

한편, 표준지로 선정된 토지에 대하여는 해당 토지의 표준지공시지가를 개별공시지가로 보는 경우(법 제10조 2항 후문)에는 개별공시지가의 법적 성질의 문제이며, 이때 학설도 대체로 처분으로 본다.[206]

---

198) 이춘섭, "[判例評釋] 公示地價, 個別地價는 行政訴訟의 對象인가?(下)", 사법행정 제33권 제12호, 1992. 12., 62면.
199) 조용호, "개별토지가격결정의 행정처분성과 이에 관한 쟁송", 인권과 정의, 1993. 11. 84면.
200) 대법원 1994. 3. 8. 선고 93누10828 판결; 대법원 1994. 12. 13. 선고 94누5083 판결.
201) 박윤흔·정형근, 최신행정법강의(하), 박영사, 2009, 661면; 김남진·김연태, 행정법Ⅱ, 법문사, 2017, 548면; 김동희, 행정법Ⅱ, 박영사, 2015, 490면.
202) 박윤흔·정형근, 최신행정법강의(하), 661면; 김남진·김연태, 행정법Ⅱ, 548면; 김동희, 행정법Ⅱ, 490면.
203) 김동희, 행정법Ⅱ, 491면.
204) 홍정선, 행정법원론(하), 716면.
205) 임영호, "비교표준지공시지가결정의 하자와 수용재결의 위법성", 16면.
206) 박균성, 행정법론(하), 793면; 정하중, 행정법개론, 1331면.

2. 표준지공시지가에 대한 이의신청

(1) 표준지공시지가에 이의가 있는 자는 그 공시일부터 30일 이내에 서면(전자문서를 포함)으로 **국토교통부장관**에게 이의를 신청할 수 있다(법 제7조 제1항). **국토교통부장관**은 이의신청 기간이 만료된 날부터 30일 이내에 이의신청을 심사하여 그 결과를 신청인에게 서면으로 통지하여야 한다. 이 경우 **국토교통부장관**은 이의신청의 내용이 타당하다고 인정될 때에는 해당 표준지공시지가를 조정하여 다시 공시하여야 한다(법 제7조 제2항). 이 밖에 규정한 것 외에 이의신청 및 처리절차 등에 필요한 사항은 **대통령령**으로 정한다(법 제7조 제3항). 표준지공시지가에 대한 이의신청을 하려는 자는 이의신청서에 이의신청 사유를 증명하는 서류를 첨부하여 **국토교통부장관**에게 제출하여야 한다(영 제12조).

동 규정의 연혁은 구 「국토이용관리법」 1982. 12. 31. 개정(시행 1983. 2. 1. 법률 제3642호)하면서 신설되었는데, 같은 법 제29조 제6항에 따르면 "기준지가에 이의가 있는 자는 기준지가의 고시일로부터 6월 이내에 건설부장관에게 이의를 신청할 수 있다. 이 경우 건설부장관은 이를 심사하여 타당하다고 인정될 때에는 조정하여 고시하도록 하였다." 헌법재판소는 "구 「지가공시법」 제8조 제1항이 표준지공시지가에 관하여 그 이의신청기간을 '공시일로부터 60일 이내'의[207] 기간으로 규정하고 있는 것은 표준지공시지가의 특성상 이를 조속히 그리고 이해관계인 모두에 대하여 일률적으로 확정할 합리적인 필요에 기인하는 것으로서 입법권자에게 허용된 입법재량의 범위 내에서 공공복리 등을 위한 합리적 제한이므로, 재판청구권이나 평등권을 침해하는 조항이라 할 수 없다"고 하였다.[208]

(2) 이러한 이의신청의 법적 성격은 **국토교통부장관**의 공시지가결정에 대한 행정심판절차로서의 성격을 가진다. 이의신청에 대한 **국토교통부장관**의 결정에 대하여 불복이 있는 때에는 행정소송을 제기하여 공시지가결정의 취소를 구할 수 있다.[209] 대법원은 표준지로 선정된 토지의 공시지가에 불복하기 위해서는 「지가공시법」(1995. 12. 29. 법률 제5108호로 개정되기 전의 것) 제8조 제1항 소정의 이의절차를 거쳐 처분청인 건설부장관을 상대로 그 공시지가 결정의 취소를 구하는 행정소송을 제기하여야 하는 것이라 하여 필요적 전치절차로 보았으나,[210] 행정심판이 임의적 전치절차로 바뀐 지금 판례는 이러한 입장을 변경한 것으로 보인다.[211]

(3) 이와 같이 이의신청을 행정심판으로 보는 견해에 대한 반론으로, 법 제7조 표준지공시지가에 대한 이의신청은 공시지가를 일반인으로 하여금 열람하게 한 후(법 제6조), 표준지공시지가에 이의가 있는 자에 해당하는 모든 국민에게 인정되는 것으로, 그것은 권리구제절차인 행정쟁송절차로 보기 어렵고, 일반인의 의견을 듣는 행정절차의 한 형태로서 의견청취절차로 이해하는 견해가 있다.[212]

---

207) 1995. 12. 29. 개정(시행 1996. 6. 30. 법률 제5108호)으로 공시지가의 공시일부터 30일 이내로 이의신청기간을 변경하였다.
208) 헌재 1996. 10. 4. 선고 95헌바11결정.
209) 김동희, 행정법 II, 487면; 대법원 1994. 3. 8. 선고 93누10828 판결.
210) 대법원 1997. 2. 28. 선고 96누10225 판결; 1998년 3월 1일부터 시행된 개정 「행정소송법」은 이전의 필요적 행정심판전치주의를 폐지하고 임의적 행정심판전치주의를 채택하였다.
211) 대법원 2010. 1. 28. 선고 2008두19987 판결, 후술하는 개별공시지가에 대한 이의신청에서 보라.
212) 박윤흔·정형근, 최신행정법강의(하), 661면; 정하중, 행정법개론, 1332면; 위와 같은 반론에 대하여 재반론의 견지

3. 표준지공시지가에 대한 행정소송

판례와 같이 표준지공시지가의 처분성을 인정하는 입장에서는, 항고소송의 대상이 된다. 따라서 이의신청의 재결에 대하여 불복하는 자는 행정소송의 제기할 수 있다.

4. 하자승계

가. 문제의 의의

선행처분인 표준지공시지가와 후행처분(개별공시지가결정, 과세 및 부담금부과처분, 수용재결)의 하자승계의 문제에 대하여는 우선 선행처분에 존재하는 하자를 후행처분에서 다툴 수 있는지에 관한 전통적인 이론인 하자승계론 또는 선행처분의 후행처분에 대한 구속력이론(규준력 또는 기결력)에 관한 것인지 검토해 볼 수 있다.[213]

우선 하자승계론에 대해서는 그 전제조건으로 ① 선행행위와 후행행위가 모두 처분일 것, ② 선행처분에 무효가 아닌 취소사유인 하자가 존재할 것, ③ 후행처분에 고유한 하자가 없을 것, ④ 선행처분에 불가쟁력이 발생하였을 것 등이 전제조건으로 요구된다.

다수설은 하자의 승계여부를 선행처분과 후행처분이 결합하여 하나의 효과를 완성하는 것인 경우에는 선행처분의 하자가 후행처분에 승계됨에 반해, 선행처분과 후행처분이 서로 독립하여 별개의 효과를 발생시키는 경우에는 선행처분이 당연 무효가 아닌 한 그 하자가 후행처분에 승계되지 않는다고 보는 것이 통설적 견해이다. 전자의 예로는 조세체납처분에 있어서 독촉·압류·매각·청산의 각 행위 사이, 행정대집행의 계고·대집행영장의 통지·대집행 실행·비용징수의 각 행위 사이 등을 들고 있으며, 후자의 예로는 과세처분과 체납처분 사이 등을 들고 있다.[214]

소수설은 독일의 일부 주장을 받아들여 하자승계의 문제를 불가쟁력이 발생한 선행처분의 후행처분에 대한 구속력의 문제로서 파악하고 있다. 즉, 선행처분과 후행처분이 동일한 법적 효과를 추구하는 경우에 불가쟁력이 생긴 선행처분은 후행처분에 대하여 일정한 범위(한계)에서 '규준력' 또는 '기결력'이 생겨 그 범위 안에서는 선행처분의 효과와 다른 주장을 할 수 없다는 것이다. 즉, 선행처분의 하자를 이유로 후행처분을 다툴 수 없게 된다. 다만, 그 구속력이 미치기 위해서는, ① 양 행위가 동일한 목적을 추구하며 그 법적 효과가 일치될 것(사물적 한계), ② 양 행위의 당사자가 일치될 것(대인적

에서 **사견**은 첫 번째, 반론에서 이의신청이 때로는 원망의 표시 등 단순한 민원해결차원이나 행정청의 적법·타당한 행정수행을 위한 개선요구 등의 의견청취절차일 수 있다고 하였는데, 그와 같은 제도는 법 제7조의 이의신청을 하기 이전에 같은 법 제3조 제2항, 법 제3조 제5항에 따라 **감정평가법인등**이 조사·평가한 표준지공시 예정가격에 대하여 소유자의 의견청취절차를 이미 마련하고 있다. 두 번째, 이의신청의 청구인적격이 모든 국민이라 하여 행정심판으로 볼 수 없는 것이 아니고, 단지 청구인적격에서 처분의 취소 또는 변경을 구할 법률상 이익이 있는 자(행정심판법 제13조 제1항)에 한정하지 않고, 모든 국민까지로 확대한 것이다. 따라서 「부동산가격공시법」 제7조의 이의신청은 행정심판의 성격이라 할 수 있다.

213) 이승훈, 앞의 논문, 26면.
214) 김남진·김연태, 행정법 I, 329면.

한계), ③ 선행처분의 기초를 이루는 사실 및 법상태가 후행처분에서도 동일성을 유지할 것(시간적 한계), ④ 선행처분의 후행처분에 대한 구속력을 인정하는 것이 개인에게 지나치게 가혹하며, 선행처분의 결과가 예측가능하지 않은 경우에는 구속력의 효력이 차단된다(예측가능성과 수인가능성이 없는 경우). 가령 구속력의 범위(한계)를 넘어 예측가능성과 수인가능성이 없는 경우에는 선행처분의 하자를 이유로 후행처분을 다툴 수 있다.[215] 다음은 양 입장의 판례를 유형화하여 검토하기로 한다.

나. 하자승계론의 입장에서 판례

(1) 제1유형: 표준지공시지가의 위법성을 개별공시지가소송에서 다툴 수 있는지 (소극)

표준지공시지가에 불복하기 위하여는 구「지가공시법」(1995. 12. 29. 법률 제5108호로 개정되기 전의 것) 제8조 제1항 소정의 이의절차를 거쳐 처분청을 상대로 그 공시지가결정의 취소를 구하는 행정소송을 제기하여야 하는 것이고, 그러한 절차를 밟지 아니한 채 개별공시지가결정의 효력을 다투는 소송에서 그 개별공시지가산정의 기초가 된 표준지공시지가의 위법성을 다툴 수 없다.[216] 판례는 표준지공시지가와 개별공시지가처분간의 하자승계를 부정한 것이다.

(2) 제2유형: 표준지공시지가의 위법성을 조세소송에서 다툴 수 있는지(소극)

(가) 대법원의 판시사항은 "이 사건 토지초과이득세 부과처분 대상토지가 표준지이고, 이와 같이 표준지로 선정된 토지의 공시지가에 대하여는 「지가공시법」(1995. 12. 29. 법률 제5108호로 개정되기 전의 것) 제8조 제1항 소정의 이의절차를 거쳐 처분청을 상대로 그 공시지가결정의 위법성을 다툴 수 있을 뿐 그러한 절차를 밟지 아니한 채 이 사건 대지에 대한 토지초과이득세 부과처분의 취소를 구하는 조세소송에서 그 공시지가결정의 위법성을 다툴 수는 없다."[217]

(나) 그 후 대법원은 "표준지공시지가에 대하여는 「지가공시법」 제8조 제1항 소정의 이의절차를 거쳐 처분청을 상대로 그 공시지가결정의 위법성을 다툴 수 있을 뿐 그러한 절차를 밟지 아니한 채 조세소송에서 그 공시지가결정의 위법성을 다툴 수는 없다"고 하였고, 그 논거로 "개별토지가격에 대한 불복방법과는 달리 표준지의 공시지가에 대한 불복방법을 위와 같이 제한하고 있는 것은 표준지공시지가와 개별공시지가는 그 목적·대상·결정기관·결정절차·금액 등 여러 가지 면에서 서로 다른 성질의 것이라는 점을 고려한 것이므로, 이러한 차이점에 근거하여 표준지공시지가에 대한 불복방법을 개별공시지가에 대한 불복방법과 달리 인정한다고 하여 그것이 헌법상 평등의 원칙, 재판권 보장의 원칙에 위반된다고 볼 수는 없다"고 하였다.[218] 동 판례 표준지공시지가와 개별공시지가 간에 상이한 불복방법

215) 김남진·김연태, 행정법Ⅰ, 333면; 김철용, 행정법(제6판), 213면; 박균성, 행정법론(상), 434면.
216) 대법원 1995. 3. 28. 선고 94누12920 판결; 1996. 5. 10. 선고 95누9808 판결; 1996. 9. 20. 선고 95누11931 판결; 대법원 1998. 3. 24 선고 96누6851 판결; 2001. 9. 25. 선고 2000두4651 판결 등.
217) 대법원 1995. 3. 28. 선고 94누12920 판결; 대법원 1995. 11. 10 선고 93누16468 판결; 대법원 1997. 2. 28. 선고 96누10225 판결; 대법원 1997. 4. 11 선고 96누8895 판결.

을 채택한 것이 합헌적 규정이라는 의미이기도 하다.[219]

(다) 판례는 <u>표준지공시지가와 과세처분간의 하자승계를 부정한다.</u>

다. 선행처분의 후행처분에 대한 구속력입장에서 판례

(1) 대법원은 전통적인 하자승계론의 입장에서 표준지공시지가와 개별공시지가 및 조세부과처분 간에 하자승계를 부정하다가, 표준지공시지가결정과정에서 이해관계 있는 자들이 절차적으로나 실제적으로 배제되어 있어서 이를 다투는 것이 사실상 불가능한 현실을 감안하여,[220] 개별공시지가와 이에 근거한 과세처분 또는 개발부담금부과처분과의 관계에서 적용한 수인한도론을 표준지공시지가와 수용재결과의 관계에도 적용하였다.[221] 선행처분에 하자가 있더라도 불가쟁의 상태에 이른 경우 다툴 수 없고 오히려 후행처분에 대해서는 구속력이 발생하나, 대상판결은 <u>별개의 법적 효과를 가져 오는 경우에도 예측가능성과 수인가능성이 없는 경우에는 구속력이 예외적으로 배제되는 경우로 보아 선행 표준지공시지가의 위법을 후행 수용재결취소처분에서 다툴 수 있다</u>고 판시한 것이다.

(2) 즉, "표준지공시지가결정은 이를 기초로 한 수용재결 등과는 별개의 독립된 처분으로서 서로 독립하여 별개의 법률효과를 목적으로 하지만, ① 표준지공시지가는 이를 인근 토지의 소유자나 기타 이해관계인에게 개별적으로 고지하도록 되어 있는 것이 아니어서 인근 토지의 소유자 등이 표준지공시지가결정 내용을 알고 있었다고 전제하기가 곤란한 점, ② 결정된 표준지공시지가가 공시될 당시 보상금 산정의 기준이 되는 표준지의 인근 토지를 함께 공시하는 것이 아니어서 인근 토지 소유자는 보상금 산정의 기준이 되는 표준지가 어느 토지인지를 알 수 없으므로, 인근 토지 소유자가 표준지의 공시지가가 확정되기 전에 이를 다투는 것은 불가능한 점, ③ 더욱이 장차 어떠한 수용재결 등 구체적인 불이익이 현실적으로 나타나게 되었을 경우에 비로소 권리구제의 길을 찾는 것이 우리 국민의 권리의식임을 감안하여 볼 때, 인근 토지소유자 등으로 하여금 결정된 표준지공시지가를 기초로 하여 장차 토지보상 등이 이루어질 것에 대비하여 항상 토지의 가격을 주시하고 표준지공시지가결정이 잘못된 경우 정해진 시정절차를 통하여 이를 시정하도록 요구하는 것은 부당하게 높은 주의의무를 지우는 것인 점 등 때문이다.

따라서 표준지공시지가와 수용재결과의 관계에서도 수인한도론을 적용하여 표준지공시지가의 하자가 수용재결에 승계된다고 해석하는 것이 타당하다.

이러한 검토결과를 바탕으로 대상판결에서는 표준지공시지가의 하자가 수용재결에 승계된다고 판시하였다. 즉 <u>위법한 표준지공시지가결정에 대하여 그 정해진 시정절차를 통하여 시정하도록 요구하지</u>

---

218) 대법원 1997. 9. 26. 선고 96누7649 판결.
219) 신봉기, 행정법개론, 삼영사, 2016, 922면.
220) 「감정평가법」 제3조 제2항에 따르면 표준지공시지가를 공시하기 전에 해당 토지 소유자의 의견을 듣도록 하고 있을 뿐, 이해관계인은 의견청취의 대상이 아니다.
221) 임영호, "비교표준지공시지가결정의 하자와 수용재결의 위법성", 22면; 김종권, 판례평석 표준지 공시지가결정과 수용재결간의 하자 승계인정 의의, 법률신문, 2010. 9. 9.

않았다는 이유로 위법한 표준지공시지가를 기초로 한 수용재결 등 후행 행정처분에서 표준지공시지가 결정의 위법을 주장할 수 없도록 하는 것은 수인한도를 넘는 불이익을 강요하는 것으로서 국민의 재산권과 재판받을 권리를 보장한 헌법의 이념에도 부합하는 것이 아니다.

따라서 표준지공시지가결정이 위법한 경우에는 그 자체를 행정소송의 대상이 되는 행정처분으로 보아 그 위법 여부를 다툴 수 있음은 물론, 수용보상금의 증액을 구하는 소송에서도 선행처분으로서 그 수용대상 토지 가격 산정의 기초가 된 비교표준지공시지가결정의 위법을 독립한 사유로 주장할 수 있다."[222]

라. 검토

대법원 2007두13845 판결은 1994년 개별공시지가와 이에 근거한 과세처분 또는 개발부담금부과처분과의 관계에서 적용한 수인한도론을 적용하여 선고한 이래, 2008년 표준지공시지가결정과 수용재결처분과의 관계에도 이를 적용하여 판시한 것은 국민의 권리구제의 지평을 넓혔다는 긍정적으로 평가하고 있다.[223]

제2절 개별공시지가의 공시

I. 개별공시지가의 의의

시장·군수 또는 구청장은 국세·지방세 등 각종 세금의 부과, 그 밖의 다른 법령에서 정하는 목적을 위한 지가산정에 사용되도록 하기 위하여 법 제25조에 따른 시·군·구부동산가격공시위원회의 심의를 거쳐 매년 공시지가의 공시기준일 현재 관할 구역 안의 개별토지의 단위면적당 가격을 결정·공시하고, 이를 관계 행정기관 등에 제공하여야 하는데(법 제10조 제1항), 법 제10조 제1항에 따른 단위면적은 1제곱미터로 한다(영 제14조 제1항). 여기서의 개별토지의 단위면적당 가격을 개별공시지가라 한다.

시장 등이 개별공시지가를 결정·공시함에 있어서는 당해 토지와 유사한 이용가치를 지닌다고 인정되는 하나 또는 둘 이상의 표준지의 공시지가를 기준으로 간이한 토지가격비준표를 활용하여 지가를

---

222) 대법원 2008.8.21. 선고 2007두13845 판결; 다만, 대상판결은 원심이 수용보상금의 증액을 구하는 소송에서 그 수용대상토지 가격 산정의 기초가 된 비교표준지공시지가의 위법성을 다툴 수 없다고 판단한 데 대하여 그 판단이 잘못되었음을 지적하였을 뿐, 원고의 청구를 기각한 원심을 그대로 수긍하였다. 이는 대상판결에서도 언급하고 있듯이 원고가 원심에 이르기까지 표준지공시지가가 낮게 책정되었다고만 주장하였을 뿐 이 사건 비교표준지공시지가결정의 하자의 승계를 인정하지 않는다면 수인한도를 넘는 불이익이 있다거나 이 사건 비교표준지공시지가의 구체적인 위법사유에 대하여 아무런 주장도 하지 않고 있는데다가 이와 같은 사유를 인정할 만한 증거도 없었기 때문이었다. 만약 원고가 위와 같은 사항을 주장·입증하였더라면 원고가 승소할 수도 있었을 것으로 보인다(임영호, "비교표준지공시지가결정의 하자와 수용재결의 위법성", 22면).
223) 임영호, "비교표준지공시지가결정의 하자와 수용재결의 위법성", 16면.

산정하되, 당해 토지의 가격과 표준지공시지가가 균형을 유지하도록 되어 있으나 전문인력, 시간, 예산 상의 제약 때문에 비전문가인 시·군·구 공무원에 의해 간이한 방법에 따라 대량적으로 산정되고 있다. 이러한 이유로 인해 개별공시지가에 대하여 이의가 있는 자는 개별공시지가의 결정·공시일부터 30일 이내에 서면으로 시장 등에게 이의를 신청할 수 있고(법 제11조 제1항), 행정소송의 대상이 되므로 행정심판이나 행정소송을 통하여 그 지가를 다투고 시정을 구할 수 있도록 하고 있다. 위와 같이 대량 적이고 간이한 지가 결정·공시체계를 채택하고 있는 개별공시지가와 전문적 감정평가방식에 따른 표준지공시지가는 목적, 산정주체, 산정방법에 있어서 차이가 있다. 개별공시지가도 통계적 분석에 의한 것으로서 어느 정도 객관성과 합리성을 확보하고 있지만 표준지공시지가보다 정밀성이 떨어진다. 뿐만 아니라 국가가 직접 적정가격을 조사·감정하여 결정·고시하는 표준지공시지가와는 달리 개별공시지가 는 관계되는 개별 행정기관이 토지가격비준표를 활용하여 간이한 방법에 의해 대량적으로 산정하는 것이므로 당해 토지의 시가나 실제 거래가격과 정확하게 부합하는 것도 아니다.[224]

Ⅱ. 개별공시지가의 결정·공시

1. 시장·군수 또는 구청장의 조사·산정

시장·군수 또는 구청장이 개별공시지가를 결정·공시하는 경우에는 해당 토지와 유사한 이용가치를 지닌다고 인정되는 하나 또는 둘 이상의 표준지의 공시지가를 기준으로 토지가격비준표를 사용하여 지가를 산정하되, 해당 토지의 가격과 표준지공시지가가 균형을 유지하도록 하여야 한다(법 제10조 제4항). 개별공시지가의 조사·산정에 의한 결정 및 공시권자는 **시장·군수 또는 구청장**이다.

개별공시지가의 산정, 검증 및 결정, 공시기준일, 공시의 시기, 조사·산정의 기준, 이해관계인의 의견 청취, **감정평가법인등**의 지정 및 공시절차 등에 필요한 사항은 **대통령령**으로 정한다(법 제10조 제8항). **국토교통부장관**은 개별공시지가 조사·산정의 기준을 정하여 **시장·군수 또는 구청장**에게 통보하여 야 하며, **시장·군수 또는 구청장**은 그 기준에 따라 개별공시지가를 조사·산정하여야 한다(영 제17조 제1항). 조사·산정의 기준에는 다음 각 호 1. 지가형성에 영향을 미치는 토지 특성조사에 관한 사항, 2. 비교표준지의 선정에 관한 사항, 3. 토지가격비준표의 사용에 관한 사항, 4. 그 밖에 개별공시지가 의 조사·산정에 필요한 사항이 포함되어야 한다(영 제17조 제2항).

---

224) 헌재 2009. 11. 26. 2009헌바141.

2. 개별공시지가의 검증

가. 검증의뢰 및 검증 생략

(1) **시장·군수 또는 구청장**은 개별공시지가를 결정·공시하기 위하여 개별토지의 가격을 산정할 때에는 그 타당성에 대하여 **감정평가법인등**의 검증을 받아야 한다(법 제10조 제5항 본문). **시장·군수 또는 구청장**이 검증을 받으려는 때에는 해당 지역의 표준지의 공시지가를 조사·평가한 **감정평가법인등** 또는 **대통령령**으로 정하는 감정평가실적 등이 우수한 **감정평가법인등**에게 의뢰하여야 한다(법 제10조 제6항). 개별공시지가의 검증에 대한 **감정평가법인등**의 지정 등에 필요한 사항은 **대통령령**으로 정한다(법 제10조 제8항). 법 제10조 제6항에서 "**대통령령**으로 정하는 감정평가실적 등이 우수한 **감정평가법인등**"이란 표준지공시지가 조사·평가의 의뢰 **감정평가법인등**의 요건을(영 제7조 제1항 각 호) 모두 갖춘 **감정평가법인등**을 말한다(영 제20조). 검증을 실시할 수 있는 **감정평가법인등**의 요건은 표준지공시지가 조사·평가의 의뢰를 받을 수 있는 **감정평가법인등**의 요건과 같다.

시장·군수 또는 구청장은 법 제10조 제5항 본문에 따라 개별토지가격의 타당성에 대한 검증을 의뢰하는 경우에는 같은 조 제4항에 따라 산정한 전체 개별토지가격에 대한 지가현황도면 및 지가조사자료를 제공하여야 한다(영 제18조 제1항). 지가현황도면이란 해당 연도의 산정지가, 전년도의 개별공시지가 및 해당 연도의 표준지공시지가가 필지별로 기재된 도면을 말한다(칙 제6조 제1항). 지가조사자료란 개별토지가격의 산정조서 및 그 밖에 토지이용계획에 관한 자료를 말한다(칙 제6조 제2항).

(2) **시장·군수 또는 구청장**은 **감정평가법인등**의 검증이 필요 없다고 인정되는 때에는 지가의 변동상황 등 **대통령령**으로 정하는 사항을 고려하여 **감정평가법인등**의 검증을 생략할 수 있다(법 제10조 제5항 단서). **시장·군수 또는 구청장**은 법 제10조 제5항 단서에 따라 **감정평가법인등**의 검증을 생략할 때에는 개별토지의 지가변동률과 해당 토지가 있는 읍·면·동의 연평균 지가변동률(**국토교통부장관**이 조사·공표하는 연평균 지가변동률을 말한다) 간의 차이가 작은 순으로 대상 토지를 선정하여야 한다. 다만, 개발사업이 시행되거나 용도지역·용도지구가 변경되는 등의 사유가 있는 토지는 검증 생략 대상 토지로 선정해서는 아니 된다(영 제18조 제3항).

영 제18조 제1항부터 제3항까지에서 규정한 사항 외에 개별토지 가격의 검증에 필요한 세부적인 사항은 **국토교통부장관**이 정한다(영 제18조 제4항 전단). 이의 위임에 따라 제정한 행정규칙이 「개별공시지가의 검증업무 처리지침」(이하 '검증지침'이라 한다)이다.[225]

나. 감정평가법인등의 검증

(1) "검증"이란 시장·군수·구청장이 표준지 공시지가를 기준으로 토지가격비준표를 사용하여 산정한 지가에 대하여 **감정평가법인등**이 비교표준지의 선정, 토지특성조사의 내용 및 토지가격비준표 적용

---

225) 2019. 10. 23. 일부개정(시행 2019. 10. 23. 국토교통부훈령 제1230호).

등의 타당성을 검토하여 산정지가의 적정성을 판별하고, 표준지공시지가, 인근개별공시지가 및 전년도 개별공시지가와의 균형유지, 지가변동률 등을 종합적으로 참작하여 적정한 가격을 제시하는 것을 말한다(검증지침 제2조).

(2) 검증은 다음 각 호와 같이 구분한다(검증지침 제3조). "산정지가검증"이란 시장·군수·구청장이 산정한 지가에 대하여 지가현황도면 및 지가조사자료를 기준으로 「부동산가격공시법」 제10조 제5항 및 「부동산가격공시법 시행령」 제18조 제1항·제2항에 따라 실시하는 검증을 말한다(제1호). "의견제출지가검증"이란 시장·군수·구청장이 산정한 지가에 대하여 법 제10조 제5항 및 영 제19조에 따른 토지소유자 및 그 밖의 이해관계인(이하 "개별토지소유자등"이라 한다)이 지가열람 및 의견제출기간 중에 의견을 제출한 경우에 실시하는 검증을 말한다(제2호). "이의신청지가검증"이란 시장·군수·구청장이 개별공시지가를 결정·공시한 후 법 제11조 및 영 제22조에 따라 개별공시지가에 이의가 있는 자가 이의신청을 제기한 경우에 실시하는 검증을 말한다(제3호).

(3) 법 제10조 제5항 본문에 따라 검증을 의뢰받은 **감정평가법인등**은 다음 각 호 1. 비교표준지 선정의 적정성에 관한 사항, 2. 개별토지가격 산정의 적정성에 관한 사항, 3. 산정한 개별토지가격과 표준지공시지가의 균형 유지에 관한 사항, 4. 산정한 개별토지가격과 인근토지의 지가 및 전년도 지가와의 균형 유지에 관한 사항, 5. 그 밖에 **시장·군수 또는 구청장**이 검토를 의뢰한 사항을 검토·확인하고 의견을 제시하여야 한다(영 제18조 제2항).

3. 토지소유자 등의 의견청취

가. 의의

(1) **시장·군수 또는 구청장**은 개별공시지가를 결정·공시하기 위하여 개별토지의 가격을 산정할 때에는 그 타당성에 대하여 **감정평가법인등**의 검증을 받고 **토지소유자, 그 밖의 이해관계인의 의견을 들어야** 한다(법 제10조 제5항 본문). 표준지공시지가는 토지소유자에 한해서 의견청취절차를 두고 있으나(법 제3조 제2항), 개별공시지가의 결정·공시에 대해서는 토지소유자 이외에도 그 밖의 이해관계인의 의견을 듣도록 하고 있다. 여기서 이해관계인(利害關係人)의 범위를 특정하지 않아 어디까지가 이해관계인에 해당하는지는 논란이 될 수 있다.[226] 이해관계인이란 특정한 사실(개별공시지가의 결정·공시)에 관하여 법률상의 이해를 가진 자를 말한다. 즉, 개별공시지가의 결정·공시에 따라 자기의 권리·의무에 직접적인 영향을 받는 자일 것이다. 여기에는 토지소유자의 배우자와 상속인 등을 말하고, 이에 비하여 친족이나, 채권자·채무자와 같은 거래관계의 상대방이란 것만으로는 일반적으로 여기서의 법률상의 이해관계인이 될 수 없다. 왜냐하면 거래관계의 상대방이라도 개별공시지가 결정·공시로 자기의 권리행사나 의무이행을 아무런 지장 없이 행할 수 있기 때문이다.

---

226) 가령 「산지관리법」 제18조의5, 「상가건물 임대차보호법 시행령」 제3조의2 등에서는 이해관계인의 범위를 특정하고 있음을 주목할 필요가 있다.

〈표 3〉 소유자 의견청취 및 이의신청 비교

물건	공시 전 의견청취		공시 후 이의신청	
	의견청취자	법적 근거	이의신청인	법적 근거
표준지공시지가	**토지소유자**	법 제3조 제2항	이의가 있는 자	법 제7조
개별공시지가	토지소유자, 이해관계인	법 제10조 제5항	이의가 있는 자	법 제11조
표준주택	**토지소유자**	법 제16조 제7항	이의가 있는 자	법 제16조 제7항
개별주택	토지소유자, 이해관계인	법 제17조 제6항	이의가 있는 자	법 제17조 제8항
공동주택	공동주택소유자와 이해관계인	법 제18조 제2항	이의가 있는 자	법 제18조 제8항
비주거용 표준부동산	**비주거용 표준부동산소유자**	법 제20조 제7항	이의가 있는 자	법 제20조 제7항
비주거용 개별부동산	비주거용 개별부동산소유자와 이해관계인	법 제21조 제6항	이의가 있는 자	법 제21조 제8항
비주거용 집합부동산	비주거용 집합부동산소유자와 이해관계인	법 제22조 제3항	이의가 있는 자	법 제22조 제9항

(2) 개별공시지가의 이해관계인의 의견청취 등에 필요한 사항은 **대통령령**으로 정한다(법 제10조 제8항).

시장·군수 또는 구청장은 법 제10조 제5항에 따라 개별토지의 가격 산정에 관하여 토지소유자 및 그 밖의 이해관계인(이하 "개별토지소유자등"이라 한다)의 의견을 들으려는 경우에는 개별토지가격 열람부를 갖추어 놓고 해당 시·군 또는 구(자치구를 말한다)의 게시판 또는 인터넷 홈페이지에 다음 각호 1. 열람기간 및 열람장소, 2. 의견제출기간 및 의견제출방법의 사항을 20일 이상 게시하여 개별토지소유자등이 개별토지가격을 열람할 수 있도록 하여야 한다(영 제19조 제1항).

열람한 개별토지가격에 의견이 있는 개별토지소유자등은 의견제출기간에 해당 **시장·군수 또는 구청장**에게 의견을 제출할 수 있다(영 제19조 제2항).

시장·군수 또는 구청장은 의견을 제출받은 경우에는 의견제출기간 만료일부터 30일 이내에 심사하여 그 결과를 의견제출인에게 통지하여야 한다(영 제19조 제3항). **시장·군수 또는 구청장**은 제3항에 따라 심사를 할 때에는 현지조사와 검증을 할 수 있다(영 제19조 제4항). 이에 따른 검증이 의견제출지가에 대한 검증이다.

개별토지소유자 등의 의견청취에 관한 규정은 개별주택 소유자 등(영 제37조), 비주거용 일반부동산 소유자 등의 의견청취(영 제61조)에도 준용된다.

나. 의견청취절차 하자의 효력

대법원은 "국가·지방자치단체 등 행정기관이 토지가격을 조사함에 있어서 관계행정기관의 합동작업 체계와 가격결정절차 등에 관하여 필요한 사항을 정함을 목적으로 한 개별토지가격합동조사지침

(1990. 4. 14.자 국무총리훈령 제241호로 제정되어 1991. 4. 2.자 국무총리훈령 제248호로 개정된 것) 제6조는 개별토지가격결정절차를 규정하고 있으면서 그 중 제3호에서 산정된 지가의 공개·열람 및 토지소유자 또는 이해관계인의 의견접수를 그 절차의 하나로 규정하고 있는바, 위 지침은「지가공시법」제10조의 시행을 위한 집행명령으로서 법률보충적인 구실을 하는 법규적 성질을 가지고 있는 것으로 보아야 할 것이므로 위 지침에 규정된 절차에 위배하여 이루어진 지가결정은 위법하다고 할 것이지만, 한편 위와 같은 이해관계인에게의 의견진술 기회부여라는 절차는 위 지침 제6조 제5, 6호에서 그 밖에 토지평가위원회의 심의와 건설부장관의 확인 등 지가결정의 정당성을 담보하기 위한 다른 절차를 두고 있는 점에 비추어 지가결정행위의 정당성을 확보하기 위해 필수불가결한 절차로는 보여지지 아니하므로 그와 같은 절차위반의 하자가 있다 하여 지가결정처분 자체가 당연무효가 되는 것은 아니라 할 것이다."[227]

4. 시·군·구부동산가격공시위원회의 심의

시·군·구부동산가격공시위원회의 심의를 거쳐 매년 공시지가의 공시기준일 현재 개별공시지가를 결정·공시하여야 한다(법 제10조 제1항). 후술하는 바와 같이 개별공시지가의 정정사유가 발생할 때도 심의를 거쳐야 한다(영 제23조).

5. 개별공시지가의 결정 및 공시

가. 시장·군수 또는 구청장의 결정·공시

표준지공시지가(영 제10조), 표준주택가격(영 제29조), 개별주택가격(영 제33조), 비주거용 표준부동산가격의 공시사항(영 제51조)과 달리 공시사항에 대하여 별도로 규정하고 있지 않다. 개별공시지가의 결정, 공시의 시기 등에 필요한 사항은 **대통령령**으로 정한다(법 제10조 제8항). 이에 따라 **시장·군수 또는 구청장**은 매년 5월 31일까지 개별공시지가를 결정·공시하여야 한다. 다만, 영 제16조 제2항 제1호의 경우에는 그 해 10월 31일까지, 같은 항 제2호의 경우에는 다음 해 5월 31일까지 결정·공시하여야 한다(영 제21조 제1항).

시장·군수 또는 구청장은 개별공시지가를 공시할 때에는 1. 조사기준일, 공시필지의 수 및 개별공시지가의 열람방법 등 개별공시지가의 결정에 관한 사항, 2. 이의신청의 기간·절차 및 방법의 사항을 해당 시·군 또는 구의 게시판 또는 인터넷 홈페이지에 게시하여야 한다(영 제21조 제2항).

개별공시지가 및 이의신청기간 등의 통지에 관하여는 표준지공시지가 및 이의신청기간 등의 통지(영 제4조 제2항 및 제3항)를 준용한다(영 제21조 제3항). **시장·군수 또는 구청장**은 필요하다고 인정하는 경우에는 개별공시지가와 이의신청의 기간·절차 및 방법을 개별지 소유자에게 개별 통지할 수

---

227) 대법원 1994. 2. 8. 선고 93누111 판결.

있다(영 제4조 제2항). **시장·군수 또는 구청장**은 통지를 하지 아니하는 경우에는 공고 및 게시사실을 방송·신문 등을 통하여 알려 토지 소유자가 개별공시지가를 열람하고 필요한 경우에는 이의신청을 할 수 있도록 하여야 한다(영 제4조 제3항).

나. 개별공시지가를 결정·공시하지 아니할 수 있는 토지

시장·군수 또는 구청장은 1. 표준지로 선정된 토지, 2. 농지보전부담금 또는 개발부담금 등의 부과대상이 아닌 토지, 3. 국세 또는 지방세 부과대상이 아닌 토지(국공유지의 경우에는 공공용 토지만 해당한다)에 대하여는 개별공시지가를 결정·공시하지 아니할 수 있다(법 제10조 제2항 전단 및 영 제15조 제1항). 이 경우 표준지로 선정된 토지에 대하여는 해당 토지의 표준지공시지가를 개별공시지가로 본다(법 제10조 제2항 후단).

그러나 이에도 불구하고 **시장·군수 또는 구청장**은 관계 법령에 따라 지가 산정 등에 개별공시지가를 적용하도록 규정되어 있는 토지, **시장·군수 또는 구청장**이 관계 행정기관의 장과 협의하여 개별공시지가를 결정·공시하기로 한 토지의 어느 하나에 해당하는 토지에 대해서는 개별공시지가를 결정·공시하여야 한다(영 제15조 제2항).

다. 개별공시지가 공시기준일

개별공시지가의 공시기준일, 공시의 시기 등에 필요한 사항은 **대통령령**으로 위임하였으나(법 제10조 제8항), 시행령에 이에 대한 명시적인 규정은 없다. 개별공시지가 공시기준일에 대하여 명시적으로 규정하고 있지 않으나, 다만, 법 제10조 제1항에 따르면 매년 공시지가의 공시기준일 현재 개별공시지가를 결정·공시한다는 규정에 비추어 보면 개별공시지가의 공시기준일은 매년 1월 1일이다.

라. 공시기준일을 다르게 할 수 있는 토지

시장·군수 또는 구청장은 공시기준일 이후에 분할·합병 등이 발생한 토지에 대하여는 **대통령령으로 정하는 날**을 기준으로 하여 개별공시지가를 결정·공시하여야 한다(법 제10조 제3항).

공시기준일 이후에 법 제10조 제3항에 따라 개별공시지가 공시기준일을 다르게 할 수 있는 토지는 다음 각 호 1. 「공간정보관리법」에 따라 **분할 또는 합병**된 토지, 2. 공유수면 매립 등으로 「공간정보관리법」에 따른 **신규등록**이 된 토지, 3. 토지의 형질변경 또는 용도변경으로 「공간정보관리법」에 따른 **지목변경**이 된 토지, 4. **국유·공유에서 매각 등에 따라 사유(私有)로 된 토지로서 개별공시지가가 없는 토지**로 한다(영 제16조 제1항). 법 제10조 제3항에 따른 '**대통령령으로 정하는 날**'이란 개별공시지가의 공시기준일을 말하는 것인데, 1월 1일부터 6월 30일까지의 사이에 영 제16조 제1항 각 호의 사유가 발생한 토지는 그해 7월 1일, 7월 1일부터 12월 31일까지의 사이에 영 제16조 제1항 각 호의 사유가 발생한 토지는 <u>다음 해 1월 1일</u>을 공시기준일로 한다(영 제16조 제2항).

마. 개별공시지가 확인서의 발급

법 제10조에 따라 결정·공시된 개별공시지가의 확인을 받으려는 사람은 해당 **시장·군수 또는 구청장**에게 개별공시지가의 확인을 신청(전자문서에 의한 신청을 포함한다)할 수 있고(칙 제5조 제1항), **시장·군수 또는 구청장**은 신청인에게 확인서를 발급하여야 한다(칙 제5조 제2항). **시장·군수 또는 구청장**은 개별공시지가 확인서를 발급하는 경우에는 해당 시·군 또는 구(자치구인 구를 말한다)의 조례로 정하는 바에 따라 신청인으로부터 수수료를 받을 수 있다(칙 제5조 제4항).

6. 개별공시지가의 정정 결정·공시

시장·군수 또는 구청장은 개별공시지가에 <u>틀린 계산</u>, <u>오기</u>, **표준지 선정의 착오**, <u>기타</u> **대통령령**으로 정하는 명백한 오류[1. 법 제10조에 따른 **공시절차를 완전하게 이행하지 아니한 경우**, 2. **용도지역·용도지구 등 토지가격에 영향을 미치는 주요 요인의 조사를 잘못**한 경우, 3. **토지가격비준표의 적용에 오류**(영 제23조 제1항)]가 있음을 발견한 때에는 지체 없이 이를 정정하여야 한다(법 제12조). **시장·군수 또는 구청장**은 법 제12조에 따라 개별공시지가의 오류를 정정하려는 경우에는 <u>시·군·구부동산가격공시위원회의 심의</u>를 거쳐 정정사항을 결정·공시하여야 한다. 다만, <u>틀린 계산 또는 오기</u>(誤記)의 경우에는 시·군·구부동산가격공시위원회의 심의를 거치지 아니할 수 있다(영 제23조 제2항).

동 규정의 근거 조항이 있기 전 판례는 "개별토지에 대한 가격결정도 행정처분에 해당하며, 원래 행정처분을 한 처분청은 그 행위에 하자가 있는 경우에는 원칙적으로 별도의 법적 근거가 없더라도 <u>스스로</u> 이를 직권으로 취소할 수 있는 것이고, 행정처분에 대한 법정의 불복기간이 지나면 직권으로도 취소할 수 없게 되는 것은 아니므로, 처분청은 토지에 대한 개별토지가격의 산정에 명백한 잘못이 있다면 이를 직권으로 취소할 수 있으며, 「개별토지가격합동조사지침」 제12조의3에서 토지특성조사의 착오 또는 위산·오기 등 지가산정에 명백한 잘못이 있는 경우에 경정결정이 가능한 것으로 예시하고 있는 것처럼, 비교표준지 선정의 잘못으로 인하여 개별토지가격의 산정이 명백히 잘못된 경우도 「개별토지가격합동조사지침」 제12조의3의 규정에 의하여 개별토지의 가격결정에 대한 직권취소가 가능하다고"[228] 판시하였으며 현행법은 그 법적 근거를 명확히 하고 있다. 또 「개별토지가격합동조사지침」 (1991. 3. 29. 국무총리훈령 제248호로 개정된 것) 제12조의3은 행정청이 개별토지가격결정에 위산·오기 등 명백한 오류가 있음을 발견한 경우 직권으로 이를 경정하도록 한 규정으로서 토지소유자 등 이해관계인이 그 경정결정을 신청할 수 있는 권리를 인정하고 있지 아니하므로, 토지소유자 등의 토지에 대한 개별공시지가 조정신청을 재조사청구가 아닌 경정결정신청으로 본다고 할지라도, 이는 행정청에 대하여 직권발동을 촉구하는 의미밖에 없으므로, 행정청이 위 조정신청에 대하여 정정불가 결정 통지

---

228) 대법원 1995. 9. 15. 선고 95누6311 판결.

를 한 것은 이른바 관념의 통지에 불과할 뿐 항고소송의 대상이 되는 처분이 아니다.[229]

판례는 "개별공시지가가 감정가액이나 실제 거래가격을 초과한다는 사유만으로 가격 결정이 위법한지 여부(소극)에 대한 판시에서 개별공시지가 결정이 관련 법령이 정하는 절차와 방법에 따라 이루어진 것인지에 의하여 결정될 것이지 당해 토지의 시가나 실제 거래가격과 직접적인 관련이 있는 것은 아니므로, 단지 그 공시지가가 감정가액이나 실제 거래가격을 초과한다는 사유만으로 그것이 현저하게 불합리한 가격이어서 그 가격 결정이 위법하다고 단정할 수는 없다고" 판시하였다.[230]

7. 국토교통부장관의 지도·감독

국토교통부장관은 지가공시 행정의 합리적인 발전을 도모하고 표준지공시지가와 개별공시지가와의 균형유지 등 적정한 지가형성을 위하여 필요하다고 인정하는 경우에는 개별공시지가의 결정·공시 등에 관하여 ~~시장·군수 또는 구청장~~을 지도·감독할 수 있다(법 제10조 제7항).

8. 개별공시지가의 결정·공시비용의 보조

법 제10조에 따른 개별공시지가의 결정·공시에 소요되는 비용은 개별공시지가의 결정·공시에 드는 <u>비용의 50퍼센트 이내에서</u> 그 일부를 국고에서 보조할 수 있다(법 제14조 및 영 제24조).

Ⅲ. 개별공시지가의 적용 및 효력

1. 법적 근거

결정·공시된 개별공시지가를 행정청이 어떠한 행정목적에 적용되고 그 적용에 따라 국민의 권리·이익에 어떠한 영향을 미치는지가 매우 중요하다. 「부동산가격공시법」은 표준지공시지가의 적용(법 제8조)과 효력(법 제9조), 표준주택가격과 개별주택가격 및 공동주택가격의 효력(법 제19조 제1항 및 제2항), 비주거용 표준부동산가격과 비주거용 개별부동산가격 및 비주거용 집합부동산가격(법 제23조 제1항 및 제2항)의 효력에 대해서는 명시적으로 규정하고 있다.

그러나 개별공시지가의 적용 내지는 효력에 관해서는 명시적인 조항을 두고 있지 않다. 다만, <u>국세·지방세 등 각종 세금의 부과, 그 밖의 다른 법령에서 정하는 목적을 위한 지가산정에 사용되도록 하기 위해서라 규정하고 있고</u>(법 제10조 제1항),[231] 구체적인 내용은 아래와 같은 개별법에 의존하고 있다.

그리고 보다 분명한 것은 **감정평가법인등**이 개별적으로 토지를 감정평가하는 경우에 기준으로 사용

---

229) 대법원 2002. 2. 5. 선고 2000두5043 판결.
230) 대법원 2013. 10. 11. 선고 2013두6138 판결.
231) 국토해양부, 2011년 적용 개별공시지가 조사·산정지침, 2010. 11., 7면

하는 표준지공시지가와는 다르다.

〈표 4〉 개별공시지가의 적용

구분	세목	적용범위	법적근거	적용 개시일
국세	양도소득세	양도가액 산정을 위한 기준시가	「소득세법」 제99조 제1항	'90.5.1
	상속세	상속·증여재산가액 산정을 위한 기준시가	「상속세 및 증여세법」 제61조 제1항	'90.5.1
	종합부동산세	과세표준액 결정자료	「종합부동산세법」 제13조	'05.1.5
지방세	재산세	과세표준액 결정자료	「지방세법」 제110조 제1항 및 제4조 제1항	'96.1.1
	취득세	과세표준액 결정자료	「지방세법」 제10조 제2항 및 제4조 제1항, 시행령 제2조	'96.1.1
	등록면허세	과세표준액 결정자료	「지방세법」 제27조 제2항 및 제4조 제1항, 시행령 제2조	'96.1.1
기타	개발부담금	개발사업 종료시점지가 개시시점지가, 산정	「개발이익법」 제10조 제1항 및 제3항	'93.8.11
	개발제한구역 보전부담금	개발제한구역 보전 부담금 산정기준	「개발제한구역법」 제24조 제1항	'00.7.1
	개발제한구역내 토지매수	개발제한구역내 매수 대상토지 판정 기준	「개발제한구역법」 제17조 제3항, 같은 법 시행령 제28조	'00.7.1
	국·공유재산의 대부료·사용료	대부료·사용료 산정을 위한 토지가액	「국유재산법」 법 제32조 제1항, 같은 법 시행령 제29조 제2항 제1호	'90.6.30
	공직자재산 등록	공직자의 재산등록 시 등록할 토지의 개별공시지가	「공직자윤리법」 제4조 제3항 등	
	건강보험료	지역가입자의 부과표준소득 파악 시 재산세의 부과대상이 되는 주택의 재산세 과세표준금액을 기준으로 재산의 등급별 점수를 산정하여 반영	「국민건강보험법」 제72조 및 같은 법 시행령 제42조 제3항 제1호([별표] 4 보험료부과점수의 산정방법)	
	근로장려금의 신청자격	무주택자 또는 토지·건물·자동차·예금 등 대통령령으로 정하는 재산이 1억원 미만인 보유자	「조세특례제한법」 제100조의3 및 같은 법 시행령 제100조의4	

2. 판례

개별공시지가는 그 산정 목적인 개발부담금의 부과, 토지 관련 조세 부과 등 다른 법령이 정하는 목적을 위해 지가를 산정하는 경우에 그 산정 기준이 되는 범위 내에서는 납세자인 국민 등의 재산상 권리·의무에 직접적인 영향을 미칠 수 있지만, 이에 더 나아가 개별공시지가가 당해 토지의 거래 또는 담보제공을 받음에 있어 그 실제 거래가액 또는 담보가치를 보장한다거나 어떠한 구속력을 미친다고 할 수는 없다. 그럼에도 개개 토지에 관한 개별공시지가를 기준으로 거래하거나 담보제공을 받았다가 당해 토지의 실제 거래가액 또는 담보가치가 개별공시지가에 미치지 못함으로 인해 발생할 수 있는 손해에 대해서까지 그 개별공시지가를 결정·공시하는 지방자치단체에 손해배상책임을 부담시키게 된다면, 개개 거래당사자들 사이에 이루어지는 다양한 거래관계와 관련하여 발생한 손해에 대하여 무차별적으로 책임을 추궁당하게 되고, 그 거래관계를 둘러싼 분쟁에 끌려들어가 많은 노력과 비용을 지출하는 결과가 초래되게 된다. 이는 결과발생에 대한 예견가능성의 범위를 넘어서는 것임은 물론이고, 행정기관이 사용하는 지가를 일원화하여 일정한 행정목적을 위한 기준으로 삼음으로써 국토의 효율적인 이용과 국민경제의 발전에 기여하려는 구 부동산 가격공시 및 감정평가에 관한 법률(2008. 2. 29. 법률 제8852호로 개정되기 전의 것)의 목적과 기능, 그 보호법익의 보호범위를 넘어서는 것이다.[232]

Ⅳ. 개별공시지가에 대한 불복

1. 법적 성질

표준지공시지가의 법적 성질과 마찬가지로 개별공시지가에서도 다음과 같은 견해가 대립하고 있다.

가. 학설 및 판례

(1) **행정입법(입법행위)설**: 개별공시지가는 개발부담금 등의 부과의 전제가 되는 법적인 것이지만, 개별공시지가의 결정·공시 그 자체는 사인의 권리·의무를 발생시키는 구체적 사실입법에 대한 법집행행위로 보기 어려운 바, 「행정소송법」상 처분개념으로 보기 곤란하여, 행정입법의 성질을 가진다는 견해가 있다.[233] 이 밖에도 법규명령의 성질을 갖는 고시에 준하는 성질을 갖는 것으로 보는 견해가 있는데 그 근거로 개별공시지가의 결정은 국민의 권리의무에 직접 영향이 미치지만 어떠한 구체적인 법적 효과(권리의무관계의 변동)가 발생하지 않기 때문이라고 한다.[234]

(2) **행정계획설**: 개별공시지가 공시는 대내적으로 행정주체에 대하여 법적 의무를 부과하는 구속적 행정계획이라는 설이다.[235]

(3) **사실행위설**: 이 설은 개별공시지가는 현실적으로 존재하는 정상지가를 조사하여 공시함으로써 지가정보를 제공하는 의사작용을 요소로 하는 사실행위라고 본다.[236]

(4) **행정행위설**: 행정행위설에도 통상의 행정행위로 보는 견해와 물적 행정행위로 보거나 이에 더하여 일반처분으로 보는 견해가 있다.

먼저 행정행위로 보는 견해는, 「부동산가격공시법」 제10조 제5항에 따른 토지소유자, 그 밖의 이해

---

232) 대법원 2010. 7. 22. 선고 2010다13527 판결.
233) 홍정선, 행정법원론(하), 박영사, 2015, 719면.
234) 박균성, 행정법론(하), 박영사, 2017, 798면.
235) 강교식·임호정, "공시지가 및 개별공시지가의 결정이 행정소송의 대상인지", 감정평가논집 제9호, 1999. 2., 15면.
236) 이춘섭, "[判例評釋] 公示地價, 個別地價는 行政訴訟의 對象인가?(下)", 사법행정 제33권 제12호, 1992. 12., 62면.

관계인의 의견청취 및 같은 법 제11조에 따른 이의신청 및 처리절차와 이의제기기간의 제한 등을 규정하고 있는 바, 이는 개별공시지가결정이 행정처분임을 전제로 한 것이라고 볼 수 있고, 더욱이 조세부과 등의 행정처분을 함에 있어서 통상적으로 개별공시지가에 기속된다는 점에서 국민의 권리·의무에 직접 영향을 미치는 행위라고 볼 수 있으므로 행정처분으로 보아야 할 것이다.[237] 그리고 개별공시지가는 개별토지의 단위면적당 가격을 공시하는 것으로 법령에서 토지가격의 산정을 개별공시지가에 의하도록 한 경우에는 후속행위(과세처분)에 대하여 개별공시지가는 법적 구속력을 가지면, 그 가격대로 과세표준 등을 정하여 후속 처분을 하게 된다. 이러한 경우에는 분쟁의 조기 확정 내지 법률관계의 조기 안정을 위하여 굳이 후속처분을 기다릴 필요 없이 개별공시지가 그 자체에 대하여 처분을 인정하여 행정소송으로 다툴 수 있게 하여야 한다.[238]

두 번째로 개별공시지가가 그 성질상 단순한 기준으로서 작용하는 것이므로 일반적이고 추상적인 규율을 의미하게 되고 이에 따라 개별성과 구체성을 결여한다는 논거에 대하여는, 행정행위 개념의 특징으로 인정되는 개별성과 구체성은 그 대상의 인적 범위의 특정성과 관련된 것이며, 개별공시지가는 사람을 대상으로 하는 것이 아니라 개별토지의 성질이나 상태에 대한 규율의 성질을 띠고 있는 것이므로 이때에는 인적범위의 특정성 유무는 의미를 갖지 못하게 된다. 따라서 <u>물적 행정행위</u>는 직접적으로는 물건의 성질이나 상태에 관한 규율을 내용으로 하는 것이고 간접적으로는 이와 관련되는 당사자의 권리·의무관계 영향을 미치는 행위로서 그 체계상 일반처분에 속하는 것으로 개별공시지가는 물적 행정행위로서 일반처분이라는 견해이다.[239] 이에 대하여 개별공시지가는 개별토지에 대하여 결정되는 것이라는 점에서 물적 행정행위라는 점을 인정하면서도, 그 법적 효과는 각 토지 및 그 소유자에 대하여 개별적으로 발생하는 것이라는 점에서 <u>일반처분</u>으로 보기 어렵다고 한다.[240]

판례도 "<u>시장·군수 또는 구청장</u>의 개별토지가격결정은 관계법령에 의한 토지초과이득세, 택지초과소유부담금 또는 개발부담금 산정의 기준이 되어 국민의 권리나 의무 또는 법률상 이익에 직접적으로 관계되는 것으로서 「행정소송법」 제2조 제1항 제1호 소정의 행정청이 행하는 구체적 사실에 관한 법집행으로서의 공권력행사이므로 항고소송의 대상이 되는 행정처분에 해당한다고" 하고 있다.[241]

---

237) 김연태, 행정법사례연습, 913면; 김남철, 행정법강론, 1273면.
238) 박윤흔·정형근, 최신행정법강의(하), 664면.
239) 류지태·박종수, 행정법신론, 1167면; 정하중교수는 개별공시지가는 일정한 공과금의 납부의무 등 비록 직접적으로 개인에 대하여 의무를 부과하지는 않으나 개별토지의 단위면적당 가격으로서 부담금 등 공과금의 액수에 반영되어 간접적으로 개인의 재산권에 영향을 주는 이른바 물적 행정행위의 성격을 갖는다고 한다(정하중, 행정법개론, 1333면); 박윤흔 교수는 물적 행정행위라고 하면서도 개별공시지가결정행위의 효과가 미치는 범위가 불특정다수인인 경우이며, 다만, 각 개인의 권리·의무관계에 구체적인 영향을 미친다고 하여 그 효과가 구체적이다. 따라서 수범자는 개별적이 아닌 일반적이고 그 행위의 효과가 구체적이라는 점에서 일반처분으로 보고 있다(박윤흔·정형근, 최신행정법강의(하), 664면); 석종현, 신토지공법론(제11판), 삼영사, 2016, 667면.
240) 김동희, 행정법Ⅱ, 박영사, 2015, 495면.
241) 대법원 1993. 1. 15. 선고 92누12407 판결; 대법원 1993. 6. 11. 선고 92누16706 판결; 대법원 1994. 2. 8. 선고 93누111 판결.

나. 검토

시장, 군수, 구청장이 결정·공시한 개별공시지가의 결정은 토지초과이득세, 택지초과소유부담금 또는 개발부담금 산정 등의 기준이 되어 국민의 권리, 의무 내지 법률상 이익에 직접적으로 관계된다고 할 것이고, 따라서 이는 「행정소송법」 제2조 제1항 제1호 소정의 행정청이 행하는 구체적 사실에 관한 법집행으로서의 공권력행사이어서 행정소송의 대상이 되는 행정처분으로 보아야 할 것이다.[242]

2. 개별공시지가에 대한 이의신청[243]

가. 의의 및 연혁

(1) 개별공시지가 결정의 위법성이 인정되면 통상적인 방법에 의한 권리구제가 가능하다. 그래서 「부동산가격공시법」은 개별공시지가에 이의가 있는 자는 그 결정·공시일부터 30일 이내에 서면으로 **시장·군수 또는 구청장**에게 이의를 신청할 수 있도록 하는 행정심판으로서의 성질을 갖는 규정을 두고 있다(법 제11조 제1항). 따라서 우선 행정소송을 제기하기 전에 당사자는 선택적으로 행정심판을 제기할 수 있다(행정소송법 제18조 제1항).

(2) 동 규정에 관해서 1989. 4. 1. 제정(시행1989. 7. 1. 법률 제4120호)「지가공시법」에서는 개별공시지가에 대한 이의신청절차를 두지 않았었다. 이에 1991. 4. 2. 국무총리훈령인 「개별토지가격합동조사지침」(국무총리훈령 제248호)의 개정(시행 1991. 4. 2.)으로 제12조의2에서 지가의 재조사 청구 조항을 신설하였다. 이와 관련하여 종전의 판례는 국무총리 훈령인 「개별토지가격합동조사지침」 제12조의2 제1항의 지가재조사청구절차를 행정심판으로 보아 별도로 「행정심판법」에 의한 행정심판제기를 요하지 않는 것으로 보고 있었다. 판시사항은 다음과 같다. 개별토지가격에 대하여 이의가 있는 토지소유자 및 이해관계인은 「개별토지가격합동조사지침」에 기한 재조사청구나 「행정심판법」에 따른 행정심판 중 하나만을 거쳐 곧바로 행정소송을 제기하는 것이 가능함은 물론 위 재조사청구를 하여 그 결과통지를 받은 후에 다시 「행정심판법」에 따른 행정심판을 제기하여 그 행정심판의 재결을 거쳐 행정소송을 제기하는 것도 가능하다.[244] 이 당시에는 행정심판전치주의가 적용되던 시절이었다. 그러나 이러한 판례에 대하여 훈령의 형식으로 행정심판의 제기를 인정하는 것은 「행정심판법」과의 관계에 비추어 타당하지 못하며, 판례와는 달리 지가재조사청구 절차는 행정심판이 아니며, 단순한 내부적인 절차라는 비판도 있다.[245]

---

242) 대법원 1993. 1. 15. 선고 92누12407 판결.
243) 서울고등법원 2008. 10. 16. 선고 2008누14748 판결.
244) 대법원 1993. 12. 24. 선고 92누17204 판결; 대법원 1995. 9. 26. 선고 94누11514 판결.
245) 류지태·박종수, 행정법신론, 1171면.

나. 행정심판전치주의

1998년 3월 1일부터 시행된 개정 「행정소송법」은 이전의 필요적 행정심판전치주의를 폐지하고 임의적 행정심판전치주의를 채택하였다.

이에 대법원은 "「부감법」 제12조, 「행정소송법」 제20조 제1항, 「행정심판법」 제3조 제1항의 규정 내용 및 취지와 아울러 「부감법」에 행정심판의 제기를 배제하는 명시적인 규정이 없고 「부감법」에 따른 이의신청과 행정심판은 그 절차 및 담당 기관에 차이가 있는 점을 종합하면, 「부감법」이 이의신청에 관하여 규정하고 있다고 하여 이를 「행정심판법」 제3조 제1항에서 행정심판의 제기를 배제하는 '다른 법률에 특별한 규정이 있는 경우'에 해당한다고 볼 수 없으므로, 개별공시지가에 대하여 이의가 있는 자는 곧바로 행정소송을 제기하거나 「부감법」에 따른 이의신청과 「행정심판법」에 따른 행정심판 청구 중 어느 하나만을 거쳐 행정소송을 제기할 수 있을 뿐 아니라, **이의신청을 하여 그 결과 통지를 받은 후 다시 행정심판을 거쳐 행정소송을 제기할 수도 있다고 보아야 하고,** 이 경우 행정소송의 제소 기간은 그 행정심판 재결서 정본을 송달받은 날부터 기산한다고" 판시했다.[246]

다. 이의신청의 절차

시장·군수 또는 구청장은 이의신청 기간이 만료된 날부터 30일 이내에 이의신청을 심사하여 그 결과를 신청인에게 서면으로 통지하여야 한다. 이 경우 **시장·군수 또는 구청장**은 이의신청의 내용이 타당하다고 인정될 때에는 해당 개별공시지가를 조정하여 다시 결정·공시하여야 한다(법 제11조 제2항).

법 제11조 제1항 및 제2항에서 규정한 것 외에 이의신청 및 처리절차 등에 필요한 사항은 **대통령령**으로 정한다(법 제11조 제3항). 법 제11조 제1항에 따라 개별공시지가에 대하여 이의신청을 하려는 자는 이의신청서에 이의신청 사유를 증명하는 서류를 첨부하여 해당 **시장·군수 또는 구청장**에게 제출하여야 한다(영 제22조 제1항). **시장·군수 또는 구청장**은 제1항에 따라 제출된 이의신청을 심사하기 위하여 필요할 때에는 **감정평가법인등**에게 검증을 의뢰할 수 있다(영 제22조 제2항).

판례는 당초의 개별공시지가 결정처분을 취소하고 그것을 하향조정하라는 취지의 재결이 있은 후에도 처분청이 다시 당초 처분과 동일한 액수로 개별공시지가를 결정한 처분은 재결청의 재결에 위배되는 것으로서 위법하다고 판시하였다.[247]

3. 개별공시지가에 대한 행정소송

판례와 같이 개별공시지가의 처분성을 인정하는 입장에서는, 항고소송의 대상이 된다. 따라서 이의신청의 재결에 대하여 불복하는 자는 행정소송을 제기할 수 있다.

---

246) 대법원 2010. 1. 28. 선고 2008두19987 판결.
247) 대법원 1997. 3. 14. 선고 95누18482 판결.

4. 하자승계

가. 문제의 의의[248]

대법원은 일찍이 개별공시지가와 과세처분 간에 선행처분과 후행처분이 서로 독립하여 별개의 법률효과를 목적으로 하는 때에는 선행처분에 불가쟁력이 생겨 그 효력을 다툴 수 없게 된 경우에는 선행처분의 하자가 중대하고 명백하여 당연무효인 경우를 제외하고는 선행처분의 하자를 이유로 후행처분의 효력을 다툴 수 없는 것이 원칙이나, 선행처분과 후행처분이 서로 독립하여 별개의 효과를 목적으로 하는 경우에도 선행처분의 불가쟁력이나 구속력이 그로 인하여 불이익을 입게 되는 자에게 수인한도를 넘는 가혹함을 가져오며, 그 결과가 당사자에게 예측가능한 것이 아닌 경우에는 국민의 재판받을 권리를 보장하고 있는 헌법의 이념에 비추어 선행처분의 후행처분에 대한 구속력은 인정될 수 없다.[249]

나. 선행처분의 후행처분에 대한 구속력 입장에서 판례

대법원은 "과세처분 등 행정처분의 취소를 구하는 행정소송에서 선행처분인 개별공시지가결정의 위법을 독립된 위법사유로 주장할 수 있는지 여부에 대한 판시에서, 개별공시지가결정은 이를 기초로 한 과세처분 등과는 별개의 독립된 처분으로서 서로 독립하여 별개의 법률효과를 목적으로 하는 것이나, ① 개별공시지가는 이를 토지소유자나 이해관계인에게 개별적으로 고지하도록 되어 있는 것이 아니어서 토지소유자 등이 개별공시지가결정 내용을 알고 있었다고 전제하기도 곤란할 뿐만 아니라는 점, ② 결정된 개별공시지가가 자신에게 유리하게 작용될 것인지 또는 불이익하게 작용될 것인지 여부를 쉽사리 예견할 수 있는 것도 아닌 점, ③ 더욱이 장차 어떠한 과세처분 등 구체적인 불이익이 현실적으로 나타나게 되었을 경우에 비로소 권리구제의 길을 찾는 것이 우리 국민의 권리의식임을 감안하여 볼 때, 토지소유자 등으로 하여금 결정된 개별공시지가를 기초로 하여 장차 과세처분 등이 이루어질 것에 대비하여 항상 토지의 가격을 주시하고 개별공시지가결정이 잘못된 경우 정해진 시정절차를 통하여 이를 시정하도록 요구하는 것은 부당하게 높은 주의의무를 지우는 것인 점 등 때문이다.

따라서 위법한 개별공시지가결정에 대하여 그 정해진 시정절차를 통하여 시정하도록 요구하지 아니하였다는 이유로 위법한 개별공시지가를 기초로 한 과세처분 등 후행 행정처분에서 개별공시지가결정의 위법을 주장할 수 없도록 하는 것은 수인한도를 넘는 불이익을 강요하는 것으로서 국민의 재산권과 재판받을 권리를 보장한 헌법의 이념에도 부합하는 것이 아니라고 할 것이다.

이러한 검토결과를 바탕으로, 개별공시지가결정에 위법이 있는 경우에는 그 자체를 행정소송의 대상이 되는 행정처분으로 보아 그 위법 여부를 다툴 수 있음은 물론, 이를 기초로 한 과세처분 등 행정처분의 취소를 구하는 행정소송에서도 선행처분인 개별공시지가결정의 위법을 독립된 위법사유로 주

---

248) 기본이론은 표준지공시지가의 하자승계와 같다.
249) 대법원 1994. 1. 25. 선고 93누8542 판결.

장할 수 있다고 해석함이 타당하다고" 판시하였다.[250]

다. 검토

개별공시지가와 이에 근거한 과세처분 또는 개발부담금부과처분과의 관계에서 적용한 수인한도론의 동 판결은 그 후 대법원 2007두13845 판결에서 표준지공시지가결정과 수용재결처분과의 관계에도 이를 적용함으로써, 국민의 권리구제의 길을 넓혔다고 할 수 있다. 결론적으로 판례가 하자승계를 긍정한 표준지공시지가공시와 수용재결, 개별공시지가결정과 과세처분사이에서는 선행처분이 후행처분의 바탕이 되기는 하지만 예측가능성과 수인가능성이 없기 때문에 구속력(규준력 또는 기결력)을 인정할 수 없다.[251]

제3절 **타인토지에의 출입**

관계 공무원 또는 부동산가격공시업무를 의뢰받은 자(이하 "관계공무원등"이라 한다)는 법 제3조 제4항에 따른 표준지가격의 조사·평가 또는 제10조 제4항에 따른 개별공시지가의 산정을 위하여 필요한 때에는 타인의 토지에 출입할 수 있다(법 제13조 제1항).

관계공무원등이 택지 또는 담장이나 울타리로 둘러싸인 타인의 토지에 출입하고자 할 때에는 **시장·군수 또는 구청장**의 허가(부동산가격공시업무를 의뢰 받은 자에 한정한다)를 받아 출입할 날의 3일 전에 그 점유자에게 일시와 장소를 통지하여야 한다. 다만, 점유자를 알 수 없거나 부득이한 사유가 있는 경우에는 그러하지 아니하다(법 제13조 제2항). 출입을 하고자 하는 자는 그 권한을 표시하는 증표와 허가증을 지니고 이를 관계인에게 내보여야 한다(법 제13조 제4항). 증표와 허가증에 필요한 사항은 **국토교통부령**으로 정한다(법 제13조 제5항).

일출 전·일몰 후에는 그 토지의 점유자의 승인 없이 택지 또는 담장이나 울타리로 둘러싸인 타인의 토지에 출입할 수 없다(법 제13조 제3항).

---

250) 대법원 1994. 1. 25. 선고 93누8542 판결.
251) 박균성, 행정법론(상), 435면.

제3장 주택가격의 공시[252]

제1절 의의

Ⅰ. 주택의 의의

여기서 "주택"이란 「주택법」 제2조 제1호에 따른 주택을 말한다(법 제2조 제1호). 「주택법」 제2조 제1호에 따르면 "주택"이란 세대(世帶)의 구성원이 장기간 독립된 주거생활을 할 수 있는 구조로 된 건축물의 전부 또는 일부 및 그 부속토지를 말하며, 단독주택과 공동주택으로 구분한다. 우리나라 총 주택 수는 2018년 약 1,708만호며, 이 중 단독주택은 약 419만호, 공동주택(아파트, 연립, 다세대)은 약 1,289만호다.[253]

'단독주택'이란 1세대가 하나의 건축물 안에서 독립된 주거생활을 할 수 있는 구조로 된 주택을 말하며(「주택법」 제2조 제2호), 단독주택의 종류와 범위는 다음 각 호 1. 단독주택, 2. 다중주택, 3. 다가구주택을 말한다(주택법 시행령 제2조).

'공동주택'이란 건축물의 벽·복도·계단이나 그 밖의 설비 등의 전부 또는 일부를 공동으로 사용하는 각 세대가 하나의 건축물 안에서 각각 독립된 주거생활을 할 수 있는 구조로 된 주택을 말하며(「주택법」 제2조 제3호), 공동주택의 종류와 범위는 다음 각 호 1. 아파트, 2. 연립주택, 3. 다세대주택을 말한다(주택법 시행령 제3조).

제3장 주택가격의 공시에 관한 업무는, 「부동산가격공시법」에 따라 **감정평가법인등**이 수행하는 업무(법 제10조 제1호)가 아니고, **한국부동산원**의 업무이다.

---

252) 주택가격의 공시에 관한 규정은 공법학의 연구대상으로는 중요해 보이나, **감정평가법인등**의 업무가 아니라는 점에서, **감정평가사** 1·2차 시험과목에 속하는 것이 타당한 것인지는 의문이다.

253) 국토교통부, 2018년도 부동산 가격공시에 관한 연차보고서, 38면.

Ⅱ. 주택가격 공시제도의 도입배경[254]

1989년 「지가공시법」의 제정을 계기로 토지에 대한 모든 공적평가는 '공시지가'로 일원화 되었으나, 건물평가는 활용목적과 담당기관에 따라 다르게 조사·산정되었다. 즉 국세청은 양도소득세 부과를 목적으로 건물신축단가에 기초하여 '기준시가'를 산정하였고, 행정안전부에서는 재산세 부과를 위해 기준시가와 유사한 방식으로 '시가표준액'을 산정하였다.

그러나 건물신축단가를 기초로 건물을 평가하는 이러한 원가방식은 실제 시장가격 수준을 제대로 반영하지 못하는 문제점이 있었다. 즉, 평가된 과세가격(기준시가, 과세시가표준액)이 시장가격 수준과 큰 차이를 보였으며, 더불어 인근 부동산과의 가격균형도 이루어지지 않았다.

통상적으로 토지와 건물이 일체로 거래되는 시장상황에서 토지와 건물을 상이한 평가방식(거래사례비교방식, 원가방식)에 따라 각각 평가함으로 인해 시장가격과 크게 괴리된 별도의 평가가격들이 도출되었고, 이는 궁극적으로 과세 불평등을 초래하는 원인이 되었다. 또한, 2000년 이후 급격한 부동산가격 상승을 계기로 부동산시장 안정화를 위해 다양한 세제개편(보유세 강화, 거래세 인하, 종합부동산세 도입)을 추진하게 되었고, 이 과정에서 정책실효성 제고를 위해 기존 평가체계의 개편이 필요하게 되었다.

기존 부동산 평가체계 자체의 본질적인 문제점과 세제개편에 따른 정책 실효성 제고 차원에서 2003년부터 평가체계 개편 논의가 본격적으로 대두되기 시작하였다. 평가체계 개편의 주요 방향은 토지와 건물을 일괄로 평가하되, 시장가치에 기초한 평가가 이루어지도록 하는 것이었다.[255] 이에 정부는 2004년 9월 토지와 건물을 통합 평가하는 방식으로 평가체계 개편을 결정하였다. 다만 전면적인 체계 개편에 따른 부작용을 최소화하기 위하여 그 대상을 주택(단독주택, 공동주택)으로 한정하였다.

〈표5〉 주택가격 공시제도 도입·추진 경위

구 분	일 시	주 요 내 용
도입 단계	2004.9.	• 토지건물 통합평가 및 통합과세 방안 추진 결정-국민경제자문회의
	2004.10.	• 단독주택 평가방안 검토 및 결정 - 공동주택: 전수조사 - 단독주택: 표준주택, 비준표 활용 대량 산정
	2004.12.	• 근거법령 개정: 「지가공시법」 ➡ 「부감법」 ➡ 「부동산가격공시법」
시행 단계	2004.11. ~2005.1.	• 주택가격조사 실시 - 공동주택: 국토교통부(구 건교부)(한국감정원) - 단독주택 - 표준주택: 국토교통부(구 건교부)(한국감정평가사협회) - 개별주택: 시장·군수·구청장
	2005. 1	• 표준주택(13만5천호) 가격공시
	2005.2.	• 개별주택

---

254) 국토교통부, 2018년도 부동산 가격공시에 관한 연차보고서, 36~37면.
255) 구법에서는 감정평가사의 감정평가에 기초한 것이므로 시장가치에 기초한 평가는 표현이 적당할지 모르나, 현행 법에서는 조사·산정이라는 법률용어를 사용하면서 평가와 혼용하여 사용하고 있어 적절해 보이지 않는다.

구 분	일 시	주 요 내 용
		- 주택가격비준표 작성/자동산정프로그램(HPAS) 개발 - 개별주택가격 산정지침 작성 • 공동주택: 전수조사 실시
	2005.4.	• 개별주택 및 공동주택(연립·다세대) 가격 공시: 2005년에 한해 공동주택 중 아파트·대형연립은 국세청에서 기준시가로 고시
	2006~	• 전국의 모든 단독 및 공동주택에 대한 가격 공시

출처: 국토교통부, 2018년도 부동산 가격공시에 관한 연차보고서

Ⅲ. 주택가격 공시의 조사대상

주택가격의 공시는 단독주택가격공시와 공동주택가격공시로 나뉘고 단독주택가격의 공시는 표준주택가격공시와 개별주택가격공시로 나누어진다.

토지와 건물을 통합 평가하여 가격을 공시하는 '주택가격 공시제도'의 대상이 되는 총 주택 수는 2018년 약 1,708만호며, 이 중 단독주택은 약 419만호, 공동주택(아파트, 연립, 다세대)은 약 1,289만호다.

제2절　단독주택가격의 공시

제1항 의의

여기서 '단독주택'이란 공동주택을 제외한 주택이지만(법 제2조 제3호), 「주택법」 제2조 제2호에 따르면 1세대가 하나의 건축물 안에서 독립된 주거생활을 할 수 있는 구조로 된 주택으로, 단독주택의 형태를 갖춘 가정어린이집·공동생활가정·지역아동센터 및 노인복지시설(노인복지주택은 제외한다)을 포함하여 단독주택은 1. 단독주택, 2. 다중주택, 3. 다가구주택 4. 공관으로 구분된다(주택법 시행령 제2조).

이중에서 제2호의 다중주택은 다음 가. 학생 또는 직장인 등 여러 사람이 장기간 거주할 수 있는 구조로 되어 있는 것, 나. 독립된 주거의 형태를 갖추지 아니한 것(각 실별로 욕실은 설치할 수 있으나, 취사시설은 설치하지 아니한 것을 말한다), 다. 1개 동의 주택으로 쓰이는 바닥면적의 합계가 330제곱미터 이하이고 주택으로 쓰는 지하층은 제외한 층수가 3개 층 이하일 것의 요건을 모두 갖춘 주택을 말한다. 제3호의 다가구주택은 다음 가. 주택으로 쓰는 지하층은 제외한 층수가 3개 층 이하일 것. 다만, 1층의 전부 또는 일부를 필로티 구조로 하여 주차장으로 사용하고 나머지 부분을 주택 외의 용도로 쓰는 경우에는 해당 층을 주택의 층수에서 제외한다. 나. 1개 동의 주택으로 쓰이는 바닥면적(부설

주차장 면적은 제외한다. 이하 같다)의 합계가 660제곱미터 이하일 것, 다. 19세대(대지 내 동별 세대수를 합한 세대를 말한다) 이하가 거주할 수 있을 것의 요건을 모두 갖춘 주택으로서 공동주택에 해당하지 아니하는 것을 말한다.[256)]

단독주택가격의 공시는 표준주택가격의 공시와 개별주택가격의 공시로 나뉜다. 조사대상은 단독주택 419만호 중, 우선 대표성이 인정되는 22만호를 표준주택으로 선정하여 적정가격을 조사·산정하여 **국토교통부장관**이 공시하고, 그 외 개별주택 약 397만호는 시장·군수·구청장이 **국토교통부장관**이 공시한 표준주택가격을 기준으로 개별주택가격을 조사·산정하여 공시한다.[257)] 아파트 1,030만호, 연립주택 50만호, 다세대주택 209만호 등 공동주택 1,289만호는 **한국부동산원**에서 전수 조사하여 **국토교통부장관**이 가격을 공시한다.[258)]

제2항 표준주택가격의 공시

I. 표준주택가격의 의의

표준주택가격이라 함은 **국토교통부장관**이 용도지역, 건물구조 등이 일반적으로 유사하다고 인정되는 일단의 단독주택 중에서 선정한 표준주택에 대하여 매년 공시기준일 현재의 적정가격을 조사·산정 및 공시한 것을 말한다(법 제16조 제1항).

국토교통부장관이 **감정평가법인등**에 의뢰하여 표준지공시지가를 조사·평가하는 방법과 유사하게 표준주택가격에 대해서는 **감정평가법인등**이 아닌 **부동산원**에 의뢰하여 표준주택가격을 조사·산정하게 하고, 이에 대한 중앙부동산가격공시위원회의의 심의를 거쳐, **국토교통부장관**이 공시하는 절차로 나아간다. **부동산원**의 조사·산정 및 국토교동부장관의 공시절차를 거치면, 당해 표준주택가격도 일정한 효력을 지니게 된다(법 제19조).

---

256) 주택법 제2조 제2호 및 시행령 제2조

〈표 6〉 단독주택의 종류와 범위

종류	요건	비고
1. 단독주택		
2. 다중주택	학생 또는 직장인 등 여러 사람이 장기간 거주할 수 있는 구조 독립된 주거의 형태를 갖추지 아니한 것 바닥면적의 합계가 330제곱미터 이하, 지하층은 제외한 층수가 3개 층 이하	
3. 다가구주택	층수가 3개 층 이하 1개 동의 주택으로 쓰이는 바닥면적(부설 주차장 면적은 제외)의 합계가 660제곱미터 이하 대지 내 동별 세대수를 합하여 19세대 이하	
4. 공관		

257) 국토교통부, 앞의 부동산 가격공시에 관한 연차보고서, 38면.

258) 국토교통부, 2018년도 부동산 가격공시에 관한 연차보고서, 38면.

II. 표준주택가격의 조사·산정 및 심의

1. 의의 및 조사·산정의 법적 성격

표준주택가격은 **국토교통부장관**이 의뢰한 **부동산원**이 주택특성 조사, 가격자료 수집, 지역분석과 시·군·구/시·도/전국 가격균형협의와 소유자/시·군·구의 의견청취 결과를 바탕으로 적정가격을 조사·산정하고 이를 중앙부동산가격공시위원회의 심의를 거쳐 공시한다.[259]

표준지공시지가의 조사·평가업무가 **감정평가법인등**의 업무에 속하고, 그 보고서도 판례에 의하면 감정평가서이다. 표준주택가격의 조사·산정업무는 **감정평가법인등**의 업무가 아니며, 「부동산가격공시법」·「한국부동산원법」에 따라 **부동산원**의 업무에 속한다. 그렇지만 표준주택가격의 조사·산정의 법적 성질은 표준지공시지가의 조사·평가와 달리 볼 이유가 없어 보인다.

국토교통부장관은 표준주택의 선정 또는 표준주택가격의 조사·산정을 위하여 필요한 경우에는 관계 행정기관에 해당 토지의 인·허가 내용, 개별법에 따른 등록사항 등 **대통령령**으로 정하는 관련 자료의 열람 또는 제출을 요구할 수 있다. 이 경우 관계 행정기관은 정당한 사유가 없으면 이에 응하여야 한다는 법 제4조 표준지공시지가의 조사협조에 대한 규정은 표준주택가격의 공시에 준용한다(법 제16조 제7항).

2. 표준주택가격의 조사·산정 의뢰

국토교통부장관은 표준주택가격을 조사·산정하고자 할 때에는 「한국부동산원법」에 따른 **한국부동산원**(이하 "부동산원"이라 한다)에 의뢰한다(법 제16조 제4항). 표준주택가격 조사·산정을 의뢰받은 **부동산원**은 표준주택가격 및 그 밖에 **국토교통부령으로 정하는 사항**을 조사·산정한 후 **국토교통부령으로 정하는 바에 따라** 표준주택가격 조사·산정보고서를 작성하여 **국토교통부장관**에게 제출하여야 한다(영 제30조 제1항). 영 제30조 제1항에서 **"국토교통부령으로 정하는 사항"**이란 다음 각 호 1. **주택의 소재지, 공부상 지목 및 대지면적**, 2. **주택 대지의 용도지역**, 3. **도로접면**, 4. **대지 형상**, 5. **주건물 구조 및 층수**, 6. 「건축법」 제22조에 따른 **사용승인연도**, 7. **주위 환경**의 사항을 말한다(칙 제11조 제1항). 법 제16조 제4항에 따라 표준주택가격 조사·산정을 의뢰받은 **부동산원**은 영 제30조 제1항에 따라 별지 제11호 서식의 **조사·산정보고서**에 다음 각 호 1. **지역분석조서**, 2. 별지 제12호 서식에 따라 **표준주택별로 작성한 표준주택 조사사항 및 가격산정의견서**, 3. 별지 제13호 서식에 따라 작성한 **의견청취결과서**(영 제30조 제2항 및 제3항에 따라 시장·군수 또는 구청장의 의견을 들은 결과를 기재한다), 4. **표준주택의 위치를 표시한 도면**, 5. **그 밖에 사실 확인에 필요한 서류**를 첨부하여 **국토교통부장관**에게 제출하여야 한다(칙 제11조 제2항).

표준주택가격은 「부감법」을 전면개정하면서 세부담의 형평성을 제고하기 위하여 주택에 대한 토지·

---

259) 국토교통부, 위 보고서, 38면.

건물 통합 과세를 내용으로 하는 부동산 보유세제 개편에 따라 현행 공시지가제도 외에 토지와 건물의 적정가격을 통합평가하여 공시하는 주택가격공시제도를 도입하면서, 당초 표준주택가격의 적정가격을 조사·평가하고자 할 때에는 둘 이상의 **감정평가법인등**에게 이를 의뢰(부감법 제5조 제3항 및 제16조 제8항)하였던 것을, 2016. 1. 19. 「부동산가격공시법」으로 전면개정되면서 **감정평가법인등**의 조사·평가에서 **부동산원**의 조사·산정의뢰로 바뀌었다(법 제16조 제4항). 부동산가격공시업무의 의뢰 객체(조사주체)가 바뀌면서 업무의 성격이 조사·평가에서 조사·산정업무로 변경되었고 단지 부동산가격공시제도의 적정성 제고 차원에서 입법자의 재량영역이라 할 것이다.

3. 표준주택의 선정

표준주택의 선정 등에 필요한 사항은 **대통령령**으로 정한다(법 제16조 제3항). 이와 같은 위임 규정에 따라 **국토교통부장관**은 법 제16조 제1항에 따라 표준주택을 선정할 때에는 일반적으로 유사하다고 인정되는 일단의 단독주택 중에서 해당 일단의 단독주택을 대표할 수 있는 주택을 선정하여야 한다(영 제26조 제1항). 표준주택은 전체 단독주택 약 420만호 중에서 표준주택 선정기준에 따라 22만호(약 5%)를 주건물구조, 용도지역 등을 고려하여 균형 있게 선정하여 산정한다.

법 제16조 제1항에 따른 표준주택 선정 및 관리에 필요한 세부기준은 중앙부동산가격공시위원회의 심의를 거쳐 **국토교통부장관**이 정한다(법 제24조 제5호 및 영 제26조 제2항). 「표준주택의 선정 및 관리지침」은[260] 법 제16조 제1항 및 영 제26조 제2항에 따라 표준주택의 선정 및 관리 등에 관하여 필요한 사항을 정함을 목적으로 한다.

4. 표준주택가격의 조사·산정의 기준

국토교통부장관이 표준주택가격을 조사·산정하는 경우에는 인근 유사 단독주택의 거래가격·임대료 및 해당 단독주택과 유사한 이용가치를 지닌다고 인정되는 단독주택의 건설에 필요한 비용추정액, 인근지역 및 다른 지역과의 형평성·특수성, 표준주택가격 변동의 예측 가능성 등 제반사항을 종합적으로 참작하여야 한다(법 제16조 제5항).

법 제16조 제5항에 따라 **국토교통부장관**이 표준주택가격을 조사·산정하는 경우 참작하여야 하는 사항의 기준은 다음 각 호 1. 인근 유사 단독주택의 거래가격 또는 임대료의 경우: 해당 거래 또는 임대차가 당사자의 특수한 사정에 의하여 이루어지거나 단독주택거래 또는 임대차에 대한 지식의 부족으로 인하여 이루어진 경우에는 그러한 사정이 없었을 때에 이루어졌을 거래가격 또는 임대료를 기준으로 할 것, 2. 해당 단독주택과 유사한 이용가치를 지닌다고 인정되는 단독주택의 건축에 필요한 비용추정액의 경우: 공시기준일 현재 해당 단독주택을 건축하기 위한 표준적인 건축비와 일반적인 부대비용으로 할 것과 같다(영 제31조 제1항). 이 밖에도 표준주택에 전세권 또는 그 밖에 단독주택의 사용·수익

---

260) 2017. 10. 25. 일부개정(시행 2017. 10. 25. 국토교통부훈령 제928호).

을 제한하는 권리가 설정되어 있을 때에는 그 권리가 존재하지 아니하는 것으로 보고 적정가격을 산정하여야 한다(영 제31조 제2항).

표준주택의 조사·산정 기준 및 공시절차 등에 필요한 사항은 **대통령령**으로 정한다(법 제16조 제3항). 영 제31조 제1항 및 제2항에서 규정한 사항 외에 표준주택가격의 조사·산정에 필요한 세부기준은 **국토교통부장관**이 정한다(영 제31조 제3항). 「표준주택가격 조사·산정 기준」은 「부동산가격공시법」 제16조 및 같은 법 시행령 제31조에 따른 표준주택가격의 조사·산정을 위한 세부기준과 절차 등을 정함을 목적으로 한다(표준주택가격 조사·산정 기준 제1조).[261]

표준주택의 산정가격은 해당 표준주택에 대하여 통상적인 시장에서 정상적인 거래가 이루어지는 경우 성립될 가능성이 가장 높다고 인정되는 적정가격으로 결정하되, 시장에서 형성되는 가격자료를 충분히 조사하여 표준주택의 객관적인 시장가치를 산정한다(표준주택가격 조사·산정 기준 제4조). 시장성이 있는 표준주택은 [별표 1]의 거래유형에 따른 인근 유사 단독주택의 거래가격 등을 고려하여 토지와 건물 일체의 가격으로 산정한다(표준주택가격 조사·산정 기준 제10조 제1항).

5. 가격균형 협의

가격균형 협의의 법적 근거로는 표준주택의 조사·평가 기준 등에 필요한 사항은 **대통령령**으로 정한다(법 제16조 제3항). 법 제16조 제3항에 따라 표준주택가격의 조사·산정에 필요한 세부기준은 **국토교통부장관**이 정하도록 하고 있다(영 제31조 제3항). 이에 따라 국토교통부 훈령으로 제정한 것이 「표준주택가격 조사·산정 기준」인데, 거래사례비교법 등에 따라 표준주택의 가격을 산정한 때에는 인근지역 또는 동일수급권 안의 유사지역에 있는 표준주택의 가격과 가격균형 여부를 검토하여야 한다(동 기준 제18조 제1항). 가격균형여부 검토는 시·군·구내, 시·군·구간, 시·도간, 전국 순으로 검토하도록 하고 있다(동 기준 제18조 제2항).

6. 의견청취

가. 표준주택 소유자의 의견청취

법 제3조 제2항의 토지소유자의 의견청취 조항은 표준주택가격의 공시에 준용한다(법 제16조 제7항). **국토교통부장관**은 표준주택가격을 공시하기 위하여 표준주택의 가격을 조사·산정할 때에는 **대통령령**으로 정하는 바에 따라 해당 주택 소유자의 의견을 들어야 한다(법 제3조 제2항).

국토교통부장관은 법 제3조 제2항에 따라 표준주택 소유자의 의견을 들으려는 경우에는 부동산공시가격시스템에 다음 각 호 1. 공시대상, 열람기간 및 방법, 2. 의견제출기간 및 의견제출방법, 3. 법 제16조 제4항에 따라 **부동산원**이 산정한 공시 예정가격을 20일 이상 게시하여야 한다(영 제5조 제1항). **국토**

---

261) 2016. 9. 1. 일부개정(시행 2016. 9. 1. 국토교통부훈령 제750호).

교통부장관은 영 제5조 제1항에 따른 게시사실을 표준주택 소유자에게 개별 통지해야 한다(영 제5조 제2항). 게시된 가격에 이의가 있는 표준주택 소유자는 의견제출기간에 의견을 제출할 수 있다(영 제5조 제3항). 법 제16조 제7항에 따라 해당 소유자가 표준주택의 산정가격에 대하여 의견을 제시한 때에는 그 산정가격의 적정여부를 재검토하고, 표준주택 소유자가 제시한 의견이 객관적으로 타당하다고 인정되는 경우에는 반영하여 산정가격을 조정하여야 한다(표준주택가격 조사·산정 기준 제20조).

　표준주택가격을 조사·산정하면서 **공시하기 전**에는 **표준주택 소유자에 한해서** 의견을 들으면 된다(법 제16조 제7항 및 법 제3조 제2항). 그러나 **공시 이후**에는 일정한 기간 내에 표준주택가격에 **이의가 있는 자 모두 이의신청**할 수 있다(법 제16조 제7항 및 법 제7조 제1항).

나. 시장·군수·구청장의 의견청취

　표준주택의 공시절차 등에 필요한 사항은 **대통령령**으로 정한다(법 제16조 제3항). 이의 위임에 따라 **부동산원**은 조사·산정보고서를 작성하는 경우에는 미리 해당 표준주택 소재지를 관할하는 **시장·군수 또는 구청장**의 의견을 들어야 한다(영 제30조 제2항). **시장·군수 또는 구청장**은 의견 제시 요청을 받은 경우에는 요청받은 날부터 20일 이내에 의견을 제시하여야 한다. 이 경우 시·군·구부동산가격공시위원회의 심의를 거쳐야 한다(영 제30조 제3항).

　영 제30조 제2항에 따라 **시장·군수 또는 구청장**(필요한 경우 특별시장·광역시장 또는 도지사를 포함한다)의 의견을 들고자 할 때에는 표준주택의 호별 가격 및 가격변동률, 용도지역·건물구조별 최고·최저가격, 전년대비 가격변동이 현저한 표준주택의 내역 및 변동사유 등 표준주택의 산정가격 검토에 필요한 자료를 제출하여야 한다(표준주택가격 조사·산정 기준 제21조 제1항). **시장·군수 또는 구청장**으로부터 특정한 표준주택에 대하여 산정가격의 조정의견이 제시된 때에는 그 산정가격의 적정여부를 재검토하고 그 의견이 객관적으로 타당하다고 인정되는 경우에는 반영하여 산정가격을 조정하여야 한다(표준주택가격 조사·산정 기준 제21조 제2항).

7. 조사·산정보고서의 제출

가. 조사·산정보고서의 법적 성격

　표준주택가격 조사·산정보고서는 감정평가서인지 여부에 관해서 법원에서 다투어진 바 없어 어떠한 성질로 보아야 하는지는 의문시 되지만, 법 규정이 조사·평가가 아니고 조사·산정이라는 점, **감정평가법인등**의 조사·평가가 아니고 **부동산원**의 조사·산정이라는 점에서 감정평가서가 아니라는 주장이 있을 수 있겠지만, **사견**으로는 표준지공시지가 조사·평가와 동일한 절차에 의해 이루어지고, 조사·평가와 조사·산정의 기준이 실질적으로 같으며, 더욱이 법적 효력에 있어서도 양자가 유사하고, 특히 표준지공시지가 조사·평가보고서와 국민의 권리·이익에 미치는 영향이 같다는 점에서 감정평가서의 성질로 보아야 한다.

나. 조사·산정보고서의 제출

법 제16조 제4항에 따라 표준주택가격 조사·산정을 의뢰받은 **부동산원**은 표준주택가격 및 그 밖에 **국토교통부령**으로 정하는 사항을 조사·산정한 후 **국토교통부령**으로 정하는 바에 따라 표준주택가격 조사·산정보고서를 작성하여 **국토교통부장관**에게 제출하여야 한다(영 제30조 제1항).

다. 조사·산정보고서의 적정성 검토

국토교통부장관은 제출된 보고서에 대하여 실거래신고가격 및 감정평가 정보체계 등을 활용하여 그 적정성 여부를 검토할 수 있다(영 제30조 제4항). **국토교통부장관**은 제4항에 따른 검토 결과 부적정하다고 판단되거나 표준주택가격의 조사·산정이 관계 법령을 위반하여 수행되었다고 인정되는 경우에는 **부동산원**에 보고서를 시정하여 다시 제출하게 할 수 있다(영 제30조 제5항).

8. 부동산가격공시위원회의 심의

부동산원은 조사·산정보고서를 작성하는 경우에는 미리 해당 표준주택 소재지를 관할하는 **시장·군수 또는 구청장**의 의견을 들어야 한다(영 제30조 제2항). **시장·군수 또는 구청장**은 영 제30조 제2항에 따라 의견 제시 요청을 받은 경우에는 요청받은 날부터 20일 이내에 의견을 제시하여야 한다. 이 경우 시·군·구부동산가격공시위원회의 심의를 거쳐야 한다(영 제30조 제3항). 법 제25조 제1항에 따른 시·군·구부동산가격공시위원회의 심의 사항은 이를 명시하고 있지 않고 있으나 이를 명시하는 것이 옳을 것으로 보인다.

그리고 법 제16조에 따라 조사·산정된 표준주택가격에 대하여 **국토교통부장관** 소속의 중앙부동산가격공시위원회 심의를 거쳐야 한다(법 제24조 제1항 제6호). 이와 같은 부동산가격평가위원회의 법적 성격은 조사·평가된 표준지의 공시가격을 변동시킬 수 있는 의결기관이 아니라 자문기관이라고 보아야 한다.

Ⅲ. 표준주택가격의 공시

1. 공시권자 및 공시기준일

국토교통부장관이 조사·산정 및 공시권자이다. 표준주택의 공시기준일, 공시의 시기 및 공시절차 등에 필요한 사항은 **대통령령**으로 정한다(법 제16조 제3항). 법 제16조 제1항에 따른 표준주택가격의 공시기준일은 1월 1일로 한다. 다만, **국토교통부장관**은 표준주택가격 조사·산정인력 및 표준주택 수 등을 고려하여 부득이하다고 인정하는 경우에는 일부 지역을 지정하여 해당 지역에 대한 공시기준일을 따로 정할 수 있다(영 제27조).

2. 공시사항

표준주택의 공시에는 다음 각 호 1. 표준주택의 지번, 2. 표준주택가격, 3. 표준주택의 대지면적 및 형상, 4. 표준주택의 용도, 연면적, 구조 및 사용승인일(임시사용승인일을 포함한다), 5. 그 밖에 **대통령령**으로 정하는 사항[1. 지목, 2. 용도지역, 3. 도로 상황, 4. 그 밖에 표준주택가격 공시에 필요한 사항(영 제29조)]이 포함되어야 한다(법 제16조 제2항).

3. 표준주택가격의 공시방법

국토교통부장관은 법 제16조 제1항에 따라 표준주택가격을 공시할 때에는 다음 각 호 1. 법 제16조 제2항 각 호의 사항의 개요, 2. 표준주택가격의 열람방법, 3. 이의신청의 기간·절차 및 방법의 사항을 관보에 공고하고, 표준주택가격을 부동산공시가격시스템에 게시하여야 한다(영 제28조 제1항).

표준주택가격 및 이의신청기간 등의 통지에 관하여는 표준지공시지가 및 이의신청기간 등의 통지에 관한 공시방법(영 제4조 제2항 및 제3항)을 준용한다(영 제28조 제2항).

4. 표준주택가격의 공시 이후의 조치

가. 주택가격비준표의 공급

국토교통부장관은 제17조에 따른 개별주택가격의 산정을 위하여 필요하다고 인정하는 경우에는 표준주택과 산정대상 개별주택의 가격형성요인에 관한 표준적인 비교표(이하 "주택가격비준표"라 한다)를 작성하여 **시장·군수 또는 구청장**에게 제공하여야 한다(법 제16조 제6항).

나. 표준주택가격의 열람 등

법 제6조(표준지공시지가의 열람 등)는 법 제16조 제1항에 따른 표준주택가격의 공시에 준용한다(법 제16조 제7항). 즉 **국토교통부장관**은 표준주택가격을 공시한 때에는 그 내용을 특별시장·광역시장 또는 도지사를 **거쳐 시장·군수 또는 구청장**(지방자치단체인 구의 구청장에 한정한다)에게 **송부**하여 일반인이 **열람**할 수 있게 하고, **대통령령**으로 정하는 바에 따라 이를 도서·도표 등으로 작성하여 관계 행정기관 등에 **공급**하여야 한다(법 제6조).

Ⅳ. 표준주택가격 공시의 효력

표준주택가격은 국가·지방자치단체 등이 그 업무와 관련하여 개별주택가격을 산정하는 경우에 그 기준이 된다(법 제19조 제1항).

Ⅴ. 표준주택가격에 대한 권리구제

1. 법적 성질

표준주택가격의 법적 성질에 관해서는 표준지공시지가와 유사한 성질을 갖는다는 견해가 많다.[262] 그러나 표준지공시지가와 법적 효력이 같지 않아서 같게 볼 수는 없다.

2. 표준주택가격의 공시에 대한 행정쟁송

가. 이의신청 표준지공시지가에 대한 이의신청(법 제7조)은 표준주택가격의 공시에 준용한다. 표준주택가격의 공시에 이의가 있는 자는 그 공시일부터 30일 이내에 서면(전자문서를 포함한다. 이하 같다)으로 **국토교통부장관**에게 이의를 신청할 수 있다(법 제16조 제7항 및 제7조 제1항). **국토교통부장관**은 이의신청 기간이 만료된 날부터 30일 이내에 이의신청을 심사하여 그 결과를 신청인에게 서면으로 통지하여야 한다. 이 경우 **국토교통부장관**은 이의신청의 내용이 타당하다고 인정될 때에는 표준주택을 조정하여 다시 공시하여야 한다(법 제16조 제7항). 따라서 표준주택가격에 대해 이의가 있는 자는 표준주택가격을 공시한 날부터 30일 이내에 **국토교통부장관**에게 이의를 신청(이의신청서 또는 인터넷 제출)할 수 있다.[263]

나. 행정소송 표준주택가격의 공시에 대한 행정소송에 관해서는 표준지공시지가와 유사하다.[264]

Ⅵ. 타인토지에의 출입

법 제13조(타인토지에의 출입 등)는 표준주택가격의 공시에 준용한다. 이에 따라 관계 공무원 또는 부동산가격공시업무를 의뢰받은 자(이하 "관계공무원등"이라 한다)는 법 제3조 제4항에 따른 표준지가격의 조사·평가 또는 제10조 제4항에 따른 토지가격의 산정을 위하여 필요한 때에는 타인의 토지에

---

262) 박균성, 행정법론(하), 박영사, 2017, 801면; 박윤흔·정형근, 최신행정법강의(하), 667면; 류지태·박종수, 행정법신론, 1174면.

263) 표준주택을 공시하기 전에 공시예정가격이 결정된 때에는 이를 소유자에게 통지하고 소유자가 제출한 의견이 타당할 경우에는 공시예정가격을 조정하여 사전에 주택소유자 등의 권리구제이다(법 제3조 제2항 및 제16조 제7항).

264) 박균성, 행정법론(하), 박영사, 2017, 802면; 박윤흔·정형근, 최신행정법강의(하), 667면.

출입할 수 있다(법 제13조 제1항).

관계공무원등이 제1항에 따라 택지 또는 담장이나 울타리로 둘러싸인 타인의 토지에 출입하고자 할 때에는 **시장·군수 또는 구청장**의 허가(부동산가격공시업무를 의뢰 받은 자에 한정한다)를 받아 출입할 날의 3일 전에 그 점유자에게 일시와 장소를 통지하여야 한다. 다만, 점유자를 알 수 없거나 부득이한 사유가 있는 경우에는 그러하지 아니하다(법 제13조 제2항). 출입을 하고자 하는 자는 그 권한을 표시하는 증표와 허가증을 지니고 이를 관계인에게 내보여야 한다(법 제13조 제4항). 증표와 허가증에 필요한 사항은 **국토교통부령**으로 정한다(법 제13조 제5항).

일출 전·일몰 후에는 그 토지의 점유자의 승인 없이 택지 또는 담장이나 울타리로 둘러싸인 타인의 토지에 출입할 수 없다(법 제13조 제3항).

제3항 개별주택가격의 공시

Ⅰ. 개별주택가격의 의의

개별주택가격은 **국토교통부장관**이 매년 공시하는 표준주택가격을 기준으로 시장·군수·구청장이 조사한 개별주택의 특성과 비교표준주택의 특성을 비교하여 **국토교통부장관**이 작성·공급한 주택가격비준표상의 주택특성 차이에 따른 가격배율을 산출하고 이를 표준주택가격에 곱하여 산정한 후 **부동산원**의 검증을 받아 주택소유자 등의 의견수렴과 시·군·구 부동산가격공시위원회 심의 등의 절차를 거쳐 시장·군수·구청장이 결정·공시하는 것을 말한다.

개별주택가격의 결정·공시에 이르는 절차는 **시장·군수 또는 구청장**이 개별주택가격을 먼저 조사·산정하는데 이를 산정개별주택이라 하고, 법 제25조에 따른 시·군·구부동산가격공시위원회의 심의를 거쳐 매년 표준주택가격의 공시기준일 현재 관할 구역 안의 개별주택의 가격을 결정·공시하고, 이를 관계 행정기관 등에 제공하여야 한다(법 제17조 제1항).

Ⅱ. 개별주택가격의 결정·공시

개별주택가격은 시·군·구청장이 주택가격비준표를 이용하여 지방자치단체 공무원이 직접 조사한 개별주택의 특성을 상호 비교하여 가격을 산정한 후, 그 결과의 적정성을 확보하기 위해 **부동산원**의 검증과 시·군·구 부동산가격공시위원회의 심의를 거쳐 공시한다.

1. 시장·군수 또는 구청장의 개별주택가격 조사·산정

시장·군수 또는 구청장이 개별주택가격을 결정·공시하는 경우에는 해당 주택과 유사한 이용가치를 지닌다고 인정되는 표준주택가격을 기준으로 주택가격비준표를 사용하여 가격을 산정하되, 해당 주택의 가격과 표준주택가격이 균형을 유지하도록 하여야 한다(법 제17조 제5항).

개별주택가격의 조사·산정의 기준 등에 필요한 사항은 **대통령령**으로 정한다(법 제17조 제9항). **국토교통부장관**은 법 제17조 제5항에 따른 개별주택가격 조사·산정의 기준을 정하여 **시장·군수 또는 구청장**에게 통보하여야 하며, **시장·군수 또는 구청장**은 그 기준에 따라 개별주택가격을 조사·산정하여야 한다(영 제35조 제1항). 조사·산정의 기준에는 다음 각 호 1. 주택가격형성에 영향을 미치는 주택특성 조사에 관한 사항, 2. 비교표준주택의 선정에 관한 사항, 3. 법 제16조 제6항에 따른 주택가격비준표 (이하 "주택가격비준표"라 한다)의 사용에 관한 사항, 4. 그 밖에 개별주택가격의 조사·산정에 필요한 사항이 포함되어야 한다(영 제35조 제2항).

2. 산정개별주택가격에 대한 부동산원의 검증

시장·군수 또는 구청장은 개별주택가격을 결정·공시하기 위하여 개별주택의 가격을 산정할 때에는 표준주택가격과의 균형 등 그 타당성에 대하여 **대통령령**으로 정하는 바에 따라 **부동산원**의 검증을 받고 토지소유자, 그 밖의 이해관계인의 의견을 들어야 한다. 다만, **시장·군수 또는 구청장**은 **부동산원**의 검증이 필요 없다고 인정되는 때에는 주택가격의 변동상황 등 **대통령령**으로 정하는 사항을 고려하여 **부동산원**의 검증을 생략할 수 있다(법 제17조 제6항). 개별주택가격의 검증 및 이해관계인의 의견청취 등에 필요한 사항은 **대통령령**으로 정한다(법 제17조 제9항).

시장·군수 또는 구청장은 법 제17조 제6항 본문에 따라 **부동산원**에 개별주택가격의 타당성에 대한 검증을 의뢰하는 경우에는 같은 조 제1항에 따라 산정한 전체 개별주택가격에 대한 가격현황도면 및 가격조사자료를 제공하여야 한다(영 제36조 제1항).

법 제17조 제6항 본문에 따라 검증을 의뢰받은 **부동산원**은 다음 각 호 1. 비교표준주택 선정의 적정성에 관한 사항, 2. 개별주택가격 산정의 적정성에 관한 사항, 3. 산정한 개별주택가격과 표준주택가격의 균형 유지에 관한 사항, 4. 산정한 개별주택가격과 인근주택의 개별주택가격 및 전년도 개별주택가격과의 균형 유지에 관한 사항, 5. 그 밖에 **시장·군수 또는 구청장**이 검토를 의뢰한 사항을 검토·확인하고 의견을 제시하여야 한다(영 제36조 제2항).

시장·군수 또는 구청장은 법 제17조 제6항 단서에 따라 **부동산원**의 검증을 생략할 때에는 개별주택가격의 변동률과 해당 단독주택이 있는 시·군 또는 구의 연평균 주택가격변동률(**국토교통부장관**이 조사·공표하는 연평균 주택가격변동률을 말한다) 간의 차이가 작은 순으로 대상 주택을 선정하여야 한다. 다만, 개발사업이 시행되거나 용도지역·용도지구가 변경되는 등의 사유가 있는 주택은 검증 생략 대상 주택으로 선정해서는 아니 된다(영 제36조 제3항).

영 제36조 제1항부터 제3항까지에서 규정한 사항 외에 개별주택가격의 검증에 필요한 세부적인 사항은 **국토교통부장관**이 정한다. 이 경우 검증의 생략에 대해서는 관계 **중앙행정기관의 장**과 미리 협의하여야 한다(영 제36조 제4항).

3. 개별주택 소유자 등의 의견청취

시장·군수 또는 구청장은 개별주택가격을 결정·공시하기 위하여 개별주택의 가격을 산정할 때에는 표준주택가격과의 균형 등 그 타당성에 대하여 **대통령령**으로 정하는 바에 따라 **부동산원**의 검증을 받고 **토지소유자, 그 밖의 이해관계인의 의견을 들어야** 한다(법 제17조 제6항 본문). 법 제17조 제6항 본문에 따른 의견청취에 관하여는 영 제19조(개별토지 소유자 등의 의견청취)를 준용한다(영 제37조).

4. 시·군·구부동산가격공시위원회의 심의

시·군·구부동산가격공시위원회의 심의를 거쳐 매년 개별주택의 공시기준일 현재 개별주택을 결정·공시하여야 한다(법 제17조 제1항). 후술하는 바와 같이 개별공시지가의 정정사유가 발생할 때도 심의를 거쳐야 한다(영 제23조 제2항).

5. 개별주택가격의 결정 및 공시

가. 결정·공시시한 및 공시방법

개별주택가격의 결정, 공시기준일, 공시의 시기 및 공시절차 등에 필요한 사항은 **대통령령**으로 정한다(법 제17조 제9항). **시장·군수 또는 구청장**은 매년 4월 30일까지 개별주택가격을 결정·공시하여야 한다. 다만, 공시기준일을 다르게 할 수 있는 사유와 공시시한에 관해서는 후술한다.

시장·군수 또는 구청장은 개별주택가격을 공시할 때에는 다음 각 호 1. 조사기준일 및 개별주택가격의 열람방법 등 개별주택가격의 결정에 관한 사항, 2. 이의신청의 기간·절차 및 방법의 사항을 해당 시·군 또는 구의 게시판 또는 인터넷 홈페이지에 게시하여야 한다(영 제38조 제2항).

개별주택가격의 공시방법 및 통지에 관하여는 영 제4조 제2항 및 제3항을 준용한다(영 제38조 제3항).

나. 공시 사항

개별주택가격의 공시에는 다음 각 호 1. 개별주택의 지번, 2. 개별주택가격, 3. 그 밖에 **대통령령**으로 정하는 사항[1. 개별주택의 용도 및 면적, 2. 그 밖에 개별주택가격 공시에 필요한 사항(영 제33조)]이 포함되어야 한다(법 제17조 제3항).

다. 개별주택가격을 결정·공시하지 아니할 수 있는 단독주택

표준주택으로 선정된 단독주택, 그 밖에 **대통령령**으로 정하는 단독주택[국세 또는 지방세 부과대상이 아닌 단독주택(영 제32조 제1항)]에 대하여는 개별주택가격을 결정·공시하지 아니할 수 있다. 이 경우 표준주택으로 선정된 주택에 대하여는 해당 주택의 표준주택가격을 개별주택가격으로 본다(법 제17조 제2항).

그러나 **시장·군수 또는 구청장**은 다음 각 호 1. 관계 법령에 따라 단독주택의 가격 산정 등에 개별주택가격을 적용하도록 규정되어 있는 단독주택, 2. **시장·군수 또는 구청장**이 관계 행정기관의 장과 협의하여 개별주택가격을 결정·공시하기로 한 단독주택의 어느 하나에 해당하는 단독주택에 대해서는 개별주택가격을 결정·공시하여야 한다(영 제32조 제2항).

라. 개별주택가격 공시기준일을 다르게 할 수 있는 단독주택

시장·군수 또는 구청장은 매년 4월 30일까지 개별주택가격을 결정·공시하여야 한다. **시장·군수 또는 구청장**은 공시기준일 이후에 토지의 분할·합병이나 건축물의 신축 등이 발생한 경우에는 **대통령령으로 정하는 날**을 기준으로 하여 개별주택가격을 결정·공시하여야 한다(법 제17조 제4항).

법 제17조 제4항에 따라 개별주택가격 공시기준일을 다르게 할 수 있는 단독주택은 다음 각 호 1. 「공간정보관리법」에 따라 그 대지가 **분할 또는 합병**된 단독주택, 2. 「건축법」에 따른 **건축·대수선 또는 용도변경**이 된 단독주택, 3. **국유·공유에서 매각 등에 따라 사유로 된 단독주택으로서 개별주택가격이 없는 단독주택**의 어느 하나에 해당하는 단독주택으로 한다(영 제34조 제1항).

법 제17조 제4항에서 **"대통령령으로 정하는 날"**이란 다음 각 호 1. 1월 1일부터 5월 31일까지의 사이에 제1항 각 호의 사유가 발생한 단독주택: 그 해 6월 1일, 2. 6월 1일부터 12월 31일까지의 사이에 제1항 각 호의 사유가 발생한 단독주택: 다음 해 1월 1일의 구분에 따른 날을 말한다(영 제34조 제2항). 다만, 영 제34조 제2항 제1호의 경우에는 그 해 9월 30일까지, 같은 항 제2호의 경우에는 다음 해 4월 30일까지 결정·공시하여야 한다(영 제38조 제1항).

6. 개별주택가격의 정정결정·공시

개별주택가격의 정정에 대하여는 법 제12조에 따른 개별공시지가의 정정을 준용한다(법 제17조 제8항).

7. 국토교통부장관의 지도·감독

국토교통부장관은 공시행정의 합리적인 발전을 도모하고 표준주택가격과 개별주택가격과의 균형유지 등 적정한 가격형성을 위하여 필요하다고 인정하는 경우에는 개별주택가격의 결정·공시 등에 관하여 **시장·군수 또는 구청장**을 지도·감독할 수 있다(법 제17조 제7항).

8. 개별주택가격 결정·공시비용의 보조

개별주택가격 결정·공시비용의 보조에 관하여는 영 제24조(국고에서 보조할 수 있는 비용은 개별공시지가의 결정·공시에 드는 비용의 50퍼센트 이내)를 준용한다(영 제39조).

Ⅲ. 개별주택가격의 적용 및 효력

개별주택가격은 주택시장의 가격정보를 제공하고, 국가·지방자치단체 등의 기관이 국세·지방세 등 각종 세금의 부과, 그 밖의 다른 법령에서 정하는 목적과 관련하여 주택의 가격을 산정하는 경우에 그 기준으로 활용될 수 있다(법 제19조 제2항). [265]

〈표 7〉 개별주택의 적용

구분	활용분야 및 근거법
국세	종합부동산세〔종합부동산세법 제8조, 동법 시행령 제2조의4〕
	양도소득세 과표〔소득세법 제99조 제1항〕
	상속·증여재산가액 산정을 위한 기준시가〔상속세 및 증여세법 제61조〕
지방세	재산세〔「지방세법」 제110조 제1항 및 제4조 제1항〕
	취득세〔「지방세법」 제10조 제2항 및 제4조 제1항, 시행령 제2조〕
	등록면허세〔「지방세법」 제27조 제2항 및 제4조 제1항, 시행령 제2조〕
재건축부담금	재건축 초과이익 환수에 관한 법률에 근거하여 초과이익산정을 위한 주택가액 적용〔재건축 초과이익 환수에 관한 법률 제9조〕
청약가점제 무주택자 분류	입주자모집공고일 현재 60㎡ 이하의 주택으로서 주택가격이 8천만원(수도권은 1억 3천만원) 이하인 주택 1호〔주택공급에 관한 규칙 제2조 제8호(별표1)〕
국민주택채권	등기시 국민주택채권 매입가의 기준이 됨(시가표준액) 〔주택도시기금법 제8조〕
주택자금 소득공제	주택기준시가 5천만원, 3억원 이하 - 주택마련저축불입액〔조세특례제한법 제87조〕, 장기주택저당차입금 이자상환액〔소득세법 제52조〕
기초연금	기초연금 수급권자 분류를 위한 소득인정액 산출의 기초가 되는 재산 가액으로 활용〔기초연금법 시행규칙 제2조 내지 제4조 등〕
공직자 재산등록	공직자의 재산등록시 등록할 주택공시가격〔공직자윤리법 제4조 등〕
건강보험료	지역가입자의 부과표준소득 파악 시 재산세의 부과대상이 되는 주택의 재산세과세표준금액을 기준으로 재산의 등급별 점수를 산정, 반영 〔국민건강보험법 시행령 제42조(별표 4)〕
기초생활보장	기초생활보장 수급권자 판단기준〔국민기초생활 보장법 제6조의3〕
사전채무조정제도	보유자산가액이 10억원 이하 해당〔신용회복지원협약 제31조〕
근로장려세제	무주택자 또는 주택 1채 소유, 재산의 합계액이 1억 4천만원 미만〔조세특례제한법 제100조의3, 시행령 100조의4〕

출처: 2018년도 적용 개별주택가격 조사·산정지침

---

265) 국토해양부, 2011년 적용 개별공시지가 조사·산정지침, 2010.11, 7면

IV. 개별주택가격에 대한 불복

1. 법적 성질

개별주택가격의 법적 성질에 관해서는 개별공시지가와 유사한 성질을 갖는다.[266]

2. 개별주택가격에 대한 행정쟁송

가. 이의신청 개별주택가격의 결정에 대한 이의신청은 법 제11조에 따른 개별공시지가에 대한 이의신청을 준용한다. 이 경우 제11조 제2항 후단 중 "제10조"는 "제17조"로 본다. 개별주택가격에 대하여 이의가 있는 자는 개별주택가격이 결정·공시된 날로부터 30일 이내에 시장·군수·구청장에게 이의를 신청할 수 있으며(법 제17조 제8항), 시장·군수·구청장은 이의신청기간이 만료된 날부터 30일 이내에 이의신청을 심사하여 그 결과를 이의신청인에게 서면으로 통지하여야 한다. 이 경우 시장·군수·구청장은 이의신청의 내용이 타당하다고 인정될 때에는 당해 개별주택가격을 조정하여 다시 결정·공시하여야 한다(법 제17조 제8항). 이의신청인은 이에 불복 시 행정심판 또는 행정소송 제기가 가능하다.

나. 행정소송 개별주택가격의 결정에 대한 행정소송에 관해서는 개별공시지가와 유사하다.[267]

제3절   공동주택가격의 공시

I. 공동주택가격의 의의

여기서 **"공동주택"**이란 「주택법」 제2조 제3호에 따른 주택을 말한다(법 제2조 제2호).[268] 이에 따른 "공동주택"이란 건축물의 벽·복도·계단이나 그 밖의 설비 등의 전부 또는 일부를 공동으로 사용하는 각 세대가 하나의 건축물 안에서 각각 독립된 주거생활을 할 수 있는 구조로 된 주택을 말하며, 그 종류와 범위는 1. 아파트, 2. 연립주택, 3 다세대주택이며 그 범위는 아래 각주와 같다(주택법 시행령

---

266) 박균성, 행정법론(하), 803면; 박윤흔·정형근, 최신행정법강의(하), 667면; 류지태·박종수, 행정법신론, 1174면.
267) 박균성, 행정법론(하), 박영사, 2017, 802면; 박윤흔·정형근, 최신행정법강의(하), 667면.
268) 2005년도까지 국세청에서 고시하였던 아파트 및 165㎡ 이상의 연립주택도 2006년부터는 국토교통부에서 결정·공시한다.

〈표 8〉 공동주택의 종류

·아 파 트	주택으로 쓰는 층수가 5개 층 이상인 주택
·연립주택	주택으로 쓰는 1개 동의 바닥면적(2개 이상의 동을 지하주차장으로 연결하는 경우에는 각각의 동으로 본다)합계가 660제곱미터를 초과하고, 층수가 4개 층 이하인 주택
·다세대주택	주택으로 쓰는 1개 동의 바닥면적 합계가 660제곱미터 이하이고, 층수가 4개 층 이하인 주택(2개 이상의 동을 지하주차장으로 연결하는 경우에는 각각의 동으로 본다)

제3조). 우리나라 아파트 1,030만호, 연립 50만호, 다세대 209만호 등 공동주택 1,289만호는 **부동산원**에서 전수조사하여 **국토교통부장관**이 가격을 공시한다.[269]

"공동주택가격"이란 **국토교통부장관**이 공동주택에 대하여 매년 공시기준일 현재의 적정가격을 조사·산정하여 공시하는 가격을 말하는데, **국토교통부장관**은 공동주택에 대하여 매년 공시기준일 현재의 적정가격을 조사·산정하여 법 제24조에 따른 중앙부동산가격공시위원회의 심의를 거쳐 공시한 것을 말하고, 이를 관계 행정기관 등에 제공하여야 한다(법 제18조 제1항 본문). 공동주택가격의 조사·산정 및 공시권자는 **국토교통부장관**이다.

II. 공동주택가격의 조사·산정

1. 의의

공동주택가격은 **부동산원**이 현장조사(주택특성조사, 가격자료 수집 등), 가격형성 요인 및 지역분석 등을 통해 적정가격을 산정하며, 소유자 등의 열람 및 의견을 청취하고, 제출된 의견에 대한 재조사·산정을 실시한 후 중앙부동산가격공시위원회 심의를 거쳐 공시한다.

국토교통부장관은 공동주택의 조사·산정의 대상의 선정 또는 공동주택가격의 조사·산정을 위하여 필요한 경우에는 관계 행정기관에 해당 토지의 인·허가 내용, 개별법에 따른 등록사항 등 **대통령령**으로 정하는 관련 자료의 열람 또는 제출을 요구할 수 있다. 이 경우 관계 행정기관은 정당한 사유가 없으면 이에 응하여야 한다는 법 제4조 표준지공시지가의 조사협조에 대한 규정은 공동주택가격의 공시에 준용한다(법 제16조 제7항).

그리고 공동주택의 조사대상의 선정, 공시기준일, 공시의 시기, 공시사항, 조사·산정 기준 및 공시절차 등에 필요한 사항은 **대통령령**으로 정한다(법 제18조 제3항).

[그림 1] 공동주택가격의 조사·산정 절차

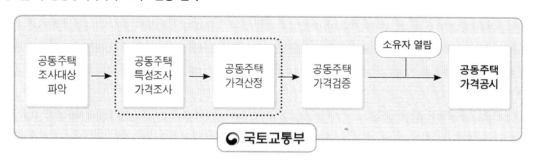

출처: 국토교통부, 2018년도 부동산 가격공시에 관한 연차보고서

---

[269] 국토교통부, 2018년도 부동산 가격공시에 관한 연차보고서, 38면; 전수조사는 전체조사(全體調査)·완전계수법(完全計數法) 등으로도 불리며 모집단 내의 일부만을 조사하여 전체를 추정하는 표본조사(sampling survey)와 대비된다.

2. 조사·산정의 의뢰

국토교통부장관이 제1항에 따라 공동주택가격을 조사·산정하고자 할 때에는 **부동산원**에 의뢰한다 (법 제18조 제6항).

3. 조사·산정의 대상 및 제외대상

공동주택의 조사대상의 선정은 **대통령령**으로 정한다(법 제18조 제3항). 영 제45조 제3항의 위임에 따라 **국토교통부장관**의 훈령인 「공동주택가격 조사·산정 기준」에 규정되어 있다.

집합건축물대장의 전유부분의 용도가 「부동산가격공시법」 제2조 제2호에 따른 공동주택에 해당하고 실제용도가 공동주택인 경우를 조사·산정대상으로 한다(공동주택가격 조사·산정 기준 제4조). 공시대상 공동주택은 적법한 공동주택을 그 대상으로 하며, 적법성 판단은 집합건축물대장의 등재여부에 의한다.

공동주택가격을 조사·산정하지 아니하는 경우는 다음 각 호 1. 집합건축물대장에 등재되지 아니한 경우, 2. 국·공유재산인 경우, 3. 물리적 멸실 또는 공부상 멸실이 이루어진 경우, 4. 전유부분의 실제 용도가 공동주택이 아닌 경우, 5. 전유부분의 실제용도가 공동주택 외의 용도에 50%를 초과하여 겸용되는 경우와 같다. 다만, 관계법령에 따라 공동주택가격을 적용하도록 규정되어 있는 공동주택과 **국토교통부장관**이 관계행정기관의 장과 협의하여 공동주택가격을 결정·공시하기로 한 경우는 제외한다(공동주택가격 조사·산정 기준 제5조).

4. 조사·산정의 기준

국토교통부장관이 제1항에 따라 공동주택가격을 조사·산정하는 경우에는 인근 유사 공동주택의 거래가격·임대료 및 해당 공동주택과 유사한 이용가치를 지닌다고 인정되는 공동주택의 건설에 필요한 비용추정액, 인근지역 및 다른 지역과의 형평성·특수성, 공동주택가격 변동의 예측 가능성 등 제반사항을 종합적으로 참작하여야 한다(법 제18조 제5항).

공동주택의 조사·산정 기준 등에 필요한 사항은 **대통령령**으로 정한다(법 제18조 제3항). 법 제18조 제5항에 따라 **국토교통부장관**이 공동주택가격을 조사·산정하는 경우 참작하여야 하는 사항의 기준은 다음 각 호 1. 인근 유사 공동주택의 거래가격 또는 임대료의 경우: 해당 거래 또는 임대차가 당사자의 특수한 사정에 의하여 이루어지거나 공동주택거래 또는 임대차에 대한 지식의 부족으로 인하여 이루어진 경우에는 그러한 사정이 없었을 때에 이루어졌을 거래가격 또는 임대료를 기준으로 할 것, 2. 해당 공동주택과 유사한 이용가치를 지닌다고 인정되는 공동주택의 건설에 필요한 비용추정액의 경우: 공시기준일 현재 해당 공동주택을 건축하기 위한 표준적인 건축비와 일반적인 부대비용으로 할 것과 같다 (영 제45조 제1항).

공동주택에 전세권 또는 그 밖에 공동주택의 사용·수익을 제한하는 권리가 설정되어 있을 때에는 그 권리가 존재하지 아니하는 것으로 보고 적정가격을 산정하여야 한다(영 제45조 제2항).

영 제45조 제1항 및 제2항에서 규정한 사항 외에 공동주택가격의 조사·산정에 필요한 세부기준은 **국토교통부장관**이 정한다(영 제45조 제3항). 법 제18조 및 영 제45조 제3항의 위임에 따라 제정된「공동주택가격 조사·산정 기준」은 공동주택가격을 조사·산정하기 위한 세부적인 기준과 절차 등을 정함을 목적으로 한다.[270]

5. 공동주택소유자와 그 밖의 이해관계인의 의견청취

국토교통부장관은 공동주택가격을 공시하기 위하여 그 가격을 산정할 때에는 **대통령령**으로 정하는 바에 따라 **공동주택소유자와 그 밖의 이해관계인의 의견을 들어야** 한다(법 제18조 제2항). 법 제18조 제2항에 따른 의견청취에 관하여는 영 제5조 제1항 및 제3항을 준용한다(영 제42조). **국토교통부장관**은 법 제18조 제2항에 따라 공동주택소유자와 그 밖의 이해관계인의 의견을 들으려는 경우에는 부동산 공시가격시스템에 다음 각 호 1. 공시대상, 열람기간 및 방법, 2. 의견제출기간 및 의견제출방법, 3. 법 제18조 제6항에 따라 **부동산원**이 조사·산정한 공시 예정가격을 20일 이상 게시하여야 한다(영 제42조 및 영 제5조 제1항). 영 제5조 제1항에 따라 게시된 가격에 이의가 있는 공동주택 소유자 등은 의견제출기간에 의견을 제출할 수 있다(영 제42조 및 영 제5조 제3항).

그러나 우리나라 공동주택 세대수가 1,289만호인 점을 감안하여 영 제42조에서 영 제5조 제2항(**국토교통부장관**은 필요하다고 인정하는 경우에는 공동주택가격과 이의신청의 기간·절차 및 방법을 표준지 소유자에게 개별 통지할 수 있는 재량규정)을 준용하고 있지 않다.

6. 조사·산정보고서의 작성 및 제출

법 제18조 제6항에 따라 공동주택가격 조사·산정을 의뢰받은 **부동산원**은 공동주택가격 및 그 밖에 **국토교통부령**으로 정하는 사항[다음 각 호 1. 공동주택의 소재지, 단지명, 동명 및 호명, 2. 공동주택의 면적 및 공시가격, 3. 그 밖에 공동주택가격 조사·산정에 필요한 사항을 말한다(칙 제19조 제1항)]을 조사·산정한 후 **국토교통부령**으로 정하는 바에 따라 공동주택가격 조사·산정보고서를 작성하여 **국토교통부장관**에게 제출하여야 한다(영 제46조 제1항). 공동주택가격 조사·산정보고서의 법적 성질은 표준주택가격 조사·산정보고서와 같은 문제이다.

법 제18조 제6항에 따라 공동주택가격 조사·산정을 의뢰받은 **부동산원**은 영 제46조 제1항에 따라 개별 공동주택가격 외에 다음 각 호 1. 공동주택 분포현황, 2. 공동주택가격 변동률, 3. 공동주택가격 총액 및 면적당 단가·평균가격, 4. 공동주택가격 상위·하위 현황, 5. 의견제출 및 이의신청 접수현황 및 처리현황, 6. 그 밖에 공동주택가격에 관한 사항이 포함된 조사·산정보고서를 책자 또는 전자정보의 형태로 **국토교통부장관**에게 제출하여야 한다(칙 제19조 제2항).

---

270) 2016. 9. 1. 일부개정(시행 2016. 9. 1. 국토교통부훈령 제753호).

국토교통부장관은 제1항에 따라 <u>보고서를 제출받으면</u> 다음 각 호 1. <u>행정안전부장관</u>, 2. <u>국세청장</u>, 3. 특별시장·광역시장·특별자치시장·도지사 또는 특별자치도지사(이하 "시·도지사"라 한다), 4. **시장·군수 또는 구청장**의 자에게 해당 보고서를 제공하여야 한다(영 제46조 제2항).

보고서를 제공받은 자는 **국토교통부장관**에게 보고서에 대한 적정성 검토를 요청할 수 있다(영 제46조 제3항). 제출된 보고서에 대한 적정성 여부 검토 및 보고서 시정에 관하여는 영 제30조 제4항 및 제5항(표준주택가격의 조사·산정보고서 검토)을 준용한다(영 제46조 제4항). 즉 **국토교통부장관**은 영 제46조 제1항에 따라 제출된 보고서에 대하여 <u>실거래신고가격 및 감정평가 정보체계 등을 활용하여</u> 그 적정성 여부를 검토할 수 있다(영 제46조 제4항 및 영 제30조 제4항). **국토교통부장관**은 영 제46조 제4항에 따른 <u>검토 결과 부적정하다고 판단되거나 공동주택가격의 조사·산정이 관계 법령을 위반하여 수행되었다고 인정되는 경우</u>에는 **부동산원**에 보고서를 시정하여 다시 제출하게 할 수 있다(영 제46조 제4항 및 영 제30조 제5항).

Ⅲ. 공동주택가격의 공시

1. 공시권자 및 공시기준일

국토교통부장관이 공시권자이다. 공동주택의 공시기준일은 **대통령령**으로 정한다(법 제18조 제3항). 공동주택가격의 공시기준일은 1월 1일로 한다. 다만, **국토교통부장관**은 공동주택가격 조사·산정인력 및 공동주택의 수 등을 고려하여 부득이하다고 인정하는 경우에는 일부 지역을 지정하여 해당 지역에 대한 공시기준일을 따로 정할 수 있다(영 제40조).

2. 공시시한, 공시사항, 공시방법 및 공동주택가격의 통지

가. 공시시한: 공동주택의 공시의 시기, 공시사항 등에 필요한 사항은 **대통령령**으로 정한다(법 제18조 제3항). **국토교통부장관**은 <u>매년 4월 30일까지</u> 공동주택가격을 산정·공시하여야 한다(영 제43조 제1항 본문).

나. 공시사항: 법 제18조 제1항에 따른 공동주택가격의 공시에는 다음 각 호 1. <u>공동주택의 소재지·명칭·동·호수</u>, 2. <u>공동주택가격</u>, 3. <u>공동주택의 면적</u>, 4. <u>그 밖에 공동주택가격 공시에 필요한 사항</u>이 포함되어야 한다(영 제43조 제2항).

다. 공시방법 및 공동주택가격의 통지: **국토교통부장관**은 법 제18조 제1항 본문에 따라 공동주택가격을 공시할 때에는 다음 각 호 1. <u>영 제43조 제2항 각 호의 사항의 개요</u>, 2. <u>공동주택가격의 열람방법</u>, 3. <u>의의신청의 기간·절차 및 방법</u>의 사항을 <u>관보에 공고</u>하고, 공동주택가격을 <u>부동산공시가격시스템에 게시</u>하여야 한다. 이 경우 공동주택가격의 통지에 관하여는 영 제4조 제2항 및 제3항을 준용한다

(영 제43조 제3항). **국토교통부장관**은 필요하다고 인정하는 경우에는 공동주택가격과 이의신청의 기간·절차 및 방법을 공동주택 소유자에게 개별 통지할 수 있다(영 제4조 제2항). **국토교통부장관**은 영 제4조 제2항에 따른 통지를 하지 아니하는 경우에는 제1항에 따른 공고 및 게시사실을 방송·신문 등을 통하여 알려 공동주택 소유자가 공동주택가격을 열람하고 필요한 경우에는 이의신청을 할 수 있도록 하여야 한다(영 제4조 제3항).

3. 공동주택가격 공시기준일을 다르게 할 수 있는 공동주택

국토교통부장관은 공시기준일 이후에 토지의 분할·합병이나 건축물의 신축 등이 발생한 경우에는 **대통령령으로 정하는 날**을 기준으로 하여 공동주택가격을 결정·공시하여야 한다(법 제18조 제4항). 법 제18조 제4항에 따라 공동주택가격 공시기준일을 다르게 할 수 있는 공동주택은 다음 각 호 1.「공간정보관리법」에 따라 그 대지가 분할 또는 합병된 공동주택, 2.「건축법」에 따른 건축·대수선 또는 용도변경이 된 공동주택, 3. 국유·공유에서 매각 등에 따라 사유로 된 공동주택으로서 공동주택가격이 없는 주택의 어느 하나에 해당하는 공동주택으로 한다(영 제44조 제1항).

법 제18조 제4항에서 "**대통령령으로 정하는 날**"이란 다음 각 호 1. **1월 1일부터 5월 31일까지**의 사이에 제1항 각 호의 사유가 발생한 공동주택: **그해 6월 1일**, 2. 6월 1일부터 12월 31일까지의 사이에 제1항 각 호의 사유가 발생한 공동주택: 다음 해 1월 1일의 구분에 따른 날을 말한다(영 제44조 제2항). 다만, 영 제44조 제2항 제1호의 경우에는 **그해 9월 30일까지**, 같은 항 제2호의 경우에는 다음 해 4월 30일까지 공시하여야 한다(영 제43조 제1항 단서).

4. 국세청장이 별도로 결정·고시하는 공동주택가격

국토교통부장관이 공동주택가격의 원칙적인 조사·산정 및 공시권자이지만(법 제18조 제1항 본문), 예외적으로 **국토교통부장관**에 의한 공동주택가격의 조사·산정 및 공시 이외에 **대통령령**으로 정하는 바에 따라 국세청장이 **국토교통부장관**과 협의하여 공동주택가격을 별도로 결정·고시하는 경우가 있다(법 제18조 제1항 단서). 법 제18조 제1항 단서에 따라 국세청장이 공동주택가격을 별도로 결정·고시하는 경우는 국세청장이 그 시기·대상 등에 대하여 **국토교통부장관**과의 협의를 거쳐「소득세법」제99조 제1항 제1호 라목 단서 및「상속세 및 증여세법」제61조 제1항 제4호 각목 외의 부분 단서에 따라 다음 각 호 1. 아파트, 2. 건축 연면적 165제곱미터 이상의 연립주택의 어느 하나에 해당하는 공동주택의 기준시가를 결정·고시하는 경우로 한다(영 제41조). 공동주택가격의 조사·산정·공시는 **국토교통부장관**이 행하나 가격 변동이 심한 일부 지역의 공동주택에 대해서는 양도소득세 부과 등 특별히 필요한 경우에는 국세청장이 별도로 결정·고시할 수 있도록 했다.

5. 공동주택가격의 정정공시

국토교통부장관은 법 제18조 제1항 또는 제4항에 따라 공시한 가격에 틀린 계산, 오기, 그 밖에 **대통령령**으로 정하는 명백한 오류[다음 각 호 1. 법 제18조에 따른 공시절차를 완전하게 이행하지 아니한 경우, 2. 공동주택가격에 영향을 미치는 동·호수 및 층의 표시 등 주요 요인의 조사를 잘못한 경우의 어느 하나에 해당하는 경우를 말한다(영 제47조 제1항)]가 있음을 발견한 때에는 지체 없이 이를 정정하여야 한다(법 제18조 제7항).

국토교통부장관은 법 제18조 제7항에 따라 공동주택가격의 오류를 정정하려는 경우에는 중앙부동산가격공시위원회의 심의를 거쳐 정정사항을 결정·공시하여야 한다. 다만, 틀린 계산 또는 오기의 경우에는 중앙부동산가격공시위원회의 심의를 거치지 아니할 수 있다(영 제47조 제2항).

6. 공동주택가격공시 이후의 조치

가. 공동주택가격의 공급

국토교통부장관은 법 제18조 제1항 본문에 따라 공동주택가격 공시사항을 제3항에 따른 공고일부터 10일 이내에 다음 각 호 1. 행정안전부장관, 2. 국세청장, 3. **시장·군수 또는 구청장**에게 제공하여야 한다(영 제43조 제4항).

나. 공동주택가격의 열람 등

법 제6조(열람 등)는 공동주택가격의 공시에 준용한다(법 제18조 제8항). **국토교통부장관**은 공동주택가격을 공시한 때에는 그 내용을 특별시장·광역시장 또는 도지사를 거쳐 **시장·군수 또는 구청장**(지방자치단체인 구의 구청장에 한정한다)에게 송부하여 일반인이 열람할 수 있게 하고, **대통령령**으로 정하는 바에 따라 이를 도서·도표 등으로 작성하여 관계 행정기관 등에 공급하여야 한다(법 제6조).

Ⅳ. 공동주택가격 공시의 효력

공동주택가격은 개별주택가격과 같이 주택시장의 가격정보를 제공하고, 국가·지방자치단체 등이 과세 등의 업무와 관련하여 주택의 가격을 산정하는 경우에 그 기준으로 활용될 수 있다(법 제19조 제2항).

V. 공동주택가격에 대한 권리구제

1. 법적 성질

공동주택가격은 표준주택가격보다 개별주택가격과 유사한 법적 성질을 갖는다.[271] 그러나 **토지**나 **단독주택**은 개별 토지·주택에 대하여 이들을 대표하는 **표준지**나 표준주택을 선정하여 **감정평가** 내지 **조사·산정**을 한 후 **시·군·구청장**이 이들을 기준으로 토지가격비준표를 사용하여 산정하지만, 공동주택가격은 이들 전체를 대상으로 개별공동주택으로 산정한 후 **국토교통부장관**이 공시하기 때문에 법적 성질에 관하여 당연히 같다고 할 수 없고, 공동주택이 토지나 단독주택에 비하여 국민이 재산권으로 차지하는 영향이 큰데 비하여 공시가격산정의 방법 및 절차와 이의신청의 절차 등에 비하여 국민의 권리구제에 미흡한 것으로 보인다.

2. 공동주택가격에 대한 행정쟁송

가. 이의신청: 표준지공시지가에 대한 이의신청(법 제7조)을 공동주택가격의 공시에 준용하며(법 제18조 제8항),[272] 이의신청은 공동주택가격의 결정·공시 후 공동주택가격에 대해 의견을 듣는 절차로서, 국민의 사후적 권리 구제를 위한 절차이다.

공동주택가격에 대하여 이의가 있는 자는 그 공시일부터 30일 이내에 서면(전자문서를 포함한다)으로 **국토교통부장관**에게 이의를 신청할 수 있다(법 제18조 제8항 및 제7조 제1항). 공동주택가격의 법적 성질이 개별주택가격과 유사하다고 할 수 있으나 개별주택과 달리 공시권자가 **국토교통부장관**이므로 처분청을 대상으로 이의신청을 하여야 한다.

국토교통부장관은 이의신청 기간이 만료된 날부터 30일 이내에 이의신청을 심사하여 그 결과를 신청인에게 서면으로 통지하여야 한다. 이 경우 **국토교통부장관**은 이의신청의 내용이 타당하다고 인정될 때에는 해당 공동주택가격을 조정하여 다시 공시하여야 한다(법 제18조 제8항 및 제7조 제2항). 이의신청 및 처리절차 등에 필요한 사항은 **대통령령**으로 정한다(법 제7조 제3항). 이의신청인은 이에 불복 시 행정심판 또는 행정소송의 제기가 가능하다.

나. 행정소송: 개별주택가격의 결정에 대한 행정소송에 관해서는 개별공시지가와 유사하다.[273]

---

271) 박균성, 행정법론(하), 804면; 박윤흔·정형근, 최신행정법강의(하), 668면; 류지태·박종수, 행정법신론, 1176면.

272) 공동주택가격의 공시에 대한 이의신청을 표준지공시지가에 대한 이의신청(법 제7조)에 준용한다고 하고 있으므로 (법 제18조 제8항), 이의신청의 따른 제 절차가 준용되어야 한다. 가령 공동주택가격의 고저에 이의가 있는 경우 당초 **부동산원**이 조사·산정하였다면 이의신청 절차에서는 제3의 기관에서 감정평가는 것이 타당할 것으로 보인다. 왜냐하면 개별공시지가의 이의신청에서는 당초 검증기관에서 의하지 않고 다른 기관에서 검증을 하기 때문이다.

273) 박균성, 행정법론(하), 802면; 박윤흔·정형근, 최신행정법강의(하), 667면.

VI. 타인토지에의 출입

  법 제13조(타인토지에의 출입 등)는 공동주택가격의 공시에 준용한다(법 제18조 제8항). 관계 공무원 또는 부동산가격공시업무를 의뢰받은 자(이하 "관계공무원등"이라 한다)는 법 제3조 제4항에 따른 표준지가격의 조사·평가 또는 제10조 제4항에 따른 토지가격의 산정을 위하여 필요한 때에는 타인의 토지에 출입할 수 있다(법 제13조 제1항). 사전통지, 증표의 휴대, 일출 전·일몰 후 출입금지 등도 같다.

제4장 비주거용 부동산가격의 공시

여기서 "비주거용 부동산"이란 주택을 제외한 건축물이나 건축물과 그 토지의 전부 또는 일부를 말하며 다음 가. 비주거용 집합부동산:「집합건물법」에 따라 구분소유되는 비주거용 부동산, 나. 비주거용 일반부동산: 가목을 제외한 비주거용 부동산으로 구분한다(법 제2조 제4호).

비주거용 일반부동산은 비주거용 표준부동산과 비주거용 개별부동산으로 나뉜다. 따라서 비주거용 부동산가격의 공시는 비주거용 표준부동산가격의 공시, 비주거용 개별부동산가격의 공시, 비주거용 집합부동산가격의 공시로 나누어 설명한다. 비주거용 부동산의 공시는 공시권자가 공시할 수도 있다고 하여 **임의규정**으로 되어 있다(법 제20조 내지 제22조).[274]

I. 비주거용 표준부동산가격의 공시의 의의

국토교통부장관은 용도지역, 이용상황, 건물구조 등이 일반적으로 유사하다고 인정되는 일단의 비주거용 일반부동산 중에서 선정한 비주거용 표준부동산에 대하여 매년 공시기준일 현재의 적정가격을 조사·산정한 것을 비주거용 표준부동산가격이라 하고, **국토교통부장관**은 법 제24조에 따른 중앙부동산가격공시위원회의 심의를 거쳐 이를 공시할 수 있다(법 제20조 제1항). 2020. 1. 1. 현재 공시기준일은 공시하고 있지 않다.

---

274) 신봉기, 행정법개론, 삼영사, 2016, 918면.

Ⅱ. 비주거용 표준부동산가격의 조사·산정

비주거용 표준부동산의 선정, 공시기준일, 공시의 시기, 조사·산정 기준 및 공시절차 등에 필요한 사항은 **대통령령**으로 정한다(법 제20조 제3항). 위임의 대상인 공시의 시기와 공시절차 등의 의미가 명확하지 않다.

1. 조사·산정의 의뢰

국토교통부장관은 제1항에 따라 비주거용 표준부동산가격을 조사·산정하려는 경우 **감정평가법인등** 또는 **대통령령**으로 정하는 부동산 가격의 조사·산정에 관한 전문성이 있는 자에게 의뢰한다(법 제20조 제4항). 법 제20조 제4항에서 "**대통령령**으로 정하는 부동산 가격의 조사·산정에 관한 전문성이 있는 자"란 **부동산원**을 말한다(영 제52조).

2. 비주거용 표준부동산의 선정

비주거용 표준부동산의 선정 등에 필요한 사항은 **대통령령**으로 정한다(법 제20조 제3항). **국토교통부장관**은 법 제20조 제1항에 따라 비주거용 표준부동산을 선정할 때에는 일단의 비주거용 일반부동산 중에서 해당 일단의 비주거용 일반부동산을 대표할 수 있는 부동산을 선정하여야 한다. 이 경우 미리 해당 비주거용 표준부동산이 소재하는 시·도지사 및 시장·군수·구청장의 의견을 들어야 한다(영 제48조 제1항).

법 제20조 제1항에 따른 비주거용 표준부동산의 선정 및 관리에 필요한 세부기준은 중앙부동산가격공시위원회의 심의를 거쳐 **국토교통부장관**이 정한다(영 제48조 제2항). 아직 위임된 세부기준은 없다.

3. 비주거용 표준부동산가격의 조사·산정

법 제20조 제4항에 따라 비주거용 표준부동산가격의 조사·산정을 의뢰받은 자(이하 "비주거용 표준부동산가격 조사·산정기관"이라 한다)는 비주거용 표준부동산가격 및 그 밖에 **국토교통부령**으로 정하는 사항을 조사·산정한 후 **국토교통부령**으로 정하는 바에 따라 비주거용 표준부동산가격 조사·산정보고서를 작성하여 **국토교통부장관**에게 제출하여야 한다(영 제53조 제1항).

비주거용 표준부동산가격 조사·산정기관은 제1항에 따라 조사·산정보고서를 작성하는 경우에는 미리 해당 부동산 소재지를 관할하는 시·도지사 및 시장·군수·구청장의 의견을 들어야 한다(영 제53조 제2항).

시·도지사 및 시장·군수·구청장은 제2항에 따라 의견 제시 요청을 받은 경우에는 요청받은 날부터 20일 이내에 의견을 제시하여야 한다. 이 경우 **시장·군수 또는 구청장**은 시·군·구부동산가격공시위원회의 심의를 거쳐 의견을 제시하여야 한다(영 제53조 제3항).

제1항에 따른 비주거용 표준부동산가격 조사·산정보고서의 적정성 검토 및 보고서 시정에 관하여는 제30조 제4항 및 제5항을 준용한다(영 제53조 제4항).

4. 조사·산정의 기준

국토교통부장관이 비주거용 표준부동산가격을 조사·산정하는 경우에는 인근 유사 비주거용 일반부동산의 거래가격·임대료 및 해당 비주거용 일반부동산과 유사한 이용가치를 지닌다고 인정되는 비주거용 일반부동산의 건설에 필요한 비용추정액 등을 종합적으로 참작하여야 한다(법 제20조 제5항). 비주거용 표준부동산의 조사·산정 기준 등에 필요한 사항은 **대통령령**으로 정한다(법 제20조 제3항). 따라서 법 제20조 제5항에 따라 **국토교통부장관**이 비주거용 표준부동산가격을 조사·산정하는 경우 참 작하여야 하는 사항의 기준은 다음 각 호 1. 인근 유사 비주거용 일반부동산의 거래가격 또는 임대료의 경우: 해당 거래 또는 임대차가 당사자의 특수한 사정에 의하여 이루어지거나 비주거용 일반부동산거 래 또는 임대차에 대한 지식의 부족으로 인하여 이루어진 경우에는 그러한 사정이 없었을 때에 이루어 졌을 거래가격 또는 임대료를 기준으로 할 것, 2. 해당 비주거용 일반부동산과 유사한 이용가치를 지닌 다고 인정되는 비주거용 일반부동산의 건설에 필요한 비용추정액의 경우: 공시기준일 현재 해당 비주 거용 일반부동산을 건설하기 위한 표준적인 건설비와 일반적인 부대비용으로 할 것과 같다(영 제54조 제1항). 비주거용 일반부동산에 전세권 또는 그 밖에 비주거용 일반부동산의 사용·수익을 제한하는 권리가 설정되어 있을 때에는 그 권리가 존재하지 아니하는 것으로 보고 적정가격을 조사·산정하여야 한다(영 제54조 제2항). 제1항 및 제2항에서 규정한 사항 외에 비주거용 표준부동산가격의 조사·산정 에 필요한 세부기준은 **국토교통부장관**이 정한다(영 제54조 제3항).

Ⅲ. 비주거용 표준부동산가격의 공시

1. 공시권자 및 공시기준일

국토교통부장관이 조사·산정 및 공시권자이다. 비주거용 표준부동산의 공시기준일 등에 필요한 사 항은 **대통령령**으로 정한다(법 제20조 제3항). 비주거용 표준부동산가격의 공시기준일은 1월 1일로 한 다. 다만, **국토교통부장관**은 비주거용 표준부동산가격 조사·산정인력 및 비주거용 표준부동산의 수 등 을 고려하여 부득이하다고 인정하는 경우에는 일부 지역을 지정하여 해당 지역에 대한 공시기준일을 따로 정하여 고시할 수 있다(영 제49조).

2. 공시사항

법 제20조 제1항에 따른 비주거용 표준부동산가격의 공시에는 다음 각 호 1. <u>비주거용 표준부동산의</u>

지번, 2. 비주거용 표준부동산가격, 3. 비주거용 표준부동산의 대지면적 및 형상, 4. 비주거용 표준부동산의 용도, 연면적, 구조 및 사용승인일(임시사용승인일을 포함한다), 5. 그 밖에 **대통령령**으로 정하는 사항[1. 지목, 2. 용도지역, 3. 도로 상황, 4. 그 밖에 비주거용 표준부동산가격 공시에 필요한 사항(영 제51조)]이 포함되어야 한다(법 제20조 제2항).

3. 비주거용 표준부동산가격의 공시방법

국토교통부장관은 법 제20조 제1항에 따라 비주거용 표준부동산가격을 공시할 때에는 다음 각 호 1. 법 제20조 제2항 각 호의 사항의 개요, 2. 비주거용 표준부동산가격의 열람방법, 3. 이의신청의 기간·절차 및 방법의 사항을 관보에 공고하고, 비주거용 표준부동산가격을 부동산공시가격시스템에 게시하여야 한다(영 제50조 제1항). 비주거용 표준부동산가격 및 이의신청기간 등의 통지에 관하여는 법 제4조 제2항 및 제3항을 준용한다(영 제50조 제2항).

4. 비주거용 부동산가격비준표의 공급

국토교통부장관은 제21조에 따른 비주거용 개별부동산가격의 산정을 위하여 필요하다고 인정하는 경우에는 비주거용 표준부동산과 산정대상 비주거용 개별부동산의 가격형성요인에 관한 표준적인 비교표(이하 "비주거용 부동산가격비준표"라 한다)를 작성하여 **시장·군수 또는 구청장**에게 제공하여야 한다(법 제20조 제6항).

5. 준용 규정

법 제3조 제2항(토지소유자의 의견청취)·제4조(관계 행정기관의 조사협조)·제6조(열람 등)·제7조(이의신청) 및 제13조(타인토지에의 출입 등)는 제1항에 따른 표준주택가격의 공시에 준용한다. **국토교통부장관**은 이의신청 기간이 만료된 날부터 30일 이내에 이의신청을 심사하여 그 결과를 신청인에게 서면으로 통지하여야 한다. 이 경우 **국토교통부장관**은 이의신청의 내용이 타당하다고 인정될 때에는 제20조에 따라 해당 비주거용 표준부동산의 가격을 조정하여 다시 공시하여야 한다(법 제20조 제7항).

IV. 비주거용 표준부동산가격에 대한 권리구제

1. 법적 성질

비주거용 표준부동산가격의 법적 성질에 관해서는 표준지공시지가 및 표준주택가격과 유사하다.

2. 비주거용 표준부동산가격의 공시에 대한 행정쟁송

가. 이의신청: 표준지공시지가의 공시에 대한 이의신청(법 제7조)은 비주거용 표준부동산가격의 공시에 준용한다(법 제20조 제7항). 비주거용 표준부동산가격의 공시에 이의가 있는 자는 그 공시일부터 30일 이내에 서면(전자문서를 포함한다)으로 **국토교통부장관**에게 이의를 신청할 수 있다(법 제20조 제7항 및 제7조 제1항). **국토교통부장관**은 이의신청 기간이 만료된 날부터 30일 이내에 이의신청을 심사하여 그 결과를 신청인에게 서면으로 통지하여야 한다. 이 경우 **국토교통부장관**은 이의신청의 내용이 타당하다고 인정될 때에는 비주거용 표준부동산가격을 조정하여 다시 공시하여야 한다(법 제20조 제7항). 따라서 비주거용 표준부동산가격에 대해 이의가 있는 자는 비주거용 표준부동산가격을 공시한 날부터 30일 이내에 **국토교통부장관**에게 이의를 신청(이의신청서 또는 인터넷 제출)할 수 있다.[275]

나. 행정소송: 비주거용 표준부동산가격의 공시에 대한 행정소송에 관해서는 표준지공시지가와 유사하다.

제3절　비주거용 개별부동산가격의 공시

Ⅰ. 비주거용 개별부동산가격의 공시의 의의

시장·군수 또는 구청장은 제25조에 따른 시·군·구부동산가격공시위원회의 심의를 거쳐 매년 비주거용 표준부동산가격의 공시기준일 현재 관할 구역 안의 비주거용 개별부동산의 가격을 결정·공시할 수 있다(법 제21조 제1항 본문). 따라서 공시권자가 공시하지 않을 수도 있어 임의 규정에 해당한다.

Ⅱ. 비주거용 개별부동산가격의 조사·산정

비주거용 개별부동산가격의 산정, 검증 및 결정, 공시기준일, 공시의 시기, 조사·산정의 기준, 이해관계인의 의견청취 및 공시절차 등에 필요한 사항은 **대통령령**으로 정한다(법 제21조 제9항).

1. 시장·군수 또는 구청장의 비주거용 개별부동산가격의 산정

시장·군수 또는 구청장이 비주거용 개별부동산가격을 결정·공시하는 경우에는 해당 비주거용 일반

---

275) 비주거용 표준부동산가격을 공시하기 전에 공시예정가격이 결정된 때에는 이를 소유자에게 통지하고 소유자가 제출한 의견이 타당할 경우에는 공시예정가격을 조정하여 사전에 비주거용 표준부동산소유자 등의 권리의 구제를 위한 절차이다(법 제3조 제2항 및 제20조 제7항).

부동산과 유사한 이용가치를 지닌다고 인정되는 비주거용 표준부동산가격을 기준으로 비주거용 부동산가격비준표를 사용하여 가격을 산정하되, 해당 비주거용 일반부동산의 가격과 비주거용 표준부동산가격이 균형을 유지하도록 하여야 한다(법 제21조 제5항).

2. 조사·산정의 절차 및 기준

국토교통부장관은 법 제21조 제5항에 따른 비주거용 개별부동산가격 조사·산정의 기준을 정하여 **시장·군수 또는 구청장**에게 통보하여야 하며, **시장·군수 또는 구청장**은 그 기준에 따라 비주거용 개별부동산가격을 조사·산정하여야 한다(영 제59조 제1항).

조사·산정의 기준에는 다음 각 호 1. 비주거용 일반부동산가격의 형성에 영향을 미치는 비주거용 일반부동산 특성조사에 관한 사항, 2. 비주거용 개별부동산가격의 산정기준이 되는 비주거용 표준부동산(이하 "비주거용 비교표준부동산"이라 한다)의 선정에 관한 사항, 3. 법 제20조 제6항에 따른 비주거용 부동산가격비준표의 사용에 관한 사항, 4. 그 밖에 비주거용 개별부동산가격의 조사·산정에 필요한 사항의 사항이 포함되어야 한다(영 제59조 제2항).

3. 산정된 비주거용 개별부동산가격의 검증 및 소유자 등의 의견청취

시장·군수 또는 구청장은 비주거용 개별부동산가격을 결정·공시하기 위하여 비주거용 일반부동산의 가격을 산정할 때에는 비주거용 표준부동산가격과의 균형 등 그 타당성에 대하여 제20조에 따른 비주거용 표준부동산가격의 조사·산정을 의뢰 받은 자 등 **대통령령**으로 정하는 자의 검증을 받고 비주거용 일반부동산의 소유자와 그 밖의 이해관계인의 의견을 들어야 한다. 다만, **시장·군수 또는 구청장**은 비주거용 개별부동산가격에 대한 검증이 필요 없다고 인정하는 때에는 비주거용 부동산가격의 변동상황 등 **대통령령**으로 정하는 사항을 고려하여 검증을 생략할 수 있다(법 제21조 제6항).

시장·군수 또는 구청장은 법 제21조 제6항 본문에 따라 비주거용 개별부동산가격에 대한 검증을 의뢰할 때에는 같은 조 제1항에 따라 산정한 전체 비주거용 개별부동산가격에 대한 가격현황도면 및 가격조사자료를 제공하여야 한다(영 제60조 제1항).

법 제21조 제6항 본문에서 "제20조에 따른 비주거용 표준부동산가격의 조사·산정을 의뢰 받은 자 등 **대통령령**으로 정하는 자"란 다음 각 호 1. **감정평가법인등**, 2. **부동산원**의 어느 하나에 해당하는 자를 말한다(영 제60조 제2항).

법 제21조 제6항 본문에 따라 검증을 의뢰받은 자는 다음 각 호 1. 비주거용 비교표준부동산 선정의 적정성에 관한 사항, 2. 비주거용 개별부동산가격 산정의 적정성에 관한 사항, 3. 산정한 비주거용 개별부동산가격과 비주거용 표준부동산가격의 균형 유지에 관한 사항, 4. 산정한 비주거용 개별부동산가격과 인근 비주거용 일반부동산의 비주거용 개별부동산가격 및 전년도 비주거용 개별부동산가격과의 균형 유지에 관한 사항, 5. 그 밖에 **시장·군수 또는 구청장**이 검토를 의뢰한 사항을 검토·확인하고

의견을 제시하여야 한다(영 제60조 제3항).

시장·군수 또는 구청장은 법 제21조 제6항 단서에 따라 검증을 생략할 때에는 비주거용 개별부동산가격의 변동률과 해당 비주거용 일반부동산이 있는 시·군 또는 구의 연평균 비주거용 개별부동산가격변동률(**국토교통부장관**이 조사·공표하는 연평균 비주거용 개별부동산가격변동률을 말한다)의 차이가 작은 순으로 대상 비주거용 일반부동산을 선정하여야 한다. 다만, 개발사업이 시행되거나 용도지역·용도지구가 변경되는 등의 사유가 있는 비주거용 일반부동산은 검증 생략 대상 부동산으로 선정해서는 아니 된다(영 제60조 제4항).

제1항부터 제4항까지에서 규정한 사항 외에 비주거용 개별부동산가격의 검증에 필요한 세부적인 사항은 **국토교통부장관**이 정한다. 아직 세부적인 기준은 없다. 이 경우 검증의 생략에 대해서는 관계 **중앙행정기관의 장**과 미리 협의하여야 한다(영 제60조 제5항).

4. 소유자 등의 의견청취

법 제21조 제6항 본문에 따른 의견청취에 관하여는 영 제19조(개별토지 소유자 등의 의견청취)를 준용한다(영 제61조).

III. 비주거용 개별부동산가격의 결정 및 공시

1. 시장·군수 또는 구청장의 결정·공시

비주거용 개별부동산가격의 결정, 공시기준일, 공시의 시기 등에 필요한 사항은 **대통령령**으로 정한다(법 제21조 제9항). **시장·군수 또는 구청장**은 비주거용 개별부동산가격을 결정·공시하려는 경우에는 매년 4월 30일까지 비주거용 개별부동산가격을 결정·공시하여야 한다. 다만, 제58조 제2항 제1호의 경우에는 그해 9월 30일까지, 같은 항 제2호의 경우에는 다음 해 4월 30일까지 결정·공시하여야 한다(영 제62조 제1항).

비주거용 개별부동산가격을 공시하는 **시장·군수 또는 구청장**은 다음 각 호 1. 조사기준일, 비주거용 개별부동산의 수 및 비주거용 개별부동산가격의 열람방법 등 비주거용 개별부동산가격의 결정에 관한 사항, 2. 이의신청의 기간·절차 및 방법의 사항을 비주거용 개별부동산 소유자에게 개별 통지하여야 한다(영 제62조 제2항).

2. 공시사항

비주거용 개별부동산가격의 공시에는 다음 각 호 1. 비주거용 부동산의 지번, 2. 비주거용 부동산가격, 3. 그 밖에 **대통령령**으로 정하는 사항이 포함되어야 한다(법 제21조 제3항).

3. 비주거용 개별부동산가격 공시기준일을 다르게 할 수 있는 비주거용 일반부동산

시장·군수 또는 구청장은 공시기준일 이후에 토지의 분할·합병이나 건축물의 신축 등이 발생한 경우에는 **대통령령**으로 정하는 날을 기준으로 하여 비주거용 개별부동산가격을 결정·공시하여야 한다(법 제21조 제4항). 법 제21조 제4항에 따라 비주거용 개별부동산가격 공시기준일을 다르게 할 수 있는 비주거용 일반부동산은 다음 각 호 1. 「공간정보관리법」에 따라 그 대지가 분할 또는 합병된 비주거용 일반부동산, 2. 「건축법」에 따른 건축·대수선 또는 용도변경이 된 비주거용 일반부동산, 3. 국유·공유에서 매각 등에 따라 사유로 된 비주거용 일반부동산으로서 비주거용 개별부동산가격이 없는 비주거용 일반부동산의 어느 하나에 해당하는 부동산으로 한다(영 제58조 제1항).

법 제21조 제4항에서 "**대통령령**으로 정하는 날"이란 다음 각 호 1. 1월 1일부터 5월 31일까지의 사이에 제1항 각 호의 사유가 발생한 비주거용 일반부동산: 그해 6월 1일, 2. 6월 1일부터 12월 31일까지의 사이에 제1항 각 호의 사유가 발생한 비주거용 일반부동산: 다음 해 1월 1일의 구분에 따른 날을 말한다(영 제58조 제2항).

4. 비주거용 개별부동산가격을 결정·고시하지 아니할 수 있는 경우

가. 행정안전부장관·국세청장이 비주거용 개별부동산가격 결정·고시하는 경우

다만, **대통령령**으로 정하는 바에 따라 행정안전부장관 또는 국세청장이 **국토교통부장관**과 협의하여 비주거용 개별부동산의 가격을 별도로 결정·고시하는 경우는 제외한다(법 제21조 제1항 단서). 영 제55조(행정안전부장관 또는 국세청장이 비주거용 개별부동산가격을 결정·고시하는 경우)는 법 제21조 제1항 단서에 따라 행정안전부장관 또는 국세청장이 같은 항 본문에 따른 비주거용 개별부동산가격(이하 "비주거용 개별부동산가격"이라 한다)을 별도로 결정·고시하는 경우는 행정안전부장관 또는 국세청장이 그 대상·시기 등에 대하여 미리 **국토교통부장관**과 협의한 후 비주거용 개별부동산가격을 별도로 결정·고시하는 경우로 한다고 규정하고 있다.

나. 비주거용 개별부동산가격을 공시하지 아니할 수 있는 비주거용 일반부동산

법 제21조 제1항에도 불구하고 비주거용 표준부동산으로 선정된 비주거용 일반부동산 등 **대통령령**으로 정하는 비주거용 일반부동산에 대하여는 비주거용 개별부동산가격을 결정·공시하지 아니할 수 있다. 이 경우 비주거용 표준부동산으로 선정된 비주거용 일반부동산에 대하여는 해당 비주거용 표준부동산가격을 비주거용 개별부동산가격으로 본다(법 제21조 제2항). **시장·군수 또는 구청장**은 법 제21조제2항 전단에 따라 다음 각 호 1. 비주거용 표준부동산으로 선정된 비주거용 일반부동산, 2. 국세 또는 지방세 부과대상이 아닌 비주거용 일반부동산, 3. 그 밖에 **국토교통부장관**이 정하는 비주거용 일반부동산의 어느 하나에 해당하는 비주거용 일반부동산에 대해서는 비주거용 개별부동산가격을 결정·

공시하지 아니할 수 있다(영 제56조 제1항).

영 제56조 제1항에도 불구하고 **시장·군수 또는 구청장**은 다음 각 호 1. 관계 법령에 따라 비주거용 일반부동산의 가격산정 등에 비주거용 개별부동산가격을 적용하도록 규정되어 있는 비주거용 일반부동산, 2. **시장·군수 또는 구청장**이 관계 행정기관의 장과 협의하여 비주거용 개별부동산가격을 결정·공시하기로 한 비주거용 일반부동산의 어느 하나에 해당하는 비주거용 일반부동산에 대해서는 비주거용 개별부동산가격을 공시한다(영 제56조 제2항).

5. 국토교통부장관의 지도·감독

국토교통부장관은 공시행정의 합리적인 발전을 도모하고 비주거용 표준부동산가격과 비주거용 개별부동산가격과의 균형유지 등 적정한 가격형성을 위하여 필요하다고 인정하는 경우에는 비주거용 개별부동산가격의 결정·공시 등에 관하여 **시장·군수 또는 구청장**을 지도·감독할 수 있다(법 제21조 제7항).

6. 비주거용 개별부동산가격의 정정결정·공시

비주거용 개별부동산가격에 대한 이의신청 및 비주거용 개별부동산가격의 정정에 대하여는 제11조(개별공시지가에 대한 이의신청) 및 제12조(개별공시지가의 정정)를 각각 준용한다. 이 경우 제11조 제2항 후단 중 "제10조"는 "제21조"로 본다(법 제21조 제8항).

IV. 비주거용 개별부동산가격에 대한 권리구제

1. 법적 성질

비주거용 개별부동산가격의 법적 성질에 관해서는 개별공시지가 및 개별주택가격과 유사한 성질을 갖는다.

2. 비주거용 개별부동산가격에 대한 행정쟁송

가. 이의신청: 비주거용 개별부동산가격에 대한 이의신청은 개별공시지가에 대한 이의신청(법 제11조)을 준용한다. 비주거용 개별부동산가격에 대하여 이의가 있는 자는 비주거용 개별부동산가격이 결정·공시된 날로부터 30일 이내에 시장·군수·구청장에게 이의를 신청할 수 있으며(법 제21조 제9항), 시장·군수·구청장은 이의신청기간이 만료된 날부터 30일 이내에 이의신청을 심사하여 그 결과를 이의신청인에게 서면으로 통지하여야 한다.

이 경우 시장·군수·구청장은 이의신청의 내용이 타당하다고 인정될 때에는 당해 비주거용 개별부동 산가격을 조정하여 다시 결정·공시하여야 한다(법 제21조 제9항). 이의신청인은 이에 불복 시 행정심 판 또는 행정소송 제기가 가능하다.

나. 행정소송: 비주거용 개별부동산가격의 결정에 대한 행정소송에 관해서는 개별공시지가 및 개별 주택가격과 유사하다.

제4절　비주거용 집합부동산가격의 공시

Ⅰ. 비주거용 집합부동산가격의 공시의 의의

비주거용 집합부동산이라 「집합건물법」에 따라 구분소유되는 비주거용 부동산(법 제2조 제4호 가 목)을 말하는데, **국토교통부장관**은 비주거용 집합부동산에 대하여 매년 공시기준일 현재의 적정가격을 조사·산정한 것을 비주거용 집합부동산가격이라 하고, 중앙부동산가격공시위원회의 심의를 거쳐 공시 할 수 있다. 따라서 공시권자가 공시하지 않을 수도 있어 임의 규정에 해당한다.

이 경우 **시장·군수 또는 구청장**은 비주거용 집합부동산가격을 결정·공시한 경우에는 이를 관계 행 정기관 등에 제공하여야 한다(법 제22조 제1항).

대통령령으로 정하는 바에 따라 행정안전부장관 또는 국세청장이 **국토교통부장관**과 협의하여 비주 거용 집합부동산의 가격을 별도로 결정·고시하는 경우에는 해당 비주거용 집합부동산의 비주거용 개 별부동산가격을 결정·공시하지 아니한다(법 제22조 제2항).

Ⅱ. 비주거용 집합부동산가격의 조사·산정

1. 집합부동산의 조사대상의 선정

비주거용 집합부동산의 조사대상의 선정 등에 필요한 사항은 **대통령령**으로 정한다(법 제22조 제4 항). 아직 하위법령에 위임된 사항을 정하고 있지 않다.

2. 조사·산정의 의뢰 및 절차

국토교통부장관은 법 제22조 제1항에 따라 비주거용 집합부동산가격을 조사·산정할 때에는 **부동산 원** 또는 **대통령령**으로 정하는 부동산 가격의 조사·산정에 관한 전문성이 있는 자[감정평가법인등(영 제69 조 제1항)]에게 의뢰한다(법 제22조 제7항).

법 제22조 제7항에 따라 비주거용 집합부동산가격 조사·산정을 의뢰받은 자(이하 "비주거용 집합부동산가격 조사·산정기관"이라 한다)는 비주거용 집합부동산가격 및 그 밖에 **국토교통부령**으로 정하는 사항을 조사·산정한 후 **국토교통부령**으로 정하는 바에 따라 비주거용 집합부동산가격 조사·산정보고서를 작성하여 **국토교통부장관**에게 제출하여야 한다(영 제69조 제2항). [276]

국토교통부장관은 제2항에 따라 보고서를 제출받으면 다음 각 호의 자 1. 행정안전부장관, 2. 국세청장, 3. 시·도지사, 4. **시장·군수 또는 구청장**에게 해당 보고서를 제공하여야 한다(영 제69조 제3항). 제3항에 따라 보고서를 제공받은 자는 **국토교통부장관**에게 보고서에 대한 적정성 검토를 요청할 수 있다(영 제69조 제4항). **국토교통부장관**은 제2항에 따라 제출된 보고서에 대하여 실거래신고가격 및 감정평가 정보체계 등을 활용하여 그 적정성 여부를 검토할 수 있다(영 제69조 제5항).

국토교통부장관은 제5항에 따른 적정성 여부 검토를 위하여 필요하다고 인정하는 경우에는 해당 비주거용 집합부동산가격 조사·산정기관 외에 부동산 가격의 조사·산정에 관한 전문성이 있는 자를 별도로 지정하여 의견을 들을 수 있다(영 제69조 제6항).

국토교통부장관은 제5항에 따른 검토 결과 부적정하다고 판단되거나 비주거용 집합부동산가격 조사·산정이 관계 법령을 위반하여 수행되었다고 인정되는 경우에는 해당 비주거용 집합부동산가격 조사·산정기관에 보고서를 시정하여 다시 제출하게 할 수 있다(영 제69조 제7항).

3. 조사·산정의 기준

국토교통부장관이 제1항에 따라 비주거용 집합부동산가격을 조사·산정하는 경우에는 인근 유사 비주거용 집합부동산의 거래가격·임대료 및 해당 비주거용 집합부동산과 유사한 이용가치를 지닌다고 인정되는 비주거용 집합부동산의 건설에 필요한 비용추정액 등을 종합적으로 참작하여야 한다(법 제22조 제6항). **국토교통부장관**은 법 제22조 제6항에 따라 비주거용 집합부동산가격을 조사·산정할 때 그 비주거용 집합부동산에 전세권 또는 그 밖에 비주거용 집합부동산의 사용·수익을 제한하는 권리가 설정되어 있는 경우에는 그 권리가 존재하지 아니하는 것으로 보고 적정가격을 산정하여야 한다(영 제68조 제1항). 법 제22조에 따른 비주거용 집합부동산가격 조사 및 산정의 세부기준은 중앙부동산가격공시위원회의 심의를 거쳐 **국토교통부장관**이 정한다(영 제68조 제2항). 아직 **국토교통부장관**에 의한 세분기준은 없다.

---

276) 칙 제30조(비주거용 집합부동산가격 조사·산정보고서) ① 영 제69조 제2항에서 "**국토교통부령**으로 정하는 사항"이란 다음 각 호 1. 비주거용 집합부동산의 소재지, 동명 및 호명, 2. 비주거용 집합부동산의 면적 및 공시가격, 3. 그 밖에 비주거용 집합부동산의 조사·산정에 필요한 사항을 말한다.
② 법 제22조 제7항에 따라 비주거용 집합부동산가격 조사·산정을 의뢰받은 자는 영 제69조 제2항에 따라 개별 비주거용 집합부동산가격 외에 다음 각 호 1. 비주거용 집합부동산 분포현황, 2. 비주거용 집합부동산가격 변동률, 3. 비주거용 집합부동산가격 총액 및 면적당 단가·평균가격, 4. 비주거용 집합부동산가격 상위·하위 현황, 5. 의견제출 및 이의신청 접수현황 및 처리현황, 6. 그 밖에 비주거용 집합부동산가격에 관한 사항의 사항이 포함된 조사·산정보고서를 책자 또는 전자정보의 형태로 **국토교통부장관**에게 제출하여야 한다.

4. 비주거용 집합부동산소유자와 그 밖의 이해관계인의 의견청취

국토교통부장관은 비주거용 집합부동산가격을 공시하기 위하여 비주거용 집합부동산의 가격을 산정할 때에는 **대통령령**으로 정하는 바에 따라 비주거용 집합부동산의 소유자와 그 밖의 이해관계인의 의견을 들어야 한다(법 제22조 제3항).

Ⅲ. 비주거용 집합부동산가격의 공시

1. 공시권자 및 공시기준일

공시권자는 **국토교통부장관**이다. **국토교통부장관**은 비주거용 집합부동산가격을 산정·공시하려는 경우에는 매년 4월 30일까지 비주거용 집합부동산가격을 산정·공시하여야 한다. 다만, 제67조 제2항 제1호의 경우에는 그해 9월 30일까지, 같은 항 제2호의 경우에는 다음 해 4월 30일까지 산정·공시하여야 한다(영 제64조 제1항). 비주거용 집합부동산가격의 공시기준일은 1월 1일로 한다. 다만, **국토교통부장관**은 비주거용 집합부동산가격 조사·산정인력 및 비주거용 집합부동산의 수 등을 고려하여 부득이하다고 인정하는 경우에는 일부 지역을 지정하여 해당 지역에 대한 공시기준일을 따로 정할 수 있다(영 제63조).

2. 공동주택가격 공시기준일을 다르게 할 수 있는 비주거용 집합부동산

국토교통부장관은 공시기준일 이후에 토지의 분할·합병이나 건축물의 신축 등이 발생한 경우에는 **대통령령**으로 정하는 날을 기준으로 하여 비주거용 집합부동산가격을 결정·공시하여야 한다(법 제22조 제5항).

3. 공시사항

법 제22조 제1항에 따른 비주거용 집합부동산가격의 공시에는 다음 각 호 1. 비주거용 집합부동산의 소재지·명칭·동·호수, 2. 비주거용 집합부동산가격, 3. 비주거용 집합부동산의 면적, 4. 그 밖에 비주거용 집합부동산가격 공시에 필요한 사항이 포함되어야 한다(영 제64조 제2항).

4. 공시방법 및 통지

국토교통부장관은 법 제22조 제1항 전단에 따라 비주거용 집합부동산가격을 공시할 때에는 다음 각호 1. 제2항 각 호의 사항의 개요, 2. 비주거용 집합부동산가격의 열람방법, 3. 이의신청의 기간·절차 및 방법의 사항을 관보에 공고하고, 비주거용 집합부동산가격을 부동산공시가격시스템에 게시하여야 하며, 비주거용 집합부동산 소유자에게 개별 통지하여야 한다(영 제64조 제3항).

5. 공동주택가격의 정정사유

국토교통부장관은 제1항 또는 제4항에 따라 공시한 가격에 틀린 계산, 오기, 그 밖에 **대통령령**으로 정하는 명백한 오류가 있음을 발견한 때에는 지체 없이 이를 정정하여야 한다(법 제22조 제8항).

6. 비주거용 집합부동산가격의 공급

국토교통부장관은 법 제22조 제1항 후단에 따라 비주거용 집합부동산가격 공시사항을 제3항에 따른 공고일부터 10일 이내에 다음 각 호 1. 행정안전부장관, 2. 국세청장, 3. **시장·군수 또는 구청장**의 자에게 제공하여야 한다(영 제64조 제4항).

7. 준용규정

비주거용 집합부동산가격의 공시에 대해서는 제4조(표준지공시지가의 조사협조)·제6조(표준지공시지가의 열람 등)·제7조(표준지공시지가에 대한 이의신청) 및 제13조(타인토지에의 출입 등)를 각각 준용한다. 이 경우 **국토교통부장관**은 이의신청의 내용이 타당하다고 인정될 때에는 제22조에 따라 해당 표준지공시지가를 조정하여 다시 공시하여야 한다.(법 제22조 제9항).

Ⅳ. 비주거용 집합부동산가격에 대한 권리구제

1. 법적 성질

비주거용 집합부동산가격의 법적 성질에 관해서는 개별주택가격 및 공동주택가격과 유사한 성질을 갖는다.

2. 공동주택가격에 대한 행정쟁송

가. 이의신청: 개별공시지가에 대한 이의신청(법 제7조)은 비주거용 집합부동산가격의 공시에 준용한다(법 제22조 제9항). 이에 대한 이의신청은 비주거용 집합부동산가격의 공시 후 비주거용 집합부동산가격에 대해 의견을 듣는 절차로서, 국민의 사후적 권리 구제를 위한 절차이다. 비주거용 집합부동산가격에 이의가 있는 자는 그 공시일부터 30일 이내에 서면(전자문서를 포함한다)으로 **국토교통부장관**에게 이의를 신청할 수 있다(법 제22조 제9항 및 제7조 제1항).

　국토교통부장관은 이의신청 기간이 만료된 날부터 30일 이내에 이의신청을 심사하여 그 결과를 신청인에게 서면으로 통지하여야 한다. 이 경우 **국토교통부장관**은 이의신청의 내용이 타당하다고 인정될 때에는 해당 비주거용 집합부동산가격을 조정하여 다시 공시하여야 한다(법 제18조 제8항 및 제7조 제2항). 이의신청 및 처리절차 등에 필요한 사항은 **대통령령**으로 정한다(법 제7조 제3항). 이의신청인은 이에 불복 시 행정심판 또는 행정소송 제기가 가능하다.

　나. 행정소송: 비주거용 집합부동산가격의 공시에 대한 행정소송에 관해서는 개별공시지가 및 공동주택가격과 유사하다.

제5절　비주거용 부동산가격공시의 효력

　법 제20조에 따른 비주거용 표준부동산가격은 국가·지방자치단체 등이 그 업무와 관련하여 비주거용 개별부동산가격을 산정하는 경우에 그 기준이 된다(법 제23조 제1항).

　법 제21조 및 제22조에 따른 비주거용 개별부동산가격 및 비주거용 집합부동산가격은 비주거용 부동산시장에 가격정보를 제공하고, 국가·지방자치단체 등이 과세 등의 업무와 관련하여 비주거용 부동산의 가격을 산정하는 경우에 그 기준으로 활용될 수 있다(법 제23조 제2항).

제5장 부동산 가격정보 등의 조사

Ⅰ. 도입취지

국토교통부장관이 부동산 정책의 수립 및 집행을 위하여 부동산 시장동향, 수익률 등의 가격정보 등을 조사·관리하고, 이를 관계 행정기관 등에 제공할 수 있도록 2013. 8. 6. 「부감법」의 개정(시행 2014. 2. 7. 법률 제12018호)으로 도입한 것이다. 동 조항은 **국토교통부장관**이 조사하여 그 자료를 부동산 정책의 수립 및 집행에 활용한 후 관리하는 것으로 다만 이를 공시하지 않아서 부동산가격공시와 다른 개념이다. 부동산 가격정보 등의 조사는 행정청이 정책의 결정이나 직무를 수행하는 데 필요한 정보나 자료를 수집하기 위하여 현장조사를 하는 것으로 인구조사와 같은 임의적인 방법에 의한 비권력적인 행정조사에 해당한다. 이러한 조사는 조사자체가 그 목적이 아니라 일정한 행정목적을 사전적으로 보조하기 위하여 행해진다는 점이다.

Ⅱ. 법적 근거

행정조사의 일반법은 「행정조사기본법」이 있지만, 부동산 가격정보 등의 조사는 「부동산가격공시법」에 근거를 둔 개별법에 의한 조사이다.

국토교통부장관은 부동산의 적정가격 조사 등 부동산 정책의 수립 및 집행을 위하여 부동산 시장동향, 수익률 등의 가격정보 및 관련 통계 등을 조사·관리하고, 이를 관계 행정기관 등에 제공할 수 있다(법 제15조 제1항).

부동산 가격정보 등의 조사의 대상, 절차 등에 필요한 사항은 **대통령령**으로 정한다(법 제15조 제2항). 이에 따라 **국토교통부장관**은 법 제15조 제1항에 따라 적정 주기별로 다음 각 호 1. 토지·주택의 매매·임대 등 가격동향 조사, 2. 비주거용 부동산의 임대료·관리비·권리금 등 임대차 관련 정보와 공실률(空室率)·투자수익률 등 임대시장 동향에 대한 조사의 사항을 조사할 수 있다(영 제25조).

동 조항은 조사의 대상, 절차 등에 필요한 사항은 **대통령령**에 위임하고 있는데, 입법자는 자신의 입법권한을 다른 기관에 백지 위임할 수 없다. 헌법 제75조에 따르면 **대통령령**에 관하여서만 "법률에서 구체적인 범위를 정하여 위임받은 사항"에 관하여 명령을 발할 수 있음을 규정하고 있으며, 여기서 구체적으로 범위를 정하여는 그 수권규정에서 행정입법의 규율대상·범위·기준 등을 명확히 하여야 하며, 따라서 일반적·포괄적 위임을 허용되지 않는다.[277] **사견**으로는 예산의 집행이 수반되는 조사의 대상을 **대통령령**에 위임한 것은 위임명령에 적용되는 포괄적 위임금지원칙의 위배 여지가 있어 보인다.

법 제15조 제1항에 따른 조사를 위하여 관계 행정기관에 국세·지방세, 토지·건물 등 관련 자료의 열람 또는 제출을 요구하거나 타인의 토지 등에 출입하는 경우에는 법 제4조(표준지공시지가의 조사협조) 및 제13조(타인토지에의 출입 등)를 각각 준용한다(법 제15조 제3항).

---

277) 김남진·김연태, 행정법Ⅰ, 법문사, 2017, 163면.

제6장 보칙

Ⅰ. 중앙부동산가격공시위원회

1. 의의

표준지의 선정 및 조사·평가된 가격 등을 심의하기 위하여 **국토교통부장관** 소속하에 학자, 법률가, 공무원 등으로 구성된 중앙부동산가격공시위원회를 두고 있다. 「감정평가법」 제40조에 따른 감정평가 관리·징계위원회의 법적 성격과 같이 의결기관이 아닌 자문기관이다.

2. 심의 사항

다음 각 호 1. 부동산 가격공시 관계 법령의 제·개정에 관한 사항 중 **국토교통부장관**이 부의하는 사항, 2. 법 제3조에 따른 표준지의 선정 및 관리지침, 3. 법 제3조에 따라 조사·평가된 표준지공시지가, 4. 법 제7조에 따른 표준지공시지가에 대한 이의신청에 관한 사항, 5. 법 제16조에 따른 표준주택의 선정 및 관리지침, 6. 법 제16조에 따라 조사·산정된 표준주택가격, 7. 법 제16조에 따른 표준주택가격에 대한 이의신청에 관한 사항, 8. 법 제18조에 따른 공동주택의 조사 및 산정지침, 9. 법 제18조에 따라 조사·산정된 공동주택가격, 10. 법 제18조에 따른 공동주택가격에 대한 이의신청에 관한 사항, 11. 법 제20조에 따른 비주거용 표준부동산의 선정 및 관리지침, 12. 법 제20조에 따라 조사·산정된 비주거용 표준부동산가격, 13. 법 제20조에 따른 비주거용 표준부동산가격에 대한 이의신청에 관한 사항, 14. 법 제22조에 따른 비주거용 집합부동산의 조사 및 산정 지침, 15. 법 제22조에 따라 조사·산정된 비주거용 집합부동산가격, 16. 법 제22조에 따른 비주거용 집합부동산가격에 대한 이의신청에 관한 사항, 17. 적정가격 반영을 위한 계획 수립(법 제26조의2)에 관한 사항, 18. 그 밖에 부동산정책에 관한 사항 등 **국토교통부장관**이 부의하는 사항을 심의하기 위하여 **국토교통부장관** 소속으로 중앙부동

---

278) 「부동산가격공시법」상 제5장에 속한다.

산가격공시위원회(이하 이 조에서 "위원회"라 한다)를 둔다(법 제24조 제1항).

3. 위원회 구성

위원회의 위원장은 국토교통부 제1차관이 되며(법 제24조 제3항), 위원회는 위원장을 포함한 20명 이내의 위원으로 구성한다(법 제24조 제2항). 법 제24조 제2항에 따라 중앙부동산가격공시위원회를 구성할 때에는 성별을 고려하여야 한다(영 제71조 제1항). 위원회의 위원은 **대통령령**으로 정하는 중앙 행정기관[1. 기획재정부, 2. 행정안전부, 3. 농림축산식품부, 3의2. 보건복지부, 4. 국토교통부(영 제71조 제2항)]의 장이 지명하는 6명 이내의 공무원과 다음 각 호 1. 「고등교육법」에 따른 대학에서 토지·주택 등에 관한 이론을 가르치는 조교수 이상으로 재직하고 있거나 재직하였던 사람, 2. 판사, 검사, 변호사 또는 **감정평가사**의 자격이 있는 사람, 3. 부동산가격공시 또는 감정평가 관련 분야에서 10년 이상 연구 또는 실무경험이 있는 사람의 어느 하나에 해당하는 사람 중 **국토교통부장관**이 위촉하는 사람이 된다(법 제24조 제4항).

위원회의 조직 및 운영에 필요한 사항은 **대통령령**으로 정한다(법 제24조 제7항). 공무원이 아닌 위원의 임기는 2년으로 하되, 한차례 연임할 수 있다(법 제24조 제5항).

4. 위원의 제척·기피·회피

중앙부동산가격공시위원회 위원이 다음 각 호 1. 위원 또는 그 배우자나 배우자였던 사람이 해당 안건의 당사자(당사자가 법인·단체 등인 경우에는 그 임원을 포함한다. 이하 이 호 및 제2호에서 같다)가 되거나 그 안건의 당사자와 공동권리자 또는 공동의무자인 경우, 2. 위원이 해당 안건의 당사자와 친족이거나 친족이었던 경우, 3. 위원이 해당 안건에 대하여 증언, 진술, 자문, 조사, 연구, 용역 또는 감정을 한 경우, 4. 위원이나 위원이 속한 법인·단체 등이 해당 안건의 당사자의 대리인이거나 대리인이었던 경우, 5. 위원이 해당 안건의 당사자와 같은 감정평가법인 또는 **감정평가사**사무소에 소속된 경우의 어느 하나에 해당하는 경우에는 중앙부동산가격공시위원회의 심의·의결에서 제척(除斥)된다(영 제72조 제1항).

위원이 제1항 각 호에 따른 제척사유에 해당하는 경우에는 스스로 해당 안건의 심의·의결에서 회피(回避)하여야 한다(영 제72조 제3항).

당사자는 위원에게 공정한 심의·의결을 기대하기 어려운 사정이 있는 경우에는 중앙부동산가격공시위원회에 기피 신청을 할 수 있고, 중앙부동산가격공시위원회는 의결로 이를 결정한다. 이 경우 기피 신청의 대상인 위원은 그 의결에 참여하지 못한다(영 제72조 제2항).

5. 위원의 해촉 등

국토교통부장관은 중앙부동산가격공시위원회의 위촉위원이 다음 각 호 1. 심신장애로 인하여 직무를 수행할 수 없게 된 경우, 2. 직무와 관련된 비위사실이 있는 경우, 3. 직무태만, 품위손상이나 그 밖의 사유로 인하여 위촉위원으로 적합하지 아니하다고 인정되는 경우, 4. 위원 스스로 직무를 수행하는 것이 곤란하다고 의사를 밝히는 경우, 5. 법제72조 제1항 각 호의 어느 하나에 해당하는 데에도 불구하고 회피하지 아니한 경우의 어느 하나에 해당하는 경우에는 그 위촉위원을 해촉(解囑)할 수 있다(영 제73조 제1항).

법 제24조 제4항에 따라 위원을 지명한 자는 해당 위원이 제1항 각 호의 어느 하나에 해당하는 경우에는 그 지명을 철회할 수 있다(영 제73조 제2항).

6. 위원회 회의 및 의결

위원장은 중앙부동산가격공시위원회를 대표하고, 중앙부동산가격공시위원회의 업무를 총괄한다(영 제71조 제3항). 위원장은 중앙부동산가격공시위원회의 회의를 소집하고 그 의장이 된다(영 제71조 제4항). 중앙부동산가격공시위원회에 부위원장 1명을 두며, 부위원장은 위원 중 위원장이 지명하는 사람이 된다(영 제71조 제5항). 부위원장은 위원장을 보좌하고 위원장이 부득이한 사유로 직무를 수행할 수 없을 때에 그 직무를 대행한다(영 제71조 제6항). 위원장 및 부위원장이 모두 부득이한 사유로 직무를 수행할 수 없을 때에는 위원장이 미리 지명한 위원이 그 직무를 대행한다(영 제71조 제7항). 위원장은 중앙부동산가격공시위원회의 회의를 소집할 때에는 개회 3일 전까지 의안을 첨부하여 위원에게 개별 통지하여야 한다(영 제71조 제8항). 중앙부동산가격공시위원회의 회의는 재적위원 과반수의 출석으로 개의(開議)하고, 출석위원 과반수의 찬성으로 의결한다(영 제71조 제9항).

7. 기타 사항

국토교통부장관은 필요하다고 인정하면 위원회의 심의에 부치기 전에 미리 관계 전문가의 의견을 듣거나 조사·연구를 의뢰할 수 있다(법 제24조 제6항).

중앙부동산가격공시위원회의 위원 중 공무원이 아닌 위원에게는 예산의 범위에서 수당과 여비를 지급할 수 있다(영 제71조 제10항). 제1항부터 제10항까지에서 규정한 사항 외에 중앙부동산가격공시위원회의 운영에 필요한 세부적인 사항은 중앙부동산가격공시위원회의 의결을 거쳐 위원장이 정한다(영 제71조 제11항).

Ⅱ. 시·군·구부동산가격공시위원회

1. 의의

시·군·구 부동산가격공시위원회는 **시장·군수 또는 구청장** 소속하에 설치되며, 위원장을 포함한 10인 이상 15인 이내의 위원으로 구성된다. 위원장은 부시장·부군수·부구청장이 되고, 위원은 지가공시 또는 감정평가에 관한 학식과 경험이 풍부하고 지역사정에 정통한 자 또는 시민단체에서 추천한 자 중에서 시장·군수·구청장(자치구의 구청장에 한함)이 위촉하는 자로 한다.

2. 심의 사항

시·군·구부동산가격공시위원회는 ① 개별공시지가의 결정에 관한 사항(제1호), ② 개별공시지가에 대한 이의신청에 관한 사항(제2호), ③ 개별주택가격의 결정에 관한 사항(제3호), ④ 개별주택가격에 대한 이의신청에 관한 사항(제4호), ⑤ 비주거용 개별부동산가격의 결정에 관한 사항(제5호), ⑥ 비주거용 개별부동산가격에 대한 이의신청에 관한 사항(제6호), ⑦ 그 밖에 시장·군수·구청장이 부의하는 사항의 사항을 심의하기 위하여 **시장·군수 또는 구청장** 소속으로 시·군·구부동산가격공시위원회를 둔다(법 제25조 제1항).

3. 조직 및 운영에 관한 사항

위원회 심의사항 외에 시·군·구부동산가격공시위원회의 조직 및 운영에 필요한 사항은 **대통령령**으로 정한다(법 제25조 제2항).

이의 위임에 따라, 시·군·구 부동산가격공시위원회는 **시장·군수 또는 구청장** 소속하에 설치되며, 위원회는 위원장 1명을 포함한 10명 이상 15명 이하의 위원으로 구성하며, 성별을 고려하여야 한다(영 제74조 제1항). 시·군·구부동산가격공시위원회 위원장은 부시장·부군수 또는 부구청장이 된다. 이 경우 부시장·부군수 또는 부구청장이 2명 이상이면 **시장·군수 또는 구청장**이 지명하는 부시장·부군수 또는 부구청장이 된다(영 제74조 제2항). 위원은 **시장·군수 또는 구청장**이 지명하는 6명 이내의 공무원과 다음 각 호 1. 부동산 가격공시 또는 감정평가에 관한 학식과 경험이 풍부하고 해당 지역의 사정에 정통한 사람, 2. 시민단체(「비영리민간단체 지원법」 제2조에 따른 비영리민간단체를 말한다)에서 추천한 사람의 어느 하나에 해당하는 사람 중에서 **시장·군수 또는 구청장**이 위촉하는 사람이 된다(영 제74조 제3항). 시·군·구부동산가격공시위원회 위원의 제척·기피·회피 및 해촉에 관하여는 제72조 및 제73조를 준용한다(영 제74조 제4항). 시·군·구부동산가격공시위원회의 구성·운영에 필요한 사항은 해당 시·군·구의 조례로 정한다(영 제74조 제5항).

Ⅰ. 공시보고서의 제출 등

1. 부동산가격공시에 관한 연차보고서

정부는 표준지공시지가, 표준주택가격 및 공동주택가격의 주요사항에 관한 보고서를 매년 정기국회의 개회 전까지 국회에 제출하여야 한다(법 제26조 제1항). 이에 따른 보고서가 부동산가격공시에 관한 연차보고서이다.

2. 행정정보의 공개

국토교통부장관은 법 제3조에 따른 표준지공시지가, 제16조에 따른 표준주택가격, 제18조에 따른 공동주택가격, 제20조에 따른 비주거용 표준부동산가격 및 제22조에 따른 비주거용 집합부동산가격을 공시하는 때에는 부동산의 시세 반영률, 조사·평가 및 산정 근거 등의 자료를 **국토교통부령**으로 정하는 바에 따라 인터넷 홈페이지 등에 공개하여야 한다(법 제26조 제2항).

법 제24조에 따른 중앙부동산가격공시위원회 및 제25조에 따른 시·군·구부동산가격공시위원회 심의의 일시·장소·안건·내용·결과 등이 기록된 회의록은 3개월의 범위에서 **대통령령**으로 정하는 기간이 지난 후에는 **대통령령**으로 정하는 바에 따라 인터넷 홈페이지 등에 공개하여야 한다. 다만, 공익을 현저히 해할 우려가 있거나 심의의 공정성을 침해할 우려가 있다고 인정되는 이름, 주민등록번호 등 **대통령령**으로 정하는 개인 식별 정보에 관한 부분의 경우에는 그러하지 아니하다(법 제27조의2).

Ⅱ. 적정가격 반영을 위한 국가계획의 수립

국토교통부장관은 부동산공시가격이 적정가격을 반영하고 부동산의 유형·지역 등에 따른 균형성을 확보하기 위하여 부동산의 시세 반영률의 목표치를 설정하고, 이를 달성하기 위하여 **대통령령**으로 정하는 바에 따라 계획을 수립하여야 한다(법 제26조의2 제1항). 이러한 계획은 국가의 정책적인 목적을 이루기 위하여 중앙행정기관이 법률에 따라 수립하는 계획으로 「국토계획법」 제2조 제14호에 따른 국가계획과 같은 행정계획이다.

적정가격 반영을 위한 계획을 수립하는 때에는 부동산 가격의 변동 상황, 지역 간의 형평성, 해당 부동산의 특수성 등 제반사항을 종합적으로 고려하여야 한다(법 제26조의2 제2항). **국토교통부장관**이 계획을 수립하는 때에는 관계 행정기관과의 협의를 거쳐 공청회를 실시하고, 법 제24조에 따른 중앙부동산가격공시위원회의 심의를 거쳐야 한다(법 제26조의2 제3항). **국토교통부장관, 시장·군수 또는 구청장**은 부동산공시가격을 결정·공시하는 경우 제1항에 따른 계획에 부합하도록 하여야 한다(법 제26조의2 제4항).

Ⅲ. 공시가격정보체계의 구축 및 관리

국토교통부장관은 토지, 주택 및 비주거용 부동산의 공시가격과 관련된 정보를 효율적이고 체계적으로 관리하기 위하여 공시가격정보체계를 구축·운영할 수 있다(법 제27조 제1항).

국토교통부장관은 제1항에 따른 공시가격정보체계를 구축하기 위하여 필요한 경우 관계 기관에 자료를 요청할 수 있다. 이 경우 관계 기관은 정당한 사유가 없으면 이에 응하여야 한다(법 제27조 제2항).

정보 및 자료의 종류, 공시가격정보체계의 구축·운영방법 등에 필요한 사항은 **대통령령**으로 정한다(법 제27조 제3항). 법 제27조 제1항에 따른 공시가격정보체계(이하 "공시가격정보체계"라 한다)에는 다음 각 호 1. 법에 따라 공시되는 가격에 관한 정보, 2. 공시대상 부동산의 특성에 관한 정보, 3. 그 밖에 부동산공시가격과 관련된 정보가 포함되어야 한다(영 제75조 제1항).

국토교통부장관(법 제28조 제1항 제5호에 따라 공시가격정보체계의 구축 및 관리를 위탁받은 자를 포함한다)은 제1항 각 호의 정보를 다음 각 호 1. 행정안전부장관, 2. 국세청장, 3. 시·도지사, 4. **시장·군수 또는 구청장**의 자에게 제공할 수 있다. 다만, 개인정보 보호 등 정당한 사유가 있는 경우에는 제공하는 정보의 종류와 내용을 제한할 수 있다(영 제75조 제2항).

Ⅳ. 업무위탁

1. 위탁업무

국토교통부장관은 다음 각 호 1. 다음 각 목 가. 법 제3조에 따른 표준지공시지가의 조사·평가, 나. 법 제16조에 따른 표준주택가격의 조사·산정, 다. 법 제18조에 따른 공동주택가격의 조사·산정, 라. 법 제20조에 따른 비주거용 표준부동산가격의 조사·산정, 마. 법 제22조에 따른 비주거용 집합부동산가격의 조사·산정의 업무 수행에 필요한 부대업무, 2. 법 제6조에 따른 표준지공시지가, 법 제16조 제7항에 따른 표준주택가격, 법 제18조 제8항에 따른 공동주택가격, 법 제20조 제7항에 따른 비주거용 표준부동산가격 및 법 제22조 제9항에 따른 비주거용 집합부동산가격에 관한 도서·도표 등 작성·공급, 3. 법 제3조 제8항, 제16조 제6항 및 법 제20조 제6항에 따른 토지가격비준표, 주택가격비준표 및 비주거용 부동산가격비준표의 작성·제공, 4. 법 제15조에 따른 부동산 가격정보 등의 조사, 5. 법 제27조에 따른 공시가격정보체계의 구축 및 관리, 6. 법 제28조 제1호부터 제5호까지의 업무와 관련된 업무로서

대통령령으로 정하는 업무[같은 항 제1호부터 제5호까지의 업무와 관련된 교육 및 연구를 말한다(영 제76조 제1항)]를 **부동산원** 또는 **국토교통부장관**이 정하는 기관[**국토교통부장관**이 정하는 기관은 **부동산원**을 말한다(영 제76조 제2항)]에 위탁할 수 있다(법 제28조 제1항). 구「부감법」제41조 제1항 및 같은 법 시행령 제81조에 따라 협회 또는 **대통령령**으로 정하는 감정평가법인에 민간 위탁하였다.

2. 경비보조

국토교통부장관은 제1항에 따라 그 업무를 위탁할 때에는 예산의 범위에서 필요한 경비를 보조할 수 있다(법 제28조 제2항).

V. 수수료 등

1. 법적 근거

부동산원 및 **감정평가법인등**은 이 법에 따른 표준지공시지가의 조사·평가, 개별공시지가의 검증, 부동산 가격정보·통계 등의 조사, 표준주택가격의 조사·산정, 개별주택가격의 검증, 공동주택가격의 조사·산정, 비주거용 표준부동산가격의 조사·산정, 비주거용 개별부동산가격의 검증 및 비주거용 집합부동산가격의 조사·산정 등의 업무수행을 위한 수수료와 출장 또는 사실 확인 등에 소요된 실비를 받을 수 있다(법 제29조 제1항).

수수료의 요율 및 실비의 범위는 **국토교통부장관**이 정하여 고시한다(법 제29조 제2항).「부동산가격공시법」제29조 제2항에 따라 표준지공시지가 조사·평가, 개별공시지가의 검증 및 부동산가격 정보·통계 등의 조사 등의 업무수행에 관하여 받는 수수료를 정함을 목적으로 제정한 것이 **국토교통부장관**의 고시에 의한「부동산 가격공시 등의 수수료에 관한 기준」이다.[279] 동 기준의 법적 성격은 행정규칙이다.

2. 수수료 내역

부동산원 및 **감정평가법인등**은 이 법에 따른 표준지공시지가의 조사·평가, 개별공시지가의 검증, 부동산 가격정보·통계 등의 조사, 표준주택가격의 조사·산정, 개별주택가격의 검증, 공동주택가격의 조사·산정을 통하여 받는 수수료 내역은 다음과 같다.

---

279) 2017. 10. 25. 일부개정(시행 2017. 10. 25. 국토교통부고시 제2017-702호).

VI. 벌칙 적용에서 공무원 의제

다음 각 호 1. 법 제28조 제1항에 따라 업무를 위탁받은 기관의 임직원, 2. 중앙부동산가격공시위원회의 위원 중 공무원이 아닌 위원의 어느 하나에 해당하는 사람은 「형법」 제129조부터 제132조까지의 규정을 적용할 때에는 공무원으로 본다(법 제30조4). [280]

---

280) 이 내용에 관해서는 제1편 「감정평가법」 제5장 제1절 보칙에 관한 내용을 보라.

제 **3** 편

국토의 계획 및 이용에 관한
법률

제1장 총설

I. 「국토계획법」의[281) 의의

행정법학은 공익을 위해 국민의 기본권을 제한하는 법률들을 체계적으로 이해하기 위한 이론의 체계이다.[282) 건설법의 일부로서 「국토의 계획 및 이용에 관한 법률」(이하 '국토계획법'이라 한다)은 행정법학의 전형적인 연구대상이다. 「국토계획법」은 1962년 제정된 「도시계획법」과 1972년 제정된 「국토이용관리법」이 2003년 통합되면서 탄생하였다. 「도시계획법」에 의해 도시지역이 먼저 계획되고, 그 외의 지역에 국토이용계획이 수립되어 이원적 법체계가 오랜 기간 지속되다가, 「국토계획법」으로 통합되었다. 양 법률의 통합 전 상위법으로 1963년 제정된 「국토건설종합계획법」이 있었고, 이는 「국토기본법」의 전신이다. 「국토기본법」은 국토에 관한 계획 및 정책의 수립·시행에 관한 기본적인 사항을 정하는 것을 목적으로 하고(국토기본법 제1조) 있다. 이의 하위법이자 실체법이라 할 수 있는 「국토계획법」은 국토이용·개발 및 보전계획 수립을 목적으로 하지만(동법 제1조), 오히려 도시 내 토지의 효율적인 이용과 도시의 기능유지에 주안점을 둔 법률로서 도시계획법이라는 법명이 더 적합하며 도시계획의 수립 및 집행주체 측면에서 지방자치법제라 할 수 있다. 「국토계획법」의 내용은 이와 같은 목적을 달성하기 위하여 지역·지구제 도시계획 등을 수립하고, 이를 통해 건축물의 건축행위와 건축허가요건을 규제하는 소극적 방식을 사용한다.[283)

「국토기본법」의 국토계획과 「국토계획법」의 도시계획은 행정법학에서 행정계획으로 불리어지며 학문상 이들은 광의의 도시계획이라 할 수 있지만, 구태여 구분하자면 국토계획은 "국가계획"이고 이에 대응하는 의미에서 도시계획은 "지방자치단체계획"이라 할 수 있겠다. 이러한 행위형식인 행정계획 이외에도 법 목적 실현을 위한 행정작용에는 행정입법·행정행위 등 기타 행위형식에 의한 규정들이 「국토계획법」에서 규율되고 있다.

---

281) 2020. 1. 29. 개정하여 2020. 7. 30.부터 시행된 법률 제16902호를 기준으로 하였다.
282) 김종보, 건설법의 이해(제6판), 피데스, 2018, 29면.
283) 김종보, 건설법(제6판), 187면.

Ⅱ. 법적 근거

1. 상위법·특별법

　「국토기본법」과 「수도권정비계획법」도 행정계획의 수립에 관한 <u>계획법규이지만 이에는 집행에 관</u>한 규정이 없다. 양법은 국토계획 및 도시계획의 영역에서 「국토계획법」상의 도시·군계획에 우선하는 계획법규들이다.

　2002. 2. 4. 제정(시행 2003. 1. 1.)된 「국토기본법」은 「국토건설종합계획법」을 폐지하고 이를 보완·발전시킨 것으로, 「국토계획법」의 최상위법이다. 따라서 「국토기본법」에 따른 '국토계획'은 「국토계획법」에 의한 도시계획 및 「수도권정비계획법」에 의한 수도권정비계획 등 국토의 이용·개발 및 보전에 관한 모든 계획의 최상위법으로서 '기본'이 된다.

　한편, 「수도권정비계획법」 제3조에서 "수도권정비계획은 수도권의 도시·군계획, 그 밖의 다른 법령에 따른 토지이용계획 또는 개발계획 등에 우선하며, 그 계획의 기본이 된다는" 점에서 「국토계획법」에 대해서는 특별법의 지위에 있다. 따라서 수도권(서울특별시와 인천광역시 및 경기도)이라는[284] 특정한 지역에서, 법적용과 해석에 있어서 동법은 「국토계획법」에 대하여 특별법우선의 원칙이 적용된다. 또한, 「제주도특별법」에서도 국토의 계획 및 이용에 관한 많은 특례(동법 제406조) 규정을 두고 있다.

2. 「국토계획법」의 연혁 및 법원

가. 근대 「도시계획법」

　1895년 일제에 의해 아내 민비를 잃은 고종은 이듬해 러시아 공사관으로 이주한 상황에서 「도시개조 준칙」을 발표했다. 도로를 파먹고 들어온 "가가(假家)"를 철거해 길을 넓히는 사업에 주력했다. 그 이후 1920년대에 서울을 중심으로 도시계획을 제정하자는 활발한 움직임이 있었고, 1934년 6월 20일 조선총독부제령 제18호로 비로소 우리나라 최초의 근대 「도시계획법」이라 할 수 있는 「조선시가지계획령(朝鮮市街地計劃令)」이 제정되었다. 7월 27일에는 총독부령 제78호로 시행규칙도 발포되었다. 1919년 제정된 일본의 「도시계획법」은 이름 그대로 「도시계획법」이었으며, 1936년 대만의 「도시계획법」의 명칭도 "대만도시계획령"이었다. 만주의 「도시계획법」은 "도읍계획법"으로 좀 다르긴 했지만, "시가지계획령"이라는 그 명칭 안에 식민지 조선에서의 도시계획이 필요했던 이유와 그 성격에 대한 실마리가 모두 담겨 있다.[285] 이는 일제가 이 땅을 그들의 식민지 지배의도에 맞게 개발하고자 하는 의도에서 강제로 이식된 법령이었다.[286] 동령의 주요 내용은 제1장 총칙, 제2장 지역 및 지구의 지정과 건축물 등의 제한, 그리고 제3장 토지구획정리에 관한 것으로 총 50개 조문으로 구성되었다. 「조선

---

284) "수도권"이란 서울특별시와 **대통령령**으로 정하는 그 주변 지역을 말한다(수도권정비계획법 제2조 제1호).
285) 네이버 지식백과.
286) 김종보, 건설법(제6판), 17면.

시가지계획령」의 제정을 통해 토지이용규제를 위한 지역·지구제와 토지구획정리사업을 위한 최초의 법적 근거가 마련되었고,[287] 동령은 1962년 제정 「도시계획법」 및 「건축법」, 1966년 제정 「토지구획 정리사업법」의 모태가 되었다.

이후 국토건설종합계획에 따른 토지이용계획의 입안 및 결정과 그 시행에 관하여 필요한 사항을 정하여 국토를 효율적으로 계획·관리하고 토지의 이용가치를 높이려는 것으로 1972. 12. 30.(법률 제2408호, 1973. 3. 31.) 「국토이용관리법」을 제정하였다. 종래의 「국토건설종합계획법」과 「국토이용관리법」—「도시계획법」의 3단계 계획법시스템은 2003년에 「국토기본법」(수도권정비계획법)과 「국토계획법」의 2단계 시스템으로 변경되었다.

나. 「국토계획법」의 법원(法源)

(1) 2003. 1. 1.부터 통합·시행한 이 법은 국토의 이용·개발과 보전을 위한 계획의 수립 및 집행 등에 필요한 사항을 정하여 공익을 목적으로 한다(법 제1조). 종전에는 국토를 도시지역과 비도시지역으로 구분하여 도시지역에는 「도시계획법」, 비도시지역에는 「국토이용관리법」으로 이원화하여 운용하였으나, 2000년대에 들어 특히 비도시지역으로서 준농림지역에서 국토의 난개발 문제가 대두됨에 따라 2003년부터는 비도시지역에도 「도시계획법」에 의한 도시계획기법을 도입할 수 있도록 「국토계획법」을 제정함으로써 국토의 계획적·체계적인 이용을 통한 난개발 방지와 환경친화적인 국토이용체계를 구축하려는 것이다. 「국토계획법」은 도시 내 토지의 효율적인 이용과 도시의 원활한 기능유지에 중심을 두는 법률이다. 「국토계획법」은 이러한 목적을 달성하기 위하여 도시·군관리계획 등을 수립하고 이를 통해 건축물의 건축행위와 건축허가요건을 규제하는 소극적 방식을 사용한다는 점이다. 따라서 「국토계획법」에서 논의의 중점은 도시·군관리계획의 작동체계, 도시·군관리계획의 수립절차 및 도시·군관리계획에 의한 건축허가요건이 된다. 「국토계획법」은 건축허가요건을 정하기 위해 불가피하게 도시·군계획의 수립에 관한 조문을 많이 할애하고, 도시·군계획시설의 설치를 위한 조문도 두어야 한다. 그러나 「국토계획법」의 종국적인 목적은 건축물의 건축을 통제하기 위한 것이며, 단지 도시·군관리계획 그 자체에 관한 법에 머무는 것이 아니라는 점이다.[288] 토지의 효율적 이용을 목적으로 하는 「국토계획법」의 체계는 법률 → 시행령 → 시행규칙(**국토교통부령**)—「도시·군계획시설의 결정·구조 및 설치기준에 관한 규칙(**국토교통부령**)」—「지하공공보도시설의 결정·구조 및 설치기준에 관한 규칙(국토해양부령)」 → 「행정규칙」 - 지방자치단체**조례** 등이 있다.

(2) 앞에서 설시한 법의 존재 형식을 법원(法源)이라 한다. 법이 어떤 형태로 존재하고, 또 어떻게 작용하는지를 말하는 것이 법원이다. 일반적으로 법원은 법을 적용하는 법관이 재판을 할 때 있어서 적용하여야 할 기준을 말한다. 따라서 일반국민에게 어떤 것을 법으로 인식해야 하는지 그 기준을 제

---

287) 네이버 지식백과.
288) 김종보, 건설법(제5판), 187면.

시한다. 또한 법원은 법관에게 있어서 <u>재판의 기준</u>으로 삼아야 하고, 법관에게 무엇이 법인지의 기준을 제시하기도 한다. 법원은 그 표현방식에 따라, 즉 법전의 형태로 존재하는 成文法과 법전에 규정되지 않았지만 법으로써 인정되는 不文法으로 나누어진다.[289]

(3) 「국토계획법」은 성문법원으로서의 형식적 의미의 법률, 즉 국회가 제정한 법률을 의미한다. "법률"은 국회입법원칙(헌법 제40조)·법치행정원리의 당연한 결과로서 가장 중요한 법원이 된다. 행정은 법치행정원리에 바탕을 두고 법률을 집행하는 것을 임무로 한다. 그런데, (가) 행정기관의 행정작용이라는 것이 법률의 집행에 한정될 정도로 단순하지 않을 뿐만 아니라, (나) 국회가 모든 장래의 상황을 예상하여 법률을 제정한다는 것이 어렵다는 점, (다) 또한 전문화되고 복잡해진 행정에 대응할 수 있을 만큼 충분한 전문적·기술적인 판단능력을 국회가 갖고 있지 못하다는 점에서 "<u>행정입법"의 필요성이</u> <u>대두</u>되었다.

(4) 따라서 두 번째의 성문법의 법원으로는 "행정입법"인데, 이는 행정기관이 법조의 형식으로 일반적·추상적인 규범을 정립하는 작용 또는 그에 따라 정립된 규범으로, 즉 행정기관이 제정하는 법규범을 말하며 <u>명령</u>이라고도 한다. 행정기관이 정립하는 명령은 내용적으로는 국민을 구속하는 "**법규명령**"과 그와 같은 구속력이 없는 "**행정규칙**"(행정명령)으로 나뉘며, 후자는 성문행정법원의 법 형식 속에 포함시키지 아니하였던 것이 종래의 통설이다. 행정입법의 형식으로 **대통령령**·총리령·부령 등이 있다. (가) 대통령은 <u>법률에서 구체적으로 범위를 정하여</u> 위임받은 사항과 법률을 집행하기 위하여 필요한 사항에 관하여 **대통령령**을 발할 수 있다(헌법 제75조). 이를 보통 <u>시행령</u>이라 부른다. (나) 국무총리 또는 행정각부의 장은 <u>소관 사무</u>에 관하여 법률이나 **대통령령**의 위임에 의한 위임명령 또는 직권으로 집행명령인 총리령 또는 <u>부령</u>을 발할 수 있다(헌법 제95조). 이를 보통 <u>시행규칙</u>이라 부른다. 행정입법도 행정법원이지만 법률 아래에 있다.

(5) **법규명령**이란 엄격한 대외적·일반적 구속력을 가지는 법규범인 행정입법을 말하는데, 대법원은 "법령의 직접적인 위임에 따라 행정기관이 그 법령을 시행하는 데 필요한 구체적인 사항을 정한 것이라면, 그 제정형식이 고시·훈령·예규·지침 등이라 하여도, 그것이 상위법령의 위임한계를 벗어나지 아니하는 한, 상위법령과 결합하여 대외적인 구속력을 갖는 **법규명령**으로서 기능하게 된다는 것"이 판례의 태도이다.[290] 「행정규제기본법」 제4조 제2항 단서에서는 법령에서 전문적·기술적 사항이나 경미한 사항으로서 업무의 성질상 위임이 불가피한 사항에 관하여 구체적으로 범위를 정하여 위임한 경우에는 '고시 등'으로 정할 수 있고, 같은 법 시행령 제2조 제2항에서 '고시 등'이라 함은 훈령·예규·고시 및 공고를 말한다고 규정하고 있다.[291]

(6) 이에 반해 **행정규칙**이란 종래의 통설과 판례에 의하면 행정기관이 법조의 형식으로 정립하는 일반적·추상적 규범으로서 내부효과만을 가질 뿐 대외적으로 구속력을 가지는 법규범으로서의 성질을

---

289) [네이버 지식백과].
290) 대법원 2016. 1. 28. 선고 2015두53121 판결.
291) 김철용, 행정법(제6판), 고시계사, 2017, 102~106면.

가지지 아니하는 행정입법을 말한다. 이 밖에 상세한 내용은 제1편 「감정평가법」에서 설명하였다.

(7) **사견**으로는 국토계획법령에서 **국토교통부장관**에게 위임한(법 제12조 제2항, 제19조 제3항, 제20조 제2항, 제25조 제4항, 제40조의2 제8항, 제49조 제2항, 제66조 제5항, 제67조 제5항, 제70조 제3항 등) 하위 규범들은 비록 형식은 행정규칙이지만, 「국토계획법」 및 같은 법 하위법령의 위임을 받아 그 위임받은 사항을 정하고 있으며, 위 **법규명령**과 불가분적으로 결합되는 점에서 법규적 성격을 갖는 것이라 할 수 있겠다.

다. 도시계획의 집행 법률

「국토계획법」은 도시관리계획을 시행하기 위하여 도시계획사업으로 결정된 ① 각각의 도시·군계획시설을 설치·관리하기 위하여 공원·녹지는 「공원녹지법」, 수도는 「수도법」, 하수도는 「하수도법」, 주차장은 「주차장법」 등에 의하고, ② 「도시개발법」에 따른 도시개발사업, ③ 「도시정비법」에 따른 정비사업을 시행한다.

「건축법」은 기본적으로 건축물의 안전성을 보장하려는 것을 목적으로 하지만, 동법에 규정된 건축물의 용도분류는 「국토계획법」상의 지역·지구제의 전제가 된다. 그리고 「국토계획법」상의 도시계획사항은 건축에 의해 구체화되므로 「건축법」은 도시계획과 매우 밀접한 관련성을 지니고 있다. 건축은 「건축법」뿐만 아니라 「국토계획법」에도 합치하여야 한다.[292]

---

292) 박균성, 행정법론(하), 박영사, 2017, 712면.

〈표 9〉 법령체계도(법제처 국가법령정보센터)

법	시행령	시행규칙(국토교통부령)	행정규칙	광역도시계획수립지침(국토교통부훈령)
				도시·군기본계획수립지침(국토교통부훈령)
				도시·군관리계획수립지침(국토교통부훈령)
				공동구 설치 및 관리지침(국토교통부훈령)
				공동구 점용예정면적 산정기준에 관한 지침(국토교통부훈령)
				개발행위허가운영지침(국토교통부훈령)
				기반시설연동제 운영지침(국토교통부훈령)
				2015년 기반시설 표준시설비용 및 기반시설별 단위당 표준조성비(국토교통부고시)
				도시 기후변화 재해취약성분석 및 활용에 관한 지침(국토교통부훈령)
				도시의 지속가능성 및 생활인프라 평가 지침(국토교통부훈령)
				산림사업종합자금 집행지침(산림청지침, 2015.1.1., 폐지제정)
				성장관리방안수립지침(국토교통부훈령)
				개발제한구역의 조정을 위한 도시관리계획 변경안 수립 지침(국토교통부훈령)
				수산자원보호구역 관리요령(해양수산부훈령)
				입지규제최소구역 지정 등에 관한 지침(국토교통부고시)
				자연녹지지역의 대형할인점등 설치·운영에 관한 고시(산업통상자원부고시)
				저탄소 녹색도시 조성을 위한 도시·군계획수립 지침(국토교통부훈령)
				중앙도시계획위원회 운영세칙(국토교통부훈령)
				지구단위계획수립지침(국토교통부훈령)
				토지의 적성평가에 관한 지침(국토교통부훈령)
				행정중심복합도시 지구단위계획 수립지침(행정중심복합도시건설청훈령)
		도시·군계획시설의 결정·구조 및 설치기준에 관한 규칙(국토교통부령)	행정규칙	기반시설에 해당하는 전기통신설비(과학기술정보통신부고시)
		지하공공보도시설의 결정·구조 및 설치기준에 관한 규칙(국토해양부령)		
			자치법규	

〈표 10〉「국토계획법」의 구성

제1장 총칙

제1조(목적) 제2조(정의) 제3조(국토이용및관리의기본원칙) 제3조의2(도시의 지속가능성 및 생활인프라 수준 평가) 제4조(국가계획, 광역도시계획 및 도시·군계획의 관계 등) 제5조(도시·군계획 등의 명칭) 제6조(국토의 용도 구분) 제7조(용도지역별 관리 의무) 제8조(타 법률에 따른 토지 이용에 관한 구역 등의 지정 제한 등) 제9조(다른 법률에 따른 도시·군관리계획의 변경 제한)

제2장 광역도시계획

제10조(광역계획권의 지정) 제11조(광역도시계획의 수립권자) 제12조(광역도시계획의 내용) 제13조(광역도시계획의 수립을 위한 기초조사) 제14조(공청회의 개최) 제15조(지방자치단체 의견 청취) 제16조(광역도시계획의 승인) 제17조(광역도시계획의 조정) 제17조의2(광역도시계획협의회의 구성 및 운영)

제3장 도시·군기본계획

제18조(도시·군기본계획의 수립권자와 대상지역) 제19조(도시·군기본계획의 내용) 제20조(도시·군기본계획 수립을 위한 기초조사 및 공청회) 제21조(지방의회의 의견 청취) 제22조(특별시·광역시·특별자치시·특별자치도의 도시·군기본계획의 확정) 제22조의2(시·군 도시·군기본계획의 승인) 제23조(도시·군기본계획의 정비)

제4장 도시·군관리계획

제1절도시·군관리계획 수립절차 제24조(도시·군관리계획입안권자) 제25조(도시·군관리계획의 입안) 제26조(도시·군관리계획입안제안) 제27조(도시·군관리계획의 입안을 위한 기초조사 등) 제28조(주민과지방의회의의견청취) 제29조(도시·군관리계획결정권자) 제30조(도시·군관리계획의 결정) 제31조(도시·군관리계획결정효력) 제32조(도시·군관리계획에 관한 지형도면의 고시 등) 제61조(관련 인·허가등의 의제) 제61조의2(개발행위복합민원 일괄협의회) 제62조(준공검사) 제63조(개발행위허가의 제한) 제64조(도시·군계획시설 부지에서의 개발행위) 제65조(개발행위에 따른 공공시설 등의 귀속) 제34조(도시·군관리계획의 정비) 제35조(도시·군관리계획입안특례)

제2절 용도지역·용도지구·용도구역

제36조(용도지역의 지정) 제37조(용도지

제38조의2(도시자연공원구역지정) 제39조(시가화조정구역의 지정) 제40조(수산자원보호구역의 지정) 제40조의2(입지규제최소구역의 지정 등) 제41조(공유수면매립지에 관한 용도지역의 지정) 제42조(다른 법률에 따라 지정된 지역의 용도지역지정등의 의제)

제3절 도시·군계획시설

제43조(도시계획시설설치·관리) 제44조(공동구의 설치) 제44조의2(공동구 관리·운영 등) 제44조의3(공동구의 관리비용 등) 제45조(광역시설의 설치·관리) 제46조(도시·군계획시설의 공중 및 지하 설치기준과 보상 등) 제47조(도시·군계획시설 부지의 매수 청구) 제48조(도시·군계획시설결정의 실효 등) 제48조의2(도시·군계획시설결정의 해제 신청 등)

제4절 지구단위계획 제49조(지구단위계획의 수립) 제50조(지구단위계획구역 및 지구단위계획의 결정) 제51조(지구단위계획구역지정 등) 제52조(지구단위계획의 내용) 제53조(지구단위계획구역의 지정 및 지구단위계획에 관한 도시·군관리계획결정의 실효 등) 제54조(지구단위계획구역에서의 건축 등)

제5장 개발행위의 허가 등

제1절 개발행위의 허가 제56조(개발행위의 허가) 제57조(개발행위허가의 절차) 제58조(개발행위허가의 기준 등) 제59조(개발행위에 대한 도시계획위원회의 심의) 제60조(개발행위허가이행보증 등)

제2절 개발행위에 따른 기반시설의 설치 제66조(개발밀도관리구역) 제67조(기반시설부담구역의 지정) 제68조(기반시설설치비용의 부과대상 및 산정기준) 제69조(기반시설설치비용의 납부 및 체납처분) 제70조(기반시설설치비용의 관리 및 사용 등)

제6장 용도지역·용도지구 및 용도구역에서의 행위 제한

제76조(용도지역 및 용도지구에서의 건축물의 건축 제한 등) 제77조(용도지역의 건폐율) 제78조(용도지역에서의 용적률) 제79조(용도지역 미지정 또는 미세분 지역에서의 행위 제한 등) 제80조(개발제한구역에서의 행위 제한 등) 제80조의2(도시자연공원구역에서의 행위 제한 등) 제80조의3(입지규제최소구역

제84조(둘 이상의 용도지역·용도지구·용도구역에 걸치는 대지에 대한 적용기준)

제7장 도시·군계획시설사업의 시행

제85조(단계별 집행계획의 수립) 제86조(도시·군계획시설사업의 시행자) 제87조(도시·군계획시설사업의 분할 시행) 제88조(실시계획 작성 및 인가 등) 제89조(도시·군계획시설사업의 이행담보) 제90조(서류의 열람 등) 제91조(실시계획의 고시) 제92조(관련 인·허가등의 의제) 제93조(관계 서류의 열람 등) 제94조(서류의 송달) 제95조(토지 등의 수용 및 사용) 제96조(「토지보상법」의 준용) 제97조(국공유지의 처분 제한) 제98조(공사완료의 공고 등) 제99조(공공시설 등의 귀속) 제100조(다른 법률과의 관계)

제8장 비용

제101조(비용 부담의 원칙) 제102조(지방자치단체의 비용 부담) 제104조(보조 또는 융자) 제105조(취락지구에 대한 지원) 제105조의2(방재지구에 대한 지원)

제9장 도시계획위원회

제106조(중앙도시계획위원회) 제107조(조직) 제108조(위원장 등의 직무) 제109조(회의의 소집 및 의결 정족수) 제110조(분과위원회) 제111조(전문위원) 제112조(간사 및 서기) 제113조(지방도시계획위원회) 제113조의2(회의록의 공개) 제113조의3(위원의 제척·회피) 제113조의4(벌칙 적용 시의 공무원 의제) 제114조(운영 세칙) 제115조(위원 등의 수당 및 여비) 제116조(도시·군계획상임기획단)

제10장 토지거래의 허가 등

제11장 보칙

제127조(시범도시 지정·지원) 제128조(국토이용정보체계의 활용) 제129조(전문기관에 자문 등) 제130조(토지에의 출입 등) 제131조(토지에의 출입 등에 따른 손실 보상) 제133조(법률 등의 위반자에 대한 처분) 제134조(행정심판) 제135조(권리·의무의 승계) 제136조(청문) 제137조(보고 및 검사 등) 제138조(도시·군계획수립·운영에 대한 감독 및 조정) 제139조(권한 위임 및 위탁)

제12장 벌칙

제140조~제142조(벌칙) 제143조(양벌

구의 지정) 제38조(개발제한구역의 지정)	에서의 행위 제한) 제81조(시가화조정구역에서의 행위 제한 등) 제82조(기존 건축물에 대한 특례) 제83조(도시지역에서의 다른 법률의 적용 배제) 제83조의2(입지규제최소구역에서의 다른 법률의 적용 특례)	규정) 제144조(과태료) **부칙**

Ⅲ. 「국토기본법」상 국토계획

1. 국토계획의 의의

"국토계획"이란 국토를 이용·개발 및 보전할 때 미래의 경제적·사회적 변동에 대응하여 국토가 지향하여야 할 발전 방향을 설정하고 이를 달성하기 위한 계획을 말한다(국토기본법 제6조 제1항). 또 <u>국토계획은 원칙적으로 국가가 수립하는 국가계획으로서 국토 공간의 전체적인 발전방향을 제시하는 최상위의 공간계획</u>이라고도 한다.[293] 국토계획은 국토종합계획, 도종합계획, 시·군 종합계획, 지역계획 및 부문별계획으로 다섯 가지로 구분한다.

가. 국토종합계획은 국토 전역을 대상으로 하여 국토의 장기적인 발전 방향을 제시하는 종합계획이며 최상위의 국토계획으로 **국토교통부장관**이 수립하고 대통령의 승인을 받아야 한다(국토기본법 제6조 제2항 제1호, 제9조 제1항, 제12조 제1항).

나. 도종합계획은 도(道)[294] 또는 특별자치도의[295] 관할구역을 대상으로 하여 해당 지역의 장기적인 발전 방향을 제시하는 종합계획으로, 도지사가 수립하며 **국토교통부장관**의 승인을 받아야 한다(국토기본법 제6조 제2항 제2호, 제13조 제1항 및 제15조 제1항). <u>도종합계획의 수립주체가 도지사이기는 하지만, 도종합계획은 국가계획이다. 따라서 이 경우 도지사는 국가행정기관의 지위에서 계획을 수립하는 것이다.</u>[296]

다. 시·군종합계획은 특별시·광역시·시 또는 군(광역시의 군은 제외한다)의 관할구역을 대상으로 하여 해당 지역의 기본적인 공간구조와 장기 발전 방향을 제시하고, 토지이용, 교통, 환경, 안전, 산업, 정보통신, 보건, 후생, 문화 등에 관하여 수립하는 계획으로, 「국토계획법」에 따라 수립되는 도시·군계

---

293) 김남철, 행정법강론, 박영사, 2016, 1232면.
294) 예를 들면 경상북도에서는, <u>도종합계획의 시간적 범위는 상위계획인 「제4차 국토종합계획 수정계획」과의 일관성을 유지하기 위하여 2012~2020년까지를 계획기간으로 설정하고, 도종합계획의 기준년도는 2010년을 원칙으로 하며 목표연도는 2020년으로 하였다.
295) 예를 들면 제주특별자치도의 경우, 「제4차 국토종합계획 수정계획(2011 ~ 2020)」의 하위계획으로 2012년에는「제주특별자치도설치 및 국제자유도시조성을 위한 특별법」(이하 '제주도특별법'이라 한다)에 의한 지역정책을 실행하기 위한 법정계획으로 제2차 <u>제주국제자유도시종합계획(2012~2021년)</u>이 수립되었다. 현재 동 종합계획에 의거하여 주요 개발사업을 추진 중에 있으며, 「국토기본법」에 따른 도종합계획을 대체한다(제주특별자치도 도시계획 업무편람 2015).
296) 김남철, 행정법강론, 1233면.

획을 말한다(국토기본법 제6조 제2항 제3호). 시·군종합계획은 국토계획의 일종으로 체계상 국가계획에 해당하지만, 이를 지방자치단체계획인 도시·군계획으로 정의하는 것은 계획 간의 체계라는 점에서 문제가 있다.[297]

라. 지역계획은 특정 지역을 대상으로 특별한 정책목적을 달성하기 위하여 수립하는 계획으로(국토기본법 제6조 제2항 제4호), **중앙행정기관의 장** 또는 지방자치단체의 장은 지역 특성에 맞는 정비나 개발을 위하여 필요하다고 인정하면 관계 **중앙행정기관의 장**과 협의하여 관계 법률에서 정하는 바에 따라 다음 각 호 1. 수도권 발전계획: 수도권에 과도하게 집중된 인구와 산업의 분산 및 적정배치를 유도하기 위하여 수립하는 계획(수도권정비계획법 제4조에 의한 수도권정비계획), 2. 지역개발계획: 성장 잠재력을 보유한 낙후지역 또는 거점지역 등과 그 인근지역을 종합적·체계적으로 발전시키기 위하여 수립하는 계획(지역 개발 및 지원에 관한 법률 제7조에 의한 지역개발계획),[298] 3. 삭제 〈2014.6.3.〉, 4. 삭제 〈2014.6.3.〉, 5. 그 밖에 다른 법률에 따라 수립하는 지역계획의 구분에 따른 지역계획을 수립할 수 있다(국토기본법 제16조 제1항).

마. 부문별계획은 국토 전역을 대상으로 하여 특정 부문에 대한 장기적인 발전 방향을 제시하는 계획으로, 주거종합계획(주거기본법 제5조)·전력수급기본계획(전기사업법 제25조)·에너지이용합리화기본계획(에너지이용합리화법 제4조) 등을 말하는데 **중앙행정기관의 장**이 부문별계획을 수립할 수 있다(국토기본법 제6조 제2항 제5호, 제17조).

공간계획은 계획의 수립주체에 따라 국가계획과 지방자치단체계획으로 구분할 수 있는데 공간계획은 끊임없는 상황변화에 적응하여 보다 나은 결정을 목적으로 지속적이고 반복적인 피드백 과정을 전제로 한다. 이러한 점에서 공간계획은 상호간의 일정한 체계를 갖출 것이 요구된다. 이를 위해서는 상위계획은 하위계획을 고려하여야 하고 하위계획은 상위계획에 부합되어야 하는데 이를 계획적합의무라고 한다. 가령 「국토기본법」 제8조에 따르면 국토종합계획은 다른 법령에 따라 수립되는 국토에 관한 계획에 우선하며 그 기본이 된다고 하고, 「국토계획법」 제4조에 따르면 도시·군계획은 특별시·광역시·특별자치시·특별자치도·시 또는 군의 관할 구역에서 수립되는 다른 법률에 따른 토지의 이용·개발 및 보전에 관한 계획의 기본이 된다고 하여 이러한 계획적합의무를 잘 반영한 규정이라 할 수 있다.[299]

---

297) 김남철, 행정법강론, 1233면.
298) 「지역 개발 및 지원에 관한 법률」은 종전에 「지역균형개발 및 지방중소기업 육성에 관한 법률」과 「신발전지역 육성을 위한 투자촉진 특별법」에 분산되어 있는 다양한 지역개발제도를 하나의 "지역개발계획" 및 "지역개발사업계획"으로 통합·단일화하기 위하여 2014. 6. 3. 제정되었다. 그 후 2016. 3. 29.「지역균형개발 및 지방중소기업 육성에 관한 법률」이 폐지되었다.
299) 김남철, 행정법강론, 1232면.

2. 「국토기본법」상 국토계획 상호간 및 타 계획과의 관계

가. 국토종합계획과 도종합계획 및 시·군종합계획 등과의 관계

국토계획의 상호관계에서는 국토종합계획은 도종합계획 및 시·군종합계획의 기본이 된다(국토기본법 제7조 제1항 전단). 국토 전역을 대상으로 국토의 장기발전 방향을 제시하는 국토종합계획은 도종합계획에 대한 지침으로서의 역할을 담당하고, 도종합계획은 국토종합계획을 도 단위에서 구체화한 계획이며, 국토종합계획에서 다루지 못한 도차원의 정책과 사업을 포함하여 지역의 정치·사회·문화 등 각종 부문계획을 담는 계획이다. 도종합계획은 해당 도의 관할구역에서 수립되는 시·군종합계획의 기본이 된다(동법 제7조 제2항). 즉 시·군종합계획(도시·군계획)에 대한 지침으로서의 성격을 가지며, 시·군종합계획에 대한 방향성을 제시한다. 따라서 **도 또는 특별자치도**의 경우는 국토종합계획이 도종합계획을 거쳐 시·군종합계획(도시·군계획)으로 구체화된다고 볼 수 있는데,300) 즉, 기본이 된다는 것은 국토종합계획—(수도권정비계획)—도종합계획—시·군종합계획으로, 수직적 상하관계를 의미 한다.301) 그러나 **특별시·광역시 및 특별자치시**의 경우에는 도종합계획이 없으므로 국토종합계획은 바로 시·군종합계획(「국토계획법」상 도시·군계획)에 의해 구체화 되는데, 국토종합계획—시·군종합계획으로, 수직적 상하관계를 이룬다.

국토종합계획은 다른 법령에 따라 수립되는 국토에 관한 계획에 우선하며 그 기본이 되는데, 다만, 군사에 관한 계획에 대하여는 예외이다(국토기본법 제8조). 이 계획은 뒤에서 검토하는 도시·군관리계획과는 달리 국민에 대하여는 구속력이 없다.302)

지역계획과 부문별계획은 국토종합계획과 조화를 이루어야 한다(국토기본법 제7조 제1항 후단).

[그림 2] 국토계획의 체계

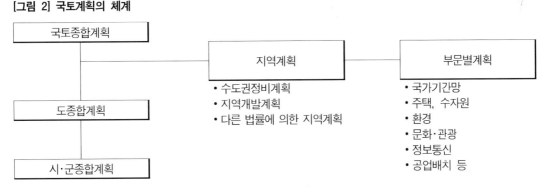

출처: 국토교통부, 2016 국토의 계획 및 이용에 관한 연차보고서, 50면.

---

300) 정태용, 국토계획법, 법령정보관리원, 2013, 46~47면.
301) 박균성, 행정법론(하), 706면.
302) 김동희, 행정법Ⅱ, 박영사, 2015, 442면.

나. 지역계획과 부문별계획의 다른 행정계획들과의 관계

(1) 지역계획이 국토종합계획에 적합해야 하지만, 문제는 지역계획이 도종합계획과 시·군종합계획(「국토계획법」상 도시·군계획)에 우선할 것인지 여부에 관한 점이다.

「국토기본법」상 지역계획에 해당하는 지역개발계획은 성장잠재력을 보유한 낙후지역 또는 거점지역 등과 그 인근지역을 종합적·체계적으로 발전시키기 위해 지역개발사업을 추진하려는 경우 「지역개발 및 지원에 관한 법률」(이하 '지역개발지원법'이라 한다) 제7조에 따라 10년 단위로 수립하여야 하는 실행계획의 성격으로 관련 지방자치단체간 연계발전 전략을 수립하는 협력계획이며, 지역의 장기적인 발전방향을 제시하는 도종합계획과 차별화되며, 「국토기본법」 제7조에 따라 국토 전역을 대상으로 하여 국토의 장기적인 발전 방향을 제시하는 종합계획인 국토종합계획과는 조화를 이루어 수립하여야 한다. 「지역개발지원법」에 따른 지역개발계획의 수립범위는 <u>수도권 및 제주특별자치도외의 지역</u> (단, 수도권의 경우 낙후지역은 적용가능)이다. 일반적으로 지역개발계획의 수립권자는 광역시장·특별자치시장 및 도지사가 되나, 국가경제에 중대한 영향을 미치는 국책사업 등과 연계하여 추진할 필요가 있거나, 관계중앙행정기관의 요청에 따라 추진할 필요가 있다고 인정하는 경우에는 **국토교통부장관**이 지역개발계획을 수립할 수 있다.[303)]

사견으로는 「국토기본법」상의 지역계획은 원칙적으로 「국토계획법」상의 국가계획(법 제2조 제14호)이라 생각한다.[304)] 물론 엄격한 의미에서 중앙행정기관의 장이 수립주체인 경우에만 국가계획의 정의에 해당할 것이나 「지역개발지원법」에 의한 지역개발계획의 특성상 시·도지사도 수립주체인 점을 감안한다면, 지역계획이 오히려 도종합계획과 시·군종합계획에 우선할 것으로 보인다.

(2) 부문별계획은 **중앙행정기관의 장**이 국토 전역을 대상으로 하여 전력수급기본계획이나 에너지이용합리화기본계획의 수립과 같이 소관 업무에 관하여 수립하는 경우 국토종합계획과 '조화'를 이루도록 하고, 국토종합계획의 내용을 반영하여야 하며 이와 상충(相衝)되지 아니하도록 하여야 한다(국토기본법 제17조 제2항).

「국토기본법」에서는 부문별계획의 도종합계획 및 시·군종합계획에 대한 관계에 대해서는 규정하고 있지 않으나, 상기의 지역계획의 경우와 크게 다르지 않을 것이다. 다만, 부문별계획도 국토 전역을 대상으로 하여 **중앙행정기관의 장**이 수립하는 부문별계획과 시·도 및 시·군을 대상으로 하는 하위계획인 지역별 부문별계획이 있기 때문에 각 부문별계획의 수립주체와 구체적 내용에 따라 다를 수 있다고 본다면,[305)] 전자의 경우는 국가계획으로 보아서 부문별계획이 우선할 것이지만 적어도 후자에 대해서는 도종합계획 및 시·군종합계획이 「국토기본법」상 부문별계획의 하위계획인 지역별 부문별계획보다 우선할 것으로 보인다(법 제4조 제1항).

---

303) 국토교통부, 2016 국토의 계획 및 이용에 관한 연차보고서, 144~145면.
304) 김남철 교수는 지방자치단체계획에 대응하는 의미에서 지역계획을 국가계획으로 본다(김남철, 행정법강론, 1234면).
305) 정태용, 국토계획법, 73면.

IV. 「국토계획법」상 도시계획

1. 「도시계획법」과 「국토계획법」 및 학문상 도시계획의 개념

1962. 1. 20. 구「도시계획법」제정 이후,[306] 도시계획이라는 용어는 1971. 1. 19. 개정에서 정의 규정을 신설하였다. 동법에서 "<u>도시계획</u>"은 도시계획구역과 그 구역안에서 도시의 건전한 발전을 도모 하고 공공의 안녕질서와 공공복리의 증진을 위한 토지이용·교통·위생·산업·보안·국방·후생 및 문화 등에 관한 지역·지구 또는 구역의 지정 또는 변경에 관한 계획 등을 말하는 것으로(제2조 제1호), 2002. 2. 4. (시행 2003. 1. 1.) 동법이 폐지되기까지의 정의는 현행 <u>「국토계획법」의 "도시·군관리계획"</u> <u>만을 의미하는 것이다</u>(「**도시계획법」상 도시계획 = 「국토계획법」상 도시·군관리계획**).

2002. 2. 4. 제정(시행 2003. 1. 1.) 「국토계획법」에서의 "도시·군계획"이란 <u>특별시·광역시·특별자</u> <u>치시·특별자치도·시 또는 군</u>(광역시의 관할 구역에 있는 군은 제외)의 관할 구역에 대하여 수립하는 공간구조와 발전방향에 대한 계획으로서 <u>도시·군기본계획</u>과 <u>도시·군관리계획</u>으로 구분한다(법 제2조 제2호). 「국토계획법」의 도시·군계획은 구「도시계획법」의 도시기본계획과 도시계획 조항을 통합하여 정의하였다(「**국토계획법」상 도시·군계획 = 「도시계획법」상 도시기본계획 +도시계획**).

도시·군계획 등의 명칭에 대해서는 행정구역의 명칭이 특별시·광역시·특별자치시·특별자치도·시인 경우 도시계획, 도시기본계획, 도시관리계획 등으로 구분하고, 행정구역의 명칭이 군인 경우 군계획, 군기본계획, 군관리계획 등으로 구분한다(법 제5조). 법 이론상 도시계획과 군계획 사이에 본질적인 차이가 있는 것이 아니다.[307]

<u>학문상 도시계획은 광역도시계획과 협의의 도시·군계획을 포함하여 부른다.</u>[308] 구「도시계획법」하 에서도 학문상 광의의 도시계획 개념은 광역도시계획·도시기본계획 및 도시계획을 포함하는 개념이 다. 현행 「국토계획법」의 제정 이후에도 일련의 행정계획을 학문상 도시계획이라 부르는데 동법의 광 역도시계획(법 제2조 제1호)에 도시·군계획(법 제2조 제2호) 까지를 포함하는 것을 의미한다(**학문상 도시계획 = 「국토계획법」상 광역도시계획 + 도시·군계획**).[309]

---

306) 제정 「도시계획법」에서 국토건설청장은 도시계획구역내에서 주거지역, 상업지역, 공업지역 또는 녹지지역을 지정 할 수 있도록 하여, '도시계획'이라는 용어는 사용하였으나, 정의규정은 없었다.

307) 박균성, 행정법론(하), 710면.

308) **사견**으로는 도시계획이라는 법률 용어를 사용하는 현행 「국토계획법」의 법률 명칭이 타당한지 의문이 든다. 현행 「국토계획법」의 도시·군계획은 구「도시계획법」의 '도시계획'이 도시계획구역내만 규율하던 것과 달리, 비도시지역 까지를 포함하여 전국토를 계획의 대상으로 규율하여 「국토계획법」이라 칭하고 있지만, 실제로 「국토계획법」상 도시계획의 규율내용은 지방자치단체의 장이 입안권자와 결정권자이고 오히려 지방자치법적 성격이 강하여, 오히 려 「都市計劃法」이 타당하다.

309) 박윤흔·정형근, 최신행정법강의(하), 박영사, 2009, 632면; 그러나 근자의 동향은 학문상 도시계획 개념보다 「국토 계획법」상의 도시·군계획의 개념을 그대로 받아들이는 경향에 있기도 하다(김남진·김연태, 행정법Ⅱ, 법문사, 2017, 515면). **사견**으로도 학문상 「국토계획법」의 행정계획 모두를 넓은 의미로 도시계획이라 부르지만 이들 도 시계획 중에는 도시·군관리계획만이 구속적 행정계획으로 처분성이 인정되어 법적 성질이 다르므로 구분하여 칭 할 필요가 있겠다.

2. 도시계획의 체계 및 국가계획과의 관계

가. 도시계획간의 체계

광역도시계획이 수립되어 있는 지역에 대하여 수립하는 도시·군기본계획은 그 광역도시계획에 부합되어야 하며, 도시·군기본계획의 내용이 광역도시계획의 내용과 다를 때에는 광역도시계획의 내용이 우선한다(법 제4조 제3항). 또, 도시·군관리계획은 광역도시계획과 도시·군기본계획에 부합되어야 한다(법 제25조 제1항).[310] 결국, 광역도시계획—도시·군기본계획—도시·군관리계획이라는 수직적 상하관계를 이룬다.

「국토기본법」상 시·군종합계획(같은 법 제6조 제2항 제3호)은 「국토계획법」에 따라 수립되는 도시·군계획이므로, 이들 양자는 상하관계가 성립하지 않고, 도시·군계획은 도시·군기본계획과 도시·군관리계획으로 구분된다(법 제2조 제2호). 그러나 「국토기본법」의 도종합계획은 도 또는 특별자치도의 관할구역을 대상으로 하므로, 둘 이상의 특별시·광역시·특별자치시·특별자치도·시 또는 군을 대상으로 하는 광역도시계획과 의미가 다르며, 양자의 관계는 「국토기본법」에 의한 도종합계획이 「국토계획법」상의 광역도시계획의 수립에 우선하며 그 기본이 된다고(국토기본법 제8조) 보아야 한다.

나. 국가계획과의 관계

광역도시계획과 도시·군계획이 「국토계획법」에서 핵심적인 도시계획임에도 불구하고 그 지위는 취약하기 그지없다. 왜냐하면 광역도시계획 및 도시·군계획은 국가계획에 부합해야 하며, 광역도시계획 또는 도시·군계획의 내용이 국가계획의 내용과 다를 때에는 국가계획의 내용이 우선하도록 하고 있기 때문이다(법 제4조 제2항). 종래까지는 도시계획 자체의 지위만 규정하다가 2011. 4. 14.(법률 제10599호, 2012. 4. 15. 시행) 개정된 「국토계획법」에서 국가계획과 광역도시계획 및 도시·군계획과 지위를 규정한 것이다. 여기서 "국가계획"이란 중앙행정기관이 법률에 따라 수립하거나 국가의 정책적인 목적을 이루기 위하여 수립하는 계획 중 **도시·군기본계획의 내용**(법 제19조 제1항 제1호부터 제9호까지에 규정된 사항)이나 **도시·군관리계획**으로 결정하여야 할 사항이 포함된 계획을 말한다(법 제2조 제14호).

전술한 바와 같이 국가계획이란 중앙행정기관이 법률에 따라 수립하는 계획 등을 의미하는바, 국토교통부 외의 중앙행정기관이 각 소관법률에 따라 계획을 수립하는 경우에는 광역도시계획과 도시·군계획은 후순위로 밀려날 수밖에 없다. 결국 현재 도시계획의 지위는 국토계획—(수도권정비계획)—국가계획—광역도시계획—도시·군기본계획—도시·군관리계획의 순으로 위계가 형성되도록 규율되어 있는 것이다. 이러한 「국토계획법」에 따른 계획은 1차적으로는 「국토기본법」에 후순위이고, 2차적으로는 「수도권정비계획법」에 뒤지며, 3차적으로는 타 중앙행정기관이 소관 법률에 따라 수립하는 국가계획

---

310) 대법원 1998. 11. 27. 선고 96누13927 판결[도시계획시설결정처분취소].

에 밀리는 것으로서, 비록 법 제4조 제2항 제2문에서 "사전 의견수렴 및 충분한 협의 의무"를 정하였다 하더라도 그 후순위 지위가 달라지는 것은 아니다. 결국 우리나라의 계획법제는 나름대로 체계성을 갖추었다고 하더라도 이러한 체계정당성원칙(planungsrechtliche Systemgerechtigkeit)에 어긋남으로 인해 계획의 혼선을 초래하는, "외견상으로만" 정당한 것으로 보여지는 내재적 한계를 안고 있다고 하지 않을 수 없다. 즉, 바람직한 계획의 지위는 국토계획—광역도시계획—도시·군기본계획—도시·군관리계획의 순을 원칙으로 하되, '국가계획' 및 '수도권정비계획'의 위상을 어떻게 설정할 것인가 하는 점이 논의의 중심이 되어야 할 것이다.[311]

3. 다른 법률과의 관계

가. 의의

원래 입법자는 완전히 자유로이 법률을 제정할 수 없고 당연히 기존의 법률 내지 제도를 전제로 입법하게 된다. 따라서 입법자는 동일 법률 내에서는 물론이거니와 다른 법률들 간의 지위가 수평적이든 수직적 관계이든 상이한 법률 간에도 구조와 내용 또는 규범의 근거가 되는 법 원리 측면에서 상호 배치·모순되는 사항이 없도록 입법을 해야 한다. 더욱이 「국토계획법」이 도시계획 분야에서 지도법·지침법으로서 기존의 개별법에 대한 우월성을 규정하려거나 또한 동법의 제정으로 기존의 다른 법률에서 제시된 이념·방침 등과 모순 또는 저촉되는 법률 규정이 성립될 가능성이 있는 경우에는 기존의 법률과 위치나 성격 등을 조정할 필요가 있다. 이러한 경우 다른 법률과의 관계에 관한 규정을 둔다.[312] 「국토계획법」의 총칙규정 제4조, 제8조, 제9조 등에서 해당 법률과 다른 법률의 적용범위에 관한 사항을 정하고 있다.

나. 도시·군계획과 다른 법률에 의한 토지이용·개발 및 보전계획과의 관계

도시·군계획(「국토기본법」상 시·군종합계획 ＝「국토계획법」상 도시·군기본계획과 도시·군관리계획)은 **특별시·광역시·특별자치시·특별자치도·시 또는 군의 관할 구역에서 수립되는 다른 법률에 따른 토지의 이용·개발 및 보전에 관한 계획의 기본**이 된다(법 제4조 제1항). 이는 도시계획이 다른 법률에 의한 계획에 대하여 일반적인 지위를 갖고 다른 법률에 의한 계획이 특별계획의 지위이다.

여기서 '다른 법률에 따른 토지의 이용·개발 및 보전에 관한 계획'이라 함은 「수도권정비계획법」·「도시개발법」·「택지개발촉진법」·「주택법」·「환경정책기본법」·「공원녹지법」·「문화재보호법」·「농지법」

---

311) 신봉기, "국토계획법의 개정방향-몇 가지 기본적 쟁점을 중심으로-", 토지공법연구 제73집, 2016, 66면.
312) 다른 법률과의 관계 규정은 입법 기술적으로 총칙규정, 부칙규정, 실체(본칙)규정에 둘 수 있으며, 그 사용 목적은 각각 다르다. ① 총칙규정에서는 주로 해당 법률과 다른 법률의 적용범위에 관한 사항을 정하기 위하여 주로 사용하며, ② 부칙 규정에서는 법률의 개정 등에 따라 다른 법률과의 관계 정리를 위하여 필요한 경우에 주로 사용한다. ③ 실체규정에서는 해당 법률의 인·허가 등을 받으면 다른 법률상의 인·허가 등을 받은 것으로 의제하기 위하여 주로 사용한다(박영도, 입법학입문, 법령정보관리원, 2014, 531면).

등과 같이 특정한 목적을 위한 각종 개별법에서 정한 계획을 의미하며,[313] 토지관련 대부분의 법률이 이에 해당한다. 그러므로 「국토계획법」상의 도시·군계획은 대부분 개별법상 행정계획의 기본이 된다. 그러나 반대의 경우도 있다. 가령 「수도권정비계획법」 제3조 제1항에 따르면 수도권정비계획(지역계획)은 수도권의 「국토계획법」에 따른 도시·군계획에 우선한다.

구체적으로 들어가 보면 다음과 같이 이해할 수 있다. "**특별시·광역시·특별자치시·특별자치도·시 또는 군의 관할 구역에서**" **광역도(廣域道)가 제외**되는데 "다른 법률에 따른 토지의 이용·개발 및 보전에 관한 계획"과의 관계에 대한 해석은 가령 「환경정책기본법」에는 제14조에 따른 '국가환경종합계획', 동법 제18조에 따른 '시·도 환경계획', 동법 제19조에 따른 '시·군·구 환경계획'이 있는데 이중 특별시·광역시·특별자치시·특별자치도의 도시기본계획은 시·도 환경계획에 **기본**이 될 것이고, **광역도는 도시·군계획을 수립하지 않아 문제될 것이 없으며**, 광역도에 속한 시·군의 도시·군계획은 시·군·구 환경계획에 **기본**이 되는 정도일 것이다.

다. 도시·군기본계획과 다른 법률에 의한 부문별계획과의 관계

특별시장·광역시장·특별자치시장·특별자치도지사·시장 또는 군수(광역시의 관할 구역에 있는 군의 군수는 제외한다. 다만, 제8조 제2항 및 제3항, 제113조, 제117조부터 제124조까지, 제124조의2, 제125조, 제126조, 제133조, 제136조, 제138조 제1항, 제139조 제1항·제2항에서는 광역시의 관할 구역에 있는 군의 군수를 포함한다)가 관할 구역에 대하여 다른 법률에 따른 환경·교통·수도·하수도·주택 등에 관한 부문별 계획을 수립할 때에는 **도시·군기본계획**의 내용에 부합되게 하여야 한다(법 제4조 제4항).

여기서 "다른 법률에 따른 환경 등에 관한 부문별 계획"이란 「환경정책기본법」 제18조 및 19조에 의한 시·도의 환경보전계획 및 시·군·구의 환경보전계획, 「교통안전법」 제17조 제1항에 의한 시·도교통안전기본계획 및 시·군·구교통안전기본계획 등을 말한다.

라. 다른 법률에 따른 토지 이용에 관한 구역 등의 지정 제한 등

(1) 법 제8조 제1항의 제정 취지는 토지를 합리적으로 이용하고 토지에 대한 중복규제를 최소화하기 위하여 다른 법률에 의하여 일정면적 이상의 지역·지구·구역 등을 지정하고자 하는 경우에는 **국토교통부장관**과 미리 협의나 승인을 얻게 하기 위한 것으로, 유사한 목적의 지역·지구가 중복 지정되어 국민의 토지이용에 불편을 초래하거나, 서로 상충되는 용도로 지정되어 기형적 토지이용이 발생하는 결과 등을 방지함으로써 국토이용에 대한 조정 기능을 강화하려는 취지라 할 것이다.

(2) **중앙행정기관의 장**이나 지방자치단체의 장은 다른 법률에 따라 토지 이용에 관한 지역·지구·구역 또는 구획 등(이하 '구역등'이라 한다)을 지정하려면 그 구역 등의 지정목적이 이 법에 따른 지역·지

---

313) 박균성, 행정법론(하), 714면.

구제의 지정목적에 부합되도록 하여야 한다(법 제8조 제1항). 이는 국토이용체계를 바로 잡고 중복규제를 막기 위해 다른 법률에 따른 구역등의 지정을 제한하려는 것이다.[314]

(3) **대통령령**으로 정하는 면적 이상의 구역등을 지정하거나 변경하려면 **중앙행정기관의 장**은 **국토교통부장관**과 협의하여야 하며 지방자치단체의 장은 **국토교통부장관**의 승인을 받아야 한다(법 제8조 제2항).[315] 지방자치단체의 장이 승인을 받아야 하는 구역등 중 **대통령령**으로 정하는 면적 미만의 구역등을 지정하거나 변경하려는 경우 시·도지사는 **국토교통부장관**의 승인을 받지 아니하되, 시장·군수 또는 구청장(자치구의 구청장을 말한다)은 시·도지사의 승인을 받아야 한다(법 제8조 제3항).

(4) 다음 각 호 1. 다른 법률에 따라 지정하거나 변경하려는 구역등이 도시·군기본계획에 반영된 경우, 2. 보전관리지역·생산관리지역·농림지역 또는 자연환경보전지역에서 다음 각 목 가. 「농지법」 제28조에 따른 농업진흥지역, 나. 「한강수계 상수원수질개선 및 주민지원 등에 관한 법률」 등에 따른 수변구역, 다. 「수도법」 제7조에 따른 상수원보호구역, 라. 「자연환경보전법」 제12조에 따른 생태·경관보전지역, 마. 「야생생물 보호 및 관리에 관한 법률」 제27조에 따른 야생생물 특별보호구역, 바. 「해양생태계의 보전 및 관리에 관한 법률」 제25조에 따른 해양보호구역의 지역을 지정하려는 경우, 3. 군사상 기밀을 지켜야 할 필요가 있는 구역등을 지정하려는 경우, 4. 협의 또는 승인을 받은 구역등을 **대통령령**으로 정하는 범위에서 변경하려는 경우의 어느 하나에 해당하는 경우에는 **국토교통부장관**과의 협의를 거치지 아니하거나 **국토교통부장관** 또는 시·도지사의 승인을 받지 아니한다(법 제8조 제4항).

(5) **국토교통부장관** 또는 시·도지사는 협의 또는 승인을 하려면 중앙도시계획위원회 또는 시·도도시계획위원회의 심의를 거쳐야 한다. 다만, 다음 각 호 1. 보전관리지역이나 생산관리지역에서 다음 각 목 가. 「산지관리법」 제4조 제1항 제1호에 따른 보전산지, 나. 「야생생물 보호 및 관리에 관한 법률」 제33조에 따른 야생생물 보호구역, 다. 「습지보전법」 제8조에 따른 습지보호지역, 라. 「토양환경보전법」 제17조에 따른 토양보전대책지역의 구역등을 지정하는 경우, 2. 농림지역이나 자연환경보전지역에서 다음 각 목 가. 제1호 각 목의 어느 하나에 해당하는 구역등, 나. 「자연공원법」 제4조에 따른 자연공원, 다. 「자연환경보전법」 제34조 제1항 제1호에 따른 생태·자연도 1등급 권역, 라. 「독도 등 도서지역의 생태계보전에 관한 특별법」 제4조에 따른 특정도서, 마. 「문화재보호법」 제25조 및 제27조에 따른 명승 및 천연기념물과 그 보호구역, 바. 「해양생태계의 보전 및 관리에 관한 법률」 제12조 제1항 제1호에 따른 해양생태도 1등급 권역의 구역등을 지정하는 경우의 경우에는 중앙도시계획위원회 또는 시·도도시계획위원회의 심의가 생략된다(법 제8조 제5항).

(6) **중앙행정기관의 장**이나 지방자치단체의 장은 다른 법률에 따라 지정된 토지이용에 관한 구역등을 변경하거나 해제하려면 도시·군관리계획의 입안권자의 의견을 들어야 한다. 이 경우 의견 요청을 받은 도시·군관리계획의 입안권자는 이 법에 따른 용도지역·용도지구·용도구역의 변경이 필요하면 도

---

314) 정태용, 국토계획법, 185면.
315) 영 제5조 제1항, 법 제8조 제2항에서 "**대통령령**으로 정하는 면적"이란 1제곱킬로미터(도시개발법에 의한 도시개발구역의 경우에는 5제곱킬로미터)를 말한다.

시·군관리계획에 반영하여야 한다(법 제8조 제6항).

(7) 시·도지사가 다음 각 호 1. 「농지법」 제31조 제1항에 따른 농업진흥지역의 해제: 「농업·농촌 및 식품산업 기본법」 제15조에 따른 시·도 농업·농촌 및 식품산업정책심의회의 심의, 2. 「산지관리법」 제6조 제3항에 따른 보전산지의 지정해제: 「산지관리법」 제22조 제2항에 따른 지방산지관리위원회의 심의의 어느 하나에 해당하는 행위를 할 때 도시·군관리계획의 변경이 필요하여 시·도도시계획위원회의 심의를 거친 경우에는 해당 각 호에 따른 심의를 거친 것으로 본다(법 제8조 제7항).

마. 다른 법률에 따른 도시·군관리계획의 변경 제한

중앙행정기관장이나 지방자치단체의 장은 다른 법률에서 이 법에 따른 도시·군관리계획의 결정을 의제(擬制)하는 내용이 포함되어 있는 계획을 허가·인가·승인 또는 결정하려면 **대통령령**으로 정하는 바에 따라 중앙도시계획위원회 또는 지방도시계획위원회의 심의를 받아야 한다. 다만, 다음 각 호 1. 법 제8조 제2항 또는 제3항에 따라 **국토교통부장관**과 협의하거나 **국토교통부장관** 또는 시·도지사의 승인을 받은 경우, 2. 다른 법률에 따라 중앙도시계획위원회나 지방도시계획위원회의 심의를 받은 경우, 3. 그 밖에 **대통령령**으로 정하는 경우의 어느 하나에 해당하는 경우에는 중앙도시계획위원회 또는 지방도시계획위원회의 심의를 생략할 수 있다(법 제9조).

V. 국토 이용 및 관리의 기본원칙(법이념 규정과 관계)

이념규정이란 법률의 제정이념 내지 정신을 표현한 것으로서 해당 법률의 조문을 통하여 구현되어야 하는 이념에 관한 선언적 규정이다. 이는 법률의 기본원리를 제시하는 것으로서 법률제정의 이념이나 방침을 특히 강조하려는 경우로 보아야 한다.[316] 아래 법 제3조는 「국토계획법」상 이념규정으로 명시한 것이 아니지만, 이념규정에 준하는 규정으로 볼 여지가 있다.

국토는 자연환경의 보전과 자원의 효율적 활용을 통하여 환경적으로 건전하고 지속가능한 발전을 이루기 위하여 1. 국민생활과 경제활동에 필요한 토지 및 각종 시설물의 효율적 이용과 원활한 공급, 2. 자연환경 및 경관의 보전과 훼손된 자연환경 및 경관의 개선 및 복원, 3. 교통·수자원·에너지 등 국민생활에 필요한 각종 기초 서비스 제공, 4. 주거 등 생활환경 개선을 통한 국민의 삶의 질 향상, 5. 지역의 정체성과 문화유산의 보전, 6. 지역 간 협력 및 균형발전을 통한 공동번영의 추구, 7. 지역경제의 발전과 지역 및 지역 내 적절한 기능 배분을 통한 사회적 비용의 최소화, 8. 기후변화에 대한 대응 및 풍수해 저감을 통한 국민의 생명과 재산의 보호, 9. 저출산·인구의 고령화에 따른 대응과 새로운 기술변화를 적용한 최적의 생활환경 제공의 목적을 이룰 수 있도록 이용되고 관리되어야 한다(법

---

316) 박영도, 입법학입문, 528면.

제3조).

현행 「국토계획법」은 전국토의 합리적 이용을 목적으로 제정된 기본법적 성격을 갖는다고 의견들도 있지만, 동법은 전국토의 합리적 이용의 전제로 한 토지이용의 기본방향에 대한 명시적인 이념이 정해져 있지 않다.[317] 그래서 「국토계획법」의 법적 위상이 기본법적 성격으로까지 보기에는 무리가 있을 듯하다. 이유는 도시계획에 관해서는 「국토기본법」상의 국토계획의 하위계획이며, 그 밖에도 도시·군계획시설사업의 시행 등 집행법으로서 성격이 있으므로 동법에서 제정목적을 명확히 하고 있으면 이념규정과 목적규정을 별도로 둘 필요가 있는지에 관하여 검토할 필요가 있을 것으로 보인다.[318] 그래서 법 제3조에서 국토 이용 및 관리의 기본원칙 정도만을 정하여 국토이용의 이념에까지는 이르지 못하다는 평가를 하고 있다.[319]

VI. 도시의 지속가능성 및 생활인프라 수준 평가

국토교통부장관은 도시의 지속가능하고 균형 있는 발전과 주민의 편리하고 쾌적한 삶을 위하여 도시의 지속가능성 및 생활인프라(교육시설, 문화·체육시설, 교통시설 등의 시설로서 **국토교통부장관**이 정하는 것을 말한다) 수준을 평가할 수 있으며(법 제3조의2 제1항), 절차 및 기준 등에 관하여 필요한 사항은 **대통령령**인 동법 시행령 제4조의4에서 정하고 있다(법 제3조의2 제2항). 국가와 지방자치단체는 평가 결과를 도시·군계획의 수립 및 집행에 반영하여야 한다(법 제3조의2 제3항).

도시의 지속가능성 및 생활인프라 평가의 주체는 **국토교통부장관**이며 특별시·광역시·특별자치시·도·특별자치도(행정시를 포함한다)와 시·군·구를 대상으로 한다. 평가결과는 도시계획수립 및 집행의 지침역할을 한다. 본 평가는 도시의 지속가능성 및 생활인프라 수준의 평가를 통하여 지방자치단체의 개선 노력과 건전한 도시정책을 유도함으로써 국토의 지속가능성을 제고하고 국민의 삶의 질을 개선하는 것을 목적으로 한다(도시의 지속가능성 및 생활인프라 평가 지침 1-3-1).

---

317) 김종보, 건설법(제6판), 188면.
318) 박영도, 입법학입문, 528면.
319) 김종보, 건설법(제6판), 188면.

제2장 광역도시계획

I. 개설

1. 의의

광역도시계획이란 인접한 둘 이상의 특별시·광역시·시 또는 군의 행정구역(이하 '광역계획권'이라 한다)에 대하여 장기적인 발전방향을 제시하거나 시·군간 기능을 상호 연계함으로써 적정한 성장관리를 도모하기 위하여 수립한다(광역도시계획수립지침1-2-1). 즉, 법 제10조에 따라 지정된 광역계획권의 장기발전방향을 제시하는 계획(법 제2조 제1호)을 말한다.

제정취지는 지방자치단체간 상호협조를 통하여 광역시설을 합리적으로 배치하는 등 규모의 경제를 확보하여 투자의 효율성을 제고하고 중복투자를 방지한다. 여기서 '**광역시설**'이란 기반시설 중 광역적인 정비체계가 필요한 둘 이상의 특별시·광역시·특별자치시·특별자치도·시 또는 군의 관할 구역에 걸쳐 있는 시설, 둘 이상의 특별시·광역시·특별자치시·특별자치도·시 또는 군이 공동으로 이용하는 시설로서 **대통령령**으로 정하는 시설을[320] 말한다(법 제2조 제8호). 이 계획은 1개의 도시차원에서는 해결하기 곤란한 광역교통·환경 등의 광역도시문제를 해결하는 데 그 의의가 있다.

2. 법적 지위와 성격

광역도시계획의 수립기준을 정함을 목적으로 「광역도시계획수립지침」은 법 제12조 제2항 및 영 제10조의 규정에 근거하여 국토교통부 훈령으로 정하고 있다.[321] 동 지침에 의하면 광역도시계획의 목표

---

[320] **영 제3조(광역시설)** 법 제2조 제8호 각 목 외의 부분에서 "**대통령령**으로 정하는 시설"이란 다음 각 호의 시설을 말한다.
  1. **2 이상의** 특별시·광역시·특별자치시·특별자치도·시 또는 군(광역시의 관할구역 안에 있는 군을 제외한다. 이하 같다. 다만, 법 제110조·제112조 및 제128조에서는 광역시의 관할구역 안에 있는 군을 포함한다)**의 관할구역에 걸치는 시설**: 도로·철도·광장·녹지, 수도·전기·가스·열공급설비, 방송·통신시설, 공동구, 유류저장 및 송유설비, 하천·하수도(하수종말처리시설을 제외한다)
  2. **2 이상의** 특별시·광역시·특별자치시·특별자치도·시 또는 군이 **공동으로 이용**하는 시설: 항만·공항·자동차정류장·공원·유원지·유통업무설비·문화시설·공공필요성이 인정되는 체육시설·사회복지시설·공공직업훈련시설·청소년수련시설·유수지·장사시설·도축장·하수도(하수종말처리시설에 한한다)·폐기물처리 및 재활용시설·수질오염방지시설·폐차장

연도는 계획수립시점으로부터 20년 내외를 기준으로 한 장기계획이다. 다만, 특정부문 중심으로 하는 경우에는 달리 정할 수 있으며, 개발제한구역의 조정과 관련하여 최초로 수립되는 광역도시계획의 목표연도는 2020년으로 한다(동 지침1-5-1).

국토종합계획은 광역도시계획의 상위계획이며, 국토종합계획 중 부문별 계획도 광역도시계획의 상위계획이 된다. 지역계획 중에서는 광역권개발계획과[322] 수도권정비계획이[323] 광역도시계획의 상위계획이 된다. 광역도시계획을 수립할 경우에는 이러한 상위계획과 조화를 이루어야 한다(동 지침1-3-1). 광역도시계획은 광역계획권 전체를 하나의 계획단위로 보고 장기적인 발전방향과 전략을 제시하는 도시계획 체계상 최상위계획으로서, 광역계획권내 시·군의 도시·군계획에 대한 지침이 된다. 다만, 도시·군기본계획과 도시·군관리계획 등 하위계획이라 할지라도 전략적으로 중요한 사항이 있을 경우에 환류(feedback)·조정하여 수용한다(동 지침1-3-2). 광역도시계획은 시·군별 기능분담, 환경보전, 광역시설과 함께 광역계획권 내에서 현안사항이 되고 있는 특정부문 중심으로 계획을 수립할 수 있다(동 지침1-3-3). 광역도시계획이 종합적인 계획으로서 도시·군기본계획에 포함되어야 할 내용들을 모두 수용하여 수립하는 경우, 광역계획권에 관할구역 전부가 포함된 시·군은 도시·군기본계획을 수립하지 아니할 수 있다(동 지침1-3-4).

3. 제정 연혁

제정 연혁으로는 1991. 12. 14. 법률 제4427호로 개정하여 1992. 6. 15.부터 시행된 구 「도시계획법」 당시 '광역계획제도'를 신설하였는데, 건설부장관은 도시계획시설 중 도로·철도 등 광역적인 정비체계가 필요한 시설을 합리적으로 배치하고, 여러 도시의 기능을 상호 연계시킴으로써 도시 전체의 균형 있는 발전과 효율적인 환경보전을 도모하기 위하여 필요한 때에는, 2 이상의 도시계획구역을 대상으로 '광역계획구역' 지정을 **도시계획으로 결정**할 수 있도록 하였으며(도시계획법 제20조의4 제1항), 광역계획을 입안하고자 하는 경우에는 관계 도지사·시장 또는 군수가 협의에 의하여 입안할 자를 지정하도록 규정하였다(도시계획법 제20조의4 제3항). 이와 같이 종전의 광역계획의 지위가 도시관리계획의 상위계획의 위치에 있지 못하고 도시관리계획의 하나로 한 것이었다. 현행의 광역도시계획은 도시·군계획의 상위계획으로 지위가 격상된 것이다. 광역계획을 수립할 필요가 있는 사항은 대부분 여러 지방자치단체의 이해관계가 첨예하게 대립되는 문제이었는데, 그래서 종래의 광역계획은 제도상으로만 존재했을 뿐 실제로 광역계획이 수립된 사례는 찾아보기 어렵다고 한다.[324] 그러다가 2000. 1. 28. 법률 제6243호로 개정하여 2000. 7. 1.부터 시행된 구 「도시계획법」에서 현행 「국토계획법」 제2장(법 제10조에서 제17조의2)과 같은 도시간의 기능분담 및 환경보전과 광역시설의 설치 등 도시의 광역화에 따른

---

321) 2015. 12. 29.(국토교통부 훈령 제642호) 행정규칙으로 제정한 「광역도시계획수립지침」을 말한다.

322) 근거 법률인 「지역균형개발 및 지방중소기업 육성에 관한 법률」이 2016. 3. 29. 폐지되었다. 따라서 현재는 「지역개발지원법」 제7조에 근거한 지역개발계획이 그에 상응한 계획일 것으로 보인다.

323) 「수도권정비계획법」 제4조에 따라 수립되는 계획을 말한다.

324) 정태용, 국토계획법, 90~91면.

문제를 효율적으로 해결하기 위하여 연접하여 있는 둘 이상의 도시를 광역계획권으로 지정하여 광역도시계획을 수립하도록 개정하였다.

II. 광역계획권의 지정·변경325)

1. 광역계획권의 의의

국토교통부장관 또는 도지사가, 둘 이상의 특별시·광역시·특별자치시·특별자치도 시 또는 군의, 공간구조 및 기능을 상호 연계시키고 환경을 보전하며 광역시설을 체계적으로 정비하기 위하여 필요한 경우, 인접한 둘 이상의 특별시·광역시·특별자치시·특별자치도 시 또는 군의 관할 구역 전부 또는 일부를 **대통령령**으로 정하는 바에 따라 지정하는 권역을 말한다. 광역계획권이 둘 이상의 시·도의 관할 구역에 걸쳐 있는 경우 **국토교통부장관**이 지정하고, 광역계획권이 도의 관할 구역에 속하여 있는 경우 도지사가 지정한다(법 제10조 제1항).

325) 〈표 11〉 **광역계획권의 지정 현황(2017. 12월 현재)**

권역별	면적(㎢)	인구(명)	해 당 도 시	비고
수도권	6,852.1	18,317,664	서울, 인천, 수원, 성남, 의정부, 안양, 부천, 광명, 평택,동두천, 안산, 고양, 과천, 구리, 남양주, 오산, 시흥, 군포, 의왕, 하남, 용인, 파주, 이천, 안성, 김포, 화성, 광주, 양주, 포천, 여주, 연천, 가평, 양평(29시 4군)	
부산권	1,700.7	4,342,437	부산, 양산, 김해 (3시)	
대구권	4,978.2	3,110,945	대구, 경산, 영천, 칠곡, 고령, 성주, 군위, 청도 (3시 5군)	
광주권	3,259.0	1,716,038	광주, 나주, 장성, 담양, 화순, 함평 (2시 4군)	
대전권	4,638.0	2,524,369	대전, 공주, 논산, 연기, 금산, 옥천, 청원, 청주 (4시 4군)	
행정중심복합도시	3,97.0	2,582,900	대전, 연기, 공주, 계룡, 천안, 청주, 청원, 진천 (5시 4군)	
창원권	1,613.5	1,429,557	마산, 창원, 김해, 함안 (3시 1군)	
광양만권	5,279.2	728,000	여수, 순천, 광양(3개시)	
전주권	2,457.0	1,428,000	전주, 군산, 익산, 김제, 완주(4시1군)	
청주권	3,403.1	966,192	청주, 청원, 보은, 진천, 괴산, 음성, 증평(1시6군)	
전남 서남권	3,711	1,076,000	목포시, 해남군, 영암군, 무안군, 완도군, 진도군, 신안군 전역(1시 6군)	
제주권	1,847.8	553,864	제주, 서귀포, 남제주, 북제주(2시 2군)	제주특별 자치도 수립
공주역세권	2,584.0	502,000	공주시, 논산시, 계룡시, 부여군, 청양군(3시 2군)	
내포시 도시권	3,496.0	1,146,000	서산시, 당진시, 보령시, 홍성군, 예산군, 태안군(3시 3군)	

출처: 국토교통부, 국토계획법해설집, 2018.7. 13면.

2. 광역계획권의 지정·변경 절차

중앙행정기관의 장, 시·도지사, 시장 또는 군수는 **국토교통부장관**이나 도지사에게 광역계획권의 지정 또는 변경을 요청할 수 있다(법 제10조 제2항). **국토교통부장관**은 광역계획권을 지정·변경하려면 관계 시·도지사, 시장 또는 군수의 의견을 들은 후 중앙도시계획위원회의 심의를 거쳐야 한다(법 제10조 제3항). 도지사가 광역계획권을 지정·변경하려면 관계 **중앙행정기관의 장**, 관계 시·도지사, 시장 또는 군수의 의견을 들은 후 지방도시계획위원회의 심의를 거쳐야 한다(법 제10조 제4항). **국토교통부장관** 또는 도지사는 광역계획권을 지정·변경하면 지체 없이 관계 시·도지사, 시장 또는 군수에게 그 사실을 통보하여야 한다(법 제10조 제5항).

Ⅲ. 광역도시계획의 수립[326]

1. 수립권자

국토교통부장관, 시·도지사, 시장 또는 군수는 다음 각 호 1. 광역계획권이 같은 도의 관할 구역에 속하여 있는 경우: 관할 시장 또는 군수가 공동 수립, 2. 광역계획권이 둘 이상의 시·도의 관할 구역에 걸쳐 있는 경우: 관할 시·도지사 공동 수립, 3. 광역계획권을 지정한 날부터 3년이 지날 때까지 관할 시장 또는 군수로부터 광역도시계획의 승인 신청이 없는 경우: **관할 도지사 수립**, 4. **국가계획과 관련된 광역도시계획의 수립이 필요한 경우**나 광역계획권을 지정한 날부터 3년이 지날 때까지 관할 시·도지사로부터 광역도시계획의 승인 신청이 없는 경우: **국토교통부장관이 광역도시계획을 수립**하여야 한다(법 제11조 제1항).

국토교통부장관은 시·도지사가 요청하는 경우와 그 밖에 필요하다고 인정되는 경우에는 법 제11조 제1항에도 불구하고 관할 시·도지사와 공동으로 광역도시계획을 수립할 수 있다(법 제11조 제2항). 광역계획권이 **둘 이상**의 시·도의 관할 구역에 걸쳐 있는 경우에 해당한다.

도지사는 시장·군수가 요청하는 경우와 그 밖에 필요하다고 인정하는 경우에는 법 제11조 제1항에도 불구하고 관할 시장 또는 군수와 공동으로 광역도시계획을 수립할 수 있으며, 시장 또는 군수가 **협의**를 거쳐 **요청**하는 경우에는 단독으로 광역도시계획을 수립할 수 있다(법 제11조 제3항). 광역계획권이 **같은 도**의 관할 구역에 속하여 있는 경우에 해당한다.

2. 광역도시계획협의회

국토교통부장관, 시·도지사, 시장 또는 군수는 광역도시계획을 공동으로 수립할 때에는 광역도시

---

326) 「국토계획법」 제2장 광역도시계획에서는 '입안'이라는 용어를 사용하지 않으나, 광역도시계획의 수립기준을 정한 「광역도시계획수립지침」에서는 수립절차를 '입안' 과정과 '승인' 절차로 구분하고 있다.

계획의 수립에 관한 협의 및 조정이나 자문 등을 위하여 광역도시계획협의회를 구성하여 운영할 수 있다(법 제17조의2 제1항). 광역도시계획협의회에서 광역도시계획의 수립에 관하여 협의·조정을 한 경우에는 그 조정 내용을 광역도시계획에 반영하여야 하며, 해당 시·도지사, 시장 또는 군수는 이에 따라야 한다(법 제17조의2 제2항). 광역도시계획협의회의 구성 및 운영에 필요한 사항은 **대통령령**으로 정한다(법 제17조의2 제1항). 광역도시계획협의회의 위원은 관계 공무원, 광역도시계획에 관하여 학식과 경험이 있는 사람으로 구성한다(영 제13조의2 제1항). 광역도시계획협의회의 구성 및 운영에 관한 구체적인 사항은 법 제11조에 따른 광역도시계획 수립권자가 협의하여 정한다(영 제13조의2 제2항).

Ⅳ. 광역도시계획의 내용

광역도시계획에는 1. 광역계획권의 공간 구조와 기능 분담에 관한 사항, 2. 광역계획권의 녹지관리체계와 환경 보전에 관한 사항, 3. 광역시설의 배치·규모·설치에 관한 사항, 4. 경관계획에 관한 사항, 5. 그 밖에 광역계획권에 속하는 특별시·광역시·특별자치시·특별자치도·시 또는 군 상호 간의 기능 연계에 관한 사항으로서 **대통령령**으로 정하는 사항[1. 광역계획권의 교통 및 물류유통체계에 관한 사항, 2. 광역계획권의 문화·여가공간 및 방재에 관한 사항(영 제9조)] 중 그 광역계획권의 지정목적을 이루는 데 필요한 사항에 대한 **정책 방향**이 포함되어야 한다(법 제12조 제1항). 광역도시계획의 수립기준 등은 **대통령령**으로 정하는 바에 따라 **국토교통부장관**이 정한다(법 제12조 제2항). 이에 따라 제정한 것이 「광역도시계획 수립지침」이며 행정기관 내부의 구속력을 지니는 **행정규칙**이다.

Ⅴ. 광역도시계획의 수립절차

2009. 2. 6. 법률 제9442호 개정하여 2009. 8. 7.부터 시행된 「국토계획법」에서 지역특성을 고려한 광역도시계획 활성화를 위하여, 광역계획권이 같은 도의 관할구역에 속하여 있는 경우 **광역계획권의 지정권자**를 국토해양부장관에서 도지사로 조정하고, **광역도시계획 수립권자**를 도지사에서 관할 시장 또는 군수로 조정하였는데, 이로써 광역계획권의 공간범위에 따라 광역도시계획의 수립절차가 이원화되었다.

〈표 12〉 광역도시계획의 수립절차

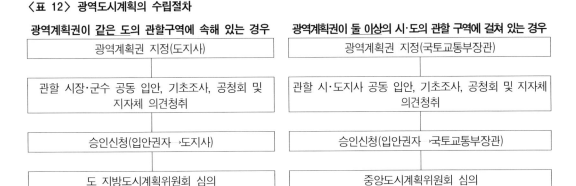

광역계획권이 같은 도의 관할구역에 속해 있는 경우	광역계획권이 둘 이상의 시·도의 관할 구역에 걸쳐 있는 경우
광역계획권 지정(도지사)	광역계획권 지정(국토교통부장관)
관할 시장·군수 공동 입안, 기초조사, 공청회 및 지자체 의견청취	관할 시·도지사 공동 입안, 기초조사, 공청회 및 지자체 의견청취
승인신청(입안권자 ›도지사)	승인신청(입안권자 ›국토교통부장관)
도 지방도시계획위원회 심의	중앙도시계획위원회 심의
도지사의 승인	국토교통부장관의 승인

다만, 입안권자는 공청회, 지방의회 의견청취, 지방도시계획위원회 자문 등을 순차적으로 추진하되, 신속한 추진이 필요한 경우에는 이를 동시·병행적으로 추진할 수 있다(광역도시계획수립지침 4-4-1).

1. 광역도시계획의 수립을 위한 기초조사

가. 의의

광역도시계획의 수립을 위한 기초조사(이하 '기초조사'라 한다)란 **국토교통부장관, 시·도지사, 시장 또는 군수**는 광역도시계획을 수립·변경하려면 미리 인구, 경제, 사회, 문화, 토지 이용, 환경, 교통, 주택, 그 밖에 **대통령령**으로 정하는 사항[다음 각 호 1. 기후·지형·자원·생태 등 자연적 여건, 2. 기반시설 및 주거수준의 현황과 전망, 3. 풍수해·지진 그 밖의 재해의 발생현황 및 추이, 4. 광역도시계획과 관련된 다른 계획 및 사업의 내용, 5. 그 밖에 광역도시계획의 수립에 필요한 사항을 말한다(영 제11조 제1항)] 중 그 광역도시계획의 수립 또는 변경에 필요한 사항을 **대통령령**으로 정하는 바에 따라 조사하거나 측량(이하 '기초조사'라 한다)하여야 한다(법 제13조 제1항). 법 제13조 제1항의 규정에 의한 기초조사를 함에 있어서 조사할 사항에 관하여 다른 법령의 규정에 의하여 조사·측량한 자료가 있는 경우에는 이를 활용할 수 있다(영 제11조 제2항).

국토교통부장관, 시·도지사, 시장 또는 군수는 수립된 광역도시계획을 변경하려면 법 제13조 제1항에 따른 기초조사사항 중 해당 광역도시계획의 변경에 관하여 필요한 사항을 조사·측량하여야 한다(영 제11조 제3항).

나. 기초조사에 필요한 자료 요청

국토교통부장관, 시·도지사, 시장 또는 군수는 관계 행정기관의 장에게 기초조사에 필요한 자료를 제출하도록 요청할 수 있고 요청을 받은 관계 행정기관의 장은 특별한 사유가 없으면 그 요청에 따라야 한다(법 제13조 제2항). **국토교통부장관, 시·도지사, 시장 또는 군수**는 효율적인 기초조사를 위하여 필요하면 기초조사를 <u>전문기관에 의뢰</u>할 수 있다(법 제13조 제3항).

다. 기초조사정보체계의 구축·운영

(1) **국토교통부장관**, <u>시·도지사, 시장 또는 군수</u>가 기초조사를 실시한 경우에는 해당 정보를 <u>체계적으로 관리하고 효율적으로 활용하기 위하여 기초조사정보체계를 구축·운영</u>하여야 한다(법 제13조 제4항).

법 제13조 제4항에 따라 구축·운영하는 <u>기초조사정보체계에서 관리하는 정보</u>는 다음 각 호 1. 법 제13조 제1항에 따라 **광역도시계획의 수립 또는 변경**을 위하여 실시하는 기초조사에 관한 정보, 2. 법 제20조 제1항에 따라 준용하는 법 제13조 제1항에 따라 **도시·군기본계획의 수립 또는 변경**을 위하여 실시하는 기초조사에 관한 정보(법 제20조 제2항에 따라 토지적성평가 또는 재해취약성분석을 실시하는 경우에는 토지적성평가 또는 재해취약성분석에 관한 정보를 포함한다), 3. 법 제27조 제1항에 따라 준용하는 법 제13조 제1항에 따라 **도시·군관리계획의 수립 또는 변경**을 위하여 실시하는 기초조사에 관한 정보(법 제27조 제2항 및 제3항에 따라 환경성 검토, 토지적성평가 또는 재해취약성분석을 실시하는 경우에는 환경성 검토, 토지적성평가 또는 재해취약성분석에 관한 정보를 포함한다)와 같다(영 제11조 제4항).

(2) **국토교통부장관, 시·도지사, 시장 또는 군수**가 기초조사정보체계를 구축한 경우에는 등록된 정보의 현황을 <u>5년마다 확인</u>하고 변동사항을 반영하여야 한다(법 제13조 제5항).[327]

(3) 기초조사정보체계의 구축·운영에 필요한 사항은 **대통령령**으로 정한다(법 제13조 제6항).

2. 공청회의 개최 및 지방자치단체 등의 의견청취

(1) **국토교통부장관**, <u>시·도지사, 시장 또는 군수</u>는 광역도시계획을 수립·변경하려면 미리 <u>공청회</u>를 열어 <u>주민과 관계 전문가 등으로부터 의견</u>을 들어야 하며, 공청회에서 제시된 의견이 타당하다고 인정하면 광역도시계획에 반영하여야 한다(법 제14조 제1항).[328]

---

327) 통계청에 따르면 저출산·고령화, 1인 가구의 증가로 인하여 2030년 이후부터 우리나라의 인구가 지속적으로 감소될 것으로 예상됨에 따라 그동안 <u>확장위주</u>의 도시정책에서 <u>관리위주</u>의 도시정책으로 도시관리정책의 전환이 요구되는 실정이다. 또한, 파리협정에 따른 신 기후체제의 출범으로 우리나라가 온실가스 의무감축국에 해당됨에 따라 도시공간구조 설정에 있어서도 지속가능하고 효율적인 공간정책수립이 필요하다. 그런데 1980년대 이후 확장위주의 도시정책을 추진하는 과정에서 형식적인 조사와 부실한 자료관리·운영으로 도시정책과 관련된 합리적 의사결정 지원 역할을 다 하지 못하는 실정이다. 이에 <u>기초조사정보체계를 구축하여 5년마다 기초조사 자료를 갱신하도록</u> 하려는 것이 2019. 2. 22. 시행법의 개정이유이다.

328) 광역도시계획은 물론 <u>국토종합계획</u>이나 <u>도시·군기본계획</u>의 수립·변경에는 **공청회**(국토기본법 제11조, 국토계획법 제14조 및 제20조)와 **주민과 관계 전문가 등으로부터 의견**을 들어야 하며, 도시·군관리계획 입안 시에도 주민의 의견을 듣고(법 제28조 제1항), 제시의견이 타당하면 행정계획에 반영하도록 강행규정화하고 있으나, 제출된 의견의 타당성 여부에 대한 판단은 전적으로 행정청의 재량판단에 달려 있어, 의례적·절차적 요건에 불과할 수 있다.

공청회의 개최에 필요한 사항은 **대통령령**으로 정한다(법 제14조 제2항). **국토교통부장관, 시·도지사, 시장 또는 군수**는 법 제14조 제1항에 따라 공청회를 개최하려면 다음 각 호 1. 공청회의 개최목적, 2. 공청회의 개최예정일시 및 장소, 3. 수립 또는 변경하고자 하는 광역도시계획의 개요의 사항을 해당 광역계획권에 속하는 **특별시·광역시·특별자치시·특별자치도·시 또는 군**의 지역을 주된 보급지역으로 하는 일간신문에 공청회 개최예정일 14일전까지 1회 이상 공고하여야 한다(영 제12조 제1항). 법 제14조 제1항의 규정에 의한 공청회는 광역계획권 단위로 개최하되, 필요한 경우에는 광역계획권을 수개의 지역으로 구분하여 개최할 수 있다(영 제12조 제2항). 공청회는 **국토교통부장관, 시·도지사, 시장 또는 군수**가 지명하는 사람이 주재한다(영 제12조 제3항). 제1항부터 제3항까지에서 규정한 사항 외에 공청회의 개최에 관하여 필요한 사항은 그 공청회를 개최하는 주체에 따라 **국토교통부장관**이 정하거나 특별시·광역시·특별자치시·도·특별자치도(이하 "시·도"라 한다), 시 또는 군의 도시·군계획에 관한 **조례**(이하 "도시·군계획**조례**"라 한다)로 정할 수 있다(영 제12조 제4항).

(2) **시·도지사, 시장 또는 군수**는 광역도시계획을 수립·변경하려면 **미리 관계 시·도**, 시·군의 의회와 관계 시장·군수의 의견을 들어야 한다(법 제15조 제1항).

국토교통부장관은 광역도시계획을 수립·변경하려면 관계 시·도지사에게 광역도시계획안을 송부하여야 하며, 관계 시·도지사는 그 광역도시계획안에 대하여 그 시·도의 의회와 관계 시장·군수의 의견을 들은 후 그 결과를 **국토교통부장관**에게 제출하여야 한다(법 제15조 제2항).

시·도, 시·군의 의회와 관계 시장·군수는 특별한 사유가 없으면 30일 이내에 **시·도지사, 시장 또는 군수**에게 의견을 제시하여야 한다(법 제15조 제3항).

3. 광역도시계획의 승인

가. 승인권자

(1) **국토교통부장관**: 시·도지사는 광역도시계획을 수립·변경하려면 **국토교통부장관**의 승인을 받아야 한다(법 제16조 제1항 본문). 다만, **도지사**는 시장 또는 군수가 요청하는 경우와 그 밖에 필요하다고 인정하는 경우에는 관할 시장 또는 군수와 공동으로 광역도시계획을 수립할 수 있으며, 시장 또는 군수가 협의를 거쳐 요청하여 단독으로 광역도시계획을 수립할 수 있다(법 제11조 제3항). 이 경우 **도지사**는 **국토교통부장관**의 승인을 받지 않아도 된다(법 제16조 제1항 단서).

시·도지사는 법 제16조 제1항에 따라 광역도시계획의 승인을 얻고자 하는 때에는 광역도시계획안에 다음 각 호 1. 기초조사 결과, 2. 공청회개최 결과, 3. 법 제15조 제1항에 따른 관계 시·도의 의회와 관계 시장 또는 군수(광역시의 관할구역 안에 있는 군의 군수를 제외한다. 이하 같다. 다만, 영 제110

따라서 개선안으로 공청회와 청문회 규정은 일정 수의 주민의 신청에 따라 공청회와 청문이 개최될 수 있도록 하여야 하고, 공청회 등에서 제시된 의견이 타당하다고 인정하면 행정계획에 반영하도록 하는 개선이 필요하다(이동수, "국토계획법에 있어서 민간참여", 토지공법연구, 제43집 제1호, 2009, 196~197면).

조·제112조·제117조·제122조 내지 제124조의3·제127조·제128조 및 제130조에서는 광역시의 관할구역 안에 있는 군의 군수를 포함한다)의 의견청취 결과, 4. 시·도도시계획위원회의 자문을 거친 경우에는 그 결과, 5. 법 제16조 제2항의 규정에 의한 관계 **중앙행정기관의 장**과의 협의 및 중앙도시계획위원회의 심의에 필요한 서류를 첨부하여 **국토교통부장관에게 제출**하여야 한다(영 제13조 제1항).

　국토교통부장관은 제출된 광역도시계획안이 법 제12조 제2항의 규정에 의한 수립기준 등에 적합하지 아니한 때에는 시·도지사에게 광역도시계획안의 보완을 요청할 수 있다(영 제13조 제2항).

　(2) 도지사: 시장 또는 군수는 광역도시계획을 수립하거나 변경하려면 도지사의 승인을 받아야 한다(법 제16조 제5항).

나. 승인 절차

　(1) 국토교통부장관: **국토교통부장관**은 광역도시계획을 **승인**하거나 직접 광역도시계획을 **수립 또는 변경**(시·도지사와 공동으로 수립하거나 변경하는 경우를 포함한다)하려면 관계 중앙행정기관과 협의한 후 중앙도시계획위원회의 심의를 거쳐야 한다(법 제16조 제2항). 협의 요청을 받은 관계 **중앙행정기관의 장**은 특별한 사유가 없으면 그 요청을 받은 날부터 30일 이내에 **국토교통부장관**에게 의견을 제시하여야 한다(법 제16조 제3항). **국토교통부장관**은 직접 광역도시계획을 **수립 또는 변경**하거나 승인하였을 때에는 **관계 중앙행정기관의 장**과 **시·도지사**에게 관계 서류를 송부하여야 하며, 관계 서류를 받은 시·도지사는 **대통령령**으로 정하는 바에 따라 그 내용을 공고하고 일반이 열람할 수 있도록 하여야 한다(법 제16조 제4항). 법 제16조 제4항에 따른 광역도시계획의 공고는 해당 시·도의 공보에, 법 제16조 제6항에 따른 광역도시계획의 공고는 해당 시·군의 공보에 게재하는 방법에 의하며, 관계 서류의 열람기간은 30일 이상으로 하여야 한다(영 제13조 제3항).

　(2) 도지사: 도지사가 광역도시계획을 **승인**하거나 법 제11조 제3항에 따라 직접 광역도시계획을 **수립 또는 변경**(시장·군수와 공동으로 수립하거나 변경하는 경우를 포함한다)하려면 전술하는 법 제16조 제2항부터 제4항까지의 규정을 준용한다. 이 경우 "**국토교통부장관**"은 "도지사"로, "**중앙행정기관의 장**"은 "행정기관의 장(**국토교통부장관**을 포함한다)"으로, "중앙도시계획위원회"는 "지방도시계획위원회"로 "시·도지사"는 "시장 또는 군수"로 본다(법 제16조 제6항).

4. 광역도시계획의 조정

가. 국토교통부장관의 조정

　광역도시계획을 공동으로 수립하는 **시·도지사**는 그 내용에 관하여 서로 협의가 되지 아니하면 **공동이나 단독**으로 **국토교통부장관**에게 조정(調停)을 신청할 수 있다(법 제17조 제1항). **국토교통부장관**은 단독으로 조정신청을 받은 경우에는 기한을 정하여 당사자 간에 다시 협의를 하도록 권고할 수 있으며,

기한까지 협의가 이루어지지 아니하는 경우에는 직접 조정할 수 있다(법 제17조 제2항).

　　국토교통부장관은 조정의 신청을 받거나 직접 조정하려는 경우에는 중앙도시계획위원회의 심의를 거쳐 광역도시계획의 내용을 조정하여야 한다. 이 경우 이해관계를 가진 지방자치단체의 장은 중앙도시계획위원회의 회의에 출석하여 의견을 진술할 수 있다(법 제17조 제3항). 광역도시계획을 수립하는 자는 조정 결과를 광역도시계획에 반영하여야 한다(법 제17조 제4항). 특별시장·광역시장 또는 도지사가 조정내용을 반영하지 않는 경우에는 **국토교통부장관**은 직접 조정내용을 광역도시계획에 반영하여 변경 또는 수정할 수 있다(동 지침4-1-4 (4)).

나. 도지사의 조정

　　광역도시계획을 공동으로 수립하는 **시장 또는 군수**는 그 내용에 관하여 서로 협의가 되지 아니하면 공동이나 단독으로 **도지사**에게 조정을 신청할 수 있다(법 제17조 제5항). 도지사가 광역도시계획을 조정하는 경우에는 제2항부터 제4항까지의 규정을 준용한다(법 제17조 제6항).

VI. 광역도시계획의 효력

　　광역도시계획은 광역계획권의 장기발전방향을 제시하는 계획으로 다른 도시계획에 대한 지침으로서 역할만 하기 때문에 일반 국민에 대하여 법적 구속력을 가지는 행정계획이 아니다.

제3장 도시·군기본계획

I. 의의 및 법 연혁

1. 의의

도시·군기본계획이란 특별시·광역시·특별자치시·특별자치도·시 또는 군의 관할 구역에 대하여 기본적인 공간구조와 장기발전방향을 제시하는 종합계획으로서 도시·군관리계획 수립의 지침이 되는 계획을 말한다(법 제2조 제3호). 가령, 2030서울도시기본계획(2030서울플랜)은 2010년을 기준연도로 하여 목표연도 2030년인 20년 후 도시가 발전하여야 할 장기적인 틀을 제시하는 종합계획이다.[329]

도시·군기본계획은 국토종합계획, 도종합계획, 광역도시계획 등 상위계획의 내용을 수용하여 시·군이 지향하여야 할 바람직한 미래상을 제시하고, 정책계획과 전략계획을 실현할 수 있는 도시·군관리계획의 지침적 계획으로서의 위상을 갖는다. 따라서 다른 법률에 의해 수립하는 각 부문별 계획[330]이나 지침 등은 시·군의 가장 상위계획인 도시·군기본계획을 따라야 한다(도시기본계획수립지침 1-3-1).[331]

따라서 도시·군기본계획은 그 광역도시계획에 부합되어야 하며, 도시·군기본계획의 내용이 광역도시계획의 내용과 다를 때에는 광역도시계획의 내용이 우선한다(법 제4조 제3항). 즉, 도시·군기본계획이 수립되어 있는 지역에 광역도시계획을 수립하는 경우 기존의 도시·군기본계획을 광역도시계획에 부합하도록 변경해야 하겠지만, 기존의 도시·군기본계획을 변경하지 않는 경우에도 광역도시계획이 우선 적용되도록 규율되어 있으므로 결국 두 계획간의 상충문제는 발생하지 않는다.[332] 또한 도시·군기본계획은 도시·군계획의 하나이므로 국가계획에 부합되어야 하며, 도시·군계획의 내용이 국가계획과 다를 때에는 국가계획이 우선한다. 이 경우 국가계획을 수립하려는 **중앙행정기관의 장**은 미리 지방자치단체의 장의 의견을 듣고 충분히 협의하여야 한다(법 제4조 제2항).

특별시장·광역시장·특별자치시장·특별자치도지사·시장 또는 군수는 도시·군기본계획의 내용에

---

329) 서울플랜이란 「국토계획법」에 근거한 도시기본계획을 대도시 서울의 특성에 맞게 재구성하여 시민과 함께 수립한 서울형 도시기본계획이라는 의미를 담은 서울시 도시기본계획의 별칭이다. 이 밖에도 세종특별자치시의 2030세종 도시기본계획의 목표연도는 계획수립시점으로부터 20년을 기준으로 건설 중인 건설지역의 목표연도가 2030년임을 감안하여 설정하였다.

330) 가령, 교통정비기본계획, 환경보전계획, 주택종합계획, 도시·주거환경정비기본계획, 공원녹지기본계획 등을 말한다.

331) 행정규칙, 국토교통부훈령 제900호, 2017. 6. 27.(시행 2017. 6. 27.)

332) 정태용, 국토계획법, 110면.

우선하는 광역도시계획 및 국가계획의 내용을 도시·군기본계획에 반영하여야 한다(법 제23조 제1·2항).

2. 법적 성질 및 연혁

판례는 "도시기본계획은 도시계획입안의 지침이 되는 것에 불과하여 일반 국민에 대한 직접적인 구속력은 없다고" 판시하였다.[333] 가령, 행정청은 도시·군기본계획에 반한다는 이유로 건축허가를 거부할 수는 없다. 그러므로 도시·군기본계획은 일반 국민에게 아무런 권리·의무를 발생시키지 않아 처분이 아니므로, 도시·군기본계획의 확정에 대하여 재산권자는 손실보상을 청구할 수 없으며 행정쟁송을 제기할 수도 없다.[334]

도시·군기본계획은 행정청에 대한 직접적인 구속력이 없으므로 이에 배치되는 처분을 하였다는 것만으로 처분이 위법하지 않다는 것이다. 이는 행정청의 도시·군기본계획수립은 계획재량의 영역이어서 사법적 판단에는 자유롭다는 의미이기도 하다.[335] 그러나 행정실무상 도시·군기본계획은 도시·군계획 수립권자를 구속한다고 보아야 할 것이다.[336]

연혁으로는 1981. 3. 31. 법률 제3410호로 개정하여 1981. 7. 1. 부터 시행된 「도시계획법」의 개정으로 서울·부산 기타 **대통령령**으로 정하는 도시계획구역의 경우 20년을 단위로 하는 도시기본계획의 수립을 의무화하도록 도입되었다.

Ⅱ. 도시·군기본계획의 수립권자와 수립대상지역

특별시장·광역시장·특별자치시장·특별자치도지사·시장 또는 군수는 관할 구역에 대하여 도시·군기본계획을 수립하여야 한다. 다만, 시 또는 군의 위치, 인구의 규모, 인구감소율 등을 고려하여 **대통령령으로 정하는 시 또는 군**[1. 「수도권정비계획법」 제2조 제1호의 규정에 의한 **수도권에 속하지 아니하고 광역시와 경계를 같이하지 아니한 시 또는 군**으로서 인구 10만명 이하인 시 또는 군, 2. 관할구역 전부에 대하여 광역도시계획이 수립되어 있는 시 또는 군으로서 당해 광역도시계획에 도시·군기본계획의 내용이 모두 포함되어 있는 시 또는 군(영 제14조)]은 도시·군기본계획을 수립하지 아니할 수 있다(법 제18조 제1항).

후술할 것이지만 도시·군기본계획의 수립 절차는 광역도시계획의 수립 절차의 일부를 준용하도록

---

333) 대법원 2002. 10. 11. 선고 2000두8226 판결.
334) 판례는 "녹지지역 내 대규모 미개발 토지로 서울특별시 도시기본계획상 개발이 유보된 지역에 대하여는 일체 형질변경행위허가를 불허한다고 제한하고 있는 것은 개발이 유보된 지역이라는 사유만으로 일률적인 금지를 정하고 있는 것이어서 그 기준이 객관적으로 합리적이라거나 타당하다고 할 수 없다"(대법원 2001. 1. 16. 선고 99두8886 판결).
335) 대법원 2007. 4. 12. 선고 2005두1893 판결; 대법원 1998. 11. 27. 선고 96누13927 판결.
336) 그리고 일설은 도시·군기본계획에 명백히 배치되는 도시·군관리계획은 위법한 것으로 보고 있기도 하다(박균성, 행정법론(하), 719면).

하고 있으며, 도시·군기본계획의 수립기준을 정한 「도시·군기본계획수립지침」에서는 수립절차를 "입안과정"과 "승인절차"로 구분하고 있다. 「국토계획법」에서는 **특별시장·광역시장·특별자치시장·특별자치도지사·시장 또는 군수**를 수립권자라 하고(법 제18조 제1항), 동 지침에서는 특별시장·광역시장·시장 또는 군수(이하 '시장·군수'라 한다)를 입안권자라 하고 있다(동 지침5-1-1).

특별시장·광역시장·특별자치시장·특별자치도지사·시장 또는 군수는 지역여건상 필요하다고 인정되면, **인접한** 특별시·광역시·특별자치시·특별자치도·시 또는 군의 관할 구역 **전부 또는 일부**를 포함하여 도시·군기본계획을 수립할 수 있고(법 제18조 제2항), 미리 **그 특별시장·광역시장·특별자치시장·특별자치도지사·시장 또는 군수**는 **협의**하여야 한다(법 제18조 제3항).

Ⅲ. 도시·군기본계획의 내용

도시·군기본계획에는 다음 각 호 1. 지역적 특성 및 계획의 방향·목표에 관한 사항, 2. 공간구조, 생활권의 설정 및 인구의 배분에 관한 사항, 3. 토지의 이용 및 개발에 관한 사항, 4. 토지의 용도별 수요 및 공급에 관한 사항, 5. 환경의 보전 및 관리에 관한 사항, 6. 기반시설에 관한 사항, 7. 공원·녹지에 관한 사항, 8. 경관에 관한 사항, 8의2. 기후변화 대응 및 에너지절약에 관한 사항, 8의3. 방재·방범 등 안전에 관한 사항, 9. 제2호부터 제8호까지, 제8호의2 및 제8호의3에 규정된 사항의 단계별 추진에 관한 사항, 10. 그 밖에 **대통령령**으로 정하는 사항[1. 도심 및 주거환경의 정비·보전에 관한 사항, 2. 다른 법률에 따라 도시·군기본계획에 반영되어야 하는 사항, 3. 도시·군기본계획의 시행을 위하여 필요한 재원조달에 관한 사항, 4. 그 밖에 법 제22조의2 제1항에 따른 도시·군기본계획 승인권자가 필요하다고 인정하는 사항(영 제15조)]에 대한 **정책방향**이 포함되어야 한다(법 제19조 제1항).

도시·군기본계획의 수립기준 등은 **대통령령**으로 정하는 바에 따라[337] **국토교통부장관**이 정한다(법 제19조 제3항).[338]

---

337) 영 **제16조(도시·군기본계획의 수립기준) 국토교통부장관**은 법 제19조 제3항에 따라 도시·군기본계획의 수립기준을 정할 때에는 다음 각 호 1. **특별시·광역시·특별자치시·특별자치도·시 또는 군**의 기본적인 공간구조와 장기발전방향을 제시하는 토지이용·교통·환경 등에 관한 종합계획이 되도록 할 것, 2. 여건변화에 탄력적으로 대응할 수 있도록 포괄적이고 개략적으로 수립하도록 할 것, 3. 법 제23조(도시·군기본계획의 정비)의 규정에 의하여 도시·군기본계획을 정비할 때에는 종전의 도시·군기본계획의 내용 중 수정이 필요한 부분만을 발췌하여 보완함으로써 계획의 연속성이 유지되도록 할 것, 4. 도시와 농어촌 및 산촌지역의 인구밀도, 토지이용의 특성 및 주변환경 등을 종합적으로 고려하여 지역별로 계획의 상세정도를 다르게 하되, 기반시설의 배치계획, 토지용도 등은 도시와 농어촌 및 산촌지역이 서로 연계되도록 할 것, 5. 부문별 계획은 법 제19조 제1항 제1호의 규정에 의한 도시·군기본계획의 방향에 부합하고 도시·군기본계획의 목표를 달성할 수 있는 방안을 제시함으로써 도시·군기본계획의 통일성과 일관성을 유지하도록 할 것, 6. 도시지역 등에 위치한 개발가능 토지는 단계별로 시차를 두어 개발되도록 할 것, 7. 녹지축·생태계·산림·경관 등 양호한 자연환경과 우량농지, 보전목적의 용도지역, 문화재 및 역사문화환경 등을 충분히 고려하여 수립하도록 할 것, 8. 법 제19조 제1항 제8호의 **경관**에 관한 사항에 대하여는 필요한 경우에는 도시·군기본계획도서의 **별책**으로 작성할 수 있도록 할 것, 9. 「재난 및 안전관리 기본법」제24조 제1항에 따른 시·도안전관리계획 및 같은 법 제25조 제1항에 따른 시·군·구안전관리계획과 「자연재해대책법」제16조 제1항에 따른 시·군·구풍수해저감종합계획을 충분히 고려하여 수립하도록 할 것의 사항을 종합적으로 고려하여야 한다.

Ⅳ. 도시·군기본계획의 수립 절차

1. 도시·군기본계획 수립을 위한 기초조사 및 공청회

도시·군기본계획을 수립하거나 변경하는 경우에는 광역도시계획의 수립을 위한 **기초조사**(법 제13조)와 **공청회 개최**(법 제14조)를 준용한다(법 제20조 제1항).

시·도지사,[339] 시장 또는 군수는 기초조사의 내용에 **국토교통부장관**이 정하는 바에 따라 실시하는 토지의 토양, 입지, 활용가능성 등 토지의 적성에 대한 평가(이하 '**토지적성평가**'라 한다)와 재해 취약성에 관한 분석(이하 '**재해취약성분석**'이라 한다)을 포함하여야 한다(법 제20조 제2항).[340]

도시·군기본계획 입안일부터 5년 이내에 토지적성평가를 실시한 경우 등 **대통령령**으로 정하는 경우에는 제2항에 따른 토지적성평가 또는 재해취약성분석을 하지 아니할 수 있다(법 제20조 제3항).

2. 지방의회 의견청취

특별시장·광역시장·특별자치시장·특별자치도지사·시장 또는 군수는 도시·군기본계획을 수립하거나 변경하려면 미리 그 특별시·광역시·특별자치시·특별자치도·시 또는 군 의회의 의견을 들어야 한다(법 제21조 제1항). 특별시·광역시·특별자치시·특별자치도·시 또는 군의 의회는 특별한 사유가 없으면 30일 이내에 **특별시장·광역시장·특별자치시장·특별자치도지사·시장 또는 군수**에게 의

---

338) 법 제19조 제3항 및 영 제16조의 위임에 따라 행정규칙으로 「도시·군기본계획수립지침」(국토교통부훈령 제900호, 2017. 6. 27.)을 정하고 있다.

339) 도시·군기본계획의 수립권자(**특별시장·광역시장·특별자치시장·특별자치도지사·시장 또는 군수**)에 해당되지 아니한 **도지사**가 포함된 것은, 토지적성평가와 재해취약성분석에 대한 강화차원이기도 하면서, 도시·군기본계획에 대한 승인권자로서의 의미이다.

340) 2015. 1. 6. 법률 제12974호 개정(시행 2015. 7. 7.)으로, 지방자치단체가 관할구역에 대하여 사전에 재해위험을 분석하고 위험지역에 대해서는 재해저감대책을 수립하는 등 재해예방적인 국토관리체계를 구축하기 위하여 도시·군기본계획 및 도시·군관리계획 수립 시 기초조사의 하나로 "**재해취약성분석**"을 실시하도록 하는 한편, 종전에는 도시·군관리계획 수립 시에만 기초조사의 하나로 토지의 적성에 관한 평가를 실시하던 것을 앞으로는 도시·군기본계획 수립단계에서도 기초조사의 하나로 "**토지적성평가**"를 실시하도록 함으로써, 도시의 기본적인 공간구조를 설정하는 단계에서부터 환경을 고려한 보다 체계적인 계획이 수립될 수 있도록 하려는 것이 개정이유이다.

건을 제시하여야 한다(법 제21조 제2항).

3. 도시·군기본계획의 확정 및 승인

도시·군기본계획은 ① 시·도도시기본계획과 ② **시·군도시기본계획**이 있으므로 전자를 수립하는 **특별시장·광역시장·특별자치시장 또는 특별자치도지사**와 후자를 수립하는 **시장 또는 군수**의 수립 절차로 구분할 수 있다.

가. 특별시장·광역시장·특별자치시장 또는 특별자치도지사

특별시장·광역시장·특별자치시장 또는 특별자치도지사는 도시·군기본계획을 수립하거나 변경하려면 관계 행정기관의 장(**국토교통부장관**을 포함한다)과 협의한 후 지방도시계획위원회의 심의를 거쳐 (법 제22조 제1항), 자신이 확정한다.

협의 요청을 받은 관계 행정기관의 장은 특별한 사유가 없으면 그 요청을 받은 날부터 30일 이내에 **특별시장·광역시장·특별자치시장 또는 특별자치도지사**에게 의견을 제시하여야 한다(법 제22조 제2항). **특별시장·광역시장·특별자치시장 또는 특별자치도지사**는 도시·군기본계획을 수립하거나 변경한 경우에는 관계 행정기관의 장에게 관계 서류를 송부하여야 하며, **대통령령**으로 정하는 바에 따라 그 계획을 공고하고 일반인이 열람할 수 있도록 하여야 한다(법 제22조 제3항). 법 제22조 제3항에 따른 특별시·광역시·특별자치시·특별자치도 도시·군기본계획의 공고는 해당 특별시·광역시·특별자치시·특별자치도의 공보에 게재하는 방법으로 하며, 관계 서류의 열람기간은 30일 이상으로 하여야 한다 (영 제16조의3).

나. 시장 또는 군수

도지사가 수립한 도종합계획은 시·군종합계획(즉, 도시·군계획)에 대한 지침의 성격을 가지며 시·군종합계획에 대한 방향성을 제시하기 때문에 관할 시장 또는 군수가 수립한 시·군의 도시·군기본계획에 대한 승인권자가 된다.

시장 또는 군수는 도시·군기본계획을 수립하거나 변경하려면 **대통령령**으로 정하는 바[**시장 또는 군수**는 도시·군기본계획의 승인을 받으려면 도시·군기본계획안에 다음 각 호 1. 기초조사 결과, 2. 공청회개최 결과, 3. 법 제21조에 따른 해당 시·군의 의회의 의견청취 결과, 4. 해당 시·군에 설치된 지방도시계획위원회의 자문을 거친 경우에는 그 결과, 5. 법 제22조의2 제2항에 따른 관계 행정기관의 장과의 협의 및 도의 지방도시계획위원회의 심의에 필요한 서류를 첨부하여 **도지사에게 제출**하여야 한다(영 제17조 제1항)]에 따라 상급 행정기관인 **도지사의 승인**을 받아야 한다(법 제22조2 제1항). **도지사**는 제출된 도시·군기본계획안이 법 제19조 제3항에 따른 수립기준 등에 적합하지 아니한 때에는 **시장 또는 군수**에게 도시·군기본계획안의 보완을 요청할 수 있다(영 제17조 제2항).

도지사는 도시·군기본계획을 승인하려면 관계 행정기관의 장과 협의한 후 지방도시계획위원회의 심의를 거쳐(법 제22조의2 제2항), 시·도지사가 시·군의 도시·군기본계획을 확정한다.

　도지사는 도시·군기본계획을 승인하면 관계 행정기관의 장과 시장 또는 군수에게 관계 서류를 송부하여야 하며, 관계 서류를 받은 시장 또는 군수는 **대통령령**으로 정하는 바에 따라 그 계획을 공고하고 일반인이 열람할 수 있도록 하여야 한다(법 제22조의2 제4항). 이에 따른 도시·군기본계획의 공고는 해당 시·군의 공보에 게재하는 방법에 의하며, 관계 서류의 열람기간은 30일 이상으로 하여야 한다(영 제17조 제3항).

V. 도시·군기본계획의 정비

　록별시장·광역시장·록별자치시장·록별자치도지사·시장 또는 군수는 5년마다 관할 구역의 도시·군기본계획에 대하여 타당성을 전반적으로 재검토하여 정비하여야 하고(법 제23조 제1항), 도시·군기본계획의 내용에 우선하는 광역도시계획 및 국가계획의 내용을 도시·군기본계획에 반영하여야 한다(법 제23조 제2항).

제4장 도시·군관리계획

제1절 의의

I. 「국토계획법」상 정의 및 다른 행정계획과의 관계

"도시·군관리계획"은 도시·군기본계획을 집행하기 위한 구체적인 계획으로서 국민에 대하여 토지이용이나 건축의 구체적인 내용에 관하여 직접적으로 구속력을 가지는 행정계획이다. 도시·군관리계획의 목표연도는 기준년도로부터 장래의 10년을 기준으로 하고, 연도의 끝자리는 0년 또는 5년으로 한다(예 2010년, 2015년)(도시·군관리계획수립지침1-5-1-2).

도시·군관리계획이란 특별시·광역시·특별자치시·특별자치도·시 또는 군의 개발·정비 및 보전을 위하여 수립하는 토지이용, 교통, 환경, 경관, 안전, 산업, 정보통신, 보건, 복지, 안보, 문화 등에 관한 다음 각 목, 가. **용도지역·용도지구의 지정 또는 변경**에 관한 계획, 나. **개발제한구역, 도시자연공원구역, 시가화조정구역, 수산자원보호구역의 지정 또는 변경**에 관한 계획, 다. **기반시설의 설치·정비 또는 개량**에 관한 계획, 라. **도시개발사업이나 정비사업**에 관한 계획, 마. **지구단위계획구역의 지정 또는 변경**에 관한 계획과 **지구단위계획**, 바. **입지규제최소구역의 지정 또는 변경**에 관한 계획과 **입지규제최소구역계획**을 말한다(법 제2조 제4호).

도시·군관리계획은 도시·군계획의 하나이므로 국가계획에 부합되어야 하며, 도시·군계획의 내용이 국가계획의 내용과 다를 때에는 국가계획의 내용이 우선한다. 이 경우 국가계획을 수립하려는 **중앙행정기관의 장**은 미리 지방자치단체의 장의 의견을 듣고 충분히 협의하여야 한다(법 제4조 제2항). 도시·군관리계획은 광역도시계획과 도시·군기본계획에 부합되어야 한다(법 제25조 제1항). 따라서 기존의 광역도시계획이나 도시·군기본계획과 다른 내용의 도시·군관리계획을 수립하려면 먼저 광역도시계획이나 도시·군기본계획을 변경하여야 한다.[341] 시장 또는 군수는 그 관할 도시계획구역 안에서 시행할 도시·군관리계획을 도시·군기본계획의 내용에 적합하도록 입안하여야 한다고 규정하고 있으나, 도시·군기본계획이라는 것은 도시의 장기적 개발방향과 미래상을 제시하는 도시계획 입안의 지침이 되

---

341) 정태용, 국토계획법, 124면.

는 장기적·종합적인 개발계획으로서 직접적인 구속력은 없는 것이라고 하여 도시·군관리계획 입안 행정청을 구속하지 않는다.[342]

II. 법적 성질

1. 문제의 의의

도시·군관리계획은 용도지역·용도지구 등에 관한 사항을 포함하는 종합계획으로서 행정계획이다. 도시·군관리계획은 도시정책상의 전문적·기술적 판단에 기초하여 도시의 건설·정비·개량 등과 같은 특정한 행정목표를 달성하기 위하여 서로 관련되는 행정수단을 종합·조정함으로써 장래의 일정한 시점에 있어서 일정한 질서를 실현하기 위한 활동기준을 설정하는 계획이고, 도시·군관리계획의 수립은 관계 행정청이 법령의 범위에서 도시의 건전한 발전과 공공복리의 증진을 위한 도시정책상의 전문적·기술적 판단을 기초로 하여 그 재량에 의하여 이루어진다 할 것이며, 행정청은 도시·군관리계획을 입안·결정 및 정비함에 있어서 비교적 광범위한 형성의 자유인 이른바 계획재량을 발휘한다.[343] 이러한 계획재량에 대하여 사법적 심사가 가능하기 위해서는 도시·군관리계획의 결정에 대해서 행정처분으로 볼 수 있는지가 문제된다.

2. 판례 및 학설

도시계획시설지정승인취소처분취소에 관한 대법원 1978.12.26. 선고 78누281 판결에서 처분성을 인정한 이래, 대법원은 도시·군관리계획 등 소위 구속적 행정계획의 처분성을 인정하여 행정계획결정 그 자체를 소송상 다툴 수 있는 길을 열었다. 구「도시계획법」제12조에 의하여 고시된 도시계획결정이 행정소송의 대상이 되는지가 문제되었으며 과거 판례상으로 원심법원과 대법원의 견해가 엇갈린 바 있다.

가. '**소극설**'은 서울고등법원의 원심 입장으로 "건설부장관의 도시계획결정은 도시계획사업의 기본이 되는 일반적·추상적인 도시계획의 결정으로서 이와 같은 일반계획의 결정이 있었던 것만으로는 특정 개인에게 어떤 직접적이며 구체적인 권리의무 관계가 발생한다고는 볼 수 없다 할 것이어서 행정입법의 성질을 가진다 하였고 도시계획결정은 결국 항고소송의 대상이 되는 행정처분은 아니라고" 하여 처분성을 부인하였다.[344]

---

342) 도시·군기본계획의 지위에서 이미 설명하였다. 대법원 2007. 4. 12. 선고 2005두1893 판결; 대법원 1998. 11. 27. 선고 96누13927 판결 참조.

343) 법제처 법령해석 사례, 아산시 - 도시·군관리계획의 정비 대상이 도시·군계획시설에 관한 사항에 한정되는지 여부(「국토계획법」제34조 관련), 안건번호: 16-0479, 회신일자: 2016. 10. 4.

344) 서울고등법원 1980. 1. 29. 선고 79구416 판결.

나. 이해 반해 같은 사건에서 대법원의 입장인 '**적극설**'은 상기 원심법원의 소극설을 파기하고 도시계획결정의 처분성을 인정하였다. 즉 "「도시계획법」 제12조 소정의 도시·군관리계획결정이 고시되면 도시계획구역안의 토지나 건물 소유자의 토지형질변경, 건축물의 신축·개축 또는 증축 등 권리행사가 일정한 제한을 받게 되는 바, 이런 점에서 볼 때 고시된 <u>도시계획결정은 특정 개인의 권리 내지 법률상의 이익을 개별적이고 구체적으로 규제하는 효과를 가져 오게 하는 행정청의 처분이고, 이는 행정소송의 대상이 되는 것</u>"이라고 판시하였다.[345) 이후 판례에서 "용도지역지정행위나 용도지역변경행위는 전문적·기술적 판단에 기초하여 행하여지는 일종의 행정계획으로서 재량행위라 할 것이지만, 행정주체가 가지는 이와 같은 계획재량은 그 행정계획에 관련되는 자들의 이익을 공익과 사익 사이에서는 물론이고 공익 상호 간과 사익 상호 간에도 정당하게 비교·교량하여야 하고 그 비교·교량은 비례의 원칙에 적합하도록 하여야 하는 것"이라고 판시하였다.[346) <u>학설도 대체로 처분으로 보고 있다.</u>[347)

다. 결론적으로 도시계획결정이 있으면 그 구역 내의 토지소유자에게는 행위제한이 따르게 되고, 또한 각 도시계획의 내용에 따라 국민의 권리·의무에 구체적·개별적 영향을 미친다. 그러므로 당해 계획에는 처분을 인정할 수 있다. 그러나 실질적 관점에서도 행정쟁송의 대상을 계획 자체가 아닌 그에 기한 구체적 처분을 대상으로 하는 것은 대부분의 경우 구제의 실효성을 거둘 수 없다는 문제점이 있다.[348)

Ⅲ. 연혁

1971. 1. 19. 법률 제3410호로 개정하여 1971. 7. 20.부터 시행하였는데, 정부의 강력한 공업화정책에 따라 이룩한 산업구조의 고도화로 도시주변에 많은 인구가 집중하게 되었으며, 이로 인한 도시의 급격한 팽창은 현행법으로 해결할 수 없는 여러 가지 도시문제로 인하여 도시계획을 정의하고(법 제2조 제1호), 제2장에서 도시계획(제1절 법 제11조에서 16조, 제2절 법 제17조에서 22조)을 도입하였다.

---

345) 대법원 1982. 3. 9. 선고 80누105 판결.
346) 대법원 2005. 3. 10. 선고 2002두5474 판결.
347) 류지태·박종수, 행정법신론, 박영사, 2011, 357면; 김남진·김연태, 행정법Ⅱ, 529면; 김동희, 행정법Ⅱ, 453면; 박균성, 행정법론(하), 728면.
348) 김동희, 행정법Ⅰ, 193면.

제2절　도시·군관리계획의 수립 절차[349)

　도시·군관리계획과 지구단위계획에 대한 「국토계획법」 규율태도는 총칙과 각칙의 단계로 나뉘어 있다. 즉 도시·군관리계획의 수립 절차를 제4장 제1절에 배치하고, 제2절 용도지역·용도지구·용도구역, 제3절 도시·군계획시설, 제4절 지구단위계획을 배치함으로써, 제1절과 기타의 절들이 총칙과 각칙의 관계에 놓여 있음을 전제로 하고 있다. 따라서 도시·군관리계획의 수립 절차에 관한 제1절의 조문들은 지구단위계획의 수립절차에까지 모두 적용된다. 다만, 지구단위계획에 대한 특칙이 있는 경우 총칙의 절차 조항은 보충되거나 수정을 겪는다.[350)

　「국토계획법」상 도시·군관리계획의 수립 절차는 광역도시계획 수립절차의 일부를 준용하도록 하고 있으나(법 제27조), 광역도시계획 및 도시·군기본계획과 달리 **입안과정**(법 제24조에서 제28조까지)과 **결정절차**(법 제29조에서 제30조까지)로 구분하고 있다.

Ⅰ. 도시·군관리계획의 입안권자 및 입안 기준

　도시·군관리계획의 **수립**이라는 행위는 크게 입안과 결정으로 구분된다. 입안이란 구체적으로 계획안을 확정해 가는 작업을 말하며, 그 주체는 **특별시장·광역시장·특별자치시장·특별자치도지사·시장 또는 군수**로서, 도시·군관리계획의 입안권자(법 제24조 제1항)는 도시·군기본계획의 수립권자(법 제18조 제1항)와 같다.

　특별시·광역시·특별자치시 및 특별자치도의 법적 지위는 광역지방자치단체이지만 하나의 도시가 성장한 결과로 통일적 공간을 구성하므로 공간형성에 대한 주도권이 도시의 중심에 집중될 필요가 있다. 이를 반영해서 「국토계획법」에서도 원칙적으로 기초자치단체장 중에서 구청장에게는 도시·군기본계획의 수립권과 도시·군관리계획의 입안권을 부여하지 않고 있으며, 광역자치단체에서는 입안의 주체가 광역자치단체장이 된다. 이러한 입법취지는 권한의 위임·위탁 규정(법 제139조)에 의하여 무용지물이 되고 있다. 이 쟁점을 후술하기로 한다. 이와 대조적으로 특별시·광역시·특별자치시 및 특별자치도에 속하지 않고 도(道)에 속하는 기초자치단체는 시장 또는 군수가 입안권을 갖는다.[351)

　한편, 「국토계획법」은 도시계획에서 지방자치단체 자치권의 제도적 보장(헌법 제117조 제1항) 차원에서 계획고권(計劃高權 Planungshoheit)을[352) 언급하면서 원칙적으로 지방자치단체의 장(시장·군수)

---

349) 「국토계획법」상 제4장 제1절에 해당한다.
350) 김종보, 건설법(제5판), 319면.
351) 김종보, 건설법(제5판), 275면.
352) 지방자치단체의 계획고권이란 지방자치단체가 국가의 지시에 엄격하게 구속되지 않으면서 고유의 정치적·행정적 형성권 내지는 결정권에 따라 자치적으로 자기지역을 건설하거나 토지이용에 관하여 획정할 수 있는 권한을 말하고

에게 도시·군관리계획 입안권을 부여하고 있다고 하고, 다만, 예외적으로 아래와 같이 **국토교통부장관** 또는 도지사에게 도시·군관리계획 입안권을 부여하고 있다.[353]

1. 입안권자

가. 관할 특별시장·광역시장·특별자치시장·특별자치도지사·시장 또는 군수

관할 특별시장·광역시장·특별자치시장·특별자치도지사, 시장 또는 군수는 관할 구역에 대하여 도시·군관리계획을 입안하여야 한다(법 제24조 제1항).

나. 공동 입안

특별시장·광역시장·특별자치시장·특별자치도지사·시장 또는 군수는 다음 각 호 1. 지역여건상 필요하다고 인정하여 미리 **인접한 특별시장·광역시장·특별자치시장·특별자치도지사·시장 또는 군수**와 협의한 경우, 2. 법 제18조 제2항에 따라 인접한 특별시·광역시·특별자치시·특별자치도·시 또는 군의 관할 구역을 포함하여 도시·군기본계획을 수립한 경우의 어느 하나에 해당하면 **인접한** 특별시·광역시·특별자치시·특별자치도·시 또는 군의 관할 구역 전부 또는 일부를 포함하여 도시·군관리계획을 입안할 수 있다(법 제24조 제2항).

이 경우 인접한 특별시·광역시·특별자치시·특별자치도·시 또는 군의 관할 구역에 대한 도시·군관리계획은 관계 **특별시장·광역시장·특별자치시장·특별자치도지사·시장 또는 군수**가 협의하여 공동으로 입안하거나 입안할 자를 정한다(법 제24조 제3항). 협의가 성립되지 아니하는 경우 도시·군관리계획을 입안하려는 구역이 같은 도의 관할 구역에 속할 때에는 관할 도지사가, 둘 이상의 시·도의 관할 구역에 걸쳐 있을 때에는 **국토교통부장관**(제40조에 따른 수산자원보호구역의 경우 해양수산부장관을 말한다)이 입안할 자를 지정하고 그 사실을 고시하여야 한다(법 제24조 제4항).

이밖에도 공동 입안은 입안 절차도 협의에서 정한 바에 따라야 할 것이나, 도시·군관리계획의 결정은 공동결정에 대한 별도의 규정이 없으므로, 당해 구역을 관할하고 있는 결정권자(동법 제29조)가 각각 도시계획위원회의 심의 등을 거쳐 결정·고시하여야 한다.[354]

다. 국토교통부장관

국토교통부장관은 1. 국가계획과 관련된 경우, 2. 둘 이상의 시·도에 걸쳐 지정되는 용도지역·용도지구 또는 용도구역과 둘 이상의 시·도에 걸쳐 이루어지는 사업의 계획 중 도시·군관리계획으로 결정

계획고권의 핵심적 내용은 지방자치단체의 도시·군계획수립권한을 예로 들고 있다(김남철, 행정법강론, 1230면).

353) 박균성, 행정법론(하), 722면.

354) 국토교통부, 국토계획법해설집, 2015. 1. 122면.

하여야 할 사항이 있는 경우, 3. **특별시장·광역시장·특별자치시장·특별자치도지사·시장 또는 군수**가 일정한 기한(법 제138조)까지 **국토교통부장관**의 도시·군관리계획 조정 요구에 따라 도시·군관리계획을 정비하지 아니하는 경우의 어느 하나에 해당하는 경우에는 직접 또는 관계 **중앙행정기관의 장**의 요청에 의하여 도시·군관리계획을 입안할 수 있다. 이 경우 **국토교통부장관**은 관할 시·도지사 및 시장·군수의 의견을 들어야 한다(법 제24조 제5항).

라. 도지사

도지사는 다음 각 호 1. 둘 이상의 시·군에 걸쳐 지정되는 용도지역·용도지구 또는 용도구역과 둘 이상의 시·군에 걸쳐 이루어지는 사업의 계획 중 도시·군관리계획으로 결정하여야 할 사항이 포함되어 있는 경우, 2. 도지사가 직접 수립하는 사업의 계획으로서 도시·군관리계획으로 결정하여야 할 사항이 포함되어 있는 경우의 어느 하나의 경우에는 직접 또는 시장이나 군수의 요청에 의하여 도시·군관리계획을 입안할 수 있다. 이 경우 도지사는 관계 시장 또는 군수의 의견을 들어야 한다(법 제24조 제6항).

2. 입안 기준

도시·군관리계획은 광역도시계획과 도시·군기본계획에 부합되어야 한다(법 제25조 제1항).

국토교통부장관(제40조에 따른 수산자원보호구역의 경우 해양수산부장관을 말한다. 이하 이 조에서 같다), **시·도지사, 시장 또는 군수**는 도시·군관리계획을 입안할 때에는 **대통령령**으로 정하는 바에 따라 도시·군관리계획도서(계획도와 계획조서를 말한다)와 이를 보조하는 계획설명서(기초조사결과·재원조달방안 및 경관계획 등을 포함한다)를 작성하여야 한다(법 제25조 제2항).

법 제25조 제2항의 규정에 의한 도시·군관리계획도서 중 계획도는 축척 1천분의 1 또는 축척 5천분의 1(축척 1천분의 1 또는 축척 5천분의 1의 지형도가 간행되어 있지 아니한 경우에는 축척 2만5천분의 1)의 지형도(수치지형도를 포함한다)에 도시·군관리계획사항을 명시한 도면으로 작성하여야 한다. 다만, 지형도가 간행되어 있지 아니한 경우에는 해도·해저지형도 등의 도면으로 지형도에 갈음할 수 있다(영 제18조 제1항). 계획도가 2매 이상인 경우에는 법 제25조 제2항의 규정에 의한 계획설명서에 도시·군관리계획총괄도(축척 5만분의 1 이상의 지형도에 주요 도시·군관리계획사항을 명시한 도면을 말한다)를 포함시킬 수 있다(영 제18조 제2항).

도시·군관리계획은 계획의 상세 정도, 도시·군관리계획으로 결정하여야 하는 기반시설의 종류 등에 대하여 도시 및 농·산·어촌 지역의 인구밀도, 토지 이용의 특성 및 주변 환경 등을 종합적으로 고려하여 차등을 두어 입안하여야 한다(법 제25조 제3항).

도시·군관리계획의 수립기준, 도시·군관리계획도서 및 계획설명서의 작성기준·작성방법 등은 **대통령령**으로 정하는 바에 따라[355] **국토교통부장관**이 정한다(법 제25조 제4항).[356]

3. 도시·군관리계획 입안의 특례

국토교통부장관, 시·도지사, 시장 또는 군수는 도시·군관리계획을 조속히 입안하여야 할 필요가 있다고 인정되면 광역도시계획이나 도시·군기본계획을 수립할 때에 도시·군관리계획을 함께 입안할 수 있다(법 제35조 제1항). 조속한 입안을 위하여 상위계획과 동시에 입안할 수 있음을 의미한다.

국토교통부장관(법 제40조에 따른 수산자원보호구역의 경우 해양수산부장관을 말한다), **시·도지사, 시장 또는 군수**는 필요하다고 인정되면 도시·군관리계획을 입안할 때에 협의하여야 할 사항에 관하여 **관계 중앙행정기관의 장**이나 관계 행정기관의 장과 협의할 수 있다. 이 경우 시장이나 군수는 도지사에게 그 도시·군관리계획(지구단위계획구역의 지정·변경과 지구단위계획의 수립·변경에 관한 도시·군관리계획은 제외한다)의 결정을 신청할 때에 관계 행정기관의 장과의 협의 결과를 첨부하여야 한다(법 제35조 제2항).

미리 협의한 사항에 대하여는 법 제30조 제1항에 따른 협의를 생략할 수 있다(법 제35조 제3항). 사전 협의를 하면 결정권자가 진행할 절차로 관계행정기관과 협의로 인정하겠다는 점에서 특례를 의미한다. 동 조항은 2000. 1. 28. 법률 제6243호로 개정하여 2000. 7. 1.부터 시행된 구 「도시계획법」에 도입되었으며, 「국토계획법」에 이어져 오고 있다.

---

355) 영 **제19조(도시·군관리계획의 수립기준)** 국토교통부장관(법 제40조에 따른 수산자원보호구역의 경우 해양수산부장관을 말한다)은 법 제25조 제4항에 따라 도시·군관리계획의 수립기준을 정할 때에는 다음 각 호 1. 광역도시계획 및 도시·군기본계획 등에서 제시한 내용을 수용하고 개별 사업계획과의 관계 및 도시의 성장추세를 고려하여 수립하도록 할 것, 2. 도시·군기본계획을 수립하지 아니하는 시·군의 경우 당해 시·군의 장기발전구상 및 법 제19조 제1항의 규정에 의한 도시·군기본계획에 포함될 사항 중 도시·군관리계획의 원활한 수립을 위하여 필요한 사항이 포함되도록 할 것, 3. 도시·군관리계획의 효율적인 운영 등을 위하여 필요한 경우에는 특정지역 또는 특정부문에 한정하여 정비할 수 있도록 할 것, 4. 공간구조는 생활권단위로 적정하게 구분하고 생활권별로 생활·편익시설이 고루 갖추어지도록 할 것, 5. 도시와 농어촌 및 산촌지역의 인구밀도, 토지이용의 특성 및 주변환경 등을 종합적으로 고려하여 지역별로 계획의 상세정도를 다르게 하되, 기반시설의 배치계획, 토지용도 등은 도시와 농어촌 및 산촌지역이 서로 연계되도록 할 것, 6. 토지이용계획을 수립할 때에는 주간 및 야간활동인구 등의 인구규모, 도시의 성장추이를 고려하여 그에 적합한 개발밀도가 되도록 할 것, 7. 녹지축·생태계·산림·경관 등 양호한 자연환경과 우량농지, 문화재 및 역사문화환경 등을 고려하여 토지이용계획을 수립하도록 할 것, 8. 수도권안의 인구집중유발시설이 수도권외의 지역으로 이전하는 경우 종전의 대지에 대하여는 그 시설의 지방이전이 촉진될 수 있도록 토지이용계획을 수립하도록 할 것, 9. 도시·군계획시설은 집행능력을 고려하여 적정한 수준으로 결정하고, 기존 도시·군계획시설은 시설의 설치현황과 관리·운영상태를 점검하여 규모 등이 불합리하게 결정되었거나 실현가능성이 없는 시설 또는 존치 필요성이 없는 시설은 재검토하여 해제하거나 조정함으로써 토지이용의 활성화를 도모할 것, 10. 도시의 개발 또는 기반시설의 설치 등이 환경에 미치는 영향을 미리 검토하는 등 계획과 환경의 유기적 연관성을 높여 건전하고 지속가능한 도시발전을 도모하도록 할 것, 11. 「재난 및 안전관리 기본법」 제24조 제1항에 따른 시·도안전관리계획 및 같은 법 제25조 제1항에 따른 시·군·구안전관리계획과 「자연재해대책법」 제16조 제1항에 따른 시·군·구풍수해저감종합계획을 고려하여 재해로 인한 피해가 최소화되도록 할 것의 사항을 종합적으로 고려하여야 한다.

356) 도시·군관리계획은 「국토계획법」 제2조 제4호에서 규정하고 있는 법정계획으로, 이에 대한 수립기준, 도시·군관리계획도서 및 계획설명서의 작성기준·작성방법 등은 법 제25조 제4항 및 같은 법 시행령 제19조에 따라 행정규칙으로 「도시·군관리계획수립지침」(2017. 9. 20. 개정, 국토교통부 훈령 제920호)에서 정하여 운영하고 있다.

II. 도시·군관리계획에 대한 주민의 입안 제안

1. 제도적 의의

과거 도시계획결정 과정에서는 공청회 등을 통한 소극적인 주민참여만이 허용되었으나, 2000. 1. 28. 법률 제6243호로 개정하여 2000. 7. 1.부터 시행된 도시·군관리계획의 입안에 대한 주민 제안제도가 도입되었다. 이러한 주민제안은 특히 도시설계(건축법)와 상세계획(구 도시계획법)의 통합 형태인 지구단위계획에 적극 활용되고 있는데, 이 같은 이유는 지구단위계획구역의 지정 대상이 지극히 방대하고, 설령 구역지정이 되었다 하더라도 사업을 추진하기 위한 지방자치단체의 예산 확보가 어렵기 때문이다. 따라서 공공의 비용 부담 없이 도시환경을 정비하고 도시기반시설을 확충할 수 있는 주민제안형 지구단위계획제도는 상대적으로 재정 자립도가 낮은 지방자치단체에서 선호하는 도시관리수법이라 할 수 있다.[357]

2. 도시계획수립청구권의 법적 근거

도시·군관리계획의 입안권자에게 도시·군관리계획의 입안을 제안할 수 있는 제한된 도시계획수립청구권의 근거규정을 마련하고 있다. 도시·군계획의 입안과 결정은 고도의 전문적 지식이 요구되어 기본적으로 행정청에게 일정한 재량이 인정된다. 따라서 도시계획입안에 있어서 이해관계를 갖는 주민에게 일반적이고 확정적인 도시계획 입안권을 인정할 수 없다.

현행법은 예외적으로, 이해관계자를 포함한 주민은 다음 각 호 1. **기반시설**의 설치·정비 또는 개량에 관한 사항, 2. **지구단위계획구역**의 지정 및 변경과 지구단위계획의 수립 및 변경에 관한 사항, 3. 다음 각 목 가. 개발진흥지구 중 공업기능 또는 유통물류기능 등을 집중적으로 개발·정비하기 위한 개발진흥지구로서 **대통령령**으로 정하는 개발진흥지구[영 제31조 제2항 제8호 나목에 따른 산업·유통개발진흥지구(영 제19조의2 제1항)], 나. 법 제37조에 따라 지정된 용도지구 중 해당 용도지구에 따른 건축물이나 그 밖의 시설의 용도·종류 및 규모 등의 제한을 지구단위계획으로 대체하기 위한 용도지구의 어느 하나에 해당하는 **용도지구의 지정 및 변경**에 관한 사항에 대하여 도시·군관리계획을 입안할 수 있는 자에게 도시·군관리계획의 입안을 제안할 수 있다. 이 경우 제안서에는 도시·군관리계획도서와 계획설명서를 첨부하여야 한다(법 제26조 제1항).

제안 대상에 용도지역·용도지구·용도구역의 지정을 포함시키지 않는 것은 개발제한구역의 해제와 같은 용도지역·용도지구·용도구역의 변경 또는 해제를 제안하는 사례가 남발되는 것을 방지하기 위한 것이다.[358] 도시·군관리계획에 대한 수립·결정의 이전 단계인 입안 자체를 대외적 구속력 있는 처분으로 보기는 어렵고, 다만, 주민제안형 도시·군관리계획은 지방자치단체의 계획고권 및 주민참여제도와

---

357) 김병기, "도시·군관리계획 변경입안제안 거부와 형량명령: 대법원 2012. 1. 12. 선고 2010두5806판결(완충녹지지정해제신청 거부처분 취소소송)을 중심으로", 행정법연구, 제37호, 2013, 194면.
358) 김병기, 앞의 논문, 194면; 국토교통부 유권해석 도시정책팀-151, 2005. 9. 9.

밀접한 관련이 있다.[359]

도시·군관리계획의 입안 제안의 수용여부는 입안권자의 재량에 속하는 사항이라는 것이 통설이다.[360] 하지만 판례는 도시·군계획입안 제안과 관련하여서는 주민이 입안권자에게 도시계획의 입안을 제안할 수 있고, 도시계획구역 내 토지 등을 소유하고 있는 주민으로서는 입안권자에게 도시·군계획입안을 요구할 수 있는 법규상 또는 조리상의 신청권이 있다고 할 것이고, 이러한 신청에 대한 거부행위는 항고소송의 대상이 되는 행정처분에 해당한다.[361]

3. 도시계획수립청구권의 요건

가. 도시·군관리계획입안제안의 동의요건

도시·군관리계획의 제안, 제안을 위한 토지소유자의 동의 비율, 제안서의 처리 절차 등에 필요한 사항은 **대통령령**으로 정한다(법 제26조 제5항).

법 제26조 제1항에 따라 도시·군관리계획의 입안을 제안하려는 자는 다음 각 호 1. 기반시설의 설치·정비 또는 개량에 관한 사항(법 제26조 제1항 제1호)에 대한 제안의 경우: 대상 토지 면적의 5분의 4 이상, 2. 지구단위계획구역의 지정 및 변경과 지구단위계획의 수립 및 변경에 관한 사항(법 제26조 제1항 제2호) 및 제3호의 사항에 대한 제안의 경우: 대상 토지 면적의 3분의 2 이상의 구분에 따라 토지소유자의 동의를 받아야 한다. 이 경우 동의 대상 토지 면적에서 국·공유지는 제외한다(영 제19조의2 제2항).

〈표 13〉 제안요건

• 주민: 이해관계자 포함하여 행정청이 아닌 법인체 또는 개인(도시·군관리계획수립지침 8-1-2-1).
• 동의요건

구분	동의요건
도시·군계획시설(법 제26조 제1항 제1호)	국·공유지 제외 대상토지면적의 5분의 4 이상에 해당하는 토지소유자의 동의(영 제19조의2 제2항 제1호).
지구단위계획, 개발진흥지구, 용도지구(법 제26조 제1항 제2호 및 제3호)	지구단위계획은 제안한 지역의 국공유지 면적 제외대상 토지면적의 2/3 이상에 해당하는 토지소유자의 동의(영 제19조의2 제2항 제2호).

출처: 국토계획법해설집, 2015. 1. 134면

나. 개발진흥지구의 지정 제안

법 제26조 제1항 제3호에 따른 개발진흥지구의 지정 제안을 위하여 충족하여야 할 지구의 규모, 용도지역 등의 요건은 **대통령령**으로 정한다(법 제26조 제4항).

---

359) 김병기, 위의 논문, 194~195면.
360) 김병기, 위의 논문, 194면; 박균성, 행정법론(하), 724면.
361) 대법원 2004. 4. 28. 선고 2003두1806 판결; 대법원 2010. 7. 22. 선고 2010두5745 판결.

(1) 산업·유통개발진흥지구(법 제26조 제1항 제3호 가목)

법 제26조 제4항에 따라 영 제19조의2 제1항에 따른 **산업·유통개발진흥지구**의 지정을 제안할 수 있는 대상지역은 다음 각 호 1. 지정 대상 지역의 면적은 **1만 제곱미터 이상 3만 제곱미터 미만**일 것, 2. 지정 대상 지역이 **자연녹지지역·계획관리지역 또는 생산관리지역**일 것. 다만, 계획관리지역에 있는 기존 공장의 증축이 필요한 경우로서 해당 공장이 도로·철도·하천·건축물·바다 등으로 둘러싸여 있어 증축을 위해서는 불가피하게 보전관리지역 또는 농림지역을 포함해야 하는 경우에는 전체 면적의 20 퍼센트 이하의 범위에서 보전관리지역 또는 농림지역을 포함하되, 다음 각 목 가. 보전관리지역 또는 농림지역의 해당 토지가 개발행위허가를 받는 등 이미 개발된 토지인 경우, 나. 보전관리지역 또는 농림지역의 해당 토지를 개발하여도 주변지역의 환경오염·환경훼손 우려가 없는 경우로서 해당 도시 계획위원회의 심의를 거친 경우의 어느 하나에 해당하는 경우에는 20퍼센트 이상으로 할 수 있다. 3. 지정 대상 지역의 전체 면적에서 **계획관리지역**의 면적이 차지하는 비율이 **100분의 50 이상**일 것. 이 경우 자연녹지지역 또는 생산관리지역 중 도시·군기본계획에 반영된 지역은 계획관리지역으로 보아 산정한다. 4. 지정 대상 지역의 토지특성이 과도한 개발행위의 방지를 위하여 **국토교통부장관**이 정하여 고시하는 기준에 적합할 것의 요건을 모두 갖춘 지역으로 한다(영 제19조의2 제3항).

(2) 지정된 용도지구 중 해당 용도지구에 따른 건축물이나 그 밖의 시설의 용도·종류 및 규모 등의 제한을 지구단위계획으로 대체하기 위한 용도지구(법 제26조 제1항 제3호 나목)

법 제26조 제4항에 따라 법 제26조 제1항 제3호 나목에 따른 도시·군관리계획의 입안을 제안하려는 경우에는 다음 각 호 1. 둘 이상의 용도지구가 중첩하여 지정되어 해당 행위제한의 내용을 정비하거나 통합적으로 관리할 필요가 있는 지역을 대상지역으로 제안할 것, 2. 해당 용도지구에 따른 건축물이나 그 밖의 시설의 용도·종류 및 규모 등의 제한을 대체하는 지구단위계획구역의 지정 및 변경과 지구단 위계획의 수립 및 변경에 관한 사항을 동시에 제안할 것의 요건을 모두 갖추어야 한다(영 제19조의2 제4항).

4. 제안서의 처리절차

도시·군관리계획의 입안을 제안 받은 자는 그 처리 결과를 제안자에게 알려야 한다(법 제26조 제2 항). 도시·군관리계획의 입안을 제안 받은 자는 제안자와 협의하여 제안된 도시·군관리계획의 입안 및 결정에 필요한 비용의 전부 또는 일부를 제안자에게 부담시킬 수 있다(법 제26조 제3항).

영 제19조의2 제1항부터 제4항까지에서 규정한 사항 외에 도시·군관리계획 입안 제안의 세부적인 절차는 **국토교통부장관**이 정하여 고시한다(영 제19조의2 제5항). 이에 따라, 「도시·군관리계획수립지 침」 및 「지구단위계획수립지침」에서 규율하고 있다

도시·군관리계획입안의 제안을 받은 **국토교통부장관, 시·도지사, 시장 또는 군수**는 제안일부터 45

일 이내에 도시·군관리계획입안에의 반영여부를 제안자에게 통보하여야 한다. 다만, 부득이한 사정이 있는 경우에는 1회에 한하여 30일을 연장할 수 있다(영 제20조 제1항).

국토교통부장관, 시·도지사, 시장 또는 군수는 도시·군관리계획입안 제안을 도시·군관리계획입안에 반영할 것인지 여부를 결정함에 있어서 필요한 경우에는 중앙도시계획위원회 또는 당해 지방자치단체에 설치된 지방도시계획위원회의 자문을 거칠 수 있다(영 제20조 제2항).

국토교통부장관, 시·도지사, 시장 또는 군수는 법 제26조 제1항의 규정에 의한 제안을 도시·군관리계획입안에 반영하는 경우에는 제안서에 첨부된 도시·군관리계획도서와 계획설명서를 도시·군관리계획의 입안에 활용할 수 있다(영 제20조 제3항).[362]

Ⅲ. 권한의 위임에 의한 입안

1. 위임의 근거

여기서 "**위임(委任)**"이란 법률에 규정된 행정기관의 장의 권한 중 일부를 그 보조기관 또는 하급행정기관의 장이나 지방자치단체의 장에게 맡겨 그의 권한과 책임 아래 행사하도록 하는 것을 말한다(행정권한의 위임 및 위탁에 관한 규정 제2조 제1호). **위탁**에 관해서는 보칙에서 설명한다.

「국토계획법」에 따른 시·도지사의 권한은 시·도의 **조례**로 정하는 바에 따라 시장·군수 또는 구청장에게 위임할 수 있다(법 제139조 제2항 전단). 가령 위임을 받은 서울시 도시계획**조례** 제68조에서도 법 제139조 제2항에 따라 서울특별시장의 권한에 속하는 사무 중 [별표 4]의 사무를 구청장에게 위임한다. 그리고 [별표 4] 서울시 도시계획**조례** 제68조 관련한 권한위임 사무에는 도시관리계획 입안, 도시계획시설의 결정·변경결정 및 고시 등을 명시하고 있다.

이와 같은 권한의 위임에 따라 위임관청은 그 한도 내에서 사무를 처리할 권한을 잃고 수임관청만이 그 권한의 주체가 된다. 따라서 기초자차단체장인 구청장에게도 도시·군관리계획을 입안할 수 있다. 동 조항은 광역자치단체로부터 구청장이 도시계획의 입안 및 결정권을 부여 받을 수 있는 중요한 근거 규정이 되며 광역자치단체의 특성에 따라 기초자치단체장이 입안과 결정권을 행사할 수 있는 법적인 토대가 된다. **조례**에 의하여 서울특별시장의 입안권이 위임되는 경우라면 그 위임조항에 의해 구청장이 입안권자가 되며, 입안권자가 누리는 법적지위를 향유할 것이고 취소소송의 피고도 공동으로 될 수 있다.[363]

---

362) 도시계획시설(체육시설: 골프장)을 주민제안에 의하여 시장·군수·구청장이 입안하여 시·도지사에게 도시계획시설 결정을 요청하였으나 결정권자가 관계기관과 협의한 결과 「산지관리법」 등 개별법에 부합하지 않은 사항이 있어 반려하고, 이를 시장·군수·구청장이 제안자에게 반려한 경우라면, 반려사유에 해당하는 내용을 보완하여 재신청하는 경우라 하더라도 「국토계획법」에 의한 절차를 다시 거쳐야 한다[도시정책팀-3503, 2004. 6. 29(국토계획법해설집, 137면)].

363) 김종보, 건설법(제5판), 277면; 부산광역시 도시계획 조례[시행 2017. 11. 1.] [부산광역시조례 제5657호, 2017. 11. 1., 일부개정] 의 경우도 시장의 권한에 속하는 사무 중 [별표 19]의 사무를 구청장, 군수, 부산·진해자유구역

2. 계획고권 제한의 입법취지와 위임 근거 조항의 충돌 - 입법적 과오?

지방자치단체가 자치권의 일환으로 자기의 책임하에 전권한적으로 계획을 수립하는 계획고권은 둘 이상의 지방자치단체가 공동으로 수립하는 광역도시계획의 경우보다 도시·군관리계획의 경우에 더욱 친숙하다고 할 것이다. 뿐만 아니라 광역도시계획은 광역성을 띠고 있음으로 인해 그 수립 및 승인 절차에 상급행정청의 관여 정도가 도시·군계획에 비해 상대적으로 강하다. 또한 지방자치단체가 자기 책임하에서 전권한적으로 수립하는 도시·군기본계획의 경우도 그 준비적·지침적 성격으로 인해 그 수립 및 승인 절차에 상급행정청의 관여 정도가 도시·군관리계획에 비하여 상대적으로 강하다. 그리고 도시·군기본계획의 경우 도지사와 구청장은 수립권이 없으며, 도지사는 시·군의 도시·군기본계획의 승인권만 있을 뿐이다.[364]

〈표 14〉 광역도시계획과 도시·군기본계획의 입안·승인권자

종류	수립권(입안권)자	승인권자
광역도시계획	• 시장 또는 군수, 시·도지사(특별시장·광역시장·특별자치시장·도지사·특별자치도지사), **국토교통부장관**에 의한 공동입안 원칙(법 제11조)	• 시·도지사 입안: **국토교통부장관** 승인 (장관 직접 수립 시 승인 불필요, 법 제16조) • 시장 또는 군수 입안: 도지사 (도지사 직접 수립 시 승인 불필요, 법 제16조)
도시·군기본계획	• 특별시장·광역시장·특별자치시장·특별자치도지사·시장 또는 군수이고 도지사와 구청장은 제외(법 제18조)	• 특별시장·광역시장·특별자치시장·특별자치도지사가 수립한 경우 자신이 확정(법 제22조) • 시장 또는 군수가 수립한 경우 도지사의 승인(도지사는 승인권만 있음, 법 제22조의2)

이와 달리, 법 제24조 및 제29조에 따르면 도시·군관리계획의 입안 및 결정권자로 시·도지사와 시장·군수를 들고 있으며, 구청장을 배제하고 있다. 동법의 입법 의도는 구속적 성질을 갖는 도시·군관리계획에 있어 구청장의 계획고권을 적극적으로 부정하고 있는 것으로 해석될 수 있다.[365] 그러나 구청장에게 계획고권을 제한한 입법 취지는 특별시·광역시의 자치구는 광역도의 시·군과 도시공간구조가 서로 다르기 때문에 구청장에게 계획고권을 인정하지 않은 것으로 이해된다.

〈표 15〉 도시·군관리계획의 입안·결정권자

입안권자	결정권자
① 원칙: 특별시장·광역시장·특별자치시장·특별자치도지사·시장 또는 군수 ② 예외1: 도지사, 국토교통부장관 ③ 예외2: 주민의 입안 제안권	① 원칙: 시·도지사 ② 예외: 대도시시장, 시장·군수(스스로 입안한 지구단위계획), 국토교통부장관(해양수산부장관)
※ 구청장 제외	※ 구청장 제외
* 법 제24조	* 법 제29조

청장에게 위임(제66조)하지만 위임의 경우는 서울특별시 도시계획조례와 같지는 않다.

364) 신봉기, "국토계획법의 개정방향-몇 가지 기본적 쟁점을 중심으로-", 66면.

365) 신봉기, 앞의 논문, 67면.

그런데 현행 「국토계획법」은 중대한 입법적 과오를 범하고 있는 것으로 비판받고 있다. '권한의 위임'에 관한 법 제139조 제2항에서 시·도지사는 동법에 따른 자신의 권한을 시·도의 **조례**로 정하는 바에 따라 "구청장"에게 위임할 수 있도록 하고 있다. 구청장도 결과적으로 도시관리계획의 입안 및 결정을 할 수 있는 권한이 인정되는 것이다. 가령 「서울시 도시계획**조례**」 제68조는 구청장에게 명문으로 [별표 4]의 사무를 위임하도록 하고 있고, [별표 4]에서는 1. 도시관리계획의 입안, 2. 도시관리계획의 결정·변경결정 등에 관한 일정한 사무, 3. 지구단위계획의 변경결정에 관한 일정한 사무 등을 구청장에게 위임하는 사무를 열거하여 규율하고 있다.366)

IV. 도시·군관리계획의 결정권자

특별시·광역시·특별자치시·특별자치도의 도시·군관리계획은 그 입안권자와 결정권자가 동일하지만, 시장·군수가 입안한 도시·군관리계획은 원칙적으로 특별시장·광역시장·도지사가 결정한다(법 제24조 및 제29조).

판례는 도시계획의 결정·변경 등에 관한 권한을 가진 행정청은 이미 도시계획이 결정·고시된 지역에 대하여도 다른 내용의 도시계획을 결정·고시할 수 있고, 이때 후행 도시계획에 선행 도시계획과 서로 양립할 수 없는 내용이 포함되어 있다면, 특별한 사정이 없는 한 선행 도시계획은 후행 도시계획과 같은 내용으로 변경되는 것이나, 후행 도시계획의 결정을 하는 행정청이 선행 도시계획의 결정·변경 등에 관한 권한을 가지고 있지 아니한 경우에 선행 도시계획과 서로 양립할 수 없는 내용이 포함된 후행 도시계획결정을 하는 것은 아무런 권한 없이 선행 도시계획결정을 폐지하고, 양립할 수 없는 새로운 내용이 포함된 후행 도시계획결정을 하는 것으로서, 선행 도시계획결정의 폐지 부분은 권한 없는

---

366) 현행 「국토계획법」 및 「특별시·광역시 도시계획 조례」의 상황이 이러하다면, 「국토계획법」 제24조 및 제29조의 입안권자 및 결정권자에 관한 규정은 흠결이 있다고 하지 않을 수 없다. 따라서, 차제에 (가) 「국토계획법」 제24조 내지 제29조에서 구청장의 도시·군관리계획 입안 및 결정 등의 권한을 명시적으로 허용토록 법률을 개정하는 방법, (나) 아니면, 구청장의 계획고권을 명시적으로 배제한 동법 제25조 및 제29조의 입법취지에 부합하도록 '권한의 위임' 규정인 동법 제139조에서 구청장을 제외하는 단서 규정을 두는 방법 중 어느 하나를 선택하도록 2개 개정안을 제시하고 있다. 2개 중 (가)안은 도시공간구조 차원에서 구청장의 입안권이 인접 자치구와 통일적으로 입안되지 못할 경우, 특별시장·광역시장이 컨트롤 역할 차원에서 결정권한을 행사할 것이고, 특별시장·광역시장의 결정권은 구청장의 계획고권을 훼손하지 않는 범위 내에서 행정조직법상 감독기관의 지도나 감독범위로 볼 여지도 있어(정훈, "지방자치단체의 계획고권과 국토의 균형개발", 한국토지공법학회 제110회 학술대회 자료집, 2018. 5. 49면), 법 제24조에서 구청장의 입안권을 신설하는 것도 현실적인 대안이 될 수 있다. 그러나 **사견**은 (나)안에 찬동한다. 왜냐하면 법 이론상 보칙규정에 속하는 법 제139조 권한의 위임 규정을 개정하는 것이 바람직할 것으로 보이기 때문이다. 그 이유로는 ① 입법 과오가 일반적인 "권한의 위임·위탁"을 보칙에 두면서, 실체규정을 의식하지 못한 것으로 추정된다. 즉, 법 제24조 내지 제30조 규정은 입법목적을 구체적으로 실현하기 위한 법령의 본체를 이루는 실체규정이고, 동법 제139조 "권한의 위임·위탁" 규정은 전술한 실체규정의 전제로서 그 전반에 걸쳐 공통적으로 적용되는 보칙이라는 점에서 본칙규정을 개정하는 것은 법률의 당초 취지를 몰각할 수 있고, ② 구청장에 대한 계획고권을 제한하는 것은 자치구의 도시공간구조의 특성상 특별시장·광역시장이 컨트롤하는 차원을 넘어서 특별시장·광역시장만이 입안·결정권을 가져야 「국토계획법」 목적인 "국토의 효율적인 이용"이라는 공익목적을 실현 할 수 있고, 이와 같은 공익이 구청장의 계획고권이라는 공익에 우선 한다는 점에서 자치구청장의 계획고권은 후퇴될 수밖에 없다(신봉기, 위의 논문, 69면).

자에 의하여 행해진 것으로서 무효이고, 같은 대상지역에 대하여 선행 도시계획결정이 적법하게 폐지되지 아니한 상태에서 그 위에 다시 한 후행 도시계획결정 역시 위법하고, 그 하자는 중대하고도 명백하여 다른 특별한 사정이 없는 한 무효라고 보아야 한다고 하였다.[367]

1. 원직적인 결정권자: 시·도지사

시장·군수에 의해 입안된 도시·군관리계획은 도시·군기본계획과 달리 승인하는 형식을 취하지 않고, 법률에 의해 지정된 결정권자가 이를 결정한다. 즉, 도시·군관리계획은 **시·도지사**가 직접 또는 시장·군수의 신청에 따라 **결정**한다(법 제29조 제1항 본문).

다만, 대도시의 경우에는 대도시(지방자치법 제175조에 따른 서울특별시와 광역시 및 특별자치시를 제외한 인구 50만 이상의 대도시) 시장이 직접 결정한다(법 제29조 제1항 단서 전단).[368] 따라서 아래 예외적인 경우를 제외하고 시·도지사가 도시·군관리계획의 원칙적인 결정권자이다.

2. 예외

가. 시장 또는 군수: 다음 각 호 1. 시장 또는 군수가 **입안한 지구단위계획구역의 지정·변경**과 지구단위계획의 수립·변경에 관한 도시·군관리계획, 2. 해당 시장(대도시 시장은 제외한다) 또는 군수가 도지사와 미리 협의한 경우에 한정하여 지구단위계획으로 대체하는 용도지구 폐지에 관한 도시·군관리계획(법 제52조 제1항 제1의2호)은 시장 또는 군수가 직접 결정한다(법 제29조 제1항 단서 후단 및 각호).

나. 국토교통부장관(해양수산부장관): 다음 각 호 1. 법 제24조 제5항(1. 국가계획과 관련된 경우, 2. 둘 이상의 시·도에 걸쳐 지정되는 용도지역·용도지구 또는 용도구역과 둘 이상의 시·도에 걸쳐 이루어지는 사업의 계획 중 도시·군관리계획으로 결정하여야 할 사항이 있는 경우, 3. **특별시장·광역시장·특별자치시장·특별자치도지사·시장 또는 군수**가 법 제138조에 따른 기한까지 **국토교통부장관**의 도시·군관리계획 조정 요구에 따라 도시·군관리계획을 정비하지 아니하는 경우)에 따라 **국토교통부장관이 입안한 도시·군관리계획**, 2. 법 제38조에 따른 **개발제한구역의 지정 및 변경**에 관한 도시·군관리계획, 3. 법 제39조 제1항 단서에 따른 **시가화조정구역의 지정 및 변경**에 관한 도시·군관리계획은 **국토교통부장관**이 결정한다. 다만, 제4호 법 제40조에 따른 **수산자원보호구역의 지정 및 변경**에 관한 도시·군관리계획도시·군관리계획은 **해양수산부장관**이 결정한다(법 제29조 제2항).

---

367) 대법원 2000. 9. 8 선고 99두11257 판결.
368) 수원시, 성남시, 창원시, 부천시, 청주시, 천안시, 포항시 등.

〈표 16〉 도시·군관리계획 입안권자와 결정권자

입안권자	결정권자	경우
특별시장·광역시장·특별자치시장·특별자치도지사	좌동	법 제24조, 제29조 제1항 본문
시장·군수	시·도지사	법 제29조 제1항 본문
	대도시 시장 직접 결정	특별시·광역시·특별자치시 제외 인구 50만 이상 대도시(법 제29조 제1항 단서)
	시장·군수 직접 결정	법 제29조 제1항 단서 및 각 호
도지사 직접 또는 시장·군수 요청에 의한 입안	도지사 직접 결정	1. 둘 이상의 시·군에 걸쳐 지정되는 용도지역·지구·구역 및 사업계획 2. 도지사가 직접 수립하는 사업계획, ※ 단 시장·군수의 의견청취(법 제24조 제6항)
국토교통부장관 (법 24조 제5항)	**국토교통부장관** (제4호 해양수산부장관) (법 제29조 제2항)	1. **국토교통부장관**이 입안한 도시·군관리계획 2. 개발제한구역의 지정 및 변경 3. 시가화조정구역의 지정 및 변경 4. 수산자원보호구역의 지정 및 변경 ※ 시·도지사, 시장·군수의 의견청취

출처: 국토계획법해설집, 20면 참조.

V. 도시·군관리계획의 입안 및 결정절차

도시·군관리계획의 결정절차는 도시·군관리계획이 처분에 해당하므로 행정처분 절차에 해당한다. 「국토계획법」은 수립절차상 입안권자가 진행할 절차로 기초조사, 주민참가 및 지방의회의 의견청취 등이며, 결정권자가 진행할 절차로 관계행정기관과 협의, 도시계획위원회 심의, 결정고시 등의 절차를 명확하게 구분하고 있다.

이는 입안이라는 행위가 단순한 사실행위에 그치는 것이 아니라, 법률의 근거에 기한 권한으로서 부여받은 공식적인 절차 진행권을 포함한다는 의미이다. 따라서 법률이 정하는 바에 따라 절차가 입안권자와 결정권자에게 엄격하게 기속되어야 하며, 권한범위를 넘는 절차의 진행은 절차하자가 된다.

도시·군관리계획의 수립 절차는 장기간에 걸치며, 그 절차의 최초와 최종의 단계를 이루는 것이 입안개시결정과 계획확정행위(결정)이며, 대체로 도시·군관리계획의 입안에 의해 중요한 사항들이 조사되고 형성되게 된다. 따라서 입안권자는 도시·군관리계획의 수립주체로 해석되어야 하며 도시·군관리계획에 대한 취소소송은 입안권자와 결정권자를 공동피고로 제기되어야 할 것이다.

〈표 17〉 시장·군수·구청장이 입안한 경우(시·도지사, 50만 이상 시장 결정)

〈표 18〉 시·도지사가 입안한 경우

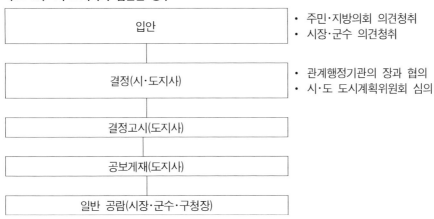

〈표 19〉 국토교통부장관이 입안한 경우

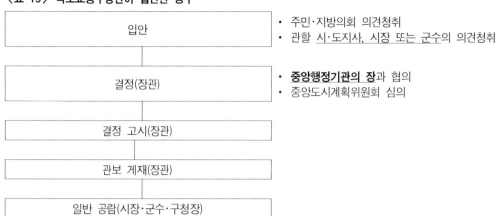

| 입안 | • 주민·지방의회 의견청취
• 관할 시·도지사, 시장 또는 군수의 의견청취 |

| 결정(장관) | • **중앙행정기관의 장**과 협의
• 중앙도시계획위원회 심의 |

결정 고시(장관)

관보 게재(장관)

일반 공람(시장·군수·구청장)

1. 입안 절차

가. 입안을 위한 기초조사·환경성검토·토지적성평가 및 재해취약성분석

도시·군관리계획을 입안하는 경우에는 법 제13조(광역도시계획의 수립을 위한 기초조사)를 준용한다. 다만, **대통령령**으로 정하는 경미한 사항[영 제25조 제3항 각 호 및 같은 조 제4항 각 호의 사항을 말한다(영 제21조 제1항)]을 입안하는 경우에는 그러하지 아니하다(법 제27조 제1항).

국토교통부장관(수산자원보호구역의 경우 해양수산부장관), **시·도지사, 시장 또는 군수**는 기초조사의 내용에 도시·군관리계획이 환경에 미치는 영향 등에 대한 환경성 검토(법 제27조 제2항)와 토지적성평가 및 재해취약성분석을 포함하여야 한다(법 제27조 제3항). 입안하려는 지역이 도심지에 위치하거나 개발이 끝나 나대지가 없는 등 **대통령령**으로 정하는 요건(영 제21조 제2항)에 해당하면 기초조사, 환경성 검토, 토지적성평가 또는 재해취약성분석을 하지 아니할 수 있다(법 제27조 제4항).

나. 주민과 지방의회의 의견 청취

(1) 주민의 의견 청취: (가) **국토교통부장관**, 시·도지사, 시장 또는 군수는 도시·군관리계획을 입안할 때에는 주민의 의견을 들어야 하며, 그 의견이 타당하다고 인정되면 도시·군관리계획안에 반영하여야 한다. 다만, 국방상 또는 국가안전보장상 기밀을 지켜야 할 필요가 있는 사항(관계 **중앙행정기관의 장**이 요청하는 것만 해당한다)이거나 **대통령령**으로 정하는 경미한 사항[영 제25조 제3항 각 호 및 같은 조 제4항 각 호의 사항을 말한다(영 제22조 제1항)]인 경우에는 그러하지 아니하다(법 제28조 제1항).

(나) **국토교통부장관**이나 도지사는 도시·군관리계획을 입안하려면 주민의 의견 청취 기한을 밝혀 도시·군관리계획안을 관계 **특별시장·광역시장·특별자치시장·특별자치도지사·시장 또는 군수**에게 송부하여야 한다(법 제28조 제2항). 송부 받은 도시·군관리계획안을 **특별시장·광역시장·특별자치시**

장·특별자치도지사·시장 또는 군수는 명시된 기한까지 그 도시·군관리계획안에 대한 주민의 의견을 들어 그 결과를 국토교통부장관이나 도지사에게 제출하여야 한다(법 제28조 제3항).

(다) 주민의 의견 청취에 필요한 사항은 대통령령으로 정하는 기준에 따라 해당 지방자치단체의 조례로 정한다(법 제28조 제4항).[369] 특별시장·광역시장·특별자치시장·특별자치도지사·시장 또는 군수는 법 제28조 제4항에 따라 도시·군관리계획의 입안에 관하여 주민의 의견을 청취하고자 하는 때[법 제28조 제2항에 따라 국토교통부장관(법 제40조에 따른 수산자원보호구역의 경우 해양수산부장관을 말한다. 이하 이 조에서 같다) 또는 도지사로부터 송부받은 도시·군관리계획안에 대하여 주민의 의견을 청취하고자 하는 때를 포함한다]에는 도시·군관리계획안의 주요내용을 전국 또는 해당 특별시·광역시·특별자치시·특별자치도·시 또는 군의 지역을 주된 보급지역으로 하는 2 이상의 일간신문과 해당 특별시·광역시·특별자치시·특별자치도·시 또는 군의 인터넷 홈페이지 등에 공고하고 도시·군관리계획안을 14일 이상 일반이 열람할 수 있도록 하여야 한다(영 제22조 제2항). 영 제22조 제2항의 규정에 의하여 공고된 도시·군관리계획안의 내용에 대하여 의견이 있는 자는 열람기간내에 특별시장·광역시장·특별자치시장·특별자치도지사·시장 또는 군수에게 의견서를 제출할 수 있다(영 제22조 제3항). 국토교통부장관, 시·도지사, 시장 또는 군수는 제3항의 규정에 의하여 제출된 의견을 도시·군관리계획안에 반영할 것인지 여부를 검토하여 그 결과를 열람기간이 종료된 날부터 60일 이내에 당해 의견을 제출한 자에게 통보하여야 한다(영 제22조 제4항). 국토교통부장관, 시·도지사, 시장 또는 군수는 제출된 의견을 도시·군관리계획안에 반영하고자 하는 경우 그 내용이 해당 특별시·광역시·특별자치시·특별자치도·시 또는 군의 도시·군계획조례가 정하는 중요한 사항인 때에는 그 내용을 다시 공고·열람하게 하여 주민의 의견을 들어야 한다(영 제22조 제5항).

(라) 법제처 법령해석 사례로, 시장이 도시·군관리계획을 입안하기 위해 도시·군관리계획안에 대하여 주민의견 청취절차를 거쳐 해당 시의 도시계획위원회에 자문하였고, 그 위원회의 자문에 따라 해당 시의 도시계획조례가 정하는 중요한 사항을 변경한 경우, 다시 주민의견을 청취하게 하도록 하는 명문의 규정을 두고 있지는 않으나, 법 제28조 제1항·제4항 및 영 제22조 등에서 시장·군수 등이 관할구역에 대해 도시·군관리계획을 입안하는 경우, 그 내용을 공고하고 일반에게 열람하도록 한 후 그 내용에 대해 의견을 듣고, 그 의견이 타당하다고 인정되면 도시·군관리계획에 반영하도록 하고 있으며, 그 반영한 내용이 해당 지방자치단체의 도시계획조례가 정하는 중요한 사항인 경우에는 다시 공고·열람하도록 하고 있는 것은 시장·군수 등이 입안한 도시·군관리계획의 내용이 해당 지방자치단체의 도시계획조례가 정하는 중요한 사항인 경우에는 적어도 한 번은 공고·열람하게 하여 주민의 의견을 청취하는 과정을 거치도록 한 것으로 보아야 할 것이다.[370]

---

369) 영 제22조 제2항에 따른 도시·군관리계획안의 주요 내용을 전국 또는 해당 특별시·광역시·특별자치시·특별자치도·시 또는 군의 지역을 주된 보급지역으로 하는 2 이상의 일간신문과 해당 특별시·광역시·특별자치시·특별자치도·시 또는 군의 인터넷 홈페이지 등에 공고하고 도시·군관리계획안을 14일 이상 일반이 열람할 수 있도록 하여야 한다. 열람기간중의 국·공휴일은 제외하여야 하는지에 대하여는 기간을 일로 정한 때에는 기간말일의 종료로 기간이 만료되고, 동기간내 국·공휴일이 포함된 경우 그 기간도 산입되고 다만, 기간의 말일이 공휴일에 해당한 때만 그 익일로 만료된다(도시정책팀-596, 2004. 2. 10.).

(2) 지방의회의 의견 청취: (가) **국토교통부장관, 시·도지사, 시장 또는 군수**는 도시·군관리계획을 입안하려면 **대통령령으로 정하는 사항**에 대하여 해당 지방의회의 의견을 들어야 한다(법 제28조 제5항). 법 제28조 제5항에서 "**대통령령으로 정하는 사항**"이란 다음 각 호 1. 법 제36조부터 제38조까지, 제38조의2, 제39조, 제40조 및 제40조의2에 따른 용도지역·용도지구 또는 용도구역의 지정 또는 변경지정(다만, 용도지구에 따른 건축물이나 그 밖의 시설의 용도·종류 및 규모 등의 제한을 그대로 지구단위계획으로 대체하기 위한 경우로서 해당 용도지구를 폐지하기 위하여 도시·군관리계획을 결정하는 경우에는 제외한다) 2. 광역도시계획에 포함된 광역시설의 설치·정비 또는 개량에 관한 도시·군관리계획의 결정 또는 변경결정, 3. 다음 각 목 가. 도로 중 주간선도로(시·군내 주요지역을 연결하거나 시·군 상호 간이나 주요지방 상호 간을 연결하여 대량통과교통을 처리하는 도로로서 시·군의 골격을 형성하는 도로를 말한다. 이하 같다), 나. 철도 중 도시철도, 다. 자동차정류장 중 여객자동차터미널(시외버스운송사업용에 한한다), 라. 공원(「공원녹지법」에 따른 소공원 및 어린이공원은 제외한다), 마. 유통업무설비, 바. 학교 중 대학, 사. 삭제 〈2018. 11. 13.〉, 아. 삭제 〈2005. 9. 8.〉, 자. 공공청사 중 지방자치단체의 청사, 차. 삭제 〈2018. 11. 13.〉, 카. 삭제 〈2018. 11. 13.〉, 타. 삭제 〈2018. 11. 13.〉, 파. 하수도(하수종말처리시설에 한한다), 하. 폐기물처리 및 재활용시설, 거. 수질오염방지시설, 너. 그 밖에 **국토교통부령**으로 정하는 시설의 어느 하나에 해당하는 기반시설의 설치·정비 또는 개량에 관한 도시·군관리계획의 결정 또는 변경결정(다만, 법 제48조 제4항에 따른 지방의회의 권고대로 도시·군계획시설결정(도시·군계획시설에 대한 도시·군관리계획결정을 말한다. 이하 같다)을 해제하기 위한 도시·군관리계획을 결정하는 경우는 제외한다)의 사항을 말한다. 다만, 영 제25조 제3항 각 호의 사항 및 지구단위계획으로 결정 또는 변경결정하는 사항은 제외한다(영 제22조 제7항).

(나) **국토교통부장관**이나 도지사가 법 제28조 제5항에 따라 지방의회의 의견을 듣는 경우에는 법 제28조 제2항과 제3항을 준용한다(법 제28조 제6항).

(다) **특별시장·광역시장·특별자치시장·특별자치도지사·시장 또는 군수**가 법 제28조 제5항에 따라 지방의회의 의견을 들으려면 의견 제시 기한을 밝혀 도시·군관리계획안을 송부하여야 한다. 이 경우 해당 지방의회는 명시된 기한까지 **특별시장·광역시장·특별자치시장·특별자치도지사·시장 또는 군수**에게 의견을 제시하여야 한다(법 제28조 제7항).

2. 도시·군관리계획의 결정 절차 및 고시

가. 협의 및 심의절차

(1) **시·도지사**는 도시·군관리계획을 결정하려면 관계 행정기관의 장과 미리 **협의**하여야 하며, **국토교통부장관**(법 제40조에 따른 수산자원보호구역의 경우 해양수산부장관)이 도시·군관리계획을 결정하

---

370) 법제처 법령해석 사례, 「국토계획법」제28조 등 관련, 안건번호: 10-0319, 회신일자: 2010. 10. 22. (국토계획법해설집, 155~157면).

려면 관계 **중앙행정기관의 장**과 미리 **협의**하여야 한다. 이 경우 협의 요청을 받은 기관의 장은 특별한 사유가 없으면 그 요청을 받은 날부터 30일 이내에 의견을 제시하여야 한다(법 제30조 제1항). 여기서의 협의는 의견을 요청해서 그 의견을 듣는 것을 말하며 동의를 가리키는 것은 아니다. 즉, 관계행정기관의 장과 협의한 결과 관계행정기관의 장이 반대의견을 제시한 경우에도 불구하고 도시·군관리계획의 결정을 할 수 있다.[371]

(2) **시·도지사**는 **국토교통부장관**이 입안하여 결정한 도시·군관리계획을 **변경**하거나, 그 밖에 **대통령령**으로 정하는 중요한 사항에 관한 도시·군관리계획[다음 각 호 1. 광역도시계획과 관련하여 시·도지사가 입안한 도시·군관리계획, 2. 개발제한구역이 해제되는 지역에 대하여 해제 이후 최초로 결정되는 도시·군관리계획, 3. 2 이상의 시·도에 걸치는 기반시설의 설치·정비 또는 개량에 관한 도시·군관리계획 중 **국토교통부령**이 정하는 도시·군관리계획의 어느 하나에 해당하는 도시·군관리계획을 말한다. 다만, 제3항 각 호 및 제4항 각 호의 사항과 관계 법령에 따라 **국토교통부장관**(법 제40조에 따른 수산자원보호구역의 경우 해양수산부장관을 말한다. 이하 이 조에서 같다)과 미리 협의한 사항을 제외한다(영 제25조 제1항)]을 **결정**하려면, 미리 **국토교통부장관**과 **협의**하여야 한다(법 제30조 제2항).

(3) **국토교통부장관**은 도시·군관리계획을 결정하려면 중앙도시계획위원회의 **심의**를 거쳐야 하며, **시·도지사**가 도시·군관리계획을 결정하려면 시·도도시계획위원회의 **심의**를 거쳐야 한다. 다만, 시·도지사가 **지구단위계획**(지구단위계획과 지구단위계획구역을 동시에 결정할 때에는 지구단위계획구역의 지정 또는 변경에 관한 사항을 포함할 수 있다)이나 법 제52조 제1항 제1호의2에 따라 **지구단위계획으로 대체하는 용도지구 폐지에 관한 사항**을 결정하려면 **대통령령**으로 정하는 바에 따라[법 제30조 제3항 단서 또는 제7항에 따라 건축위원회와 도시계획위원회가 공동으로 지구단위계획을 심의하고자 하는 경우에는 다음 각 호 1. 공동위원회의 위원은 건축위원회 및 도시계획위원회의 위원 중에서 시·도지사 또는 시장·군수가 임명 또는 위촉할 것. 이 경우 법 제113조 제3항에 따라 지방도시계획위원회에 지구단위계획을 심의하기 위한 분과위원회가 설치되어 있는 경우에는 당해 분과위원회의 위원 전원을 공동위원회의 위원으로 임명 또는 위촉하여야 한다. 2. 공동위원회의 위원 수는 25인 이내로 할 것, 3. 공동위원회의 위원 중 건축위원회의 위원이 3분의 1 이상이 되도록 할 것, 4. 공동위원회의 위원장은 특별시·광역시·특별자치시의 경우에는 부시장, 도·특별자치도의 경우에는 부지사, 시의 경우에는 부시장, 군의 경우에는 부군수로 할 것의 기준에 따라 공동위원회를 구성한다(영 제25조 제2항)]「건축법」 제4조에 따라 시·도에 두는 건축위원회와 도시계획위원회가 공동으로 하는 **심의**를 거쳐야 한다(법 제30조 제3항).

나. 협의 및 심의의 생략

(1) **국토교통부장관**이나 **시·도지사**는 국방상 또는 국가안전보장상 기밀을 지켜야 할 필요가 있다고 인정되면(관계 **중앙행정기관의 장**이 요청할 때만 해당된다) 그 도시·군관리계획의 **전부** 또는 **일부**에 대하여 **중앙행정기관의 장**과 협의, **국토교통부장관**과 협의, 중앙도시계획위원회 또는 시·도도시계획위원회의 **심의**(법 제30조 제1항부터 제3항까지) 절차를 **생략**할 수 있다(법 제30조 제4항).

(2) 결정된 도시·군관리계획을 **변경**하려는 경우에는 제1항부터 제4항까지의 규정을 준용한다. 다만, **대통령령으로 정하는 경미한 사항**을 변경하는 경우에는 그러하지 아니하다(법 제30조 제5항).[372]

---

371) 정태용, 국토계획법, 147면.

372) 영 제25조(도시·군관리계획의 결정) ③ 다음 각 호의 어느 하나에 해당하는 경우(다른 호에 저촉되지 않는 경우로 한정한다)에는 **법 제30조 제5항 단서**에 따라 **관계 행정기관의 장과의 협의, 국토교통부장관**과의 **협의 및 중앙도시계획위원회 또는 지방도시계획위원회의 심의**를 거치지 않고 도시·군관리계획(지구단위계획은 제외한다)을 변경할 수 있다.

1. 다음 각 목의 어느 하나에 해당하는 경우
   가. 단위 도시·군계획시설부지 면적의 5퍼센트 미만의 변경인 경우. 다만, 다음 (1) **도로**: 시작지점 또는 끝지점이 변경(해당 도로와 접한 도시·군계획시설의 변경으로 시작지점 또는 끝지점이 변경되는 경우는 제외한다)되지 않는 경우로서 중심선이 종전에 결정된 도로의 범위를 벗어나지 않는 경우, (2) **공원 및 녹지**: 다음의 어느 하나에 해당하는 경우 가) 면적이 증가되는 경우 나) 최초 도시·군계획시설 결정 후 변경되는 면적의 합계가 1만 제곱미터 미만이고, 최초 도시·군계획시설 결정 당시 부지 면적의 5퍼센트 미만의 범위에서 면적이 감소되는 경우(다만, 「공원녹지법」 제35조 제1호의 완충녹지(도시지역 외의 지역에서 같은 법을 준용하여 설치하는 경우를 포함한다)인 경우는 제외한다)의 어느 하나에 해당하는 시설은 해당 요건을 충족하는 경우만 해당한다.
   나. 지형사정으로 인한 도시·군계획시설의 근소한 위치변경 또는 비탈면 등으로 인한 시설부지의 불가피한 변경인 경우
   다. 그 밖에 **국토교통부령**으로 정하는 경미한 사항의 변경인 경우
2. 삭제
3. 이미 결정된 도시·군계획시설의 세부시설을 변경하는 경우로서 세부시설 면적, 건축물 용적률 또는 건축물 높이의 변경[50퍼센트 미만으로서 시·도 또는 대도시(「지방자치법」 제175조에 따른 서울특별시·광역시 및 특별자치시를 제외한 인구 50만 이상 대도시를 말한다. 이하 같다)의 도시·군계획**조례**로 정하는 범위 이내의 변경은 제외한다]이 포함되지 않는 경우
4. 도시지역의 축소에 따른 용도지역·용도지구·용도구역 또는 지구단위계획구역의 변경인 경우
5. 도시지역외의 지역에서 「농지법」에 의한 농업진흥지역 또는 「산지관리법」에 의한 보전산지를 농림지역으로 결정하는 경우
6. 「자연공원법」에 따른 공원구역, 「수도법」에 의한 상수원보호구역, 「문화재보호법」에 의하여 지정된 지정문화재 또는 천연기념물과 그 보호구역을 자연환경보전지역으로 결정하는 경우
6의2. 체육시설(영 제2조 제3항에 따라 세분된 체육시설을 말한다) 및 그 부지의 전부 또는 일부를 다른 체육시설 및 그 부지로 변경(둘 이상의 체육시설을 같은 부지에 함께 결정하기 위하여 변경하는 경우를 포함한다)하는 경우
6의3. 문화시설(영 제2조 제3항에 따라 세분된 문화시설을 말하되, **국토교통부령**으로 정하는 시설은 제외한다) 및 그 부지의 전부 또는 일부를 다른 문화시설 및 그 부지로 변경(둘 이상의 문화시설을 같은 부지에 함께 결정하기 위하여 변경하는 경우를 포함한다)하는 경우
6의4. 장사시설(영 제2조 제3항에 따라 세분된 장사시설을 말한다) 및 그 부지의 전부 또는 일부를 다른 장사시설 및 그 부지로 변경(둘 이상의 장사시설을 같은 부지에 함께 결정하기 위하여 변경하는 경우를 포함한다)하는 경우
7. 그 밖에 **국토교통부령**(법 제40조에 따른 수산자원보호구역의 경우 해양수산부령을 말한다.)이 정하는 경미한 사항의 변경인 경우
④ **지구단위계획** 중 다음 각 호의 어느 하나에 해당하는 경우(다른 호에 저촉되지 않는 경우로 한정한다)에는 **법 제30조 제5항 단서**에 따라 관계 행정기관의 장과의 협의, **국토교통부장관**과의 협의 및 중앙도시계획위원회·지방도시계획위원회 또는 제2항에 따른 공동위원회의 심의를 거치지 않고 지구단위계획을 변경할 수 있다. 다만, 제14호에 해당하는 경우에는 공동위원회의 심의를 거쳐야 한다.

1. 지구단위계획으로 결정한 용도지역·용도지구 또는 도시·군계획시설에 대한 변경결정으로서 제3항 각 호의 1에 해당하는 변경인 경우
2. 가구(영 제42조의3 제2항 제4호에 따른 별도의 구역을 포함한다)면적의 10퍼센트 이내의 변경인 경우
3. 획지면적의 30퍼센트 이내의 변경인 경우
4. 건축물높이의 20퍼센트 이내의 변경인 경우(층수변경이 수반되는 경우를 포함한다)
5. 영 제46조 제7항 제2호 각목의 1에 해당하는 획지의 규모 및 조성계획의 변경인 경우
6. 건축선의 1미터 이내의 변경인 경우
7. 건축선 또는 차량출입구의 변경으로서 다음 각 목 가. 건축선의 1미터 이내의 변경인 경우, 나. 「도시교통정비 촉진법」 제17조 또는 제18조에 따른 교통영향평가서의 심의를 거쳐 결정된 경우의 어느 하나에 해당하는 경우,
8. 건축물의 배치·형태 또는 색채의 변경인 경우
9. 지구단위계획에서 경미한 사항으로 결정된 사항의 변경인 경우. 다만, 용도지역·용도지구·도시·군계획시설·가구면적·획지면적·건축물높이 또는 건축선의 변경에 해당하는 사항을 제외한다.
10. 법률 제6655호 「국토계획법」 부칙 제17조제2항의 규정에 의하여 제2종지구단위계획으로 보는 개발계획에서 정한

다. 도시·군관리계획 결정의 고시

(1) **국토교통부장관**이나 **시·도지사**는 도시·군관리계획을 결정하면 **대통령령**으로 정하는 바에 따라 그 결정을 고시하고, **국토교통부장관**이나 도지사는 관계 서류를 관계 **특별시장·광역시장·특별자치시장·특별자치도지사·시장 또는 군수**에게 송부하여 일반이 열람할 수 있도록 하여야 하며, 특별시장·광역시장·특별자치시장·특별자치도지사는 관계 서류를 일반이 열람할 수 있도록 하여야 한다(법 제30조 제6항). 시장 또는 군수가 도시·군관리계획을 결정하는 경우에는 제1항부터 제6항까지의 규정을 준용한다. 이 경우 "시·도지사"는 "시장 또는 군수"로, "시·도도시계획위원회"는 "제113조 제2항에 따른 시·군·구도시계획위원회"로, "「건축법」 제4조에 따라 시·도에 두는 건축위원회"는 "「건축법」 제4조에 따라 시 또는 군에 두는 건축위원회"로, "특별시장·광역시장·특별자치시장·특별자치도지사"는 "시장 또는 군수"로 본다(법 제30조 제7항).

(2) **국토교통부장관**이나 **시·도지사**는 도시·군관리계획을 결정하면 법 제30조 제6항 및 제7항에 따른 도시·군관리계획결정의 고시는 **국토교통부장관**이 하는 경우에는 **관보**에, 시·도지사 또는 시장·군수가 하는 경우에는 해당 시·도 또는 시·군의 **공보**에 다음 각 호 1. 법 제2조 제4호 각 목의 어느 하나에 해당하는 계획이라는 취지, 2. 위치, 3. 면적 또는 규모, 4. 그 밖에 **국토교통부령**이 정하는 사항을 게재하는 방법에 따라 그 결정을 고시한다(영 제25조 제5항).

(3) 행정작용의 상대방이 도시·군관리계획의 결정과 같이 불특정 다수의 수범자일 경우 확정된 행정계획을 개별적으로 알리는 것은 행정실무적으로 매우 어렵다. 행정행위의 효력은 상대방에게 도달함으로써 효력이 발생하는데(도달주의),[373] 행정처분의 통지처럼 도시·군관리계획 결정의 경우에도 무수히 많은 상대방에게 개별적으로 알리게 되면 개개인마다 통지받는 시기가 달라져 도시·군관리계획의 효력발생시기도 개개인마다 다르게 되는 어려움이 있다. 이에 도시·군관리계획 결정이 있은 때에는 그 상대방이 특정되어 있는 행정행위와 달리 개별적으로 통지하지 않고 고시하는 방법에 의하고 있다.[374]

건폐율 또는 용적률을 감소시키거나 10퍼센트 이내에서 증가시키는 경우(증가시키는 경우에는 제47조 제1항의 규정에 의한 건폐율·용적률의 한도를 초과하는 경우를 제외한다)
11. 지구단위계획구역 면적의 10퍼센트(용도지역 변경을 포함하는 경우에는 5퍼센트를 말한다) 이내의 변경 및 동 변경지역안에서의 지구단위계획의 변경
12. **국토교통부령**으로 정하는 경미한 사항의 변경인 경우
13. 그 밖에 제1호부터 제12호까지와 유사한 사항으로서 도시·군계획**조례**로 정하는 사항의 변경인 경우
14. 「건축법」 등 다른 법령의 규정에 따른 건폐율 또는 용적률 완화 내용을 반영하기 위하여 지구단위계획을 변경하는 경우
373) 신봉기, 행정법개론, 삼영사, 2016, 266면; 「행정절차법」 제15조 제1항; 「행정 효율과 협업 촉진에 관한 규정」(**대통령령** 제28358호) 제6조 제2항 문서는 수신자에게 도달(전자문서의 경우는 수신자가 관리하거나 지정한 전자적 시스템 등에 입력되는 것을 말한다)됨으로써 효력을 발생한다.
374) 정태용, 국토계획법, 149면.

3. 도시·군관리계획 결정의 의제

다른 법률에서 일정한 인·허가가 있는 경우에는 도시·군관리계획의 결정이 있는 것으로 보는 것으로 규정하고 있는 경우가 있다. 「주택법」에 따라 사업계획승인권자가 사업계획의 승인고시가 있은 때(동법 제19조 제1항 제5호), 「택지개발촉진법」에서 택지개발사업의 시행자가 실시계획을 작성하거나 승인한 것(동법 제11조 제1항 제1호)을 고시하였을 때 등에는 도시·군관리계획의 결정의 고시가 있은 것으로 본다.

VI. 도시·군관리계획 결정의 효력

1. 의의 및 연혁

종래 「도시계획법」은 도시계획결정의 효력발생시기에 관한 규정이 없었다가 2000. 1. 28.(시행 2000. 7. 1. 법률 제6243호) 개정에서 도시계획 결정고시일 부터 5일 후에 그 효력이 발생하는 것으로 명시했는데(구 도시계획법 제25조 제1항), 이는 구 「국토이용관리법」에 의한 국토이용계획결정의 효력시기와 맞춘 것이다. 이 규정은 「국토계획법」을 제정하면서 그대로 받아들여졌는데(법 제31조 제1항), 그 후 2005. 12. 7. 제정 「토지이용규제 기본법」 제8조 제3항에서 "지형도면 등을 고시하여야 하는 지역·지구 등의 지정의 효력은 지형도면 등을 고시함으로써 발생한다."고 규정함에 따라 해석상 혼란이 야기되었다. 이에 2013. 7. 16. 「국토계획법」 개정으로 "도시·군관리계획 결정의 효력은 지형도면을 고시한 날부터 발생하도록" 입법적으로 해결하였다. 즉, 도시·군관리계획 결정의 효력은 지형도면을 고시한 날부터 발생한다(법 제31조 제1항). 여기서 고시는 도시·군관리계획 결정의 효력발생요건으로 보아야 할 것이다.[375] 도시·군관리계획 결정의 효력 발생 및 실효 등에 관하여는 「토지이용규제 기본법」 제8조 제3항부터 제5항까지의 규정에 따른다(법 제31조 제3항). 즉, 도시·군관리계획 결정의 효력은 후술하는 지형도면 고시의 효과에 따라 결정된다고 보면 된다.

2. 진행중인 사업 또는 공사에 대한 도시·군관리계획 결정의 효력의 특례

가. 진행 중인 사업이나 공사의 계속시행

도시·군관리계획 결정 당시 이미 사업이나 공사에 착수한 자(이 법 또는 다른 법률에 따라 허가·인가·승인 등을 받아야 하는 경우에는 그 허가·인가·승인 등을 받아 사업이나 공사에 착수한 자를 말한다)는[376] 그 도시·군관리계획 결정과 관계없이 그 사업이나 공사를 계속할 수 있다(법 제31조 제2항

---

375) 박균성, 행정법론(하), 727면.
376) '사업 또는 공사에 착수한 자' 관련 「객관적으로 필요하다고 인정할 수 있는 행위를 개시한 자」의 범위 (도시정책팀-1223, '06.03.14)

본문). 동 규정의 취지는 도시·군관리계획 결정으로 당초보다 행위제한이 강화되어 이미 추진하고 있는 사업이나 공사를 계속할 수 없는 경우 현 기준에 맞지 않아도 이를 인정해 주는 것으로서, 사업이나 공사를 진행하던 중 기 허가받은 범위 내에서 설계변경 등 부득이하게 발생하는 일부 변경에 대해서도 동 규정을 적용할 수 있다.[377]

나. 시가화조정구역이나 수산자원보호구역의 경우

다만, 시가화조정구역이나 수산자원보호구역의 지정에 관한 도시·군관리계획 결정이 있는 경우에는 **대통령령**으로 정하는 바에 따라 **특별시장·광역시장·특별자치시장·특별자치도지사·시장 또는 군수**에게 신고하고 그 사업이나 공사를 계속할 수 있다(법 제31조 제2항 단서).

시가화조정구역 또는 수산자원보호구역의 지정에 관한 도시·군관리계획의 결정 당시 이미 사업 또는 공사에 착수한 자는 당해 사업 또는 공사를 계속하고자 하는 때에는 법 제31조 제2항 단서의 규정에 의하여 시가화조정구역 또는 수산자원보호구역의 지정에 관한 도시·군관리계획결정의 고시일부터 3월 이내에 그 사업 또는 공사의 내용을 관할 **특별시장·광역시장·특별자치시장·특별자치도지사·시장 또는 군수**에게 신고하여야 한다(영 제26조 제1항). 신고한 행위가 건축물의 건축을 목적으로 하는 토지의 형질변경인 경우 당해 건축물을 건축하고자 하는 자는 토지의 형질변경에 관한 공사를 완료한 후 3월 이내에 건축허가를 신청하는 때에는 당해 건축물을 건축할 수 있다(영 제26조 제2항). 건축물의 건축을 목적으로 하는 토지의 형질변경에 관한 공사를 완료한 후 1년 이내에 제1항의 규정에 의한 도시·군관리계획결정의 고시가 있는 경우 당해 건축물을 건축하고자 하는 자는 당해 도시·군관리계획 결정의 고시일부터 6월 이내에 건축허가를 신청하는 때에는 당해 건축물을 건축할 수 있다(영 제26조 제3항).

3. 도시·군관리계획 결정에 대한 행정쟁송

도시·군관리계획 결정에 대한 행정쟁송을 제기하기 위해서는 먼저 처분성이 인정되어야 하는데, 도시·군관리계획 결정의 법적성질에서 언급한 바와 같이 학설과 판례는 처분성을 인정하므로 대상적격에서는 무리가 없을 것이다.

가. 착공신고 또는 건축물 철거·멸실 신고서를 제출한 경우
나. 입주자모집공고 승인 신청, 감리자 선정 신청, 분양보증신청 한 경우
다. 도시관리계획결정 효력발생 이전 이행개시 예정으로 이주비 지급 또는 이주 개시 등을 통지한 경우(내용증명 발송 등 객관적 입증자료 필요)
라. 도시관리계획 효력발생 이전 이행개시 예정으로 개발신탁, 공사, 실시설계, 감리계약을 체결한 경우(공증 등 객관적 입증자료 필요)
마. 가-라와 유사한 행위로 허가권자(사업승인권자)가 인정한 경우 등; 국토계획법해설집, 171면.
377) 도시정책과-346, 2012. 5. 31. 국토계획법해설집, 170면.

Ⅶ. 도시·군관리계획에 관한 지형도면의 작성·고시

1. 지형도면 작성의 의의

지형도면이란 도시·군관리계획 결정이 고시되면 지적(地籍)이 표시된 지형도에 도시·군관리계획에 관한 사항을 자세히 밝힌 도면을 작성한 것을 말한다.

지형도면은 개별토지에 대하여 도시·군관리계획상 어떠한 제한이 가해지는 것인지를 명확하게 하기 위하여 작성된다.[378] 도시·군관리계획의 내용에 따라 각종의 토지이용행위가 규제되므로 개별 토지에 대한 도시·군관리계획에 관한 사항이 명확하지 않으면 도시·군관리계획의 실효성을 담보할 수 없으며, 토지소유자 또한 자신의 토지에 대한 도시·군관리계획의 내용 또한 알아야 토지이용행위를 제대로 할 수 있다. 도시·군관리계획의 결정·고시에 사용되는 도면이 대체로 5,000분의 1내지 25,000분의 1의 대축척으로 되어 있어서 그 도면만으로는 특정한 토지가 어떤 도시·군관리계획에 해당하는지 여부를 제대로 판단하기 어려우므로, 지형도면 고시절차를 거쳐 도시·군관리계획에 관한 사항을 축척 500분의 1 이상 1,500분의 1 이하(녹지지역의 임야, 관리지역·농림지역 및 자연환경보전지역은 축척 3,000의 1 이상 6,000의 1 이하로 할 수 있다)의[379] 도면에 자세히 밝혀서 쉽게 알아볼 수 있도록 하고 있다.[380] 판례에서도 지형도면을 작성·고시하도록 한 것은, 국민의 토지이용 제한 등 규제의 대상이 되는 토지는 내용을 명확히 공시하여 토지이용의 편의를 도모하고 행정의 예측가능성과 투명성을 확보하려는 데 있다고 하였다.[381]

2003. 1. 1. 시행 당시에는 지형도면의 작성 및 고시에 관해서는 동법의 하위법령에 위임하고 있었다. 그 후 새로운 토지이용규제를 수반하는 지역·지구 등의 신설을 엄격히 제한하고, 지형도면 고시절차를 의무화한 「토지이용규제 기본법」을 2005. 12. 7. 법률 제7715호로 제정하고 2006. 6. 8.부터 시행하였으나,[382] 그 내용이 「국토계획법」과 다소 달라 해석상 혼란의 여지가 있었다. 이에 2013. 7. 16. 개정(시행 2014. 1. 17. 법률 제11922호) 개정으로 도시·군관리계획에 대한 지형도면의 작성 기준 및 방법과 지형도면의 고시방법 및 절차 등에 관하여 「토지이용규제 기본법」 제8조 제2항 및 제6항부터 제9항까지의 규정을 따르도록 함으로써 「국토계획법」과 「토지이용규제 기본법」 간의 상충을 해소하였다(법 제32조 제5항).

2. 지형도면의 작성권자

지형도면의 작성권자는 **국토교통부장관**, 시·도지사, 시장 또는 군수이다. **특별시장·광역시장·특별자치시장·특별자치도지사·시장 또는 군수**는 도시·군관리계획결정이 고시되면 지형도면을 작성하

---

378) 박균성, 행정법론(하), 728면.
379) 「토지이용규제기본법 시행령」 제7조 제1항.
380) 정태용, 국토계획법, 152면.
381) 대법원 2017. 4. 7. 선고 2014두37122 판결.
382) 법제처 2005. 12. 7. 제정이유.

어야 한다(법 제32조 제1항). **국토교통부장관, 시·도지사, 시장 또는 군수는** 직접 지형도면을 작성하거나 지형도면을 승인한 경우에는 이를 고시하여야 한다(법 제32조 제4항).

가. 시장·군수의 작성과 도지사의 승인

시장(대도시 시장은 제외한다)이나 군수는 지형도에 도시·군관리계획(지구단위계획구역의 지정·변경과 지구단위계획의 수립·변경에 관한 도시·군관리계획은 제외한다)에 관한 사항을 자세히 밝힌 도면(이하 '지형도면'이라 한다)을 작성하면 **도지사의 승인**을 받아야 한다. 이 경우 지형도면의 승인 신청을 받은 도지사는 그 지형도면과 결정·고시된 도시·군관리계획을 대조하여 착오가 없다고 인정되면 **대통령령**으로 정하는 기간[30일 이내(영 제27조)]에 그 지형도면을 승인하여야 한다(법 제32조 제2항).

나. 국토교통부장관이나 도지사가 작성하는 경우

국토교통부장관(법 제40조에 따른 수산자원보호구역의 경우 해양수산부장관)이나 도지사는 도시·군관리계획을 직접 입안한 경우에는 관계 **특별시장·광역시장·특별자치시장·특별자치도지사·시장 또는 군수**의 의견을 들어 직접 지형도면을 작성할 수 있다(법 제32조 제3항).

3. 지형도면의 작성기준 및 방법과 지형도면의 고시방법 및 절차

가. 지형도면의 작성기준 및 방법, 지형도면의 고시방법 및 절차 등에 관하여는 「토지이용규제 기본법」 제8조 제2항 및 제6항부터 제9항까지의 규정을 따르도록 하였다(법 제32조 제5항).

나. **중앙행정기관의 장**이 지역·지구등을 지정하는 경우에는 지형도면을 작성하여 관보에 고시하고, 지방자치단체의 장이 지역·지구등을[383] 지정하는 경우에는 지형도면을 작성하여 그 지방자치단체의 공보에 고시하여야 한다. 다만, **대통령령**으로 정하는 경우에는 지형도면을 작성·고시하지 아니하거나 지적도 등에 지역·지구등을 명시한 도면을 작성하여 고시할 수 있다(토지이용규제기본법 제8조 제2항).

다. **중앙행정기관의 장**이나 지방자치단체의 장은 지역·지구등의 지정을 입안하거나 신청하는 자가 따로 있는 경우에는 그 자에게 법 제8조 제2항에 따른 고시에 필요한 지형도면 등을 작성하여 제출하도록 요청할 수 있다(토지이용규제 기본법 제8조 제6항). 지형도면 등의 작성에 필요한 구체적인 기준 및 방법 등은 **대통령령**으로 정한다(토지이용규제기본법 제8조 제7항).

---

383) 「국토계획법」상의 도시·군관리계획결정의 효력은 지형도면을 고시한 날부터 발생하는데, 지형도면의 고시는 「토지이용규제 기본법」 제8조에 의하도록 하고 도시·군관리계획을 「토지이용규제 기본법」은 지역·지구 등이라 규정하고 있다. 「토지이용규제기본법」 제2조 제1호에서 "지역·지구등"이란 지역·지구·구역·권역·단지·도시·군계획시설 등 명칭에 관계없이 개발행위를 제한하거나 토지이용과 관련된 인가·허가 등을 받도록 하는 등 토지의 이용 및 보전에 관한 제한을 하는 일단의 토지(토지와 연접한 해수면으로서 토지와 같이 제한되는 경우에는 그 해수면을 포함한다)로서 제5조 각 호에 규정된 것을 말한다고 하여(토지이용규제기본법 제2조 제1호), 기본적으로 「국토계획법」상의 도시·군관리계획을 「토지이용규제 기본법」은 지역·지구 등이라 규정하고 있다.

라. 중앙행정기관의 장이나 지방자치단체의 장은 지형도면 등의 고시를 하려면 관계 시장·군수 또는 구청장에게 관련 서류와 고시예정일 등 **대통령령**으로 정하는 사항을 미리 통보하여야 한다. 다만, 법 제8조 제2항 단서에 따라 지형도면을 작성·고시하지 아니하는 경우에는 지역·지구등을 지정할 때에 **대통령령**으로 정하는 사항을 미리 통보하여야 하고, 법 제8조 제3항 단서에 따라 지역·지구등의 지정 후에 지형도면 등의 고시를 하는 경우에는 지역·지구 등을 지정할 때와 법 제8조 제4항에 따른 지형도면 등을 고시할 때에 **대통령령**으로 정하는 사항을 미리 통보하여야 한다(토지이용규제기본법 제8조 제8항).

마. 통보를 받은 시장·군수 또는 구청장은 그 내용을 국토이용정보체계에 등재하여 지역·지구등의 지정 효력이 발생한 날부터 일반 국민이 볼 수 있도록 하여야 한다. 다만, 제3항 단서에 따라 지역·지구등의 지정 후에 지형도면등의 고시를 하는 경우에는 제4항에 따라 지형도면등을 고시한 날부터 일반 국민이 볼 수 있도록 하여야 한다(토지이용규제기본법 제8조 제9항).

4. 지형도면의 고시의 효과

가. 도시·군관리계획 결정의 효력발생요건

(1) 도시·군관리계획 결정의 효력은 지형도면을 고시한 날부터 발생한다(법 제31조 제1항). 즉 지형도면의 고시가 도시·군관리계획 결정의 효력발생요건이다. 도시·군관리계획 결정이 고시되었더라도, 지형도면이 고시되지 않으면 그 도시·군관리계획 결정은 대외적으로 아무런 효력이 발생하지 않는다.

(2) 지형도면을 고시하여야 하는 지역·지구등의 지정효력은 지형도면의 고시를 함으로써 발생한다. 다만, 지역·지구등을 지정할 때에 **지형도면 등의 고시가 곤란한 경우**로서 지적도에 지역·지구등을 명시할 수 있으나 **지적과 지형의 불일치 등**으로 지적도의 활용이 곤란한 경우에는 그러하지 아니하다 (토지이용규제기본법 제8조 제3항 및 같은 법 시행령 제7조 제4항).

(3) 「토지이용규제기본법」 제8조 제3항 단서에 해당되는 경우에는 **지역·지구등의 지정일부터 2년이 되는 날까지 지형도면 등을 고시**하여야 하며, 지형도면 등의 고시가 없는 경우에는 그 2년이 되는 날의 다음 날부터 그 지정의 효력을 잃는다(토지이용규제기본법 제8조 제4항). 단서의 경우에는 도시·군관리계획 결정의 효력발생시기를 언제로 볼 것인지에 대하여 논란이 있을 수 있으나, 2년이 되는 날까지 지형도면 등을 고시한 날부터 발생한다(법 제31조 제1항).

(4) 동법 제8조 제4항에 따라 지역·지구등의 지정이 효력을 잃은 때에는 그 지역·지구등의 지정권자는 **대통령령**으로 정하는 바에 따라 지체 없이 그 사실을 관보 또는 공보에 고시하고, 이를 관계 특별자치도지사·시장·군수(광역시의 관할 구역에 있는 군의 군수를 포함한다) 또는 구청장(구청장은 자치구의 구청장을 말한다)에게 통보하여야 한다. 이 경우 시장·군수 또는 구청장은 그 내용을 동법 제12조에 따른 국토이용정보체계에 등재(登載)하여 일반 국민이 볼 수 있도록 하여야 한다(토지이용규제기본법 제8조 제5항). 여기서 고시는 도시·군관리계획 결정의 효력을 상실시키는 별도의 처분이 아니라

이미 도시·군관리계획 결정의 효력이 상실되었음을 알리는 단순한 사실의 통지에 불과하다.[384]

나. 도시·군관리계획 내용의 개별적·구체적 확정

지형도면 고시로 도시·군관리계획 사항이 개별토지에 개별적·구체적으로 확정된다. 대법원은 1991. 12. 14. 법률 제4427호로 개정되고 1992. 6. 15.부터 시행된 구「도시계획법」제12조(도시계획의 결정)와 제13조(도시계획에 관한 지적등의 고시)에 대한 판례에서 "일반적으로 도시계획결정고시의 도면만으로는 구체적인 범위나 개별토지의 도시계획선을 특정할 수 없으므로 결국 도시계획결정 효력의 구체적·개별적인 범위는 지적고시도면에 의하여 확정된다고" 판시한 이후 아래 각주와 같이 그 이후 3건의 따름 판례에서 같은 취지로 판시하였다.[385]

다. 도시·군관리계획 결정과 지형도면고시의 관계

지형도면 고시는 지형도면이 도시·군관리계획사항과 일치하는지 여부를 확인해 아무런 착오가 없으면 이를 그대로 확정·선언하는 확인행위로서,[386] 지형도면 고시는 처분이며 항고소송의 대상이 된다.[387] 대법원도 구「도시계획법」제13조(도시계획에 관한 지적등의 고시) 제4항에 대한 판례에서 "도시계획결정에 따르는 지적승인을 고시함에 있어서 승인된 도면을 누락한 위법은 절차상의 하자로서 그와 같은 하자가 그 고시를 당연무효라고 보아야 할 만큼 중대하고 명백한 하자라고 볼 수는 없다고" 판시하여[388] 지적승인 고시(현행 지형도면 고시)가 행정처분임을 전제로 하자를 다툰 것이 할 수 있다.

도시·군관리계획 결정의 효력을 변경하는 내용으로 지형도면을 경정하거나 변경하기 위해서는 이에 선행하여 도시·군관리계획 결정을 변경한 다음 그 변경된 도시·군관리계획 결정에 맞게 지형도면을 경정하거나 변경하여야 한다. 이와 같은 절차를 밟지 아니한 채, 실질적으로 도시·군관리계획 결정의 변경을 가져오는 내용으로 지형도면을 경정하거나 변경하는 조치는 위법하고 그 효력이 없다. 대법원은 "지적고시도면에 의한 지적고시에 잘못이 있어 이를 경정하거나 변경한다고 하더라도 그 경정 또는 변경은 도시계획결정의 범위를 벗어나지 아니하고 지적고시도면(지형도면)상의 명백한 오류, 착오기재 등을 바로잡는 한도 내에서만 가능하고, 도시계획결정의 효력을 변경하는 내용의 지적고시도면의 경정 또는 변경은 국민의 재산권보장과 공공의 이익을 규제하는「도시계획법」의 입법취지 및 적법절차의 원칙에 비추어 그 한계를 넘는 것이어서 허용되지 않는다고" 판시하였다.[389]

---

384) 정태용, 국토계획법, 158면.
385) 대법원 1993. 2. 9. 선고 92누5607 판결; 대법원 1994. 7. 29. 선고 94누3483 판결; 대법원 1999. 2. 9. 선고 98두13195 판결; 대법원 2000. 3. 23. 선고 99두11851 판결; 동 판례들을 비추어 보면 도시·군관리계획 결정의 효력이 지형도면을 고시함으로써 비로소 개별토지에 구체적·개별적인 범위가 확정된다는 사법적 판단이 입법자로 하여금 법 제31조 제1항을 개정하도록 기여했던 판례인 것으로 이해된다.
386) 정태용, 국토계획법, 159면.
387) 박균성, 행정법론(하), 730면.
388) 대법원 1990. 1. 25. 선고 89누2936 판결.

따라서 지형도면에 포함되지 아니한 토지에 대하여는 도시·군관리계획 결정의 효력이 미치지 아니하며, 이러한 토지에 대하여는 도시·군관리계획 결정을 이유로 행위를 제한하거나 도시계획사업을 시행할 수 없다. 그리고 지형도면 고시는 도시·군관리계획 결정을 기초로 하여 도시·군관리계획 사항을 확정하는 것이므로 도시·군관리계획으로 결정되지 아니한 사항은 지형도면 고시가 되더라도 아무런 효력이 없다.[390]

Ⅷ. 도시·군관리계획의 재정비

특별시장·광역시장·특별자치시장·특별자치도지사·시장 또는 군수는 5년마다 관할 구역의 도시·군관리계획에 대하여 대통령령으로 정하는 바에 따라[391] 그 타당성을 전반적으로 재검토하여 정비하여야 한다(법 제34조 제1항). 도시·군관리계획 정비 제도의 취지는 도시·군관리계획의 안정성과 주민의 재산권 보호를 조화하려는 것이다. 「국토계획법」은 국토의 효율적 이용을 목적으로 하면서도 도시·군계획시설결정으로 인한 개인의 재산권행사의 제한을 줄이기 위하여, 도시·군계획시설부지의 매수청구권(법 제47조), 도시·군계획시설결정의 실효(법 제48조)에 관한 규정과 아울러, **도시·군관리계획의 입안권자**로 하여금 5년마다 관할 구역의 도시·군관리계획에 대하여 그 타당성 여부를 전반적으로 재검토하여 정비하여야 할 의무(법 제34조)를 지우고 있다.

특별시장·광역시장·특별자치시장·특별자치도지사·시장 또는 군수는 법 제48조 제1항에 따른 도시·군계획시설결정의 실효에 대비하여 설치 불가능한 도시·군계획시설 결정을 해제하는 등 관할 구역의 도시·군관리계획을 대통령령으로 정하는 바에 따라[392] 2016년 12월 31일까지 전반적으로 재검토하

---

389) 대법원 1996. 3. 22. 선고 95누13920 판결.
390) 박균성, 행정법론(하), 731면.
391) 영 제29조(도시·군관리계획의 정비) ① 특별시장·광역시장·특별자치시장·특별자치도지사·시장 또는 군수는 법 제34조 제1항에 따라 도시·군관리계획을 정비하는 경우에는 다음 각 호의 사항을 검토하여 그 결과를 도시·군관리계획입안에 반영하여야 한다.
  1. 도시·군계획시설 설치에 관한 도시·군관리계획: 다음 각 목의 사항
    가. 도시·군계획시설결정의 고시일부터 3년 이내에 해당 도시·군계획시설의 설치에 관한 도시·군계획시설사업의 전부 또는 일부가 시행되지 아니한 경우 해당 도시·군계획시설결정의 타당성
    나. 여건 변화 등으로 존치 필요성이 없는 도시·군계획시설에 대한 해제 여부
  2. 용도지구 지정에 관한 도시·군관리계획: 다음 각 목의 사항
    가. 지정목적을 달성하거나 여건 변화 등으로 존치 필요성이 없는 용도지구에 대한 변경 또는 해제 여부
    나. 해당 용도지구와 중첩하여 지구단위계획구역이 지정되어 지구단위계획이 수립되거나 다른 법률에 따른 지역·지구 등이 지정된 경우 해당 용도지구의 변경 및 해제 여부 등을 포함한 용도지구 존치의 타당성
    다. 둘 이상의 용도지구가 중첩하여 지정되어 있는 경우 용도지구의 지정 목적, 여건 변화 등을 고려할 때 해당 용도지구를 법 제52조 제1항 제1호의2에 규정된 사항을 내용으로 하는 지구단위계획으로 대체할 필요성이 있는지 여부
392) 영 제29조(도시·군관리계획의 정비) ② 특별시장·광역시장·특별자치시장·특별자치도지사·시장 또는 군수는 법 제34조 제2항에 따라 도시·군관리계획을 정비하는 경우에는 다음 각 호의 기준에 따라야 한다.
  1. 도시·군관리계획을 정비하여야 하는 도시·군계획시설(이하 "정비대상시설"이라 한다)은 도시·군계획시설결정 고시일부터 10년이 지난 시설로서 그 시설의 설치에 관한 사업이 시행되지 아니한 도시·군계획시설로 한다. 다만, 정

여 정비하여야 한다(법 제34조 제2항).[393)]

제3절 용도지역·용도지구·용도구역 및 행위제한[394)]

Ⅰ. 의의 및 연혁

용도지역·용도지구·용도구역제(이하 '지역·지구제'라 한다)라 함은 전국토를 대상으로 토지를 적성에 따라 공간적으로 구분하여 적절한 용도를 부여한 후, 이 용도에 부합하지 않는 토지의 이용을 규제함으로써, 무질서한 토지이용으로 인한 혼란을 방지하고 합리적이고 능률적인 토지이용을 유도해서 쾌적한 생활환경을 유지하려는 제도이다.[395)]

지역·지구제(Zoning)에는 용도지역·용도지구 및 용도구역이 있다. 용도지역·용도지구 및 용도구역은 「국토계획법」에 따라 도시·군관리계획으로 결정된다(법 제2조 제4호 가목). 지역·지구제는 초기에는 「민법」의 상린관계가 확대·발전된 것으로 인식되었으나, 지금은 개인의 토지이용행위를 계획적으로 규제·조정함으로써 국가 등의 행정주체가 도시형성에 적극적으로 관여하는 수단으로 파악되고 있다. 그러한 점에서 지역·지구제는 일종의 공용제한에 해당한다.[396)]

지역·지구제의 연혁으로는 1916년 미국의 뉴욕에서 처음 실시되었는데,[397)] 우리나라는 1934. 6. 20. 제정된 「조선시가지계획령」에 의해 지역·지구제가 도입되었다. 지역·지구제는 1962. 1. 20. 법률 제983호로 제정하고 1962. 1. 20.부터 시행된 「도시계획법」 제2장(법 제17조 내지 25조)에 그대로 이어졌고, 1972. 12. 30. 「국토이용관리법」이 법률 제2408호로 제정되고 1973. 3. 31.부터 시행됨에 따

비대상시설에 인접하여 함께 검토가 요구되는 경우 등 필요한 경우에는 도시·군계획시설결정 고시일부터 10년이 지나지 아니한 시설도 포함할 수 있다.

　2. 정비대상시설에 대한 정비의 기준은 다음 각 목과 같다.
　　가. 정비대상시설 중 도시·군계획시설사업을 시행할 경우 법적·기술적·환경적인 문제가 발생하여 사업시행이 곤란한 시설은 우선해제대상인 도시·군계획시설로 분류할 것
　　나. 가목에 따라 우선해제대상으로 분류된 도시·군계획시설을 제외한 정비대상시설에 대해서는 존치 필요성과 집행능력 등을 검토하여 해제대상 또는 조정대상으로 분류할 것
　　다. 가목 또는 나목에 따라 우선해제대상 또는 해제대상으로 분류된 도시·군계획시설에 대해서는 해제를 위한 도시·군관리계획을 입안하고, 나목에 따라 조정대상으로 분류된 도시·군계획시설에 대해서는 법 제85조에 따른 단계별 집행계획을 수립하거나 재수립하여 도시·군관리계획에 반영할 것

393) 영 제29조(도시·군관리계획의 정비) ③ 법 제18조 제1항 단서의 규정에 의하여 도시·군기본계획을 수립하지 아니하는 시·군의 시장·군수는 법 제34조의 규정에 의하여 도시·군관리계획을 정비하는 때에는 법 제25조제2항의 규정에 의한 계획설명서에 당해 시·군의 장기발전구상을 포함시켜야 하며, 공청회를 개최하여 이에 관한 주민의 의견을 들어야 한다.
　④ 제12조의 규정은 제2항의 공청회에 관하여 이를 준용한다.
394) 「국토계획법」상 제4장 제2절과 제6장에 해당한다.
395) 정태용, 국토계획법, 177면.
396) 김동희, 행정법Ⅱ, 457면.
397) 정태용, 국토계획법, 178면.

라 도시지역에 한정되었던 지역·지구제가 전국토로 확대되었다. 그 밖에도 다수의 개별법이 정책목적에 따라 토지이용을 규제하기 위하여 여러 종류의 지역·지구·구역을 지정할 수 있도록 하고 있다. 이와 같이 도시지역과 비도시지역으로 이원화 되었던 지역·지구제는 두 법률이 「국토계획법」으로 통합됨에 따라 일원화 되었다. 「국토계획법」 외의 개별 법령에서 수많은 토지이용규제제도가 다양한 목적으로 도입됨에 따라 지역·지구 등이 복잡 다기화되고, 국민이 토지이용규제의 내용을 쉽게 알 수가 없어 국민경제생활에 적지 않은 불편이 초래되고 있는바, 새로운 토지이용규제를 수반하는 지역·지구 등의 신설을 엄격히 제한하고, 기존의 지역·지구 등을 정기적으로 재평가하여 지속적으로 정비해 나가기 위해 2005. 12. 7. 법률 제7715호로 제정되어 2006. 6. 8.부터 「토지이용규제기본법」까지 시행되기에 이르렀다.

II. 용도지역

1. 용도지역의 의의

"용도지역"이란 토지의 이용 및 건축물의 용도·건폐율·용적률·높이 등을 제한함으로써 토지를 경제적·효율적으로 이용하고 공공복리의 증진을 도모하기 위하여 서로 중복되지 아니하게 도시·군관리계획으로 결정하는 지역을 말한다(법 제2조 제15호).

용도지역은 전국토를 대상으로 지정된다. 용도지역과 용도지구는 규제방식이 건축제한이라는 점에서 공통점이 있으나, 용도지역은 뒤에서 검토하는 용도지구 및 용도구역과는 다음의 점에서 다르다. 용도지역은 용도지구와는 달리 서로 중복 지정되지 아니한다. 그리고 용도지역과 용도구역은 양자 간에 중복 지정될 수 있으나, 각각은 중복지정이 허용되지 아니한다는 점에서는 공통점이 있으며, 용도지역은 그 규제대상이 건축제한에 한정된다는 점에서 용도구역과 다르다.[398] 즉, 용도지역제는 지정목적에 부적합한 토지이용을 규제하는 소극적 방법에 불과하고, 규제대상도 건축행위에 한정되어 있어서 적극적으로 지정목적에 적합한 토지이용을 유도하는 기능이 부족하고 건축물이 아닌 시설에 대하여는 규제가 불가능하다는 한계가 있다.[399]

---

398) 김동희, 행정법Ⅱ, 457~458면.

399) 2016년 도시계획현황통계 조사결과 「국토계획법」에 의한 용도지역상 전국토의 면적은 106,059.8㎢로서 그 중 도시지역 면적은 17,609.5㎢로 전체면적의 약 16.6%를 차지하는 것으로 조사되었다. 또한 용도지역 기준으로 우리나라의 총인구 5,170만여 명 중 4,747만여 명이 도시지역(91.82%)에 거주하고 있는 것으로 조사되었다. 전체 용도지역별 면적은 106,059.8㎢로, 농림지역 49,285.4㎢(46.47%), 관리지역 27,206.5㎢(25.65%), 도시지역 17,609.5㎢(16.60%), 자연환경보전지역 11,958.4㎢(11.28%)로 조사되었으며, 도시지역[17,609.5㎢]은 주거지역 2,646.9㎢(15.03%), 상업지역 330.9㎢(1.88%), 공업지역 1,166.8㎢(6.63%), 녹지지역 12,625.7㎢(71.70%), 미지정지역 839.2㎢(4.77%)로 나타났다.
"용도지역 미지정"이라 함은 도시지역, 관리지역, 농림지역 또는 자연환경보전지역으로 용도가 지정되지 아니한 지역을 말한다(법 제79조 제1항). 가령 「국토계획법」 제42조에 따라 항만법 등 개별 법률에 의한 구역 등으로 지정·고시된 지역은 「국토계획법」에 따른 도시지역으로 결정·고시된 것으로 보는데, 이러한 사업지구는 도시지역 내 계획 수립 이전까지 용도지역 미지정지역으로 분류한다(국토교통부 보도자료, 2017.8.29.).

2. 국토의 용도구분 및 용도지역별 관리 의무를 규정한 책무규정

국토는 토지의 이용실태 및 특성, 장래의 토지 이용 방향, 지역 간 균형발전 등을 고려하여 다음과 같은 용도지역으로 구분하며(법 제6조), 국가나 지방자치단체는 용도지역의 효율적인 이용 및 관리를 위하여 다음에서 정하는 바에 따라 그 용도지역에 관한 개발·정비 및 보전에 필요한 조치를 마련하여야 한다(법 제7조).

동 노력의무규정은 국가·지방자치단체에 대한 용도지역의 효율적인 이용 및 관리에 대한 책무규정으로 「국토계획법」의 총칙에서 규정하고 있다. 이러한 규정은 이에 반하는 행위를 위법·무효로 하는 법적 효과를 발생시키는 것이 아니라, 기본적으로 당사자의 임의적·자발적 이행을 기대하는 것이다.[400]

가. 도시지역: 인구와 산업이 밀집되어 있거나 밀집이 예상되어 그 지역에 대하여, 체계적인 개발·정비·관리·보전 등이 필요한 지역으로(법 제6조 제1호), 이 법 또는 관계 법률에서 정하는 바에 따라 그 지역이 체계적이고 효율적으로 개발·정비·보전될 수 있도록 미리 계획을 수립하고 그 계획을 시행하여야 한다(법 제7조 제1호).

나. 관리지역: 도시지역의 인구와 산업을 수용하기 위하여 도시지역에 준하여 체계적으로 관리하거나, 농림업의 진흥, 자연환경 또는 산림의 보전을 위하여 농림지역 또는 자연환경보전지역에 준하여 관리할 필요가 있는 지역으로(법 제6조 제2호), 이 법 또는 관계 법률에서 정하는 바에 따라 필요한 보전조치를 취하고 개발이 필요한 지역에 대하여는 계획적인 이용과 개발을 도모하여야 한다(법 제7조 제2호).

다. 농림지역: 도시지역에 속하지 아니하는 「농지법」에 따른 농업진흥지역 또는 「산지관리법」에 따른 보전산지 등으로서 농림업을 진흥시키고 산림을 보전하기 위하여 필요한 지역으로(법 제6조 제3호),[401] 이 법 또는 관계 법률에서 정하는 바에 따라 농림업의 진흥과 산림의 보전·육성에 필요한 조사와 대책을 마련하여야 한다(법 제7조 제3호).

라. 자연환경보전지역: 자연환경·수자원·해안·생태계·상수원 및 문화재의 보전과 수산자원의 보호·육성 등을 위하여 필요한 지역으로(법 제6조 제4호),[402] 이 법 또는 관계 법률에서 정하는 바에 따라 환경오염 방지, 자연환경·수질·수자원·해안·생태계 및 문화재의 보전과 수산자원의 보호·육성을 위하여 필요한 조사와 대책을 마련하여야 한다(법 제7조 제4호).

---

400) 박영도, 입법학입문, 528~529면.
401) 전체 용도지역 지정면적의 46.47%를 점하고 있다(국토교통부, 2016 국토의 계획 및 이용에 관한 연차보고서, 23면).
402) 시·도에 육지부 7,043.8㎢와 해면부 4,906.3㎢가 지정되어 있어 전체 용도지역 지정면적의 11.28%를 차지하고 있다(국토교통부, 2016 국토의 계획 및 이용에 관한 연차보고서, 23면).

3. 용도지역의 구분 및 세분 지정

국토교통부장관, 시·도지사 또는 대도시 시장은 다음 각 호[1. 도시지역(가. 주거지역, 나. 상업지역, 다. 공업지역, 라. 녹지지역) 2. 관리지역(가. 보전관리지역, 나. 생산관리지역, 다. 계획관리지역) 3. 농림지역, 4. 자연환경보전지역]의 어느 하나에 해당하는 용도지역의 지정 또는 변경을 도시·군관리계획으로 결정한다(법 제36조 제1항).

국토교통부장관, 시·도지사 또는 대도시 시장은 **대통령령**으로 정하는 바에 따라 법 제36조 제1항 각호 및 같은 항 각 호 각 목의 용도지역을 도시·군관리계획결정으로 다시 세분하여 지정하거나 변경할 수 있다(법 36조 제2항). **국토교통부장관**, 시·도지사 또는 대도시의 시장(이하 "대도시 시장"이라 한다)은 법 제36조 제2항에 따라 도시·군관리계획결정으로 주거지역·상업지역·공업지역 및 녹지지역을 다음 각 호와 같이 세분하여 지정할 수 있다(영 제30조 제1항).

시·도지사 또는 대도시 시장은 해당 시·도 또는 대도시의 도시·군계획**조례**로 정하는 바에 따라 도시·군관리계획결정으로 영 제30조 제1항에 따라 세분된 주거지역·상업지역·공업지역·녹지지역을 추가적으로 세분하여 지정할 수 있다(영 제30조 제2항).

가. 도시지역

도시지역은 주거지역·상업지역·공업지역·녹지지역으로 구분하여 지정한다(법 제36조 제1항 제1호).[403]

(1) 주거지역(법 제36조 제1항 제1호 가목)

주거지역은 거주의 안녕과 건전한 생활환경의 보호를 위하여 필요한 지역을 말한다. 주거지역은 도시·군관리계획결정으로 다음과 같이 세분하여 지정할 수 있다(영 제30조 제1항)

(가) 전용주거지역: 양호한 주거환경을 보호하기 위하여 필요한 지역

① **제1종전용주거지역**: **단독주택 중심**의 양호한 주거환경을 보호하기 위하여 필요한 지역

② **제2종전용주거지역**: 공동주택 중심의 양호한 주거환경을 보호하기 위하여 필요한 지역

(나) 일반주거지역: 편리한 주거환경을 조성하기 위하여 필요한 지역

① **제1종일반주거지역**: **저층주택을 중심**으로 편리한 주거환경을 조성하기 위하여 필요한 지역

② **제2종일반주거지역**: **중층주택을 중심**으로 편리한 주거환경을 조성하기 위하여 필요한 지역

③ **제3종일반주거지역**: **중고층**주택을 중심으로 편리한 주거환경을 조성하기 위하여 필요한 지역

(다) 준주거지역: **주거기능**을 **위주**로 이를 **지원**하는 일부 **상업기능 및 업무기능**을 보완하기 위하여 필요한 지역

---

403) 전국적으로 육지부 16,813.7㎢와 해면부 800.0㎢ 등 총 17,613.7㎢가 지정되어 있어 전체 용도지역 지정면적의 16.60%를 차지하고 있다(국토교통부, 2016 국토의 계획 및 이용에 관한 연차보고서, 22면).

(2) 상업지역(법 제36조 제1항 제1호 나목)

상업지역은 상업이나 그 밖의 업무의 편익을 증진하기 위하여 필요한 지역을 말한다. 상업지역은 도시·군관리계획결정으로 다음과 같이 세분하여 지정될 수 있다(영 제30조 제1항)

　(가) 중심상업지역: 도심·부도심의 상업기능 및 업무기능의 확충을 위하여 필요한 지역

　(나) 일반상업지역: 일반적인 상업기능 및 업무기능을 담당하게 하기 위하여 필요한 지역

　(다) 근린상업지역: 근린지역에서의 일용품 및 서비스의 공급을 위하여 필요한 지역

　(라) 유통상업지역: 도시내 및 지역간 유통기능의 증진을 위하여 필요한 지역

(3) 공업지역(법 제36조 제1항 제1호 다목)

공업지역은 공업의 편익을 증진하기 위하여 필요한 지역을 말한다. 공업지역은 도시·군관리계획결정으로 다음과 같이 세분하여 지정할 수 있다(영 제30조 제1항)

　(가) 전용공업지역: 주로 중화학공업, 공해성 공업 등을 수용하기 위하여 필요한 지역

　(나) 일반공업지역: 환경을 저해하지 아니하는 공업의 배치를 위해 필요한 지역

　(다) 준공업지역: 경공업 그 밖의 공업을 수용하되, **주거기능·상업**기능 및 **업무**기능의 보완이 필요한 지역

(4) 녹지지역(법 제36조 제1항 제1호 라목)

녹지지역은 자연환경·농지 및 산림의 보호, 보건위생, 보안과 도시의 무질서한 확산을 방지하기 위하여 녹지의 보전이 필요한 지역을 말한다. 녹지지역은 도시·군관리계획결정으로 다음과 같이 세분하여 지정할 수 있다(영 제30조 제1항).

　(가) 보전녹지지역: 도시의 자연환경·경관·산림 및 녹지공간을 보전할 필요가 있는 지역

　(나) 생산녹지지역: 주로 농업적 생산을 위하여 개발을 유보할 필요가 있는 지역

　(다) 자연녹지지역: 도시의 녹지공간의 확보, 도시확산의 방지, 장래 도시용지의 공급 등을 위하여 보전할 필요가 있는 지역으로서 불가피한 경우에 한하여 제한적인 개발이 허용되는 지역

나. 관리지역

관리지역은 다음으로 구분하여 지정한다(법 제36조 제1항 제2호).[404]

　(1) 보전관리지역: 보전관리지역이라 함은 자연환경 보호, 산림 보호, 수질오염 방지, 녹지공간 확보 및 생태계 보전 등을 위하여 보전이 필요하나, 주변 용도지역과의 관계 등을 고려할 때 자연환경보전

---

404) 관리지역은 서울특별시와 부산광역시를 제외한 15개 시·도에 육지부 27,169.7㎢와 해면부 1.4㎢가 지정되어 있어 전체 용도지역 지정면적의 25.65%를 차지한다(국토교통부, 2016 국토의 계획 및 이용에 관한 연차보고서, 23면).

지역으로 지정하여 관리하기가 곤란한 지역을 말한다.

　(2) 생산관리지역: 생산관리지역이라 함은 <u>농업·임업·어업 생산 등을 위하여 관리가 필요하나, 주변 용도지역과의 관계 등을 고려할 때 농림지역으로 지정하여 관리하기가 곤란한 지역</u>을 말한다.

　(3) 계획관리지역: 계획관리지역이라 함은 <u>도시지역으로의 편입이 예상되는 지역이나 자연환경을 고려하여 제한적인 이용·개발을 하려는 지역으로서 계획적·체계적인 관리</u>가 필요한 지역을 말한다.

다. 농림지역

라. 자연환경보전지역

〈표 20〉 용도지역의 구분

지역(법 제6조 및 36조)		세분 (시행령 제30조)	지정목적
도시지역	주거 지역	전용주거(제1종, 제2종전용주거)	• 단독주택 중심의 양호한 주거환경 보호
			• 공동주택 중심의 양호한 주거환경 보호
		일반주거(제1종, 제2종, 제3종주거)	• 저층주택 중심의 주거환경 조성
			• 중층주택 중심의 주거환경 조성
			• 중고층주택 중심의 주거환경 조성
		준주거	• 주거기능에 상업 및 업무기능 보완
	상업 지역	중심상업	• 도심·부도심의 상업·업무기능 확충
		일반상업	• 일반적인 상업 및 업무기능 담당
		근린상업	• 근린지역의 일용품 및 서비스 공급
		유통사업	• 도시내 및 지역간 유통기능의 증진
	공업 지역	전용공업	• 중화학공업, 공해성 공업 등을 수용
		일반공업	• 환경을 저해하지 아니하는 공업의 배치
		준공업	• 경공업 수용 및 주·상·업무기능의 보완
	녹지 지역	보전녹지	• 도시의 자연환경·경관·산림 및 녹지공간 보전
		생산녹지	• 농·임·어업생산을 위해 필요, 농림지역으로 지정이 곤란한 경우
		자연녹지	• 도시지역 편입이 예상, 계획·체계적관리 필요
관리지역	보전관리지역		• 보전이 필요하나 자연환경보전지역으로 지정이 곤란한 경우
	생산관리지역		• 농·임·어업생산을 위해 필요, 농림지역으로 지정이 곤란한 경우
	계획관리지역		• 도시지역 편입이 예상, 계획·체계적관리 필요
농림지역			• 농림업의 진흥과 산림의 보전을 위하여 필요
자연환경 보전지역			• 자연환경등의 보전과 수산자원의 보호·육성

마. 공유수면매립지에 관한 용도지역의 지정

공유수면(바다만 해당한다)의 매립 목적이 그 매립구역과 이웃하고 있는 용도지역의 내용과 같으면, 법 제25조와 제30조에도 불구하고 도시·군관리계획의 입안 및 결정 절차 없이 그 매립준공구역은 그 매립의 준공인가일부터 이와 이웃하고 있는 용도지역으로 지정된 것으로 본다. 이 경우 관계 **특별시장·광역시장·특별자치시장·특별자치도지사·시장 또는 군수**는 그 사실을 지체 없이 고시하여야 한다(법 제41조 제1항).

공유수면의 매립 목적이 그 매립구역과 이웃하고 있는 용도지역의 내용과 다른 경우 및 그 매립구역이 둘 이상의 용도지역에 걸쳐 있거나 이웃하고 있는 경우, 그 매립구역이 속할 용도지역은 도시·군관리계획결정으로 지정하여야 한다(법 제41조 제2항).

관계 행정기관의 장은 「공유수면 관리 및 매립에 관한 법률」에 따른 공유수면 매립의 준공검사를 하면 **국토교통부령**으로 정하는 바에 따라 지체 없이 관계 **특별시장·광역시장·특별자치시장·특별자치도지사·시장 또는 군수**에게 통보하여야 한다(법 제41조 제3항).

바. 다른 법률에 따라 지정된 지역의 용도지역 지정 의제 및 환원

(1) 도시지역 지정의제 및 지정 전의 용도지역으로 환원

(가) 다음 각 호 1. 「항만법」제2조 제4호에 따른 **항만구역**으로서 도시지역에 연접한 공유수면, 2. 「어촌·어항법」제17조 제1항에 따른 **어항구역**으로서 도시지역에 연접한 공유수면, 3. 「산업입지법」제2조 제8호 가목부터 다목까지의 규정에 따른 **국가산업단지, 일반산업단지 및 도시첨단산업단지**, 4. 「택지개발촉진법」제3조에 따른 **택지개발지구**, 5. 「전원개발촉진법」제5조 및 같은 법 제11조에 따른 **전원개발사업구역 및 예정구역**(수력발전소 또는 송·변전설비만을 설치하기 위한 전원개발사업구역 및 예정구역은 제외한다)의 어느 하나의 구역은 이 법에 따른 **도시지역**으로 결정·고시된 것으로 본다(법 제42조 제1항). 이들 사업지구는 도시지역 내 계획 수립 이전까지 **용도지역 미지정**으로 분류한다.[405]

(나) 위 법 제42조 제1항에 따른 구역·단지·지구 등(이하 '구역등'이라 한다)이 **해제**되는 경우(개발사업의 완료로 해제되는 경우는 제외한다), 이 법 또는 다른 법률에서 그 구역등이 어떤 용도지역에 해당되는지를 따로 정하고 있지 아니한 경우에는 이를 지정하기 이전의 용도지역으로 **환원**된 것으로 본다. 이 경우 **지정권자**는 용도지역이 환원된 사실을 **대통령령**으로 정하는 바에 따라 고시하고, 그 지역을 관할하는 **특별시장·광역시장·특별자치시장·특별자치도지사·시장 또는 군수**에게 통보하여야 한다(법 제42조 제4항). 동 조항의 환원 규정과 관련하여 주목할 만한 다음의 법제처 법령해석이 있다.[406]

---

[405] 국토교통부 보도자료, "국토면적의 16.6%인 도시지역에 인구 91.82% 거주", 2017. 8. 29.

[406] 법제처는 「도시재정비특별법」제13조 제1항 제3호에 따르면 재정비촉진계획이 결정·고시되면 그 고시일에 「국토계획법」제30조에 따른 용도지역·용도지구의 변경에 관한 도시·군관리계획 결정을 받은 것으로 의제되는 바, 시·도지사가 「도시재정비특별법」제7조 제2항에 따라 **재정비촉진지구의 지정을 해제**하는 경우, 별도의 「국토계획법」

(다) 용도지역이 환원되는 당시 이미 사업이나 공사에 착수한 자(이 법 또는 다른 법률에 따라 허가·인가·승인 등을 받아야 하는 경우에는 그 허가·인가·승인 등을 받아 사업이나 공사에 착수한 자를 말한다)는 그 용도지역의 환원과 관계없이 그 사업이나 공사를 계속할 수 있다고 규정하고 있는바(법 제42조 제5항), 이 규정은 원칙적으로 특정 구역등의 지정 이전의 용도지역으로의 환원은 별도의「국토계획법」에 따른 도시관리계획의 결정·고시로 하여야 하나, 예외적으로 별도의 도시·군관리계획의 결정·고시가 없어도 특정 구역등의 지정 이전의 용도지역으로 환원된다고 보면서, 이미 사업이나 공사에 착수한 자의 신뢰이익을 보호하기 위한 취지의 규정으로 볼 수 있다.

(2) 농림지역·자연환경보전지역 지정의제

(가) **관리지역**에서 **「농지법」에 따른 농업진흥지역**으로 지정·고시된 지역은 이 법에 따른 **농림지역**으로, 관리지역의 산림 중 **「산지관리법」에 따라 보전산지**로 지정·고시된 지역은 그 고시에서 구분하는 바에 따라 이 법에 따른 **농림지역 또는 자연환경보전지역**으로 결정·고시된 것으로 본다(법 제42조 제2항).

(나) 용도지역의 변경은 원칙적으로 법 제30조 제5항의 도시·군관리계획의 변경절차를 거쳐야 하지만, 그에 대한 예외 규정으로 법 제42조 제1항·제2항 및 제4항 용도지역 등의 지정의제 규정에 따른다. 따라서 예외규정에 없는 것들은 당연히 원칙규정인 법 제30조 제5항 도시·군관리계획의 변경절차를 거쳐야 한다. 법 제42조 제1항에서 구역 등으로 지정·고시된 지역의 도시지역으로 지정 의제되지만, 같은 조 제4항에서 구역 등이 해제되는 경우 환원 규정을 두었다. 이에 덧붙여 농업진흥지역·보전산지로 지정·고시된 지역이 해제되더라도 환원 규정의 예외라 할 수 있다. 이유는「농지법」상 농업진흥지역으로 지정·고시된 지역이 해제되더라도 이를 지정하기 전의 용도지역으로 본다는 규정이 없으므로, 원칙 규정인 법 제30조 제5항에 따라 도시·군관리계획의 변경절차를 밟아야 한다.[407]

에 따른 용도지역·용도지구의 변경에 관한 도시·군관리계획의 결정·고시가 없이도 재정비촉진지구 지정 이전의 용도지역·용도지구로 환원되는지 여부에 관한 법령해석에서, 법 제42조 제1항 각 호에 재정비촉진지구는 나열되어 있지 않기 때문에 지정하기 이전의 용도지역으로 환원된 것으로 볼 수 있는 근거가 없다 할 것이므로, 별도의「국토계획법」에 따른 도시·군관리계획의 결정·고시가 없는 한, 지정 이전의 용도지역·용도지구로 환원되지 아니한다고 해석하였다(법제처 법령해석 사례,「도시재정비특별법」제7조 등 관련, 안건번호: 11-0112, 회신일자: 2011. 4. 21.).

407) 법제처는, 농림지역에 준보전산지도 포함될 수 있는지에 대한 법령해석에서,「국토계획법」과「산지관리법」은 그 입법취지·규정사항 및 적용범위 등을 달리하므로,「산지관리법」상 준보전산지를「국토계획법」상 산림을 보전하기 위하여 필요한 지역으로 판단하여 농림지역으로 설정한다고 하여 상호 모순·저촉되는 것이라 할 수 없다. 특히, 문언상「국토계획법」제6조 제3호는 농림지역의 정의를 농업진흥지역 또는 보전산지 **"등"**으로서 농림업을 진흥시키고 산림을 보전하기 위하여 필요한 지역이라고 규정하여, 농업진흥지역이나 보전산지가 아닌 경우에도 용도지역의 목적 및 취지를 고려하여 농림지역으로 지정할 수 있는 여지를 두고 있다. 같은 조 제4항에서는 같은 조 제1항에 따라 도시지역으로 의제된 구역 등이 해제되는 경우 이 법 또는 다른 법률에서 그 구역 등이 어떤 용도지역에 해당되는지를 따로 정하고 있지 아니한 경우에는 이를 지정하기 이전의 용도지역으로 환원된 것으로 본다고 규정하고 있을 뿐, 같은 조 제2항에 따라 **농림지역으로 의제된 구역 등이 해제되는 경우** 이를 지정하기 이전의 용도지역으로 **환원된 것으로 본다는 규정이 없는 바**, 기존에 관리지역에 있던 준보전산지가 보전산지로 지정·고시됨으로써 농림지역으로 일단 의제된 경우에는, 사후에 보전산지에서 해제되어 다시 준보전산지로 된다고 하더라도, **용도지역을 변경하는 절차를 별도로 취하지 않는 이상 여전히 농림지역으로 남아있음을 전제**로 한다고 할 것

(3) 구역등의 지정사실 통보

관계 행정기관의 장은 법 제42조 제1항과 제2항에 해당하는 항만구역, 어항구역, 산업단지, 택지개발지구, 전원개발사업구역 및 예정구역, 농업진흥지역 또는 보전산지를 **지정**한 경우에는 **국토교통부령**으로 정하는 바에 따라 법 제32조에 따라 고시된 지형도면 또는 지형도에 그 지정 사실을 **표시**하여 그 지역을 관할하는 **특별시장·광역시장·특별자치시장·특별자치도지사·시장 또는 군수**에게 **통보**하여야 한다(법 제42조 제3항).

4. 용도지역에서의 행위제한

가. 개설

각 용도지역에서는 용도지역의 지정목적에 맞는 개발행위만이 허용되며 그 지정목적에 반하는 건축 등 행위는 제한된다. 용도지역 안에서의 행위제한 해당여부 판단에는 원칙상 행정청에게 재량이나 판단여지가 인정되지 않는다. 용도지역 안에서의 행위제한에는 건축제한, 건폐율, 용적률 제한 등이 있다. 이는 토지이용을 용이하게 하는 장점은 있지만 이러한 제한된 형태제한만으로는 용도지역의 지정목적이 충분하게 달성되지 못하는 문제가 있다고 지적하고 있다. 그리고 현행법상 행위제한은 원칙상 국가법령에 의해 법정되어 있어 지역에 따른 탄력적인 규제가 불가능하다는 문제가 있다. 다만, **조례**로 일정한 범위 내에서 지역특성에 따라 용도제한 및 형태제한을 자율적으로 정하도록 위임하고 있다.[408]

이며, 이 경우 「국토계획법」 제6조 제3호에 따른 농림지역 안에 「산지관리법」 제4조 제1항 제2호에 따른 준보전산지가 있는 경우가 발생한다. 따라서, 「국토계획법」 제6조 제3호에 따른 농림지역에 「산지관리법」 제4조 제1항 제2호에 따른 준보전산지도 포함될 수 있다고 해석하였다. 또한 농림지역에 농업진흥구역이나 농업보호구역이 해제된 구역이 포함될 수 있다(법제처 법령해석 사례, 「국토계획법」 제6조 등 관련, 안건번호: 13-0115, 회신일자: 2013. 5. 7.). 그러나 국토교통부·한국감정원, 「2018년 표준지공시지가 조사·평가 업무요령」 57면은 위 법제처 해석에 배치되며, 「국토계획법」 제42조 제1항·제2항 및 제4항을 오해한 것이라 볼 수 있다. 그 이유는 법의 반대해석에 대한 오류를 범한 것으로 보인다. 법의 해석은 법의 적용에 있어서 그 규정의 내용 또는 의미를 확정하는 것으로, 법의 근본취지를 발견하는 것이다. 법해석 기술의 하나에 해당하는 반대해석은 ① 일정한 법명제로부터 반대명제를 이끌어 내는 해석기술을 말한다. 가령 민법 제184조 제1항에 따르면 "소멸시효의 이익은 미리 포기하지 못한다"라고 규정하고 있다. 따라서 시효완성 후의 포기는 허용된다는 반대해석을 할 수 있다(박상기외 12인, 법학개론, 박영사, 2018, 42면). ② 법문에 일정한 사항이 규정되어 있는 경우에 그 반대의 것은 그 법이 규정한 것과 반대로 해석하는 것을 말한다. 가령 '차마통행금지'라는 푯말이 붙어 있는 경우에 그 어구에서는 '차마'로 표시되어 있으므로 사람은 통행할 수 있다고 해석하는 것과 같다(네이버 지식백과). ③ 어떤 법률요건에 일정한 법률효과가 결부되어 있는 경우에, 이 요건과 유사하지 않는 다른 요건에 대해서는 같은 법률효과가 결부될 수 없다고 새기는 것으로 전제조건의 상위로부터 법률효과의 상위를 이끌어 내는 추론방법인데, 가령 「민법」 제105조는 임의규정 위반은 유효하다는 규정이나, 반대해석으로 강행규정에 위반된 법률행위의 무효를 도출하는 것이다(지원림, 민법강의, 홍문당, 2011, 28면).

408) 박균성, 행정법론(하), 738면.

나. 용도지역 및 용도지구에서의 건축물의 건축제한

(1) **종래**까지는 용도지역에서 허용되는 용도를 규정하는 **포지티브(positve)** 방식(**원칙적 금지**·예외적 허용―적극적 방식)이었으나, 2014. 1. 14. 개정법 시행령에서 산업의 변화 등에 신속하게 대응하는 데 한계가 있어서, 준주거지역·상업지역·준공업지역과 비도시지역 중 중소기업의 입지수요가 높은 계획관리지역에 대해서는 건축을 할 수 없는 건축물을 제한적으로 열거하여 네거티브(negative) 방식 (원칙적 허용·예외적 금지―소극적 방식)으로 전환했다.[409]

용도지역	규정방식
1. 제1종전용주거지역안에서 건축할 수 있는 건축물	포지티브(positve) 방식
2. 제2종전용주거지역안에서 건축할 수 있는 건축물	"
3. 제1종일반주거지역안에서 건축할 수 있는 건축물	"
4. 제2종일반주거지역안에서 건축할 수 있는 건축물	"
5. 제3종일반주거지역안에서 건축할 수 있는 건축물	"
6. **준주거지역**안에서 건축할 수 없는 건축물	**네거티브(negative) 방식**
7. **중심상업지역**안에서 건축할 수 없는 건축물	"
8. **일반상업지역**안에서 건축할 수 없는 건축물	"
9. **근린상업지역**안에서 건축할 수 없는 건축물	"
10. **유통상업지역**안에서 건축할 수 없는 건축물	"
11. 전용공업지역안에서 건축할 수 있는 건축물	포지티브(positve) 방식
12. 일반공업지역안에서 건축할 수 있는 건축물	"
13. **준공업지역**안에서 건축할 수 없는 건축물	**네거티브(negative) 방식**
14. 보전녹지지역안에서 건축할 수 있는 건축물	포지티브(positve) 방식
15. 생산녹지지역안에서 건축할 수 있는 건축물	"
16. 자연녹지지역안에서 건축할 수 있는 건축물	"
17. 보전관리지역안에서 건축할 수 있는 건축물	"
18. 생산관리지역안에서 건축할 수 있는 건축물	"
19. **계획관리지역**안에서 건축할 수 없는 건축물	**네거티브(negative) 방식**
20. 농림지역안에서 건축할 수 있는 건축물	포지티브(positve) 방식
21. 자연환경보전지역안에서 건축할 수 있는 건축물	"

법 제36조에 따라 지정된 용도지역에서의 건축물이나 그 밖의 시설의 용도·종류 및 규모 등의 제한에 관한 사항은 **대통령령**으로 정하도록 하고 있다(법 제76조 제1항). 법률차원에서 용도지역의 개념과 허용되는 용도의 대강을 정하는 작업은 도시계획 자체의 정당성을 담보해 주고 개별 건축주들에게 도시계획의 구속성을 설득하는 중요한 기능을 한다. 따라서 형식적 의미의 법률에 담는 작업의 필요성이

---

409) 윤혁경, 건축법·조례 해설, 기문당, 2018, 1-1155면.

제기된다.[410] 한편, 법 제76조 제2항에 따라 지정된 용도지구에서의 건축제한은 "용도지구에서의 행위제한"에서 설명하는 것이 좋겠다.

법 제76조 제1항에 따른 용도지역안에서의 건축물의 용도·종류 및 규모 등의 제한(이하 "건축제한"이라 한다)은 다음 각 호와 같다(영 제71조 제1항).

영 제71조 제1항의 규정에 의한 건축제한을 적용함에 있어서 부속건축물에 대하여는 주된 건축물에 대한 건축제한에 의한다(영 제71조 제2항).

영 제71조 제1항에도 불구하고 「건축령」 [별표 1]에서 정하는 건축물 중 다음 각 호 1. 2012년 1월 20일 이후에 「건축령」 [별표 1]에서 새로이 규정하는 건축물일 것, 2. [별표 2]부터 [별표 22]까지의 규정에서 정하지 아니한 건축물일 것의 요건을 모두 충족하는 건축물의 종류 및 규모 등의 제한에 관하여는 해당 특별시·광역시·특별자치시·특별자치도·시 또는 군의 도시·군계획**조례**로 따로 정할 수 있다(영 제71조 제3항).

[별표 2] 제1종전용주거지역안에서 건축할 수 있는 건축물: 영 제71조 제1항 제1호

1. 건축할 수 있는 건축물
   가. 「건축령」 별표 1 제1호의 단독주택(**다가구주택을 제외**한다)
   나. 「건축령」 별표 1 제3호 가목부터 바목까지 및 사목(공중화장실·대피소, 그 밖에 이와 비슷한 것 및 지역아동센터는 제외한다)의 제1종 근린생활시설로서 해당 용도에 쓰이는 바닥면적의 합계가 1천제곱미터 미만인 것
2. 도시·군계획**조례**가 정하는 바에 의하여 건축할 수 있는 건축물
   가. 「건축령」 별표 1 제1호의 단독주택 중 다가구주택
   나. 「건축령」 별표 1 제2호의 공동주택 중 연립주택 및 다세대주택
   다. 「건축령」 별표 1 제3호 사목(공중화장실·대피소, 그 밖에 이와 비슷한 것 및 지역아동센터만 해당한다) 및 아목에 따른 제1종 근린생활시설로서 해당 용도에 쓰이는 바닥면적의 합계가 1천제곱미터 미만인 것
   라. 「건축령」 별표 1 제4호의 제2종 근린생활시설 중 종교집회장
   마. 「건축령」 별표 1 제5호의 문화 및 집회시설 중 같은 호 라목[박물관, 미술관, 체험관(「건축령」 제2조 제16호에 따른 한옥으로 건축하는 것만 해당한다) 및 기념관에 한정한다]에 해당하는 것으로서 그 용도에 쓰이는 바닥면적의 합계가 1천제곱미터 미만인 것
   바. 「건축령」 별표 1 제6호의 종교시설에 해당하는 것으로서 그 용도에 쓰이는 바닥면적의 합계가 1천제곱미터 미만인 것
   사. 「건축령」 별표 1 제10호의 교육연구시설 중 유치원·초등학교·중학교 및 고등학교
   아. 「건축령」 별표 1 제11호의 노유자시설
   자. 「건축령」 별표 1 제20호의 자동차관련시설 중 주차장

[별표 3] 제2종전용주거지역안에서 건축할 수 있는 건축물: 영 제71조 제1항 제2호

1. 건축할 수 있는 건축물
   가. 「건축령」 별표 1 제1호의 단독주택
   나. 「건축령」 별표 1 제2호의 **공동주택**
   다. 「건축령」 별표 1 제3호의 제1종 근린생활시설로서 당해 용도에 쓰이는 바닥면적의 합계가 1천제곱미터 미만인 것
2. 도시·군계획**조례**가 정하는 바에 의하여 건축할 수 있는 건축물
   가. 「건축령」 별표 1 제4호의 제2종 근린생활시설 중 종교집회장

---

410) 김종보, 건설법(제5판), 257면.

> 나. 「건축령」 별표 1 제5호의 문화 및 집회시설 중 같은 호 라목[박물관, 미술관, 체험관(「건축령」 제2조제16호에 따른 한옥으로 건축하는 것만 해당한다) 및 기념관에 한정한다]에 해당하는 것으로서 그 용도에 쓰이는 바닥면적의 합계가 1천제곱미터 미만인 것
> 다. 「건축령」 별표 1 제6호의 종교시설에 해당하는 것으로서 그 용도에 쓰이는 바닥면적의 합계가 1천제곱미터 미만인 것
> 라. 「건축령」 별표 1 제10호의 교육연구시설 중 유치원·초등학교·중학교 및 고등학교
> 마. 「건축령」 별표 1 제11호의 노유자시설
> 바. 「건축령」 별표 1 제20호의 자동차관련시설 중 주차장

[별표 4] 제1종일반주거지역안에서 건축할 수 있는 건축물: 영 제71조 제1항 제3호

1. 건축할 수 있는 건축물[**4층 이하**(「주택법 시행령」 제10조 제1항 제2호에 따른 단지형 연립주택 및 같은 항 제3호에 따른 단지형 다세대주택인 경우에는 **5층 이하**를 말하며, 단지형 연립주택의 1층 전부를 필로티 구조로 하여 주차장으로 사용하는 경우에는 필로티 부분을 층수에서 제외하고, 단지형 다세대주택의 1층 바닥면적의 2분의 1 이상을 필로티 구조로 하여 주차장으로 사용하고 나머지 부분을 주택 외의 용도로 쓰는 경우에는 해당 층을 층수에서 제외한다. 이하 이 호에서 같다)**의 건축물만 해당**한다. 다만, 4층 이하의 범위에서 도시·군계획**조례**로 따로 층수를 정하는 경우에는 그 층수 이하의 건축물만 해당한다]
   가. 「건축령」 별표 1 제1호의 단독주택
   나. 「건축령」 별표 1 제2호의 공동주택(**아파트를 제외**한다)
   다. 「건축령」 별표 1 제3호의 제1종 근린생활시설
   라. 「건축령」 별표 1 제10호의 교육연구시설 중 유치원·초등학교·중학교 및 고등학교
   마. 「건축령」 별표 1 제11호의 노유자시설
2. 도시·군계획**조례**가 정하는 바에 의하여 건축할 수 있는 건축물(4층 이하의 건축물에 한한다. 다만, 4층 이하의 범위안에서 도시·군계획**조례**로 따로 층수를 정하는 경우에는 그 층수 이하의 건축물에 한한다)
   가. 「건축령」 별표 1 제4호의 제2종 근린생활시설(단란주점 및 안마시술소를 제외한다)
   나. 「건축령」 별표 1 제5호의 문화 및 집회시설(공연장 및 관람장을 제외한다)
   다. 「건축령」 별표 1 제6호의 종교시설
   라. 「건축령」 별표 1 제7호의 판매시설 중 같은 호 나목 및 다목(일반게임제공업의 시설은 제외한다)에 해당하는 것으로서 해당용도에 쓰이는 바닥면적의 합계가 2천제곱미터 미만인 것(너비 15미터 이상의 도로로서 도시·군계획**조례**가 정하는 너비 이상의 도로에 접한 대지에 건축하는 것에 한한다)과 기존의 도매시장 또는 소매시장을 재건축하는 경우로서 인근의 주거환경에 미치는 영향, 시장의 기능회복 등을 감안하여 도시·군계획**조례**가 정하는 경우에는 해당용도에 쓰이는 바닥면적의 합계의 4배 이하 또는 대지면적의 2배 이하인 것
   마. 「건축령」 별표 1 제9호의 의료시설(격리병원을 제외한다)
   바. 「건축령」 별표 1 제10호의 교육연구시설 중 제1호 라목에 해당하지 아니하는 것
   사. 「건축령」 별표 1 제12호의 수련시설(유스호스텔의 경우 특별시 및 광역시 지역에서는 너비 15미터 이상의 도로에 20미터 이상 접한 대지에 건축하는 것에 한하며, 그 밖의 지역에서는 너비 12미터 이상의 도로에 접한 대지에 건축하는 것에 한한다)
   아. 「건축령」 별표 1 제13호의 운동시설(옥외 철탑이 설치된 골프연습장을 제외한다)
   자. 「건축령」 별표 1 제14호의 업무시설 중 오피스텔로서 그 용도에 쓰이는 바닥면적의 합계가 3천제곱미터 미만인 것
   차. 「건축령」 별표 1 제17호의 공장 중 인쇄업, 기록매체복제업, 봉제업(의류편조업을 포함한다), 컴퓨터 및 주변기기제조업, 컴퓨터 관련 전자제품조립업, 두부제조업, 세탁업의 공장 및 지식산업센터로서 다음의 어느 하나에 해당하지 아니하는 것
      (1) 「대기환경보전법」 제2조 제9호에 따른 특정대기유해물질이 같은 법 시행령 제11조 제1항 제1호에 따른 기준 이상으로 배출되는 것
      (2) 「대기환경보전법」 제2조 제11호에 따른 대기오염물질배출시설에 해당하는 시설로서 같은 법 시행령 별표 1에 따른 1종사업장 내지 4종사업장에 해당하는 것
      (3) 「물환경보전법」 제2조 제8호에 따른 특정수질유해물질이 같은 법 시행령 제31조 제1항 제1호에 따른

기준 이상으로 배출되는 것. 다만, 동법 제34조에 따라 폐수무방류배출시설의 설치허가를 받아 운영하는 경우를 제외한다.
　　(4) 「물환경보전법」 제2조 제10호에 따른 폐수배출시설에 해당하는 시설로서 같은 법 시행령 별표 13에 따른 제1종사업장부터 제4종사업장까지에 해당하는 것
　　(5) 「폐기물관리법」 제2조 제4호에 따른 지정폐기물을 배출하는 것
　　(6) 「소음·진동관리법」 제7조에 따른 배출허용기준의 2배 이상인 것
　카. 「건축령」 별표 1 제17호의 공장 중 떡 제조업 및 빵 제조업(이에 딸린 과자 제조업을 포함한다. 이하 같다)의 공장으로서 다음 요건을 모두 갖춘 것
　　(1) 해당 용도에 쓰이는 바닥면적의 합계가 1천제곱미터 미만일 것
　　(2) 「악취방지법」에 따른 악취배출시설인 경우에는 악취방지시설 등 악취방지에 필요한 조치를 하였을 것
　　(3) 차목(1)부터 (6)까지의 어느 하나에 해당하지 아니할 것. 다만, 도시·군계획**조례**로 「대기환경보전법」, 「물환경보전법」 및 「소음·진동관리법」에 따른 설치 허가·신고 대상 시설의 건축을 제한한 경우에는 그 건축제한시설에도 해당하지 아니하여야 한다.
　　(4) 해당 **특별시장·광역시장·특별자치시장·특별자치도지사·시장 또는 군수**가 해당 지방도시계획위원회의 심의를 거쳐 인근의 주거환경 등에 미치는 영향 등이 적다고 인정하였을 것
　타. 「건축령」 별표 1 제18호의 창고시설
　파. 「건축령」 별표 1 제19호의 위험물저장 및 처리시설 중 주유소, 석유판매소, 액화가스 취급소·판매소, 도료류 판매소, 「대기환경보전법」에 따른 저공해자동차의 연료공급시설, 시내버스차고지에 설치하는 액화석유가스 충전소 및 고압가스충전·저장소
　하. 「건축령」 별표 1 제20호의 자동차관련시설 중 주차장 및 세차장
　거. 「건축령」 별표 1 제21호의 동물 및 식물관련시설 중 화초 및 분재 등의 온실
　너. 「건축령」 별표 1 제23호의 교정 및 국방·군사시설
　더. 「건축령」 별표 1 제24호의 방송통신시설
　러. 「건축령」 별표 1 제25호의 발전시설
　머. 「건축령」 별표 1 제29호의 야영장 시설

[별표 5] 제2종일반주거지역안에서 건축할 수 있는 건축물: 영 제71조 제1항 제4호

1. 건축할 수 있는 건축물(경관관리 등을 위하여 도시·군계획**조례**로 건축물의 층수를 제한하는 경우에는 그 층수 이하의 건축물로 한정한다)
　가. 「건축령」 별표 1 제1호의 단독주택
　나. 「건축령」 별표 1 제2호의 **공동주택**
　다. 「건축령」 별표 1 제3호의 제1종 근린생활시설
　라. 「건축령」 별표 1 제6호의 종교시설
　마. 「건축령」 별표 1 제10호의 교육연구시설 중 유치원·초등학교·중학교 및 고등학교
　바. 「건축령」 별표 1 제11호의 노유자시설
2. 도시·군계획**조례**가 정하는 바에 따라 건축할 수 있는 건축물(경관관리 등을 위하여 도시·군계획**조례**로 건축물의 층수를 제한하는 경우에는 그 층수 이하의 건축물로 한정한다)
　가. 「건축령」 별표 1 제4호의 제2종 근린생활시설(단란주점 및 안마시술소를 제외한다)
　나. 「건축령」 별표 1 제5호의 문화 및 집회시설(관람장을 제외한다)
　다. 「건축령」 별표 제7호의 판매시설 중 같은 호 나목 및 다목(일반게임제공업의 시설은 제외한다)에 해당하는 것으로서 당해 용도에 쓰이는 바닥면적의 합계가 2천제곱미터 미만인 것(너비 15미터 이상의 도로로서 도시·군계획**조례**가 정하는 너비 이상의 도로에 접한 대지에 건축하는 것에 한한다)과 기존의 도매시장 또는 소매시장을 재건축하는 경우로서 인근의 주거환경에 미치는 영향, 시장의 기능회복 등을 감안하여 도시·군계획**조례**가 정하는 경우에는 당해 용도에 쓰이는 바닥면적의 합계의 4배 이하 또는 대지면적의 2배 이하인 것
　라. 「건축령」 별표 1 제9호의 의료시설(격리병원을 제외한다)
　마. 「건축령」 별표 1 제10호의 교육연구시설 중 제1호 마목에 해당하지 아니하는 것
　바. 「건축령」 별표 1 제12호의 수련시설(유스호스텔의 경우 특별시 및 광역시 지역에서는 너비 15미터 이상의

도로에 20미터 이상 접한 대지에 건축하는 것에 한하며, 그 밖의 지역에서는 너비 12미터 이상의 도로에 접한 대지에 건축하는 것에 한한다)
사. 「건축령」 별표 1 제13호의 운동시설
아. 「건축령」 별표 1 제14호의 업무시설 중 오피스텔·금융업소·사무소 및 동호 가목에 해당하는 것으로서 해당 용도에 쓰이는 바닥면적의 합계가 3천제곱미터 미만인 것
자. 별표 4 제2호 차목 및 카목의 공장
차. 「건축령」 별표 1 제18호의 창고시설
카. 「건축령」 별표 1 제19호의 위험물저장 및 처리시설 중 주유소, 석유판매소, 액화가스 취급소·판매소, 도료류판매소, 「대기환경보전법」에 따른 저공해자동차의 연료공급시설, 시내버스차고지에 설치하는 액화석유가스충전소 및 고압가스충전·저장소
타. 「건축령」 별표 1 제20호의 자동차관련시설 중 동호 아목에 해당하는 것과 주차장 및 세차장
파. 「건축령」 별표 1 제21호의 동물 및 식물관련시설 중 동호 마목 내지 아목에 해당하는 것
하. 「건축령」 별표 1 제23호의 교정 및 국방·군사시설
거. 「건축령」 별표 1 제24호의 방송통신시설
너. 「건축령」 별표 1 제25호의 발전시설
더. 「건축령」 별표 1 제29호의 야영장 시설

[별표 6] 제3종일반주거지역안에서 건축할 수 있는 건축물: 영 제71조 제1항 제5호

1. 건축할 수 있는 건축물
   가. 「건축령」 별표 1 제1호의 단독주택
   나. 「건축령」 별표 1 제2호의 **공동주택**
   다. 「건축령」 별표 1 제3호의 제1종 근린생활시설
   라. 「건축령」 별표 1 제6호의 종교시설
   마. 「건축령」 별표 1 제10호의 교육연구시설 중 유치원·초등학교·중학교 및 고등학교
   바. 「건축령」 별표 1 제11호의 노유자시설
2. 도시·군계획**조례**가 정하는 바에 의하여 건축할 수 있는 건축물
   가. 「건축령」 별표 1 제4호의 제2종 근린생활시설(단란주점 및 안마시술소를 제외한다)
   나. 「건축령」 별표 1 제5호의 문화 및 집회시설(관람장을 제외한다)
   다. 「건축령」 별표 1 제7호의 판매시설 중 같은 호 나목 및 다목(일반게임제공업의 시설은 제외한다)에 해당하는 것으로서 당해 용도에 쓰이는 바닥면적의 합계가 2천제곱미터 미만인 것(너비 15미터 이상의 도로로서 도시·군계획**조례**가 정하는 너비 이상의 도로에 접한 대지에 건축하는 것에 한한다)과 기존의 도매시장 또는 소매시장을 재건축하는 경우로서 인근의 주거환경에 미치는 영향, 시장의 기능회복 등을 감안하여 도시·군계획**조례**가 정하는 경우에는 당해 용도에 쓰이는 바닥면적의 합계의 4배 이하 또는 대지면적의 2배 이하인 것
   라. 「건축령」 별표 1 제9호의 의료시설(격리병원을 제외한다)
   마. 「건축령」 별표 1 제10호의 교육연구시설 중 제1호 마목에 해당하지 아니하는 것
   바. 「건축령」 별표 1 제12호의 수련시설(유스호스텔의 경우 특별시 및 광역시 지역에서는 너비 15미터 이상의 도로에 20미터 이상 접한 대지에 건축하는 것에 한하며, 그 밖의 지역에서는 너비 12미터 이상의 도로에 접한 대지에 건축 하는 것에 한한다)
   사. 「건축령」 별표 1 제13호의 운동시설
   아. 「건축령」 별표 1 제14호의 업무시설로서 그 용도에 쓰이는 바닥면적의 합계가 3천제곱미터 이하인 것
   자. 별표 4 제2호 차목 및 카목의 공장
   차. 「건축령」 별표 1 제18호의 창고시설
   카. 「건축령」 별표 1 제19호의 위험물저장 및 처리시설 중 주유소, 석유판매소, 액화가스 취급소·판매소, 도료류판매소, 「대기환경보전법」에 따른 저공해자동차의 연료공급시설, 시내버스차고지에 설치하는 액화석유가스충전소 및 고압가스충전·저장소
   타. 「건축령」 별표 1 제20호의 자동차관련시설 중 동호 아목에 해당하는 것과 주차장 및 세차장
   파. 「건축령」 별표 1 제21호의 동물 및 식물관련시설 중 동호 마목 내지 아목에 해당하는 것

> 하. 「건축령」 별표 1 제23호의 교정 및 국방·군사시설
> 거. 「건축령」 별표 1 제24호의 방송통신시설
> 너. 「건축령」 별표 1 제25호의 발전시설
> 더. 「건축령」 별표 1 제29호의 야영장 시설

[별표 7] 준주거지역안에서 건축할 수 없는 건축물: 영 제71조 제1항 제6호

1. 건축할 수 없는 건축물
   가. 「건축령」 별표 1 제4호의 제2종 근린생활시설 중 단란주점
   나. 「건축령」 별표 1 제7호의 판매시설 중 같은 호 다목의 일반게임제공업의 시설
   다. 「건축령」 별표 1 제9호의 의료시설 중 격리병원
   라. 「건축령」 별표 1 제15호의 숙박시설(생활숙박시설로서 공원·녹지 또는 지형지물에 의하여 주택 밀집지역과 차단되거나 주택 밀집지역으로부터 도시·군계획**조례**로 정하는 거리 밖에 있는 대지에 건축하는 것은 제외한다)
   마. 「건축령」 별표 1 제16호의 위락시설
   바. 「건축령」 별표 1 제17호의 공장으로서 별표 4 제2호 차목(1)부터 (6)까지의 어느 하나에 해당하는 것
   사. 「건축령」 별표 1 제19호의 위험물 저장 및 처리 시설 중 시내버스차고지 외의 지역에 설치하는 액화석유가스 충전소 및 고압가스 충전소·저장소(「환경친화적 자동차의 개발 및 보급 촉진에 관한 법률」 제2조 제9호의 **수소연료공급시설은 제외**한다)
   아. 「건축령」 별표 1 제20호의 자동차 관련 시설 중 폐차장
   자. 「건축령」 별표 1 제21호의 동물 및 식물 관련 시설 중 축사·도축장·도계장
   차. 「건축령」 별표 1 제22호의 자원순환 관련 시설
   카. 「건축령」 별표 1 제26호의 묘지 관련 시설
2. 지역 여건 등을 고려하여 도시·군계획**조례**로 정하는 바에 따라 건축할 수 없는 건축물
   가. 「건축령」 별표 1 제4호의 제2종 근린생활시설 중 안마시술소
   나. 「건축령」 별표 1 제5호의 문화 및 집회시설(공연장 및 전시장은 제외한다)
   다. 「건축령」 별표 1 제7호의 판매시설
   라. 「건축령」 별표 1 제8호의 운수시설
   마. 「건축령」 별표 1 제15호의 숙박시설 중 생활숙박시설로서 공원·녹지 또는 지형지물에 의하여 주택 밀집지역과 차단되거나 주택 밀집지역으로부터 도시·군계획**조례**로 정하는 거리 밖에 있는 대지에 건축하는 것
   바. 「건축령」 별표 1 제17호의 공장(제1호 바목에 해당하는 것은 제외한다.)
   사. 「건축령」 별표 1 제18호의 창고시설
   아. 「건축령」 별표 1 제19호의 위험물 저장 및 처리 시설(제1호 사목에 해당하는 것은 제외한다)
   자. 「건축령」 별표 1 제20호의 자동차 관련 시설(제1호 아목에 해당하는 것은 제외한다)
   차. 「건축령」 별표 1 제21호의 동물 및 식물 관련 시설(제1호 자목에 해당하는 것은 제외한다)
   카. 「건축령」 별표 1 제23호의 교정 및 군사 시설
   타. 「건축령」 별표 1 제25호의 발전시설
   파. 「건축령」 별표 1 제27호의 관광 휴게시설
   하. 「건축령」 별표 1 제28호의 장례시설

[별표 8] 중심상업지역안에서 건축할 수 없는 건축물: 영 제71조 제1항 제7호

1. 건축할 수 없는 건축물
   가. 「건축령」 별표 1 제1호의 **단독주택**(다른 용도와 복합된 것은 제외한다)
   나. 「건축령」 별표 1 제2호의 **공동주택**[공동주택과 주거용 외의 용도가 복합된 건축물(다수의 건축물이 일체적으로 연결된 하나의 건축물을 포함한다)로서 공동주택 부분의 면적이 연면적의 합계의 90퍼센트(도시·군계획**조례**로 90퍼센트 미만의 범위에서 별도로 비율을 정한 경우에는 그 비율) **미만인 것은 제외**한다]
   다. 「건축령」 별표 1 제15호의 숙박시설 중 일반숙박시설 및 생활숙박시설. 다만, 다음의 일반숙박시설 또는

생활숙박시설은 제외한다.

　(1) 공원·녹지 또는 지형지물에 따라 주거지역과 차단되거나 주거지역으로부터 도시·군계획**조례**로 정하는 거리 밖에 있는 대지에 건축하는 일반숙박시설

　(2) 공원·녹지 또는 지형지물에 따라 준주거지역 내 주택 밀집지역, 전용주거지역 또는 일반주거지역과 차단되거나 준주거지역 내 주택 밀집지역, 전용주거지역 또는 일반주거지역으로부터 도시·군계획**조례**로 정하는 거리 밖에 있는 대지에 건축하는 생활숙박시설

라. 「건축령」 별표 1 제16호의 위락시설(공원·녹지 또는 지형지물에 따라 주거지역과 차단되거나 주거지역으로부터 도시·군계획**조례**로 정하는 거리 밖에 있는 대지에 건축하는 것은 제외한다)

마. 「건축령」 별표 1 제17호의 <u>공장</u>(제2호 바목에 해당하는 것은 제외한다)

바. 「건축령」 별표 1 제19호의 위험물 저장 및 처리 시설 중 시내버스차고지 외의 지역에 설치하는 <u>액화석유가스 충전소 및 고압가스 충전소·저장소</u>(「환경친화적 자동차의 개발 및 보급 촉진에 관한 법률」 제2조제9호의 <u>수소연료공급시설은 제외한다</u>)

사. 「건축령」 별표 1 제20호의 자동차 관련 시설 중 <u>폐차장</u>

아. 「건축령」 별표 1 제21호의 <u>동물 및 식물 관련 시설</u>

자. 「건축령」 별표 1 제22호의 <u>자원순환 관련 시설</u>

차. 「건축령」 별표 1 제26호의 <u>묘지 관련 시설</u>

2. 지역 여건 등을 고려하여 **도시·군계획조례**로 정하는 바에 따라 건축할 수 없는 건축물

가. 「건축령」 별표 1 제1호의 단독주택 중 다른 용도와 복합된 것

나. 「건축령」 별표 1 제2호의 공동주택(제1호나목에 해당하는 것은 제외한다)

다. 「건축령」 별표 1 제9호의 의료시설 중 격리병원

라. 「건축령」 별표 1 제10호의 교육연구시설 중 학교

마. 「건축령」 별표 1 제12호의 수련시설

바. 「건축령」 별표 1 제17호의 공장 중 출판업·인쇄업·금은세공업 및 기록매체복제업의 공장으로서 별표 4 제2호차목(1)부터 (6)까지의 어느 하나에 해당하지 않는 것

사. 「건축령」 별표 1 제18호의 창고시설

아. 「건축령」 별표 1 제19호의 위험물 저장 및 처리시설(제1호 바목에 해당하는 것은 제외한다)

자. 「건축령」 별표 1 제20호의 자동차 관련 시설 중 같은 호 나목 및 라목부터 아목까지에 해당하는 것

차. 「건축령」 별표 1 제23호의 교정 및 군사 시설(국방·군사시설은 제외한다)

카. 「건축령」 별표 1 제27호의 관광 휴게시설

타. 「건축령」 별표 1 제28호의 장례시설

파. 「건축령」 별표 1 제29호의 야영장 시설

[별표 9] 일반상업지역안에서 건축할 수 <u>없는</u> 건축물: 영 제71조 제1항 제8호

1. 건축할 수 없는 건축물

가. 「건축령」 별표 1 제15호의 <u>숙박시설 중 일반숙박시설 및 생활숙박시설</u>. 다만, 다음의 일반숙박시설 또는 생활숙박시설은 제외한다.

　(1) 공원·녹지 또는 지형지물에 따라 주거지역과 차단되거나 주거지역으로부터 도시·군계획**조례**로 정하는 거리 밖에 있는 대지에 건축하는 일반숙박시설

　(2) 공원·녹지 또는 지형지물에 따라 준주거지역 내 주택 밀집지역, 전용주거지역 또는 일반주거지역과 차단되거나 준주거지역 내 주택 밀집지역, 전용주거지역 또는 일반주거지역으로부터 도시·군계획**조례**로 정하는 거리 밖에 있는 대지에 건축하는 생활숙박시설

나. 「건축령」 별표 1 <u>제16호의 위락시설</u>(공원·녹지 또는 지형지물에 따라 주거지역과 차단되거나 주거지역으로부터 도시·군계획**조례**로 정하는 거리 밖에 있는 대지에 건축하는 것은 제외한다)

다. 「건축령」 별표 1 제17호의 공장으로서 별표 4 제2호 차목(1)부터 (6)까지의 어느 하나에 해당하는 것

라. 「건축령」 별표 1 제19호의 <u>위험물 저장 및 처리 시설 중 시내버스차고지 외의 지역에 설치하는 액화석유가스 충전소 및 고압가스 충전소·저장소</u>(「환경친화적 자동차의 개발 및 보급 촉진에 관한 법률」 제2조 제9호의 <u>수소연료공급시설은 제외한다</u>)

마. 「건축령」 별표 1 제20호의 자동차 관련 시설 중 폐차장

바. 「건축령」 별표 1 제21호의 동물 및 식물 관련 시설 중 같은 호 가목부터 라목까지에 해당하는 것

사. 「건축령」 별표 1 제22호의 자원순환 관련 시설

아. 「건축령」 별표 1 제26호의 묘지 관련 시설

2. 지역 여건 등을 고려하여 **도시·군계획조례**로 정하는 바에 따라 건축할 수 없는 건축물

　가. 「건축령」 별표 1 제1호의 단독주택

　나. 「건축령」 별표 1 제2호의 공동주택[공동주택과 주거용 외의 용도가 복합된 건축물(다수의 건축물이 일체적으로 연결된 하나의 건축물을 포함한다)로서 공동주택 부분의 면적이 연면적의 합계의 90퍼센트(도시·군계획**조례**로 90퍼센트 미만의 비율을 정한 경우에는 그 비율) 미만인 것은 제외한다]

　다. 「건축령」 별표 1 제12호의 수련시설

　라. 「건축령」 별표 1 제17호의 공장(제1호 다목에 해당하는 것은 제외한다)

　마. 「건축령」 별표 1 제19호의 위험물 저장 및 처리 시설(제1호 라목에 해당하는 것은 제외한다)

　바. 「건축령」 별표 1 제20호의 자동차 관련 시설 중 같은 호 라목부터 아목까지에 해당하는 것

　사. 「건축령」 별표 1 제21호의 동물 및 식물 관련 시설(제1호 바목에 해당하는 것은 제외한다)

　아. 「건축령」 별표 1 제23호의 교정 및 군사 시설(국방·군사시설은 제외한다)

　자. 「건축령」 별표 1 제29호의 야영장 시설

[별표 10] 근린상업지역안에서 건축할 수 없는 건축물: 영 제71조 제1항 제9호 영

1. 건축할 수 없는 건축물

　가. 「건축령」 별표 1 제9호의 의료시설 중 격리병원

　나. 「건축령」 별표 1 제15호의 숙박시설 중 일반숙박시설 및 생활숙박시설. 다만, 다음의 일반숙박시설 또는 생활숙박시설은 제외한다.

　　(1) 공원·녹지 또는 지형지물에 따라 주거지역과 차단되거나 주거지역으로부터 도시·군계획**조례**로 정하는 거리 밖에 있는 대지에 건축하는 일반숙박시설

　　(2) 공원·녹지 또는 지형지물에 따라 준주거지역 내 주택 밀집지역, 전용주거지역 또는 일반주거지역과 차단되거나 준주거지역 내 주택 밀집지역, 전용주거지역 또는 일반주거지역으로부터 도시·군계획**조례**로 정하는 거리 밖에 있는 대지에 건축하는 생활숙박시설

　다. 「건축령」 별표 1 제16호의 위락시설(공원·녹지 또는 지형지물에 따라 주거지역과 차단되거나 주거지역으로부터 도시·군계획**조례**로 정하는 거리 밖에 있는 대지에 건축하는 것은 제외한다)

　라. 「건축령」 별표 1 제17호의 공장으로서 별표 4 제2호 차목(1)부터 (6)까지의 어느 하나에 해당하는 것

　마. 「건축령」 별표 1 제19호의 위험물 저장 및 처리 시설 중 시내버스차고지 외의 지역에 설치하는 액화석유가스 충전소 및 고압가스 충전소·저장소(「환경친화적 자동차의 개발 및 보급 촉진에 관한 법률」 제2조제9호의 수소연료공급시설은 제외한다)

　바. 「건축령」 별표 1 제20호의 자동차 관련 시설 중 같은 호 다목부터 사목까지에 해당하는 것

　사. 「건축령」 별표 1 제21호의 동물 및 식물 관련 시설 중 같은 호 가목부터 라목까지에 해당하는 것

　아. 「건축령」 별표 1 제22호의 자원순환 관련 시설

　자. 「건축령」 별표 1 제26호의 묘지 관련 시설

2. 지역 여건 등을 고려하여 도시·군계획**조례**로 정하는 바에 따라 건축할 수 없는 건축물

　가. 「건축령」 별표 1 제2호의 공동주택[공동주택과 주거용 외의 용도가 복합된 건축물(다수의 건축물이 일체적으로 연결된 하나의 건축물을 포함한다)로서 공동주택 부분의 면적이 연면적의 합계의 90퍼센트(도시·군계획**조례**로 90퍼센트 미만의 범위에서 별도로 비율을 정한 경우에는 그 비율) 미만인 것은 제외한다]

　나. 「건축령」 별표 1 제5호의 문화 및 집회시설(공연장 및 전시장은 제외한다)

　다. 「건축령」 별표 1 제7호의 판매시설로서 그 용도에 쓰이는 바닥면적의 합계가 3천제곱미터 이상인 것

　라. 「건축령」 별표 1 제8호의 운수시설로서 그 용도에 쓰이는 바닥면적의 합계가 3천제곱미터 이상인 것

　마. 「건축령」 별표 1 제16호의 위락시설(제1호 다목에 해당하는 것은 제외한다)

　바. 「건축령」 별표 1 제17호의 공장(제1호 라목에 해당하는 것은 제외한다)

　사. 「건축령」 별표 1 제18호의 창고시설

> 아. 「건축령」 별표 1 제19호의 위험물 저장 및 처리 시설(제1호 마목에 해당하는 것은 제외한다)
> 자. 「건축령」 별표 1 제20호의 자동차 관련 시설 중 같은 호 아목에 해당하는 것
> 차. 「건축령」 별표 1 제21호의 동물 및 식물 관련 시설(제1호사목에 해당하는 것은 제외한다)
> 카. 「건축령」 별표 1 제23호의 교정 및 군사 시설
> 타. 「건축령」 별표 1 제25호의 발전시설
> 파. 「건축령」 별표 1 제27호의 관광 휴게시설

[별표 11] 유통상업지역안에서 건축할 수 없는 건축물: 영 제71조 제1항 제10호

1. 건축할 수 없는 건축물
   가. 「건축령」 별표 1 제1호의 단독주택
   나. 「건축령」 별표 1 제2호의 **공동주택**
   다. 「건축령」 별표 1 제9호의 의료시설
   라. 「건축령」 별표 1 제15호의 숙박시설 중 일반숙박시설 및 생활숙박시설. 다만, 다음의 일반숙박시설 또는 생활숙박시설은 제외한다.
     (1) 공원·녹지 또는 지형지물에 따라 주거지역과 차단되거나 주거지역으로부터 도시·군계획**조례**로 정하는 거리 밖에 있는 대지에 건축하는 일반숙박시설
     (2) 공원·녹지 또는 지형지물에 따라 준주거지역 내 주택 밀집지역, 전용주거지역 또는 일반주거지역과 차단되거나 준주거지역 내 주택 밀집지역, 전용주거지역 또는 일반주거지역으로부터 도시·군계획**조례**로 정하는 거리 밖에 있는 대지에 건축하는 생활숙박시설
   마. 「건축령」 별표 1 제16호의 **위락시설**(공원·녹지 또는 지형지물에 따라 주거지역과 차단되거나 주거지역으로부터 도시·군계획**조례**로 정하는 거리 밖에 있는 대지에 건축하는 것은 제외한다)
   바. 「건축령」 별표 1 제17호의 공장
   사. 「건축령」 별표 1 제19호의 위험물 저장 및 처리 시설 중 시내버스차고지 외의 지역에 설치하는 액화석유가스 충전소 및 고압가스 충전소·저장소(「환경친화적 자동차의 개발 및 보급 촉진에 관한 법률」 제2조제9호의 수소연료공급시설은 제외한다)
   아. 「건축령」 별표 1 제21호의 동물 및 식물 관련 시설
   자. 「건축령」 별표 1 제22호의 자원순환 관련 시설
   차. 「건축령」 별표 1 제26호의 묘지 관련 시설
2. 지역 여건 등을 고려하여 **도시·군계획조례**로 정하는 바에 따라 건축할 수 없는 건축물
   가. 「건축령」 별표 1 제4호의 제2종 근린생활시설
   나. 「건축령」 별표 1 제5호의 문화 및 집회시설(공연장 및 전시장은 제외한다)
   다. 「건축령」 별표 1 제6호의 종교시설
   라. 「건축령」 별표 1 제10호의 교육연구시설
   마. 「건축령」 별표 1 제11호의 노유자시설
   바. 「건축령」 별표 1 제12호의 수련시설
   사. 「건축령」 별표 1 제13호의 운동시설
   아. 「건축령」 별표 1 제15호의 숙박시설(제1호 라목에 해당하는 것은 제외한다)
   자. 「건축령」 별표 1 제16호의 위락시설(제1호 마목에 해당하는 것은 제외한다)
   차. 「건축령」 별표 1 제19호의 위험물 저장 및 처리시설(제1호 사목에 해당하는 것은 제외한다)
   카. 「건축령」 별표 1 제20호의 자동차 관련 시설(주차장 및 세차장은 제외한다)
   타. 「건축령」 별표 1 제23호의 교정 및 군사 시설
   파. 「건축령」 별표 1 제24호의 방송통신시설
   하. 「건축령」 별표 1 제25호의 발전시설
   거. 「건축령」 별표 1 제27호의 관광 휴게시설
   너. 「건축령」 별표 1 제28호의 장례시설
   더. 「건축령」 별표 1 제29호의 야영장 시설

[별표 12] 전용공업지역안에서 건축할 수 있는 건축물: 영 제71조 제1항 제11호

1. 건축할 수 있는 건축물
   가. 「건축령」 별표 1 제3호의 제1종 근린생활시설
   나. 「건축령」 별표 1 제4호의 제2종 근린생활시설[같은 호 아목·자목·타목(기원만 해당한다)·더목 및 러목은 제외한다]
   다. 「건축령」 별표 1 제17호의 공장
   라. 「건축령」 별표 1 제18호의 창고시설
   마. 「건축령」 별표 1 제19호의 위험물저장 및 처리시설
   바. 「건축령」 별표 1 제20호의 자동차관련시설
   사. 「건축령」 별표 1 제22호의 자원순환 관련 시설
   아. 「건축령」 별표 1 제25호의 발전시설
2. 도시·군계획**조례**가 정하는 바에 의하여 건축할 수 있는 건축물
   가. 「건축령」 별표 1 제2호의 공동주택 중 기숙사
   나. 「건축령」 별표 1 제4호의 제2종 근린생활시설 중 같은 호 아목·자목·타목(기원만 해당한다) 및 러목에 해당하는 것
   다. 「건축령」 별표 1 제5호의 문화 및 집회시설 중 산업전시장 및 박람회장
   라. 「건축령」 별표 1 제7호의 판매시설(해당전용공업지역에 소재하는 공장에서 생산되는 제품을 판매하는 경우에 한한다)
   마. 「건축령」 별표 1 제8호의 운수시설
   바. 「건축령」 별표 1 제9호의 의료시설
   사. 「건축령」 별표 1 제10호의 교육연구시설 중 직업훈련소(「근로자직업능력 개발법」 제2조 제3호에 따른 직업능력개발훈련시설과 그 밖에 동법 제32조에 따른 직업능력개발훈련법인이 직업능력개발훈련을 실시하기 위하여 설치한 시설에 한한다)·학원(기술계학원에 한한다) 및 연구소(공업에 관련된 연구소, 「고등교육법」에 따른 기술대학에 부설되는 것과 공장대지 안에 부설되는 것에 한한다)
   아. 「건축령」 별표 1 제11호의 노유자시설
   자. 「건축령」 별표 1 제23호의 교정 및 국방·군사시설
   차. 「건축령」 별표 1 제24호의 방송통신시설

[별표 13] 일반공업지역안에서 건축할 수 있는 건축물: 영 제71조 제1항 제12호

1. 건축할 수 있는 건축물
   가. 「건축령」 별표 1 제3호의 제1종 근린생활시설
   나. 「건축령」 별표 1 제4호의 제2종 근린생활시설(단란주점 및 안마시술소를 제외한다)
   다. 「건축령」 별표 1 제7호의 판매시설(해당일반공업지역에 소재하는 공장에서 생산되는 제품을 판매하는 시설에 한한다)
   라. 「건축령」 별표 1 제8호의 운수시설
   마. 「건축령」 별표 1 제17호의 공장
   바. 「건축령」 별표 1 제18호의 창고시설
   사. 「건축령」 별표 1 제19호의 위험물저장 및 처리시설
   아. 「건축령」 별표 1 제20호의 자동차관련시설
   자. 「건축령」 별표 1 제22호의 자원순환 관련 시설
   차. 「건축령」 별표 1 제25호의 발전시설
2. 도시·군계획**조례**가 정하는 바에 의하여 건축할 수 있는 건축물
   가. 「건축령」 별표 1 제1호의 단독주택
   나. 「건축령」 별표 1 제2호의 공동주택 중 기숙사
   다. 「건축령」 별표 1 제4호의 제2종 근린생활시설 중 안마시술소
   라. 「건축령」 별표 1 제5호의 문화 및 집회시설 중 동호 라목에 해당하는 것

마. 「건축령」 별표 1 제6호의 종교시설
바. 「건축령」 별표 1 제9호의 의료시설
사. 「건축령」 별표 1 제10호의 교육연구시설
아. 「건축령」 별표 1 제11호의 노유자시설
자. 「건축령」 별표 1 제12호의 수련시설
차. 「건축령」 별표 1 제14호의 업무시설(일반업무시설로서 「산업집적활성화 및 공장설립에 관한 법률」 제2조제13호에 따른 지식산업센터에 입주하는 지원시설에 한정한다)
카. 「건축령」 별표 1 제21호의 동물 및 식물관련시설
타. 「건축령」 별표 1 제23호의 교정 및 국방·군사시설
파. 「건축령」 별표 1 제24호의 방송통신시설
하. 「건축령」 별표 1 제28호의 장례시설
거. 「건축령」 별표 1 제29호의 야영장 시설

[별표 14] 준공업지역안에서 건축할 수 없는 건축물: 영 제71조 제1항 제13호 영

1. 건축할 수 없는 건축물
   가. 「건축령」 별표 1 제16호의 위락시설
   나. 「건축령」 별표 1 제26호의 묘지 관련 시설
2. 지역 여건 등을 고려하여 도시·군계획조례로 정하는 바에 따라 건축할 수 없는 건축물
   가. 「건축령」 별표 1 제1호의 단독주택
   나. 「건축령」 별표 1 제2호의 공동주택(기숙사는 제외한다)
   다. 「건축령」 별표 1 제4호의 제2종 근린생활시설 중 단란주점 및 안마시술소
   라. 「건축령」 별표 1 제5호의 문화 및 집회시설(공연장 및 전시장은 제외한다)
   마. 「건축령」 별표 1 제6호의 종교시설
   바. 「건축령」 별표 1 제7호의 판매시설(해당 준공업지역에 소재하는 공장에서 생산되는 제품을 판매하는 시설은 제외한다)
   사. 「건축령」 별표 1 제13호의 운동시설
   아. 「건축령」 별표 1 제15호의 숙박시설
   자. 「건축령」 별표 1 제17호의 공장으로서 해당 용도에 쓰이는 바닥면적의 합계가 5천제곱미터 이상인 것
   차. 「건축령」 별표 1 제21호의 동물 및 식물 관련 시설
   카. 「건축령」 별표 1 제23호의 교정 및 군사 시설
   타. 「건축령」 별표 1 제27호의 관광 휴게시설

[별표 15] 보전녹지지역안에서 건축할 수 있는 건축물: 영 제71조 제1항 제14호

1. 건축할 수 있는 건축물(4층 이하의 건축물에 한한다. 다만, 4층 이하의 범위안에서 도시·군계획조례로 따로 층수를 정하는 경우에는 그 층수 이하의 건축물에 한한다)
   가. 「건축령」 별표 1 제10호의 교육연구시설 중 초등학교
   나. 「건축령」 별표 1 제18호 가목의 창고(농업·임업·축산업·수산업용만 해당한다)
   다. 「건축령」 별표 1 제23호의 교정 및 국방·군사시설
2. 도시·군계획조례가 정하는 바에 의하여 건축할 수 있는 건축물(4층 이하의 건축물에 한한다. 다만, 4층 이하의 범위안에서 도시·군계획조례로 따로 층수를 정하는 경우에는 그 층수 이하의 건축물에 한한다)
   가. 「건축령」 별표 1 제1호의 단독주택(다가구주택을 제외한다)
   나. 「건축령」 별표 1 제3호의 제1종 근린생활시설로서 해당용도에 쓰이는 바닥면적의 합계가 500제곱미터 미만인 것
   다. 「건축령」 별표 1 제4호의 제2종 근린생활시설 중 종교집회장
   라. 「건축령」 별표 1 제5호의 문화 및 집회시설 중 동호 라목에 해당하는 것
   마. 「건축령」 별표 1 제6호의 종교시설

바. 「건축령」 별표 1 제9호의 의료시설
사. 「건축령」 별표 1 제10호의 교육연구시설 중 유치원·중학교·고등학교
아. 「건축령」 별표 1 제11호의 노유자시설
자. 「건축령」 별표 1 제19호의 위험물저장 및 처리시설 중 액화석유가스충전소 및 고압가스충전·저장소
차. 「건축령」 별표 1 제21호의 동물 및 식물관련시설(동호 다목 및 라목에 해당하는 것을 제외한다)
카. 「건축령」 별표 1 제22호가목의 하수 등 처리시설(「하수도법」 제2조제9호에 따른 공공하수처리시설만 해당한다)
타. 「건축령」 별표 1 제26호의 묘지관련시설
파. 「건축령」 별표 1 제28호의 장례시설
하. 「건축령」 별표 1 제29호의 야영장 시설

[별표 16] 생산녹지지역안에서 건축할 수 있는 건축물: 영 제71조 제1항 제15호

1. 건축할 수 있는 건축물(4층 이하의 건축물에 한한다. 다만, 4층 이하의 범위안에서 도시·군계획**조례**로 따로 층수를 정하는 경우에는 그 층수 이하의 건축물에 한한다)
   가. 「건축령」 별표 1 제1호의 단독주택
   나. 「건축령」 별표 1 제3호의 제1종 근린생활시설
   다. 「건축령」 별표 1 제10호의 교육연구시설 중 유치원·초등학교
   라. 「건축령」 별표 1 제11호의 노유자시설
   마. 「건축령」 별표 1 제12호의 수련시설
   바. 「건축령」 별표 1 제13호의 운동시설 중 운동장
   사. 「건축령」 별표 1 제18호가목의 창고(농업·임업·축산업·수산업용만 해당한다)
   아. 「건축령」 별표 1 제19호의 위험물저장 및 처리시설 중 액화석유가스충전소 및 고압가스충전·저장소
   자. 「건축령」 별표 1 제21호의 동물 및 식물관련시설(동호 다목 및 라목에 해당하는 것을 제외한다)
   차. 「건축령」 별표 1 제23호의 교정 및 국방·군사시설
   카. 「건축령」 별표 1 제24호의 방송통신시설
   타. 「건축령」 별표 1 제25호의 발전시설
   파. 「건축령」 별표 1 제29호의 야영장 시설
2. 도시·군계획**조례**가 정하는 바에 의하여 건축할 수 있는 건축물(4층 이하의 건축물에 한한다. 다만, 4층 이하의 범위안에서 도시·군계획**조례**로 따로 층수를 정하는 경우에는 그 층수 이하의 건축물에 한한다)
   가. 「건축령」 별표 1 제2호의 공동주택(아파트를 제외한다)
   나. 「건축령」 별표 1 제4호의 제2종 근린생활시설로서 해당용도에 쓰이는 바닥면적의 합계가 1천제곱미터 미만인 것(단란주점을 제외한다)
   다. 「건축령」 별표 1 제5호의 문화 및 집회시설 중 동호 나목 및 라목에 해당하는 것
   라. 「건축령」 별표 1 제7호의 판매시설(농업·임업·축산업·수산업용에 한한다)
   마. 「건축령」 별표 1 제9호의 의료시설
   바. 「건축령」 별표 1 제10호의 교육연구시설 중 중학교·고등학교·교육원(농업·임업·축산업·수산업과 관련된 교육시설로 한정한다)·직업훈련소 및 연구소(농업·임업·축산업·수산업과 관련된 연구소로 한정한다)
   사. 「건축령」 별표 1 제13호의 운동시설(운동장을 제외한다)
   아. 「건축령」 별표 1 제17호의 공장 중 도정공장·식품공장·제1차산업생산품 가공공장 및 「산업집적활성화 및 공장설립에 관한 법률 시행령」 별표 1 제2호 마목의 첨단업종의 공장(이하 "첨단업종의 공장"이라 한다)으로서 다음의 어느 하나에 해당하지 아니하는 것
      (1) 「대기환경보전법」 제2조 제9호에 따른 특정대기유해물질이 같은 법 시행령 제11조 제1항 제1호에 따른 기준 이상으로 배출되는 것
      (2) 「대기환경보전법」 제2조 제11호에 따른 대기오염물질배출시설에 해당하는 시설로서 같은 법 시행령 별표 1에 따른 1종사업장 내지 3종사업장에 해당하는 것
      (3) 「물환경보전법」 제2조 제8호에 따른 특정수질유해물질이 같은 법 시행령 제31조 제1항 제1호에 따른 기준 이상으로 배출되는 것. 다만, 동법 제34조에 따라 폐수무방류배출시설의 설치허가를 받아 운영하는

　　　　경우를 제외한다.
　　(4)「물환경보전법」제2조 제10호에 따른 폐수배출시설에 해당하는 시설로서 같은 법 시행령 별표 13에 따른 제1종사업장부터 제4종사업장까지 해당하는 것
　　(5)「폐기물관리법」제2조 제4호에 따른 지정폐기물을 배출하는 것
　자.「건축령」별표 1 제18호 가목의 창고(농업·임업·축산업·수산업용으로 쓰는 것은 제외한다)
　차.「건축령」별표 1 제19호의 위험물저장 및 처리시설(액화석유가스충전소 및 고압가스충전·저장소를 제외한다)
　카.「건축령」별표 1 제20호의 자동차관련시설 중 동호 사목 및 아목에 해당하는 것
　타.「건축령」별표 1 제21호의 동물 및 식물관련시설 중 동호 다목 및 라목에 해당하는 것
　파.「건축령」별표 1 제22호의 자원순환 관련 시설
　하.「건축령」별표 1 제26호의 묘지관련시설
　거.「건축령」별표 1 제28호의 장례시설

[별표 17] 자연녹지지역안에서 건축할 수 있는 건축물: 영 제71조 제1항 제16호

1. 건축할 수 있는 건축물(4층 이하의 건축물에 한한다. 다만, 4층 이하의 범위안에서 도시·군계획**조례**로 따로 층수를 정하는 경우에는 그 층수 이하의 건축물에 한한다)
　가.「건축령」별표 1 제1호의 단독주택
　나.「건축령」별표 1 제3호의 제1종 근린생활시설
　다.「건축령」별표 1 제4호의 제2종 근린생활시설[같은 호 아목, 자목, 더목 및 러목(안마시술소만 해당한다)은 제외한다]
　라.「건축령」별표 1 제9호의 의료시설(종합병원·병원·치과병원 및 한방병원을 제외한다)
　마.「건축령」별표 1 제10호의 교육연구시설(직업훈련소 및 학원을 제외한다)
　바.「건축령」별표 1 제11호의 노유자시설
　사.「건축령」별표 1 제12호의 수련시설
　아.「건축령」별표 1 제13호의 운동시설
　자.「건축령」별표 1 제18호가목의 창고(농업·임업·축산업·수산업용만 해당한다)
　차.「건축령」별표 1 제21호의 동물 및 식물관련시설
　카.「건축령」별표 1 제22호의 자원순환 관련 시설
　타.「건축령」별표 1 제23호의 교정 및 국방·군사시설
　파.「건축령」별표 1 제24호의 방송통신시설
　하.「건축령」별표 1 제25호의 발전시설
　거.「건축령」별표 1 제26호의 묘지관련시설
　너.「건축령」별표 1 제27호의 관광휴게시설
　더.「건축령」별표 1 제28호의 장례시설
　러.「건축령」별표 1 제29호의 야영장 시설
2. 도시·군계획**조례**가 정하는 바에 의하여 건축할 수 있는 건축물(4층 이하의 건축물에 한한다. 다만, 4층 이하의 범위안에서 도시·군계획**조례**로 따로 층수를 정하는 경우에는 그 층수 이하의 건축물에 한한다)
　가.「건축령」별표 1 제2호의 공동주택(아파트를 제외한다)
　나.「건축령」별표 1 제4호아목·자목 및 러목(안마시술소만 해당한다)에 따른 제2종 근린생활시설
　다.「건축령」별표 1 제5호의 문화 및 집회시설**조례**
　라.「건축령」별표 1 제6호의 종교시설
　마.「건축령」별표 1 제7호의 판매시설 중 다음의 어느 하나에 해당하는 것
　　(1)「농수산물유통 및 가격안정에 관한 법률」제2조에 따른 농수산물공판장
　　(2)「농수산물유통 및 가격안정에 관한 법률」제68조제2항에 따른 농수산물직판장으로서 해당용도에 쓰이는 바닥면적의 합계가 1만제곱미터 미만인 것(「농어업·농어촌 및 식품산업 기본법」제3조제2호 및 제4호에 따른 농업인·어업인 및 생산자단체, 같은 법 제25조에 따른 후계농어업경영인, 같은 법 제26조에 따른 전업농어업인 또는 지방자치단체가 설치·운영하는 것에 한한다)
　　(3) 지식경제부장관이 관계**중앙행정기관의 장**과 협의하여 고시하는 대형할인점 및 중소기업공동판매시설

바. 「건축령」별표 1 제8호의 운수시설
사. 「건축령」별표 1 제9호의 의료시설 중 종합병원·병원·치과병원 및 한방병원
아. 「건축령」별표 1 제10호의 교육연구시설 중 직업훈련소 및 학원
자. 「건축령」별표 1 제15호의 숙박시설로서 「관광진흥법」에 따라 지정된 관광지 및 관광단지에 건축하는 것
차. 「건축령」별표 1 제17호의 공장 중 다음의 어느 하나에 해당하는 것
    (1) 첨단업종의 공장, 지식산업센터, 도정공장 및 식품공장과 읍·면지역에 건축하는 제재업의 공장으로서 별표 16 제2호 아목(1) 내지 (5)의 어느 하나에 해당하지 아니하는 것
    (2) 「공익사업을 위한 토지 등의 취득 및 보상에 관한 법률」에 따른 공익사업 및 「도시개발법」에 따른 도시개발사업으로 동일한 특별시·광역시·시 및 군 지역 내에서 이전하는 레미콘 또는 아스콘공장
카. 「건축령」별표 1 제18호 가목의 창고(농업·임업·축산업·수산업용으로 쓰는 것은 제외한다) 및 같은 호 라목의 집배송시설
타. 「건축령」별표 1 제19호의 위험물저장 및 처리시설
파. 「건축령」별표 1 제20호의 자동차관련시설

[별표 18] 보전관리지역안에서 건축할 수 있는 건축물: 영 제71조 제1항 제17호 및 대통령령 제17816호 국토계획법 시행령 부칙 제13조 제1항 관련)

1. 건축할 수 있는 건축물(4층 이하의 건축물에 한한다. 다만, 4층 이하의 범위 안에서 도시·군계획조례로 따로 층수를 정하는 경우에는 그 층수 이하의 건축물에 한한다)
   가. 「건축령」별표 1 제1호의 단독주택
   나. 「건축령」별표 1 제10호의 교육연구시설 중 초등학교
   다. 「건축령」별표 1 제23호의 교정 및 국방·군사시설
2. 도시·군계획조례가 정하는 바에 의하여 건축할 수 있는 건축물(4층 이하의 건축물에 한한다. 다만, 4층 이하의 범위 안에서 도시·군계획조례로 따로 층수를 정하는 경우에는 그 층수 이하의 건축물에 한한다)
   가. 「건축령」별표 1 제3호의 제1종 근린생활시설(휴게음식점 및 제과점을 제외한다)
   나. 「건축령」별표 1 제4호의 제2종 근린생활시설(같은 호 아목, 자목, 너목 및 더목은 제외한다)
   다. 「건축령」별표 1 제6호의 종교시설 중 종교집회장
   라. 「건축령」별표 1 제9호의 의료시설
   마. 「건축령」별표 1 제10호의 교육연구시설 중 유치원·중학교·고등학교
   바. 「건축령」별표 1 제11호의 노유자시설
   사. 「건축령」별표 1 제18호가목의 창고(농업·임업·축산업·수산업용만 해당한다)
   아. 「건축령」별표 1 제19호의 위험물저장 및 처리시설
   자. 「건축령」별표 1 제21호의 동물 및 식물관련시설 중 동호 가목 및 마목 내지 아목에 해당하는 것
   차. 「건축령」별표 1 제22호가목의 하수 등 처리시설(「하수도법」제2조제9호에 따른 공공하수처리시설만 해당한다)
   카. 「건축령」별표 1 제24호의 방송통신시설
   타. 「건축령」별표 1 제25호의 발전시설
   파. 「건축령」별표 1 제26호의 묘지관련시설
   하. 「건축령」별표 1 제28호의 장례시설
   거. 「건축령」별표 1 제29호의 야영장 시설

[별표 19] 생산관리지역안에서 건축할 수 있는 건축물: 영 제71조 제1항 제18호 영

1. 건축할 수 있는 건축물(4층 이하의 건축물에 한한다. 다만, 4층 이하의 범위안에서 도시·군계획조례로 따로 층수를 정하는 경우에는 그 층수 이하의 건축물에 한한다)
   가. 「건축령」별표 1 제1호의 단독주택
   나. 「건축령」별표 1 제3호 가목, 사목(공중화장실, 대피소, 그 밖에 이와 비슷한 것만 해당한다) 및 아목에 따른 제1종 근린생활시설

　　다. 「건축령」 별표 1 제10호의 교육연구시설 중 초등학교
　　라. 「건축령」 별표 1 제13호의 운동시설 중 운동장
　　마. 「건축령」 별표 1 제18호 가목의 창고(농업·임업·축산업·수산업용만 해당한다)
　　바. 「건축령」 별표 1 제21호의 동물 및 식물관련시설 중 동호 마목 내지 아목에 해당하는 것
　　사. 「건축령」 별표 1 제23호의 교정 및 국방·군사시설
　　아. 「건축령」 별표 1 제25호의 발전시설
2. 도시·군계획**조례**가 정하는 바에 의하여 건축할 수 있는 건축물(4층 이하의 건축물에 한한다. 다만, 4층 이하의 범위안에서 도시·군계획**조례**로 따로 층수를 정하는 경우에는 그 층수 이하의 건축물에 한한다)
　　가. 「건축령」 별표 1 제2호의 공동주택(아파트를 제외한다)
　　나. 「건축령」 별표 1 제3호의 제1종 근린생활시설[같은 호 가목, 나목, 사목(공중화장실, 대피소, 그 밖에 이와 비슷한 것만 해당한다) 및 아목은 제외한다]
　　다. 「건축령」 별표 1 제4호의 제2종 근린생활시설(같은 호 아목, 자목, 너목 및 더목은 제외한다)
　　라. 「건축령」 별표 1 제7호의 판매시설(농업·임업·축산업·수산업용에 한한다)
　　마. 「건축령」 별표 1 제9호의 의료시설
　　바. 「건축령」 별표 1 제10호의 교육연구시설 중 유치원·중학교·고등학교 및 교육원[농업·임업·축산업·수산업과 관련된 교육시설(나목 및 다목에도 불구하고 「농촌융복합산업 육성 및 지원에 관한 법률」 제2조제2호에 따른 농업인등이 같은 법 제2조제5호에 따른 농촌융복합산업지구 내에서 교육시설과 일반음식점, 휴게음식점 또는 제과점을 함께 설치하는 경우를 포함한다)에 한정한다]
　　사. 「건축령」 별표 1 제11호의 노유자시설
　　아. 「건축령」 별표 1 제12호의 수련시설
　　자. 「건축령」 별표 1 제17호의 공장(동시행령 별표 1 제4호의 제2종 근린생활시설 중 제조업소를 포함한다) 중 도정공장 및 식품공장과 읍·면지역에 건축하는 제재업의 공장으로서 다음의 어느 하나에 해당하지 아니하는 것
　　　　(1) 「대기환경보전법」 제2조 제9호에 따른 특정대기유해물질이 같은 법 시행령 제11조제1항 제1호에 따른 기준 이상으로 배출되는 것
　　　　(2) 「대기환경보전법」 제2조 제11호에 따른 대기오염물질배출시설에 해당하는 시설로서 같은 법 시행령 별표 1에 따른 1종사업장 내지 3종사업장에 해당하는 것
　　　　(3) 「물환경보전법」 제2조 제8호에 따른 특정수질유해물질이 같은 법 시행령 제31조제1항 제1호에 따른 기준 이상으로 배출되는 것. 다만, 동법 제34조에 따라 폐수무방류배출시설의 설치허가를 받아 운영하는 경우를 제외한다.
　　　　(4) 「물환경보전법」 제2조 제10호에 따른 폐수배출시설에 해당하는 시설로서 같은 법 시행령 별표 13에 따른 제1종사업장부터 제4종사업장까지 해당하는 것
　　차. 「건축령」 별표 1 제19호의 위험물저장 및 처리시설
　　카. 「건축령」 별표 1 제20호의 자동차관련시설 중 동호 사목 및 아목에 해당하는 것
　　타. 「건축령」 별표 1 제21호의 동물 및 식물관련시설 중 동호 가목 내지 라목에 해당하는 것
　　파. 「건축령」 별표 1 제22호의 자원순환 관련 시설
　　하. 「건축령」 별표 1 제24호의 방송통신시설
　　거. 「건축령」 별표 1 제26호의 묘지관련시설
　　너. 「건축령」 별표 1 제28호의 장례시설
　　더. 「건축령」 별표 1 제29호의 야영장 시설

[별표 20] 계획관리지역안에서 건축할 수 없는 건축물: 영 제71조 제1항 제19호

1. 건축할 수 없는 건축물
　가. 4층을 초과하는 모든 건축물
　나. 「건축령」 별표 1 제2호의 공동주택 중 아파트
　다. 「건축령」 별표 1 제3호의 제1종 근린생활시설 중 휴게음식점 및 제과점으로서 **국토교통부령**으로 정하는 기준에 해당하는 지역에 설치하는 것

라. 「건축령」 별표 1 제4호의 제2종 근린생활시설 중 일반음식점·휴게음식점·제과점으로서 **국토교통부령**으로 정하는 기준에 해당하는 지역에 설치하는 것과 단란주점

마. 「건축령」 별표 1 제7호의 판매시설(성장관리방안이 수립된 지역에 설치하는 판매시설로서 그 용도에 쓰이는 바닥면적의 합계가 3천제곱미터 미만인 경우는 제외한다)

바. 「건축령」 별표 1 제14호의 업무시설

사. 「건축령」 별표 1 제15호의 숙박시설로서 **국토교통부령**으로 정하는 기준에 해당하는 지역에 설치하는 것

아. 「건축령」 별표 1 제16호의 위락시설

자. 「건축령」 별표 1 제17호의 공장 중 다음의 어느 하나에 해당하는 것. 다만, 「공익사업을 위한 토지 등의 취득 및 보상에 관한 법률」에 따른 공익사업 및 「도시개발법」에 따른 도시개발사업으로 해당 특별시·광역시·특별자치시·특별자치도·시 또는 군의 관할구역으로 이전하는 레미콘 또는 아스콘 공장과 성장관리방안이 수립된 지역에 설치하는 공장(「대기환경보전법」, 「물환경보전법」, 「소음·진동관리법」 또는 「악취방지법」에 따른 배출시설의 설치 허가 또는 신고 대상이 아닌 공장으로 한정한다)은 제외한다.

(1) 별표 19 제2호 자목 (1)부터 (4)까지에 해당하는 것. 다만, 인쇄·출판시설이나 사진처리시설로서 「물환경보전법」 제2조 제8호에 따라 배출되는 특정수질유해물질을 전량 위탁처리하는 경우는 제외한다.

(2) 화학제품시설(석유정제시설을 포함한다). 다만, 다음의 어느 하나에 해당하는 시설로서 폐수를 「하수도법」 제2조제9호에 따른 공공하수처리시설 또는 「물환경보전법」 제2조 제17호에 따른 공공폐수처리시설로 전량 유입하여 처리하거나 전량 재이용 또는 전량 위탁처리하는 경우는 제외한다.

　　(가) 물, 용제류 등 액체성 물질을 사용하지 않고 제품의 성분이 용해·용출되는 공정이 없는 고체성 화학제품 제조시설

　　(나) 「화장품법」 제2조제3호에 따른 유기농화장품 제조시설

　　(다) 「농약관리법」 제30조제2항에 따른 천연식물보호제 제조시설

　　(라) 「친환경농어업 육성 및 유기식품 등의 관리·지원에 관한 법률」 제2조제6호에 따른 유기농어업자재 제조시설

　　(마) 동·식물 등 생물을 기원(起源)으로 하는 산물(이하 "천연물"이라 한다)에서 추출된 재료를 사용하는 다음의 시설[「대기환경보전법」 제2조제11호에 따른 대기오염물질배출시설 중 반응시설, 정제시설(분리·증류·추출·여과 시설을 포함한다), 용융·용해시설 및 농축시설을 설치하지 않는 경우로서 「물환경보전법」 제2조제4호에 따른 폐수의 1일 최대 배출량이 20세제곱미터 이하인 제조시설로 한정한다]

　　　　1) 비누 및 세제 제조시설

　　　　2) 공중위생용 해충 구제제 제조시설(밀폐된 단순 혼합공정만 있는 제조시설로서 **특별시장·광역시장·특별자치시장·특별자치도지사·시장 또는 군수**가 해당 지방도시계획위원회의 심의를 거쳐 인근의 주거환경 등에 미치는 영향이 적다고 인정하는 시설로 한정한다)

(3) 제1차금속, 가공금속제품 및 기계장비 제조시설 중 「폐기물관리법 시행령」 별표 1 제4호에 따른 폐유기용제류를 발생시키는 것

(4) 가죽 및 모피를 물 또는 화학약품을 사용하여 저장하거나 가공하는 것

(5) 섬유제조시설 중 감량·정련·표백 및 염색 시설. 다만, 다음의 기준을 모두 충족하는 염색시설은 제외한다.

　　(가) 천연물에서 추출되는 염료만을 사용할 것

　　(나) 「대기환경보전법」 제2조 제11호에 따른 대기오염물질 배출시설 중 표백시설, 정련시설이 없는 경우로서 금속성 매염제를 사용하지 않을 것

　　(다) 「물환경보전법」 제2조 제4호에 따른 폐수의 1일 최대 배출량이 20세제곱미터 이하일 것

　　(라) 폐수를 「하수도법」 제2조 제9호에 따른 공공하수처리시설 또는 「물환경보전법」 제2조 제17호에 따른 공공폐수처리시설로 전량 유입하여 처리하거나 전량 재이용 또는 전량 위탁처리할 것

(6) 「수도권정비계획법」 제6조 제1항 제3호에 따른 자연보전권역 외의 지역 및 「환경정책기본법」 제38조에 따른 특별대책지역 외의 지역의 사업장 중 「폐기물관리법」 제25조에 따른 폐기물처리업 허가를 받은 사업장. 다만, 「폐기물관리법」 제25조 제5항 제5호부터 제7호까지의 규정에 따른 폐기물 중간·최종·종합 재활용업으로서 특정수질유해물질이 「물환경보전법 시행령」 제31조제1항 제1호에 따른 기준 미만으로 배출되는 경우는 제외한다.

(7) 「수도권정비계획법」 제6조 제1항 제3호에 따른 자연보전권역 및 「환경정책기본법」 제38조에 따른 특별대책지역에 설치되는 부지면적(둘 이상의 공장을 함께 건축하거나 기존 공장부지에 접하여 건축하는 경우와 둘 이상의 부지가 너비 8미터 미만의 도로에 서로 접하는 경우에는 그 면적의 합계를 말한다) 1만제곱미터 미만의 것. 다만, **특별시장·광역시장·특별자치시장·특별자치도지사·시장 또는 군수**가 1만5천제곱미터 이상의 면적을 정하여 공장의 건축이 가능한 지역으로 고시한 지역 안에 입지하는 경우나 자연보전권역 또는 특별대책지역에 준공되어 운영 중인 공장 또는 제조업소는 제외한다.

2. 지역 여건 등을 고려하여 도시·군계획**조례**로 정하는 바에 따라 건축할 수 없는 건축물
   가. 4층 이하의 범위에서 도시·군계획**조례**로 따로 정한 층수를 초과하는 모든 건축물
   나. 「건축령」 별표 1 제2호의 공동주택(제1호나목에 해당하는 것은 제외한다)
   다. 「건축령」 별표 1 제4호아목, 자목, 너목 및 러목(안마시술소만 해당한다)에 따른 제2종 근린생활시설
   라. 「건축령」 별표 1 제4호의 제2종 근린생활시설 중 일반음식점·휴게음식점·제과점으로서 도시·군계획**조례**로 정하는 지역에 설치하는 것과 안마시술소 및 같은 호 너목에 해당하는 것
   마. 「건축령」 별표 1 제5호의 문화 및 집회시설
   바. 「건축령」 별표 1 제6호의 종교시설
   사. 「건축령」 별표 1 제8호의 운수시설
   아. 「건축령」 별표 1 제9호의 의료시설 중 종합병원·병원·치과병원 및 한방병원
   자. 「건축령」 별표 1 제10호의 교육연구시설 중 같은 호 다목부터 마목까지에 해당하는 것
   차. 「건축령」 별표 1 제13호의 운동시설(운동장은 제외한다)
   카. 「건축령」 별표 1 제15호의 숙박시설로서 도시·군계획**조례**로 정하는 지역에 설치하는 것
   타. 「건축령」 별표 1 제17호의 공장 중 다음의 어느 하나에 해당하는 것
      (1) 「수도권정비계획법」 제6조 제1항 제3호에 따른 자연보전권역 외의 지역 및 「환경정책기본법」 제38조에 따른 특별대책지역 외의 지역에 설치되는 경우(제1호 자목에 해당하는 것은 제외한다)
      (2) 「수도권정비계획법」 제6조제1항제3호에 따른 자연보전권역 및 「환경정책기본법」 제38조에 따른 특별대책지역에 설치되는 것으로서 제1호자목(7)에 해당하지 아니하는 경우
      (3) 「공익사업을 위한 토지 등의 취득 및 보상에 관한 법률」에 따른 공익사업 및 「도시개발법」에 따른 도시개발사업으로 해당 특별시·광역시·특별자치시·특별자치도·시 또는 군의 관할구역으로 이전하는 레미콘 또는 아스콘 공장
   파. 「건축령」 별표 1 제18호의 창고시설(창고 중 농업·임업·축산업·수산업용으로 쓰는 것은 제외한다)
   하. 「건축령」 별표 1 제19호의 위험물 저장 및 처리 시설
   거. 「건축령」 별표 1 제20호의 자동차 관련 시설
   너. 「건축령」 별표 1 제27호의 관광 휴게시설

[별표 21] 농림지역안에서 건축할 수 있는 건축물: 영 제71조 제1항 제20호

1. 건축할 수 있는 건축물
   가. 「건축령」 별표 1 제1호의 단독주택으로서 현저한 자연훼손을 가져오지 아니하는 범위 안에서 건축하는 농어가주택(「농지법」 제32조 제1항 제3호에 따른 농업인 주택 및 어업인 주택을 말한다. 이하 같다)
   나. 「건축령」 별표 1 제3호 사목(공중화장실, 대피소, 그 밖에 이와 비슷한 것만 해당한다) 및 아목에 따른 제1종 근린생활시설
   다. 「건축령」 별표 1 제10호의 교육연구시설 중 초등학교
   라. 「건축령」 별표 1 제18호 가목의 창고(농업·임업·축산업·수산업용만 해당한다)
   마. 「건축령」 별표 1 제21호의 동물 및 식물관련시설 중 동호 마목 내지 아목에 해당하는 것
   바. 「건축령」 별표 1 제25호의 발전시설
2. 도시·군계획**조례**가 정하는 바에 의하여 건축할 수 있는 건축물
   가. 「건축령」 별표 1 제3호의 제1종 근린생활시설[같은 호 나목, 사목(공중화장실, 대피소, 그 밖에 이와 비슷한 것만 해당한다) 및 아목은 제외한다]
   나. 「건축령」 별표 1 제4호의 제2종 근린생활시설[같은 호 아목, 자목, 너목, 더목 및 러목(안마시술소만 해당한다)은 제외한다]

다. 「건축령」 별표 1 제5호의 문화 및 집회시설 중 동호 마목에 해당하는 것
라. 「건축령」 별표 1 제6호의 종교시설
마. 「건축령」 별표 1 제9호의 의료시설
바. 「건축령」 별표 1 제12호의 수련시설
사. 「건축령」 별표 1 제19호의 위험물저장 및 처리시설 중 액화석유가스충전소 및 고압가스충전·저장소
아. 「건축령」 별표 1 제21호의 동물 및 식물관련시설(동호 마목 내지 아목에 해당하는 것을 제외한다)
자. 「건축령」 별표 1 제22호의 자원순환 관련 시설
차. 「건축령」 별표 1 제23호의 교정 및 국방·군사시설
카. 「건축령」 별표 1 제24호의 방송통신시설
타. 「건축령」 별표 1 제26호의 묘지관련시설
파. 「건축령」 별표 1 제28호의 장례시설
하. 「건축령」 별표 1 제29호의 야영장 시설

[별표 22] 자연환경보전지역안에서 건축할 수 있는 건축물: 영 제71조 제1항 제21호

1. 건축할 수 있는 건축물
   가. 「건축령」 별표 1 제1호의 단독주택으로서 현저한 자연훼손을 가져오지 아니하는 범위 안에서 건축하는 농어가주택
   나. 「건축령」 별표 1 제10호의 교육연구시설 중 초등학교
2. 도시·군계획**조례**가 정하는 바에 의하여 건축할 수 있는 건축물(수질오염 및 경관 훼손의 우려가 없다고 인정하여 도시·군계획**조례**가 정하는 지역내에서 건축하는 것에 한한다)
   가. 「건축령」 별표 1 제3호의 제1종 근린생활시설 중 같은 호 가목, 바목, 사목(지역아동센터는 제외한다) 및 아목에 해당하는 것
   나. 「건축령」 별표 1 제4호의 제2종 근린생활시설 중 종교집회장으로서 지목이 종교용지인 토지에 건축하는 것
   다. 「건축령」 별표 1 제6호의 종교시설로서 지목이 종교용지인 토지에 건축하는 것
   라. 「건축령」 별표 1 제19호 바목의 고압가스 충전소·판매소·저장소 중 「환경친화적 자동차의 개발 및 보급 촉진에 관한 법률」 제2조제9호의 수소연료공급시설
   마. 「건축령」 별표 1 제21호의 동물 및 식물관련시설 중 동호 마목 내지 아목에 해당하는 것과 양어시설(양식장을 포함한다)
   바. 「건축령」 별표 1 제22호 가목의 하수 등 처리시설(「하수도법」 제2조 제9호에 따른 공공하수처리시설만 해당한다)
   사. 「건축령」 별표 1 제23호 라목의 국방·군사시설 중 관할 시장·군수 또는 구청장이 입지의 불가피성을 인정한 범위에서 건축하는 시설
   아. 「건축령」 별표 1 제25호의 발전시설
   자. 「건축령」 별표 1 제26호의 묘지관련시설

(2) 지정된 용도지역에서의 건축제한에 따른 건축물이나 그 밖의 시설의 용도·종류 및 규모 등의 제한은 해당 용도지역의 지정목적에 적합하여야 한다(법 제76조 제3항).

(3) 건축물이나 그 밖의 시설의 용도·종류 및 규모 등을 **변경하는 경우** 변경 후의 건축물이나 그 밖의 시설의 용도·종류 및 규모 등은 법 제76조 제1항 및 제2항에 맞아야 한다(법 제76조 제4항).

(4) 다음 각 호의 어느 하나에 해당하는 경우의 건축물이나 그 밖의 시설의 용도·종류 및 규모 등의 제한에 관하여는 제1항부터 제4항까지의 규정에도 불구하고 각 호에서 정하는 바에 따른다(법 제76조 제5항).411)

2. 「산업입지법」 제2조 제8호 라목에 따른 **농공단지**에서는 같은 법에서 정하는 바에 따른다(제2호).

3. **농림지역** 중 농업진흥지역, 보전산지 또는 초지인 경우에는 각각 「농지법」, 「산지관리법」 또는 「초지법」에서 정하는 바에 따른다.

4. **자연환경보전지역** 중 「자연공원법」에 따른 공원구역, 「수도법」에 따른 상수원보호구역, 「문화재보호법」에 따라 지정된 지정문화재 또는 천연기념물과 그 보호구역, 「해양생태계의 보전 및 관리에 관한 법률」에 따른 해양보호구역인 경우에는 각각 「자연공원법」, 「수도법」 또는 「문화재보호법」 또는 「해양생태계의 보전 및 관리에 관한 법률」에서 정하는 바에 따른다.

5. **자연환경보전지역** 중 수산자원보호구역인 경우에는 「수산자원관리법」에서 정하는 바에 따른다.

(5) **보전관리지역**이나 **생산관리지역**에 대하여 농림축산식품부장관·해양수산부장관·환경부장관 또는 산림청장이 농지보전, 자연환경보전, 해양환경보전 또는 산림보전에 필요하다고 인정하는 경우에는 「농지법」, 「자연환경보전법」, 「야생생물 보호 및 관리에 관한 법률」, 「해양생태계의 보전 및 관리에 관한 법률」 또는 「산림자원의 조성 및 관리에 관한 법률」에 따라 건축물이나 그 밖의 시설의 용도·종류 및 규모 등을 제한할 수 있다. 이 경우 「국토계획법」에 따른 제한의 취지와 형평을 이루도록 하여야 한다(법 제76조 제6항). 동 조항은 용도지역 및 용도지구에서의 건축물의 건축 제한 등에 관하여 「국토계획법」이 다른 법률과의 관계에서 일반법 내지는 상위법적 지위를 가지는 것으로 볼 수 있다.

다. 용도지역(용도지구 일부 포함) 안에서의 건폐율 제한

(1) **지정된 용도지역**(법 제36조 제1항)에서 건폐율의 최대한도는 관할 구역의 면적과 인구 규모, 용도지역의 특성 등을 고려하여 다음 각 호 1. 도시지역 가. **주거**지역: 70퍼센트 이하, 나. **상업**지역: 90퍼센트 이하, 다. **공업**지역: 70퍼센트 이하, 라. **녹지**지역: 20퍼센트 이하 2. 관리지역 가. **보전관리**지역: 20퍼센트 이하, 나. **생산관리**지역: 20퍼센트 이하, 다. **계획관리**지역: 40퍼센트 이하, 3. **농림**지역: 20퍼센트 이하, 4. **자연환경보전**지역: 20퍼센트 이하의 범위에서 **대통령령**으로 정하는 기준에 따라 특별시·광역시·특별자치시·특별자치도·시 또는 군의 **조례**로 정한다(법 제77조 제1항).

(2) **세분된 용도지역**(법 제36조 제2항)에서의 건폐율에 관한 기준은 법 제36조 제1항 각 호의 범위에서 **대통령령**으로 따로 정한다(법 제77조 제2항).

(가) 법 제77조 제1항 및 제2항에 따른 건폐율은 다음 각 호 1. **제1종전용**주거지역: 50퍼센트 이하 2. **제2종전용**주거지역: 50퍼센트 이하, 3. **제1종일반주거**지역: 60퍼센트 이하, 4. **제2종일반주거**지역: 60퍼센트 이하, 5. **제3종일반주거**지역: 50퍼센트 이하, 6. **준주거**지역: 70퍼센트 이하, 7. **중심상업**지역: 90퍼센트 이하, 8. **일반상업**지역: 80퍼센트 이하, 9. **근린상업**지역: 70퍼센트 이하, 10. **유통상업**지역: 80퍼센트 이하, 11. **전용공업**지역: 70퍼센트 이하, 12. **일반공업**지역: 70퍼센트이하, 13. **준공업**지역: 70퍼센트 이하, 14. **보전녹지**지역: 20퍼센트 이하, 15. **생산녹지**지역: 20퍼센트 이하, 16. **자연녹지**지역: 20퍼센트 이하, 17. **보전관리**지역: 20퍼센트 이하, 18. **생산관리**지역: 20퍼센트 이하, 19. **계획관리**

---

411) 제1호 취락지구, 제1의2호 개발진흥지구, 제1의3호 복합용도지구는 용도지구에서 건축 제한을 보라.

지역: 40퍼센트 이하, 20. **농림**지역: 20퍼센트 이하, 21. **자연환경보전**지역: 20퍼센트 이하의 범위안에서 **특별시·광역시·특별자치시·특별자치도·시 또는 군**의 도시·군계획**조례**가 정하는 비율 이하로 한다(영 제84조 제1항).

(나) 영 제84조 제1항의 규정에 의하여 도시·군계획**조례**로 용도지역별 건폐율을 정함에 있어서 필요한 경우에는 당해 지방자치단체의 관할구역을 세분하여 건폐율을 달리 정할 수 있다(영 제84조 제2항).

(다) 영 제84조 제1항에도 불구하고 **자연녹지지역**에 설치되는 도시·군계획시설 중 **유원지**의 건폐율은 30퍼센트의 범위에서 도시·군계획**조례**로 정하는 비율 이하로 하며, **공원**의 건폐율은 20퍼센트의 범위에서 도시·군계획**조례**로 정하는 비율 이하로 한다(영 제84조 제9항).

(3) 다음 각 호 1. 법 제37조 제1항 제6호에 따른 **취락지구**, 2. 법 제37조 제1항 제7호에 따른 **개발진흥지구**[도시지역 외의 지역 또는 자연녹지지역(영 제84조 제3항)만 해당한다], 3. 법 제40조에 따른 **수산자원보호구역**, 4. 「자연공원법」에 따른 **자연공원**, 5. 「산업입지법」 제2조 제8호 라목에 따른 **농공단지**, 6. 공업지역에 있는 「산업입지법」 제2조 제8호 가목부터 다목까지의 규정에 따른 **국가산업단지, 일반산업단지 및 도시첨단산업단지**와 같은 조 제12호에 따른 **준산업단지** 중 어느 하나에 해당하는 지역에서의 건폐율에 관한 기준은 법 제77조 제1항과 제2항에도 불구하고 80퍼센트 이하의 범위에서 **대통령령**으로 정하는 기준에 따라 특별시·광역시·특별자치시·특별자치도·시 또는 군의 **조례**로 따로 정한다(법 제77조 제3항).

법 제77조 제3항에 따라 다음 각 호 1. **취락지구**: 60퍼센트 이하(집단취락지구에 대하여는 개발제한구역법령이 정하는 바에 의한다), 2. **개발진흥지구**: 다음 각 목 가. **도시지역 외의 지역**에 지정된 경우: 40퍼센트, 나. **자연녹지지역**에 지정된 경우: 30퍼센트에서 정하는 비율 이하, 3. **수산자원보호구역**: 40퍼센트 이하, 4. 「자연공원법」에 따른 **자연공원**: 60퍼센트 이하, 5. 「산업입지법」 제2조 제8호 라목에 따른 **농공단지**: 70퍼센트 이하, 6. 공업지역에 있는 「산업입지법」 제2조 제8호 가목부터 다목까지의 규정에 따른 **국가산업단지·일반산업단지·도시첨단산업단지** 및 같은 조 제12호에 따른 **준산업단지**: 80퍼센트 이하의 범위에서의 건폐율은 각 호에서 정한 범위에서 **특별시·광역시·특별자치시·특별자치도·시 또는 군**의 도시·군계획**조례**로 정하는 비율을 초과하여서는 아니된다(영 제84조 제4항).

(4) 다음 각 호 1. 토지이용의 과밀화를 방지하기 위하여 건폐율을 **강화**할 필요가 있는 경우, 2. 주변 여건을 고려하여 토지의 이용도를 높이기 위하여 건폐율을 **완화**할 필요가 있는 경우, 3. 녹지지역, 보전관리지역, 생산관리지역, 농림지역 또는 자연환경보전지역에서 농업용·임업용·어업용 건축물을 건축하려는 경우, 4. 보전관리지역, 생산관리지역, 농림지역 또는 자연환경보전지역에서 주민생활의 편익을 증진시키기 위한 건축물을 건축하려는 경우 중 어느 하나에 해당하는 경우로서 **대통령령**으로 정하는 경우에는 법 제77조 제1항에도 불구하고 **대통령령**으로 정하는 기준에 따라 특별시·광역시·특별자치시·특별자치도·시 또는 군의 **조례**로 건폐율을 따로 정할 수 있다(법 제77조 제4항).

(가) **특별시장·광역시장·특별자치시장·특별자치도지사·시장 또는 군수**가 법 **제77조 제4항 제1호**의 규정에 의하여 도시지역에서 토지이용의 과밀화를 방지하기 위하여 **건폐율을 낮추어야 할 필요**

(강화)가 있다고 인정하여 당해 지방자치단체에 설치된 도시계획위원회의 심의를 거쳐 정한 구역안에서의 건축물의 경우에는 그 건폐율은 그 구역에 적용할 건폐율의 **최대한도의 40퍼센트 이상의 범위**안에서 **특별시·광역시·특별자치시·특별자치도·시 또는 군**의 도시·군계획**조례**가 정하는 비율을 초과할 수 없다(영 제84조 제5항).

(나) 영 제84조 제1항에도 불구하고 **법 제77조 제4항 제2호**에 따라 생산녹지지역, 자연녹지지역 또는 생산관리지역에 있는 기존 공장(해당 용도지역으로 지정될 당시 이미 준공된 것으로서 준공 당시의 부지에서 증축하는 경우만 해당한다)의 건폐율은 40퍼센트의 범위에서 최초 건축허가 시 그 건축물에 허용된 비율을 초과해서는 아니 된다**(완화)**. 다만, 2020년 12월 31일까지 증축 허가를 신청한 경우로 한정한다(영 제84조 제1항).

(다) 영 제84조 제1항에도 불구하고 **법 제77조 제4항 제2호**에 따라 생산녹지지역, 자연녹지지역, 생산관리지역 또는 계획관리지역에 있는 기존 공장(해당 용도지역으로 지정될 당시 이미 준공된 것으로 한정한다)이 부지를 확장하여 건축물을 증축하는 경우(2020년 12월 31일까지 증축허가를 신청한 경우로 한정한다)로서 다음 각 호의 어느 하나에 해당하는 경우에는 그 건폐율은 40퍼센트의 범위에서 해당 **특별시·광역시·특별자치시·특별자치도·시 또는 군**의 도시·군계획**조례**로 정하는 비율을 초과해서는 아니 된다. 이 경우 제1호의 경우에는 부지를 확장하여 추가로 편입되는 부지(해당 용도지역으로 지정된 이후에 확장하여 추가로 편입된 부지를 포함하며, 이하 "추가편입부지"라 한다)에 대해서만 건폐율 기준을 적용하고, 제2호의 경우에는 준공 당시의 부지(해당 용도지역으로 지정될 당시의 부지를 말하며, 이하 이 항에서 "준공당시부지"라 한다)와 추가편입부지를 하나로 하여 건폐율 기준을 적용한다(영 제84조 제2항).

1. 추가편입부지에 건축물을 증축하는 경우로서 다음 각 목 가. 추가편입부지의 면적이 3천제곱미터 이하로서 준공당시부지 면적의 50퍼센트 이내일 것, 나. 관할 **특별시장·광역시장·특별자치시장·특별자치도지사·시장 또는 군수**가 해당 지방도시계획위원회의 심의를 거쳐 기반시설의 설치 및 그에 필요한 용지의 확보가 충분하고 주변지역의 환경오염 우려가 없다고 인정할 것의 요건을 모두 갖춘 경우

2. 준공당시부지와 추가편입부지를 하나로 하여 건축물을 증축하려는 경우로서 다음 각 목 가. 제1호 각 목의 요건을 모두 갖출 것, 나. 관할 **특별시장·광역시장·특별자치시장·특별자치도지사·시장 또는 군수**가 해당 지방도시계획위원회의 심의를 거쳐 다음 1)「식품위생법」제48조에 따른 식품안전관리인증, 2)「농수산물 품질관리법」제70조에 따른 위해요소중점관리기준 이행 사실 증명, 3)「축산물 위생관리법」제9조에 따른 안전관리인증의 어느 하나에 해당하는 인증 등을 받기 위하여 준공당시부지와 추가편입부지를 하나로 하여 건축물을 증축하는 것이 불가피하다고 인정할 것, 다. 준공당시부지와 추가편입부지를 합병할 것(다만,「건축령」제3조 제1항 제2호 가목에 해당하는 경우에는 합병하지 아니할 수 있다)의 요건을 모두 갖춘 경우

(라) **법 제77조 제4항 제2호**에 따라 다음 각 호의 어느 하나에 해당하는 건축물의 경우에는 제1항에

도 불구하고 그 건폐율은 다음 각 호에서 정하는 비율을 초과하여서는 아니 된다(영 제84조 제6항).

1. 준주거지역·일반상업지역·근린상업지역·전용공업지역·일반공업지역·준공업지역 중 방화지구의 건축물로서 주요 구조부와 외벽이 **내화구조**인 건축물 중 도시·군계획**조례**로 정하는 건축물: 80퍼센트 이상 90퍼센트 이하의 범위에서 특별시·광역시·특별자치시·특별자치도·시 또는 군의 도시·군계획**조례**로 정하는 비율

2. 녹지지역·관리지역·농림지역 및 자연환경보전지역의 건축물로서 법 제37조 제4항 후단에 따른 방재지구의 재해저감대책에 부합하게 재해예방시설을 설치한 건축물: 제1항 각 호에 따른 해당 용도지역별 건폐율의 150퍼센트 이하의 범위에서 도시·군계획**조례**로 정하는 비율

3. 자연녹지지역의 창고시설 또는 연구소(자연녹지지역으로 지정될 당시 이미 준공된 것으로서 기존 부지에서 증축하는 경우만 해당한다): 40퍼센트의 범위에서 최초 건축허가 시 그 건축물에 허용된 건폐율

4. 계획관리지역의 기존 공장·창고시설 또는 연구소(2003년 1월·1일 전에 준공되고 기존 부지에 증축하는 경우로서 해당 지방도시계획위원회의 심의를 거쳐 도로·상수도·하수도 등의 기반시설이 충분히 확보되었다고 인정되거나, 도시·군계획조례로 정하는 기반시설 확보 요건을 충족하는 경우만 해당한다): 50퍼센트의 범위에서 도시·군계획**조례**로 정하는 비율

5. 녹지지역·보전관리지역·생산관리지역·농림지역 또는 자연환경보전지역의 건축물로서 다음 각 목 가. 「전통사찰의 보존 및 지원에 관한 법률」 제2조 제1호에 따른 전통사찰, 나. 「문화재보호법」 제2조 제2항에 따른 지정문화재 또는 같은 조 제3항에 따른 등록문화재, 다. 「건축령」 제2조 제16호에 따른 한옥의 어느 하나에 해당하는 건축물: 30퍼센트의 범위에서 도시·군계획**조례**로 정하는 비율

6. 종전의 「도시계획법」(2000년 1월 28일 법률 제6243호로 개정되기 전의 것을 말한다) 제2조 제1항 제10호에 따른 일단의 공업용지조성사업 구역(이 조 제4항 제6호에 따른 산업단지 또는 준산업단지와 연접한 것에 한정한다) 내의 공장으로서 관할 **특별시장·광역시장·특별자치시장·특별자치도지사·시장 또는 군수**가 해당 지방도시계획위원회의 심의를 거쳐 기반시설의 설치 및 그에 필요한 용지의 확보가 충분하고 주변지역의 환경오염 우려가 없다고 인정하는 공장: 80퍼센트 이하의 범위에서 도시·군계획**조례**로 정하는 비율

7. 자연녹지지역의 학교(「초·중등교육법」 제2조에 따른 학교 및 「고등교육법」 제2조 제1호부터 제5호까지의 규정에 따른 학교를 말한다)로서 다음 각 목 가. 기존 부지에서 증축하는 경우일 것, 나. 학교 설치 이후 개발행위 등으로 해당 학교의 기존 부지가 건축물, 그 밖의 시설로 둘러싸여 부지 확장을 통한 증축이 곤란한 경우로서 해당 도시계획위원회의 심의를 거쳐 기존 부지에서의 증축이 불가피하다고 인정될 것, 다. 「고등교육법」 제2조 제1호부터 제5호까지의 규정에 따른 학교의 경우 「대학설립·운영 규정」 별표 2에 따른 교육기본시설, 지원시설 또는 연구시설의 증축일 것의 요건을 모두 충족하는 학교: 30퍼센트의 범위에서 도시·군계획**조례**로 정하는 비율

(마) 영 제84조 제1항에도 불구하고 **법 제77조 제4항 제3호**에 따라 생산녹지지역에 건축할 수 있는 다음 각 호의 건축물의 경우에 그 건폐율은 해당 생산녹지지역이 위치한 특별시·광역시·특별자치시·특별자치도·시 또는 군의 농어업 인구 현황, 농수산물 가공·처리시설의 수급실태 등을 종합적으로 고려하여 60퍼센트 이하의 범위에서 해당 특별시·광역시·특별자치시·특별자치도·시 또는 군의 도시·군계획**조례**로 정하는 비율을 초과하여서는 아니 된다.

1. 「농지법」 제32조 제1항 제1호에 따른 농수산물의 가공·처리시설(해당 특별시·광역시·특별자치시·특별자치도·시 또는 군에서 생산된 농수산물의 가공·처리시설에 한정한다) 및 농수산업 관련 시험·연구시설

2. 「농지법 시행령」 제29조 제5항 제1호에 따른 농산물 건조·보관시설

3. 「농지법 시행령」 제29조 제7항 제2호에 따른 산지유통시설(해당 특별시·광역시·특별자치시·특별자치도·시 또는 군에서 생산된 농산물을 위한 산지유통시설만 해당한다)

(바) 영 제84조 제1항에도 불구하고 **법 제77조 제4항 제3호 및 제4호**에 따라 보전관리지역·생산관리지역·농림지역 또는 자연환경보전지역에 「농지법」 제32조 제1항에 따라 건축할 수 있는 건축물의 경우에 그 건폐율은 60퍼센트 이하의 범위에서 특별시·광역시·특별자치시·특별자치도·시 또는 군의 도시·군계획**조례**로 정하는 비율을 초과하여서는 아니 된다(영 제84조 제7항).

(5) 계획관리지역·생산관리지역 및 자연녹지지역(영 제84조의3 제1항)에서 성장관리방안을 수립한 경우에는 법 제77조 제1항에도 불구하고 50퍼센트 이하의 범위에서 **대통령령**으로 정하는 기준[다음 각 호 1. 계획관리지역: 50퍼센트 이하, 2. 자연녹지지역 및 생산관리지역: 30퍼센트 이하의 기준을 말한다. 다만, 공장의 경우에는 성장관리방안에 제56조의2 제2항 제4호에 따른 환경관리계획 또는 경관계획이 포함된 경우만 해당한다(영 제84조의3 제2항)]에 따라 특별시·광역시·특별자치시·특별자치도·시 또는 군의 **조례**로 건폐율을 따로 정할 수 있다(법 제77조 제5항).

라. 용도지역 안에서의 용적률 제한

(1) 법 제36조에 따라 **지정된 용도지역**에서 용적률의 최대한도는 관할 구역의 **면적과 인구 규모, 용도지역의 특성 등**을 고려하여 다음 각 호 1. 도시지역 가. 주거지역: 500퍼센트 이하, 나. 상업지역: 1천500퍼센트 이하, 다. 공업지역: 400퍼센트 이하, 라. 녹지지역: 100퍼센트 이하 2. 관리지역 가. 보전관리지역: 80퍼센트 이하, 나. 생산관리지역: 80퍼센트 이하, 다. 계획관리지역: 100퍼센트 이하. 다만, 성장관리방안을 수립한 지역의 경우 해당 지방자치단체의 **조례**로 125퍼센트 이내에서 완화하여 적용할 수 있다. 3. 농림지역: 80퍼센트 이하, 4. 자연환경보전지역: 80퍼센트 이하의 범위에서 **대통령령**으로 정하는 기준에 따라 특별시·광역시·특별자치시·특별자치도·시 또는 군의 **조례**로 정한다(법 제78조 제1항).

용도지역	세분용도지역		비고
1. 도시지역	가. 주거지역	500% 이하	
	나. 상업지역	1,500% 이하	
	다. 공업지역	400% 이하	
	라. 녹지지역	100% 이하	
2. 관리지역	가. 보전관리	80% 이하	
	나. 생산관리	80% 이하	
	다. 계획관리	100% 이하	성장관리방안을 수립한 지역의 경우 완화 적용 가능
3. 농림지역		80% 이하	
4. 자연환경보전지역		80% 이하	

(2) 법 제36조 제2항에 따라 **세분된 용도지역**에서의 용적률에 관한 기준은 지정된 용도지역의 범위에서 **대통령령**으로 따로 정한다(법 제78조 제2항).

(가) 법 제78조 제1항 및 제2항에 따른 용적률은 다음 각 호의 범위에서 관할구역의 면적, 인구규모 및 용도지역의 특성 등을 감안하여 **특별시·광역시·특별자치시·특별자치도·시 또는 군**의 도시·군계획**조례**가 정하는 비율을 **초과할 수 없다**(영 제85조 제1항).

용도지역	세분용도지역	용적률
전용주거지역	1. 제1종전용주거지역	50퍼센트 이상 **100퍼센트** 이하
	2. 제2종전용주거지역	50퍼센트 이상 **150퍼센트** 이하
일반주거지역	3. 제1종일반주거지역	100퍼센트 이상 **200퍼센트** 이하
	4. 제2종일반주거지역	100퍼센트 이상 **250퍼센트** 이하
	5. 제3종일반주거지역	100퍼센트 이상 **300퍼센트** 이하
준주거지역	6. 준주거지역	200퍼센트 이상 **500퍼센트** 이하
상업지역	7. 중심상업지역	200퍼센트 이상 **1천500퍼센트** 이하
	8. 일반상업지역	200퍼센트 이상 **1천300퍼센트** 이하
	9. 근린상업지역	200퍼센트 이상 **900퍼센트** 이하
	10. 유통상업지역	200퍼센트 이상 **1천100퍼센트** 이하
공업지역	11. 전용공업지역	150퍼센트 이상 **300퍼센트** 이하
	12. 일반공업지역	150퍼센트 이상 **350퍼센트** 이하
	13. 준공업지역	150퍼센트 이상 **400퍼센트** 이하
녹지지역	14. 보전녹지지역	50퍼센트 이상 **80퍼센트** 이하
	15. 생산녹지지역	50퍼센트 이상 **100퍼센트** 이하
	16. 자연녹지지역	50퍼센트 이상 **100퍼센트** 이하
관리지역	17. 보전관리지역	50퍼센트 이상 **80퍼센트** 이하
	18. 생산관리지역	50퍼센트 이상 **80퍼센트** 이하
	19. 계획관리지역	50퍼센트 이상 **100퍼센트** 이하
농림지역	20. 농림지역	50퍼센트 이상 **80퍼센트** 이하
자연환경보전지역	21. 자연환경보전지역	50퍼센트 이상 **80퍼센트** 이하

(나) 영 제85조 제1항의 규정에 의하여 도시·군계획**조례**로 용도지역별 용적률을 정함에 있어서 필요한 경우에는 당해 지방자치단체의 <u>관할구역</u>을 세분하여 용적률을 달리 정할 수 있다(영 제85조 제2항)

가령 법 제78조 제1항에 따르면 도시지역 중 주거지역은 용적률 최고는 500퍼센트 이하로 제한하고, 이에 따른 영 제85조 제1항 제5호에 따르면 제3종일반주거지역은 100퍼센트 이상 300퍼센트 이하로 제한하고, 이를 다시 시·도 및 시·군의 **조례**가 제한할 수 있도록 되어 있는데, 「서울시 도시계획**조례**」 제55조 제1항 제5호에 따르면 제3종일반주거지역은 250퍼센트 이하로 제한하고 있다. 따라서 법과 시행령에 따라 제3종일반주거지역의 경우 300퍼센트까지 건축할 수 있는 것을 서울시 **조례**로 250퍼센트로 제한이 되어 있고, 「도시정비법」 제9조 제1항에 따른 정비계획에서는 이보다 더 아래로 제한되고 있는 것이다.

(다) 영 제85조 제1항에도 불구하고 다음 각 호의 어느 하나에 해당하는 경우에는 해당 지역의 <u>용적률</u>을 다음 각 호의 구분에 따라 **완화**할 수 있다(영 제85조 제3항).

1. <u>주거지역</u>(영 제85조 제1항 제1호부터 제6호까지)에서 **임대주택**(「민간임대주택에 관한 특별법」에 따른 민간임대주택 또는 「공공주택 특별법」에 따른 공공임대주택으로서 각각 임대의무기간이 8년 이상인 경우에 한정한다)을 건설하는 경우: 제1항 제1호부터 제6호까지에 따른 용적률의 **120퍼센트** 이하의 범위에서 도시·군계획**조례**로 정하는 비율

2. 다음 각 목 가. <u>국가 또는 지방자치단체</u>, 나. 「사립학교법」에 따른 <u>학교법인</u>, 다. 「한국사학진흥재단법」에 따른 <u>한국사학진흥재단</u>, 라. 「한국장학재단 설립 등에 관한 법률」에 따른 <u>한국장학재단</u>, 마. 가목부터 라목까지의 어느 하나에 해당하는 자가 <u>단독 또는 공동</u>으로 출자하여 설립한 법인의 어느 하나에 해당하는 자가 「고등교육법」 제2조에 따른 학교의 학생이 이용하도록 해당 **학교 부지 외**에 「건축법 시행령」 [별표 1] 제2호 라목에 따른 **기숙사**(이하 이 항에서 "기숙사"라 한다)를 건설하는 경우: 제1항 각 호에 따른 **용도지역별 최대한도**의 범위에서 도시·군계획**조례**로 정하는 비율

3. 「고등교육법」 제2조에 따른 학교의 학생이 이용하도록 해당 **학교 부지**에 **기숙사**를 건설하는 경우: 제1항 각 호에 따른 **용도지역별 최대한도**의 범위에서 도시·군계획**조례**로 정하는 비율

4. 「영유아보육법」 제14조 제1항에 따른 사업주가 같은 법 제10조 제4호의 **직장어린이집**을 설치하기 위하여 기존 건축물 외에 별도의 건축물을 건설하는 경우: 제1항 각 호에 따른 **용도지역별 최대한도**의 범위에서 도시·군계획**조례**로 정하는 비율

5. **영 제85조 제10항 각 호**의 어느 하나에 해당하는 시설(**어린이집, 노인복지관, 사회복지시설**)을 국가 또는 지방자치단체가 건설하는 경우: 제1항 각 호에 따른 용도지역별 최대한도의 범위에서 <u>도시·군계획**조례**로 정하는 비율</u>

(라) 영 제85조 제3항의 규정은 영 제46조(도시지역 내 지구단위계획구역에서의 건폐율 등의 완화적용) 제9항 각 호의 어느 하나에 해당되는 경우에는 이를 적용하지 아니한다(영 제85조 제4항).

(마) 영 제85조 제1항에도 불구하고 법 제37조 제4항 후단에 따른 <u>방재지구의 재해저감대책에 부합</u>

하게 재해예방시설을 설치하는 건축물의 경우 제1항 제1호부터 제13호까지의 용도지역에서는 해당 용적률의 120퍼센트 이하의 범위에서 도시·군계획**조례**로 정하는 비율로 할 수 있다(영 제85조 제5항).

(3) 법 제77조 제3항 제2호부터 제5호까지의 규정에 해당하는 지역에서의 용적률에 대한 기준은 제1항과 제2항에도 불구하고 200퍼센트 이하의 범위에서 **대통령령**으로 정하는 기준에 따라 특별시·광역시·특별자치시·특별자치도·시 또는 군의 **조례**로 따로 정한다(법 제78조 제3항). 법 제78조 제3항의 규정에 의하여 다음 각 호 1. 도시지역외의 지역에 지정된 개발진흥지구: 100퍼센트 이하, 2. 수산자원보호구역: 80퍼센트 이하, 3. 「자연공원법」에 따른 자연공원: 100퍼센트 이하, 4. 「산업입지법」 제2조 제8호 라목에 따른 농공단지(도시지역외의 지역에 지정된 농공단지에 한한다): 150퍼센트 이하의 지역 안에서의 용적률은 각 호에서 정한 범위 안에서 특별시·광역시·특별자치시·특별자치도·시 또는 군의 도시·군계획**조례**가 정하는 비율을 초과하여서는 아니된다(영 제85조 제6항).

(4) 건축물의 주위에 공원·광장·도로·하천 등의 공지가 있거나 이를 설치하는 경우에는 법 제78조 제1항에도 불구하고 **대통령령**으로 정하는 바에 따라 특별시·광역시·특별자치시·특별자치도·시 또는 군의 **조례**로 용적률을 따로 정할 수 있다(법 제78조 제4항). 법 제78조 제4항의 규정에 의하여 준주거지역·중심상업지역·일반상업지역·근린상업지역·전용공업지역·일반공업지역 또는 준공업지역안의 건축물로서 다음 각 호 1. 공원·광장(교통광장을 제외한다)·하천 그 밖에 건축이 금지된 공지에 접한 도로를 전면도로로 하는 대지안의 건축물이나 공원·광장·하천 그 밖에 건축이 금지된 공지에 20미터 이상 접한 대지안의 건축물, 2. 너비 25미터 이상인 도로에 20미터 이상 접한 대지안의 건축면적이 1천제곱미터 이상인 건축물의 하나에 해당하는 건축물에 대한 용적률은 경관·교통·방화 및 위생상 지장이 없다고 인정되는 경우에는 제1항 각호의 규정에 의한 해당 용적률의 120퍼센트 이하의 범위안에서 특별시·광역시·특별자치시·특별자치도·시 또는 군의 도시·군계획**조례**가 정하는 비율로 할 수 있다(영 제85조 제7항).

법 제78조 제4항의 규정에 의하여 다음 각 호 1. 상업지역, 2. 삭제 〈2005. 1. 15.〉, 3. 「도시정비법」에 따른 재개발사업 및 재건축사업을 시행하기 위한 정비구역의 지역·지구 또는 구역안에서 건축물을 건축하고자 하는 자가 그 대지의 일부를 공공시설부지로 제공하는 경우에는 당해 건축물에 대한 용적률은 제1항 각호의 규정에 의한 해당 용적률의 200퍼센트 이하의 범위안에서 대지면적의 제공비율에 따라 특별시·광역시·특별자치시·특별자치도·시 또는 군의 도시·군계획**조례**가 정하는 비율로 할 수 있다(영 제85조 제8항).

(5) 법 제 78조 제1항과 제4항에도 불구하고 법 제36조에 따른 도시지역(녹지지역만 해당한다), 관리지역에서는 창고 등 **대통령령**으로 정하는 용도의 건축물 또는 시설물[창고(영 제85조 제9항)]은 특별시·광역시·특별자치시·특별자치도·시 또는 군의 **조례**로 정하는 높이로 규모 등을 제한할 수 있다(법 제78조 제5항).

(6) 법 제78조 제1항에도 불구하고 건축물을 건축하려는 자가 그 대지의 일부에 「사회복지사업법」 제2조 제4호에 따른 사회복지시설 중 **대통령령**으로 정하는 시설[다음 각 호 1. 「영유아보육법」 제2조 제3호에

따른 **어린이집**, 2. 「노인복지법」 제36조 제1항 제1호에 따른 **노인복지관**, 3. 그 밖에 **특별시장·광역시장·특별자치시장·특별자치도지사·시장 또는 군수**가 해당 지역의 사회복지시설 수요를 고려하여 도시·군계획**조례**로 정하는 **사회복지시설**을 말한다(**영 제85조 제10항**)]을 설치하여 국가 또는 지방자치단체에 기부채납하는 경우에는 **특별시·광역시·특별자치시·특별자치도·시 또는 군**의 **조례**로 해당 용도지역에 적용되는 용적률을 **완화**할 수 있다. 이 경우 용적률 완화의 허용범위, 기부채납의 기준 및 절차 등에 필요한 사항은 **대통령령**으로 정한다(법 제78조 제6항). 건축물을 건축하려는 자가 법 제78조 제6항 전단에 따라 그 대지의 일부에 사회복지시설을 설치하여 기부하는 경우에는 기부하는 시설의 연면적의 2배 이하의 범위에서 도시·군계획**조례**로 정하는 바에 따라 추가 건축을 허용할 수 있다. 다만, 해당 용적률은 다음 각 호 1. 제1항에 따라 도시·군계획**조례**로 정하는 용적률의 120퍼센트, 2. 제1항 각 호의 구분에 따른 용도지역별 용적률의 최대한도의 기준을 초과할 수 없다(영 제85조 제11항). 국가나 지방자치단체는 법 제78조 제6항 전단에 따라 기부 받은 사회복지시설을 영 제85조 제10항 각 호에 따른 시설 외의 시설로 용도변경하거나 그 주요 용도에 해당하는 부분을 분양 또는 임대할 수 없으며, 해당 시설의 면적이나 규모를 확장하여 설치장소를 변경(지방자치단체에 기부한 경우에는 그 관할 구역 내에서의 설치장소 변경을 말한다)하는 경우를 제외하고는 국가나 지방자치단체 외의 자에게 그 시설의 소유권을 이전할 수 없다(영 제85조 제12항).

라. 용도지역 미지정 또는 미세분 지역에서의 행위 제한

(1) 도시지역, 관리지역, 농림지역 또는 자연환경보전지역으로 용도가 지정되지 아니한 지역(**용도지역 미지정**)에 대하여는 용도지역 및 용도지구에서의 건축물의 건축 제한 등(법 제76조), 용도지역의 건폐율(법 제77조), 용도지역에서의 용적률(법 제78조)의 규정을 적용할 때에 자연환경보전지역에 관한 규정을 적용한다(법 제79조 제1항).

(2) **도시지역** 또는 **관리지역**이 세부 용도지역으로 지정되지 아니한 경우에는, 법 제76조부터 제78조까지의 규정을 적용할 때에, 해당 용도지역이 **도시지역**인 경우에는 녹지지역 중 **보전녹지지역**에 관한 규정을 적용하고(영 제86조), **관리지역**인 경우에는 **보전관리지역**에 관한 규정을 적용한다(법 제79조 제2항).

5. 용도지역의 지정처분에 관한 행정쟁송

가. 용도지역의 지정에 관해서는 토지의 효율적 이용과 공익목적을 위해 이루어진 것으로 행정청의 재량에 의하게 되는데 그 지정목적의 범위에서 지정하는 한 용도지역의 지정이 위법하다고 볼 수는 없을 것이다. 대법원은 "도시계획 용도지역을 일반주거지역에서 전용주거지역으로 변경한 처분은 「도시계획법」등 관계 법률에 근거하여 환경의 보전이라는 공공의 필요 내지는 공익목적을 위하여 이루어진 것으로서 재량권 남용의 위법이 없다고" 판시하였다.[412] 이는 용도지구와 용도지역의 경우에도 마

찬가지라 할 것이다.[413)

나. 대법원은 제3자가 행정처분의 취소를 구할 원고적격이 있는 경우로 "행정처분의 직접 상대방이 아닌 제3자라도 당해 행정처분의 취소를 구할 법률상의 이익이 있는 경우에는 원고적격이 인정되는데, 여기서 말하는 법률상의 이익은 당해 처분의 근거 법률에 의하여 보호되는 직접적이고 구체적인 이익이 있는 경우를 말하고, 다만 공익보호의 결과로 국민 일반이 공통적으로 가지는 추상적·평균적·일반적인 이익과 같이 간접적이나 사실적·경제적 이해관계를 가지는데 불과한 경우는 여기에 포함되지 않는다."[414)

다. 제3자에게 상수원보호구역변경처분의 취소를 구할 법률상 이익이 없다고 한 사례로 "상수원보호구역 설정의 근거가 되는 「수도법」 제5조 제1항 및 동 시행령 제7조 제1항이 보호하고자 하는 것은 상수원의 확보와 수질보전일 뿐이고, 그 상수원에서 급수를 받고 있는 지역주민들이 가지는 상수원의 오염을 막아 양질의 급수를 받을 이익은 직접적이고 구체적으로는 보호하고 있지 않음이 명백하여 위 지역주민들이 가지는 이익은 상수원의 확보와 수질보호라는 공공의 이익이 달성됨에 따라 반사적으로 얻게 되는 이익에 불과하므로 지역주민들에 불과한 원고들에게는 위 상수원보호구역변경처분의 취소를 구할 법률상의 이익이 없다."[415)

라. 제3자에게 도시계획결정처분의 취소를 구할 법률상 이익이 있다고 한 사례로 「도시계획법」 제12조 제3항의 위임에 따라 제정된 「도시계획시설기준에관한규칙」 제125조 제1항이 화장장의 구조 및 설치에 관하여는 「매장및묘지등에관한법률」이 정하는 바에 의한다고 규정하고 있어, 도시계획의 내용이 화장장의 설치에 관한 것일 때에는 「도시계획법」 제12조 뿐만 아니라 「매장및묘지등에관한법률」 및 같은 법 시행령 역시 그 근거 법률이 된다고 보아야 할 것이므로, 같은 법 시행령 제4조 제2호가 공설화장장은 20호 이상의 인가가 밀집한 지역, 학교 또는 공중이 수시 집합하는 시설 또는 장소로부터 1,000m 이상 떨어진 곳에 설치하도록 제한을 가하고, 같은 법 시행령 제9조가 국민보건상 위해를 끼칠 우려가 있는 지역, 「도시계획법」 제17조의 규정에 의한 주거지역·상업지역·공업지역 및 녹지지역 안의 풍치지구 등에의 공설화장장 설치를 금지함에 의하여 보호되는 부근 주민들의 이익은 위 도시계획결정처분의 근거 법률에 의하여 보호되는 법률상 이익이다.[416)

---

412) 대법원 1995. 12. 22. 선고 95누3831 판결.
413) 정태용, 국토계획법, 197면.
414) 대법원 1995. 9. 26. 선고 94누14544 판결.
415) 대법원 1995. 9. 26. 선고 94누14544 판결.
416) 대법원 1995. 9. 26. 선고 94누14544 판결.

Ⅲ. 용도지구

1. 의의

"용도지구"란 토지의 이용 및 건축물의 용도·건폐율·용적률·높이 등에 대한 용도지역의 제한을 **강화**하거나 **완화**하여 적용함으로써 용도지역의 기능을 증진시키고 경관·안전 등을 도모하기 위하여 도시·군관리계획으로 결정하는 지역을 말한다(법 제2조 제16호).

용도지역은 넓은 지역을 하나의 용도지역으로 지정해서 동일한 규제를 하게 되므로 보다 순화된 환경을 필요로 하는 소규모 지역에 대해서는 그 특성이 제대로 고려되지 않는다. 용도지구는 이러한 용도지역의 기능을 보완하기 위해 보다 순화된 환경을 필요로 하는 소규모 지역을 따로 용도지구로 지정해서 그 특성에 적합하게 건축물의 용도·건폐율·용적률·높이 등을 규제하는 제도이다. 용도지구는 건축물의 용도·건폐율·용적률·높이 등을 규제하는 건축제한을 목적으로 한다는 점에서는 용도지역과 목적이 동일하다. 다만, 용도지역이 상대적으로 넓은 지역을 대상으로 토지의 평면적인 이용방향을 정하는데 반해, 용도지구는 상대적으로 좁은 지역을 대상으로 건축물의 형태·배치·구조·밀도 등에 관한 입체적인 기준을 정하는 점에서 차이가 있다. 용도지구는 모든 토지가 용도지구로 지정되는 것은 아니며 하나의 토지에 대해 하나의 용도지구만 지정되어야 하는 것도 아니다. 성격상 서로 양립할 수 없는 용도지구가 아닌 한 하나의 토지에 둘 이상의 용도지구를 중복해서 지정할 수 있다. 그리고 용도지구는 용도지역의 기능을 보완하기 위한 것이므로 용도지역과 중복되어 지정되는데, 용도지구의 성격에 따라 특정한 용도지구를 지정할 수 있는 용도지역이 제한되기도 한다.[417)]

2. 용도지구의 지정

가. 도시·군관리계획으로 결정

(1) **국토교통부장관, 시·도지사 또는 대도시 시장**은 다음 각 호 1. **경관지구**: 경관의 보전·관리 및 형성을 위하여 필요한 지구, 2. 고도지구: 쾌적한 환경 조성 및 토지의 효율적 이용을 위하여 건축물 높이의 최고한도를 규제할 필요가 있는 지구, 3. 방화지구: 화재의 위험을 예방하기 위하여 필요한 지구, 4. **방재지구**: 풍수해, 산사태, 지반의 붕괴, 그 밖의 재해를 예방하기 위하여 필요한 지구, 5. **보호지구**: 문화재, 중요 시설물(항만, 공항 등 **대통령령**으로 정하는 시설물을 말한다) 및 문화적·생태적으로 보존가치가 큰 지역의 보호와 보존을 위하여 필요한 지구, 6. **취락지구**: 녹지지역·관리지역·농림지역·자연환경보전지역·개발제한구역 또는 도시자연공원구역의 취락을 정비하기 위한 지구, 7. **개발진흥지구**: 주거기능·상업기능·공업기능·유통물류기능·관광기능·휴양기능 등을 집중적으로 개발·정비할 필요가 있는 지구, 8. **특정용도제한지구**: 주거 및 교육 환경 보호나 청소년 보호 등의 목적으로 오염물질 배출시설, 청소년 유해시설 등 특정시설의 입지를 제한할 필요가 있는 지구, 9. 복합용도지구

---

417) 정태용, 국토계획법, 180면.

: 지역의 토지이용 상황, 개발 수요 및 주변 여건 등을 고려하여 효율적이고 복합적인 토지이용을 도모하기 위하여 특정시설의 입지를 완화할 필요가 있는 지구, 10. 그 밖에 **대통령령**으로 정하는 지구의[418] 어느 하나에 해당하는 용도지구의 지정 또는 변경을 도시·군관리계획으로 결정한다(법 제37조 제1항).

(2) **국토교통부장관, 시·도지사 또는 대도시 시장**은 필요하다고 인정되면 **대통령령**으로 정하는 바에 따라 법 제37조 제1항 각 호의 용도지구를 도시·군관리계획결정으로 다시 세분하여 지정하거나 변경할 수 있다(법 제37조 제2항).

---

(1) **국토교통부장관, 시·도지사 또는 대도시 시장**은 **법 제37조 제2항**에 따라 도시·군관리계획결정으로 경관지구·방재지구·보호지구·취락지구 및 개발진흥지구를 다음 각 호 아래 각 목과 같이 세분하여 지정할 수 있다(영 제31조 제2항).

1. **경관지구**
   가. 자연경관지구: 산지·구릉지 등 자연경관을 보호하거나 유지하기 위하여 필요한 지구(영 제31조 제2항 제1호 가목)
   나. 시가지경관지구: 지역 내 주거지, 중심지 등 시가지의 경관을 보호 또는 유지하거나 형성하기 위하여 필요한 지구(영 제31조 제2항 제1호 나목)
   다. 특화경관지구: 지역 내 주요 수계의 수변 또는 문화적 보존가치가 큰 건축물 주변의 경관 등 특별한 경관을 보호 또는 유지하거나 형성하기 위하여 필요한 지구(영 제31조 제2항 제1호 다목)
2. **삭제**
3. **삭제**
4. **방재지구**
   가. 시가지방재지구: 건축물·인구가 밀집되어 있는 지역으로서 시설 개선 등을 통하여 재해 예방이 필요한 지구(영 제31조 제2항 제4호 가목)
   나. 자연방재지구: 토지의 이용도가 낮은 해안변, 하천변, 급경사지 주변 등의 지역으로서 건축 제한 등을 통하여 재해 예방이 필요한 지구(영 제31조 제2항 제4호 나목)
5. **보호지구**
   가. 역사문화환경보호지구: 문화재·전통사찰 등 역사·문화적으로 보존가치가 큰 시설 및 지역의 보호와 보존을 위하여 필요한 지구(영 제31조 제2항 제5호 가목)
   나. 중요시설물보호지구: 중요시설물(제1항에 따른 시설물을 말한다. 이하 같다)의 보호와 기능의 유지 및 증진 등을 위하여 필요한 지구(영 제31조 제2항 제5호 나목)
   다. 생태계보호지구: 야생동식물서식처 등 생태적으로 보존가치가 큰 지역의 보호와 보존을 위하여 필요한 지구(영 제31조 제2항 제5호 다목)
6. **삭제**
7. **취락지구**
   가. 자연취락지구: 녹지지역·관리지역·농림지역 또는 자연환경보전지역안의 취락을 정비하기 위하여 필요한 지구(영 제31조 제2항 제7호 가목)
   나. **집단취락지구**: **개발제한구역**안의 취락을 정비하기 위하여 필요한 지구(영 제31조 제2항 제7호 나목)
8. **개발진흥지구**
   가. 주거개발진흥지구: 주거기능을 중심으로 개발·정비할 필요가 있는 지구(영 제31조 제2항 제8호 가목)
   나. 산업·유통개발진흥지구: 공업기능 및 유통·물류기능을 중심으로 개발·정비할 필요가 있는 지구(영 제31조 제2항 제8호 가목)
   다. 삭제 〈2012. 4. 10.〉(영 제31조 제2항 제8호 다목)
   라. 관광·휴양개발진흥지구: 관광·휴양기능을 중심으로 개발·정비할 필요가 있는 지구(영 제31조 제2항 제8호 라목)
   마. 복합개발진흥지구: 주거기능, 공업기능, 유통·물류기능 및 관광·휴양기능 중 2 이상의 기능을 중심으로

---

418) 조문에서 위임한 사항을 규정한 하위법령이 없다.

> 개발·정비할 필요가 있는 지구(영 제31조 제2항 제8호 마목)
>   바. 특정개발진흥지구: 주거기능, 공업기능, 유통·물류기능 및 관광·휴양기능 외의 기능을 중심으로 특정한 목적을 위하여 개발·정비할 필요가 있는 지구(영 제31조 제2항 제8호 바목)
> ⑵ 시·도지사 또는 대도시 시장은 지역여건상 필요한 때에는 해당 시·도 또는 대도시의 도시·계획조례로 정하는 바에 따라 영 제31조 제2항 제1호에 따른 **경관지구**를 추가적으로 세분(특화경관지구의 세분을 포함한다)하거나 영 제31조 제2항 제5호 나목에 따른 **중요시설물보호지구** 및 법 제37조 제1항 제8호에 따른 **특정용도제한지구**를 세분하여 지정할 수 있다(영 제31조 제3항).

나. 조례에 의한 용도지구의 지정

시·도지사 또는 대도시 시장은 지역여건상 필요하면 **대통령령**으로 정하는 기준에 따라 그 시·도 또는 대도시의 <u>조례</u>로 용도지구의 명칭 및 지정목적, 건축이나 그 밖의 행위의 금지 및 제한에 관한 사항 등을 정하여 법 제37조 제1항 각 호의 용도지구 외의 <u>용도지구의 지정 또는 변경을 도시·군관리계획으로 결정</u>할 수 있다(법 제37조 제3항).

법 제37조 제3항에 따라 시·도 또는 대도시의 도시·군계획**조례**로 같은 조 제1항 각 호에 따른 용도지구외의 용도지구를 정할 때에는 다음 각 호 1. 용도지구의 신설은 법에서 정하고 있는 용도지역·용도지구·용도구역·지구단위계획구역 또는 다른 법률에 따른 지역·지구만으로는 효율적인 <u>토지이용을</u> <u>달성할 수 없는 부득이한 사유가 있는 경우에 한할 것</u>, 2. 용도지구안에서의 <u>행위제한은 그 용도지구의 지정목적 달성에 필요한 최소한도에 그치도록 할 것</u>, 3. 당해 용도지역 또는 용도구역의 <u>행위제한을 완화하는 용도지구를 신설하지 아니할 것</u>의 기준을 따라야 한다(영 제31조 제4항).

다. 방재지구의 지정 또는 변경

시·도지사 또는 대도시 시장은 연안침식이 진행 중이거나 우려되는 지역 등 **대통령령**으로 정하는 지역에 대해서는 법 제37조 제1항 제4호의 방재지구의 지정 또는 변경을 도시·군관리계획으로 결정하여야 한다. 이 경우 도시·군관리계획의 내용에는 해당 방재지구의 재해저감대책을 포함하여야 한다(법 제37조 제4항).

<u>법 제37조 제4항</u>에서 "연안침식이 진행 중이거나 우려되는 지역 등 **대통령령**으로 정하는 지역"이란 다음 각 호 1. 연안침식으로 인하여 심각한 피해가 발생하거나 발생할 우려가 있어 이를 특별히 관리할 필요가 있는 지역으로서 「연안관리법」 제20조의2에 따른 연안침식관리구역으로 지정된 지역(같은 법 제2조제3호의 연안육역에 한정한다), 2. 풍수해, 산사태 등의 동일한 재해가 최근 10년 이내 2회 이상 발생하여 인명 피해를 입은 지역으로서 향후 동일한 재해 발생 시 상당한 피해가 우려되는 지역의 어느 하나에 해당하는 지역을 말한다(영 제31조 제5항).

라. 복합용도지구의 지정

시·도지사 또는 대도시 시장은 **대통령령**으로 정하는 주거지역·공업지역·관리지역[1. 일반주거지역, 2. 일반공업지역, 3. 계획관리지역(영 제31조 제6항)]에 **복합용도지구**를 지정할 수 있으며, 그 지정기준 및 방법 등에 필요한 사항은 **대통령령**으로 정한다(법 제37조 제5항).

시·도지사 또는 대도시 시장은 법 제37조 제5항에 따라 **복합용도지구**를 지정하는 경우에는 다음 각 호 1. 용도지역의 변경 시 기반시설이 부족해지는 등의 문제가 우려되어 해당 용도지역의 건축제한만을 완화하는 것이 적합한 경우에 지정할 것, 2. 간선도로의 교차지(交叉地), 대중교통의 결절지(結節地) 등 토지이용 및 교통 여건의 변화가 큰 지역 또는 용도지역 간의 경계지역, 가로변 등 토지를 효율적으로 활용할 필요가 있는 지역에 지정할 것, 3. 용도지역의 지정목적이 크게 저해되지 아니하도록 해당 용도지역 전체 면적의 3분의 1 이하의 범위에서 지정할 것, 4. 그 밖에 해당 지역의 체계적·계획적인 개발 및 관리를 위하여 지정 대상지가 **국토교통부장관**이 정하여 고시하는 기준에 적합할 것의 기준을 따라야 한다(영 제31조 제7항).

3. 용도지구에서의 행위제한

가. 법 제37조에 따라 지정된 용도지구에서의 건축물이나 그 밖의 시설의 용도·종류 및 규모 등의 제한에 관한 사항은 이 법 또는 다른 법률에 특별한 규정이 있는 경우 외에는 **대통령령**으로 정하는 기준에 따라 **특별시·광역시·특별자치시·특별자치도·시 또는 군의 조례**로 정할 수 있다(법 제76조 제2항).

제72조(경관지구안에서의 건축제한) ① 경관지구안에서는 그 지구의 경관의 보전·관리·형성에 장애가 된다고 인정하여 도시·군계획**조례**가 정하는 건축물을 건축할 수 없다. 다만, 특별시장·광역시장·특별자치시장·특별자치도지사·시장 또는 군수가 지구의 지정목적에 위배되지 아니하는 범위안에서 도시·군계획**조례**가 정하는 기준에 적합하다고 인정하여 해당 지방자치단체에 설치된 도시계획위원회의 심의를 거친 경우에는 그러하지 아니하다.
② 경관지구안에서의 건축물의 건폐율·용적률·높이·최대너비·색채 및 대지안의 조경 등에 관하여는 그 지구의 경관의 보전·관리·형성에 필요한 범위안에서 도시·군계획**조례**로 정한다.
③ 제1항 및 제2항에도 불구하고 다음 각 호의 어느 하나에 해당하는 경우에는 해당 경관지구의 지정에 관한 도시·군관리계획으로 건축제한의 내용을 따로 정할 수 있다.
  1. 제1항 및 제2항에 따라 도시·군계획**조례**로 정해진 건축제한의 전부를 적용하는 것이 주변지역의 토지이용 상황이나 여건 등에 비추어 불합리한 경우. 이 경우 도시·군관리계획으로 정할 수 있는 건축제한은 도시·군계획**조례**로 정해진 건축제한의 일부에 한정하여야 한다.
  2. 제1항 및 제2항에 따라 도시·군계획**조례**로 정해진 건축제한을 적용하여도 해당 지구의 위치, 환경, 그 밖의 특성에 따라 경관의 보전·관리·형성이 어려운 경우. 이 경우 도시·군관리계획으로 정할 수 있는 건축제한은 규모(건축물 등의 앞면 길이에 대한 옆면길이 또는 높이의 비율을 포함한다) 및 형태, 건축물 바깥쪽으로 돌출하는 건축설비 및 그 밖의 유사한 것의 형태나 그 설치의 제한 또는 금지에 관한 사항으로 한정한다.
제74조(고도지구안에서의 건축제한) 고도지구안에서는 도시·군관리계획으로 정하는 높이를 초과하는 건축물을 건축할 수 없다.
제75조(방재지구안에서의 건축제한) 방재지구안에서는 풍수해·산사태·지반붕괴·지진 그 밖에 재해예방에 장애가 된다고 인정하여 도시·군계획**조례**가 정하는 건축물을 건축할 수 없다. 다만, 특별시장·광역시장·특별자치시장·특별자치도지사·시장 또는 군수가 지구의 지정목적에 위배되지 아니하는 범위안에서 도시·군계획**조례**가 정하는

기준에 적합하다고 인정하여 당해 지방자치단체에 설치된 도시계획위원회의 심의를 거친 경우에는 그러하지 아니하다.

제76조(보호지구안에서의 건축제한) 보호지구 안에서는 다음 각호의 구분에 따른 건축물에 한하여 건축할 수 있다. 다만, 특별시장·광역시장·특별자치시장·특별자치도지사·시장 또는 군수가 지구의 지정목적에 위배되지 아니하는 범위안에서 도시·군계획**조례**가 정하는 기준에 적합하다고 인정하여 관계 행정기관의 장과의 협의 및 당해 지방자치단체에 설치된 도시계획위원회의 심의를 거친 경우에는 그러하지 아니하다.

1. 역사문화환경보호지구: 「문화재보호법」의 적용을 받는 문화재를 직접 관리·보호하기 위한 건축물과 문화적으로 보존가치가 큰 지역의 보호 및 보존을 저해하지 아니하는 건축물로서 도시·군계획**조례**가 정하는 것
2. 중요시설물보호지구: 중요시설물의 보호와 기능 수행에 장애가 되지 아니하는 건축물로서 도시·군계획**조례**가 정하는 것. 이 경우 제31조제3항에 따라 공항시설에 관한 보호지구를 세분하여 지정하려는 경우에는 공항시설을 보호하고 항공기의 이·착륙에 장애가 되지 아니하는 범위에서 건축물의 용도 및 형태 등에 관한 건축제한을 포함하여 정할 수 있다.
3. 생태계보호지구: 생태적으로 보존가치가 큰 지역의 보호 및 보존을 저해하지 아니하는 건축물로서 도시·군계획**조례**가 정하는 것

제80조(특정용도제한지구안에서의 건축제한) 특정용도제한지구안에서는 주거기능 및 교육환경을 훼손하거나 청소년 정서에 유해하다고 인정하여 도시·군계획**조례**가 정하는 건축물을 건축할 수 없다.

나. 지정된 용도지구에서의 건축제한에 따른 건축물이나 그 밖의 시설의 용도·종류 및 규모 등의 제한은 해당 용도지구의의 지정목적에 적합하여야 한다(법 제76조 제3항).

다. 건축물이나 그 밖의 시설의 용도·종류 및 규모 등을 변경하는 경우 변경 후의 건축물이나 그 밖의 시설의 용도·종류 및 규모 등은 법 제76조 제1항 및 제2항에 맞아야 한다(법 제76조 제4항).

라. 다음 각 호의 어느 하나에 해당하는 경우의 건축물이나 그 밖의 시설의 용도·종류 및 규모 등의 제한에 관하여는 법 제76조 제1항부터 제4항까지의 규정에도 불구하고 각 호에서 정하는 바에 따른다(법 제76조 제5항).

(1) 법 제37조 제1항 제6호에 따른 **취락지구**에서는 취락지구의 지정목적 범위에서 **대통령령**으로 따로 정한다(법 제76조 제5항 제1호). **대통령령**은 다음과 같다.

(가) 법 제76조 제5항 제1호의 규정에 의하여 **자연취락지구**안에서 건축할 수 있는 건축물은 [별표 23]과 같다(영 제78조 제1항).

자연취락지구안에서 건축할 수 있는 건축물(영 제78조 관련)[별표 23]
1. 건축할 수 있는 건축물(4층 이하의 건축물에 한한다. 다만, 4층 이하의 범위안에서 도시·군계획조례로 따로 층수를 정하는 경우에는 그 층수 이하의 건축물에 한한다) 　가. 「건축령」 별표 1 제1호의 단독주택 　나. 「건축령」 별표 1 제3호의 제1종 근린생활시설 　다. 「건축령」 별표 1 제4호의 제2종 근린생활시설[같은 호 아목, 자목, 너목, 더목 및 러목(안마시술소만 해당한다)은 제외한다] 　라. 「건축령」 별표 1 제13호의 운동시설 　마. 「건축령」 별표 1 제18호가목의 창고(농업·임업·축산업·수산업용만 해당한다) 　바. 「건축령」 별표 1 제21호의 동물 및 식물관련시설 　사. 「건축령」 별표 1 제23호의 교정 및 국방·군사시설 　아. 「건축령」 별표 1 제24호의 방송통신시설 　자. 「건축령」 별표 1 제25호의 발전시설

2. 도시·군계획조례가 정하는 바에 의하여 건축할 수 있는 건축물(4층 이하의 건축물에 한한다. 다만, 4층 이하의 범위안에서 도시·군계획**조례**로 따로 층수를 정하는 경우에는 그 층수 이하의 건축물에 한한다)

　가. 「건축령」 별표 1 제2호의 공동주택(아파트를 제외한다)

　나. 「건축령」 별표 1 제4호아목·자목·너목 및 러목(안마시술소만 해당한다)에 따른 제2종 근린생활시설

　다. 「건축령」 별표 1 제5호의 문화 및 집회시설

　라. 「건축령」 별표 1 제6호의 종교시설

　마. 「건축령」 별표 1 제7호의 판매시설 중 다음의 어느 하나에 해당하는 것

　　(1) 「농수산물유통 및 가격안정에 관한 법률」 제2조에 따른 농수산물공판장

　　(2) 「농수산물유통 및 가격안정에 관한 법률」 제68조제2항에 따른 농수산물직판장으로서 해당용도에 쓰이는 바닥면적의 합계가 1만제곱미터 미만인 것(「농어업·농어촌 및 식품산업 기본법」 제3조제2호에 따른 농업인·어업인, 같은 법 제25조에 따른 후계농어업경영인, 같은 법 제26조에 따른 전업농어업인 또는 지방자치단체가 설치·운영하는 것에 한한다)

　바. 「건축령」 별표 1 제9호의 의료시설 중 종합병원·병원·치과병원·한방병원 및 요양병원

　사. 「건축령」 별표 1 제10호의 교육연구시설

　아. 「건축령」 별표 1 제11호의 노유자시설

　자. 「건축령」 별표 1 제12호의 수련시설

　차. 「건축령」 별표 1 제15호의 숙박시설로서 「관광진흥법」에 따라 지정된 관광지 및 관광단지에 건축하는 것

　카. 「건축령」 별표 1 제17호의 공장 중 도정공장 및 식품공장과 읍·면지역에 건축하는 제재업의 공장 및 첨단업종의 공장으로서 별표 19 제2호 자목(1) 내지 (4)의 어느 하나에 해당하지 아니하는 것

　타. 「건축령」 별표 1 제19호의 위험물저장 및 처리시설

　파. 「건축령」 별표 1 제20호의 자동차 관련 시설 중 주차장 및 세차장

　하. 「건축령」 별표 1 제22호의 자원순환 관련 시설

　거. 「건축령」 별표 1 제29호의 야영장 시설

(나) **집단취락지구**안에서의 건축제한에 관하여는 「개발제한구역법령」이 정하는 바에 의한다(영 제78조 제2항).

(2) 법 제37조 제1항 제7호에 따른 개발진흥지구에서는 개발진흥지구의 지정목적 범위에서 **대통령령**으로 따로 정한다(법 제76조 제5항 1의2호).

영 제79조(개발진흥지구에서의 건축제한) ①법 제76조 제5항 제1호의2에 따라 지구단위계획 또는 관계 법률에 따른 개발계획을 수립하는 개발진흥지구에서는 지구단위계획 또는 관계 법률에 따른 개발계획에 위반하여 건축물을 건축할 수 없으며, 지구단위계획 또는 개발계획이 수립되기 전에는 개발진흥지구의 계획적 개발에 위배되지 아니하는 범위에서 도시·군계획**조례**로 정하는 건축물을 건축할 수 있다(영 제79조 제1항).

②법 제76조 제5항 제1호의2에 따라 지구단위계획 또는 관계 법률에 따른 개발계획을 수립하지 아니하는 개발진흥지구에서는 해당 용도지역에서 허용되는 건축물을 건축할 수 있다(영 제79조 제2항).

③**산업·유통개발진흥지구**에서는 해당 용도지역에서 허용되는 건축물 외에 해당 지구계획(해당 지구의 토지이용, 기반시설 설치 및 환경오염 방지 등에 관한 계획을 말한다)에 따라 다음 각 호의 구분에 따른 요건을 갖춘 건축물 중 도시·군계획**조례**로 정하는 건축물을 건축할 수 있다(영 제79조 제3항).

1. 계획관리지역: 계획관리지역에서 건축이 허용되지 아니하는 공장 중 다음 각 목의 요건을 모두 갖춘 것

　가. 「대기환경보전법」, 「물환경보전법」 또는 「소음·진동관리법」에 따른 배출시설의 설치 허가·신고 대상이 아닐 것

　나. 「악취방지법」에 따른 배출시설이 없을 것

　다. 「산업집적활성화 및 공장설립에 관한 법률」 제9조 제1항 또는 제13조 제1항에 따른 공장설립 가능 여부의 확인 또는 공장설립등의 승인에 필요한 서류를 갖추어 법 제30조제1항에 따라 관계 행정기관의 장과 미리 협의하였을 것

2. 자연녹지지역·생산관리지역·보전관리지역 또는 농림지역: 해당 용도지역에서 건축이 허용되지 않는 공장 중

> 다음 각 목의 요건을 모두 갖춘 것
> 가. 산업·유통개발진흥지구 지정 전에 계획관리지역에 설치된 기존 공장이 인접한 용도지역의 토지로 확장하여 설치하는 공장일 것
> 나. 해당 용도지역에 확장하여 설치되는 공장부지의 규모가 3천제곱미터 이하일 것. 다만, 해당 용도지역 내에 기반시설이 설치되어 있거나 기반시설의 설치에 필요한 용지의 확보가 충분하고 주변지역의 환경오염·환경훼손 우려가 없는 경우로서 도시계획위원회의 심의를 거친 경우에는 5천제곱미터까지로 할 수 있다.

(3) 법 제37조 제1항 제9호에 따른 **복합용도지구**에서는 복합용도지구의 지정목적 범위에서 **대통령령**으로 따로 정한다(법 제76조 제5항 1의3호). 신설되는 복합용도지구 지정 기준에 관한 사항을 정하고, 복합용도지구를 지정하는 경우에 지정목적에 따라 건축제한을 완화할 수 있도록 근거 규정이다.

> **영 제81조(복합용도지구에서의 건축제한)** 법 제76조 제5항 제1호의3에 따라 복합용도지구에서는 해당 용도지역에서 허용되는 건축물 외에 다음 각 호에 따른 건축물 중 도시·군계획**조례**가 정하는 건축물을 건축할 수 있다(영 제81조).
> 1. 일반주거지역: 준주거지역에서 허용되는 건축물. 다만, 다음 각 목의 건축물은 제외한다.
>   가. 「건축령」 별표 1 제4호의 제2종 근린생활시설 중 안마시술소
>   나. 「건축령」 별표 1 제5호다목의 관람장
>   다. 「건축령」 별표 1 제17호의 공장
>   라. 「건축령」 별표 1 제19호의 위험물 저장 및 처리 시설
>   마. 「건축령」 별표 1 제21호의 동물 및 식물 관련 시설
>   바. 「건축령」 별표 1 제28호의 장례시설
> 2. 일반공업지역: 준공업지역에서 허용되는 건축물. 다만 다음 각 목의 건축물은 제외한다.
>   가. 「건축령」 별표 1 제2호가목의 아파트
>   나. 「건축령」 별표 1 제4호의 제2종 근린생활시설 중 단란주점 및 안마시술소
>   다. 「건축령」 별표 1 제11호의 노유자시설
> 3. 계획관리지역: 다음 각 목의 어느 하나에 해당하는 건축물
>   가. 「건축령」 별표 1 제4호의 제2종 근린생활시설 중 일반음식점·휴게음식점·제과점([별표 20] 제1호 라목에 따라 건축할 수 없는 일반음식점·휴게음식점·제과점은 제외한다)
>   나. 「건축령」 별표 1 제7호의 판매시설
>   다. 「건축령」 별표 1 제15호의 숙박시설([별표 20] 제1호 사목에 따라 건축할 수 없는 숙박시설은 제외한다)
>   라. 「건축령」 별표 1 제16호 다목의 유원시설업의 시설, 그 밖에 이와 비슷한 시설

IV. 용도구역

1. 의의

"용도구역"이란 토지의 이용 및 건축물의 용도·건폐율·용적률·높이 등에 대한 용도지역 및 용도지구의 제한을 **강화**하거나 **완화**하여 따로 정함으로써 시가지의 무질서한 확산방지, 계획적이고 단계적인 토지이용의 도모, 토지이용의 종합적 조정·관리 등을 위하여 도시·군관리계획으로 결정하는 지역을 말한다(법 제2조 제17호).

용도구역제는 기본적으로 도시의 무계획한 발전이나 그 과대화·과밀화에 따른 피해를 방지하고, 그

균형 있는 발전을 도모하기 위하여 도시계획적 측면에서 토지이용에 제한을 가하는 제도이다. 이러한 구역제는 앞에서의 용도지역·지구제와는 어느 정도 성질이 다르나, 넓은 의미에서는 이것도 지역·지구제(Zoning)에 속하는 것으로 볼 수 있을 것이다.[419]

용도지역과 용도지구가 건축행위를 주된 규제대상으로 하는데 비해, 용도구역은 건축행위 외에 토석채취·토지형질변경·토지분할 등과 같은 토지이용행위까지 규제대상으로 하고 있다.[420] 용도구역은 용도지구와 같이 지정이 필요한 지역에 한하여 지정되지만, 각 용도구역의 지정목적이 전혀 다르므로 용도지구와 달리 동일한 토지에 용도구역이 중복 지정될 수 없다.[421] 용도구역은 ① 개발제한구역, ② 도시자연공원구역, ③ 시가화조정구역, ④ 수산자원보호구역, 그리고 ⑤ 입지규제최소구역의 5개 구역이 있다.

2. 개발제한구역의 지정

가. 의의

개발제한구역이라 함은 도시의 무질서한 확산을 방지하고 도시주변의 자연환경을 보전하여 도시민의 건전한 생활환경을 확보하기 위하여 도시개발을 제한할 필요가 있거나 보안상 도시개발을 제한할 필요가 있다고 인정되는 지역을 말한다(법 제38조 제1항). 개발제한구역은 영국의 그린벨트(greenbelt)에서 유래한다.

그런데, 개발제한구역이 지정되면 개발행위가 제한된다. 따라서 개발제한구역 내에서 개발행위 또는 재산권행사가 어느 정도 제한되도록 할 것인가, 개발제한구역의 지정으로 재산권 행사에 제한을 받는 지역 주민에게 어떠한 권리구제를 해 줄 것인가의 문제, 달리 말하면 개발제한구역지정의 공익목적과 지역주민의 권익 사이의 적절한 이익조절의 문제가 제기된다.[422] 근거 규정으로 **국토교통부장관**은 도시의 무질서한 확산을 방지하고 도시주변의 자연환경을 보전하여 도시민의 건전한 생활환경을 확보하기 위하여 도시의 개발을 제한할 필요가 있거나 **국방부장관**의 요청이 있어 보안상 도시의 개발을 제한할 필요가 있다고 인정되면 개발제한구역의 지정 또는 변경을 도시·군관리계획으로 결정할 수 있다(법 제38조 제1항 및 개발제한구역법 제3조 제1항).

연혁은 1971. 1. 19. 구 「도시계획법」을 개정하여 개발제한구역을 지정할 수 있는 근거를 마련하고, 1971년 서울을 시작으로 1977년까지 8차례에 걸쳐 14개 권역에 걸쳐 전·답 등의 농경지와 임야, 대지 및 일부 자연취락 등을 포함하여 전 국토면적의 5.4%에 해당하는 5,397.1㎢를 개발제한구역으로 지정하게 되었다.[423]

---

419) 김동희, 행정법Ⅱ, 462면.
420) 정태용, 국토계획법, 180~181면.
421) 박균성, 행정법론(하), 741면.
422) 박균성, 행정법론(하), 741면.
423) 국토교통부, 2016 국토의 계획 및 이용에 관한 연차보고서, 251면.

나. 법적 근거 및 성질

(1) 개발제한구역의 법적 근거는 「국토계획법」이지만(법 제2조 제4호 및 제38조), 개발제한구역의 지정 또는 변경에 필요한 사항은 **따로 법률로 정하도록하고** 있어(법 제38조 제2항), 이에 따라 2000. 1. 28. 법률 제6241호로 제정되고 2000. 7. 1.부터 시행된 법률이 「개발제한구역의 지정 및 관리에 관한 특별조치법」(이하 '개발제한구역법'이라 한다)이다.[424] 동 법률에는 개발제한구역의 지정과 행위 제한, 주민에 대한 지원, 토지매수, 그 밖에 개발제한구역을 관리하는 데에 필요한 사항을 정하고 있다. 개발제한구역에서는 우선 「개발제한구역법」이 적용되고 개발제한구역은 도시·군관리계획의 하나이므로 「개발제한구역법」이 적용되지 않는 사항에 관하여는 「국토계획법」이 적용된다.

(2) 개발제한구역은 도시·군관리계획의 하나이면서, 지정되면 원칙상 지정목적에 위배되는 건축물의 건축 및 용도변경 등을 할 수 없는 구속이 가해지므로 개발제한구역 지정행위는 구속적 행정계획으로 처분에 해당한다(개발제한구역법 제12조 제1항).

다. 입안권자·지정권자·의견청취 및 지정기준

(1) 입안권자: 개발제한구역의 지정 및 해제에 관한 도시·군관리계획(이하 '도시·군관리계획'이라 한다)은 해당 도시지역을 관할하는 **특별시장·광역시장·특별자치시장·특별자치도지사·시장 또는 군수**(이하 '입안권자'라 한다)가 입안한다. 다만, 국가계획과 관련된 경우에는 **국토교통부장관**이 직접 도시·군관리계획을 입안하거나 관계 **중앙행정기관의 장**의 요청에 따라 관할 **시·도지사**, 시장 및 군수의 의견을 들은 후 도시·군관리계획을 **입안**할 수 있으며, 「국토계획법」 제2조 제1호에 따른 광역도시계획과 관련된 경우에는 **도지사**가 직접 도시·군관리계획을 **입안**하거나 관계 시장 또는 군수의 요청에 따라 관할 시장이나 군수의 의견을 들은 후 도시·군관리계획을 **입안**할 수 있다(개발제한구역법 제4조 제1항).

(2) 지정권자: 도시·군관리계획은 **국토교통부장관**이 결정한다(법 제29조 제2항 제2호 및 개발제한구역법 제8조 제1항). **국토교통부장관**은 도시·군관리계획을 결정하려는 때에는 관계 **중앙행정기관의 장**과 미리 협의하여야 한다. 이 경우 협의를 요청받은 기관의 장은 그 요청을 받은 날부터 30일 이내에 의견을 제시하여야 한다(개발제한구역법 제8조 제2항). **국토교통부장관**은 도시·군관리계획을 결정하려는 때에는 「국토계획법」 제106조에 따른 중앙도시계획위원회의 심의를 거쳐야 한다(같은 법 제8조 제3항). **국토교통부장관**은 국방상 기밀을 요한다고 인정되는 경우(국방부장관의 요청이 있는 때에만 해당한다)에는 그 도시·군관리계획의 전부 또는 일부에 대하여 「개발제한구역법」 제8조 제2항과 제3항에 따른 절차를 생략할 수 있다(같은 법 제8조 제4항).

(3) 주민과 지방의회의 의견청취: **국토교통부장관, 시·도지사, 시장 또는 군수**는 제4조에 따라 도시·군관리계획을 **입안**할 때 주민의견을 들어야 하며, 그 의견이 타당하다고 인정되면 그 도시·군관

---

424) 2017. 8. 9. 법률 제14846호로 개정되고 2018. 2. 10.부터 시행된 법률을 기준으로 하였다.

리계획안에 반영하여야 한다. 다만, 국방상 기밀을 요하는 사항(국방부장관의 요청이 있는 것만 해당한다)이거나 **대통령령**으로 정하는 경미한 사항은 그러하지 아니하다(같은 법 제7조 제1항). **국토교통부장관, 시·도지사, 시장 또는 군수가** 도시·군관리계획을 **입안**하려는 때에는 **대통령령**으로 정하는 사항에 대하여 해당 지방의회의 의견을 들어야 한다.

(4) **지정기준:** 개발제한구역의 지정 및 해제의 기준은 대상 도시의 인구·산업·교통 및 토지이용 등 경제적·사회적 여건과 도시 확산 추세, 그 밖의 지형 등 자연환경 여건을 종합적으로 고려하여 **대통령령**으로 정한다(같은 법 제3조 제2항).[425] 개발제한구역은 위와 같은 지정요건을 충족하여야 할 뿐만 아니라 비례의 원칙에 반하지 않아야 한다. 지역주민의 권익에 대한 침해가 최소한이 되도록 하여야 하고 지정으로 달성되는 공익과 그로 인하여 침해되는 지역주민의 사익 간의 균형이 유지되어야 한다.[426]

라. 행위제한

개발제한구역에서 개발행위는 원칙적으로 금지되고 예외적으로 구체적인 경우에 당해 개발행위가 개발제한구역 지정목적에 위배되지 않을 경우에 허가될 수 있다. 규제에 적극적인 포지티브(positve) 방식을 택하고 있다(개발제한구역법 제12조 제1항). 이와 같이 개발제한구역에서 개발행위의 허가는 학문상 예외적 허가에 해당하고 재량행위로 볼 수 있다.[427] 판례도 원칙적으로 금지되고 예외적으로

---

425) 「개발제한구역법시행령」 제2조(개발제한구역의 지정 및 해제의 기준).

426) 박균성, 행정법론(하), 743면.

427) 허가는 법규에 의한 일반적인 상대적 금지를 특정한 경우에 해제하여 적법하게 일정한 사실행위 또는 법률행위를 할 수 있게 해 주는 행위를 말한다. 전통적 견해에 의하면 인간의 자연적 자유를 대상으로 하여 이를 회복시켜 주는 행위로서, 실정법과 관련에서는 헌법상 기본권으로서의 자유권이 그 대상이 되는 것이다. 따라서 허가는 단순히 자연적 자유의 회복에 그치는 것이 아니라, 헌법상의 자유권을 적법하게 행사할 수 있게 하여 주는 행위인 것이다. 허가대상 행위를 할 수 있는 권리는 자유권으로서 헌법에 의해 이미 부여되어 있는 것이다. 그러나 자유권은 그 대부분의 경우 절대적인 것이 아니고, 구체적인 공익목적(경찰·보건 등)과의 관련에서 개별법상 그 행사에는 일정한 제한이 가해지고 있다. 이에 허가절차는 헌법상의 자유권의 행사가 공익목적상 부과되어 있는 관계법상의 제한규정에 배치되는지의 여부를 행정청으로 하여금 사전에 심사할 수 있도록 하여 주는 의미를 가진다. 따라서 허가는 그와 같은 관계법상의 제한규정에 배치되지 않는다고 판단되는 경우에, 헌법상의 자유권을 적법하게 행사할 수 있게 하여 주는 행위인 것이다(김동희, 행정법Ⅰ, 287~288면).
학문적으로 허가를 통제허가(원칙적 허가)와 예외적 허가(예외적 승인)로 구분하는데, 통상 허가에 대한 설명은 통제허가를 의미한다. 통제허가는 위험방지라고 하는 통제목적을 위해 잠정적으로 금지된 행위를 적법하게 할 수 있게 해주는 행정행위인데 대하여, 예외적 허가는 사회적으로 유해한 행위임으로 인하여 일반적으로 금지된 행위를 특정한 경우에 예외적으로 할 수 있게 해 주는 행정행위인 점에서 서로 다르다. 즉 예방적 금지를 해제하는 통제허가와 억제적 금지를 해제하는 예외적 허가를 구별한다. 예를 들면, 주거지역 내 주택건축은 통제허가의 대상이 되는데 대하여, 개발제한구역 내의 건축은 예외적 허가의 대상이 된다고 할 수 있다. 그러나 그 구별은 명백하지 않다고 한다(김남진·김연태, 행정법Ⅰ, 법문사, 2017, 241면).
또한 통제허가는 원칙적으로 기속결정(기속행위)이고 예외적 허가는 재량결정(재량행위)이라고 말하기도 한다(박윤흔·정형근, 최신 행정법강의(상), 박영사, 2009, 315면). 그러나 그러한 등식이 항상 성립하는 것은 아닌데, 구체적인 경우에 통제허가의 부여가 행정청의 재량에 놓일 수도 있고, 반대로 예외적 허가의 부여가 헌법적으로 요구(기속) 될 수도 있다(김남진·김연태, 행정법Ⅰ, 241면).
또 통제허가(건축허가·영업허가)는 허가함이 원칙이고 불허가가 예외임에 반해, 예외적 허가(개발제한구역에서 개발행위허가·자연공원지역 내에서 산림훼손허가·학교환경위생정화구역 내에서의 유흥음식점허가)는 금지가 원칙이

허용되는 것으로 보며 재량행위로 보고 있다.[428] 그 밖에 대법원은 구「도시계획법」상의 개발제한구역 내의 건축물의 용도변경허가의 법적 성질 및 그 위법 여부에 대한 사법심사 대상에 대한 판시에서 개발제한구역 내에서는 구역 지정의 목적상 건축물의 건축이나 그 용도변경은 원칙적으로 금지되고, 다만 구체적인 경우에 위와 같은 구역 지정의 목적에 위배되지 아니할 경우 예외적으로 허가에 의하여 그러한 행위를 할 수 있고, 이러한 건축물의 용도변경에 대한 예외적인 허가는 그 상대방에게 수익적인 것이므로, 이는 그 법적 성질이 재량행위 내지 자유재량행위에 속하고, 따라서 그 위법 여부에 대한 심사는 재량권 일탈·남용의 유무를 그 대상으로 한다고 하였다.[429]

(1) 원칙적 금지사항: 개발제한구역에서는 건축물의 건축 및 용도변경, 공작물의 설치, 토지의 형질변경, 죽목(竹木)의 벌채, 토지의 분할, 물건을 쌓아놓는 행위 또는 「국토계획법」 제2조 제11호에 따른 도시·군계획사업의 시행을 할 수 없다(개발제한구역법 제12조 제1항 본문).[430]

(2) 예외적 허가사항

(가) 「개발제한구역법」 제12조 제1항 단서

제12조 제1항 단서 조항에서, 다만, 예외적으로 아래와 같은 엄격한 요건 하에 허가를 받아 그 행위를 할 수 있다. 즉, 다음 각 호의 어느 하나에 해당하는 행위를 하려는 자는 특별자치시장·특별자치도지사·시장·군수 또는 구청장(이하 '시장·군수·구청장'이라 한다)의 허가를 받아 그 행위를 할 수 있다.

1. 다음 각 목 가. 공원, 녹지, 실외체육시설, 시장·군수·구청장이 설치하는 노인의 여가활용을 위한 소규모 실내 생활체육시설 등 개발제한구역의 존치 및 보전관리에 도움이 될 수 있는 시설, 나. 도로, 철도 등 개발제한구역을 통과하는 선형(線形)시설과 이에 필수적으로 수반되는 시설, 다. 개발제한구역이 아닌 지역에 입지가 곤란하여 개발제한구역 내에 입지하여야만 그 기능과 목적이 달성되는 시설, 라. 국방·군사에 관한 시설 및 교정시설, 마. 개발제한구역 주민과 「공익사업

고 허가함이 예외이다(박윤흔·정형근, 최신 행정법강의(상), 315면).

428) 대법원 1998. 9. 8. 선고 98두8759 판결; 대법원 2001. 2. 9. 선고 98두17593 판결; 박균성, 행정법론(하), 746면.

429) 대법원 2001. 2. 9. 선고 98두17593 판결; 같은 취지로 대법원 2004. 3. 25. 선고 2003두12837 판결.

430) 대법원은 개발제한구역 내 건축물의 용도변경행위에 관하여 「건축법」과 「건축령」이 정한 건축물의 용도분류나 용도변경 규제방법이 적용되는지 여부에 관한 판시에서 「개발제한구역법」이 개발제한구역 내의 건축물 용도변경행위에 관하여 「건축법」과는 전혀 다른 체계와 내용의 규제방법을 규정하여 시행하고 있는 이상, 개발제한구역 내에서 행하여지는 건축물의 용도변경행위에 관하여는 「건축법」과 「건축령」이 정한 건축물 용도의 분류나 용도변경 규제방법이 적용될 여지가 없고, 만일 개발제한구역 내의 건축물의 용도변경행위가 「건축법」과 「건축령」에 의할 경우 하위 시설군으로의 용도변경이라거나 동일한 시설군 내에서의 용도변경에 해당한다 하여 허가대상이 아니라 신고대상이라거나 또는 신고대상조차 아닌 것으로 해석할 경우, 이는 도시의 무질서한 확산을 방지하고, 도시 주변의 자연환경을 보전하여 도시민의 건전한 생활환경을 확보하기 위하여 개발제한구역 내에서의 건축 및 용도변경행위 등을 원칙적으로 금지하면서 예외적으로 일정한 요건의 충족을 전제로 허가대상행위와 신고대상행위로 엄격히 구분하여 이를 규제하고자 하는 「개발제한구역법」의 취지가 몰각되어 버리는 불합리가 발생한다. 따라서 「건축법」상으로는 양잠·양봉·양어시설이 축사와 동일한 용도의 건축물로 분류되어 있더라도 개발제한구역에서 건축물을 축사로 사용하는 것과 양어시설로 사용하는 것은 「개발제한구역법」상으로는 그 용도를 달리하는 것이라고 보아야 한다고 하여 개발제한구역에서는 「개발제한구역법」이 우선하여 적용됨을 의미한다(대법원 2007. 9. 6. 선고 2007도4197 판결).

을 위한 토지 등의 취득 및 보상에 관한 법률」(이하 '토지보상법'이라 한다) 제4조에 따른 공익사업의 추진으로 인하여 개발제한구역이 해제된 지역 주민의 주거·생활편익·생업을 위한 시설의 어느 하나에 해당하는 건축물이나 공작물로서 **대통령령**으로 정하는 건축물의 건축 또는 공작물의 설치와 이에 따르는 토지의 형질변경[431]

1의2. 도시공원, 물류창고 등 정비사업을 위하여 필요한 시설로서 **대통령령**으로 정하는 시설을 정비사업 구역에 설치하는 행위와 이에 따르는 토지의 형질변경

2. 개발제한구역의 건축물로서 「개발제한구역법」 제15조에 따라 지정된 취락지구로의 이축(移築)

3. 「토지보상법」 제4조에 따른 공익사업(개발제한구역에서 시행하는 공익사업만 해당한다)의 시행에 따라 철거된 건축물을 이축하기 위한 이주단지의 조성

3의2. 「토지보상법」 제4조에 따른 공익사업의 시행에 따라 철거되는 건축물 중 취락지구로 이축이 곤란한 건축물로서 개발제한구역 지정 당시부터 있던 주택, 공장 또는 종교시설을 취락지구가 아닌 지역으로 이축하는 행위

4. 건축물의 건축을 수반하지 아니하는 토지의 형질변경으로서 영농을 위한 경우 등 **대통령령**으로 정하는 토지의 형질변경

5. 벌채 면적 및 수량, 그 밖에 **대통령령**으로 정하는 규모 이상의 죽목 벌채

6. **대통령령**으로 정하는 범위의 토지 분할

7. 모래·자갈·토석 등 **대통령령**으로 정하는 물건을 **대통령령**으로 정하는 기간까지 쌓아 놓는 행위

8. 제1호 또는 「개발제한구역법」 제13조에 따른 건축물 중 **대통령령**으로 정하는 건축물을 근린생활시설 등 **대통령령**으로 정하는 용도로 용도변경하는 행위

9. 개발제한구역 지정 당시 지목이 대인 토지가 개발제한구역 지정 이후 지목이 변경된 경우로서 제1호 마목의 시설 중 **대통령령**으로 정하는 건축물의 건축과 이에 따르는 토지의 형질변경

다만, 시장·군수·구청장은 허가 대상 행위가 관리계획을 수립하여야만 할 수 있는 행위인 경우에는 미리 관리계획이 수립되어 있는 경우에만 그 행위를 허가할 수 있다(개발제한구역법 제12조 제2항).

(나) 「개발제한구역법」 제12조 제1항 단서 제1호

2016. 2. 11. **대통령령** 제26971호로 개정·시행된 「개발제한구역법 시행령」 제13조 제1항에서는 「개발제한구역법」 제12조 제1항 단서 제1호에 따른 건축물 또는 공작물의 종류, 건축 또는 설치의 범위를 [별표 1]과 같이 규정하고 있다. 즉 **[별표 1] 제5호 다목 다)** ①에서는 종전에는 개발제한구역 내 공익사업의 시행으로 철거되는 기존 주택의 소유자는 "해당 공익사업의 사업인정 당시부터 해당 주택을 소유한 경우에만 개발제한구역 내 자기 소유의 토지에 주택을 신축할 수 있도록 하던 것"을, 동법 시행령 개정으로 "사업인정 당시의 소유 여부와 관계없이 철거되는 주택의 소유자(즉, 「토지보상법」에 따라 보상금을 지급받은 자 모두)에 해당하기만 하면 자기 소유 토지(철거일 당시 소유권을 확보한 토지

---

431) 「개발제한구역법 시행령」 제13조(허가 대상 건축물 또는 공작물의 종류 등)에서 정하고 있다.

를 말한다)에서의 주택 신축을 허용하여" 사업인정 이후 해당 주택을 매입한 주민의 생활 편의를 도모하였다. 개발제한구역 내에서 개발행위는 건축[신축·증축·개축·재축하거나 건축물을 이전하는 것] 및 용도변경 등이 있다. 여기서 '이전'이란 건축물의 주요구조부를 해체하지 아니하고 같은 대지의 다른 위치로 옮기는 것을 말한다(건축령 제2조 제5호).

또한 개발제한구역에서 독특한 건축행위로 이축(移築)이 있다.[432] 이축은 기존의 건축물이 공익사업 등으로 더 이상 사용할 수 없게 된 경우에 기존의 건축물에 대한 존속보장 차원에서 이에 대응하는 새로운 건축물을 다른 지역에 건축하는 것을 말한다. 이축은 건축개념 중 '이전(移轉)'과 비교하여 동일한 대지가 아닌 다른 대지로 장소를 옮겨 건축한다는 점에서 이전과 다르다. 이축을 허용하는 이유는 기존의 건축물 소유자에게 종전과 같은 생활근거를 보장해 주기 위한 것이다. 이러한 점에서 이축허가를 일종의 생활보상이라고 할 수 있다. 그러나 이축도 이축으로 개발제한구역이 훼손되기 때문에 개발제한구역에서의 이축은 허용하되 엄격히 규율되어야 할 것이다. 개발제한구역에서의 개발행위는 원칙적으로 금지되고 예외적으로 구체적인 경우에 당해 개발행위가 개발제한구역의 지정목적에 위배되지 않는 경우에 허가될 수 있는 것이다. 이와 같이 개발제한구역에서의 개발행위의 허가는 학문상의 예외적 허가에 해당하고 따라서 재량행위로 보는 것이 타당하다.[433]

(3) 신고사항: 개발행위를 원칙적으로 금지하면서도 허가사항에 해당하는 「개발제한구역법」 제12조 제1항 단서에도 불구하고, 주택 및 근린생활시설의 대수선 등 **대통령령**으로 정하는 행위는 시장·군수·구청장에게 신고하고 할 수 있다(개발제한구역법 제12조 제3항).[434] 이러한 규정을 허가면제절차(Genehmigungsfreistellung)라고도 한다.[435]

(4) 허가나 신고의 세부 기준: 「개발제한구역법」 제12조 제1항 단서에 따른 허가 또는 신고의 대상이 되는 건축물이나 공작물의 규모·높이·입지기준, 대지 안의 조경, 건폐율, 용적률, 토지의 분할, 토지의 형질변경의 범위 등 허가나 신고의 세부 기준은 **대통령령**으로 정한다(개발제한구역법 제12조 제8항).

마. 시·도지사의 행위허가 제한

개발제한구역의 보전 및 관리를 위하여 특별히 필요한 경우 시·도지사가 일정 기간 동안 시장·군수·구청장의 개발제한구역 내 행위 허가를 제한할 수 있도록 하였는데, 시·도지사는 개발제한구역의

---

432) 구 「도시계획법 시행규칙」(1998. 5. 19. 건설교통부령 제133호로 개정되기 전의 것) 제7조 제1항 제3호 (사)목 (1)의 규정에서 말하는 '이축'은 건축법상의 건축행위를 가리키는 것이고, 이 규정에 의한 이른바 '이축권'이라 함은 건축관계법규나 도시계획법규상으로 개발제한구역 내에서의 건축행위의 일반적 금지를 해제하여 건축허가를 받아 건물을 건축할 수 있는 권리를 의미할 뿐, 부동산 자체의 취득을 목적으로 하는 권리를 의미한다고 볼 수 없으므로, 구 소득세법 시행령(1994. 12. 31. **대통령령** 제14467호로 전문 개정되기 전의 것) 제44조 제4항 제2호의 '부동산을 취득할 수 있는 권리'에 해당하지 아니한다(대법원 2000. 9. 29. 선고 98두205 판결).

433) 박균성, 행정법론(하), 745~746면.

434) 「개발제한구역법 시행령」 제19조(신고의 대상) 법 제12조 제3항에 따른 신고의 대상을 정하고 있다.

435) 정남철, 행정구제의 기본원리, 법문사, 2015, 435면.

보전 및 관리를 위하여 특히 필요하다고 인정되는 경우에는 「개발제한구역법」 제12조 제1항 단서 및 같은 항 각 호에 따른 시장·군수·구청장의 행위허가를 제한할 수 있다(개발제한구역법 제12조의2 제1항).

시·도지사는 행위허가를 제한하는 경우에는 주민의견을 청취한 후 「국토계획법」 제113조 제1항에 따른 시·도도시계획위원회의 심의를 거쳐야 한다(개발제한구역법 제12조의2 제2항). 제한기간은 2년 이내로 한다. 다만, 한 차례만 1년의 범위에서 제한기간을 연장할 수 있다(개발제한구역법 제12조의2 제3항).

시·도지사는 행위허가를 제한하는 경우에는 제한 목적·기간·대상과 행위허가 제한구역의 위치·면적·경계 등을 상세하게 정하여 관할 시장·군수·구청장에게 통보하여야 하며, 시장·군수·구청장은 지체 없이 이를 공고하여야 하고(개발제한구역법 제12조의2 제4항), 지체 없이 **국토교통부장관**에게 보고하여야 하며, **국토교통부장관**은 제한 내용이 지나치다고 인정하면 해제를 명할 수 있다(개발제한구역법 제12조의2 제5항).

바. 개발제한구역과 권리구제

(1) 개발제한구역 지정·지정해제 또는 지정해제거부에 대한 항고소송

(가) 개발제한구역의 지정·지정해제행위는 직접 국민의 재산권을 제한하거나 그 반대의 효과를 가지므로 항고소송의 대상이 되는 행정처분이다. 개발제한구역의 지정으로 인하여 개발제한구역 내에 있는 토지소유자 등 재산권 행사에 제한을 받는 자는 원칙적으로 개발제한구역의 지정을 다툴 원고적격이 있다

(나) 개발제한구역해제에 있어서는 개발제한구역제도는 공익의 보호만을 목적으로 하며 개발제한구역 내에 있는 자나 개발제한구역의 주변에 있는 자의 개인적인 이익을 보호하는 것을 목적으로 하지 않는다고 해석되므로 개발제한구역 내에 있는 자나 주변에 있는 자가 받는 이익은 반사적 이익에 불과하므로 개발제한구역 내에 있는 자나 주변에 있는 자는 개발제한구역의 해제를 다툴 원고적격이 없다고 보는 것이 일반적인 견해이다.[436] 또한 대법원도 개발제한구역 중 일부 취락을 개발제한구역에서 해제하는 내용의 도시관리계획변경결정에 대하여, 개발제한구역 해제대상에서 누락된 토지의 소유자는 위 결정의 취소를 구할 법률상 이익이 없다고 하여 원고적격에 대하여서만 판시하였다.[437]

(다) 「개발제한구역법」은 **국토교통부장관**이 정하는 바에 따라 개발제한구역을 조정하거나 해제할 수 있다(동법 시행령 제2조 제3항).[438] 동법은 이와 같이 행정청에게 개발제한구역의 조정 또는 해제의 권한만을 규정하고, 지역주민에게 개발제한구역의 조정이나 해제에 대한 신청권을 명문으로 인정하고 있지 않다. 그러나 법규상 신청권은 없더라도 지역주민에게 조리상 개발제한구역 해제에 대한 신청

---

436) 박균성, 행정법론(하), 747면.
437) 대법원 2008. 7. 10. 선고 2007두10242 판결.
438) 행정규칙 「개발제한구역의 조정을 위한 도시관리계획 변경안 수립 지침」(국토교통부훈령 제840호).

권이 있다고 볼 것인지, 즉, 개발제한구역 해제신청에 대하여 행정청이 거부한 경우 거부가 처분이 되며 항고소송의 대상이 될 것인지가 쟁점이 될 수 있다.

① 이에 대하여 개발제한구역의 지정은 국민의 재산권의 행사를 제한하는 것이므로 지정필요성이 없는 경우 개발제한구역 내의 토지소유자에게는 조리상 그 재산권 회복을 위한 개발제한구역 해제신청권이 인정되고 따라서 그 해제의 거부는 처분이며 그 처분을 다툴 원고적격이 있다는 견해가 있으나,[439] 그 거부행위가 신청인의 법률관계에 변동을 일으키는 것에 대하여 국민에게 그 행위 발동을 요구할 법규상·조리상 신청권이 있어야 하지만,[440] 법규상 신청권이 없다는 점에서 원고적격의 인정이 쉽지 않을 것이다. ② 위법성의 인정에서도 개발제한구역의 해제는 재량행위이므로 해제거부의 위법성 인정이 쉽지 않을 것이라고 한다.[441]

(2) 손실보상

2000년 1월 28일 「도시계획법」이 전면 개정되기 이전의 「도시계획법」도 대체로 현행 「개발제한구역법」과 같은 행위제한에 관한 규정을 두었으나, 어느 경우에도 손실보상에 관한 규정을 두지 않았다. 재산권의 제한으로 인한 손실에 대한 보상의 인정여부가 최근 심각한 논쟁의 대상이 되고 있었지만, 대법원은 「도시계획법」 제21조에 기하여 토지소유자에게 가하여지는 제한은 재산권의 사회적 구속내의 것으로 보아 같은 조가 보상규정을 두고 있지 않아도 위헌은 아니라고 판시하였다.[442]

개발제한구역 지정과 같이 행정계획으로서 지역지구 등의 지정에 의한 재산권 제한에 따른 손실보상 여부의 문제에 대하여는, 학설상 보통 다음의 기준이 제시되고 있었다. 즉 ① 당해 계획으로 인하여 토지이용이 제한되더라도 종래의 방법에 의한 토지의 이용이 계속 가능하고, 또한 그 제한이 당해 토지의 본래의 기능에 반하지 아니하는 경우에는 보상을 요하지 않으나, ② 그 제한이 토지 본래의 기능을 저해하거나 이미 객관적으로 현실화된 개발행위를 저지하는 것인 때에는 보상을 요한다.[443]

개발제한구역의 지정으로 인하여 특별한 희생을 받은 자가 있으면 경계이론에 따르는 경우 손실보상이 주어져야 한다.[444] 헌법재판소는 청구인들의 주장과 달리 개발제한구역 지정으로 인한 토지재산

---

439) 박균성, 행정법론(하), 746, 748면.
440) 대법원 2017. 6. 15. 선고 2013두2945 판결; 대법원 2003. 10. 23. 선고 2002두12489 판결.
441) 박균성, 행정법론(하), 746면.
442) 대법원 1990. 5. 8. 자 89부2 결정.
443) 김동희, 행정법 I, 465면.
444) 경계이론과 분리이론은 우리 헌법 제23조와 유사한 규정을 두고 있는 독일 기본법 제14조의 해석과 관련하여 발전한 이론이다. ① 경계이론(Schwellentheorie)이란 재산권에 대한 내용과 한계규정인 헌법 제23조 제1항·2항을 공용침해규정인 제23조 제3항과 구분하지 않고 동일선상에 있는 것으로 파악하고 재산권에 대한 내용이나 한계규정이 사회적 제약을 넘어서면 바로 특별한 희생으로서 이는 곧 수용에 해당한다는 이론이다. 사회적 제약과 공용침해로서의 수용의 구별기준으로 경계이론은 특별한 희생을 들고 있다. 경계이론은 독일 연방통상법원(BGH)의 입장이다(성낙인, 헌법학, 법문사, 2014, 1279~1280면). ② 분리이론(Trennungstheorie)이란 재산권의 내용규정과 공용침해를 헌법적으로 독립된 별개의 제도로 파악하여 이들에게는 서로 상이한 헌법상의 전제조건들이 적용되고 따라서 상호 구별되어야 한다는 이론이다. 분리이론에 의하면 재산권의 사회적 제약은 재산권의 내용규정의 영역이고 공용수용은 수용규정의 영역으로서 둘은 상호 구별되는 다른 체계를 구성한다고 본다. 따라서 재산권의 내

권 제한의 성격에 대하여 특별한 희생으로 판단한 것으로 보이지 않는다. 그리고 「헌법」 제23조의 해석에 대하여 헌법재판소는 분리이론에 입각하여 수인의 한계를 넘어 가혹한 부담이 발생하는 예외적인 경우에는 이를 완화하는 보상규정을 두도록 하고, 토지매수청구제도와 같이 금전보상에 갈음하거나 기타 손실을 완화할 수 있는 제도보완을 제시하였다.[445] 그러나, 경계이론에 의하면 토지매수청구권과 별도로 손실보상이 선택적으로 인정되어야 한다.

토지매수청구권을 손실보상제도에 준하는 것으로 보는 견해도 있지만, 이는 타당하지 않다. 왜냐하면 토지매수청구에 의한 손실보상은 개발제한구역의 지정이라는 공법상 제한 받는 상태대로의 손실보상금이다(토지보상법 시행규칙 제23조 제1항). 공법상 제한이 없는 상태에서의 보상금과의 차액이 바로 공용제한에 대한 손실보상금이므로 이 금액이 추가로 개발제한구역 내 토지매수청구권자에게 귀속되어야 정당보상이라는 헌법가치를 실현할 수 있다.[446]

(3) 토지매수청구

「개발제한구역법」은 개발제한구역의 지정에 따라 개발제한구역의 토지를 종래의 용도로 사용할 수 없어 그 효용이 현저히 감소된 토지나 그 토지의 사용 및 수익이 사실상 불가능하게 된 토지(이하 '매수대상토지'라 한다)의 소유자에게 「토지보상법」에 의한 손실보상 대신 토지매수청구권을 인정하고 있다. **국토교통부장관**은 토지의 매수를 청구받은 날부터 2개월 이내에 매수대상토지임을 알린 경우에는 5년의 범위에서 매수청구인에게 매수대상토지로 알린 날부터 3년 이내의 기간에 매수계획을 수립하여 그 매수대상토지를 매수하여야 한다(개발제한구역법 제18조 제2항).

대법원은 "금강수계 중 상수원 수질보전을 위하여 필요한 지역의 토지 등의 소유자가 국가에 그 토지 등을 매도하기 위하여 매수신청을 하였으나 유역환경청장이 이를 거절한 사안에서, 그 매수 거부행위가 항고소송의 대상이 되는 행정처분에 해당한다"고 판시하였다.[447] 매수신청에 대한 거부는 처분이므로 그 거부에 대하여 항고소송을 제기하여야 한다.[448]

용과 한계규정이 비례의 원칙을 비롯한 일정한 헌법적 한계(신뢰보호의 원칙, 평등의 원칙 등)를 벗어나더라도 바로 수용의 문제로 전환되지 않으며 위헌의 문제만 가져오고, 이 경우 재산권의 주체는 헌법 제23조 제3항에 의한 손실보상청구권이 아니라 헌법 제23조 제1항에 의한 구제수단을 강구하여야 한다(성낙인, 위의 책, 1280면). 이는 독일 연방헌법재판소(BVerfG)가 소위 1981. 07. 15. '자갈채취판결(Naßauskiesungsbeschluss)' 이후 수용의 요건을 엄격히 해석하고 구제수단의 선택을 부정하면서 확립한 이론이다. 헌법재판소(헌재 1998. 12. 24. 89헌마214 등)는 구 「도시계획법」 제21조 제1항의 위헌여부에 대하여 위헌 결정하였으나 그에 따른 법질서의 혼란 등을 피하기 위하여 변형결정으로 동 조항의 헌법불합치 결정을 내렸다. 이 결정은 분리이론으로 입각한 듯한 내용으로 평가받고 있다(김동희, 행정법 I , 611면).

445) 헌재 1998. 12. 24. 89헌마214 등.
446) 상세한 내용은 배명호·신봉기, "공법상 제한을 받는 토지에 대한 손실보상", 토지공법연구 제79집, 2017 참고.
447) 대법원 2009. 9. 10. 선고 2007두20638 판결.
448) 박균성, 행정법론(하), 749면.

3. 도시자연공원구역의 지정

가. 의의

<u>시·도지사</u> 또는 **대도시 시장**은 도시의 자연환경 및 경관을 보호하고 도시민에게 건전한 여가·휴식 공간을 제공하기 위하여 도시지역 안에서 식생(植生)이 양호한 산지의 개발을 제한할 필요가 있다고 인정하면, 도시자연공원구역의 지정 또는 변경을 도시·군관리계획으로 결정할 수 있다(법 제38조의2 제1항).

도시자연공원구역은 2005. 3. 31. 「국토계획법」의 개정(시행 2005. 7. 1. 법률 제7470호)으로 도시의 자연환경 및 경관을 보호함과 아울러 도시민에게 건전한 여가와 휴식공간을 제공하기 위하여 도시·군관리계획으로 도시자연공원구역을 지정·관리할 수 있도록 하고 필요한 사항은 따로 법률로 정하도록 하였는데(법 제38조의2 제2항). 이에 전면개정을 통하여 종래 법명을 「도시공원법」에서 「도시공원 및 녹지 등에 관한 법률」(이하 '공원녹지법'이라 한다)로 하고, 도시민의 요구수준에 맞도록 도시공원과 녹지를 확충·관리하기 위하여 계획수립 및 관리체계를 개편하였다. <u>도시자연공원구역에서의 행위 제한 등 도시자연공원구역의 관리에 필요한 사항은 따로 「공원녹지법」으로 정하도록 하고 있다(법 제80조의2).</u>

나. 행위제한

(1) 도시자연공원구역에서는 <u>건축물의 건축 및 용도변경, 공작물의 설치, 토지의 형질변경, 흙과 돌의 채취, 토지의 분할, 죽목의 벌채, 물건의 적치 또는 「국토계획법」 제2조 제11호에 따른 도시·군계획사업의 시행을 할 수 없다.</u> 다만, 다음 각 호 1. 다음 각 목 가. 도로, 철도 등 공공용 시설, 나. 임시 건축물 또는 임시 공작물, 다. 휴양림, 수목원 등 도시민의 여가활용시설, 라. 등산로, 철봉 등 체력단련시설, 마. 전기·가스 관련 시설 등 공익시설, 바. 주택·근린생활시설, 사. 다음의 1) 「노인복지법」 제31조에 따른 노인복지시설, 2) 「영유아보육법」 제10조에 따른 어린이집, 3) 「장사 등에 관한 법률」 제2조에 따른 수목장림(국가, 지방자치단체, 「공공기관운영법」에 따른 공공기관 또는 **대통령령**으로 정하는 종교단체가 건축 또는 설치하는 경우에 한정한다) 어느 하나에 해당하는 시설 중 도시자연공원구역에 입지할 필요성이 큰 시설로서 자연환경을 훼손하지 아니하는 시설의 어느 하나에 해당하는 건축물 또는 공작물로서 **대통령령**(영 제26조)으로 정하는 건축물의 건축 또는 공작물의 설치와 이에 따르는 토지의 형질변경 2. 기존 건축물 또는 공작물의 개축·재축·증축 또는 대수선, 3. 건축물의 건축을 수반하지 아니하는 토지의 형질변경, 4. 흙과 돌을 채취하거나 죽목을 베거나 물건을 쌓아놓는 행위로서 **대통령령**으로 정하는 행위, 5. 다음 각 목 가. 분할된 후 각 필지의 면적이 200제곱미터 이상(지목이 대인 토지를 주택 또는 근린생활시설을 건축하기 위하여 분할하는 경우에는 330제곱미터 이상)인 경우, 나. 분할된 후 각 필지의 면적이 200제곱미터 미만인 경우로서 공익사업의 시행 및 인접 토지와의 합병 등을 위하여 **대통령령**으로 정하는 경우의 어느 하나에 해당하는 범위의 토지 분할의 어느 하나에

해당하는 행위는 **특별시장·광역시장·특별자치시장·특별자치도지사·시장 또는 군수**의 허가를 받아할 수 있다(공원녹지법 제27조 제1항).

(2) 법 제27조 제1항 단서에도 불구하고 산림의 솎아베기 등 **대통령령**으로 정하는 경미한 행위는 허가 없이 할 수 있다(공원녹지법 제27조 제2항).

(3) 법 제27조 제1항 제1호 및 제2호에 따른 허가대상 건축물 또는 공작물의 규모·높이·건폐율·용적률과 제1항 각 호에 따른 허가대상 행위에 대한 허가기준은 **대통령령**으로 정한다(공원녹지법 제27조 제3항).

(4) 법 제27조 제1항 단서에 따른 행위허가에 관하여는 「국토계획법」 제60조, 제64조 제3항·제4항에 따른 이행 보증, 원상회복 및 동법 제62조에 따른 준공검사에 관한 규정을 준용한다(공원녹지법 제27조 제4항).

(5) 법 제27조 제1항 각 호에 규정된 행위에 관하여 도시자연공원구역의 지정 당시 이미 관계 법령에 따라 허가 등(관계 법령에 따라 허가 등을 받을 필요가 없는 경우를 포함한다)을 받아 공사 또는 사업에 착수한 자는 제1항 단서에 따른 허가를 받은 것으로 본다(공원녹지법 제27조 제5항).

4. 시가화조정구역의 지정

가. 의의

시·도지사는 직접 또는 관계 행정기관의 장의 요청을 받아 도시지역과 그 주변지역의 무질서한 시가화를 방지하고 계획적·단계적인 개발을 도모하기 위하여 **대통령령**으로 정하는 기간[5년 이상 20년 이내의 기간(영 제32조)] 동안 시가화를 유보할 필요가 있다고 인정되면 시가화조정구역의 지정 또는 변경을 도시·군관리계획으로 결정할 수 있다. 다만, 국가계획과 연계하여 시가화조정구역의 지정 또는 변경이 필요한 경우에는 **국토교통부장관**이 직접 시가화조정구역의 지정 또는 변경을 도시·군관리계획으로 결정할 수 있다(법 제39조 제1항). **국토교통부장관** 또는 **시·도지사**는 법 제39조 제1항에 따라 시가화조정구역을 지정 또는 변경하고자 하는 때에는 당해 도시지역과 그 주변지역의 인구의 동태, 토지의 이용상황, 산업발전상황 등을 고려하여 도시·군관리계획으로 시가화유보기간을 정하여야 한다(영 제32조 제2항).

시가화조정구역은 구 「도시계획법」 1981. 3. 31.개정(시행 1981. 7. 1. 법률 제3410호)으로 제20조의2에 신설하였는데, 도시의 계획적·단계적인 개발을 기하기 위하여 시가화조정구역을 지정하여 일정 기간 시가화를 유보할 수 있게 하기 위한 것이다.[449]

시가화조정구역의 지정에 관한 도시·군관리계획의 결정은 법 제39조 제1항에 따른 시가화 유보기간이 끝난 날의 다음날부터 그 효력을 잃는다. 이 경우 **국토교통부장관** 또는 **시·도지사**는 대통령령으로 정하는 바에 따라 그 사실을 고시하여야 한다(법 제39조 제2항). 법 제39조 제2항 후단에 따른 시가화

---

449) 2012년 도시계획현황에 의하면 우리나라에 시가화조정구역수는 1개소이다(국토계획법해설집, 28면).

조정구역지정의 실효고시는 실효일자 및 실효사유와 실효된 도시·군관리계획의 내용을 **국토교통부장관**이 하는 경우에는 **관보**에, **시·도지사**가 하는 경우에는 해당 시·도의 **공보**에 게재하는 방법에 의한다(영 제32조 제3항).

나. 행위제한 등

(1) 시가화조정구역에서의 도시·군계획사업은 **대통령령**으로 정하는 사업I국방상 또는 공익상 시가화조정구역안에서의 사업시행이 불가피한 것으로서 관계 **중앙행정기관의 장**의 요청에 의하여 **국토교통부장관**이 시가화조정구역의 지정목적달성에 지장이 없다고 인정하는 도시·군계획사업(영 제87조)I만 시행할 수 있다(법 제81조 제1항).

(2) 시가화조정구역에서는 개발행위의 허가(법 제56조)와 용도지역 및 용도지구에서의 건축물의 건축 제한 등(법 제76조)에도 불구하고 법 제81조 제1항에 따른 도시·군계획사업의 경우 외에는 다음 각 호 1. 농업·임업 또는 어업용의 건축물 중 **대통령령**으로 정하는 종류와 규모의 건축물이나 그 밖의 시설을 **건축**하는 행위, 2. 마을공동시설, 공익시설·공공시설, 광공업 등 주민의 생활을 영위하는 데에 필요한 행위로서 **대통령령**으로 정하는 **행위**, 3. 입목의 벌채, 조림, 육림, 토석의 채취, 그 밖에 **대통령령**으로 정하는 경미한 행위에 한정하여 **특별시장·광역시장·특별자치시장·특별자치도지사·시장 또는 군수**의 **허가**를 받아 그 행위를 할 수 있다(법 제81조 제2항). 법 제81조 제2항에 따른 허가의 기준 및 신청 절차 등에 관하여 필요한 사항은 **대통령령**으로 정한다(법 제81조 제6항).

법 제81조 제2항의 규정에 의하여 시가화조정구역안에서 **특별시장·광역시장·특별자치시장·특별자치도지사·시장 또는 군수**의 허가를 받아 할 수 있는 행위는 [별표 24]와 같다(영 제88조).

시가화조정구역안에서 할 수 있는 행위(영 제88조)[별표 24]

1. **법 제81조 제2항 제1호**의 규정에 의하여 할 수 있는 행위: 농업·임업 또는 어업을 영위하는 자가 행하는 다음 각목의 1에 해당하는 건축물 그 밖의 시설의 건축
    가. 축사
    나. 퇴비사
    다. 잠실
    라. 창고(저장 및 보관시설을 포함한다)
    마. 생산시설(단순가공시설을 포함한다)
    바. 관리용건축물로서 기존 관리용건축물의 면적을 포함하여 33제곱미터 이하인 것
    사. 양어장
2. **법 제81조 제2항 제2호**의 규정에 의하여 할 수 있는 행위
    가. 주택 및 그 부속건축물의 건축으로서 다음의 1에 해당하는 행위
        (1) 주택의 증축(기존주택의 면적을 포함하여 100제곱미터 이하에 해당하는 면적의 증축을 말한다)
        (2) 부속건축물의 건축(주택 또는 이에 준하는 건축물에 부속되는 것에 한하되, 기존건축물의 면적을 포함하여 33제곱미터 이하에 해당하는 면적의 신축·증축·재축 또는 대수선을 말한다)
    나. 마을공동시설의 설치로서 다음의 1에 해당하는 행위
        (1) 농로·제방 및 사방시설의 설치
        (2) 새마을회관의 설치
        (3) 기존정미소(개인소유의 것을 포함한다)의 증축 및 이축(시가화조정구역의 인접지에서 시행하는 공공사업으로 인하여 시가화조정구역안으로 이전하는 경우를 포함한다)

     (4) 정자 등 간이휴게소의 설치

     (5) 농기계수리소 및 농기계용 유류판매소(개인소유의 것을 포함한다)의 설치

     (6) 선착장 및 물양장의 설치

다. 공익시설·공용시설 및 공공시설 등의 설치로서 다음의 1에 해당하는 행위

     (1) 토지보상법 제4조에 해당하는 공익사업을 위한 시설의 설치

     (2) 문화재의 복원과 문화재관리용 건축물의 설치

     (3) 보건소·경찰파출소·119안전센터·우체국 및 읍·면·동사무소의 설치

     (4) 공공도서관·전신전화국·직업훈련소·연구소·양수장·초소·대피소 및 공중화장실과 예비군운영에 필요한 시설의 설치

     (5) 농업협동조합법에 의한 조합, 산림조합 및 수산업협동조합(어촌계 포함)의 공동구판장·하치장 및 창고의 설치

     (6) 사회복지시설의 설치

     (7) 환경오염방지시설의 설치

     (8) 교정시설의 설치

     (9) 야외음악당 및 야외극장의 설치

라. 광공업 등을 위한 건축물 및 공작물의 설치로서 다음의 1에 해당하는 행위

     (1) 시가화조정구역 지정당시 이미 외국인투자기업이 경영하는 공장, 수출품의 생산 및 가공공장,「중소기업진흥에 관한 법률」제29조에 따라 중소기업협동화실천계획의 승인을 얻어 설립된 공장 그 밖에 수출진흥과 경제발전에 현저히 기여할 수 있는 공장의 증축(증축면적은 기존시설 연면적의 100퍼센트에 해당하는 면적 이하로 하되, 증축을 위한 토지의 형질변경은 증축할 건축물의 바닥면적의 200퍼센트를 초과할 수 없다)과 부대시설의 설치

     (2) 시가화조정구역 지정당시 이미 관계법령의 규정에 의하여 설치된 공장의 부대시설의 설치(새로운 대지조성은 허용되지 아니하며, 기존공장 부지안에서의 건축에 한한다)

     (3) 시가화조정구역 지정당시 이미 광업법에 의하여 설정된 광업권의 대상이 되는 광물의 개발에 필요한 가설건축물 또는 공작물의 설치

     (4) 토석의 채취에 필요한 가설건축물 또는 공작물의 설치

마. 기존 건축물의 동일한 용도 및 규모안에서의 개축·재축 및 대수선

바. 시가화조정구역안에서 허용되는 건축물의 건축 또는 공작물의 설치를 위한 공사용 가설건축물과 그 공사에 소요되는 블록·시멘트벽돌·쇄석·레미콘 및 아스콘 등을 생산하는 가설공작물의 설치

사. 다음의 1에 해당하는 용도변경행위

     (1) 관계법령에 의하여 적법하게 건축된 건축물의 용도를 시가화조정구역안에서의 신축이 허용되는 건축물로 변경하는 행위

     (2) 공장의 업종변경(오염물질 등의 배출이나 공해의 정도가 변경전의 수준을 초과하지 아니하는 경우에 한한다)

     (3) 공장·주택 등 시가화조정구역안에서의 신축이 금지된 시설의 용도를 근린생활시설(수퍼마켓·일용품소매점·취사용가스판매점·일반음식점·다과점·다방·이용원·미용원·세탁소·목욕탕·사진관·목공소·의원·약국·접골시술소·안마시술소·침구시술소·조산소·동물병원·기원·당구장·장의사·탁구장 등 간이운동시설 및 간이수리점에 한한다) 또는 종교시설로 변경하는 행위

아. 종교시설의 증축(새로운 대지조성은 허용되지 아니하며, 증축면적은 시가화조정구역 지정 당시의 종교시설 연면적의 200퍼센트를 초과할 수 없다)

3. **법 제81조 제2항 제3호**의 규정에 의하여 할 수 있는 행위

가. 입목의 벌채, 조림, 육림, 토석의 채취

나. 다음의 1에 해당하는 토지의 형질변경

     (1) 제1호 및 제2호의 규정에 의한 건축물의 건축 또는 공작물의 설치를 위한 토지의 형질변경

     (2) 공익사업을위한토지등의취득및보상에관한법률 제4조에 해당하는 공익사업을 수행하기 위한 토지의 형질변경

     (3) 농업·임업 및 어업을 위한 개간과 축산을 위한 초지조성을 목적으로 하는 토지의 형질변경

> (4) 시가화조정구역 지정 당시 이미 광업법에 의하여 설정된 광업권의 대상이 되는 광물의 개발을 위한 토지
>   의 형질변경
> 다. 토지의 합병 및 분할

(3) **특별시장·광역시장·특별자치시장·특별자치도지사·시장 또는 군수**는 허가를 하려면 미리 ①
법 제81조 제5항 각 호의 허가에 관한 권한이 있는 자, ② 허가대상행위와 관련이 있는 공공시설의
관리자, ③ 허가대상행위에 따라 설치되는 공공시설을 관리하게 될 자의 어느 하나에 해당하는 자와
협의하여야 한다(법 제81조 제3항).

(4) 시가화조정구역에서 허가를 받지 아니하고 건축물의 건축, 토지의 형질 변경 등의 행위를 하는
자에 관하여는 원상회복 및 행정대집행(법 제60조 제3항 및 제4항)을 **준용**한다(법 제81조 제4항).

(5) 허가가 있는 경우에는 ①「산지관리법」제14조·제15조에 따른 산지전용허가 및 산지전용신고,
동법 제15조의2에 따른 산지일시사용허가·신고, ②「산림자원법」제36조제1항·제4항에 따른 입목벌
채 등의 허가·신고의 허가 또는 신고가 있는 것으로 **본다**(법 제81조 제5항).

5. 수산자원보호구역의 지정

가. 의의

해양수산부장관은 직접 또는 관계 행정기관의 장의 요청을 받아 수산자원을 보호·육성하기 위하여
필요한 공유수면이나 그에 인접한 토지에 대한 수산자원보호구역의 지정 또는 변경을 도시·군관리계
획으로 결정할 수 있다(법 제40조).

수산자원보호구역인 경우에는 연근해 어장이 축소되고 수산자원이 계속 줄어들어 수산물의 안정적
생산과 공급이 어려워짐에 따라 수산자원에 대한 과학적 조사·평가를 토대로 종합적인 수산자원관리
기본계획 등을 수립하고, 수산자원의 포획·채취금지, 조업척수의 제한, 어구의 사용금지 등 수산자원
보호방안을 체계화하는 등의 목적으로 2009. 4. 22. 법률 제9627호로 제정되어 2010. 4. 23.부터 시행
한「**수산자원관리법**」제52조의 행위제한 규정이 정하는 바에 따른다.

나. 행위제한

(1) 수산자원보호구역에서 도시·군계획사업(국토계획법 제2조 제11호)은 **대통령령**으로 정하는 사업
에 한하여 시행할 수 있다(수산자원관리법 제52조 제1항).[450]

(2) 수산자원보호구역에서는「국토계획법」제57조 및 동법 제76조에도 불구하고 도시·군계획사업

---

450) 영 제39조(수산자원보호구역에서 시행할 수 있는 사업) 법 제52조 제1항에서 "**대통령령**으로 정하는 사업"이란 국
   방상 또는 공익상 수산자원보호구역에서의 사업시행이 불가피한 것으로서 관계 **중앙행정기관의 장**의 요청에 따라
   해양수산부장관이 수산자원보호구역의 지정목적 달성에 지장이 없다고 인정하는 도시·군계획사업(국토계획법 제2
   조 제11호)을 말한다.

에 따른 경우를 제외하고는 1. 수산자원의 보호 또는 조성 등을 위하여 필요한 건축물, 그 밖의 시설 중 **대통령령**으로 정하는 종류와 규모의 건축물 그 밖의 시설을 건축하는 행위, 2. 주민의 생활을 영위하는 데 필요한 건축물, 그 밖의 시설을 설치하는 행위로서 **대통령령**으로 정하는 행위, 3. 「산림자원법」 또는 「산지관리법」에 따른 조림, 육림, 임도의 설치, 그 밖에 **대통령령**으로 정하는 행위의 어느 하나에 해당하는 행위(이하 "허가대상행위"라 한다)에 한하여 그 구역을 관할하는 **관리관청**의 허가를 받아 할 수 있다(수산자원관리법 제52조 제2항).

(3) 관리관청은[451] 1. 허가대상행위와 관련된 사업계획, 해당 행위에 따른 기반시설 설치계획, 환경오염방지계획, 경관 또는 조경 등에 관한 계획이 **대통령령**으로 정하는 허가기준에 적합하지 아니한 경우, 2. 수산자원보호구역의 지정목적 달성에 지장이 있는 경우, 3. 해당 토지 또는 주변 토지의 합리적인 이용에 지장이 있는 경우, 4. 그 밖에 이 법 또는 다른 법령에 따른 제한에 위반되는 경우의 어느 하나에 해당하는 경우를 제외하고는 허가를 하여야 한다(수산자원관리법 제52조 제3항).

(4) 관리관청은 허가를 하는 경우 허가기준을 충족하기 위하여 필요하다고 인정하면 기반시설의 설치, 환경오염방지 등의 조치를 할 것을 조건으로 허가할 수 있다. 이 경우 관리관청은 미리 행위허가를 신청한 자의 의견을 들어야 한다(수산자원관리법 제52조 제4항).

(5) 관리관청은 수산자원보호구역에서 허가를 받지 아니하고 허가대상행위를 하거나 허가받은 내용과 다르게 행위를 하는 자 및 그 건축물이나 토지 등을 양수한 자에 대하여는 그 행위의 중지 및 원상회복을 명할 수 있다(수산자원관리법 제52조 제5항).

(6) 관리관청은 원상회복의 명령을 받은 자가 원상회복을 하지 아니하는 때에는 「행정대집행법」에 따른 행정대집행에 따라 원상회복을 할 수 있다(수산자원관리법 제52조 제6항).

(7) 허가의 기준·신청절차 등에 필요한 사항 및 법 제52조 제5항에 따른 원상회복명령의 기간·횟수 등은 **대통령령**으로 정한다(수산자원관리법 제52조 제7항).

6. 입지규제최소구역의 지정

가. 의의

(1) 입지규제최소구역은 광역도시계획·도시기본계획 등 상위계획에서 제시한 도시개발 및 관리 방향을 달성하기 위하여 특정 공간을 별도로 관리할 필요가 있는 지역에 대해 도시·군관리계획으로 지정하는 용도구역의 하나이다(입지규제최소구역 지정 등에 관한 지침1-2-1). 용도지역·지구에 따른 일률적인 기준을 특정 공간에 대해 유연하게 적용할 수 있도록 하여 공간 맞춤형 도시계획을 허용함으로써 개성 있고 창의적인 도시 공간 조성을 유도하고(동 지침1-2-2), 도시지역 내 주거·상업·산업·문화 등 다양한 기능을 집적시켜 복합적이고 압축적인 토지이용을 증진시켜 도시 활력을 되살리고 지역 경제를

---

451) 「수산자원관리법」 제51조 제1항에서는 ~~수산자원보호구역~~은 그 구역을 관할하는 **~~특별시장·광역시장·특별자치시장·특별자치도지사·시장 또는 군수~~**가 관리하는데 이를 **관리관청**이라 한다.

활성화하기 위한 거점을 육성하며(동 지침1-2-3), 기성시가지의 침체되고 낙후된 주거환경, 경제활동, 사회·문화기능 등을 제고하고, 기존 도시 기능을 전환하거나 낙후된 도시 환경을 개선하는 등 다양한 도시개발 및 정비를 지원하는데 의의가 있다(동 지침1-2-4). 입지규제최소구역에서의 토지의 이용 및 건축물의 용도·건폐율·용적률·높이 등의 제한에 관한 사항 등 입지규제최소구역의 관리에 필요한 사항을 정하기 위하여 수립하는 도시·군관리계획이다(동 지침1-2-5).

(2) 2015. 1. 6. 개정(시행 2015. 1. 6. 법률 제12974호)으로 용도지역에 따라 허용용도와 개발밀도 등을 일률적으로 규정하고 있는 현행의 용도지역제를 보완하여 용도지역에 따른 행위제한 등을 적용하지 아니하고 해당 지역의 특성과 수요를 반영하여 토지의 이용 등에 관한 사항을 따로 정할 수 있도록 하기 위하여 입지규제최소구역을 신설하였는데, **국토교통부장관**이 도시지역에서 복합적인 토지이용을 증진시킬 필요가 있는 지역을 대상으로 도시·군기본계획과의 부합성, 지역에 미치는 사회적·경제적 파급효과 등을 고려하여 입지규제최소구역으로 지정할 수 있도록 하고, 입지규제최소구역계획의 내용으로 건축물의 용도·종류, 건폐율·용적률, 주요 기반시설의 확보 등에 관한 사항을 포함하도록 하며, 입지규제최소구역 지정 및 입지규제최소구역계획 수립을 위한 도시·군관리계획을 결정하는 경우 관계기관 협의 기간을 단축하였다.

그 후, 종래 법 제29조 제2항 제5호에 따라 법 제40조의2에 따른 입지규제최소구역의 지정 및 변경과 입지규제최소구역계획에 관한 도시·군관리계획은 **국토교통부장관**이 결정하였으나, 2019. 8. 20. 개정 및 시행(법률 제16492호)으로 입지규제최소구역 지정 및 계획 결정을 **도시·군관리계획 결정권자**가 할 수 있도록 개정되었다.[452]

나. 입지규제최소구역의 지정

(1) 법 제29조에 따른 도시·군관리계획의 결정권자는 도시지역에서 복합적인 토지이용을 증진시켜 도시 정비를 촉진하고 지역 거점을 육성할 필요가 있다고 인정되면 1. 도시·군기본계획에 따른 도심·부도심 또는 생활권의 중심지역, 2. 철도역사, 터미널, 항만, 공공청사, 문화시설 등의 기반시설 중 지역의 거점 역할을 수행하는 시설을 중심으로 주변지역을 집중적으로 정비할 필요가 있는 지역, 3. 세 개 이상의 노선이 교차하는 대중교통 결절지로부터 1킬로미터 이내에 위치한 지역, 4. 「도시정비법」 제2조 제3호에 따른 노후·불량건축물이 밀집한 주거지역 또는 공업지역으로 정비가 시급한 지역, 5. 「도시재생법」 제2조 제1항 제5호에 따른 도시재생활성화지역 중 같은 법 제2조 제1항 제6호에 따른 도시경제기반형 활성화계획을 수립하는 지역의 어느 하나에 해당하는 지역과 그 주변지역의 전부 또는 일부를 입지규제최소구역으로 지정할 수 있다(법 제40조의2 제1항).[453]

---

452) **사견**은 도시·군관리계획 결정은 입안의 내용에 따라 **국토교통부장관**, 시·도지사, 시장·군수 모두가 결정권자가 될수 있으나, ① 시·도지사가 원칙적인 도시·군관리계획 결정권자라는 점, ② **국토교통부장관**의 행정권한이 시·도지사에게 이양되는 점, ③ 시장·군수는 법 제29조 단서에 따라 제한된 도시·군관리계획 결정권을 가진다는 점에서 입지규제최소구역의 원칙적인 지정은 시·도지사가, 국가계획과 관련될 경우는 여전히 **국토교통부장관**이 될 것으로 보인다.

　(2) 이에는 <u>입지규제최소구역의 지정 목적</u>을 이루기 위하여 1. <u>건축물의 용도·종류 및 규모 등</u>에 관한 사항, 2. <u>건축물의 건폐율·용적률·높이</u>에 관한 사항, 3. <u>간선도로 등 주요 기반시설의 확보</u>에 관한 사항, 4. <u>용도지역·용도지구, 도시·군계획시설 및 지구단위계획의 결정</u>에 관한 사항, 5. 법 제83조 의2 제1항 및 제2항에 따른 <u>다른 법률 규정 적용의 완화 또는 배제</u>에 관한 사항, 6. <u>그 밖에 입지규제 최소구역의 체계적 개발과 관리에 필요한 사항</u>이 포함되어야 한다(법 제40조의2 제2항).

　(3) 입지규제최소구역의 지정 및 변경과 입지규제최소구역계획은 1. 입지규제최소구역의 지정 목적, 2. 해당 지역의 용도지역·기반시설 등 토지이용 현황, 3. 도시·군기본계획과의 부합성, 4. 주변 지역의 기반시설, 경관, 환경 등에 미치는 영향 및 도시환경 개선·정비 효과, 5. 도시의 개발 수요 및 지역에 미치는 사회적·경제적 파급효과의 사항을 <u>종합적으로 고려</u>하여 도시·군관리계획으로 결정한다(법 제40조의2 제3항).

　(4) 입지규제최소구역계획 수립 시 용도, 건폐율, 용적률 등의 건축제한 완화는 기반시설의 확보 현황 등을 고려하여 적용할 수 있도록 계획하고, 시·도지사, 시장·군수 또는 구청장은 입지규제최소구역 에서의 개발사업 또는 개발행위에 대하여 입지규제최소구역계획에 따른 기반시설 확보를 위하여 필요 한 부지 또는 설치비용의 전부 또는 일부를 부담시킬 수 있다. 이 경우 기반시설의 부지 또는 설치비용 의 부담은 건축제한의 완화에 따른 토지가치상승분(감정평가법에 따른 감정평가법인등이 건축제한 완 화 전·후에 대하여 각각 감정평가한 토지가액의 차이를 말한다)을 초과하지 아니하도록 한다(법 제40 조의2 제4항).

　(5) **도시·군관리계획 결정권자**가 도시·군관리계획을 결정하기 위하여 관계 행정기관의 장과 <u>협의하</u> 는 경우 협의 요청을 받은 기관의 장은 그 요청을 받은 날부터 10일(근무일 기준) 이내에 의견을 회신 하여야 한다(법 제40조의2 제5항).

　(6) 다른 법률에서 법 제30조에 따른 도시·군관리계획의 결정을 의제하고 있는 경우에도 이 법에 따르지 아니하고 입지규제최소구역의 지정과 입지규제최소구역계획을 결정할 수 없다(법 제40조의2 제7항).

　(7) 입지규제최소구역계획의 수립기준 등 입지규제최소구역의 지정 및 변경과 입지규제최소구역계획 의 수립 및 변경에 관한 세부적인 사항은 **국토교통부장관**이 정하여 고시한다(법 제40조의2 제8항).[454]

---

453) 인천역, 복합역사로 개발…'입지규제최소구역 지정'고시: 국토교통부(장관 강호인)는 인천시에서 입안하여 결정을 신청(2016.2.25.)한 「인천 입지규제최소구역 지정을 위한 도시관리계획(안)」에 대하여 중앙도시계획위원회 심의 (2016.7.14.)를 거쳐, 오늘(2016.7.29) 결정·고시한다고 밝혔다. 국토교통부 보도자료, 2016.7.28.

454) 행정규칙으로 「입지규제최소구역 지정 등에 관한 지침」을 2015. 1. 6. 국토교통부고시 제2015-9호로 제정하여 2015. 1. 6.부터 시행하였다.

다. 행위제한

입지규제최소구역에서의 행위 제한은 용도지역 및 용도지구에서의 토지의 이용 및 건축물의 용도·건폐율·용적률·높이 등에 대한 제한을 강화하거나 완화하여 따로 입지규제최소구역계획으로 정한다 (국토계획법 제80조의3). 즉 입지규제최소구역은 용도지역 및 용도지구에 따른 행위제한 등에 관한 사항을 강화 또는 완화하여 따로 지정할 수 있는 용도구역의 하나이다.[455]

라. 입지규제최소구역에서의 다른 법률의 적용 특례

입지규제최소구역에 대하여는 다음 각 호 1. 「주택법」 제35조에 따른 주택의 배치, 부대시설·복리시설의 설치기준 및 대지조성기준, 2. 「주차장법」 제19조에 따른 부설주차장의 설치, 3. 「문화예술진흥법」 제9조에 따른 건축물에 대한 미술작품의 설치의 법률 규정을 적용하지 아니할 수 있다(법 제83조의2 제1항).

입지규제최소구역계획에 대한 도시계획위원회 심의 시 「학교보건법」 제6조 제1항에 따른 학교환경위생정화위원회 또는 「문화재보호법」 제8조에 따른 문화재위원회(동법 제70조에 따른 시·도지정문화재에 관한 사항의 경우 동법 제71조에 따른 시·도문화재위원회를 말한다)와 공동으로 심의를 개최하고, 그 결과에 따라 다음 각 호의 법률 규정을 완화하여 적용할 수 있다. 이 경우 다음 각 호 1. 「학교보건법」 제6조에 따른 학교환경위생 정화구역에서의 행위제한, 2. 「문화재보호법」 제13조에 따른 역사문화환경 보존지역에서의 행위제한의 완화 여부는 각각 학교환경위생정화위원회와 문화재위원회의 의결에 따른다(법 제83조의2 제2항).

입지규제최소구역으로 지정된 지역은 「건축법」 제69조에 따른 특별건축구역으로 지정된 것으로 본다(법 제83조의2 제3항).

시·도지사, 시장·군수 또는 구청장은 「건축법」 제70조에도 불구하고 입지규제최소구역에서 건축하는 건축물을 「건축법」 제73조에 따라 건축기준 등의 특례사항을 적용하여 건축할 수 있는 건축물에 포함시킬 수 있다(법 제83조의2 제4항).

V. 기타

1. 기존 건축물에 대한 특례

법령의 제정·개정이나 그 밖에 **대통령령으로 정하는 사유**로 기존 건축물이 이 법에 맞지 아니하게 된 경우에는 **대통령령**으로 정하는 범위에서 증축, 개축, 재축 또는 용도변경을 할 수 있다(법 제82조).[456] 다음 각 호 1. **법령 또는 도시·군계획조례의 제정·개정**, 2. **도시·군관리계획의 결정·변경 또**

---

455) 박균성, 행정법론(하), 750면.

는 행정구역의 변경, 3. 도시·군계획시설의 설치, 도시·군계획사업의 시행 또는 「도로법」에 의한 **도로의 설치**의 어느 하나에 해당하는 사유로 인하여, 기존의 건축물이 제71조(용도지역안에서의 건축제한)부터 제80조(특정용도제한지구안에서의 건축제한)까지, 제82조(그 밖의 용도지구안에서의 건축제한)부터 제84조(용도지역안에서의 건폐율)까지, 제84조의2(생산녹지지역 등에서 기존 공장의 건폐율), 제85조(용도지역 안에서의 용적률)부터 제89조(시가화조정구역안에서의 행위허가의 기준 등)까지 및 「수산자원관리법 시행령」 제40조 제1항에 따른 **건축제한·건폐율 또는 용적률 규정에 부적합하게 된 경우**에도 **재축**(「건축법」 제2조 제1항 제8호에 따른 재축을 말한다) 또는 **대수선**(「건축법」 제2조 제1항 제9호에 따른 대수선을 말하며, 건폐율·용적률이 증가되지 아니하는 범위로 한정한다)을 할 수 있다(영 제93조 제1항).

2. 도시지역에서의 다른 법률의 적용 배제

도시지역에 대하여는 다음 각 호 1. 「도로법」 제40조에 따른 **접도구역**, 2. 삭제 〈2014. 1. 14.〉, 3. 「농지법」 제8조에 따른 **농지취득자격증명**(다만, **녹지지역**의 농지로서 도시·군계획시설사업에 필요하지 아니한 농지에 대하여는 그러하지 아니하다)의 법률 규정을 적용하지 아니한다(법 제83조).

3. 둘 이상의 용도지역·용도지구·용도구역에 걸치는 대지에 대한 적용 기준

가. 가중평균의 원칙

(1) 종래에는 대지가 지역·지구(녹지지역과 방화지구는 제외) 또는 구역에 걸치는 경우에는 대지의 과반(過半)이 속하는 지역·지구 또는 구역 안의 건축물 및 대지 등에 관한 이 법의 규정을 그 건축물과 대지의 전부에 적용하여 이른바 과반의 원칙이라 하였으나, 2012. 2. 1. 개정(시행 2012. 8. 2. 법률 제11292호)으로, **하나의 대지가 둘 이상의 용도지역등에 걸치는 경우**로서 각 용도지역등에 걸치는 부분 중 가장 작은 부분의 규모가 **대통령령**으로 정하는 규모 이하인 경우에는[330㎡, 다만 노선상업지역인 경우 660㎡(영 제94조)], 전체 대지의 **건폐율 및 용적률**은 각 부분이 전체 대지 면적에서 차지하는 비율을 고려하여 다음 각 호의 구분에 따라 각 용도지역등별 건폐율 및 용적률을 **가중평균한 값**을 적용한다(법 제84조 제1항 본문 전단).

1. 가중평균한 건폐율 = (f1x1 + f2x2 + ⋯ + fnxn) / 전체 대지 면적. 이 경우 f1부터 fn까지는 각 용도지역등에 속하는 토지 부분의 면적을 말하고, x1부터 xn까지는 해당 토지 부분이 속하는 각 용도지역등의 건폐율을 말하며, n은 용도지역등에 걸치는 각 토지 부분의 총 개수를 말한다.
2. 가중평균한 용적률 = (f1x1 + f2x2 + ⋯ + fnxn) / 전체 대지 면적. 이 경우 f1부터 fn까지는 각 용도지역등에 속하는 토지 부분의 면적을 말하고, x1부터 xn까지는 해당 토지 부분이 속하는

---

456) 영 **제93조(기존의 건축물에 대한 특례)** ②항부터 ⑦항까지는 법 조문을 참조하라.

각 용도지역등의 용적률을 말하며, n은 용도지역등에 걸치는 각 토지 부분의 총 개수를 말한다.

[예] 하나의 대지가 3종일반주거지역과 일반상업지역에 걸쳐 있는 경우의 용적률 산정방식

3종일반주거지역(650㎡) 용적률 250%(서울시 기준)	일반상업지역(670㎡) 용적률 800%(서울시 기준)	⇒	일반상업지역 건축 연면적 6,983㎡ (가중평균 용적률 529%)
(650×(250/100)+670×(800/100))/1,320 = 529%			1,320×(529/100)= 6,983

3종일반주거지역(670㎡) 용적률 250%(서울시 기준)	일반상업지역(650㎡) 용적률 800%(서울시 기준)	⇒	일반상업지역 건축 연면적 6,877㎡ (가중평균 용적률 521%)
(670×(250/100)+650×(800/100))/1,320 = 521%			1,320×(521/100)= 6,877

(2) 가장 작은 부분의 규모가 일정 규모를 초과하는 경우 각각의 건폐율 및 용적률을 적용한다(법 제84조 제1항 본문 전단의 반대해석).

(3) **건폐율, 용적률을 제외한 그 밖의 건축제한**은 건축제한 규정(허용건축물, 높이, 층수 등)에 대해서는 같은 대지 내 가장 넓은 면적이 속하는 용도지역등의 규정을 적용한다(법 제84조 제1항 본문 후단).

나. 고도지구·방화지구 우선의 원칙

(1) 다만, 건축물이 고도지구에 걸쳐 있는 경우에는 그 건축물 및 대지의 전부에 대하여 고도지구의 건축물 및 대지에 관한 규정을 적용한다(법 제84조 제1항 단서).

(2) 하나의 건축물이 방화지구와 그 밖의 용도지역·용도지구 또는 용도구역에 걸쳐 있는 경우에는 그 전부에 대하여 방화지구의 건축물에 관한 규정을 적용한다. 다만, 그 건축물이 있는 방화지구와 그 밖의 용도지역·용도지구 또는 용도구역의 경계가 「건축법」 제50조 제2항에 따른 방화벽으로 구획되는 경우 그 밖의 용도지역·용도지구 또는 용도구역에 있는 부분에 대하여는 그러하지 아니하다(법 제84조 제2항).

다. 녹지지역 각각의 원칙

하나의 대지가 녹지지역과 그 밖의 용도지역·용도지구 또는 용도구역에 걸쳐 있는 경우(규모가 가장 작은 부분이 녹지지역으로서 해당 녹지지역이 법 제84조 제1항에 따라 **대통령령**으로 정하는 규모 이하인 경우는 제외한다)에는 각각의 용도지역·용도지구 또는 용도구역의 건축물 및 토지에 관한 규정을 적용한다. 다만, 녹지지역의 건축물이 고도지구 또는 방화지구에 걸쳐 있는 경우에는 법 제84조 제1항 단서나 제2항에 따른다(법 제84조 제3항).

제4절 도시·군계획시설[457)]

Ⅰ. 의의

1. 기반시설과 도시·군계획시설

도시·군계획시설이란 "도시의 기본적 수요를 충족시키기 위해 필요한 기반시설(법 제2조 제6호) 가운데 도시·군관리계획으로 결정된 시설"을 말하는데(법 제2조 제7호),[458)] "도시기능을 위해 필요한 기반시설 중 공공성과 영향력이 높아 원칙적으로 행정주체가 도시·군관리계획결정 및 실시계획인가의 절차를 거쳐 설치하는 시설"로 설명하기도 한다.[459)] 여기서 도시·군계획시설의 개념요소로서 중요한 것이 기반시설이다. 기반시설이 도시·군관리계획결정과 실시계획인가를 받아 설치되면 도시·군계획시설이 된다는 것이다.

기반시설이란 종래 도시계획시설로 통칭되던 것의 범위를 더 넓혀서 도시·군관리계획으로 결정되지 않은 것까지를 포함하는 개념이다.[460)] 그리고 도시가 통상적으로 기능하기 위해 도로·공원·시장·철도 등 도시주민의 생활이나 도시기능의 유지에 필요한 물리적인 요소로 「국토계획법」에 의해 정해진 시설을 말한다. 도시기능유지의 중요성에도 불구하고 이러한 기반시설은 시장경쟁원리에 따라 자연스럽게 갖추어지기 어렵다. 기반시설이 갖는 이러한 특성은 국가·지방자치단체 등 도시관리 주체인 행정주체가 이를 설치하고 관리할 책임으로 귀결되기 때문에, 「국토계획법」은 이를 기반시설로 정의하고 그 설치와 관리에 대해 규율하고 있다.

동법은 "**기반시설**"에 대하여 가. 도로·철도·항만·공항·주차장 등 **교통시설**, 나. 광장·공원·녹지 등 **공간시설**, 다. 유통업무설비, 수도·전기·가스공급설비, 방송·통신시설, 공동구 등 **유통·공급시설**, 라. 학교·공공청사·문화시설 및 공공필요성이 인정되는 체육시설 등 **공공·문화체육시설**, 마. 하천·유수지(遊水池)·방화설비 등 **방재시설**, 바. 장사시설 등 **보건위생시설**, 사. 하수도, 폐기물처리 및 재활용시설, 빗물저장 및 이용시설 등 **환경기초시설**[461)] 7개 부문의 대강을 정하고, 다음과 같이 **대통령령으로 위임**하고 있다(법 제2조 제6호).

이에는 1. **교통시설**: 도로·철도·항만·공항·**주차장·자동차정류장·궤도·차량 검사 및 면허시설**(8), 2. **공간시설**: **광장**·공원·녹지·유원지·**공공공지**(5), 3. **유통·공급시설**: 유통업무설비, 수도·**전기·가스·열공급설비**, **방송·통신시설**, 공동구·**시장**, **유류저장 및 송유설비**(10), 4. **공공·문화체육시설**: 학

---

457) 「국토계획법」상 제3절에 해당한다.
458) 박균성, 행정법론(하), 752면.
459) 김종보, 도시계획시설의 공공성과 수용권, 행정법연구 제30호, 2011, 282면.
460) 김종보, 건설법(제5판), 2013, 315면.
461) 2017. 12. 26. 법률 제15314호 개정(시행 2018. 12. 27.)으로 기반시설의 종류에 빗물저장 및 이용시설을 추가하여 동 시설이 계획적으로 설치·보급될 수 있도록 하였다.

교·공공청사·문화시설·공공필요성이 인정되는 체육시설·연구시설·사회복지시설·공공직업훈련
시설·청소년수련시설(8), 5. **방재시설**: 하천·유수지·**저수지·방화설비·방풍설비·방수설비·사방설
비·방조설비**(8), 6. **보건위생시설**: **장사시설·도축장·종합의료시설**(3), 7. **환경기초시설**: 하수도·**폐
기물처리 및 재활용시설·빗물저장 및 이용시설**·수질오염방지시설·**폐차장**(5) 7개 부문 47개의 시설
을 말한다(영 제2조 제1항). 아래 밑줄은 **임의적 도시·군계획시설**이다.

그리고 도로·자동차정류장 및 광장은 **대통령령**에서 세분할 수 있도록 하고 있다(영 제2조 제2항).
이러한 위임에도 불구하고 추상적이어서 기반시설의 추가적인 세분 및 구체적인 범위를 **국토교통부
령**으로 정하도록 위임하고 있다(영 제2조 제3항). 기반시설을 세분하지 않고 법정한 절차를 거쳐 도
시·군계획시설을 설치할 수 있을 것인지에 대한 물음에 대해서는, 영 제2조 제3항에서 기반시설의 추
가적인 세분 및 구체적인 범위를 **국토교통부령**으로 위임하고 있는데 하위법령이 「도시·군계획시설의
결정·구조 및 설치기준에 관한 규칙」(이하 '도시계획시설규칙'이라 한다)인데,[462] 동 규칙에서는 세분
된 시설별로 설치기준이 정해져 있으므로 기반시설을 세분하지 않는 경우 도시·군계획시설결정 자체
가 불가능하다고 할 수 있다. 따라서 도시·군계획시설결정을 하는 때에는 반드시 세분된 시설별로 결
정하게 된다.[463]

판례는 「도시계획시설규칙」의 전신인 구 「도시계획시설기준에 관한 규칙」 제13조 제1항의 법적 성
질에 대하여, 구 「도시계획법」 제12조 제3항, 제16조 제2항 본문의 위임의 범위 안에 있으므로, 구
「도시계획시설기준에 관한 규칙」 제13조 제1항은 구 「도시계획법」 제12조 제1항, 제16조 제2항 본문
과 결합하여 법규로서의 성질을 가진다고 판시하였다.[464] 따라서 **행정규칙**이 아닌 **법규명령**의 성질을
가진다고 보아야 한다.

2. 도시·군계획시설결정의 범위

기반시설에 대한 도시·군관리계획결정(이하 '도시·군계획시설결정'이라 한다)을 할 경우에는 해당
도시·군계획시설의 종류와 기능에 따라 그 위치·면적 등을 결정해야 하며, 시장·공공청사·문화시설·
연구시설·사회복지시설·장사시설 중 장례식장·종합의료시설 등 건축물인 시설로서 그 규모로 인하여
특별시·광역시·특별자치시·시 또는 군(광역시의 관할구역에 있는 군을 제외한다)의 공간이용에 상당
한 영향을 주는 도시·군계획시설인 경우에는 건폐율·용적률 및 높이의 범위를 함께 결정해야 한다(도
시계획시설규칙 제2조 제1항).

다음 각 호 1. 항만, 2. 공항, 3. 유원지, 4. 유통업무설비, 5. 학교(도시계획시설규칙 제88조 제3호에
따른 학교로 한정한다), 6. 체육시설(제99조 제7호에 따른 운동장으로 한정한다), 7. 문화시설(도시계

---

462) 2002. 12. 30. 제정(**국토교통부령** 제443호)된 이 규칙은 「국토계획법」 제43조 제2항의 규정에 의한 도시·군계획시
    설의 결정·구조 및 설치의 기준과 영 제2조 제3항의 규정에 의한 기반시설의 세분 및 범위에 관한 사항을 규정함
    을 목적으로 하며, 동 규칙은 2017. 7. 26. **국토교통부령** 제443호로 개정하여 2017. 7. 26.부터 시행하고 있다.
463) 정태용, 국토계획법, 214면.
464) 대법원 2006. 10. 26. 선고 2003두14840 판결.

획시설규칙 제96조 제7호 및 제8호에 따른 문화시설로 한정한다)에 대하여 도시·군계획시설결정을 하는 경우에는 그 시설의 기능발휘를 위하여 설치하는 중요한 세부시설에 대한 조성계획을 함께 결정해야 한다. 다만, 다른 법률에서 해당 법률에 따른 허가, 승인, 인가 등을 받음에 따라 「국토계획법」 제30조에 따른 도시·군관리계획의 결정을 받은 것으로 의제되는 경우에는 그 시설의 기능발휘를 위하여 설치하는 중요한 세부시설에 대한 조성계획은 해당 도시·군계획시설사업의 실시계획 인가를 받기 전까지 결정할 수 있다(도시계획시설규칙 제2조 제2항).

토지를 합리적으로 이용하기 위하여 필요한 경우에는 둘 이상의 도시·군계획시설을 같은 토지에 함께 결정할 수 있다. 이 경우 각 도시·군계획시설의 이용에 지장이 없어야 하고, 장래의 확장가능성을 고려하여야 한다(도시계획시설규칙 제3조 제1항).

3. 도시·군계획시설결정에 의한 기반시설의 설치

기반시설은 도시·군관리계획으로 결정되어야만 비로소 "도시·군계획시설"이 되고(법 제2조 제7호), 도시·군관리계획으로 결정될 때까지는 도시·군계획시설에 해당되지 않는다. 따라서 도시·군관리계획 결정에 의하지 않고 설치하는 기반시설은 도시·군계획시설에 해당되지 않는다. 이러한 도시·군계획시설을 설치·정비 또는 개량하는 사업을 "도시·군계획시설사업"이라 한다(법 제2조 제10호). 도시·군계획시설사업은 "도시·군계획사업"에 해당한다(법 제2조 제11호). 동법 또는 다른 법률에 따라 도시·군계획사업을 하는 자를 "도시·군계획사업시행자"라 한다(법 제2조 제12호). 아래에서는 도시·군계획시설의 설치절차에 대하여 설명한다. 「국토계획법」 제43조 이하의 규정들은 도시의 적극적 건설 또는 개발을 위한 목적으로 제정된 규정들이다.[465]

Ⅱ. 도시·군계획시설의 세분

도시·군계획시설이 무엇인가라는 것은 감정평가 관계법규에서 매우 중요하다. 그러나 <u>법률 및 그 위임에 의한</u> **대통령령**은 기반시설의 추가적인 세분 및 구체적인 범위를 **국토교통부령**으로 정하도록 하고 있어서 이를 더 살펴볼 필요가 있다. 가령 기반시설로서의 교통시설에 속하는 도로는 **대통령령**에서 7가지로 세분하는 정도이고 **국토교통부령**인 「도시계획시설규칙」에서 추가적인 세분 및 구체적인 범위를 정하도록 하고 있다. 이외에도 동 규칙은 「국토계획법」 제43조 제2항의 규정에 의한 도시·군계획시설의 결정·구조 및 설치의 기준과 영 제2조 제3항의 규정에 의한 기반시설의 세분 및 범위에 관한 사항을 정하고 있다. 이하 7개 부문 52개 도시·군계획시설의 세분은 다음과 같다.

---

465) 김종보, 건설법(제5판), 11면.

1. 교통시설

가. 도로: 도로는 다음 각 호와 같이 구분한다(도시계획시설규칙 제9조).

1호 사용 및 형태별 구분[466]	일반도로, 자동차전용도로, 보행자전용도로, 보행자우선도로, 자전거전용도로, 고가도로, 지하도로
2호 규모별 구분[467]	광로, 대로, 중로, 소로
3호 기능별 분류[468]	주간선도로, 보조간선도로, 집산도로, 국지도로, 특수도로

나. 철도: "철도"라 함은 다음 각 호 1. 「철도건설법」 제2조 제1호의 규정에 의한 철도, 2. 「도시철도법」 제2조 제2호에 따른 도시철도, 3. 삭제 〈2005.7.1.〉, 4. 「한국철도시설공단법」 제7조 및 「한국철도공사법」 제9조 제1항의 규정에 의한 사업의 시설을 말한다(도시계획시설규칙 제22조).

다. 항만: "항만"이란 다음 각 호 1. 「항만법」 제2조 제5호에 따른 항만시설, 2. 「어촌·어항법」 제2

---

466) **1. 사용 및 형태별 구분**
　가. 일반도로: 폭 4미터 이상의 도로로서 통상의 교통소통을 위하여 설치되는 도로
　나. 자동차전용도로: 특별시·광역시·특별자치시·시 또는 군(이하 "시·군"이라 한다)내 주요지역간이나 시·군 상호간에 발생하는 대량교통량을 처리하기 위한 도로로서 자동차만 통행할 수 있도록 하기 위하여 설치하는 도로
　다. 보행자전용도로: 폭 1.5미터 이상의 도로로서 보행자의 안전하고 편리한 통행을 위하여 설치하는 도로
　라. 보행자우선도로: 폭 10미터 미만의 도로로서 보행자와 차량이 혼합하여 이용하되 보행자의 안전과 편의를 우선적으로 고려하여 설치하는 도로
　마. 자전거전용도로: 하나의 차로를 기준으로 폭 1.5미터(지역 상황 등에 따라 부득이하다고 인정되는 경우에는 1.2미터) 이상의 도로로서 자전거의 통행을 위하여 설치하는 도로
　바. 고가도로: 시·군내 주요지역을 연결하거나 시·군 상호 간을 연결하는 도로로서 지상교통의 원활한 소통을 위하여 공중에 설치하는 도로
　사. 지하도로: 시·군내 주요지역을 연결하거나 시·군 상호 간을 연결하는 도로로서 지상교통의 원활한 소통을 위하여 지하에 설치하는 도로(도로·광장 등의 지하에 설치된 지하공공보도시설을 포함한다). 다만, 입체교차를 목적으로 지하에 도로를 설치하는 경우를 제외한다.
467) **2. 규모별 구분**
　가. 광로 (1) 1류: 폭 70미터 이상인 도로, (2) 2류: 폭 50미터 이상 70미터 미만인 도로, (3) 3류: 폭 40미터 이상 50미터 미만인 도로
　나. 대로 (1) 1류: 폭 35미터 이상 40미터 미만인 도로, (2) 2류: 폭 30미터 이상 35미터 미만인 도로, (3) 3류: 폭 25미터 이상 30미터 미만인 도로
　다. 중로 (1) 1류: 폭 20미터 이상 25미터 미만인 도로, (2) 2류: 폭 15미터 이상 20미터 미만인 도로, (3) 3류: 폭 12미터 이상 15미터 미만인 도로
　라. 소로 (1) 1류: 폭 10미터 이상 12미터 미만인 도로, (2) 2류: 폭 8미터 이상 10미터 미만인 도로, (3) 3류: 폭 8미터 미만인 도로
468) **3. 기능별 구분**
　가. 주간선도로: 시·군내 주요지역을 연결하거나 시·군 상호 간을 연결하여 대량통과교통을 처리하는 도로로서 시·군의 골격을 형성하는 도로
　나. 보조간선도로: 주간선도로를 집산도로 또는 주요 교통발생원과 연결하여 시·군 교통이 모였다 흩어지도록 하는 도로로서 근린주거구역의 외곽을 형성하는 도로
　다. 집산도로(集散道路): 근린주거구역의 교통을 보조간선도로에 연결하여 근린주거구역내 교통이 모였다 흩어지도록 하는 도로로서 근린주거구역의 내부를 구획하는 도로
　라. 국지도로: 가구(街區: 도로로 둘러싸인 일단의 지역을 말한다. 이하 같다)를 구획하는 도로
　마. 특수도로: 보행자전용도로·자전거전용도로 등 자동차 외의 교통에 전용되는 도로

조 제5호에 따른 어항시설, 3. 「마리나항만의 조성 및 관리 등에 관한 법률」 제2조 제2호에 따른 마리나항만시설을 말한다(도시계획시설규칙 제25조).

라. 공항: "공항"이란 다음 각 호 1. 「공항시설법」 제2조 제3호에 따른 공항, 2. 「공항시설법」 제2조 제7호에 따른 공항시설을 말한다(도시계획시설규칙 제27조).

마. 주차장: "주차장"이라 함은 「주차장법」 제2조 제1호 나목의 규정에 의한 노외주차장을 말한다(도시계획시설규칙 제29조).

바. 자동차정류장: "자동차정류장"이란 다음 각 호의 시설을 말한다(도시계획시설규칙 제31조).

1. **여객자동차터미널:** 「여객자동차 운수사업법」 제2조 제5호의 규정에 의한 여객자동차터미널로서 여객자동차터미널사업자가 시내버스운송사업·농어촌버스운송사업·시외버스운송사업 또는 전세버스운송사업에 제공하기 위하여 설치하는 터미널
2. **물류터미널:** 「물류시설의 개발 및 운영에 관한 법률」 제2조 제2호에 따른 물류터미널로서 물류터미널사업자가 「화물자동차운수사업법 시행령」 제3조 제1호에 따른 일반화물자동차운송사업 또는 「해운법」 제2조제3호에 따른 해상화물운송사업에 제공하기 위하여 설치하는 터미널
3. **공영차고지**
   가. **여객자동차운수사업용 공영차고지:** 「여객자동차 운수사업법 시행규칙」 제72조의 규정에 의한 공영터미널
   나. **화물자동차운수사업용 공영차고지:** 「화물자동차 운수사업법」 제2조 제9호에 따른 공영차고지
4. **공동차고지**
   가. **노선 여객자동차운송사업용 차고지:** 「개발제한구역법 시행령」에 따라 개발제한구역에 설치하는 「여객자동차 운수사업법 시행령」 제3조 제1호에 따른 노선 여객자동차운송사업용 차고지로서 다음 (1) 「여객자동차 운수사업법」 제53조에 따른 조합 또는 같은 법 제59조에 따른 연합회가 설치하는 차고지, (2) (1)에서 정하는 자 외의 자가 설치하여 지방자치단체에 기부채납하는 차고지의 어느 하나에 해당하는 시설
   나. **전세버스운송사업용 차고지:** 「개발제한구역법 시행령」에 따라 개발제한구역에 설치하는 「여객자동차 운수사업법 시행령」 제3조 제2호 가목에 따른 전세버스운송사업용 차고지로서 다음 (1) 「여객자동차 운수사업법」 제53조에 따른 조합 또는 같은 법 제59조에 따른 연합회가 설치하는 차고지, (2) (1)에서 정하는 자 외의 자가 설치하여 지방자치단체에 기부채납하는 차고지의 어느 하나에 해당하는 시설
   다. **화물자동차운송사업용 차고지:** 「화물자동차 운수사업법」 제21조 제4항 제2호에 따른 공동차고지로서 다음 (1) 「화물자동차 운수사업법」 제48조에 따른 협회 또는 같은 법 제50조에 따른 연합회가 설치하는 차고지, (2) (1)에서 정하는 자 외의 자가 「개발제한구역법 시행령」에 따라 개발제한구역에 설치하여 지방자치단체에 기부채납하는 차고지의 어느 하나에 해당하는 시설
5. **화물자동차 휴게소:** 「화물자동차 운수사업법」 제2조 제10호에 따른 화물자동차 휴게소로서 국가 또는 지방자치단체가 설치하거나 소유(「사회기반시설에 대한 민간투자법」 제4조 제1호 및 제2호의 경우로 한정한다)하는 휴게소
6. **복합환승센터:** 「국가통합교통체계효율화법」 제2조 제15호에 따른 복합환승센터

사. 궤도: "궤도(軌道)"란 「궤도운송법」 제2조 제3호에 따른 궤도시설을 말한다(도시계획시설규칙 제34조). "궤도"란[469] 사람이나 화물을 운송하는 데에 필요한 궤도시설과 궤도차량 및 이와 관련된 운영·지원 체계가 유기적으로 구성된 운송 체계를 말하며, 삭도(索道)를[470] 포함한다(궤도운송법 제2조 제1호).

아. 차량 검사 및 면허시설: "차량 검사 및 면허시설"이란 다음 각 호 1. 「자동차관리법 시행규칙」

---

469) 궤도는 기차나 전차의 바퀴가 굴러가도록 레일을 깔아 놓은 길을 말한다.
470) 삭도는 공중에 로프를 가설하고 여기에 운반 기구(차량)를 걸어 동력 또는 운반 기구의 자체 무게를 이용하여 운전하는 것을 말한다.

제73조에 따른 자동차검사시설, 2. 「건설기계관리법 시행규칙」 제32조 제1항에 따른 검사소, 3. 「도로교통법」 제121조에 따라 설치하는 운전면허시험장의 시설을 말한다(도시계획시설규칙 제43조).

2. 공간시설

가. 광장: "광장"이라 함은 영 제2조 제2항 제3호 각목의 교통광장·일반광장·경관광장·지하광장 및 건축물부설광장을 말한다. 교통광장은 교차점광장·역전광장 및 주요시설광장으로 구분하고, 일반광장은 중심대광장 및 근린광장으로 구분한다(도시계획시설규칙 제49조).

나. 공원: "공원"이라 함은 다음 각 호 1. 「공원녹지법」 제15조 제1항 각 호의 공원, 2. 도시지역 외의 지역에 「공원녹지법」을 준용하여 설치하는 공원의 시설을 말한다(도시계획시설규칙 제52조).

다. 녹지: "녹지"라 함은 다음 각 호 1. 「공원녹지법」 제35조 각 호의 완충녹지·경관녹지 및 연결녹지, 2. 도시지역 외의 지역에 「공원녹지법」을 준용하여 설치하는 녹지의 시설을 말한다(도시계획시설규칙 제54조).

라. 유원지: "유원지"라 함은 주로 주민의 복지향상에 기여하기 위하여 설치하는 오락과 휴양을 위한 시설을 말한다(도시계획시설규칙 제57조). 「공원녹지법」 제2조 제1호의 공원녹지에 속한다. 서울은 광나루 유원지와 정릉 유원지가 있다. 부산의 1963년 개장된 송도 유원지와 태종대 유원지, 대구의 강변에 있는 동촌 유원지·수성 유원지와 화원 유원지, 광주의 지산 유원지, 인천의 송도 유원지, 수원의 원천 유원지, 한강변의 팔당·청평·남이섬 유원지 외에 경기도 일원에는 계곡과 강을 두고 있는 유명한 유원지가 많이 있다.[471]

마. 공공공지: "공공공지"라 함은 시·군내의 주요시설물 또는 환경의 보호, 경관의 유지, 재해대책, 보행자의 통행과 주민의 일시적 휴식공간의 확보를 위하여 설치하는 시설을 말한다(도시계획시설규칙 제59조).

3. 유통·공급시설

가. 유통업무설비: "유통업무설비"란 다음 각 호 1. 「물류시설의 개발 및 운영에 관한 법률」에 따른 일반물류단지, 2. 다음 각 목 가. 다음 (1) 「유통산업발전법」 제2조 제3호·제5호·제8호 및 제16호에 따른 대규모점포·임시시장·전문상가단지 및 공동집배송센터, (2) 「농수산물유통 및 가격안정에 관한 법률」 제2조 제2호·제5호 및 제12호의 규정에 의한 농수산물도매시장·농수산물공판장 및 농수산물종합유통센터, (3) 「자동차관리법」 제60조 제1항의 규정에 의한 자동차경매장의 시설 중 어느 하나 이상의 시설, 나. 다음 (1) 제31조 제2호에 따른 물류터미널 또는 같은 조 제3호 나목에 따른 화물자동차운수사업용 공영차고지, (2) 화물을 취급하는 철도역, (3) 「물류시설의 개발 및 운영에 관한 법률」 제2조

---

471) 네이버 지식백과.

제7호 라목에 따른 화물의 운송·하역 및 보관시설, (4) 「항만법」 제2조 제5호 나목(2)에 따른 하역시설의 시설 중 어느 하나 이상의 시설, 다. 다음 (1) 창고·야적장 또는 저장소(「위험물안전관리법」 제2조 제4호의 저장소를 제외한다), (2) 화물적하시설·화물적치용건조물 그 밖에 이와 유사한 시설, (3) 축산물위생관리법」 제2조 제11호에 따른 축산물보관장, (4) 생산된 자동차를 인도하는 출고장의 시설 중 어느 하나 이상의 시설의 시설로서 각 목별로 1개 이상의 시설이 동일하거나 인접한 장소에 함께 설치되어 상호 그 효용을 다하는 시설의 시설을 말한다(도시계획시설규칙 제62조).

나. 수도공급설비: "수도공급설비"라 함은 「수도법」 제3조 제5호의 규정에 의한 수도(일반수도 및 공업용수도에 한한다)중 다음 각 호 1. 취수시설·저수시설·정수시설 및 배수시설, 2. 전용관로부지상에 설치하는 도수시설 및 송수시설의 시설을 말한다(도시계획시설규칙 제65조).

다. 전기공급설비: "전기공급설비"란 「전기사업법」 제2조 제17호에 따른 전기사업용 전기설비 중 다음 각 호 1. 발전시설, 2. 변전시설(옥내에 설치하는 것을 제외한다), 3. 송전선로(15만 4천 볼트 이상인 경우에만 해당한다), 4. 배전사업소(배전설비와 연결된 기계 및 기구가 설치된 것에 한한다)의 시설을 말한다(도시계획시설규칙 제67조).

라. 가스공급설비: "가스공급설비"란 다음 각 호 1. 「고압가스 안전관리법」 제3조 제1호에 따른 저장소(저장능력 30톤 이하의 액화가스저장소 및 저장능력 3천세제곱미터 이하인 압축가스저장소를 제외한다) 및 같은 법 시행규칙 [별표 5] 제3호에 따른 고정식 압축천연가스이동충전차량 충전시설, 2. 「액화석유가스의 안전관리 및 사업법 시행규칙」 [별표 4] 제1호 및 제3호에 따른 용기충전시설과 자동차에 고정된 탱크충전시설, 3. 「도시가스사업법」 제2조 제5호의 규정에 의한 가스공급시설의 시설을 말한다(도시계획시설규칙 제70조).

마. 열공급설비: "열공급설비"라 함은 「집단에너지사업법」 제9조의 규정에 의한 집단에너지사업의 허가를 받은 자가 설치하는 다음 각 호 1. 「집단에너지사업법 시행규칙」 제2조 제1호의 규정에 의한 열원시설, 2. 「집단에너지사업법 시행규칙」 제2조 제2호의 규정에 의한 열수송시설의 시설을 말한다(도시계획시설규칙 제73조).

바. 방송·통신시설: "방송·통신시설"이란 국가 또는 지방자치단체가 설치하는 시설(제1호의 경우에는 방송통신위원회가 지정하는 시설을 포함한다)로서 다음 각 호 1. 「전기통신사업법」 제2조 제4호에 따른 사업용전기통신설비, 2. 「전파법」 제2조 제5호에 따른 무선설비(「전기통신사업법」 제2조 제4호에 따른 사업용전기통신설비는 제외한다), 3. 「방송법」 제79조에 따른 유선방송국설비(종합유선방송국으로 한정한다)의 시설을 말한다(도시계획시설규칙 제76조).

사. 공동구: "공동구"라 함은 「국토계획법」 제2조 제9호의 규정에 의한 공동구를 말한다(도시계획시설규칙 제79조).

아. 시장: "시장"이란 다음 각 호 1. 「유통산업발전법」 제2조 제3호 및 제5호에 따른 대규모점포 및 임시시장, 2. 「농수산물유통 및 가격안정에 관한 법률」 제2조 제2호·제5호 및 제12호의 규정에 의한 농수산물도매시장·농수산물공판장 및 농수산물종합유통센터, 3. 「축산법」 제34조에 따른 가축시장

의 시설을 말한다(도시계획시설규칙 제82조).

자. <u>유류저장 및 송유설비</u>: "유류저장 및 송유설비"란 다음 각 호 1. 「석유 및 석유대체연료 사업법」 제2조 제7호에 따른 석유정제업자나 한국석유공사가 석유를 비축·저장하는 시설과 송유시설, 2. 「송유 관안전관리법」 제3조의 규정에 의한 공사계획인가를 받은 자가 설치하는 송유관, 3. 「위험물안전관리법」 제6조의 규정에 의한 제조소 등의 설치허가를 받은 자가 동법 시행령 [별표 1]의 규정에 의한 제1 석유류·제2석유류·제3석유류 또는 제4석유류를 저장하기 위하여 설치하는 저장소의 시설을 말한다(도시계획시설규칙 제85조).

4. 공공·문화체육시설

가. <u>학교</u>: "학교"란 다음 각 호 1. 「유아교육법」 제2조 제2호의 규정에 의한 유치원, 2. 「초·중등교육법」 제2조의 규정에 의한 학교, 3. 「고등교육법」 제2조 제1호부터 제5호까지의 규정에 따른 학교 및 같은 조 제7호의 각종학교 중 국가 또는 지방자치단체가 설치·운영하는 교육기관. 다만, 같은 법 제2조 제5호에 따른 원격대학 중 사이버대학 및 같은 법 제30조에 따른 대학원대학은 제외한다. 4. 「경제자유구역 및 제주국제자유도시의 외국교육기관 설립·운영에 관한 특별법」 제5조의 규정에 의하여 설립하는 외국교육기관으로서 제1호 내지 제3호의 규정에 의한 학교에 상응하는 외국교육기관의 시설을 말한다(도시계획시설규칙 제88조).

나. <u>공공청사</u>: "공공청사"라 함은 다음 각 호 1. 공공업무를 수행하기 위하여 설치·관리하는 국가 또는 지방자치단체의 청사, 2. 우리나라와 외교관계를 수립한 나라의 외교업무수행을 위하여 정부가 설치하여 주한외교관에게 빌려주는 공관, 3. 교정시설(교도소·구치소·소년원 및 소년분류심사원에 한한다)의 시설을 말한다(도시계획시설규칙 제94조).

다. <u>문화시설</u>: "문화시설"이란 국가 또는 지방자치단체가 설치하거나 문화체육관광부장관(제6호의 경우에는 과학기술정보통신부장관을, 제7호의 경우에는 산업통상자원부장관을 말한다), 특별시장, 광역시장, 특별자치시장, 도지사 또는 특별자치도지사가 도시·군계획시설로 설치할 필요성이 있다고 인정하여 도시·군관리계획의 입안권자에게 요청하여 설치하는 다음 각 호 1. 「공연법」 제2조 제4호의 규정에 의한 공연장, 2. 「박물관 및 미술관 진흥법」 제2조 제1호 및 제2호의 규정에 의한 박물관 및 미술관, 3. 「지방문화원진흥법 시행령」 제4조의 규정에 의한 시설, 4. 「문화예술진흥법」 제2조 제1항 제3호의 규정에 의한 문화시설, 5. 「문화산업진흥 기본법」 제2조 제17호 및 제18호에 따른 문화산업진흥시설 및 문화산업단지, 6. 「과학관육성법」 제2조 제1호의 규정에 의한 과학관, 7. 「전시산업발전법」 제2조 제4호에 따른 전시시설(이하 "전시시설"이라 한다), 8. 「국제회의산업 육성에 관한 법률」 제2조 제3호에 따른 국제회의시설(이하 "국제회의시설"이라 한다), 9. 「도서관법」 제2조 제4호에 따른 공공도서관 및 같은 조 제7호에 따른 전문도서관의 시설을 말한다(도시계획시설규칙 제96조).

라. <u>공공필요성이 인정되는 체육시설</u>: "체육시설"이란 「체육시설의 설치·이용에 관한 법률」에서

정하는 체육시설로서 다음 각 호 1. 국가 또는 지방자치단체가 설치하거나 소유하는 체육시설, 2. 「국민체육진흥법」 제33조에 따른 통합체육회, 제34조에 따른 대한장애인체육회 및 제36조에 따른 서울올림픽기념국민체육진흥공단이 설치·관리하는 체육시설, 3. 「2002년월드컵축구대회지원법」 제2조제1호에 따른 경기장시설, 4. 「제14회아시아경기대회지원법」 제2조에 따른 경기장시설, 5. 「2011대구세계육상선수권대회, 2013충주세계조정선수권대회, 2014인천아시아경기대회, 2014인천장애인아시아경기대회 및 2015광주하계유니버시아드대회 지원법」 제2조에 따른 경기장시설, 6. 「2018 평창 동계올림픽대회 및 장애인동계올림픽대회 지원 등에 관한 특별법」 제2조에 따른 경기장시설, 7. 국민의 건강증진과 여가선용에 기여하기 위하여 설치하는 시설(국제경기종목으로 채택된 경기를 위한 시설 중 육상경기장과 한 종목 이상의 운동경기장을 함께 갖춘 시설 또는 3종목 이상의 운동경기장을 함께 갖춘 시설로 한정한다)로서 관람석의 수가 1천석 이하인 소규모 실내운동장을 제외한 종합운동장(이하 "운동장"이라 한다)의 시설을 말한다. 다만, 제1호 및 제2호의 경우에는 같은 법 제5조에 따른 전문체육시설 및 제6조에 따른 생활체육시설(건축물 안에 설치하는 골프연습장은 제외한다)만 해당한다.

마. 연구시설: "연구시설"이라 함은 과학·기술·학술·문화·예술 및 산업경제 등에 관한 조사·연구·시험 등을 위하여 설치하는 연구시설을 말한다(도시계획시설규칙 제99조)(도시계획시설규칙 제105조).

바. 사회복지시설: "사회복지시설"이란 「사회복지사업법」 제34조에 따라 설치하는 사회복지시설을 말한다. 다만, 해당시설의 주요부분을 분양 또는 임대할 목적으로 설치하는 사회복지시설은 제외한다 (도시계획시설규칙 제107조).

사. 공공직업훈련시설: "공공직업훈련시설"이라 함은 「근로자직업능력 개발법」 제2조 제3호 가목에 따른 공공직업훈련시설을 말한다(도시계획시설규칙 제110조).

아. 청소년수련시설: "청소년수련시설"이라 함은 「청소년활동진흥법」 제10조 제1호의 규정에 의한 청소년수련시설을 말한다(도시계획시설규칙 제112조).

5. 방재시설

가. 하천: "하천"이란 다음 각 호 1. 「하천법」 제7조에 따른 국가하천·지방하천, 2. 「소하천정비법」 제2조 제1호에 따른 소하천, 3. 「하천법」 제2조 제3호에 따른 하천시설 중 운하를 말한다(도시계획시설규칙 제115조).

나. 유수지: "유수지"라 함은 다음 각 호 1. 유수시설: 집중강우로 인하여 급증하는 제내지 및 저지대의 배수량을 조절하고 이를 하천에 방류하기 위하여 일시적으로 저장하는 시설, 2. 저류시설: 빗물을 일시적으로 모아 두었다가 바깥수위가 낮아진 후에 방류하기 위한 시설의 시설을 말한다(도시계획시설규칙 제118조).

다. 저수지: "저수지"라 함은 발전용수·생활용수·공업용수·농업용수 또는 하천유지용수의 공급이나 홍수조절을 위한 댐·제방 그 밖에 당해 댐 또는 제방과 일체가 되어 그 효용을 높이는 시설 또는 공작물과 공유수면을 말한다(도시계획시설규칙 제121조).

라. 방화설비: "방화설비"라 함은 「화재예방, 소방시설 설치·유지 및 안전관리에 관한 법률」제2조 제1호의 소방시설 중 소화용수설비를 말한다(도시계획시설규칙 제123조).[472]

마. 방풍설비: "방풍설비"라 함은 바람으로 인하여 발생하는 피해를 방지하고, 토사 및 먼지의 이동과 대기오염 등 공해를 방지하기 위하여 외부에서 불어오는 바람을 차단하는 다음 각 호 1. 방풍림시설 : 수림대 또는 수림단지를 조성하여 방풍효과를 얻는 시설, 2. 방풍담장시설: 인공적인 구조물 또는 담장을 설치하여 방풍효과를 얻는 시설, 3. 방풍망시설: 염화비닐망 등을 설치하여 방풍효과를 얻는 시설의 시설을 말한다(도시계획시설규칙 제125조).

바. 방수설비: "방수설비"라 함은 저지대나 지반이 약한 지역에 대한 내수범람 및 침수피해를 방지하기 위하여 설치하는 배수 및 방수시설을 말한다(도시계획시설규칙 제128조).

사. 사방설비: "사방설비"라 함은 「사방사업법」제2조 제3호의 규정에 의한 사방시설을 말한다(도시계획시설규칙 제130조).

아. 방조설비: "방조설비"란 다음 각 호 1. 「항만법」제2조 제5호의 규정에 의한 항만시설중 방조제, 2. 「어촌·어항법」제2조 제5호에 따른 어항시설 중 방조제, 3. 「방조제관리법」제2조 제1항의 규정에 의한 방조제의 시설을 말한다(도시계획시설규칙 제133조).

6. 보건위생시설

가. 장사시설: "장사시설"이란 다음 각 호의 시설을 말한다.

---

1. **화장시설**: 다음 각 목의 시설을 말한다.
   가. 「장사 등에 관한 법률」제13조 제1항에 따른 공설화장시설
   나. 「장사 등에 관한 법률」제15조 제1항에 따른 사설화장시설 중 일반의 사용에 제공하는 화장시설
2. **공동묘지**: 다음 각 목의 시설을 말한다.
   가. 국가가 설치·운영하는 공동묘지(법인 등에 위탁하여 설치·운영하는 경우를 포함하며, 이하 "국립묘지"라 한다)
   나. 「장사 등에 관한 법률」제13조 제1항에 따른 공설묘지
   다. 「장사 등에 관한 법률」제14조 제1항에 따른 사설묘지 중 일반의 사용에 제공되는 묘지
3. **봉안시설**: 다음 각 목의 시설을 말한다.
   가. 국가가 설치·운영하는 봉안시설(법인 등에 위탁하여 설치·운영하는 경우를 포함한다)
   나. 「장사 등에 관한 법률」제13조 제1항에 따른 공설봉안시설
   다. 「장사 등에 관한 법률」제15조 제1항에 따른 사설봉안시설 중 일반의 사용에 제공되는 봉안시설
4. **자연장지**: 다음 각 목의 시설을 말한다.
   가. 「장사 등에 관한 법률」제13조 제1항에 따른 공설자연장지
   나. 「장사 등에 관한 법률」제16조 제1항 제3호에 따른 법인등자연장지 중 일반의 사용에 제공되는 자연장지
5. **장례식장**: 「장사 등에 관한 법률」제29조 제1항에 따른 장례식장을 말한다.

---

472) 「소방시설 설치유지 및 안전관리에 관한 법률」에서 법률 명칭이 개정되었다.

나. 도축장: "도축장"이라 함은 「축산물위생관리법」 제2조 제11호에 따른 도축장을 말한다(도시계획시설규칙 제148조).

다. 종합의료시설: "종합의료시설"이란 다음 각 호 1. 「의료법」 제3조 제2항 제3호 가목·다목 및 라목에 따른 병원·한방병원 또는 요양병원으로서 다음 각 목 가. 300개 이상의 병상(요양병원의 경우는 요양병상을 말한다), 나. 7개 이상의 진료과목의 요건을 모두 갖춘 병원급 의료기관, 2. 「의료법」 제3조 제2항 제3호 마목에 따른 종합병원의 시설을 말한다(도시계획시설규칙 제151조).

7. 환경기초시설

가. 하수도: "하수도"란 다음 각 호 1. 「하수도법」 제2조 제4호에 따른 공공하수도중 간선기능을 갖는 하수관로(주변여건상 필요한 경우에는 지선기능을 가지는 하수관로를 포함한다), 2. 「하수도법」 제2조 제9호에 따른 공공하수처리시설(다만, 하루 처리 용량이 500세제곱미터 미만인 시설은 제외한다)의 시설을 말한다(도시계획시설규칙 제154조).

나. 폐기물처리 및 재활용시설: "폐기물처리 및 재활용시설"이란 다음 각 호 1. 「폐기물관리법」 제2조 제8호에 따른 폐기물처리시설 중 다음 각 목 가. 국가 또는 지방자치단체, 나. 「폐기물관리법」 제25조 제3항에 따른 폐기물처리업의 허가를 받은 자(다만, 폐기물의 재활용을 목적으로 시설을 설치하는 경우를 제외한다), 다. 「폐기물관리법」 제25조 제3항에 따른 폐기물처리업의 허가를 받고자 하는 자로서 같은 법 제25조 제2항에 따라 사업계획의 적합통보를 받은 자(다만, 폐기물의 재활용을 목적으로 시설을 설치하는 경우를 제외한다)의 어느 하나에 해당하는 자가 설치하는 시설, 2. 「폐기물관리법」 제5조의 규정에 의한 광역폐기물처리시설, 3. 「자원의 절약과 재활용 촉진에 관한 법률」 제2조 제10호에 따른 재활용시설 중 다음 각 목 가. 국가 또는 지방자치단체, 나. 「자원의 절약과 재활용 촉진에 관한 법률」 제23조의 규정에 의한 재활용지정사업자, 다. 「자원의 절약과 재활용 촉진에 관한 법률」 제34조의 규정에 의한 재활용단지를 조성하는 자, 라. 폐기물의 재활용을 목적으로 「폐기물관리법」 제25조 제3항에 따른 폐기물처리업의 허가를 받은 자 또는 폐기물처리업의 허가를 받고자 하는 자로서 같은 법 제25조 제2항에 따라 사업계획의 적합통보를 받은 자의 어느 하나에 해당하는 자가 설치하는 시설, 4. 「건설폐기물의 재활용 촉진에 관한 법률」 제21조 제3항에 따른 건설폐기물처리업의 허가를 받은 자 또는 건설폐기물처리업의 허가를 받고자 하는 자로서 같은 법 제21조 제2항에 따라 사업계획의 적합통보를 받은 자가 설치하는 시설의 시설을 말한다. 다만, 「폐기물관리법 시행규칙」 제38조 각 호의 시설은 제외한다(도시계획시설규칙 제156조).

다. 빗물저장 및 이용시설: "빗물저장 및 이용시설"이란 「물의 재이용 촉진 및 지원에 관한 법률」 제2조 제3호에 따른 빗물이용시설을 말한다.

라. 수질오염방지시설: "수질오염방지시설"이란 다음 각 호 1. 「수질 및 수생태계 보전에 관한 법률」 제48조에 따라 설치하는 폐수종말처리시설, 2. 「수질 및 수생태계 보전에 관한 법률 시행령」 제79조

제1호에 따른 폐수수탁처리업시설, 3. 시장·군수·구청장 또는 대행업자가 설치하는 「가축분뇨의 관리 및 이용에 관한 법률」 제2조 제8호에 따른 처리시설, 같은 조 제9호에 따른 공공처리시설 및 「하수도법」 제2조 제10호에 따른 분뇨처리시설, 4. 「광산피해의 방지 및 복구에 관한 법률」 제31조에 따른 한국광해관리공단이 동법 제11조에 따른 광해방지사업의 일환으로 폐광의 폐수를 처리하기 위하여 설치하는 시설을 말한다(도시계획시설규칙 제159조).

마. 폐차장: "폐차장"이라 함은 「자동차관리법」 제2조 제6호의 규정에 의한 자동차관리사업 중 동법 제53조의 규정에 의한 자동차폐차업의 등록을 한 자가 설치하는 사업장을 말한다(도시계획시설규칙 제162조).

Ⅲ. 도시·군계획시설의 설치·관리

1. 필수적 도시·군계획시설 및 임의적 도시·군계획시설

지상·수상·공중·수중 또는 지하에 기반시설을 설치하려면 그 시설의 종류·명칭·위치·규모 등을 미리 도시·군관리계획으로 결정하여야 한다(법 제43조 제1항 본문; 필수적 도시계획시설). 다만, **용도지역·기반시설의 특성 등**을 고려하여 **대통령령으로 정하는 경우**에는 그러하지 아니하다(법 제43조 제1항 단서; 임의적 도시계획시설).

기반시설은 법 제2조 제6호 및 영 제2조 제3항에 따라 **국토교통부령**인 「도시계획시설규칙」에서 정하고 있으며, 원칙적으로 기반시설은 도시·군계획시설결정으로 하여야 하지만 「국토계획법」상 모든 기반시설을 도시·군관리계획의 수립·결정을 통해 설치하는 것은 아니다. 예외적으로 기반시설이 설치되는 토지의 '**용도지역이나 기반시설의 특성**'에 비추어 도시·군관리계획으로 결정하지 않아도 설치할 수 있는 범위를 설정해 두고 있다(법 제43조 제1항 단서, 영 제35조[473] 및 칙 제6조[474]).

---

473) **영 제35조(도시·군계획시설의 설치·관리)** ① 법 제43조 제1항 단서에서 **"대통령령으로 정하는 경우"**란 다음 각 호의 기반시설을 설치하고자 하는 경우를 말한다.
   1. **도시지역 또는 지구단위계획구역**에서 다음 각 목 가. 주차장, 차량 검사 및 면허시설, 공공공지, 열공급설비, 방송·통신시설, 시장·공공청사·문화시설·공공필요성이 인정되는 체육시설·연구시설·사회복지시설·공공직업훈련시설·청소년수련시설·저수지·방화설비·방풍설비·방수설비·사방설비·방조설비·장사시설·종합의료시설·빗물저장 및 이용시설·폐차장, 나. 「공원녹지법」의 규정에 의하여 점용허가대상이 되는 공원안의 기반시설, 다. **그 밖에 국토교통부령으로 정하는 시설**의 기반시설을 설치하고자 하는 경우,
   2. **도시지역 및 지구단위계획구역외의 지역**에서 다음 각 목 가. 제1호 가목 및 나목의 기반시설, 나. 궤도 및 전기공급설비, 다. **그 밖에 국토교통부령이 정하는 시설**
474) 칙 제6조(도시·군관리계획으로 결정하지 아니하여도 설치할 수 있는 시설) ① **영 제35조 제1항 제1호 다목에서 "국토교통부령으로 정하는 시설"**이란 다음 각 호의 시설을 말한다.
   1. 공항 중 「공항시설법 시행령」 제3조 제3호의 규정에 의한 도심공항터미널
   2. 삭제 〈2016. 12. 30.〉
   3. 여객자동차터미널 중 전세버스운송사업용 여객자동차터미널
   4. 광장중 건축물부설광장
   5. 전기공급설비(발전시설, 옥외에 설치하는 변전시설 및 지상에 설치하는 전압 15만 4천볼트 이상의 송전선로는 제

이처럼 반드시 도시·군관리계획이라는 공적 계획을 통한 개입 필요성의 정도에 따라서, 도시·군관리계획으로 결정하도록 하고 있는 기반시설을 '필수적 도시계획시설(의무시설)'이라 하고, 예외적으로 도시·군관리계획으로 결정하지 않고서도 설치될 수 있는 기반시설을 '임의적 도시계획시설(임의시설)'이라 한다.

법 제43조 제1항 단서에 따르면 임의적 도시·군계획시설을 인정하는 이유로서 "용도지역 및 기반시설의 특성 등"을 들고 있지만, 그 의미하는 바가 추상적이라서 이해하기 어렵고, 단지 그러한 시설을 열기하는 것에 그치고 있는데,[475] **사견**으로는 공공성이 상대적으로 높은 것이 필수적 도시계획시설(의무시설)일 것이다. 그렇다고 임의시설로 지정된 기반시설은 도시·군관리계획의 결정으로 설치되는 것이 배제된다는 의미가 아니다. 즉 사업시행자가 도시·군관리계획에 의한 도시·군계획시설결정절차를 거치는 경우에는 도시·군계획시설로 결정되고, 도시·군계획시설사업으로 시행하게 되면 그에 따른 법적 효과를 받게 된다. 즉 임의시설이라 하더라도 사업시행자는 엄격하게 규정되어 있는 도시·군계획시설결정절차를 거치고, 실시계획을 작성하여 인가권자의 인가를 받게 되면 타인의 토지를 수용할 수 있는 권능을 가지게 된다. 기반시설의 설치를 위해서는 무엇보다도 토지의 확보가 절대불가결하다는 점에서 도시·군계획시설로 설치하는 것은 나름의 커다란 장점이 되기도 한다. 그리고 임의시설이란

외한다)

5의2.「신에너지 및 재생에너지 개발·이용·보급 촉진법」제2조 제3호에 따른 신·재생에너지설비로서 다음 각 목 가.「신에너지 및 재생에너지 개발·이용·보급 촉진법 시행규칙」제2조 제2호에 따른 연료전지 설비 및 같은 조 제4호에 따른 태양에너지 설비, 나.「신에너지 및 재생에너지 개발·이용·보급 촉진법 시행규칙」제2조 제1호, 제3호 및 제5호부터 제12호까지에 해당하는 설비로서 발전용량이 200킬로와트 이하인 설비(전용주거지역 및 일반주거지역 외의 지역에 설치하는 경우로 한정한다)의 어느 하나에 해당하는 설비

6. 다음 각 목 가.「액화석유가스의 안전관리 및 사업법」제5조 제1항에 따라 액화석유가스충전사업의 허가를 받은 자가 설치하는 액화석유가스 충전시설, 나.「도시가스사업법」제2조 제9호에 따른 자가소비용직수입자나 같은 법 제3조에 따라 도시가스사업의 허가를 받은 자가 설치하는 같은 법 제2조 제5호에 따른 가스공급시설, 다.「환경친화적 자동차의 개발 및 보급 촉진에 관한 법률」제2조 제9호에 따른 수소연료공급시설, 라.「고압가스 안전관리법」제3조 제1호에 따른 저장소로서 자기가 직접 다음 1) 발전용: 전기(電氣)를 생산하는 용도, 2) 산업용: 제조업의 제조공정용 원료 또는 연료(제조부대시설의 운영에 필요한 연료를 포함한다)로 사용하는 용도, 3) 열병합용: 전기와 열을 함께 생산하는 용도, 4) 열 전용(專用) 설비용: 열만을 생산하는 용도의 어느 하나의 용도로 소비할 목적으로 고압가스를 저장하는 저장소의 어느 하나에 해당하는 가스공급설비

7. 유류저장 및 송유설비 중「위험물안전관리법」제6조에 따른 제조소등의 설치허가를 받은 자가「위험물안전관리법 시행령」별표 1에 따른 인화성액체 중 유류를 저장하기 위하여 설치하는 유류저장시설

8. 다음 각 목 가.「유아교육법」제2조 제2호에 따른 유치원, 나.「장애인 등에 대한 특수교육법」제2조 제10호에 따른 특수학교, 다.「초·중등교육법」제60조의3에 따른 대안학교, 라.「고등교육법」제2조 제5호에 따른 방송대학·통신대학 및 방송통신대학의 학교

9. 삭제 〈2018. 12. 27.〉

10. 다음 각 목 가. 대지면적이 500제곱미터 미만인 도축장, 나.「산업입지법」제2조 제8호에 따른 산업단지 내에 설치하는 도축장의 어느 하나에 해당하는 도축장

11. 폐기물처리 및 재활용시설 중 재활용시설

12. 수질오염방지시설 중「광산피해의 방지 및 복구에 관한 법률」제31조에 따른 한국광해관리공단이 같은 법 제11조에 따른 광해방지사업의 일환으로 폐광의 폐수를 처리하기 위하여 설치하는 시설(「건축법」제11조에 따른 건축허가를 받아 건축하여야 하는 시설은 제외한다)

② **영 제35조 제1항 제2호 다목에서 "그 밖에 국토교통부령이 정하는 시설"**이란 다음 각 호 1. 삭제 〈2018. 12. 27.〉, 2. 자동차정류장, 3. 광장, 4. 유류저장 및 송유설비, 5. 제1항 제1호·제6호·제8호부터 제12호까지의 시설을 말한다.

475) 최종권, "기반시설의 설치에 관한 현행법의 문제점에 관한 소고" 법제[2014. 12.]. 2014, 8면.

엄격한 계획의 입안절차와 결정절차를 거칠 필요 없이 보다 수월하게 기반시설을 설치할 수 있는 방법의 선택이 가능하다.[476] 다만, 도시·군계획시설사업으로 결정하지 않을 경우에는 개발행위허가 및 건축허가 등 개별법령에 따라 인·허가를 받고 설치하여야 하며, 해당 용도지역에도 적합하여야 한다.[477][478]

도시·군계획시설을 공중·수중·수상 또는 지하에 설치하는 경우 그 높이나 깊이의 기준과 그 설치로 인하여 토지나 건물의 소유권 행사에 제한을 받는 자에 대한 보상 등에 관하여는 따로 법률로 정한다(법 제46조).[479]

도시·군계획시설의 결정·구조 및 설치의 기준 등에 필요한 사항은 **국토교통부령**으로 정하고(도시계획시설규칙), 그 세부사항은 **국토교통부령**으로 정하는 범위에서 시·도의 **조례**로 정할 수 있다.[480] 다만, 다른 법률에 특별한 규정이 있는 경우에는 그 법률에 따른다(법 제43조 제2항). 도시·군계획시설로 결정 및 설치하기 위해서는 위 규칙에서 규정하고 있는 기준에 적합하여야 한다. 즉 동 규칙에서 규정하고 있지 않더라도 각각의 개별 법령에 적합하다면 설치가 가능하다.

도시·군계획시설의 **관리**에 관하여 이 법 또는 다른 법률에 특별한 규정이 있는 경우 외에는 **국가가 관리하는 경우**에는 **대통령령으로**[국가가 관리하는 도시·군계획시설은 「국유재산법」 제2조 제11호에 따른 중앙관서의 장이 관리한다(영 제35조 제2항)], **지방자치단체**가 관리하는 경우에는 그 지방자치단체의 **조례**로[481] 도시·군계획시설의 관리에 관한 사항을 정한다(법 제43조 제3항).

2. 공동구의 설치와 관리·운영

가. 공동구의 설치

공동구란 전기·가스·수도 등의 공급설비, 통신시설, 하수도시설 등 지하매설물을 공동 수용함으로써 도시 미관의 개선, 도로 구조의 보전 및 교통의 원활한 소통을 위하여 지하에 설치하는 시설물을 말한다(법 제2조 제9호).

다음 각 호 1. 「도시개발법」 제2조 제1항에 따른 도시개발구역, 2. 「택지개발촉진법」 제2조 제3호에 따른 택지개발지구, 3. 「경제자유구역의 지정 및 운영에 관한 특별법」 제2조 제1호에 따른 경제자유구

---

476) 최종권, 위의 논문, 10면.

477) 국토계획법해설집, 198면.

478) 또한 같은 기반시설임에도 기반시설의 설치로 주변지역에서 개발이익이 발생하는 경우가 있는가 하면, 개발손실로 인하여 공공갈등의 원인이 되는 경우가 있으므로 형평성 차원에서 기반시설 설치절차에서 주민의 절차적 참여보장을 면밀히 검토할 필요가 있다(배명호, "개발손실에 관한 공법적 연구", 경북대학교박사학위청구논문, 2016, 182면).

479) 「도시철도법」(시행 2017.7.26., 법률 제14839호) 제9조(지하부분에 대한 보상 등)와 「철도의 건설 및 철도시설 유지관리에 관한 법률」(시행 2019. 12. 27.법률 제16639호, 2019. 11. 26.일부개정) 제12조의2(토지의 지하부분 사용에 대한 보상)에서 정하고 있다.

480) 법령에서 위임한 사항을 지방자치단체에서 반드시 제정해야 하는 자치법규가 아닌 경우에 해당되어 「제주특별자치도 도시계획 조례」 외에 아직 자치법규가 없는 것으로 보인다.

481) 서울시 도시계획 **조례**를 비롯하여 약 142건의 많은 도시계획 **조례**가 있다.

역, 4. 「도시정비법」 제2조 제1호에 따른 정비구역, 5. 그 밖에 **대통령령**으로 정하는 지역[1. 「공공주택
특별법」 제2조 제2호에 따른 공공주택지구, 2. 「도청이전을 위한 도시건설 및 지원에 관한 특별법」 제2조 제3호에 따른
도청이전신도시(영 제35조의2 제2항)]에 해당하는 지역·지구·구역 등(이하 '지역등'이라 한다)이 **대통령령**으로 정하는 규모
[**200만 제곱미터**(영 제35조의2 제1항)]를 초과하는 경우에는 해당 지역등에서 개발사업을 시행하는 자(사업
시행자)는 공동구를 설치하여야 한다(법 제44조 제1항).

「도로법」 제23조에 따른 도로 관리청은 지하매설물의 빈번한 설치 및 유지관리 등의 행위로 인하여
도로구조의 보전과 안전하고 원활한 도로교통의 확보에 지장을 초래하는 경우에는 공동구 설치의 타당
성을 검토하여야 한다. 이 경우 재정여건 및 설치 우선순위 등을 고려하여 단계적으로 공동구가 설치
될 수 있도록 하여야 한다(법 제44조 제2항). 공동구가 설치된 경우에는 **대통령령**으로 정하는 바에
따라 공동구에 수용하여야 할 시설이 모두 수용되도록 하여야 한다(법 제44조 제3항). 공동구가 설치
된 경우에는 법 제44조 제3항에 따라 제1호부터 제6호까지(1. 전선로, 2. 통신선로, 3. 수도관, 4. 열수
송관, 5. 중수도관, 6. 쓰레기수송관)의 시설을 공동구에 수용하여야 하며, 제7호 및 제8호의 시설(7.
가스관, 8. 하수도관)은 법 제44조의2 제4항에 따른 공동구협의회의 심의를 거쳐 수용할 수 있다(영
제35조의3).

법 제44조 제1항에 따른 개발사업의 계획을 수립할 경우에는 공동구 설치에 관한 계획을 포함하여
야 한다. 이 경우 제3항에 따라 공동구에 수용되어야 할 시설을 설치하고자 공동구를 점용하려는 자
(이하 "공동구 점용예정자"라 한다)와 설치 노선 및 규모 등에 관하여 미리 협의한 후 제44조의2 제4항
에 따른 공동구협의회의 심의를 거쳐야 한다(법 제44조 제4항).

공동구의 설치(개량하는 경우를 포함한다)에 필요한 비용은 이 법 또는 다른 법률에 특별한 규정이
있는 경우를 제외하고는 공동구 점용예정자와 사업시행자가 부담한다. 이 경우 공동구 점용예정자는
해당 시설을 개별적으로 매설할 때 필요한 비용의 범위에서 **대통령령**으로[482] 정하는 바에 따라 부담한
다(법 제44조 제5항).

공동구 점용예정자와 사업시행자가 공동구 설치비용을 부담하는 경우 국가, **특별시장·광역시장·특
별자치시장·특별자치도지사·시장 또는 군수**는 공동구의 원활한 설치를 위하여 그 비용의 일부를 보

---

[482] 영 제38조(공동구의 설치비용 등) ①법 제44조 제5항 전단에 따른 공동구의 설치에 필요한 비용은 다음 각 호 1.
설치공사의 비용, 2. 내부공사의 비용, 3. 설치를 위한 측량·설계비용, 4. 공동구의 설치로 인하여 보상의 필요가
있는 때에는 그 보상비용, 5. 공동구부대시설의 설치비용, 6. 법 제44조 제6항에 따른 융자금이 있는 경우에는 그
이자에 해당하는 금액과 같다. 다만, 법 제44조 제6항에 따른 보조금이 있는 때에는 그 보조금의 금액을 공제하
여야 한다.
② 법 제44조 제5항 후단에 따라 공동구 점용예정자가 부담하여야 하는 공동구 설치비용은 해당 시설을 개별적으로
매설할 때 필요한 비용으로 하되, **특별시장·광역시장·특별자치시장·특별자치도지사·시장 또는 군수**(이하 제
39조 및 제39조의3에서 "공동구관리자"라 한다)가 공동구협의회의 심의를 거쳐 해당 공동구의 위치, 규모 및 주변
여건 등을 고려하여 정한다.
③ 사업시행자는 공동구의 설치가 포함되는 개발사업의 실시계획인가등이 있은 후 지체 없이 공동구 점용예정자에게
제1항 및 제2항에 따라 산정된 부담금의 납부를 통지하여야 한다.
④ 제3항에 따른 부담금의 납부통지를 받은 공동구 점용예정자는 공동구설치공사가 착수되기 전에 부담액의 3분의 1
이상을 납부하여야 하며, 그 나머지 금액은 제37조 제1항 제1호에 따른 점용공사기간 만료일(만료일전에 공사가
완료된 경우에는 그 공사의 완료일을 말한다)전까지 납부하여야 한다.

조 또는 융자할 수 있다(법 제44조 제6항).

공동구에 수용되어야 하는 시설물의 설치기준 등은 다른 법률에 특별한 규정이 있는 경우를 제외하고는 **국토교통부장관**이 정한다(법 제44조 제7항).[483]

나. 공동구의 관리·운영 등

공동구는 **특별시장·광역시장·특별자치시장·특별자치도지사·시장 또는 군수**(이하 이 조 및 제44조의3에서 "공동구관리자"라 한다)가 관리한다. 다만, 공동구의 효율적인 관리·운영을 위하여 필요하다고 인정하는 경우에는 **대통령령으로 정하는 기관**[다음 각 호 1. 「지방공기업법」 제49조 또는 제76조에 따른 지방공사 또는 지방공단, 2. 「시설물의 안전 및 유지관리에 관한 특별법」 제45조에 따른 한국시설안전공단, 3. 공동구의 관리·운영에 전문성을 갖춘 기관으로서 **특별시·광역시·특별자치시·특별자치도·시 또는 군**의 도시·군계획**조례**로 정하는 기관의 어느 하나에 해당하는 기관을 말한다(영 제39조 제1항)]에 그 관리·운영을 위탁할 수 있다(법 제44조의2 제1항).

공동구관리자는 **5년**마다 해당 공동구의 안전 및 유지관리계획을 **대통령령**으로 정하는 바[다음 각 호 1. 공동구의 안전 및 유지관리를 위한 조직·인원 및 장비의 확보에 관한 사항, 2. 긴급상황 발생 시 조치체계에 관한 사항, 3. 법 제44조의2 제3항에 따른 안전점검 또는 정밀안전진단의 실시계획에 관한 사항, 4. 해당 공동구의 설계, 시공, 감리 및 유지관리 등에 관련된 설계도서의 수집·보관에 관한 사항, 5. 그 밖에 공동구의 안전 및 유지관리에 필요한 사항이 모두 포함되어야 한다(영 제39조 제2항)]에 따라 수립·시행하여야 한다(법 제44조의2 제2항).

공동구관리자는 **대통령령**으로 정하는 바에 따라[「시설물의 안전 및 유지관리에 관한 특별법」 제11조 및 제12조에 따른 안전점검 및 정밀안전진단(영 제39조 제5항)] 1년에 1회 이상 공동구의 안전점검을 실시하여야 하며, 안전점검결과 이상이 있다고 인정되는 때에는 지체 없이 정밀안전진단·보수·보강 등 필요한 조치를 하여야 한다(법 제44조의2 제3항).

공동구관리자는 공동구의 설치·관리에 관한 주요 사항의 심의 또는 자문을 하게 하기 위하여 공동구협의회를 둘 수 있다. 이 경우 공동구협의회의 구성·운영 등에 필요한 사항은 **대통령령**으로 정한다(법 제44조의2 제4항). **국토교통부장관**은 공동구의 관리에 필요한 사항을 정할 수 있다(법 제44조의2 제5항).[484]

다. 공동구의 관리비용 등

공동구의 관리에 소요되는 비용은 그 공동구를 점용하는 자가 함께 부담하되, 부담비율은 점용면적을 고려하여 공동구관리자가 정한다(법 제44조의3 제1항).

공동구 설치비용을 부담하지 아니한 자(부담액을 완납하지 아니한 자를 포함한다)가 공동구를 점용

---

483) 「공동구 설치 및 관리지침」(제정 2009. 8. 24국토해양부 훈령 제428호/ 현행 시행 2018. 11. 26. 국토교통부훈령 제1106호, 2018. 11. 26. 일부개정).
484) 공동구 설치 및 관리지침.

하거나 사용하려면 그 공동구를 관리하는 공동구관리자의 허가를 받아야 한다(법 제44조의3 제2항).

공동구를 점용하거나 사용하는 자는 그 공동구를 관리하는 **특별시·광역시·특별자치시·특별자치도·시 또는 군의 조례**로 정하는 바에 따라 점용료 또는 사용료를 납부하여야 한다(법 제44조의3 제3항).

3. 광역시설의 설치·관리

광역시설의 설치 및 관리는 도시·군계획시설의 설치·관리 규정(법 제43조)에 따른다(법 제45조 제1항).

관계 **특별시장·광역시장·특별자치시장·특별자치도지사·시장 또는 군수**는 협약을 체결하거나 협의회 등을 구성하여 광역시설을 설치·관리할 수 있다. 다만, 협약의 체결이나 협의회 등의 구성이 이루어지지 아니하는 경우 그 시 또는 군이 같은 도에 속할 때에는 관할 도지사가 광역시설을 설치·관리할 수 있다(법 제45조 제2항).

국가계획으로 설치하는 광역시설은 그 광역시설의 설치·관리를 사업목적 또는 사업종목으로 하여 다른 법률에 따라 설립된 법인이 설치·관리할 수 있다(법 제45조 제3항).

지방자치단체는 환경오염이 심하게 발생하거나 해당 지역의 개발이 현저하게 위축될 우려가 있는 광역시설을 다른 지방자치단체의 관할 구역에 설치할 때에는 **대통령령**으로 정하는 바에 따라 환경오염 방지를 위한 사업이나 해당 지역 주민의 편익을 증진시키기 위한 사업을 해당 지방자치단체와 함께 시행하거나 이에 필요한 자금을 해당 지방자치단체에 지원하여야 한다. 다만, 다른 법률에 특별한 규정이 있는 경우에는 그 법률에 따른다(법 제45조 제4항).

IV. 도시·군계획시설 부지의 매수 청구

1. 배경

도시·군계획시설로 결정된 토지에는 그 도시·군계획시설이 아닌 건축물이나 공작물의 설치가 원칙적으로 허용되지 않는데(법 제64조 제1항) 반해, 국가재정 사정을 이유로 도시·군계획시설사업이 장기간 미집행 상태로 방치되어 있는 경우가 적지 않았다. 이와 같은 제한을 학문상 공용제한이라고 한다. 제한을 필요로 하는 공익상의 수요를 기준으로 계획제한 내지 사업제한으로 볼 수 있다.[485] 문제는 이에 따른 제한에 대하여 손실보상을 규정하고 있지 않다는 점이다. 도시·군계획시설결정과 지형도면 고시만 있는 상태에서는 행정청이 그 도시·군계획시설 부지를 수용해야 할 의무도 없으므로 그 도시·군계획시설 부지에 대한 매수청구도 인정되지 않았다. 장기간 도시·군계획시설사업의 시행이 지연되고 있더라고 행정청에게 그 도시·군계획시설결정을 취소해야 할 의무가 없고, 이해관계인에게 그 도

---

485) 신봉기, 행정법개론, 951면; 김철용, 행정법(제6판), 881면.

시·군계획시설결정의 취소를 구할 권리가 인정되지 않아 취소를 구하는 행정쟁송도 어려웠고,[486] 헌법재판소도 이에 동조하였었다.[487]

그 이후 헌법재판소는 1999. 10. 21. 97헌바26 「도시계획법」 제4조 위헌소원에 대한 헌법불합치 결정에서 "도시계획시설결정의 집행지연으로 인한 보상의 필요성에 대해서 도시계획시설로 지정된 토지가 나대지인 경우, 토지소유자는 더 이상 그 토지를 종래 허용된 용도(건축) 대로 사용할 수 없게 됨으로써 토지의 매도가 사실상 거의 불가능하고 경제적으로 의미 있는 이용가능성이 배제된다. 이러한 경우, 사업시행자에 의한 토지매수가 장기간 지체되어 토지소유자에게 토지를 계속 보유하도록 하는 것이 경제적인 관점에서 보아 더 이상 요구될 수 없다면, 입법자는 **매수청구권**이나 수용신청권의 부여, 지정의 해제, 금전적 보상 등 다양한 보상가능성을 통하여 재산권에 대한 가혹한 침해를 적절하게 보상하여야 한다. 토지재산권의 강화된 사회적 의무와 도시계획의 필요성이란 공익에 비추어 일정한 기간까지는 토지소유자가 도시계획시설결정의 집행지연으로 인한 재산권의 제한을 **수인**해야 하지만, 어떠한 경우라도 토지의 **사적 이용권이 배제**된 상태에서 토지소유자로 하여금 10년 이상을 아무런 보상 없이 수인하도록 하는 것은 공익실현의 관점에서도 정당화될 수 없는 과도한 제한으로서 헌법상의 재산권보장에 위배된다."고 하였다.

이러한 헌법재판소의 97헌바26 결정취지에 따라 구 「도시계획법」은 2000. 1. 28. 법률 제6243호로 개정(2000. 7. 1.부터 시행)하여 도시계획이 결정 고시된 후 10년이 경과될 때까지 도시계획시설사업이 시행되지 아니하는 경우 도시계획시설 부지로 되어 있는 대지의 소유자는 당해 대지의 매수를 청구할 수 있게 하고, 아울러 20년이 경과될 때까지 당해시설을 설치하지 아니하는 경우에는 그 도시계획결정 자체가 실효되는 것으로 규정하였다. 이는 「국토계획법」에서도 계승되고 있다.[488]

2. 매수청구 대상

도시·군계획시설에 대한 도시·군관리계획의 결정의 고시일부터 **10년 이내**에 그 도시·군계획시설의 설치에 관한 도시·군계획시설사업이 시행되지 아니하는 경우(법 제88조에 따른 실시계획의 인가나 그에 상당하는 절차가 진행된 경우는 제외) 그 도시·군계획시설의 부지로 되어 있는 토지 중 지목이 대(垈)인[489] 토지(그 토지에 있는 건축물 및 정착물을 포함)의 소유자는 **대통령령**으로 정하는 바에 따라

---

486) 정태용, 국토계획법, 325면.
487) 헌재 1999. 11. 25. 99헌마198; 공권력의 불행사에 대한 헌법소원은 공권력의 주체에게 헌법에서 유래하는 작위의무가 특별히 구체적으로 규정되어 있어서 이에 따라 기본권의 주체가 행정행위를 청구할 수 있음에도 공권력의 주체가 그 의무를 게을리하는 경우에 허용되고, 그렇지 아니한 경우에 단순한 공권력의 불행사에 대하여는 헌법소원 심판청구를 할 수 없다. 피청구인(부산광역시장)이 임야에 관하여 도시계획시설(공원)로 결정한 후 55년간 도시계획사업을 시행하지 아니하면서 도시계획결정을 취소하지 않는 경우, 공권력의 불행사에 대한 헌법소원이 허용되는지 여부에 대해서는 「헌법」이나 「도시계획법」상 피청구인에게 이 사건 임야에 관한 도시계획결정을 취소하여야 할 작위의무가 구체적으로 규정되어 있거나 청구인이 직접 그 도시계획결정의 취소를 청구할 권리가 있다고 볼 근거가 없으므로, 피청구인이 도시계획결정을 취소하지 않는 공권력의 불행사에 대한 헌법소원 심판청구는 허용될 수 없다.
488) 김동희, 행정법Ⅱ, 469면.

록별시장·광역시장·록별자치시장·록별자치도지사·시장 또는 군수에게 그 토지의 매수를 청구할 수 있다.[490] 다만, 다음 각 호 1. 이 법에 따라 해당 도시·군계획시설사업의 시행자가 정하여진 경우에는 그 시행자, 2. 이 법 또는 다른 법률에 따라 도시·군계획시설을 설치하거나 관리하여야 할 의무가 있는 자가 있으면 그 의무가 있는 자(이 경우 도시·군계획시설을 설치하거나 관리하여야 할 의무가 있는 자가 서로 다른 경우에는 설치하여야 할 의무가 있는 자에게 매수 청구하여야 한다)의 어느 하나에 해당하는 경우에는 그에 해당하는 자(매수의무자)에게 그 토지의 매수를 청구할 수 있다(법 제47조 제1항).

3. 도시·군계획시설채권에 의한 매수대금의 지급

매수의무자는 매수 청구를 받은 토지를 매수할 때에는 현금으로 그 대금을 지급한다. 다만, 다음 각 호 1. 토지 소유자가 원하는 경우, 2. **대통령령**으로 정하는 부재부동산 소유자의 토지[491] 또는 비업무용 토지로서[492] 매수대금이 3천만원(영 제41조 제4항)을 초과하여 그 초과하는 금액을 지급하는 경우로서 매수의무자가 지방자치단체인 경우에는 채권(이하 '도시·군계획시설채권'이라 한다)을 발행하여 지급할 수 있다(법 47조 제2항).

도시·군계획시설채권의 상환기간은 10년 이내로 하며, 그 이율은 채권 발행 당시 「은행법」에 따른 인가를 받은 은행 중 전국을 영업으로 하는 은행이 적용하는 1년 만기 정기예금금리의 평균 이상이어야 하며, 구체적인 상환기간과 이율은 특별시·광역시·특별자치시·특별자치도·시 또는 군의 조례로 정한다(법 47조 제3항).

4. 매수가격·매수절차·매수청구절차 및 매수 거부 시 조치

매수 청구된 토지의 매수가격·매수절차 등에 관하여 이 법에 특별한 규정이 있는 경우 외에는 「토지보상법」을 준용한다(법 47조 제4항).

매수의무자는 매수 청구를 받은 날부터 6개월 이내에 매수 여부를 결정하여 토지소유자와 록별시장·광역시장·록별자치시장·록별자치도지사·시장 또는 군수(매수의무자가 록별시장·광역시장·록

---

490) 지목이 "대"가 아닌 토지는 매수청구 대상이 아니므로 실제이용이 나대지라 하더라도 매수청구 대상이 아니다. 매수청구는 도시·군계획시설 사업에 해당되지 않으므로 잔여지, 영업보상비, 이전비 등은 매수청구 대상이 아니다.

490) 영 제41조(도시·군계획시설부지의 매수청구) ①법 제47조 제1항의 규정에 의하여 토지의 매수를 청구하고자 하는 자는 국토교통부령이 정하는 도시·군계획시설부지매수청구서(전자문서로 된 청구서를 포함한다)에 대상토지 및 건물에 대한 등기사항증명서를 첨부하여 법 제47조 제1항 각호외의 부분 단서의 규정에 의한 매수의무자에게 제출하여야 한다. 다만, 매수의무자는 「전자정부법」제36조 제1항에 따른 행정정보의 공동이용을 통하여 대상토지 및 건물에 대한 등기부 등본을 확인할 수 있는 경우에는 그 확인으로 첨부서류를 갈음하여야 한다.

491) 영 제41조(도시·군계획시설부지의 매수청구) ② 법 제47조 제2항 제2호의 규정에 의한 부재부동산소유자의 토지의 범위에 관하여는 「토지보상법 시행령」제26조의 규정을 준용한다. 이 경우 "사업인정고시일"은 각각 "매수청구일"로 본다.

492) 영 제41조(도시·군계획시설부지의 매수청구) ③ 법 제47조 제2항 제2호의 규정에 의한 비업무용토지의 범위에 관하여는 「법인세법 시행령」제49조 제1항 제1호의 규정을 준용한다.

별자치시장·특별자치도지사·시장 또는 군수인 경우는 제외한다)에게 알려야 하며, 매수하기로 결정한 토지는 매수 결정을 알린 날부터 **2년 이내에 매수**하여야 한다(법 47조 제6항).

매수 청구를 한 토지의 소유자는 1. 매수하지 아니하기로 결정한 경우, 2. 매수 결정을 알린 날부터 2년이 지날 때까지 해당 토지를 매수하지 아니하는 경우의 어느 하나에 해당하는 경우, 개발행위의 허가를 받아 **대통령령으로 정하는 건축물 또는 공작물**을 설치할 수 있다. 이 경우 법 제54조(지구단위계획구역에서의 건축 등), 제58조(개발행위허가의 기준 등)와 제64조(도시·군계획시설 부지에서의 개발행위)는 적용하지 아니한다(법 47조 제7항).

법 제47조 제7항 각 호 외의 부분 전단에서 "**대통령령으로 정하는 건축물 또는 공작물**"이란 다음 각 호 1. 「건축령」[별표 1] 제1호 가목의 **단독주택으로서 3층 이하**인 것, 2. 「건축령」[별표 1] 제3호의 **제1종 근린생활시설로서 3층 이하**인 것, 2의2. 「건축령」[별표 1] 제4호의 **제2종 근린생활시설**[거. 다중생활시설(「다중이용업소의 안전관리에 관한 특별법」에 따른 다중이용업 중 고시원업의 시설로서 **국토교통부장관**이 고시하는 기준에 적합한 것을 말한다)로서 같은 건축물에 해당 용도로 쓰는 바닥면적의 합계가 500㎡ 미만인 것, 더. 단란주점으로서 같은 건축물에 해당 용도로 쓰는 바닥면적의 합계가 150㎡ 미만인 것, 러. 안마시술소, 노래연습장(같은 호 거목, 더목 및 러목)은 제외한다**로서 3층 이하**인 것, 3. **공작물**을 말한다. 다만, 위의 각 호에 규정된 범위에서 특별시·광역시·특별자치시·특별자치도·시 또는 군의 도시·군계획**조례**로 따로 허용범위를 정하는 경우에는 그에 따른다(영 제41조 제5항).

법 제47조에 따른 10년 이상 장기미집행 도시계획시설부지매수청구는 토지소유자의 매수청구에 따라 시장·군수 등이 매수하는 제도로서, 공공사업 시행을 위하여 "사업인정"을 받아 보상하거나 수용하는 것이 아니므로 원칙적으로 **재평가**나 「토지보상법」에 의한 **재결신청** 규정은 적용될 여지가 없다. 그러나 「국토계획법」 제47조 제6항은 매수의무자가 일정기간 내에 매수여부를 결정하고 일정기간 내에 매수하도록 매수의무자에게 의무를 부과한 규정으로 보아야 할 것이므로, 2년이 경과한 후에도 매수할 수 있다고 본다. 다만, 같은 조 제7항에 따라 2년이 경과하면 건축물을 건축할 수 있는 권리가 부여되므로 매수청구자(토지소유자)가 동의하여야 한다. 같은 조 제4항에 따라 매수가격 등은 「토지보상법」을 준용하는 것이므로, 「토지보상법 시행규칙」 제17조 제2항 제3호에 따르면, 평가한 후 1년이 경과하면 재평가를 하는 것이 타당하다. 아울러, 매수청구자는 시장·군수 등이 통보한 매수금액이 적어 토지소유자가 양도의사가 없다면 매수청구를 철회하면 되고 매수청구의 회수제한은 없으므로 나중에 다시 청구할 수도 있다.

매수청구 시 「토지보상법」 제74조에 따른 잔여지 청구가 가능한지 여부에 대하여 다음의 법제처 법령해석 사례와 같이 법 제47조 제4항은 "매수청구된 토지의 매수가격·매수절차 등에 관하여"라고 규정하고 있고, 달리 매수청구의 대상에 대하여는 아무런 규정을 두고 있지 않으므로, 명문상 매수청구된 토지 외의 잔여지 부분에 대한 매수청구에 관한 규정까지 준용하는 것으로 보기는 어렵다.[493] 더욱이 이의 하위 규정인 칙 제7조에 따른 [별지 제3호 서식] 비고란에서 "매수청구 대상은 지목이 대(垈)인

---

[493] 법제처 법령해석 사례, 건설교통부 - 「국토계획법」 제47조(매수청구권의 범위) 관련, 안건번호 06-0392, 회신일자 2007. 3. 16.

토지와 해당 토지에 있는 건축물 및 정착물로 한정하며 이주대책비·영업손실에 대한 보상 및 잔여지 보상 등은 청구대상이 아니라고 명시하고" 있다.[494] 위와 같은 근거로 법 제47조 제1항에 따라 매수 청구된 도시계획시설 부지에 위치한 주거용 건축물의 소유자 및 세입자에 대하여, 「토지보상법」에 따른 이주정착금·주거이전비 및 이사비 보상 규정은 적용되지 않는다.[495]

V. 도시·군계획시설결정의 해제

도시·군계획시설결정의 해제는 1. 법정한 기간의 경과로 인한 실효(법 제48조 제1항), 2. 지방의회의 도시·군계획시설결정의 해제 권고(법 제48조 제4항), 3. 토지소유자의 도시·군계획시설결정 해제를 위한 도시·군관리계획 입안을 신청(법 제48조의2 제1항)에 의하여 해제될 수 있다. 여기서 해제는 사후에 그 효력을 존속시킬 수 없는 새로운 사정의 발생을 이유로 권한 있는 기관이 장래에 향하여 도시·군계획시설결정의 효력을 소멸시켜 법령상 행위제한을 풀어주는 것을 말하며, 학문상 철회로 보아야 한다. 그리고 「민법」상 해제와[496] 그 의미가 다르다.

1. 도시·군계획시설결정의 실효

도시·군계획시설결정이 고시된 도시·군계획시설에 대하여 그 고시일부터 20년이 지날 때까지 그 시설의 설치에 관한 도시·군계획시설사업이 시행되지 아니하는 경우 그 도시·군계획시설결정은 그 **고시일부터 20년이 되는 날의 다음날**에 그 효력을 잃는다(법 제48조 제1항).[497] 실효는 행정청의 의사행위에 의하지 않고 일정한 사실의 발생에 의하여 당연히 그 효력이 장래에 향하여 소멸되는 것이다.[498][499]

---

494) 영 제41조 제1항 및 「국토계획법 시행규칙」 제7조에 따른 [별지 제3호 서식] 도시·군계획시설부지 매수청구서 비고에 규정하고 있다.

495) 법제처 법령해석 사례, 민원인 - 도시계획시설부지의 매수청구에 대한 이주정착금 등의 보상 규정 적용 여부(「국토계획법」 제47조 제4항 등 관련), 안건번호 11-0121, 회신일자 2011. 4. 14.

496) 「민법」상 해제란 계약당사자 일방의 의사표시에 의하여 이미 유효하게 성립한 계약의 효력을 소급적으로 소멸시켜 계약이 처음부터 없었던 것과 같은 법률효과를 발생케 하는 것으로 계약에 특유한 제도를 말한다.

497) 법 제48조 제1항의 규정에도 불구하고 「국토계획법」 부칙 제16조에 따라 종전 「도시계획법」에 의하여 결정·고시된 도시·군계획시설의 도시·군계획시설로 보는 시설결정의 실효에 관한 결정·고시일의 기산일은 다음과 같다.
　1. 2000년 7월 1일 이전에 결정·고시된 도시·군계획시설의 기산일은 2000년 7월 1일
　2. 2000년 7월 2일 이후에 결정·고시된 도시·군계획시설의 기산일은 당해 도시·군계획시설의 결정·고시일
　〈예〉 1985년 도시·군계획시설 도로로 결정되고 지목이 대인 토지 - 지목이 대이므로 매수청구 대상에 해당 될 수 있으나, 도시·군계획시설이 실효되는 날은 2020년 6월 30일의 다음날인 7월 1일이다.

498) 장기미집행 도시·군계획시설결정의 실효제도는 도시·군계획시설부지로 하여금 도시·군계획시설결정으로 인한 사회적 제약으로부터 벗어나게 하는 것으로서 결과적으로 개인의 재산권이 보다 보호되는 측면이 있는 것은 사실이나, 이와 같은 보호는 입법자가 새로운 제도를 마련함에 따라 얻게 되는 법률에 기한 권리일 뿐 헌법상 재산권으로부터 당연히 도출되는 권리는 아니다(헌재 2005. 9. 29. 2002헌바84 등).

499) 실권 또는 실효의 법리는 법의 일반원리인 신의성실의 원칙에 바탕을 둔 파생원칙인 것으로서, 이는 본래 권리행

시·도지사 또는 대도시 시장은 도시·군계획시설결정의 실효 규정에 따라 도시·군계획시설결정이 효력을 잃으면 **대통령령**으로 정하는 바에 따라 지체 없이 그 사실을 고시하여야 한다(법 제48조 제2항). 도시·군계획시설결정의 실효고시는 **국토교통부장관**이 하는 경우에는 관보에, 시·도지사 또는 대도시 시장이 하는 경우에는 해당 시·도 또는 대도시의 공보에 실효일자 및 실효사유와 실효된 도시·군계획의 내용을 게재하는 방법에 따른다(영 제42조 제1항). 이러한 실효고시는 형식적 요건이라 할 수 있는데 실효고시를 하지 않아도 도시·군계획시설결정은 효력이 상실되기 때문이다.

2. 도시·군계획시설결정의 해제 권고

(1) **특별시장·광역시장·특별자치시장·특별자치도지사·시장 또는 군수**는 도시·군계획시설결정이 고시된 도시·군계획시설(**국토교통부장관**이 결정·고시한 도시·군계획시설 중 관계 **중앙행정기관의 장**이 직접 설치하기로 한 시설은 제외)을 ① 설치할 필요성이 없어진 경우 또는 ② 그 고시일부터 10년이 지날 때까지 해당 시설의 설치에 관한 도시·군계획시설사업이 시행되지 아니하는 경우(이하 "장기미집행 도시·군계획시설등"이라 한다)에는 **대통령령**으로 정하는 바에 따라 그 현황과 법 제85조에 따른 단계별 집행계획을 해당 지방의회에 보고하여야 한다(법 제48조 제3항). **특별시장·광역시장·특별자치시장·특별자치도지사·시장 또는 군수**(이하 이 조에서 "**지방자치단체의 장**"이라 한다)는 법 제48조 제3항에 따라 도시·군계획시설결정이 고시된 도시·군계획시설 중 설치할 필요성이 없어진 도시·군계획시설 또는 그 고시일부터 10년이 지날 때까지 해당 시설의 설치에 관한 도시·군계획시설사업이 시행되지 아니한 도시·군계획시설(이하 이 조에서 "장기미집행 도시·군계획시설등"이라 한다)에 대하여, 다음 각 호 1. 장기미집행 도시·군계획시설등의 전체 현황(시설의 종류, 면적 및 설치비용 등을 말한다), 2. 장기미집행 도시·군계획시설등의 명칭, 고시일 또는 변경고시일, 위치, 규모, 미집행 사유, 단계별 집행계획, 개략 도면, 현황 사진 또는 항공사진 및 해당 시설의 해제에 관한 의견, 3. 그 밖에 지방의회의 심의·의결에 필요한 사항을 매년 해당 지방의회의 「지방자치법」 제44조 및 제45조에 따른 정례회 또는 임시회의 기간 중에 **보고**하여야 한다. 이 경우 **지방자치단체의 장**이 필요하다고 인정하는 경우에는 해당 지방자치단체에 소속된 지방도시계획위원회의 자문을 거치거나 관계 행정기관의 장과 미리 협의를 거칠 수 있다(영 제42조 제2항). 지방의회에 보고한 장기미집행 도시·군계획시설등 중 도시·군계획시설결정이 해제되지 아니한 장기미집행 도시·군계획시설등에 대하여 최초로 지방의회에 보고한 때부터 2년마다 지방의회에 보고하여야 한다(영 제42조 제3항). **지방자치단체의 장**에게 상기 두 가지 사유에 해당하는 경우 지방의회에 보고하도록 함으로써 도시·군계획시설의 적정성과 실효성을 통제하고 있다.500)

사의 기회가 있음에도 불구하고 권리자가 장기간에 걸쳐 그의 권리를 행사하지 아니하였기 때문에 의무자인 상대방은 이미 그의 권리를 행사하지 아니할 것으로 믿을 만한 정당한 사유가 있게 되거나 행사하지 아니할 것으로 추인케 할 경우에 새삼스럽게 그 권리를 행사하는 것이 신의성실의 원칙에 반하는 결과가 될 때 그 권리행사를 허용하지 않는 것을 의미한다(대법원 1991. 7. 26. 선고 90다15488 판결).
500) 김남욱, "도시공원의 장기미집행에 관한 법적 검토", 토지공법연구 제79집, 2017.8. 155면.

(2) 보고를 받은 지방의회는 **대통령령**으로 정하는 바에 따라 해당 **특별시장·광역시장·특별자치시장·특별자치도지사·시장 또는 군수**에게 도시·군계획시설결정의 해제를 권고할 수 있다(법 제48조 제4항). 지방의회는 법 제48조 제4항에 따라 장기미집행 도시·군계획시설등에 대하여 해제를 권고하는 경우에는 영 제42조 제2항 또는 제3항에 따른 보고가 지방의회에 접수된 날부터 90일 이내에 해제를 권고하는 서면(도시·군계획시설의 명칭, 위치, 규모 및 해제사유 등이 포함되어야 한다)을 **지방자치단체의 장**에게 보내야 한다(영 제42조 제4항).

(3) 도시·군계획시설결정의 해제를 권고 받은 **특별시장·광역시장·특별자치시장·특별자치도지사·시장 또는 군수**는 특별한 사유가 없으면 **대통령령**으로 정하는 바에 따라 그 도시·군계획시설결정의 해제를 위한 도시·군관리계획을 결정하거나 **도지사**에게 그 결정을 신청하여야 한다. 이 경우 신청을 받은 **도지사**는 특별한 사유가 없으면 그 도시·군계획시설결정의 해제를 위한 도시·군관리계획을 **결정**하여야 한다(법 제48조 제5항). 영 제42조 제4항에 따라 장기미집행 도시·군계획시설등의 해제를 권고받은 **지방자치단체의 장**은 상위계획과의 연관성, 단계별 집행계획, 교통, 환경 및 주민 의사 등을 고려하여 해제할 수 없다고 인정하는 특별한 사유가 있는 경우를 제외하고는 법 제48조 제5항에 따라 해당 장기미집행 도시·군계획시설등의 해제권고를 받은 날부터 1년 이내에 해제를 위한 도시·군관리계획을 **결정**하여야 한다. 이 경우 **지방자치단체의 장**은 지방의회에 해제할 수 없다고 인정하는 특별한 사유를 해제권고를 받은 날부터 6개월 이내에 **소명**하여야 한다(영 제42조 제5항).

3. 도시·군관리계획결정의 해제 입안 및 해제 신청

가. 도시·군관리계획 입안권자에게 도시·군관리계획 해제를 위한 입안의 신청

(1) 도시·군계획시설결정의 ① **고시일부터 10년 이내**에 그 도시·군계획시설의 설치에 관한 도시·군계획시설**사업이 시행되지 아니한 경우**로서 ② 단계별 집행계획상 해당 도시·군계획시설의 실효 시까지 집행계획이 없는 경우에는 그 도시·군계획시설 부지로 되어 있는 토지의 소유자는 **대통령령**으로 정하는 바에 따라 해당 도시·군계획시설에 대한 **도시·군관리계획 입안권자**에게 그 토지의 도시·군계획시설결정 해제를 위한 도시·군관리계획 입안을 신청할 수 있다(법 제48조의2 제1항).

토지 소유자는 법 제48조의2 제1항에 따라 도시·군계획시설결정의 해제를 위한 도시·군관리계획 입안을 신청하려는 경우에는 다음 각 호 1. 해당 도시·군계획시설부지 내 신청인 소유의 토지(이하 이 조에서 "신청토지"라 한다) 현황, 2. 해당 도시·군계획시설의 개요, 3. 해당 도시·군계획시설결정의 해제를 위한 도시·군관리계획 입안(이하 이 조에서 "해제입안"이라 한다) 신청 사유의 사항이 포함된 신청서를 해당 도시·군계획시설에 대한 **도시·군관리계획 입안권자**(이하 이 조에서 "**입안권자**"라 한다)에게 제출하여야 한다(영 제42조의2 제1항).

(2) **도시·군관리계획 입안권자**는 해제를 위한 도시·군관리계획 입안을 신청을 받은 날부터 **3개월 이내**에 입안 여부를 결정하여 **토지 소유자**에게 알려야 하며, 해당 도시·군계획시설결정의 실효 시까지

설치하기로 집행계획을 수립하는 등 **대통령령으로 정하는 특별한 사유**가 없으면 그 도시·군계획시설결정의 해제를 위한 도시·군관리계획을 입안하여야 한다(법 제48조의2 제2항). 여기서 **대통령령으로 정하는 특별한 사유**란 다음 각 호 1. 해당 도시·군계획시설결정의 실효 시까지 해당 도시·군계획시설을 설치하기로 집행계획을 수립하거나 변경하는 경우, 2. 해당 도시·군계획시설에 대하여 법 제88조에 따른 실시계획이 인가된 경우, 3. 해당 도시·군계획시설에 대하여 「토지보상법」 제15조에 따른 보상계획이 공고된 경우(토지 소유자 및 관계인에게 각각 통지하였으나 같은 조 제1항 단서에 따라 공고를 생략한 경우를 포함한다), 4. 신청토지 전부가 포함된 일단의 토지에 대하여 「토지보상법」 제4조 제8호의 공익사업을 시행하기 위한 지역·지구 등의 지정 또는 사업계획 승인 등의 절차가 진행 중이거나 완료된 경우, 5. 해당 도시·군계획시설결정의 해제를 위한 도시·군관리계획 변경절차가 진행 중인 경우의 어느 하나에 해당하는 경우를 말한다(영 제42조의2 제2항).

나. 도시·군관리계획 결정권자에게 도시·군계획시설결정의 해제 신청 및 국토교통부장관에게 해제 심사를 신청

(1) 신청을 한 토지 소유자는 해당 도시·군계획시설결정의 해제를 위한 도시·군관리계획이 입안되지 아니하는 등 **대통령령으로 정하는 사항에 해당하는 경우**에는 해당 도시·군계획시설에 대한 **도시·군관리계획 결정권자**에게 그 도시·군계획시설결정의 해제를 신청할 수 있다(법 제48조의2 제3항). 법 제48조의2 제3항에서 "해당 도시·군계획시설결정의 해제를 위한 도시·군관리계획이 입안되지 아니하는 등 **대통령령으로 정하는 사항에 해당하는 경우**"란 다음 각 호 1. **입안권자**가 영 제42조의2 제2항 각 호의 어느 하나에 해당하지 아니하는 사유로 법 제48조의2 제2항에 따라 해제입안을 하지 아니하기로 정하여 신청인에게 통지한 경우, 2. **입안권자**가 법 제48조의2 제2항에 따라 해제입안을 하기로 정하여 신청인에게 통지하고 해제입안을 하였으나 해당 도시·군계획시설에 대한 **도시·군관리계획 결정권자**(이하 이 조에서 "**결정권자**"라 한다)가 법 제30조에 따른 도시·군관리계획 결정절차를 거쳐 신청토지의 전부 또는 일부를 해제하지 아니하기로 결정한 경우(영 제42조의2 제2항 제5호를 사유로 해제입안을 하지 아니하는 것으로 통지되었으나 도시·군관리계획 변경절차를 진행한 결과 신청토지의 전부 또는 일부를 해제하지 아니하기로 결정한 경우를 포함한다)의 어느 하나에 해당하는 경우를 말한다(영 제42조의2 제3항).

(2) **도시·군관리계획 결정권자**는 신청을 받은 날부터 2개월 이내에 결정 여부를 정하여 토지 소유자에게 알려야 하며, 특별한 사유가 없으면 그 도시·군계획시설결정을 해제하여야 한다(법 제48조의2 제4항).

(3) 해제 신청을 한 토지 소유자는 해당 도시·군계획시설결정이 해제되지 아니하는 등 **대통령령으로 정하는 사항에 해당하는 경우**에는 **국토교통부장관**에게 그 도시·군계획시설결정의 **해제 심사를 신청**할 수 있다(법 제48조의2 제5항). 법 제48조의2 제5항에서 "해당 도시·군계획시설결정이 해제되지 아니하

는 등 **대통령령**으로 정하는 사항에 해당하는 경우"란 다음 각 호 1. **결정권자**가 법 제48조의2 제4항에 따라 해당 도시·군계획시설결정의 해제를 하지 아니하기로 정하여 신청인에게 통지한 경우, 2. **결정권자**가 법 제48조의2 제4항에 따라 해당 도시·군계획시설결정의 해제를 하기로 정하여 신청인에게 통지하였으나 법 제30조에 따른 도시·군관리계획 결정절차를 거쳐 신청토지의 전부 또는 일부를 해제하지 아니하기로 결정한 경우의 어느 하나에 해당하는 경우를 말한다(영 제42조의2 제4항).

(4) 해제 심사의 신청을 받은 **국토교통부장관**은 **대통령령**으로 정하는 바에 따라 해당 도시·군계획시설에 대한 **도시·군관리계획 결정권자**에게 도시·군계획시설결정의 해제를 권고할 수 있다(법 제48조의2 제6항). 해제 권고를 받은 **도시·군관리계획 결정권자**는 특별한 사유가 없으면 그 도시·군계획시설결정을 해제하여야 한다(법 제48조의2 제7항). 법 제48조의2 제2항·제4항 또는 제7항에 따른 도시·군계획시설결정의 해제 결정(해제를 하지 아니하기로 결정하는 것을 포함한다)은 다음 각 호 1. 법 제48조의2 제2항에 따라 해당 도시·군계획시설결정의 해제입안을 하기로 통지한 경우: 같은 항에 따라 **입안권자**가 신청인에게 입안하기로 통지한 날, 2. 법 제48조의2 제4항에 따라 해당 도시·군계획시설결정을 해제하기로 통지한 경우: 같은 항에 따라 **결정권자**가 신청인에게 해제하기로 통지한 날, 3. 법 제48조의2 제7항에 따라 해당 도시·군계획시설결정을 해제할 것을 권고 받은 경우: 같은 조 제6항에 따라 **결정권자**가 해제권고를 받은 날의 구분에 따른 날부터 6개월(제9항 본문에 따라 결정하는 경우에는 2개월) 이내에 이행되어야 한다. 다만, 관계 법률에 따른 별도의 협의가 필요한 경우 그 협의에 필요한 기간은 기간계산에서 제외한다(영 제42조2 제8항).

(5) 도시·군계획시설결정 해제를 위한 도시·군관리계획의 입안 절차와 도시·군계획시설결정의 해제 절차는 **대통령령**으로 정한다(법 제48조의2 제8항). 영 제42조의2 제1항부터 제9항까지에서 규정한 사항 외에 도시·군계획시설결정의 해제를 위한 도시·군관리계획의 입안·해제절차 및 기한 등에 필요한 세부적인 사항은 **국토교통부장관**이 정한다(영 제42조의2 제10항). 동 시행령의 재위임에 따라 **국토교통부장관**에게 재위임하여 정하도록 한 것이 「도시·군관리계획수립지침」인데 이에 의하여 도시·군계획시설결정의 해제신청 등에 따른 처리절차 등을 정하고 있다.

제5절   지구단위계획[501]

Ⅰ. 개설

1. 지구단위계획의 의의 및 성격

"지구단위계획"이란 도시·군계획 수립 대상지역의 일부에 대하여 토지 이용을 합리화하고 그 기능을

---

501) 「국토계획법」상 제4장 제4절에 해당한다.

증진시키며 미관을 개선하고 양호한 환경을 확보하며, 그 지역을 체계적·계획적으로 관리하기 위하여 수립하는 도시·군관리계획을 말한다(법 제2조 제5호).

지구단위계획은 지역·지구제에 의한 도시·군계획만으로는 토지의 합리적 이용, 기반시설의 확보 및 양호한 환경의 보호 등의 목표를 달성할 수 없기 때문에 도시·군계획수립대상지역 안의 소규모의 지역에 대하여 보다 구체적인 토지이용계획을 수립하여 보다 체계적이고 구체적인 도시개발을 도모하기 위하여 수립된다.502) 이는 2000. 1. 28. 개정(시행 2000. 7. 1. 법률 제6243호)「도시계획법」에 따른 상세계획구역제와 「건축법」에 의한 도시설계제도를 지구단위계획제도로 통합한 것이다.

헌법재판소는 "도시설계의 법적 성격에 대하여 도시설계에 의한 건축물규제의 성격과 도시설계와 관련한 「건축법」 규정에 비추어 보면, 도시설계는 도시계획구역의 일부분을 그 대상으로 하여 토지의 이용을 합리화하고, 도시의 기능 및 미관을 증진시키며 양호한 도시환경을 확보하기 위하여 수립하는 도시계획의 한 종류로서 도시설계지구 내의 모든 건축물에 대하여 구속력을 가지는 구속적 행정계획의 법적 성격을 갖는다고 판시하였음에" 비추어,503) 적어도 이를 계승한 지구단위계획도 구속적 행정계획으로 보아야 한다.504)

2. 지구단위계획과 다른 계획과의 관계

지구단위계획은 광역도시계획, 도시·군기본계획 등의 상위계획, 도시·군관리계획 및 수도권정비계획 등 관련계획의 내용과 취지를 반영하여야 한다(동 지침 1-3-1). 그리고 지구단위계획은 도시·군관리계획이고 지역·지구제 도시계획과 법률상 우열이 명시적으로 정해져 있지 않다. 지구단위계획의 도입취지가 지역·지구제를 대체하는 성격의 제도라거나 지역·지구제 도시계획을 전제로 그 내용을 일부 수정하는 것으로 이해하기도 한다. 따라서 지구단위계획에 의하여 다른 도시·군관리계획이 변경되거나 다른 도시·군관리계획에 의하여 지구단위계획이 변경되는 경우에는 가급적 양자를 동시에 입안하

---

502) 김동희, 행정법 II, 469~470면.

503) 헌재 2003. 6. 26. 2002헌마402결정.

504) 지구단위계획은 당해 지구단위계획구역의 토지이용을 합리화하고 그 기능을 증진시키며 경관미관을 개선하고 양호한 환경을 확보하며, 당해 구역을 체계적·계획적으로 개발관리하기 위하여 건축물 그 밖의 시설의 용도·종류 및 규모 등에 대한 제한을 완화하거나 건폐율 또는 용적률을 완화하여 수립하는 계획이다(지구단위계획수립지침 1-2-1). 도시·군관리계획은 그 범위가 **특별시·광역시·특별자치시·특별자치도·시 또는 군**(이하 '시·군'이라 한다) 전체에 미치고 용도지역·용도지구 등 토지이용계획과 기반시설의 정비 등에 중점을 두며, 건축계획은 그 범위가 특정필지에 미치고 건축물 등 입체적 시설계획에 중점을 둔다. 이에 반하여 지구단위계획은 관할 행정구역내의 일부지역을 대상으로 토지이용계획과 건축물계획이 서로 환류되도록 함으로써 평면적 토지이용계획과 입체적 시설계획이 서로 조화를 이루도록 하는데 중점을 둔다(동 지침 1-2-3). 지구단위계획은 난개발 방지를 위하여 개별 개발수요를 집단화하고 기반시설을 충분히 설치함으로써 개발이 예상되는 지역을 체계적으로 개발관리하기 위한 계획이고(동 지침 1-2-4), 지구단위계획을 통한 구역의 정비 및 기능 재정립 등의 개선효과가 지구단위계획구역 인근까지 미쳐 시·군 전체의 기능이나 미관 등의 개선에 도움을 주기 위한 계획이다(동 지침 1-2-5). 지구단위계획은 인간과 자연이 공존하는 환경친화적 환경을 조성하고 지속가능한 개발 또는 관리가 가능하도록 하기 위한 계획이다(동 지침 1-2-6). 지구단위계획은 향후 10년 내외에 걸쳐 나타날 시·군의 성장발전 등의 여건변화와 향후 5년 내외에 개발이 예상되는 일단의 토지 또는 지역과 그 주변지역의 미래모습을 상정하여 수립하는 계획이다(동 지침 1-2-7).

도록 한다(동 지침 1-3-2).

지구단위계획은 법에 의하여 수립하거나, 「도시개발법」·「택지개발촉진법」 등 개별사업법으로 지정된 사업구역에 대한 개발계획 또는 실시계획과 함께 수립하여 당해 사업구역의 계획적 관리를 도모할수 있다(동 지침 1-3-3). 또 지구단위계획구역을 지정하는 경우에는 가급적 지구단위계획의 입안과 기반시설부담계획의 수립을 동시에 하여 양 계획간 상충이 발생하지 않도록 한다(동 지침 1-3-4).

Ⅱ. 지구단위계획의 수립 및 구역지정

1. 지구단위계획의 수립

2011. 4. 14. 개정(시행 2012. 4. 15. 법률 제10599호)으로 종래 제1종 지구단위계획과 제2종 지구단위계획의 형식적 구분을 폐지하는 대신, 지구단위계획구역의 지정 목적 및 중심기능·해당 용도지역의 특성 등을 고려하여 지구단위계획을 수립하도록 하고, 준산업단지·관광단지·도시지역 내 복합적인 토지이용 증진을 위한 체계적인 개발이 필요한 지역·도시지역 내 유휴토지의 효율적 개발 등을 위한 정비가 필요한 지역에도 지구단위계획구역을 지정할 수 있도록 하였다.

지구단위계획은 다음 각 호 1. 도시의 정비·관리·보전·개발 등 지구단위계획구역의 지정 목적, 2. 주거·산업·유통·관광휴양·복합 등 지구단위계획구역의 중심기능, 3. 해당 용도지역의 특성, 4. 그 밖에 **대통령령**으로 정하는 사항[1. 지역 공동체의 활성화, 2. 안전하고 지속가능한 생활권의 조성, 3. 해당 지역 및 인근 지역의 토지 이용을 고려한 토지이용계획과 건축계획의 조화(영 제42조의3 제1항)]을 고려하여 수립한다(법 제49조 제1항). 지구단위계획의 수립기준 등은 **대통령령**으로505) 정하는 바에 따라 **국토교통부장관**이 정한다

---

505) 영 제42조의3(지구단위계획의 수립) ② **국토교통부장관**은 법 제49조 제2항에 따라 지구단위계획의 수립기준을 정할 때에는 다음 각 호의 사항을 고려하여야 한다.
  1. 개발제한구역에 지구단위계획을 수립할 때에는 개발제한구역의 지정 목적이나 주변환경이 훼손되지 아니하도록 하고, 「개발제한구역법」을 우선하여 적용할 것
  1의2. 보전관리지역에 지구단위계획을 수립할 때에는 제44조 제1항 제1호의2 각 목 외의 부분 후단에 따른 경우를 제외하고는 녹지 또는 공원으로 계획하는 등 환경 훼손을 최소화할 것
  1의3. 「문화재보호법」 제13조에 따른 역사문화환경 보존지역에서 지구단위계획을 수립하는 경우에는 문화재 및 역사 문화환경과 조화되도록 할 것
  2. 지구단위계획구역에서 원활한 교통소통을 위하여 필요한 경우에는 지구단위계획으로 건축물부설주차장을 해당 건축물의 대지가 속하여 있는 가구에서 해당 건축물의 대지 바깥에 단독 또는 공동으로 설치하게 할 수 있도록 할 것. 이 경우 대지 바깥에 공동으로 설치하는 건축물부설주차장의 위치 및 규모 등은 지구단위계획으로 정한다.
  3. 제2호에 따라 대지 바깥에 설치하는 건축물부설주차장의 출입구는 간선도로변에 두지 아니하도록 할 것. 다만, **특별시장·광역시장·특별자치시장·특별자치도지사·시장 또는 군수**가 해당 지구단위계획구역의 교통소통에 관한 계획 등을 고려하여 교통소통에 지장이 없다고 인정하는 경우에는 그러하지 아니하다.
  4. 지구단위계획구역에서 공공사업의 시행, 대형건축물의 건축 또는 2필지 이상의 토지소유자의 공동개발 등을 위하여 필요한 경우에는 특정 부분을 별도의 구역으로 지정하여 계획의 상세 정도 등을 따로 정할 수 있도록 할 것
  5. 지구단위계획구역의 지정 목적, 향후 예상되는 여건변화, 지구단위계획구역의 관리 방안 등을 고려하여 제25조 제4항 제9호에 따른 경미한 사항을 정하는 것이 필요한지를 검토하여 지구단위계획에 반영하도록 할 것
  6. 지구단위계획의 내용 중 기존의 용도지역 또는 용도지구를 용적률이 높은 용도지역 또는 용도지구로 변경하는 사항이 포함되어 있는 경우 변경되는 구역의 용적률은 기존의 용도지역 또는 용도지구의 용적률을 적용하되, 공공시

(법 제49조 제2항).[506] 하급심 판례에서는 국토해양부 훈령인 「지구단위계획수립지침」은 법규적 효력이 없다고 하였다.[507]

2. 지구단위계획구역의 입안 및 결정

시장 또는 군수가 입안한 지구단위계획구역의 지정·변경과 지구단위계획의 수립·변경에 관한 도시·군관리계획은 시장 또는 군수가 직접 결정한다(법 제29조 제1항 제1호).

「국토계획법」은 지구단위계획을 구역지정(입안개시결정)의 단계(법 제51조)와 지구단위계획의 결정

설부지의 제공현황 등을 고려하여 용적률을 완화할 수 있도록 계획할 것
7. 제46조 및 제47조에 따른 건폐율·용적률 등의 완화 범위를 포함하여 지구단위계획을 수립하도록 할 것
8. 법 제51조 제1항 제8호의2에 해당하는 도시지역 내 주거·상업·업무 등의 기능을 결합하는 복합적 토지 이용의 증진이 필요한 지역은 지정 목적을 복합용도개발형으로 구분하되, 3개 이상의 중심기능을 포함하여야 하고 중심기능 중 어느 하나에 집중되지 아니하도록 계획할 것
9. 법 제51조 제2항 제1호의 지역에 수립하는 지구단위계획의 내용 중 법 제52조 제1항 제1호 및 같은 항 제4호(건축물의 용도제한은 제외한다)의 사항은 해당 지역에 시행된 사업이 끝난 때의 내용을 유지함을 원칙으로 할 것
10. 도시지역 외의 지역에 지정하는 지구단위계획구역은 해당 구역의 중심기능에 따라 주거형, 산업·유통형, 관광·휴양형 또는 복합형 등으로 지정 목적을 구분할 것
11. 도시지역 외의 지구단위계획구역에서 건축할 수 있는 건축물의 용도·종류 및 규모 등은 해당 구역의 중심기능과 유사한 도시지역의 용도지역별 건축제한 등을 고려하여 지구단위계획으로 정할 것
12. 제45조 제2항 후단에 따라 용적률이 높아지거나 건축제한이 완화되는 용도지역으로 변경되는 경우 또는 법 제43조에 따른 도시·군계획시설 결정의 변경 등으로 행위제한이 완화되는 사항이 포함되어 있는 경우에는 해당 지구단위계획구역 내에 다음 각 목 가. 공공시설, 나. 기반시설, 다. 「공공주택특별법」 제2조 제1호 가목에 따른 공공임대주택 또는 「건축령」 [별표 1] 제2호 라목에 따른 기숙사 등 공공필요성이 인정되어 해당 시·도 또는 대도시의 도시·군계획조례로 정하는 시설(해당 지구단위계획구역에 가목 및 나목의 시설이 충분히 설치되어 있는 경우로 한정한다)의 시설(이하 이 항 및 제46조 제1항에서 "공공시설 등"이라 한다)의 부지를 제공하거나 공공시설 등을 설치하여 제공하는 것을 고려하여 용적률 또는 건축제한을 완화할 수 있도록 계획할 것. 이 경우 공공시설 등의 부지를 제공하거나 공공시설 등을 설치하는 비용은 용도지역의 변경으로 인한 용적률의 증가 및 건축제한의 변경에 따른 토지가치 상승분(「감정평가법」에 따른 감정평가업자가 평가한 금액을 말한다)의 범위로 하고, 제공받은 공공시설 등은 국유재산 또는 공유재산으로 관리한다.
2019. 6. 20 시행령부터 지구단위계획 수립 시 용적률 등의 제한이 완화되는 경우에 제공받을 수 있는 시설을 현행 공공시설이나 기반시설 외에도 공공임대주택·기숙사 등 공공필요성이 인정되어 도시·군계획조례로 정하는 시설이나 그 부지로 확대하였다.
13. 제12호는 해당 지구단위계획구역 안의 공공시설 등이 충분할 때에는 해당 지구단위계획구역 밖의 관할 시·군·구에 지정된 고도지구, 역사문화환경보호지구, 방재지구 또는 공공시설등이 취약한 지역으로서 시·도 또는 대도시의 도시·군계획조례로 정하는 지역에 공공시설등을 설치하거나 공공시설등의 설치비용을 부담하는 것으로 갈음할 수 있다.
14. 제13호에 따른 공공시설 등의 설치비용은 해당 지구단위계획구역 밖의 관할 시·군·구에 지정된 고도지구, 역사문화환경보호지구, 방재지구 또는 공공시설등이 취약한 지역으로서 시·도 또는 대도시의 도시·군계획조례로 정하는 지역 내 공공시설등의 확보에 사용할 것
15. 제12호 및 제13호에 따른 공공시설등의 설치내용, 공공시설등의 설치비용에 대한 산정방법 및 구체적인 운영기준 등은 시·도 또는 대도시의 도시·군계획조례로 정할 것

506) 영 제44조(도시지역 외 지역에서의 지구단위계획구역 지정대상지역) ③ 국토교통부장관은 지구단위계획구역이 합리적으로 지정될 수 있도록 하기 위하여 필요한 경우에는 영 제44조 제1항 각호 및 제2항 각호의 지정요건을 세부적으로 정할 수 있다. 이에 따라 「국토계획 법」 제4장 제4절 제49조부터 제52조까지의 규정에 따른 지구단위계획구역의 지정, 지구단위계획의 입안 및 결정, 지구단위계획의 내용 등에 관한 사항을 제시하여 지구단위계획제도의 원활한 운영을 도모하고자 「지구단위계획수립지침」을 제정하였다.
507) 울산지방법원 2014. 6. 19. 선고 2014구합124 판결.

의 단계(법 제53조)로 구분하고, 결정의 단계에서는 지구단위계획의 수립기한(3년)을 정하는 조문을 통해 규율하고 있다.

지구단위계획구역 및 지구단위계획은 도시·군관리계획으로 결정하도록 하고 있어(법 제50조), 구역 지정과 결정의 단계에서 각각 도시·군관리계획의 수립 절차를 거쳐야 하는 번거로움이 있다. 이에 대해서는 절차의 중복으로서 입법의 오류라는 지적이 있다.[508]

3. 지구단위계획구역의 지정

「국토계획법」은 지구단위계획이 운용될 수 있는 지역을 원칙적으로 일단의 개발사업법제의 사업지역에 집중하고 있는데, 이러한 지역이 지구단위계획의 시범적 운용에 적합한 곳이기 때문이다. 지구단위계획과 개발사업이 연동되는 중요한 이유 중의 또 하나는 개발행위허가의 제한지역을 개발사업과 연결하기 위함이다(법 제63조 제1항 제4호).[509]

가. 도시지역의 지정대상지역

(1) 임의적 지역

국토교통부장관, 시·도지사, 시장 또는 군수는 다음 각 호의 어느 하나에 해당하는 지역의 전부 또는 일부에 대하여 **지구단위계획구역을 지정할 수 있다**(법 제51조 제1항).

1. 법 제37조에 따라 지정된 용도지구,
2. 「도시개발법」 제3조에 따라 지정된 도시개발구역,
3. 「도시정비법」 제8조에 따라 지정된 정비구역,
4. 「택지개발촉진법」 제3조에 따라 지정된 택지개발지구,
5. 「주택법」 제15조에 따른 대지조성사업지구,
6. 「산업입지법」 제2조 제8호의 산업단지와 같은 조 제12호의 준산업단지,
7. 「관광진흥법」 제52조에 따라 지정된 관광단지와 동법 제70조에 따라 지정된 관광특구,
8. 개발제한구역·도시자연공원구역·시가화조정구역 또는 공원에서 해제되는 구역,[510] 녹지지역에서 주거·상업·공업지역으로 변경되는 구역과 새로 도시지역으로 편입되는 구역 중 계획적인 개발 또는 관리가 필요한 지역,
8의2. 도시지역 내 주거·상업·업무 등의 기능을 결합하는 등 복합적인 토지 이용을 증진시킬 필요가 있는 지역으로서 **대통령령**으로 정하는 요건[준주거지역, 준공업지역 및 상업지역에서 낙후된 도심 기능을 회복하거나 도시균형발전을 위한 중심지 육성이 필요하여 도시·군기본계획에 반영

---

508) 김종보, 건설법(제5판), 320면.
509) 김종보, 건설법(제5판), 318면.
510) 수산자원보호구역에서 해제되더라도 대부분 공유수면이라 해당하지 않는다.

된 경우로서 다음 각 호 1. 주요 역세권, 고속버스 및 시외버스 터미널, 간선도로의 교차지 등 양호한 기반시설을 갖추고 있어 대중교통 이용이 용이한 지역, 2. 역세권의 체계적·계획적 개발 이 필요한 지역, 3. 세 개 이상의 노선이 교차하는 대중교통 결절지(結節地)로부터[511] 1킬로미 터 이내에 위치한 지역, 4.「역세권의 개발 및 이용에 관한 법률」에 따른 역세권개발구역,「도시 재정비특별법」에 따른 고밀복합형 재정비촉진지구로 지정된 지역의 어느 하나에 해당하는 지역 을 말한다(영 제43조 제1항)]에 해당하는 지역,

8의3. 도시지역 내 유휴토지를 효율적으로 개발하거나 교정시설, 군사시설, 그 밖에 **대통령령**으로 정하는 시설[다음 각 호 1. 철도, 항만, 공항, 공장, 병원, 학교, 공공청사, 공공기관, 시장, 운동장 및 터미널, 2. 그 밖에 제1호와 유사한 시설로서 **특별시·광역시·특별자치시·특별자치도·시 또는 군**의 도시·군계획**조례**로 정하 는 시설의 시설을 말한다(영 제43조 제2항)]을 이전 또는 재배치하여 토지 이용을 합리화하고, 그 기능 을 증진시키기 위하여 집중적으로 정비가 필요한 지역으로서 **대통령령**으로 정하는 요건[**5천제곱 미터 이상**으로서 도시·군계획**조례**로 정하는 면적 이상의 유휴토지 또는 대규모 시설의 이전부지로서 다음 각 호 1. 대규모 시설의 이전에 따라 도시기능의 재배치 및 정비가 필요한 지역, 2. 토지의 활용 잠재력이 높고 지역거점 육성이 필요한 지역, 3. 지역경제 활성화와 고용창출의 효과가 클 것으로 예상되는 지역의 어느 하나에 해당하는 지역을 말한다(영 제43조 제3항)]에 해당하는 지역.

9. 도시지역의 체계적·계획적인 관리 또는 개발이 필요한 지역.

10. 그 밖에 양호한 환경의 확보나 기능 및 미관의 증진 등을 위하여 필요한 지역으로서 **대통령령**으로 정하는 지역[다음 각 호 1. 법 제127조 제1항의 규정에 의하여 지정된 시범도시, 2. 법 제63조 제2항의 규정에 의하여 고시된 개발행위허가제한지역, 3. 지하 및 공중공간을 효율적으로 개발하고자 하는 지역, 4. 용도지역의 지 정·변경에 관한 도시·군관리계획을 입안하기 위하여 열람공고된 지역, 5. 삭제 〈2012. 4. 10.〉, 6. 재건축사업에 의하여 공동주택을 건축하는 지역, 7. 지구단위계획구역으로 지정하고자 하는 토지와 접하여 공공시설을 설치하고자 하는 자연녹지지역, 8. 그 밖에 양호한 환경의 확보 또는 기능 및 미관의 증진 등을 위하여 필요한 지역으로서 **특별 시·광역시·특별자치시·특별자치도·시 또는 군**의 도시·군계획**조례**가 정하는 지역을 말한다(영 제43조 제4항)].

(2) 필수적 지역

국토교통부장관, 시·도지사, 시장 또는 군수는 다음 각 호 1.「도시정비법」제8조에 따라 지정된 정비구역(법 제51조 제1항 제3호) 및「택지개발촉진법」제3조에 따라 지정된 택지개발지구(법 제51조 제1항 제4호)의 지역에서 시행되는 사업이 끝난 후 10년이 지난 지역, 2. 법 제51조 제1항 각 호 중 체계적·계획적인 개발 또는 관리가 필요한 지역으로서 **대통령령**으로 정하는 지역[다음 각 호 1. 시가화조정 구역 또는 공원에서 해제되는 지역. 다만, 녹지지역으로 지정 또는 존치되거나 법 또는 다른 법령에 의하여 도시·군계획사업 등 개발계획이 수립되지 아니하는 경우를 제외한다. 2. **녹지지역에서 주거지역·상업지역 또는 공업지역으로 변경**되는 지역, 3. 그 밖에 특별시·광역시·특별자치시·특별자치도·시 또는 군의 도시·군계획**조례**로 정하는 지역으로서 그 면적이 **30만 제곱미터 이상**인 지역을 말한다(영 제43조 제5항)]의 어느 하나에 해당하는 지역은 **지구단위계획구역으로 지정**

---

511) 대중교통 결절지(結節地)란 교통의 요지 또는 요충지와 비슷한 개념이다.

하여야 한다. 다만, 관계 법률에 따라 그 지역에 토지 이용과 건축에 관한 계획이 수립되어 있는 경우에는 그러하지 아니하다(법 제51조 제2항).

나. 도시지역 외의 지정대상지역

도시지역 외의 지역을 지구단위계획구역으로 지정하려는 경우 다음 각 호의 어느 하나에 해당하여야 한다(법 제51조 제3항).

1. 지정하려는 구역 면적의 100분의 50 이상이 **계획관리지역**으로서 **대통령령**으로 정하는 요건에 해당하는 지역(법 제51조 제3항 제1호), 여기서 "**대통령령**으로 정하는 요건"이란 다음 각 호의 요건을 말한다(영 제44조 제1항).

---

1. 계획관리지역 외에 지구단위계획구역에 포함하는 지역은 생산관리지역 또는 보전관리지역일 것
1의2. 지구단위계획구역에 보전관리지역을 포함하는 경우 해당 보전관리지역의 면적은 다음 각 목의 구분에 따른 요건을 충족할 것. 이 경우 개발행위허가를 받는 등 이미 개발된 토지, 「산지관리법」 제25조에 따른 토석채취허가를 받고 토석의 채취가 완료된 토지로서 같은 법 제4조 제1항 제2호의 준보전산지에 해당하는 토지 및 해당 토지를 개발하여도 주변지역의 환경오염·환경훼손 우려가 없는 경우로서 해당 도시계획위원회 또는 제25조 제2항에 따른 공동위원회의 심의를 거쳐 지구단위계획구역에 포함되는 토지의 면적은 다음 각 목에 따른 보전관리지역의 면적 산정에서 제외한다.
  가. 전체 지구단위계획구역 면적이 10만 제곱미터 이하인 경우: 전체 지구단위계획구역 면적의 20퍼센트 이내
  나. 전체 지구단위계획구역 면적이 10만 제곱미터를 초과하는 경우: 전체 지구단위계획구역 면적의 10퍼센트 이내
2. 지구단위계획구역으로 지정하고자 하는 토지의 면적이 다음 각 목의 어느 하나에 규정된 면적 요건에 해당할 것
  가. 지정하고자 하는 지역에 「건축령」 별표 1 제2호의 공동주택 중 아파트 또는 연립주택의 건설계획이 포함되는 경우에는 30만 제곱미터 이상일 것. 이 경우 다음 요건에 해당하는 때에는 일단의 토지를 통합하여 하나의 지구단위계획구역으로 지정할 수 있다.
    (1) 아파트 또는 연립주택의 건설계획이 포함되는 각각의 토지의 면적이 10만 제곱미터 이상이고, 그 총면적이 30만 제곱미터 이상일 것
    (2) (1)의 각 토지는 **국토교통부장관**이 정하는 범위안에 위치하고, **국토교통부장관**이 정하는 규모 이상의 도로로 서로 연결되어 있거나 연결도로의 설치가 가능할 것
  나. 지정하고자 하는 지역에 「건축령」 별표 1 제2호의 공동주택 중 아파트 또는 연립주택의 건설계획이 포함되는 경우로서 다음의 어느 하나에 해당하는 경우에는 10만 제곱미터 이상일 것
    (1) 지구단위계획구역이 「수도권정비계획법」 제6조 제1항 제3호의 규정에 의한 자연보전권역인 경우
    (2) 지구단위계획구역 안에 초등학교 용지를 확보하여 관할 교육청의 동의를 얻거나 지구단위계획구역 안 또는 지구단위계획구역으로부터 통학이 가능한 거리에 초등학교가 위치하고 학생수용이 가능한 경우로서 관할 교육청의 동의를 얻은 경우
  다. 가목 및 나목의 경우를 제외하고는 3만 제곱미터 이상일 것
3. 당해 지역에 도로·수도공급설비·하수도 등 기반시설을 공급할 수 있을 것
4. 자연환경·경관·미관 등을 해치지 아니하고 문화재의 훼손우려가 없을 것

---

2. **개발진흥지구**로서 **대통령령**으로 정하는 요건에 해당하는 지역(법 제51조 제3항 제2호), 여기서 "**대통령령**으로 정하는 요건"이란 다음 각 호의 요건을 말한다(영 제44조 제2항).

> 1. 영 제44조 제1항 제2호부터 제4호까지의 요건에 해당할 것
> 2. 당해 개발진흥지구가 다음 각 목의 지역에 위치할 것
>   가. 주거개발진흥지구, 복합개발진흥지구(주거기능이 포함된 경우에 한한다) 및 특정개발진흥지구: 계획관리지역
>   나. 산업·유통개발진흥지구 및 복합개발진흥지구(주거기능이 포함되지 아니한 경우에 한한다): 계획관리지역·생산관리지역 또는 농림지역
>   다. 관광·휴양개발진흥지구: 도시지역외의 지역

3. 용도지구의 지정(법 제37조)에 따라 지정된 용도지구를 폐지하고 그 용도지구에서의 행위 제한 등을 지구단위계획으로 대체하려는 지역

III. 지구단위계획구역의 내용

1. 의의

지구단위계획은 도시·군관리계획의 일종이나(법 제2조 제4호) 지역·지구제 도시·군관리계획과 같이 그 도시·군관리계획 자체로서 특별한 사항을 담고 있을 필요가 없고 구획만을 의미하는 도면 형태이며, 그에 따른 건축허가요건에 관하여는 「국토계획법」·「건축법」·「도시계획**조례**」·「건축**조례**」 등이 별도의 규정을 두어 규율한다. 따라서 아래와 같은 상세한 내용을 담아야 하며(법 제52조 제1항), 도시계획도면 외에도 다음의 일정한 규정으로 구성되어야 한다.[512]

2. 지구단위계획구역의 내용

지구단위계획구역의 지정목적을 이루기 위하여 지구단위계획에는 다음 각 호의 사항 중 **제2호와 제4호의 사항을 포함한 둘 이상의 사항이 포함**되어야 한다. 다만, 제1호의2를 내용으로 하는 지구단위계획의 경우에는 그러하지 아니하다(법 제52조 제1항).

1. 용도지역이나 용도지구를 **대통령령**으로 정하는 범위에서 세분하거나 변경하는 사항[법 제52조 제1항 제1호의 규정에 의한 용도지역 또는 용도지구의 세분 또는 변경은 제30조 각호의 용도지역 또는 제31조 제2항 각호의 용도지구를 그 각호의 범위(제31조 제3항의 규정에 의하여 도시·군계획조례로 세분되는 용도지구를 포함한다) 안에서 세분 또는 변경하는 것으로 한다. 이 경우 법 제51조 제1항 제8호의2 및 제8호의3에 따라 지정된 지구단위계획구역에서는 제30조 각 호에 따른 용도지역 간의 변경을 포함한다(영 제45조 제2항)]

1의2. 기존의 용도지구를 폐지하고 그 용도지구에서의 건축물이나 그 밖의 시설의 용도·종류 및 규모 등의 제한을 대체하는 사항

2. **대통령령으로 정하는 기반시설의 배치와 규모**[법 제52조 제1항 제2호에서 "**대통령령**으로 정하는 기반시설"이란 다음 각 호 1. 법 제51조 제1항 제2호부터 제7호까지의 규정에 따른 지역인 경우에는 해당 법률에 따른 개발사업으

---

512) 김종보, 건설법(제5판), 314면.

로 설치하는 기반시설, 2. 영 제2조 제1항에 따른 기반시설. 다만, 다음 각 목 가. 철도, 나. 항만, 다. 공항, 라. 궤도, 마. 공원(「공원녹지법」 제15조 제1항 제3호 라목에 따른 묘지공원으로 한정한다), 바. 유원지, 사. 방송·통신시설, 아. 유류저장 및 송유설비, 자. 학교(「고등교육법」 제2조에 따른 학교로 한정한다), 차. 저수지, 카. 도축장의 시설 중 시·도 또는 대도시의 도시·군계획**조례**로 정하는 기반시설은 제외한다. 3. 삭제 〈2006. 8. 17.〉의 시설로서 해당 지구단위계획구역의 지정목적 달성을 위하여 필요한 시설을 말한다(영 제45조 제3항)].

도시·군계획시설의 설치는 「국토계획법」에 의해 2단계 절차로 진행되는데, 우선 도시·군관리계획의 결정에 의해 그 위치와 면적이 확정되어야 하며(법 제30조), 이를 전제로 실시계획의 작성과 그 인가를 받음으로써 구체적인 형태를 갖추게 된다(법 제88조 이하). 지구단위계획에서 내용으로 담는 기반시설에 관한 계획은 원칙적으로 위치와 면적을 정하는 도시·군관리계획시설의 결정을 의미한다. 「국토계획법」도 도시·군관리계획시설이 놓일 장소라는 의미에서 '배치'라는 표현을, 그 면적이 확정되어야 한다는 의미에서 '규모'라는 표현을 사용하고 있다. 따라서 지구단위계획에 포함된 도시·군관리계획시설의 결정은 당해 시설에 대한 실시계획이 인가될 수 있는 법적 근거로 해석될 수 있다.[513]

3. 도로로 둘러싸인 일단의 지역 또는 계획적인 개발·정비를 위하여 구획된 일단의 토지의 규모와 조성계획

4. **건축물의 용도제한, 건축물의 건폐율 또는 용적률, 건축물 높이의 최고한도 또는 최저한도**: 지구단위계획에서 규정되어야 하는 사항 중에는 가장 중요한 것으로 건축허가 요건(같은 조 같은 항 제4호, 5호)에 관한 규정이 있다. 지구단위계획이 그 내용으로 하는 건축허가요건이란 앞서 용도지역제의 도시계획에 의한 건축물의 용도제한, 형태제한요건을 기초로 하여 건축물의 배치·색채 등을 추가적으로 포함하는 관념이다. 지구단위계획은 일정 지역내에서 단순히 허용될 수 있는 용도의 목록을 정하는 것이 아니라, 개별 건축단위별로 특정한 용도의 건축물을 지정할 수 있고 이를 '지정용도'라 부른다. 또한 일정한 지역의 바람직한 형성을 위하여 권장되는 건축물의 용도를 지정할 수 있고 그 준수에 대해 인센티브를 부여할 수 있는데 이를 '권장용도'라[514] 한다.[515]

5. 건축물의 배치·형태·색채 또는 건축선에 관한 계획

6. 환경관리계획 또는 경관계획

7. 교통처리계획

8. 그 밖에 토지 이용의 합리화, 도시나 농·산·어촌의 기능 증진 등에 필요한 사항으로서 **대통령령**으로 정하는 사항[1. 지하 또는 공중공간에 설치할 시설물의 높이·깊이·배치 또는 규모, 2. 대문·담 또는 울타리의 형태 또는 색채, 3. 간판의 크기·형태·색채 또는 재질, 4. 장애인·노약자 등을 위한 편의시설계획, 5. 에너지 및 자원의 절약과 재활용에 관한 계획, 6. 생물서식공간의 보호·조성·연결 및 물과 공기의 순환 등에 관한 계획, 7. 문화

---

513) 김종보, 건설법(제5판), 315면.
514) 대법원은 행정청이 지구단위계획을 수립하면서 그 권장용도를 판매·위락·숙박시설로 결정하여 고시한 행위를 당해 지구 내에서는 공익과 무관하게 언제든지 숙박시설에 대한 건축허가가 가능하리라는 공적 견해를 표명한 것이라고 평가할 수는 없다고 판시하였다(대법원 2005. 11. 25. 선고 2004두6822,6839,6846 판결).
515) 김종보, 건설법(제5판), 316~317면.

재 및 역사문화환경 보호에 관한 계획(영 제45조 제4항)|

3. 지구단위계획구역의 기반시설과의 조화

지구단위계획은 도로, 상하수도, 주차장·공원·녹지·공공공지, 수도·전기·가스·열공급설비, 학교(초등학교 및 중학교에 한한다)·폐기물처리 및 재활용시설의 처리·공급 및 수용능력이 지구단위계획구역에 있는 건축물의 연면적, 수용인구 등 개발밀도와 적절한 조화를 이룰 수 있도록 하여야 한다(법 제52조 제2항 및 영 제45조 제5항).

IV. 지구단위계획의 입안 및 결정 절차(=도시·군관리계획의 수립 절차의 준용)

용도지역·용도지구·용도구역의 지정 또는 변경을 도시·군관리계획으로 결정(법 제36조 제1항, 37조 제1항, 제38조 제1항, 제38조의2 제1항, 제39조 제1항, 제40조 제1항) 하도록 하고, 기반시설의 설치도 도시·군관리계획으로 결정하며(법 제43조 제1항), 지구단위계획도 도시·군관리계획으로 결정하도록 하므로(법 제50조), 이들의 수립절차를 당연히 도시·군관리계획의 수립 절차에 의하여야 할 것이다.

〈표 21〉 지구단위계획구역 지정 및 지구단위계획의 결정절차

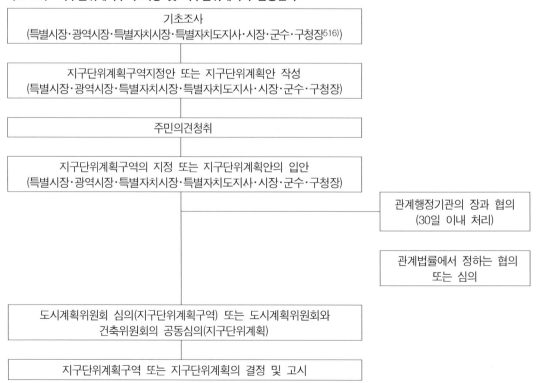

(특별시장·광역시장·특별자치시장·특별자치도지사·시장·군수·구청장)

송부

일반인 열람
(특별시장·광역시장·특별자치시장·특별자치도지사·시장·군수·구청장)

출처: 국토계획법해설집, 2018. 7.

가령 특별시·광역시에서 입안권을 구청장에 위임한 경우를 전제하여, 지구단위계획구역을 도시·군 관리계획으로 결정·고시한 후 구청장은 기초조사를 통해 지구단위계획(안)을 작성하여 주민의견 청취 와 관련기관(부서)협의를 거치게 된다. 이후 시·군·구도시계획위원회 자문을 거쳐 특별시장·광역시장 에게 지구단위계획 결정신청(법 제29조 제1항에 따라 시장·군수가 결정권자)을 하게 된다. 특별시장· 광역시장은 지구단위계획(안)에 대하여 필요한 경우 관계 행정기관의 장과 협의 후 도시계획위원회와 건축위원회가 공동으로 참여하는 도시건축공동위원회 심의를 받게 된다. 지구단위계획(안)이 도시건축 공동위원회의 심의를 통과하면 특별시장·광역시장은 지구단위계획을 도시관리계획으로 결정고시 후 시·군·구청장에게 그 내용을 송부하며, 시·군·구청장은 일반에게 열람하게 한다.[517]

V. 지구단위계획구역 안에서 건폐율·용적률·높이 제한의 완화

지구단위계획구역에서는 용도지역 및 용도지구에서의 건축물의 건축제한 등(법 제76조), 용도지역 의 건폐율(법 제77조) 용도지역에서의 용적률(법 제78조)의 규정과 「건축법」 제42조·제43조·제44조· 제60조 및 제61조, 「주차장법」 제19조 및 제19조의2를 **대통령령**으로 정하는 범위에서 지구단위계획으 로 정하는 바에 따라 완화하여 적용할 수 있다(법 제52조 제3항). 즉, 건축물의 형태제한요건으로 건폐 율, 용적률, 높이의 최고·최저 한도 등이 내용으로 담길 수 있고 그 최고한계는 대체로 현행 용도지역 제의 한계라 이해할 수 있다.[518] 구체적 내용은 아래(영 제46조 및 제47조)와 같다.

1. 도시지역 내 지구단위계획구역

가. 공공시설 등의 부지제공·공공시설 등을 설치하여 제공하는 경우(영 제46조 제1항)

지구단위계획구역에서 건축물을 건축하려는 자가 그 대지의 일부를 공공시설 등의 부지로 제공하거 나 공공시설 등을 설치하여 제공하는 경우[지구단위계획구역 밖의 「하수도법」 제2조 제14호에 따른 배수구역에 공공하수처리시설을 설치하여 제공하는 경우(지구단위계획구역에 다른 공공시설 및 기반시설이 충분히 설치되어 있는 경우

---

516) 특별시·광역시에서 입안권을 구청장에 위임한 경우를 전제함.
517) 서울특별시 알기 쉬운 도시계획 용어, 2016. 12. 서울특별시 도시계획국.
518) 김종보, 건설법(제5판), 317면.

로 한정한다)를 포함한대에는 법 제52조 제3항에 따라 <u>그 건축물에 대하여 지구단위계획으로</u> 다음 각 호의 구분에 따라 건폐율·용적률 및 높이 제한을 완화하여 적용할 수 있다. 이 경우 <u>제공받은 공공시설등은 국유재산 또는 공유재산으로 관리한다.</u>

제1호. 공공시설 등의 부지를 제공하는 경우

다음 각 목의 비율까지 **건폐율·용적률** 및 **높이 제한**을 완화하여 적용할 수 있다. 다만, 지구단위계획구역 안의 일부 토지를 공공시설등의 부지로 제공하는 자가 해당 지구단위계획구역 안의 <u>다른 대지에서 건축물을 건축하는 경우에는 나목의 비율까지 그 용적률을 완화하여 적용할 수 있다.</u>

가목. 완화할 수 있는 건폐율 = 해당 용도지역에 적용되는 건폐율×[1 + 공공시설 등의 부지로 제공하는 면적[519]÷원래의 대지면적] 이내(영 제46조 제1항 제1호 가목), 가령 아래 사례의 경우 완화할 수 있는 건폐율은 해당 용도지역에 적용되는 건폐율에 20%×(1+200÷1,000)를 가산한다.

나목. 완화할 수 있는 용적률 = 해당 용도지역에 적용되는 용적률 + [1.5×(공공시설 등의 부지로 제공하는 면적×공공시설 등 제공부지의 용적률)÷공공시설 등의 부지 제공 후의 대지면적] 이내

가령 甲은 도시지역 내에 지정된 지구단위계획구역에서 제3종일반주거지역인 자신의 대지에 건축물을 건축하려고 하는 바, 그 대지 중 일부를 학교의 부지로 제공하였다. 다음 조건에서 지구단위계획을 통해 완화되는 용적률을 적용할 경우 甲에게 허용될 수 있는 최대 연면적은?(단, 지역·지구의 변경은 없는 것으로 하며, 기타 용적률에 영향을 주는 다른 조건은 고려하지 않음)

> 甲의 대지면적: 1,000㎡, 학교부지 제공면적: 200㎡, 제3종일반주거지역의 현재 용적률 300%, 학교 제공부지의 용적률은 현재 용도지역과 동일함

완화할 수 있는 용적률 = 300% + [1.5×{(200×300%)÷(1,000-200)}] = 412.5%, 최대 연면적 = 800(부지 제공 후의 대지)×412.5%=3,300㎡로서 학교부지를 제공하지 않는 경우 1,000×300%=3,000㎡보다 10% 용적률의 완화를 받을 수 있다.[520]

다목. 완화할 수 있는 높이 = 「건축법」 제60조에 따라 제한된 높이×(1 + 공공시설 등의 부지로 제공하는 면적÷원래의 대지면적) 이내, 가령 상기의 사례의 경우 완화할 수 있는 높이는 「건축법」 제60조에 따라 제한된 높이에 20%×(1+200÷1,000)를 가산한다.

제2호. 공공시설 등을 설치하여 제공하는 경우

공공시설 등을 설치하여 제공(그 부지의 제공은 제외)하는 경우에는 <u>공공시설 등을 설치하는 데에 드는 비용에 상응하는 가액의 부지를 제공한 것으로 보아 '공공시설 등의 부지제공'에 따른 완화규정</u> 적용할 수 있다. 이 경우 공공시설 등 설치비용 및 이에 상응하는 부지 가액의 산정 방법 등은 <u>시·도 또는 대도시의 도시·군계획**조례**</u>로 정한다.[521]

---

519) 공공시설 등의 부지를 제공하는 자가 법 제65조 제2항에 따라 용도가 폐지되는 공공시설을 무상으로 양수받은 경우에는 그 양수받은 부지면적을 빼고 산정한다. 이하 이 조에서 같다.

520) 상기 사례에서 만약 다른 조건이 같고 300㎡를 제공하였다면, 완화할 수 있는 용적률 = 300% + [1.5 × {(300 × 300%) ÷ (1,000-300)}] = 492.9%, 최대 연면적 = 700(부지 제공 후의 대지) × 492.9% = 3,450㎡가 된다.

제3호. 공공시설 등을 설치하여 그 부지와 함께 제공하는 경우

공공시설등을 설치하여 그 부지와 함께 제공하는 경우에는 제1호 및 제2호에 따라 완화할 수 있는 건폐율·용적률 및 높이를 합산한 비율까지 완화하여 적용할 수 있다.

나. 반환금을 반환하는 경우(영 제46조 제2항)

특별시장·광역시장·특별자치시장·특별자치도지사·시장 또는 군수는 지구단위계획구역에 있는 토지를 공공시설부지로 제공하고 보상을 받은 자 또는 그 포괄승계인이 그 보상금액에 **국토교통부령**이 정하는 이자를 더한 금액(이하 이 항에서 "반환금"이라 한다)을 반환하는 경우에는 당해 지방자치단체의 도시·군계획**조례**가 정하는 바에 따라 영 제46조 제1항 제1호 각 목을 적용하여 당해 건축물에 대한 건폐율·용적률 및 높이 제한을 완화할 수 있다. 이 경우 그 반환금은 기반시설의 확보에 사용하여야 한다.

다. 공개공지·공개공간 의무면적을 초과하여 설치한 경우(영 제46조 제3항)

지구단위계획구역에서 건축물을 건축하고자 하는 자가 「건축법」 제43조 제1항에 따른 공개공지 또는 공개공간을 같은 항에 따른 의무면적을 초과하여 설치한 경우에는 법 제52조 제3항에 따라 당해 건축물에 대하여 지구단위계획으로 다음 각 호의 비율까지 용적률 및 높이 제한을 완화하여 적용할 수 있다.

제1호. 완화할 수 있는 용적률 = 「건축법」 제43조 제2항에 따라 완화된 용적률 + (당해 용도지역에 적용되는 용적률×의무면적 초과 공개공지 또는 공개공간의 면적의 절반÷대지면적) 이내

제2호. 완화할 수 있는 높이 = 「건축법」 제43조 제2항에 따라 완화된 높이 + (「건축법」 제60조에 따른 높이×의무면적 초과 공개공지 또는 공개공간의 면적의 절반÷대지면적) 이내

라. 기 타

(1) 지구단위계획구역에서는 법 제52조(지구단위계획의 내용) 제3항의 규정에 의하여 도시·군계획**조례**의 규정에 불구하고 지구단위계획으로 영 제84조에 규정된 범위안에서 건폐율을 완화하여 적용할 수 있다(영 제46조 제4항).

---

521) 「서울특별시 도시계획**조례**」(시행 2019. 3. 28. 서울특별시**조례** 제7093호, 2019. 3. 28. 개정) 제19조의2(공공시설 설치비용 및 부지가액 산정방법) ① 영 제46조 제1항 제2호에 따른 공공시설등 설치비용과 부지가액 산정방법은 다음 각 호와 같다.
  1. 공공시설등 설치비용은 시설설치에 소요되는 노무비, 재료비, 경비 등을 고려하여 산정한다.
  2. 부지가액은 개별공시지가를 기준으로 인근 지역의 실거래가 등을 참고하여 산정한다. 다만, 감정평가를 시행하는 경우 이를 기준으로 할 수 있다.
  ② 제1항의 산정방법 등 시행에 필요한 사항은 규칙으로 따로 정한다.

(2) 지구단위계획구역에서는 법 제52조 제3항의 규정에 의하여 지구단위계획으로 법 제76조의 규정에 의하여 영 제30조 각 호의 용도지역안에서 건축할 수 있는 건축물(도시·군계획**조례**가 정하는 바에 의하여 건축할 수 있는 건축물의 경우 도시·군계획**조례**에서 허용되는 건축물에 한한다)의 용도·종류 및 규모 등의 범위안에서 이를 완화하여 적용할 수 있다(영 제46조 제5항).

(3) 지구단위계획구역의 지정목적이 다음 각 호 1. 한옥마을을 보존하고자 하는 경우, 2. 차 없는 거리를 조성하고자 하는 경우(지구단위계획으로 보행자전용도로를 지정하거나 차량의 출입을 금지한 경우를 포함한다), 3. 그 밖에 **국토교통부령**이 정하는 경우[원활한 교통소통 또는 보행환경 조성을 위하여 도로에서 대지로의 차량통행이 제한되는 차량진입금지구간을 지정한 경우(칙 제8조의4)]의 어느 하나에 해당하는 경우에는 법 제52조 제3항의 규정에 의하여 지구단위계획으로 「주차장법」 제19조 제3항의 규정에 의한 주차장 설치기준을 100퍼센트까지 완화하여 적용할 수 있다(영 제46조 제6항).

(4) 다음 각 호 1. 도시지역에 개발진흥지구를 지정하고 당해 지구를 지구단위계획구역으로 지정한 경우, 2. 다음 각 목 가. 지구단위계획에 2필지 이상의 토지에 하나의 건축물을 건축하도록 되어 있는 경우, 나. 지구단위계획에 합벽건축을 하도록 되어 있는 경우, 다. 지구단위계획에 주차장·보행자통로 등을 공동으로 사용하도록 되어 있어 2필지 이상의 토지에 건축물을 동시에 건축할 필요가 있는 경우의 어느 하나에 해당하는 경우로서 **특별시장·광역시장·특별자치시장·특별자치도지사·시장 또는 군수**의 권고에 따라 공동개발을 하는 경우의 어느 하나에 해당하는 경우에는 지구단위계획으로 당해 용도지역에 적용되는 용적률의 120퍼센트 이내에서 용적률을 완화하여 적용할 수 있다(영 제46조 제7항).

(5) 도시지역에 개발진흥지구를 지정하고 당해 지구를 지구단위계획구역으로 지정한 경우에는 법 제52조 제3항에 따라 지구단위계획으로 「건축법」 제60조에 따라 제한된 건축물높이의 120퍼센트 이내에서 높이 제한을 완화하여 적용할 수 있다(영 제46조 제8항).

(6) 영 제46조 제1항 제1호 나목(제1항 제2호 및 제2항에 따라 적용되는 경우를 포함한다), 제3항 제1호 및 제7항은 다음 각 호 1. 개발제한구역·시가화조정구역·녹지지역 또는 공원에서 해제되는 구역과 새로이 도시지역으로 편입되는 구역 중 계획적인 개발 또는 관리가 필요한 지역인 경우, 2. 기존의 용도지역 또는 용도지구가 용적률이 높은 용도지역 또는 용도지구로 변경되는 경우로서 기존의 용도지역 또는 용도지구의 용적률을 적용하지 아니하는 경우의 어느 하나에 해당하는 경우에는 적용하지 아니한다(영 제46조 제9항).

(7) 영 제46조 제1항 내지 제4항 및 제7항의 규정에 의하여 완화하여 적용되는 건폐율 및 용적률은 당해 용도지역 또는 용도지구에 적용되는 건폐율의 150퍼센트 및 용적률의 200퍼센트를 각각 초과할 수 없다(영 제46조 제10항).

2. 도시지역 외 지구단위계획구역

가. 지구단위계획으로 당해 용도지역 또는 개발진흥지구에 적용되는 건폐율의 150퍼센트 및 용적률의 200퍼센트 이내에서 건폐율 및 용적률을 완화하여 적용할 수 있다(영 제47조 제1항).

나. 지구단위계획구역에서는 지구단위계획으로 건축물의 용도·종류 및 규모 등을 완화하여 적용할 수 있다. 다만, 개발진흥지구(계획관리지역에 지정된 개발진흥지구를 제외한다)에 지정된 지구단위계획구역에 대하여는 「건축령」 [별표 1] 제2호의 공동주택 중 아파트 및 연립주택은 허용되지 아니한다(영 제47조 제2항).

VI. 지구단위계획구역 및 지구단위계획 결정에 관한 도시·군관리계획결정의 실효

지구단위계획구역의 지정에 관한 **도시·군관리계획결정의 고시일부터 3년 이내**에, 그 지구단위계획구역에 관한 **지구단위계획이 결정·고시되지 아니하면**, 그 **3년이 되는 날의 다음날**에 그 지구단위계획구역의 지정에 관한 **도시·군관리계획결정**은 효력을 잃는다. 다만, 다른 법률에서 지구단위계획의 결정(결정된 것으로 보는 경우를 포함한다)에 관하여 따로 정한 경우에는 그 법률에 따라 지구단위계획을 결정할 때까지 지구단위계획구역의 지정은 그 효력을 유지한다(법 제53조 제1항).

지구단위계획(법 제26조 제1항에 따라 주민이 입안을 제안한 것에 한정한다)에 관한 도시·군관리계획결정의 고시일부터 5년 이내에 이 법 또는 다른 법률에 따라 허가·인가·승인 등을 받아 사업이나 공사에 착수하지 아니하면 그 5년이 된 날의 다음날에 그 지구단위계획에 관한 **도시·군관리계획결정**은 효력을 잃는다. 이 경우 지구단위계획과 관련한 도시·군관리계획결정에 관한 사항은 해당 지구단위계획구역 지정 당시의 **도시·군관리계획**으로 **환원**된 것으로 본다(법 제53조 제2항).

구역지정 이후 3년이나 5년의 일정 기간 내에 지구단위계획이 결정되지 못하면 자동 실효되도록 정한 조문의 의미는 구역지정만으로 건축허가요건이 영향을 받으므로 입안행위과정이 장기화되는 것을 법적으로 차단하기 위한 것이다.[522]

국토교통부장관, **시·도지사**, **시장 또는 군수**는 지구단위계획구역 지정 및 지구단위계획 결정이 효력을 잃으면 **대통령령**으로 정하는 바에 따라 지체 없이 그 사실을 고시하여야 한다(법 제53조 제3항). 법 제53조제3항에 따른 지구단위계획구역지정의 실효고시는 실효일자 및 실효사유와 실효된 지구단위계획구역의 내용을 국토교통부장관이 하는 경우에는 관보에, 시·도지사 또는 시장·군수가 하는 경우에는 해당 시·도 또는 시·군의 공보에 게재하는 방법에 의한다(영 제50조).

---

522) 김종보, 건설법(제5판), 322면.

VII. 지구단위계획구역에서의 건축제한

지구단위계획구역에서 건축물을 건축 또는 용도변경하거나 공작물을 설치하려면 그 지구단위계획에 맞게 하여야 한다. 다만, 지구단위계획이 수립되어 있지 아니한 경우에는 그러하지 아니하다(법 제54조).

제5장 개발행위의 허가 및 기반시설의 설치

제1절 개발행위의 허가

Ⅰ. 의의 및 연혁

개발행위허가제는 국민이 국토의 이용에 관한 일정한 행위를 하고자 하는 때에는 **특별시장·광역시장·특별자치시장·특별자치도지사·시장 또는 군수**(이하 '개발행위허가권자'라 한다)의 허가(이하 '개발행위허가'라 한다)를 받아서 하도록 규정하고 있다. 즉, 개발행위에 대하여 사전에 허가를 받도록 하는 제도를 말한다. 개발행위허가는 허가권자의 행정행위이면서 국토이용법제를 최종적으로 완성하는 행정계획의 집행으로서의 성질을 가진다.

여기서의 개발행위는 1. 건축물의 건축 또는 공작물의 설치, 2. 토지의 형질 변경[경작을 위한 경우로서 **대통령령**으로 정하는 토지의 형질 변경(조성이 끝난 농지에서 농작물 재배, 농지의 지력 증진 및 생산성 향상을 위한 객토나 정지작업, 양수·배수시설 설치를 위한 토지의 형질변경, 영 제51조 제2항)은 제외한다], 3. 토석의 채취, 4. 토지 분할 (건축물이 있는 대지의 분할은 제외한다), 5. 녹지지역·관리지역 또는 자연환경보전지역에 물건을 1개월 이상 쌓아놓는 행위를 말한다. 다만, 도시·군계획사업(다른 법률에 따라 도시·군계획사업을 의제한 사업을 포함한다)에 의한 행위는 그러하지 아니하다(법 제56조 제1항).

개발행위허가제는 개발과 보전이 조화되게 유도하여 국토관리의 지속가능성을 제고시키고, 토지에 대한 정당한 재산권 행사를 보장하여 토지의 경제적 이용과 환경적 보전의 조화를 도모하며, 계획의 적정성, 기반시설의 확보여부, 주변 경관 및 환경과의 조화 등을 고려하여 허가여부를 결정함으로써 난개발을 방지하고 국토의 계획적 관리를 도모하는 제도이다(개발행위허가운영지침1-2-1).[523]

이 제도는 난개발의 소지가 있는 개발행위를 제한하기 위하여 종전의 토지형질변경 등에 관한 행위 허가제를 개편한 것이다. 종래 도시계획구역 안에서는 소규모의 난개발을 방지하기 위하여 일정행위는 시장·군수의 허가를 받도록 하고 있었으나, 이 제도는 허가대상이 포괄적이고 허가기준이 모호하여

---

[523] 「국토계획법 시행령」 제56조 제4항에 따라 개발행위허가의 대상·절차·기준 등에 대한 사항을 제시하여 개발행위 허가제의 원활한 운영을 도모함을 목적으로 하는 「개발행위허가운영지침」(국토교통부훈령 제569호, 2015. 8. 13. 타법개정)을 참고하였다.

허가절차가 불투명하다는 문제점이 있었다. 따라서 2000. 1. 28. 법률 제6243호 구「도시계획법」의 전면 개정에 따라 종래 부령에 규정되어 있는 건축물의 건축, 토지의 형질변경 등 개발행위에 대한 허가기준·절차 등을 법률에 명시하여 행정의 투명성을 높였다. 이로써 개발행위허가제도로 전환함으로써 허가대상을 명확히 하고 허가기준을 구체적으로 정하도록 하였다. 이러한 구「도시계획법」상의 개발행위허가제는 2002. 2. 4. 법률 제6655호로 제정된「국토계획법」에도 계승되고 있다. 다만 이 법에서 동 허가제를 난개발의 방지를 위하여 도시지역만이 아니라 비도시지역으로까지 확대하고 있다.

Ⅱ. 개발행위허가의 법적 성질

1. 문제의 의의

허가는 행정상 법률행위의 중심개념으로서 상대방의 권리행사에 영향을 미치는 행정청의 단독행위인데 개인의 헌법상 기본적인 권리를 상대적으로 금지하였다가 허가요건을 충족한 때 그 권리를 회복시켜주는 행위라고 할 수 있으나, 그 본래의 성질에 비추어 보면 계획적인 속성을 가진다. 계획법제로서 개발행위허가제의 의미는 국가와 지방자치단체가 국토이용에 관하여 사전에 계획하고 이를 기초로 하여 국민이 행하는 특정토지의 이용이 국가·지방자치단체의 국토계획에 부합하는지의 여부를 판정하는 절차이다. 그러나 토지소유자의 입장에서는 당해 '허가' 여부에 의하여 자신의 토지나 재산권을 계획하는 바와 같이 이용할 수 있거나 혹은 그 이용계획이 거부되는 법적인 효과가 발생하기 때문에 '처분'의 성질을 가지는 것으로 나타난다. 그러니까 개발행위허가는 행정계획법제와 행정행위법제의 성질을 모두 가지는 것으로 파악할 수 있다. 개발행위허가가 행정계획으로서의 성질이 크다면 당연히 허가권자의 재량적인 요소 및 비중이 증대할 것이다. 그러나 행정행위로서의 성질이 더 크다면 국민의 기본권인 재산권 행사에 대한 제한으로서의 속성이 강하게 되므로 기속행위적인 측면이 부각된다. 개발행위허가는 이미 수립되어 있는 국토이용계획 내에서 개별 개발행위가 계획법제에 합치하는지 여부를 확인하고 그 개발을 승인하는 행위이므로 행정계획의 집행이지 계획자체는 아니라 할 수 있다. 그러므로 입법행위가 아니라 행정행위로서 기속적인 성격이 강하게 나타난다. 또한 토지이용규제는 공적인 영역에 속하기 때문에 이웃 및 인근토지의 사용에 대한 영향도 함께 고려하여야 하는 특수성이 있으며, 그 결과 재량 혹은 판단여지가 주어진다. 그런데 토지재산권의 행사는 개인에게는 매우 중요한 부분이므로 이를 행정청의 자의적인 판단에 맡겨둘 수는 없고 엄격한 법적인 요건과 절차에 의하여 이를 통제하여야 한다. 개발행위허가의 법적 성질을 검토한다.

2. 재량행위인지 여부[524]

524) ※**기속행위와 재량행위 및 판단여지**

가. 의의: 기속행위와 재량행위는 법의 구속 정도(재량이 있느냐 없느냐)를 기준으로 한 구별이다. 기속행위란 행정청에 법이 정한 요건이 충족되면 법이 정한 효과로서의 일정한 행위를 반드시 하거나 해서는 안 되는 행정행위를 말한다. 재량행위란 행정법규가 행정행위를 규율함에 있어서 행정청에게 구체적 사정에 적합한 판단을 할 수 있는 독자적인 판단권을 위임한 경우를 말한다. 「국토계획법」이 개발행위허가를 규율하면서 허가권자에게 자기 판단의 여지를 부여하고 있는가의 여부에 따라 이를 부여하고 있지 아니한 경우 즉, 「국토계획법」상 개발행위허가 요건의 충족여부에 따라 반드시 개발행위허가 또는 불허가를 하도록 엄격하게 「국토계획법」에 기속되어 있으면 '기속행위'라 볼 것이고, 허가권자의 자기 판단의 여지를 부여하고 있으면 '재량행위'라 할 것이다. 이러한 구별은 법치행정원리와 권력분립원리와도 밀접한 관계가 있다. 양자는 이론적으로 본질적인 차이가 있는 것이 아니고 양적인 차이에 지나지 않는다고도 한다(김광수, "개발행위허가의 쟁점과 절차", 토지공법연구 제77집, 2017, 13~14면).

나. 구별의 필요성: 기속행위와 재량행위의 가장 큰 구별실익은 사법심사의 범위에 있다. 기속행위는 전면적으로 법원에 의한 통제의 대상이 되지만, 재량행위는 재량권의 한계를 넘지 않는 한 법원에 의한 통제의 대상이 되지 않는다(박균성, 행정법론(상), 박영사, 2017, 299면).

다. 구별 기준: 기속행위와 재량행위의 구별기준은 법치행정의 원리에 따라, 우선 법 규정에서 찾아야 한다고 한다(김남진·김연태, 행정법 I, 221면). 왜냐하면 재량권은 입법자에 의해 행정주체에게 부여되는 것이기 때문이다. 다음으로 입법취지·법목적을 아울러 고려하여야 한다. 그리고 법령의 규정이 명확하지 않은 경우 당해 법령의 규정과 함께 문제되는 행위의 성질(부담적 행위 또는 수익적 행위), 기본권실현 및 공익실현을 종합적으로 고려하여야 한다.

(1) 법 규정의 표현방식: 양 행위는 법률의 구속정도에 따른 분류이고, 법률의 구속정도의 구체적 모습은 당해 근거법 규정의 표현방식을 통하여 나타나게 되므로, 구별의 기준도 이러한 사실에서부터 출발하여야 한다. 근거법 규정이 입법자가 행정주체에게 '… 할 수 있다'라고 규정하고 있는 경우에는 그에 의거한 행정행위는 재량행위로 보아도 무방하다. 이와 반대로 근거법 규정이 입법자가 행정주체에게 '… 하여야 한다' 또는 '… 한다' 등으로 기속적인 의사를 표시하고 있는 경우, 그에 의거한 행정행위는 일반적으로 기속행위로 보아야 할 것이다(류지태·박종수, 행정법신론, 78면; 김남진·김연태, 행정법 I, 221면). 그러나 법률의 문리적 표현은 절대적 기준이 되지 못한다(박균성, 행정법론(상), 324면).

(2) 법률규정이 불명확한 경우: (가) 그러나 근거법 규정의 표현방식이 행정주체에게 어느 정도로 구속력을 미치는가가 불명확한 경우 있어 문제가 된다. 예를 들어 행정의 상대방으로 하여금 당해 행위의 적법요건으로서 일정한 허가를 얻을 것을 요하는 표현만 두고, 행정주체에 대한 행위방식에 대해서는 아무런 표현을 사용하고 있지 않는 경우가 존재한다. 즉, 「건축법」 제11조(건축허가) 제1항에 따르면 건축물을 건축하거나 대수선하려는 자는 특별자치시장·특별자치도지사 또는 시장·군수·구청장의 허가를 받아야 한다. 「식품위생법」 제37조(영업허가 등) 제1항에 따르면 영업을 하려는 자는 **대통령령**으로 정하는 바에 따라 영업 종류별 또는 영업소별로 식품의약품안전처장 또는 특별자치시장·특별자치도지사·시장·군수·구청장의 허가를 받아야 한다. 이때에는 입법자의 행정주체에 대한 관계의 측면에서는 고찰이 어렵게 되므로, 당해 행위의 상대방과의 관계에 대한 관점이 중요한 기준이 된다. 이에 따라 당해 행위의 발령이 당사자의 기본권실현, 즉 원래 당사자에게 허용되어 있던 가능성을 다시 회복하여 주는 기본권회복의 의미를 갖는 경우에는, 행정주체의 행위는 행정의 상대방의 기본권관련 하에서 강한 구속을 받게 되는 기속행위로 보아야 한다. 이에 반해 당해 행위를 통하여 비로소 행정의 상대방에게 새로운 권리가 설정되는 의미를 갖는 경우에는, 행정주체는 특정 당사자에게 이러한 새로운 권리를 설정하는 것이 바람직한가라는 공익적 측면에서 검토할 수 있는 가능성이 주어지게 된다고 볼 수 있다. 따라서 이러한 행위는 재량행위로 본다(류지태·박종수, 행정법신론, 78면). 그러나 이 구분도 절대적이지는 않고 다음의 견해도 함께 고려하여야 한다. (나) 위의 견해와 같이 새로이 권리를 설정하여 주는 특허는 재량행위로 해석될 가능성이 있는 반면에, 인간이 본래 가지고 있는 자연적 자유의 회복을 내용으로 하는 허가는 기속행위로 해석될 가능성이 크다. 왜냐하면 허가의 요건이 충족된 경우에도 허가를 해 주지 않는 것은 신청자의 자연적 자유를 제한하는 결과가 되기 때문이다. 이에 반하여 특허에 있어서는 공익의 실현을 고려하여야 하므로 통상 재량행위로 보아야 한다. 그러나 허가의 경우도 환경보호, 문화재보호 등 이익 형량을 하여야 하는 경우에는 그 한도 내에서 기속행위로 볼 수 있다고 한다(박균성, 행정법론(상), 325면).

(3) 요건규정이 공백규정 또는 공익규정인 경우: 위 두 가지 기준에서 더 나아가, 공익판단을 요건으로 하는 처분에는 행정청의 재량이 인정되는 것으로 보는 것이 타당하므로 요건규정이 공백규정이거나 공익만이 요건으로 규정되어 있는 경우에는 행정청에게 재량이 인정된다고 보는 것이 타당하다고 한다. 또한 요건의 인정에 있어 이익형량이 예정되어 있는 경우에(예를 들면 건축허가 시 환경이익을 고려하도록 규정하고 있는 경우(「건축법」 제11조 제4항)), 행정기관에게 재량권이 인정된다고 해석될 수 있다. 법률에서 요건규정을 전혀 두고 있지 않은 경우에도 공

개발행위허가 규정을 놓고 학설은 기속행위설, 재량행위설, 개별적 결정설 내지 기속·재량병존설이 있으며 판례의 태도를 검토한다.

가. 학설

(1) **기속행위설**: 개발행위허가를 기속행위로 보는 논거는 다음과 같다. 먼저 실질적인 논거로 공익상의 관점에서 토지재산권 행사를 제한하는 것으로서 건축 등의 행위가 이 법에서 정하고 있는 허가요건을 충족하고 있는 경우에 더 이상 당해 행위를 금지해야 하는 공익상 이유가 없는 것을 의미하며, 따라서 그 경우에는 당해 건축행위를 허가하여야 한다는 결론에 이른다. 다음은 형식적인 논거로 「국토계획법」 제58조 제1항에서는 개발행위허가 기준에 적합한 경우에 시장·군수 등은 "개발행위를 허가하여야 한다"고 규정하고 있는 바, 이 규정의 문리적 해석에 따르면 개발행위허가는 기속행위라는 결론

익이라는 요건이 있는 것과 같다. 행정권은 공익목적을 위해서만 발동될 수 있기 때문이다. 공익의 판단은 행정권에 고유한 권한에 속하며 공익판단이 잘못된 경우 부당하지만 위법이라고 할 수는 없다(박균성, 행정법론(상), 326면).

라. 기속재량과 자유재량의 구별론: 재량행위에 대해서도 고전적인 권력분립론에 의하면 재량불심리가 원칙이었다. 그래서 법원의 심사대상에서 제외되는 재량의 범위를 좁히려는 노력의 결과가 다시 재량을 기속재량(법규재량)과 자유재량(공익재량)으로 나누는 구별론이었다. 즉, 이 구별론에 의하면 입법자가 입법을 함에 있어서 개발행위허가의 요건 및 효과 등을 일의적으로 규정하지 않음으로써 허가권자에게 재량권을 부여하고 있는 것처럼 보이는 경우에도, 법이 예정한 객관적 기준이 존재하는 경우는 기속재량행위라 하고, 그렇지 않은 경우는 자유재량행위라 한다. 자유재량과 달리 기속재량도 기속행위와 마찬가지로 법에 구속되고 법에 위반하면 위법행위가 되며, 법의 해석·적용을 임무로 하는 법원의 심사대상이 된다는 것이다(김철용, 행정법(제6판), 157면). 최근 대법원 판례에 의하면 법원의 심사방식에 차이가 있다. 즉, 기속재량행위의 경우 그 법규에 대한 원칙적인 기속성으로 인하여 법원이 사실인정과 관련 법규의 해석·적용을 통하여 일정한 결론을 도출한 후 그 결론에 비추어 행정청이 한 판단의 적법 여부를 독자의 입장에서 판정하는 방식에 의하게 되나, 자유재량행위의 경우 행정청의 재량에 기한 공익판단의 여지를 감안하여 법원은 독자의 결론을 도출함이 없이 당해 행위에 재량권의 일탈·남용이 있는지 여부만을 심사하는 방식에 의한다는 것이다(대법원 2001. 2. 9. 선고 98두17593 판결). 그런데, 오늘날에는 모든 재량행위는 사법적 통제의 대상이 되므로 사법적 통제의 대상을 넓히기 위해 기속재량행위라는 개념을 사용할 필요가 없게 되었다고 한다(박균성, "納骨堂設置申告 受理拒否의 法的 性質 및 適法性判斷", 행정판례연구 제16-1권, 2011, 128면). 이 밖에도, 재량은 일면 자유롭고 일면 기속을 받는 까닭에(모든 재량이 자유재량과 기속재량의 성질을 가지는 이유로) 자유재량·기속재량의 구분이 무의미하다고 본다(김남진·김연태, 행정법 I, 217면). 대체로는 양자의 구별을 부정한다(김철용, 행정법(제6판), 158면). 이에 대하여 아직까지도 기속재량행위의 독자성을 인정하는 소수견해가 있다(박윤흔·정형근, 최신 행정법강의(상), 297면).

마. 재량과 판단여지의 구별: 이밖에도 재량과 판단여지를 구별하는 견해가 있는데, 재량은 행정법규가 정한 행위요건을 충족하고 있는 경우에 행정청이 행정행위를 할 것인가 아니할 것인가(결정재량), 다수의 행정행위가 가능한 경우에 어느 행정행위를 할 것인가(선택재량) 하는 행정행위의 효과의 측면에서만 존재하는 것이라고 한정함으로써, 요건판단에서 법인식의 문제인 판단여지와 구별하는 견해가 있다. 이 견해에 의하면 행정법규가 행위요건을 정함에 있어서 불확정개념을 사용하고 있는 경우에 불확정개념은 법개념이고 법개념 적용의 문제에 대하여는 전면적으로 사법통제의 대상이 되지만, 때로는 거기에도 사법통제가 미칠 수 없는 행정청의 고유한 판단·결정의 영역이 존재하는데, 이 행정청의 고유한 판단·결정의 영역은 판단여지라고 해서 행정행위의 효과의 측면에서만 존재하는 재량과 구별한다(김남진·김연태, 행정법 I, 215면; 박윤흔·정형근, 최신 행정법강의(상), 294면; 박균성, 행정법론(하), 319면; 정하중, 행정법개론, 법문사, 2018, 180면; 김남철, 행정법강론, 142면). 다만, 이와 다르게 요건부분의 불확정개념에 관한 판단여지와 효과부분의 재량은 구별할 필요가 없고 양자 모두 재량이라는 동일한 범주에 속하는 것으로 보아 재량과 판단여지의 구분에 대하여 부정적인 견해도 상당수 있다(김동희, 행정법 I, 215면; 김철용, 행정법(제6판), 157면; 류지태·박종수, 행정법신론, 87면). 그리고 판례도 사법통제가 미칠 수 없는 행정청의 고유한 판단·결정의 영역도 재량으로 보고 있으며 재량과 행위요건에 있어서의 판단여지를 구별하지 아니한다(김철용, 행정법(제6판), 156면).

에 도달하게 된다.

이 밖에도 동법 제57조 제4항은 개발행위허가에는 기반시설의 설치 또는 그에 필요한 용지의 확보, 위해 방지, 환경오염 방지, 경관, 조경 등에 관한 조치를 할 것을 조건으로 개발행위허가를 할 수 있도록 규정하고 있다. 재량행위에는 법령상 명시적인 규정이 없음에도 조건·부담 등의 부관을 붙일 수 있는 것이고 보면, 개발행위허가는 기속행위이지만 이 규정에서 정하고 있는 일정한 조건을 그에 부과할 수 있는 것으로 해석할 수도 있다.525)

또 다른 견해는 개발행위허가는 가급적 억제하여야 한다는 점에서 보면 개발제한구역 내에서의 건축물의 건축 등에 대한 예외적 허가의 법적 성질을 재량행위로 볼 여지도 충분하지만,526) 개발행위 자체가 절대적으로 금지되는 것도 아니고 「국토계획법」의 취지도 개발행위허가요건을 비교적 엄격하게 규정하고 있을 뿐 허가요건에 맞는 경우에는 허가를 발급한다는 취지로 해석되므로 원칙적으로 기속행위로 본다.527)

(2) **재량행위설**: 개발행위허가는 일단 기속행위의 성질을 가진다고 보면서도 당해 허가행위를 일률적으로 기속행위로 보는 것은 타당하지 않다고 하면서 일정한도의 독자적 판단권, 즉 재량권을 가진다고 본다. 그 전형적인 예로 개발제한구역에서의 개발행위허가의 경우라고 한다. 이 경우 당해 허가는 예외적 허가의 성질을 가지며 그러한 한도에서는 행정청은 그 허가 여부에 대하여 재량권을 가진다고 본다.528)

또 다른 견해는 개발행위허가는 고전적 허가와는 달리 토지이용의 합리화라는 도시계획의 목적을 달성하기 위하여 본래 법률이 금지하는 바를 예외적으로 허용하는 억제적 금지의 해제라는 측면이 있는 바, 개발행위허가는 그 허가기준이 매우 추상적이므로 그 허가기준에 해당 되는지 여부를 판단할 때에는 나름대로의 재량을 행사하게 된다. 설사 허가기준을 상세하게 정한다 하더라도 모든 경우를 포괄할 수 없으므로 이는 불가피하다고 본다.529)

(3) **개별적 결정설 내지 기속·재량병존설**: 기속행위와 재량행위의 구별을 그 근거가 되는 「국토계획법」 제56조, 제58조 및 제63조 등의 규정방식을 일차적 기준으로 하고, 부차적으로 개발행위허가

525) 김동희, 행정법Ⅱ, 477면.
526) 대법원 2004. 7. 22. 선고 2003두7606 판결.
527) 김남철, 행정법강론, 1243면; 정하중, 행정법개론, 1316면.
528) 「도시계획법」 제4조 제1항 제1호, 같은 영 제5조의2, 「토지의형질변경등행위허가기준등에관한규칙」 제5조의 규정의 형식이나 문언 등에 비추어 볼 때, 형질변경의 허가가 신청된 당해 토지의 합리적인 이용이나 도시계획사업에 지장이 될 우려가 있는지 여부와 공익상 또는 이해관계인의 보호를 위하여 부관을 붙일 필요의 유무나 그 내용 등을 판단함에 있어서 행정청에 재량의 여지가 있으므로 그에 관한 판단 기준을 정하는 것 역시 행정청의 재량에 속하고, 그 설정된 기준이 객관적으로 합리적이 아니라거나 타당하지 않다고 볼 만한 특별한 사정이 없는 이상 행정청의 의사는 가능한 한 존중되어야 할 것이다(대법원 1999. 2. 23. 선고 98두17845 판결); 이 밖에도 산림훼손허가처분 또는 거부처분을 재량행위 보았고(대법원 1995. 9. 15. 선고 95누6113 판결); 구 「도시계획법」상의 개발제한구역 내의 건축물의 용도변경에 대한 예외적인 허가는 그 상대방에게 수익적인 것에 틀림이 없으므로, 이는 그 법률적 성질이 재량행위 내지 자유재량행위에 속하는 것이라고 할 것이다(대법원 2001. 2. 9. 선고 98두17593 판결); 김동희, 행정법Ⅱ, 477면.
529) 정태용, 국토계획법, 360면; 정하중, 행정법개론, 1316면.

의 법적 성질을 고려하여 판단하는 견해이다.

(가) 이 견해는 개발행위허가를 일률적으로 기속행위 또는 재량행위로 볼 수 없다고 한다. 「국토계획법」 제58조 개발행위허가의 기준으로 불확정개념을 사용하고 있는 경우가 적지 않은데, 불확정개념으로 규정된 허가기준의 판단은 원칙적으로 기속판단으로 보아야 한다.[530]

(나) 그리고 개발행위허가를 원칙적으로 기속행위로 보는 견해는 충돌되는 이익의 조정은 법령규정에 의해 완결된 것으로 보는 것이 토지이용에 대한 예측가능성을 확보할 수 있고, 재산권의 행사를 보장해 줄 수 있기 때문이라고 한다. 다만, 「국토계획법」상 충돌되는 이익(특허, 환경보호와 개발이익)이 충분히 조정되지 못하고 구체적인 개발행위마다 조정될 여지를 남겨두고 있는 경우에 있어서의 개발행위허가는 이익형량을 하여야 하는 한도 내에서는 재량행위로 보아야 한다. 토석의 채취(법 제56조 제1항 제3호)에 관한 허가에 있어 주변 환경이나 교통 및 자연경관을 고려하도록 하여 이익형량을 하도록 하고 있어 이 한도 내에서는 재량행위로 보아야 한다.

(다) 그리고, 허가기준으로 되어 있는 불확정개념 중에는 행정청의 판단여지를 인정하는 것이 필요한 고도로 기술적·전문적이고 정책적인 판단을 요하는 개념이 있다. 이러한 불확정개념의 판단에 있어서는 판단여지가 인정된다고 보아야 한다. 판단여지가 인정되는 경우에도 그 판단에 명백한 잘못이 있는 것으로 보이는 경우에는 개발행위허가 또는 거부는 위법한 것으로 보아야 한다.

(라) 개발제한구역 내에서의 개발행위의 허가는 예외적 승인에 해당하므로 재량행위로 보아야 한다.[531]

나. 판례

(1) 판례는 개발행위허가에 대하여 재량행위라는 태도를 보여 왔다. 즉, 산림 내에서의 토석채취허가는 「산림법」 제90조의2 제3항(현행 「산지관리법」 제25조 제1항) 소정의 금지 또는 제한지역에 속하는 경우에는 허용되지 아니함은 물론이나 그에 해당하는 지역이 아니라고 하여 반드시 허가하여야 하는 것으로 해석할 수는 없고 허가권자는 신청지 내의 임황과 지황 등의 사항 등에 비추어 국토 및 자연의 보전 등에 중대한 공익상 필요가 있을 때에는 그 허가를 거부할 수 있다고 하여 토석채취허가

---

530) 동 견해는 판단여지를 인정하는 입장에서의 견해이다. 법률이 행위의 요건을 규정함에 있어서 개념상으로 명확한 확정개념을 사용하는 경우도 있지만 많은 경우에 불확정개념을 사용하고 있다. 즉 「국토계획법」상의 허가권자가 개발행위허가 요건판단에 있어서 허가기준에 불확정개념이 많다는 의미이다. 불확정개념은 그 개념자체로는 그 의미가 명확하지 않고 해석의 여지가 있는 개념이다. 그러나 불확정개념은 법개념으로 법원에 의해 논리법칙 또는 경험법칙에 따라 그 개념이 '일의적'으로 해석될 수 있는 개념으로 본다. 따라서 행정기관이 불확정개념으로 된 행위요건을 판단함에 있어 재량권을 가질 수는 없다는 입장에서 개발행위허가를 기속행위로 본다(박균성, 행정법론(하), 312면). 그러나 재량과 판단여지 구별 부정론자는 요건 판단에서 판단여지를 예외적으로 인정되는 재량 정도로 본다(류지태·박종수, 행정법신론, 89면). 그리고 판례는 재량과 행위요건에 있어서 판단여지를 구별하지 않는다(대법원 1996. 9. 20. 선고 96누6882 판결; 대법원 1997. 7. 22. 선고 97다3200 판결 등; 김철용, 행정법 (제6판), 156면).

531) 개발제한구역 내에서의 건축물의 건축 등에 대한 예외적 허가는 그 상대방에게 수익적인 것으로서 재량행위에 속하는 것이다(대법원 2004. 7. 22. 선고 2003두7606 판결).

의 법적 성질을 재량행위로 보았다. 532)533) 그 이후에도 대법원은 특히 형질변경허가는 법령상 제한사유가 없어도 공익상 필요가 있으면 거부할 수 있는 재량행위로 이해하였다. 534)535)

(2) 그 이후 대법원은 「국토계획법」에서 정한 도시지역 안에서 토지의 형질변경행위를 수반하는 건축허가는 「건축법」 제8조 제1항의 규정에 의한 건축허가와 「국토계획법」 제56조 제1항 제2호의 규정에 의한 토지의 형질변경허가의 성질을 아울러 갖는 것으로 보아야 할 것이고, 「국토계획법」 제58조 제1항 제4호, 제3항, 「국토계획법시행령」 제56조 제1항 [별표 1의2] 제1호 (가)목 (3), (라)목 (1), (마)목 (1)의 각 규정을 종합하면, 「국토계획법」 제56조 제1항 제2호의 규정에 의한 토지의 형질변경허가는 그 금지요건이 불확정개념으로 규정되어 있어 그 금지요건에 해당하는지 여부를 판단함에 있어서 행정청에게 재량권이 부여되어 있다고 할 것이므로, 「국토계획법」에 의하여 지정된 도시지역 안에서 토지의 형질변경행위를 수반하는 건축허가는 결국 재량행위에 속한다. 536)

(3) 최근에도 대법원은 「국토계획법」이 정한 용도지역 안에서의 건축허가는 「건축법」 제11조 제1항에 의한 건축허가와 「국토계획법」 제56조 제1항의 개발행위허가의 성질을 아울러 갖는데, 개발행위허가는 허가기준 및 금지요건이 불확정개념으로 규정된 부분이 많아 그 요건에 해당하는지 여부는 행정청의 재량판단의 영역에 속한다. 537)

다. 검토

판례가 구 「산림법」상 토석채취허가, 구 「도시계획법」상 토지형질변경 허가, 「국토계획법」이 정한 용도지역 안에서의 건축허가를 재량행위로 판시한 것에 대하여, 재량과 판단여지를 구별하는 긍정론자들은, 불확정개념으로 규정된 허가요건판단에 재량이 인정될 수 없고, 다만 행정청의 고도의 전문적·기술적 판단 등이 요구되는 매우 제한된 경우에만 판단여지가 인정될 수 있을 뿐 재량행위로 판시한 것을 비판한다. 538)

재량행위인지 여부에 대하여 종래에는 개발행위허가는 일단 기속행위의 성질을 가진다고 보았던 경향이 강했지만, 당해 허가행위를 일률적으로 기속행위로 보는 것은 타당하지 않고 일정한도의 독자적 판단권, 즉 재량권을 가진다고 보는 추세이다.

사견으로는 「국토계획법」은 개발행위허가기준으로 법 제58조 제1항 제4호의 경우를 보면 주변지역의 토지이용실태 또는 토지이용계획, 건축물의 높이, 토지의 경사도, 수목의 상태, 물의 배수, 하천·호

---

532) 대법원 1992. 10. 27. 선고 92누2745 판결.
533) 하급심 판례에서는 토지형질변경허가의 기본적 성질은 일반적 금지를 해제하여 본래의 자유를 회복시켜 주는 것으로서 상기의 법 규정 등이 정하는 불허가사유가 없는 경우에는 반드시 그 신청을 받아들여 허가를 해 주어야 하는 기속재량행위라 할 것이라고 판시한 바 있다(서울고등법원 1990. 6. 27. 선고 89구14009판결).
534) 대법원 1994. 4. 12. 선고 93누20825 판결; 대법원 1995. 3. 10. 선고 94누5298 판결.
535) 가. 학설/(3) 재량행위설 각주 참고; 대법원 2001. 2. 9. 선고 98두17593 판결.
536) 대법원 2010. 2. 25. 선고 2009두19960 판결; 같은 취지로 대법원 2005. 7. 14. 선고 2004두6181 판결.
537) 대법원 2017. 3. 15. 선고 2016두55490 판결.
538) 박균성, 행정법론(하), 763면; 정하중, 행정법개론, 1316면; 김남철, 행정법강론, 1243면.

소·습지의 배수 등 주변환경이나 경관과 조화를 이룰 것을 규정하고 있으므로 개발행위허가기준은 허가권자에게 광범위한 재량을 부여하고 있는 법의 취지로 보이고 따라서 **개발행위허가는 재량행위**로 보인다.

Ⅲ. 기부채납부담부('寄附採納負擔附') 개발행위허가

기반시설이 미비하다고 하여 바로 개발행위불허가 처분을 하는 것이 아니고, **특별시장·광역시장·특별자치시장·특별자치도지사·시장 또는 군수(개발행위허가권자)**는 개발행위허가를 하는 경우에는 **대통령령**으로 정하는 바에 따라 그 개발행위에 따른 기반시설의 설치 또는 그에 필요한 **용지의 확보, 위해 방지, 환경오염 방지, 경관, 조경** 등에 관한 조치를 할 것을 **조건**으로 개발행위허가를 할 수 있다(법 제57조 제4항). 개발행위허가권자는 법 제57조 제4항에 따라 개발행위허가에 **조건**을 붙이려는 때에는 미리 개발행위허가를 신청한 자의 의견을 들어야 한다(영 제54조 제2항).

법령상 또는 실무상으로는 부관을 '**조건**'으로 표시하는 경우가 많은 점에 유의할 필요가 있다. 즉, 조건부 허가로 규율되어 있지만 동 규정의 **조건(條件)**은 학문상으로는 **부담(負擔)**으로 해석하여야 한다.[539] **조건**이나 **부담**은 행정법학에서 행정행위의 **부관(附款)**에 속한다. 행정행위의 부관이란 행정법규에 의하여 정하여진 행정행위의 본래의 법률효과를 제한 또는 보충하거나 별도의 의무를 부과하기 위하여 본체의 행정행위에 부가된 종된 행정청의 규율을 말한다.[540] 그리고 여기서 학문상 **조건**이란

---

539) 박균성, 행정법론(하), 763면.

540) 김철용, 행정법(제6판), 177면; 행정행위 **부관의 법적 근거**에 대해서 「국토계획법」 제57조 제4항이나 제88조 제3항과 같이 부관을 붙일 수 있음을 명시적으로 규정하고 있는 경우 외에, 명시적 근거가 없어도 행정청은 필요한 범위 내에서 부관을 붙일 수 있다는 것이 우리나라의 통설이라 한다. 그러나 부관은 사인에게 불이익한 규율이므로 행정상의 필요성과 부관의 불이익을 고려하여 개별적으로 검토되어야 할 문제로 보면서 원칙적으로 행정법령의 취지가 행정청에 대해 부관을 붙일 권한을 수권한 것이라고 합리적으로 해석되는 경우에 한하여 부관을 붙일 수 있다고 해석해야 할 것이라고 한다. 왜냐하면 행정행위의 부관도 법치행정원리의 적용을 받기 때문이다.

판례는 본체의 행정행위가 기속행위이거나 기속재량행위인 경우에 행정법규의 명시적 근거가 필요하다고 하고, 수익적 행정행위에 있어서는 법령에 특별한 규정이 없다고 하더라도 그 부관으로서 부담을 붙일 수 있다거나, 법령상의 제한에 근거한 것이 아니라 하더라도 공익상 필요 등에 의하여 필요한 범위 내에서 부관을 붙일 수 있다고 한다(김철용, 행정법(제6판), 178면). 즉, 최근의 다수설은 기속행위의 성질상 법률의 근거가 없는 한 기속행위에 부관을 붙일 수 없는 것이 원칙이지만, 예외적으로 법률의 근거가 없는 경우에도 부관을 붙일 수 있다고 본다(김철용, 행정법(제6판), 183면).

종래의 통설과 판례가 재량행위에만 부관을 붙일 수 있고 기속행위(또는 기속재량행위)에는 붙이지 못한다고 하는 주장에 대하여, 이는 기속행위의 경우 행정청은 법규에 엄격히 기속되어 그것을 기계적으로 집행하는데 그치므로 행정청이 법규가 정한 효과를 임의로 제한할 수 없는 반면, 재량행위의 경우에는 행정청의 재량에 의하여 법적 근거 없이도 행정행위와 함께 그 내용을 제한하거나 보충하는 부관을 붙일 수 있다는 점을 근거로 한다. 기속행위(또는 기속재량행위)에는 절대로 부관을 붙일 수 없다고 하는 것은 행정행위의 효과를 제한하는 것만이 부관의 기능인 것으로 오해하고 있는데서 비롯된 것이다.

그런데 행정행위의 부관이 행정청으로 하여금 구체적 사정에 적합한 행정을 할 수 있도록 유연성을 부여해 준다. 예컨대 개발행위허가나 건축허가의 신청인이 그 요건을 완전히 구비하고 있지 않은 경우에 허가를 거부하지 않고 충족되지 않은 요건을 갖출 것을 부관으로 정하여 허가를 해주는 경우이다. 부관은 행정행위의 효과실현을 보충·보조하는 것이야 말로 부관의 본래적 기능으로 이해한다. 부관의 기능을 이와 같이 이해할 때, 재량행위라 해서

행정행위의 효력의 발생 또는 소멸을 장래의 불확실한 사실의 성취 여부에 의존케 하는 부관을 말하는 데, 장래의 사실의 성취에 의하여 행정행위의 효력이 발생하는 것을 정지조건이라 하고, 사실의 성취에 의하여 행정행위의 효력이 소멸하는 것을 해제조건이라 한다. 반면에 **부담**이란 행정행위에 부가하여 그 효력을 받는 상대자에 대하여 특정한 의무(작위·부작위·급부·수인 등)를 명하는 부관을 말한다.[541] 위 동조 동항에서는 단지 학문상 부담을 조건이라는 용어로 사용하고 있을 뿐이다. 「국토계획법」 제88조 제3항의 조건부 실시계획인가도 위와 같다.

위의 부관은 허가권자 스스로의 의사로 붙이는 것을 의미한다는 점에서 법령이 행정행위의 기한·조건 등을 명시하는 법정부관과 다르다. 부관은 한편으로는 탄력성 있는 행정을 가능하게 하며 다른 한편으로는 개발행위허가신청자 개인의 이익을 보호하는 기능을 갖고 있다.[542]

IV. 허가 대상 및 허가면제 대상

1. 허가를 받아야 하는 개발행위

가. 다음 각 호의 1. **건축물의 건축**[543]: 「건축법」 제2조 제1항 제2호에 따른 건축물의 건축, 2. **공작물의 설치**: 인공을 가하여 제작한 시설물(「건축법」 제2조 제1항 제2호에 따른 건축물을 제외한다)의 설치, 3. **토지의 형질변경**: 절토(땅깎기)·성토(흙쌓기)·정지·포장 등의 방법으로 토지의 형상을 변경하는 행위와 공유수면의 매립(경작을 위한 토지의 형질변경을 제외한다), 4. **토석채취**: 흙·모래·자갈·바위 등의 토석을 채취하는 행위. 다만, 토지의 형질변경을 목적으로 하는 것을 제외한다. 토지형질변경 및 토석채취 중 도시지역과 계획관리지역의 산림에서의 임도(林道) 설치와 사방사업에 관하여는 「산림자원법」과 「사방사업법」에 따르고, 보전관리지역·생산관리지역·농림지역 및 자연환경보전지역의 산림에서의 토지의 형질변경(농업·임업·어업을 목적으로 하는 토지의 형질 변경만 해당한다) 및 토석의 채취의 개발행위에 관하여는 「산지관리법」에 따른다(법 제56조 제3항). 주의할 점은 일부 용도지역에서 토지형질변경 및 토석채취에 대해서만 개발행위허가를 받지 않도록 한 규정이므로 건축물 건축, 공작물 설치, 물건적치, 토지분할에 대한 개발행위허가는 받아야 하며, 이에 대한 개발행위허가 기준에 적합하여야 한다.[544] 5. **토지분할**: 다음 각 목 가. 녹지지역·관리지역·농림지역 및 자연환경보전지역

무조건 붙이고 기속행위라 하여 절대로 못 붙이는 것은 아니며, 기속행위에 있어서도 장래의 있어서의 법률요건의 충족을 확보할 필요가 있다고 판단되는 때 등에는 부관을 붙일 수 있는 것으로 이해하고 있다(김남진·김연태, 행정법Ⅰ, 265, 272, 273면).

541) 김철용, 행정법(제6판), 179~180면.
542) 정하중, 행정법개론, 217면.
543) 건축물의 건축에 대해서는 「건축법」에서 따로 허가를 받도록 하고 있으므로 중복되지 않는가 하는 의문점이 있을 수 있으나, 「건축법」에서는 건축물 자체(구조 등)의 요건규정을 중요시 여기는 반면, 「국토계획법」에서는 도시기능의 원활한 유지 및 외적인 요인을 중요시 여기며 건축물의 건축에 대해서 별도로 개발행위허가기준을 정하고 있다(국토계획법해설집, 255면).
544) 국토계획법해설집, 256면.

안에서 관계법령에 따른 허가·인가 등을 받지 아니하고 행하는 토지의 분할, 나.「건축법」제57조 제1항에 따른 분할 제한면적 미만으로의 토지의 분할, 다. 관계 법령에 의한 허가·인가 등을 받지 아니하고 행하는 너비 5미터 이하로의 토지의 분할의 어느 하나에 해당하는 토지의 분할(「건축법」제57조에 따른 건축물이 있는 대지는 제외한다). **6. 물건을 쌓아놓는 행위**: 녹지지역·관리지역 또는 자연환경보전지역 안에서 건축물의 울타리 안(적법 절차에 의하여 조성된 대지에 한함)에 위치하지 아니한 토지에 물건을 1월 이상 쌓아놓는 행위(이하 '개발행위'라 한다)를 하려는 자는 개발행위허가를 받아야 한다(법 제56조 제1항 본문 및 영 제51조 제1항).

나. 상기의 개발행위허가 받은 사항을 **변경**하는 경우에도 개발행위허가를 준용하여 허가를 받아야 한다(법 제56조 제2항 본문).

2. 허가 면제 대상

가. 도시·군계획사업

다만, 도시·군계획사업(법 제2조 제11호)은[545] 개발행위허가 대상에서 제외되며, 이 경우 택지개발사업·산업단지개발사업 등 도시·군계획사업으로 의제하는 사업도 개발행위허가에서 제외한다(법 제56조 제1항 단서 및 개발행위허가운영지침1-5-1). 이는 도시·군계획관리계획 수립을 통한 계획적 개발이 이루어져 별도로 개발행위허가대상으로 규정할 실익이 없다고 보아야 할 것이다.[546][547]

나. 경미한 사항의 변경

대통령령으로 정하는 경미한 사항을 변경하는 경우에는 개발행위허가를 받지 않아도 된다(법 제56조 제2항 단서). 법 제56조 제2항 단서에서 "**대통령령**으로 정하는 경미한 사항을 변경하는 경우"란 다음 각 호 1. **사업기간을 단축**하는 경우, 2. 다음 각 목 가. **부지면적 또는 건축물 연면적을 5퍼센트 범위에서 축소**(공작물의 무게, 부피 또는 수평투영면적을 5퍼센트 범위에서 축소하는 경우를 포함한다)하는 경우, 나. **관계 법령의 개정 또는 도시·군관리계획의 변경에 따라 허가받은 사항을 불가피하게 변경**하는 경우, 다.「공간정보관리법」제26조 제2항 및「건축법」제26조에 따라 허용되는 오차를 반영하기 위한 변경인 경우, 라.「**건축법 시행령」제12조 제3항 각 호의 어느 하나에**[548] **해당하는 변경**(공

---

545) 제2조(정의) 11. '도시·군계획사업'이란 도시·군관리계획을 시행하기 위한 다음 각 목 가. 도시·군계획시설사업, 나. 「도시개발법」에 따른 도시개발사업, 다. 「도시정비법」에 따른 정비사업의 사업을 말한다.

546) 국토계획법해설집, 255면.

547) 2016년 개발행위허가 현황은 전년(2015년)과 대비하여 21,511건 증가한 305,968건(1,889.7㎢)으로 유형별 허가 건수를 보면 건축물의 건축이 203,211건(66.4%)으로 가장 많고, 그 다음으로 토지형질변경(70,387건/23%), 토지분할(29,001건/9.5%), 공작물의 설치(1,951건/0.6%), 물건적치(1,013건/0.3%), 토석채취(405건/0.1%) 순으로 나타났다. 시도별 허가 건수를 보면 경기도가 76,015건(367.1㎢)로 가장 많으며, 경상북도 31,945건(284.3㎢), 경상남도 27,999건(137.2㎢) 순으로 허가되었다. 시군구별로 살펴보면 경기도 화성시가 11,161건(33.9㎢)으로 가장 많으며, 그 다음으로 경기도 양평군 6,817건(7.9㎢), 제주시 6,013(25.3㎢), 충청북도 청주시 5,753건(25.2㎢) 등으로 나타났다(국토교통부 보도자료, 2017.8.29.).

작물의 위치를 1미터 범위에서 변경하는 경우를 포함한다)인 경우의 어느 하나에 해당하는 경우의 어느 하나에 해당하는 경우(다른 호에 저촉되지 않는 경우로 한정한다)를 말한다(영 제52조 제1항).

개발행위허가를 받은 자는 제1항 각호의 1에 해당하는 경미한 사항을 변경한 때에는 지체없이 그 사실을 개발행위허가권자에게 통지하여야 한다(영 제52조 제2항).

다. 재해복구나 재난수습을 위한 응급조치

다음 1. 재해복구나 재난수습을 위한 응급조치, 2. 「건축법」에 따라 **신고**하고 설치할 수 있는 건축물의 **개축·증축** 또는 **재축**과 이에 필요한 범위에서의 **토지의 형질 변경**(도시·군계획시설사업이 시행되지 아니하고 있는 도시·군계획시설의 부지인 경우만 가능하다), 3. 그 밖에 **대통령령으로 정하는 경미한 행위**에 해당하는 행위는 개발행위허가를 받지 아니하고 할 수 있다. 다만, 제1호의 응급조치를 한 경우에는 1개월 이내에 허가권자에게 신고하여야 한다(법 제56조 제4항). 이러한 규정을 허가면제 절차라 한다.[549]

라. 그 밖에 대통령령으로 정하는 경미한 행위

법 제56조 제4항 제3호에서 "**대통령령으로 정하는 경미한 행위**"란 다음 각 호의 행위를 말한다. 다만, 다음 각 호에 규정된 범위에서 **특별시·광역시·특별자치시·특별자치도·시 또는 군**의 도시·군계획**조례**로 따로 정하는 경우에는 그에 따른다(영 제53조).

1. **건축물의 건축**: 「건축법」 제11조 제1항에 따른 건축허가 또는 같은 법 제14조 제1항에 따른 건축신고 및 같은 법 제20조 제1항에 따른 가설건축물 건축의 허가 또는 같은 조 제3항에 따른 가설건축물의 축조신고 대상에 해당하지 아니하는 건축물의 건축
2. **공작물의 설치**: 가. 도시지역 또는 지구단위계획구역에서 무게가 50톤 이하, 부피가 50세제곱미

---

548) 건축법 시행령 제12조(허가·신고사항의 변경 등) ③ 법 제16조 제2항에서 "**대통령령으로 정하는 사항**"이란 다음 각 호의 어느 하나에 해당하는 사항을 말한다.
  1. 건축물의 동수나 층수를 변경하지 아니하면서 변경되는 부분의 바닥면적의 합계가 50제곱미터 이하인 경우로서 다음 각 목의 요건을 모두 갖춘 경우
    가. 변경되는 부분의 높이가 1미터 이하이거나 전체 높이의 10분의 1 이하일 것
    나. 허가를 받거나 신고를 하고 건축 중인 부분의 위치 변경범위가 1미터 이내일 것
    다. 법 제14조 제1항에 따라 신고를 하면 법 제11조에 따른 건축허가를 받은 것으로 보는 규모에서 건축허가를 받아야 하는 규모로의 변경이 아닐 것
  2. 건축물의 동수나 층수를 변경하지 아니하면서 변경되는 부분이 연면적 합계의 10분의 1 이하인 경우(연면적이 5천 제곱미터 이상인 건축물은 각 층의 바닥면적이 50제곱미터 이하의 범위에서 변경되는 경우만 해당한다). 다만, 제4호 본문 및 제5호 본문에 따른 범위의 변경인 경우만 해당한다.
  3. 대수선에 해당하는 경우
  4. 건축물의 층수를 변경하지 아니하면서 변경되는 부분의 높이가 1미터 이하이거나 전체 높이의 10분의 1 이하인 경우. 다만, 변경되는 부분이 제1호 본문, 제2호 본문 및 제5호 본문에 따른 범위의 변경인 경우만 해당한다.
  5. 허가를 받거나 신고를 하고 건축 중인 부분의 위치가 1미터 이내에서 변경되는 경우. 다만, 변경되는 부분이 제1호 본문, 제2호 본문 및 제4호 본문에 따른 범위의 변경인 경우만 해당한다.
549) 정남철, 행정구제의 기본원리, 435면.

터 이하, 수평투영면적이 50제곱미터 이하인 공작물의 설치. 다만, 「건축령」 제118조 제1항 각 호의 어느 하나에 해당하는 공작물의 설치는 제외한다.

나. 도시지역·자연환경보전지역 및 지구단위계획구역외의 지역에서 무게가 150톤 이하, 부피가 150세제곱미터 이하, 수평투영면적이 150제곱미터 이하인 공작물의 설치. 다만, 「건축령」 제 118조 제1항 각 호의 어느 하나에 해당하는 공작물의 설치는 제외한다.

다. 녹지지역·관리지역 또는 농림지역안에서의 농림어업용 비닐하우스(비닐하우스안에 설치하는 육상어류양식장을 제외한다)의 설치

3. **토지의 형질변경:** 가. 높이 50센티미터 이내 또는 깊이 50센티미터 이내의 절토·성토·정지 등(포장을 제외하며, 주거지역·상업지역 및 공업지역 외의 지역에서는 지목변경을 수반하지 아니하는 경우에 한한다)

나. 도시지역·자연환경보전지역 및 지구단위계획구역 외의 지역에서 면적이 660제곱미터 이하인 토지에 대한 지목변경을 수반하지 아니하는 절토·성토·정지·포장 등(토지의 형질변경 면적은 형질변경이 이루어지는 당해 필지의 총면적을 말한다. 이하 같다)

다. 조성이 완료된 기존 대지에 건축물이나 그 밖의 공작물을 설치하기 위한 토지의 형질변경(절토 및 성토는 제외한다)

라. 국가 또는 지방자치단체가 공익상의 필요에 의하여 직접 시행하는 사업을 위한 토지의 형질변경

4. **토석채취:** 가. 도시지역 또는 지구단위계획구역에서 채취면적이 25제곱미터 이하인 토지에서의 부피 50세제곱미터 이하의 토석채취

나. 도시지역·자연환경보전지역 및 지구단위계획구역외의 지역에서 채취면적이 250제곱미터 이하인 토지에서의 부피 500세제곱미터 이하의 토석채취

5. **토지분할:** 가. 「사도법」에 의한 사도개설허가를 받은 토지의 분할

나. 토지의 일부를 공공용지 또는 공용지로 하기 위한 토지의 분할

다. 행정재산 중 용도폐지되는 부분의 분할 또는 일반재산을 매각·교환 또는 양여하기 위한 분할

라. 토지의 일부가 도시·군계획시설로 지형도면고시가 된 당해 토지의 분할

마. 너비 5미터 이하로 이미 분할된 토지의 「건축법」 제57조제1항에 따른 분할제한면적 이상으로의 분할

6. **물건을 쌓아놓는 행위:** 가. 녹지지역 또는 지구단위계획구역에서 물건을 쌓아놓는 면적이 25제곱미터 이하인 토지에 전체무게 50톤 이하, 전체부피 50세제곱미터 이하로 물건을 쌓아놓는 행위

나. 관리지역(지구단위계획구역으로 지정된 지역을 제외한다)에서 물건을 쌓아놓는 면적이 250 제곱미터 이하인 토지에 전체무게 500톤 이하, 전체부피 500세제곱미터 이하로 물건을 쌓아놓는 행위

V. 개발행위허가 기준 및 허가 제한

1. 개발행위허가 기준

가. 일반적 기준

허가권자는 개발행위허가의 신청 내용이 다음 각 호 1. 용도지역별 특성을 고려하여 대통령령으로 정하는 개발행위의 규모에[550] 적합할 것(다만, **개발행위가 「농어촌정비법」 제2조 제4호에 따른 농어촌정비사업으로 이루어지는 경우 등 대통령령으로 정하는 경우**에는[551] 개발행위 규모의 제한을 받지 아니한다), 2. 도시·군관리계획 및 법 제58조 제4항에 따른 성장관리방안의 내용에 어긋나지 아니할 것, 3. 도시·군계획사업의 시행에 지장이 없을 것, 4. 주변지역의 토지이용실태 또는 토지이용계획, 건축물의 높이, 토지의 경사도, 수목의 상태, 물의 배수, 하천·호소·습지의 배수 등 **주변환경이나 경관과 조화를 이룰 것**, 5. 해당 개발행위에 따른 기반시설의 설치나 그에 필요한 용지의 확보계획이 **적절할 것**의 기준에 맞는 경우에만 개발행위허가 또는 변경허가를 하여야 한다(법 제58조 제1항).[552]

---

550) 영 제55조(개발행위허가의 규모) ①법 제58조 제1항 제1호 본문에서 "대통령령으로 정하는 개발행위의 규모"란 다음 각 호 1. 도시지역 가. 주거지역·상업지역·자연녹지지역·생산녹지지역: 1만제곱미터 미만, 나. 공업지역: 3만제곱미터 미만, 다. 보전녹지지역: 5천제곱미터 미만, 2. 관리지역: 3만제곱미터 미만, 3. 농림지역: 3만제곱미터 미만, 4. 자연환경보전지역: 5천제곱미터 미만에 해당하는 토지의 형질변경면적을 말한다. 다만, 관리지역 및 농림지역에 대하여는 제2호 및 제3호의 규정에 의한 면적의 범위안에서 당해 특별시·광역시·특별자치시·특별자치도·시 또는 군의 도시·군계획조례로 따로 정할 수 있다.
  ② 제1항의 규정을 적용함에 있어서 개발행위허가의 대상인 토지가 2 이상의 용도지역에 걸치는 경우에는 각각의 용도지역에 위치하는 토지부분에 대하여 각각의 용도지역의 개발행위의 규모에 관한 규정을 적용한다. 다만, 개발행위허가의 대상인 토지의 총면적이 당해 토지가 걸쳐 있는 용도지역중 개발행위의 규모가 가장 큰 용도지역의 개발행위의 규모를 초과하여서는 아니 된다.
551) 영 제55조(개발행위허가의 규모) ③법 제58조 제1항 제1호 단서에서 **"개발행위가 「농어촌정비법」 제2조 제4호에 따른 농어촌정비사업으로 이루어지는 경우 등 대통령령으로 정하는 경우"**란 다음 각 호의 어느 하나에 해당하는 경우를 말한다.
  1. 지구단위계획으로 정한 가구 및 획지의 범위안에서 이루어지는 토지의 형질변경으로서 당해 형질변경과 관련된 기반시설이 이미 설치되었거나 형질변경과 기반시설의 설치가 동시에 이루어지는 경우
  2. 해당 개발행위가 「농어촌정비법」 제2조 제4호에 따른 농어촌정비사업으로 이루어지는 경우
  2의2. 해당 개발행위가 「국방·군사시설 사업에 관한 법률」 제2조 제2호에 따른 국방·군사시설사업으로 이루어지는 경우
  3. 초지조성, 농지조성, 영림 또는 토석채취를 위한 경우
  3의2. 해당 개발행위가 다음 각 목의 어느 하나에 해당하는 경우. 이 경우 **특별시장·광역시장·특별자치시장·특별자치도지사·시장 또는 군수**는 그 개발행위에 대한 허가를 하려면 시·도도시계획위원회 또는 법 제113조 제2항에 따른 시·군·구도시계획위원회(이하 "시·군·구도시계획위원회"라 한다) 중 대도시에 두는 도시계획위원회의 심의를 거쳐야 하고, 시장(대도시 시장은 제외한다) 또는 군수(특별시장·광역시장의 개발행위허가 권한이 법 제139조 제2항에 따라 조례로 군수 또는 자치구의 구청장에게 위임된 경우에는 그 군수 또는 자치구의 구청장을 포함한다)는 시·도도시계획위원회에 심의를 요청하기 전에 해당 지방자치단체에 설치된 지방도시계획위원회에 자문할 수 있다.
    가. 하나의 필지(법 제62조에 따른 준공검사를 신청할 때 둘 이상의 필지를 하나의 필지로 합칠 것을 조건으로 하여 허가하는 경우를 포함하되, 개발행위허가를 받은 후에 매각을 목적으로 하나의 필지를 둘 이상의 필지로 분할하는 경우는 제외한다)에 건축물을 건축하거나 공작물을 설치하기 위한 토지의 형질변경
    나. 하나 이상의 필지에 하나의 용도에 사용되는 건축물을 건축하거나 공작물을 설치하기 위한 토지의 형질변경
  4. 건축물의 건축, 공작물의 설치 또는 지목의 변경을 수반하지 아니하고 시행하는 토지복원사업
  5. 그 밖에 **국토교통부령**이 정하는 경우
552) 허가의 기준에 관해서는 법 제58조 제1항, 시행령 제55조 및 제56조와 시행령 제56조 제4항의 위임을 받은 행정

이 규정은 불확정개념의 형식으로 규정되어 있기 때문에 소위 판단여지설이 적용될 여지가 있다. 그러나 우리 실무에서는 이를 재량으로 파악하고 있다(판례도 같다). 위의 개발행위허가 기준에는 제4호에서 '주변 환경이나 경관과 조화를 이룰 것', 제5호에서 '필요한 용지의 확보계획이 적절할 것' 등의 불확정개념이 포함되어 있다. 위의 기준에 적합한 경우에만 허가권자가 허가를 하여야 하는데, 그렇지 않은 경우에는 허가를 하지 않을 수 있다. 이 부분은 소위 '판단여지'로서 법적인 개념이므로 사후적 통제가 가능하다고 하겠다. 그러나 그에 대한 심사방법과 기준은 아직 구체화되지 않고 있는데, 행정청의 판단 혹은 허가·불허가에 대한 선택의 가능성을 열어 두고 있는 점에 착안하면 재량적 성격이 있다고 할 것이다.[553]

나. 용도에 따른 구분

허가권자가 허가할 수 있는 경우 그 허가의 기준은 지역의 특성, 지역의 개발상황, 기반시설의 현황 등을 고려하여 다음 각 호 1. **시가화 용도**: 토지의 이용 및 건축물의 용도·건폐율·용적률·높이 등에 대한 용도지역의 제한에 따라 개발행위허가의 기준을 적용하는 **주거지역·상업지역 및 공업지역**, 2. **유보 용도**: 도시계획위원회의 심의를 통하여 개발행위허가의 기준을 강화 또는 완화하여 적용할 수 있는 계획관리지역·생산관리지역 및 자연녹지지역(영 제56조 제2항), 3. **보전 용도**: 도시계획위원회의 심의를 통하여 개발행위허가의 기준을 강화하여 적용할 수 있는 **보전관리지역·농림지역·자연환경보전지역·생산녹지지역 및 보전녹지지역**(영 제56조 제3항)의 구분에 따라 대통령령으로[554] 정한다(법 제58조 제3항).

다. 성장관리방안

(1) 수립대상지역 및 내용: (가) '성장관리방안'이란 개발행위허가권자가 난개발 방지와 지역특성을 고려한 계획적 개발을 유도하기 위하여 필요한 경우 대통령령으로 정하는 바에 따라 **개발행위의 발생 가능성이 높은 지역**을 대상지역[1. 개발수요가 많아 부절서한 개발이 진행되고 있거나 진행될 것으로 예상되는 지역, 2. 주변의 토지이용이나 교통여건 변화 등으로 향후 시가화가 예상되는 지역, 3. 주변지역과 연계하여 체계적인 관리가 필요한 지역, 4. 「토지이용규제 기본법」 제2조 제1호에 따른 지역·지구등의 변경으로 토지이용에 대한 행위제한이 완화되는 지역, 5. 그 밖에 제1호부터 제4호까지에 준하는 지역으로서 도시·군계획조례로 정하는 지역(영 제56조의2 제1항)]으로 하여 **기반시설의 설치·변경, 건축물의 용도 등에 관한 관리방안을 수립**하는 것을 말한다(법 제58조 제4항).

(나) 성장관리방안에는 다음 각 호 1. **도로, 공원 등 기반시설의 배치와 규모에 관한 사항**, 2. **건축물의 용도제한, 건축물의 건폐율 또는 용적률**, 3. 건축물의 배치·형태·색채·높이, 4. **환경관리계획 또는 경관계획**, 5. 그 밖에 난개발을 방지하고 계획적 개발을 유도하기 위하여 필요한 사항으로서 도시·군

규칙 「개발행위허가운영지침」(국토교통부훈령 제569호)에 의한다.

553) 김광수, 앞의 논문, 16면.

554) 대통령령으로 위임된 개발행위허가의 기준은 영 제56조 제1항 [별표 1의2]에서 정하고 있다.

계획**조례**로 정하는 사항 중 **제1호와 제2호를 포함**한 둘 이상의 사항이 포함되어야 한다(영 제56조의2 제2항).

(2) 성장관리방안의 수립절차

(가) 주민과 해당 지방의회의 의견 청취 등

허가권자는 성장관리방안을 수립하거나 변경하려면 대통령령으로 정하는 바에 따라 주민과 해당 지방의회의 의견을 들어야 하며, 관계 행정기관과의 협의 및 지방도시계획위원회의 심의를 거쳐야 한다(법 제58조 제5항 본문).

특별시장·광역시장·특별자치시장·특별자치도지사·시장 또는 군수는 법 제58조 제5항에 따라 성장관리방안에 관하여 주민의견을 들으려면 성장관리방안의 주요 내용을 전국 또는 해당 지방자치단체의 지역을 주된 보급지역으로 하는 둘 이상의 일반일간신문과 해당 지방자치단체의 인터넷 홈페이지 등에 공고하고, 성장관리방안을 14일 이상 일반이 열람할 수 있도록 하여야 한다(영 제56조의3 제1항).

공고된 성장관리방안에 대하여 의견이 있는 자는 열람기간 내에 특별시장·광역시장·특별자치시장·특별자치도지사·시장 또는 군수에게 의견서를 제출할 수 있다(영 제56조의3 제2항).

특별시장·광역시장·특별자치시장·특별자치도지사·시장 또는 군수는 제2항에 따라 제출된 의견을 성장관리방안에 반영할 것인지 여부를 검토하여 그 결과를 열람기간이 종료된 날부터 30일 이내에 해당 의견을 제출한 자에게 통보하여야 한다(영 제56조의3 제3항).

특별시장·광역시장·특별자치시장·특별자치도지사·시장 또는 군수는 법 제58조제5항에 따라 성장관리방안에 관하여 해당 지방의회의 의견을 들으려면 의견 제시 기한을 밝혀 성장관리방안을 해당 지방의회에 보내야 한다(영 제56조의3 제4항).

(나) 경미한 사항의 변경

다만, **대통령령**으로 정하는 경미한 사항을 변경하는 경우에는 위 절차를 생략할 수 있다(법 제58조 제5항 단서). 특별시장·광역시장·특별자치시장·특별자치도지사·시장 또는 군수는 성장관리방안이 다음 각 호 1. 성장관리방안을 수립한 대상지역 전체 면적의 10퍼센트 이내에서 변경하고 그 변경지역에서의 성장관리방안을 변경하는 경우. 다만, 대상지역에 둘 이상의 읍·면 또는 동이 포함된 경우에는 해당 읍·면 또는 동 단위로 구분한 지역의 면적이 각각 10퍼센트 이내에서 변경하는 경우만 해당한다. 2. 다음 각 목 가. 단위 기반시설부지 면적의 10퍼센트 미만을 변경하는 경우. 다만, 도로의 경우 시작지점 또는 끝지점이 변경되지 않는 경우로서 중심선이 종전 도로의 범위를 벗어나지 않는 경우만 해당한다. 나. 지형사정으로 인한 기반시설의 근소한 위치변경 또는 비탈면 등으로 인한 시설부지의 불가피한 변경인 경우의 어느 하나에 해당하는 경우, 3. 삭제 〈2019. 8. 6.〉, 4. 건축물의 배치·형태·색채·높이의 변경인 경우, 5. 성장관리방안으로 정한 경미한 변경사항에 해당하는 경우, 6. 그 밖에 도시·군계획**조례**로 정하는 경미한 변경인 경우의 어느 하나에 해당하는 경우(다른 호에 저촉되지 않는 경우로 한정한다)에는 법 제58조 제5항 단서에 따라 주민과 해당 지방의회의 의견 청취, 관계 행정기관과의 협의 및 지방도시계획위원회의 심의를 거치지 않고 변경할 수 있다(영 제56조의3 제5항).

허가권자는 성장관리방안을 수립하거나 변경한 경우에는 관계 행정기관의 장에게 관계 서류를 송부하여야 하며, **대통령령**으로 정하는 바에 따라 이를 고시하고 일반인이 열람할 수 있도록 하여야 한다(법 제58조 제6항). 법 제58조 제6항에 따른 성장관리방안의 고시는 해당 특별시·광역시·특별자치시·특별자치도·시 또는 군의 공보에 다음 각 호 1. 성장관리방안의 수립 목적, 2. 위치 및 경계, 3. 면적 및 규모, 4. 그 밖에 **국토교통부령**으로 정하는 사항을 게재하는 방법으로 한다(영 제56조의3 제6항).

2. 개발행위허가 제한

가. 도시·군관리계획상 필요에 의한 제한

국토교통부장관, 시·도지사, 시장 또는 군수는 다음 각 호 1. 녹지지역이나 계획관리지역으로서 수목이 집단적으로 자라고 있거나 조수류 등이 집단적으로 서식하고 있는 지역 또는 우량 농지 등으로 보전할 필요가 있는 지역, 2. 개발행위로 인하여 주변의 환경·경관·미관·문화재 등이 크게 오염되거나 손상될 우려가 있는 지역, 3. 도시·군기본계획이나 도시·군관리계획을 수립하고 있는 지역으로서 그 도시·군기본계획이나 도시·군관리계획이 결정될 경우 용도지역·용도지구 또는 용도구역의 변경이 예상되고 그에 따라 개발행위허가의 기준이 크게 달라질 것으로 예상되는 지역, 4. 지구단위계획구역으로 지정된 지역, 5. 기반시설부담구역으로 지정된 지역의 어느 하나에 해당되는 지역으로서 도시·군관리계획상 특히 필요하다고 인정되는 지역에 대해서는 **대통령령**으로 정하는 바에 따라[개발행위허가를 제한하고자 하는 자가 **국토교통부장관**인 경우에는 중앙도시계획위원회의 심의를 거쳐야 하며, 시·도지사, 시장 또는 군수인 경우에는 당해 지방자치단체에 설치된 지방도시계획위원회의 심의를 거쳐(영 제60조 제1항)] **한 차례만 3년 이내의 기간 동안 개발행위허가를 제한**할 수 있다. 다만, 제3호부터 제5호까지에 해당하는 지역에 대해서는 중앙도시계획위원회나 지방도시계획위원회의 심의를 거치지 아니하고 **한 차례만 2년 이내의 기간 동안** 개발행위허가의 **제한을 연장**할 수 있다(법 제63조 제1항). 법 제63조 제1항의 규정에 의하여 개발행위허가를 제한하고자 하는 자가 **국토교통부장관** 또는 시·도지사인 경우에는 중앙도시계획위원회 또는 시·도도시계획위원회의 심의전에 미리 제한하고자 하는 지역을 관할하는 시장 또는 군수의 의견을 들어야 한다(영 제60조 제2항).

국토교통부장관, 시·도지사, 시장 또는 군수는 개발행위허가를 제한하려면 **대통령령**으로 정하는 바에 따라 제한지역·제한사유·제한대상행위 및 제한기간을 미리 고시하여야 한다(법 제63조 제2항).

개발행위허가를 제한하기 위하여 제2항에 따라 개발행위허가 제한지역 등을 고시한 **국토교통부장관**, 시·도지사, 시장 또는 군수는 해당 지역에서 개발행위를 제한할 사유가 없어진 경우에는 그 제한기간이 끝나기 전이라도 지체 없이 개발행위허가의 제한을 해제하여야 한다. 이 경우 **국토교통부장관**,

시·도지사, 시장 또는 군수는 **대통령령**으로 정하는 바에 따라 해제지역 및 해제시기를 고시하여야 한다(법 제63조 제3항). 법 제63조 제2항에 따른 개발행위허가의 제한 및 같은 조 제3항 후단에 따른 개발행위허가의 제한 해제에 관한 고시는 **국토교통부장관**이 하는 경우에는 관보에, 시·도지사 또는 시장·군수가 하는 경우에는 당해 지방자치단체의 공보에 게재하는 방법에 의한다(영 제60조 제3항).

　국토교통부장관, 시·도지사, 시장 또는 군수가 개발행위허가를 제한하거나 개발행위허가 제한을 연장 또는 해제하는 경우 그 지역의 지형도면 고시, 지정의 효력, 주민 의견 청취 등에 관하여는 「토지이용규제기본법」 제8조에 따른다(법 제63조 제4항).

나. 도시·군계획시설 부지에서의 개발행위허가

　허가권자는 도시·군계획시설의 설치 장소로 결정된 지상·수상·공중·수중 또는 지하는 그 도시·군계획시설이 아닌 건축물의 건축이나 공작물의 설치를 허가하여서는 아니 된다. 다만, **대통령령**으로 정하는 경우[다음 각 호 1. 지상·수상·공중·수중 또는 지하에 일정한 공간적 범위를 정하여 도시·군계획시설이 결정되어 있고, 그 도시·군계획시설의 설치·이용 및 장래의 확장 가능성에 지장이 없는 범위에서 도시·군계획시설이 아닌 건축물 또는 공작물을 그 도시·군계획시설인 건축물 또는 공작물의 부지에 설치하는 경우, 2. 도시·군계획시설과 도시·군계획시설이 아닌 시설을 같은 건축물안에 설치한 경우(법률 제6243호 도시계획법 개정법률에 의하여 개정되기 전에 설치한 경우를 말한다)로서 법 제88조의 규정에 의한 실시계획인가를 받아 다음 각 목 가. 건폐율이 증가하지 아니하는 범위 안에서 당해 건축물을 증축 또는 대수선하여 도시·군계획시설이 아닌 시설을 설치하는 경우, 나. 도시·군계획시설의 설치·이용 및 장래의 확장 가능성에 지장이 없는 범위 안에서 도시·군계획시설을 도시·군계획시설이 아닌 시설로 변경하는 경우에 해당하는 경우, 3. 「도로법」 등 도시·군계획시설의 설치 및 관리에 관하여 규정하고 있는 다른 법률에 의하여 점용허가를 받아 건축물 또는 공작물을 설치하는 경우, 4. 도시·군계획시설의 설치·이용 및 장래의 확장 가능성에 지장이 없는 범위에서 「신에너지 및 재생에너지 개발·이용·보급 촉진법」 제2조 제3호에 따른 신·재생에너지 설비 중 태양에너지 설비 또는 연료전지 설비를 설치하는 경우를 말한다(영 제61조)]에는 그러하지 아니하다(법 제64조 제1항).

　만약 건축허가를 하는 경우 「국토계획법」상 건축이 금지되는 영역에서 건축허가이므로 개발제한구역에서와 마찬가지로 예외적으로 허가(예외적 승인)된 것이며 재량행위로 보아야 한다.[555]

　행정주체는 도시·군계획시설에 대하여 도시·군계획시설결정의 고시일부터 3개월 이내에 **대통령령**으로 정하는 바에 따라 재원조달계획, 보상계획 등을 포함하는 단계별 집행계획을 수립하여야 한다. 다만, **대통령령**으로 정하는 법률에 따라 도시·군관리계획의 결정이 의제되는 경우에는 해당 도시·군계획시설결정의 고시일부터 2년 이내에 단계별 집행계획을 수립할 수 있다(법 제85조 제1항). 단계별 집행계획은 제1단계 집행계획과 제2단계 집행계획으로 구분하여 수립하되, 3년 이내에 시행하는 도시·군계획시설사업은 제1단계 집행계획에, 3년 후에 시행하는 도시·군계획시설사업은 제2단계 집행계획에 포함되도록 하여야 한다(법 제85조 제3항).

　허가권자는 도시·군계획시설결정의 고시일부터 2년이 지날 때까지 그 시설의 설치에 관한 사업이 시행되지 아니한 도시·군계획시설을 장기미집행이라 하는데 그 중에서 단계별 집행계획이 수립되지

---

555) 대법원 2001. 2. 9. 선고 98두17593 판결.

아니하거나 단계별 집행계획에서 제1단계 집행계획에 포함되지 아니한 도시·군계획시설의 부지에 대하여는 다음 각 호 1. 가설건축물의 건축과 이에 필요한 범위에서의 토지의 형질 변경, 2. 도시·군계획시설의 설치에 지장이 없는 공작물의 설치와 이에 필요한 범위에서의 토지의 형질 변경, 3. 건축물의 개축 또는 재축과 이에 필요한 범위에서의 토지의 형질 변경(제56조 제4항 제2호에 해당하는 경우는 제외한다)의 개발행위를 허가할 수 있다(법 제64조 제2항).

허가권자는 법 제64조 제2항 제1호 또는 제2호에 따라 가설건축물의 건축이나 공작물의 설치를 허가한 토지에서 도시·군계획시설사업이 시행되는 경우에는 그 시행예정일 3개월 전까지 가설건축물이나 공작물 소유자의 부담으로 그 가설건축물이나 공작물의 철거 등 원상회복에 필요한 조치를 명하여야 한다. 다만, 원상회복이 필요하지 아니하다고 인정되는 경우에는 그러하지 아니하다(법 제64조 제3항). 허가권자는 원상회복의 명령을 받은 자가 원상회복을 하지 아니하면 「행정대집행법」에 따른 행정대집행에 따라 원상회복을 할 수 있다(법 제64조 제4항).

VI. 개발행위허가 절차

개발행위의 절차는 다음과 같다.

〈표 22〉 개발행위의 절차

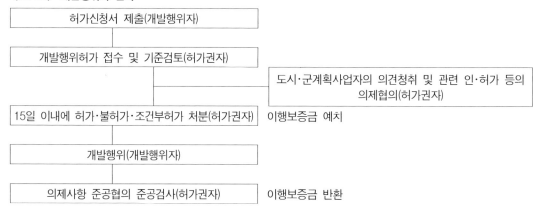

1. 허가신청 및 처리기간

개발행위를 하려는 자는 그 개발행위에 따른 기반시설의 설치나 그에 필요한 용지의 확보, 위해(危害) 방지, 환경오염 방지, 경관, 조경 등에 관한 계획서를 첨부한 신청서를 개발행위허가권자에게 제출하여야 한다. 이 경우 개발밀도관리구역 안에서는 기반시설의 설치나 그에 필요한 용지의 확보에 관한 계획서를 제출하지 아니한다. 다만, 법 제56조 제1항 제1호의 행위 중 「건축법」의 적용을 받는 건축물의 건축 또는 공작물의 설치를 하려는 자는 「건축법」에서 정하는 절차에 따라 신청서류를 제출하여야 한다(법 제57조 제1항). 여기서 현실적으로는 기반시설의 설치에 관한 사항이 가장 중요하기 때문에 아직 설치되어 있지 아니한 지역은 이를 신설한 계획을 제출하라는 의미이다.[556] 그리고 개발밀도관리구역 안에서는 기반시설의 설치가 곤란한 지역이므로 기반시설을 설치할 필요가 없고, 건폐율 또는 용적률을 강화하는 방법으로 개발행위 자체를 억제한다.

허가권자는 개발행위허가의 신청에 대하여 특별한 사유가 없으면 15일(도시계획위원회의 심의를 거쳐야 하거나 관계 행정기관의 장과 협의를 하여야 하는 경우에는 심의 또는 협의기간을 제외한다) 이내에 허가 또는 불허가의 처분을 하여야 한다(법 제57조 제2항 및 영 제54조 제1항).

2. 허가권자의 허가기준 검토

허가기준에 관해서는 전술하였다.

3. 도시계획위원회의 심의

관계 행정기관의 장은 법 제56조 제1항 제1호부터 제3호까지의 행위(1. 건축물의 건축 또는 공작물의 설치, 2. 토지의 형질 변경, 3. 토석의 채취) 중 어느 하나에 해당하는 행위로서 **대통령령**으로 정하는 행위(영 제57조 제1항)를 이 법에 따라 허가 또는 변경허가를 하거나 다른 법률에 따라 인가·허가·승인 또는 협의를 하려면 **대통령령**으로 정하는(영 제57조 제4항) 바에 따라 중앙도시계획위원회나 지방도시계획위원회의 심의를 거쳐야 한다(법 제59조 제1항).[557]

다음 각 호 1. 법 제8조(다른 법률에 따른 토지 이용에 관한 구역 등의 지정 제한 등), 제9조(다른 법률에 따른 도시·군관리계획의 변경 제한) 또는 다른 법률에 따라 도시계획위원회의 심의를 받는 구역에서 하는 개발행위, 2. 지구단위계획 또는 성장관리방안을 수립한 지역에서 하는 개발행위, 3. 주거지역·상업지역·공업지역에서 시행하는 개발행위 중 **특별시·광역시·특별자치시·특별자치도·시 또는 군의 조례**로 정하는 규모·위치 등에 해당하지 아니하는 개발행위, 4. 「환경영향평가법」에 따라 **환**

---

556) 김광수, "개발행위허가의 쟁점과 절차", 토지공법연구 제77집, 2017, 15면.

557) 위원회의 심의는 국토계획에 관한 전문가 심의를 의미하는 것이며, 이는 개발행위허가의 계획적 성격을 나타내는 것이라고 할 수 있다. 만일 개발행위허가가 전형적인 명령적 행위로서 신청이 금지해제에 적합한 것인지 여부를 판단하는 과정에 불과하다면 굳이 도시계획위원회의 심의절차를 거칠 필요성은 없다고 할 것이다(김광수, 앞의 논문, 16면).

경영향평가를 받은 개발행위, 5. 「도시교통정비 촉진법」에 따라 **교통영향평가**에 대한 검토를 받은 개발행위, 6. 「농어촌정비법」 제2조 제4호에 따른 농어촌정비사업 중 **대통령령**으로 정하는 사업을 위한 개발행위, 7. 「산림자원법」에 따른 산림사업 및 「사방사업법」에 따른 사방사업을 위한 개발행위의 어느 하나에 해당하는 개발행위는 중앙도시계획위원회와 지방도시계획위원회의 심의를 거치지 아니한다(법 제59조 제2항).

국토교통부장관이나 지방자치단체의 장은 법 제59조 제2항에도 불구하고 같은 항 **제4호 및 제5호**에 해당하는 개발행위가 도시·군계획에 포함되지 아니한 경우에는 관계 행정기관의 장에게 **대통령령**으로 정하는 바에 따라 중앙도시계획위원회나 지방도시계획위원회의 **심의**를 받도록 요청할 수 있다. 이 경우 관계 행정기관의 장은 특별한 사유가 없으면 요청에 따라야 한다(법 제59조 제3항).

4. 도시·군계획사업 시행자의 의견청취

허가권자는 개발행위허가 또는 변경허가를 하려면 그 개발행위가 도시·군계획사업의 시행에 지장을 주는지에 관하여 해당 지역에서 시행되는 도시·군계획사업의 시행자의 의견을 들어야 한다(법 제58조 제2항).

5. 관련 인·허가 등의 의제협의

허가권자는 개발행위허가 또는 변경허가를 할 때에 그 내용에 관련 인·허가등의 의제(법 제61조 제1항 각 호) 사항이 있으면 미리 관계 행정기관의 장과 협의하여야 한다(법 제61조 제1항). 협의요청을 받은 관계 행정기관의 장은 20일 이내에 의견을 제출하여야 하며, 그 기간 내에 의견을 제출하지 아니하면 협의가 이루어진 것으로 본다(법 제61조 제4항). 허가권자가 당해 개발행위에 대하여 미리 관계 행정기관의 장과 협의한 사항에 대하여는 당해 인·허가 등을 받은 것으로 본다(법 제61조 제1항).

6. 개발행위복합민원 일괄협의회

허가권자는 관계 행정기관의 장과 협의하기 위하여 개발행위허가 신청일부터 10일 이내에 개발행위복합민원 일괄협의회를 개최하여야 한다(법 제61조의2 제1항). 협의 요청을 받은 관계 행정기관의 장은 소속 공무원을 개발행위복합민원 일괄협의회에 참석하게 하여야 한다(법 제61조의2 제2항).

7. 허가처분 및 통지

허가 또는 불허가처분을 하는 때에는 지체 없이 신청인에게 허가증을 교부하거나 불허가처분사유를 서면으로 통지하여야 한다(법 제57조 제3항).

8. 준공검사

법 제56조 제1항 제1호부터 제3호까지의 행위(1. 건축물 건축 또는 공작물 설치, 2. 토지형질변경, 3. 토석 채취)에 대한 개발행위허가를 받은 자는 그 개발행위를 마치면 **국토교통부령**으로 정하는 바에 따라 허가권자의 준공검사를 받아야 한다. 다만, 같은 항 제1호의 행위에 대하여 「건축법」 제22조에 따른 건축물의 사용승인을 받은 경우에는 그러하지 아니하다(법 제62조 제1항).

준공검사를 받은 경우에는 허가권자가 제61조에 따라 의제되는 인·허가등에 따른 준공검사·준공인가 등에 관하여 관계 행정기관의 장과 협의한 사항에 대하여는 그 준공검사·준공인가 등을 받은 것으로 본다(법 제62조 제2항).

준공검사·준공인가 등의 의제를 받으려는 자는 준공검사를 신청할 때에 해당 법률에서 정하는 관련 서류를 함께 제출하여야 한다(법 제62조 제3항).

허가권자는 준공검사를 할 때에 그 내용에 의제되는 인·허가등에 따른 준공검사·준공인가 등에 해당하는 사항이 있으면 미리 관계 행정기관의 장과 협의하여야 한다(법 제62조 제4항).

국토교통부장관은 의제되는 준공검사·준공인가 등의 처리기준을 관계 중앙행정기관으로부터 제출받아 통합하여 고시하여야 한다(법 제62조 제5항).

Ⅶ. 개발행위허가의 이행담보 등

1. 이행보증금

허가권자는 기반시설의 설치나 그에 필요한 용지의 확보, 위해 방지, 환경오염 방지, 경관, 조경 등을 위하여 필요하다고 인정되는 경우로서 **대통령령**으로 정하는 경우[다음 각 호 1. 법 제56조 제1항 제1호 내지 제3호의 1에 해당하는 개발행위로서 당해 개발행위로 인하여 도로·수도공급설비·하수도 등 기반시설의 설치가 필요한 경우, 2. 토지의 굴착으로 인하여 인근의 토지가 붕괴될 우려가 있거나 인근의 건축물 또는 공작물이 손괴될 우려가 있는 경우, 3. 토석의 발파로 인한 낙석·먼지 등에 의하여 인근지역에 피해가 발생할 우려가 있는 경우, 4. 토석을 운반하는 차량의 통행으로 인하여 통행로 주변의 환경이 오염될 우려가 있는 경우, 5. 토지의 형질변경이나 토석의 채취가 완료된 후 비탈면에 조경을 할 필요가 있는 경우의 어느 하나를 말한다(영 제59조 제1항)]에는 이의 이행을 보증하기 위하여 개발행위허가(다른 법률에 따라 개발행위허가가 의제되는 협의를 거친 인가·허가·승인 등을 포함한다)를 받는 자로 하여금 이행보증금을 예치하게 할 수 있다. 다만, 다음 각 호의 1. 국가나 지방자치단체가 시행하는 개발행위, 2. 「공공기관운영법」에 따른 공공기관(이하 '공공기관'이라 한다) 중 **대통령령**으로 정하는 기관이 시행하는 개발행위, 3. 그 밖에 해당 지방자치단체의 **조례**로 정하는 공공단체가 시행하는 개발행위의 어느 하나에 해당하는 경우에는 그러하지 아니하다(법 제60조 제1항). 이행보증금의 산정 및 예치방법 등에 관하여 필요한 사항은 **대통령령**으로 정한다(법 제60조 제2항).

2. 원상회복 및 대집행

허가권자는 개발행위허가를 받지 아니하고 개발행위를 하거나 허가내용과 다르게 개발행위를 하는 자에게는 그 토지의 원상회복을 명할 수 있다(법 제60조 제3항). 허가권자는 원상회복의 명령을 받은 자가 원상회복을 하지 아니하면 「행정대집행법」에 따른 행정대집행에 따라 원상회복을 할 수 있다. 이 경우 행정대집행 비용은 개발행위허가를 받은 자가 예치한 이행보증금을 사용할 수 있다(법 제60조 제4항).

Ⅷ. 인·허가 의제

1. 의의

인·허가의제제도란 근거법상 인·허가를 받으면 그 근거법에서 정하고 있는 다른 법률에 의한 인·허가 등도 받은 것으로 의제하는 제도를 말한다.[558] 이와 같이 인·허가의제제도는 어떤 행위를 위하여 필요한 부수적인 인·허가 사항은 사전**협의**를 조건으로 인·허가를 받은 것으로 의제하여 줌으로써 "절차간소화와 처리기간의 단축을 도모하고(One Stop 서비스), 각 인·허가의 결론이 상호 모순·저촉되기도 하기 때문에" 이러한 문제점의 해결이 법 취지이나, 반면에 각 법령에 규정된 각종 규제제도는 나름의 목적과 의의를 가지고 있는데 의제되는 인·허가로 인하여 원래 보호하고자 하는 공익이나 제3자의 이익이 침해될 수 있다는 문제점도 제기된다.[559]

원래 인·허가권은 「정부조직법」에 의한 소관업무에 따른 것으로서 어떤 기관의 인·허가를 다른 기관의 인·허가권에 종속되게 한다는 것은 이러한 업무구분을 벗어나는 것이라고 할 수 있으나, 주된 인·허가를 하기 전에 소관기관의 사전**협의**를 얻게 하여 관련기관의 의견을 반영할 수 있는 기회를 주는 대신 의제하는 것이므로, 인·허가의제제도에 있어서 사전**협의**제와 의제는 본질적인 요소로 보고 있다.[560]

또한 인·허가의제는 행정기관의 권한에 변경을 가져오므로 법률에 명시적인 근거가 있어야 하며 인·허가가 의제되는 범위도 법률에 명시되어야 한다. 따라서 명문의 규정이 없는 한 '의제의 의제'(의제되는 허가에 의해 다른 인·허가가 재차 의제되는 것)는 인정되지 않는다.[561] 즉 주된 인·허가에 관한 사항을 규정하고 있는 어떠한 법률에서 주된 인·허가가 있으면 다른 법률에 의한 인·허가를 받은 것으로 의제한다는 규정을 둔 경우에는, 주된 인·허가가 있으면 다른 법률에 의한 인·허가가 있는 것

---

558) 김남철, 행정법강론, 306면.
559) 김향기, 행정법개론, 탑북스, 2016, 285면
560) 김남철, 행정법강론, 306면.
561) 박균성, 행정법론(상), 672면; 대법원 2004. 7. 22. 선고 2004다19715 판결, 대법원 2011. 2. 24. 선고 2010두22252 판결, 대법원 2015. 4. 23. 선고 2014두2409 판결 참조.

으로 보는 데 그치는 것이고, 거기에서 더 나아가 다른 법률에 의하여 인·허가를 받았음을 전제로 한 다른 법률의 모든 규정들까지 적용되는 것은 아니다.[562]

우리나라의 인·허가의제는 이론상 독일의 집중효(Konzentrationswirkung)와 비교하여 논의되고 있다. 독일은 우리나라와 달리 독일 연방행정절차법에 계획확정절차라는 통일적인 절차규정을 두고 있다. 계획확정절차를 통하여 최종적인 계획이 확정되면, 다른 관련된 인·허가를 모두 받은 것으로 하는 이른바 집중효를 두고 있다.[563] 따라서 이를 두고, 인·허가의제를 독일의 집중효제도와 같은 것으로 보거나,[564] 인·허가의제와 집중효의 본질이 절차간소화와 사업의 신속한 진행을 위한 것이며, 법령에 근거하여 행정관청의 권한이 통합된다는 점에서 볼 때 양자 간에는 본질적인 차이가 있다고 보기는 어렵다는 견해들은 인·허가의제가 집중효에 가까운 것으로 이해하고 있다.[565] 그러나 우리나라의 법 제상으로는 독일에서와 같이 행정계획에 집중효가 인정되는 계획확정절차에 상응하는 절차가 없고, 인·허가의제는 행정계획뿐만 아니라 건축허가 등 일반 행정행위에도 인정되고 있는 점, 집중효는 행정 계획과 관련된 모든 인·허가에 인정되는데 반하여, 인·허가의제의 경우 법률에 열기된 인·허가에 한정 되어 인정된다는 점을 들어 양자를 구별하고자 하는 견해도 있다.[566]

입법 연혁으로 우리나라에서 인·허가의제는 1973. 12. 24. 제정된 「산업기지개발촉진법」 제21조에 서 처음 도입되었다. 당시는 중화학공업의 육성정책으로 시급히 산업입지를 위한 부지조성이 필요하였 다. 산업기지의 효율적 확보를 위하여 이 법에서는 산업기지개발사업에 관한 실시계획을 승인받은 때 에는 관련 법률에 의한 인·허가를 받은 것으로 의제되었다. 이후에 인·허가 의제는 다른 법률에도 도 입되어 현재는 「국토계획법」, 「건축법」, 「도시정비법」을 비롯한 상당수의 법률에 규정되어 있다.[567] 현행 규정은 2000. 1. 28. 법률 제6243호 구 「도시계획법」의 전문개정에 따라 도시계획구역 안에서 종전의 토지형질변경 등에 관한 행위허가제가 개발행위허가제로 전환되면서 「도시계획법」 제48조에 도입되었으며, 이러한 구 「도시계획법」상의 개발행위허가제는 2002. 2. 4. 법률 제6655호로 제정된 「국토계획법」에도 계승되고 있다.

---

562) 이 사건 주택건설사업계획의 승인이 있었더라도, 구 「주택법」(2005. 8. 4. 법률 제7678호로 개정되기 전의 것, 이 하 같다) 제17조 제1항 제5호, 제9호에 따라 구 「국토계획법」(2005. 8. 4. 법률 제7678호로 개정되기 전의 것) 제88조의 도시계획시설사업에 관한 실시계획인가와 구 「도시개발법」(2007. 4. 11. 법률 제8376호로 개정되기 전 의 것) 제17조의 도시개발사업에 관한 실시계획인가가 의제되는 데 그치고, 거기서 다시 구 「국유재산법」(2009. 1. 30. 법률 제9401호로 전부 개정되기 전의 것) 제24조에 따른 국유지 사용·수익에 대한 허가까지 의제된다고 볼 수는 없다(대법원 2015. 4. 23. 선고 2014두2409 판결).
563) 김남철, 행정법강론, 304면.
564) 박균성, 행정법론(상), 672면.
565) 홍정선, 행정법원론(상), 박영사, 2015, 291면; 박윤흔·정형근, 최신행정법강의(상), 255면; 정형근, 행정법, 피엔씨 미디어, 2016, 125면; 김향기, 행정법개론, 285면.
566) 김동희, 행정법Ⅰ, 189면; 김철용, 행정법(제6판), 265면; 김남철, 행정법강론, 306면; 정남철, 행정구제의 기본원 리, 453~454면.
567) 김광수, 앞의 논문, 17면.

2. 법적 근거

개발행위허가 또는 변경허가를 할 때에 **특별시장·광역시장·특별자치시장·특별자치도지사·시장 또는 군수**(허가권자, 주된 인·허가기관)가 그 개발행위에 대한 다음 각 호의 인·허가 등(인가·허가·승인·면허·협의·해제·신고 또는 심사 등)에 관하여 미리 관계 행정기관의 장과 **협의**한 사항에 대하여는 그 인·허가 등을 받은 것으로 보도록 규정하고 있다(법 제61조 제1항).

1. 「공유수면법」 제8조에 따른 공유수면의 점용·사용허가, 같은 법 제17조에 따른 점용·사용 실시계획의 승인 또는 신고, 같은 법 제28조에 따른 공유수면의 매립면허 및 같은 법 제38조에 따른 공유수면매립실시계획의 승인

2. 삭제 〈2010. 4. 15.〉

3. 「광업법」 제42조에 따른 채굴계획의 인가

4. 「농어촌정비법」 제23조에 따른 농업생산기반시설의 사용허가

5. 「농지법」 제34조에 따른 농지전용의 허가 또는 협의, 같은 법 제35조에 따른 농지전용의 신고 및 같은 법 제36조에 따른 농지의 타용도 일시사용의 허가 또는 협의

6. 「도로법」 제36조에 따른 도로관리청이 아닌 자에 대한 도로공사 시행의 허가, 같은 법 제52조에 따른 도로와 다른 시설의 연결허가 및 같은 법 제61조에 따른 도로의 점용 허가

7. 「장사 등에 관한 법률」 제27조 제1항에 따른 무연분묘(無緣墳墓)의 개장(改葬) 허가

8. 「사도법」 제4조에 따른 사도(私道) 개설(開設)의 허가

9. 「사방사업법」 제14조에 따른 토지의 형질 변경 등의 허가 및 같은 법 제20조에 따른 사방지 지정의 해제9의2. 「산업집적활성화 및 공장설립에 관한 법률」 제13조에 따른 공장설립 등의 승인

10. 「산지관리법」 제14조·제15조에 따른 산지전용허가 및 산지전용신고, 같은 법 제15조의2에 따른 산지일시사용허가·신고, 같은 법 제25조 제1항에 따른 토석채취허가, 같은 법 제25조 제2항에 따른 토사채취신고 및 「산림자원법」 제36조 제1항·제4항에 따른 입목벌채(立木伐採) 등의 허가·신고

11. 「소하천정비법」 제10조에 따른 소하천공사 시행의 허가 및 같은 법 제14조에 따른 소하천의 점용 허가

12. 「수도법」 제52조에 따른 전용상수도 설치 및 같은 법 제54조에 따른 전용공업용수도설치인가

13. 「연안관리법」 제25조에 따른 연안정비사업실시계획의 승인

14. 「체육시설의 설치·이용에 관한 법률」 제12조에 따른 사업계획의 승인

15. 「초지법」 제23조에 따른 초지전용의 허가, 신고 또는 협의

16. 「공간정보관리법」 제15조제3항에 따른 지도등의 간행 심사

17. 「하수도법」 제16조에 따른 공공하수도에 관한 공사시행의 허가 및 같은 법 제24조에 따른 공공하수도의 점용허가

18. 「하천법」 제30조에 따른 하천공사 시행의 허가 및 같은 법 제33조에 따른 하천 점용의 허가

19. 「공원녹지법」 제24조에 따른 <u>도시공원의 점용허가</u> 및 같은 법 제38조에 따른 <u>녹지 점용허가</u>

3. 인·허가의제의 정도[568]

인·허가의제에 있어 주된 인·허가인 개발행위허가를 통하여 근거법인 「국토계획법」(제61조 제1항)에 규정된 인·허가들이 의제되는데, 이 경우 의제되는 인·허가 요건이 어느 정도까지 의제되는지의 문제에 관하여 학설이 나뉜다.

가. 학설[569]

인·허가의제의 범위 내지 정도에 관하여, 학설로는 (1) 관할집중설, (2) 절차집중설, (3) 제한적절차집중설, (4) 실체집중설(비제한적실체집중설), (5) 제한적실체집중설이 있다.

나. 판례

판례를 두고 절차집중설을 택한 것으로 평가하거나 실체집중설을 부정한 것으로 평가하고 있다.[570]

(1) 건설부장관이 관계기관의 장과의 협의를 거쳐 주택건설사업계획승인을 한 경우 별도로 「도시계

---

568) 김남철, 행정법강론, 307면; 김향기, 행정법개론, 285~286면.
569) (1) <u>관할집중설</u>: 이 견해는 주된 인·허가기관에 의제되는 인·허가기관의 권한만이 이전되는 데 불과하다고 본다. 따라서 주된 인·허가를 포함한 의제되는 인·허가에 대한 권한은 '주된 인·허가기관'이 행사하지만, 의제되는 인·허가에 요구되는 절차적·실체적 요건을 모두 준수하여야 한다는 것이다.
   (2) <u>절차집중설</u>: 이 견해는 <u>인·허가에 관한 권한과 그에 관한 절차까지도 거친 것으로 의제되는 것으로 이해하는 입장이다.</u> 따라서 <u>주된 인·허가기관은 의제되는 인·허가기관이 준수하여야 하는 절차를 준수하지 않아도 되지만, 의제되는 인·허가의 실체적 요건에는 의제되는 인·허가기관과 마찬가지로 기속되므로 해당 법률에 의거하여 따로 심사해야 한다</u>(김향기, 행정법개론, 2016, 286면).
   (3) 제한적절차집중설: 이 견해는 <u>인·허가의제를 절차집중으로 이해하면서도, 이 경우 의제되는 인·허가절차가 생략되더라도 제3자의 권익보호를 위한 절차는 생략되지 않는다</u>고 보거나(박윤흔·정형근, 최신행정법강의(상), 257면), 의제되는 인·허가절차를 모두 일일이 거칠 필요는 없고 통합적인 절차를 거치면 된다는 견해로(박균성, 행정법론(상), 673면), 절차 집중을 다소 제한적으로 이해하려는 입장이다(정하중, 행정법개론, 385면; 김남철, 행정법강론, 309면; 홍정선, 행정법원론(상), 290면).
   (4) <u>실체집중설(비제한적실체집중설)</u>: 이 견해는 주된 인·허가기관에, 의제되는 인·허가에 관한 권한과 절차 및 그에 관한 실체적 요건 모두가 의제된다는 입장이다. 이에 따르면 주된 인·허가기관은 의제되는 인·허가에 대한 절차적·실체적 요건을 고려하지 않고, 독자적으로 의제 여부를 판단할 수 있다는 입장이다.
   (5) 제한적실체집중설: 이 견해는 인·허가의제를 절차와 실체 모두의 집중으로 이해하면서도, 이 가운데 실체적 요건과 관련하여서는 주된 인·허가기관은 의제되는 인·허가의 실체적 요건에 구속되지만 실체적 요건의 일부가 완화된다는 입장이다. 이에 따르면 주된 인·허가기관은 의제되는 인·허가의 절차적 요건에는 전혀 구속되지 않고, 실체적 요건에는 구속되되 엄격하게 구속되지 않는다는 입장이다.
   이상의 학설은 크게 보아, 의제대상 인·허가의 실체적·절차적 요건 모두 구비하여야 한다는 <u>(1) 관할집중설</u>과 의제대상 인·허가의 실체적·절차적 요건을 갖추지 않아도 된다는 <u>(4) 실체집중설(비제한적실체집중설)</u>이라는 상반되는 두 견해가 양 극단을 차지하고, 그 중간에 (2) 절차집중설, (3) 제한적절차집중설, (5)제한적 실체집중설과 같은 절충적 견해가 위치하고 있다(이용우, "인·허가의제의 요건 및 이에 대한 사법심사의 기준에 관한 연구", 사법논집 제61집, 2015, 102면).
570) 김남철, 행정법강론, 308면; 김향기, 행정법개론, 286면.

획법」소정의 중앙도시계획위원회의 의결이나 주민의 의견청취 등 절차가 필요한지 여부에 대하여 판례는 "건설부장관이 구 「주택건설촉진법」(1991. 3. 8. 법률 제4339호로 개정되기 전의 것) 제33조에 따라 관계기관의 장과의 **협의**를 거쳐 사업계획승인을 한 이상 같은 조 제4항의 허가·인가·결정·승인 등이 있는 것으로 볼 것이고, 그 절차와 별도로 「도시계획법」제12조 등 소정의 중앙도시계획위원회의 의결이나 주민의 의견청취 등 절차를 거칠 필요는 없다"고 하여 절차집중설을 취한 것으로 보인다.[571]

(2) 판례는 "구 「광업법」(1999. 2. 8. 법률 제5893호로 개정되기 전의 것) 제47조의2 제5호에 의하여 채광계획인가로 공유수면점용허가가 의제될 경우, 공유수면 점용불허사유로써 채광계획을 인가하지 아니할 수 있는지 여부에 대하여, 공유수면 점용을 허용하지 않기로 결정하였다면, 채광계획인가관청은 이를 사유로 하여 채광계획을 인가하지 아니할 수 있다"고 하여 실체집중설을 부정한 것으로 평가하고 있다.[572]

(3) 또 다른 판례에서 "건축신고는 「건축법」제14조 제2항, 제11조 제5항 제3호에 의하여 법 제56조에 따른 개발행위허가를 받은 것으로 의제되는데, 법 제58조 제1항 제4호에서는 개발행위허가의 기준으로 주변 지역의 토지이용실태 또는 토지이용계획, 건축물의 높이, 토지의 경사도, 수목의 상태, 물의 배수, 하천·호소·습지의 배수 등 주변 환경이나 경관과 조화를 이룰 것을 규정하고 있으므로, 「국토계획법」상의 개발행위허가로 의제되는 건축신고가 위와 같은 기준을 갖추지 못한 경우 행정청으로서는 이를 이유로 그 수리를 거부할 수 있다고 보아야 한다."고 실체적 요건이 적용된다는 점을 분명히 하여 절차집중설로 평가하고 있다.[573]

다. 검토

우리나라의 다수설은 제한적 절차집중설을 취한 것으로 보인다. 판례는 절차집중설을 취하여 의제되는 절차는 거칠 필요가 없고, 실체집중설을 부정하여 인·허가의제 기준을 갖추지 못한 경우 거부처분이 가능하며 따라서 실체적 요건은 의제가 불가한 것으로 판시하였다. 실체집중설을 부정한 판례의 태도는 절차집중설로 이해할 수 있어서 학설과 판례는 **절차집중설**을 취한다고 이해할 수 있다.[574]

인·허가의제는 행정절차 간소화를 통하여 국민의 권익을 증대시키기 위하여 도입된 제도이므로 절차 간소화를 통하여 절차만이 집중되는 것으로 보는 것이 타당할 듯하다. 반면에 주된 인·허가기관은 의제되는 인·허가의 실체적 요건이 충족되는지 여부는 엄격히 검토하여야 한다는 점이다. 다만 절차가 집중된다고 하여도 의제되는 인·허가의 모든 절차요건이 생략되면 제3자의 권익보호에 문제가 있다. 현행 「국토계획법」이 개발행위허가에서 의제되는 관련 인·허가에서 개발행위허가 시 미리 관련 인·허

---

571) 대법원 1992. 11. 10. 선고 92누1162 판결.
572) 대법원 2002. 10. 11. 선고 2001두151 판결; 김남철, 행정법강론, 308면.
573) 대법원 2011. 1. 20. 선고 2010두14954 전원합의체 판결; 동지의 판례로 대법원 2016. 8. 24. 선고 2016두35762 판결; 김향기, 행정법개론, 286면.
574) 박균성, 행정법론(상), 673면; 박균성 교수는 독립판단설(실체집중부정설)로 부르며 절차집중설과 구별하고 있다.

가기관의 장과 **협의**하도록 하거나(법 제61조 제3항), **국토교통부장관**으로 하여금 의제되는 인·허가 등의 처리기준을 관계 중앙행정기관으로부터 제출받아 통합하여 고시하도록 하고 있다(법 제61조 제5항). 이러한 규정은 인·허가의제로 인하여 절차가 집중됨에 따라 발생할 부작용을 최소화하기 위한 장치로 이해한다. 따라서 절차가 집중되더라도 사전**협의**절차와 같은 절차는 필요한 것으로 이해되어야 한다.[575] 이러한 점에서 **사견**도 제한적절차집중설에 동조한다.

4. 인·허가의제의 요건

이와 같이 주된 행정처분으로부터 관련 인·허가가 의제되기 위한 요건으로 ① 주된 행정처분을 하는 주된 인·허가기관이 의제대상 인·허가에 대해서 관계 행정기관의 장과 **협의**를 거칠 것, ② 의제대상 인·허가 근거 법령에 마련된 요건이 구비될 것을 요한다. 다만, ②의 요건에 관해서는 「국토계획법」에서 명시적으로 이를 규정하고 있지는 않지만, 대법원은 「건축법」에서 인·허가의제 제도를 둔 취지는, 인·허가의제사항과 관련하여 건축허가 또는 건축신고의 관할 행정청으로 그 창구를 단일화하고 절차를 간소화하며 비용과 시간을 절감함으로써 국민의 권익을 보호하려는 것이지, 인·허가의제사항 관련 법률에 따른 각각의 인·허가 요건에 관한 일체의 심사를 배제하려는 것으로 보기 어렵다는 판시한 바 있다.[576]

가. 관계기관과의 협의의 성질

(1) 인·허가등의 의제를 받으려는 자는 개발행위허가 또는 변경허가를 신청할 때에 해당 법률에서 정하는 관련 서류를 허가권자에게 함께 제출하여야 한다(법 제61조 제2항). 왜냐하면 주된 인·허가기관이 의제되는 다른 인·허가의 요건을 충족하였는지 여부를 판단하기 위해서는 해당 법률에서 정하는 관련 인·허가 서류가 있어야 하고,[577] 인·허가의제에 관련된 기관장과는 개발행위허가 신청인이 아닌 허가권자가 **협의**를 거치도록 하고 있다. 즉 허가권자는 개발행위허가를 할 때에 그 내용을 미리 관계 행정기관의 장과 **협의**하여야 한다(법 제61조 제3항). **협의**를 거친 사항에 관해서는 개발행위허가를 하는 때에 인·허가의제의 효과가 발생한다. 협의 요청을 받은 관계 행정기관의 장은 요청을 받은 날부터 20일 이내에 의견을 제출하여야 하며, 그 기간 내에 의견을 제출하지 아니하면 **협의**가 이루어진 것으로 본다(법 제61조 제4항).[578] **국토교통부장관**은 의제되는 인·허가 등의 처리기준을 관계 중앙행정기관으로부터 제출받아 통합하여 고시하여야 한다(법 제61조 제5항). 실무상 관계기관 **협의**는 개발행위복합민원 일괄협의회를 구성하여 원칙적으로 동시에 이루어질 것이다(법 제61조의2 제1항).

(2) 의제되는 인·허가기관의 **협의**가 학문상 **자문(협의설)**인지 실질상 **동의(동의설)**인지 논란이 있

---

575) 김남철, 행정법강론, 308~309면.
576) 대법원 2011. 1. 20. 선고 2010두14954 전원합의체 판결[다수의견].
577) 박균성, 행정법론(상), 672면.
578) 2012. 2. 1. 법률 제11292호로 개정하여 2012. 8. 2.부터 개발행위허가 처리 협의 간주제도를 도입하였다.

다. 즉, 원스톱행정을 통한 민원인의 편의도모라는 인·허가의제제도의 취지와 **협의**라는 법 규정의 문구에 비추어 특별한 경우를 제외하고는 **협의**는 학문상 '**자문(협의)**'으로 보는 것이 타당하다는 견해(협의설)와 주된 인·허가에 있어서는 의제대상 인·허가의 실체적 요건을 준수하고 적용하여야 한다는 입장에서는 의제되는 인·허가업무 담당기관의 권한을 존중하여야 하므로 의제되는 인·허가기관의 법 규정상의 **협의**를 '**동의**'로 보아야 한다는 견해(**동의설**)가[579] 대립하고 있다.

만일 **전자**와 같이 주된 인·허가기관이 관계 행정기관으로부터 '**자문**'을 듣는 것만으로 충분하다고 보게 되면 관계 행정기관이 관련 인·허가가 의제되는 것에 동의할 수 없다는 의견을 제시하더라도 주된 인·허가기관은 이에 구속되지 않고 스스로의 판단에 따라 허가를 내용으로 하는 주된 행정처분을 할 수 있고, 이 경우 인·허가의제에 관한 법 규정을 매개로 하여 주된 행정처분으로부터 관련 인·허가가 의제되는 효과가 나타나게 될 것이다.

반면, **협의**를 **후자**의 의미와 같이 보게 되면 주된 인·허가기관이 관계 행정기관으로부터 관련 인·허가에 대한 의견을 제출받는 절차를 거쳤다 하더라도 관계 행정기관이 관련 인·허가가 의제되는 것에 **동의**하지 않는 한, 인·허가의제의 요건인 '**협의**'라는 관문을 통과하였다고 보기 어렵게 된다.[580] 인·허가의제에서의 **협의**를 **동의**로 보는 견해 중에는 **협의** 결과 관계행정기관이 반대의견을 제출할 경우에는 주된 행정처분을 할 수 없다면서, 관계 행정기관의 반대에도 불구하고 주된 행정처분이 그대로 이루어진 경우에는 주된 행정처분에 **협의** 절차를 제대로 이행하지 않은 하자가 있는 개발행위허가처분이 된다고 한다.[581]

대법원은 앞서 본 바와 같이 주된 인·허가기관과 관계 행정기관 간의 **협의**가 인·허가의제의 요건에 해당한다고 보면서도, 이때의 **협의**가 '**자문**'과 '**동의**' 중 어떤 의미를 갖는지에 대해서는 아직까지 명시적으로 입장을 밝힌 바가 없는 듯하다. 전술한 '나. 판례 (2) 대법원 2002. 10. 11. 선고 2001두151 판결'에서 일부 견해는 **동의설**을 취한 것으로 이해한다.[582] 그러나 이를 두고 **자문(협의설)**으로 보는 견해는, 비록 대법원 2001두151 판결에서 주된 인·허가기관이 의제대상 인·허가의 불허가 사유를 가지고 불허가의 주된 행정처분을 할 수 있는지 여부가 핵심 쟁점이었지만, 위 판결의 사안에 적용된 구「광업법」(1999. 2. 8. 법률 제5893호로 개정되기 전의 것) 제47조의2 제1항 제5호는 산업자원부장관으로부터 채광계획인가를 받으면 공유수면 점용허가를 받은 것으로 의제된다고 규정하였고, 또한 구「광업법」제47조의2 제2항은 산업자원부장관으로 하여금 공유수면 점용허가의 의제에 앞서 공유수면관리청과의 **협의**를 거치도록 규정하였는데, 대법원이 위 판결에서 공유수면관리청이 재량적 판단에 의하여 공유수면 점용을 허용하지 않기로 결정하였다면, 채광계획인가관청은 이를 사유로 채광계획을 인가하지 않을 수 있다고 판단하였다. 채광계획인가관청이 채광계획인가여부를 결정하기 위해 구「광업법」제47조의2 제2항에 따라 공유수면관리청과의 **협의**를 거치더라도 공유수면관리청의 의견에는 구

---

579) 동의설: 김향기, 행정법개론, 287면; 김동희, 행정법 I , 190면; 박균성, 행정법론(상), 673면.
580) 이용우, 앞의 논문, , 95면.
581) 정태용, 「건축법」해설, 한국법제연구원, 2006, 170~171면
582) 김동희, 행정법 I , 박영사, 2015, 190면; 박균성, 행정법론(상), 673면.

속되지 않는다는 점도 함께 시사하고 있다. 즉 동 판결은 공유수면관리청이 공유수면 점용이 의제되는 것에 대해 반대의견을 제시하는 경우, 채광계획인가관청으로서는 이 점을 사유로 채광계획의 인가를 거부할 수 있지만, 이와 반대로 공유수면관리청과 견해를 달리하는 경우에는 채광계획인가처분을 내릴 수 있음을 내포하고 있는바, 이와 같이 채광계획인가관청이 공유수면관리청의 의견에 구속되는 것은 아니라는 점에 주목하면, 구 「광업법」 제47조의2 제2항 소정의 '**협의**'는 '**동의**'보다는 '**자문**'에 가까운 의미를 갖게 된다고 한다.583)

(3) 이 밖에도 법 제61조 제4항 개발행위허가처리 **협의**간주제도에 따르면 주된 인·허가기관의 **협의** 요청을 받은 관계 행정기관이 일정 기한 내에 의견을 제출하지 않을 경우 **협의**가 이루어진 것으로 간주되는데, 이때 간주되는 '**협의**'란 위 규정의 문언에 비추어 볼 때 관계 행정기관이 주된 인·허가기관에 의견을 제출하는 행위 자체를 의미하는 것이지, 관계 행정기관이 주된 인·허가기관과 동일한 의견을 제시할 것까지 요한다고는 볼 수 없고, 결국 위 규정으로부터 도출되는 '**협의**'의 의미는 '**동의**'보다는 '**자문**'에 가깝다.584) 이상과 같이 인·허가의제의 요건인 **협의**를 관계 행정기관으로부터 자문을 구하라는 정도의 의미로 보게 되면, **협의** 요건의 충족 여부는 실질적으로 주된 인·허가기관이 관계 행정기관으로부터 의견을 청취하는 절차를 거쳤는지의 문제로 귀결되고, 결국 **협의**요건은 관련 인·허가가 의제되기 위한 실체적 요건이 아니라 절차적 요건으로서의 성격을 갖게 된다.585)

나. 의제대상 인·허가의 요건에 관하여

주된 행정처분이 내려질 당시 관련 인·허가에 관한 요건까지 충족되어야 한다고 보았을 때, 과연 **주된 인·허가기관**이 관련 인·허가의 어떤 점에 관하여 심사를 해야 하는가, 그리고 이때의 심사 기준을 무엇으로 삼을 것인가이다. 가령 법 제61조 제1항에 의하면, 개발행위허가권자가 인·허가 등에 관하여 관계 행정기관의 장과 **협의**한 사항에 대하여는 「공유수면법」에 따른 공유수면 점용·사용허가, 공유수면 매립면허, 공유수면 매립실시계획승인 등이 의제 되는데(제1호), 이때 개발행위허가권자는 개발행위허가요건이 충족되었는지 여부만 살피면 충분한지, 아니면 개발행위허가로부터 의제되는 「공유수면법」상의 각 처분에 대해서도 그 요건이 구비되었는지를 심사하여야 하는지, 만일 후자와 같다면 어떤 기준에 의하여 심사할 것인지 등이 문제되는 것이다.

(1) 의제되는 인·허가의 절차적 요건의 심사여부

인·허가의제에서 의제대상 인·허가의 근거 법령에 마련된 개개의 절차적 요건이 구비되어야 하는지에 관하여, 판례는 일찍이 '나. 판례 (1) 대법원1992. 11. 10. 선고 92누1162' 판결에서 주된 인·허가기

---

583) 이용우, 앞의 논문, 95~96면.
584) 이용우, 앞의 논문, 98면.
585) 이용우, 앞의 논문, 98면.

관은 주된 행정처분에 관한 절차만 거치면 되고 의제대상 인·허가에 관한 절차적 요건은 따로 충족할 필요가 없다는 취지로 판시한 바 있다. 즉 구「주촉법」(1991. 3. 8. 법률 제4339호로 개정되기 이전의 것) 제33조 제4항 제1호에 따라 사업주체가 건설부장관으로부터 주택건설사업계획의 승인을 얻은 경우, 구「도시계획법」(1989. 12. 30. 법률 제4183호로 개정되기 이전의 것) 제12조에 의한 도시계획의 결정 등을 받은 것으로 의제되는데, 이 경우 구「도시계획법」 제12조 제1항, 제16조의2 제2항 등에 의하여 도시계획의 결정 또는 변경에 요구되는 중앙도시계획위원회의 의결 내지 주민의 의견청취 등의 절차까지 거쳐야 하는지에 관하여, 대법원은 원래 구「도시계획법」 제12조 소정의 도시계획결정을 함에 있어서는, 같은 법 제12조 제1항 내지 제16조의2 제2항에 따라 건설부장관이 관계지방의회의 의견을 들은 후 중앙도시계획위원회의 의결을 거쳐야 하고 도시계획결정의 이전 단계인 도시계획의 입안 과정에서도 주민들의 의견을 청취해야 하는 것이지만, 구「주촉법」 제33조 제4항 제1호에 따라 주택건설사업계획의 승인으로 인해 구「도시계획법」 제12조 소정의 도시계획결정이 의제되는 경우에는 구「도시계획법」 제12조 제1항 내지 제16조의2 제2항에 규정된 절차를 따로 거칠 필요가 없게 된다. 위 대법원 판례의 취지를 인·허가의제제도 전반으로 확대하여 보면, 의제대상 인·허가에 관한 절차적 요건은 별도로 충족할 필요가 없을 뿐 아니라, 주된 인·허가기관으로서는 의제대상 인·허가에 관한 절차적 요건이 구비되었는지를 심사할 필요가 없다는 의미로 이해할 수 있을 것이다.[586]

(2) 의제되는 인·허가의 실체적 요건의 심사여부

(가) 의제대상 인·허가에 관한 실체적 요건을 심사하여야 하는지, 심사를 요한다고 볼 경우 어느 정도로 실체적 요건의 구비 여부를 살필 것인지에 관하여, 대법원이 가장 명시적으로 의견을 밝힌 판결로는 대법원 2011. 1. 20. 선고 2010두14954 전원합의체 판결을 들 수 있다. 위 판결에서는 구「건축법」(2009. 2. 6. 법률 제9437호로 개정되어 2009. 8. 7. 시행되기 전의 것) 제14조 제2항에 의해 인·허가의제의 효과가 수반되는 건축신고가, 주된 인·허가기관이 관련 인·허가에 관한 실체적 요건을 심사한 후에 수리하여야 하는 이른바 '수리를 요하는 신고'인지 여부가 핵심 쟁점 가운데 하나였는데, 이에 대해 대법원 다수의견은 건축신고로 인·허가가 의제되는 사항에 관하여 건축신고를 관할하는 주된 인·허가기관이 실체적 요건에 대한 심사를 해야 한다면서 아래 각주와 같이 판시하였다.[587]

(나) 위 전원합의체 판결의 다수의견 중에서 주목할 부분은, "「건축법」 제14조 제2항에 따라 건축신

---

586) 같은 취지로 대법원 2009. 4. 23. 선고 2008두686 판결.

587) [다수의견] 「건축법」과 인·허가의제사항 관련 법률은 각기 고유한 목적이 있고, 건축신고와 인·허가의제사항도 각각 별개의 제도적 취지가 있으며 그 요건 또한 달리하기 때문이다. 나아가 인·허가의제사항 관련 법률에 규정된 요건 중 상당수는 공익에 관한 것으로서 행정청의 전문적이고 종합적인 심사가 요구되는데, 만약 건축신고만으로 인·허가의제사항에 관한 일체의 요건 심사가 배제된다고 한다면, 중대한 공익상의 침해나 이해관계인의 피해를 야기하고 관련 법률에서 인·허가 제도를 통하여 사인의 행위를 사전에 감독하고자 하는 규율체계 전반을 무너뜨릴 우려가 있다. 또한 무엇보다도 건축신고를 하려는 자는 인·허가의제사항 관련 법령에서 제출하도록 의무화하고 있는 신청서와 구비서류를 제출하여야 하는데, 이는 건축신고를 수리하는 행정청으로 하여금 인·허가의제사항 관련 법률에 규정된 요건에 관하여도 심사를 하도록 하기 위한 것으로 볼 수밖에 없다(대법원 2011. 1. 20. 선고 2010두14954 전원합의체 판결).

고에 대하여 인·허가의제의 효과가 나타나는 경우에는 건축신고를 수리하는 행정청이 의제대상 인·허가의 실체적 요건에 대하여 심사를 하여야 하고, 만일 이러한 실체적 요건을 구비하지 못한 경우에는 행정청은 건축신고를 수리하지 아니할 수 있다"는 판시이다.[588] 그리고 위 다수의견이 밝힌 법리 가운데 '행정청이 의제대상 인·허가의 실체적 요건에 대해 심사를 하여야 한다'는 부분은, 인·허가의제의 효과가 발생하는 건축신고에 국한되는 것이 아니라 건축허가의 경우에도 적용되고, 나아가 위 법리는 인·허가의제제도 전반에 걸쳐 주된 인·허가기관이 의제대상 인·허가에 관한 실체적 요건을 심사해야 한다는 생각으로까지 이어질 수 있다.

(3) 소결

의제대상 인·허가의 절차적 요건과 실체적 요건 중에서 인·허가의제의 입법취지에 따라 절차적 요건을 생략하고 실체적 요건을 엄격히 심사해야 한다는 태도인바 결국 절차적집중설(제한적절차집중설)을 택한 것이라 볼 수 있다.

5. 인·허가의제의 효과(불복쟁송의 대상)

① 주된 행정처분을 구하는 신청을 하였으나, 행정청이 의제대상 인·허가의 요건 불비 등의 사유를 들어 이를 거부할 경우, 이러한 거부처분의 위법 여부를 어떠한 기준에 의해 판단할 것인지, ② 위 ①의 경우와는 정반대로 허가를 내용으로 하는 주된 행정처분이 내려졌으나, 의제대상 인·허가에 관한 하자가 존재하는 것으로 밝혀질 경우 주된 행정처분 내지 그로부터 의제되는 관련 인·허가는 어떤 영향을 받는다고 볼 것인지에 대한 쟁점에 관하여 논의가 있을 수 있다.[589]

IX. 개발행위에 따른 공공시설의 무상귀속·무상양도

1. 공공시설의 의의·법적 근거 및 제도적 취지

(1) 공공시설이란 기반시설, 도시계획시설 개념과 별도로 공동체 생활에 필요한 일단의 시설 즉 도로·공원·철도·수도, 그 밖에 **대통령령**으로 정하는 공공용 시설[1. 항만·공항·광장·녹지·공공공지·공동구·하천·유수지·방화설비·방풍설비·방수설비·사방설비·방조설비·하수도·구거, 2. 행정청이 설치하는 시설로서 주차장, 저수지 및 그 밖에 **국토교통부령**으로 정하는 시설,[590] 3. 「스마트도시 조성 및

---

588) 즉 건축신고로 인해 인·허가가 의제되는 경우 「건축법」상 건축신고는 본래의 '수리를 요하지 않는 신고'에서 '수리를 요하는 신고'로 그 법적 성격이 바뀌게 된다.

589) 상세한 것은 이용우, 앞의 논문, 92면 참조.

590) 영 제4조 제2호에서 **"국토교통부령**으로 정하는 시설"이란 다음 각 호 1. 공공필요성이 인정되는 체육시설 중 운동장, 2. 장사시설 중 화장장·공동묘지·봉안시설(자연장지 또는 장례식장에 화장장·공동묘지·봉안시설 중 한 가지

산업진흥 등에 관한 법률」제2조 제3호 다목에 따른 시설(영 제4조)]을 말한다(법 제2조 제13호). 이는 당해 시설의 공공적 성격이 매우 강하여 행정청이 소유·관리하여야 할 필요성이 있는 시설로서 설치주체가 누구냐에 관계없이 설치하는 즉시 이를 관리할 행정청에 무상으로 귀속하게 하는 데 그 개념의 주된 이유가 있다고 한다.[591] 현재의 공공시설의 범위가 윤곽을 갖추게 된 것은 1991. 12. 14.「도시계획법」이 개정(시행 1992. 6. 15. 법률 제4427호)되면서부터이다. 즉 동법 제2조 제14호가 신설되고, 1992. 7. 1. 구「도시계획법 시행령」제2조의3이 신설되면서, 법 제2조 제13호, 영 제4조와 유사한 내용의 규정이 마련되었는데, 구 도시계획법령이 위와 같이 정비되기 전에는 공공시설의 범위가 해석상 분란의 소지가 있었다. 공공시설부지는 설치되는 공공시설과 구별되는 개념으로 전자는 토지를 의미하고 후자는 토지를 포함한 건축물 내지 구축물이며, 공공시설에는 그 부지가 포함되는 것으로 보아야 할 것이나 이에 대해서는 다른 견해들도 있다. 무상귀속되는 공공시설은 "공공용 시설의 의미를 지닌 것으로서 주민들이 사회적 공동생활을 영위하는데 필요한 서비스에 제공되는 시설을 의미하는 것으로서 사적시설과는 구별된다. 누구나 타인의 제한 없이 자유롭게 이용할 수 있는 시설이고, 그 시설이 공공의 목적에 이용될 수 있도록 관리청이 사적시설과 구분하여 유지 및 관리를 하여야 할 정도로 실질과 형태를 갖추어야 할 것"이다.[592]

(2) 공공시설 또는 정비기반시설의 무상귀속·무상양도에 관해 규정하고 있는 법률은 상당히 많다. 이에 관한 일반법적 규정으로 법 제65조가 있고, 이를 준용하는 법률 규정으로「기업도시법」제24조, 「지역개발법」제36조,「개발제한구역법」제28조,「주택법」제29조가 있다. 반면, 공공시설의 귀속에 관하여 다른 법률에 특별한 규정이 있는 경우에는 그 법률에 따르도록 하고 있다(법 제65조 제9항). 따라서 독자적인 규정을 두고 있는 경우로는「도시정비법」제97조,「도시개발법」제66조,「산업입지법」제26조,「전원개발촉진법」제14조 등이 있다.

(3) 공공시설 무상귀속의 규정취지는 건축물의 건축 또는 공작물의 설치 등 개발행위과정에서 필수적으로 요구되는 도로 등 공공시설을 원활하게 확보하고, 관리청이 그 시설을 효율적으로 유지 및 관리를 하려는 데에 있다. 나아가 이러한 공공시설의 무상귀속은 개발행위자에게 부과된 원인자 또는 수익자 부담금의 성격을 지니고 있다.[593] 또 법 제65조는 공공의 이익 및 목적에 제공하는 공공시설의

이상의 시설을 같이 설치하는 경우를 포함한다)의 시설을 말한다.

591) 이현수, "도시정비법상 정비기반시설의 법적 쟁점", 행정법연구 제30호, 2011, 353면.

592) 개인이 건축물의 건축허가를 받기 위하여 도로를 개설하는 경우 무상귀속 대상인지에 대한 법제처 법령해석에 의하면, 당초 결정된 도시·군관리계획에 따른 도로예정지 중 일부분만을 개인이 단순히 건축물에 출입하기 위한 진출입로를 개설한 것에 불과하다면, 이는 동법 제65조 제2항에 따라 무상귀속 되는 공공시설로서의 도로로 볼 수 없다. 법 제65조 제2항에 따른 공공시설의 무상귀속은 공공시설의 설치 경위 등을 불문하고 개발행위자가 새로이 공공시설을 설치하기만 하면 그 공공시설을 아무런 보상 없이 바로 관리청에 귀속하도록 하는 것이어서 국민의 기본권인 재산권에 제약을 가져오는 것이므로 해당 규정에 따른 무상귀속은 행정목적을 달성할 수 있는 필요최소한의 범위 내에서만 이루어지도록 해석해야 할 것이다. 따라서, 개인이 개발행위허가를 받아 건축물을 건축하기 위하여 도시·군관리계획에 따른 도로예정지의 일부에 진출입로를 개설하는 경우, 해당 개설부분이 도로로서의 형태와 실질에 부합하지 않는 것이라면, 해당 개설부분은 법 제65조 제2항에 따라 무상귀속 대상이 되는 것은 아니라고 해석하였다(법제처 법령해석 사례, 경기도 하남시 - 개인이 건축물의 건축허가를 받기 위하여 도로를 개설하는 경우 무상귀속 대상인지(「국토계획법」제65조 제2항 관련), 안건번호: 09-0178, 회신일자: 2009. 07. 20.).

효율적 유지·관리, 국·공유지 취득 절차의 간소화를 위한 규정으로 금전적 차원에서 「국유재산법」 등에 대한 특례규정이라 할 것이다.[594]

2. 공공시설의 무상귀속·무상양도

가. 개발행위허가를 받은 자가 행정청인 경우

(1) 개발행위허가(다른 법률에 따라 개발행위허가가 의제되는 협의를 거친 인가·허가·승인 등을 포함한다)를 받은 자가 **행정청**인 경우 새로 공공시설을 설치하거나 기존의 공공시설에 대체되는 공공시설을 설치한 경우에는 「국유재산법」과 「공유재산법」에도 불구하고 새로 설치된 공공시설은 그 시설을 관리할 관리청에 무상으로 귀속되고, 종래의 공공시설은 개발행위허가를 받은 자에게 무상으로 귀속된다(법 제65조 제1항). 무상귀속되는 공공시설의 범위는 법 제2조 제13호 및 같은 법 시행령 제4조에 열거된 시설에 한정된다고 할 것이다.[595]

동 조항은 강행규정으로 행정청에게 무상양도 되는 종래의 공공시설은 새로 설치하는 공공시설의 설치비용에 관계없이 무상양도 되어야 할 것이다. 또 행정재산은 원칙적으로 「국유재산법」과 「공유재산법」이 정한 요건 및 절차에 따라 처분이 이루어져야 하는 것이지만, 「국유재산법」 제4조(「공유재산법」 제2조의2)에서는 국유재산의 관리와 처분에 관하여는 다른 법률에 특별한 규정이 있는 경우 그에 따른다고 규정하고 있으므로, 「국토계획법」에서 정하는 바에 따라 처리되어야 할 것이다. 도시·군계획시설사업의 실시계획인가를 받은 행정청이 도시·군계획시설사업에 의하여 새로 공공시설을 설치한 경우, 새로 설치한 공공시설에 의하여 대체되는 기존의 공공시설이 없는 경우에도 새로 설치한 공공시설은 그 시설의 관리청에 무상귀속 된다.[596]

(2) 개발행위허가를 받은 자가 **행정청**인 경우 개발행위허가를 받은 자는 그에게 귀속된 공공시설의 처분으로 인한 수익금을 도시·군계획사업 외의 목적에 사용하여서는 아니 된다(법 제65조 제8항).

나. 개발행위허가를 받은 자가 행정청이 아닌 경우

(1) 개발행위허가를 받은 자가 **행정청이 아닌 경우** 새로 설치한 공공시설은 그 시설을 관리할 관리청에 무상으로 귀속되고, 개발행위로 용도가 폐지되는 공공시설은 「국유재산법」과 「공유재산법」에도 불구하고 새로 설치한 공공시설의 설치비용에 상당하는 범위에서 개발행위허가를 받은 자에게 무상으로

---

593) 법제처 법령해석 사례, 경기도 하남시 – 개인이 건축물의 건축허가를 받기 위하여 도로를 개설하는 경우 무상귀속 대상인지(「국토계획법」 제65조 제2항 관련), 안건번호 09-0178, 회신일자 2009. 7. 20.
594) 국토계획법해설집, 323면.
595) 법제처 위 법령해석 사례.
596) 법제처 법령해석 사례, 전라북도 교육청 – 새로 설치한 공공시설에 의해 대체되는 기존의 공공시설이 없는 경우, 「국토계획법」 제65조가 적용되는지 여부(「국토계획법」 제65조 및 제99조 등 관련), 안건번호: 11-0158, 회신일자: 2011. 05. 12.

403

양도할 수 있다(법 제65조 제2항). 행정청이 아닌 사업시행자에게 <u>새로 설치한 공공시설은 강행규정이</u>나, **폐지되는 공공시설의 무상양도**는 <u>강행규정으로 해석되는 「도시정비법」제97조 제2항과 달리, 동</u><u>조항은 행정청의 재량행위이며, 임의규정으로 해석하고 있다.</u>[597]

법 제65조 문언 자체로만 보면 마치 제1항의 **행정청**이 사업시행자가 되는 경우에는 "**신설·대체되**는 **공공시설**"이 무상귀속의 대상이고, 제2항에 따른 **행정청이 아닌 자**가 사업시행자인 경우에는 "**신설되는 공공시설**"만이 무상귀속의 대상인 것처럼 보이지만, 실무상 신설되는 공공시설과 대체되는 공공시설이 명확히 구분되어 취급되고 있지는 않은 것 같다. 이유는 법 제65조 제2항의 "새로 설치한"의 의미를 넓게 보면 "(좁은 의미의) 신설"뿐만 아니라 "대체"도 포함될 수 있기 때문이다. 여기에는 법 연혁도 한몫을 하는 것으로 보인다. 구 「도시계획법」제83조 제2항(1999. 2. 8. 법률 제5898호로 개정되기 전의 것)은 "행정청이 아닌 자가 제25조의 규정에 의한 실시계획의 인가 또는 제4조의 규정에 의한 허가를 받아 새로이 설치한 공공시설은 그 시설을 관리할 행정청에 무상으로 귀속되며, 도시계획 사업 또는 토지의 형질변경 등의 시행으로 인하여 그 기능이 대체되어 용도가 폐지되는 행정청의 공공시설은 「국유재산법」및 「지방재정법」등의 규정에 불구하고 그가 새로 설치한 공공시설의 설치비용에 상당하는 범위 안에서 그 인가 또는 허가를 받은 자에게 이를 무상으로 양도할 수 있다."라고 규정하여 **무상귀속 대상(신설 공공시설)**과 **무상양도 대상(폐지 공공시설)** 간에 기능 대체성을 요구하고 있었다. 이후 1999. 2. 8. 구 「도시계획법」개정으로 위와 같이 기능 대체성을 요구하는 내용이 삭제되면서 현재와 같은 규정이 갖추어졌는데, 당시 개정의 핵심은 기능 대체성 요건을 폐지하는 것에 있었을 뿐 무상귀속 대상이 되는 공공시설의 범위에 대해서는 별도의 언급이 없었다.[598][599]

(2) '새로 설치한 공공시설의 설치비용'의 산정방법에 대하여는 칙 제15조 제6호 괄호 규정 외에는 정한 바가 없으나,[600] 토지매입비는 행정청으로부터 해당 토지를 취득하였다면 실제 취득가격으로, 시설비는 설계금액이 아닌 실제 소요된 시설비로 산정하는 것이 국토교통부는 타당하다고 하나,[601] **사견**으로는 '개발행위로 용도가 폐지되는 공공시설'에 대해서 2 이상의 감정평가업자의 감정평가서에 의한다면 새로 설치한 공공시설의 설치비용도 2 이상의 감정평가업자의 감정평가서에 의하여야 할 것이다.[602]

---

597) 이승민, "공공시설의 무상귀속에 관한 小考", 행정법연구, 제34호, 2012, 353면.
598) 법제처 개정이유에 의하면 "행정청이 아닌 도시계획사업시행자가 새로 설치한 공공시설은 이를 관리할 행정청에 무상으로 귀속되고, 그 기능이 대체되어 용도가 폐지되는 기존의 공공시설은 새로 설치한 공공시설의 설치비용의 범위안에서 시행자에게 무상양도 하도록 되어 있으나, 그 중 신·구시설 간 기능 대체성 요건을 삭제함으로써 사업시행자의 부담을 경감함(法 第83條)"이 이유이다.
599) 이승민, "공공시설의 무상귀속에 관한 小考", 행정법연구, 제34호, 2012, 344~345면.
600) 법 시행규칙 제15조(도시·군계획시설사업실시계획인가신청서)
   5. 도시·군계획시설사업의 시행으로 용도폐지되는 국가 또는 지방자치단체의 재산에 대한 2 이상의 감정평가업자의 감정평가서(행정청이 아닌 자가 시행하는 경우에 한한다)
   6. 도시·군계획시설사업으로 새로 설치하는 공공시설의 조서 및 도면과 그 설치비용계산서(새로운 공공시설의 설치에 필요한 토지와 기존의 공공시설이 설치되어 있는 토지가 동일한 토지인 경우에는 그 토지가격을 뺀 설치비용만을 계산한다). 다만, 행정청이 아닌 자가 시행하는 경우에 한한다.
601) 국토계획법해설집, 325면.
602) '개발행위로 용도가 폐지되는 공공시설'은 「국유재산법」등에 따른 용도폐지가 아닌 이용상황 측면에서 공공시설의 용도가 폐지되는 것을 의미한다(국토계획법해설집, 325면).

〈표 23〉 개발행위에 따른 공공시설 무상 귀속

개발행위 허가 받은 자	공공시설	귀속처리상태
행정청인 경우	새로운 공공시설	그 시설을 관리할 관리청에 무상귀속
	종래의 공공시설	개발행위허가를 받은 자에게 무상귀속
행정청인 아닌 경우	새로운 공공시설	그 시설을 관리할 관리청에 무상귀속
	용도가 폐지되는 공공시설	새로 설치한 공공시설의 설치비용에 상당하는 범위 안에서 개발행위허가를 받은 자에게 무상양도 가능(임의규정)

3. 무상귀속 규정의 위헌성 논의

가. 쟁점

신설되는 공공시설의 소유권이 국가 또는 지방자치단체에게 무상으로 법률규정에 의하여 자동적으로 귀속되게 하는 것에 대해서는 사업시행자의 재산권에 과도한 침해가 아니가 하는 의문이 들 수 있다. 특히 헌법재판소 2003. 8. 21. 2000헌가11, 2001헌가29(병합) 사건에서 <u>행정청이 아닌 시행자가 도시계획사업을 시행하여 새로이 설치한 공공시설은 그 시설을 관리할 국가 또는 지방자치단체에 무상으로 귀속되도록 한 구「도시계획법」제83조 제2항 전단 부분을 준용하는 구「주촉법」제33조 제6항 (제8항)</u>(이하 "이 사건 조항"이라 한다)이 재산권을 보장한「헌법」제23조에 위배되는지 여부(소극)에 대하여, 4인 합헌의견, 3인 위헌의견, 2인 단순위헌의견으로 나뉘어 다수인 5인의 재판관이 위헌의견을 채택하였으나「헌법재판소법」소정의 위헌결정 정족수에 이루지 못하여 위헌선언을 간신히 모면하였다. 이러한 쟁점은「도시정비법」상 정비기반기시설의 무상귀속에도 원용된다.

나. 결정요지

(1) <u>4인 재판관 합헌의견</u>은 이 사건 조항은「헌법」제23조 제1항·제2항에 근거하여 재산권의 내용과 한계를 정한 것으로, 공공시설을 무상귀속시키는 이 사건 조항은 가능한 최소한의 범위에서 재산권의 사회적 제약을 도모하는 법률조항이고, 사업주체에 대한 기본권의 제한과 이를 통한 공익목적의 달성 사이에는 법익의 형량에 있어 합리적인 비례관계가 유지된다고 할 것이므로 과잉금지의 원칙에 위배된 것이 아니다.

(2) <u>3인의 위헌의견</u>은 이 사건 조항이「헌법」제23조 제1항 및 제2항에 의하여 재산권의 내용과 한계를 정하는 규정이자 재산권에 대한 사회적 제약을 구체화한 규정이라고 보는 합헌의견에는 동의하지만, 어떠한 경위로든 사업시행자가 사업지구 내에 공공시설을 설치하기만 하면 그 공공시설 및 그 부지의 소유권을 아무런 보상 없이 바로 국가나 지방자치단체에 귀속시키고 있는 바, 그런 경우에도 이 사건 조항은 비례의 원칙에서 요구되는 피해의 최소성 및 법익의 균형성원칙에 위배되므로 위헌이라고 판단하였다.

(3) <u>2인의 단순위헌</u>의견은 이 경우는 소유권의 박탈이어서 전형적인 수용에 해당한다고 보아야 한다. 수용 중에서는 행정청의 처분에 의하여 수용의 효과가 발생하는 소위 <u>행정수용은 아니고</u> 법률에 의하여 수용의 효과가 발생하는 소위 <u>입법수용에 해당</u>할 것이다. 그러므로 이 사건의 문제는「헌법」 제23조 제1항이나 제2항의 문제가 아니라 제3항(공공필요에 의한 재산권의 수용·사용·제한은 정당보상이 필요)의 문제인 것이다. 따라서 구「도시계획법」제83조 제2항 전단이 규정하는 '공공시설부지 등 소유권의 국가 또는 지방자치단체로의 귀속'은「헌법」제23조 제3항의 수용에 해당하고, 그 귀속을 무상이라고 법률이 규정한 것은 수용에 대한 보상을 배제한 것이므로 이는 보상 없는 수용을 금지하는 「헌법」제23조 제3항을 정면으로 위반한 것이다.

다. 검토

(1) <u>무상귀속</u>은 행정청이 상당한 재량을 갖는 개발행위허가의 발급을 전제로 하며, 특히 사인이 추진하는 대규모 개발사업의 경우에는 광범위한 수용권이 부가되고 다른 수많은 이익의 희생이 수반되는데, 이러한 상황에서 개발사업이 사업시행자에게 당연히 보장된 권리라고 보기는 어렵다. 그리고 사업시행자는 <u>무상귀속</u>을 포함한 손익을 살펴 개발사업을 시행하는 것이므로 이를 재산권 침해라고 단정하기는 어렵고, 개발사업을 시행하는 것 자체가 이익인 것인데 이를 간과하고 <u>무상귀속</u> 규정을 재산권 박탈이라고 취급하는 것도 지나친 측면이 있다.[603]

(2) **사견**으로도 <u>무상귀속</u>이 아무런 보상 없이 공공시설과 그 부지에 대한 소유권을 공적 주체에게 귀속시킨다고 위헌을 주장하고 있으나, 민간사업시행자가 새로이 설치한 공공시설의 <u>무상귀속</u>에 대하여 <u>등가교환적인 무상양도</u>는 실질적으로 손실보상의 성격이라는 점에서 위헌으로 볼 수가 없다.[604] 다만 무상양도의 기준 및 범위에 관해서는 법령의 정비가 요구된다. 그리고 <u>무상귀속 내지 기부채납 비용의 일부 또는 전부에 대하여 분양원가에 포함시킨다는 점</u>에서 위헌으로 보기는 어려움이 있다.[605]

(3) 이 밖에도 사업시행자로 하여금 공공시설 내지 정비기반시설을 신설케 하여 이를 공적 주체의 소유로 귀속하게 하는 것은 사업시행으로 인한 <u>개발이익을 환수</u>하게 하는 가장 확실한 방법이라는 점, 공공시설의 지속적 관리와 보수라는 관점에서도 이를 공적 주체에게 귀속되도록 규율하고 있는 점 자체가 충분한 정당화 사유가 있다. 다만 그 방식에 있어서 무상귀속을 일률적으로 강제하기보다는 개별 공공시설의 공공성 정도를 감안하여 수익자·원인자 부담 원칙이 가장 타당하게 실현될 수 있도록 하고, 개별 사업시행자의 실질적 협상력이 훼손되지 않도록 하는 유연한 접근방식이 필요하다는 주장도 있다.[606]

---

603) 이승민, "공공시설의 무상귀속에 관한 小考", 347면.
604) 대법원 2007. 7. 12. 선고 2007두6663 판결; 이승민, "공공시설의 무상귀속에 관한 小考", 340면.
605) 이승민, "공공시설의 무상귀속에 관한 小考", 347면 각주 16) 참고.
606) 이현수, "도시정비법상 정비기반시설의 법적 쟁점", 353면.

4. 무상귀속의 요건

가. 일반적 요건607)

무상귀속되는 공공시설은 공공용시설의 의미를 지닌 것으로서 주민들이 사회적 공동생활을 영위하는데 필요한 서비스에 제공되는 시설을 의미하는 것으로서 사적시설과는 구별된다. 쟁점은 행정청이 아닌 사업시행자가 사업주체가 되는 법 제65조 제2항에서 문제가 발생하는데, 법제처의 법령해석을 통해 보면 다음과 같은 일반적인 요건이 도출된다.

(1) 누구나 타인의 제한 없이 자유롭게 이용할 수 있는 시설일 뿐만 아니라 아울러 그 시설이 공공의 목적에 이용될 수 있도록 관리청이 시설을 설치한 자의 사적 재산과 구분하여 유지 및 관리를 하여야 할 필요가 있을 정도의 실질과 형태를 갖추고 있어야 할 것이다.

(2) 그리고 무상귀속은 공공시설의 설치 경위 등을 불문하고 개발행위자가 새로이 공공시설을 설치하기만 하면 그 공공시설을 아무런 보상 없이 바로 관리청에 귀속하도록 하는 것이어서 국민의 기본권인 재산권에 제약을 가져오는 것이므로 해당 규정에 따른 무상귀속은 행정목적을 달성할 수 있는 필요 최소한의 범위 내에서만 이루어져야 한다.

나. 부지소유권의 확보

우선, 공공시설의 무상귀속이 이루어지기 위해서는 그 부지에 대한 소유권이 확보되어 있어야 한다. 공공시설이 사업부지 내에 위치할 때에는 대개 사업시행자가 부지 소유권까지 확보하기 때문에 특별히 문제가 발생하지 않지만, 사업부지 외의 공공시설(특히, 도로)의 경우에는 사업시행자가 부지 소유권을 확보하지 못한 채 공공시설을 설치하는 경우가 가끔 발생한다.

대법원은 「국토계획법」 제65조 제2항은 사업시행자가 그 공공시설에 필요한 토지를 사법상의 계약이나 공법상의 절차에 따르는 방법 등으로 취득하여 당해 공공시설을 설치하고 사업을 완료한 경우에 한하여 적용되는 것이지, 사업시행자가 공공시설에 필요한 토지를 적법하게 취득하지 아니한 채 당해 공공시설을 설치한 경우에까지 적용되는 것은 아니라고도 판시하고 있다.608)

대법원이 위와 같이 부지 소유권 확보를 요구하는 것은, 토지소유권을 취득하지 못한 경우에도 그 위의 공공시설 소유권이 관리청에 무상귀속되는 것으로 본다면, 토지소유자는 아무런 보상 없이 토지소유권에 큰 제약을 받게 될 우려가 있고, 더 나아가 공공시설 소유권과 함께 부지의 소유권까지 무상귀속되는 것으로 본다면, 토지소유자는 역시 아무런 보상 없이 토지소유권을 상실하게 되는 결과가 발생하기 때문인 것으로 보인다.609)

---

607) 법제처 법령해석 사례, 경기도 하남시 - 개인이 건축물의 건축허가를 받기 위하여 도로를 개설하는 경우 무상귀속 대상인지(「국토계획법」 제65조 제2항 관련), 안건번호: 09-0178, 회신일자: 2009. 7. 20.

608) 대법원 1981. 12. 22. 선고 80다3269 판결; 대법원 1987. 7. 7. 선고 87다카372 판결; 2000. 8. 22. 선고 98다 55161 판결 등 참조; 법제처 법령해석 사례, 개발행위허가 및 실시계획인가에 따른 공공시설등의 무상귀속 유권해석, 안건번호06-0101, 회신일자 2006. 8. 11. 해석도 同旨.

5. 무상귀속의 절차

(1) **허가권자**는 공공시설의 귀속에 관한 사항이 포함된 개발행위허가를 하려면 미리 해당 공공시설이 속한 **관리청의 의견**을 들어야 한다(법 제65조 제3항 본문). 즉 허가권자는 **인·허가전에 미리 관리청과 협의**하여야 한다. 다만, 관리청이 지정되지 아니한 경우에는 **관리청이 지정된 후 준공되기 전에 관리청의 의견**을 들어야 하며, **관리청이 불분명한 경우**에는 도로·하천 등에 대하여는 **국토교통부장관**을 관리청으로 보고, **그 외의 재산**에 대하여는 **기획재정부장관**을 관리청으로 본다(법 제65조 제3항 단서). 허가권자가 관리청의 의견을 듣고 개발행위허가를 한 경우 **개발행위허가를 받은 자**는 그 허가에 포함된 공공시설의 점용 및 사용에 관하여 관계 법률에 따른 승인·허가 등을 받은 것으로 보아 개발행위를 할 수 있다. 이 경우 해당 공공시설의 점용 또는 사용에 따른 점용료 또는 사용료는 면제된 것으로 본다(법 제65조 제4항).

(2) 공공시설인 국·공유지가 당초 인·허가 시 무상양도에 대해 협의되지 않고 사업이 준공예정이거나 준공된 경우 기존 공공시설을 무상양도 받을 수 있는지에 대한 질의에서, 법 제65조 제3항에서는 무상양도 대상인 공공시설이 사업부지에 포함된 경우 인·허가 전에 미리 해당 관리청과 협의하도록 정하고, 시행자가 행정청인 경우 같은 조 제5항에서 준공검사를 마치고 공공시설의 종류와 토지의 세목(細目)을 통지한 날 각각 무상귀속 또는 무상양도된 것으로 보도록 정하고 있는 바, 위 제3항은 무상양도에 대해 관리청과 사전에 협의하여 관리청이 이에 동의해야 한다는 의미로써, 원칙적으로 인·허가 시에 관리청과 협의하지 아니하였더라도, 준공 전까지만 무상양도에 동의하면 준공 시에 무상양도를 받을 수 있다고 판단된다. 다만, 준공 시까지 무상양도에 대해 관리청과 협의가 되지 않았다면, 법률관계의 안정성 및 법 제65조 제3항의 규정 취지를 고려할 때 무상양도 대상에 해당되지 않는 것으로 보는 것이 타당하다고 판단된다.[610)

6. 무상귀속의 법적 효과

개발행위 허가를 받은 자가 행정청인 경우 종래의 공공시설은 개발행위허가를 받은 자에게 무상으로 귀속되기 때문에, "나·다"는 민간사업시행자인 경우에 해당된다(법 제65조 제1항).

가. 법률 규정에 의한 물권변동

(1) 개발행위허가를 받은 자가 **행정청인 경우** 개발행위가 끝나 준공검사를 마친 때에는 해당 시설의 관리청에 공공시설의 종류와 토지의 세목(細目)을 통지하여야 한다. 이 경우 **공공시설**은 그 통지한 날에 해당 시설을 관리할 **관리청과 개발행위허가를 받은 자**에게 각각 귀속된 것으로 보며(법 제65조

---

609) 이승민, "공공시설의 무상귀속에 관한 小考", 348~349면.
610) 도시정책과-1590, 2012. 03. 12. 국토계획법해설집, 332면.

제5항), 개발행위허가를 받은 자가 **행정청이 아닌 경우** 개발행위허가를 받은 자는 관리청에 귀속되거나 그에게 양도될 공공시설에 관하여 개발행위가 끝나기 전에 그 시설의 관리청에 그 종류와 토지의 세목을 통지하여야 하고, 준공검사를 한 허가권자는 그 내용을 해당 시설의 **관리청**에 통보하여야 한다. 이 경우 공공시설은 준공검사를 받음으로써 그 시설을 관리할 **관리청**과 **개발행위허가를 받은 자**에게 각각 귀속되거나 양도된 것으로 본다(법 제65조 제6항). 공공시설을 등기할 때에「부동산등기법」에 따른 등기원인을 증명하는 서면은 준공검사를 받았음을 증명하는 서면으로 갈음한다(법 제65조 제7항).

(2) 대법원은 구「도시계획법」상의 신설된 공공시설의 무상귀속규정과 관련하여 "도시계획사업의 시행으로 공공시설이 설치되면 그 사업완료(준공검사)와 동시에 당해 공공시설을 구성하는 토지와 시설물의 소유권이 그 시설을 관리할 국가 또는 지방자치단체에 직접 원시적으로 귀속된다. 이는「민법」제187조 법률규정에 의한 물권변동이므로 등기 없이도 소유권이 행정청에게 귀속된다고" 판시했다.[611]

나. 무상양도의 가능성

법 제65조 제2항에 따라, 행정청 이외의 사업시행자는 새로이 설치한 공공시설(무상귀속 대상이 되는 공공시설)의 설치비용에 상당하는 범위에서 용도 폐지되는 공공시설을 무상양도 받을 수 있다. 이러한 용도폐지 공공시설의 무상양도는 강행규정으로 해석되는「도시정비법」제83조 제2항과 달리[612] 행정청의 재량사항으로 되어 있으며, 따라서 민간사업시행자가 용도 폐지 공공시설을 무상양도 받을지는 행정청의 재량권에 달려 있다.

다. 건폐율·용적률·높이 제한 완화

영 제46조 제1항은 도시지역 내 지구단위계획구역에서 건축물을 건축하려는 자가 그 대지의 일부를 공공시설등의 부지로 제공하거나 이러한 공공시설등을 설치하여 제공하는 경우 지구단위계획으로 일정한 구분에 따라 건폐율·용적률 및 높이 제한을 완화하여 적용할 수 있도록 규정하고 있는데, 여기서 "공공시설"에 대해 별도의 정의를 내리지 않고 있기 때문에 이는 무상귀속 대상인 공공시설과 동일하게 해석된다. 그러므로 위의 영 제46조 제1항에 따라 공공시설을 설치하여 제공하는 경우 부여되는 건폐율·용적률·높이 제한 완화 혜택은 무상귀속의 법적 효과로 볼 수 있다. 반면, 사업시행자가 공공시설 부지만을 제공하는 경우에는 공공시설부지 자체만으로는 공공시설이 아니므로 이러한 부지 제공은 기부채납에 대한 완화규정이라고 보아야 한다. 특히 사업구역 바깥에 설치되는 공공시설의 경우에는 공공시설의 소유권과 공공시설부지의 소유권이 서로 분리될 수 있다. 전술한 대법원 판례에[613] 의

---

611) 대법원 1999. 4. 15. 선고 96다24897 전원합의체 판결.
612) 대법원 2009. 6. 25. 선고 2006다18174 판결에서는「도시정비법」상 무상양도 규정을 강행규정으로 보고 있다.
613) 대법원 1981. 12. 22. 선고 80다3269 판결; 대법원 1987. 7. 7. 선고 87다카372 판결; 2000. 8. 22. 선고 98다55161 판결 등.

할 때, 행정청이 아닌 사업시행자는 부지 소유권을 취득해야만 부관으로 부가된 무상귀속 의무를 이행할 수 있는데,[614] 무상귀속 의무가 사업인가조건으로 부가되는 경우가 많기 때문에 이를 이행하지 못하면 인가가 취소되는 불이익을 받게 된다. 그러므로 위 시행령 조항은 무상귀속 의무를 이행하기 위하여 부지까지 제공해야 하는 사업시행자의 부담을 완화하기 위하여 일정한 인센티브를 제공하는 규정으로 해석할 수 있다.[615]

제2절 개발행위에 따른 기반시설의 설치(기반시설연동제)

I. 기반시설연동제의 의의 및 성격

1. 의의

기반시설연동제는 기반시설 용량과 개발행위허가를 연계시키는 제도로서, 기반시설 용량의 범위 안에서 개발행위를 허용하는 제도이다. 즉 도심지와 같이 기반시설의 추가적인 설치가 곤란한 지역에 대하여는 개발밀도를 제한하고, 기반시설 설치가 가능한 지역에서 기반시설 설치를 유발하는 개발행위를 하는 경우에는 개발행위자로 하여금 기반시설을 설치하도록 하는 것이다(기반시설연동제 운영지침 1-2-1).

2. 성격

가. 기반시설연동제는 기존의 기반시설에 대한 수용용량을 고려하지 아니한 상태에서 무분별하게 개발사업을 시행하거나 기존의 기반시설에 무임승차하여 기반시설의 부족과 과밀을 유발하는 사례가 자주 발생함에 따라, 기반시설과 개발행위를 연계함으로써 이러한 문제점을 예방함과 아울러 주민들의 삶의 질을 향상시키기 위한 제도이다(기반시설연동제 운영지침1-3-1).

나. 기반시설연동제는 **개발밀도관리구역제도** 및 **기반시설부담구역제도**로 구분된다(기반시설연동제 운영지침1-3-2).

(1) 개발밀도관리구역은 주거·상업 또는 공업지역에서 개발행위로 인하여 기반시설의 처리·공급·수용능력이 부족할 것으로 예상되는 지역 중 기반시설의 추가설치가 곤란한 지역을 대상으로, 개발밀도를 당해 지역에서 허용하고 있는 수준보다 강화하여 적용함으로써 **개발행위 자체를 억제**하는 제도이다.

---

614) 대법원 1981. 12. 22. 선고 80다3269 판결; 1987. 7. 7. 선고 87다카372 판결; 2000. 8. 22. 선고 98다55161 판결 등.
615) 이승민, "공공시설의 무상귀속에 관한 小考", 355~356면.

(2) **기반시설부담구역**은 개발밀도관리구역외의 지역으로 개발압력이 높아 기반시설의 용량이 부족할 것으로 예상되는 지역 중 기반시설의 추가설치가 가능한 지역을 대상으로 지정하여, 당해 구역안에서 개발행위를 하는 자로 하여금 **직접 기반시설을 설치**하도록 하거나 **기반시설 설치에 상당하는 비용을 납부**하도록 함으로써 기반시설을 확보하고자 하는 제도이다.

다. 기반시설연동제는 광역도시계획, 도시·군기본계획, 도시·군관리계획 등 상위계획과 조화를 이루어야 한다(기반시설연동제 운영지침1-3-3).

Ⅱ. 개발밀도관리구역

"개발밀도관리구역"이란 개발로 인하여 기반시설이 부족할 것으로 예상되나 기반시설을 설치하기 곤란한 지역을 대상으로 건폐율이나 용적률을 **강화**하여 적용하기 위하여 법 제66조에 따라 지정하는 구역을 말한다(법 제2조 제18호).

허가권자는 주거·상업 또는 공업지역에서의 개발행위로 기반시설(도시·군계획시설을 포함한다)의 처리·공급 또는 수용능력이 부족할 것으로 예상되는 지역 중 기반시설의 설치가 곤란한 지역을 개발밀도관리구역으로 지정할 수 있다(법 제66조 제1항).

허가권자는 개발밀도관리구역에서는 해당 용도지역에 적용되는 용적률의 최대한도의 50퍼센트의 범위에서 건폐율 또는 용적률을 **강화**하여 적용한다(법 제66조 제2항 및 영 제62조 제1항).

허가권자는 개발밀도관리구역을 지정·변경하려면 다음 각 호 1. 개발밀도관리구역의 명칭, 2. 개발밀도관리구역의 범위, 3. 건폐율 또는 용적률의 강화 범위의 사항을 포함하여, 해당 지방자치단체에 설치된 지방도시계획위원회의 심의를 거쳐야 한다(법 제66조 제3항). 개발밀도관리구역을 지정·변경한 경우에는 그 사실을 법 제66조 제3항 각 호의 사항을 당해 지방자치단체의 공보에 게재하고(영 제62조 제2항), 허가권자는 해당 기관의 인터넷 홈페이지에 게재하여야 한다(법 제66조 제4항 및 영 제62조 제3항).

개발밀도관리구역의 지정기준, 개발밀도관리구역의 관리 등에 관하여 필요한 사항은 **대통령령**으로 정하는 바에 따라 **국토교통부장관**이[616] 정한다(법 제66조 제5항).

국토교통부장관은 법 제66조 제5항의 규정에 의하여 개발밀도관리구역의 지정기준 및 관리방법을 정할 때에는 다음 각 호의 사항을 종합적으로 고려하여야 한다(영 제63조).

1. 개발밀도관리구역은 **도로·수도공급설비·하수도·학교 등** 기반시설의 용량이 부족할 것으로 예상되는 지역 중 기반시설의 설치가 곤란한 지역으로서 다음 각 목 가. 당해 지역의 도로서비스 수준이 매우 낮아 차량통행이 현저하게 지체되는 지역. 이 경우 도로서비스 수준의 측정에 관하여는

---

616) 2018. 11. 26. 국토교통부훈령 제1107호로 개정되어 2018. 11. 26.부터 시행되고 있는 「기반시설연동제 운영지침」을 말한다.

「도시교통정비 촉진법」에 따른 교통영향평가의 예에 따른다. 나. 당해 지역의 도로율이 **국토교통부령**이 정하는 용도지역별 도로율에 20퍼센트 이상 미달하는 지역 다. 향후 2년 이내에 당해 지역의 수도에 대한 수요량이 수도시설의 시설용량을 초과할 것으로 예상되는 지역 라. 향후 2년 이내에 당해 지역의 하수발생량이 하수시설의 시설용량을 초과할 것으로 예상되는 지역 마. 향후 2년 이내에 당해 지역의 학생수가 학교수용능력을 20퍼센트 이상 초과할 것으로 예상되는 지역의 하나에 해당하는 지역에 대하여 지정할 수 있도록 할 것

2. 개발밀도관리구역의 경계는 **도로·하천 그 밖에 특색 있는 지형지물**을 이용하거나 용도지역의 경계선을 따라 설정하는 등 경계선이 분명하게 구분되도록 할 것

3. 용적률의 강화범위는 제62조 제1항의 규정에 의한 범위안에서 제1호 각목에 규정된 기반시설의 부족정도를 감안하여 결정할 것

4. 개발밀도관리구역안의 기반시설의 변화를 주기적으로 검토하여 용적률을 강화 또는 완화하거나 개발밀도관리구역을 해제하는 등 필요한 조치를 취하도록 할 것

Ⅲ. 기반시설부담구역

1. 기반시설부담구역의 의의

"기반시설부담구역"이란 개발밀도관리구역 외의 지역으로서 개발로 인하여 도로, 공원, 녹지 등 **대통령령**으로 정하는 기반시설[1. 도로(인근의 간선도로로부터 기반시설부담구역까지의 진입도로를 포함한다), 2. 공원, 3. 녹지, 4. 학교(「고등교육법」 제2조에 따른 학교는 제외한다),[617] 5. 수도(인근의 수도로부터 기반시설부담구역까지 연결하는 수도를 포함한다), 6. 하수도(인근의 하수도로부터 기반시설부담구역까지 연결하는 하수도를 포함한다), 7. 폐기물처리 및 재활용시설, 8. 그 밖에 **특별시장·광역시장·특별자치시장·특별자치도지사·시장 또는 군수**가 법 제68조 제2항 단서에 따른 기반시설부담계획에서 정하는 시설(영 제4조의2)]의 설치가 필요한 지역을 대상으로 기반시설을 설치하거나 그에 필요한 용지를 확보하게 하기 위하여 법 제67조에 따라 지정·고시하는 구역을 말한다(법 제2조 제19호).

---

617) 「고등교육법」 제2조(학교의 종류) 고등교육을 실시하기 위하여 다음 각 호 1. 대학, 2. 산업대학, 3. 교육대학, 4. 전문대학, 5. 방송대학·통신대학·방송통신대학 및 사이버대학(이하 "원격대학"이라 한다), 6. 기술대학, 7. 각종학교를 둔다.

2. 기반시설부담구역의 지정

가. 구역의 지정 및 절차

허가권자는 다음 각 호 1. 이 법 또는 다른 법령의 제정·개정으로 인하여 행위 제한이 완화되거나 해제되는 지역, 2. 이 법 또는 다른 법령에 따라 지정된 용도지역 등이 변경되거나 해제되어 행위 제한이 완화되는 지역, 3. 개발행위허가 현황 및 인구증가율 등을 고려하여 **대통령령**으로 정하는 지역[특별시장·광역시장·특별자치시장·특별자치도지사·시장 또는 군수가 영 제4조의2에 따른 기반시설의 설치가 필요하다고 인정하는 지역으로서 다음 각 호 1. 해당 지역의 전년도 개발행위허가 건수가 전전년도 개발행위허가 건수보다 20퍼센트 이상 증가한 지역, 2. 해당 지역의 전년도 인구증가율이 그 지역이 속하는 특별시·광역시·특별자치시·특별자치도·시 또는 군 (광역시의 관할 구역에 있는 군은 제외한다)의 전년도 인구증가율보다 20퍼센트 이상 높은 지역의 어느 하나에 해당하는 지역을 말한다(영 제64조 제1항)]의 어느 하나에 해당하는 지역에 대하여는 기반시설부담구역으로 지정하여야 한다. 다만, 개발행위가 집중되어 허가권자가 해당 지역의 계획적 관리를 위하여 필요하다고 인정하면 앞의 각 호에 해당하지 아니하는 경우라도 기반시설부담구역으로 지정할 수 있다(법 제67조 제1항).

허가권자는 기반시설부담구역을 지정 또는 변경하려면 주민의견청취와 지방도시계획위원회의 심의를 거쳐 기반시설부담구역의 명칭·위치·면적 및 지정일자와 관계 도서의 열람방법을 해당 지방자치단체의 공보와 인터넷 홈페이지에 고시하여야 한다(법 제67조 제2항 및 영 제64조 제2항).

나. 기반시설설치계획의 수립

허가권자는 기반시설부담구역이 지정되면 **대통령령**으로 정하는 바에 따라 기반시설설치계획을 수립하여야 하며, 이를 도시·군관리계획에 반영하여야 한다(법 제67조 제4항). **특별시장·광역시장·특별자치시장·특별자치도지사·시장 또는 군수**는 법 제67조 제4항에 따른 기반시설설치계획(이하 "기반시설설치계획"이라 한다)을 수립할 때에는 다음 각 호 1. 설치가 필요한 기반시설(영 제4조의2 각 호의 기반시설을 말하며, 이하 이 절에서 같다)의 종류, 위치 및 규모, 2. 기반시설의 설치 우선순위 및 단계별 설치계획, 3. 그 밖에 기반시설의 설치에 필요한 사항을 포함하여 수립하여야 한다(영 제65조 제1항).

특별시장·광역시장·특별자치시장·특별자치도지사·시장 또는 군수는 기반시설설치계획을 수립할 때에는 다음 각 호 1. 기반시설의 배치는 해당 기반시설부담구역의 토지이용계획 또는 앞으로 예상되는 개발수요를 감안하여 적절하게 정할 것, 2. 기반시설의 설치시기는 재원조달계획, 시설별 우선순위, 사용자의 편의와 예상되는 개발행위의 완료시기 등을 감안하여 합리적으로 정할 것의 사항을 종합적으로 고려하여야 한다(영 제65조 제2항).

법 제52조 제1항에 따라 **지구단위계획**을 수립한 경우에는 기반시설설치계획을 수립한 것으로 본다(영 제65조 제3항).

기반시설부담구역의 지정고시일부터 1년이 되는 날까지 기반시설설치계획을 수립하지 아니하면 그 1년이 되는 날의 다음날에 기반시설부담구역의 지정은 해제된 것으로 본다(영 제65조 제4항).

다. 기반시설부담구역의 지정기준

기반시설부담구역의 지정기준 등에 관하여 필요한 사항은 **대통령령**으로 정하는 바에 따라 **국토교통부장관**이[618] 정한다(법 제67조 제5항). **국토교통부장관**은 법 제67조 제5항에 따라 기반시설부담구역의 지정기준을 정할 때에는 다음 각 호 1. 기반시설부담구역은 기반시설이 적절하게 배치될 수 있는 규모로서 최소 10만 제곱미터 이상의 규모가 되도록 지정할 것, 2. 소규모 개발행위가 연접하여 시행될 것으로 예상되는 지역의 경우에는 하나의 단위구역으로 묶어서 기반시설부담구역을 지정할 것, 3. 기반시설부담구역의 경계는 도로, 하천, 그 밖의 특색 있는 지형지물을 이용하는 등 경계선이 분명하게 구분되도록 할 것의 사항을 종합적으로 고려하여야 한다(영 제66조).

3. 기반시설설치비용의 부과대상 및 산정기준

"기반시설설치비용"이란 **단독주택 및 숙박시설 등 대통령령으로 정하는 시설**의 신·증축 행위로 인하여 유발되는 기반시설을 설치하거나 그에 필요한 용지를 확보하기 위하여 법 제69조에 따라 부과·징수하는 금액을 말한다(법 제2조 제20호).

기반시설부담구역에서 기반시설설치비용의 부과대상인 건축행위는 법 제2조 제20호에 따른 시설로서 **200제곱미터**(기존 건축물의 연면적을 포함한다)**를 초과**하는 건축물의 신축·증축 행위로 한다. 다만, 기존 건축물을 철거하고 신축하는 경우에는 기존 건축물의 건축연면적을 초과하는 건축행위만 부과대상으로 한다(법 제68조 제1항).

기반시설설치비용은 기반시설을 설치하는 데 필요한 **기반시설 표준시설비용**과 **용지비용**을 합산한 금액에 부과대상 건축연면적과 기반시설 설치를 위하여 사용되는 총 비용 중 국가·지방자치단체의 부담분을 제외하고 민간 개발사업자가 부담하는 부담률을 곱한 금액으로 한다. 다만, 허가권자가 해당 지역의 기반시설 소요량 등을 고려하여 **대통령령**으로[619] 정하는 바에 따라 기반시설부담계획을 수립한 경우에는 그 부담계획에 따른다(법 제68조 제2항).

특별시장·광역시장·특별자치시장·특별자치도지사·시장 또는 군수는 법 제68조제2항 단서에 따른 기반시설부담계획을 수립할 때에는 다음 각 호 1. 기반시설의 설치 또는 그에 필요한 용지의 확보에 소요되는 총부담비용, 2. 제1호에 따른 총부담비용 중 법 제68조 제1항에 따른 건축행위를 하는 자(제70조의2 제1항 각 호에 해당하는 자를 포함한다. 이하 "납부의무자"라 한다)가 각각 부담하여야 할 부담분, 3. 제2호에 따른 부담분의 부담시기, 4. 재원의 조달 및 관리·운영방법을 포함하여야 한다(영

---

618) 「기반시설연동제 운영지침」을 말한다.
619) 영 제67조(기반시설부담계획의 수립)에서 정하고 있다.

제67조 제1항).

제1항 제2호에 따른 부담분은 다음 각 호 1. 총부담비용을 건축물의 연면적에 따라 배분하되, 건축물의 용도에 따라 가중치를 부여하여 결정하는 방법, 2. 제1호에도 불구하고 **특별시장·광역시장·특별자치시장·특별자치도지사·시장 또는 군수**와 납부의무자가 서로 협의하여 산정방법을 정하는 경우에는 그 방법의 방법으로 산정한다(영 제67조 제2항).

특별시장·광역시장·특별자치시장·특별자치도지사·시장 또는 군수는 기반시설부담계획을 수립할 때에는 다음 각 호 1. 총부담비용은 각 시설별로 소요되는 용지보상비·공사비 등 합리적 근거를 기준으로 산출하고, 기반시설의 설치 또는 용지 확보에 필요한 비용을 초과하여 과다하게 산정되지 아니하도록 할 것, 2. 각 납부의무자의 부담분은 건축물의 연면적·용도 등을 종합적으로 고려하여 합리적이고 형평에 맞게 정하도록 할 것, 3. 기반시설부담계획의 수립시기와 기반시설의 설치 또는 용지의 확보에 필요한 비용의 납부시기가 일치하지 아니하는 경우에는 물가상승률 등을 고려하여 부담분을 조정할 수 있도록 할 것을 종합적으로 고려하여야 한다(영 제67조 제3항).

특별시장·광역시장·특별자치시장·특별자치도지사·시장 또는 군수는 기반시설부담계획을 수립하거나 변경할 때에는 주민의 의견을 듣고 해당 지방자치단체에 설치된 지방도시계획위원회의 심의를 거쳐야 한다. 이 경우 주민의 의견청취에 관하여는 법 제28조제1항부터 제4항까지의 규정을 준용한다(영 제67조 제4항).

특별시장·광역시장·특별자치시장·특별자치도지사·시장 또는 군수는 기반시설부담계획을 수립하거나 변경하였으면 그 내용을 고시하여야 한다. 이 경우 기반시설부담계획의 수립 또는 변경의 고시에 관하여는 제64조 제2항을 준용한다(영 제67조 제5항).

기반시설부담계획 중 다음 각 호 1. 납부의무자의 전부 또는 일부의 부담분을 증가시키지 아니하고 부담시기를 앞당기지 아니한 경우, 2. 기반시설의 설치 및 그에 필요한 용지의 확보와 관련하여 **특별시장·광역시장·특별자치시장·특별자치도지사·시장 또는 군수**의 지원을 경감하지 아니한 경우에 해당하는 경미한 사항을 변경하는 경우에는 제4항 및 제5항을 적용하지 아니한다(영 제67조 제6항).

기반시설 표준시설비용은 기반시설 조성을 위하여 사용되는 단위당 시설비로서 해당 연도의 생산자물가상승률 등을 고려하여 **대통령령**으로 정하는 바에[620] 따라 **국토교통부장관**이[621] 고시한다(법 제68조 제3항).

용지비용은 부과대상이 되는 건축행위가 이루어지는 토지를 대상으로 다음 각 호 1. 지역별 기반시설의 설치 정도를 고려하여 0.4 범위에서 지방자치단체의 **조례**로 정하는 용지환산계수, 2. 기반시설부담구역의 개별공시지가 평균 및 **대통령령**으로 정하는 건축물별 기반시설유발계수의 기준을 곱하여 산정한 가액(價額)으로 한다(법 제68조 제4항). 법 제68조 제4항 제2호에서 "**대통령령**으로 정하는 건축물

---

620) 영 제68조(기반시설 표준시설비용의 고시) **국토교통부장관**은 법 제68조 제3항에 따라 매년 1월 1일을 기준으로 한 기반시설 표준시설비용을 매년 6월 10일까지 고시하여야 한다.

621) 2015. 6. 5. 국토교통부고시 제2015-345호로 제정하여 2015. 6. 5.부터 시행한 「2015년 기반시설 표준시설비용 및 기반시설별 단위당 표준조성비」를 말한다.

별 기반시설유발계수"란 [별표 1의3]에서 정하고 있다(영 제69조 제2항).

민간 개발사업자가 부담하는 부담률은 100분의 20으로 하며, 허가권자가 건물의 규모, 지역 특성 등을 고려하여 100분의 25의 범위에서 부담률을 가감할 수 있다(법 제68조 제5항).

법 제69조 제1항에 따른 납부의무자가 다음 각 호 1. 기반시설을 설치하거나 그에 필요한 용지를 확보한 경우, 2. 「도로법」 제91조에 따른 원인자 부담금 등 대통령령으로 정하는 비용을 납부한 경우의 어느 하나에 해당하는 경우에는 이 법에 따른 기반시설설치비용에서 감면한다(법 제68조 제6항). 감면 기준 및 감면절차와 그 밖에 필요한 사항은 대통령령으로 정한다(법 제68조 제7항).

4. 기반시설설치비용의 납부 및 체납처분

가. 허가권자의 부과 및 납부의무자의 납부

법 제68조 제1항에 따른 건축행위를 하는 자(건축행위의 위탁자 또는 지위의 승계자 등 대통령령으로 정하는 자를 포함한다. 이하 "납부의무자"라 한다)는 기반시설설치비용을 내야 한다(법 제69조 제1항). 그 밖에 기반시설설치비용의 부과절차, 납부 및 징수방법, 환급사유 등에 관하여 필요한 사항은 대통령령으로 정할 수 있다(법 제69조 제5항).

허가권자는 납부의무자가 국가 또는 지방자치단체로부터 건축허가(다른 법률에 따른 사업승인 등 건축허가가 의제되는 경우에는 그 사업승인)를 받은 날부터 2개월 이내에 기반시설설치비용을 부과하여야 하고, 납부의무자는 사용승인(다른 법률에 따라 준공검사 등 사용승인이 의제되는 경우에는 그 준공검사) 신청 시까지 이를 내야 한다(법 제69조 제2항).

나. 기반시설설치비용의 예정 통지 및 고지 전 심사

특별시장·광역시장·특별자치시장·특별자치도지사·시장 또는 군수는 법 제69조제2항에 따라 기반시설설치비용을 부과하려면 부과기준시점부터 30일 이내에 납부의무자에게 적용되는 부과 기준 및 부과될 기반시설설치비용을 미리 알려야 한다(영 제70조의3 제1항).

예정 통지를 받은 납부의무자는 예정 통지된 기반시설설치비용에 대하여 이의가 있으면 예정 통지를 받은 날부터 15일 이내에 특별시장·광역시장·특별자치시장·특별자치도지사·시장 또는 군수에게 심사(이하 "고지 전 심사"라 한다)를 청구할 수 있다(영 제70조의3 제2항).

예정 통지를 받은 납부의무자가 고지 전 심사를 청구하려면 다음 각 호 1. 청구인의 성명(청구인이 법인인 경우에는 법인의 명칭 및 대표자의 성명을 말한다), 2. 청구인의 주소 또는 거소(청구인이 법인인 경우에는 법인의 주소 및 대표자의 주소를 말한다), 3. 기반시설설치비용 부과 대상 건축물에 관한 자세한 내용, 4. 예정 통지된 기반시설설치비용, 5. 고지 전 심사 청구 이유의 사항을 적은 고지 전 심사청구서를 특별시장·광역시장·특별자치시장·특별자치도지사·시장 또는 군수에게 제출하여야 한다(영 제70조의3 제3항).

고지 전 심사 청구를 받은 **특별시장·광역시장·특별자치시장·특별자치도지사·시장 또는 군수**는 그 청구를 받은 날부터 15일 이내에 청구 내용을 심사하여 그 결과를 청구인에게 알려야 한다(영 제70조의3 제4항).

고지 전 심사 결과의 통지는 다음 각 호 1. 청구인의 성명(청구인이 법인인 경우에는 법인의 명칭 및 대표자의 성명을 말한다), 2. 청구인의 주소 또는 거소(청구인이 법인인 경우에는 법인의 주소 및 대표자의 주소를 말한다), 3. 기반시설설치비용 부과 대상 건축물에 관한 자세한 내용, 4. 납부할 기반시설설치비용, 5. 고지 전 심사의 결과 및 그 이유의 사항을 적은 고지 전 심사 결정 통지서로 하여야 한다(영 제70조의3 제5항).

다. 기반시설설치비용의 결정 및 납부의 고지

특별시장·광역시장·특별자치시장·특별자치도지사·시장 또는 군수는 예정 통지에 이의가 없는 경우 또는 고지 전 심사청구에 대한 심사결과를 통지한 경우에는 그 통지한 금액에 따라 기반시설설치비용을 결정한다(영 제70조의4).

특별시장·광역시장·특별자치시장·특별자치도지사·시장 또는 군수는 법 제69조제2항에 따라 기반시설설치비용을 부과하려면 납부의무자에게 납부고지서를 발급하여야 한다(영 제70조의5 제1항).

특별시장·광역시장·특별자치시장·특별자치도지사·시장 또는 군수는 제1항에 따라 납부고지서를 발급할 때에는 납부금액 및 그 산출 근거, 납부기한과 납부 장소를 명시하여야 한다(영 제70조의5 제2항).

라. 기반시설설치비용의 정정 등

특별시장·광역시장·특별자치시장·특별자치도지사·시장 또는 군수는 제70조의5에 따라 기반시설설치비용을 부과한 후 그 내용에 누락이나 오류가 있는 것을 발견한 경우에는 즉시 부과한 기반시설설치비용을 조사하여 정정하고 그 정정 내용을 납부의무자에게 알려야 한다(영 제70조의6 제1항).

특별시장·광역시장·특별자치시장·특별자치도지사·시장 또는 군수는 건축허가사항 등의 변경으로 건축연면적이 증가되는 등 기반시설설치비용의 증가사유가 발생한 경우에는 변경허가 등을 받은 날을 기준으로 산정한 변경된 건축허가사항 등에 대한 기반시설설치비용에서 변경허가 등을 받은 날을 기준으로 산정한 당초 건축허가사항 등에 대한 기반시설설치비용을 뺀 금액을 추가로 부과하여야 한다(영 제70조의6 제2항).

마. 기반시설설치비용의 물납

기반시설설치비용은 현금, 신용카드 또는 직불카드로 납부하도록 하되, 부과대상 토지 및 이와 비슷한 토지로 하는 납부(이하 "물납"이라 한다)를 인정할 수 있다(영 제70조의7 제1항).

물납을 신청하려는 자는 법 제69조 제2항에 따른 납부기한 20일 전까지 기반시설설치비용, 물납 대상 토지의 면적 및 위치, 물납신청 당시 물납 대상 토지의 개별공시지가 등을 적은 물납신청서를 **특별시장·광역시장·특별자치시장·특별자치도지사·시장 또는 군수**에게 제출하여야 한다(영 제70조의7 제2항).

특별시장·광역시장·특별자치시장·특별자치도지사·시장 또는 군수는 제1항에 따른 물납신청서를 받은 날부터 10일 이내에 신청인에게 수납 여부를 서면으로 알려야 한다(영 제70조의7 제3항).

물납을 신청할 수 있는 토지의 가액은 해당 기반시설설치비용의 부과액을 초과할 수 없으며, 납부의무자는 부과된 기반시설설치비용에서 물납하는 토지의 가액을 뺀 금액을 현금, 신용카드 또는 직불카드로 납부하여야 한다(영 제70조의7 제4항).

물납에 충당할 토지의 가액은 다음 각 호 1. 제3항에 따라 서면으로 알린 날의 가장 최근에 결정·공시된 개별공시지가, 2. 제1호에 따른 개별공시지가의 기준일부터 제3항에 따라 서면으로 알린 날까지의 해당 시·군·구의 지가변동률을 일 단위로 적용하여 산정한 금액에 해당하는 금액을 합한 가액으로 한다(영 제70조의7 제5항).

특별시장·광역시장·특별자치시장·특별자치도지사·시장 또는 군수는 물납을 받으면 법 제70조제1항에 따라 해당 기반시설부담구역에 설치한 기반시설특별회계에 귀속시켜야 한다(영 제70조의7 제6항).

바. 납부 기일의 연기 및 분할 납부

특별시장·광역시장·특별자치시장·특별자치도지사·시장 또는 군수는 납부의무자가 다음 각 호 1. 재해나 도난으로 재산에 심한 손실을 입은 경우, 2. 사업에 뚜렷한 손실을 입은 때, 3. 사업이 중대한 위기에 처한 경우, 4. 납부의무자나 그 동거 가족의 질병이나 중상해로 장기치료가 필요한 경우의 어느 하나에 해당하여 기반시설설치비용을 납부하기가 곤란하다고 인정되면 해당 개발사업 목적에 따른 이용 상황 등을 고려하여 1년의 범위에서 납부 기일을 연기하거나 2년의 범위에서 분할 납부를 인정할 수 있다(영 제70조의8 제1항).

기반시설설치비용의 납부 기일을 연기하거나 분할 납부를 신청하려는 자는 제70조의5 제1항에 따라 납부고지서를 받은 날부터 15일 이내에 납부 기일 연기신청서 또는 분할 납부 신청서를 **특별시장·광역시장·특별자치시장·특별자치도지사·시장 또는 군수**에게 제출하여야 한다(영 제70조의8 제2항).

특별시장·광역시장·특별자치시장·특별자치도지사·시장 또는 군수는 제2항에 따른 납부 기일 연기신청서 또는 분할 납부 신청서를 받은 날부터 15일 이내에 납부 기일의 연기 또는 분할 납부 여부를 서면으로 알려야 한다(영 제70조의8 제3항).

납부를 연기한 기간 또는 분할 납부로 납부가 유예된 기간에 대하여는 기반시설설치비용에 「국세기본법 시행령」 제43조의3 제2항에 따른 이자를 더하여 징수하여야 한다(영 제70조의8 제4항).

사. 납부의 독촉 및 강제징수

특별시장·광역시장·특별자치시장·특별자치도지사·시장 또는 군수는 납부의무자가 법 제69조 제2항에 따른 사용승인(다른 법률에 따라 준공검사 등 사용승인이 의제되는 경우에는 그 준공검사) 신청 시까지 그 기반시설설치비용을 완납하지 아니하면 납부기한이 지난 후 10일 이내에 독촉장을 보내야 한다(영 제70조의9).

허가권자는 납부의무자가 법 제69조 제2항에서 정한 때까지 기반시설설치비용을 내지 아니하는 경우에는 「지방행정제재·부과금의 징수 등에 관한 법률」에 따라 징수할 수 있다(법 제69조 제3항).

아. 기반시설설치비용의 환급

허가권자는 기반시설설치비용을 납부한 자가 사용승인 신청 후 해당 건축행위와 관련된 기반시설의 추가 설치 등 기반시설설치비용을 환급하여야 하는 사유가 발생하는 경우에는 그 사유에 상당하는 기반시설설치비용을 환급하여야 한다(법 제69조 제4항).

특별시장·광역시장·특별자치시장·특별자치도지사·시장 또는 군수는 다음 각 호 1. 건축허가사항 등의 변경으로 건축면적이 감소되는 등 납부한 기반시설설치비용의 감소 사유가 발생한 경우, 2. 납부의무자가 [별표 1의4] 각 호의 어느 하나에 해당하는 비용을 추가로 납부한 경우, 3. 영 제70조 제1항에 따라 공제받을 금액이 증가한 경우의 어느 하나에 해당하는 경우에는 법 제69조 제4항에 따라 기반시설설치비용을 환급하여야 한다(영 제70조의10 제1항).

특별시장·광역시장·특별자치시장·특별자치도지사·시장 또는 군수는 제1항에 따라 기반시설설치비용을 환급할 때에는 납부의무자가 납부한 기반시설설치비용에서 당초 부과기준시점을 기준으로 산정한 변경된 건축허가사항에 대한 기반시설설치비용을 뺀 금액(이하 "환급금"이라 한다)과 다음 각 호 1. 과오납부·이중납부 또는 납부 후 그 부과의 취소·정정으로 환급하는 경우에는 그 납부일, 2. 납부자에게 책임이 있는 사유로 인하여 설치비용을 발생시킨 허가가 취소되어 환급하는 경우에는 그 취소일, 3. 납부자의 건축계획 변경, 그 밖에 이에 준하는 사유로 환급하는 경우에는 그 변경허가일 또는 이에 준하는 행정처분의 결정일의 어느 하나에 해당하는 날의 다음 날부터 환급결정을 하는 날까지의 기간에 대하여 「국세기본법 시행령」 제43조의3 제2항에 따른 이자율에 따라 계산한 금액(이하 "환급가산금"이라 한다)을 환급하여야 한다(영 제70조의10 제2항).

환급금과 환급가산금은 해당 기반시설부담구역에 설치된 기반시설특별회계에서 지급한다. 다만, 특별시장·광역시장·특별자치시장·특별자치도지사·시장 또는 군수는 허가의 취소, 사업면적의 축소 등으로 사업시행자에게 원상회복의 책임이 있는 경우에는 원상회복이 완료될 때까지 원상회복에 소요되는 비용에 상당하는 금액의 지급을 유보할 수 있다(영 제70조의10 제3항).

제1항에 따라 기반시설설치비용을 환급받으려는 납부의무자는 부담금 납부 또는 기반시설 설치에 관한 변동사항과 그 변동사항을 증명하는 자료를 해당 건축행위의 사용승인일 또는 준공일까지 **특별시장·광역시장·특별자치시장·특별자치도지사·시장 또는 군수**에게 제출하여야 한다(영 제70조의10 제4항).

5. 기반시설설치비용의 관리 및 사용 등

허가권자는 기반시설설치비용의 관리 및 운용을 위하여 기반시설부담구역별로 특별회계를 설치하여야 하며, 그에 필요한 사항은 지방자치단체의 **조례**로 정한다(제70조 제1항).

법 제69조 제2항에 따라 납부한 기반시설설치비용은 해당 기반시설부담구역에서 제2조 제19호에 따른 기반시설의 설치 또는 그에 필요한 용지의 확보 등을 위하여 사용하여야 한다. 다만, 해당 기반시설부담구역에 사용하기가 곤란한 경우로서 **대통령령**으로 정하는 경우에는 해당 기반시설부담구역의 기반시설과 연계된 기반시설의 설치 또는 그에 필요한 용지의 확보 등에 사용할 수 있다(제70조 제2항).

기반시설설치비용의 관리, 사용 등에 필요한 사항은 **대통령령**으로 정하는 바에 따라 **국토교통부장관**이 정한다(제70조 제3항).

제6장 도시·군계획시설사업의 시행[622]

Ⅰ. 개설

기반시설의 설치를 위한 도시·군계획시설사업의 시행도 개발사업의 일종이다. 도시계획과 같은 법률에서 규율되고 있기 때문에 실무에서는 이를 개발사업이라기 보다는 도시계획의 특수한 경우로 취급하는 경향이 강하다. 도시·군계획시설사업은 도시건설을 위한 적극적 수법으로서 도시·군계획시설사업이 결정되고, 사업시행자가 정해지며, 실시계획의 인가 단계로 발전하고 토지수용권이 주어진다는 점에서 여타의 개발사업과 흐름을 같이 한다.[623]

Ⅱ. 단계별 집행계획의 수립

1. 의의

단계별 집행계획이란 도시·군계획시설이 설치될 것으로 결정·고시된 구역에 있어 당해 도시·군계획시설의 설치를 위한 행정청의 내부계획을 말하며, 행정청에게 장차 집행계획에서 정한 바에 따라 도시·군계획시설을 설치해야 할 의무를 부과하는 성격을 갖고, 다른 한편 도시·군계획시설예정부지 내 토지소유자 등에 대해 임시적인 토지의 사용가능성을 결정하는 성격을 갖는다.[624]

2. 단계별 집행계획의 수립권자 및 내용

특별시장·광역시장·특별자치시장·특별자치도지사·시장 또는 군수는 도시·군계획시설에 대하여 도시·군계획시설결정의 고시일부터 **3개월 이내**에[625] **대통령령**으로 정하는 바에 따라 재원조달계획, 보

---

622) 「국토계획법」상 제7장에 해당한다.
623) 김종보, 건설법(제5판), 12면.
624) 김종보, 건설법(제5판), 382면.
625) 2017. 12. 26. 법률 제15314호 개정(시행 2018. 12. 27.)으로, 종래 2년에서 도시·군계획시설결정 후 3개월 이내에 단계별 집행계획을 수립하도록 그 기한을 단축함으로써, 도시·군계획시설사업의 합리성 및 이행가능성을 높이려는 것이 개정 이유이다.

상계획 등을 포함하는 단계별 집행계획을 수립하여야 한다. 다만, **대통령령**으로 정하는 법률[다음 각 호 1.「도시정비법」, 2.「도시재정비특별법」, 3.「도시재생특별법」의 법률을 말한다(영 제95조 제2항)]에 따라 도시·군관리계획의 결정이 의제되는 경우에는 해당 도시·군계획시설결정의 고시일부터 2년 이내에 단계별 집행계획을 수립할 수 있다(법 제85조 제1항). **특별시장·광역시장·특별자치시장·특별자치도지사·시장 또는 군수**는 법 제85조 제1항의 규정에 의하여 단계별집행계획을 수립하고자 하는 때에는 미리 관계 행정기관의 장과 협의하여야 하며, 해당 지방의회의 의견을 들어야 한다(영 제95조 제1항).

국토교통부장관이나 도지사가 직접 입안한 도시·군관리계획인 경우 **국토교통부장관**이나 도지사는 단계별 집행계획을 수립하여 해당 **특별시장·광역시장·특별자치시장·특별자치도지사·시장 또는 군수**에게 **송부**할 수 있다(법 제85조 제2항).

3. 단계별 집행계획의 절차 등

단계별 집행계획은 제1단계 집행계획과 제2단계 집행계획으로 구분하여 수립하되, **3년 이내에 시행**하는 도시·군계획시설사업은 **제1단계 집행계획**에, **3년 후에 시행**하는 도시·군계획시설사업은 **제2단계 집행계획**에 포함되도록 하여야 한다(법 제85조 제3항). **특별시장·광역시장·특별자치시장·특별자치도지사·시장 또는 군수**는 매년 법 제85조 제3항의 규정에 의한 **제2단계집행계획**을 검토하여 3년 이내에 도시·군계획시설사업을 시행할 도시·군계획시설은 이를 **제1단계집행계획**에 포함시킬 수 있다(영 제95조 제3항).

특별시장·광역시장·특별자치시장·특별자치도지사·시장 또는 군수는 단계별 집행계획을 수립하거나 받은 때에는 **대통령령**으로 정하는 바에 따라 지체 없이 그 사실을 **공고**하여야 한다(법 제85조 제4항). 법 제85조 제4항에 따른 단계별집행계획의 공고는 당해 지방자치단체의 공보에 게재하는 방법에 의하며, 필요한 경우 전국 또는 해당 지방자치단체를 주된 보급지역으로 하는 일간신문에 게재하는 방법을 병행할 수 있다(영 제95조 제4항).

공고된 단계별 집행계획을 **변경**하는 경우에는 제1항부터 제4항까지의 규정을 준용한다. 다만, **대통령령**으로 정하는 경미한 사항을 변경하는 경우[영 제25조 제3항 각 호 및 제4항 각 호에 따른 도시·군관리계획의 변경에 따라 단계별집행계획을 변경하는 경우(영 제95조 제5항)]에는 그러하지 아니하다(법 제85조 제5항).

〈표 24〉 도시·군계획시설 설치 절차

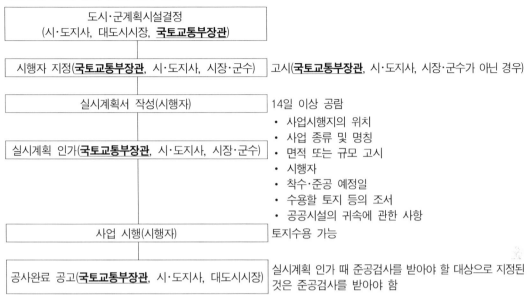

```
┌─────────────────────────────────────┐
│        도시·군계획시설결정          │
│ (시·도지사, 대도시시장, 국토교통부장관) │
└─────────────────────────────────────┘
              │
┌─────────────────────────────────────┐   고시(국토교통부장관, 시·도지사, 시장·군수가 아닌 경우)
│ 시행자 지정(국토교통부장관, 시·도지사, 시장·군수) │
└─────────────────────────────────────┘
              │
┌─────────────────────────────────────┐   14일 이상 공람
│        실시계획서 작성(시행자)       │   • 사업시행지의 위치
└─────────────────────────────────────┘   • 사업 종류 및 명칭
              │                            • 면적 또는 규모 고시
┌─────────────────────────────────────┐   • 시행자
│ 실시계획 인가(국토교통부장관, 시·도지사, 시장·군수) │   • 착수·준공 예정일
└─────────────────────────────────────┘   • 수용할 토지 등의 조서
              │                            • 공공시설의 귀속에 관한 사항
┌─────────────────────────────────────┐
│         사업 시행(시행자)            │   토지수용 가능
└─────────────────────────────────────┘
              │
┌─────────────────────────────────────┐   실시계획 인가 때 준공검사를 받아야 할 대상으로 지정된
│ 공사완료 공고(국토교통부장관, 시·도지사, 대도시시장) │   것은 준공검사를 받아야 함
└─────────────────────────────────────┘
```

출처: 국토계획법해설집, 2018.7. 41면
※ 구체적인 결정 및 설치 기준은 「도시계획시설규칙」에 규정

Ⅲ. 도시·군계획시설사업의 시행자

1. 의의

도시·군계획시설사업은 「토지보상법」 제4조에 따른 공익사업에 해당하므로, 「국토계획법」에서는 사업시행자의 요건에 관하여 다음과 같은 비교적 엄격한 요건을 갖추도록 하고 있다.

2. 행정청인 사업시행자

특별시장·광역시장·특별자치시장·특별자치도지사·시장 또는 군수는 이 법 또는 다른 법률에 특별한 규정이 있는 경우 외에는 관할 구역의 도시·군계획시설사업을 시행한다(법 제86조 제1항). 도시·군계획시설사업이 **둘 이상**의 특별시·광역시·특별자치시·특별자치도·시 또는 군의 관할 구역에 걸쳐 시행되게 되는 경우에는 관계 **특별시장·광역시장·특별자치시장·특별자치도지사·시장 또는 군수**가 서로 협의하여 시행자를 정한다(법 제86조 제2항). 협의가 성립되지 아니하는 경우 도시·군계획시설사업을 시행하려는 구역이 같은 도의 관할 구역에 속하는 경우에는 관할 도지사가 시행자를 지정하고, **둘 이상의 시·도**의 관할 구역에 걸치는 경우에는 **국토교통부장관**이 시행자를 지정한다(법 제86조 제3항).

국토교통부장관은 국가계획과 관련되거나 그 밖에 특히 필요하다고 인정되는 경우에는 관계 **특별시장·광역시장·특별자치시장·특별자치도지사·시장 또는 군수**의 의견을 들어 **직접 도시·군계획시설사업을 시행**할 수 있으며, **도지사**는 광역도시계획과 관련되거나 특히 필요하다고 인정되는 경우에는 관계 시장 또는 군수의 의견을 들어 **직접 도시·군계획시설사업을 시행**할 수 있다(법 제86조 제4항).

3. 행정청이 아닌 자에 대한 사업시행자 지정 처분

가. 사업시행자 지정 처분의 의의

「국토계획법」상 도시계획시설사업에서 사업시행자 지정은 특정인에게 도시계획시설사업을 시행할 수 있는 권한을 부여하는 처분인데, 사업시행자 지정은 개발사업의 주체를 확정하는 제도이다. 그래서 이 법에 따른 도시·군계획시설사업 시행자의 처분에 대하여는 「행정심판법」에 따라 행정심판을 제기할 수 있고, 이 경우 행정청이 아닌 시행자의 처분에 대하여는 **국토교통부장관, 시·도지사, 시장 또는 군수**(법 제86조 제5항에 따라 그 시행자를 지정한 자)에게 행정심판을 제기하여야 한다(법 제134조). 그리고 취소소송의 대상도 된다.[626] 「국토계획법」 제88조 제5항에 따른 도시·군계획시설사업의 실시계획에는 공익적 필요에 따라서 사인의 재산권박탈을 수단으로 하고 있으므로 이를 적용함에 있어서 행정청은 그 요건을 해석함에 있어서 엄정하게 해석하고, 절차적·내용적 정당성을 가지고 집행해야 한다.[627]

법 제86조 제1항부터 제4항까지의 규정에 따라 도시·군계획시설사업의 시행자가 될 수 있는 자 외의 자(행정청이 아닌 자로 통상 민간기업을 의미한다)는 **대통령령**으로 정하는 바에 따라 **국토교통부장관, 시·도지사, 시장 또는 군수**로부터 시행자로 지정을 받아 도시·군계획시설사업을 시행할 수 있다(법 제86조 제5항). 법 제86조 제5항의 규정에 의하여 도시·군계획시설사업의 시행자로 지정받고자 하는 자는 다음 각 호 1. 사업의 종류 및 명칭, 2. 사업시행자의 성명 및 주소(법인인 경우에는 법인의 명칭 및 소재지와 대표자의 성명 및 주소), 3. 토지 또는 건물의 소재지·지번·지목 및 면적, 소유권과 소유권외의 권리의 명세 및 그 소유자·권리자의 성명·주소, 4. 사업의 착수예정일 및 준공예정일, 5. 자금조달계획의 사항을 기재한 신청서를 **국토교통부장관, 시·도지사, 시장 또는 군수**에게 제출하여야 한다(영 제96조 제1항).

나. 사업시행자 지정 처분의 요건

(1) 「국토계획법」은 일정한 요건을 갖춘 경우에 한하여 사인(私人)을 도시·군계획시설사업의 시행자로서 지정하고 일정한 요건을 정하여 실시계획을 인가·고시하고 있다. **다음 각 호** 1. 국가 또는 지방

---

626) 대법원 2004. 7. 8. 선고 2002두8350 판결.
627) 장윤순, "도시·군계획시설사업의 시행자 지정처분 및 실시계획 인가처분의 위법 여부와 그 위법의 정도에 대한 연구 - 대법원 2017. 7. 11. 선고 2016두35120 판결 - ", 법학논총, 제39집, 2017, 221면.

자치단체, 2. **대통령령**으로 정하는 공공기관[다음 각 호 1. 「한국농수산식품유통공사법」에 따른 한국농수산식품유통공사, 2. 「대한석탄공사법」에 따른 대한석탄공사, 3. 「한국토지주택공사법」에 따른 한국토지주택공사, 4. 「한국관광공사법」에 따른 한국관광공사, 5. 「한국농어촌공사 및 농지관리기금법」에 따른 한국농어촌공사, 6. 「한국도로공사법」에 따른 한국도로공사, 7. 「한국석유공사법」에 따른 한국석유공사, 8. 「한국수자원공사법」에 따른 한국수자원공사, 9. 「한국전력공사법」에 따른 한국전력공사, 10. 「한국철도공사법」에 따른 한국철도공사에 해당하는 기관을 말한다(영 제96조 제3항)], 3. 그 밖에 **대통령령**으로 정하는 자[1. 「지방공기업법」에 의한 지방공사 및 지방공단, 2. 다른 법률에 의하여 도시·군계획시설사업이 포함된 사업의 시행자로 지정된 자, 3. 법 제65조의 규정에 의하여 공공시설을 관리할 관리청에 무상으로 귀속되는 공공시설을 설치하고자 하는 자, 4. 「국유재산법」 제13조 또는 「공유재산법」 제7조에 따라 기부를 조건으로 시설물을 설치하려는 자(영 제96조 제4항)]**에 해당하지 아니하는 자, 즉 민간기업이** 도시·군계획시설사업의 시행자로 지정을 받으려면 도시·군계획시설사업의 대상인 토지(국공유지는 제외한다)의 소유 면적 및 토지 소유자의 동의 비율에 관하여 **대통령령**으로 정하는 요건[도시계획시설사업의 대상인 **토지면적의 3분의 2 이상에 해당하는 토지를 소유**하고, **토지소유자 총수의 2분의 1 이상에 해당하는 자의 동의**를 얻는 것을 말한다(영 제96조 제2항)]을 갖추어야 한다(법 제86조 제7항). 「국토계획법」은 소유 요건 충족여부에 대한 판단기준에 관하여 아무런 규정을 두고 있지 않으나 사실상 소유하는 토지가 아닌 등기부 등본 소유자를 기준으로 한다.[628] 사업시행자지정 동의요건으로서 토지 소유자 총수의 2분의 1 이상에 해당하는 자의 동의를 얻어야 함을 규정하면서 동의요건 판단의 기준 시기나 동의율의 산정 방법에 관하여는 아무런 규정을 두고 있지 않다. 동의 요건은 사업시행자 지정 처분 당시를 기준으로 하고, 원칙적으로 공유자들 각각을 토지소유자로 산정하여야 한다. 동의요건은 이러한 민간기업에 대한 수용권 부여를 정당화하는 근거로서 의미가 있다.[629]

(2) 판례는 "「국토계획법」에서는 사업시행자로 지정받기 위하여 국·공유지를 제외하고 도시·군계획시설사업의 대상인 토지 면적의 3분의 2 이상에 해당하는 토지를 소유할 것이라는 요건을 충족하지 못하였으므로 이 사건 사업자 지정 처분이 '위법'하다고" 판단하였다.[630] 또 같은 판례에서 위법한 소유요건에 의한 사업시행자 지정 처분의 취소사유인지 무효사유인지 여부에 대하여 「국토계획법」이 사인을 도시·군계획시설사업의 시행자로 지정하기 위한 요건으로 소유 요건과 동의 요건을 둔 취지는 사인이 시행하는 도시·군계획시설사업의 공공성을 보완하고 사인에 의한 일방적인 수용을 제어하기 위한 것이다. 그러므로 만일 국토계획법령이 정한 도시계획시설사업의 대상 토지의 소유와 동의 요건을 갖추지 못하였는데도 사업시행자로 지정하였다면, 이는 국토계획법령이 정한 법규의 중요한 부분을 위반한 것으로서 특별한 사정이 없는 한 소유 요건을 충족하지 못한 하자는 **중대**하다고 보았다.

4. 도시·군계획시설사업시행자 지정 처분의 고시

국토교통부장관, 시·도지사, 시장 또는 군수는 법 제86조 제2항·제3항 또는 제5항에 따라 도시·군

---

628) 대법원 2017. 7. 11. 선고 2016두35120 판결; 국토계획법해설집, 401면.
629) 대법원 2014. 7. 10. 선고 2013두7025 판결.
630) 대법원 2017. 7. 11. 선고 2016두35120 판결.

계획시설사업의 시행자를 지정한 경우에는 **국토교통부령**으로 정하는 바에 따라 그 지정 내용을 고시하여야 한다(법 제86조 제6항). 법 제86조 제6항의 규정에 의한 도시·군계획시설사업시행자 지정내용의 고시는 국토교통부장관이 하는 경우에는 관보에, 시·도지사 또는 시장·군수가 하는 경우에는 당해 지방자치단체의 공보에 다음 각 호 1. 사업시행지의 위치, 2. 사업의 종류 및 명칭, 3. 사업시행면적 또는 규모, 4. 사업시행자의 성명 및 주소, 5. 영 제97조 제3항의 규정에 의한 도시·군계획시설사업에 대한 실시계획인가의 신청기일의 사항을 게재하는 방법에 의한다(칙 제14조).

대법원은 도시계획시설사업에서 도시계획시설사업 시행자 지정 처분이 '고시'의 방법으로만 성립하거나 효력이 생기는지 여부(소극)에 대하여 "사업시행자 지정에 관한 구「국토계획법」(2013. 3. 23. 법률 제11690호로 개정되기 전의 것) 제86조 제5항, 제6항, 같은 법 시행규칙(2013. 3. 23. **국토교통부령** 제1호로 개정 전의 것) 제14조의 체계와 내용 등에 비추어 보면, 도시·군계획시설사업에서 사업시행자 지정은 특정인에게 도시·군계획시설사업을 시행할 수 있는 권한을 부여하는 처분이고, 사업시행자 지정 내용의 고시는 사업시행자 지정처분을 전제로 하여 그 내용을 불특정 다수인에게 알리는 행위이다. 위 사업시행자 지정과 그 고시는 명확하게 구분되는 것으로, 그 처분이 반드시 '고시'의 방법으로만 성립하거나 효력이 생긴다고 볼 수 없고, 행정처분의 외부적 성립은 행정의사가 외부에 표시되어 행정청이 자유롭게 취소·철회할 수 없는 구속을 받게 되는 시점을 확정하는 의미를 가지므로, 어떠한 처분의 외부적 성립 여부는 행정청에 의해 행정의사가 공식적인 방법으로 외부에 표시되었는지를 기준으로 판단하여야 한다.[631]

IV. 실시계획의 인가처분

1. 실시계획의 작성

도시·군계획시설사업의 시행자는 **대통령령**으로 정하는 바에 따라[실시계획에는 다음 각 호 1. 사업의 종류 및 명칭, 2. 사업의 면적 또는 규모, 3. 사업시행자의 성명 및 주소(법인인 경우에는 법인의 명칭 및 소재지와 대표자의 성명 및 주소), 4. 사업의 착수예정일 및 준공예정일이 포함되어야 한다(영 제97조 제1항)] 그 **실시계획을 작성**하여야 한다(법 제88조 제1항). 법 제86조 제5항의 규정에 의하여 도시·군계획시설사업의 시행자로 지정을 받은 자는(행정청이 아닌 자로 통상 민간기업) **실시계획을 작성**하고자 하는 때에는 미리 당해 **특별시장·광역시장·특별자치시장·특별자치도지사·시장 또는 군수**의 의견을 들어야 한다(영 제97조 제4항).

이러한 **실시계획에는** 사업시행에 필요한 설계도서, 자금계획, 시행기간, 그 밖에 **대통령령**으로 정하는 사항(법 제88조 제4항에 따라 실시계획을 변경하는 경우에는 변경되는 사항에 한정한다)[다음 각 호 1. 사업시행지의 위치도 및 계획평면도, 2. 공사설계도서(「건축법」 제29조에 따른 건축협의를 하여야 하는 사업인 경우에는

---

631) 대법원 2017. 7. 11. 선고 2016두35120 판결.

개략설계도서), 3. 수용 또는 사용할 토지 또는 건물의 소재지·지번·지목 및 면적, 소유권과 소유권외의 권리의 명세 및 그 소유자·권리자의 성명·주소, 4. 도시·군계획시설사업의 시행으로 새로이 설치하는 공공시설 또는 기존의 공공시설의 조서 및 도면(행정청이 시행자인 경우에 한한다), 5. 도시·군계획시설사업의 시행으로 용도폐지되는 공공시설에 대한 2 이상의 감정평가업자의 감정평가서(행정청이 아닌 자가 시행자인 경우에 한정한다). 다만, 제2항에 따른 해당 도시·군계획시설사업의 실시계획 인가권자가 새로운 공공시설의 설치비용이 기존의 공공시설의 감정평가액보다 현저히 많은 것이 명백하여 이를 비교할 실익이 없다고 인정하거나 사업 시행기간 중에 제출하도록 조건을 붙이는 경우는 제외한다. 6. 도시·군계획시설사업으로 새로이 설치하는 공공시설의 조서 및 도면과 그 설치비용계산서(행정청이 아닌 자가 시행자인 경우에 한한다). 이 경우 새로운 공공시설의 설치에 필요한 토지와 종래의 공공시설이 설치되어 있는 토지가 같은 토지인 경우에는 그 토지가격을 뺀 설치비용만 계산한다. 7. 법 제92조 제3항의 규정에 의한 관계 행정기관의 장과의 협의에 필요한 서류, 8. 영 제97조 제4항의 규정에 의한 특별시장·광역시장·특별자치시장·특별자치도지사·시장 또는 군수의 의견청취 결과의 사항을 말한다(영 제97조 제6항)]을 자세히 밝히거나 첨부하여야 한다(법 제88조 제5항).

2. 실시계획인가처분의 절차

가. 실시계획인가신청서의 제출

도시·군계획시설사업의 시행자로 지정된 자는 특별한 사유가 없는 한 시행자지정시에 정한 기일까지 **국토교통부장관, 시·도지사 또는 대도시 시장**에게 **국토교통부령**이 정하는 실시계획인가신청서를 제출하여야 한다(영 제97조 제3항).

나. 도시·군계획시설사업의 이행 담보

특별시장·광역시장·특별자치시장·특별자치도지사·시장 또는 군수는 기반시설의 설치나 그에 필요한 용지의 확보, 위해 방지, 환경오염 방지, 경관 조성, 조경 등을 위하여 필요하다고 인정되는 경우로서 **대통령령**으로 정하는 경우[다음 각 호 1. 도시·군계획시설사업으로 인하여 도로·수도공급설비·하수도 등 기반시설의 설치가 필요한 경우, 2. 도시·군계획시설사업으로 인하여 영 제59조 제1항 제2호 내지 제5호의 하나에 해당하는 경우의 어느 하나에 해당하는 경우를 말한다(영 제98조)]에는 그 이행을 담보하기 위하여 도시·군계획시설사업의 시행자에게 이행보증금을 예치하게 할 수 있다. 다만, 다음 각 호 1. 국가 또는 지방자치단체, 2. **대통령령**으로 정하는 공공기관[「공공기관의 운영에 관한 법률」 제5조 제3항 제1호 또는 제2호 나목에 해당하는 기관(영 제98조 제2항)], 3. 그 밖에 **대통령령**으로 정하는 자[「지방공기업법」에 의한 지방공사 및 지방공단(영 제98조 제3항)]의 어느 하나에 해당하는 자에 대하여는 그러하지 아니하다(법 제89조 제1항).

이행보증금의 산정과 예치방법 등에 관하여 필요한 사항은 **대통령령**으로 정한다(법 제89조 제2항). **특별시장·광역시장·특별자치시장·특별자치도지사·시장 또는 군수**는 실시계획의 인가 또는 변경인가를 받지 아니하고 도시·군계획시설사업을 하거나 그 인가 내용과 다르게 도시·군계획시설사업을 하는 자에게 그 토지의 원상회복을 명할 수 있다(법 제89조 제3항).

특별시장·광역시장·특별자치시장·특별자치도지사·시장 또는 군수는 원상회복의 명령을 받은 자가 원상회복을 하지 아니하는 경우에는 「행정대집행법」에 따른 행정대집행에 따라 원상회복을 할 수 있다. 이 경우 행정대집행에 필요한 비용은 도시·군계획시설사업의 시행자가 예치한 이행보증금으로 충당할 수 있다(법 제89조 제4항).

다. 서류의 열람 등

(1) 인가권자는 법 제88조 제3항에 따라 실시계획을 인가하려면 미리 **대통령령**으로 정하는 바에 따라 그 사실을 공고하고, 관계 서류의 사본을 14일 이상 일반이 열람할 수 있도록 하여야 한다(법 제90조 제1항).

법 제90조 제1항에 따른 공고는 **국토교통부장관**이 하는 경우에는 관보나 전국을 보급지역으로 하는 일간신문에, 시·도지사 또는 대도시 시장이 하는 경우에는 해당 시·도 또는 대도시의 공보나 해당 시·도 또는 대도시를 주된 보급지역으로 하는 일간신문에 다음 각 호 1. 인가신청의 요지, 2. 열람의 일시 및 장소의 사항을 게재하는 방법에 따른다(영 제99조 제1항). 영 제99조 제1항의 규정에 의한 공고에 소요되는 비용은 도시·군계획시설사업의 시행자가 부담한다(영 제99조 제3항).

다음 각 호 1. 사업시행지의 변경이 수반되지 아니하는 범위 안에서의 사업내용변경, 2. 사업의 착수 예정일 및 준공예정일의 변경. 다만, 사업시행에 필요한 토지 등(공공시설은 제외한다)의 취득이 완료되기 전에 준공예정일을 연장하는 경우는 제외한다. 3. 사업시행자의 주소(사업시행자가 법인인 경우에는 법인의 소재지와 대표자의 성명 및 주소)의 변경의 어느 하나에 해당하는 경미한 사항의 변경인 경우에는 제1항에 따른 공고 및 열람을 하지 아니할 수 있다(영 제99조 제2항).

(2) 도시·군계획시설사업의 시행지구의 토지·건축물 등의 소유자 및 이해관계인은 열람기간 이내에 **국토교통부장관**, 시·도지사, 대도시 시장 또는 도시·군계획시설사업의 시행자에게 의견서를 제출할 수 있으며, **국토교통부장관**, 시·도지사, 대도시 시장 또는 도시·군계획시설사업의 시행자는 제출된 의견이 타당하다고 인정되면 그 의견을 실시계획에 반영하여야 한다(법 제90조 제2항).

(3) **국토교통부장관, 시·도지사 또는 대도시 시장**이 실시계획을 작성하는 경우에 관하여는 법 제90조 제1항과 제2항을 준용한다(법 제90조 제3항).

라. 실시계획의 고시

국토교통부장관, 시·도지사 또는 대도시 시장은 실시계획을 작성(변경작성을 포함한다), 인가(변경인가를 포함한다), 폐지하거나 실시계획이 효력을 잃은 경우에는 **대통령령**으로 정하는 바에 따라 그 내용을 고시하여야 한다(법 제91조). 법 제91조에 따른 실시계획의 고시는 **국토교통부장관**이 하는 경우에는 관보에, 시·도지사 또는 대도시 시장이 하는 경우에는 해당 시·도 또는 대도시의 공보에 다음 각 호 1. 사업시행지의 위치, 2. 사업의 종류 및 명칭, 3. 면적 또는 규모, 4. 시행자의 성명 및 주소(법인인 경우에는 법인의 명칭 및 주소와 대표자의 성명 및 주소), 5. 사업의 착수예정일 및 준공예정일, 6. 수용 또는 사용할 토지 또는 건물의 소재지·지번·지목 및 면적, 소유권과 소유권외의 권리의 명세 및 그 소유자·권리자의 성명·주소, 7. 법 제99조의 규정에 의한 공공시설 등의 귀속 및 양도에 관한 사항을 게재하는 방법에 따른다(영 제100조 제1항). **국토교통부장관, 시·도지사 또는 대도시 시장**은 제1항에 따라 실시계획을 고시하였으면 그 내용을 관계 행정기관의 장에게 통보하여야 한다(영 제100조 제2항).

3. 실시계획의 인가처분

가. 의의

도시·군계획시설사업에 관한 실시계획인가는 사업의 목적인 기반시설의 설치를 위하여 사업시행자에게 필요한 토지수용권한 및 공사에 착수할 수 있는 지위 등을 부여하는 행정처분이다.[632] 판례는 일정한 절차를 거칠 것을 조건으로 하여 사업시행자에게 수용권을 발생시키는 형성적 행정행위로 본다. 또한, 실시계획인가는 행정계획의 성질을 갖고 있다.[633]

도시·군계획시설사업의 시행자(**국토교통부장관**, 시·도지사와 대도시 시장은 제외한다. 이하 제3항에서 같다)는 제1항에 따라 실시계획을 작성하면 **대통령령**으로 정하는 바에 따라 **국토교통부장관, 시·도지사 또는 대도시 시장**의 인가를 받아야 한다(법 제88조 제2항 본문). 법 제88조 제2항 본문에 따라 도시·군계획시설사업의 시행자가 실시계획의 인가를 받고자 하는 경우 **국토교통부장관**이 지정한 시행자는 **국토교통부장관**의 인가를 받아야 하며, 그 밖의 시행자는 시·도지사 또는 대도시 시장의 인가를 받아야 한다(영 제97조 제2항).

다만, 법 제98조에 따른 준공검사를 받은 후에 해당 도시·군계획시설사업에 대하여 **국토교통부령**으로 정하는 **경미한 사항을 변경**하기 위하여 실시계획을 작성하는 경우[다음 각 호 1. 사업명칭을 변경하는 경우, 2. 구역경계의 변경이 없는 범위안에서 행하는 건축물의 연면적 10퍼센트 미만의 변경과「학교시설사업 촉진법」에 의한 학교시설의 변경인 경우, 2의2. **다음 각 목** 가. 도시지역 또는 지구단위계획구역에 설치되는 공작물로서 부게는 50톤, 부피는 50세제곱미터, 수평투영면적은 50제곱미터를 각각 넘지 않는 공작물, 나. 도시지역·자연환경보전지역 및 지구단위계획구역 외의 지역에 설치되는 공작물로서 부게는 150톤, 부피는 150세제곱미터, 수평투영면적은 150제곱미터를 각각 넘지 않는 공작물**을 설치하는 경우**, 3. 기존 시설의 일부 또는 전부에 대한 용도변경을 수반하지 않는 대수선·재축 및 개축인 경우, 4. 도로의 포장 등 기존 도로의 면적·위치 및 규모의 변경을 수반하지 아니하는 도로의 개량인 경우의 어느 하나에 해당하는 경우(다른 호에 저촉되지 않는 경우로 한정한다)를 위하여 실시계획을 작성하는 경우를 말한다(칙 제16조 제1항)]에는 **국토교통부장관, 시·도지사 또는 대도시 시장**의 인가를 받지 아니한다(법 제88조 제2항 단서).

인가받은 실시계획을 **변경하거나 폐지**하는 경우에는 법 제88조 제2항 본문을 준용한다. 다만, **국토교통부령**으로 정하는 **경미한 사항을 변경**하기 위하여 실시계획을 작성하는 경우에는 인가권자의 인가를 받지 아니한다(법 제88조 제4항). 법 제88조제4항 단서에서 "**국토교통부령**으로 정하는 경미한 사항을 변경하는 경우"란 칙 제16조 제1항 각 호의 어느 하나에 해당하는 경우(다른 호에 저촉되지 않는

---

632) 장윤순, 앞의 논문, 229면; 대법원 2017. 7. 11. 선고 2016두35120 판결.
633) 광주지방법원 2014. 4. 14. 2013구합3061 판결.

경우로 한정한다)를 말한다(칙 제16조 제2항).

인가권자는 도시·군계획시설사업의 시행자가 작성한 실시계획이 법 제43조 제2항에 따른「도시계획시설규칙」등에 맞다고 인정하는 경우에는 실시계획을 인가하여야 한다. 이 경우 **인가권자**는 기반시설의 설치나 그에 필요한 용지의 확보, 위해 방지, 환경오염 방지, 경관 조성, 조경 등의 조치를 할 것을 조건(條件)으로 실시계획을 인가할 수 있다(법 제88조 제3항).[634] 동 규정의 조건은 행정행위의 부관에 해당하며 법문상 조건으로 규정하고 있지만, 학문상 부담으로 보아야 하고 따라서 부담부(負擔附) 실시계획인가를 의미한다.

나. 실시계획의 작성 및 인가의 법적 효과

법 제88조 제1항·제2항 및 제4항에 따라 실시계획이 작성(도시·군계획시설사업의 시행자가 **국토교통부장관, 시·도지사 또는 대도시 시장**인 경우를 말한다) 또는 인가된 때에는 그 실시계획에 반영된 법 제30조 제5항 단서에 따른 경미한 사항의 범위에서 **도시·군관리계획이 변경**된 것으로 본다. 이 경우 법 제30조 제6항 및 제32조에 따라 도시·군관리계획의 변경사항 및 이를 반영한 지형도면을 고시하여야 한다(법 제88조 제6항).

다. 설계도서 등 미첨부로 인한 실시계획 인가처분의 위법 및 무효 여부

행정청이 아닌 사업시행자가 실시계획인가신청을 할 때 건축허가 신청 시 필요한 건축물의 구체적인 설계도서 등을 첨부해야 함에도 불구하고 이를 구비하지 않았음에도 실시계획인가 행정청이 이 사건 실시계획을 인가한 점이 위법한지, 위법하다면 그 하자가 중대·명백한지가 문제된다. 결론은 설계도서 등 미첨부로 인한 이 사건 실시계획인가처분은 위법하나 하자의 정도는 무효에 해당하지 않는다.

대법원 2016두35120 사건의 하급심의 판례인 제1심 법원은[635] 도시·군계획시설사업에 관한 실시계획인가는 행정계획의 성격을 가지고 있어 행정계획을 입안·결정함에 있어서 비교적 광범위한 형성의 자유를 가진다는 점, 「국토계획법」 제92조 제1항과 제2항의 건축허가 의제규정을 근거로 이 사건 실시계획 인가권자와 건축허가에 대한 관계행정기관의 장인 피고가 달리 건축허가요건을 심사할 필요가 없는 점을 근거로 위법하지 않다고 판단하였다. 이에 반하여 원심에서는[636] 「건축법」에서 인·허가의제 제도를 둔 취지는 건축허가의 관할 행정청으로 창구를 단일화하고 절차를 간소화하여 비용과 시간을 절감함으로써 국민의 권익을 보호하기 위한 것이고 일체의 심사를 배제하는 것이 아니므로 「건축법」상 허가 요건뿐 아니라 실시계획인가 요건도 충족한 경우에 한하여 허가해야 하므로 위법하다. 그러나 이 사건 실시계획인가처분을 무효에 이르게 할 정도의 중대·명백한 하자라고는 볼 수 없다고 판단하였

---

634) 제5장 개발행위의 허가 등/ 제1절 개발행위의 허가/Ⅲ. 부관(附款)/1. 행정행위의 부관의 의의 및 근거 참조.
635) 광주지방법원 2014. 4. 14. 2013구합3061 판결.
636) 광주고등법원 2016. 2. 4. 2014누6066 판결.

다. 대법원은 이에 관하여 판단하지 않았다.[637]

라. 도시·군계획시설사업의 대행 인정으로 인한 실시계획인가처분 무효 여부

사인(私人)인 사업시행자가 도시·군계획시설사업의 대상인 토지를 사업시행기간 중에 제3자에게 매각하고 제3자로 하여금 해당 시설을 설치하도록 하는 내용이 포함된 실시계획이 허용되는지 여부 및 그와 같은 실시계획을 인가하는 처분은 위법한지 여부와 그 위법이 무효인지 여부에 대하여, 대법원은 "「국토계획법」 제86조 제5항, 제98조 제1항, 제101조, 제133조 제1항 제14호의 규정 내용에 따르면, 사업시행자인 사인은 그 책임으로 도시·군계획시설사업의 공사를 마쳐야 하고, 사업시행자 지정을 받지 않은 사인은 도시·군계획시설사업을 시행할 수 없다. 사업시행기간 중에 사업 대상인 토지를 제3자에게 매각하고 제3자에게 도시·군계획시설을 설치하도록 한다면 그와 같은 내용의 도시·군계획시설사업은 사실상 토지를 개발·분양하는 사업으로 변질될 수 있는데다가 개발이익이 배제된 가격으로 수용한 토지를 처분상대방이나 처분조건 등에 관한 아무런 제한도 받지 않고 매각하여 차익을 얻을 수 있게 됨으로써 도시·군계획시설사업의 공공성을 현저히 훼손한다. 또한 「산업입지법」 제6조 제7항 등에서 일정한 요건과 절차에 따라 공익사업의 일부를 대행하게 하고 있는 것과 달리,[638] 「국토계획법」은 도시·군계획시설사업의 대행을 허용하는 명시적 규정을 두고 있지 않다. 따라서 사인인 사업시행자가 도시·군계획시설사업의 대상인 토지를 사업시행기간 중에 제3자에게 매각하고 제3자로 하여금 해당 시설을 설치하도록 하는 내용이 포함된 실시계획은 「국토계획법」상 도시·군계획시설사업의 기본원칙에 반하여 허용되지 않고, 특별한 사정이 없는 한 그와 같은 실시계획인가 처분은 그 하자가 중대하다고 판시하였다.[639] 이 사건 실시계획 인가처분의 하자가 명백한지와 관련해서는 "「국토계획법」이 명시적으로 도시·군계획시설사업의 대행을 금지하는 규정을 두고 있지 않고 도시·군계획시설의 처분 시기에 관해서도 별다른 제한 규정을 두지 않아 해석상 다툼의 여지가 없지 않다. 이러한 사정에 비추어 보면, 이 사건 실시계획 인가처분의 하자가 명백하다고 볼 수는 없다"고 판단하였다.[640]

4. 실시계획인가의 실효

도시·군계획시설결정의 고시일부터 10년 이후에 실시계획을 작성하거나 인가(다른 법률에 따라 의제된 경우는 제외한다) 받은 도시·군계획시설사업의 시행자(이하 '장기미집행 도시·군계획시설사업의 시행자'라 한다)가 실시계획 고시일부터 5년 이내에 「토지보상법」 제28조 제1항에 따른 재결신청(이하 '재결신청'이라 한다)을 하지 아니한 경우에는 **실시계획 고시일부터 5년이 지난 다음 날**에 그 실시계획은 효력을 잃는다. 다만, 장기미집행 도시·군계획시설사업의 시행자가 재결신청을 하지 아니하고 실시

---

637) 장윤순, 앞의 논문, 219면.
638) 장윤순, 앞의 논문, 230면.
639) 대법원 2017. 7. 11. 선고 2016두35120 판결.
640) 장윤순, 앞의 논문, 232면.

계획 고시일부터 5년이 지나기 전에 해당 도시·군계획시설사업에 필요한 **토지 면적의 3분의 2 이상을 소유하거나 사용할 수 있는 권원을 확보**하고 **실시계획 고시일부터 7년 이내에 재결신청을 하지 아니한 경우 실시계획 고시일부터 7년이 지난 다음 날에 그 실시계획은 효력을 잃는다**(법 제88조 제7항). 즉, 원칙적으로는 도시·군계획시설결정의 고시일부터 10년이 지나 실시계획을 작성하거나 인가받은 도시·군계획시설사업의 시행자가 실시계획 고시일부터 5년 이내에 재결신청을 하지 아니한 경우에는 실시계획 고시일부터 5년이 지난 다음 날 그 실시계획의 효력이 상실되도록 하되, 일정한 요건을 충족하는 경우에는 실시계획 고시일부터 7년이 지난 다음 날 그 실시계획의 효력이 상실되도록 하였다.

그러나 장기미집행 도시·군계획시설사업의 시행자가 재결신청 없이 도시·군계획시설사업에 필요한 **모든 토지·건축물 또는 그 토지에 정착된 물건을 소유하거나 사용할 수 있는 권원을 확보**한 경우 그 **실시계획은 효력을 유지**한다(법 제88조 제8항).

실시계획이 폐지되거나 효력을 잃은 경우 해당 도시·군계획시설결정은 법 제48조 제1항에도 불구하고 다음 각 호 1. 법 제48조 제1항에 따른 도시·군계획시설결정의 고시일부터 20년이 되기 전에 실시계획이 폐지되거나 효력을 잃고 다른 도시·군계획시설사업이 시행되지 아니하는 경우: 도시·군계획시설결정의 고시일부터 20년이 되는 날의 다음 날, 2. 법 제48조 제1항에 따른 도시·군계획시설결정의 고시일부터 20년이 되는 날의 다음 날 이후 실시계획이 폐지되거나 효력을 잃은 경우: 실시계획이 폐지되거나 효력을 잃은 날에서 정한 날 효력을 잃는다. 이 경우 시·도지사 또는 대도시 시장은 **대통령령**으로 정하는 바에 따라 지체 없이 그 사실을 고시하여야 한다(법 제88조 제9항). 시·도지사 또는 대도시 시장은 법 제88조 제9항 각 호 외의 부분 후단에 따라 해당 시·도 또는 대도시의 공보에 실효일자 및 실효사유와 실효된 도시·군계획의 내용을 게재하는 방법으로 도시·군계획시설결정의 실효고시를 해야 한다(영 제97조 제7항).

5. 관련 인·허가등의 의제

인·허가의제 이론은 법 제61조 개발행위허가를 할 때에 설명하였다. **국토교통부장관, 시·도지사 또는 대도시 시장**이 실시계획을 작성 또는 변경작성하거나 인가 또는 변경인가를 할 때에 그 실시계획에 대한 다음 각 호의 인·허가 등에 관하여 관계 행정기관의 장과 협의한 사항에 대하여는 해당 **인·허가 등을 받은 것**으로 보며, 법 제91조에 따른 실시계획을 고시한 경우에는 관계 법률에 따른 인·허가 등의 고시·공고 등이 있는 것으로 본다(법 제92조 제1항).

아래 밑줄은 개발행위허가 인·허가 등 의제 규정(법 제61조 제1항)보다 추가로 의제되는 규정이다. 가령 개발행위허가를 받더라도 「건축법」 제11조에 따른 건축허가 등은 받아야 하지만, 실시계획인가를 받으면 건축허가 등도 의제된다.

1. 「건축법」 제11조에 따른 **건축허가**, 같은 법 제14조에 따른 **건축신고** 및 같은 법 제20조에 따른 **가설건축물 건축의 허가 또는 신고**
2. 「산업집적활성화 및 공장설립에 관한 법률」 제13조에 따른 공장설립등의 승인

3. 「공유수면법」 제8조에 따른 공유수면의 점용·사용허가, 같은 법 제17조에 따른 점용·사용 실시계획의 승인 또는 신고, 같은 법 제28조에 따른 공유수면의 매립면허, 같은 법 제35조에 따른 국가 등이 시행하는 매립의 협의 또는 승인 및 같은 법 제38조에 따른 공유수면매립실시계획의 승인

4. 삭제 〈2010.4.15.〉

5. 「광업법」 제42조에 따른 채굴계획의 인가

6. 「국유재산법」 제30조에 따른 **사용·수익의 허가**

7. 「농어촌정비법」 제23조에 따른 농업생산기반시설의 사용허가

8. 「농지법」 제34조에 따른 농지전용의 허가 또는 협의, 같은 법 제35조에 따른 농지전용의 신고 및 같은 법 제36조에 따른 농지의 타용도 일시사용의 허가 또는 협의

9. 「도로법」 제36조에 따른 도로관리청이 아닌 자에 대한 도로공사 시행의 허가 및 같은 법 제61조에 따른 도로의 점용 허가

10. 「장사 등에 관한 법률」 제27조 제1항에 따른 무연분묘의 개장허가

11. 「사도법」 제4조에 따른 사도 개설의 허가

12. 「사방사업법」 제14조에 따른 토지의 형질 변경 등의 허가 및 같은 법 제20조에 따른 사방지 지정의 해제

13. 「산지관리법」 제14조·제15조에 따른 산지전용허가 및 산지전용신고, 같은 법 제15조의2에 따른 산지일시사용허가·신고, 같은 법 제25조 제1항에 따른 토석채취허가, 같은 법 제25조 제2항에 따른 토사채취신고 및 「산림자원법」 제36조 제1항·제4항에 따른 입목벌채 등의 허가·신고

14. 「소하천정비법」 제10조에 따른 소하천공사 시행의 허가 및 같은 법 제14조에 따른 소하천의 점용허가

15. 「수도법」 제17조에 따른 일반수도사업 및 같은 법 제49조에 따른 공업용수도사업의 인가, 같은 법 제52조에 따른 전용상수도 설치 및 같은 법 제54조에 따른 전용공업용수도 설치의 인가

16. 「연안관리법」 제25조에 따른 연안정비사업실시계획의 승인

17. 「에너지이용 합리화법」 제8조에 따른 **에너지사용계획의 협의**

18. 「유통산업발전법」 제8조에 따른 **대규모점포의 개설등록**

19. 「공유재산법」 제20조 제1항에 따른 **사용·수익의 허가**

20. 「공간정보관리법」 제86조 제1항에 따른 **사업의 착수·변경 또는 완료 신고**

21. 「집단에너지사업법」 제4조에 따른 **집단에너지의 공급 타당성에 관한 협의**

22. 「체육시설의 설치·이용에 관한 법률」 제12조에 따른 사업계획의 승인

23. 「초지법」 제23조에 따른 초지전용의 허가, 신고 또는 협의

24. 「공간정보관리법」 제15조 제3항에 따른 지도등의 간행 심사

25. 「하수도법」 제16조에 따른 공공하수도에 관한 공사시행의 허가 및 같은 법 제24조에 따른 공공

하수도의 점용허가

26. 「하천법」 제30조에 따른 하천공사 시행의 허가, 같은 법 제33조에 따른 하천 점용의 허가

27. 「항만법」 제9조 제2항에 따른 **항만개발사업 시행의 허가** 및 같은 법 제10조 제2항에 따른 **항만개발사업실시계획의 승인**

인·허가 등의 의제를 받으려는 자는 실시계획 인가 또는 변경인가를 신청할 때에 해당 법률에서 정하는 관련 서류를 함께 제출하여야 한다(법 제92조 제2항). **국토교통부장관, 시·도지사 또는 대도시시장**은 실시계획을 작성 또는 변경작성하거나 인가 또는 변경인가 할 때에 그 내용에 법 제92조 제1항 각 호의 어느 하나에 해당하는 사항이 있으면 미리 관계 행정기관의 장과 협의하여야 한다(법 제92조 제3항). **국토교통부장관**은 법 제92조 제1항에 따라 의제되는 인·허가 등의 처리기준을 관계 중앙행정기관으로부터 받아 통합하여 고시하여야 한다(법 제92조 제4항).

V. 도시·군계획시설사업의 시행 및 공사완료공고

1. 도시·군계획시설사업의 분할 시행

법 제87조에서 도시·군계획시설사업의 시행자는 도시·군계획시설사업을 효율적으로 추진하기 위하여 필요하다고 인정되면 사업시행 대상지역 또는 대상시설을 둘 이상으로 분할하여 도시·군계획시설사업을 시행할 수 있는 제도를 받아 들였다. 동 조항에 의하여 도시·군계획시설사업을 분할시행하는 때에는 분할된 지역별로 실시계획을 작성할 수 있다(영 제97조 제5항). 자금사정 등으로 한꺼번에 도시·군계획시설사업을 못할 경우 사업하고자 하는 대상지에 한하여 사업시행자 지정 및 실시계획인가를 받고 도시·군계획시설사업을 할 수 있다.[641] 이는 공익 목적을 달성하기 위한 적절한 수단에 대한 정책적 판단이라고 볼 수 있다.[642]

2. 관계 서류의 열람 및 서류의 송달

도시·군계획시설사업의 시행자는 도시·군계획시설사업을 시행하기 위하여 필요하면 등기소나 그 밖의 관계 행정기관의 장에게 필요한 서류의 열람 또는 복사나 그 등본 또는 초본의 발급을 무료로 청구할 수 있다(법 제93조)

도시·군계획시설사업의 시행자는 이해관계인에게 서류를 송달할 필요가 있으나 이해관계인의 주소 또는 거소(居所)가 불분명하거나 그 밖의 사유로 서류를 송달할 수 없는 경우에는 **대통령령**으로 정하는 바에 따라 그 서류의 송달을 갈음하여 그 내용을 공시할 수 있다(법 제94조 제1항). 서류의 공시송

---

641) 국토계획법해설집, 405면.
642) 장윤순, 앞의 논문, 231면.

달에 관하여는 「민사소송법」의 공시송달의 예에 따른다(법 제94조 제2항).

3. 토지 등의 수용·사용 및 「토지보상법」의 준용

도시·군계획시설사업의 시행자는 도시·군계획시설사업에 필요한 다음 각 호 1. 토지·건축물 또는 그 토지에 정착된 물건, 2. 토지·건축물 또는 그 토지에 정착된 물건에 관한 소유권 외의 권리를 **수용하거나 사용**할 수 있다(법 제95조 제1항).

도시·군계획시설사업의 시행자는 사업시행을 위하여 특히 필요하다고 인정되면 **도시·군계획시설에 인접한** 다음 각 호 1. 토지·건축물 또는 그 토지에 정착된 물건, 2. 토지·건축물 또는 그 토지에 정착된 물건에 관한 **소유권 외의 권리**의 물건 또는 권리를 **일시 사용**할 수 있다(법 제95조 제2항).

수용 및 사용에 관하여는 이 법에 특별한 규정이 있는 경우 외에는 「토지보상법」을 준용하도록 하여(법 제96조 제1항) 그 문구가 다소 포괄적이라 할 수 있다. 「토지보상법」은 수용 및 보상제도와 관련해서 개발사업법의[643] 일반법이라 할 수 있다. 따라서 「토지보상법」의 일반법적 지위를 고려한다면 이와 같이 「토지보상법」의 준용범위를 "**수용 및 사용**"에 관한 것으로 정하고 있지만, 당해 개발사업법의 성질에 반하지 않는 한 보상조항, 협의매수 절차, 이주대책, 환매제도 등 「토지보상법」의 일반조항들이 개발사업법인 「국토계획법」에 준용된다.[644]

「토지보상법」을 준용할 때에 실시계획을 고시한 경우에는 같은 법 제20조 제1항과 제22조에 따른 사업인정 및 그 고시가 있었던 것으로 본다. 다만, 재결 신청은 같은 법 제23조 제1항과 제28조 제1항에도 불구하고 실시계획에서 정한 도시·군계획시설사업의 시행기간에 하여야 한다(법 제96조 제2항).

4. 국·공유지의 처분 제한

도시·군관리계획결정을 고시한 경우에는 국공유지로서 도시·군계획시설사업에 필요한 토지는 그 도시·군관리계획으로 정하여진 목적 외의 목적으로 매각하거나 양도할 수 없다(법 제97조 제1항). 이를 위반한 행위는 무효로 한다(법 제97조 제2항).

5. 공사완료의 공고

도시·군계획시설사업의 시행자(**국토교통부장관, 시·도지사와 대도시 시장은 제외**한다)는 도시·군계획시설사업의 공사를 마친 때에는 **국토교통부령**으로 정하는 바에 따라 공사완료보고서를 작성하여 시·도지사나 대도시 시장의 준공검사를 받아야 한다(법 제98조 제1항). **시·도지사나 대도시 시장**은 공사

---

643) 도시 내 토지의 합리적 이용을 위해, 도시의 정비나 개발을 위한 적극적 수단을 규정하고 있는 강학상의 법을 말한다(김종보, 건설법(제6판), 15면).

644) 대법원 1997. 10. 24. 선고 97다31175 판결; 대법원 2004. 10. 27. 선고 2003두858 판결; 대법원 1995. 2. 10. 선고 94다31310 판결.

완료보고서를 받으면 지체 없이 준공검사를 하여야 한다(법 제98조 제2항). 준공검사는 인가받은 실시계획대로 완료되었는지 여부를 확인하고 준공인가증을 교부하여 줌으로써 건축한 목적물을 사용·수익할 수 있게 하는 법률효과를 발생시키는 행정처분이다.[645]

시·도지사나 대도시 시장은 준공검사를 한 결과 실시계획대로 완료되었다고 인정되는 경우에는 도시·군계획시설사업의 시행자에게 준공검사증명서를 발급하고 공사완료 공고를 하여야 한다(법 제98조 제3항).

국토교통부장관, 시·도지사 또는 대도시 시장인 도시·군계획시설사업의 시행자는 도시·군계획시설사업의 공사를 마친 때에는 공사완료 공고를 하여야 한다(법 제98조 제4항).

준공검사를 하거나 공사완료 공고를 할 때에 **국토교통부장관, 시·도지사 또는 대도시 시장**이 의제되는 인·허가등에 따른 준공검사·준공인가 등에 관하여 관계 행정기관의 장과 협의한 사항에 대하여는 그 준공검사·준공인가 등을 받은 것으로 본다(법 제98조 제5항).

도시·군계획시설사업의 시행자(**국토교통부장관, 시·도지사와 대도시 시장**은 **제외**한다)는 준공검사·준공인가 등의 의제를 받으려면 준공검사를 신청할 때에 해당 법률에서 정하는 관련 서류를 함께 제출하여야 한다(법 제98조 제6항).

국토교통부장관, 시·도지사 또는 대도시 시장은 준공검사를 하거나 공사완료 공고를 할 때에 그 내용에 의제되는 인·허가등에 따른 준공검사·준공인가 등에 해당하는 사항이 있으면 미리 관계 행정기관의 장과 협의하여야 한다(법 제98조 제7항). **국토교통부장관**은 의제되는 준공검사·준공인가 등의 처리기준을 관계 중앙행정기관으로부터 받아 통합하여 고시하여야 한다(법 제98조 제8항).

6. 공공시설 등의 귀속

도시·군계획시설사업에 의하여 새로 공공시설을 설치하거나 기존의 공공시설에 대체되는 공공시설을 설치한 경우에는 법 제65조(개발행위에 따른 공공시설 등의 귀속)를 준용한다. 이 경우 법 제65조 제5항 중 "준공검사를 마친 때"는 "준공검사를 마친 때(시행자가 **국토교통부장관, 시·도지사 또는 대도시 시장**인 경우에는 제98조제4항에 따른 공사완료 공고를 한 때를 말한다)"로 보고, 같은 조 제7항 중 "제62조 제1항에 따른 준공검사를 받았음을 증명하는 서면"은 "제98조 제3항에 따른 준공검사증명서(시행자가 **국토교통부장관, 시·도지사 또는 대도시 시장**인 경우에는 같은 조 제4항에 따른 공사완료 공고를 하였음을 증명하는 서면을 말한다)"로 본다(법 제99조).

---

645) 장윤순, 앞의 논문, 2017, 233면.

7. 다른 법률과의 관계

가. 관련 규정

도시·군계획시설사업으로 조성된 대지와 건축물 중 국가나 지방자치단체의 소유에 속하는 재산을 처분하려면 「국유재산법」과 「공유재산법」에도 불구하고 **대통령령**으로 정하는 바에 따라 다음 각 호 1. 해당 도시·군계획시설사업의 시행으로 수용된 토지 또는 건축물 소유자에의 양도, 2. 다른 도시·군계획시설사업에 필요한 토지와의 교환의 순위에 따라 처분할 수 있다(법 제100조).

나. 특별법 우선 원칙

국유·공유재산의 처분은 원칙적으로 「국유재산법」과 「공유재산법」이 일반법으로 당연히 우선해야 할 것이지만, 기존의 법률관계에 커다란 변화를 초래하여 법체계상의 혼란을 가져올 우려가 있으므로 동 조항과 같은 특정 규정을 제정하는 경우에는 기존법률과의 관계에서 상호간에 모순·저촉이 생기지 않도록 특별 규정과 관계규정을 두어 어느 법이 특별법으로서 우선 적용될 것인가를 명백히 하여야 할 필요가 있어서 규정을 둔 것이다.

제7장 기타, 보칙 및 벌칙 규정

I. 사업시행자 비용 부담의 원칙

광역도시계획 및 도시·군계획의 수립과 도시·군계획시설사업에 관한 비용은 이 법 또는 다른 법률에 특별한 규정이 있는 경우 외에는 국가가 하는 경우에는 국가예산에서, 지방자치단체가 하는 경우에는 해당 지방자치단체가, 행정청이 아닌 자가 하는 경우에는 그 자가 부담함을 원칙으로 한다(법 제101조).

II. 지방자치단체의 비용 부담

국토교통부장관이나 **시·도지사**는 그가 시행한 도시·군계획시설사업으로 현저히 이익을 받는 시·도, 시 또는 군이 있으면 **대통령령**으로 정하는 바에 따라 그 도시·군계획시설사업에 든 비용의 일부를 그 이익을 받는 시·도, 시 또는 군에 부담시킬 수 있다. 이 경우 **국토교통부장관**은 시·도, 시 또는 군에 비용을 부담시키기 전에 행정안전부장관과 협의하여야 한다(법 제102조 제1항). 법 제102조 제1항의 규정에 의하여 부담하는 비용의 총액은 당해 도시·군계획시설사업에 소요된 비용의 50퍼센트를 넘지 못한다. 이 경우 도시·군계획시설사업에 소요된 비용에는 당해 도시·군계획시설사업의 조사·측량비, 설계비 및 관리비를 포함하지 아니한다(영 제104조 제1항). 국토교통부장관 또는 시·도지사는 도시·군계획시설사업으로 인하여 이익을 받는 시·도 또는 시·군에 법 제102조제1항의 규정에 의한 비용을 부담시키고자 하는 때에는 도시·군계획시설사업에 소요된 비용총액의 명세와 부담액을 명시하여 당해 시·도지사 또는 시장·군수에게 송부하여야 한다(영 제104조 제2항).

시·도지사는 그 시·도에 속하지 아니하는 **특별시·광역시·특별자치시·특별자치도·시 또는 군에**

---

646) 「국토계획법」상 제8장에 해당한다.

비용을 부담시키려면 해당 지방자치단체의 장과 협의하되, 협의가 성립되지 아니하는 경우에는 행정안전부장관이 결정하는 바에 따른다(법 제102조 제2항).

시장이나 군수는 그가 시행한 도시·군계획시설사업으로 현저히 이익을 받는 다른 지방자치단체가 있으면 **대통령령**으로 정하는 바에 따라 그 도시·군계획시설사업에 든 비용의 일부를 그 이익을 받는 다른 지방자치단체와 협의하여 그 지방자치단체에 부담시킬 수 있다(법 제102조 제3항). 영 제104조 제1항 및 제2항의 규정은 법 제102조 제3항의 규정에 의하여 시장 또는 군수가 다른 지방자치단체에 도시·군계획시설사업에 소요된 비용의 일부를 부담시키고자 하는 경우에 이를 준용한다(영 제104조 제3항).

협의가 성립되지 아니하는 경우 다른 지방자치단체가 같은 도에 속할 때에는 관할 도지사가 결정하는 바에 따르며, 다른 시·도에 속할 때에는 행정안전부장관이 결정하는 바에 따른다(법 제102조 제4항).

Ⅲ. 보조 또는 융자

시·도지사, 시장 또는 군수가 수립하는 광역도시계획[647] 또는 도시·군계획에 관한 기초조사나 법 제32조에 따른 지형도면의 작성에 드는 비용은 **대통령령**으로 정하는 바에 따라[기초조사 또는 지형도면의 작성에 소요되는 비용은 그 비용의 80퍼센트 이하의 범위안에서(영 제106조 제1항)] 그 비용의 전부 또는 일부를 국가예산에서 보조할 수 있다(법 제104조 제1항).

행정청이 시행하는 도시·군계획시설사업에 드는 비용은 **대통령령**으로 정하는 바에 따라 그 비용의 전부 또는 일부를 국가예산에서 보조하거나 융자할 수 있으며, **행정청이 아닌 자**가 시행하는 도시·군계획시설사업에 드는 비용의 일부는 **대통령령**으로 정하는 바에 따라 국가 또는 지방자치단체가 보조하거나 융자할 수 있다. 이 경우 국가 또는 지방자치단체는 다음 각 호 1. 도로, 상하수도 등 기반시설이 인근지역에 비하여 부족한 지역, 2. 광역도시계획에 반영된 광역시설이 설치되는 지역, 3. 개발제한구역(집단취락만 해당한다)에서 해제된 지역, 4. 도시·군계획시설결정의 고시일부터 10년이 지날 때까지 그 도시·군계획시설의 설치에 관한 도시·군계획시설사업이 시행되지 아니한 경우로서 해당 도시·군계획시설의 설치 필요성이 높은 지역의 어느 하나에 해당하는 지역을 우선 지원할 수 있다(법 제104조 제2항).

법 제104조 제2항의 규정에 의하여 **행정청**이 시행하는 도시·군계획시설사업에 대하여는 당해 도시·군계획시설사업에 소요되는 비용(조사·측량비, 설계비 및 관리비를 제외한 공사비와 감정비를 포함한 보상비를 말한다)의 **50퍼센트 이하**의 범위 안에서 국가예산으로 보조 또는 융자할 수 있으며, **행정청이 아닌 자**가 시행하는 도시·군계획시설사업에 대하여는 당해 도시·군계획시설사업에 소요되는 비용의 **3분의 1 이하**의 범위 안에서 국가 또는 지방자치단체가 보조 또는 융자할 수 있다(영 제106조 제2항).

---

647) 광역도시·군계획이라고 표현하고 있는데 오타로 보인다(현행 법률 제17091호).

IV. 취락지구 및 방재지구에 대한 지원

1. 취락지구에 대한 지원

국가나 지방자치단체는 **대통령령**으로 정하는 바에 따라 **취락지구** 주민의 생활 편익과 복지 증진 등을 위한 사업을 시행하거나 그 사업을 지원할 수 있다(법 제105조). 법 제105조의 규정에 의하여 국가 또는 지방자치단체가 취락지구안의 주민의 생활편익과 복지증진 등을 위하여 시행하거나 지원할 수 있는 사업은 다음 각 호 **1. 집단취락지구**: 개발제한구역법령에서 정하는 바에 의한다. **2. 자연취락지구** 가. 자연취락지구안에 있거나 자연취락지구에 연결되는 도로·수도공급설비·하수도 등의 정비, 나. 어린이놀이터·공원·녹지·주차장·학교·마을회관 등의 설치·정비, 다. 쓰레기처리장·하수처리시설 등의 설치·개량, 라. 하천정비 등 재해방지를 위한 시설의 설치·개량, 마. 주택의 신축·개량과 같다(영 제107조).

2. 방재지구에 대한 지원

국가나 지방자치단체는 이 법률 또는 다른 법률에 따라 방재사업을 시행하거나 그 사업을 지원하는 경우 방재지구에 우선적으로 지원할 수 있다(법 제105조의2).

제2절 **도시계획위원회**[648)]

I. 법적 성격

위원회의 법적 성격에 대해서는 제1편 「감정평가법」에서 조금 언급하였다. 우리나라 행정기관위원회는 독임제기관에 대응하는 개념으로써 위원회·심의회·협의회 등 명칭을 불문하고 행정기관 소관 사무에 관하여 자문에 응하거나 조정·협의·심의 또는 의결 등을 위하여 복수의 구성원으로 이루어진 합의제 기관을 말한다. 행정기관위원회는 **행정위원회**와 **자문위원회**로 나뉜다.

전자의 예로는 대통령 소속의 개인정보보호위원회, 규제개혁위원회 2곳, 국무총리 소속으로 사행산업통합감독위원회 등 11곳 등 합계 38개의 위원회가 있다. 행정위원회는 산하에 보좌기관을 운용하는 경우가 많고, 법적 구속력이 있다.[649)]

후자의 예로는 대통령 소속의 문화융성위원회, 청년위원회 등 16곳을 비롯하여 518개 위 위원회가 있다. 자문위원회는 주로 행정기관의 자문에 응하여 전문적인 의견을 제공하거나, 자문을 구하는 사항

---

648) 「국토계획법」상 제9장에 해당한다.
649) 김종세, 앞의 논문, 90면.

에 관하여 심의·조정·협의하는 등 행정기관의 의사결정에 도움을 주는 기능을 하며 일반적으로 <u>법적 구속력을 가지고 있지 않다.</u>[650] 도시계획위원회는 자문위원회에 속한다.

시장·군수 또는 구청장이 시·군·구도시계획위원회의 심의결과에 구속되는지에 여부에 대하여 법제처는 시장·군수 또는 구청장은 반드시 그 심의결과에 따라 결정을 해야 하는 법적 구속력이 있지는 <u>않으나, 다만, 시·군·구청장은 심의결과를 존중해야 할 책무는 있으므로, 합리적인 이유가 있지 않다면 그 결과에 따라야 한다</u>고 법령해석을 한 바 있다.[651]

II. 중앙도시계획위원회

1. 업무

다음 각 호 1. <u>광역도시계획, 도시·군계획, 토지거래계약허가구역</u> 등 **국토교통부장관**의 권한에 속하는 사항의 심의, 2. <u>이 법 또는 다른 법률에서 중앙도시계획위원회의 심의를 거치도록 한 사항의 심의</u>, 3. <u>도시·군계획에 관한 조사·연구의 업무</u>를 수행하기 위하여 국토교통부에 중앙도시계획위원회를 둔다(법 제106조).

2. 조직

중앙도시계획위원회는 위원장·부위원장 각 1명을 포함한 <u>25명 이상 30명 이하</u>의 위원으로 구성한다(법 제107조 제1항).

중앙도시계획위원회의 위원장과 부위원장은 위원 중에서 **국토교통부장관**이 임명하거나 위촉한다(법 제107조 제2항).

위원은 관계 중앙행정기관의 공무원과 토지 이용, 건축, 주택, 교통, 공간정보, 환경, 법률, 복지, 방재, 문화, 농림 등 도시·군계획과 관련된 분야에 관한 학식과 경험이 풍부한 자 중에서 **국토교통부장관**이 임명하거나 위촉한다(법 제107조 제3항).

<u>공무원이 아닌 위원의 수는 10명 이상</u>으로 하고, 그 임기는 2년으로 한다(법 제107조 제4항). 보궐위원의 임기는 전임자 임기의 남은 기간으로 한다(법 제107조 제5항).

3. 위원장 등의 직무

<u>위원장</u>은 중앙도시계획위원회의 업무를 <u>총괄</u>하며, 중앙도시계획위원회의 <u>의장</u>이 된다(법 제108조

---

650) 김종세, 앞의 논문, 90~91면.
651) 건설교통부 -「국토계획법」제120조 등(「국토계획법」제120조의 이의신청과 행정심판의 관계 등) 관련, 안건번호 07-0024, 회신일자 2007. 2. 26.

제1항).

부위원장은 위원장을 보좌하며, 위원장이 부득이한 사유로 그 직무를 수행하지 못할 때에는 그 직무를 대행한다(법 제108조 제2항).

위원장과 부위원장이 모두 부득이한 사유로 그 직무를 수행하지 못할 때에는 위원장이 미리 지명한 위원이 그 직무를 대행한다(법 제108조 제3항).

4. 회의의 소집 및 의결 정족수

중앙도시계획위원회의 회의는 국토교통부장관이나 위원장이 필요하다고 인정하는 경우에 국토교통부장관이나 위원장이 소집한다(법 제109조 제1항).

중앙도시계획위원회의 회의는 재적위원 과반수의 출석으로 개의하고, 출석위원 과반수의 찬성으로 의결한다(법 제109조 제2항).

5. 분과위원회

다음 각 호 1. 법 제8조(다른 법률에 따른 토지 이용에 관한 구역 등의 지정 제한 등) 제2항에 따른 토지 이용에 관한 구역등의 지정·변경 및 제9조(다른 법률에 따른 도시·군관리계획의 변경 제한)에 따른 용도지역 등의 변경계획에 관한 사항, 2. 법 제59조(개발행위에 대한 도시계획위원회의 심의)에 따른 심의에 관한 사항, 3. 법 제117조(삭제)에 따른 허가구역의 지정에 관한 사항,[652] 4. 중앙도시계획위원회에서 위임하는 사항을 효율적으로 심의하기 위하여 중앙도시계획위원회에 분과위원회를 둘 수 있다(법 제110조 제1항). 분과위원회의 심의는 중앙도시계획위원회의 심의로 본다. 다만, 제1항 제4호의 경우에는 중앙도시계획위원회가 분과위원회의 심의를 중앙도시계획위원회의 심의로 보도록 하는 경우만 해당한다(법 제110조 제2항).

6. 전문위원

도시·군계획 등에 관한 중요 사항을 조사·연구하기 위하여 중앙도시계획위원회에 전문위원을 둘 수 있다(법 제111조 제1항).

전문위원은 위원장 및 중앙도시계획위원회나 분과위원회의 요구가 있을 때에는 회의에 출석하여 발언할 수 있다(법 제111조 제2항).

전문위원은 토지 이용, 건축, 주택, 교통, 공간정보, 환경, 법률, 복지, 방재, 문화, 농림 등 도시·군계획과 관련된 분야에 관한 학식과 경험이 풍부한 자 중에서 국토교통부장관이 임명한다(법 제111조 제3항).

---

652) 삭제된 조항을 심의사항으로 규정하고 있어 개정을 요한다.

7. 간사 및 서기

중앙도시계획위원회에 <u>간사와 서기를 둔다</u>(법 제112조 제1항). 간사와 서기는 국토교통부 소속 공무원 중에서 **국토교통부장관**이 임명한다(법 제112조 제2항). <u>간사는 위원장의 명을 받아 중앙도시계획위원회의 서무를 담당하고, 서기는 간사를 보좌한다</u>(법 제112조 제3항).

8. 운영세칙

중앙도시계획위원회와 분과위원회의 설치 및 운영에 필요한 사항은 **대통령령**으로 정한다(법 제114조 제1항).

Ⅲ. 지방도시계획위원회

1. 시·도도시계획위원회

다음 각 호 1. 시·도지사가 결정하는 도시·군관리계획의 심의 등 <u>시·도지사의 권한에 속하는 사항</u>과 <u>다른 법률</u>에서 시·도도시계획위원회의 심의를 거치도록 한 사항의 심의, 2. **국토교통부장관**의 권한에 속하는 사항 중 중앙도시계획위원회의 심의 대상에 해당하는 사항이 <u>시·도지사에게 위임된 경우</u> 그 위임된 사항의 심의, 3. 도시·군관리계획과 관련하여 <u>시·도지사가 자문하는 사항에 대한 조언</u>, 4. <u>그 밖에 **대통령령**으로 정하는 사항</u>[1. 해당 시·도의 도시·군계획조례의 제정·개정과 관련하여 시·도지사가 자문하는 사항에 대한 조언, 2. 영 제55조 제3항 제3호의2에 따른 개발행위허가에 대한 심의(영 제110조 제1항)]에 관한 심의 또는 조언의 심의를 하게 하거나 자문에 응하게 하기 위하여 시·도에 <u>시·도도시계획위원회를 둔다</u>(법 제113조 제1항).

2. 시·군·구도시계획위원회

도시·군관리계획과 관련된 다음 각 호 1. <u>시장 또는 군수가 결정하는 도시·군관리계획의 심의</u>와 **국토교통부장관**이나 <u>시·도지사의 권한에 속하는 사항</u> 중 시·도도시계획위원회의 심의대상에 해당하는 사항이 <u>시장·군수 또는 구청장에게 위임되거나 재위임된 경우</u> 그 위임되거나 재위임된 사항의 심의, 2. 도시·군관리계획과 관련하여 <u>시장·군수 또는 구청장이 자문</u>하는 사항에 대한 조언, 3. 법 제59조에 따른 <u>개발행위의 허가 등에 관한 심의</u>, 4. <u>그 밖에 **대통령령**으로 정하는 사항</u>[1. 해당 시·군·구와 관련한 도시·군계획조례의 제정·개정과 관련하여 시장·군수·구청장이 자문하는 사항에 대한 조언, 2. 영 제55조 제3항 제3호의2에 따른 개발행위허가에 대한 심의(대도시에 두는 도시계획위원회에 한정한다), 3. 개발행위허가와 관련하여 시장 또는 군수(특별시장·광역시장의 개발행위허가 권한이 법 제139조 제2항에 따라 조례로 군수 또는 구청장에게 위임된 경우에는 그 군수 또는 구청장을 포함한다)가 자문하는 사항에 대한 조언, 4. 영 제128조 제1항에 따른 시범도시사업계획의 수립에 관하여 시장·군수·구청장이 자문하는 사항에 대한 조언(영 제110조 제2항)]에 관한 심의 또는 조언의 심의를 하게 하거나 자문에 응하게 하기 위하여 시·군(광역시의 관할 구역에 있는 군을 포함한다) 또는 구(자치구를 말한다)에 각각 시·군·구도시계획위원회를 둔다(법 제113조 제2항).

3. 분과위원회 및 전문위원

시·도도시계획위원회나 시·군·구도시계획위원회의 심의 사항 중 **대통령령**으로 정하는 사항을 효율적으로 심의하기 위하여 시·도도시계획위원회나 시·군·구도시계획위원회에 분과위원회를 둘 수 있다(법 제113조 제3항).

분과위원회에서 심의하는 사항 중 시·도도시계획위원회나 시·군·구도시계획위원회가 지정하는 사항은 분과위원회의 심의를 시·도도시계획위원회나 시·군·구도시계획위원회의 심의로 본다(법 제113조 제4항).

도시·군계획 등에 관한 중요 사항을 조사·연구하기 위하여 지방도시계획위원회에 전문위원을 둘 수 있다(법 제113조 제5항).

지방도시계획위원회에 전문위원을 두는 경우에는 제111조 제2항 및 제3항을 준용한다. 이 경우 "중앙도시계획위원회"는 "지방도시계획위원회"로, "**국토교통부장관**"은 "해당 지방도시계획위원회가 속한 지방자치단체의 장"으로 본다(법 제113조 제6항).

4. 지방도시계획위원회의 구성 및 운영

지방도시계획위원회와 분과위원회의 설치 및 운영에 필요한 사항은 **대통령령**으로 정하는 범위에서 해당 지방자치단체의 **조례**로 정한다(법 제114조 제2항).

가. 시·도도시계획위원회

시·도도시계획위원회는 위원장 및 부위원장 각 1명을 포함한 25명 이상 30명 이하의 위원으로 구성한다(영 제111조 제1항). 시·도도시계획위원회의 위원장은 위원 중에서 해당 시·도지사가 임명 또는 위촉하며, 부위원장은 위원중에서 호선한다(영 제111조 제2항).

시·도도시계획위원회의 위원은 다음 각 호 1. 당해 시·도 지방의회의 의원, 2. 당해 시·도 및 도시·군계획과 관련있는 행정기관의 공무원, 3. 토지이용·건축·주택·교통·환경·방재·문화·농림·정보통신 등 도시·군계획 관련 분야에 관하여 학식과 경험이 있는 자의 어느 하나에 해당하는 자 중에서 시·도지사가 임명 또는 위촉한다. 이 경우 제3호에 해당하는 위원의 수는 전체 위원의 3분의 2 이상이어야 하고, 법 제8조제7항에 따라 농업진흥지역의 해제 또는 보전산지의 지정해제를 할 때에 도시·군관리계획의 변경이 필요하여 시·도도시계획위원회의 심의를 거쳐야 하는 시·도의 경우에는 농림 분야 공무원 및 농림 분야 전문가가 각각 2명 이상이어야 한다(영 제111조 제3항).

영 제111조 제3항 제3호에 해당하는 위원의 임기는 2년으로 하되, 연임할 수 있다. 다만, 보궐위원의 임기는 전임자의 임기 중 남은 기간으로 한다(영 제111조 제4항).

시·도도시계획위원회의 위원장은 위원회의 업무를 총괄하며, 위원회를 소집하고 그 의장이 된다(영 제111조 제5항).

시·도도시계획위원회의 회의는 재적위원 과반수의 출석(출석위원의 과반수는 영 제3항 제3호에 해당하는 위원이어야 한다)으로 개의하고, 출석위원 과반수의 찬성으로 의결한다(영 제111조 제6항).

시·도도시계획위원회에 간사 1인과 서기 약간인을 둘 수 있으며, 간사와 서기는 위원장이 임명한다(영 제111조 제7항).

시·도도시계획위원회의 간사는 위원장의 명을 받아 서무를 담당하고, 서기는 간사를 보좌한다(영 제111조 제8항).

나. 시·군·구도시계획위원회

시·군·구도시계획위원회는 위원장 및 부위원장 각 1인을 포함한 15인 이상 25인 이하의 위원으로 구성한다. 다만, 2 이상의 시·군 또는 구에 공동으로 시·군·구도시계획위원회를 설치하는 경우에는 그 위원의 수를 30인까지로 할 수 있다(영 제112조 제1항).

시·군·구도시계획위원회의 위원장은 위원 중에서 해당 시장·군수 또는 구청장이 임명 또는 위촉하며, 부위원장은 위원중에서 호선한다. 다만, 2 이상의 시·군 또는 구에 공동으로 설치하는 시·군·구도시계획위원회의 위원장은 당해 시장·군수 또는 구청장이 협의하여 정한다(영 제112조 제2항).

시·군·구도시계획위원회의 위원은 다음 각 호 1. 당해 시·군·구 지방의회의 의원, 2. 당해 시·군·구 및 도시·군계획과 관련있는 행정기관의 공무원, 3. 토지이용·건축·주택·교통·환경·방재·문화·농림·정보통신 등 도시·군계획 관련 분야에 관하여 학식과 경험이 있는 자 중에서 시장·군수 또는 구청장이 임명 또는 위촉한다. 이 경우 제3호에 해당하는 위원의 수는 위원 총수의 50퍼센트 이상이어야 한다(영 제112조 제3항).

영 제111조 제4항 내지 제8항의 규정은 시·군·구도시계획위원회에 관하여 이를 준용한다(영 제112조 제4항).

영 제112조 제1항 및 제3항에도 불구하고 시·군·구도시계획위원회 중 대도시에 두는 도시계획위원회는 위원장 및 부위원장 각 1명을 포함한 20명 이상 25명 이하의 위원으로 구성하며, 제3항 제3호에 해당하는 위원의 수는 전체 위원의 3분의 2 이상이어야 한다(영 제112조 제5항).

IV. 운영

1. 회의록의 정보공개

중앙도시계획위원회 및 지방도시계획위원회의 심의 일시·장소·안건·내용·결과 등이 기록된 회의록은 1년의 범위에서 **대통령령**으로 정하는 기간[중앙도시계획위원회의 경우에는 심의 종결 후 6개월, 지방도시계획위원회의 경우에는 6개월 이하의 범위에서 해당 지방자치단체의 도시·군계획**조례**로 정하는 기간을 말한다(영 제113조의3 제1항)]이 지난 후에는 공개 요청이 있는 경우 **대통령령**으로 정하는 바[회의록의 공개는 열람 또는 사본을 제공하는 방법으로 한다(영 제113조의3 제2항)]에 따라 공개하여야 한다. 다만, 공개에 의하여 부동산 투기 유발 등 공익을 현저히 해칠 우려가 있다고 인정하는 경우나 심의·의결의 공정성을 침해할 우려가 있다고 인정되는 이름·주민등록번호 등 **대통령령**으로 정하는 개인 식별 정보[이름·주민등록번호·직위 및 주소 등 특정인임을 식별할 수 있는 정보를 말한다(영 제113조의3 제3항)]에 관한 부분의 경우에는 그러하지 아니하다(법 제113조의2).

2. 위원의 제척·회피

중앙도시계획위원회의 위원 및 지방도시계획위원회의 위원은 다음 각 호 1. 자기나 배우자 또는 배우자이었던 자가 당사자이거나 공동권리자 또는 공동의무자인 경우, 2. 자기가 당사자와 친족관계이거나 자기 또는 자기가 속한 법인이 당사자의 법률·경영 등에 대한 자문·고문 등으로 있는 경우, 3. 자기 또는 자기가 속한 법인이 당사자 등의 대리인으로 관여하거나 관여하였던 경우, 4. 자기가 심의하거나 자문에 응한 안건에 관하여 용역을 받거나 그 밖의 방법으로 직접 관여한 경우, 5. 자기가 심의하거나 자문에 응한 안건의 직접적인 이해관계인이 되는 경우의 어느 하나에 해당하는 경우에 심의·자문에서 제척(除斥)된다(법 제113조의3 제1항 및 영 제113조의2). 위원이 제1항 각 호의 사유에 해당하는 경우에는 스스로 그 안건의 심의·자문에서 회피할 수 있다(법 제113조의3 제2항).

3. 벌칙 적용 시의 공무원 의제

중앙도시계획위원회의 위원·전문위원 및 지방도시계획위원회의 위원·전문위원 중 공무원이 아닌 위원이나 전문위원은 그 직무상 행위와 관련하여 「형법」 제129조부터 제132조까지의 규정을 적용할 때에는 공무원으로 본다(법 제113조의4).

4. 운영 세칙·위원 등의 수당 및 여비

중앙도시계획위원회와 분과위원회의 설치 및 운영에 필요한 사항은 **대통령령**으로 정한다(법 제114조 제1항). 지방도시계획위원회와 분과위원회의 설치 및 운영에 필요한 사항은 **대통령령**으로 정하는 범위에서 해당 지방자치단체의 **조례**로 정한다(법 제114조 제2항). 중앙도시계획위원회의 위원이나 전문위원, 지방도시계획위원회의 위원에게는 **대통령령**이나 **조례**로 정하는 바에 따라 수당과 여비를 지급할 수 있다(법 제115조)

5. 도시·군계획상임기획단

지방자치단체의 장이 입안한 광역도시계획, 도시·군기본계획 또는 도시·군관리계획을 검토하거나 지방자치단체의 장이 의뢰하는 광역도시계획, 도시·군기본계획 또는 도시·군관리계획에 관한 기획·지도 및 조사·연구를 위하여 해당 지방자치단체의 **조례**로 정하는 바에 따라 지방도시계획위원회에 법제113조 제5항에 따른 전문위원 등으로 구성되는 도시·군계획상임기획단을 둔다(법 제116조).

제3절　보칙653)

Ⅰ. 보칙규정의 의의

의의는 제1편 「감정평가법」에서 설명하였다. 전술한 「국토계획법」 제8장 비용부담, 제9장 도시계획위원회에 관한 규정은 「국토계획법」 전반에 걸쳐 공통적으로 적용되는 것이며, 행정실무상 중요성은 별론으로 하고, 법학적 관점에서는 큰 쟁점이 없는 것이므로 보칙 성격의 조항으로 보아도 좋다.

Ⅱ. 시범도시의 지정·지원

1. 시범도시의 의의

시범도시(示範都市)란 **국토교통부장관**이 도시의 경제·사회·문화적인 특성을 살려 개성 있고 지속가능한 발전을 촉진하기 위하여 필요하면 직접 또는 관계 **중앙행정기관의 장**이나 시·도지사의 요청에 의하여 경관, 생태, 정보통신, 과학, 문화, 관광, 그 밖에 **대통령령**으로 정하는 분야[교육·안전·교통·경제활력·도시재생 및 기후변화 분야(영 제126조 제1항)]별로 시범도시(시범지구나 시범단지를 포함한다)를 지정할 수 있다(법 제127조 제1항). **국토교통부장관**은 법 제127조 제1항의 규정에 의하여 직접 시범도시를 지정함에 있어서 필요한 경우에는 **국토교통부령**이 정하는 바에 따라 그 대상이 되는 도시를 공모할 수 있다(영 제127조 제1항). 영 제127조 제1항의 규정에 의한 공모에 응모할 수 있는 자는 **특별시장·광역시장·특별자치시장·특별자치도지사·시장·군수** 또는 구청장으로 한다(영 제127조 제2항). **국토교**

---

653) 「국토계획법」상 제11장에 해당한다.

통부장관은 시범도시의 공모 및 평가 등에 관한 업무를 원활하게 수행하기 위하여 필요한 때에는 <u>전문</u> 기관에 자문하거나 조사·연구를 의뢰할 수 있다(영 제127조 제3항). 동 조항은 2000. 1. 28. 구「도시 계획법」에서 개정(법률 제6243호로 2000. 7. 1.부터 시행)하면서 도입되었으며, 「국토계획법」에 이어져 오고 있다.

2. 시범도시의 지정 및 지원

국토교통부장관, 관계 중앙행정기관의 장 또는 **시·도지사**는 지정된 시범도시에 대하여 예산·인력 등 필요한 지원을 할 수 있다(법 제127조 제2항). **국토교통부장관, 관계 중앙행정기관의 장**은 법 제127 조 제2항에 따라 시범도시에 대하여 시범도시사업계획의 수립에 소요되는 비용의 80퍼센트 이하, 시범 도시사업의 시행에 소요되는 비용(보상비를 제외한다)의 50퍼센트 이하의 범위에서 <u>보조 또는 융자</u>를 할 수 있다(영 제129조 제1항). **시·도지사**는 법 제127조 제2항에 따라 시범도시에 대하여 영 제129조 제1항 각 호의 범위에서 보조나 융자를 할 수 있다(영 제129조 제2항). **관계 중앙행정기관의 장** 또는 **시·도지사**는 법 제127조 제2항의 규정에 의하여 시범도시에 대하여 예산·인력 등을 지원한 때에는 그 지원내역을 **국토교통부장관**에게 통보하여야 한다(영 제129조 제3항). **시장·군수 또는 구청장**은 시범 도시사업의 시행을 위하여 필요한 경우에는 다음 각 호 1. 시범도시사업의 <u>예산집행</u>에 관한 사항, 2. <u>주민의 참여</u>에 관한 사항을 도시·군계획**조례**로 정할 수 있다(영 제129조 제4항).

국토교통부장관은 관계 중앙행정기관의 장이나 **시·도지사**에게 시범도시의 지정과 지원에 필요한 자료를 제출하도록 요청할 수 있다(법 제127조 제3항). **관계 중앙행정기관의 장** 또는 **시·도지사**는 법 제127조 제1항의 규정에 의하여 시범도시의 지정을 요청하고자 하는 때에는 다음 각 호 1. 시범도시 지정기준에 적합함을 설명하는 서류, 2. 지정을 요청하는 **관계 중앙행정기관의 장** 또는 **시·도지사**가 직접 시범도시에 대하여 지원할 수 있는 예산·인력 등의 내역, 3. 주민의견청취의 결과와 관계 지방자 치단체의 장의 의견, 4. 시·도도시계획위원회에의 자문 결과의 서류를 **국토교통부장관**에게 제출하여야 한다(영 제126조 제6항).

3. 지정기준·세부기준 및 지정절차

시범도시의 지정 및 지원의 기준·절차 등에 관하여 필요한 사항은 **대통령령**으로 정한다(법 제127조 제4항).

시범도시는 다음 각 호 1. 시범도시의 지정이 <u>도시의 경쟁력 향상, 특화발전 및 지역균형발전에 기</u> 여할 수 있을 것, 2. 시범도시의 지정에 대한 <u>주민의 호응도</u>가 높을 것, 3. 시범도시의 지정목적 달성에 필요한 사업(이하 "시범도시사업"이라 한다)에 <u>주민이 참여</u>할 수 있을 것, 4. 시범도시사업의 재원조달 계획이 <u>적정하고 실현가능할 것</u>의 기준에 <u>적합</u>하여야 한다(영 제126조 제2항).

국토교통부장관은 법 제127조 제1항의 규정에 의한 <u>분야별</u>로 시범도시의 지정에 관한 <u>세부기준</u>을 정할 수 있다(영 제126조 제3항).

　관계 중앙행정기관의 장 또는 시·도지사는 법 제127조 제1항의 규정에 의하여 국토교통부장관에게 시범도시의 지정을 요청하고자 하는 때에는 미리 설문조사·열람 등을 통하여 주민의 의견을 들은 후 관계 지방자치단체의 장의 의견을 들어야 한다(영 제126조 제4항). 시·도지사는 법 제127조 제1항의 규정에 의하여 국토교통부장관에게 시범도시의 지정을 요청하고자 하는 때에는 미리 당해 시·도도시 계획위원회의 자문을 거쳐야 한다(영 제126조 제5항).

4. 지구단위계획구역의 지정 및 도시재생사업

　국토교통부장관, 시·도지사, 시장 또는 군수는 시범도시에 해당하는 지역의 전부 또는 일부에 대하여 지구단위계획구역을 지정할 수 있다(법 제51조 제1항 제10호 및 영 제43조 제4항 제1호). 「도시재생법」에서 도시재생활성화지역에서 도시재생활성화계획에 따라 시행하는 시범도시 지정에 따른 사업에 대하여 도시재생사업을 시행할 수 있다(도시재생법 제2조 제7호 가목).

Ⅲ. 국토이용정보체계의 활용

　국토교통부장관, 시·도지사, 시장 또는 군수가 「토지이용규제기본법」 제12조에 따라 국토이용정보체계를 구축하여 도시·군계획에 관한 정보를 관리하는 경우에는 해당 정보를 도시·군계획을 수립하는 데에 활용하여야 한다(법 제128조 제1항).

　특별시장·광역시장·특별자치시장·특별자치도지사·시장 또는 군수는 개발행위허가 민원 간소화 및 업무의 효율적인 처리를 위하여 국토이용정보체계를 활용하여야 한다(법 제128조 제2항).

Ⅳ. 전문기관에 자문 등

　국토교통부장관은 필요하다고 인정하는 경우에는 광역도시계획이나 도시·군기본계획의 승인, 그 밖에 도시·군계획에 관한 중요 사항에 대하여 도시·군계획에 관한 전문기관에 자문을 하거나 조사·연구를 의뢰할 수 있고(법 제129조 제1항), 그에 필요한 비용을 예산의 범위에서 해당 전문기관에 지급할 수 있다(법 제129조 제2항).

V. 도시계획을 위한 공용제한 및 손실보상

1. 도시·군계획 등을 위한 공용제한

공용제한이란 공익상 필요한 특정한 공익사업 등 복리행정을 위하여 사인의 재산권에 가하여지는 행정법상의 제한을 말한다. 이에는 계획제한, 보전제한, 사업제한, 공물제한, 사용제한(공용사용)으로 나눌 수 있으며, 동 조항은 사용제한이다.[654]

국토교통부장관, 시·도지사, 시장 또는 군수나 도시·군계획시설사업의 시행자는 다음 각 호 1. 도시·군계획, 광역도시계획에 관한 기초조사, 2. 개발밀도관리구역, 기반시설부담구역 및 기반시설설치계획에 관한 기초조사, 3. 지가의 동향 및 토지거래의 상황에 관한 조사,[655] 4. 도시·군계획시설사업에 관한 조사·측량 또는 시행의 행위를 하기 위하여 필요하면 타인의 **토지에 출입**하거나 타인의 토지를 재료 적치장 또는 임시통로로 **일시 사용**할 수 있으며, 특히 필요한 경우에는 나무, 흙, 돌, 그 밖의 장애물을 **변경하거나 제거**할 수 있다(법 제130조 제1항).

2. 타인 토지의 출입 허가

타인의 토지에 출입하려는 자는 **특별시장·광역시장·특별자치시장·특별자치도지사·시장 또는 군수**의 **허가**를 받아야 하며, 출입하려는 날의 7일 전까지 그 토지의 소유자·점유자 또는 관리인에게 그 일시와 장소를 알려야 한다. 다만, 행정청인 도시·군계획시설사업의 시행자는 허가를 받지 아니하고 타인의 토지에 출입할 수 있다(법 제130조 제2항).

3. 일시사용이나 장애물의 변경·제거

타인의 토지를 재료 적치장 또는 임시통로로 **일시사용**하거나 나무, 흙, 돌, 그 밖의 장애물을 **변경 또는 제거**하려는 자는 토지의 소유자·점유자 또는 관리인의 **동의**를 받아야 한다(법 제130조 제3항).

토지나 장애물의 소유자·점유자 또는 관리인이 현장에 없거나 주소 또는 거소가 불분명하여 그 동의를 받을 수 없는 경우에는 **행정청**인 도시·군계획시설사업의 시행자는 관할 **특별시장·광역시장·특별자치시장·특별자치도지사·시장 또는 군수**에게 그 사실을 **통지**하여야 하며, **행정청이 아닌 도시·군계획시설사업의 시행자**는 미리 관할 **특별시장·광역시장·특별자치시장·특별자치도지사·시장 또는 군수**의 **허가**를 받아야 한다(법 제130조 제4항). 토지를 일시 사용하거나 장애물을 변경 또는 제거하려는 자는 토지를 사용하려는 날이나 장애물을 변경 또는 제거하려는 날의 3일 전까지 그 토지나 장애물의 소유자·점유자 또는 관리인에게 알려야 한다(법 제130조 제5항). 일출 전이나 일몰 후에는 그 토지 점유자의 승낙 없이 택지나 담장 또는 울타리로 둘러싸인 타인의 토지에 출입할 수 없다(법

---

654) 김철용, 행정법(제6판), 881~882면; 김동희, 행정법Ⅱ, 377면.
655) "제10장 토지거래의 허가 등"이 2016. 1. 19. 삭제되었으므로, 동 호도 삭제되어야 한다.

제130조 제6항).

4. 수인의무

토지의 점유자는 정당한 사유 없이 법 제130조 제1항에 따른 행위를 방해하거나 거부하지 못한다(법 제130조 제7항).

5. 토지에의 출입 등에 따른 손실보상

법 제130조 제1항에 따른 행위를 하려는 자는 그 권한을 표시하는 증표와 허가증을 지니고 이를 관계인에게 내보여야 한다(법 제130조 제8항). 증표와 허가증에 관하여 필요한 사항은 **국토교통부령**으로 정한다(법 제130조 제9항). 법 제130조 제1항에 따른 행위로 인하여 <u>손실을 입은 자가 있으면 그 행위자가 속한 행정청이나 도시·군계획시설사업의 시행자가 그 손실을 보상하여야 한다</u>(법 제131조 제1항). 손실 보상에 관하여는 그 손실을 보상할 자와 손실을 입은 자가 <u>협의</u>하여야 한다(법 제131조 제2항). 손실을 보상할 자나 손실을 입은 자는 협의가 성립되지 아니하거나 협의를 할 수 없는 경우에는 <u>관할 토지수용위원회에 재결을 신청</u>할 수 있다(법 제131조 제3항). 관할 토지수용위원회의 재결에 관하여는 「토지보상법」 제83조부터 제87조까지의 규정을 준용한다(법 제131조 제4항).

VI. 법률 등의 위반자에 대한 감독처분

1. 감독처분

국토교통부장관, 시·도지사, 시장·군수 또는 구청장은 다음 각 호의 어느 하나에 해당하는 자에게 이 법에 따른 **허가·인가 등의 취소, 공사의 중지, 공작물 등의 개축 또는 이전, 그 밖에 필요한 처분을 하거나 조치**를 명할 수 있다(법 제133조 제1항).

1. 법 제31조 제2항 단서에 따른 신고를 하지 아니하고 사업 또는 공사를 한 자
2. 도시·군계획시설을 법 제43조 제1항에 따른 도시·군관리계획의 결정 없이 설치한 자
3. 법 제44조의3 제2항에 따른 공동구의 점용 또는 사용에 관한 허가를 받지 아니하고 공동구를 점용 또는 사용하거나 점용료 또는 사용료를 내지 아니한 자
4. 법 제54조에 따른 지구단위계획구역에서 해당 지구단위계획에 맞지 아니하게 건축물을 건축 또는 용도변경을 하거나 공작물을 설치한 자
5. 법 제56조에 따른 개발행위허가 또는 <u>변경허가를 받지 아니하고</u> 개발행위를 한 자
5의2. 법 제56조에 따라 개발행위허가 또는 변경허가를 받고 그 허가받은 사업기간 동안 <u>개발행위를 완료하지 아니한 자</u>

6. 법 제60조 제1항에 따른 이행보증금을 예치하지 아니하거나 토지의 원상회복명령에 따르지 아니한 자

7. 개발행위를 끝낸 후 법 제62조에 따른 준공검사를 받지 아니한 자

7의2. 법 제64조 제3항 본문에 따른 원상회복명령에 따르지 아니한 자

8. 법 제76조(같은 조 제5항 제2호부터 제4호까지의 규정은 제외한다)에 따른 용도지역 또는 용도지구에서의 건축 제한 등을 위반한 자

9. 법 제77조에 따른 건폐율을 위반하여 건축한 자

10. 법 제78조에 따른 용적률을 위반하여 건축한 자

11. 법 제79조에 따른 용도지역 미지정 또는 미세분 지역에서의 행위 제한 등을 위반한 자

12. 법 제81조에 따른 시가화조정구역에서의 행위 제한을 위반한 자

13. 법 제84조에 따른 둘 이상의 용도지역 등에 걸치는 대지의 적용 기준을 위반한 자

14. 법 제86조 제5항에 따른 도시·군계획시설사업시행자 지정을 받지 아니하고 도시·군계획시설사업을 시행한 자

15. 법 제88조에 따른 도시·군계획시설사업의 실시계획인가 또는 변경인가를 받지 아니하고 사업을 시행한 자

15의2. 법 제88조에 따라 도시·군계획시설사업의 실시계획인가 또는 변경인가를 받고 그 실시계획에서 정한 사업기간 동안 사업을 완료하지 아니한 자

15의3. 법 제88조에 따른 실시계획의 인가 또는 변경인가를 받은 내용에 맞지 아니하게 도시·군계획시설을 설치하거나 용도를 변경한 자

16. 법 제89조 제1항에 따른 이행보증금을 예치하지 않거나 토지의 원상회복명령에 따르지 아니한 자

17. 도시·군계획시설사업의 공사를 끝낸 후 법 제98조에 따른 준공검사를 받지 아니한 자

18. 삭제 〈2016. 1. 19.〉

19. 삭제 〈2016. 1. 19.〉

20. 법 제130조를 **위반**하여 타인의 토지에 출입하거나 그 토지를 일시사용한 자

21. **부정한 방법**으로 다음 각 목 가. 법 제56조에 따른 개발행위허가 또는 변경허가, 나. 법 제62조에 따른 개발행위의 준공검사, 다. 법 제81조에 따른 시가화조정구역에서의 행위허가, 라. 법 제86조에 따른 도시·군계획시설사업의 시행자 지정, 마. 법 제88조에 따른 실시계획의 인가 또는 변경인가, 바. 법 제98조에 따른 도시·군계획시설사업의 준공검사, 사. 삭제 〈2016. 1. 19.〉의 어느 하나에 해당하는 허가·인가·지정 등을 받은 자

22. **사정이 변경**되어 개발행위 또는 도시·군계획시설사업을 **계속적으로 시행하면 현저히 공익을 해칠 우려가 있다고 인정되는 경우**의 그 개발행위허가를 받은 자 또는 도시·군계획시설사업의 시행자

2. 청문

국토교통부장관, 시·도지사, 시장·군수 또는 **구청장**은 법 제133조(법률 등의 위반자에 대한 처분) 제1항에 따라 1. 개발행위허가의 취소, 2. 행정청이 아닌 자로서 도시·군계획시설사업의 시행자 지정의 취소, 3. 실시계획인가의 취소, 4. 삭제에 해당하는 처분을 하려면 청문을 하여야 한다(법 제136조).

3. 손실보상

국토교통부장관, 시·도지사, 시장·군수 또는 **구청장**은 **법 제133조 제1항 제22호**에 따라 필요한 처분을 하거나 조치를 명한 경우에는 이로 인하여 발생한 손실을 보상하여야 한다(법 제133조 제2항). 법 제133조 제2항에 따른 손실 보상에 관하여는 법 제131조(토지에의 출입 등에 따른 손실 보상) 제2항부터 제4항까지의 규정을 준용한다(법 제133조 제3항).

Ⅶ. 보고 및 검사 등

국토교통부장관(법 제40조에 따른 수산자원보호구역의 경우 해양수산부장관을 말한다), **시·도지사, 시장 또는 군수**는 다음 각 호 1. 다음 각 목 가. 제56조에 따른 개발행위허가의 내용, 나. 제88조에 따른 실시계획인가의 내용에 대한 이행 여부의 확인이 필요한 경우, 2. 법 제133조 제1항 제5호, 제5호의2, 제6호, 제7호, 제7호의2, 제15호, 제15호의2, 제15호의3 및 제16호부터 제22호까지 중 어느 하나에 해당한다고 판단하는 경우, 3. 그 밖에 해당 개발행위의 체계적 관리를 위하여 관련 자료 및 현장 확인이 필요한 경우의 어느 하나에 해당하는 경우에는 개발행위허가를 받은 자나 도시·군계획시설사업의 시행자에게 **감독을 위하여 필요한 보고를 하게 하거나 자료를 제출하도록 명할 수 있으며**, 소속 공무원으로 하여금 개발행위에 관한 업무 상황을 검사하게 할 수 있다(법 제137조 제1항). **국토교통부장관**, 시·도지사 등은 개발행위허가의 내용, 실시계획 인가의 내용에 대한 이행 여부의 확인이 필요하거나 법률상 의무를 위반하였다고 판단하는 경우 등에는 개발행위허가를 받은 자나 도시·군계획시설사업 시행자에게 감독상 필요한 보고를 하게 하거나 자료를 제출하도록 명할 수 있도록 하였다.

업무를 검사하는 공무원은 그 권한을 표시하는 증표를 지니고 이를 관계인에게 내보여야 한다(법 제137조 제2항). 증표에 관하여 필요한 사항은 **국토교통부령**으로 정한다(법 제137조 제3항).

Ⅷ. 도시·군계획의 수립 및 운영에 대한 감독 및 조정

1. 도시·군계획의 수립·운영에 대한 감독

법률용어로 감독이란 어떤 사람이나 기관이 다른 사람이나 기관의 행위가 잘못되지 않도록 감시하고, 필요한 경우에는 명령이나 제재를 가하여 합법·타당성을 보장하는 것으로서, 지방자치단체에 대한 국가의 감독, 상급행정관청의 하급행정관청에 대한 감독 등이 그 예로서 감독권의 내용으로서는 보통 감시권·훈령권·인가권·취소권 등이 포함된다.

국토교통부장관(법 제40조에 따른 수산자원보호구역의 경우 해양수산부장관을 말한다)은 필요한 경우에는 시·도지사 또는 시장·군수에게, **시·도지사**는 시장·군수에게 도시·군기본계획과 도시·군관리계획의 수립 및 운영실태를 감독하기 위하여 필요한 보고를 하게 하거나 자료를 제출하도록 명할 수 있으며, 소속 공무원으로 하여금 도시·군기본계획과 도시·군관리계획에 관한 업무 상황을 검사하게 할 수 있다(법 제138조 제1항).

2. 도시·군계획에 대한 조정요구

국토교통부장관은 도시·군기본계획과 도시·군관리계획이 국가계획 및 광역도시계획의 취지에 부합하지 아니하거나 도시·군관리계획이 도시·군기본계획의 취지에 부합하지 아니하다고 판단하는 경우에는 **특별시장·광역시장·특별자치시장·특별자치도지사·시장 또는 군수**에게 기한을 정하여 도시·군기본계획과 도시·군관리계획의 조정을 요구할 수 있다. 이 경우 **특별시장·광역시장·특별자치시장·특별자치도지사·시장 또는 군수**는 도시·군기본계획과 도시·군관리계획을 재검토하여 정비하여야 한다(법 제138조 제2항).

도지사는 시·군 도시·군관리계획이 광역도시계획이나 도시·군기본계획의 취지에 부합하지 아니하다고 판단되는 경우에는 **시장 또는 군수**에게 기한을 정하여 그 도시·군관리계획의 조정을 요구할 수 있다. 이 경우 시장 또는 군수는 그 도시·군관리계획을 재검토하여 정비하여야 한다(법 제138조 제3항).

Ⅸ. 권리·의무의 승계

1. 의의

토지 또는 건축물에 관하여 소유권이나 그 밖의 권리를 가진 자의 도시·군관리계획에 관한 권리·의무는 그 토지 또는 건축물에 관한 소유권이나 그 밖의 권리의 변동과 동시에 그 승계인에게 이전한다(법 제135조 제1항). **이 법 또는 이 법에 따른 명령**에 의한 처분, 그 절차 및 그 밖의 행위는 그 행위와 관련된 토지 또는 건축물에 대하여 소유권이나 그 밖의 권리를 가진 자의 승계인에 대하여 효력을 가진다(법 제135조 제2항).

어쩌면 당연한 규정일지라도 토지 등의 소유자 등이 변경된 경우 이미 진행한 절차를 다시 진행하지 않아도 되도록 하여 효율을 기하기 위한 것이다.

2. 이 법 또는 이 법에 따른 명령

"이 법 또는 이 법에 따른 명령"에서 먼저, 법률의 본칙에서 관형사 "이"를 붙여 "이 법"이라고 지칭하면 문언적으로 해당 법률 그 자체를 가리키는 것으로 해석되므로 동 조항의 "이 법"이란 일단「국토계획법」자체를 말한다. 그리고 같은 법 제7조 제1호에서「국토계획법」이외의 법률에 대해서는 해당 법률의 제명을 직접 밝히거나 "관계 법률 또는 관계 법령"이라는 표현으로 대신하고 있다.

그 다음으로 이러한 명령이 법률용어로 사용될 때에는, ① 국회의 의결을 거치지 않고 **행정기관이 제정하는 법규범**을 말하며 이러한 명령에는 법률보다 하위의 **대통령령**, 총리령, 부령 등이 있고, ② 행정기관이 특정한 사람이나 단체에 대하여 일정한 작위 또는 부작위의 공법적 의무를 부과하는 강학상 처분에 해당하는 "명령적 행위"인 하명 또는 공무원의 직무에 대하여 상사가 시달하는 직무명령 중 어느 하나 또는 둘 이상의 의미로 사용된다.656)「국토계획법」제135조 제2항에서 "이 법에 따른 **명령**"이란 공무원에 대한 직무명령이나 강학상 처분에 해당하는 하명은 아니고, "법률의 위임을 받아 규정되는 **대통령령** 등 하위의 법규명령"을 의미하는 ① 전자에 해당한다.657)

법 제137조 제1항에 따른 보고 또는 자료 제출 등의 **명령**, 같은 법 제60조 제3항에 따른 개발행위허가를 받지 아니하고 개발행위를 하거나 허가내용과 다르게 개발행위를 하는 자에게는 그 토지의 원상회복 **명령**이 있는데, ② 후자에 해당한다.

X. 권한의 위임 및 위탁

1. 국토교통부장관 및 시·도지사의 권한 위임658)

이 법에 따른 **국토교통부장관**(법 제40조에 따른 수산자원보호구역의 경우 해양수산부장관을 말한다)의 권한은 그 일부를 **대통령령**으로 정하는 바에 따라 **시·도지사**에게 위임할 수 있으며, **시·도지사**는 **국토교통부장관**의 승인을 받아 그 위임받은 권한을 **시장·군수 또는 구청장**에게 재위임할 수 있다(법 제139조 제1항).

---

656) 법제처 법령해석 사례, 제천시 -「건축법」제79조제1항에서 규정하는 "이 법 또는 이 법에 따른 명령이나 처분의 위반"에「주차장법」위반이 포함되는지?(「건축법」제79조 등 관련), 안건번호 14-0550, 회신일자 2014. 9. 30.

657) 법제처 법령해석 사례, 국토교통부 - 관리규약이「주택법」제42조제1항에 따른 "이 법에 따른 명령"에 포함되는지(「주택법」제42조제1항 등 관련), 안건번호 16-0291, 회신일자 2016. 10. 13.

658) 권한의 위임에 관해서는 "제4장 도시·군관리계획/제2절 도시·군관리계획의 수립 절차/IV. 권한의 위임" 참조.

이 법에 따른 **시·도지사**의 권한은 시·도의 **조례**로 정하는 바에 따라 **시장·군수 또는 구청장**에게 위임할 수 있다. 이 경우 **시·도지사**는 권한의 위임사실을 **국토교통부장관**에게 보고하여야 한다(법 제 139조 제2항). **국토교통부장관**의 권한을 **시·도지사**가 **시장·군수 또는 구청장**에게 재위임하거나 위임 하는 것에 관해서는 제4장 도시·군관리계획에서 이미 설명한 바 있다.

2. 권한의 위임된 사항의 도시계획위원회심의 및 지방의회 의견청취

권한이 위임되거나 재위임된 경우 그 위임되거나 재위임된 사항 중 다음 각 호 1. 중앙도시계획위원 회·지방도시계획위원회의 심의를 거쳐야 하는 사항, 2. 「건축법」 제4조에 따라 시·도에 두는 건축위원 회와 지방도시계획위원회가 공동으로 하는 심의를 거쳐야 하는 사항에 대하여는 그 위임 또는 재위임 받은 기관이 속하는 지방자치단체에 설치된 지방도시계획위원회의 심의 또는 시·도의 **조례**로 정하는 바에 따라 「건축법」 제4조에 의하여 시·군·구에 두는 건축위원회와 도시계획위원회가 공동으로 하는 심의를 거쳐야 하며, 해당 지방의회의 의견을 들어야 하는 사항에 대하여는 그 위임 또는 재위임 받은 기관이 속하는 지방자치단체의 의회의 의견을 들어야 한다(법 제139조 제3항).

3. 사무의 위탁

여기서 "**위탁(委託)**"이란 법률에 규정된 행정기관의 장의 권한 중 일부를 **다른 행정기관의 장**에게 맡겨 그의 권한과 책임 아래 행사하도록 하는 것을 말한다(행정권한의 위임 및 위탁에 관한 규정 제2 조 제2호). 이 법에 따른 **국토교통부장관**, **시·도지사**, 시장 또는 군수의 사무는 그 일부를 **대통령령**이 나 해당 지방자치단체의 **조례**로 정하는 바에 따라 다른 행정청이나 행정청이 아닌 자에게 위탁할 수 있다(법 제139조 제4항). 위탁받은 사무를 수행하는 자(행정청이 아닌 자로 한정한다)나 그에 소속된 직원은 「형법」이나 그 밖의 법률에 따른 벌칙을 적용할 때에는 공무원으로 본다(법 제139조 제6항).

제4절   벌칙659)

I. 벌칙(행정형벌)

1. 3년 이하의 징역 또는 3천만원 이하 등의 벌금

다음 각 호 1. 법 제56조 제1항 또는 제2항을 위반하여 개발행위허가 또는 변경허가를 받지 아니하 거나, 속임수나 그 밖의 부정한 방법으로 허가 또는 변경허가를 받아 개발행위를 한 자, 2. 시가화조정

---

659) 「국토계획법」상 제12장에 해당한다.

구역에서 허가를 받지 아니하고 제81조 제2항 각 호의 어느 하나에 해당하는 행위를 한 자의 어느 하나에 해당하는 자는 3년 이하의 징역 또는 3천만원 이하의 벌금에 처한다(법 제140조).

기반시설설치비용을 면탈·경감할 목적 또는 면탈·경감하게 할 목적으로 거짓 계약을 체결하거나 거짓 자료를 제출한 자는 3년 이하의 징역 또는 면탈·경감하였거나 면탈·경감하고자 한 기반시설설치비용의 3배 이하에 상당하는 벌금에 처한다(법 제140조의2).

2. 2년 이하의 징역 또는 2천만원 이하의 벌금

다음 각 호 1. 법 제43조 제1항을 위반하여 도시·군관리계획의 결정이 없이 기반시설을 설치한 자, 2. 법 제44조 제3항을 위반하여 공동구에 수용하여야 하는 시설을 공동구에 수용하지 아니한 자, 3. 법 제54조를 위반하여 지구단위계획에 맞지 아니하게 건축물을 건축하거나 용도를 변경한 자, 4. 법 제76조(같은 조 제5항 제2호부터 제4호까지의 규정은 제외한다)에 따른 용도지역 또는 용도지구에서의 건축물이나 그 밖의 시설의 용도·종류 및 규모 등의 제한을 위반하여 건축물이나 그 밖의 시설을 건축 또는 설치하거나 그 용도를 변경한 자, 5. 삭제 <2016.1.19.>의 어느 하나에 해당하는 자는 2년 이하의 징역 또는 2천만원[660] 이하의 벌금에 처한다(법 제141조).

3. 1년 이하의 징역 또는 1천만원 이하의 벌금(감독처분 위반에 대한 벌칙)

법 제133조 제1항에 따른 허가·인가 등의 취소, 공사의 중지, 공작물 등의 개축 또는 이전 등의 처분 또는 조치명령을 위반한 자는 1년 이하의 징역 또는 1천만원 이하의 벌금에 처한다(법 제142조).

II. 양벌규정

법인의 대표자나 법인 또는 개인의 대리인, 사용인, 그 밖의 종업원이 그 법인 또는 개인의 업무에 관하여 제140조부터 제142조까지의 어느 하나에 해당하는 위반행위를 하면 그 행위자를 벌할 뿐만 아니라 그 법인 또는 개인에게도 해당 조문의 벌금형을 과(科)한다. 다만, 법인 또는 개인이 그 위반행위를 방지하기 위하여 해당 업무에 관하여 상당한 주의와 감독을 게을리하지 아니한 경우는 그러하지 아니하다(법 제143조).

---

660) 2016.1.19. 법 제141조에서 제5호가 삭제되었으므로 2년 이하의 징역 또는 2천만원(제5호에 해당하는 자는 계약 체결 당시의 개별공시지가에 의한 해당 토지가격의 100분의 30에 해당하는 금액) 이하의 벌금에 처하는 규정에서 괄호는 삭제되어야 한다.

Ⅲ. 과태료(행정질서벌)

1. 1천만원 이하 및 500만원 이하의 과태료

다음 각 호 1. 법 제44조의3 제2항에 따른 허가를 받지 아니하고 공동구를 점용하거나 사용한 자, 2. 정당한 사유 없이 토지에의 출입 등(법 제130조 제1항) 행위를 방해하거나 거부한 자, 3. 타인 토지에의 출입 등(법 제130조 제2항부터 제4항까지) 허가 또는 동의를 받지 아니하고 같은 조 제1항에 따른 행위를 한 자, 4. 보고 및 검사 등(법 제137조 제1항)에 따른 검사를 거부·방해하거나 기피한 자의 어느 하나에 해당하는 자에게는 1천만원 이하의 과태료를 부과한다(법 제144조 제1항).

다음 각 호 1. 개발행위의 허가(법 제56조 제4항 단서)에 따른 신고를 하지 아니한 자, 2. 보고 및 검사 등(법 제137조 제1항)에 따른 보고 또는 자료 제출을 하지 아니하거나, 거짓된 보고 또는 자료 제출을 한 자에 해당하는 자에게는 500만원 이하의 과태료를 부과한다(법 제144조 제2항).

2. 부과기준

과태료는 **대통령령**으로 정하는 바에 따라 다음 각 호 1. 법 제144조 제1항 제2호·제4호 및 제2항 제2호의 경우: **국토교통부장관**(법 제40조에 따른 수산자원보호구역의 경우 해양수산부장관을 말한다), **시·도지사**, 시장 또는 군수, 2. 법 제144조 제1항 제1호·제3호 및 제2항 제1호의 경우: **특별시장·광역시장·특별자치시장·특별자치도지사·시장 또는 군수**의 자가 각각 부과·징수한다(법 제144조 제3항).

법 제144조 제1항 및 제2항에 따른 과태료의 부과기준은 [별표 28]과 같다(영 제134조 제1항). **국토교통부장관**(법 제40조에 따른 수산자원보호구역의 경우에는 해양수산부장관을 말한다), **시·도지사**, 시장 또는 군수는 위반행위의 동기·결과 및 횟수 등을 고려하여 별표 28에 따른 과태료 금액의 2분의 1의 범위에서 가중하거나 경감할 수 있다(영 제134조 제2항). 과태료를 가중하여 부과하는 경우에도 과태료 부과금액은 다음 각 호 1. 법 제144조 제1항의 경우: 1천만원, 2. 법 제144조 제2항의 경우: 5백만원의 구분에 따른 금액을 초과할 수 없다(영 제134조 제3항). 과태료의 처분에 불복이 있는 자가 있을 수 있는데 2008. 6. 22.부터 「질서위반행위규제법」 제20조 제1항에 따라 행정청의 과태료 부과에 불복하는 당사자는 과태료 부과 통지를 받은 날부터 60일 이내에 해당 행정청에 서면으로 이의제기를 할 수 있고, 제24조 제1항에 따라 행정청은 당사자가 납부기한까지 과태료를 납부하지 아니한 때에는 납부기한을 경과한 날부터 체납된 과태료에 대하여 100분의 5에 상당하는 가산금을 징수한다.

제 **4** 편

건축법

제1장 총설

I. 「건축법」의 의의

「건축법」은661) 기본적으로 경찰법으로서의 성격을 가지고 있으며, 여기서 경찰이란 행정작용의 한 유형으로 공동체의 안전 및 질서를 유지함으로써 국민의 생명·신체를 보호하기 위한 행정작용을 뜻한다.662) 국민의 기본권을 제한하는 경찰작용의 근거와 한계를 정하는 경찰법규는 일반경찰행정법과 특별경찰행정법으로 나누고 후자는 다시 그 대상에 따라 건축경찰 외에 노동경찰, 위생경찰 등으로 나뉜다. 국가의 경찰작용은 불가피하게 국민의 기본권을 제한하는 형태로 나타나게 되므로, 경찰작용을 통제하기 위한 공법적 원리가 발전하게 되었다. 따라서 경찰행정법에 있어서 경찰권의 한계가 가장 중요한 지위를 차지하는 것도 이 때문이다. 건축경찰법의 제한은 필요최소한에 거쳐야 하며, 그 제한의 내용을 구체적이고 명확하게 하여 실질적·기본적 인권의 침해가 최소화되도록 배려해야 한다.663)

건축경찰법이라는 용어는 실정법상의 개념이 아닌 학문상 개념이며, 이 기능을 주로 담당하는 실정법은 「건축법」이다. 건축경찰법은 건축물로부터 발생하는 위험을 방지하기 위해 위험방지요건을 정하고 건축물을 건축하는 단계에서 이를 강제하는 법을 말한다. 그 한도에서 토지소유자는 비로 자신의 땅이라 해도 건축물을 마음대로 짓지 못하므로 토지사용권에 제약을 받게 된다. 다만 실정법으로서 「건축법」은 위험방지를 위한 건축경찰법 조항들로만 구성되는 것은 아니고, 국토계획법적 성격도 포함하고 있다. 그 밖에도 소방관계 법률상 건축물의 위험방지와 관련된 조항들은 건축경찰법으로 분류될 수 있다. 그러므로 학문상 건축경찰법과 실정법인 「건축법」은 구체적인 범위에서 차이가 있을 수 있다.664)

---

661) 법률은 2020. 4. 7. 개정하여 2021. 1. 8.부터 시행하는 법률 제17223호, 시행령은 2020. 4. 21. 개정하여 2020. 10. 22. 시행하는 대통령령 제30626호를 기준으로 하였다.
662) 김종보, 건설법(제5판), 25면.
663) 김종보, 건설법(제5판), 26면.
664) 김종보, 건설법(제5판), 8~9면.

Ⅱ. 「건축법」의 연혁

「건축법」은 1962. 1. 20. 법률 제984호로 제헌헌법 제100조의 규정에 의하여 의용되고 있던 「朝鮮市街地計劃令」(1934. 6, 제령 제18호)을 폐지하면서 제정(시행 1962. 1. 20.) 하였다. 제정이유로 도시계획구역내의 건축물, 도시계획구역 외에 있어서의 일정한 규모 이상의 건축물 및 학교, 병원 등 특수용도에 공하는 건축물에 관하여 그 대지, 구조, 설비의 기준과 용도, 건축, 대수선 및 주요변경에 관한 사항을 규정함으로써 건축 등을 도시계획 기타 국가시책에 부응하게 하려는 것이었다.

Ⅲ. 「건축법」의 체계

「건축법」은 건축물의 안전과 같은 건축 질서 유지를 위하여 건축물의 건축행위를 규제하는 법을 말한다. 건축행위에 대하여 직접적인 규율을 내용으로 하는 「건축법」의 체계는 「건축법」→같은 법 시행령→같은 법 시행규칙→「건축물대장의 기재 및 관리 등에 관한 규칙」→「건축물의 구조기준 등에 관한 규칙」→「건축물의 설비기준 등에 관한 규칙」→「건축물의 피난·방화구조 등의 기준에 관한 규칙」→지방자치단체**조례** 등이 있다.

「건축법」이 입법화된 가장 주된 이유는 건축물로부터 발생하는 위험을 방지하기 위한 것으로, 「건축법」상 위험방지를 위한 기술적 기준들은 시대와 건축기술에 따라 변화의 속도가 빠르고, 그 기술적 측면 때문에 「건축법」 자체에서 모두 규정하는 것에는 한계가 있다. 이러한 이유로 「건축법」은 시행령, 시행규칙이라는 일련의 법령체계 이외에, 또 다시 부속법령을 제정하여 재난방지와 관련된 건축허가요건을 자세하게 정하고 있다. 가령 건축물의 구조기준 등에 관한 규칙(이하 '구조규칙'이라 한다), 건축물의 설비기준 등에 관한 규칙(이하 '설비규칙'이라 한다), 건축물의 피난·방화구조 등의 기준에 관한 규칙(이하 '피난·방화규칙'이라 한다) 등이 그것이다.[665]

「건축법」의 법리적 구성은 '**총칙—건축절차—건축허가요건—불법건축물에 대한 통제수단**'으로 구성되어 있다. 「건축법」의 조항들은 그 성격에 따라, 첫째, 제1조부터 9조까지는 「건축법」의 적용을 위한 **총칙** 조항이고(제1장 총칙), 둘째, 제10조부터 제39조까지는 건축허가절차 등을 포함한 **건축절차** 전반에 관한 규정이고(제2장 건축물의 건축·제3장 건축물의 유지와 관리), 셋째, 제40조부터 제68조까지는 건축물의 위험방지를 위한 **건축허가요건**이 집중적으로 규정되어 있고(제4장 건축물의 대지와 도로, 제5장 건축물의 구조 및 재료 등, 제6장 지역 및 지구의 건축물, 제7장 건축설비), 넷째, 제78조 이하에서는 「건축법」을 위반하지 못하도록 강제하는 조항들 즉 행정형벌, 해체(철거)명령, 이행강제금 등 **불법건축에 대한 통제수단**(제9장 보칙·제10장 벌칙)이 규정되어 있다.[666]

---

665) 김종보, 건설법(제5판), 57면.
666) 김종보, 건설법(제5판), 8~9면.

〈표 25〉 건축관련 법령

법률명	시행령	시행규칙	지침·훈령
건축법	시행령	• 동법 시행규칙 • 표준설계도서등의 운영에 관한규칙 • 건축물의 설비기준 등에 관한규칙 • 건축물의 구조기준 등에 관한규칙 • 건축물의 피난·방화구조 등의 기준에 관한규칙 • 건축물대장의 기재 및 관리 등에 관한규칙	• 리모델링이 용이한 공동주택 기준 • 벽체차음구조인정 및 관리기준 • 내화구조의 인정 및 관리기준 • 건축물내부마감재료 난연성능 기준 • 건축물대장작성 세부기준 • 친환경건축물 인증기준 • 오피스텔 건축기준 • 건축관련 통합기준 • 발코니 등의 구조변경절차 및 설치기준 • 건축행정시스템운영규정 • 조경기준등 • 건축물마감재료의 난연성능 및 화재확산방 지구조기준 • 자동방화셔터 및 방화문의 기준 • 고강도콘크리트기둥보의 내화성능 관리기준 • 건축물의설계도서 작성기준 • 리모델링이 용이한 공동주택기준 • 건축공사감리 세부기준 • 건축물의 설계표준계약서 • 건축물의 공사감리표준계약서 • 건축공사표준계약서
건축사법	시행령	동법 시행규칙	
건축서비스산업진흥법	시행령	동법 시행규칙	
특정건축물 정리에 관한 특별조치법	시행령		
공사중단 장기방치 건축물의 정비 등에 관한 특별조치법	시행령	동법 시행규칙	
녹색건축물 조성 지원법	시행령	• 동법 시행규칙 • 건축물에너지효율등급인증에 관한규칙 • 녹색건축인증에 관한 규칙	• 녹색건축 인증기준 • 건축물에너지효율등급 인증기준 • 건축물의에너지절약 설계기준 • 건축물에너지소비증명에 관한 기준 • 재활용건축자재의 활용기준 • 건축물에너지온실가스정보체계 운영규정
건축기본법	시행령		공공부문 건축디자인 업무기준
건축물분양법	시행령	동법 시행규칙	분양사업장 설치 기준
경관법	시행령		경관계획수립지침

〈표 26〉 건축법령체계도(법제처 국가법령정보센터)

		건축물대장의 기재 및 관리 등에 관한 규칙 (국토교통부령)	자치법규	
건 축 법	건 축 법 시 행 령	건축물의 구조기준 등에 관한 규칙 (국토교통부령)	행 정 규 칙	건축구조기준(국토교통부고시)
				소규모건축구조기준(KDS 41 90 00)(국토교통부고시)
		건축물의 설비기준 등에 관한 규칙 (국토교통부령)	행 정 규 칙	건축물의 냉방설비에 대한 설치 및 설계기준(산업통상자원부고시)
			자치법규	
		건축물의 피난·방화구조 등의 기준에 관한 칙 (국토교통부령)	행 정 규 칙	건축물 마감재료의 난연성능 및 화재 확산 방지구조 기준 (국토교통부고시)
				고강도 콘크리트 기둥·보의 내화성능 관리기준(국토교통부고시)
				내화구조의 인정 및 관리기준(국토교통부고시)
				벽체의 차음구조 인정 및 관리기준(국토교통부고시)
				소음방지를 위한 층간 바닥충격음 차단 구조기준(국토교통부고시)
				자동방화셔터 및 방화문의 기준(국토교통부고시)
		건축법 시행규칙 (국토교통부령)	행 정 규 칙	건축관련 통합기준(국토교통부고시)
				건축물 마감재료의 난연성능 및 화재 확산 방지구조 기준 (국토교통부고시)
				건축물 안전영향평가 세부기준(국토교통부고시)
				건축물 유지·관리점검 세부기준(국토교통부고시)
				건축위원회 심의 기준(국토교통부고시)
				고강도 콘크리트 기둥·보의 내화성능 관리기준(국토교통부고시)
				다중생활시설 건축기준(국토교통부고시)
				리모델링이 용이한 공동주택 기준(국토교통부고시)
				발코니 등의 구조변경절차 및 설치기준(국토교통부고시)
				방송 공동수신설비의 설치기준에 관한 고시(과학기술정보통신부고시)
				오피스텔 건축기준(국토교통부고시)
				자동방화셔터 및 방화문의 기준(국토교통부고시)
				조경기준(국토교통부고시)
				특수구조 건축물 대상기준(국토교통부고시)
			자치법규	
		지능형건축물의 인증에 관한 규칙(국토교통부령)		
		표준설계도서 등의 운영에 관한 규칙(국토교통부령)		
		그 밖의 행정규칙		건축공사 감리세부기준(국토교통부고시)
				건축공사 표준계약서(국토교통부고시)
				건축물의 공사감리 표준계약서(국토해양부고시)
				건축물의 냉방설비에 대한 설치 및 설계기준(산업통상자원부고시)
				건축물의 설계도서 작성기준(국토교통부고시)
				건축물의 설계표준계약서(국토교통부고시)
				범죄예방 건축기준 고시(국토교통부고시)
				지능형건축물 인증기준(국토교통부고시)
				건축물의 범죄예방 설계 가이드라인(국토해양부기타)

〈표 27〉 「건축법」의 구성

제1장 총칙 제1조(목적) 제2조(정의) 제3조(적용 제외) 제4조(건축위원회) 제5조(적용의 완화) 제6조(기존 건축물 등 특례) 제6조의2(특수구조건축물특례) 제6조의3(부유식 건축물 특례) 제7조(통일성을 유지하기 위한 도의 조례) 제8조(리모델링 대비 특례 등) 제9조(다른 법령의 배제) **제2장 건축물의 건축** 제10조(건축 관련 입지와 규모의 사전결정) 제11조(건축허가) 제12조(건축복합민원 일괄협의회) 제13조(건축 공사현장 안전관리 예치금 등) 제13조의2(건축물안전영향평가) 제14조(건축신고) 제15조(건축주와의 계약 등) 제16조(허가와 신고사항 변경) 제17조(건축허가 등의 수수료) 제17조의2(매도청구 등) 제17조의3(소유자 확인 곤란한 공유지분 등에 대한 처분) 제18조(건축허가 제한 등) 제19조(용도변경) 제19조의2(복수 용도의 인정) 제20조(가설건축물) 제21조(착공신고 등) 제22조(건축물의 사용승인) 제23조(건축물의 설계) 제24조(건축시공) 제24조의2(건축자재의 제조 및 유통 관리) 제25조(건축물의 공사감리) 제25조의2(건축관계자등에 대한 업무제한) 제26조(허용 오차) 제27조(현장조사·검사 및 확인업무의 대행) 제28조(공사현장 위해방지 등) 제29조(공용건축물 대한 특례) 제30조(건축통계 등) 제31조(건축행정 전산화) 제32조(건축허가 업무 등의 전산처리 등)	제33조(전산자료 이용자에 대한 지도·감독) 제34조(건축종합민원실의 설치) **제3장 건축물의 유지와 관리** 제35조(건축물의 유지·관리) 제35조의2(주택의 유지·관리 지원) 제36조(건축물 철거등의 신고) 제37조(건축지도원) 제38조(건축물대장) 제39조(등기촉탁) **제4장 건축물의 대지와 도로** 제40조(대지의 안전 등) 제41조(토지 굴착 부분에 대한 조치 등) 제42조(대지의 조경) 제43조(공개 공지 등의 확보) 제44조(대지와 도로의 관계) 제45조(도로의 지정·폐지 또는 변경) 제46조(건축선의 지정) 제47조(건축선에따른건축제한) **제5장 건축물 구조 및 재료 등** 제48조(구조내력 등) 제48조의2(건축물 내진등급의 설정) 제48조의3(건축물의 내진능력 공개) 제48조의4(부속구조물의 설치 및 관리) 제49조(건축물의 피난시설 및 용도 제한 등) 제50조(건축물의 내화구조와 방화벽) 제50조의2(고층건축물의 피난 및 안전관리) 제51조(방화지구 안의 건축물) 제52조(건축물의 마감재료) 제52조의2(실내건축) 제52조의3(복합자재의 품질관리 등) 제53조(지하층) 제53조의2(건축물의 범죄예방) **제6장 지역 및 지구의 건축물** 제54조(건축물의 대지가 지역·지구 또는 구역에 걸치는 경우의 조치) 제55조(건축물의 건폐율) 제56조(건축물의 용적률)	제57조(대지의 분할 제한) 제58조(대지 안의 공지) 제59조(맞벽 건축과 연결복도) 제60조(건축물의 높이 제한) 제61조(일조 등의 확보를 위한 건축물의 높이 제한) **제7장 건축설비** 제62조(건축설비기준 등) 제64조(승강기) 제65조의2(지능형건축물인증) 제67조(관계전문기술자) 제68조(기술적 기준) 제68조의3(건축물의 구조 및 재료 등에 관한 기준의 관리) **제8장 특별건축구역 등** 제69조(특별건축구역의 지정) 제70조(특별건축구역 건축물) 제71조(특별건축구역의 지정절차 등) 제72조(특별건축구역 내 건축물의 심의 등) 제73조(관계 법령 적용 특례) 제74조(통합적용계획 수립 및 시행) 제75조(건축주 등의 의무) 제76조(허가권자 등의 의무) 제77조(특별건축구역 건축물의 검사 등) 제77조의3(특별가로구역의 관리 및 건축물의 건축기준 적용 특례 등) **제8장의2 건축협정** 제77조의4(건축협정의 체결) 제77조의5(건축협정운영회의 설립) 제77조의6(건축협정의 인가) 제77조의7(건축협정의 변경) 제77조의8(건축협정의 관리) 제77조의9(건축협정의 폐지) 제77조의10(건축협정의 효력 및 승계) 제77조의11(건축협정에 관한 계획 수립 및 지원) 제77조의12(경관협정과 관계) 제77조의13(건축협정에 따른 특례) 제77조의14(건축협정 집중구역 지정 등) **제8장의3 결합건축** 제77조의15(결합건축 대상지)	제77조의16(결합건축의 절차) 제77조의17(결합건축의 관리) **제9장 보칙** 제78조(감독) 제79조(위반 건축물 조치 등) 제80조(이행강제금) 제80조의2(이행강제금 부과에 관한 특례) 제81조(기존의 건축물에 대한 안전점검 및 시정명령 등) 제81조의2(빈집 정비) 제81조의3(빈집정비 절차 등) 제82조(권한의 위임과 위탁) 제83조(옹벽등의 공작물에의 준용) 제84조(면적·높이·층수산정) 제85조(행정대집행법적용특례) 제86조(청문) 제87조(보고와 검사 등) 제87조의2(지역건축안전센터 설립) 제88조(건축분쟁전문위원회) 제89조(분쟁위원회의 구성) 제91조(대리인) 제92조(조정등의 신청) 제93조(조정등의 신청에 따른 공사중지) 제94조(조정위원회와재정위원회) 제95조(조정을 위한 조사 및 의견청취) 제96조(조정의 효력) 제97조(분쟁의 재정) 제98조(재정을위한조사권 등) 제99조(재정의 효력 등) 제100조(시효의 중단) 제101조(조정 회부) 제102조(비용부담) 제103조(분쟁위원회의 운영 및 사무처리 위탁) 제104조(조정등의 절차) 제104조의2(건축위원회의 사무의 정보보호) 제105조(벌칙적용공무원의제) **제10장 벌칙** 제106조(벌칙)~제111조(벌칙) 제112조(양벌규정) 제113조(과태료) 부칙

IV. 「건축법」과 「국토계획법」의 관계

현재 건축물을 규율하고 있는 법제는 「건축법」과 「국토계획법」을 양대 축으로 구성되고 운영된다. 「건축법」은 지역과 무관하게 모든 건축물을 통제 대상으로 하지만, 「국토계획법」은 도시관리에 관심을 집중하고 건축물도 도시지역을 중심으로 규율하려는 태도를 보인다(국토계획법 제56조). 다만 이러한 차이에도 불구하고 두 법은 모두 건축물 통제를 최종적인 목적으로 한다는 점에서는 같다. 이처럼 양법이 공히 건축물을 통제하고 있지만, 두 법률은 서로 다른 목적과 역사적 배경을 가지고 있다. 이는 양법의 관심대상과 건물에 대한 통제방식의 차이 등으로 이어진다.

첫째, **규율목적**에서 차이가 있다. 「건축법」은 건축물로부터 발생하는 위험방지를 그 주된 목적으로 하므로 건축물이 안전하게 건축되어 위험이 발생하지 않도록 하는 것이 목적이다. 이에 비해 「국토계획법」은 건축물이 도시전체의 기능을 고려할 때 어떻게 건축되는 것이 토지를 합리적으로 이용하는 것일지에 관심을 둔다.

둘째, **규율방식**의 차이이다. 우선 「건축법」은 위험방지라는 목적을 달성하기 위하여 철저히 개별 건축물 단위로 요건을 정한다. 이에 비해 건축물과 도시기능의 유기적 관련성을 중시하는 「국토계획법」은 토지, 즉 건축물의 대지를 기준으로 건축물을 규율하는 방식을 사용한다. 그래서 「국토계획법」에서 정하는 건폐율, 용적률, 건축물의 허용용도 등의 허가요건은 건축물이 들어서게 될 대지가 먼저 정해져야 그 다음에 판단될 수 있는 것들이다.

셋째, 「건축법」은 대지가 이미 주어진 것으로 전제하고 개별 건축물을 겨냥해서 그 허가요건에 대해서만 관심을 기울인다. 이에 반해 「국토계획법」은 건축물이 건축될 토지 자체에 대해서도 관심을 기울이는데, 이는 「국토계획법」의 목적이 토지의 합리적 이용이라는 점에 기인한다. 토지를 합리적으로 사용한다는 것은 건축물의 허가요건 단계에서 비로소 문제되는 것만이 아니고, 당해 토지상에 과연 건축물이 들어서도 좋은가(건축 허용성)의 문제와 연결되어 있다. 따라서 「국토계획법」은 건축물의 건축단계 이전에 이미 토지에 대한 개발가능성을 결정하는 기능을 담당하게 되고 이 점에서 「건축법」보다 관심범위가 넓다. 「국토계획법」에서 이러한 기능을 담당하는 것이 바로 개발행위허가, 그 중에서도 더 구체적으로는 토지형질변경허가제도라 할 것이다(동법 제56조).[667]

---

667) 김종보, 건설법(제5판), 13~15면.

V. 「건축법」의 연혁 및 「건축기본법」과의 관계

「건축법」의 연혁은 시가지건축규칙(1913~1934년) 이후, 「건축법」과 「도시계획법」의 효시로서 시가지계획과 건축물의 규제내용이 복합된 체계를 갖춘 근대적 의미의 「건축법」이라 할 수 있는 「朝鮮市街地計劃令」(1934~1962년)을 거쳐, 이후 조선시가지계획령 중 시가지에 관한 부분은 「도시계획법」에 두고, 건축통제에 관한 부분은 「건축법」으로 분리하여 각각 1962. 1. 20. 법률 제984호로 제정되어 1962. 1. 20.부터 시행되었고 제정 이래 현재까지 수차례 걸쳐 개정 되었다.

급기야는 2007. 12. 21. 법률 제8783호로 「건축기본법」을 제정하여 2008. 6. 22.부터 시행하고 있다. 동법의 제정이유는 국민의 기본적인 생활공간인 동시에 다양한 사회적 요구를 조정하고 수용하는 공적공간이며 나아가 장차 미래세대에게 계승되는 문화유산으로서의 공공성을 지니는 건축물에 관한 기본법 제정을 통하여 건축분야의 기본적인 정책이념을 제시하고 그에 따른 국가 및 지방자치단체와 국민의 책무를 밝히고 필요한 시책을 수립·추진하기 위한 기반을 마련하여 건축문화를 진흥하려는 것으로, 동법은 건축에 관한 국가 및 지방자치단체와 국민의 책무를 정하고 건축정책의 수립·시행 등을 규정하여 건축문화를 진흥하려는 목적으로 하며(동법 제1조), 주요 골자는 국가기본계획 및 지역기본계획의 수립(법 제10조부터 제12조까지), 건축정책위원회(법 제13조부터 제19조까지)에 관한 사항, 건축디자인 기준의 설정(법 제21조)에 관한 내용들이다.

그 후 2015. 8. 11. 법률 제13470호(시행 2016. 2. 12.)로 국민에게 관련 규정을 알기 쉽게 제공하기 위하여 「건축법」 제68조의2에서 **국토교통부장관**은 건축물과 관련 규정의 합리적인 운용을 위하여 관계 법령을 소관하는 **중앙행정기관의 장**과 협의하여 「건축법」과 관계 법령의 건축물 관련 규정을 통합한 한국건축규정을 공고할 수 있도록 하고, **중앙행정기관의 장** 및 지방자치단체의 장은 소관하는 건축물 관련 규정이 제정·개정 또는 폐지되는 경우에는 한국건축규정에 반영되도록 조치하도록 제6장을 신설하였다(건축기본법 제25조 및 제26조). 따라서 현행 「건축기본법」은 제1장 총칙, 제2장 건축정책의 기본방향, 제3장 건축정책의 수립, 제4장 건축정책위원회, 제5장 건축문화의 진흥 제6장 한국건축규정의 운용(총6장)으로 규정되어 있으며, 총 조문은 26개 조문과 부칙으로 구성되어 있다.

VI. 「건축법」의 적용 제외 건축물

전국의 모든 지역에 대하여 「건축법」을 동일하게 적용하는 경우 불합리를 방지하기 위하여 「건축법」의 적용을 건축물의 종류 및 지역여건에 따라 전부배제 또는 일부배제토록 한 것이다. 건축물을 건축할 때 「건축법」의 전부 또는 일부 조문을 적용하지 않는다 하여 다른 관계법령이 정한 기준에 관계없이 건축 및 유지·관리할 수 있다는 의미는 아니며 관계법령이 정한 기준의 적합여부는 별도로 확인하여 처리하여야 할 것이다.[668]

---

668) 국토부, 건축행정, 2013, 131면.

1. 「건축법」의 전부 배제

다음 각 호 1. 「문화재보호법」에 따른 지정문화재나 임시지정문화재, 2. 철도나 궤도의[669] 선로 부지(敷地)에 있는 다음 각 목 가. 운전보안시설, 나. 철도 선로의 위나 아래를 가로지르는 보행시설, 다. 플랫폼, 라. 해당 철도 또는 궤도사업용 급수(給水)·급탄(給炭) 및 급유(給油) 시설, 3. 고속도로 통행료 징수시설, 4. 컨테이너를 이용한 간이창고(「산업집적활성화 및 공장설립에 관한 법률」 제2조 제1호에 따른 공장의 용도로만 사용되는 건축물의 대지에 설치하는 것으로서 이동이 쉬운 것만 해당된다), 5. 「하천법」에 따른 하천구역 내의 수문조작실의 어느 하나에 해당하는 건축물에는 이 법을 적용하지 아니한다(법 제3조 제1항).

2. 「건축법」의 일부 배제

「국토계획법」에 따른 **도시지역 및 지구단위계획구역 외의 지역으로서 동이나 읍**(동이나 읍에 속하는 섬의 경우에는 인구가 500명 이상인 경우만 해당된다)**이 아닌 지역**은 법 제44조(대지와 도로의 관계), 법 제45조(도로의 지정·폐지 또는 변경), 법 제46조(건축선의 지정), 법 제47조(건축선에 따른 건축제한), 법 제51조(방화지구 안의 건축물), 법 제57조(대지의 분할 제한)를 적용하지 아니한다(법 제3조 제2항). 가령 법 제44조의 적용을 제외하는 것은 건축물의 대지가 도로에 접하지 아니하여도 된다는 의미이다.[670]

매수 청구를 한 토지의 소유자는 1. 매수하지 아니하기로 결정한 경우, 2. 매수 결정을 알린 날부터 2년이 지날 때까지 해당 토지를 매수하지 아니하는 경우의 어느 하나에 해당하는 경우 개발행위의 허가를 받아 **대통령령**으로 정하는 건축물 또는 공작물(「국토계획법」 제47조 제7항)을 도시·군계획시설로 결정된 도로의 예정지에 건축하는 경우에는 법 제45조부터 제47조까지의 규정을 적용하지 아니한다(법 제3조 제3항).

VII. 적용의 완화규정

1. 입법 취지

법률은 모든 가능성을 예측하여 제정할 수 없고 다만 보편적이고 일반적인 기준 하에서 제·개정할 수밖에 없는데, 그렇게 제·개정된 법률을 현실에 적용할 때 불합리하거나 모순되는 경우가 가끔 일어

---

669) 「국토계획법 시행령」 제2조 제1항 제1호에 의하면 궤도는 도로·철도·항만·공항·주차장·자동차정류장·운하, 자동차 및 건설기계검사시설, 자동차 및 건설기계운전학원과 함께 기반시설에 해당하며, 기차나 전차의 바퀴가 굴러가도록 레일을 깔아 놓은 길을 말한다.

670) 법제처 법령해석 사례, 국토해양부 ─ 건축물의 대지가 반드시 「건축법」상 도로에 접하여야 하는지(「건축법」 제44조 등 관련), 안건번호12—0559, 회신일자 2012. 10. 31.

난다.[671] 이러한 모순을 해결하고자 1995. 1. 5. 법률 제4919호 개정으로 제5조를 신설하였다. 그러나 동 규정의 실질적 연혁은 더 오래 전인 1972. 12. 30. 법률 제2434호 개정으로 법 제53조의7에서 「건축법」 "적용의 특례"라는 조문제목에 바탕을 둔 것이다. 즉 "**허가권자**가 대지의 특수성으로 「건축법」의 일부 규정을 적용함이 곤란한 경우"에는 그 규정을 완화하여 허가할 수 있도록 하는 규정을 신설하였다.[672]

현행 「건축법」에서는 **건축관계자(건축주**, 설계자, 공사시공자 또는 공사감리자)가 업무를 수행할 때 **이 법을 적용하는 것이 매우 불합리하다고 인정되는 대지나 건축물**로서 **대통령령**으로 정하는 것에 대하여는 이 법의 기준을 완화하여 적용할 것을 **허가권자**에게 요청하면(법 제5조 제1항),[673] 건축위원회의 심의를 거쳐 완화여부를 결정한다(법 제5조 제2항). 이 법을 적용함에 있어서 완화여부나 적용범위는 법령 등 관계규정을 적용하기가 불합리하게 된 사유가 대지 등의 소유자나 관계인에 의한 경우가 아니어야 하며, 관계법령의 변경이나 대지의 특수한 물리적 조건 등으로 인하여 법령 등의 관계규정을 적용하기가 불합리하게 된 경우이어야 할 것이다.[674]

건축법 적용완화 요청 및 결정의 절차와 그 밖에 필요한 사항은 해당 지방자치단체의 **조례**로 정한다(법 제5조 제3항).

2. 적용완화의 내용

가. 적용완화 건축물 및 기준

법 제5조 제1항에 따라 완화하여 적용하는 건축물 및 기준은 다음 각 호와 같다(영 제6조 제1항).

대상건축물	완화할 수 있는 규정
1. 수면 위에 건축하는 건축물 등 대지의 범위를 설정하기 곤란한 경우	법 제40조(대지의 안전 등), 제41조(토지 굴착 부분에 대한 조치 등), 제42조(대지의 조경), 제43조(공개 공지 등의 확보), 제44조(대지와 도로의 관계), 제45조(도로의 지정·폐지 또는 변경), 제46조(건축선의 지정), 제47조(건축선에 따른 건축제한), 제55조(건폐율), 제56조(용적률), 제57조(대지의 분할 제한), 제60조(건축물의 높이 제한), 제61조(일조 등의 확보를 위한 건축물의 높이 제한)에 따른 기준

---

671) 윤혁경, 건축법·조례 해설, 1—383면.
672) 2008. 10. 29. 시행령 개정(대통령령 21,098호) 시 리모델링이 가능한 기간을 공동주택의 경우 「주택법」을 따르도록 하였고(20년에서 15년으로 완화), 기존 건축물에 장애인 편의시설의 설치 시 건폐율·용적률을 완화하여 적용토록 하여 장애인의 편의를 도모토록 하였으며, 방재지구 내 재해예방조치가 필요한 경우 건축**조례**로 정하는 비율로 완화적용 할 수 있는 근거를 마련하였다. 2012. 12. 12. 공동주택내에 설치하는 주민공동시설의 경우, 종전에는 영 제119조에서 용적률 산정 시 바닥면적에서 제외하였던 것에 대해 공동주택단지내 특혜 등의 우려가 있어 적용의 완화 규정으로 옮겨 규정하였다(국토부, 건축행정, 2013, 145면).
673) 영 제6조(적용의 완화) 제2항에서 **허가권자**는 법 제5조 제2항에 따라 완화 여부 및 적용 범위를 결정할 때에는 기준을 정하고 있다.
674) 윤혁경, 건축법·조례 해설, 1—383면.

대상건축물	완화할 수 있는 규정
2. 거실이 없는 통신시설 및 기계·설비시설인 경우	법 제44조(대지와 도로의 관계), 제45조(도로의 지정·폐지 또는 변경), 제46조(건축선의 지정)의 규정에 따른 기준
3. 31층 이상인 건축물(건축물 전부가 공동주택인 경우 제외)과 발전소, 제철소, 「산업집적활성화 및 공장설립에 관한 법률 시행령」 [별표 1] 제2호 마목에 따라 산업통상자원부령으로 정하는 업종의 제조시설, 운동시설 등 특수 용도의 건축물인 경우	법 제43조, 제49조(건축물의 피난시설 및 용도제한 등), 제50조(건축물의 내화구조와 방화벽), 제50조의2(고층건축물의 피난 및 안전관리), 제51조(방화지구 안의 건축물), 제52조(건축물의 마감재료), 제62조(건축설비기준 등), 제64조(승강기) 제67조(관계전문기술자), 제68조(기술적 기준)에 따른 기준
4. 전통사찰, 전통한옥 등 전통문화의 보존을 위하여 시·도의 건축**조례**로 정하는 지역의 건축물인 경우	법 제2조 제1항 제11호(통과도로 너비 4미터 이상), 제44조(대지와 도로의 관계), 제46조 및 제60조 제3항(가로구역별 높이 제한구역이 지정되지 아니한 경우의 높이 1.5D)에 따른 기준
5. 경사진 대지에 계단식으로 건축하는 공동주택으로서 지면에서 직접 각 세대가 있는 층으로의 출입이 가능하고, 위층 세대가 아래층 세대의 지붕을 정원 등으로 활용하는 것이 가능한 형태의 건축물과 초고층 건축물인 경우	법 제55조(건폐율)에 따른 기준
6. 다음 각 목 가. 리모델링 활성화 구역 안의 건축물, 나. 사용승인을 받은 후 15년 이상이 되어 리모델링이 필요한 건축물, 다. 기존 건축물을 건축(증축, 일부 개축 또는 일부 재축으로 한정한다)하거나 대수선하는 경우로서 일정한 요건을 모두 갖춘 건축물의 어느 하나에 해당하는 건축물인 경우	법 제42조(대지의 조경), 제43조(공개 공지 등의 확보), 제46조(건축선의 지정), 제55조(건축물의 건폐율), 제56조(건축물의 용적률), 제58조(대지 안의 공지), 제60조(건축물의 높이 제한), 제61조 제2항(일조등의 확보를 위한 높이 제한)에 따른 기준
7. 기존 건축물에 「장애인·노인·임산부 등의 편의증진 보장에 관한 법률」 제8조에 따른 편의시설을 설치하면 법 제55조 또는 법 제56조에 따른 기준에 적합하지 아니하게 되는 경우	법 제55조(건폐율), 제56조(용적률)에 따른 기준
7의2. 「국토계획법」에 따른 도시지역 및 지구단위계획구역 외의 지역 중 동이나 읍에 해당하는 지역에 건축하는 건축물로서 건축**조례**로 정하는 건축물인 경우	법 제2조 제1항 제11호(통과도로 너비 4미터 이상) 및 제44조(대지와 도로의 관계)에 따른 기준
8. 다음 각 목 가. 「국토계획법」 제37조에 따라 지정된 방재지구(防災地區), 나. 「급경사지 재해예방에 관한 법률」 제6조에 따라 지정된 붕괴위험지역의 어느 하나에 해당하는 대지에 건축하는 건축물로서 재해예방을 위한 조치가 필요한 경우	법 제55조(건폐율), 제56조(용적률), 제60조(건축물의 높이 제한), 제61조(일조 등의 확보를 위한 건축물의 높이 제한)에 따른 기준
9. 조화롭고 창의적인 건축을 통하여 아름다운 도시경관을 창출한다고 법 제11조에 따른 **허가권자**가 인정하는 건축물과 「주택법 시행령」 제10조 제1항에 따른 도시형 생활주택(아파트는 제외한다)인 경우	법 제60조(건축물의 높이 제한), 제61조(일조 등의 확보를 위한 건축물의 높이 제한)에 따른 기준
10. 「공공주택 특별법」 제2조 제1호에 따른 공공주택인 경우	법 제61조 제2항(일조 등의 확보를 위한 건축물의 높이 제한)에 따른 기준
11. 다음 각 목 가. 「주택법」 제15조에 따라 사업계획 승인을 받아 건축하는 공동주택, 나. 상업지역 또는 준주거지역에서 법 제11조에 따라 건축허가를 받아 건축하는 200세대 이상 300세대 미만인 공동주택, 다.	법 제56조(용적률)에 따른 기준

대상건축물	완화할 수 있는 규정
법 제11조에 따라 건축허가를 받아 건축하는 도시형 생활주택의 어느 하나에 해당하는 공동주택에 「주택 건설 기준 등에 관한 규정」 제2조 제3호에 따른 주 민공동시설을 설치하는 경우	
12. 건축협정을 체결하여 건축물의 건축·대수선 또는 리 모델링을 하려는 경우	법 제55조(건폐율) 및 제56조(용적률)에 따른 기준

나. 완화 여부 및 적용 범위의 결정 기준

허가권자는 법 제5조 제2항에 따라 완화 여부 및 적용 범위를 결정할 때에는 다음 각 호의 기준을 지켜야 한다(영 제6조 제2항).

1. 영 제6조 제1항 제1호부터 제5호까지, 제7호·제7호의2 및 제9호의 경우
   가. 공공의 이익을 해치지 아니하고, 주변의 대지 및 건축물에 지나친 불이익을 주지 아니할 것
   나. 도시의 미관이나 환경을 지나치게 해치지 아니할 것
2. 영 제6조 제1항 제6호의 경우
   가. 영 제6조 제2항 제1호 각 목의 기준에 적합할 것
   나. 증축은 기능향상 등을 고려하여 **국토교통부령**으로 정하는 규모와 범위에서 할 것
   다. 「주택법」 제15조에 따른 사업계획승인 대상인 공동주택의 리모델링은 복리시설을 분양하기 위한 것이 아닐 것
3. 영 제6조 제1항 제8호의 경우
   가. 영 제6조 제2항 제1호 각 목의 기준에 적합할 것
   나. 해당 지역에 적용되는 법 제55조, 법 제56조, 법 제60조 및 법 제61조에 따른 기준을 100분의 140 이하의 범위에서 건축**조례**로 정하는 비율을 적용할 것
4. 영 제6조 제1항 제10호의 경우
   가. 영 제6조 제2항 제1호 각 목의 기준에 적합할 것
   나. 기준이 완화되는 범위는 외벽의 중심선에서 발코니 끝부분까지의 길이 중 1.5미터를 초과하 는 발코니 부분에 한정될 것. 이 경우 완화되는 범위는 최대 1미터로 제한하며, 완화되는 부분에 창호를 설치해서는 아니 된다.
5. 영 제6조 제1항 제11호의 경우
   가. 영 제6조 제2항 제1호 각 목의 기준에 적합할 것
   나. 법 제56조에 따른 용적률의 기준은 해당 지역에 적용되는 용적률에 주민공동시설에 해당하 는 용적률을 가산한 범위에서 건축**조례**로 정하는 용적률을 적용할 것
6. 영 제6조 제1항 제12호의 경우
   가. 영 제6조 제2항 제1호 각 목의 기준에 적합할 것

　　나. 법 제55조 및 제56조에 따른 건폐율 또는 용적률의 기준은 법 제77조의4 제1항에 따라 건축 협정이 체결된 지역 또는 구역(이하 "건축협정구역"이라 한다) 안에서 연접한 둘 이상의 대지 에서 건축허가를 동시에 신청하는 경우 둘 이상의 대지를 하나의 대지로 보아 적용할 것

VIII. 특례 규정

1. 기존의 건축물 등에 관한 특례

가. 건축허가 특례 적용 대상

　　건축법령 및 「국토계획법」은 급격한 대도시화로 인해 인구가 밀집되는 한국의 특성상 잦은 개정을 겪을 수밖에 없다. 이처럼 건축허가요건이 변하게 되면 구 법령에 의해 건축허가를 받은 건축물 및 대지가 새로운 법령상으로 허용되지 않는 형태가 될 수 있다. 이러한 건축물을 현황대로 이용하는 것 은 특별한 지장이 없지만, 이 건축물을 이용하여 **개축·증축 등**을 하고자 하는 경우에는 현행법에 적합 하지 않아 새로운 건축허가가 발급될 수 없다. 「건축법」은 이러한 경우에 대비하여 특례규정을 두고 있다. 기존의 건축물 등에 관한 특례로서 건축허가를 받을 수 있도록 하고 있다(법 제6조). **특별시장· 광역시장·특별자치시장·특별자치도지사 또는 시장·군수·구청장**(이하 '**허가권자**'라 한다)은 다음과 같은 법령의 제정·개정이나 그 밖에 **대통령령**으로 정하는 사유로 대지나 건축물이 「건축법」에 맞지 아니하게 된 경우에는, 이들의 기득권을 보호하기 위하여 **대통령령**으로 정하는 범위 안에서 지방자치 단체의 **조례**로 정하는 바에 따라 건축허가를 할 수 있다(법 제6조, 영 제6조의2 제1항, 칙 제3조).

　(1) 법령의 제정·개정(법 제6조)

　(2) 도시·군관리계획의 결정·변경 또는 행정구역의 변경이 있는 경우(영 제6조의2 제1항 제1호)

　(3) **도시·군계획시설의 설치, 도시개발사업의 시행 또는 「도로법」에 따른 도로의 설치**가 있는 경우(영 제6조의2 제1항 제2호)

　(4) 법률 제3259호 「준공미필건축물 정리에 관한 특별조치법」, 법률 제3533호 「특정건축물 정리에 관한 특별조치법」, 법률 제6253호 「특정건축물 정리에 관한 특별조치법」, 법률 제7698호 「특정건축물 정리에 관한 특별조치법」 및 법률 제11930호 「특정건축물 정리에 관한 특별조치법」에 따라, 준공검사 필증 또는 사용승인서를 교부받은 사실이 건축물대장에 기재된 경우(칙 제3조 제1호)

　(5) 「도시정비법」에 의한 주거환경개선사업의 준공인가증을 교부받은 경우(칙 제3조 제2호)

　(6) 「공유토지분할에 관한 특례법」에 의하여 분할된 경우(칙 제3조 제3호)

　(7) 대지의 일부 토지소유권에 대하여 「민법」 제245조에 따라 소유권이전등기가 완료된 경우(칙 제

3조 제4호)

(8) 「지적재조사에 관한 특별법」에 따른 지적재조사사업으로 새로운 지적공부가 작성된 경우(칙 제 3조 제5호)

나. 특례대상 건축물에 대한 허가·신고의 범위

허가권자는 기존 건축물 및 대지가 **법령의 제정·개정**이나 **영 제6조의2 제1항 각 호의 사유**로 법령 등에 부적합하더라도 다음 각 호의 어느 하나에 해당하는 경우에는 건축을 허가할 수 있다(영 제6조의 2 제2항).

1. 기존 건축물을 **재축**하는 경우
2. **증축하거나 개축**하려는 부분이 법령등에 적합한 경우
3. 기존 건축물의 대지가 도시·군계획시설의 설치 또는 「도로법」에 따른 도로의 설치로 법 제57조 (대지의 분할 제한)에 따라 해당 지방자치단체가 정하는 면적에 미달되는 경우로서(서울의 경우 주거지역 90㎡, 상업지역 150㎡, 공업지역 200㎡, 녹지지역 200㎡) 그 기존 건축물을 연면적 합계의 범위에서 **증축하거나 개축**하는 경우
4. 기존 건축물이 도시·군계획시설 또는 「도로법」에 따른 도로의 설치로 법 제55조(건폐율) 또는 법 제56조(용적률)에 부적합하게 된 경우로서 화장실·계단·승강기의 설치 등 그 건축물의 기능 을 유지하기 위하여 그 기존 건축물의 연면적 합계의 범위에서 **증축**하는 경우
5. 법률 제7696호(2005. 11. 8. 개정, 시행 2006. 5. 9.) 「건축법」제50조(대지안의 공지)에 따라 최초로 개정한 해당 지방자치단체의 **조례** 시행일 이전에 건축된 기존 건축물의 건축선 및 인접 대지경계선으로부터의 거리가 그 **조례**로 정하는 거리에 미달되는 경우로서 그 기존 건축물을 건축 당시의 법령에 위반하지 아니하는 범위에서 **증축**하는 경우[675]
6. 기존 한옥을 **개축**하는 경우
7. 건축물 대지의 전부 또는 일부가 「자연재해대책법」제12조에 따른 자연재해위험개선지구에 포 함되고 법 제22조에 따른 사용승인 후 20년이 지난 기존 건축물을 재해로 인한 피해 예방을 위하여 연면적의 합계 범위에서 **개축**하는 경우

다. 기존 공장 증축허가에 따른 도로 기준의 완화

허가권자는 「국토계획법 시행령」제84조의2(생산녹지지역 등에서 기존 공장의 건폐율) 또는 제93조 의2(기존 공장에 대한 특례)에 따라 기존 공장을 **증축**하는 경우에는 다음 각 호의 기준을 적용하여

---

675) 제50조 (대지안의 공지) 건축물을 건축하거나 **용도변경**하는 경우에는 「국토의 계획 및 이용에 관한 법률」에 의한 용도지역·용도지구, 건축물의 용도 및 규모 등에 따라 건축선 및 인접대지경계선으로부터 6미터 이내의 범위에서 **대통령령**이 정하는 바에 의하여 당해 지방자치단체의 **조례**로 정하는 거리 이상을 띄어야 한다.

기존 공장의 증축을 허가할 수 있다(영 제6조의2 제3항).

1. 도시지역에서의 길이 35미터 이상인 막다른 도로의 너비기준은 4미터 이상으로 한다.
2. 연면적 합계가 3천㎡ 미만인 기존 공장이 증축으로 3천㎡ 이상이 되는 경우, 해당 대지가 접하여야 하는 도로의 너비는 4미터 이상으로 하고, 해당 대지가 도로에 접하여야 하는 길이는 2미터 이상으로 한다.

라. 도시·군계획시설 부지에서의 기존건축물의 개축·재축[676]

도시·군계획시설 부지에서는 도시·군계획시설이 아닌 건축물 등은 허가되지 않는 것이 원칙이지만(국토계획법 제64조 제1항), 개발행위 허가권자는 도시·군계획시설결정의 고시일부터 2년이 지날 때까지 그 시설의 설치에 관한 사업이 시행되지 아니한 도시·군계획시설 중 단계별 집행계획이 수립되지 아니하거나 단계별 집행계획의 제1단계 집행계획에 포함되지 아니한 도시·군계획시설의 부지에 대하여는 이미 건축된 기존건축물의 **개축 또는 재축**과 이에 필요한 범위에서의 토지의 형질 변경의 개발행위를 허가할 수 있다(국토계획법 제64조 제2항).

2. 특수구조 건축물의 특례

가. 특수구조 건축물의 의의

건축물의 구조, 재료, 형식, 공법 등이 특수한 ① 한쪽 끝은 고정되고 다른 끝은 지지(支持)되지 아니한 구조로 된 보·차양 등이 외벽의 중심선으로부터 3미터 이상 돌출된 건축물, ② 기둥과 기둥 사이의 거리(기둥의 중심선 사이의 거리를 말하며, 기둥이 없는 경우에는 내력벽과 내력벽의 중심선 사이의 거리를 말한다)가 20미터 이상인 건축물, ③ 특수한 설계·시공·공법 등이 필요한 건축물로서 **국토교통부장관**이[677] 정하여 고시하는 구조로 된 건축물의 어느 하나에 해당하는 건축물을 특수구조 건축물이라 한다(법 제6조의2, 영 제2조 제18호 및 제6조의3).[678]

나. 특례 규정

특수구조 건축물은 법 제4조(건축위원회), 제4조의2(건축위원회의 건축 심의 등), 제4조의3(건축위원회 회의록의 공개), 제4조의4(건축민원전문위원회), 제4조의5(질의민원 심의의 신청), 제4조의6(심의를 위한 조사 및 의견 청취), 제4조의7(의견의 제시 등), 제4조의8(사무국), 제5조(적용의 완화), 제6조

---

676) 제1편 「국토계획법」 제5장 개발행위의 허가 등/제1절 개발행위의 허가/Ⅶ. 개발행위허가 기준 및 허가 제한/2. 개발행위허가 제한/나. 도시·군계획시설 부지에서의 개발행위허가를 참조하라.

677) 「특수구조 건축물 대상기준」(시행 2018. 12. 7. 국토교통부고시 제2018-777호, 2018. 12. 7. 일부개정)에서 정하고 있다.

678) https://blog.naver.com/speedseo0712/221410046716

(기존의 건축물 등에 관한 특례), 제6조의2(특수구조 건축물의 특례), 제6조의3(부유식 건축물의 특례), 제7조(통일성을 유지하기 위한 도의 **조례**), 제8조(리모델링에 대비한 특례 등), 제9조(다른 법령의 배제), 제11조(건축허가), 제14조(건축신고), 제19조(**용도변경**), 제21조(착공신고 등), 제22조(건축물의 사용승인), 제23조(건축물의 설계), 제24조(건축시공), 제24조의2(건축자재의 제조 및 유통 관리), 제25조(건축물의 공사감리), 제40조(대지의 안전 등), 제41조(토지 굴착 부분에 대한 조치 등), 제48조(구조내력 등), 제48조의2(건축물 내진등급의 설정), 제49조(건축물의 피난시설 및 용도제한 등), 제50조(건축물의 내화구조와 방화벽), 제50조의2(고층건축물의 피난 및 안전관리), 제51조(방화지구 안의 건축물), 제52조(건축물의 마감재료), 제52조의2(실내건축), 제52조의4(건축자재의 품질관리 등), 제53조(지하층), 제62조(건축설비기준 등), 제63조 삭제 〈2015. 5. 18.〉, 제64조(승강기), 제65조의2(지능형건축물의 인증), 제67조(관계전문기술자), 제68조(기술적 기준) 및 제84조(면적·높이 및 층수의 산정)를 적용할 때, **대통령령**으로 정하는 바에 따라 **강화 또는 변경**하여 적용할 수 있다(법 제6조의2).

3. 부유식 건축물의 특례

가. 입법 취지

우리나라는 삼면이 바다로 되어 있고 한강 등 하천이 도심을 지나고 있는 바, <u>수면위에 건축물을 건축하고자 할 때 관련 법령이 존재하지 않아</u> 제한적·편법적으로 수상 건축물을 건축해온 것이 현실이다.[679] 「공유수면법」에 따른 공유수면 위에 고정된 인공대지를 설치하고 그 위에 건축물을 건축할 수 있도록 하고, 인공대지를 「건축법」에 따른 대지로 인정하고, 그 위에 건축하는 건축물을 부유식 건축물로 명명하면서 다음과 같이 「건축법」 기준을 달리 적용할 수 있도록 하고 있다.

나. 부유식 건축물에 대한 대지의 안전 등

<u>부유식 건축물이란 「공유수면법」 제8조에 따른 공유수면 위에 고정된 인공대지(법 제2조 제1항 제1호의 '대지'로 본다)를 설치하고 그 위에 설치한 건축물에서는 다음 각 호 1. 법 제40조에 따른 대지의 안전 기준의 경우: 같은 조 제3항에 따른 오수의 배출 및 처리에 관한 부분만 적용, 2. 법 제41조부터 제44조까지, 제46조 및 제47조의 경우: 미적용</u>(다만, 법 제44조는 부유식 건축물의 출입에 지장이 없다고 인정하는 경우에만 적용하지 아니한다)의 구분기준에 따라 대지의 안전 등(제40조), 토지 굴착 부분에 대한 조치 등(제41조), 대지의 조경(제42조), 공개 공지 등의 확보(제43조), 대지와 도로의 관계(제44조), 건축선의 지정(제46조) 및 건축선에 따른 건축제한(제47조)을 적용한다(법 제6조의3 제1항, 영 제6조의4 제1항).

그럼에도 불구하고 건축**조례**에서 지역별 특성 등을 고려하여 그 기준을 달리 정한 경우에는 그 기준

---

679) 윤혁경, 건축법·조례 해설, 1—404면.

에 따른다. 이 경우 그 기준은 법 제40조부터 제44조까지, 제46조 및 제47조에 따른 기준의 범위에서 정하여야 한다(영 제6조의4 제2항).

다. 부유식 건축물의 설계, 시공 및 유지관리

부유식 건축물의 설계, 시공 및 유지관리 등에 대하여 이 법을 적용하기 어려운 경우에는 **대통령령**으로 정하는 바에 따라 변경하여 적용할 수 있다(법 제6조의3 제2항). 법률 조문에서 위임한 사항을 규정한 하위법령인 **대통령령**은 아직 없다.

4. 리모델링에 대비한 특례 등

"리모델링"이란 건축물의 노후화를 억제하거나 기능 향상 등을 위하여 대수선하거나 건축물의 일부를 증축 또는 개축하는 행위를 말한다(법 제2조 제1항 제10호).

리모델링이 쉬운 구조의 공동주택의 건축을 촉진하기 위하여 공동주택을 **대통령령**으로 정하는 구조로[680] 하여 건축허가를 신청하면 법 제56조(용적률), 제60조(건축물의 높이 제한) 및 제61조(일조 등의 확보를 위한 건축물의 높이 제한)에 따른 기준을 100분의 120의 범위에서 **대통령령**으로 정하는 비율로 완화하여 적용할 수 있다(법 제8조).

현재 대부분의 공동주택은 **벽식구조**로 건축함으로써 다양한 공간으로 변화시킬 수 있는 가변성이 없고, 배관을 벽체에 매립함에 따라 보수가 어려워 공동주택을 가변성이 많은 **라멘구조**로 건축하는 경우 인센티브를 부여하여 주택의 장수명화를 통한 주거환경 개선과 자원낭비를 방지하고자 함이다. **벽식구조**는 주로 내력벽으로 하중을 지탱하는 구조로서 내력벽의 철거나 이동이 어려워 공간의 가변사용이 제약이 있는 반면, **라멘구조**는 주로 보와 기둥을 이용하여 건축하는 경우로 기둥 사이에 가변벽체를 자유롭게 사용가능한 구조를 말한다.

2005. 11. 8.(법률 제7696호, 2006. 5. 9. 시행) 개정 시 도입된 동 규정은 건축물을 사용승인 후 사용하는 과정에서 사회적 여건 등에 따라 내부 구조 등을 변경하고자 할 때 구조변경 등이 쉬운 구조(리모델링이 쉬운 구조)로 건축하는 경우 건축허가(사업승인) 시에 인센티브를 부여할 수 있도록 하여 리모델링이 쉬운 구조로의 계획을 장려하고자 한 것으로, 다른 법령 조문과는 달리 100분의 120의 범위 안에서 건축**조례**로 별도로 정하지 않는 한 시행령이 정하는 범위 즉, 100분의 120에 해당하는 비율의 인센티브를 제공하도록 한 것이다.[681]

---

680) 영 제6조의5(리모델링이 쉬운 구조 등) ① 법 제8조에서 "**대통령령으로 정하는 구조**"란 다음 각 호 1. 각 세대는 인접한 세대와 수직 또는 수평 방향으로 통합하거나 분할할 수 있을 것(세대 가변성), 2. 구조체에서 건축설비, 내부 마감재료 및 외부 마감재료를 분리할 수 있을 것(구조체와 건축설비의 분리), 3. 개별 세대 안에서 구획된 실(室)의 크기, 개수 또는 위치 등을 변경할 수 있을 것(세대내부 가변성)의 요건에 적합한 구조를 말한다. 이 경우 다음 각 호의 요건에 적합한지에 관한 세부적인 판단 기준은 국토교통부장관이 정하여 고시한다.

② 법 제8조에서 "**대통령령으로 정하는 비율**"이란 100분의 120을 말한다. 다만, 건축**조례**에서 지역별 특성 등을 고려하여 그 비율을 강화한 경우에는 건축**조례**로 정하는 기준에 따른다.

IX. 통일성을 유지하기 위한 도의 조례

1999. 2. 8. 법률 제5827호로「건축법」제5조의3을 개정(시행 1999.8.9.)하였는데, 특별시·광역시의 경우는 하나의 생활공간이면서도 구(區)별로 **조례**를 달리 정하고 있어 도시전체의 미관 등 도시계획에 지장을 초래하고 있으므로 구(區)**조례**를 폐지하고, 특별시·광역시의 **조례**로 통합하였다.[682]

그러나 시·군의 경우는 지역이 광범위하고 특성도 각기 달라 시·군의 **조례**는 존치가 필요하다고 하여 도(道) 단위로 통일성을 유지할 필요가 있으면, 법 제5조(적용의 완화) 제3항, 제6조(기존의 건축물 등에 관한 특례), 제17조(건축허가 등의 수수료) 제2항, 제20조(가설건축물) 제2항 제3호, 제27조 (현장조사·검사 및 확인업무의 대행) 제3항, 제42조(대지의 조경), 제57조(대지의 분할 제한) 제1항, 제58조(대지 안의 공지) 및 제61조(일조 등의 확보를 위한 건축물의 높이 제한)에 따라 시·군의 **조례**로 정하여야 할 사항을 도의 **조례**로 정할 수 있다(법 제7조).

X. 다른 법령의 배제

1. 민법 제244조 배제

건축물의 건축등을 위하여 지하를 굴착하는 경우에는「민법」제244조(지하시설 등에 대한 제한) 제1항에 따른 "우물을 파거나 용수, 하수 또는 오물 등을 저치할 지하시설을 하는 때에는 경계로부터 2미터 이상의 거리를 두어야 하며 저수지, 구거 또는 지하실공사에는 경계로부터 그 깊이의 반 이상의 거리를 두어야 하는" 규정을 적용하지 아니한다. 다만, 필요한 안전조치를 하여 위해(危害)를 방지하여 야 한다(법 제9조 제1항).

2. 하수도법 제38조 배제

「하수도법」제38조에 따르면 개인하수처리시설을 설치 또는 변경하고자 하는 자는 단서의 예외를 제외하고 원칙적으로 같은 법 제51조에 따른 처리시설설계·시공업자로 하여금 설계·시공하도록 하여 야 한다. 그러나 건축물에 딸린 개인하수처리시설에 관한 설계의 경우에는「하수도법」제38조를 적용 하지 아니한다(법 제9조 제2항). 그러나 시공은 개인하수처리시설 시공업자에게 맡겨야 한다. 여기서 "개인하수처리시설"이라 함은 건물·시설 등에서 발생하는 오수를 침전·분해 등의 방법으로 처리하는 시설을 말한다(하수도법 제2조 제13호).

---

681) 국토부, 건축행정, 2013, 151면.
682) 윤혁경, 건축법·조례 해설, 1—405면.

제2장 건축물의 건축(건축절차)

「건축법」이 정하고 있는 **허가요건규정**은 다시 건축허가절차에서 갖추어야 할 **절차요건규정**(건축법 제2장 건축물의 건축 규정, 제3장 건축물의 유지와 관리 규정)과 건축물 자체가 갖추어야 할 **허가요건 규정**(좁은 의미의 건축허가요건—제5장 건축물의 구조 및 재료 등, 제6장 지역 및 지구의 건축물, 제7장 건축설비)으로 크게 나뉜다. 가령 일정한 건축물의 건축에 건축사의 설계를 요하거나, 공사감리제도를 강제하는 것 등은 전자에 속하지만, 건축물이 피난계단을 갖추어야 하는 요건은 후자에 속한다.[683] 이러한 절차요건과 허가요건들은 사인이 건축행위를 통하여 당해 건축물에 대한 행정청의 건축허가처분이 적법·실현가능·명확한 내용요건의 범위 내에서 사용승인처분이라는 법적 효과를 얻기 위한 일련의 행위라 할 수 있다.

제1절　의의

Ⅰ. 건축물 및 건축행위의 개념

건축물을 건축한다는 의미에서 건축행위란 건축물을 만들어 내는 행위를 지칭하는 개념인데, 「건축법」에서는 '**건축**'과 '**건축물**(建築物)'에 대해서만 정의를 두고 있고, 건축행위(建築行爲)는 구체적으로 정의하고 있지 않다. **건축**의 정의에 대해 「건축기본법」에서도 건축물과 공간 환경을 기획·설계·시공 및 유지·관리하는 것이라고 하고(동법 제3조 제7호), 「건축법」은 건축물을 신축·증축·개축·재축(再築)하거나 건축물을 이전하는 것(법 제2조 제1항 제8호)이라 하고 있다. 그러나 「건축법」의 문구는 건축행위의 종류를 나열하는 것에 그치고 구체적으로 어떠한 행위가 건축행위인가를 정의하고 있는 것은 아니다. 이와 같은 법제에 대해 김종보 교수는 건축행위의 개념을 그 결과물인 '건축물'의 개념을 전제로 해석에 의해 확정해야 한다고 한다.[684]

그러면 「건축법」에서 **건축물**이란 토지에 **정착(定着)**하는 공작물 중 지붕과 기둥 또는 벽이 있는 것

---

683) 김종보, 건설법(제5판), 56면.
684) 김종보, 건설법(제5판), 42면.

과 **이에 딸린 시설물, 지하나 고가(高架)의 공작물**에 설치하는 사무소·공연장·점포·차고·창고, 그 밖에 **대통령령**으로 정하는 것을 말한다(법 제2조 제1항 제2호).[685] 이 경우 토지에 **"정착"**한다는 의미는 대지의 범위가 확정되어 건축(설치)된 시설물 등이 사실상 이동이 불가능하거나, 이동이 가능하다 할지라도 이동의 실익이 없어 상당기간 현저한 이동이 추정되지 않는 경우까지 확대할 수 있을 것이다.[686] 그리고 **"부속건축물"**이란 같은 대지에서 주된 건축물과 분리된 부속용도의 건축물로서 주된 건축물을 이용 또는 관리하는 데에 필요한 건축물을 말한다(영 제2조 제12호). 「건축법」의 일부 규정이 적용되는 공작물은 「건축법」에 따른 건축물에 해당한다.[687]

여기서 말하는 **지하 또는 고가의 공작물**이란 육교, 지하도로 등 건축물의 형태적 요소를 갖추지 못한 공작물을 말하며, 이러한 공작물에 부속해서 설치되는 사무소(예컨대 지하철 역무실), 점포(지하도로에 개설된 상점들) 등을 건축물에 포섭하기 위한 정의 규정이다.[688] 판례는 건축물을 짓기 위해 지하부분 기초공사를 완료한 경우나,[689] 기초공사를 완료하고 그 기둥부분 전부의 철근을 세운 단계,[690] 콘테이너 하우스를 토지상에 정착하는 행위[691] 등을 「건축법」상 건축으로 보고 있으며, 건축물이 토지에 정착하는 것이라는 것에 초점을 맞추어 이를 토지에 정착시키는 단계의 행위에서부터 건축행위가 있는 것으로 파악하고 있다. 우리의 「민법」이 토지 및 그 정착물을 부동산으로 하고 있고(제99조), 「건축법」이 대지와 건축물을 엄격하게 구분하고 있기 때문에 건축행위라는 개념 정립이 필요할 것이라고 보는데, 김종보 교수는 건축물을 짓기 위한 행위라면 토지에 정착시켜 실체를 이루기 전의 행위라도 원칙적으로 건축행위로 보아야 할 것이라고 한다. 즉 건축행위에 대해서 '전과정의 행위가 일체를 이룬 것으로서 하나의 독립된 건축물을 만들어 내기 위해 직접 필요한 모든 행위'로 정의한다. 이렇게 정의를 한다면 「건축법」에 의해 규율되는 주된 위험 상황은 우선 <u>물리적</u>으로 <u>건축물</u>이라는 개념에 의해 한정되고 <u>시간적</u>으로는 일정한 행위를 통해 건축물이 만들어질 때까지로 한정된다. 또한 건축물을 직접 만들어 내는 행위가 아닌 대지를 조성하기 위해서 토지형질변경 등의 행위 또는 건축물이 모두 완성되어 그 후 이를 유지·관리하는 행위, 노후화 등으로 건물철거 행위도 건축행위에서 제외된다. 건축행위 개념을 이렇게 한정적으로 해석한다면 건축행위와 관련된 위험상황에 포괄적으로 대처하지 못하는 한계가 있다는 점을 들면서 「건축법」은 건축행위의 개념을 신축·증축·개축·재축 또는 이전하는 행위로 넓히고 있다. 이와 같은 취지는 건축행위의 개념을 적극적으로 정의하기 위한 것이 아니라 「건축법」상의 위험상황을 확대하기 위한 규정이라고 한다.[692]

685) 1970. 1. 1. 법률 제2188호로 개정(시행 1970.3.2.)에 따른 것이며, 법률에서 위임한 사항을 규정한 하위법령이 없다. 「건축기본법」 제3조 제1호는 '건축물'도 이와 비슷하다. 참고로 마을입구의 정자, 지하상가, 고가철도 및 고가도로에 설치되는 시설물도 건축물에 해당하나, 바퀴가 달린 버스, 기차 등을 재활용한 스낵카 등은 건축물이 아니다.
686) 국토부, 건축행정, 2013, 21면.
687) 국토부, 건축행정, 2013, 21면.
688) 김종보, 건설법(제5판), 34면.
689) 대법원 1983. 1. 18. 선고 81도1364 판결.
690) 대법원 1977. 12. 13. 선고 77도1717 판결.
691) 대법원 1991. 6. 11. 선고 91도945 판결 등.
692) 김종보, 건설법(제5판), 42~43면; **사견**으로 건축행위의 개념은 "일련의 건축절차에 따라 「건축법」이 정한 건축요

II. 건축행위의 종류

1. 건축

이미 언급한 바와 같이 「건축법」에서는 건축(건축행위의 종류)을 **신축·증축·개축·재축 또는 이전하는 것**이라 하고(법 제2조 제1항 제8호), 이들의 정의는 「건축법 시행령」에 위임되어져 있다.

여기서 '**신축**'이란 건축물이 없는 대지(기존 건축물이 해체되거나 멸실된 대지를 포함한다)에 새로 건축물을 축조하는 것(부속건축물만 있는 대지에 새로 주된 건축물을 축조하는 것을 포함하되, 개축 또는 재축하는 것은 제외한다)을 말한다(영 제2조 제1호). '**증축**'이란 **기존 건축물이 있는 대지**에서 **건축물의 건축면적, 연면적, 층수 또는 높이를 늘리는 것**을 말한다(영 제2조 제2호).

'**개축**'이란 기존 건축물의 전부 또는 일부[내력벽·기둥·보·지붕틀(한옥의[693] 경우에는 지붕틀의 범위에서 서까래는 제외한다) 중 셋 이상이 포함되는 경우를 말한다]를 해체하고 그 대지에 종전과 같은 규모의 범위에서 건축물을 다시 축조하는 것을 말한다(영 제2조 제3호).[694] 개축의 요건으로 건축물을 해체한다는 것은 기존 건축물의 전부 또는 일부 해체되는 것을 포함하며, 이때의 해체는 개축을 위한 해체만을 의하는 것이며, 이와 무관한 자진 해체 또는 재난 등으로 인한 건물의 소실 등은 여기에 포함되지 않는다. 후자의 경우에는 일정한 요건을 갖추어 재축으로 규율되거나 그렇지 않으면 신축으로 처리해야 한다. 일부해체에 대하여 규율하는 취지는 **대수선**과 개축을 구별하기 위한 것인데 영 제2조 제3호는 내력벽·기둥·보·지붕틀 중 3개 이상을 해체하는 경우를 말한다.[695] 그러나 기존의 오래된 건물을 해체하면서 개축에서 말하는 동일한 규모의 범위를 넘어서 건축하는 경우가 많으므로 신축으로 분류되는 경우가 많을 것이다.

'**재축**'이란 **건축물이 천재지변이나 그 밖의 재해로 멸실된 경우** 그 대지에 다음 가. 연면적 합계는

건을 갖춘 경우 건축허가 등의 효과로서 건축물을 건축하는 일련의 행위"일 듯하다. 따라서 「건축법」에서 정의 규정을 둔다면 "당해 건축물에 대한 허가·신고 등이 있은 후 사용승인을 얻기까지 건축물을 건축하기 위한 일련의 행위" 정도가 아닐까 생각한다. 이렇게 하면 지하주차장을 위해 터파기공사를 하는 행위는 건축행위에 해당하므로 「건축법」의 규율대상이 될 수 있고, 건축허가 당시에 별도의 절토·성토·정지 등의 행위가 필요했더라면 그것이 건축물의 설치를 위한 것이라는 점에서 건축행위로 보아 「건축법」의 통제 대상이 될 수 있고, 구 건물의 철거행위도 당해 건축물을 건축하기 위한 행위라는 점에서 건축행위 개념에 포섭시킬 수 있다. 그러나 감정평가 관계법규의 시각에서 대지와 건축물에 대한 개념은 터파기는 건축물에, 절토·성토·정지는 대지에, 기존 건물의 철거 비용은 그 가치가 오히려 마이너스라는 점에서 대지에 각각 배분을 하고 있다. 부연 설명하면 대지는 지상에 건축물 등이 없는 대지(裸垈地)나 건물이 들어서 있는 토지(建附地)로 나눌 수 있으며, 노후 건물이 있는 대지는 기존 건물의 철거비용 만큼 나대지 보다 가치가 낮을 수 있다. 주의할 점은 <u>건축행위라는 개념은 건축행정행위(건축처분)와는 다른 개념이라는 것이다. 왜냐하면 건축행위는 주체가 사인이 행하는 것이고 건축행정행위는 행정청의 행위이기 때문이다. 따라서 「건축법」에서는 사인이 행하는 건축행위와 행정청이 행하는 건축행정행위는 엄격히 구별되어야</u> 한다.

693) 영 **제2조(정의)** 16. '한옥'이란 「한옥 등 건축자산의 진흥에 관한 법률」 제2조 제2호에 따른 한옥을 말한다.
694) "주요구조부"란 내력벽(耐力壁), 기둥, 바닥, 보, 지붕틀 및 주계단(主階段)을 말한다. 다만, 사이 기둥, 최하층 바닥, 작은 보, 차양, 옥외 계단, 그 밖에 이와 유사한 것으로 건축물의 구조상 중요하지 아니한 부분은 제외한다(법 제2조 제1항 제7호). 주요구조부는 구조상 골격부분으로써 건축물의 안전에 결정적 역할은 물론, 개축이나 **대수선** 등의 건축행위를 구분할 때도 기준이 된다.
695) 김종보, 건설법(제5판), 250면.

종전 규모 이하로 할 것, 나. 동(棟)수, 층수 및 높이는 다음의 (1) 동수, 층수 및 높이가 모두 종전 규모 이하일 것, (2) 동수, 층수 또는 높이의 어느 하나가 종전 규모를 초과하는 경우에는 해당 동수, 층수 및 높이가 「건축법」, 같은 법 시행령 또는 건축**조례**에 모두 적합할 것의 어느 하나에 해당할 것의 요건을 모두 갖추어 다시 축조하는 것을 말한다(영 제2조 제4호). **개축**과 **재축**은 종전 규모의 범위 내에서 다시 축조한다는 점은 같으나, **개축**은 자의에 의한 반면 **재축**은 본인의 의사와는 관계없이 재해로 인하여 다시 축조한다는 점이 다르다.[696)

'**이전**'이란 건축물의 주요 구조부를 해체하지 아니하고 같은 대지의 다른 위치로 옮기는 것을 말한다(영 제2조 제5호).

2. 대수선

건축과 **대수선**의 중간영역이 **용도변경**일 것이나 **용도변경**에 관해서는 후술하기로 한다. 「건축법」은 **대수선**에 관해 별도로 건축에 포함되지 않는 것으로 **대수선**의 경우에는 기존 건축물을 활용하는 행위로서 일반적인 건축물의 수선행위와 양적인 차이를 보이는 정도에 불과하다. 이러한 **대수선**이 「건축법」에 의해 통제되는 이유는 전적으로 건축경찰법적 차원의 것이며 **대수선**과정에서 새롭게 발생할 수 있는 위험요소가 통제의 대상일 뿐이라는 것이다. 따라서 건축물의 **대수선** 신고를 받은 행정청은 건축물의 위험방지와 관련된 요건이라 할 수 있는 구조안전 등의 요건을 엄격하게 심사할 것이다.[697)

여기서 '**대수선**'이란 건축물의 **기둥, 보, 내력벽, 주계단 등**의 구조나 외부 형태를 수선·변경하거나 증설하는 것으로서 **대통령령으로 정하는 것**을 말한다(법 제2조 제1항 제9호). 법 제2조 제1항 제9호에서 "**대통령령으로 정하는 것**"이란 다음 각 호 1. **내력벽**을 증설 또는 해체하거나 그 벽면적을 30㎡ 이상 수선 또는 변경하는 것, 2. **기둥**을 증설 또는 해체하거나 세 개 이상 수선 또는 변경하는 것, 3. **보**를 증설 또는 해체하거나 세 개 이상 수선 또는 변경하는 것, 4. **지붕틀**(한옥의 경우에는 지붕틀의 범위에서 서까래는 제외한다)을 증설 또는 해체하거나 세 개 이상 수선 또는 변경하는 것, 5. 방화벽 또는 방화구획을 위한 **바닥 또는 벽**을 증설 또는 해체하거나 수선 또는 변경하는 것, 6. **주계단·피난계단 또는 특별피난계단**을 증설 또는 해체하거나 수선 또는 변경하는 것, 7. 삭제, 8. 다가구주택의 가구 간 **경계벽** 또는 다세대주택의 세대 간 **경계벽**을 증설 또는 해체하거나 수선 또는 변경하는 것, 9. 건축물의 외벽에 사용하는 **마감재료**(법 제52조 제2항에 따른 마감재료를 말한다)를 증설 또는 해체하거나 벽면적 30㎡ 이상 수선 또는 변경하는 것의 어느 하나에 해당하는 것으로서 **증축·개축 또는 재축**에 해당하지 아니하는 것을 말한다(영 제3조의2).

대수선의 범위를 넘어 새로운 건축물을 만들어 내는 경우라면 이는 당연히 **개축**으로 해석될 것이다. 종전에는 주요구조부에 대한 수선 또는 변경 등에 관한 행위만을 **대수선**으로 보았으나, 2005. 11. 8.(법률 제7696호, 2006. 5. 9. 시행) 개정 시 **대수선**의 범위를 주요구조부로 한정하지 않고 기둥·보·내

---

696) 국토교통부외, 만화로 체험하는 알기 쉬운 건축여행, 2017, 5면.
697) 김종보, 건설법(제5판), 96면.

력벽·주계단 등의 구조 또는 외부형태를 수선·변경 또는 증설하는 것으로 규정하였다. 이는 주요구조부가 아닌 경계벽 등을 설치하여 주택을 분리하는 중요한 행위가 **대수선**에 해당하지 아니하여 안전 등 관리가 곤란한 문제를 해소하고, **대수선**을 하면서 기둥이나 계단을 추가하는 경우에 구조의 일부를 증설하는 것도 **대수선**에 포함되는지 여부가 불분명하여 이의 문제점을 해소하고자 한 것이었다.[698]

대수선과 **개축**을 구별하는 이유는 **대수선**이 기존 건축물의 존속보장을 그대로 받는 반면 **개축**은 기득권을 인정받을 수 없다. 예컨대 「주차장법」이 엄격하게 개정된 경우 기존건축물을 그대로 사용하거나 **대수선**이 가능하지만, 건축물을 **개축**하게 되면 **개축**당시의 건축허가요건을 충족하지 않는 한 건축허가를 받을 수 없다.[699]

이미 언급한 바와 같이 「건축법」상 "건축"이란 신축·증축·**개축**·재축하거나 건축물을 이전하는 것(법 제2조 제1항 제8호)이고, "건축물의 건축등"이란 "건축물의 건축·**대수선**·건축설비의 설치 또는 공작물의 축조"(법 제2조 제1항 제12호)로 규정되어 있다.

「건축법」상 위반건축물이 있는 대지 안에 새로운 건축행위를 하고자 하는 경우에는 동일 대지 안의 위반사항을 해소한 후 하여야 하는 것이 타당하다. 대법원도 "「건축법」을 위반한 기존건축물이 있는 대지상의 증축허가는 당연히 허용될 수 없다."고 판시하였다.[700]

제2절　건축 관련 입지와 규모의 사전결정[701]

Ⅰ. 사전결정 신청 대상·내용 및 연혁

법 제11조에 따른 건축허가 대상 건축물을 건축하려는 자는 건축허가를 신청하기 전에 **특별시장·광역시장**·특별자치시장·특별자치도지사 또는 시장·군수·구청장(**허가권자**)에게 그 건축물의 건축에 관한 다음 1. 해당 대지에 건축하는 것이 「건축법」이나 관계 법령에서 허용되는지 여부, 2. 건축기준 및 건축제한, 그 완화에 관한 사항 등을 고려하여 해당 대지에 건축 가능한 건축물의 규모, 3. 건축허가를 받기 위하여 신청자가 고려하여야 할 사항에 대한 사전결정을 신청할 수 있으며, 건축위원회 심의와 「도시교통정비촉진법」에 따른 교통영향평가를 동시에 신청할 수 있다(법 제10조 제1항·제2항). 여기서 법 제11조에 따른 '건축허가 대상 건축물'의 허가대상 건축물은 모든 건축물로 해석할 수 있다.[702] **허가권자**는 사전결정이 신청된 건축물의 대지면적이 소규모 환경영향평가 대상사업인 경우 환경부장관이나 지방환경관서의 장과 소규모 환경영향평가에 관한 협의를 하여야 한다(법 제10조 제3항).

---

698) 국토부, 건축행정, 2013, 42면.
699) 김종보, 건설법(제5판), 251면.
700) 대법원 1994. 4. 26. 선고93누11326 판결.
701) '건축허가에 대한 사전결정'이라 할 수 있다.
702) 국토부, 건축행정, 2013, 163면.

사전결정은 현행법에 처음으로 도입된 것은 아니며, 과거 1994. 1. 7. 개정(법률 제4723호, 시행 1994. 3. 1.)으로 「주택건설촉진법」에서 주택건설사업계획의 사전결정제도를 도입하였다. 이후 1995. 1. 5. 「건축법」 개정으로 삭제되었다가(당시 제7조), 2005. 11. 8. 개정으로 다시 규정되었다.[703] 종전에는 '당해 건축물을 해당 대지에 건축하는 것이 「건축법」 또는 다른 법률의 규정에 의하여 허용되는지의 여부'로 한정되어 있었다가 법 개정으로 확대되었다.

II. 제도도입의 취지 및 사전결정신청자의 범위

종전에는 「건축법」상 건축물의 건축 시 허가 가능 여부를 미리 알지 못하여 토지 등을 매입한 후 건축이 불허되면 막대한 피해가 발생하였던 바,[704] 2005. 11. 8.(법률 제7,696호, 2006. 5. 9. 시행) 개정으로 **건축주**가 원하는 경우 건축허가 신청 전 건축물을 해당 대지에 건축하는 것이 가능한지 여부를 확인할 수 있는 건축허가 사전결정을 신청할 수 있고, 사전결정 시 농지전용허가·산림훼손허가 및 개발행위허가 등을 의제처리하고 경우에 따라 건축위원회 심의까지 할 수 있도록 하였다.

동 제도 도입의 취지는 건축허가를 받아 건축을 하고자 하는 자에게 토지구입 및 구체적 도면작성 없이도 입지 및 규모의 허가가능 여부를 미리 알려주고자 하는 것이지만, 「건축법」은 사전결정신청자의 범위에 대하여 침묵하고 있다. 이에 대하여 국토교통부는 사전결정신청자의 범위에 대하여 사실상 건축허가의 의사가 있는 자로서 ① 사전결정을 받으려고 하는 해당 대지의 토지소유자, ② 사전결정을 받으려고 하는 해당 대지의 토지소유자의 동의를 얻은 제3자의 경우로 한정하는 것이 바람직하다고[705] 하고 있다.

III. 사전결정의 의의·법적 성질 및 권리구제

1. 사전결정의 의의

사전결정은 학문상 예비결정(예비행정행위)이라고도 하는데,[706] 최종적인 행정결정을 내리기 전에

---

703) 구 「건축법」 [시행 1992. 6. 1. 법률 제4381호, 1991. 5. 31. 전부개정] 제7조 (건축에 관한 계획의 사전결정) ① **대통령령**이 정하는 용도 및 규모의 건축물을 건축하고자 하는 자는 제8조제1항의 규정에 의한 건축허가신청전에 시장·군수·구청장에게 당해 건축물을 해당 대지에 건축하는 것이 이 법 또는 다른 법률의 규정에 의하여 허용되는지의 여부에 대한 사전결정을 신청할 수 있다.

704) 건축계획 사전결정 제도의 취지에 대한 판례로 대법원 1996. 3. 12. 선고 95누658 판결 참조.

705) 국토교통부, 건축행정 길라잡이, 2013. 12.(이하 '국토부, 건축행정, 2013.'이라 한다), 161면.

706) 학자에 따라 사전결정(박균성, 행정법론(상), 479면; 신봉기, 행정법개론, 344면) 내지 예비결정(김동희, 행정법 I, 235면; 김향기, 행정법개론, 174면; 류지태·박종수, 행정법신론, 192면; 홍정선, 행정법원론(상), 323면) 또는 예비행정행위(김철용, 행정법(제6판), 176면)라 한다.

사전적인 단계에서 최종적 행정결정의 요건 중 일부에 대해 종국적인 판단으로서 내려지는 결정을 의미한다.[707] 사전결정은 신청인의 이익보호와 행정의 효율성을 위한 제도인데, 사전결정 단계에서 그 허가·불허가 통보 처분을 하고 나중에 최종 허가단계에서는 나머지 허가요건만을 심사한다.[708] 「건축법」 제10조 제1항의 사전결정이 대표적인 예이다.

사전결정은 그 결정에서 정해진 부분에만 제한적인 효력을 갖지만, 행정행위 그 자체로서 하나의 완결적 행정행위이라는 점은 학설과 판례가 일치한다.[709] 사전결정은 부분허가(부분행정행위)와 달리 「건축법」에서 신청인인 **건축주**에게 어떤 행위를 할 수 있도록 허용하지 않고 있다.[710] 사전결정은 종국적 행정행위가 아니고 건축허가 등 종국적 행정처분의 요건 중 일부에 대한 판단에 그치는 것이다. 따라서 사전결정을 받은 자는 사전결정을 받은 그 자체만으로는 어떠한 행위를 할 수 없다.

---

707) 박균성, 행정법론(상), 479면; 예비결정(사전결정)은 전체 사업안에 대한 종국적인 행정행위를 하기 이전에 전체 사업안에 대한 모든 허가요건 가운데 일부 요건에 대하여 종국적이고 구속적으로 확정하는 결정을 말한다(김남철, 행정법강론, 133면). 또는 종국적인 행정행위(건축허가)가 있기 전에 사전적인 단계로서 필요로 하는 형식적인 또는 실질적인 요건심사에 대한 종국적인 판단으로서 내려지는 결정을 말하기도 한다(류지태·박종수, 행정법신론, 2011; 김향기, 행정법개론, 174면). 예비행정행위는 종국행정행위의 전제요건에 대한 사전결정을 말한다(김철용, 행정법(제6판), 176면).

708) 판례는 「폐기물관리법」 제26조 제1항·제2항(현행 제25조)의 폐기물처리업허가 전의 사업계획서에 대한 적정·부적정통보의 법적성질을 예비행정행위로 보는 것 같다(김철용, 행정법(제6판), 176면). 「폐기물관리법」 제26조 제1항·제2항 및 같은 법 시행규칙 제17조 제1항 내지 제5항의 규정에 비추어 보면 폐기물처리업의 허가에 앞서 사업계획서에 대한 적정·부적정 통보 제도를 두고 있는 것은 폐기물처리업을 하고자 하는 자가 스스로 시설 등을 설치하여 허가신청을 하였다가 허가단계에서 그 사업계획이 부적정하다고 판명되어 불허가되면 허가신청인이 막대한 경제적·시간적 손실을 입게 되므로, 이를 방지하는 동시에 허가관청으로 하여금 미리 사업계획서를 심사하여 그 적정·부적정통보 처분을 하도록 하고, 나중에 허가단계에서는 나머지 허가요건만을 심사하여 신속하게 허가업무를 처리하는 데 그 취지가 있다(대법원 1998. 4. 28. 선고 97누21086 판결).

709) 홍정선, 행정법원론(상), 323면; 박균성, 행정법론(상), 479면; 김동희, 행정법 I, 215면; 판례도 예비결정의 성격을 갖는 「폐기물관리법」상의 사업계획서의 부적정 통보에 대하여 "부적정 통보는 허가신청 자체를 제한하는 등 개인의 권리 내지 법률상의 이익을 개별적이고 구체적으로 규제하고 있어 행정처분에 해당한다고" 하였다(대법원 1998. 4. 28. 선고 97누21086 판결).

710) 김철용, 행정법(제6판), 176면; 사전결정과 구별할 개념들이 있다. 종국행정행위가 행하여지기 이전에 잠정적 효력을 갖는 행정행위를 **가행정행위(잠정적 행정행위)**라 하고, 다단계절차에서 종국적 효력을 갖는 행정행위를 **종구형정형위**라 한다. 그리고 **부분행정행위**는 부분허가 또는 부분승인이라 하는데, 그 개념 정의에 대하여 학자에 따라 **부분행정행위**는 다단계절차에 있어서 종국적으로 행하여지는 행정행위를 말한다고 하거나(김철용, 행정법(제6판), 176면), 부분허가라 하고 행정결정의 대상이 되는 시설물 중 일부의 건설 및 운전에 대하여 확정적인 허가를 발급하는 것으로 부분허가가 수차례 걸쳐 계속적으로 이루어짐으로써 시설 전체의 건설이 완성되어 운전에 이르게 되는 방식을 말한다(박균성, 행정법론(상), 484, 480면). 박균성 교수는 근거 규정으로 「주택법」 제49조 제1항의 동별 사용검사를 들고, 「원자력안전법」 제10조 제3항 원자로 및 관계시설의 부지에 관한 사전승인의 판례(대법원 1998. 9. 4. 선고 97누19588 판결)를 예시로 들면서 판례가 원자로시설부지사전승인처분의 법적 성격을 '사전적 부분 건설허가'라 보고 있다고 하였다. 정하중 교수도 「원자력안전법」 제10조 제3항에 대하여 사전결정과 부분허가의 성격을 동시에 갖는다고 하고 있다(정하중, 행정법개론, 192면). 그 밖에도 홍정선 교수도 사전결정과 부분허가의 근거 규정으로 「원자력안전법」 제10조 제3항을 들고 있다(홍정선, 행정법원론(상), 321~322면). 따라서 「원자력안전법」 제10조 제3항은 사전결정의 성격과 부분허가의 성질을 동시에 갖는다고 보는 것이 다수의 견해인 듯하다. 분명한 것은 사전결정의 근거 규정으로 「건축법」 제10조 제1항 건축허가에 대한 사전결정과 「폐기물관리법」 제25조 제2항의 폐기물처리업허가 전의 사업계획서에 대한 적정·부적정통보를 들고 있는 데에는 논란이 없다. 이에 반해 확약은 종국적인 결정이 아니라 행정청이 장래에 일정한 행위를 하거나 하지 않을 것을 행정객체에게 약속하는 행위이고(김성수, 일반행정법, 홍문사, 2014, 335면), 행정행위성을 긍정하는 견해가 다수라 한다(김철용, 행정법(제6판), 240면). 예비결정은 종국적이며 구속력 있는 행정행위라는 점에서 구별된다.

2. 법적 성질

법적 성질에 대해서는 최종처분(혹은 후행행정행위)인 <u>건축허가를 기속행위로 볼 경우 사전결정도 기속행위</u>이다.

건축허가처분을 재량행위로 볼 경우에 사전결정이 재량행위인지의 여부는 건축허가의 재량판단 부분이 사전결정의 대상이 되는지에 의해 결정된다.[711]

대법원은 종래 건축허가를 기속행위로 보았기 때문에, 판시사항에서 사전결정 신청에 대한 결정권자는 건축하고자 하는 건축물을 해당 대지에 건축하는 것이 처분 당시의 「건축법」·「도시계획법」 등의 관계 법령에서 정하는 제한에 배치되지 아니하는 이상 당연히 건축이 허용된다는 사전결정을 하여야 하고 위 관계 법령에서 정하는 제한 사유 이외의 사유를 들어 건축을 불허가하는 결정을 할 수는 없다고 하였는데,[712] 이 판례는 기속행위로 본 것이라 할 수 있다.

그러나 현행 「건축법」 제11조 제4항에 숙박시설 등 건축허가에 대해서는 판례가 재량행위로 판시하고 있으므로 숙박시설 등의 사전결정도 재량행위로 볼 것이라 이해된다. 또한 주택건설사업계획의 사전결정이 재량행위인지 여부가 문제된 사안에서 대법원은 구 「주택건설촉진법」(1999. 2. 8. 법률 제5914호로 삭제)[713] 제33조 제1항의 규정에 의한 주택건설사업계획의 승인은 상대방에게 권리나 이익을 부여하는 효과를 수반하는 이른바 수익적 행정처분으로서 행정처분의 요건에 관하여 일의적으로 규정되어 있지 아니한 이상 행정청의 재량행위에 속하고, 그 전 단계인 같은 법 제32조의4 제1항의 규정에 의한 주택건설사업계획의 사전결정이 있다 하여 달리 볼 것은 아니라고[714] 하였다.

3. 권리구제

사전결정이 후속되는 단계에서의 **건축허가** 행정처분에 구속력(선행행정행위인 예비결정이 후행행정행위 건축허가에 대하여 구속력)이 미치는지에 대하여 (1) 학설은 <u>구속력을 긍정하는 것이 다수설</u>인 것으로 보인다.[715] 즉 사전결정은 무효가 아닌 한 사전결정의 대상이 된 사항에 있어서 후행결정에 대하여 자기구속력을 갖는다. 따라서 행정청은 <u>사정변경 등 특별한 사정이 없는 한, 최종행정결정에서 사전결정은 그대로 인정하고, 사전결정 되지 않은 부분만을 결정하여야 한다</u>는 견해이다. (2) 한편 판례는 구속력을 부정한다. ① 대법원은 「원자력법」 제11조 제3항(현행 「원자력안전법」 제10조 제3항) 소정의 **부지사전승인**제도의 취지 및 이에 터 잡은 **건설허가처분**이 있는 경우 선행행위의 **부지사전승인**

---

711) 박균성, 행정법론(상), 481면.
712) 대법원 1996. 3. 12. 선고 95누658 판결.
713) 「주택건설촉진법」 제32조의4 (사업계획의 사전결정) ①**대통령령**이 정하는 지역 및 규모의 주택건설사업을 시행하고자 하는 자는 사업계획의 승인신청전에 건설교통부장관에게 당해 주택건설사업이 이 법 또는 다른 법률에 의하여 허용되는지의 여부에 대한 사전결정을 신청할 수 있다. 동 규정은 1999 2. 8. 법률 제5908호로 개정되어 1999. 3. 1.부터 시행되었으나 절차가 복잡하고 사업계획승인과 내용이 중복되므로 주택건설절차 간소화를 이유로 폐지되었다.
714) 대법원 1999. 5. 25. 선고 99두1052 판결.
715) 박균성, 행정법론(상), 482면; 홍정선, 행정법원론(상), 324면; 정하중, 행정법개론, 192면.

처분의 취소를 구할 <u>소의 이익 유무</u>에[716] 대한 판시에서, 「원자력법」 제11조 제3항 소정의 <u>부지사전승인제도</u>는 원자로 및 관계시설을 건설하고자 하는 자가 그 계획중인 건설부지가 「원자력법」에 의하여 원자로 및 관계시설의 부지로 적법한지 여부 및 굴착공사 등 일정한 범위의 공사(이하 '사전공사'라 한다)를 할 수 있는지 여부에 대하여 <u>건설허가 전에 미리 승인을 받는 제도로서</u>, 원자로 및 관계시설의 건설에는 장기간의 준비·공사가 필요하기 때문에 필요한 모든 준비를 갖추어 건설허가신청을 하였다가 부지의 부적법성을 이유로 불허가될 경우 그 불이익이 매우 크고 또한 원자로 및 관계시설 건설의 이와 같은 특성상 미리 사전공사를 할 필요가 있을 수도 있어 <u>건설허가 전에 미리 그 부지의 적법성 및 사전공사의 허용 여부에 대한 승인을 받을 수 있게 함으로써 그의 경제적·시간적 부담을 덜어 주고 유효·적절한 건설공사를 행할 수 있도록 배려하려는 데 그 취지가 있다</u>고 할 것이므로, 원자로 및 관계시설의 부지사전승인처분은 그 자체로서 건설부지를 확정하고 사전공사를 허용하는 법률효과를 지닌 <u>독립한 행정처분</u>이기는 하지만, 건설허가 전에 신청자의 편의를 위하여 미리 그 건설허가의 일부 요건을 심사하여 행하는 <u>사전적 부분 건설허가처분의 성격을 갖고 있는 것</u>이어서 나중에 <u>건설허가처분이 있게 되면 그 건설허가처분에 흡수되어 독립된 존재가치를 상실함으로써 그 건설허가처분만이 쟁송의 대상이 되는 것</u>이므로, <u>부지사전승인처분의 취소를 구하는 소는 소의 이익을 잃게 되고</u>, 따라서 부지사전승인처분의 위법성은 나중에 내려진 건설허가처분의 취소를 구하는 소송에서 이를 다투면 된다.[717]

---

716) ※**협의의 소의 이익**

  1. 행정소송법 제12조 후문의 규정: 「행정소송법」 제12조는 표제를 원고적격으로 하면서, 전문에서 "<u>취소소송은 처분 등의 취소를 구할 법률상 이익이 있는 자가 제기할 수 있다.</u>"고 하고, 후문에서는 "<u>처분 등의 효과가 기간의 경과, 처분 등의 집행 그 밖의 사유로 인하여 소멸된 뒤에도 그 처분 등의 취소로 인하여 회복되는 법률상 이익이 있는 자의 경우에는 또한 같다.</u>"라고 하여 처분 등이 있은 다음 사정변경에 의하여 처분 등의 본래적 효과가 소멸하거나 그 실질적 의의를 상실한 경우에도 그 취소를 구할 수 있는지 여부에 관하여 규정하고 있다. 「행정소송법」 제12조와 관련하여 동조 전문은 취소소송의 원고적격에 관한 규정이며, 후문은 취소소송에서의 협의의 소의 이익에 관한 규정으로 보는 견해가 다수설이다. 이는 「행정소송법」 제12조 전문과 후문 모두 취소소송의 원고적격에 관한 규정으로 보는 견해이다. 이에 따르면 다수견해가 말하는 협의의 소의 이익은 판례와 학설에 의해 인정되는 것으로 본다.

  2. 협의의 소의 이익의 판단기준

    가. **구제가능한 현실적인 이익:** 일반적으로 원고적격이 인정되면 협의의 소의 이익(권리보호의 필요)이 인정된다. 소의 이익은 취소판결이 이루어졌을 때 원고의 구제가 현실적으로 실현될 수 있는 상태에 있어야 한다. 소송목적이 실현된 경우, 원상회복이 불가능한 경우 및 보다 실효적인 구제절차가 있는 경우에는 협의의 소의 이익이 인정되지 아니하나, 이 경우에도 회복되는 법률상 이익이 있는 경우에는 협의의 소의 이익이 인정된다.

    나. **소의 이익에서의 법률상 이익:** 「행정소송법」 제12조 후문은 처분 등의 효과가 기간의 경과, 처분 등의 집행 그 밖의 사유로 인하여 소멸된 뒤에도 그 처분 등의 취소로 인하여 회복되는 법률상 이익이 있는 자에게 소의 이익을 인정하고 있다. 위법한 처분의 취소로 법률상 이익이 회복될 가능성이 있으면, 그것이 부수적인 이익이라도 소의 이익이 인정된다.

  3. 권리보호의 필요의 존부(판례의 입장)

    가. **제재적 처분의 전력이 장래의 제재적 처분의 가중요건인 경우:** 제재기간이 지나 제재처분의 효력이 소멸된 경우에도 소의 이익이 인정된다.

    나. **처분이 집행완료된 경우(원상회복이 불가능한 경우):** 가옥의 철거명령을 다투고 있는 사이에 가옥이 철거되었다면 처분을 취소하더라도 가옥의 원상회복이 불가능하므로 소의 이익은 없는 것이 된다.

    다. **처분이 종국처분에 흡수된 경우:** 처분이 종국처분에 흡수된 경우에는 그 처분은 독립된 존재가치를 상실하여 당연히 소멸하므로 그 취소를 구할 소의 이익이 없게 된다. 또한 과세처분이 있은 후 과세표준이나 세액 등이 확정된 증액경정처분의 경우 당초의 과세처분은 증액경정처분에 흡수되므로 당초의 과세처분의 취소를 구할 소의 이익이 없게 된다.

② 또 다른 판례에서, 원고가 피고로부터 이 사건 주택사업계획에 대하여 <u>사전결정</u>을 받았고, 이에 따라 원고가 이 사건 주택사업의 준비를 하여 온 사실이 인정되나, 이 사건 원고의 주택사업계획을 승인할 경우 공익을 현저히 침해할 우려가 있으므로, 신뢰보호의 원칙은 적용될 수 없다고 할 것이다.718) 즉 <u>사전결정</u>에 기속되지 않고 신뢰보호의 원칙만을 인정하는 판결을 하였다. 이 견해에 의하면 사정변경이 없는 경우에도 공익이 신뢰이익보다 큰 경우 사전결정에 배치되는 결정을 할 수 있다. 즉 **사전결정**을 하였다고 하더라도, **사업승인(건축허가)** 단계에서 그 사전결정에 기속되지 않고 다시 사익과 공익을 비교형량하여 그 승인 여부를 결정할 수 있다. **사견**으로는 사전결정의 구속력을 부정한다면 제도적 취지가 무색할 것으로 보인다. (3) 사전결정제도는 사실상 「국토계획법」상 개발행위허가와 중복되는 문제를 가지고 있다. 왜냐하면 「국토계획법」이 규율하는 개발행위허가제도는 대부분 건축물에 대한 건축허가여부를 결정하는 기능을 하기 때문이다.719)

IV. 절차

허가권자는 신청을 받으면 <u>입지, 건축물의 규모, 용도 등</u>을 **사전결정**한 후 사전결정 신청자에게 알려야 하고(법 제10조 제4항), 신청 절차·신청 서류·통지 등에 필요한 사항은 **국토교통부령**으로 정한다(법 제10조 제5항).720)

V. 사전결정 통지의 효력

1. 인·허가 의제

사전결정 통지를 받은 경우에는 다음 1. 「국토계획법」 제56조에 따른 **개발행위허가**, 2. 「산지관리법」 제14조와 제15조에 따른 **산지전용허가와 산지전용신고**, 같은 법 제15조의2에 따른 **산지일시사용허가·신고**(다만, 보전산지인 경우에는 도시지역만 해당된다), 3. 「농지법」 제34조, 제35조 및 제43조에 따른 **농지전용허가·신고 및 협의**, 4. 「하천법」 제33조에 따른 **하천점용허가**를 받거나 신고 또는 협의를 한 것으로 본다(법 제10조 제6항).

허가권자는 같은 법 제10조 제6항 각 호의 어느 하나에 해당되는 내용이 포함된 사전결정을 하려면

---

717) 대법원 1998. 9. 4. 선고 97누19588 판결.
718) 대법원 1999. 5. 25. 선고 99두1052 판결; 대법원 1998. 4. 28. 선고 97누21086 판결.
719) 김종보, 건설법(제5판), 121~122면.
720) 칙 제4조(건축에 관한 입지 및 규모의 사전결정신청시 제출서류) 법 제10조 제1항 및 제2항에 따른 사전결정을 신청하는 자는 별지 제1호의2 서식의 사전결정신청서에 다음 각 호 1. 간략설계도서, 2. 교통영향평가서의 검토 서류, 3. 사전환경성검토 서류, 4. 허가를 받거나 신고 또는 협의를 위한 서류, 5. 건축계획서 및 배치도의 도서를 첨부하여 법 제11조 제1항에 따른 허가권자에게 제출하여야 한다.

미리 **관계 행정기관의 장**과 **협의**하여야 하며, **협의**를 요청받은 **관계 행정기관의 장**은 요청받은 날부터 15일 이내에 의견을 제출하여야 한다(법 제10조 제7항). 여기서 의제되는 인허가기관과의 **협의**가 실질상 동의인지(동의설) 강학상 자문인지(협의설) 논란이 있다.

국민생활 및 기업활동과 밀접하게 관련되어 있는 허가 민원의 처리절차를 법령에서 명확하게 규정함으로써 관련 민원의 투명하고 신속한 처리와 일선 행정기관의 적극행정을 유도하기 위하여, **관계 행정기관의 장**이 법 제10조 제7항에서 정한 기간(「민원 처리에 관한 법률」 제20조 제2항에 따라 회신 기간을 연장한 경우에는 그 연장된 기간을 말한다) 내에 의견을 제출하지 아니하면 **협의**가 이루어진 것으로 본다(법 제10조 제8항). 건축허가 전 해당 건축에 관한 입지와 규모 등의 사전결정과 관련하여 협의를 요청받은 **행정기관의 장**이 15일 이내에 의견을 회신하지 아니한 경우에는 협의가 이루어진 것으로 간주(看做)하는 제도를 도입하였다.

2. 실효

사전결정신청자는 사전결정을 통지받은 날부터 **2년 이내**에 건축허가를 신청하여야 하며, 이 기간에 건축허가를 신청하지 아니하면 사전결정은 독자적 효력을 더 이상 인정하기 어려우므로 그 효력이 상실된다(법 제10조 제9항). 사전결정 효력을 인정받기 위해서는 사전결정을 받은 내용에 변동이 없어야 하고, 2년의 효력기간은 해당 기간 중에 법령의 제·개정이 이루어지더라도 사전결정을 받은 내용은 보호를 받을 수 있다.[721]

제3절 건축허가

Ⅰ. 의의·허가대상 및 허가권자

1. 의의

「건축법」은 건축물을 만들어 내는 행위로 인해 주된 위험상황이 발생한다는 전제하에, '건축물의 건축'을 건축허가의 대상으로 정하고 있다(법 제11조 제1항). 건축허가라 함은 건축이나 건축물의 대수선에 있어 사전에 주어지는 허가를 말한다. 본래 건축은 인간의 자연적 자유에 속하는 것이지만 건축물의 안전성의 확보, 인근주민의 권리와의 조정, 기타 개발제한구역의 보호, 도시토지의 합리적 이용 등공익의 보호를 위하여 일정한 제한을 가할 필요가 있다. 그리하여 건축을 함에 있어서 「건축법」 등관련 규정에의 부합여부를 심사하고, 필요한 경우 환경 등 공익을 보호하기 위하여 허가를 받도록 하

---

721) 국토부, 건축행정, 2013, 161~162면.

고 있는 것이다.[722]

2. 허가대상

건축물을 건축하거나 대수선하려는 자는 **허가권자**의 허가를 받아야 한다(법 제11조 제1항). 모든 건축물의 건축·대수선이 허가 대상이나 「주택법」 제15조에 의한 사업계획승인(30호 이상 단독주택, 30세대 이상 공동주택, 300세대 이상 주상복합)은 건축허가에 의제된다(주택법 제19조 제1항 제1호).

무허가건축행위에 대해서는 일정금액의 이행강제금을 부과하거나(법 제80조 제1항 제1호) 도시지역에서 건축물을 건축하거나 대수선 또는 **용도변경**을 한 **건축주** 및 공사시공자는 3년 이하의 징역이나 5억원 이하의 벌금(도시지역 밖에서 2년 이하의 징역 또는 1억원 이하의 벌금)에 처하여 진다(법 제80조 제1항 제1호, 제108조 제1항, 제110조 제1호). 이때의 무허가건축행위에는 처음부터 건축허가 없이 건축하는 행위뿐만 아니라, 일단 건축허가를 받았다 하더라도 그 허가내용과 다른 건축행위를 한 경우도 포함된다.[723]

3. 허가권자

건축물을 건축하거나 대수선하려는 자는 **특별시장·광역시장**·특별자치시장·특별자치도지사 또는 시장·군수·구청장(건축**허가권자**)의 허가를 받아야 한다(법 제11조제1항 본문).

다만, 21층 이상의 건축물 등 **대통령령**으로 정하는 용도 및 규모의 건축물[법 제11조 제1항 단서에 따라 **특별시장·광역시장**의 허가를 받아야 하는 건축물의 건축은 층수가 **21층 이상**이거나 연면적의 합계가 **10만㎡ 이상**인 건축물의 건축(연면적의 10분의 3 이상을 증축하여 층수가 21층 이상으로 되거나 연면적의 합계가 10만㎡ 이상으로 되는 경우를 포함한다)을 말한다. 다만, 다음 각 호 1. 공장, 2. 창고, 3. 지방건축위원회의 심의를 거친 건축물(특별시 또는 광역시의 건축**조례**로 정하는 바에 따라 해당 지방건축위원회의 심의사항으로 할 수 있는 건축물에 한정하며, 초고층 건축물은 제외한다)의 어느 하나에 해당하는 건축물의 건축은 제외한다(영 제8조 제1항)]을 특별시나 광역시에 건축하려면 **특별시장이나 광역시장의 허가를 받아야 한다(법 제11조 제1항 단서).

법 제11조 제1항 단서 조항의 요건이 충족되는 건축물에 대해서는 군수·구청장의 건축허가권은 배제된다. 그러므로 이 경우 **건축주**는 특별시장이나 광역시장에게 건축허가를 직접신청하고 건축허가가 거부되는 경우에 특별시장이나 광역시장을 피고로 소송을 제기해야 할 것이다. 단서 조항의 경우에도 특별자치시장·특별자치도지사 또는 시장에게 허가를 받아야 하므로 특별자치시·특별자치도 또는 시에서 단서 조항은 의미가 없다. 여기서 '**건축주**'란 건축물의 건축·대수선·**용도변경**, 건축설비의 설치 또는 공작물의 축조(이하 "건축물의 건축등"이라 한다)에 관한 공사를 발주하거나 현장 관리인을 두어 스스로 그 공사를 하는 자를 말한다(법 제2조 제1항 제12호). 그리고 **국토교통부장관**이나 **도지사**는 건축**허가권자**가 아니다.

---

722) 박균성, 행정법론(하), 770면.
723) 대법원 1991. 8. 23. 선고 91도1448 판결; 대법원 1994. 4. 29. 선고 94도44 판결.

〈표 28〉 건축허가 대상 및 허가권자

허가 대상	허가권자
- 건축 또는 대수선(일정규모 이하인 경우 건축신고)	특별자치시장·특별자치도지사 또는 시장·군수·구청장
- 21층 이상 - 연면적 합계가 10만㎡ 이상 - 연면적의 3/10 이상의 증축으로 인하여 층수가 21층 이상으로 되거나 연면적 합계가 10만㎡ 이상되는 증축 포함	특별시장·광역시장·특별자치시장·특별자치도지사 또는 시장

II. 도지사의 사전승인

1. 연혁 및 의의

건축허가 전에 **도지사**의 사전승인을 얻도록 하는 제도로서, 위락시설 및 숙박시설 등의 무분별한 건축을 제한하면서, 시장·군수가 건축물의 건축을 허가하기 전에 **도지사**의 사전승인을 얻어야 하는 건축물을 종전에는 21층 이상의 건축물 등으로 한정하였으나, 2001. 1. 16. 법률 제6370호로 개정 (2001. 7. 17. 시행)으로 자연환경 또는 수질보호를 위하여 **도지사**가 지정·공고하는 구역 안에 건축하는 3층 이상 또는 연면적 합계 1천㎡ 이상의 건축물로서 **대통령령**이 정하는 용도에 해당하는 건축물로 이를 확대함으로써 환경보호 및 난개발의 방지를 도모하기 위해 개정하였다.[724]

시장·군수는 법 제11조 제1항에 따라 다음 각 호 1. 법 제11조 제1항 단서에 해당하는 건축물[층수가 21층 이상이거나 연면적의 합계가 10만㎡ 이상인 건축물의 건축(연면적의 10분의 3 이상을 증축하여 층수가 21층 이상으로 되거나 연면적의 합계가 10만㎡ 이상으로 되는 경우를 포함한다)], 다만, 도시환경, 광역교통 등을 고려하여 해당 도의 **조례**로 정하는 건축물은 제외한다. 2. 자연환경이나 수질을 보호하기 위하여 **도지사**가 지정·공고한 구역에 건축하는 3층 이상 또는 연면적의 합계가 1천㎡ 이상인 건축물로서 위락시설과 숙박시설 등 **대통령령**으로 정하는 용도에 해당하는 건축물[1. 공동주택, 2. 제2종 근린생활시설(일반음식점만 해당한다), 3. 업무시설(일반업무시설만 해당한다), 4. 숙박시설, 5. 위락시설(영 제8조 제3항)], 3. 주거환경이나 교육환경 등 주변 환경을 보호하기 위하여 필요하다고 인정하여 **도지사**가 지정·공고한 구역에 건축하는 위락시설 및 숙박시설에 해당하는 건축물에 해당하는 건축물의 건축을 허가하려면 미리 건축계획서와 **국토교통부령**으로 정하는 건축물의 용도, 규모 및 형태가 표시된 기본설계도서를 첨부하여 **도지사**의 승인을 받아야 한다(법 제11조 제2항).

21층 이상의 건축물이거나 연면적의 합계 10만㎡ 이상인 건축물의 건축에 대한 **도지사**의 사전승인은 곧 건축허가 절차이다.[725] **도지사**의 사전승인 대상이 특별시장·광역시장이 **허가권자**인 허가 대상

---

724) 국회 의안정보시스템 http://likms.assembly.go.kr/bill/billDetail.do?billId=016638[160523] 「건축법」중 개정법률안 (대안)(건설교통위원장).

725) 국토부, 건축행정, 2013, 176면.

보다 범위가 넓다.

2. 법적 성질

경기도 등 특별시나 광역시에 해당하지 않는 도(道)의 경우에는 대규모 건축물의 경우에도 여전히 시장·군수가 **허가권자**가 된다는 점에서 규모가 작은 건축물과 차이가 없다. 다만 절차의 면에서 시장·군수가 미리 **도지사**에게 일정한 서류를 갖추어 사전승인을 신청하여야 한다는 제약을 받는다. 이러한 사전승인은 시장·군수가 **도지사**의 승인을 받는다는 점에서 행정내부적인 승인에 불과한 것이며, **건축주**에게 별도의 법적효력을 갖지 않는 것으로 엄격하게 해석하여야 한다. 그 승인행위 주체가 **도지사**이고 상대방은 시장·군수이므로 통상적인 처분의 구조가 아니며, **건축주**에게 별도로 통지될 것을 요하지도 않기 때문이다.[726)

그러므로 사전승인이 없었다고 하여도 대외적으로 시장·군수의 건축허가가 발급된 이상 그 효력을 부인할 수 없고, 반대로 사전승인이 있었다 하여도 그것만으로 **건축주**의 건축금지의무가 해제되는 것은 아니다. 사전승인이 거부되어 건축허가가 발급되지 않는 경우에도 **건축주**는 시장·군수를 피고로 건축허가거부처분취소소송을 제기할 뿐이며, **도지사**를 피고로 하여 승인거부를 다툴 수 없을 것이다.[727)

이러한 사전승인에 관한 규정은 1999년 「건축법」에 처음 도입된 것으로 경기도 등 광역시가 아닌 비도시지역에 적용되는 것을 원칙으로 한다. 이 제도는 준농림지역(현행 관리지역) 등의 위락시설이나 숙박시설의 난립을 막기 위한 취지에서 대규모 건축물의 사전승인과 함께 「건축법」에 마련된 것으로서 그 실질은 오히려 국토계획법적 성격을 갖는다. 이는 위험방지라는 「건축법」 고유의 임무와 관련이 없기 때문이다. 위락시설이나 숙박시설에 대한 사전승인도 그 법적 성격은 대규모 건축물의 사전승인과 동일한 것으로 해석한다.[728)

Ⅲ. 건축허가의 법적 성질

1. 문제의 의의 및 건축허가의 개정 연혁

「건축법」은 그 내용에 있어서 건축허가에 관한 것이 대부분인데, 건축물로 인한 위험방지를 목적으로 경찰법으로서의 성격과 국토계획법적 성격의 조항들도 포함하고 있어서 그 법적 성질의 규명에 있어서 논란이 있다. 그리고 건축허가의 법적 성질 규명은 근거 규정의 개정취지와 관련이 있기 때문에 개정 연혁을 먼저 살펴볼 필요가 있다.

---

726) 김종보, 건설법(제5판), 120면.
727) 김종보, 건설법(제5판), 120면.
728) 김종보, 건설법(제5판), 121면.

가. 1995. 1. 5. 개정 법률 제4919호(시행 1996. 1. 6.)

법 제8조(건축허가) 제4항에서 시장·군수·구청장은 당해 용도·규모 또는 형태의 건축물을 당해 대지에 건축하는 것이 **도시미관·주변환경 등**에 비추어 **대통령령**이 정하는 바에 의하여 불합리하다고 인정되는 경우에는 건축위원회의 심의를 거쳐 건축허가를 하지 아니할 수 있다. 이에 법률에서 위임된 사항을 시행령은 1995. 12. 30. 개정(시행 1996. 1. 6. **대통령령** 제14891호)하여 다음과 같이 신설하였다. 즉, 법 제8조 제4항의 규정에 의하여 건축허가를 하지 아니할 수 있는 경우는 다음 각 호 1. **자연경관이나 도시경관의 보호가 특히 필요**하다고 인정하여 시장·군수·구청장이 지정·공고하는 구역안에서 그 용도·규모 또는 형태가 부적합하다고 인정하는 건축물을 건축하는 경우, 2. 단독주택 등 3층 이하의 건축물이 밀집되어 있는 지역에서 건축하고자 하는 건축물의 높이가 당해 대지경계선으로부터 당해 건축물의 높이에 해당하는 거리에 있는 지역안의 건축물 평균높이의 5배를 초과하는 경우, 3. 인근의 토지 및 건축물의 이용현황에 비추어 현저히 부적합한 용도의 건축물을 건축하는 경우의 어느 하나에 해당하는 경우를 말한다(영 제8조 제6항).

이러한 「건축법」 제8조 제4항 자체가 도시미관 등에 의한 건축제한은 불필요한 과도한 규제라는 이유로 위 조항은 1999. 2. 8.(시행 1999. 5. 9. 법률 제5895호) 개정 시 삭제되는 운명을 맞게 되었다. 따라서 동 규정은 1996. 1. 6.부터 1999. 5. 8.까지 유효한 조항이라 볼 수 있다.

나. 2001. 1. 16. 개정 법률 제6370호(시행 2001. 7. 17.)[729]

소위 '러브호텔' 건축에 반대하는 주민의 반발과 숙박 및 위락시설 관련제도가 개선되어야 한다는 여론에 힘입어 「건축법」은 2001. 1. 16. 법률 제6370호 개정으로 러브호텔의 건축허가와 인근주민의 이익충돌 문제를 입법적으로 해결하였다. 법 제8조 제5항에서 **허가권자**는 **위락시설 또는 숙박시설**에 해당하는 건축물의 건축을 허가하는 경우 당해 대지에 건축하고자 하는 건축물의 용도·규모 또는 형태가 **주거환경 또는 교육환경 등 주변환경**을 감안할 때 부적합하다고 인정하는 경우에는 이 법 또는 다른 법률의 규정에 불구하고 건축위원회의 심의를 거쳐 건축허가를 하지 아니할 수 있다.

다. 2008. 3. 21. 법률 제8974호 전면개정 및 시행

「건축법」의 전면개정으로, 제8조에서 제11조로 변경되었다. 건축물을 건축하거나 대수선하려는 자는 특별자치시장·특별자치도지사 또는 시장·군수·구청장의 허가를 받아야 한다(법 제11조 제1항). 그리고 법 제11조 제4항 단서에서 **허가권자**는 다음 각 호 1. **위락시설이나 숙박시설**에 해당하는 건축물의 건축을 허가하는 경우 해당 대지에 건축하려는 건축물의 용도·규모 또는 형태가 **주거환경이나 교육환경 등 주변 환경**을 고려할 때 부적합하다고 인정되는 경우 등에는 이 법이나 다른 법률에도 불구하

---

729) 생활환경 유해요인으로부터 국민의 주거환경 및 교육환경을 철저히 보호할 수 있도록 하기 위하여 위락시설 및 숙박시설 등의 무분별한 건축을 제한한다는 것이 제정취지(법제처)이다.

고 <u>건축위원회의 심의를</u> 거쳐 건축허가를 하지 아니할 수 있다.

2. 기속행위·재량행위 여부

법의 개정 연혁의 검토 결과 「건축법」상 건축허가가 기속행위·재량행위인지 여부에 대해서는 법 제11조 제1항의 '**일반건축물에 대한 건축허가**'와 법 제11조 제4항 단서 조항의 건축위원회의 심의를 거쳐 건축허가를 하지 아니할 수 있는 '**위락시설이나 숙박시설 등에 따한 건축허가**'의 경우로 구별하여 논의할 필요가 있다.

가. 학설

(1) 기속행위설

(가) 「건축법」 제11조 제1항의 건축허가는 전통적으로 기속행위라고 보아 왔다. 건축허가는 학문상 허가에 해당하고, 이를 기속행위로 본 이유는 건축행위는 본래 인간의 자연적 자유에 속하지만 경찰상 목적을 위하여 건축을 일반적으로 금지하고 일정한 요건에 해당하는 경우, 그 금지를 해제하여 자연적인 건축의 자유라는 기본권실현을 회복시켜 주는 것이 건축허가이므로, 요건에 해당하는 한 건축을 허가하여야 한다는 견해이다.

(나) 주목할 만한 견해로, 건축허가는 일반적으로 건축의 자유라는 기본권실현 측면에서 요건만 갖추면 허가를 발급하여야 하며 법 제11조 제1항의 건축허가는 <u>기속행위</u>라 하고, 법 제11조 제4항 법문의 표현대로라면 재량행위로 볼 여지가 있다. 그렇지만 법문의 표현방식만으로 절대적인 구별기준이 될 수 없다는데 동감한다. 그런데 「건축법」은 <u>위험방지 등의 공익실현을 위하여 일정한 요건을 통하여 건축허가를 제한하고 있는 것이라는 점을 고려하면 법 제11조 제4항에 규정된 건축물에 대한 건축이 주변환경이나 위험방지 차원에서 부적합하다고 인정되는 경우라면 건축허가를 하지 말아야 할 기속을 받는다고 한다.</u>[730]

(다) 이 설에 의하면 **허가권자**는 건축허가신청이 「건축법」의 기준에 위반되지 아니하는 한 건축허가를 하여야 하며, **건축주**는 「건축법」의 기준에 적합한 경우에는 언제나 건축허가를 받을 수 있다.[731]

(2) 재량행위설

(가) 건축허가는 원칙상 기속행위이지만 공익상 필요한 경우 일정한 한도 내에서 <u>재량행위라고 보는 견해가 다수설</u>이라 할 수 있다. 일반건축물에 대한 건축허가(법 제11조 제1항)는 기속행위로 이해하면서 숙박시설 등에 대한 건축허가(법 제11조 제4항)는 「건축법」 규정의 표현방식을 보면 명시적으로

---

730) 김남철, 행정법강론, 박영사, 2016, 149~150, 1278면.
731) 정태용, 건축법 해설, 한국법제연구원, 2006, 140면.

재량행위로 규정하고 있다고 본다.[732]

(나) 「건축법」이 기본적으로 경찰법으로서의 성격을 가지고, 경찰법상 허가제로 대표적인 것이 바로 건축허가이지만, 「건축법」상 건축허가가 위험방지의 건축허가요건만을 심사하던 시절에는 그 요건이 충족되는 한, 행정청이 허가를 반드시 발급해야 하는 기속행위일 것이지만, 건축허가로 무수히 많은 재량행위들이 인·허가의제(법 제11조 제5항) 되고 있는 현행법의 해석상 재량행위를 포함하는 건축허가는 더 이상 기속행위일 수 없다.[733] 대법원도 같은 입장이다. 또한, 「건축법」에는 도시계획적인 사항이 적지 아니하게 포함되어 있으며, 예를 들면 「건축법」 제11조 제4항에서 주변환경과 전혀 어울리지 아니하는 규모나 용도의 건축까지를 재산권행사로 보장하여야 할 것인지에 의문을 가지면서 기속행위로 보기에는 어렵다고 한다.[734]

(3) 병존설(개별적결정설)[735]

건축허가 요건에의 합치 여부 및 도시계획에 합치하는지 여부의 판단은 원칙적으로 기속판단이라고 본다. 「건축법」 제11조 제1항의 건축허가를 받으면 「국토계획법」상 개발행위허가가 의제되므로 개발행위허가요건 판단에는 판단여지가 인정되거나 개발행위허가제에 재량권이 인정되는 한도 내에서는 건축허가는 판단여지 또는 재량이 인정된다고 본다. 「건축법」 제11조 제4항의 위락시설 또는 숙박시설의 건축허가는 교육환경과 주거환경과의 이익형량을 하여야 하므로 이 한도 내에서도 재량행위로 본다.

나. 판례

(1) 일반건축물에 대한 건축허가

(가) 대법원은 구 「건축법」(1991. 3. 8. 법률 제4364호로 개정되기 전의 것) 제5조 제1항에 대하여 건축허가는 기속행위라고 판시하였다. 소정의 건축**허가권자**는 건축하고자 하는 건축물이 「건축법」, 「도시계획법」 등의 관계법규에서 정하는 제한에 배치되지 않는 이상 당연히 건축허가를 하여야 하고, 관계법규에서 정하는 제한사유 이외의 사유를 들어 그 허가신청을 거부할 수는 없다. 따라서 이 사건 건축허가가 신청된 건물이 관계법규에서 정하는 어떠한 제한사유에도 해당되지 않음에도 불구하고, 피고가 단지 이 사건 건물이 건축되고 공중목욕탕의 용수조달을 위하여 지하수를 개발하게 되면 인근

---

732) 홍정선, 행정법원론(하), 박영사, 2015, 727면; 정태용, 건축법, 140면; 조성규, "建築許可의 法的 性質과 隣人의 保護", 법학연구 제23집, 2002, 302면; 송희준, "건축허가와 인근주민의 권리구제", 행정법연구 통권 제18호, 2007, 583면; 전현철, "「건축법」상 건축허가의 법적 성질—판례를 중심으로—", 과학기술법연구 제14집 제2호, 2009, 521면.
733) 정태용, 건축법, 141면; 반면에 이 조문은 국토계획법적 성격을 갖는 것이라는 문제점도 있다는 지적이 있다(김종보, 건설법(제5판), 118면).
734) 정태용, 건축법, 140면.
735) 박균성, 행정법론(하), 772면.

주민들의 용수에 지장이 있다는 이유만으로 그 건축허가신청을 반려한 것은 위법하다.736)

(나) 건축허가가 기속행위라는 의미는 행정청의 입장에서는 「건축법」이 정하고 있는 제한사유 이외의 사유로는 건축허가를 임의로 거부할 수 없다는 것을 의미하고, **건축주**의 입장에서는 「건축법」이 정한 요건을 충족하는 한 언제나 건축허가를 받을 수 있다는 것을 뜻한다. 대법원이 건축허가가 기속행위라는 일관된 입장을 유지한 것은 건축과 관련된 비리를 근절하고, 토지소유자에게 투명한 예측가능성을 보장하는 데 기여하기 위해서였다. 그러나 이 원칙은 다른 한편 「건축법」이 미처 새로운 위험상황을 예측해서 허가요건으로 정하지 않았을 때, 사회적으로 용인하기 어려운 건축물의 건축을 저지할 수 없다는 한계를 동시에 갖는다.737)

(2) 도시미관·주변환경 등에 비추어 불합리하다고 인정되는 경우

(가) 이 사건은 1995. 1. 5.(시행 1996. 1. 6. 법률 제4919호) 개정 이전 사건이다(대법원95누10594 판결). 원고가 1994. 6. 15. **피고(칠곡군수)**에게 경북 칠곡군 동명면 기성리 대 314㎡(이하 이 사건 토지라고 한다) 지상에 연면적 863.14㎡의 숙박시설(여관) 및 근린생활시설(대중음식점)을 건축하기 위한 건축허가신청을 하였고, 이에 피고가 위 건축허가신청에 대하여 농촌지역의 향락과 퇴폐분위기 확산, 생활하수 방류로 인한 인근 농경지의 오염 우려, 부동산 투기로 인한 농민들의 생산의욕 감퇴, 농촌주민의 정서 및 자녀 교육에 나쁜 영향을 끼칠 우려가 있다는 등의 이유로 1994. 7. 15. 원고에게 위 건축허가 신청서를 **반려하였다**. 이에 대법원은 원고의 이 사건 건축허가신청이 「건축법」, 「도시계획법」 등 관계법규에서 정하는 건축허가 제한 사유에 해당하지 않는 이상 피고가 법규상 아무런 근거도 없는 상기의 사유를 들어 원고의 이 사건 숙박시설 **건축을 불허할 수 없다**고 판시하였다.738)

(나) 이 사건은 1995. 1. 5. 개정 이후 2001. 1. 16. 개정 이전 사건이다(대법원 98두4658판결). 당초 처분 경위는 다음과 같다. 원고는 1997. 3. 4. 피고에게 숙박시설 건축허가신청을 하였는데, **피고**는 같은 달 7. 위 건축허가신청은 이미 건축위원회 심의결과 부결된 사안과 동일한 것으로서, 이 사건 각 토지는 의왕시 도시기본계획상 주거지역으로 변경될 예정지로 신축중인 학교가 약 500미터 정도의 가시권에 있는 등 **인근주민의 정서 및 주변환경**에 부적합하다는 이유로 **건축을 불허가하는 처분**을 하였다.

이에 대법원은 구 「건축법 시행령」 제8조 제6항 제1호는 자연경관이나 도시경관의 보호가 필요한 경우에 건축허가를 제한할 수 있는 규정인데 피고가 내세운 처분사유는 이 사건 토지가 장차 주거지역으로 변경될 예정이어서 토지이용계획이 불합리하다든가 인근 주민의 정서에 부적합하다는 사유는 영 제8조 제6항 제3호의 건축불허가 사유에도 해당하지 아니하며, 이 사건 토지 주변에 주유소, 골프연습장, 창고 등이 있고 주택가는 형성되어 있지 아니한 현황에 비추어 신축중인 고등학교가 500m 떨어진

---

736) 대법원 1989. 3. 28. 선고 88누10541 판결; 대법원 1992. 6. 9. 선고 91누11766 판결; 대법원 1995. 6. 13. 선고 94다56883 판결.
737) 김종보, 건설법(제5판), 117면.
738) 대법원 1996. 2. 13. 선고 95누10594 판결; 같은 취지의 판례로 대법원 1995. 12. 12. 선고 95누9051 판결이 있다.

곳에 있다는 것만으로는 이 사건 숙박시설의 건축이 인근 토지 및 토지현황에 비추어 현저히 부적합한 용도의 건축물을 건축하는 경우에 해당한다고도 볼 수 없고 그 밖에 건축위원회에서 당해 건축물의 건축이 부적합하다고 심의하였다는 사유만으로는 **건축허가신청을 거부할 수 없다**고 판시하였다.[739]

(다) 이 사건도 <u>1995. 1. 5. 개정 이후 2001. 1. 16. 개정 전 사건(대법원 98두1857)</u>이지만, **원고의 건축허가신청**에 대한 **피고의 반려처분은 정당하다**고 판시하였다. 처분 경위는 **원고**가 1996. 11. 13. 피고(충청남도 서산시장)에게 국토이용관리법상 준농림지역 내에 있는 ○○시 ○○면 ○○리 769의 1 전 15,168㎡ 지상에 건축면적 250.08㎡, 연면적 989.08㎡의 지상 3층 지하 1층의 숙박시설(여관) 건축을 위한 **건축허가 신청**을 하였다. 그러나 **피고**는 1996. 11. 19. 이 사건 토지는 경관이 수려한 농촌지역에 위치하고 있고, 그곳에 숙박시설이 들어서는 경우 퇴폐분위기를 조성하여 지역의 건전한 발전을 저해할 우려가 있고 준농림지역안에서의 행위제한에 관한 **조례**로 숙박시설 건축을 제한하고 있다는 이유로 원고의 **건축허가신청을 거부하는 처분**을 하였다.

이에 대법원은 구「건축법」(1997. 12. 13. 법률 제5454호로 개정되기 전의 것) 제8조 제1항, 제3항, 구「국토이용관리법」(1997. 12. 13. 법률 제5454호로 개정되기 전의 것) 제15조 제1항 제4호, 같은 법 시행령(1997. 9. 11. **대통령령** 제15480호로 개정되기 전의 것) 제14조 제1항의 각 규정에 의하면, 준농림지역 안으로서 지방자치단체의 **조례**가 정하는 지역에서「식품위생법」소정의 식품접객업,「공중위생법」소정의 숙박업 등을 영위하기 위한 시설 중 지방자치단체의 **조례**가 정하는 시설의 건축을 제한할 수 있는 바,[740] 이러한 관계 법령의 규정을 종합하여 보면, <u>지방자체단체의 조례에 의하여 준농림지역 내의 건축제한지역이라는 구체적인 취지의 지정·고시가 행하여지지 아니하였다 하더라도, 조례에서 정하는 기준에 맞는 지역에 해당하는 경우에는 숙박시설의 건축을 제한할 수 있다고 할 것이고, 조례에서 정한 요건에 저촉되지 아니하는 경우에 비로소 건축허가를 할 수 있는 것으로 보아야 할 것이다.</u> 이 사건 **건축허가신청에 대한 피고의 반려처분은 정당하다**고 판시하였다.[741]

(3) 위락시설이나 숙박시설 등에 대한 건축허가

2001. 1. 16.(시행 2001. 7. 17.)「건축법」개정 이후, 2002. 11. 27. 건축허가신청에 대한 반려처분 사건에서 대법원은 학생들의 교육환경과 인근 주민들의 주거환경 보호라는 공익이 숙박시설 건축허가 신청을 반려한 처분으로 그 신청인이 잃게 되는 이익의 침해를 정당화할 수 있을 정도로 크므로, 위

---

739) 대법원 2000. 3. 14. 선고 98두4658 판결.

740)「**국토이용관리법**」**제15조(용도지역안에서의 행위제한)** ① 용도지역안에서의 행위제한에 대하여는 다음 각 호에서 정하는 바에 따른다. 1~3. 생략, 4. 준농림지역: 환경오염의 우려가 있거나 부지가 일정규모 이상인 공장·건축물·공작물 기타의 시설의 설치 등 **대통령령**이 정하는 토지이용행위는 이를 할 수 없다.
「**국토이용관리법 시행령**」**제14조(준농림지역안에서의 행위제한)** ① 법 제15조 제1항 제4호에서 "**대통령령**이 정하는 토지이용행위"라 함은 다음 각 호의 1에 해당하는 행위를 말한다. 1~3. 생략, 4. 다음 각 목 가. 식품위생법 제21조 제1항 제3호의 규정에 의한 식품접객업, 나. 공중위생법 제2조 제1항 제1호 가목의 규정에 의한 숙박업 등의 1에 해당하는 업을 영위하기 위한 시설의 설치. 다만, 수질오염 및 경관훼손의 우려가 없다고 인정하여 시·군·구의 **조례**가 정하는 시설로서 시·군·구의 **조례**가 정하는 지역에 설치하는 시설을 제외한다.

741) 대법원 1999. 8. 19. 선고 98두1857 전원합의체 판결.

반려처분이 신뢰보호의 원칙에 위배되지 않는다고 하여 행정청의 손을 들어주었다.[742]

다. 검토

(1) 기속행위설에 대한 검토

「건축법」제11조 제4항의 법 규정 형식이나 법 취지로 볼 때 현행 규정으로는 건축허가를 기속행위로 보기에는 무리가 있어 보인다. 이는 기속행위로 보는 견해도 어느 정도 인정하고 있다.[743] 그 밖의 예외적 재량행위설과 병존설(개별적결정설)은 본질적으로 차이가 있어 보이지는 않는다.

사견으로는 재량행위설이 타당해 보인다. 법 제11조 제1항의 **일반적 건축허가**는 원칙적으로 기속행위라는 점이 통설·판례로 보인다. 다만, 법 제11조 제4항에 대해서는 이설(異說)이 있다. 즉, 법 제11조 제4항에 규정된 건축물에 대한 건축이 **주변 환경이나 위험방지** 차원에서 부적합하다고 인정되는 경우라면 건축허가를 하지 말아야 할 기속을 받는다는 점에서 기속행위로 보는 김남철 교수의 견해에는 찬동할 수가 없다. 그 이유로는 첫째, 근거법인「건축법」제11조 제4항에서 입법자가 행정주체에게 '… 할 수 있다'라고 규정하고 있기 때문이고, 둘째, 건축허가는 주거환경이나 교육환경 등 주변 환경이익이라는 불확정개념으로 규정된 공익판단을 요건으로 하므로 재량행위라는 것이고,[744] 셋째, 건축허가처분이 재량행위라 할지라도 재량권의 범위 내에서 합목적적으로 행사되어야 할 기속을 받으며, 이는 재량권 범주 내의 기속을 말하며, 설사 그 범위를 넘는 경우에는 재량의 일탈·남용의 문제이지 이를 기속행위라 볼 수는 없을 듯하다.

(2) 판례에 대한 검토

판례는 1995. 1. 5. 개정 이전 사건은 **기속행위**로 보았지만, 1995. 1. 5. 개정 이후 2001. 1. 16. 「건축법」개정 이전에 이미 위의 '(2) (다) 98두1857 전원합의체 판결'에서 원고의 숙박시설건축허가신청에 대하여 재량행위로 판시하였고, 2001. 1. 16. 개정 이후 판례에서도 **재량행위설**의 태도를 보이고 있다.

즉, 종래 판례는 기본적으로 건축허가를 엄격하게 **기속행위**로 파악하고 있는 결과, 자연환경 또는 인근 주민의 생활환경이나 교육환경 등에 좋지 않은 영향을 미치는 시설이라 할지라도, 건축 관계 법령에 의한 제한사유에 해당하지 않는 한 건축허가를 발령하여야 한다는 입장을 견지해 왔다.[745] 가령

---

742) 대법원 2005. 11. 25. 선고 2004두6822 판결.
743) 김남철, 행정법강론, 150면.
744) 판단여지설을 긍정하는 입장에서는 요건판단에는 재량이 인정될 수 없고, 다만 행정청의 고도의 전문적·기술적 판단이 요구되는 매우 제한된 경우에만 판단여지가 인정될 뿐이라고 볼 것이다(김남철, 행정법강론, 1243면).
745) 이미 소개한 판례 이외에도 기속행위로 판시한 판례로는 대법원 1992. 11. 24. 선고 92누12865 판결; 대법원 1992. 12. 11. 선고 92누3038 판결; 대법원 1995. 10. 13. 선고 94누14247 판결; 2003. 4. 25. 선고 2002두3201 판결; 서울행법 1999. 5. 27. 선고 98구10249 판결 등이 있다.

전술한 '(2) (가) 95누10594 판결'이 종전 판례의 입장을 보여주는 대표적인 판결이다.[746] 그 이유는 동 판결의 이전 판결들이 대부분 <u>1995. 1. 5.(시행 1996. 1. 6. 법률 제4919호) 개정 이전 사건으로 법원은 '법'으로 말할 수밖에 없기 때문에 인근주민에게 사실상 어떠한 환경상의 위해가 가해지더라도 법적 근거가 없는 행정청의 허가거부에 대하여 인근주민의 손을 들어 줄 수가 없었다.</u>[747]

여기서 판례의 종전 입장에 따른 위 판결 중 '(2) (나) 98두4658 판결'을 한 번 살펴 볼 필요가 있다. 그 이유는 동 판결이 <u>1995. 1. 5.(시행 1996. 1. 6. 법률 제4919호로 개정된 후 1999. 2. 8. 법률 제5895호 개정되기 이전의 것) 개정 이후 사건으로 구「건축법」제8조 제4항과 관련되기 때문이다.</u> 같은 법 제8조 제4항은 당해 건축물을 건축하는 것이 **도시미관·주변환경 등**에 비추어 **대통령령**이 정하는 바에 의하여 불합리한 경우 건축허가를 제한할 수 있도록 규정하고 있었는데, 그에 따른 같은 법 시행령 제8조 제6항은 건축허가 제한사유로 **자연경관이나 도시경관의 보호**가 필요하거나, 건축물의 높이가 일정 높이를 초과하는 경우, 또는 인근의 토지 및 건축물의 이용현황에 비추어 현저히 부적합한 용도의 건축물을 건축하는 경우를 규정하였다. 그런데 위 '(2) (나) 98두4658 판결'에서, **인근주민의 정서 및 주변환경**은 위 법령에 따른 건축허가 제한사유인 **도시미관**이나 **도시경관의 보호**와는 관련이 없고, 신축중인 학교 부근에 숙박시설을 건축하는 것이 인근 토지 및 토지현황에 비추어 현저히 부적합한 용도의 건축물을 건축하는 경우에 해당한다고도 볼 수 없다고 하여, 인근 주민의 생활환경이나 교육환경 등의 보호가 필요한 경우를 위 법령상 제한사유에서 제외함으로써 그 적용범위를 대단히 좁게 해석하였다.[748]

이처럼 판례가 건축허가를 엄격하게 기속행위로 해석·적용한 결과, 농촌지역이나 한강변에 무수히 많은 음식점과 러브호텔이 난립하였고, 그로 인한 환경파괴 등 큰 사회적 물의를 빚게 되었다. 그리하여 이에 대한 반성으로, 법률규정의 목적론적 해석에 따라, 환경상의 이익 등 공익을 보호하기 위하여 당해 건축허가가 허용되지 않는다는 내용의 위 '(2) (다) <u>98두1857</u> 전원합의체 판결'이 나오게 되었다.[749] 위 (2) (다) 98두1857 판결(보충의견)은 종래법규의 자구해석에만 구애받아 운용해 오던 틀을 벗어나 사법적극주의에 입각하여 헌법 및 관련 법령의 정신을 존중하여 환경보전의 이념에 충실한 법해석을 통해 전향적으로 법을 운용해 나아가야 한다고 판시한 점에서 그 의의가 있다고 평가받고 있다.[750] 이외에도 위 '(2) (나) <u>98두4658</u> 판결'에서, 구「건축법」제8조 제4항, 같은 법 시행령 제8조 제6항만을 문제 삼았던 것에 비해, 위 '(2) (다) <u>98두1857</u> 판결'은 구「건축법」(1997. 12. 13. 법률 제5454호로 개정되기 전의 것) 제8조 제1항, 제3항, 구「국토이용관리법」(1997. 12. 13. 법률 제5454호

---

746) 전현철, "「건축법」상 건축허가의 법적 성질―판례를 중심으로―", 과학기술법연구 제14집 제2호, 20009, 514면.

747) 조성규, 앞의 논문, 310면

748) 전현철, 앞의 논문, 515면; 그러나 **사견**으로는 동 규정들은 입법취지가 법률 제정취지에 잘 드러나 있지 않고, 제한할 수 있는 허가대상 건축물이 무엇인지 구체적이지 못하며, 법률에서 대강을 정하고 구체적인 사항은 하위 법령에 위임하는 구조였으나 정작 하위법령에서 조차 그 규정이 추상적이고 불확정개념이 너무 많아서 재판규범으로서 제 기능을 다하지 못한 것으로 보인다. 이후 위 법조항은 불필요한 과도한 규제라는 이유로 규제개혁 차원에서 삭제되었다는 것이 이를 방증하고 있다.

749) 대법원 1999. 8. 19. 선고 98두1857 전원합의체 판결 '보충의견' 참조.

750) 전현철, 앞의 논문, 515면.

로 개정되기 전의 것) 제15조 제1항 제4호, 같은 법 시행령(1997. 9. 11. **대통령령** 제15480호로 개정되기 전의 것) 제14조 제1항의 각 규정을 관계 법령으로 삼았던 바, 건축허가가 위험방지라는 경찰법적 측면에서만의 심사에 그치지 않고 행정계획법적 측면에서 **건축주** 개인의 이익과 인근 주민의 환경상 이익과의 이익형량까지를 고려한 판결이라 할 수 있다.[751]

3. 복효적 행정행위

복효적 행정행위는 하나의 행정행위(건축허가)가 <u>수익과 부담</u>이라고 하는 <u>복수의 효과</u>를 발생하는 행정행위를 말하며, <u>이중효과적 행정행위</u>라고도 한다. 그 복수의 효과가 **동일인**에게 발생하는 경우를 **혼합효 행정행위**라고 하고, **1인에게는 이익**을, **타인에게는 불이익**이라고 하는 상반된 효과가 발생하는 경우를 **제3자효 행정행위**라고 한다.[752]

건축허가를 받은 자에게는 사실상의 경제적 이익을 주는 한편, 제3자에게는 사실상의 경제적인 불이익을 주는 경우가 많은데, 이는 건축허가로부터 직접 발생하는 것이 아니라 건축허가로 인하여 받게 되는 <u>반사적 이익(또는 불이익)</u>에 불과하다고 보았다.[753] 그러나 종래 원고적격의 확대문제가 논의된 시조로서, 「국토계획법」·「건축법」 등의 규제를 통하여 주민이 이익을 받더라도 그것은 <u>반사적 이익</u> <u>내지는 사실상 이익</u>으로 보았지만, 근래에는 <u>법률상 이익</u>으로 본다. 즉 판례는 연탄공장건축허가처분에서 주거지역안에서는 구 「도시계획법」 제19조 제1항과 개정 전 「건축법」 제32조 제1항에 의하여 공익상 부득이 하다고 인정될 경우를 제외하고는 거주의 안녕과 건전한 생활환경의 보호를 해치는 모든 건축이 금지되고 있을 뿐 아니라 주거지역 내에 거주하는 사람이 받는 위와 같은 보호이익은 법률에 의하여 보호되는 이익이라고 할 것이므로 주거지역 내에 위 법조 소정 제한면적을 초과한 연탄공장 건축허가처분으로 불이익을 받고 있는 제3거주자는 비록 당해 행정처분의 상대자가 아니라 하더라도 그 행정처분으로 말미암아 위와 같은 법률에 의하여 보호되는 이익을 침해받고 있다면 당해 행정처분의 취소를 소구하여 그 당부의 판단을 받을 법률상의 자격이 있다.[754] LPG자동차충전소설치허가처분에 대한 판례에서도 인근 주민들에게 처분의 취소를 구할 원고적격을 인정하였다.[755]

751) 건축허가의 법적 성질에 대해서 인·허가의제(집중효)의 인정으로 인해 의제되는 다른 법률에 의한 인·허가의 법적 성질과 관련하여 개별적으로 판단하는 견해도 있다. 대법원 2004두6181 판결도, 인·허가로 인한 「건축법」상 건축허가의 법적 성질에 대하여, 「국토계획법」상 토지형질변경행위를 수반하는 건축허가는 「건축법」상 건축허가와 「국토계획법」상 토지형질변경허가의 성질을 아울러 갖는 것으로 보아야 하고, 「국토계획법」상 토지형질변경허가는 그 법적 성질이 재량행위이므로, 「국토계획법」상 토지형질변경행위를 수반하는 「건축법」상 건축허가는 재량행위라고 한다(전현철, 위의 논문, 519~520면).
752) 김남진·김연태, 행정법Ⅰ, 232면; 상대방에 대해 권리·이익을 부여하거나 혹은 권리의 제한을 철폐하는 등 유리한 효과를 발생시키는 행정행위를 수익적 행정행위(이익 행정행위)라고 하고, 권리를 제한하거나 의무를 부과하는 등 상대방에게 불리한 효과를 부담시키는 행정행위를 부담적 행정행위 또는 침익적 행정행위(불이익 행정행위)라고 한다. 허가·특허·면제·인가·부담적 행정행위의 취소·철회 등이 전자의 예이며, 하명·금지·수익적 행정행위의 취소·철회 등이 후자의 예이다. 이들의 양 효과, 즉 복효적 효과를 발생하는 행정행위를 복효적 행정행위하고 한다.
753) 정태용, 건축법, 142면.
754) 대법원 1975. 5. 13. 선고 73누96,97 판결.
755) 대법원 1983. 7. 12. 선고 83누59 판결.

4.. 대물적 허가(물적 허가)

허가의 효과에 이전성이 인정되느냐의 문제는 경우에 따라서 나누어 보아야 하나 일신전속성으로 인해 이전성이 인정되지 않는 인적 허가와 달리 건축허가는 물적 허가로서 이전성이 인정된다.[756] 판례도 건축허가는 대물적 허가의 성질을 가지는 것으로 그 허가의 효과는 허가대상 건축물에 대한 권리변동에 수반하여 이전되고, 별도의 승인처분에 의하여 이전되는 것이 아니라고 하여 이전성을 인정하였다.[757]

IV. 건축허가의 신청

1. 신청서류

종래에 **건축주**는 건축허가를 신청하는 때에 허가신청서에 **국토교통부령**으로 정하는 설계도서만을 제출하여 **허가권자**에게 제출하였다.[758]

그러나 2015. 5. 18.(시행 2016. 5. 19. 법률 제13325호) 개정으로 법률에서는 법 제11조 제1항에 따라 허가를 받으려는 자는 허가신청서에 **국토교통부령**으로 정하는 설계도서와[759] 법 제11조 제5항

---

756) 김철용, 행정법(제6판), 143면.
757) 대법원 1979. 10. 30. 선고 79누190 판결.
758) "설계도서" 건축물의 건축등에 관한 공사용 도면, 구조 계산서, 시방서(示方書), 그 밖에 **국토교통부령**으로 정하는 공사에 필요한 서류를 말한다(법 제2조 제1항 제14호 및 칙 제1조의2).
759) **법 제11조(건축허가)** ① 건축물을 건축하거나 대수선하려는 자는 **특별자치시장·특별자치도지사 또는 시장·군수·구청장**의 허가를 받아야 한다.
　　영 제9조(건축허가 등의 신청) ① 법 제11조 제1항에 따라 건축물의 건축허가를 받으려는 자는 **국토교통부령**으로 정하는 바에 따라 건축허가신청서에 관계 서류를 첨부하여 **허가권자**에게 제출하여야 한다.
　　칙 제6조(건축허가신청등) ① 법 제11조 제1항·제3항, 제20조 제1항, 영 제9조 제1항 및 제15조 제8항에 따라 건축물의 건축·대수선 허가 또는 가설건축물의 건축허가를 받으려는 자는 별지 제1호의4서식의 **건축·대수선·용도변경**허가신청서에 다음 각 호의 도서를 첨부하여 **허가권자**에게 제출하여야 한다. 이 경우 **허가권자**는 「전자정부법」 제36조 제1항에 따른 행정정보의 공동이용을 통해 제1호의2의 서류 중 토지등기사항증명서를 확인해야 한다.
1. 건축할 대지의 범위에 관한 서류
1의2. 건축할 대지의 **소유에 관한 권리를 증명**하는 서류. 다만, 다음 각 목 가. 건축할 대지에 포함된 국유지 또는 공유지에 대해서는 **허가권자**가 해당 토지의 관리청과 협의하여 그 관리청이 해당 토지를 **건축주**에게 매각하거나 양여할 것을 확인한 서류, 나. 집합건물의 공용부분을 변경하는 경우에는 「집합건물법」 제15조제1항에 따른 결의가 있었음을 증명하는 서류, 다. 분양을 목적으로 하는 공동주택을 건축하는 경우에는 그 대지의 소유에 관한 권리를 증명하는 서류(다만, 법 제11조에 따라 주택과 주택 외의 시설을 동일 건축물로 건축하는 건축허가를 받아 「주택법 시행령」 제27조 제1항에 따른 호수 또는 세대수 이상으로 건설·공급하는 경우 대지의 소유권에 관한 사항은 「주택법」 제21조를 준용한다)의 경우에는 그에 따른 서류로 갈음할 수 있다.
1의3. 법 제11조 제11항 제1호에 해당하는 경우에는 건축할 대지를 사용할 수 있는 권원을 확보하였음을 증명하는 서류
1의4. 법 제11조 제11항 제2호 및 영 제9조의2 제1항 각 호의 사유에 해당하는 경우에는 다음 각 목 가. 건축물 및 해당 대지의 공유자 수의 100분의 80 이상의 서면동의서: 공유자가 지장(指章)을 날인하고 자필로 서명하는 서면동의의 방법으로 하며, 주민등록증, 여권 등 신원을 확인할 수 있는 신분증명서의 사본을 첨부하여야 한다. 다만, 공유자가 해외에 장기체류하거나 법인인 경우 등 불가피한 사유가 있다고 허가권자가 인정하는 경우에는 공유자의 인감도장을 날인한 서면동의서에 해당 인감증명서를 첨부하는 방법으로 할 수 있다. 나. 가목에 따라 동의한

각 호에 따른 허가 등을 받거나 신고를 하기 위하여 건축허가를 하는 때에 관계법령에 따른 인·허가 사항을 의제하는 경우 관계 법령에서 제출하도록 의무화하고 있는 신청서 및 구비서류를 첨부하도록 하되, 다만, **국토교통부장관**이 **관계 행정기관의 장**과 협의하여 **국토교통부령**으로 정하는 신청서760) 및 구비서류는 착공신고 전까지 제출할 수 있다(법 제11조 제3항).

한편, 「건축법」 제11조 제1항 및 같은 법 시행규칙 제6조 제1항 제1호·제1호의2에서 건축허가를 받으려는 자는 건축할 대지의 범위에 관한 서류와 건축할 대지의 소유 또는 그 사용에 관한 권리를 증명하는 서류를 제출하도록 하고 있는 취지는, 만일 소유자·지상권자 등 법률상 그 대지를 사용할 권한이 있는 자로부터 그 지상에서의 건축에 대한 동의를 받지 아니한 채 건축공사가 이루어져 그 건물이 철거될 수밖에 없게 된다면 그 **건축주** 개인뿐만 아니라 사회·경제적으로도 바람직하지 못하므로 이러한 사태를 미연에 방지함에 있다고 할 것이다.761)

2. 대지의 사용에 관한 권리의 확보

건축허가를 받으려는 자는 원칙적으로 해당 대지의 소유권을 확보하여야 한다. 다만, 다음의 어느 하나에 해당하는 경우에는 예외가 인정된다(법 제11조 제11항).

가. 건축주가 대지의 소유권을 확보하지 못하였으나 그 대지를 사용할 수 있는 권원을 확보한 경우, 다만, 분양을 목적으로 하는 공동주택은 제외한다(1호).

(1) 사용할 수 있는 권원의 확보

대부분의 경우 **건축주**가 그 대지의 소유자인 경우가 많지만, 이와는 달리 **건축주**가 그 대지의 소유자가 아닌 경우에는 지상권·임차권 등 그 대지에 건축물을 건축할 수 있는 권리를 가지고 있어야 한다. 대지의 소유, 사용권을 확보하지 못하고 있는 주택은 건축법규에 위반되는 건축물임에 틀림없으므로 당초 대지의 소유, 사용권이 확보되지 아니한 상태에서 건축허가를 해 준 경우 이러한 건축허가에는 하자가 있다 할 것이다.762)763)764)765)

공유자의 지분 합계가 전체 지분의 100분의 80 이상임을 증명하는 서류, 다. 영 제9조의2 제1항 각 호의 어느 하나에 해당함을 증명하는 서류, 라. 해당 건축물의 개요의 서류.
1의5. 제5조에 따른 사전결정서(법 제10조에 따라 건축에 관한 입지 및 규모의 사전결정서를 받은 경우만 해당한다)
2. [별표 2]의 설계도서(실내마감도는 제외하고, 법 제10조에 따른 사전결정을 받은 경우에는 건축계획서 및 배치도를 제외한다). 다만, 법 제23조 제4항에 따른 표준설계도서에 따라 건축하는 경우에는 건축계획서 및 배치도만 해당한다.
3. 법 제11조 제5항 각 호에 따른 허가등을 받거나 신고를 하기 위하여 해당 법령에서 제출하도록 의무화하고 있는 신청서 및 구비서류(해당 사항이 있는 경우로 한정한다)
4. 별지 제27호의11 서식에 따른 결합건축협정서(해당 사항이 있는 경우로 한정한다)
760) **칙 제8조(건축허가서)** ① 법 제11조에 따른 건축허가서는 별지 제2호서식과 같다.
761) 울산지방법원 2010. 10. 13. 선고 2010구합942 판결례 등 참조; 법제처 법령해석 사례, 국토해양부 — 압류된 대지에 대하여 건축허가를 신청한 경우 압류권자의 동의가 없다는 이유로 건축허가 신청을 반려할 수 있는지의 여부(「건축법」 제11조 등 관련), 안건번호 10—0464, 회신일자 2011. 1. 28.

(2) 분양을 목적으로 하는 건축물

2004. 10. 22. 법률 제7244호로 제정하여 2005. 4. 23.부터 시행한 「건축물분양법」은 일정한 건축물을 「건축법」에 의한 사용승인전에 분양하고자 할 때에는 건축**허가권자**에게 분양신고를 하도록 하는 등 분양에 대한 규제절차를 마련함으로써 사업이 불투명한 상태에서의 분양, 허위·과장광고 또는 분양대금의 유용 등으로 인하여 발생하는 피해로부터 분양받는 자를 보호하려는 것으로 분양사업자는 건축물을 분양하려는 경우에는 건축할 대지(垈地)의 소유권을 확보하여야 한다. 다만, 건축할 대지의 소유권이 국가 또는 지방자치단체에 있거나 그 밖에 **대통령령**으로 정하는 경우에는 예외로 한다(건축물분양법 제4조 제6항). 분양사업자는 소유권을 확보한 대지에 저당권, 가등기담보권, 전세권, 지상권 및 등기되어 있는 부동산임차권이 설정되어 있는 경우에는 이를 말소하여야 한다(건축물분양법 제4조 제7항). 이 법은 건축허가를 받아 건축하여야 하는 다음 각 호 1. 분양하는 부분의 바닥면적(「건축법」

---

762) 대법원 1992. 4. 10. 선고 91누5358 판결.
763) **건축허가 신청 시 소유권에 근저당권과 지상권이 설정되어 있는 경우:** 대지소유자가 분양을 목적으로 하는 공동주택의 건축허가를 신청하는 경우, 그 대지에 근저당권 및 지상권이 설정되어 있다면 반드시 이를 말소하고 건축허가를 신청해야 하는지에 대한 법제처 법령해석에서, 반드시 그 근저당권 및 지상권을 말소해야 하는 것은 아니라고 하였다. 그 이유로 먼저, 「건축법 시행규칙」 제6조 제1항 제1호의2에서는 "건축할 대지의 소유에 관한 권리를 증명하는 서류"라고만 규정하고 있을 뿐이고, 근저당권이나 지상권 등 제한물권이 붙어 있지 아니한 소유권만이 건축허가의 요건이 되는 것으로 제한하고 있지 않고, 근저당권은 담보물권의 일종으로서 그 설정자가 대지를 사용하거나 처분하는 데 영향을 미치지 않으며, 지상권은 용익물권의 일종으로서 대지소유자의 사용권을 제한하는 측면이 있으나, 건축허가는 건축물의 구조나 안전에 대한 대물적 허가의 성질을 갖는 것인 바, 대지소유자의 대지 사용권 제한 여부와 건축허가 여부는 직접적인 관련이 있다고 보기 어려울 것이며, 그러나 「건축물의 분양에 관한 법률」(이하 '건축물분양법'이라 한다) 제4조 제7항에서 분양사업자는 소유권을 확보한 대지에 저당권, 가등기담보권, 전세권, 지상권 및 등기되어 있는 부동산임차권이 설정되어 있는 경우에는 이를 말소하여야 한다고 규정하고 있는 점을 볼 때, 공동주택 수분양자의 보호에 관한 사항은 「건축법」에서 이를 모두 규율해야만 하는 것은 아니라 할 것이고, 그에 관한 사항은 「건축물분양법」을 비롯한 다른 법률에 맡기고 있음이 우리 법체계의 태도라 할 것이며 공동주택의 건축허가 신청을 하려는 대지소유자가 대지의 소유에 관한 권리를 증명하는 서류를 제출할 경우, 그 대지에 근저당권과 지상권이 동시에 설정되어 있더라도 반드시 그 근저당권 및 지상권을 말소해야 하는 것은 아니다[법제처 법령해석 사례, 민원인 ─ 건축허가 신청 시 대지의 소유에 관한 권리를 증명하는 서류(칙 제6조 등 관련), 안건번호 15─0037, 회신일자 2015. 02. 10.].
764) **건축허가 신청 시 압류되어 있는 경우:** 법제처는 법령해석에서, 「국세징수법」 제49조 제1항 본문 및 「민사집행법」 제83조 제2항에 따르면 체납자는 압류된 부동산을 사용 또는 수익할 수 있고 강제경매의 개시에 의한 압류는 부동산에 대한 채무자의 관리·이용에 영향을 미치지 아니한다고 규정하고 있는바, 대지가 압류되어 있다 할지라도 대지 소유자의 대지에 대한 사용권리가 완전히 제한되는 것은 아니고, 대지 소유자의 채권자에 의해 해당 대지가 압류되어 있다 할지라도 해당 대지의 소유자가 해당 대지에 건축행위를 하는데 있어서 「건축법」, 「국세징수법」, 「민사집행법」 등 관계 법령 어디에도 해당 건축물의 신축에 대한 압류권자의 동의를 받도록 하는 규정이 없는바, **허가권자**는 해당 건축물의 신축에 대한 압류권자의 동의가 없다는 이유만으로 해당 건축허가를 거부할 수는 없다[법제처 법령해석 사례, 국토해양부 ─ 압류된 대지에 대하여 건축허가를 신청한 경우 압류권자의 동의가 없다는 이유로 건축허가 신청을 반려할 수 있는지의 여부(「건축법」 제11조 등 관련), 안건번호 10─0464, 회신일자 2011. 1. 28.].
765) **공유토지에 건축하는 경우:** 공유토지에 건축물을 건축하는 것은 공유물의 처분행위에 해당한다. 공유물을 처분하고자 할 때에는(민법 제264조) 공유자 전원의 동의가 있어야 하므로 공유토지에 건축하고자 할 때에는 공유자 전원의 동의가 있어야 한다(정태용, 건축법, 149면). 일반적으로 **건축주** 소유가 아닌 타인 소유의 토지나 타인과의 공유토지 위에 건물을 건축함에 있어서는 건축허가신청시에 타인 명의의 토지사용승낙서를 첨부하여야만 건축허가를 받을 수 있음이 경험칙상 뚜렷하므로 갑이 건물을 그의 소유 토지와 갑, 을의 공유토지의 양 지상에 건축하는 것으로 건축허가신청을 하여 허가를 받았다면 특단의 사정이 없는 한, 갑은 위 건물에 관한 건축허가신청 당시 을로부터 위 공유토지의 사용을 승낙 받아 사용승낙서를 첨부한 것으로 짐작하기 어렵지 않다(대법원 1993. 1. 12. 선고 92다46240 판결).

501

제84조에 따른 바닥면적을 말한다)의 합계가 3천㎡ 이상인 건축물, 2. 업무시설 등 **대통령령**으로 정하는 용도 및 규모의 건축물의 어느 하나에 해당하는 건축물로서 같은 법 제22조에 따른 사용승인서의 교부 전에 분양하는 건축물에 대하여 적용한다(건축물분양법 제3조 제1항).

법제처 법령해석에서 「건축법」 제11조 제11항 각 호 외의 부분 본문 및 같은 항 제1호 단서에서는 제1항에 따라 분양을 목적으로 하는 공동주택의 건축허가를 받으려는 자는 해당 대지의 소유권을 확보하여야 한다고 규정하고 있는바, 법 제11조 제1항에 따라 분양을 목적으로 하는 공동주택의 건축허가를 받은 후 **건축주**가 「신탁법」에 따라 신탁회사에 해당 건축대지의 소유명의를 이전하여 건축대지를 담보신탁한 경우, 위탁자인 **건축주**가 해당 건축대지의 소유권을 확보하고 있는 것으로 보아 건축허가 요건을 충족한다고 할 수 있는지에 대한 사례에서 위탁자인 **건축주**가 해당 건축대지의 소유권을 확보하고 있는 것으로 볼 수 없으므로 건축허가 요건을 충족한다고 할 수 없다고 하였다.[766]

나. 건축주가 건축물의 노후화 또는 구조안전 문제 등 대통령령으로 정하는 사유로[767] 건축물을 신축·개축·재축 및 리모델링을 하기 위하여 건축물 및 해당 대지의 공유자 수의 100분의 80 이상의 동의

---

[766] 「건축법」 제11조 제11항 제1호 단서 조항을 이해하기 위해서는 공동주택의 **건축주**가 건축대지의 소유권을 확보하는 것이 해당 공동주택의 건축에 있어서 어떤 의미를 갖는지에 대해 살펴볼 필요가 있다. **입법연혁**을 살펴보면, 1999년 5월 11일 건설교통부령 제189호로 일부 개정되어 같은 날 시행되기 전의 「건축법 시행규칙」 제6조 제1항 제1호에서 건축허가를 신청할 때에 대지의 '**소유 또는 사용**'에 관한 권리를 증명할 수 있는 서류를 제출하게 하던 것을, 건설교통부령 제189호로 일부 개정된 칙 제6조 제1항 제1호에서는 분양을 목적으로 하는 공동주택을 건축하는 경우에는 대지의 **사용권을 증명하는 서류**를 제출할 수는 없고, 대지의 소유에 관한 권리를 증명하는 서류만을 제출하도록 하였는 바, 이와 같이 **공동주택의 건축허가를 받으려는 자에게 해당 대지의 소유권을 확보하도록 하는 것은 공동주택을 분양받는 자를 보호하기 위한 것**이다(「건축법」 시행규칙[시행 1999. 5. 11.] [건설교통부령 제189호, 1999. 5. 11., 일부개정] 개정이유).
  그런데, 칙 제6조 제1항 각 호 외의 부분 단서에서는 **허가권자**가 건축할 대지의 소유에 관한 권리를 증명하는 서류로 **등기사항증명서를 확인**하여야 할 것을 규정하고 있어 등기상의 소유명의자가 대지의 소유권을 확보하고 있는 자에 해당한다고 할 것인데, 「신탁법」에 따라 부동산을 담보신탁하여 수탁자 앞으로 소유권이전등기를 마치게 되면 대내외적으로 소유권이 수탁자에게 완전히 이전되고, 위탁자와의 내부관계에서 소유권이 위탁자에게 유보되어 있는 것은 아니라고 할 것이며(대법원2000다70460 판결례 참조), 수탁자는 신탁의 목적 범위 내에서 신탁계약에 정해진 바에 따라 신탁재산을 관리하여야 하는 제한을 부담하는 것에 불과할 뿐 신탁재산에 관하여는 **수탁자만이 배타적인 처분·관리권을 갖는다**고 할 것이므로(대법원2000마2997 결정례 참조), 「건축법」상 분양을 목적으로 하는 공동주택의 건축허가를 받은 후 해당 건축대지를 담보신탁하여 그 소유권이 위탁자인 **건축주**로부터 수탁자인 신탁회사로 이전된 경우, **건축주**가 담보신탁 이후에도 건축대지의 소유권을 확보하고 있는 것으로 보기는 어렵다[법제처 법령해석 사례, 민원인 ─ 건축허가의 요건인 "해당 대지의 소유권을 확보"하는 것의 의미(「건축법」 제11조 제11항 등 관련), 안건번호16─0509, 회신일자 2016. 11. 21.].

[767] 영 제9조의2(건축허가 신청 시 소유권 확보 예외 사유) ① 법 제11조 제11항 제2호에서 "**건축물의 노후화 또는 구조안전 문제 등 대통령령으로 정하는 사유**"란 건축물이 다음 각 호 1. 급수·배수·오수 설비 등의 설비 또는 지붕·벽 등의 노후화나 손상으로 그 기능 유지가 곤란할 것으로 우려되는 경우, 2. 건축물의 노후화로 내구성에 영향을 주는 기능적 결함이나 구조적 결함이 있는 경우, 3. 건축물이 훼손되거나 일부가 멸실되어 붕괴 등 그 밖의 안전사고가 우려되는 경우, 4. 천재지변이나 그 밖의 재해로 붕괴되어 다시 신축하거나 재축하려는 경우의 어느 하나에 해당하는 경우를 말한다.
  ② **허가권자**는 **건축주**가 제1항 제1호부터 제3호까지의 어느 하나에 해당하는 사유로 법 제11조 제11항 제2호의 동의 요건을 갖추어 같은 조 제1항에 따른 건축허가를 신청한 경우에는 그 사유 해당 여부를 확인하기 위하여 현지조사를 하여야 한다. 이 경우 필요한 경우에는 **건축주**에게 다음 각 호 1. 건축사, 2. 「기술사법」 제5조의7에 따라 등록한 건축구조기술사(이하 "건축구조기술사"라 한다), 3. 「시설물의 안전 및 유지관리에 관한 특별법」 제28조 제1항에 따라 등록한 건축 분야 안전진단전문기관의 어느 하나에 해당하는 자로부터 안전진단을 받고 그 결과를 제출하도록 할 수 있다.

를 얻고 동의한 공유자의 지분 합계가 전체 지분의 100분의 80 이상인 경우(2호)

2016. 1. 19. 법률 제13785호로 개정되어 2016. 7. 20.부터 시행된 법률에서 공유지분자의 건축물을 신축·개축·재축 및 리모델링하는 경우 공유지분자의 수 및 공유지분의 80퍼센트 이상의 동의를 얻은 경우 대지 소유권을 인정하고 매도청구가 가능하도록 하였다(법 제11조 제11항 제2호 및 제17조의2 신설).

(1) 매도청구 등

건축허가 신청 시 위와 같은 소유권 확보의 예외 사유(법 제11조 제11항 제2호)에 따라 건축허가를 받은 **건축주**는 해당 건축물 또는 대지의 공유자 중 동의하지 아니한 공유자에게 그 공유지분을 <u>시가 (市價)로 매도할 것을 청구할 수 있다</u>. 이 경우 매도청구를 하기 전에 매도청구 대상이 되는 <u>공유자와 3개월 이상 협의를 하여야 한다</u>(법 제17조의2 제1항).

매도청구에 관하여는 「집합건물법」 제48조를 준용한다. 이 경우 구분소유권 및 대지사용권은 매도 청구의 대상이 되는 대지 또는 건축물의 공유지분으로 본다(법 제17조의2 제2항).

(2) 소유자를 확인하기 곤란한 공유지분 등에 대한 처분

건축허가 신청 시 소유권 확보 예외 사유(법 제11조 제11항 제2호)에 따라 건축허가를 받은 **건축주** 는 해당 건축물 또는 대지의 공유자가 거주하는 곳을 확인하기가 현저히 곤란한 경우에는 전국적으로 배포되는 둘 이상의 <u>일간신문에 두 차례 이상 공고</u>하고, 공고한 날부터 30일 이상이 지났을 때에는 매도청구 대상이 되는 건축물 또는 대지로 본다(법 제17조의3 제1항). **건축주**는 매도청구 대상 공유지 분의 감정평가액에 해당하는 금액을 법원에 <u>공탁(供託)</u>하고 착공할 수 있다(법 제17조의3 제2항). 공 유지분의 감정평가액은 **허가권자**가 추천하는 「감정평가법」에 따른 감정평가업자 2명 이상이 평가한 금액을 산술평균하여 산정한다(법 제17조의3 제3항).

다. 건축주가 건축허가를 받아 주택과 주택 외의 시설을 동일 건축물로 건축하기 위하여 「주택법」 제21조를 준용한 대지 소유 등의 권리 관계를 증명한 경우 다만, 「주택법」 제15조 제1항 각 호 외의 부분 본문에 따른 대통령령으로 정하는 호수 이상(단독주택: 30호, 공동주택: 30세대)으로 건설·공급하 는 경우에 한정한다(3호).[768]

라. 건축하려는 대지에 포함된 국유지 또는 공유지에 대하여 허가권자가 해당 토지의 관리청이 해당 토지를 건축주에게 매각하거나 양여할 것을 확인한 경우(4호)

국·공유지가 포함된 대지에 건축물을 건축하려는 경우 국·공유지 소유에 관한 권리를 증명하는 서

---

[768] 2017. 1. 17. 법률 제14535호로 개정되어 2017. 7. 18.부터 시행한 법률에서 대지의 소유·사용 권리를 상향하여 입법하였다(제11조 제11항 제3호부터 제5호까지 신설). 대지의 소유권과 사용권을 확보하는 내용은 건축허가를 받으려는 자의 권리와 의무를 제한하는 것으로서 종래 **국토교통부령**(시행규칙)에서 법으로 상향 규정하였다.

류를 제출하여야 하나 국유재산 관련 법령에서는 건축허가 처분이 선행되어야 무상양여 등이 가능하여 건축허가 전에 소유권 확보가 어려운 문제가 있었으므로 국·공유지가 포함된 대지에서 건축물을 건축하는 경우에는 건축**허가권자**가 재산관리청과 해당 토지에 대한 무상양여 또는 수의계약을 협의한 문서를 국·공유지의 소유 또는 사용에 관한 권리를 증명하는 서류(칙 제6조 제1항 제1의2호 가목)로 제출하도록 하였다.[769]

마. 건축주가 집합건물의 공용부분을 변경하기 위하여 「집합건물법」 제15조 제1항에 따른 결의가 있었음을 증명한 경우(5호)

집합건축물의 공용부분을 **용도변경**하는 경우에는 「집합건물법」 제15조 제1항에 따라 구분소유자의 4분의 3이상의 의결만 있으면 되나,[770] 건축법령에서는 이러한 경우에 제출하는 서류에 관한 규정이 없어 허가관청에서 모든 소유자의 동의를 요구하는 경우가 있어 민원인의 불편을 초래하였으나, 이 경우에는 「집합건물법」 제15조 제1항에 따른 결의가 있었다는 사실을 증명하는 서류를 제출하도록 하였다.[771]

3. 건축허가 신청의 보완

건축허가신청에 구비서류의 미비 등 흠이 있는 경우 **허가권자**는 바로 이를 되돌려 보내서는 안 되며, 「행정절차법」에 의하여 상당한 기간을 정하여 보완을 요구하여야 한다. 신청인이 이 기간 내에 보완을 하지 아니한 때에 비로소 그 이유를 명시하여 신청서를 반려할 수 있다.[772]

보완 또는 보정의 대상이 되는 흠결은 보완 또는 보정할 수 있는 경우이어야 함은 물론이고, 그 내용 또한 형식적·절차적인 요건에 한하고 실질적인 요건에 대해서까지 보완 또는 보정요구를 하여야 한다고 볼 수 없으며, 또한 흠결된 서류의 보완 또는 보정을 하면 이미 접수된 주요서류의 대부분을 새로 작성함이 불가피하게 되어 사실상 새로운 신청으로 보아야 할 경우에는 그 흠결서류의 접수를 거부하거나 그것을 반려할 정당한 사유가 있는 경우에 해당하여 이의 접수를 거부하거나 반려하여도 위법이 되지 않는다.[773]

---

769) 칙 [시행 2011. 1. 6.] 국토해양부령 제321호, 2011. 1. 6., 일부개정] 개정이유.

770) 「집합건물법」 제15조 제1항은 공용물을 처분 또는 변경하기 위해서는 「민법」 제264조에 따라 원칙적으로 공유자 전원의 동의를 얻어야 한다는 「민법」상의 공유물 변경에 대한 예외를 인정하고 있다.

771) 칙 [시행 2011. 1. 6.] 국토해양부령 제321호, 2011. 1. 6., 일부개정] 개정이유.

772) **「행정절차법」 제17조(처분의 신청)** ⑤ 행정청은 신청에 구비서류의 미비 등 흠이 있는 경우에는 보완에 필요한 상당한 기간을 정하여 지체 없이 신청인에게 보완을 요구하여야 한다.
　⑥ 행정청은 신청인이 제5항에 따른 기간 내에 보완을 하지 아니하였을 때에는 그 이유를 구체적으로 밝혀 접수된 신청을 되돌려 보낼 수 있다.
　「민원 처리에 관한 법률」 제9조(민원의 접수) ① **행정기관의 장**은 민원의 신청을 받았을 때에는 다른 법령에 특별한 규정이 있는 경우를 제외하고는 그 접수를 보류하거나 거부할 수 없으며, 접수된 민원문서를 부당하게 되돌려 보내서는 아니 된다.
　제22조(민원문서의 보완·취하 등) ① **행정기관의 장**은 접수한 민원문서에 보완이 필요한 경우에는 상당한 기간을 정하여 지체 없이 민원인에게 보완을 요구하여야 한다.

773) 대법원 1991. 6. 11. 선고 90누8862 판결; 대법원 1996. 10. 25. 선고 95누14244 판결; 대법원 2004. 10. 15. 선

건축허가신청의 보완이 가능한 경우 보완을 시키지 아니하고 바로 건축허가를 거부한 경우 그 거부 처분은 위법하다. 대법원도 건축하려는 건물의 규모보다 난방시설에 관한 사업계획서가 그다지 복잡한 것으로 예상되지 않는 만큼 행정청으로서는 일응 위 미제출 사업계획서를 보완하도록 요청한 다음 허가 여부를 판단함이 상당하다 할 것이므로 위 보완요청 없이 바로 행한 건축허가신청반려처분은 그 점에서 재량권을 남용·일탈한 위법이 있다.[774]

4. 건축허가처리기준의 고시

건축허가에 의하여 인·허가의제 되는 사항(법 제11조 제5항 각 호)과 건축복합민원 일괄협의회(법 제12조 제1항)의 관계 법령을 관장하는 **중앙행정기관의 장**은 그 처리기준을 **국토교통부장관**에게 통보 하여야 한다. 처리기준을 변경한 경우에도 또한 같다(법 제11조 제8항). **국토교통부장관**은 처리기준을 통보받은 때에는 이를 통합하여 고시하여야 한다(법 제11조 제9항).[775]

5. 건축복합민원 일괄협의회

허가권자는 건축허가를 하려면 (1) 해당 용도·규모 또는 형태의 건축물을 건축하려는 대지에 건축하 는 것이 「국토계획법」 제54조(지구단위계획구역에서의 건축 등), 제56조부터 제62조까지(개발행위허 가) 및 제76조부터 제82조까지의 규정(용도지역·용도지구 및 용도구역에서의 행위 제한)과 그 밖에 **대통령령으로 정하는 관계 법령**의[776] 규정에 맞는지를 확인하고, (2) 사전결정에 의하여 의제되는 인·

고 2003두6573 판결.

774) 대법원 1996. 1. 26. 선고 95누5479 판결; 이 밖에도 가설건축물의 규모가 작다는 것을 이유로 하거나 용이하게 철거할 수 있는 구조로 설계변경을 종용도 해 보지 않은 채 주요 구조부가 연와조로 되어 있다는 이유만으로써 가설건축물의 허가신청을 거부함은 재량권 남용이다(대법원 1971. 4. 30. 선고71누23 판결).

775) 이에 따라 「건축법」 제11조 제9항에 따른 **허가권자**가 「건축법」 제11조 및 제14조에 따른 건축허가(또는 신고) 업 무와 「건축법」 제19조에 따른 **용도변경** 업무처리 과정에서 참고할 관계법령에서 규정하는 건축관련 기준을 고시 하여 신속하게 허가 등의 업무를 처리하도록 지원할 목적으로 행정규칙인 「건축관련통합기준」을 2000. 7. 5. 건 설교통부고시 제2000—172호로 제정하였고 2000. 7. 5.부터 시행하고 있다.

776) 영 **제10조(건축복합민원 일괄협의회)** ① 법 제12조 제1항에서 **"대통령령으로 정하는 관계 법령의 규정"**이란 다음 각 호 1. 「군사기지 및 군사시설보호법」 제13조, 2. 「자연공원법」 제23조, 3. 「수도권정비계획법」 제7조부터 제9 조까지, 4. 「택지개발촉진법」 제6조, 5. 「공원녹지법」 제24조 및 제38조, 6. 「공항시설법」 제34조, 7. 「교육환경 보호에 관한 법률」 제9조, 8. 「산지관리법」 제8조, 제10조, 제12조, 제14조 및 제18조, 9. 「산림자원법」 제36조 및 「산림보호법」 제9조, 10. 「도로법」 제40조 및 제61조, 11. 「주차장법」 제19조, 제19조의2 및 제19조의4, 12. 「환경정책기본법」 제22조, 13. 「자연환경보전법」 제15조, 14. 「수도법」 제7조 및 제15조, 15. 「도시교통정비 촉 진법」 제34조 및 제36조, 16. 「문화재보호법」 제35조, 17. 「전통사찰의 보존 및 지원에 관한 법률」 제10조, 18. 「개발제한구역법」 제12조 제1항, 제13조 및 제15조, 19. 「농지법」 제32조 및 제34조, 20. 「고도 보존 및 육성에 관한 특별법」 제11조, 21. 「화재예방, 소방시설 설치·유지 및 안전관리에 관한 법률」 제7조의 규정을 말한다.

② **허가권자**는 법 제12조에 따른 건축복합민원 일괄협의회의 회의를 법 제10조제1항에 따른 사전결정 신청일 또는 법 제11조 제1항에 따른 건축허가 신청일부터 10일 이내에 개최하여야 한다.

③ **허가권자**는 협의회의 회의를 개최하기 3일 전까지 회의 개최 사실을 관계 행정기관 및 관계 부서에 통보하여야 한다.

④ 협의회의 회의에 참석하는 관계 공무원은 회의에서 관계 법령에 관한 의견을 발표하여야 한다.

⑤ 사전결정 또는 건축허가를 하는 관계 행정기관 및 관계 부서는 그 협의회의 회의를 개최한 날부터 5일 이내에 동

허가에 관한 **관계 행정기관의 장**과 협의하여야 하며(법 제10조 제6항 각 호와 같은 조 제7항), (3) 건축허가에 의하여 의제되는 인·허가에 관한 **관계 행정기관의 장**과 협의(제11조 제5항 각 호와 같은 조 제6항)의 사항을 처리하기 위하여 **대통령령**으로 정하는 바에 따라 건축복합민원 일괄협의회를 개최 하여야 한다(법 제12조 제1항).

법 제12조 제1항에 따라 확인이 요구되는 법령의 **관계 행정기관의 장**과 협의에 따른 **관계 행정기 관의 장**은 소속 공무원을 건축복합민원 일괄협의회에 참석하게 하여야 한다(법 제12조 제2항).[777]

V. 건축허가·불허가

1. 건축허가서 교부

허가권자는 건축허가를 하였으면 **국토교통부령**으로 정하는 바에 따라 건축허가서를 신청인에게 발 급하여야 한다(영 제9조 제1항). 건축허가처분과 같이 상대방이 있는 행정처분에 있어서는 달리 특별 한 규정이 없는 한 그 처분을 하였음을 상대방에게 고지하여야 그 효력이 발생한다.[778] 따라서 건축허 가의 효력발생 시기는 건축허가서를 교부한 날 효력이 발생한다.[779]

2. 건축허가의 부관[780]

종래의 통설과 판례가 재량행위에만 부관을 붙일 수 있고 기속행위(또는 기속재량행위)에는 붙이지 못한다고 주장하였으나, 최근의 다수설은 기속행위의 성질상 법률의 근거가 없는 한 기속행위에 부관

의 또는 부동의 의견을 **허가권자**에게 제출하여야 한다.
⑥ 이 「건축법 시행령」에서 규정한 사항 외에 협의회의 운영 등에 필요한 사항은 건축**조례**로 정한다.

777) 건축허가(복합민원)가 신청되면 「건축법」을 제외한 기타 건축 관련 법령(약 90여개) 일체에 대한 적합여부의 확인 을 받기 위하여 민원인이 직접 관련 부서(같은 시청이나 구청의 다른 부서뿐만 아니라 소방서, 한전, 군부대 및 환경관서 등 다른 기관 포함)를 일일이 방문하여 적합여부를 확인하고 있는 실정이어서 건축절차 이행의 불편이 가중되고 있다. 따라서 「건축법」상 규정된 의제·검토 법령(농지법·산지관리법 등)만이라도 건축허가부서에서 민원 인의 편의를 위해 일괄적인 협의를 하도록 함으로써 민원의 신속한 One—Stop 처리를 도와주려는 목적이다. 필 요시 소방서, 한전 등 외부기관의 관계자 참석을 요청하고 외부기관의 장은 특별한 사유가 없는 한 관계자를 협 의회에 참석하게 하여야 하나 관계자의 참석여부를 건축**허가권자**가 강제할 수 없으므로 해당 기관에서 부득이한 경우 서면협의 요청도 가능하다(국토부, 건축행정, 2013, 198면).
778) 대법원 1977. 11. 22. 선고 77누195 판결.
779) 대법원은 건축허가서의 사법상 효력 및 건축허가가 타인의 명의로 된 경우 건물 소유권의 취득관계에 대한 사례 에서 "건축허가는 행정관청이 건축행정상 목적을 수행하기 위하여 수허가자에게 일반적으로 행정관청의 허가 없이 는 건축행위를 하여서는 안된다는 상대적 금지를 관계 법규에 적합한 일정한 경우에 해제하여 줌으로써 일정한 건축행위를 하여도 좋다는 자유를 회복시켜 주는 행정처분일 뿐 수허가자에게 어떤 새로운 권리나 능력을 부여하 는 것이 아니고, 건축허가서는 허가된 건물에 관한 실체적 권리의 득실변경의 공시방법이 아니며 추정력도 없으 므로 건축허가서에 **건축주**로 기재된 자가 건물의 소유권을 취득하는 것은 아니므로, 자기 비용과 노력으로 건물 을 신축한 자는 그 건축허가가 타인의 명의로 된 여부에 관계없이 그 소유권을 원시취득한다."고 판시하였다(대법 원 2002. 4. 26. 선고 2000다16350 판결; 대법원 1997. 3. 28. 선고 96다10638 판결).
780) 부관(附款)에 관해서는 제1편 「국토계획법」/제5장 개발행위의 허가 등/제1절 개발행위의 허가/III. 부관을 참조하라.

을 붙일 수 없는 것이 원칙이지만, 예외적으로 법률의 근거가 없는 경우에도 부관을 붙임으로서 그 법률상 요건이 충족되거나 유지될 수 있는 경우에 가능하다고 본다.[781]

그러나 판례는 기속행위에는 부관을 붙일 수 없고 재량행위에는 부관을 붙일 수 있다는 견해를 일관적으로 견지하고 있다. 기속행위나 기속적 재량행위에는 부관을 붙일 수 없고 가령 부관을 붙였다 하더라도 무효이다. 기속행위에 대한 판례 ①에서, 건축허가를 하면서 일정 토지를 기부채납하도록[782] 하는 내용의 허가조건은 부관을 붙일 수 없는 기속행위 내지 기속적 재량행위인 건축허가에 붙인 부담이거나 또는 법령상 아무런 근거가 없는 부관이어서 무효라고 판시하였다.[783]

기속행위에 대한 판례 ②에서, 구「건축법」(1999. 2. 8. 법률 제5895호로 개정되기 전의 것) 제72조, 같은 법 시행령(1999. 4. 30. **대통령령** 제16284호로 개정되기 전의 것) 제118조 등 관련 규정에 의하면 **건축주**가 2m 이상의 담장을 설치하고자 하는 경우에는 이를 신고하여야 한다고 규정하고 있을 뿐 건축 관계 법령은 건축물 건축 시 반드시 담장을 설치하여야 한다는 취지의 규정은 두지 아니하고 있으므로, 행정청이 건축변경허가를 함에 있어 **건축주**에게 새 담장을 설치하라는 부관을 붙인 것은 법령상 근거 없는 부담을 부가한 것으로 위법하다.[784]

재량행위에 대한 판례에서, 개발제한구역 내에서는 구역지정의 목적상 건축물의 건축 및 공작물의 설치 등 개발행위가 원칙적으로 금지되고, 다만 구체적인 경우에 이러한 구역지정의 목적에 위배되지 아니할 경우 예외적으로 허가에 의하여 그러한 행위를 할 수 있게 되어 있음이 그 규정의 체제와 문언상 분명하고, 이러한 예외적인 개발행위의 허가는 상대방에게 수익적인 것이 틀림이 없으므로 그 법률적 성질은 재량행위 내지 자유재량행위에 속하는 것이고, 이러한 재량행위에 있어서는 관계 법령에 명시적인 금지규정이 없는 한 행정목적을 달성하기 위하여 조건이나 기한·부담 등의 부관을 붙일 수 있다.[785]

3. 건축허가의 거부

종래 대법원은 건축허가신청이 「건축법」·「도시계획법」 등 관계 법규에서 정하는 건축허가 제한 사유에 해당하지 않는 이상 행정청이 자연경관 훼손 및 주변환경의 오염과 농촌지역의 주변정서에 부정적인 영향을 끼치고 농촌지역에 퇴폐분위기를 조성할 우려가 있다는 등의 사유를 들어 숙박시설 건축을 불허할 수는 없다고 판시하였는데,[786] 이는 법치행정의 원리에 충실한 판시였다.

2001년 「건축법」 개정을 통하여 **허가권자**는 다만, 다음 각 호 1. 위락시설이나 숙박시설에 해당하는

781) 김철용, 행정법(제6판), 183~184면.
782) '기부채납'이란 주택건설사업자가 승인권자에게 토지 등 재산의 소유권을 무상으로 이전하여 승인권자가 이를 취득하는 것을 말한다(주택건설사업 기반시설 기부채납 운영기준 2.용어의 정의 1—2—4).
783) 대법원 1995. 6. 13. 선고 94다56883 판결; 대법원 1988. 4. 27. 선고 87누1106 판결; 대법원 1993. 7. 27. 선고 92누13998 판결.
784) 대법원 2000. 2. 11. 선고 98누7527 판결.
785) 대법원 2004. 3. 25. 선고 2003두12837 판결.
786) 대법원 1995. 12. 12. 선고 95누9051 판결.

건축물의 건축을 허가하는 경우 해당 대지에 건축하려는 건축물의 용도·규모 또는 형태가 주거환경이나 교육환경 등 주변 환경을 고려할 때 부적합하다고 인정되는 경우, 2.「국토계획법」제37조 제1항 제5호에 따른 방재지구 및「자연재해대책법」제12조 제1항에 따른 자연재해위험개선지구 등 상습적으로 침수되거나 침수가 우려되는 지역에 건축하려는 건축물에 대하여 지하층 등 일부 공간을 주거용으로 사용하거나 거실을 설치하는 것이 부적합하다고 인정되는 경우의 어느 하나에 해당하는 경우에는 이 법이나 다른 법률에도 불구하고 건축위원회의 심의를 거쳐 <u>건축허가를 하지 아니할 수 있도록</u> 했다. 따라서 생활환경 유해요인으로부터 국민의 주거환경 및 교육환경을 철저히 보호할 수 있도록 하기 위하여 위락시설 및 숙박시설 등의 무분별한 건축허가를 거부할 수 있다. 이는 <u>건축허가를 거부하기 위해서는 관계 법규에서 정하는 제한사유 이외의 사유를 들어 거부할 수는 없다는 종래의 대법원 95누 9051 판결</u>을 의식하고 만든 조항이다. 다만 이 조문은 국토계획법적 성격을 갖는 조항이라는 문제점이 있다. 동 조항은 **건축물의 위험방지**의 문제가 아니라 **토지의 합리적 이용**이라는 관점에서 마련된 것이므로「국토계획법」에 규정되어야 할 조문이며, 그 위치도 건축허가절차를 규정하는 곳이 아니라 건축허가요건의 총칙부분에 자리 잡아야 한다고 한다.787)

건축**허가권자**가 건축불허가처분을 하면서 그 처분사유로 건축불허가 사유뿐만 아니라 구「소방법」(2003. 5. 29. 법률 제6916호로 개정되기 전의 것) 제8조 제1항에 따른 <u>소방서장의 건축 부동의 사유</u>를 들고 있다고 하여 그 건축불허가처분 외에 별개로 건축 부동의처분이 존재하는 것이 아니므로, 그 건축불허가처분을 받은 사람은 그 건축불허가처분에 관한 쟁송에서「건축법」상의 건축불허가 사유뿐만 아니라 소방서장의 부동의 사유에 관하여도 다툴 수 있다.788)

4. 권리구제

종래에는 건축허가를 둘러싼 행정소송은 이원적 구도가 많았다. 즉 **건축주**와 건축행정청 사이에 양극적인 법률관계가 중심을 이루었고, **건축주**는 행정청의 건축허가 불허가(거부처분), 또는 철거명령 기타 시정명령 등에 대해 취소소송을 제기하는 것이 일반적이었다. 오늘날「건축법」의 영역에서는 다원적 법률관계(행정청—**건축주**—인근주민)를 전제로 하고 있으며, 이 가운데에서 **건축주**와 인근주민은 모두 사인으로서 기본권주체가 된다. **건축주**의 기본권(헌법 제23조의 재산권)뿐만 아니라 인근주민의 기본권(인격권, 환경권, 재산권 등)도 간과할 수 없는 중요한 요소로 인식되는 시점이다.789)790)

---

787) 김종보, 건설법(제5판), 119면.
788) 대법원 2004. 10. 15. 선고 2003두6573 판결.
789) 정남철, 행정구제의 기본원리, 법문사, 2015, 452면.
790) 인근주민이 제기하는 건축허가의 취소소송의 원고적격 판단기준에 관해서는 추후에 보완하기로 한다. 진성철, "인근주민이 제기하는 건축허가 취소소송의 원고적격 판단기준", 대구판례연구회 300회 발표 기념 건축관련판례 50선, 2012.

VI. 인·허가 의제(건축허가의 효과)[791]

1. 개정 연혁

인·허가의제(집중효) 조항은 1982. 4. 3. 법률 제3558호의 개정으로 「건축법」에 도입되었다. 도입 당시에는 건축허가를 받은 경우 의제되는 인·허가의 범위가 4개 법률의 5개 인·허가에 불과하였으나, 이후 수차례의 개정을 거치면서 점차 그 범위가 확대되었는데, 특히 1995. 1. 5. 법률 제4919호 개정을 통해 의제되는 인·허가에 구 「도시계획법」상 토지형질변경허가 및 실시계획인가, 「산림법」상 산림형질변경허가, 「농지법」상 농지전용허가, 「도로법」상 도로점용허가 등이 추가됨으로써 그 범위가 대폭 확대되었고, 현재는 <u>18개 법률의 약 34개 인·허가</u>에 이르고 있다.

1982.4.3.개정(시행1982.7.1.) 법률 제3558호〈신설〉	1991.5.31.개정(시행1992.6.1.) 법률 제4381호	1995.1.5.개정(시행1996.1.6.) 법률 제4919호
제5조 (건축허가) ⑥ 건축물을 건축 또는 대수선하고자 하는 자가 제1항 또는 제2항의 규정에 의한 허가를 받거나 신고를 한 때에는 다음 각호의 허가를 받거나 신고등을 한 것으로 본다.	제8조 (건축허가) ④ 제1항의 규정에 의한 건축허가를 받은 경우에는 제7조 제3항 각호 또는 다음 각호의 허가를 받거나 신고를 한 것으로 보며, 공장 건축물의 경우에는 공업배치및공장설립에관한법률 제14조의 규정에 의하여 관계법률의 허가 또는 승인을 얻은 것으로 본다.	제8조 (건축허가) ⑤ 제1항의 규정에 의한 건축허가를 받는 경우에는 다음 각호의 허가등을 받거나 신고를 한 것으로 보며, 공장건축물의 경우에는 공업배치및공장설립에관한법률 제14조의 규정에 의하여 관계법률의 허가 또는 승인을 얻은 것으로 본다.
1. 제47조 제2항에 의한 공사용 가설 건축물의 축조신고 2. 도로법 제40조에 의한 도로의 점용허가 3. 하수도법 제24조에 의한 배수시설의 설치신고 4. 오물청소법 제15조에 의한 오수정화시설 및 동법 제16조에 의한 분뇨정화조의 설치신고	1. 제15조 제2항의 규정에 의한 공사용 가설건축물의 축조신고 2. 제72조의 규정에 의한 공작물의 축조허가 3. 하수도법 제24조의 규정에 의한 배수시설의 설치신고 4. 오수·분뇨및축산폐수의처리에관한법률 제9조제2항 및 동법 제10조 제2항에 의한 오수정화시설 및 정화조의 설치신고 5. 수도법 제17조의 규정에 의한 상수도공급신청	1. 법 제15조 제2항의 규정에 의한 공사용 가설건축물의 축조신고 2. 법 제72조의 규정에 의한 공작물의 축조허가 또는 신고 3. 도시계획법 제4조의 규정에 의한 토지의 형질변경허가 4. 도시계획법 제23조의 규정에 의한 도시계획사업시행자의 지정 및 동법 제25조의 규정에 의한 도시계획사업의 실시계획의 인가 5. 산림법 제90조의 규정에 의한 산림의 형질변경허가 6. 사도법 제4조의 규정에 의한 사도개설허가 7. 농지법 제36조 제1항의 규정에 의한 농지전용허가 또는 협의 8. 도로법 제40조의 규정에 의한 도로의 점용허가 9. 도로법 제50조 제5항의 규정에 의한 접도구역안에서의 건축물·공작물의 설치허가

---

791) 인·허가의제의 일반적인 이론은 제1편 「국토계획법」 제5장 개발행위의 허가 등/제1절 개발행위의 허가/IX. 인·허가 의제를 참조하라.

1982.4.3.개정(시행1982.7.1.) 법률 제3558호〈신설〉	1991.5.31.개정(시행1992.6.1.) 법률 제4381호	1995.1.5.개정(시행1996.1.6.) 법률 제4919호
		10. 하천법 제25조의 규정에 의한 하천점용등의 허가 11. 하수도법 제24조의 규정에 의한 배수설비의 설치신고 12. 오수·분뇨및축산폐수의처리에관한법률 제9조 제2항 및 동법 제10조 제2항의 규정에 의한 오수정화시설 및 정화조의 설치신고 13. 수도법 제23조의 규정에 의하여 수도사업자가 지방자치단체인 경우 당해 지방자치단체가 정한 **조례**에 의한 상수도 공급신청

2. 근거 규정 및 제정 취지

건축허가를 받으면 「국토계획법」상의 개발행위허가 등이 의제된다. 즉, 다음 각 호 1. 법 제20조 제3항에 따른 공사용 가설건축물의 축조신고, 2. 법 제83조에 따른 공작물의 축조신고, 3. 「국토계획법」 제56조에 따른 개발행위허가, 4. 「국토계획법」 제86조 제5항에 따른 시행자의 지정과 같은 법 제88조 제2항에 따른 실시계획의 인가, 5. 「산지관리법」 제14조와 제15조에 따른 산지전용허가와 산지전용신고, 같은 법 제15조의2에 따른 산지일시사용허가·신고. 다만, 보전산지인 경우에는 도시지역만 해당된다. 6. 「사도법」 제4조에 따른 사도(私道)개설허가, 7. 「농지법」 제34조, 제35조 및 제43조에 따른 농지전용허가·신고 및 협의, 8. 「도로법」 제36조에 따른 도로관리청이 아닌 자에 대한 도로공사 시행의 허가, 같은 법 제52조 제1항에 따른 도로와 다른 시설의 연결 허가, 9. 「도로법」 제61조에 따른 도로의 점용 허가, 10. 「하천법」 제33조에 따른 하천점용 등의 허가, 11. 「하수도법」 제27조에 따른 배수설비(配水設備)의 설치신고, 12. 「하수도법」 제34조 제2항에 따른 개인하수처리시설의 설치신고, 13. 「수도법」 제38조에 따라 수도사업자가 지방자치단체인 경우 그 지방자치단체가 정한 **조례**에 따른 상수도 공급신청, 14. 「전기사업법」 제62조에 따른 자가용전기설비 공사계획의 인가 또는 신고, 15. 「물환경보전법」 제33조에 따른 수질오염물질 배출시설 설치 허가나 신고, 16. 「대기환경보전법」 제23조에 따른 대기오염물질 배출시설설치 허가나 신고, 17. 「소음·진동관리법」 제8조에 따른 소음·진동 배출시설 설치의 허가나 신고, 18. 「가축분뇨의 관리 및 이용에 관한 법률」 제11조에 따른 배출시설 설치허가나 신고, 19. 「자연공원법」 제23조에 따른 행위허가, 20. 「공원녹지법」 제24조에 따른 도시공원의 점용허가, 21. 「토양환경보전법」 제12조에 따른 특정토양오염관리대상시설의 신고, 22. 「수산자원관리법」 제52조 제2항에 따른 행위의 허가, 23. 「초지법」 제23조에 따른 초지전용의 허가 및 신고가 폭넓게 의제된다. 공장건축물의 경우에는 「산업집적활성화 및 공장설립에 관한 법률」 제13조의2와 제14조에 따라 관련 법률의 인·허가 등이나 허가 등을 받은 것으로 본다(법 제11조 제5항).

건축허가를 받을 경우 「국토계획법」상의 개발행위허가 등을 받은 것으로 의제하고 있는바, 이와 같이 「건축법」에서 인·허가의제 제도를 둔 취지는 목적사업의 원활한 수행을 위해 인·허가의제 사항을 포함하여 건축허가의 관할 행정청으로 그 창구를 단일화하고 행정절차를 간소화하며 비용과 시간을 절감함으로써 국민의 권익을 보호하려는 것이지, 인·허가의제 사항 관련 법률에 따른 각각의 인·허가 요건에 관한 일체의 심사를 배제하려는 것으로 보기는 어려우므로,[792] 건축허가신청을 받은 건축**허가권자**로서는 건축허가로 인하여 의제되는 인·허가의 요건을 충족하고 있는지 여부도 고려하여 건축허가에 관한 처분을 하여야 한다. 이러한 취지에서 「건축법」 제11조 제6항은 의제되는 인·허가 사항이 다른 행정기관의 권한에 속할 경우 건축**허가권자**로 하여금 그 **행정기관의 장**과 미리 협의하도록 규정하고 있는 것이다. 따라서 건축**허가권자**는 위와 같이 의제되는 인·허가 사항이 다른 행정기관의 권한에 속할 경우 그 **행정기관의 장**의 의견을 들어 인·허가 요건의 충족여부를 판단하여야 하고, 의제되는 인·허가 사항에 관한 권한도 자신이 보유하고 있는 경우 그 인·허가 요건에 관하여 스스로 심사한 후 그 요건을 충족하지 못하였다는 것을 이유로 건축허가를 불허할 수 있을 뿐, 건축허가로 인하여 의제되는 별도의 인·허가를 건축허가 신청 당시에 사전에 받지 못하였다는 사유로 건축허가 자체를 불허할 수는 없는 것이다.[793] 대법원도 같은 취지로 판시하였다.[794]

3. 인·허가의제에 대한 관계기관 협의

허가권자는 건축허가신청이 건축허가에 의하여 의제되는 인·허가의 실체적 요건을 갖추었는지 여부를 검토하기 위하여 **허가권자**로 하여금 의제 사항(동법 제11조 제5항 각 호)에 관하여 다른 행정기관의 권한에 속하는 경우에는 그 **행정기관의 장**과 미리 협의하여야 하며, 협의 요청을 받은 **관계 행정기관의 장**은 요청을 받은 날부터 15일 이내에 의견을 제출하여야 한다. 이 경우 **관계 행정기관의 장**은 법 제11조 제8항에 따른 처리기준이 아닌 사유를 이유로 협의를 거부할 수 없고, 협의 요청을 받은 날부터 15일 이내에 의견을 제출하지 아니하면 협의가 이루어진 것으로 본다(법 제11조 제6항).[795]

〈표 29〉 어려운 쟁점-인·허가의제 효과

4. 인·허가의제 효과(건축허가와 다른 법령에 의한 인·허가의제와의 관계)
가. 의제의 의제 '의제의 의제'(의제되는 허가에 의해 다른 인·허가가 재차 의제되는 것)는 인정되지 않는다고 설명한 바 있다.[796] 주된 인·허가가 있으면 다른 법률에 의한 인·허가가 있는 것으로 보는 데 그치는 것이고, 거기에서 더 나아가 다른 법률에 의하여 인·허가를 받았음을 전제로 한 다른 법률의 모든 규정들까지 적용되는 것은 아니다.[797] 건축허가를 받으면 「국토계획법」 제86조 제5항에 따른 시행자의 지정과 같은 법 제88조 제2항에 따른 실시계획의 인가가 의

---

792) 대법원 2011. 1. 20. 선고 2010두14954 전원합의체 판결.
793) 서울고등법원 2013. 12. 5. 선고 2012누34435 판결.
794) 대법원 2015. 7. 9. 선고 2015두39590 판결.
795) 2017. 1. 17. 법률 제14535호로 개정으로 2017. 7. 18.부터 시행한 복합민원의 신속한 협의 촉진을 통한 인허가 처리지연 방지 등을 위하여 건축물 및 가설건축물 허가처리 등을 위한 관계부서 협의 시 일정기한 내 의견을 제출하지 않는 경우 협의된 것으로 보는 건축허가 처리 협의 간주제를 도입하였다.

제되는데 그치고, 거기서 다시 의제되는 실시계획을 고시를 이유로 관계 법률에 따른 인·허가등의 고시·공고 등이 있은 것으로 의제하는 규정을 적용할 수 없다(「국토계획법」 제92조). 또한 실시계획을 고시한 경우에는 「토지보상법」 제20조 제1항과 제22조에 따른 사업인정 및 그 고시가 있었던 것으로 보는 규정에 따라 토지 등을 수용·사용할 수 없다(「국토계획법」 제95·96조).

나. 판례

대법원은 구 「건축법」(1999. 2. 8. 법률 제5895호로 개정되기 전의 것) 제8조 제1항, 제3항, 제5항에 의하면, 건축허가를 받은 경우에는 구 「도시계획법」(2000. 1. 28. 법률 제6243호로 전문 개정되기 전의 것) 제4조에 의한 토지의 형질변경허가나 「농지법」 제36조에 의한 농지전용허가 등을 받은 것으로 보며, 한편 **허가권자**가 건축허가를 하고자 하는 경우 당해 용도·규모 또는 형태의 건축물을 그 건축하고자 하는 대지에 건축하는 것이 「건축법」 관련 규정이나 같은 「도시계획법」 제4조, 「농지법」 제36조 등 관계 법령의 규정에 적합한지의 여부를 검토하여야 하는 것일 뿐, 건축불허가처분을 하면서 그 처분사유로 건축불허가 사유뿐만 아니라 형질변경불허가 사유나 농지전용불허가 사유를 들고 있다고 하여 그 건축불허가처분 외에 별개로 형질변경불허가처분이나 농지전용불허가처분이 존재하는 것이 아니므로, 그 건축불허가처분을 받은 사람은 그 건축불허가처분에 관한 쟁송에서 「건축법」상의 건축불허가 사유뿐만 아니라 같은 「도시계획법」상의 형질변경불허가 사유나 「농지법」의 농지전용불허가 사유에 관하여도 다툴 수 있는 것이지, 그 건축불허가처분에 관한 쟁송과는 별개로 형질변경불허가처분이나 농지전용불허가처분에 관한 쟁송을 제기하여 이를 다투어야 하는 것은 아니며, 그러한 쟁송을 제기하지 아니하였어도 형질변경불허가 사유나 농지전용불허가 사유에 관하여 불가쟁력이 생기지 아니한다.[798]

부연하면, 인·허가 의제(집중효) 규정이 있는 경우, 「건축법」상의 요건뿐만 아니라 의제되는 다른 법령에 의한 인·허가요건을 모두 심사하여, 양자의 요건이 모두 충족되는 경우에만 건축허가가 발급될 수 있고, 또한 이 경우, 의제되는 다른 법률에 의한 인·허가 수만큼의 복수의 처분이 존재하는 것이 아니라 「건축법」상 건축허가 또는 불허가라는 하나의 처분만 존재하게 된다.

위 판결은 「건축법」상 건축허가에 수반하여 구 「도시계획법」상 토지형질변경허가나 「농지법」상 농지전용허가를 받은 것으로 의제되는 경우, 「건축법」상의 허가요건 뿐만 아니라 구 「도시계획법」 및 「농지법」 관련 규정에 의한 허가요건이 모두 충족되는 경우에만 「건축법」상 건축허가가 발급될 수 있고, 만일 구 「도시계획법」 또는 「농지법」 관련 규정에 배치되어 건축불허가처분을 하는 경우 건축불허가처분이라는 한 개의 처분만 존재하는 것이므로, 건축불허가처분에 관한 쟁송에서 구 「도시계획법」 또는 「농지법」 관련 불허가 사유에 관하여도 다툴 수 있지만, 이때 그 건축불허가처분에 관한 쟁송과 별개로 형질변경불허가처분이나 농지전용불허가처분에 관한 쟁송을 제기하여야 하는 것은 아니며, 그러한 쟁송을 제기하지 않았다고 해서 형질변경불허가 사유나 농지전용불허가 사유에 관하여 불가쟁력(不可爭力)이[799] 생기는 것도 아니라는 의미이다.[800]

다. 법제처 법령해석

(1) 법제처는 「건축법」 제11조 제5항 제3호에 따라 건축허가를 받음으로써 「국토계획법」 제56조에 따른 개발행위허가가 의제되었으나, 건축허가를 받은 자가 개발행위허가에 필요한 구비서류를 거짓으로 작성하여 제출한 사실이 밝혀진 경우 건축허가를 취소할 수 있는지에 대한 법령해석에서, 「건축법」에 따라 개발행위허가의 의제효과가 포함된 건축허가의 실체적 요건이 충족되지 못한 상태에서 하자 있는 건축허가가 이루어진 것으로 보아 별도의 법적 근거가 없더라도 「건축법」에 따른 건축허가를 직권으로 취소할 수 있다. 한편, 이 사안과 같이 건축허가를 받은 자가 개발행위허가에 필요한 구비서류를 거짓으로 작성하여 제출한 사실이 밝혀진 경우라면 실질적으로 「국토계획법」 제56조에 따른 개발행위허가에 필요한 실체적 요건을 충족하지 못한 상태에서 이루어진 건축허가라고 볼 것이어서, 건축허가를 결정할 당시에 알 수 있었다면 그 요건을 충족하지 아니한 경우에 해당하여 건축허가를 거부할 수 있었던 경우에 해당하는 바, 해당 건축허가 처분은 하자 있는 처분이라고 할 것이므로, 그 건축허가를 한 **허가권자**는 그 처분에 하자가 있는 경우에는 별도의 법적 근거가 없더라도 스스로 이를 취소할 수 있다고 할 것이다.[801]

(2) 법제처는 「건축법」에 따른 건축허가를 받음으로써 「산지관리법」상 산지전용허가가 의제되는 경우, 건축허가를 받은 자가 「산지관리법」상 대체산림자원조성비를 납부하지 아니하거나 복구비를 예치하지 아니하여 「산지관리법」에 따른 산지전용허가 취소사유가 발생한 때에 산림청장은 의제된 산지전용허가를 취소할 수 있는지에 대한 법령해석에서 산지전용허가를 취소할 수 없다고 하였다. 그 이유로 즉, 이 사안에서와 같이 건축허가에 따라

산지전용허가가 의제 되는 경우에는 건축을 목적으로 산지의 전용이 가능하게 되는 법적 효과가 주어지는 것일 뿐, 「산지관리법」에 다른 법률에 따라 산지전용허가가 의제된 경우에도 「산지관리법」상 개별적으로 의무를 부과하거나 침익적인 처분을 할 수 있다는 내용이 명시적으로 규정된 경우가 아닌 한, 다른 법률에 따라서 산지전용허가를 의제 받았음을 이유로 「산지관리법」상의 산지전용허가와 관련한 모든 규정이 적용된다고 보기는 어렵다. 이러한 점에 비추어 볼 때, 「산지관리법」 제19조 제1항 제3호, 제21조의3 제1호 및 제38조 등에서는 다른 법률에 의하여 산지전용허가가 '의제'되거나 배제되는 행정처분을 받고자 하는 자 또는 '산지전용허가' 등과 같은 규정 형식을 통하여 다른 법률에 따라 의제되는 산지전용허가에도 해당규정이 적용됨을 명시적으로 규정하고 있는 반면, 산지전용허가의 취소에 관하여 규정한 같은 법 제20조 제1항 제3호에서는 대체산림자원조성비를 납부하지 아니하거나 복구비를 예치하지 아니한 경우 제14조에 따른 산지전용허가를 취소할 수 있다고 규정하고 있을 뿐, 다른 법률에 따라 의제되는 산지전용허가의 경우에도 동일하게 취소할 수 있는지에 관한 명문의 규정이 없으므로, 「산지관리법」 제20조에 기초하여 다른 법률에 따른 인·허가의 효과로 의제된 산지전용허가를 취소할 수 있다고 보기는 어렵다.[802]

Ⅶ. 건축허가 또는 착공의 제한

1. 제한사유 및 제한권자

건축허가 제한에 관한 규정은 1972. 12. 30. 법률 제2434호로 개정하여 1973. 7. 1.부터 시행되었으며, 신설 당시 규정은 건설부장관은 국방·경제·지역계획 및 도시의 과대화를 방지하기 위하여 특히 필요하다고 인정할 때에는 **대통령령**으로 정하는 바에 따라 시장·군수의 건축허가를 제한할 수 있다(법 제44조 제2항). 입법 취지는 국민의 기본권인 사유재산권 행사에 대한 제약이긴 하나 제한요건에 해당되어 공익에 끼치는 영향이 개인의 이익에 우선하는 경우에 한하여 적용된다.[803]

가. 국토교통부장관

국토교통부장관은 국토관리를 위하여 특히 필요하다고 인정하거나 주무부장관이 국방, 문화재보존, 환경보전 또는 국민경제를 위하여 특히 필요하다고 인정하여 요청하면 **허가권자**의 건축허가나 허가를

---

796) 제1편「국토계획법」제5장 개발행위의 허가 등/제1절 개발행위의 허가/IX. 인·허가 의제/1. 의의 참조하라.

797) 대법원 2015. 4. 23. 선고 2014두2409 판결.

798) 대법원 2001. 1. 16. 선고 99두10988 판결.

799) 불가쟁력(不可爭力)이란 쟁송기간의 경과와 같은 일정한 법률사실의 존재로 행정행위의 상대방 기타의 이해관계인이 법률상의 쟁송수단에 의하여 그 효력을 다툴 수 없는 힘을 말한다. 행정행위가 불가쟁력을 가지게 되는 것은 행정행위의 효력을 신속하게 형식적으로 확정시킴으로써 행정법관계의 안정성을 확보하기 위해 인정된 것이다.

800) 전현철, 앞의 논문, 520면.

801) 대법원 1991. 8. 23. 선고 90누7760 판결; 법제처 법령해석 사례, 인천광역시 - 건축허가 후 의제된 개발행위허가에 필요한 구비서류를 거짓으로 작성·제출한 사실이 밝혀진 경우 건축허가의 취소 가능 여부(「건축법」 제11조 등 관련), 안건번호 11—0130, 회신일자 2011. 4. 14.

802) 법제처 법령해석 사례, 산림청 — 건축허가의 효과로 산지전용허가가 의제되는 경우, 산림청장이 「산지관리법」에 따른 의무를 이행하지 않는 자에 대하여 산지전용허가를 취소할 수 있는지 여부(「건축법」 제11조 제5항 및 「산지관리법」 제20조 관련), 안건번호 10—0001, 회신일자 2010. 3. 26.

803) 국토부, 건축행정, 2013, 229면.

받은 건축물의 착공을 제한할 수 있다(법 제18조 제1항).

나. 특별시장·광역시장·도지사

특별시장·광역시장·도지사는 지역계획이나 도시·군계획에 특히 필요하다고 인정하면 시장·군수·구청장의 건축허가나 허가를 받은 건축물의 착공을 제한할 수 있다(법 제18조 제2항). 지역계획상, 도시계획상 필요한 경우란 「국토계획법」 등에 따라 지역단위의 토지이용을 규정하는 법률에 의하여 계획을 수립 중에 있는 지역에 대하여 계획이 확정될 때까지 임시적으로 건축을 제한할 필요가 있는 경우를 말한다.804)

2. 건축허가 등의 제한절차

국토교통부장관이나 **시·도지사**는 건축허가나 건축허가를 받은 건축물의 착공을 제한하려는 경우에는 「토지이용규제 기본법」 제8조에 따라 주민의견을 청취한 후 건축위원회의 심의를 거쳐야 한다(법 제18조 제3항).

국토교통부장관이나 특별시장·광역시장·**도지사**는 건축허가나 건축물의 착공을 제한하는 경우, 제한목적·기간, 대상 건축물의 용도와 대상 구역의 위치·면적·경계 등을 상세하게 정하여 **허가권자**에게 통보하여야 하며, 통보를 받은 **허가권자**는 지체 없이 이를 공고하여야 한다(법 제18조 제5항).805)

특별시장·광역시장·**도지사**는 시장·군수·구청장의 건축허가나 건축물의 착공을 제한한 경우 즉시

---

804) 국토부, 건축행정, 2013, 229면.
805) 서울행정법원 2006. 12. 20. 선고 2006구합28734 판결; 비록 하급심 판례이지만 서울 뉴타운 후보지에 대하여 건축허가제한지역 공고 전이라고 할지라도 다세대주택 건축허가신청을 불허가한 것이 정당하다는 판결이 있었다. 사실관계는 다음과 같다.
원고A씨는 서울시 동작구 흑석동 일대에 7세대 규모의 다세대주택을 신축하고자 구청에 건축허가 신청했다. 이에 피고 동작구청은 A씨의 다세대주택 신축 예정지가 뉴타운사업의 원활한 추진과 건전한 부동산 거래 질서 확립을 위해 건축허가제한지역 지정 절차를 밟고 있는 중이라며 건축허가신청을 반려했다. 그러자 A씨는 건축허가제한지역으로 공고하기 전임에도 건축허가를 불허한 것은 재산권 침해라고 주장하며, 건축허가신청반려처분취소청구소송을 제기하였다.
이에 서울행정법원은 공익상의 필요가 인정된다며 원고패소판결을 했다. 법원은 그 이유로 건축허가 등을 제한하기로 하는 방침을 세웠고 이를 추진 중에 있었다고 하더라도 대외적인 적법한 공고가 없는 한 그러한 사정이 원고의 건축허가신청을 반려한 정당한 근거가 된다고 볼 수는 없다고 하면서도 다만 연쇄적으로 도시관리계획 사업으로 신축될 아파트분양권을 목적으로 하는 건축허가 신청이 남발되어 주거환경개선이라는 공익적 취지가 몰각되고, 주민들 사이의 이해관계가 대립되어 사업시행 자체에도 지장이 초래될 개연성이 높다고 했다. 비록 A씨가 건축허가를 받는다고 해도 뉴타운사업지구로 지정되면 신축 건축물은 철거될 가능성이 높으므로 불필요한 자원 낭비가 초래 된다는 점 등에 비추어 볼 때 이런 경제적 피해를 방지하기 위한 공익상의 필요에 의해 건축허가신청을 제한한 것은 적절하므로 뉴타운개발 사업은 노후 불량 주거지역을 계획적으로 개발해 추진 중인 도시관리계획 사업으로서 기존 건축물에 대한 허가신청이 받아들여질 경우 뉴타운사업지구 지정이 곤란해질 염려가 있어 건축허가신청을 제한한 것은 적절하므로 관계법규에서 정하는 건축허가제한사유가 없었더라도 공익상의 필요에 의해 한 반려처분을 위법하다고 볼 수 없다. 따라서 이 사건 반려처분이 형평의 원칙에 반한다고 볼 수 없고, 위에서 본 공익상의 필요에 비추어 볼 때 비례의 원칙에 반한다고 볼 수도 없으므로, 이 사건 반려처분에 재량권을 일탈·남용한 위법이 없다고 판단하였다.

국토교통부장관에게 보고하여야 하며, 보고를 받은 **국토교통부장관**은 제한 내용이 지나치다고 인정하면 해제를 명할 수 있다(법 제18조 제6항).[806]

3. 제한기간

건축허가나 건축물의 착공을 제한하는 경우 제한기간은 2년 이내로 한다. 다만, 1회에 한하여 1년 이내의 범위에서 제한기간을 연장할 수 있다(법 제18조 제4항).

Ⅷ. 건축허가의 취소·철회

1. 취소·철회의 구별

취소할 수 있는 행정행위는 그 성립에 흠이 있음에도 불구하고 정당한 권한을 가진 행정청 또는 법원에 의하여 취소됨으로써 비로소 그 효력을 상실하는 행정행위라는 점에서 **적법·유효하게 성립한 행정행위의 효력을 그 행정행위를 존속시킬 수 없는 후발적 사유의 발생을 이유로 상실시키는 행정행위의 철회와 구별**된다.[807]

법 제11조 제7항에 따르면 **건축허가의 취소사유**를 정하고 있으나 여기서 취소는 아무런 하자 없이 성립한 유효한 건축허가를 허가 이후 **후발적 사유의 발생을 이유로** 기왕의 건축허가처분을 취소한다는 점에서 이들은 학문상으로는 취소가 아니라 철회에 해당하고 소급효는 인정되지 아니한다.[808] 그리고 법 규정의 표현방식으로는 **허가권자**가 반드시 건축허가를 철회해야 하는 것처럼 규정되어 있지만, 건축허가의 철회는 행정청의 재량에 맡겨진 것으로 해석해야 한다.[809]

2. 건축허가의 철회(취소) 사유

허가권자는 건축허가를 받은 자가 다음, 1. 허가를 받은 날부터 2년(「산업집적활성화 및 공장설립에 관한 법률」 제13조에 따라 공장의 신설·증설 또는 업종변경의 승인을 받은 공장은 3년) 이내에 **공사에 착수하지 아니한 경우**, 2. 법 제11조 제1항 제1호의 기간 이내에 공사에 착수하였으나 **공사의 완료가 불가능**하다고 인정되는 경우, 3. 법 제21조에 따른 착공신고 전에 경매 또는 공매 등으로 **건축주가**

---

806) 특별시장·광역시장·**도지사**에게 건축허가 제한권이 부여됨에 따라 제한권이 지나치게 남용될 경우에 대비하여 **국토교통부장관**이 특별시장·광역시장·**도지사**에게 제한을 해제하도록 명할 수 있는 근거를 두었다(국토부, 건축행정, 2013, 229면).
807) 김철용, 행정법(제6판), 206면.
808) 정태용, 건축법, 174면.
809) 대법원 2005. 7. 14. 선고 2004두10180 판결; 김종보, 건설법(제5판), 142면.

대지의 소유권을 상실한 때부터 6개월이 경과한 이후 공사의 착수가 불가능하다고 판단되는 경우의 어느 하나에 해당하면 허가를 취소하여야 한다. 다만, 제1호에 해당하는 경우로서 정당한 사유가 있다고 인정되면 1년의 범위에서 공사의 착수기간을 연장할 수 있다(법 제11조 제7항).

법 제11조 제7항 제1호는 당초 2017. 1. 17. 법률 제14535호로 개정 전에는 1년에서, 2017. 7. 18.부터 2년으로 개정되었는데, 그 이유는 공사의 규모에 따른 공사 준비에 소요기간, 경제적 여건변화에 따른 공사착수 시기가 예측이 불가능한 점을 고려하여 공사착수기간을 2년으로 연장하도록 하였다. 2년으로 제한하는 취지는 건축법령에 의하여 건축허가를 받고 인·허가의제 법령에 의한 허가나 신고 등을 받은 행정처분들이 시간이 흐르고 사회적 여건이 변함에 따라 관련 규정도 변경될 수 있을 것이므로 건축허가를 한번 받았다 하여 착수기간을 무한정 인정하는 경우 공사착수시점에서는 현실과 크게 괴리될 수도 있을 것이기 때문이다.[810]

다만, 관계법령이 정한 사항에 대한 하자로 인하여 취소사유가 된다 하더라도 관계법령에 의한 절차 등을 거쳐 그 하자를 치유하고 보정할 수 있는 경우라면 당해 행정행위는 유효한 것으로 보아야 할 것이므로, 건축허가 취소처분 전에 하자 등을 치유 또는 보정할 수 있는 기회를 제공하는 것이 바람직하다.[811]

3. 건축허가의 취소처분에 대한 판례

법 제79조 제1항에 따르면 건축허가처분의 구체적인 취소사유까지는 명시되어 있지 않아도 처분에 위반되는 대지나 건축물에 대하여 이 법에 따른 건축허가처분을 취소 할 수 있다. 가령 「국토계획법」 제136조 제1호에서는 부정한 방법으로 개발행위허가 또는 변경허가를 받은 자(국토계획법 제133조 제1항 제21호 가목)에게 개발행위허가의 구체적인 취소 사유를 규정하고 있다. 설사 취소사유를 법정하고 있지 않더라도 처분청은 그 처분에 하자가 있는 경우에는 스스로 이를 취소할 수 있다.[812]

건축허가와 같은 수익적 행정처분을 취소함에 있어서는 수허가자가 입게 될 불이익과 건축행정상의 공익 및 제3자의 이익과 허가조건 위반의 정도를 비교·교량하여 개인적 이익을 희생시켜도 부득이하다고 인정되는 경우가 아니면 함부로 그 허가를 취소할 수 없는 것이다.[813]

가. 위법한 건축허가취소처분

(1) 건축허가취소처분이 위법하지 않다고 한 사례: ① 구 「공업배치 및 공장설립에 관한 법률」에 의하여 자동차정비업이 금지되는 지방산업단지 내에 자동차 정비공장의 건축허가를 받아 공장건축물의 기초공사를 완료하고 자동차정비업에 필요한 기자재를 공급받기로 하는 계약을 체결하였다고 하더

---

810) 국토부, 건축행정, 2013, 193면.
811) 국토부, 건축행정, 2013, 192면.
812) 대법원 1991. 8. 23. 선고 90누7760 판결.
813) 대법원 1992. 4. 10. 선고 91누5358 판결.

라도, 위 건축허가를 취소하여야 할 공익상의 필요가 그 취소로 인하여 **건축주**가 입게 될 불이익을 정당화할 만큼 강하다는 이유에서 위 건축허가 취소가 위법하지 않다.[814]

② 건축허가를 취소함에 있어서는 건축행정목적의 실현이라는 공익과 허가조건위반의 정도 등을 비교하여 개인적 이익을 희생시켜도 부득이하다고 인정되는 경우가 아니면 임의로 그 허가를 취소할 수 없다.[815]

③ 건축관계법령상 건폐율에 관한 규정을 둔 것은 당해 토지와 인근토지의 이용관계를 조절하고, 토지의 규모나 도로사정 등을 고려하여 토지의 적정한 이용을 확보하기 위한 데 있다고 할 것인바, 이러한 건폐율에 관한 규정에 위반하여 건축허가가 이루어졌다면, 행정청으로서는 언제든지 이를 취소할 수 있고, 다만 그 취소로 인하여 확보되는 공익보다 상대방의 불이익이 더 큰 경우에만 취소가 허용되지 아니한다.[816]

④ 수익적 행정처분인 건축허가처분의 하자가 허가신청자의 사실은폐나 기타 사위의 방법에 의한 신청행위에 기인한 것이어서 신청자가 그 처분에 의한 이익이 위법하게 취득되었음을 알아 그 취소가능성도 예상하고 있었다고 할 것이므로, 위 처분에 관한 신뢰이익을 원용할 수 없음은 물론, 행정청이 이를 고려하지 아니하였다고 하여도 재량권의 남용이 되지 아니한다.[817]

⑤ 2필지의 대지 위에 1개의 건축허가가 난 경우에 그 건축허가는 불가분의 것이라 할 것이어서 그 중 1필지의 대지에 대한 지목변경 및 등록전환이 불법으로 이루어진 위법한 것임을 이유로 그 건축허가 전부를 취소하였다 하여 그것이 재량권의 일탈 내지 남용에 해당되지 아니한다.[818]

(2) 건축허가취소처분이 위법하다고 한 사례: ① 주택건축허가가 있은 후 교육지구의 설정이 있었다는 이유만으로는 공익에 적합하지 않는다고 그 건축허가를 취소함은 위법하다.[819]

② 법을 위반하여 건축물이 도로를 침범하였다 하더라도 그 침범부분을 철거 또는 고쳐 짓거나 설계변경 등의 방법으로 그 시정이 용이한 반면, 그 허가취소로 인하여 건물 전체를 철거하게 되는 손해가 위법사유에 비하여 너무나도 막대하다면 건설허가취소처분은 재량권을 남용한 것이다.[820]

③ 원고는 건축허가 사항을 어기고 행정당국의 10여 차례에 걸친 시정지시, 중간검사이행, 중지명령 및 경고등에도 불구하고 이에 불응하고 건축공사를 강행하였음은 건축에 따른 법질서를 문란케하고 또 이점에서 공공의 복리를 침해하였다고 아니할 수 없으나, 그 위반사항이 그다지 중대한 것이 아닐 뿐 아니라 허가변경신청을 허용하고 또 구조감정서를 받아들임으로써 그 위법사유가 치유될 수 있는 성질의 것이라면 이 법질서 회복을 위하여 이미 2천만여 원을 투입하여 그 공정

814) 대법원 2005. 9. 30. 선고 2003두12738 판결.
815) 대법원 1982. 5. 11. 선고 81누232 판결.
816) 대법원 1995. 2. 28. 선고 94누12180 판결.
817) 대법원 1991. 8. 23. 선고 90누7760 판결.
818) 대법원 1991. 12. 10. 선고 91누605 판결.
819) 대법원 1966. 3. 29. 선고 65누165 판결.
820) 대법원 1978. 11. 28. 선고 78누351 판결.

이 80% 정도로 진척된 4층 건물을 그 건축허가취소로 철거하게 되는 원고의 손해는 너무나도 막대하며 나아가서는 국민경제상으로 보아도 바람직한 일이 못된다고 할 것이니 본 건 건축허가 취소 처분은 그 재량권을 남용하였다고 보아야 할 것이다.[821]

④ 원고가 건물 중 1,2층에 대하여 대수선허가만을 받았음에도 불구하고 그 범위를 넘어 개축하는 등 「건축법」을 위반하였으나, 위반사항이 중대하지 아니하며 그 동기가 경계 밖을 침범한 기존 건물의 벽을 헐어 건물을 경계선 안으로 끌어들임에 있어 오래된 기존 건물의 안전성이 문제되어 보다 더 튼튼한 철근콘크리트조로 시공할 수밖에 없었던 점, 이와 같은 개축으로 건물의 안전도 등이 크게 향상된 점 및 그 공사비가 1억여 원이 투입된 점을 고려해 볼 때, 만약 건축허가의 취소로 건물이 철거된다면 원고가 입을 손해가 너무 크고 이는 국민경제적으로도 바람직한 일이 못되므로 피고의 건축허가취소처분은 그 재량권을 남용한 위법이 있다.[822]

나. 사용승인이 있은 후의 건축허가취소청구

위법한 행정처분의 취소를 구하는 소는 위법한 처분에 의하여 발생한 위법 상태를 배제하여 원상으로 회복시키고 그 처분으로 침해되거나 방해받은 권리와 이익을 보호·구제하고자 하는 소송이므로 비록 그 위법한 처분을 취소한다 하더라도 원상회복이 불가능한 경우에는 그 취소를 구할 이익이 없다.[823] 가령, 건축허가를 받아 건축공사를 시행하여 이미 그 준공검사를 마쳤다면 위 건축허가처분이 위법하여 건축허가가 취소되더라도 최소대지면적 제한규정이나,[824] 건물 간 이격거리확보[825] 등의 건축기준에 적합하게 확보할 수 없는 경우 등이 이에 해당한다. 그리고 건축허가 된 부지가 「건축법」상의 도로로서 출입, 통행하는 데 이용하고 있어서 건축허가처분이 「건축법」상 보장된 통행권 또는 통행이익을 침해하는 처분이라 하더라도 건축공사를 완료하고 준공검사까지 받았다면 건축허가의 취소를 받아 건축물의 건립을 저지함으로써 통행권 또는 통행이익을 확보할 수 있는 단계는 이미 지났고, 또한 건축허가처분이 취소된다 하여 바로 통행권 또는 통행이익이 확보되는 것도 아니며 민사소송으로 건축물의 철거나 손해배상청구를 하는 경우 건축허가처분의 취소를 명하는 판결이 필요한 것도 아니므로 건축허가처분의 취소를 소구할 법률상 이익이 없다.[826]

다. 공무원의 귀책사유에 의하여 건축허가가 취소된 경우의 책임

그 대지 위에 건축허가를 할 수 없음에도 불구하고 담당공무원이 이를 간과하고 건축을 허가하여

---

821) 대법원 1977. 9. 28. 선고 76누243 판결.
822) 대법원 1991. 11. 8. 선고 90누10100 판결.
823) 대법원 1987. 5. 12. 선고 87누98 판결; 대법원 1994. 1. 14. 선고 93누20481 판결.
824) 대법원 1994. 1. 14. 선고 93누20481 판결.
825) 대법원 1987. 5. 12. 선고 87누98 판결; 대법원 1992. 4. 24. 선고 91누11131 판결; 대법원 1994. 1. 14. 선고 93누20481 판결.
826) 대법원 1987. 9. 8. 선고 86누375 판결; 대법원 1992. 4. 28. 선고 91누13441 판결.

건축할 수 없는 도로예정지상에 건물을 준공하기에 이르렀으나 **건축주**가 이를 철거하지 않으면 안 되는 결과로 입게 되는 그 손해의 범위는 이 가옥들이 그대로 존속될 것을 전제로 하는 교환가격 상당이라고도 할 수 없고, 피고의 잘못이 없었더라면 원고들이 그 출연을 면하였을 건축공사비와 앞으로 소요될 철거비용에 해당하는 금액이라고 할 것이며 여기에서 손익상계의 법리에 따라 철거 시 회수 가능한 자재가격을 공제한 액수이다.[827]

4. 건축위원회 심의의 실효

법 제4조 제1항에 따른 건축위원회의 심의를 받은 자가 심의 결과를 통지받은 날부터 2년 이내에 건축허가를 신청하지 아니하면 건축위원회 심의의 효력이 상실된다(법 제11조 제10항).

IX. 건축 공사현장 안전관리 예치금[828]

건축허가를 받은 자는 건축물의 건축공사를 중단하고 장기간 공사현장을 방치할 경우 공사현장의 미관 개선과 안전관리 등 필요한 조치를 하여야 한다(법 제13조 제1항).

허가권자는 연면적이 1천㎡ 이상인 건축물로서[829] 해당 지방자치단체의 **조례**로 정하는 건축물에 대하여는 착공신고를 하는 **건축주**에게[830] 장기간 건축물의 공사현장이 방치되는 것에 대비하여 미리 미관 개선과 안전관리에 필요한 비용(**대통령령**으로 정하는 보증서를 포함하며, 이하 "예치금"이라 한다)을 건축공사비의 1퍼센트의 범위에서 예치하게 할 수 있다(법 제13조 제2항).

허가권자가 예치금을 반환할 때에는 **대통령령**으로 정하는 이율로 산정한 이자를 포함하여 반환하여야 한다. 다만, 보증서를 예치한 경우에는 그러하지 아니하다(법 제13조 제3항). 예치금의 산정·예치 방법, 반환 등에 관하여 필요한 사항은 해당 지방자치단체의 **조례**로 정한다(법 제13조 제4항).

---

827) 대법원 1980. 3. 11. 선고 79다1687 판결.
828) 공사 중 부도 등의 이유로 장기간 방치되는 건축물은 도시미관 저해·구조 안전 위협 및 우범지대화 등의 문제를 유발하나, 행정기관의 조치가 어려워, 2005. 11. 8.(법률 제7696호) 법을 개정하여 2006. 5. 9.부터 건축물 방치에 대비하여 안전관리예치금을 건축공사비의 일정금액 범위 내에서 공사 착공시에 예치토록 하여 공사 중단으로 인한 건축물 안전위해 요소 예방 및 도시 미관 향상을 목적으로 도입하였다. 예치금은 건축물의 매입 등에 사용되는 것은 아니며, 자재철거 및 펜스 설치 등 최소한의 안전조치나 미관개선(필요시 행정대집행)에 사용 가능하다. 설계변경, 시공기간 연장 및 공사비단가 상승 등으로 건축공사비가 증가하는 경우 **조례**에서 정한 예치율에 따라 보증서의 보증금액 및 보증기간을 변경하여 제출토록 하며, **건축주** 등 공사관계자의 변경이 발생한 경우에는 새로 작성된 보증서를 제출해야 한다. **허가권자**는 법 제22조에 따른 사용승인서를 교부하는 경우에 예치된 보증금을 **건축주**에게 반환해야 한다. 예치금의 근거가 되는 건축공사비는 당해 계약서상 공사비로 하는 것이 바람직하다(국토부, 건축행정, 2013, 199면).
829) 「주택도시기금법」에 따른 주택도시보증공사가 분양보증을 한 건축물, 「건축물분양법」 제4조 제1항 제1호에 따른 분양보증이나 신탁계약을 체결한 건축물은 제외한다.
830) 「한국토지주택공사법」에 따른 한국토지주택공사 또는 「지방공기업법」에 따라 건축사업을 수행하기 위하여 설립된 지방공사는 제외한다.

　　허가권자는 공사현장이 방치되어 도시미관을 저해하고 안전을 위해한다고 판단되면 건축허가를 받은 자에게 건축물 공사현장의 미관과 안전관리를 위한 다음 각 호 1. 안전펜스 설치 등 안전조치, 2. 공사재개 또는 해체 등 정비의 개선을 명할 수 있다(법 제13조 제5항).

　　허가권자는 개선명령을 받은 자가 개선을 하지 아니하면 「행정대집행법」으로 정하는 바에 따라 대집행을 할 수 있다. 이 경우 **건축주**가 예치한 예치금을 행정대집행에 필요한 비용에 사용할 수 있으며, 행정대집행에 필요한 비용이 이미 납부한 예치금보다 많을 때에는 「행정대집행법」 제6조에 따라 그 차액을 추가로 징수할 수 있다(법 제13조 제6항).

　　허가권자는 방치되는 공사현장의 안전관리를 위하여 긴급한 필요가 있다고 인정하는 경우에는 **대통령령**으로 정하는 바에 따라 **건축주**에게 고지한 후 **건축주**가 예치한 예치금을 사용하여 법 제13조 제5항 제1호 중 **대통령령**으로 정하는 조치를 할 수 있다(법 제13조 제7항).

X. 건축물 안전영향평가[831]

　　허가권자는 초고층 건축물 등 대통령령으로 정하는 주요 건축물[다음 각 호 1. 초고층 건축물[층수가 50층 이상이거나 높이가 200미터 이상(영 제2조 제15호)], 2. 연면적(하나의 대지에 둘 이상의 건축물을 건축하는 경우에는 각각의 건축물의 연면적을 말한다)이 10만 제곱미터 이상이면서 16층 이상일 것의 요건을 모두 충족하는 건축물의 어느 하나에 해당하는 건축물을 말한다(영 제10조의3 제1항)]에 대하여 건축허가를 하기 전에 건축물의 구조안전과 인접 대지의 안전에 미치는 영향 등을 평가하는 건축물 안전영향평가(이하 "안전영향평가"라 한다)를 안전영향평가기관에 의뢰하여 실시하여야 한다(법 제13조의2 제1항).

　　안전영향평가기관은 **국토교통부장관**이 「공공기관운영법」 제4조에 따른 공공기관으로서 건축 관련 업무를 수행하는 기관 중에서 지정하여 고시한다(법 제13조의2 제2항).[832] 안전영향평가 결과는 건축위원회의 심의를 거쳐 확정한다. 이 경우 제4조의2에 따라 건축위원회의 심의를 받아야 하는 건축물은 건축위원회 심의에 안전영향평가 결과를 포함하여 심의할 수 있다(법 제13조의2 제3항).

　　안전영향평가 대상 건축물의 **건축주**는 건축허가 신청 시 제출하여야 하는 도서에 안전영향평가 결과를 반영하여야 하며, 건축물의 계획상 반영이 곤란하다고 판단되는 경우에는 그 근거 자료를 첨부하여 **허가권자**에게 건축위원회의 재심의를 요청할 수 있다(법 제13조의2 제4항).

---

831) 「건축법」[시행 2016. 8. 4.] [법률 제14016호, 2016. 2. 3., 일부개정] 개정이유: 초고층 건축물 등 **대통령령**으로 정하는 건축물에 대하여 건축허가 전에 국토교통부장관이 지정한 공공기관에서 구조 및 인접 대지의 안전성에 대한 종합적인 검토 및 평가를 하도록 기준을 신설하고 평가결과를 공개하도록 함이다.

832) 건축물 안전영향평가 세부기준[시행 2017.2.4.] [국토교통부고시 제2017—62호, 2017.2.4., 제정]제정이유: 초고층 건축물 등의 건축물에 대하여 건축허가 전에 구조 및 인접 대지의 안전성에 대한 종합적인 검토 및 평가를 하도록 「건축법」이 개정됨('16.2.3, 법률 제14016호)에 따라, 평가기관, 제출서류 검토항목 및 방법 등에 대한 기준을 정하는 것을 목적으로 한다. 안전영향평가기관은 다음과 같다. 1. 한국시설안전공단, 2. 한국건설기술연구원, 3. 한국토지주택공사.

안전영향평가의 검토 항목과 **건축주**의 안전영향평가 의뢰, 평가 비용 납부 및 처리 절차 등 그 밖에 필요한 사항은 **대통령령**으로 정한다(법 제13조의2 제5항). **허가권자**는 심의 결과 및 안전영향평가 내용을 **국토교통부령**으로 정하는 방법에 따라 즉시 공개하여야 한다(법 제13조의2 제6항).

안전영향평가를 실시하여야 하는 건축물이 다른 법률에 따라 구조안전과 인접 대지의 안전에 미치는 영향 등을 평가받은 경우에는 안전영향평가의 해당 항목을 평가받은 것으로 본다(법 제13조의2 제7항).

XI. 건축허가의 특례

1. 기존건축물의 특례

기존의 건축물 등에 관한 특례로서 건축허가를 받을 수 있도록 하고 있다(법 제6조). 이에 관해서는 **"제1장 총설/Ⅷ. 특례 규정"**에서 설명하였다.

2. 추인허가(사후허가) - 불법건축물에 대한 건축허가

건축물을 건축하고자 하는 자는 사전에 건축허가를 발급받아야 하고, 건축허가 없이 건축을 하는 **건축주** 및 공사시공자는 2년 이하 또는 3년 이하의 징역에 처해지게 된다(법 제11조, 제108조 및 제110조 제1호). 그러나 형사처벌은 행위자인 **건축주** 등의 불법건축행위를 처벌하는 데 그치고 건축물 자체의 불법성을 제거하지는 못한다. 또한 더 나아가 이로 인한 불법건축물 자체를 철거할 수 있는지 또는 이러한 건축물에 건축허가를 사후에 발급할 수 있는가 하는 문제도 해결될 수 없다.

어떠한 건축물이 비록 건축허가 없이 건축되었으나 「건축법」이 정하고 있는 건축허가요건을 모두 충족하고 있는 경우라면 그 건축행위는 사전적인 허가의무를 위반한 것일 뿐 「건축법」이 사실상 출현을 막으려고 했던 건축물이라 할 수 없다. 건축허가·신고 없이 건축한 건축물이 건축기준에 적법하다면 추후에 인·허가절차를 밟게 하여 합법화시키는 것을 추인허가라 한다. 만약 사전에 건축허가를 신청했더라면 행정청이 건축허가의 발급을 거절하기 어려웠을 것이기 때문이다. 추인허가대상 건축물은 추인허가 당시의 건축기준에 적합해야만 한다. 실무에서는 이러한 건축물에 대한 건축허가를 '추인허가(追認許可)'라 부르면서 형사처벌과 이행강제금의 부과를 전제로 부분적으로 허용하고 있다. 건축허가·신고 없이 건축한 건축물이 건축기준에 적법하다면 추후에 인·허가절차를 밟게 하여 합법화시키는 것을 추인허가라 한다. 이러한 허가는 일종의 사후적 건축허가로서 그 심사의 시점이 건축물이 완성된 이후이고, 그 적법성 판단의 시점도 심사시점이라는 점에서 '사후허가(事後許可)'라 부르는 것이 타당하다는 견해도 있다.

적법성 판단의 시점이 추인허가의 판단시점이므로, 건축물의 건축당시 존재하는 구 법령상 건축허가요건을 충족한 건축물이라 해도, 현행법상의 허가요건을 충족하지 못하면 추인허가를 발급할 수 없다. 과연 행정청이 추인허가를 발급할 수 있는가, 발급할 수 있다면 어떠한 요건 하에서 발급할 수 있는지에 대한 <u>법적 근거는 없다.</u> 따라서 추인허가에 대해서는 그 발급여부 및 요건이 해석에 맡겨져 있다. 건축물이 비록 건축허가 없이 건축되었으나 현행법에서 요구하는 허가요건을 모두 충족하고 있는 경우라면, 이러한 건축물은 철거명령의 대상이 되지 못할 뿐 아니라 오히려 추인허가의 발급대상이 된다. 그러나 「건축법」상 건축허가와는 달리 추인허가의 발급여부에 대해서는 행정청이 광범위한 재량권을 갖는다.[833]

불법건축물에는 <u>내용상으로</u> 허가요건이 불충분한 <u>실질적인 불법건축</u>이 있고, 허가절차상에 문제가 있는 형식적인 불법건축이 있다. 형식적 불법건축은 실질적인 불법건축의 가능성을 내재한 잠재적인 불법건축으로서 「건축법」에서는 <u>실질적인 불법건축물을</u> <u>사후적으로 철거 명령</u>을 내려 제거할 수 있도록 하고, 사전적으로 방지하기 위하여 <u>형식적인 불법건축물의 공사중지 명령</u>을 할 수 있도록 규정하고 있다.

[그림 3] 불법건축물의 유형

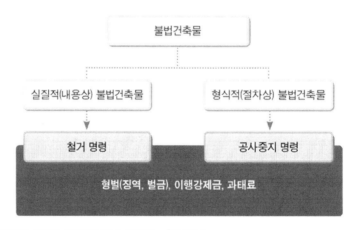

출처: 이재인, 불법건축물의 통제와 관리(그림으로 이해하는 「건축법」)

---

833) 김종보, 건설법(제5판), 123~124면.

제4절 　건축신고

Ⅰ. 건축신고의 대상 및 연혁

1. 건축신고 대상

허가 대상 건축물이라 하더라도 다음 각 호 1. 바닥면적의 합계가 **85㎡ 이내의 증축·개축 또는 재축**. 다만, **3층 이상 건축물**인 경우에는 **증축·개축 또는 재축**하려는 부분의 바닥면적의 합계가 건축물 연면적의 10분의 1 이내인 경우로 한정한다. 2. 「국토계획법」에 따른 **관리**지역, **농림**지역 또는 **자연환경보전**지역에서 연면적이 **200㎡ 미만**이고 **3층 미만**인 건축물의 건축.[834] 다만, 다음 각 목 가. **지구단위계획구역**, 나. 방재지구 등 재해취약지역으로서 **대통령령**으로 정하는 구역[1. 「국토계획법」 제37조에 따라 지정된 **방재지구**(防災地區), 2. 「급경사지 재해예방에 관한 법률」 제6조에 따라 지정된 **붕괴위험지역**(영 제11조 제1항)]의 어느 하나에 해당하는 구역에서의 건축은 제외한다. 3. 연면적이 **200㎡ 미만**이고 **3층 미만**인 건축물의 **대수선**, 4. **주요구조부의 해체가 없는 등 대통령령**으로 정하는 **대수선**[1. 내력벽의 면적을 30제곱미터 이상 수선하는 것, 2. 기둥을 세 개 이상 수선하는 것, 3. 보를 세 개 이상 수선하는 것, 4. 지붕틀을 세 개 이상 수선하는 것, 5. 방화벽 또는 방화구획을 위한 바닥 또는 벽을 수선하는 것, 6. 주계단·피난계단 또는 특별피난계단을 수선하는 것(영 제11조 제2항)], 5. 그 밖에 **소규모 건축물로서 대통령령**으로 정하는 **건축물**[1. 연면적의 합계가 100제곱미터 이하인 건축물, 2. 건축물의 높이를 3미터 이하의 범위에서 증축하는 건축물, 3. 법 제23조 제4항에 따른 표준설계도서에 따라 건축하는 건축물로서 그 용도 및 규모가 주위환경이나 미관에 지장이 없다고 인정하여 건축**조례**로 정하는 건축물, 4. 「국토계획법」 제36조 제1항 제1호 다목에 따른 공업지역, 같은 법 제51조 제3항에 따른 지구단위계획구역(같은 법 시행령 제48조 제10호에 따른 산업·유통형만 해당한다) 및 「산업입지법」에 따른 산업단지에서 건축하는 2층 이하인 건축물로서 연면적 합계 500제곱미터 이하인 공장(별표 1 제4호 너목에 따른 제조업소 등 물품의 제조·가공을 위한 시설을 포함한다), 5. 농업이나 수산업을 경영하기 위하여 읍·면지역(특별자치시장·특별자치도지사·시장·군수가 지역계획 또는 도시·군계획에 지장이 있다고 지정·공고한 구역은 제외한다)에서 건축하는 연면적 200제곱미터 이하의 창고 및 연면적 400제곱미터 이하의 축사, 작물재배사(作物栽培舍), 종묘배양시설, 화초 및 분재 등의 온실(영 제11조 제3항)]의 건축의 어느 하나에 해당하는 경우에는 미리 **특별자치시장·특별자치도지사 또는 시장·군수·구청장**에게[835] **국토교통부령**으

---

[834] 건축신고 대상 중 비도시지역에서의 3층·200㎡ 미만 건축물의 경우는 종전에는 건축허가나 신고 없이 건축이 가능한 시설이었으나 2005. 11. 8. 법률 제7696호로 「건축법」 제9조 제1항을 개정하여 2006. 5. 9.일부터는 건축신고 대상으로 규정하였다. 부칙<법률 제8974호, 2008. 3. 21. > 제5조(건축허가 신청 등에 관한 경과조치)에 따르면 종전법 시행 당시 종전의 규정에 따라 시장·군수·구청장에게 건축허가 또는 건축신고 없이 건축이 가능한 건축물을 건축 중인 경우에는 제11조 제1항 또는 제14조 제1항의 개정규정에 따라 건축허가를 받거나 건축신고를 한 것으로 본다. 따라서 개정법 시행 이전에 이미 건축 중인 해당 건축물은 부칙에 따라 별도의 건축신고 절차를 이행할 필요가 없으나, 개정법 시행일 이후 완공이 이루어졌다면 반드시 「건축법」 제22조에 따른 사용승인 절차를 이행해야 할 것이다. 다만, 개정법 시행일 이전에 이미 공사가 완료된 기존 건축물은 계도 및 위반 건축물 단속 등을 실시하여 점진적으로 건축물대장에 등재시킴으로써 제도권에 편입해야 할 것이며, 2006. 5. 9.일 이전 공사가 완료된 사실은 해당 건축물의 소유자 등이 직접 증명하거나 항공사진 등으로 판단해야 할 것이다(국토부, 건축행정, 2013, 214면).

[835] 「건축법」상 신고권자이다.

로 정하는 바에 따라 **신고를 하면 건축허가를 받은 것으로 본다**(법 제14조 제1항).836)

〈표 30〉 건축신고 대상 및 규모(법 제14조 제1항)

규모	행위
1.바닥면적 합계 **85㎡ 이하**(**3층 이상** 건축물인 경우 바닥면적 합계가 **연면적 10분의 1 이내**로 한정)	**증축, 개축, 재축**
2. 관리지역·농림지역·자연환경보전지역에서 **연면적 200㎡ 미만**이고 **3층 미만**인 건축물의 **건축[지구 단위계획구역, 방재지구, 붕괴위험지역 제외**(영 제11조 제1항)]	건축
3. 연면적이 **200㎡ 미만**이고 **3층 미만**인 건축물의 **대수선**	대수선
4. 주요구조부의 해체가 없는 등 **대통령령**으로 정하는 **대수선**[1. 내력벽의 면적을 30㎡ 이상 수선하는 것, 2. 기둥을 세 개 이상 수선하는 것, 3. 보를 세 개 이상 수선하는 것, 4. 지붕틀을 세 개 이상 수선하는 것, 5. 방화벽 또는 방화구획을 위한 바닥 또는 벽을 수선하는 것, 6. 주계단·피난계단 또는 특별피난계단을 수선하는 것(영 제11조 제2항)]	
5. 그 밖에 **소규모건축물의 건축으로서 대통령령**으로 정하는 건축물[1. 연면적 합계 100㎡ 이하인 건축물, 2. 건축물의 높이 3m 이하의 증축, 3. 표준설계도서에 의해 건축하는 건축물로 그 용도, 규모가 주위환경, 미관에 지장이 없다고 인정되어 건축**조례**로 정하는 건축물, 4. 공업지역, 지구단위계획구역, 산업단지에서 2층 이하인 건축물로 연면적의 합계가 500㎡ 이하인 공장, 5. 농업 또는 수산업을 위한 읍·면지역에서 연면적 200㎡ 이하의 창고 및 연면적 400㎡ 이하의 축사·작물재배사, 종묘배양 시설, 화초 및 분재 등의 온실(영 제11조 제3항)]	건축

2. 연혁

건축신고제의 연혁으로 1962. 1. 20. 제정 시에는 증·개축에 한하여 도입되었다가, 1986. 12. 31. 개정을 거치면서 일부 농·어업용 주택·축사 및 창고를 건축신고로 신축도 하게 되었고, 1990년대의 탈규제 경향과 함께 점점 대상을 넓혀 왔다. 전술한 바와 같이 인·허가제도는 1982. 4. 3. 「건축법」에 도입되었는데, 처음에는 도로점용허가 등 건축하는데 통상적으로 필요한 사항에 한정되어 있었으나, 1995. 1. 5. 개정 시 토지형질변경허가 등에 이르기까지 범위가 확대되어 현재에 이르고 있다.

Ⅱ. 건축신고의 법적 성질

1. 관련 쟁점

건축신고의 법적 성질과 관련해서는 우선 행정법상 신고가 무엇인지, 그 후 신고의 법적 효과가 자기 완결적(자체완성적, 수리를 요하지 않는, 전형적) 신고 또는 수리를 요하는(행정요건적, 변형적) 신고인 지, 건축신고 거부행위 또는 반려행위의 처분성 여부에 관한 논의를 하는 것이 순서라 할 수 있겠다.

---

836) 이러한 허가의제의 효과를 가진 건축신고를 소위 **건축허가의제적 신고**라고 부른다(정남철, 행정구제의 기본원리, 431면).

건축신고가 '자기완결적 신고'인지 '수리를 요하는 신고'인지 규명되어야 하고, 건축신고를 자기완결적 신고로 볼 경우 사인의 적법한 신고가 있었음에도 행정청이 신고거부(반려행위)를 행한 경우에는 사인은 매우 불안정한 지위에 있게 되므로 권리구제라는 쟁송법적 관점에서 처분으로 다툴 수 있는지가 문제된다. 이 문제는 건축신고를 행정청이 거부한 경우 신고거부의 처분성을 인정할 수 있는가의 문제에 대하여 논란이 있었다. 수리를 요하는 신고로 볼 경우 허가에 준하는 것이어서 당연히 행정쟁송의 대상이 된다 할 것이다.

대법원이 2010년 11월과 2011년 1월 불과 두 달에 걸쳐 사인의 공법행위로서 신고에 관한 기존의 법리와 결별을 가져온 두 개의 판례를 통하여 이론과 실무 양면에 파란을 일으켰다. 그 첫 번째 2010. 11. 18. 2008두167 전원합의체판결에서, 종래 건축신고 반려행위 또는 수리거부행위는 항고소송의 대상이 아니며 따라서 그 취소를 구하는 소는 부적법하다고 보았던 종전의 판례를 변경하여, 건축신고 반려행위는 항고소송의 대상이 된다고 판시하였다. 두 번째 2011. 1. 20. 2010두14954 전원합의체판결에서, **인·허가의제 효과를 수반하는 건축신고는 일반적인 건축신고와는 달리, 특별한 사정이 없는 한 행정청이 그 실체적 요건에 관한 심사를 한 후 수리하여야 하는 이른바 '수리를 요하는 신고'라고 판시**하였다.

이로써 「건축법」상 건축신고는 자기완결적 신고에 해당하며, 신고가 형식적 요건을 갖춘 이상 실체적 이유로 수리를 거부할 수 없으며, 거부하더라도 신고의 효력이 발생하므로 항고소송의 대상이 될 수 없고 그 취소를 구하는 소는 부적법하다는 지난 40년을 지배해 온 판례이자 통설이 변경되었다.[837]

2. 사인의 공법행위로서 신고의 종류

가. 건축신고는 행정법상 법률관계에서 **건축주**라는 사인이 공법적 효과 발생을 목적으로 하는 행위를 말한다. 사인의 공법행위로서 행정법상 신고란 공법적 효과의 발생을 목적으로 행정청에게 일정한 사실을 알리는 행위로서 법령 등에 특별한 사유가 없는 한 통상 행정청에 의한 실질적 심사가 요구되지 않는 행위를 말한다.[838] 건축신고는 행정주체가 행하는 기관으로서의 행위가 아니라, 행정주체에 대하여 행정의 상대방이 행하는 공법행위를 말하는 것으로 사인이 행위주체가 된다. 공법행위의 효과 측면에서 사인의 공법행위로서 신고는 **'자기완결적 행위인 신고'**와[839] **'수리를 요하는 신고'**로 나뉜다.[840] 전자는 신고서가 행정청에 도달되어 행정청에 대하여 일정한 사항을 통지한 때에 법적 효과가 발생하는 신고를 말한다. 행정청의 수리를 요하지 아니하므로 '수리를 요하지 아니하는 신고'라고 부르기도 한다. **후자는 사인이 행정청에 대하여 일정한 사항을 통지하고 행정청이 수리함으로써 법적 효과가 발생하는 신고를 말한다. 여기서 수리란 사인이 알려온 일정한 사항을 행정청이 유효한**

---

837) 홍준형, "사인의 공법행위로서 신고에 대한 고찰—자기완결적 신고와 수리를 요하는 신고에 관한 대법원판례를 중심으로—", 공법연구 제40집 제4호, 2012. 5., 334면.

838) 홍준형, 행정법, 법문사, 2017, 101면.

839) 자체완성적 공법행위로서의 신고(홍정선), 수리를 요하지 아니하는 신고 또는 자족적 신고(김종보)라 부르기도 한다.

840) 대법원 2011. 1. 20. 선고 2010두14954 전원합의체 판결에서도 이와 같이 분류하고 있다.

것으로 받아들이는 행위를 말한다.[841]

그렇다면 건축신고는 이들 양자 중 어디에 해당하는지가 논란이 되고 있다. 연혁적으로 신고제는 이른바 '규제완화'의 물결을 타고, 과거 허가제 등으로 되어 있던 것 중 다수가 신고제로 전환되어 왔다. 그러나 행정의 현장에서 그 신고가 허가 등과 비슷하게 운용되고 있어, 「행정절차법」이 그에 관하여 특별히 별도의 장(第3章)을 두고 있다.[842] 즉 행정법상 신고에 대한 법적 규율은 「행정절차법」 제40조에서 규정하고 있는데, 여기서 신고는 "법령 등에서 행정청에 대하여 일정한 사항을 통지함으로써 의무가 끝나며(같은 조 제1항), 신고서가 접수기관에 도달된 때에 신고 의무가 이행된 것으로 본다(같은 조 제2항)."

나. 그런데 행정법상 신고에는 이러한 전형적인 신고(자기완결적 신고) 이외에 **수리를 요하는 변형적인 신고**가 있음이 일반적으로 인정되고 있다. 수리를 요하는 신고의 경우에는 요건을 갖춘 신고가 있었다 하더라도 수리되지 않으면 신고의 효력이 발생하지 않는 점에서 자기완결적 신고와 다르다.[843] 그리고 개별 법령에서 신고라는 용어를 사용하고 있지 않더라도 행정청에 대하여 일정한 사항을 통지함으로써 의무이행이 완료되는 행위라면 자기완결적 신고이고, 반대의 경우 접수 외에 행정청의 심사·처리 등을 규정하고 있다면 이를 **수리를 요하는 신고**라고 부른다.[844][845]

다. 자기완결적 행위인 신고와 **수리를 요하는 신고**를 구별하는 기준은 분명하지 않고, 오히려 신고에 관한 개별 법령에서 입법자가 어떻게 규정하고 있는가에 있다.[846] 자기완결적 행위인 신고는 형식적 요건만 갖추면 된다. 자기완결적 행위인 신고의 경우 행정청에서 심사할 수 있는 범위는 신고 대상에 해당하는지 여부 및 그 구비서류 등이 갖추어져 있는지 여부에 한정된다. 자기완결적 행위인 신고에 대하여 행하는 행정청의 수리여부는 신고에 아무런 법적 효과를 미치지 아니하므로 행정청이 설사 수리 또는 수리거부를 행하더라도 그것은 사실행위에 불과하다.[847] 그 밖에 에컨대 개별 법령이 명문으로 수리에 관한 규정을 두고 있다든가, 혹은 행정청에게 실체적 요건의 충족 여부를 심사해서 처리하도록 규정하고 있는 경우에는 **수리를 요하는 신고**로 보아야 한다.

---

841) 홍준형, 행정법, 102면; 행정요건적 신고라고도 한다.

842) 김남진·김연태, 행정법 I , 139면.

843) 김남진·김연태, 행정법 I , 141면.

844) 김철용, 행정법(제6판), 87면.

845) 그런데 견해에 따라 **수리를 요하는 신고**의 경우 형식적 심사만을 거치지만, **허가**의 경우에는 실질적 심사를 거친다는 점에서 양자의 차이를 구별하기도 한다(홍정선, 행정법원론(상), 박영사, 2015, 207면). 그러나 사건으로는 **인·허가가 의제되는 건축신고**의 경우 판례가 '수리를 요하는 신고'로 보는 점을 감안하면(대법원 2011. 1. 20. 선고 2010두14954 전원합의체 판결), 「국토계획법」 제56조에 따른 개발행위허가 등의 실질적 심사를 거친다는 점에서 이러한 구별에는 의문이다.

846) 홍준형, 앞의 논문, 338면.

847) 김철용, 행정법(제6판), 87~88면.

3. 건축신고의 법적 효과가 자기완결적 신고·수리를 요하는 신고인지?

가. 자기완결적 신고

(1) <u>자기완결적 신고</u>의 경우 「행정절차법」에 따라 신고를 관장하는 행정청은 신고서의 기재사항에 하자가 없고, 필요한 구비서류가 첨부되어 있으며, 기타 법령 등에 규정한 형식적인 요건에 적합한 신고서가 접수기관에 도달한 때에는 신고의무가 이행된 것으로 본다(동법 제40조 제2항). 일반적인 건축신고의 경우, 신고를 한 이상 **건축주**는 행정청의 수리처분이라는 별도의 조치를 기다리거나 허가처분을 받지 않고서도 건축을 할 수 있다고 보는 것이 원칙이다. 이러한 것은 종래 판례의 태도이기도 했다. 대법원 2011. 1. 20. 선고 2010두14954 전원합의체 판결도 이 같은 취지로 판시를 하면서 이 점을 분명히 확인하고 있다.[848]

(2) 즉 「건축법」은 제11조 제1항에서 건축물을 건축하거나 대수선하려는 자는 특별자치시장·특별자치도지사 또는 시장·군수·구청장의 허가를 받아야 한다고 규정하고, 법 제14조 제1항에 따르면 법 제11조에 해당하는 허가 대상 건축물이라 하더라도 일정 규모 이내의 건축물에 대하여는 미리 **특별자치시장·특별자치도지사 또는 시장·군수·구청장**에게 **국토교통부령**으로 정하는 바에 따라 신고를 하면 건축허가를 받은 것으로 본다고 규정하고 있다. 이와 같이 「건축법」이 건축물의 건축 또는 대수선에 관하여 원칙적으로 허가제로 규율하면서도 일정 규모 이내의 건축물에 관하여는 신고제를 채택한 것은, 건축행위에 대한 규제를 완화하여 국민의 자유의 영역을 넓히는 한편, 행정목적상 필요한 정보를 파악·관리하기 위하여 국민으로 하여금 행정청에 미리 일정한 사항을 알리도록 하는 최소한의 규제를 가하고자 하는 데 그 취지가 있다. 따라서 법 제14조 제1항의 건축신고 대상 건축물에 관하여는 원칙적으로 건축 또는 대수선을 하고자 하는 자가 적법한 요건을 갖춘 신고를 하면 행정청의 수리 등 별도의 조처를 기다릴 필요 없이 건축행위를 할 수 있다고 보아야 한다.[849] 가령, 대법원 2011. 1. 20. 선고 2010두14954 전원합의체 판결에서와 같이 인·허가의제 효과를 수반하지 않는 건축신고는 여전히 자기완결적 신고로 남는다.[850]

나. 수리를 요하는 신고

(1) 수리를 요하는 신고에 있어 수리는 앞서 살펴본 사인의 공법행위의 수리, 즉 단순한 접수라는 의미에서의 수리와는 다른 법적 의미를 가진다. **수리를 요하는 신고**의 경우, 수리는 법적 효과 발생의 요건이 된다. 즉 신고가 있더라도 행정청이 이를 수리하지 않으면 소정의 법적 효과가 발생하지 아니한다. 가령 수리의무가 성립하여 수리를 반려 또는 거부한 것이 위법으로 판명되는 경우에도 일단 적법한 수리가 없는 이상 그에 따른 법적 효과는 발생하지 아니한다. 수리를 요하는 신고의 반려 또는

---

848) 홍준형, 행정법, 103면.
849) 대법원 2011. 1. 20. 선고 2010두14954 전원합의체 판결.
850) 김철용, 행정법(제6판), 86면.

불수리행위에 대해서는 취소소송 등 행정소송을 제기할 수 있다. 즉, 수리를 요하는 신고의 반려 또는 불수리행위는 취소소송의 대상으로서 처분에 해당하며 또 그 취소를 구할 법률상 이익이 있는 자에게 원고적격이 인정된다.[851]

(2) 「건축법」상 신고사항에 관하여 건축을 하고자 하는 자가 적법한 요건을 갖춘 신고만 하면 건축을 할 수 있고, 행정청의 수리 등 별단의 조처를 기다릴 필요는 없다는 대법원의 종래 견해들은[852] 대법원 2011. 1. 20. 선고 2010두14954 전원합의체판결로 변경되었다. 인·허가의제 효과를 수반하는 건축신고는 이른바 "수리를 요하는 신고"라고 판시한 2011. 1. 20. 전원합의체 판결은 앞에서도 보았듯이, 뒤에서 소개하는 2010. 11. 18. 전원합의체 판결과는 전혀 딴판으로 치열한 반대의견이 대두되었을 뿐만 아니라 학계에서도 격렬한 논란을 불러일으켰다.[853]

(가) 「건축법」 제14조 제2항에 의한 인·허가의제 효과를 수반하는 건축신고가, 행정청이 그 실체적 요건에 관한 심사를 한 후 수리하여야 하는 이른바 '수리를 요하는 신고'인지 여부에 대하여 [다수의견]은 일반적으로 「건축법」상의 건축신고는 행정청의 수리를 요하지 아니하여 그 신고가 행정청에 도달된 때에 효력을 발생하는 것이나, 건축신고로 인하여 「건축법」 제14조 제1항, 같은 법 제11조 제5항 각 호 소정의 **허가 또는 인가 등을 받은 것으로 의제하는 효력(집중효)이 발생하는 경우에는 그 건축신고**는 행정청의 '**수리를 요하는 신고**'로 봄이 타당하다는 원심판결을 인용하였다.[854] 즉 「건축법」 제11조 제5항(이하 '인·허가의제조항'이라고 한다)에서는 제1항에 따른 건축허가를 받으면 각 호(이하 '인·허가의제사항'이라고 한다)에서 정한 허가 등을 받거나 신고를 한 것으로 본다(「국토계획법」 제56조의 규정에 따른 개발행위허가가 그 대표적인 예이다)고 규정하면서, 같은 법 제14조 제2항에서는 인·허가의제조항을 건축신고에 준용하고 있고, 나아가 영 제11조 제3항, 제9조 제1항, 칙 제12조 제1항 제2호에서는 건축신고를 하려는 자는 인·허가의제조항에 따른 허가 등을 받거나 신고를 하기 위하여 해당 법령에서 제출하도록 의무화하고 있는 신청서와 구비서류를 제출하여야 한다고 규정하고 있다. 「건축법」에서 이러한 인·허가의제 제도를 둔 취지는, 인·허가의제사항과 관련하여 건축허가 또는 건축신고의 관할 행정청으로 그 창구를 단일화하고 절차를 간소화하며 비용과 시간을 절감함으로써 국민의 권익을 보호하려는 것이지, 인·허가의제사항 관련 법률에 따른 각각의 인·허가 요건에 관한 일체의 심사를 배제하려는 것으로 보기는 어렵다. 왜냐하면, 「건축법」과 인·허가의제사항 관련 법률은 각기 고유한 목적이 있고, 건축신고와 인·허가의제사항도 각각 별개의 제도적 취지가 있으며 그 요건 또한 달리하기 때문이다. 나아가 인·허가의제사항 관련 법률에 규정된 요건 중 상당수는 공익에 관한 것으로서 행정청의 전문적이고 종합적인 심사가 요구되는데, 만약 건축신고만으로 인·허가의제사항에 관한 일체의 요건 심사가 배제된다고 한다면, 중대한 공익상의 침해나 이해관계인의 피해를 야기하고

---

851) 홍준형, 행정법, 105면; 대법원 2009. 2. 26. 선고 2006두16243 판결.
852) 대법원 1968. 4. 30. 선고 68누12 판결, 대법원 1990. 6. 12. 선고 90누2468 판결, 대법원 1999. 4. 27. 선고 97누6780 판결, 대법원 2004. 9. 3. 선고 2004도3908 판결 등.
853) 홍준형, 앞의 논문, 347면.
854) 서울고등법원 2010. 7. 1. 선고 2010누1042 판결.

관련 법률에서 인·허가 제도를 통하여 사인의 행위를 사전에 감독하고자 하는 규율체계 전반을 무너뜨릴 우려가 있다. 또한 무엇보다도 건축신고를 하려는 자는 인·허가의제사항 관련 법령에서 제출하도록 의무화하고 있는 신청서와 구비서류를 제출하여야 하는데, 이는 건축신고를 수리하는 행정청으로 하여금 인·허가의제사항 관련 법률에 규정된 요건에 관하여도 심사를 하도록 하기 위한 것으로 볼 수밖에 없다. 따라서 **인·허가의제 효과를 수반하는 건축신고**는 일반적인 건축신고와는 달리, 특별한 사정이 없는 한 **행정청이 그 실체적 요건에 관한 심사를 한 후 수리**하여야 하는 이른바 **'수리를 요하는 신고'** 로 보는 것이 옳다.[855]

(나)「국토계획법」상의 **개발행위허가로 의제**되는 건축신고가 **개발행위허가의 기준을 갖추지 못한 경우**, 행정청이 수리를 거부할 수 있는지 여부에 대하여 [다수의견]은 일정한 건축물에 관한 건축신고는「건축법」제14조 제2항, 제11조 제5항 제3호에 의하여「국토계획법」제56조에 따른 개발행위허가를 받은 것으로 의제되는데,「국토계획법」제58조 제1항 제4호에서는 개발행위허가의 기준으로 주변 지역의 토지이용실태 또는 토지이용계획, 건축물의 높이, 토지의 경사도, 수목의 상태, 물의 배수, 하천·호소·습지의 배수 등 주변 환경이나 경관과 조화를 이룰 것을 규정하고 있으므로,「국토계획법」상의 개발행위허가로 의제되는 건축신고가 위와 같은 기준을 갖추지 못한 경우 행정청으로서는 이를 이유로 그 **수리를 거부할 수 있다**고 보아야 한다.[856]

---

855) 대법원 2011. 1. 20. 선고 2010두14954 전원합의체 판결[**다수의견**]; 이에 대한 [**반대의견**]은 다수의견과 같은 해석론을 택할 경우 헌법상 기본권 중 하나인 국민의 자유권 보장에 문제는 없는지, 구체적으로 어떠한 경우에 수리가 있어야만 적법한 신고가 되는지 여부에 관한 예측 가능성 등이 충분히 담보될 수 있는지, 형사처벌의 대상이 불필요하게 확대됨에 따른 죄형법정주의 등의 훼손 가능성은 없는지, 국민의 자유와 권리를 제한하거나 의무를 부과하려고 하는 때에는 법률에 의하여야 한다는 법치행정의 원칙에 비추어 그 원칙이 손상되는 문제는 없는지, 신고제의 본질과 취지에 어긋나는 해석론을 통하여 여러 개별법에 산재한 각종 신고 제도에 관한 행정법 이론 구성에 난맥상을 초래할 우려는 없는지의 측면 등에서 심도 있는 검토가 필요한 문제로 보인다. 그런데 다수의견의 입장을 따르기에는 그와 관련하여 해소하기 어려운 여러 근본적인 의문이 제기된다. '「건축법」상 신고사항에 관하여 건축을 하고자 하는 자가 적법한 요건을 갖춘 신고만 하면 건축을 할 수 있고, 행정청의 수리 등 별단의 조처를 기다릴 필요는 없다.'는 대법원의 종래 견해(대법원 1968. 4. 30. 선고 68누12 판결, 대법원 1990. 6. 12. 선고 90누2468 판결, 대법원 1999. 4. 27. 선고 97누6780 판결, 대법원 2004. 9. 3. 선고 2004도3908 판결 등 참조)를 인·허가가 의제되는 건축신고의 경우에도 그대로 유지하는 편이 보다 합리적인 선택이라고 여겨진다.

856) 대법원 2011. 1. 20. 선고 2010두14954 전원합의체 판결[**다수의견**]; 한편, 이에 대한 [**반대의견**]은 그동안 이루어진 건축법령의 개정 연혁 등을 살펴보면,「건축법」이 1999. 2. 8. 법률 제5895호로 개정되면서 절차의 간소화를 통한 행정 규제완화를 위하여, 건축신고의 경우에는 건축허가에 관한 협의절차 규정을 준용규정에서 삭제함으로써 **관련 행정기관의 장**과의 협의절차를 필요로 하지 아니하게 되었고, 규제완화의 목적을 위하여 건축신고 대상의 범위가 점차 넓어지고 그 방식도 간소화되어 왔음을 알 수 있다. 수리란 타인의 행위를 유효한 행위로 받아들이는 수동적 의사행위를 말하는 것이고, 이는 허가와 명확히 구별되는 것이다. 그런데 다수의견에 의하면, 행정청이 인·허가의제조항에 따른「국토계획법」상 개발행위허가 요건 등을 갖추었는지 여부에 관하여 심사를 한 다음, 그 허가 요건을 갖추지 못하였음을 이유로 들어 형식상으로만 수리거부를 하는 것이 되고, 사실상으로는 허가와 아무런 차이가 없게 된다는 비판을 피할 수 없다. 이러한 결과에 따르면 인·허가의제조항을 특별히 규정하고 있는 입법 취지가 몰각됨은 물론, 신고와 허가의 본질에 기초하여 건축신고와 건축허가 제도를 따로 규정하고 있는 제도적 의미 및 신고제와 허가제 전반에 관한 이론적 틀이 형해화 될 가능성이 있다(같은 판결[반대의견]).

다. 검토

(1) 자기완결적 행위인 신고와 **수리를 요하는 신고**를 구별하는 기준은 분명하지 않고, 오히려 신고에 관한 개별 법령에서 입법자가 어떻게 규정하고 있는가에 있다.[857]

(2) (가) 홍준형 교수는 대법원 2011. 1. 20. 선고 2010두14954 전원합의체 판결에서 다음과 같이 평석했다. 즉 [다수의견]이 분명히 한 바와 같이 건축신고만으로 인·허가의제사항에 관한 일체의 요건 심사가 배제되어 버리면 중대한 공익상의 침해나 이해관계인의 피해를 야기하고 관련 법률에서 인·허가 제도를 통하여 사인의 행위를 사전에 감독하고자 하는 규율체계 전반을 와해시킬 우려가 있다는 점을 외면하기는 어려울 것이다. 그럼에도 불구하고 [반대의견]이 적절히 지적한 바 있듯이, [다수의견]에 의할 경우, 건축신고의 수리 거부가 사실상 허가와 아무런 차이가 없게 되며, 그 결과 인·허가의제 조항을 특별히 규정한 입법취지가 몰각됨은 물론, 신고와 허가의 본질에 기초하여 건축신고와 건축허가 제도를 따로 규정하고 있는 제도적 의미 및 신고제와 허가제 전반에 관한 이론적 틀이 형해화 될 가능성이 있다는 점도 결코 간과할 수 없는 문제이다. 그렇다면 이 같은 쟁점이 대두되게 된 연유는 무엇일까? 「건축법」상 완화된 건축규제방식으로 건축허가 대상 중 일정한 범위를 정하여 신고만 하면 되도록 하는 신고제를 도입하면서 그 효과를 건축허가의 그것으로 의제한 데도 원인이 있겠지만, 그 보다는 **규제완화의 취지에서 단행된 인·허가의제 제도가 이러한 규제체계의 교란을 가저온 주된 원인**이라고 볼 수 있다. 가령 건축신고에 인·허가의제효과를 연계시키게 된 입법적 의도를 거꾸로 추정해 본다면, 건축허가에 대해서도 인·허가의제효과를 부여했는데 오히려 그보다 규제강도가 낮은 건축신고에 인·허가의제효과가 수반되지 않아 각종 인·허가의무를 부담하도록 한다면 건축허가의 경우와 형평이 맞지 않고 또 규제완화의 정신에도 부합하지 않는다고 판단했을 가능성이 크다.[858] 따라서 건

---

857) 대법원 2011. 1. 20. 선고 2010두14954 전원합의체 판결 중 다수의견의 [**보충의견**]은 다음과 같이 양자를 구별하고 있다. **자기완결적 신고**는 ① 법령이 신고의무만을 규정할 뿐 실체적 요건에 관하여는 아무런 규정을 두지 아니하고 있는 경우, ② 법령에서 신고를 하게 한 취지가 국민이 일정한 행위를 하기 전에 행정청에게 이를 알리도록 함으로써 행정청으로 하여금 행정상 정보를 파악하여 관리하는 정도의 최소한의 규제를 가하기 위한 경우, ③ 사회질서나 공공복리에 미치는 영향이 작거나 직접적으로 행정목적을 침해하지 아니하는 행위인 경우 등이다.
수리를 요하는 신고는 ① 법령에서 신고와 관련하여 일정한 실체적(인적·물적) 요건을 정하거나 행정청의 실질적인 심사를 허용하고 있다고 볼 만한 규정을 두고 있는 경우, ② 그 신고사항이 사회질서나 공공복리에 미치는 영향이 크거나 직접적으로 행정목적을 침해하는 행위인 경우 등에는 그 실체적 요건에 관한 행정청의 심사를 예정하고 있다고 볼 수밖에 없는 경우 등이다.
이들의 논거를 감안하면, 특히 **인·허가의제효과를 수반하는 건축신고**는 일반적인 건축신고와 달리, 특별한 사정이 없는 한 행정청이 그 실체적 요건에 관한 심사를 한 후 수리하여야 하는 이른바 '**수리를 요하는 신고**'라고 판시한 2011년 1월 20일의 전원합의체 판결에 따라 인·허가의제조항의 존재여부를 중요한 기준으로 고려하지 않을 수 없게 되었다는 점에 유의할 필요가 있다.

858) 신고제와 인·허가의제 제도는 각각 규제완화를 위한 대표적인 장치이다. 허가제에서 신고제로 전환되면 진입규제가 완화되고, 인·허가의제를 통해 창구가 단일화되고 절차가 간소화된다. 건축신고로 두 개의 규제완화장치가 교차하고 있는 것이다. 문제는 규제완화에만 초점을 맞춘 나머지 신고제와 인·허가의제 제도가 만나면서 생길 수 있는 문제점에 대해서는 깊은 고려 없이 입법이 이루어졌다는 점이다. 구체적으로 다음과 같은 사안을 생각해 보자. 특히 「국토계획법」에 따른 관리지역·농림지역 또는 자연환경보전지역(「건축법」제14조 제1항 제2호)에서 문제가 될 수 있다. 즉 건축신고를 하면 형질변경허가를 받은 것으로 의제된다.
그런데 대지로 형질변경을 할 수 있는 요건을 갖추지 못한 상태에서 건축신고가 이루어졌다. 의제조항을 문언 그대로 새긴다면 건축신고를 한 것만으로, 원래는 형질변경을 할 수 없는 토지에 대해 형질변경허가를 받은 것으로

축신고에 대해서도 당연히 인·허가의제조항을 준용하도록 했을 것으로 추정해 볼 수 있다. 반면, 그와 같은 규제완화의 일관성 유지에 관심을 기울이느라 건축규제수단으로서 **자기완결적 건축신고**의 구조적 특성, 즉 신고를 한 이상 **건축주**는 행정청의 수리처분이라는 별도의 조치를 기다리거나 허가처분을 받지 않고서도 건축을 할 수 있다는 법리적 특성을 시야에서 놓쳤을 가능성이 있다. 문제는 결정권의 소재 변경, 즉 주도권이 신고인으로부터 수리처분청으로 넘어갔다는 점이 더 중요할 수도 있다. [다수의견]의 논리대로 건축신고만으로 각종 인·허가의제사항에 관한 일체의 요건 심사를 배제하는 결과를 용납할 수 없게 되므로 행정청에게 수리처분을 통한 통제가능성을 부여하지 않을 수 없다는 결과가 되고 만다. [반대의견]에서 입법론임을 전제하면서 '여러 기본적인 법원칙의 근간 및 신고제의 본질과 취지를 훼손하지 아니하는 한도 내에서 「건축법」 제14조 제2항에 의하여 인·허가가 의제되는 건축신고의 범위 등을 합리적인 내용으로 개정하는 입법적 해결책'을 강구할 필요가 있다는 점을 시사한 것도 그와 같은 맥락에서 충분히 이해가 되지만, 그렇다고 [반대의견]처럼 건축신고를 **자기완결적 신고**로 본다고 하여 문제가 해결되는 것인지도 의문스럽기는 마찬가지이다. 인·허가의제조항을 준용하는 한, 건축신고를 **자기완결적 신고**로 보기는 곤란하지 않을까? 그러면 입법론으로라도 건축신고에 대하여 인·허가의제 조항의 준용을 배제하는 것이 필요한가? 만일 그렇게 할 경우 사실상 건축신고가 건축허가보다 규제강도가 더 센 규제방식이 되어 버리는 모순이 생기는 것을 피하기 어려울 것이다. 아예 건축허가에 대해서도 인·허가의제효과를 결부시키지 않는다면 모르지만, 이는 **건축규제완화의 취지**를 몰각하는 결과가 될 것이다.[859]

(나) 김종보 교수는 대법원이 이 판결을 통해 건축신고 중 **인·허가의제효과를 수반하는 건축신고**는 이른바 '**수리를 요하는(수리부) 신고**'로, 그렇지 않은 일반적인 건축신고는 '**자기완결적(자족적) 신고**'로 이분하면서 부분적 견해를 바꾸었다고 평가하면서 다음과 같이 정리하였다.[860] 건축신고를 **수리를 요하는 신고**로 보는 가장 큰 이유로 건축신고를 받으면 건축허가와 마찬가지로 수많은 행정처분들이 의제되는데(건축법 제14조 제2항 및 제11조 제5항), 이러한 광범위한 효과를 수반하는 건축신고에 허가요건심사가 면제되고 신고의무를 다한 것만으로 건축을 할 수 있다고 해석하는 것은 상식에 맞지 않는다고 한다. 건축신고는 실정법상 신고라는 명칭에 구애됨이 없이 반드시 신고가 수리되어야 신고의무가 해소되는 것으로 보며, 행정청은 이러한 건축신고가 「건축법」상 요건에 반하는 경우 이를 거부할 수 있다. 신고가 거부되는 경우 건축이 불가능하므로 **건축주**는 건축신고거부처분취소소송을 제기

보게 되므로 형질변경이 가능하다는 결론에 이른다. 특히 형질변경허가는 법령상 제한사유가 없어도 공익상 필요가 있으면 거부할 수 있는 재량행위로 이해되고 있다. 즉 형질변경은 일반적인 허가의 대상이 되는 행위보다 강하게 제한할 수 있다.

그 이유는 도시 내 토지의 효율적 이용이라는 공익과의 관련성이 크기 때문이다. 그런데 그러한 **형질변경이 행정청의 어떠한 심사도 없이 신고만으로 가능해지는 것**이다. 그리고 **신고의 대상이 되는 건축물인지는 건축물의 규모만으로 정해지고 대지의 면적은 기준이 되지 않기 때문에, 신고 대상인 소규모 건축물을 건축하게 되는 것을 계기로 건축에 필요한 범위를 넘어선 넓은 면적의 토지에 대해 형질변경이 가능**해질 수 있다(최계영, "건축신고와 인·허가의제", 행정법연구 제25호, 2009, 166면).

859) 홍준형, 앞의 논문, 349~351면.
860) 김종보, 건설법(제5판), 135~138면.

할 수 있다. 따라서 건축신고는「행정절차법」에서 말하는 신고에 해당하지 않으므로 신고서가 행정청에 접수된 시점에 신고의무가 해소된 것으로 볼 수 없다. 이는「건축법」에 대해서 건축경찰법으로서의 기능을 강조하고 있으며 실무상 인·허가의제 효과를 수반하는 건축신고가 대부분이라는 점에서 현실적인 견해라고 보인다.

(3) 법제처 법령해석에서도 인·허가의제 효과를 수반하는 건축신고는 특별한 사정이 없는 한 행정청이 그 실체적 요건에 관한 심사를 한 후 수리하여야 한다고 해석하고 있다.[861]

(4) 위 대법원 판례에서 **인·허가의제효과를 수반하는 건축신고**를 **수리를 요하는 신고**로 봄에 따라 행정청에게 수리거부 여부에 관한 재량이 인정될 소지가 커졌다. 실제로 위 2010두14954 전원합의체 판결의 [다수의견]은 판시에서 건축신고 수리거부에 관한 재량을 인정하고 있다.

[반대의견]은 **자기완결적 행위인 신고**는 그 행위 자체만으로 법률효과를 완결시킨다.「행정절차법」은 신고에 관해서 해당 개별법인「건축법」에 특별한 규정이 없는 경우에는「행정절차법」이 적용되고, 학문상 건축신고는 신고 본래의 기능인 정보의 수집뿐만 아니라 건축 활동을 규제하는 기능을 갖는 것으로 평가되고 있으며, 특히 현행「건축법」은 건축신고에 관하여「행정절차법」의 적용을 배제하는 특별한 규정을 별도로 두지 아니한 채,「건축법」제14조 제1항에서는 그 일정한 대상에 해당하는 경우에 **국토교통부령**으로 정하는 바에 따라 '신고를 하면 건축허가를 받은 것으로 본다'고 규정함으로써 적법한 신고를 하면 건축허가를 의제하는 효과가 생기는 것임을 분명히 하고 있다. 이와 같은 건축신고에 있어서는 그 신고를 관장하는 행정청의 판단 또는 재량이 인정될 여지가 없게 되고, 뿐더러 현행「건축법」에서는 적법한 신고가 있는 경우에 다른 법령에서 정하고 있는 인·허가 등을 받은 것으로 의제하고 있기 때문에, 이와 같이 인·허가의제조항에 건축신고를 관장하는 행정청에 인·허가 해당사항 여부에 관한 판단이나 재량을 행사할 여지가 있다고 볼 수 있을지 의문이다.[862]

4. 건축신고 거부행위 또는 반려행위의 처분성 여부

가. 종전 판례

일반적으로「건축법」상 신고사항에 관해서는 신고를 한 이상 **건축주**는 행정청의 수리처분이라는 별단의 조처를 기다리거나 또한 행정청의 허가처분을 받음이 없이 당연히 건축을 할 수 있기 때문에 행정청이 위 신고를 수리한 행위가 **건축주**는 물론이고 제3자인 인근 토지 소유자나 주민들의 구체적인 권리·의무에 직접 변동을 초래하는 행정처분이 아니라고 한다. 그러나 행정청이 건축신고를 반려하거나 수리를 거부한 경우에는 문제가 다른데도 불구하고 종래 대법원은 건축신고의 반려행위 또는 수리거부 행위가 항고소송의 대상이 아니어서 그 취소를 구하는 소는 부적법하다는 취지로 판시하였다.[863]

---

861) 법제처 법령해석 사례, 국토해양부 —「건축법」제11조 제5항의 규정에 따라 의제되는 인·허가를 위한 각종 실체적 요건 충족에 대한 판단 등이 없이, 건축신고만으로 건축행위가 가능한지 여부(「건축법」제14조제2항 등 관련), 안건번호: 11—0101, 회신일자: 2011. 4. 7.

862) 대법원 2011. 1. 20. 선고 2010두14954 전원합의체 판결[반대의견].

나. 종전 판례의 변경

그러나 2010. 11. 18. 대법원은 2008두167 전원합의체 판결을 통하여, **건축신고 반려행위는 항고소송의 대상된다**고 판시하여 종래의 판례를 변경하였다.864) 그 이유로, [1] 행정청의 어떤 행위가 항고소송의 대상이 될 수 있는지의 문제는 추상적·일반적으로 결정할 수 없고, **구체적**인 경우 행정처분은 행정청이 공권력의 주체로서 행하는 구체적 사실에 관한 법집행으로서 국민의 권리의무에 직접적으로 영향을 미치는 행위라는 점을 염두에 두고, 관련 법령의 내용과 취지, 그 행위의 주체·내용·형식·절차, 그 행위와 상대방 등 이해관계인이 입는 불이익과의 실질적 견련성, 그리고 법치행정의 원리와 당해 행위에 관련한 행정청 및 이해관계인의 태도 등을 참작하여 **개별적**으로 결정하여야 한다. [2] 구「건축법」(2008. 3. 21. 법률 제8974호로 전부 개정되기 전의 것) 관련 규정의 내용 및 취지에 의하면, 행정청은 건축신고로써 건축허가가 의제되는 건축물의 경우에도 그 신고 없이 건축이 개시될 경우 **건축주** 등에 대하여 공사 중지·철거·사용금지 등의 시정명령을 할 수 있고(법 제69조 제1항), 그 시정명령을 받고 이행하지 않은 건축물에 대하여는 당해 건축물을 사용하여 행할 다른 법령에 의한 영업 기타 행위의 허가를 하지 않도록 요청할 수 있으며(법 제69조 제2항), 그 요청을 받은 자는 특별한 이유가 없는 한 이에 응하여야 하고(법 제69조 제3항), 나아가 행정청은 그 시정명령의 이행을 하지 아니한 **건축주** 등에 대하여는 이행강제금을 부과할 수 있으며(법 제69조의2 제1항 제1호), 또한 건축신고를 하지 않은 자는 200만 원 이하의 벌금에 처해질 수 있다(법 제80조 제1호, 제9조). 이와 같이 **건축주** 등은 신고제하에서도 건축신고가 반려될 경우 당해 건축물의 건축을 개시하면 시정명령, 이행강제금, 벌금의 대상이 되거나 당해 건축물을 사용하여 행할 행위의 허가가 거부될 우려가 있어 불안정한 지위에 놓이게 된다. 따라서 건축신고 반려행위가 이루어진 단계에서 당사자로 하여금 반려행위의 적법성을 다투어 그 법적 불안을 해소한 다음 건축행위에 나아가도록 함으로써 장차 있을지도 모르는 위험에서 미리 벗어날 수 있도록 길을 열어 주고, 위법한 건축물의 양산과 그 철거를 둘러싼 분쟁을 조기에 근본적으로 해결할 수 있게 하는 것이 법치행정의 원리에 부합한다는 것을 그 이유로 들었다.865)

---

863) 대법원 1967. 9. 19. 선고 67누71판결, 대법원 1995. 3. 14. 선고 94누9962 판결, 대법원 1997. 4. 25. 선고 97누3187 판결, 대법원 1998. 9. 22. 선고 98두10189판결, 대법원 1999. 10. 22. 선고 98두18435판결, 대법원 2000. 9. 5. 선고 99두8800판결 등.

864) 대법원 2010. 11. 18. 선고 2008두167 전원합의체 판결; 이로써, 위 대법원 1967. 9. 19. 선고 67누71판결, 대법원 1995. 3. 14. 선고 94누9962 판결, 대법원 1997. 4. 25. 선고 97누3187 판결, 대법원 1998. 9. 22. 선고 98두10189판결, 대법원 1999. 10. 22. 선고 98두18435판결, 대법원 2000. 9. 5. 선고 99두8800판결 등을 비롯한 같은 취지의 판결들은 이 판결의 견해와 저촉되는 범위에서 이를 모두 변경하기로 한다.

865) 건축신고를 행정청이 거부한 경우 신고거부의 처분성을 인정할 수 있는가의 문제에 대하여는 견해가 나뉜다. ① 자기완결적 행위인 건축신고의 수리거부는 신고에 아무런 법적 효과를 미치지 못하는 사실행위라는 입장에서 신고거부의 처분성을 부인하는 견해, ② 건축신고를 수리를 요하는 신고로 이해하는 입장에서 당연히 처분성을 인정하는 견해, ③ 건축신고를 자기완결적 신고로 이해하는 입장에서 수리거부는 사실행위이지만 권리구제의 필요에서 쟁송법적 관점에서 처분성을 인정하는 견해, ④ 건축신고를 자기완결적 신고로 이해하면서 가분적으로 요건을 갖추지 못한 인·허가만의 거부가 가능하다고 하고 이 경우의 거부에 처분성을 인정하는 견해 등이 있다.

다. 검토

위 대법원 2008두167 전원합의체 판결은 건축신고가 여전히 **자기완결적 신고**라 전제하면서도 건축신고가 반려된 경우 공사 중지·철거·사용금지 등의 시정명령 등을 받을 법적 불안이 있다고 보아 **건축주**에게 거부처분 취소소송을 허용하는 입장을 취했다. 이 판결은 신고의 법적 성격과 처분성을 분리시키는 독특한 견해를 취하는 점에서 논란의 대상이다. 통상 **자기완결적 신고**의 거부는 처분성이 부인되고 **수리를 요하는 신고**의 거부는 처분성이 인정되는 것으로 이해하는 일반적인 견해와 대조를 보이기 때문이다.866)

이에 관해 김남진 교수는 이 사건에서 문제된 "건축신고반려행위"가 신고를 통해 초래된 건축금지해제의 효과를 배제하는, 혹은 거부하는 "행정청의 개별 구체적 규율"로서의 행정행위 또는 처분에 해당함이 분명하다고 동조하였다.867)

Ⅲ. 건축신고의 절차

특별자치시장·특별자치도지사 또는 시장·군수·구청장은 건축신고를 받은 날부터 5일 이내에 신고수리 여부 또는 민원 처리 관련 법령에 따른 처리기간의 연장 여부를 신고인에게 통지하여야 한다. 다만, 이 법 또는 다른 법령에 따라 심의, 동의, 협의, 확인 등이 필요한 경우에는 20일 이내에 통지하여야 한다(법 제14조 제3항). **특별자치시장·특별자치도지사 또는 시장·군수·구청장**은 신고가 법 제14조 제3항 단서에 해당하는 경우에는 신고를 받은 날부터 5일 이내에 신고인에게 그 내용을 통지하여야 한다(법 제14조 제4항).868) 신고를 한 자가 신고일부터 1년 이내에 공사에 착수하지 아니하면 그 신고의 효력은 없어진다. 다만, **건축주**의 요청에 따라 **허가권자**가 정당한 사유가 있다고 인정하면 1년의 범위에서 착수기한을 연장할 수 있다(법 제14조 제5항)

「건축법」에는 건축신고의 보완에 관한 규정이 없다. 「행정절차법」에서는 신고 요건을 갖추지 못한 신고서가 제출된 경우에는 지체 없이 상당한 기간을 정하여 신고인에게 보완을 요구하여야 하고, 행정청은 신고인이 기간 내에 보완을 하지 아니하였을 때에는 그 이유를 구체적으로 밝혀 해당 신고서를 되돌려 보내야 한다(행정절차법 제40조 제3항·제4항). 그리고 행정실무에서도 신고 서류의 검토결과 건축하고자 하는 건축물이 건축법령 및 관계법령에 위반되는 사항이 있는 경우에는 건축이 불가한 사안이 아니라면 **건축주**에게 보완을 요구하여 보완되는 경우 신고 처리한다.869)

---

866) 김종보, 건설법(제5판), 134~135면.
867) 김남진, "건축신고반려행위의 법적성질", 법률신문, 2011. 2. 10. 참조.
868) 신고 민원의 투명하고 신속한 처리와 일선 행정기관의 적극행정을 유도하기 위하여 건축신고, 신고사항의 변경신고 및 가설건축물의 축조신고에 대하여 신고수리 여부 통지를 의무화하기 위해서, 건축신고 등의 신고수리 여부 통지(제14조제3항·제4항, 제16조제4항, 제20조제4항 신설)를 신설하였다.
869) 국토부, 건축행정, 2013, 203면.

Ⅳ. 다른 법률에 의한 인·허가 의제

건축신고에 관하여는 법 제11조 제5항의 인·허가 의제 규정을 준용한다(법 제14조 제2항). 이러한 허가의제적 신고는 「건축법」 제14조 제2항에 의해 제11조 제5항이 준용되어 다른 법령에 의한 인·허가의제의 효과를 발생시킨다. 즉 건축신고를 하면 인·허가의제 되며 공장건축물의 경우에는 「산업집적활성화 및 공장설립에 관한 법률」 제13조의2와 제14조에 따라 관련 법률의 인·허가등이나 허가등을 받은 것으로 본다. 이와 같이 건축신고는 이중허가의제의 효과를 가질 수 있다.

「건축법」에서 이러한 인·허가의제 제도를 둔 취지는, 전술한 대법원 2011. 1. 20. 선고 2010두14954 전원합의체 판결[다수의견]과 같다.

또한 「건축법」상의 인·허가의제조항은 각종 개별법이 추구하는 독립된 목적을 인정하면서도 가능한 범위 안에서 절차 간소화를 도모하기 위하여 「건축법」상의 건축허가 절차 속에 개별법이 통제하여야 할 각종의 처분을 통합하려는 노력의 결과로 이해되고 있다. 그런데 절차 간소화라는 미명하에 깊은 검토 없이 이루어지고 있는 인·허가의제조항의 확대 경향에 대하여는, 법률 집행을 전적으로 행정의 임의에 맡겨 버리는 결과 자칫 권력분립주의와 법치행정의 원칙을 심각하게 훼손할 수 있으므로 인·허가의제조항의 확대에 신중하여야 한다는 취지의 주장들이 설득력 있게 제기되고 있는 상황이다.

그렇다면 이러한 상황하에서는 인·허가의제 효과를 수반하는 건축신고의 경우에도 의제되는 인·허가의 내용 측면에서 문제는 없는지, 혹은 인·허가가 의제되는 건축신고의 범위가 너무 넓은 것은 아닌지 하는 측면에서의 검토 및 이를 기초로 한 입법적 해결책 강구가 선행될 필요가 있다. 즉 그동안 깊은 검토를 거치지 아니한 채, 의제되는 인·허가의 내용 및 인·허가가 의제되는 건축신고의 범위를 지속적으로 확대하는 방향으로 「건축법」이 여러 차례 개정되어 왔는데, 그 결과 현행 「건축법」상 건축신고에 관한 규정이 신고제의 본질과 취지, 인·허가의제 제도의 취지에 어긋나는 다수의 내용을 포함하게 된 것은 아닌지 하는 측면에서 이를 바로잡는 입법적 노력이 우선되어야 한다.[870)]

Ⅴ. 관계 행정기관 협의 절차 준용

건축신고에 관하여는 법 제11조 제6항을 준용한다(법 제14조 제2항). 한편 동 규정은 그동안 이루어진 건축법령의 개정 연혁에서, 「건축법」이 1999. 2. 8. 법률 제5895호로 개정되면서 절차의 간소화를 통한 행정 규제완화를 위하여, 건축신고의 경우에는 건축허가에 관한 협의절차 규정을 준용규정에서 삭제함으로써 **관련 행정기관의 장**과의 협의절차를 필요로 하지 아니하게 되었다가, 이에 따라 **현행 규정은** 위 대법원 2011. 1. 20. 선고 2010두14954 전원합의체 판결[반대의견]의 영향으로 2014. 5. 28. 법률 제12701호 개정으로 건축허가에 관한 협의절차 규정을 준용규정에서 부활시킴으로써 **관련**

---

870) 대법원 2011. 1. 20. 선고 2010두14954 전원합의체 판결[반대의견].

행정기관의 장과의 협의절차를 필요하게 되었다.

VI. 건축허가 등의 수수료

건축허가, 건축신고, 허가와 신고사항의 변경, **용도변경**, 가설건축물 및 옹벽등 공작물 축조(법 제20조 및 제83조) 허가를 신청하거나 신고를 하는 자는 **허가권자**나 신고수리자에게 수수료를 납부하여야 한다(법 제17조 제1항). 수수료는 **국토교통부령**으로 정하는 범위에서 해당 지방자치단체의 **조례**로 정한다(법 제17조 제2항).[871]

제5절 허가와 신고사항의 변경

I. 의의

허가·신고사항의 변경은 건축물의 물리적 설계가 변경되는 경우와 **건축주** 등 건축관계인이 변경되는 경우로 나뉜다. 「건축법」은 이를 구별하지 않고 한 조항에서 다루고 있지만, 이하에서는 물적 변경을 설계변경으로, 인적 변경을 **건축관계자** 변경 등으로 나누어 설명한다.[872]

건축주가 건축 허가를 받았거나 신고한 사항을 변경하려면 변경하기 전에 **대통령령**으로 정하는 바에 따라 **허가권자의 허가**를 받거나[873] **특별자치시장·특별자치도지사 또는 시장·군수·구청장**에게 **신고**하여야 한다(법 제16조 제1항 본문). 법 제16조 제1항에 따라 허가를 받았거나 신고한 사항을 변경하려면 다음 각 호 1. 바닥면적의 합계가 85㎡를 초과하는 부분에 대한 **증축·개축**에 해당하는 변경인 경우에는 **허가**를 받고, 그 밖의 경우에는 **신고**할 것, 2. 법 제14조 제1항 제2호 또는 제5호에 따라 신고로써 허가를 갈음하는 건축물에 대하여는 변경 후 건축물의 연면적을 각각 신고로써 허가를 갈음할 수 있는 규모에서 변경하는 경우에는 제1호에도 불구하고 **신고**할 것, 3. **건축주**·설계자·공사시공자 또는 공사감리자(이하 "**건축관계자**"라 한다)를 변경하는 경우에는 **신고**할 것의 구분에 따라 **허가권자**의

---

[871] 종전에는 건축허가시에만 수수료를 납부토록 되어 건축신고 등은 수수료 납부의무가 없었으나, 2005. 11. 8.(법률 제7696호, 2006. 5. 9. 시행) 개정 시 건축신고·**용도변경** 등도 건축허가 행정절차에 준하여 운영되고 있으므로, 건축허가와 형평성 확보 및 수익자부담 차원에서 수수료 납부 대상으로 규정하고 있다. 2008. 12. 11.(국토해양부령 제76호, 공포일 시행) 개정 시 건축물을 대수선하거나 바닥면적을 산정할 수 없는 공작물을 축조하기 위해 허가 신청 또는 신고를 하는 경우의 수수료는 대수선의 범위 또는 공작물의 높이 등을 고려하여 건축**조례**로 따로 정할 수 있는 근거를 마련하였다(국토부, 건축행정, 2013, 227면).

[872] 김종보, 건설법(제5판), 145면.

[873] 2014. 5. 28. 법률 제12701호로 「건축법」 제110조 제2호와 제111조 제1호에서 변경허가 사항만 형사처벌 받도록 개정되었다.

허가를 받거나 **특별자치시장·특별자치도지사 또는 시장·군수·구청장**에게 **신고**하여야 한다(영 제12조 제1항). 허가대상과 <u>신고대상</u>은 보충관계이므로 허가대상이 되지 않는 것은 원칙적으로 신고대상이라 해석하면 된다.[874]

다만, **대통령령**으로 정하는 경미한 사항의 변경[신축·증축·개축·재축·이전·대수선 또는 **용도변경**에 해당하지 아니하는 변경(영 제12조 제2항)]은 <u>설계변경의 허가 또는 신고가 필요하지 않다(법 제16조 제1항 단서).</u>[875]

Ⅱ. 설계변경

1. 설계변경의 의의 및 허가·신고 대상

건축물의 건축은 허가 받은 내용대로 시공되어야 하며, **건축주** 또는 시공자가 건축허가 후 설계도와 다른 용도·형태의 건축물로 <u>임의적인 변경</u>이 금지된다. 만약 이를 허용한다면 건축허가 후의 불법시공을 막을 수 없으며 건축허가제도를 통해 확보하려는 건축물의 안전은 보장될 수 없다. 따라서 건축허가(설계도서)와 내용이 다르게 시공된 경우 <u>공사중지명령</u>이 내려지고(법 제25조 제3항 및 법 제79조 제1항), 건축물의 <u>사용승인이 거부</u>되며(법 제22조 제2항 제1호), 경우에 따라서는 <u>철거명령의 대상이</u>(법 제79조 제1항) 될 수 있다. 그러나 건축물의 시공과정에서 예기치 못하게 발생하는 <u>설계변경의 필요를 무시할 수 없고,</u> 건축물의 설계과정에서 확정되지 않았던 사항이 <u>시공과정에서 문제되어 설계를 일부 변경</u>해야 할 수도 있다. 「건축법」은 이러한 문제를 법적인 테두리 내로 끌어들이기 위해 특별한 조문을 두고 있다.[876]

2. 법적 성질

「건축법」이 정하고 있는 <u>설계변경</u>은 <u>후발적인 사유</u>에 의한 건축허가의 변경이다. 그러므로 설계변경은 「건축법」이 건축허가의 변경에 관한 절차를 간소화하기 위해 마련한 <u>특별규정</u>이다. 그리고 건축허가를 받은 후 법령이 변경된 경우에는 <u>설계변경허가 또는 신고당시의 적용법</u>이 그 기준이 된다. 신법이 **건축주**에게 유리한 경우나 불리하게 된 경우나 마찬가지이다.[877] 법령에서 설계변경의 규모에

---

874) 김종보, 건설법(제5판), 146면.

875) 단서 조항의 건축행위나 대수선 또는 **용도변경**에 해당하지 않는 행위는 원칙적으로 건축허가의 대상도 되지 아니하므로 설계변경을 자유롭게 할 수 있다는 점에서 동 조항은 특별한 의미가 없다(김종보, 건설법(제5판), 147면).

876) 김종보, 건설법(제5판), 145면.

877) ①신법 시행 전 건축허가(신고)를 받았으나, 신법 시행 후 설계변경이 이루어지는 경우 원칙적으로 또 다른 건축허가로 보아 신법을 준수하는 것이 원칙이다. 다만, ②당초 허가받은 규모(면적, 층수 및 높이)의 범위 내에서의 설계변경은 종전 규정에 따라 변경 가능 할 것이나, ③종전규정으로 허가받은 건축물이 법령개정의 사유로 인하여 현행법 규정에 적합하지 아니하게 된 경우 건축물 배치 등 변경하고자 하는 부분이 그 변경으로 인하여 당해 건축물의 법령 등의 규정에 부적합한 정도가 종전보다 더 심화되지 아니하는 범위 내에서 종전 규정에 따른 변경이 가능할 것이다(국토부, 건축행정, 2013, 215면).

따라 이를 허가 또는 신고로 구분하고 있으나, 이때의 신고제는 「건축법」 제11조 제5항의 인·허가의제 규정이 준용되는 한(법 제16조 제4항), **수리를 요하는 신고**로서 허가제에 준하는 것이다. 판례도 그렇다.[878] 따라서 행정청이 그 신고를 반려할 수 있고 신고가 반려된 경우 **건축주**는 의도한 설계변경을 할 수 없다. 이렇게 해석되는 한 설계변경을 허가제와 신고제로 이분하는 것은 불필요하다고 지적받고 있다.[879]

3. 사후 일괄신고

설계변경 허가나 신고사항 중 **일정한 소규모 변경은 대통령령으로 정하여** 사전신고의무가 면제되며, 사용승인을 신청할 때 **허가권자**에게 일괄하여 신고할 수 있다(법 제16조 제2항).[880] 법 제16조 제2항에서 "**대통령령**으로 정하는 사항"이란 다음 각 호 1. 건축물의 동수나 층수를 변경하지 아니하면서 변경되는 부분의 **바닥면적의 합계가 50제곱미터 이하**인 경우로서 다음 각 목 가. 변경되는 부분의 높이가 1미터 이하이거나 전체 높이의 10분의 1 이하일 것, 나. 허가를 받거나 신고를 하고 건축 중인 부분의 위치 변경범위가 1미터 이내일 것, 다. 법 제14조 제1항에 따라 신고를 하면 법 제11조에 따른 건축허가를 받은 것으로 보는 규모에서 건축허가를 받아야 하는 규모로의 변경이 아닐 것의 요건을 모두 갖춘 경우, 2. 건축물의 동수나 층수를 변경하지 아니하면서 변경되는 부분이 연면적 합계의 10분의 1 이하인 경우(연면적이 5천 제곱미터 이상인 건축물은 각 층의 바닥면적이 50제곱미터 이하의 범위에서 변경되는 경우만 해당한다)(다만, 제4호 본문 및 제5호 본문에 따른 범위의 변경인 경우만 해당한다), 3. 대수선에 해당하는 경우, 4. 건축물의 층수를 변경하지 아니하면서 변경되는 부분의 높이가 1미터 이하이거나 전체 높이의 10분의 1 이하인 경우(다만, 변경되는 부분이 제1호 본문, 제2호 본문 및 제5호 본문에 따른 범위의 변경인 경우만 해당한다), 5. 허가를 받거나 신고를 하고 건축 중인 부분의 위치가 1미터 이내에서 변경되는 경우(다만, 변경되는 부분이 제1호 본문, 제2호 본문 및 제4호 본문에 따른 범위의 변경인 경우만 해당한다)의 어느 하나에 해당하는 사항을 말한다(영 제12조 제3항).

즉 이에 해당하는 설계변경은 설계변경허가 또는 신고를 하지 않아도 처벌의 대상이 되지 않으며, 사용승인시까지만 이를 일괄신고하면 된다. 그러나 이에 해당하는지 아니면 사전허가 또는 신고대상인지에 대한 판단은 **건축주**의 책임이 되며, 사전허가 대상임에도 이를 착각하여 사후 일괄신고한 경우에도 형사처벌이 된다는 점에서 차이가 없다(법 제111조 제1호). 이런 점에서 일괄신고제도는 **건축주**에게 한편으로 유리하지만 불이익한 이중적 성격을 띤다.[881]

---

878) 대법원 2011. 1. 20. 선고 2010두14954 전원합의체 판결.

879) 김종보, 건설법(제5판), 146면.

880) 사용승인시 일괄신고 규정은 설계변경사항 중 그 내용이 경미한 사항에 대하여는 변경할 때마다 일일이 신고할 필요 없이 건축공사가 완료된 후 사용승인신청을 할 때 일괄신고 할 수 있도록 함으로써 **건축주**, 시공자등의 편의를 도모코자 한 것이다. 「건축법」에 따른 경미한 변경에 해당하여 사용승인 시 일괄처리 할 수 있는 범위 내 일지라도 이는 「건축법」에 한정하는 것이므로 그 변경으로 인하여 다른 법령에 따른 허가나 신고 등 사전절차 등을 거쳐야 하는 경우에는 그에 따라야 하는 것이다(국토부, 건축행정, 2013, 218면).

881) 김종보, 건설법(제5판), 147면.

허가대상 또는 신고대상을 구별하지 않고 사후 일괄신고에서는 모두 신고사항이며, 일괄신고는 원칙적으로 사용승인에 포함되어 독자적으로 처분성을 갖지 못한다. 설계변경을 사용승인제도와 연결시켜 절차를 간소화하려고 하는 것이 「건축법」의 취지이기 때문이다. 따라서 사후의 일괄신고 그 자체는 원칙적으로 **수리를 요하는 신고**이지만 사용승인에 포함된 신고이므로 행정청은 사용승인을 거부할 수 있을 뿐 일괄신고만을 거부할 수는 없다고 할 것이다. 또한 일괄신고에 문제가 있어 사용승인이 거부된 경우에 **건축주**는 사용승인거부처분을 취소소송의 대상으로 할 수 있을 뿐, 일괄신고 자체만을 취소소송의 대상으로 할 수 없다.[882]

Ⅲ. 건축관계자 변경신고

건축관계자란 건축허가와 건축시공의 과정에서 관련되는 **건축주**, 공사시공자, 공사감리자 등 건축물의 건축과 관련된 각종의 책임을 부담하는 자를 말한다(법 제5조). 자연인 또는 법인이 단독 또는 공동으로 **건축주**가 될 수 있으며, 공동**건축주**의 범위 등에 대한 제한은 없으므로 다수의 공동**건축주**도 가능하다. 건축허가신청서에 기재된 **건축주**와 대지의 소유자가 다른 경우에 대지의 소유자는 **건축주**가 아니다. 건축허가 신청서의 **건축주**로 신청된 자가 **건축주**가 되며 건축행위에 대한 책임을 지게 되는 것이다.[883]

건축허가를 발급한 후 **건축주**가 변경되거나 시공자·감리자가 변경되는 경우 책임의 소재를 명확히 하고 새로운 관계자의 자격요건을 심사하기 위해서 행정청이 이를 알아야 할 필요가 있다. 따라서 법령은 **건축관계자**가 변경되는 경우 이를 신고하도록 규정하고 있다(법 제16조 제1항 및 영 제12조 제1항 제3호).

김종보 교수는 설계변경신고의 대상으로서의 **건축주**를 변경하는 행위는 원칙적으로 건축물의 물적 변동과 관련이 없는 것으로 기존의 건축허가를 승계하는 성격이 더 강하다고 한다. **건축주**는 건축행위 도중에 변경될 수도 있고, 건축행위가 완료되어 사용승인을 받은 이후에 변경될 수도 있는데 후자의 경우 소유자 변경에 해당한다. 건축물대장을 생성할 때 **건축주**의 이름을 소유자로 올리는 이유는 건축물이 붕괴되는 등과 같은 상황에서 건축감독권을 행사하기 위한 것이므로 실제로 건축한 자가 **건축주**로 최종 확정되어야 하기 때문이다. 건축물에 대한 사용승인이 발급되고 건축물대장이 생성되고 나면 건축물대장상 소유자가 정해지지만, 사용승인이 발급되기 전 단계에서는 건축물대장이 없으므로 공식적인 장부상 '**건축주**명의'가 존재하지 않고 다만 건축허가서상에 **건축주**가 기재되는 정도이다.[884] 그러나 건축허가서는 허가된 건물에 관한 실체적 권리의 득실변경의 공시방법이 아니며 그 추정력도 없으므로 건축허가서에 **건축주**로 기재된 자가 그 소유권을 취득하는 것은 아니다.[885] 그리고 사용승인

---

882) 김종보, 건설법(제5판), 147~148면.
883) 국토부, 건축행정, 2013, 48면.
884) 칙 [별지 제2호 서식].

이 되고 건축물대장이 생성된 이후의 '소유자변경'과[886) 여기서 말하는 '건축주변경'은 구별 된다. 구별 이유로 건축주변경은 「건축법」에 직접 근거조항을 갖지만, 사용승인 이후의 소유자변경은 「건축물대장의 기재 및 관리 등에 관한 규칙」에 근거한 것이라는 점에서 본질적인 차이를 보인다.[887]

건축관계자의 변경은 법 제16조의 신고대상으로 영 제12조 제1항 제3호에서 명시하고 있다. 다만 이러한 신고의무를 구체적으로 정하도록 법률이 위임한 바 없음에도 「건축법 시행규칙」 제11조에서 건축주변경신고의 방식에 대해 규율하고 있다. 동조 제1항은 건축주변경신고의 사유로 양도, 사망, 합병 등을 나열하면서 권리관계의 변경사실을 증명할 수 있는 서류 또는 변경 전 건축주의 명의변경동의서 중 하나를 첨부하여 제출하도록 요구하고 있다. 김종보 교수는 동 규칙에 대하여 새롭게 건축주에게 불이익을 과하는 것이 아니고, 법 제16조가 정하는 신고의무를 구체화하는 것으로 볼 여지도 있어 이를 집행명령으로 해석하고, 「건축법」의 특별한 위임이 없어도 무효는 아니라고 보았다.[888] 건축주변경이 가능한 최종시점은 사용승인을 신청하기 전까지라고 할 것이므로 임시사용승인까지 발급된 경우에는 명의변경신고를 통해야 한다.[889]

김종보 교수는 시공자 등의 변경신고에서 구 건축관계자의 공사포기 의사표시는 별도로 필요하지 않다고 하고, 그 이유로 새로운 건축관계자는 「건축법」상 각종 책임을 부담하게 되고, 이로 인해 구 시공자 등이 특별히 불이익을 받은 것은 아니기 때문이라고 한다.

그런데 공사시공자가 아닌 건축주명의변경 사례에서 대법원은 "① 건축주명의변경신고에 관한 칙 제3조의2(현행 제11조 제1항)는 단순히 행정관청의 사무집행의 편의를 위한 것에 지나지 않는 것이 아니라, 허가대상건축물의 양수인에게 건축주의 명의변경을 신고할 수 있는 공법상의 권리를 인정함과 아울러 행정관청에게는 그 신고를 수리할 의무를 지게 한 것으로 봄이 상당하므로, 허가대상건축물의 양수인이 위 규칙에 규정되어 있는 형식적 요건을 갖추어 시장, 군수에게 적법하게 건축주의 명의변경을 신고한 때에는 시장·군수는 그 신고를 수리하여야지 실체적인 이유를 내세워 그 신고의 수리를 거부할 수는 없다. ②「건축법」에 의하면, 건축중인 건축물의 양수인이 건축공사를 진행함에 있어서는 장차 건축주의 명의로 허가에 갈음하는 신고나 중간검사의 신청 등을 할 필요가 있는 경우도 있고, 건축공사를 완료한 날로부터 7일 이내에 준공신고를 하여야 함은 물론, 위 각 규정에 위반할 때에는 처벌까지 받게 되어 있는바, 허가대상건축물의 양수인이 자기의 이름으로 위와 같은 신고나 신청을

---

885) 대법원 2015. 9. 10. 선고 2012다23863 판결.

886) 김종보 교수와 판례는 건축주명의변경이라는 용어를 사용하는데, 「건축물대장의 기재 및 관리 등에 관한 규칙」에 의하면 건축물대장의 생성 후에는 건축주라기보다 소유자가 변경된다는 점에서 '건축주명의변경'이라는 개념보다 '소유자명의변경'이라는 용어가 더 적절해 보인다.

887) 김종보, 건설법(제5판), 149면.

888) 법규명령은 대외적으로 엄격한 법적 구속력(외부효과)을 가지는 법규범이기 때문에 원칙적으로 헌법·법률 또는 상위명령의 근거를 필요로 한다. 법규명령은 위임명령과 집행명령으로 나눌 수 있다. 위임명령은 법률 또는 상위명령의 개별적 위임에 의하여 일정한 새로운 법규사항을 형성할 수 있는 법규명령으로 법률에 의한 개별·구체적인 수권이 있어야 함이 원칙이다. 집행명령은 국민의 권리·의무관계의 내용 그 자체를 정하는 것이 아니라 법률 또는 상위명령으로 정하여진 내용을 실현하기 위한 세칙을 정하는 것으로, 개별·구체적인 수권을 필요로 하지 않는다(김철용, 행정법(제6판), 106면).

889) 김종보, 건설법(제5판), 149~150면.

하는 경우 시장·군수가 **건축주**의 명의가 다르다는 이유로 받아들이지 않게 되면 <u>양수인은 건축공사를 계속하기 어렵게 되는 불이익을 입게 될 뿐만 아니라</u>, 「부동산등기법」 제131조 제1호에 의하면 가옥대장(실제에 있어서는 건축물관리대장)등본에 의하여 자기 또는 피상속인이 가옥대장에 소유자로서 등록되어 있는 것을 증명하는 자가 미등기건물의 소유권보존등기를 신청할 수 있도록 규정되어 있는데, 건축물관리대장은 준공검사를 한 후 건축물대장 등 건축허가관계서류를 근거로 작성되는 것이므로, 양수인이 그의 명의로 소유권보존등기를 신청하려면 건축물대장에 기재된 **건축주**의 명의를 자신으로 변경할 필요가 있다고 할 것이다. ③ **건축주**명의변경신고수리거부행위는 행정청이 허가대상건축물 양수인의 **건축주**명의변경신고라는 구체적인 사실에 관한 법집행으로서 그 신고를 수리하여야 할 법령상의 의무를 지고 있음에도 불구하고 그 신고의 수리를 거부함으로써, 양수인이 건축공사를 계속하기 위하여 또는 건축공사를 완료한 후 자신의 명의로 소유권보존등기를 하기 위하여 가지는 구체적인 법적 이익을 침해하는 결과가 되었다고 할 것이므로, 비록 건축허가가 대물적 허가로서 그 허가의 효과가 허가대상건축물에 대한 권리변동에 수반하여 이전된다고 하더라도, 양수인의 권리의무에 직접 영향을 미치는 것으로서 <u>취소소송의 대상이 되는 처분</u>이라고 하지 않을 수 없다.”고 판시하였다.[890]

김종보 교수는 **설계변경과 건축주변경신고**는 건축허가에 가까운 것으로 보고 **수리를 요하는 신고**로, 영 제12조 제1항 3호 중 **공사시공자와 공사감리자변경**의 신고는 **자기완결적신고**로 이해하면서[891] 이러한 신고는 행정청에 정보를 제공하는 것만으로도 그 의무가 이행되는 것으로 이해될 수 있다.[892]

IV. 허가와 신고사항의 변경과 인·허가의제

허가 사항의 변경허가에 관하여는 법 제11조 제5항의 <u>인·허가의제</u> 및 제6항의 관계행정기관 협의 규정을 준용한다(법 제16조 제3항). **신고 사항의 변경신고**에 관하여는 <u>법 제11조 제5항·제6항 및 제14조 제3항·제4항의 건축 절차 규정</u>을 준용한다(법 제16조 제4항).

---

890) 대법원 1992. 3. 31. 선고 91누4911 판결; 이밖에도 대법원은 “행정관청으로부터 허가를 받거나 행정관청에 신고(이하 ‘허가 등’이라 한다)를 하고 건축이 이루어지는 경우에, 건축 중인 건물의 양수인은 진행 중인 건축공사를 계속하기 위해 허가 등에 관한 **건축주** 명의를 변경할 필요가 있고, 준공검사 후 건축물관리대장에 소유자로 등록하여 양수인 명의로 소유권보존등기를 신청하기 위해서도 **건축주** 명의를 변경할 필요가 있는데, 이를 위해서 양수인은 「건축법 시행규칙」 제11조 제1항 등 건축 관계 법령에 따라 **건축관계자**변경신고서에 변경 전 **건축주**의 명의변경동의서 등을 첨부하여 제출하여야 하므로, 건축 중인 건물을 양도한 자가 **건축주** 명의변경에 동의하지 아니한 경우에 양수인으로서는 그 의사표시에 갈음하는 판결을 받을 필요가 있다(대법원 1989. 5. 9. 선고 88다카6754 판결, 대법원 2009. 3. 12. 선고 2006다28454 판결 등 참조)”고 판시하였다(대법원 2015. 9. 10. 선고 2012다23863 판결; 같은 취지로 대법원 2005. 12. 22. 선고 2005두10552 판결).
891) 김종보, 건설법(제5판), 151면.
892) 김종보, 건설법(제5판), 139면; 그러나 **사견**으로는 설계변경신고는 인·허가가 의제되므로 **수리를 요하는 신고**로 보는 것이 무난하나, **건축관계자**변경신고는 **자기완결적신고**로 이해된다. 대법원도 “**건축관계자**변경신고수리에 대하여 **허가권자**는 형식적 요건을 갖춘 적법한 **건축관계자**변경신고가 있는 때에는 그 기재 내용을 확인한 후 이를 수리하여야 할 것이고, 원칙적으로 실체적인 이유를 내세워 그 신고의 수리를 거부할 수 없다고 전제하면서 이와 같이 **건축관계자**변경신고가 실체적으로 적법한지 여부를 심사할 권한이 없다고 한 점”도 주목할 만하다.

대법원은 "「국토계획법」 제56조 제1항, 제57조 제1항, 제58조 제1항 제4호, 「국토계획법 시행령」 제51조 제1항 제1호, 제56조 제1항 [별표 1의2] 제1호 (라)목, 제2호 (가)목, 「건축법」 제11조 제1항, 제5항 제3호, 제12조 제1항의 규정 체제 및 내용 등을 종합해 보면, 건축물의 건축이 「국토계획법」상 개발행위에 해당할 경우 그에 대한 건축허가를 하는 **허가권자**는 건축허가에 배치·저촉되는 관계 법령상 제한사유의 하나로 국토계획법령의 개발행위허가기준을 확인하여야 하므로, 「국토계획법」상 건축물의 건축에 관한 개발행위허가가 의제되는 건축허가신청이 국토계획법령이 정한 개발행위허가기준에 부합하지 아니하면 **허가권자**로서는 이를 거부할 수 있고, 이는 「건축법」 제16조 제3항에 의하여 개발행위허가의 변경이 의제되는 건축허가사항의 변경허가에서도 마찬가지라고" 판시했다.[893]

이는 「국토계획법」상 건축물의 건축에 관한 개발행위허가가 의제되는 건축허가신청의 경우와 마찬가지로 변경허가신청에 대해서도 개발행위허가기준에 부합하지 아니하면 **허가권자**로서는 이를 거부할 수 있다고 판시한 것이다.

제6절 용도변경

건축물의 **용도변경**에 대한 건축경찰법으로서의 위상은 건축허가나 건축신고의 법리를 상당 부분 준용(법 제19조 제7항)한다는 점에서 당연히 건축허가·신고에 뒤이은 법조(法條) 구성이 합당할 것이다. 이에도 불구하고 건축절차 측면에서 사용승인이 있고 나서야 건축물의 **용도변경**이 발생하는 일이므로 사용승인에 관한 법리를 먼저 소개하는 문헌들도 많이 있다.

Ⅰ. 건축물의 용도 및 용도변경의 의의

1. 건축물의 용도

가. 의의

'건축물의 용도'는 그 건축물의 쓰임새를 실질적으로 판단해서 정해야 하는데, 건축물의 종류를 유사한 구조, 이용 목적 및 형태별로 묶어 분류한 것을 말하고(법 제2조 제1항 제3호), 건축물의 용도에 관하여 「건축법」은 제2조 제2항에서 다음과 같이 분류하고 있다. 즉, 1. 단독주택, 2. 공동주택, 3. 제1종 근린생활시설, 4. 제2종 근린생활시설, 5. 문화 및 집회시설, 6. 종교시설, 7. 판매시설, 8. 운수시설, 9. 의료시설, 10. 교육연구시설, 11. 노유자(老幼者: 노인 및 어린이)시설, 12. 수련시설, 13. 운

---

893) 대법원 2016. 8. 24. 선고 2016두35762 판결.

동시설, 14. 업무시설, 15. 숙박시설, 16. 위락(慰樂)시설, 17. 공장, 18. 창고시설, 19. 위험물 저장 및 처리 시설, 20. 자동차 관련 시설, 21. 동물 및 식물 관련 시설, 22. 자원순환 관련 시설, 23. 교정(矯正) 및 군사 시설, 24. 방송통신시설, 25. 발전시설, 26. 묘지 관련 시설, 27. 관광 휴게시설, 28. 그 밖에 **대통령령**으로 정하는 시설[28. 장례시설, 29. 야영장 시설(별표1)]과 같이 29개 시설로 구분하고, 각 용도에 속하는 건축물의 세부 용도는 영 제3조의5(용도별 건축물의 종류)에 위임하여 [별표 1] 각호에 나열되어 있지만, 당해 건축물의 용도별 개념정의가 있는 것은 아니므로 그 용도에 속한 건축물의 특성에 비추어 용도별 개념정의를 유추할 수밖에 없다.[894] 「국토계획법」 제2조 제6호에 따른 7개 부문과 세분된 52개 도시·군계획시설의 분류와 더불어 감정평가 관계법규에서 중요한 기초지식이다.

[그림 4] 건축물 용도(29가지 대분류)

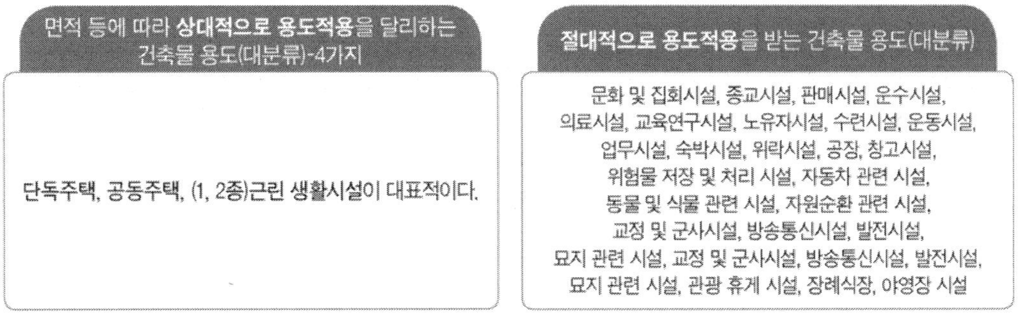

면적 등에 따라 **상대적으로 용도적용**을 달리하는 건축물 용도(대분류)-4가지

단독주택, 공동주택, (1, 2종)근린 생활시설이 대표적이다.

절대적으로 용도적용을 받는 건축물 용도(대분류)

문화 및 집회시설, 종교시설, 판매시설, 운수시설, 의료시설, 교육연구시설, 노유자시설, 수련시설, 운동시설, 업무시설, 숙박시설, 위락시설, 공장, 창고시설, 위험물 저장 및 처리 시설, 자동차 관련 시설, 동물 및 식물 관련 시설, 자원순환 관련 시설, 교정 및 군사시설, 방송통신시설, 발전시설, 묘지 관련 시설, 교정 및 군사시설, 방송통신시설, 발전시설, 묘지 관련 시설, 관광 휴게 시설, 장례식장, 야영장 시설

출처: 그림으로 이해하는 건축법(https://terms.naver.com/entry.nhn?docId=3579945&cid=58765&categoryId=58768)

건축물을 신축하면서 **건축주**가 주목하는 것은 <u>어떠한 용도의 건축물로 그 건축물은 어떠한 형태로 지을 것인가</u> 하는 두 가지 점이다. 이러한 의미에서 건축물의 용도(用途)와 형태(形態)라는 요소가 건축물의 정체를 결정하는 가장 중요한 요소이다. 건축물을 신축하는 경우 일반적으로 건축물의 용도가 먼저 결정되고 그에 따라 건축허가요건이 정해진다. 예를 들면 문화 및 집회시설로 건축물을 신축하는 경우 직통계단, 피난계단 및 특별피난계단의 설치, 출구의 설치, 건축물의 내화재료, 내부마감재료, 승강기설치기준, 배연설비 등의 허가요건이 그에 따라 결정된다. 그러므로 특정한 용도로 건축물이 건축된 후 건축물을 **용도변경**하려면, 변경될 용도에 적합한 건축허가요건이 다시 갖추어져야 하며(법 제19조 제1항), 이러한 요건이 갖추어지지 않은 채 용도를 변경하는 것은 허용될 수 없다.[895]

건축경찰법적 성격을 갖는 「건축법」에서는 건축물의 용도를 특별히 금지하는 사유는 없다. 이는 어떠한 용도의 건축물이건 위험하지 않다면 원칙적으로 허용되어야 한다는 의미이다. 「국토계획법」은 도시·군계획에 따라 지정된 용도지역별로 허용되는 건축물의 용도를 한정함으로써 토지의 합리적 이용을 확보하려는 법이다. 따라서 국토계획법적 관점에서 용도를 판단하는 것은 그러한 용도가 당해지

---

894) 김종보, 건설법(제5판), 49면.
895) 김종보, 건설법(제5판), 49면.

역에서 허용되는가 여부에 한정된다. 만약 허용되는 것이면, 그를 전제로 건축물의 형태제한요건(건폐율·용적률 등)과 「건축법」상의 위험방지 요건이 충족되는가가 심사된다.[896]

「국토계획법」은 도시계획에 따라 지정된 용도지역별로 허용되는 건축물의 용도를 한정함으로써 토지의 합리적 이용을 확보하려는 법으로 용도를 판단하는 것은 그러한 용도가 당해지역에서 허용되는가 여부에 한정되고, 허용을 전제로 건축물의 형태제한요건(건폐율·용적률 등)을 판단한다. 건축물을 신축하려면 「건축법」과 「국토계획법」의 요건을 모두 충족하여야 한다.[897] 건축물의 용도분류의 가장 중요한 목적도 「국토계획법」 제6장 용도지역·용도지구 및 용도구역에서의 행위 제한 적용과 개별 건축물의 용도별로 구조, 피난 및 안전 등에 관한 규정을 적용하기 위한 것으로 볼 수 있을 것이다.[898] 현행 「건축법」상의 용도분류에 명시되지 아니한 새로운 업태 등의 용도분류는 해당 건축물의 구조, 이용목적, 형태 및 관계법령 등을 종합적으로 고려하여 「건축법 시행령」 [별표 1]에서 규정하고 있는 용도와 가장 유사한 용도로 분류할 수 있다.

건축물의 용도는 개별 건축물 단위로 평가되는 것이 원칙이다. 예를 들면 단독주택, 공동주택 등이 각 동별로 건축물의 용도가 평가되어야 하는 것과 같다. 개별 건축물 내에서 다시 구별되는 주차장, 거실, 베란다 등의 사용목적은 건축물의 용도개념과는 별개의 개념으로 이러한 사용목적이 변경된다고 해도 「건축법」상 **용도변경**이 아니다. 건축물의 규모가 커지고 하나의 건축물에 다양한 용도들이 혼재하는 일이 빈발하면서 복합용도의 건축물이 등장하였다. 복합용도의 경우 실무상 이를 구별해서 각각의 허가요건을 판단하고 층별 또는 구획별로 용도를 부여한다. 이른바 주상복합건물에서 **용도변경**은 건물의 일부에 대해 판단해야 한다.[899]

나. 부속용도

부속용도는 하나의 건축물 안에서 주된 용도를 돕는 용도를 말한다. 「건축법」상 '**부속용도**'란 건축물의 주된 용도의 기능에 필수적인 용도로서 다음 각 목 가. 건축물의 설비, 대피, 위생, 그 밖에 이와 비슷한 시설의 용도, 나. 사무, 작업, 집회, 물품저장, 주차, 그 밖에 이와 비슷한 시설의 용도, 다. 구내식당·직장어린이집·구내운동시설 등 종업원 후생복리시설, 구내소각시설, 그 밖에 이와 비슷한 시설의 용도로서 이 경우 다음 (1) 구내식당 내부에 설치할 것, (2) 설치면적이 구내식당 전체 면적의 3분의 1 이하로서 50㎡ 이하일 것,[900] (3) 다류(茶類)를 조리·판매하는 휴게음식점일 것의 요건을 모두 갖춘 휴게음식점([별표 1] 제3호의 제1종 근린생활시설 중 같은 호 나목에 따른 휴게음식점을 말한다)은 구

---

896) 김종보, 건설법(제5판), 50면.
897) 김종보, 건설법(제5판), 50면.
898) 국토부, 건축행정, 2013, 25면.
899) 김종보, 건설법(제5판), 51면.
900) 이외의 부속용도에 대한 규모제한은 별도로 없다. 그러나 주된 용도보다 부속용도가 더 크다면 문제다. 적정한 규모에 대한 것은 입지여건과 용도에 따라 다를 수밖에 없기 때문에 **허가권자**와 사전에 상의해서 결정하는 것이 바람직하다.

내식당에 포함되는 것으로 본다. 라. 관계 법령에서 주된 용도의 부수시설로 설치할 수 있게 규정하고 있는 시설, 그 밖에 **국토교통부장관**이 이와 유사하다고 인정하여 고시하는 시설의 용도의 어느 하나에 해당하는 용도를 말한다(영 제2조 제13호).

부속용도라는 개념을 인정하는 이유는 건축물의 주용도가 허용되는 용도일 때 비록 부속용도가 당해 대지에서 허용되지 않는 것이라도 허용될 수 있다는 점이 있다(국토계획법적 관점).[901] 즉 부속용도는 주된 용도가 건립되는 곳이라면 어디든지 가능하다. 가령 납골당은 원칙적으로 녹지지역, 관리지역, 농림지역, 자연환경보전지역 안에서만 설치가 가능하다. 그러나 종교집회장의 부속용도인 납골당은 종교집회장이 건립될 수 있는 지역이면 어디든지 설치가 가능하다.

다. 용도별 건축물의 종류

[별표 1] 용도별 건축물의 종류(영 제3조의5 관련)

1. **단독주택[단독주택의 형태를 갖춘 가정어린이집·공동생활가정·지역아동센터 및 노인복지시설(노인복지주택은 제외한다)을 포함한다]**
   가. 단독주택
   나. **다중주택**: 다음의 요건을 모두 갖춘 주택을 말한다.[902] (1) 학생 또는 직장인 등 여러 사람이 장기간 거주할 수 있는 구조로 되어 있는 것, (2) 독립된 주거의 형태를 갖추지 아니한 것(각 실별로 욕실은 설치할 수 있으나, 취사시설은 설치하지 아니한 것을 말한다), (3) 1개 동의 주택으로 쓰이는 바닥면적의 합계가 **330㎡ 이하**이고 주택으로 쓰는 층수(지하층은 제외한다)가 **3개 층 이하**일 것
   다. **다가구주택**: 다음의 요건을 모두 갖춘 주택으로서 공동주택에 해당하지 아니하는 것을 말한다.[903] (1) 주택으로 쓰는 층수(지하층은 제외한다)가 **3개 층 이하**일 것. 다만, 1층의 전부 또는 일부를 필로티 구조로 하여 주차장으로 사용하고 나머지 부분을 주택 외의 용도로 쓰는 경우에는 해당 층을 주택의 층수에서 제외한다. (2) 1개 동의 주택으로 쓰이는 바닥면적(부설 주차장 면적은 제외한다. 이하 같다)의 합계가 **660㎡ 이하**일 것, (3) **19세대**(대지 내 동별 세대수를 합한 세대를 말한다) **이하가 거주**할 수 있을 것
   라. 공관(公館)
2. **공동주택[공동주택의 형태를 갖춘 가정어린이집·공동생활가정·지역아동센터·노인복지시설(노인복지주택은 제외한다) 및 「주택법 시행령」 제3조 제1항에 따른 원룸형 주택을 포함한다]**. 다만, 가목이나 나목에서 층수를 산정할 때 1층 전부를 필로티 구조로 하여 주차장으로 사용하는 경우에는 필로티 부분을 층수에서 제외하고, 다목에서 층수를 산정할 때 1층의 전부 또는 일부를 필로티 구조로 하여 주차장으로 사용하고 나머지 부분을 주택 외의 용도로 쓰는 경우에는 해당 층을 주택의 층수에서 제외하며, 가목부터 라목까지의 규정에서 층수를 산정할 때 지하층을 주택의 층수에서 제외한다.
   가. **아파트**: 주택으로 쓰는 층수가 **5개 층 이상**인 주택[904][905]
   나. **연립주택**: 주택으로 쓰는 1개 동의 바닥면적(2개 이상의 동을 지하주차장으로 연결하는 경우에는 각각의 동으로 본다) 합계가 **660㎡를 초과**하고, 층수가 **4개 층 이하**인 주택
   다. **다세대주택**: 주택으로 쓰는 1개 동의 바닥면적 합계가 **660㎡ 이하**이고, **층수가 4개 층 이하**인 주택(2개 이상의 동을 지하주차장으로 연결하는 경우에는 각각의 동으로 본다)
   라. 기숙사: 학교 또는 공장 등의 학생 또는 종업원 등을 위하여 쓰는 것으로서 1개 동의 공동취사시설 이용 세대 수가 전체의 50퍼센트 이상인 것(「교육기본법」 제27조 제2항에 따른 학생복지주택을 포함한다)

901) 김종보, 건설법(제5판), 52면.

3. 제1종 근린생활시설[906]

가. 식품·잡화·의류·완구·서적·건축자재·의약품·의료기기 등 일용품을 판매하는 소매점으로서 같은 건축물 (하나의 대지에 두 동 이상의 건축물이 있는 경우에는 이를 같은 건축물로 본다. 이하 같다)에 해당 용도로 쓰는 바닥면적의 합계가 **1천㎡ 미만**인 것

나. 휴게음식점, 제과점 등 음료·차(茶)·음식·빵·떡·과자 등을 조리하거나 제조하여 판매하는 시설(제4호 너목 또는 제17호에 해당하는 것은 제외한다)로서 같은 건축물에 해당 용도로 쓰는 **바닥면적의 합계가 300㎡ 미만**인 것

다. 이용원, 미용원, 목욕장, 세탁소 등 사람의 위생관리나 의류 등을 세탁·수선하는 시설(세탁소의 경우 공장에 부설되는 것과 「대기환경보전법」, 「수질 및 수생태계 보전에 관한 법률」 또는 「소음·진동관리법」에 따른 배출시설의 설치 허가 또는 신고의 대상인 것은 제외한다)

라. 의원, 치과의원, 한의원, 침술원, 접골원(接骨院), 조산원, 안마원, 산후조리원 등 주민의 진료·치료 등을 위한 시설

마. **탁구장, 체육도장**으로서 같은 건축물에 해당 용도로 쓰는 바닥면적합계가 500㎡ 미만인 것

바. 지역자치센터, 파출소, 지구대, 소방서, 우체국, 방송국, 보건소, 공공도서관, 건강보험공단 사무소 등 공공업무시설로서 같은 건축물에 해당 용도로 쓰는 바닥면적의 합계가 1천㎡ 미만인 것

사. 마을회관, 마을공동작업소, 마을공동구판장, 공중화장실, 대피소, 지역아동센터(단독주택과 공동주택에 해당하는 것은 제외한다) 등 주민이 공동으로 이용하는 시설

아. 변전소, 도시가스배관시설, 통신용 시설(해당 용도로 쓰는 바닥면적의 합계가 1천㎡ 미만인 것에 한정한다), 정수장, 양수장 등 주민의 생활에 필요한 에너지공급·통신서비스제공이나 급수·배수와 관련된 시설

자. 금융업소, 사무소, 부동산중개사무소, 결혼상담소 등 소개업소, 출판사 등 일반업무시설로서 같은 건축물에 해당 용도로 쓰는 바닥면적의 합계가 **30㎡ 미만**인 것

4. 제2종 근린생활시설

가. 공연장(극장, 영화관, 연예장, 음악당, 서커스장, 비디오물감상실, 비디오물소극장, 그 밖에 이와 비슷한 것을 말한다. 이하 같다)으로서 같은 건축물에 해당 용도로 쓰는 바닥면적의 합계가 500㎡ 미만인 것

나. 종교집회장[교회, 성당, 사찰, 기도원, 수도원, 수녀원, 제실(祭室), 사당, 그 밖에 이와 비슷한 것을 말한다] 으로서 같은 건축물에 해당 용도로 쓰는 바닥면적의 합계가 500㎡ 미만인 것

다. 자동차영업소로서 같은 건축물에 해당 용도로 쓰는 바닥면적 합계가 1천㎡ 미만인 것

라. 서점(제1종 근린생활시설에 해당하지 않는 것)

마. 총포판매소

바. 사진관, 표구점

사. 청소년게임제공업소, 복합유통게임제공업소, 인터넷컴퓨터게임시설제공업소, 그 밖에 이와 비슷한 게임 관련 시설로서 같은 건축물에 해당 용도로 쓰는 바닥면적의 합계가 500㎡ 미만인 것

아. 휴게음식점, 제과점 등 음료·차(茶)·음식·빵·떡·과자 등을 조리하거나 제조하여 판매하는 시설(너목 또는 제17호에 해당하는 것은 제외한다)로서 같은 건축물에 해당 용도로 쓰는 **바닥면적의 합계가 300㎡ 이상**인 것

자. 일반음식점

차. 장의사, 동물병원, 동물미용실, 그 밖에 이와 유사한 것

카. 학원(자동차학원·무도학원 및 정보통신기술을 활용하여 원격으로 교습하는 것은 제외한다), 교습소(자동차교습·무도교습 및 정보통신기술을 활용하여 원격으로 교습하는 것은 제외한다), 직업훈련소(운전·정비 관련 직업훈련소는 제외한다)로서 같은 건축물에 해당 용도로 쓰는 바닥면적의 합계가 500㎡미만인 것

타. 독서실, 기원

파. **테니스장, 체력단련장, 에어로빅장, 볼링장, 당구장, 실내낚시터, 골프연습장, 놀이형시설**(「관광진흥법」에 따른 기타유원시설업의 시설을 말한다) 등 주민의 체육 활동을 위한 시설(제3호 마목의 시설은 제외한다)로서 같은 건축물에 해당 용도로 쓰는 바닥면적의 합계가 500㎡미만인 것

하. 금융업소, 사무소, 부동산중개사무소, 결혼상담소 등 소개업소, 출판사 등 일반업무시설로서 같은 건축물에 해당 용도로 쓰는 바닥면적의 합계가 **500㎡ 미만**인 것(제1종 근린생활시설에 해당하는 것은 제

외한다)

가. **다중생활시설**(「다중이용업소의 안전관리에 관한 특별법」에 따른 다중이용업 중 **고시원업**의 시설로서 국토교통부장관이 고시하는 기준에 적합한 것을 말한다)로서 같은 건축물에 해당 용도로 쓰는 바닥면적의 합계가 500㎡ 미만인 것

너. 제조업소, 수리점 등 물품의 제조·가공·수리 등을 위한 시설로서 같은 건축물에 해당 용도로 쓰는 바닥면적의 합계가 500㎡ 미만이고, 다음 요건 중 어느 하나에 해당하는 것

   (1) 「대기환경보전법」, 「수질 및 수생태계 보전에 관한 법률」 또는 「소음·진동관리법」에 따른 배출시설의 설치 허가 또는 신고의 대상이 아닌 것

   (2) 「대기환경보전법」, 「수질 및 수생태계 보전에 관한 법률」 또는 「소음·진동관리법」에 따른 배출시설의 설치 허가 또는 신고의 대상 시설이나 귀금속·장신구 및 관련 제품 제조시설로서 발생되는 폐수를 전량 위탁처리하는 것

더. **단란주점**으로서 같은 건축물에 해당 용도로 쓰는 바닥면적 합계가 **150㎡ 미만**인 것

러. **안마시술소, 노래연습장**

5. 문화 및 집회시설

가. 공연장으로서 제2종 근린생활시설에 해당하지 아니하는 것, 나. 집회장[예식장, 공회당, 회의장, 마권(馬券)장외 발매소, 마권 전화투표소, 그 밖에 이와 비슷한 것으로서 제2종 근린생활시설에 해당하지 아니하는 것, 다. 관람장(경마장, 경륜장, 경정장, 자동차 경기장, 그 밖에 이와 비슷한 것과 체육관 및 운동장으로서 관람석의 바닥면적의 합계가 1천 ㎡이상인 것), 라. 전시장(박물관, 미술관, 과학관, 문화관, 체험관, 기념관, 산업전시장, 박람회장, 그 밖에 이와 비슷한 것), 마. **동·식물원**(동물원, 식물원, 수족관, 그 밖에 이와 비슷한 것)

6. 종교시설

가. 종교집회장으로서 제2종 근린생활시설에 해당하지 아니하는 것

나. 종교집회장(제2종 근린생활시설에 해당하지 아니하는 것)에 설치하는 봉안당(奉安堂)

7. 판매시설

가. 도매시장(「농수산물유통 및 가격안정에 관한 법률」에 따른 농수산물도매시장, 농수산물공판장, 그 밖에 이와 비슷한 것을 말하며, 그 안에 있는 근린생활시설을 포함한다)

나. 소매시장(「유통산업발전법」 제2조 제3호에 따른 대규모 점포, 그 밖에 이와 비슷한 것을 말하며, 그 안에 있는 근린생활시설을 포함한다)

다. 상점(그 안에 있는 근린생활시설을 포함한다)으로서 다음의 (1) 제3호 가목에 해당하는 용도(서점은 제외한다)로서 제1종 근린생활시설에 해당하지 아니하는 것, (2) 「게임산업진흥에 관한 법률」 제2조 제6호의2 가목에 따른 청소년게임제공업의 시설, 같은 호 나목에 따른 일반게임제공업의 시설, 같은 조 제7호에 따른 인터넷컴퓨터게임시설제공업의 시설 및 같은 조 제8호에 따른 복합유통게임제공업의 시설로서 제2종 근린생활시설에 해당하지 아니하는 요건 중 어느 하나에 해당하는 것

8. 운수시설 가. 여객자동차터미널, 나. 철도시설, 다. 공항시설, 라. 항만시설, 마. 삭제

9. 의료시설

가. **병원**(종합병원, 병원, 치과병원, 한방병원, 정신병원 및 요양병원을 말한다)

나. 격리병원(전염병원, 마약진료소, 그 밖에 이와 비슷한 것을 말한다)

10. 교육연구시설(제2종 근린생활시설에 해당하는 것은 제외한다)

가. 학교(유치원, 초등학교, 중학교, 고등학교, 전문대학, 대학, 대학교, 그 밖에 이에 준하는 각종 학교를 말한다), 나. 교육원(연수원, 그 밖에 이와 비슷한 것을 포함한다), 다. **직업훈련소**(운전 및 정비 관련 직업훈련소는 제외한다), 라. **학원**(자동차학원·무도학원 및 정보통신기술을 활용하여 원격으로 교습하는 것은 제외), 마. 연구소(연구소에 준하는 시험소와 계측계량소를 포함한다), 바. 도서관

11. 노유자시설

가. **아동 관련 시설**(어린이집, 아동복지시설, 그 밖에 이와 비슷한 것으로서 단독주택, 공동주택 및 제1종 근린생활시설에 해당하지 아니하는 것을 말한다)

나. 노인복지시설(단독주택과 공동주택에 해당하지 아니하는 것을 말한다)

다. 그 밖에 다른 용도로 분류되지 아니한 사회복지시설 및 근로복지시설

12. **수련시설**

가. 생활권 수련시설(「청소년활동진흥법」에 따른 청소년수련관, 청소년문화의집, 청소년특화시설, 그 밖에 이와 비슷한 것을 말한다)

나. 자연권 수련시설(「청소년활동진흥법」에 따른 청소년수련원, 청소년야영장, 그 밖에 이와 비슷한 것을 말한다)

다. 「청소년활동진흥법」에 따른 유스호스텔

라. 「관광진흥법」에 따른 야영장 시설로서 제29호에 해당하지 아니하는 시설

13. **운동시설**

가. 탁구장, 체육도장, 테니스장, 체력단련장, 에어로빅장, 볼링장, 당구장, 실내낚시터, 골프연습장, 놀이형시설, 그 밖에 이와 비슷한 것으로서 제1종 근린생활시설 및 제2종 근린생활시설에 해당하지 아니하는 것

나. 체육관으로서 관람석이 없거나 관람석의 바닥면적이 1천㎡ 미만인 것

다. 운동장(육상장, 구기장, 볼링장, 수영장, 스케이트장, 롤러스케이트장, 승마장, 사격장, 궁도장, 골프장 등과 이에 딸린 건축물을 말한다)으로서 관람석이 없거나 관람석의 바닥면적이 1천㎡미만인 것

14. **업무시설**

가. 공공업무시설: 국가 또는 지방자치단체의 청사와 외국공관의 건축물로서 제1종 근린생활시설에 해당하지 아니하는 것

나. 일반업무시설: 다음 요건을 갖춘 업무시설을 말한다.

(1) 금융업소, 사무소, 결혼상담소 등 소개업소, 출판사, 신문사, 그 밖에 이와 비슷한 것으로서 제1종 근린생활시설 및 제2종 근린생활시설에 해당하지 않는 것

(2) 오피스텔(업무를 주로 하며, 분양하거나 임대하는 구획 중 일부 구획에서 숙식을 할 수 있도록 한 건축물로서 국토교통부장관이 고시하는 기준에 적합한 것을 말한다)[907]

15. **숙박시설**

가. 일반숙박시설 및 생활숙박시설, 나. 관광숙박시설(관광호텔, 수상관광호텔, 한국전통호텔, 가족호텔, 호스텔, 소형호텔, 의료관광호텔 및 휴양 콘도미니엄), 다. 다중생활시설(제2종 근린생활시설에 해당하지 아니하는 것을 말한다), 라. 그 밖에 가목부터 다목까지의 시설과 비슷한 것

16. **위락시설**

가. 단란주점으로서 **제2종 근린생활시설에 해당하지 아니하는 것**, 나. 유흥주점이나 그 밖에 이와 비슷한 것, 다. 「관광진흥법」에 따른 유원시설업의 시설, 그 밖에 이와 비슷한 시설(제2종 근린생활시설과 운동시설에 해당하는 것은 제외한다), 라. 삭제 〈2010.2.18.〉, 마. 무도장, **무도학원**, 바. 카지노영업소

17. **공장 물품의 제조·가공**[염색·도장(塗裝)·표백·재봉·건조·인쇄 등을 포함한다] 또는 수리에 계속적으로 이용되는 건축물로서 제1종 근린생활시설, 제2종 근린생활시설, 위험물저장 및 처리시설, 자동차 관련 시설, 자원순환 관련 시설 등으로 따로 분류되지 아니한 것

18. **창고시설(위험물 저장 및 처리 시설 또는 그 부속용도에 해당하는 것은 제외한다)**

가. 창고(물품저장시설로서 「물류정책기본법」에 따른 일반창고와 냉장 및 냉동 창고를 포함), 나. 하역장, 다. 「물류시설의 개발 및 운영에 관한 법률」에 따른 물류터미널, 라. 집배송 시설

19. **위험물 저장 및 처리 시설** 「위험물안전관리법」, 「석유 및 석유대체연료 사업법」, 「도시가스사업법」, 「고압가스 안전관리법」, 「액화석유가스의 안전관리 및 사업법」, 「총포·도검·화약류 등 단속법」, 「유해화학물질 관리법」 등에 따라 설치 또는 영업의 허가를 받아야 하는 건축물로서 다음 각 목의 어느 하나에 해당하는 것. 다만, 자가난방, 자가발전, 그 밖에 이와 비슷한 목적으로 쓰는 저장시설은 제외한다.

가. 주유소(기계식 세차설비를 포함한다) 및 석유 판매소, 나. 액화석유가스 충전소·판매소·저장소(기계식 세차설비를 포함한다), 다. 위험물 제조소·저장소·취급소, 라. 액화가스 취급소·판매소, 마. 유독물 보관·저장·판매시설, 바. 고압가스 충전소·판매소·저장소, 사. 도료류 판매소, 아. 도시가스 제조시설, 자. 화약류 저장소, 차. 그 밖에 가목부터 자목까지의 시설과 비슷한 것

20. 자동차 관련 시설(건설기계 관련 시설을 포함한다)

　가. 주차장, 나. 세차장, 다. 폐차장, 라. 검사장, 마. 매매장, 바. 정비공장, 사. **운전학원 및 정비학원**(운전 및 정비 관련 직업훈련시설을 포함한다), 아. 「여객자동차 운수사업법」, 「화물자동차 운수사업법」 및 「건설기계관리법」에 따른 차고 및 주기장(駐機場)

21. 동물 및 식물 관련 시설 가. 축사(양잠·양봉·양어시설 및 부화장 등을 포함한다), 나. 가축시설[가축용 운동시설, 인공수정센터, 관리사(管理舍), 가축용 창고, 가축시장, 동물검역소, 실험동물 사육시설, 그 밖에 이와 비슷한 것을 말한다], 다. 도축장, 라. 도계장, 마. 작물 재배사, 바. 종묘배양시설, 사. 화초 및 분재 등의 온실, 아. 식물과 관련된 마목부터 사목까지의 시설과 비슷한 것(동·식물원은 제외한다)

22. 자원순환 관련 시설 가. 하수 등 처리시설, 나. 고물상, 다. 폐기물재활용시설, 라. 폐기물 처분시설, 마. 폐기물 감량화시설

23. 교정 및 군사 시설(제1종 근린생활시설에 해당하는 것은 제외한다)

　가. 교정시설(보호감호소, 구치소 및 교도소를 말한다), 나. 갱생보호시설, 그 밖에 범죄자의 갱생·보육·교육·보건 등의 용도로 쓰는 시설, 다. 소년원 및 소년분류심사원, 라. 국방·군사시설

24. 방송통신시설(제1종 근린생활시설에 해당하는 것은 제외한다)

　가. 방송국(방송프로그램 제작시설 및 송신·수신·중계시설을 포함한다), 나. 전신전화국, 다. 촬영소, 라. 통신용 시설, 마. 그 밖에 가목부터 라목까지의 시설과 비슷한 것

25. 발전시설 발전소(집단에너지 공급시설을 포함한다)로 사용되는 건축물로서 제1종 근린생활시설에 해당하지 아니하는 것

26. 묘지 관련 시설 가. 화장시설, 나. 봉안당(종교시설에 해당하는 것은 제외한다), 다. 묘지와 자연장지에 부수되는 건축물, 라. **동물화장시설**, 동물건조장(乾燥葬)시설 및 동물 전용의 납골시설

27. 관광 휴게시설 가. 야외음악당, 나. 야외극장, 다. 어린이회관, 라. 관망탑, 마. 휴게소, 바. 공원·유원지 또는 관광지에 부수되는 시설

28. 장례시설 가. 장례식장[의료시설의 부수시설(「의료법」 제36조제1호에 따른 의료기관의 종류에 따른 시설을 말한다)에 해당하는 것은 제외한다], 나. **동물 전용의 장례식장**

29. 야영장 시설

　「관광진흥법」에 따른 야영장 시설로서 관리동, 화장실, 샤워실, 대피소, 취사시설 등의 용도로 쓰는 바닥면적의 합계가 300㎡ 미만인 것

2. 용도변경의 의의

　건축물의 용도는 필요에 따라 바꿀 수 있으며, 이를 바꾸려는 시점에 따라, 사용승인 후에 바꾸는

---

902) 〈표 31〉 다중주택과 다가구주택의 차이점

	다중주택	다가구주택
층수	3개층 이하	3개층 이하
연면적	330㎡ 이하	660㎡ 이하
주거형태	비독립가구	독립가구
개별취사시설	불가(공동취사 시설만 허용)	가능

903) 〈표 32〉 다가구주택과 다세대주택의 차이점

	다가구주택	다세대주택
층수	3개층 이하	4개층 이하(다가구보다 1개층 더 많음)
연면적	660㎡ 이하	660㎡ 이하
수유권	단독소유	구분소유
분양권	각 가구별 분양 불가	각 세대별 분양가능

904) 〈표 33〉 다세대주택, 연립주택과 아파트의 차이점

것을 **용도변경**, 건축허가(신고) 후 사용승인을 받기 전까지의 기간에 용도를 변경하는 것을 **철체변경**이라고 한다.[908]

　증축·개축 등이 기존건축물의 형태에 변경을 가져오는 행위라면, **용도변경**은 건축물의 형태를 변경시키지 않고 그 내부의 용도만을 변경하는 행위라는 점에서 대조를 보인다.[909] 건축물의 **용도변경**이란 「건축법」에 의해 구분 적용된 건축물의 용도를 타 용도로 변경하는 행위를 말한다. 건축물의 **용도변경**을 하고자 할 때에는 「건축법」 및 같은 법 시행령에서 규정된 시설군(施設群)에 대한 기준에 따라 허가·신고를 받거나 혹은 건축물대장 기재내용 변경신청을 해야 한다.[910]

　이와 같은 건축물의 **용도변경**에 대한 규제의 필요성에 따라 법 제2조 제2항의 29개 시설의 용도를 다시 9개의 시설군으로 묶어 **용도변경**을 규제하고 있다. 건축물 용도분류와 다른 분류체계를 규정하고 있는 이유는 시설군 분류가 개념적으로 위험도를 기준으로 하기 때문이라고 설명되고 있다. 그러나 여기서의 위험이라는 것이 물리적 위험요소인지, 환경적 위험요소인지, 혹은 사람들의 대피와 관련된 것인지 등에 관해 구체적으로 명시되어 있지 않다는 점은 다소 아쉽다.[911]

　9개의 시설군(1. 자동차 관련 시설군, 2. 산업 등의 시설군, 3. 전기통신시설군, 4. 문화 및 집회시설군, 5. 영업시설군, 6. 교육 및 복지시설군, 7. 근린생활시설군, 8. 주거업무시설군, 9. 그 밖의 시설군)

	다세대주택	연립주택	아파트
층수	4개층 이하	4개층 이하	5개층 이상
연면적	660㎡ 이하	660㎡ 초과	660㎡ 초과

905) 〈표 34〉 아파트와 오피스텔의 차이점

	아파트	오피스텔
시설용도	공동주택	업무시설
소유권	구분 소유	구분 소유
난방시설	시설	전용 85㎡ 이상 불가
발코니	가능	허용불가

906) 「건축법」에 의한 건축물의 용도 중 근린생활시설은 주택가 인근에 위치하여 일반주거생활에 필요한 일용품과 서비스 등을 제공하는 직주 근접시설로서, **주거 생활에 필수적인 시설인지**와 **그 규모에 따라 제1종과 제2종으로 나뉘며, 일상주거생활에 필수불가결한 용도를 제1종 근린생활시설로, 그보다 덜 필수적인 시설의 용도를 제2종 근린생활시설로 분류**한다. 제1종 근린생활시설의 마목에 해당하는 시설(탁구장, 체육도장 등)과 제2종 근린생활시설 라목에 해당하는 시설(테니스장·체력단련장·에어로빅장·볼링장·당구장·실내낚시터·골프연습장·물놀이형시설 등)이 동일 건축물안에 있는 경우에는 각각에 해당하는 용도로의 면적만을 구분 합산하여 그 규모에 따라 적용한다. 가령 동일 건축물 내에 탁구장 350㎡, 볼링장 400㎡가 있는 경우 이들 면적을 합하여 용도를 결정·적용하는 것이 아니라 각각의 용도 즉, 제1종 근린생활시설 350㎡와 제2종 근린생활시설 400㎡로 분류한다.

907) 오피스텔은 「건축법」상의 용도가 **업무시설**로 분류되므로 공동주택 등의 주거시설에 해당하는 용도의 건축기준을 적용하지 않는 것이며, 오피스텔 건축기준에 따르면 **각 사무구획별 노대(발코니)를 설치하지 못하도록 되어 있으므로** 건축물 내부에 발코니와 유사한 공간을 구획하는 것도 금지되는 것이다. 오피스텔 건축기준은 건설부 건축 30420—11557('88.6.18)호에 따른 지침으로 운용되었으나, 법령 정비 등에 따라 고시되어(건설교통부 고시 제1998—161, 1998.6.8.) 법적인 정당성을 갖게 되었다.

908) [네이버 지식백과] 용도변경—건축물의 신축에 준하는 위험(그림으로 이해하는 건축법, 이재인).

909) 김종보, 건설법(제5판), 51면.

910) 서울특별시 도시계획국, 서울특별시 알기 쉬운 도시계획 용어, 2016. 12.

911) [네이버 지식백과] 용도변경—건축물의 신축에 준하는 위험(그림으로 이해하는 건축법, 이재인).

에 속하는 건축물의 세부 용도는 **대통령령**으로 정하고 있다(법 제19조 제4항).

즉 법 제19조 제4항 각 호의 시설군에 속하는 건축물의 용도는 다음 각 호 1. **자**동차 관련 시설군: 자동차 관련 시설, 2. **산업** 등 시설군: 가. 운수시설, 나. 창고시설, 다. 공장, 라. 위험물저장 및 처리시설, 마. 자원순환 관련 시설, 바. 묘지 관련 시설, 사. 장례시설, 3. **전기통신시설군**: 가. 방송통신시설, 나. 발전시설, 4. **문화 및 집회시설군**: 가. 문화 및 집회시설, 나. 종교시설, 다. 위락시설, 라. 관광휴게시설, 5. **영업시설군**: 가. 판매시설, 나. 운동시설, 다. 숙박시설, 라. 제2종 근린생활시설 중 다중생활시설, 6. **교육** 및 복지시설군: 가. 의료시설, 나. 교육연구시설, 다. 노유자시설(老幼者施設), 라. 수련시설, 마. 야영장 시설, 7. **근린생활시설군**: 가. 제1종 근린생활시설, 나. 제2종 근린생활시설(다중생활시설은 제외한다), 8. **주거업무시설군**: 가. 단독주택, 나. 공동주택, 다. 업무시설, 라. 교정 및 군사시설, 9. **그 밖의 시설군**: 가. 동물 및 식물 관련 시설, 나. 삭제 〈2010.12.13〉와 같다(영 제14조 제5항).

제2종 근린생활시설 중 바닥면적의 합계가 500㎡ 미만의 다중생활시설(구, 고시원)만 영업시설군으로 분류하고 있을 뿐이다. 판례는 "제2종 근린생활시설 용도로 건축승인을 받아 독서실로 이용되던 건축물의 일부를 **용도변경**신고 없이 여러 개의 방으로 구획하고 공동화장실, 공동취사장 등을 설치하여 고시원으로 운영한 행위가 「건축법」 제14조에 정한 **용도변경**에 해당한다고 하였다."[912]

---

912) 대법원 2005. 2. 18. 선고 2004도7807 판결.

II. 용도변경 규제의 취지 및 연혁

1. 규제의 취지

건축물의 용도를 임의로 변경함으로써 건축물의 용도에 관한 규제와 구조나 설비의 기준을 위태롭게 하는 것을 방지하기 위하여 「국토계획법」에서는 건축물의 용도 등을 변경하는 경우에는 변경후의 건축물이나 그 밖의 시설의 용도 등이 용도지역 및 용도지구 안에서의 건축 제한에 적합하여야 하고 (국토계획법 제76조 제4항 및 1·2항), 「건축법」에서도 건축물의 **용도변경**은 변경하려는 용도의 **건축기준에 맞게 하여야** 하고(법 제19조 제1항), 사용승인을 받은 건축물의 용도를 변경하려는 자는 **허가권자의 허가**를 받거나 **신고**를 하여야 한다(법 제19조 제2항).

적법한 건축물은 그 용도지역 및 용도지구 안에서의 건축제한과 그 용도에 따른 대지·구조 및 설비에 관한 기준에 적합하게 유지·관리 되어야 한다. 그 후 특별한 용도로 건축물이 건축된 후 건축물의 용도를 변경하려면, 「건축법」 및 관계법령에 적법하여야 가능하다. 만일 건축물의 용도를 임의로 변경할 수 있게 한다면 용도지역 및 용도지구 안에서의 건축제한을 정하고 있는 「국토계획법」 제76조(용도지역 및 용도지구에서의 건축물의 건축 제한 등)에 따른 「건축법」의 취지가 무색할 것이다.

2. 연혁

「건축법」은 1962. 1. 20. 제정당시에는 건축물의 **용도변경**은 건축물의 건축으로 간주한다는 규정(제48조)에 따라 원칙적으로 건축허가(법 제5조)를 받도록 하였다가, 1995. 12. 30. 「건축법 시행령」을 개정하여 건축물의 용도를 10개 시설군으로 나누고 이 시설군 안에서의 **용도변경**(동일한 호에 속하는 용도상호 간의 변경)은 허가대상에서 제외하여 건축물의 **용도변경** 시 허가를 받아야 하는 **용도변경**의 범위를 대폭 축소하였다.

그러다가 1997. 5. 29. 헌법재판소에서 **용도변경**허가에 관한 구체적인 내용을 법률에 직접규정하지 않고 **용도변경**을 건축으로 간주한다고만 규정한 것이 죄형법정주의에 위반된다는 이유로 위헌결정을 함에 따라,[913] 건축물의 **용도변경**허가를 「건축법」에 규정하면서 시행령에 규정된 내용을 법률에 직접 규정하였다.

1999. 2. 8. 규제개혁의 일환으로 **용도변경**을 허가제에서 신고제로 대폭 완화하였는데, 이때에 동일

---

913) 「건축법」은 건축물의 용도제한에 관하여 그 내용을 아무런 구체적인 기준이나 범위를 정함이 없이 이를 하위법령인 **대통령령**이나 조례에 백지위임하고 있고, 건축물의 **용도변경**행위에 관하여도 「건축법」 제14조는 이를 **대통령령**이 정하는 바에 따른다고만 규정하고 있을 뿐이며, 건축물의 용도제한에 관한 사항도 모두 하위법령에 백지위임되어 있어서 일반인의 입장에서 보면 「건축법」 제14조만으로는 실제로 하위법령인 **대통령령**의 규정내용을 미리 예측하여 자신의 **용도변경**행위가 건축으로 보아 허가를 받아야 하는 **용도변경**행위인지 여부를 도저히 알 수가 없다. 따라서 「건축법」 제78조 제1항 중 제14조의 규정에 의하여 허가 없이 한 **대통령령**이 정하는 **용도변경**행위를 건축으로 보아 처벌하는 것은 이에 관련된 법조항 전체를 유기적·체계적으로 종합 판단하더라도 그 위임내용을 예측할 수 없는 경우로서 그 구체적인 내용을 하위법령인 **대통령령**에 백지위임하고 있는 것이므로, 이와 같은 위임입법은 범죄의 구성요건 규정을 위임한 부분에 관한 한 죄형법정주의를 규정한 「헌법」 제12조 제1항 후문 및 제13조 제1항 전단과 위임입법의 한계를 규정한 「헌법」 제75조에 위반된다(헌재 1997. 5. 29. 94헌바22결정).

한 시설군에 해당하는 건축물의 용도를 변경하는 경우 기타 건축기준이 완화되는 시설군으로 **용도변경** 하는 경우는 아예 신고대상에서 제외하였다. 이는 **용도변경**이 새로운 용도의 건축물을 건축하는 것으로 본다는「건축법」제정 취지를 무시한 것인데, 특히 아무런 규제 없이 임의로 용도를 변경하는 경우, 건축기준에 맞지 아니하게 용도를 변경하는 사례를 막기 위하여 2005. 11. 8. 법률 제7696호로 개정하여 2006. 5. 9.부터 시행한「건축법」제14조에서 다시 **용도변경**에 대해 <u>원칙적으로 허가를 받도록</u> 하였다.[914)

Ⅲ. 용도변경의 대상

1. 허가 및 신고 대상

<u>사용승인을 받은 건축물의 용도를 변경하려는 자는</u> 다음 각 호의 구분에 따라 **국토교통부령**으로 정하는 바에 따라 **특별자치시장·특별자치도지사 또는 시장·군수·구청장**의 <u>허가를 받거나 신고를</u> 하여야 한다.

가. 용도변경의 허가(법 제19조 제2항 제1호)

하위군의 용도를 상위군(법 제19조 제4항 각 호의 번호가 **용도변경**하려는 건축물이 속하는 시설군보다 작은 시설군을 말한다)에 해당하는 용도로 변경하는 경우(9군→1군으로의 변경), 예를 들면 8번째 주거업무시설군인 단독주택을 7번째 근린생활시설군인 미용원으로 용도를 변경하고자 할 때에는 상위 시설군으로 용도를 변경하는 경우이므로 **특별자치시장·특별자치도지사 또는 시장·군수·구청장**의 **허가**를 받아야 한다.

나. 용도변경의 신고(법 제19조 제2항 제2호)

상위군에 속하는 건축물의 용도를 하위군(법 제19조 제4항 각 호의 번호가 **용도변경**하려는 건축물이 속하는 시설군보다 큰 시설군을 말한다)에 해당하는 용도로 변경하는 경우(1군→9군으로의 변경), 즉 7번째 근린생활시설군인 음식점을 8번째 주거업무시설군인 단독주택으로 용도 변환하고자 할 때에는 하위 시설군으로 용도를 변경하는 경우이므로 **특별자치시장·특별자치도지사 또는 시장·군수·구청장**의 에게 **신고**해야 한다.[915)

---

914) 정태용, 건축법, 221~222면.
915) 서울특별시 도시계획국, 서울특별시 알기 쉬운 도시계획 용어, 2016. 12.

다. 용도변경 관련 판례

(1) 구「건축법」(2005. 11. 8. 법률 제7696호로 개정되기 전의 것) 제14조의 규정 취지 등에 비추어 볼 때, 건축물의 **용도변경**신고가 변경하고자 하는 용도의 건축기준에 적합한 이상 행정청으로서는 관계 법령이 정하지 않은 다른 사유를 내세워 그 **용도변경**신고의 수리를 거부할 수 없다고 해석함이 상당하다.[916]

(2)「건축법」(2005. 11. 8. 법률 제7696호로 개정된 것)상 **용도변경** 신고에 대하여 행정청은 그 신고가 소정의 형식적 요건을 갖추어 적법하게 제출되었는지 여부만 심사하여 수리할 뿐 실질적인 심사를 하는 것이 아니므로 **용도변경** 신고내용대로 **용도변경**을 하였다고 하더라도 그 신고내용에 건축 관련 법규를 위반하는 내용이 포함되어 있었다면, 그 신고를 수리한 행정관청으로서는 사용승인을 거부할 수 있고, 그 사용승인을 거부함에 있어 건축허가의 취소에 있어서와 같은 조리상의 제약이 따른다고 할 수 없다.[917]

(3) 구「건축법 시행령」(1992. 5. 30. **대통령령** 제13655호로 전문 개정되기 전의 것) 제99조 제1항이 건축물의 건축으로 보는 **용도변경**행위에 관하여 규정함에 있어서, 제1호에 "부표 각항 각호 간의 **용도변경**"을 정하는 외에, 제5호에 특별히 "부속건축물의 주된 건축물로의 **용도변경**"을 정하고 있는 취지는, 주된 건축물의 존재를 전제로 동일 대지 안에서 주된 건축물과는 별도로 분리되어 건축된 부속용도의 종된 건축물을 주된 건축물로의 용도로 사용하는 경우 이와 같은 **용도변경**행위를 건축물의 건축으로 보려는 것이다.[918]

2. 그 밖의 대상

가. 건축물대장 기재내용의 변경신청 대상

(1) 9개 시설군 중 같은 시설군 안에서 용도를 변경하려는 자는 **국토교통부령**으로 정하는 바에 따라 **특별자치시장·특별자치도지사 또는 시장·군수·구청장**에게 건축물대장 기재내용의 변경을 신청하여야 한다(법 제19조 제3항 본문).

(2) 판례는 "건축물에 관한 어떠한 **용도변경**이 건축물대장 기재사항 변경신청의 대상이라고 하더라도 그에 관한 건축물대장 기재사항 변경신청이 실제로 이루어지지 아니한 이상 그 용도의 변경이 적법하다고 할 수 없고, 구「건축법」(2005. 11. 8. 법률 제7696호로 개정되기 전의 것)상 **용도변경**신고의 대상은 아니지만 건축물대장 기재사항의 변경을 신청해야 하는 근린생활시설에서 원룸으로 **용도변경**된 건물을 취득한 갑이 그 **용도변경**에 대하여 위 변경신청을 하지 않고 있던 중, 구「건축법」이 개정되어 위 건물의 **용도변경**이 **용도변경**신고의 대상으로 됨에 따라 행정청이 갑에게 위 건물이 **용도변경**신

---

916) 대법원 2007. 6. 1. 선고 2005두17201 판결.
917) 대법원 2006. 1. 26. 선고 2005두12565 판결.
918) 대법원 1992. 11. 10. 선고 92누8828 판결.

고의무 위반의 위법건축물에 해당한다는 이유로 <u>시정명령</u>을 하고, 시정명령불이행에 따른 <u>이행강제금</u>을 부과한 사안에서, 갑이 구 「건축법」 시행 당시 용도기재변경신청을 실제로 하지 않은 이상 위 건물은 적법한 건축물이라고 할 수 없고, 그 위법상태는 위 건물을 <u>원상복구</u>하거나 <u>적법한 **용도변경**절차를 마치기</u> 전까지 유지된다."고 판시하였다.[919]

(3) 판례는 행정청이 건축물대장의 용도변경신청을 거부한 행위가 행정처분에 해당하는지 여부(적극)에 대한 판시에서, "구 「건축법」(2005. 11. 8. 법률 제7696호로 개정되기 전의 것) 제14조 제4항(현행 제19조 제3항)의 규정은 건축물의 소유자에게 건축물대장의 **용도변경**신청권을 부여한 것이고, 한편 건축물의 용도는 토지의 지목에 대응하는 것으로서 건물의 이용에 대한 공법상의 규제, 「건축법」상의 시정명령, 지방세 등의 과세대상 등 공법상 법률관계에 영향을 미치고, 건물소유자는 용도를 토대로 건물의 사용·수익·처분에 일정한 영향을 받게 된다. 이러한 점 등을 고려해 보면, 건축물대장의 용도는 건축물의 소유권을 제대로 행사하기 위한 전제요건으로서 건축물 소유자의 실체적 권리관계에 밀접하게 관련되어 있으므로, <u>건축물대장 소관청의 **용도변경**신청 **거부행위**는 국민의 권리관계에 영향을 미치는 것으로서 항고소송의 대상이 되는 행정처분</u>에 해당한다"고 판시하였다.[920]

나. 임의변경 가능 대상

다만, **대통령령**으로 정하는 변경의 경우에는 **허가권자**에게 건축물대장 기재내용의 변경을 신청하지 않고 임의변경이 가능하다(법 제19조 제3항 단서). 즉 법 제19조 제3항 단서에서 "**대통령령**으로 정하는 변경"이란 다음 각 호 1. **영 제3조의5 관련 [별표 1]용도별 건축물의 종류**의 같은 호에 속하는 건축물 상호 간의 **용도변경**, 2. 「국토계획법」이나 그 밖의 관계 법령에서 정하는 용도제한에 적합한 범위에서 제1종 근린생활시설과 제2종 근린생활시설 상호 간의 **용도변경**의 어느 하나에 해당하는 건축물 상호 간의 **용도변경**을 말한다. 다만, [별표 1] 제3호 다목(목욕장만 해당한다)·라목, 같은 표 제4호 가목·사목·카목·파목(골프연습장, 놀이형시설만 해당한다)·더목·러목, 같은 표 제7호 다목2) 및 같은 표 제16호 가목·나목에 해당하는 용도로 변경하는 경우는 제외한다(영 제14조 제4항).

IV. 용도변경에 관하여 준용되는 규정

1. 사용승인에 관한 규정의 준용

허가나 신고 대상인 경우로서 **용도변경**하려는 부분의 바닥면적의 합계가 100㎡ 이상인 경우의 **사용승인**에 관하여는 건축물의 **사용승인**을 준용한다. 다만, **용도변경**하려는 부분의 <u>바닥면적의 합계가</u>

---

919) 대법원 2010. 8. 19. 선고 2010두8072 판결.
920) 대법원 2009. 1. 30. 선고 2007두7277 판결.

500㎡ 미만으로서 대수선에 해당되는 공사를 수반하지 아니하는 경우에는 그러하지 아니하다(법 제19조 제5항).921)

2. 건축물의 설계에 관한 규정의 준용

허가 대상인 경우로서 **용도변경**하려는 부분의 바닥면적의 합계가 500㎡ 이상인 **용도변경(대통령령**으로 정하는 경우는 제외한다)의 설계에 관하여는 건축물의 설계를 준용한다(법 제19조 제6항).

3. 그 밖의 규정의 준용

가. 준용규정

법 제19조 제1항과 제2항에 따른 건축물의 **용도변경**, 즉 **허가 및 신고 대상**인 **용도변경에** 관하여는 「건축법」 제3조(적용 제외), 제5조(적용의 완화), 제6조(기존의 건축물 등에 관한 특례), 제7조(통일성을 유지하기 위한 도의 **조례**), 제11조 제2항부터 제9항까지(건축허가 시 도지사의 승인 등),922) 제12조(건축복합민원 일괄협의회), 제14조(건축신고), 제15조(**건축주**와의 계약 등), 제16조(허가와 신고사항의 변경), 제18조(건축허가 제한 등), 제20조(가설건축물), 제27조(현장조사·검사 및 확인업무의 대행), 제29조(공용건축물에 대한 특례), 제38조(건축물대장), 제42조(대지의 조경), 제43조(공개공지 등의 확보), 제44조(대지와 도로의 관계), 제48조(구조내력 등), 제49조(건축물의 피난시설 및 용도제한 등), 제50조(건축물의 내화구조와 방화벽), 제50조의2(고층건축물의 피난 및 안전관리), 제51조(방화지구 안의 건축물), 제52조(건축물의 마감재료), 제53조(지하층), 제53조의2(건축물의 범죄예방), 제54조(건축물의 대지가 지역·지구 또는 구역에 걸치는 경우의 조치), 제55조(건축물의 건폐율), 제56조(건축물의 용적률), 제58조(대지 안의 공지), 제60조(건축물의 높이 제한), 제61조(일조 등의 확보를 위한 건축물의 높이 제한), 제62조(건축설비기준 등), 제64조(승강기), 제67조(관계전문기술자), 제68조(기술적 기준), 제78조(감독), 제79조(위반 건축물 등에 대한 조치 등), 제80조(이행강제금), 제80조의2(이행강제금 부과에 관한 특례), 제81조(기존의 건축물에 대한 안전점검 및 시정명령 등), 제81조의2(빈집 정비), 제81조의3(빈집 정비 절차 등), 제82조(권한의 위임과 위탁), 제83조(옹벽 등의 공작물에의 준용), 제84조(면적·높이 및 층수의 산정), 제85조(「행정대집행법」 적용의 특례), 제86조(청문), 제87조(보고

---

921) **용도변경**하고자 하는 부분의 바닥면적 합계가 100㎡ 미만인 경우는 법 제22조의 규정에 따른 사용승인 절차를 민원인에게 별도로 요구하지 않는다는 의미이며 이것은 **허가권자**가 사용승인을 통해 실시하여야 할 일련의 업무까지 면제해 주는 것은 아닌 것이다. 따라서 **허가권자**는 건축물대장작성을 위하여 반드시 **용도변경** 여부를 확인하여야 하며, 민원인에게 **용도변경** 완료 후 대장기재를 신청할 수 있도록 충분히 안내하는 등의 방법을 통해 해당 건축물의 **용도변경** 완료시기를 확인할 수 있을 것이다. 건축물의 **용도변경** 시 법 제27조에 따른 현장조사·검사 및 확인 업무의 대행을 준용하도록 되어 있으므로 허가대상 건축물 중 **용도변경**에 관한 사항도 건축**조례**로 건축사 업무대행을 지정하여 운용할 수 있다(국토부, 건축행정, 2013, 245~246면).

922) 「건축법」 제11조 제2항(도지사 승인), 제3항(허가신청시 구비서류), 제4항(숙박시설 등의 건축허가), 제5항(인·허가의제), 제6항(관계행정기관과의 협의), 제7항(허가취소), 제8항·제9항(허가처리기준의 고시).

와 검사 등), 제87조의2(지역건축안전센터 설립), 「녹색건축물 조성 지원법」 제15조(건축물에 대한 효율적인 에너지 관리와 녹색건축물 조성의 활성화) 및 「국토계획법」 제54조(지구단위계획구역에서의 건축 등)를 **준용**한다(법 제19조 제7항).[923]

나. 판례

대법원은 법 제19조 제3항에 따라 **건축물대장 기재 내용의 변경을 신청**해야 하거나 임의로 **용도변경**을 할 수 있는 경우 '「국토계획법」상 지구단위계획에 맞지 아니한 **용도변경**'이라는 이유로 시정명령과 그 불이행에 따른 이행강제금 부과처분을 할 수 있는지 여부에 대한 판례에서, 「건축법」 제19조 제2항·제3항·제4항·제7항, 제79조 제1항, 제80조 제1항, 영 제14조 제4항, 「국토계획법」 제54조 의 내용과 체계 및 취지를 종합하면, <u>「건축법」 제19조 제7항에 따라 「국토계획법」 제54조(지구단위계획구역에서의 건축 등)가 준용되는 **용도변경**, 즉 「건축법」 제19조 제2항에 따라 관할 행정청의 허가를 받거나 신고하여야 하는 **용도변경**의 경우에는 「국토계획법」 제54조를 위반한 행위가 곧 「건축법」 제19조 제7항을 위반한 행위가 되므로</u>, 이에 대하여 「건축법」 제79조, 제80조에 근거하여 시정명령과 그 불이행에 따른 이행강제금 부과처분을 할 수 있다. 그러나 <u>「국토계획법」 제54조가 준용되지 않는 **용도변경**, 즉 「건축법」 제19조 제3항에 따라 건축물대장 기재 내용의 변경을 신청하여야 하는 경우나 임의로 **용도변경**을 할 수 있는 경우에는</u> **「국토계획법」 제54조를 위반한 행위가 「건축법」 제19조 제7항을 위반한 행위가 되지 않으므로** 「국토계획법」상 지구단위계획에 맞지 아니한 **용도변경**이라는 이유만으로 「건축법」 제79조, 제80조에 근거한 시정명령과 그 불이행에 따른 이행강제금 부과처분을 할 수는 없다.[924]

V. 법령의 개정 등으로 법령에 부적합한 기존건축물의 용도변경

기존의 건축물·대지가 법령의 제정·개정이나 영 제6조의2 제1항 각 호의 사유로[925] 법령 등에 부적합하게 된 경우에는 건축**조례**로 정하는 바에 따라 **용도변경**을 할 수 있다(법 제19조 제7항 및 제6조).[926]

---

923) **용도변경**으로 인한 하중의 증가, 구조, 피난, 방·내화, 설비 등 건축물의 안전성 확보 및 용도지역 행위제한기준, 주차장기준, 정화조기준, 소방기준 등 다른 법령에 의한 기준의 적법여부를 확인할 수 있도록 건축기준이 달리 적용되는 **용도변경**은 허가를 받도록 하고 있다(국토부, 건축행정, 2013, 234면).

924) 대법원 2017. 8. 23. 선고 2017두42453 판결.

925) 영 제6조의2(기존의 건축물 등에 대한 특례) ① 법 제6조에서 "그 밖에 **대통령령**으로 정하는 사유"란 다음 각 호의 어느 하나에 해당하는 경우를 말한다.
  1. 도시·군관리계획의 결정·변경 또는 행정구역의 변경이 있는 경우
  2. 도시·군계획시설의 설치, 도시개발사업의 시행 또는 「도로법」에 따른 도로의 설치가 있는 경우
  3. 그 밖에 제1호 및 제2호와 비슷한 경우로서 **국토교통부령**으로 정하는 경우

926) 2008.10.29 시행령 개정(대통령령 21,098호) 시 대지안의 공지 규정이 도입되기 이전에 건축된 건축물을 다른 용도로 변경 시 대지안의 공지 규정에 부적합하여 곤란한 경우 등에 대한 허용여부 등은 건축**조례**에 따라 완화할

VI. 복수 용도의 인정

1. 복수 용도의 의의

건축주는 건축물의 용도를 복수로 하여 건축허가·신고, **용도변경** 허가·신고 및 건축물대장 기재내용의 변경 신청을 할 수 있다(법 제19조의2 제1항). 즉 그동안 유지된 "1건물1용도체계"에 "복수용도허용체계"로 전환하는 것이다. 하나의 공간(실)이 2종류 이상의 용도시설인 것을 말한다. 가령, 평일에는 근린생활시설로서 사무실 및 카페 등으로 사용하고 일요일에는 교회로 사용하거나, 학기 중에는 기숙사로 사용하는 건물을 방학 중에는 숙박시설로 활용할 수 있다.

동 조항은 2016. 1. 19. 법률 제13785호로 개정하여 2017. 1 .20.부터 시행하였는데, 입법취지로 **건축주**는 「건축법」 및 관계 법령에서 정하는 건축기준 및 입지기준을 모두 만족시키는 경우 복수 용도를 허용할 수 있도록 하는 것이 도입 이유이다. **허가권자**는 신청한 복수의 용도가 이 법 및 관계 법령에 정한 건축기준과 입지기준 등에 모두 적합한 경우에 한정하여 **국토교통부령**으로 정하는 바에 따라 복수 용도를 허용할 수 있다(법 제19조의2 제2항). 법 제19조의2 제2항에 따른 복수 용도는 영 제14조 제5항 각 호의 같은 시설군 내에서 허용할 수 있다(칙 제12조의3 제1항). 칙 제12조의3 제1항에도 불구하고 **허가권자**는 지방건축위원회의 심의를 거쳐 다른 시설군의 용도간의 복수 용도를 허용할 수 있다(칙 제12조의3 제2항).

2. 복합용도와 구별

건축물의 용도는 원래 하나의 동을 단위로 그 전체의 용도를 평가하는 것이 원칙이지만, 건축물의 규모가 커지고 하나의 건축물에 다양한 용도들이 혼재하는 일이 빈발하면서 복합용도의 건축물이 등장하기 시작했다. 하나의 건물 속에 두 개 이상의 용도가 혼합되어 건축되는 경우 실무상 이를 구별해서 각각의 허가요건을 판단하고 층별 또는 구획별로 용도를 부여하는 방식이 사용되고 있다. 그래서 하나의 건축물 속에 주택과 판매시설 혹은 업무시설이 혼재하는 이른바 주상복합건물도 등장하게 되었다.[927]

수 있도록 근거를 마련하였다(국토부, 건축행정, 2013, 247면).

927) 김종보, 건설법(제5판), 51면.

제7절   허가·신고대상 가설건축물 및 신고대상 공작물

Ⅰ. 가설건축물의 의의

「건축법」은 건축물을 만들어 내는 행위로 인해 주된 위험상황이 발생한다는 전제하에 '건축물의 건축'을 건축허가의 대상으로 정하고 있다(법 제11조 제1항). 건축물(建築物)은 「건축법」의 규율 아래 건축요건과 건축절차라는 건축행위(建築行爲)로 인한 결과물이다. 건축물이란 "토지에 정착(定着)하는 공작물 중 지붕과 기둥 또는 벽이 있는 것"을 원칙으로 하면서 "기타 이에 준하는 것"을 포함시키고 있다(법 제2조 제1항 제2호). 「건축법」에 의해 정의된 건축물의 개념요소는 ① 일정한 공작물로서 토지에 정착할 것,[928] ② 지붕과 기둥 또는 벽이 있을 것이다.[929] 「건축법」에 명시적으로 표현되어 있지는 않지만, 해석상 건축물로서 인정하기 위해 추가적으로 필요한 요건은 ③ 자체로서 독립성을 가질 것, ④ 사람이 머물 수 있는 구조일 것 등이다. 만약 이러한 요건이 모두 충족되면 건축물에 해당되므로 「건축법」에 따라 반드시 건축허가 또는 건축신고를 해야 한다. 그러나 건축물의 성립요건 중 토지에 정착한다고 하는 요소를 결하고 있는 시설을 가설건축물이라 부르고, 신고대상으로 규정하고 있다(법 제20조 제2항). 가설건축물이란 "임시(假)로 설치(設)한 건축물을 말하며 다른 요소들은 건축물과 동일하지만 '토지에 정착'이라는 요소만을 갖추지 못한 것"을 말한다.[930] 이처럼 토지에 정착하지 않는 가설건축물은 건축물이 아니며, 건축허가(법 제11조) 또는 건축신고(법 제14조)의 대상이 아니므로 허가나 신고 없이 설치할 수 있다고 해석해야 한다. 다만 「건축법」은 일정한 가설건축물에 대해서는 건축물에 준하여 위험을 통제해야 할 필요가 있다고 보고, 신고의 대상으로 하고 있다.[931]

---

[928] 「건축법」 제2조 제2항 소정의 "토지에 정착하는 공작물"이란 반드시 토지에 고정되어 이동이 불가능한 공작물만을 가리키는 것은 아니고, 물리적으로는 이동이 가능하게 토지에 붙어 있어도 그 붙어 있는 상태가 보통의 방법으로는 토지와 분리하여 이를 이동하는 것이 용이하지 아니하고, 그 본래의 용도가 일정한 장소에 상당기간 정착되어 있어야 하고 또 그렇게 보여지는 상태로 붙어 있는 경우를 포함한다(대법원 1991. 6. 11. 선고 91도945 판결).

[929] 건물이라고 함은 최소한의 기둥과 지붕 그리고 주벽이 이루어지면 이를 법률상 건물이라 할 것이다(대법원 1986. 11. 11. 선고 86누173 판결).

[930] 정식의 건축물과 가설건축물을 구별하는 기준을 '토지에 정착'을 기준으로 할 것인가, '존치기간'을 기준으로 할 것인가에 논란이 있다고 한다(김종보, 건설법(제5판), 35면 각주 참고). 이에 대하여 국토교통부는 "**가설건축물은 일정한 기간만을 사용한 후 철거하는 건축물**"을 말한다고 하고 있다(국토교통부외, 알기쉬운 건축여행, 4면).

[931] 김종보, 건설법(제5판), 35면.

II. 허가대상 가설건축물

1. 허가대상

도시·군계획시설 및 도시·군계획시설예정지에서 가설건축물을 건축하려는 자는 **특별자치시장·특별자치도지사 또는 시장·군수·구청장의 허가**를 받아야 한다(법 제20조 제1항). **특별자치시장·특별자치도지사 또는 시장·군수·구청장**은 해당 가설건축물의 건축이 다음 각 호 1.「국토계획법」제64조 (도시·군계획시설 부지에서의 개발행위)에 위배되는 경우, 2. 4층 이상인 경우, 3. 구조, 존치기간, 설치목적 및 다른 시설 설치 필요성 등에 관하여 **대통령령**으로 정하는 기준[1. 철근콘크리트조 또는 철골철근콘크리트조가 아닐 것, 2. 존치기간은 3년 이내일 것. 다만, 도시·군계획사업이 시행될 때까지 그 기간을 연장할 수 있다. 3. 전기·수도·가스 등 새로운 간선 공급설비의 설치를 필요로 하지 아니할 것, 4. 공동주택·판매시설·운수시설 등으로서 분양을 목적으로 건축하는 건축물이 아닐 것(영 제15조 제1항)]의 범위에서 **조례**로 정하는 바에 따르지 아니한 경우, 4. 그 밖에 이 법 또는 다른 법령에 따른 제한규정을 위반하는 경우의 어느 하나가 아니면 **허가**를 하여야 한다(법 제20조 제2항).[932]

동 규정은 2014. 1. 14.(시행 2014. 7. 15. 법률 제12246호) 개정한 것인데, 국민이 경제활동에 필요한 가설건축물을 활용할 수 있도록 하기 위하여 가설건축물의 건축이 위의 사유인 경우를 제외하고는 원칙적으로 허가하도록 하여 법령에 명시되지 아니한 사유를 들어 자의적으로 허가를 거부할 수 없도록 하는 인·허가제도를 도입하였다.

2. 가설건축물허가의 법적 성질

가설건축물허가의 법적 성질에 관해서는 법 제20조 제1항의 법 규정 표현방식이 행정의 상대방으로 하여금 당해 가설건축물허가를 얻을 것을 요하는 표현만 두고, 행정주체에 대한 행위방식에 대해서는 아무런 표현을 두고 있지 아니하나, 같은 법 같은 조 제2항에서는 입법자가 행정주체에게 기속적인 의사를 표시하고 있으므로, 제1항과 제2항은 별개의 규정이 아니라 연결 규정이라는 점에서 **기속행위**로 보아야 할 듯하다.

---

[932] 도시·군계획시설 및 도시·군계획시설예정지내 가설건축물은 **진정한 의미의 가설건축물**이 아니고 존치기간이 정해진 **기한부건축물(期限附建築物)**이라 부르고 있다. 그리고 기한부건축물도「건축법」상 건축물 개념에 포함시키고, 「건축법」제20조 제3항의 신고대상 가설건축물을 진정한 가설건축물이라 칭하며, 이와 구별하고 있다. 기한부건축물은 국토계획법적 필요에 의해 건축이 금지된 곳에서 국민의 기본권을 보장하기 위해 건축을 허용하는 예외 조문이다. 그러므로 당연히 그 요건(건축물의 용도와 형태)도 국토계획법적 필요를 감안하여 설정되어 있다. 그리고 **축조신고만으로 사용승인절차까지 면제되는 가설건축물**과는 달리, **기한부건축물은 착공신고(법 제21조 제1항)와 사용승인(제22조 제1항)의 절차를 거쳐야 한다.** 따라서 **기한부건축물**과 **진정한 의미의 가설건축물**은 규제 강도가 다르다. 즉 **전자**는 **건축물**이고 **후자**는 **가설건축물**이라는 의미를「건축법」에서 내포하고 있다. 다음으로 도시·군계획시설부지 내에서 기한부건축물이 아닌 진정한 의미의 가설건축물도 허용될 수 있는가 하는 점인데, 토지에 정착하지 않는 가설건축물을「건축법」이 신고대상으로 하는 이유는 가설건축물이 비록 건축물이 아니지만 위험방지 차원에서 통제할 필요성이 있고, 기한부건축물보다 규제강도가 낮은 입법자의 태도로 볼 때「건축법」에서 도시·군계획시설부지내에서 진정한 가설건축물(법 제20조 제3항의 신고대상)도 신고로 허가에 갈음할 수 있다(김종보, 건설법(제5판), 37~39면).

Ⅲ. 신고대상 가설건축물 및 신고절차

허가대상과 달리 신고대상 가설건축물은 축조위치와 관계없이 일정한 용도의 한시적으로 존치하는 가설건축물이다.

재해복구, 흥행, 전람회, 공사용 가설건축물 등 **대통령령으로 정하는 용도의 가설건축물**을 축조하려는 자는 **대통령령**으로 정하는 존치 기간, 설치 기준 및 절차에 따라 **특별자치시장·특별자치도지사 또는 시장·군수·구청장**에게 **신고**한 후 착공하여야 한다(법 제20조 제3항).[933] 따라서 「건축법」이 명시적으로 제한하지 않는 것은 원칙적으로 허용되며, 「건축법」이 신고대상으로 정하고 있는 것을 제외하고는 그것이 비록 가설건축물이라 해도 자유롭게 설치할 수 있다.[934]

신고에 관하여는 제14조(건축신고) 제3항 및 제4항을 준용한다(법 제20조 제4항).

Ⅳ. 허가·신고대상 가설건축물의 「건축법」 일부규정 적용 제외

허가·신고대상 가설건축물을 건축하거나 축조할 때에는 **대통령령**으로 정하는 바에 따라 제25조(건

---

933) **영 제15조(가설건축물)** ⑤ 법 제20조 제3항에서 '재해복구, 흥행, 전람회, 공사용 가설건축물 등 **대통령령으로 정하는 용도의 가설건축물**'이란 다음 각 호의 어느 하나에 해당하는 것을 말한다.
 1. 재해가 발생한 구역 또는 그 인접구역으로서 일시사용을 위하여 건축하는 것
 2. 도시미관·교통소통에 지장이 없다고 인정하는 가설흥행장, 가설전람회장, 농·수·축산물 직거래용 가설점포, 그 밖에 이와 비슷한 것
 3. 공사에 필요한 규모의 공사용 가설건축물 및 공작물
 4. 전시를 위한 견본주택이나 그 밖에 이와 비슷한 것
 5. 도로변 등의 미관정비를 위하여 지정·공고하는 구역에서 축조하는 가설점포로서 안전·방화 및 위생에 지장이 없는 것
 6. 조립식 구조로 된 경비용으로 쓰는 가설건축물로서 연면적이 10㎡ 이하인 것
 7. 조립식 경량구조로 된 외벽이 없는 임시 자동차 차고
 8. 컨테이너 또는 이와 비슷한 것으로 된 가설건축물로서 임시사무실·임시창고 또는 임시숙소로 사용되는 것
 9. 주거지역·상업지역·공업지역에 설치하는 농업·어업용 비닐하우스로서 연면적이 100㎡ 이상인 것
 10. 연면적이 100㎡ 이상인 간이축사용, 가축분뇨처리용, 가축운동용, 가축의 비가림용 비닐하우스 또는 천막구조 건축물
 11. 농업·어업용 고정식 온실 및 간이작업장, 가축양육실
 12. 물품저장용, 간이포장용, 간이수선작업용 등으로 쓰기 위하여 공장·창고시설에 설치하거나 인접 대지에 설치하는 천막, 그 밖에 이와 비슷한 것
 13. 유원지, 종합휴양업 사업지역 등에서 한시적인 관광·문화행사 등을 목적으로 천막 또는 경량구조로 설치하는 것
 14. 야외전시시설 및 촬영시설
 15. 야외흡연실 용도로 쓰는 가설건축물로서 연면적이 50㎡ 이하인 것
 16. 그 밖에 제1호부터 제14호까지 규정에 해당하는 것과 비슷한 것으로서 건축**조례**로 정하는 건축물
 ⑦ 신고하여야 하는 가설건축물의 존치기간은 3년 이내로 한다. 다만, 영 제5항 제3호의 공사용 가설건축물 및 공작물의 경우에는 해당 공사의 완료일까지의 기간을 말한다.
 ⑧ 법 제20조 제1항 또는 제3항에 따라 가설건축물의 건축허가를 받거나 축조신고를 하려는 자는 **국토교통부령**으로 정하는 가설건축물 건축허가신청서 또는 가설건축물 축조신고서에 관계 서류를 첨부하여 **특별자치시장·특별자치도지사 또는 시장·군수·구청장**에게 제출하여야 한다. 다만, 건축물의 건축허가를 신청할 때 건축물의 건축에 관한 사항과 함께 공사용 가설건축물의 건축에 관한 사항을 제출한 경우에는 가설건축물 축조신고서의 제출을 생략한다.
934) 김종보, 건설법(제5판), 36면.

축물의 공사감리), 제38조(건축물대장), 제39조(등기촉탁), 제40조(대지의 안전 등), 제41조(토지 굴착 부분에 대한 조치 등), 제42조(대지의 조경), 제44조(대지와 도로의 관계), 제45조(도로의 지정·폐지 또는 변경), 제46조(건축선의 지정), 제47조(건축선에 따른 건축제한), 제48조(구조내력 등), 제48조의 2(건축물 내진등급의 설정), 제48조의3(건축물의 내진능력 공개), 제48조의4(부속구조물의 설치 및 관리), 제49조(건축물의 피난시설 및 용도제한 등), 제50조(건축물의 내화구조와 방화벽), 제50조의2(고층건축물의 피난 및 안전관리), 제51조(방화지구 안의 건축물), 제52조(건축물의 마감재료), 제52조의 2(실내건축), 제52조의3(복합자재의 품질관리 등), 제53조(지하층), 제53조의2(건축물의 범죄예방), 제54조(건축물의 대지가 지역·지구 또는 구역에 걸치는 경우의 조치), 제55조(건축물의 건폐율), 제56조 (건축물의 용적률), 제57조(대지의 분할 제한), 제58조(대지 안의 공지), 제59조(맞벽 건축과 연결복도), 제60조(건축물의 높이 제한), 제61조(일조 등의 확보를 위한 건축물의 높이 제한), 제62조(건축설비기준 등), 제64조(승강기), 제67조(관계전문기술자), 제68조(기술적 기준)와 「녹색건축물 조성 지원법」제15조(건축물에 대한 효율적인 에너지 관리와 녹색건축물 조성의 활성화) 및 「국토계획법」제76조(용도지역 및 용도지구에서의 건축물의 건축 제한 등) 중 일부 규정을 적용하지 아니한다(법 제20조 제5항).

V. 가설건축물대장 및 관계 행정기관 협의

특별자치시장·특별자치도지사 또는 시장·군수·구청장은 가설건축물의 건축을 허가하거나 축조신고를 받은 경우 **국토교통부령**으로 정하는 바에 따라 가설건축물대장에 이를 기재하여 관리하여야한다(법 제20조 제6항).

가설건축물의 건축허가 신청 또는 축조신고를 받은 때에는 다른 법령에 따른 제한 규정에 대하여 확인이 필요한 경우 **관계 행정기관의 장**과 미리 협의하여야 하고, 협의 요청을 받은 **관계 행정기관의장**은 요청을 받은 날부터 15일 이내에 의견을 제출하여야 한다. 이 경우 **관계 행정기관의 장**이 협의요청을 받은 날부터 15일 이내에 의견을 제출하지 아니하면 협의가 이루어진 것으로 본다(법 제20조제7항).

VI. 신고대상 공작물

옹벽 등의 공작물에 관한 규정은 1962. 1. 20. 「건축법」제정 당시부터 있었던 규정으로, 건축물에 관한 동법의 일반적인 규정들은 공작물에도 일부 규정을 준용한다는 의미로 규정하였으며, 현행 「건축법」에도 변함이 없다.

1. 공작물에 대한 예외적 통제

「건축법」은 건축물로부터 발생하는 위험을 방지하기 위하여 국민의 토지사용권을 제한하기 위한 법이므로 건축물이 아닌 공작물의 설치는 제한할 수 없는 것이 원칙이다. 따라서 「건축법」상 건축허가를 받아야 하는 것은 건축물에 한하고, 건축물로서 요건을 충족하지 못하는 공작물은 건축허가의 대상이 아니다. 그러나 건축물이 아닌 공작물임에도 불구하고, 공공의 안전을 위해 통제할 필요성이 있는 공작물이 있을 수 있다. 이러한 공작물에 대해 「건축법」은 건축물에 준하여 신고의 대상으로 정하고, 건축물에 대한 허가요건규정 중의 일부를 준용하고 있다.[935]

2. 신고대상인 옹벽등 공작물

대지를 조성하기 위한 옹벽, 굴뚝, 광고탑, 고가수조(高架水槽), 지하 대피호, 그 밖에 이와 유사한 것으로서 **대통령령**으로 정하는 공작물을 축조하려는 자는 **대통령령**으로 정하는 바에 따라 **특별자치시장·특별자치도지사 또는 시장·군수·구청장**에게 신고하여야 한다(법 제83조 제1항).[936] 「건축법」은 건축경찰법적인 목적에서 통제하려는 것이기 때문에 「건축법 시행령」에서 정하는 공작물 이외에는 공작물축조신고의 대상이 아니라고 봐야 한다.[937]

3. 공작물의 허용요건

법 제14조(건축신고), 제21조 제5항(건설공사 시공자의 제한), 제29조(공용건축물에 대한 특례), 제

---

935) 김종보, 건설법(제5판), 40면.
936) 영 **제118조(옹벽 등의 공작물에의 준용)** ① 법 제83조 제1항에 따라 공작물을 축조(건축물과 분리하여 축조하는 것을 말한다)할 때 **특별자치시장·특별자치도지사 또는 시장·군수·구청장**에게 신고를 하여야 하는 공작물은 다음 각 호와 같다.
  1. 높이 6미터를 넘는 굴뚝
  2. 높이 6미터를 넘는 장식탑, 기념탑, 그 밖에 이와 비슷한 것
  3. 높이 4미터를 넘는 광고탑, 광고판, 그 밖에 이와 비슷한 것
  4. 높이 8미터를 넘는 고가수조나 그 밖에 이와 비슷한 것
  5. 높이 2미터를 넘는 옹벽 또는 담장
  6. 바닥면적 30㎡를 넘는 지하대피호
  7. 높이 6미터를 넘는 골프연습장 등의 운동시설을 위한 철탑, 주거지역·상업지역에 설치하는 통신용 철탑, 그 밖에 이와 비슷한 것
  8. 높이 8미터(위험을 방지하기 위한 난간의 높이는 제외한다) 이하의 기계식 주차장 및 철골 조립식 주차장(바닥면이 조립식이 아닌 것을 포함한다)으로서 외벽이 없는 것
  9. 건축**조례**로 정하는 제조시설, 저장시설(시멘트사일로를 포함), 유희시설, 그 밖에 이와 비슷한 것
  10. 건축물의 구조에 심대한 영향을 줄 수 있는 중량물로서 건축**조례**로 정하는 것
  11. 높이 5미터를 넘는 「신에너지 및 재생에너지 개발·이용·보급 촉진법」 제2조 제2호 가목에 따른 태양에너지를 이용하는 발전설비와 그 밖에 이와 비슷한 것
  ② 제1항 각 호의 어느 하나에 해당하는 공작물을 축조하려는 자는 공작물 축조신고서와 **국토교통부령**으로 정하는 설계도서를 **특별자치시장·특별자치도지사 또는 시장·군수·구청장**에게 제출(전자문서에 의한 제출을 포함한다)하여야 한다.
937) 김종보, 건설법(제5판), 41면.

40조 제4항(옥벽 등의 설치의무), 제41조(토지 굴착 부분에 대한 조치 등), 제47조(건축선에 따른 건축 제한), 제48조(구조내력 등), 제55조(건축물의 건폐율), 제58조(대지 안의 공지), 제60조(건축물의 높이 제한), 제61조(일조 등의 확보를 위한 건축물의 높이 제한), 제79조(위반 건축물 등에 대한 조치 등), 제84조(면적·높이 및 층수의 산정), 제85조(행정대집행법 적용의 특례), 제87조(보고와 검사 등)와 「국토계획법」 제76조(용도지역 및 용도지구에서의 건축물의 건축 제한 등)는 **대통령령**으로 정하는 바에 따라 제1항의 경우에 준용한다(법 제83조 제3항).

제8절 착공신고 및 사용승인

Ⅰ. 착공신고

1. 의의

착공신고란 건축허가 또는 건축신고가 발급된 경우, 공사에 착수하기 전에 **건축주**가 공사계획을 신고하는 것을 말하며, **건축주**는 **건축관계자** 상호간의 계약서 사본, 설계도서, 기술지도계약서(재해예방 전문기관의 지도대상에 해당하는 경우), 흙막이 구조도면(지하2층 이상의 지하층을 설치하는 경우 또는 굴착으로 인한 안전조치가 필요한 경우) 등을 제출하여 **허가권자**에게 그 공사계획을 반드시 신고하여야 한다.[938]

즉 건축허가(법 제11조)·건축신고(제14조) 또는 도시·군계획시설 및 도시·군계획시설예정지에서 가설건축물의 건축허가(제20조 제1항)에 따라 허가를 받거나 신고를 한 건축물의 공사를 착수하려는 **건축주**는 **국토교통부령**으로 정하는 바에 따라 **허가권자**에게 공사계획을 신고하여야 한다. 다만, 「건축물관리법」 제30조에 따라 건축물의 해체 허가를 받거나 신고할 때 착공 예정일을 기재한 경우에는 그러하지 아니하다(법 제21조 제1항). 법 제21조 제1항에 따른 건축공사의 착공신고를 하려는 자는 별지 제13호 서식의 착공신고서(전자문서로 된 신고서를 포함한다)에 다음 각 호 1. 법 제15조에 따른 **건축관계자** 상호간의 계약서 사본(해당사항이 있는 경우로 한정한다), 2. [별표 4의2]의 **설계도서**. 다만, 법 제11조 또는 제14조에 따라 건축허가 또는 신고를 할 때 제출한 경우에는 제출하지 않으며, 변경사항이 있는 경우에는 변경사항을 반영한 설계도서를 제출한다. 3. 법 제25조 제11항에 따른 **감리 계약서**(해당 사항이 있는 경우로 한정한다)의 서류 및 도서를 첨부하여 **허가권자**에게 제출하여야 한다(칙 제14조 제1항).

---

938) 건축착공면적은 같은 해 허가면적의 약 70%로 나타나고 있다. 국토교통부 통계누리 건축허가 및 착공현황, http://www.index.go.kr/potal/main/EachDtlPageDetail.do?idx_cd=1224

2. 착공신고 반려행위의 처분성 여부

착공신고는 사전에 해야 하며, 이러한 의무를 위반하면 5,000만원 이하의 벌금에 처해질 수 있다(법 제111조 제1호). 착공신고의 법적 성질이 **자기완결적 신고**인지 **수리를 요하는 신고**인지는 대법원이 행정청의 착공신고 반려행위에 대해 처분성을 인정하는 태도에서 알 수 있다. 즉 "구「건축법」(2008. 3. 21. 법률 제8974호로 전부 개정되기 전의 것)의 관련 규정에 따르면, 행정청은 착공신고의 경우에도 신고 없이 착공이 개시될 경우 **건축주** 등에 대하여 공사중지·철거·사용금지 등의 시정명령을 할 수 있고(법 제69조 제1항), 시정명령을 받고 이행하지 아니한 건축물에 대하여는 당해 건축물을 사용하여 행할 다른 법령에 의한 영업 기타 행위의 허가를 하지 않도록 요청할 수 있으며(법 제69조 제2항), 요청을 받은 자는 특별한 이유가 없는 한 이에 응하여야 하고(법 제69조 제3항), 나아가 행정청은 시정명령의 이행을 하지 아니한 **건축주** 등에 대하여는 이행강제금을 부과할 수 있으며(법 제69조의2 제1항 제1호), 또한 착공신고를 하지 아니한 자는 200만 원 이하의 벌금에 처해질 수 있다(법 제80조 제1호, 제9조). 이와 같이 **건축주** 등으로서는 착공신고가 반려될 경우, 당해 건축물의 착공을 개시하면 시정명령, 이행강제금, 벌금의 대상이 되거나 당해 건축물을 사용하여 행할 행위의 허가가 거부될 우려가 있어 불안정한 지위에 놓이게 된다. 따라서 착공신고 반려행위가 이루어진 단계에서 당사자로 하여금 반려행위의 적법성을 다투어 법적 불안을 해소한 다음 건축행위에 나아가도록 함으로써 장차 있을지도 모르는 위험에서 미리 벗어날 수 있도록 길을 열어 주고, 위법한 건축물의 양산과 철거를 둘러싼 분쟁을 조기에 근본적으로 해결할 수 있게 하는 것이 법치행정의 원리에 부합한다. 그러므로 **행정청의 착공신고 반려행위는 항고소송의 대상**이 된다고" 보았다.[939]

이것은 **행정청의 건축신고 반려행위 또는 수리거부행위가 항고소송의 대상이 된다**고 판시한 대법원 2010. 11. 18. 선고 2008두167 전원합의체 판결을 참조함으로써 판례들 간의 태도의 일관성을 보이고 있다. 이와 같이 착공신고에 필요한 요건이 충족되지 않으면 신고를 반려할 수 있으며, 반려한 경우에는 **건축주**는 공사에 착수할 수 없다. 수리가 거부된 경우에는 당연히 착공신고를 반려하는 행정청의 행위가 취소소송의 대상이 된다. 이처럼 **착공신고는 수리를 요하는 신고**라는 점에서 **건축신고와 법적 성격이 동일**하다고 보아야 한다.[940]

3. 건축허가의 철회와 착공신고

허가권자는 건축허가를 발급받은 후 일정한 기간 내에 건축물의 건축에 착공하지 않거나, 건축공사에 착공하였으나 공사의 완료가 불가능하다고 인정되는 경우에는 건축허가를 취소해야 한다(법 제11조 제7항). 「건축법」은 이를 '취소'로 표현하고 있으나 이러한 처분은 건축허가라는 행정행위를 장래에 향해 소멸시키는 것으로서, 학문상 철회에 해당한다. 건축허가 발급당시의 하자를 이유로 하는 취소가

---

939) 대법원 2011. 6. 10. 선고 2010두7321 판결.
940) 김종보, 건설법(제5판), 141~142면.

아니며, 그 소급효도 인정되지 않기 때문이다. 법 규정상으로는 2년의 기간 내에 '공사를 착수하지 않은 경우'에 건축허가를 철회하도록 규정하고 있으므로, 엄밀한 의미에서 보면 착공신고 자체와 철회권은 관련이 없다. 따라서 이론상 착공신고를 하였다고 해도 사실상 공사에 착수하지 않는 한 철회권을 행사할 수 있는 것으로 해석될 여지도 있다. 반면 착공신고를 하지 않은 경우에도 사실상 공사를 착수한 이상 철회권 행사의 요건은 충족되지 않는다. 또한 2년의 기간이 넘도록 공사에 착수하지 않았으나, 철회권을 행사하지 않는 사이 공사에 착수하게 되면 철회권을 행사할 수 없다.[941] 그러나 실무상으로는 착공신고가 공사의 착수여부를 판단하는 중요한 근거가 되며, 이 조문으로 인해 건축허가일로부터 2년 내 착공신고의무가 일반적으로 이행된다.[942]

4. 착공신고 절차

공사계획을 신고하거나 변경신고를 하는 경우 해당 공사감리자(제25조 제1항에 따른 공사감리자를 지정한 경우만 해당된다)와 공사시공자가 신고서에 함께 서명하여야 한다(법 제21조 제2항). 공사시공자 등의 자격이 제한되는 건축공사의 경우에는 행정청이 그 자격여부를 확인해야 하므로 공사관계자의 서명을 요구한다.[943]

2017. 4. 18. 개정(시행 2017. 10. 19. 법률 제14792호)으로, 건축물의 착공신고에 대해서는 신고수리 여부 통지와 함께 통지 기한 내에 통지를 하지 않은 경우 신고를 수리한 것으로 간주(看做)하는 제도를 도입하였다. 즉 **허가권자**는 신고를 받은 날부터 3일 이내에 신고수리 여부 또는 민원 처리 관련 법령에 따른 처리기간의 연장 여부를 신고인에게 통지하도록 하고(법 제21조 제3항), 법정한 기간 내에 신고수리 여부 또는 민원 처리 관련 법령에 따른 처리기간의 연장 여부를 신고인에게 통지하지 아니하면 그 기간이 끝난 날의 다음 날에 신고를 수리한 것으로 본다(법 제21조 제4항).

건축주는 「건설산업기본법」 제41조를 위반하여 건축물의 공사를 하거나 하게 할 수 없다(법 제21조 제5항).[944] **법 제11조에 따라 허가를 받은 건축물**의 건축주는 신고를 할 때에는 계약서의 사본을 첨부

---

941) 대법원 1985. 10. 22. 선고 85누93 판결.
942) 김종보, 건설법(제5판), 142면.
943) 김종보, 건설법(제5판), 141면.
944) 「건설산업기본법」 제41조(건설공사 시공자의 제한) ① 다음 각 호의 어느 하나에 해당하는 건축물의 건축 또는 대수선(大修繕)에 관한 건설공사(법 제9조 제1항 단서에 따른 경미한 건설공사는 제외한다)는 **건설업자**가 하여야 한다. 다만, 다음 각 호 외의 건설공사와 농업용, 축산업용 건축물 등 **대통령령**으로 정하는 건축물의 건설공사는 **건축주가** 직접 시공하거나 건설업자에게 도급하여야 한다(2017. 12. 26. 법률 제15306호 일부개정, 시행 2018. 6. 27.).
　　1. 연면적이 200㎡를 초과하는 주거용 건축물
　　2. 연면적이 200㎡ 이하인 주거용 건축물로서 다음 각 목의 어느 하나에 해당하는 경우
　　　가. 「건축법」에 따른 공동주택
　　　나. 「건축법」에 따른 단독주택 중 다중주택, 다가구주택, 공관, 그 밖에 **대통령령**으로 정하는 경우
　　　다. 주거용 외의 건축물로서 많은 사람이 이용하는 건축물 중 학교, 병원 등 **대통령령**으로 정하는 건축물
　　② 많은 사람이 이용하는 시설물로서 다음 각 호의 어느 하나에 해당하는 새로운 시설물을 설치하는 건설공사는 건설업자가 하여야 한다.
　　1. 「체육시설의 설치·이용에 관한 법률」에 따른 체육시설 중 **대통령령**으로 정하는 체육시설

하여야 한다(법 제21조 제6항). 여기서 법 제11조에 따라 허가를 받은 건축물이란 법 제14조에 따른 신고를 제외한 허가대상 중 허가를 받은 건축물을 말한다.[945]

II. 건축물의 사용승인

1. 사용승인의 의의

건축허가를 받거나 건축신고를 한 건축물을 사용하고자 할 때에는 미리 사용승인을 받아야 한다. 행정청은 건축물의 설계도가 관계법령에 적합한가를 살펴 건축허가를 내 준다. 만약 설계도대로 건축물이 시공되지 않았다면, 건축허가를 통해 건축허가요건을 강제하려고 하는 「건축법」의 목적은 달성될 수 없다. 따라서 건축물이 완공되고 난 이후 건축허가 당시의 설계도대로 시공된 것인가를 통제하는 절차가 필요하게 되며, 「건축법」은 이 단계를 사용승인으로 통제하고 있다.[946] 건물에 대한 사용승인의 처분은 건축허가를 받아 건축된 건물이 건축허가사항대로 건축행정목적에 적합한가의 여부를 확인하고 사용승인서를 교부하여 줌으로써 허가받은 자로 하여금 건축한 건물을 사용·수익할 수 있게 하는 법률효과를 발생시키는 것에 불과하다.[947] 사용승인은 건축허가대로 건축물이 시공되었는가를 확인하는 것을 주된 내용으로 하는 행정처분으로서 건축물과 설계도가 일치하면 발급해야 하는 기속행위이다.[948] 구 「건축법」상 준공검사라 불리던 사용승인제도는 내용적으로 건축물의 준공을 검사한다는 측면과 그를 전제로 건축물의 사용을 허가한다는 측면으로 구성된다. 종래 준공검사가 확인적 행정행위로 이해되어 오던 것에 비하면, 사용승인은 건축물의 사용에 대한 행정청의 명시적인 허락까지 포함한다는 점에서 용어상 약간의 차이를 보인다.

2. 건축허가에 종속되는 사용승인

사용승인은 건축허가와는 독립된 별개의 처분이지만, 원칙적으로는 건축허가에 종속되는 관계에 있다. 사용승인은 새로운 권리·의무를 부여하는 것이 아니라, 건축허가에서 포괄적으로 부여된 건축물의 생성권능을 최종시점에서 통제하는 역할을 하는 것에 불과하기 때문이다.[949]

대법원은 건축허가를 취소할 수 있는 요건과 건축허가에 하자가 있음을 이유로 준공을 거부하기 위

---

2. 「공원녹지법」에 따른 도시공원 또는 도시공원에 설치되는 공원시설로서 **대통령령**으로 정하는 시설물
3. 「자연공원법」에 따른 자연공원에 설치되는 공원시설 중 **대통령령**으로 정하는 시설물
4. 「관광진흥법」에 따른 유기시설 중 **대통령령**으로 정하는 시설물
945) 국토부, 건축행정, 2013, 163면.
946) 김종보, 건설법(제5판), 151면.
947) 대법원 2001. 9. 18. 선고 99두11752 판결; 대법원 1993. 11. 9. 선고 93누13988 판결.
948) 김종보, 건설법(제5판), 151~152면.
949) 김종보, 건설법(제5판), 153면.

한 요건에 대한 판시에서, "만약 건축허가 자체가 건축관계법령에 위반되는 하자가 있는 경우에는 비록 건축허가내용대로 완공된 건축물이라 하더라도 위법한 건축물이 되는 것으로서 그 하자의 정도에 따라 건축허가를 취소할 수 있음은 물론 그 준공도 거부할 수 있다고 하여야 할 것이다. 그러나 건축허가를 받게 되면 그 허가를 기초로 하여 일정한 사실관계와 법률관계를 형성하게 되므로 그 허가를 취소함에 있어서는 수허가자가 입게 될 불이익과 건축행정상의 공익 및 제3자의 이익과 허가조건위반의 정도를 비교 교량하여 개인적 이익을 희생시켜도 부득이하다고 인정되는 경우가 아니면 함부로 그 허가를 취소할 수 없는 것이므로, **건축주**가 건축허가 내용대로 완공하였으나 건축허가 자체에 하자가 있어서 위법한 건축물이라는 이유로 허가관청이 준공을 거부하려면 건축허가의 취소에 있어서와 같은 조리상의 제약이 따른다고 할 것이고, 만약 당해 건축허가를 취소할 수 없는 특별한 사정이 있는 경우라면 그 준공도 거부할 수 없다고 할 것이다."[950] 이러한 견해에 따라 사용승인의 거부를 인정하지 아니하였다. 대법원 그 이후에도 "건축허가가 적법한 것으로 믿고 허가 내용대로 건축된 건축물에 대하여 건축허가에 하자가 있다는 이유로 건축물사용검사신청을 반려한 처분이 적법하다고 한 원심판결을 파기한" 바 있다.[951]

따라서 건축허가가 유효한 것이고 허가받은 내용대로 건축되었다면 사용승인은 발급되는 것이 원칙이다.[952] 사용승인은 「건축법」상 건축허가에 종속되는 것이기 때문에 사용승인을 받지 않았다는 점만으로 건축물이 위법건축물이 되는 것은 아니다. 그러므로 건축물대장이 생성되지 않았다는 이유만으로 건축허가를 받은 건축물을 위법건축물로 취급할 수는 없다.[953]

그 밖에도 대법원은 "지방자치단체장이 철거를 명하는 건물 부분이 건축허가 및 건축신고 내용과 달리 도로법상의 접도구역을 침범하여 건축된 것이라면 비록 그 건물에 대하여 준공검사가 마쳐졌다 하더라도 접도구역을 침범하여 건축된 건물 부분이 적법하게 되는 것은 아니라고 하여"[954] 위법한 사용승인을 통해 건축물의 불법성이 치유되는 것도 아니다.

3. 사용승인의 대상 및 신청

건축주가 건축허가·건축신고 또는 가설건축물의 건축허가를 받았거나 신고를 한 건축물의 건축공사를 완료(하나의 대지에 둘 이상의 건축물을 건축하는 경우 동별 공사를 완료한 경우를 포함한다)한 후 그 건축물을 사용하려면 공사감리자가 작성한 감리완료보고서(공사감리자를 지정한 경우만 해당된다)와 **국토교통부령**으로 정하는 공사완료도서를 첨부하여 **허가권자**에게 사용승인을 신청하여야 한다 (법 제22조 제1항). 준공검사를 위한 허가받은 건축물의 완공이란 소유권의 대상이 될 수 있는 독립한 부동산이 되었을 때, 즉 지붕과 주위벽을 갖추고 토지에 정착한 1개의 건축물로서 존재함에 이른 것만

---

950) 대법원 1992. 4. 10. 선고 91누5358 판결.
951) 대법원 1994. 4. 29. 선고 93누11968 판결.
952) 김종보, 건설법(제5판), 153면.
953) 김종보, 건설법(제5판), 153면.
954) 대법원 1999. 1. 26. 선고 98두15283 판결.

으로는 부족하고 나아가 건축허가상의 설계도서대로 건축하여 현실적으로 그 건축물 본래의 용도에 따른 사용·수익이 가능할 정도로 완성된 것을 의미한다.[955]

4. 현장검사 및 사용승인서 교부

허가권자는 사용승인신청을 받은 경우 그 신청서를 받은 날부터 7일 이내에 사용승인을 신청한 건축물이 이 법에 따라 허가 또는 신고한 설계도서대로 시공되었는지의 여부와 감리완료보고서, 공사완료도서 등의 서류 및 도서가 적합하게 작성되었는지의 여부에 대한 검사를 실시하고, 검사에 합격된 건축물에 대하여는 사용승인서를 내주어야 한다. 다만, 해당 지방자치단체의 **조례**로 정하는 건축물은 사용승인을 위한 검사를 실시하지 아니하고 사용승인서를 내줄 수 있다(법 제22조 제2항 및 칙 제16조 제3항).

5. 사용승인의 효과

가. 건축물의 사용개시 및 임시사용승인

건축주는 사용승인을 받은 후가 아니면 건축물을 사용하거나 사용하게 할 수 없다. 다만, 다음 각호 1. **허가권자**가 그 신청서를 받은 날부터 7일 이내에 사용승인서를 교부하지 아니한 경우, 2. 사용승인서를 교부받기 전에 공사가 완료된 부분이 건폐율, 용적률, 설비, 피난·방화 등 **국토교통부령**으로[956] 정하는 기준에 적합한 경우로서 기간을 정하여 **대통령령**으로 정하는 바에 따라 임시로 사용승인을 한 경우의 어느 하나에 해당하는 경우에는 사용하게 할 수 있다(법 제22조 제3항). **건축주**는 법 제22조 제3항 제2호에 따라 사용승인서를 받기 전에 공사가 완료된 부분에 대한 임시사용의 승인을 받으려는 경우에는 **국토교통부령**으로 정하는 바에 따라 임시사용승인신청서를 **허가권자**에게 제출(전자문서에 의한 제출을 포함한다)하여야 한다(영 제17조 제2항). **허가권자**는 영 제17조 제2항의 신청서를 접수한 경우에는 공사가 완료된 부분이 법 제22조 제3항 제2호에 따른 기준에 적합한 경우에만 임시사용을 승인할 수 있으며, 식수 등 조경에 필요한 조치를 하기에 부적합한 시기에 건축공사가 완료된 건축물은 **허가권자**가 지정하는 시기까지 식수(植樹) 등 조경에 필요한 조치를 할 것을 **조건**으로 임시사용을 승인할 수 있다(영 제17조 제3항). 임시사용승인의 기간은 2년 이내로 한다. 다만, **허가권자**는 대형건축물 또는 암반공사 등으로 인하여 공사기간이 긴 건축물에 대하여는 그 기간을 연장할 수 있다(영 제17조 제4항).

---

955) 대법원 1986. 2. 25. 선고 84도1326 판결.
956) 조문에서 위임한 사항을 규정한 하위법령이 없다.

나. 다른 법령에 의한 사용승인 등의 의제 및 관계행정기관과 협의 등

건축주가 사용승인을 받은 경우에는 다음 각 호 1. 「하수도법」 제27조에 따른 배수설비(排水設備)의 준공검사 및 같은 법 제37조에 따른 개인하수처리시설의 준공검사, 2. 「공간정보관리법」 제64조에 따른 지적공부(地籍公簿)의 변동사항 등록신청, 3. 「승강기시설 안전관리법」 제13조에 따른 승강기 완성검사, 4. 「에너지이용 합리화법」 제39조에 따른 보일러 설치검사, 5. 「전기사업법」 제63조에 따른 전기설비의 사용전검사, 6. 「정보통신공사업법」 제36조에 따른 정보통신공사의 사용전검사, 7. 「도로법」 제62조 제2항에 따른 도로점용 공사의 준공확인, 8. 「국토계획법」 제62조에 따른 개발행위의 준공검사, 9. 「국토계획법」 제98조에 따른 도시·군계획시설사업의 준공검사, 10. 「물환경보전법」 제37조에 따른 수질오염물질 배출시설의 가동개시의 신고, 11. 「대기환경보전법」 제30조에 따른 대기오염물질 배출시설의 가동개시의 신고, 12. 삭제 <2009.6.9.>에 따른 사용승인·준공검사 또는 등록신청 등을 받거나 한 것으로 보며, 공장건축물의 경우에는 「산업집적활성화 및 공장설립에 관한 법률」 제14조의2에 따라 관련 법률의 검사 등을 받은 것으로 본다(법 제22조 제4항).

허가권자는 사용승인을 하는 경우 다른 법령에 의한 사용승인·준공검사 또는 등록신청 등에 해당하는 내용이 포함되어 있으면 **관계 행정기관의 장**과 미리 협의하여야 한다(법 제22조 제5항).

다. 제재 및 소유권보존등기

특별시장 또는 광역시장은 사용승인을 한 경우 지체 없이 그 사실을 **군수 또는 구청장**에게 알려서 건축물대장에 적게 하여야 한다. 이 경우 건축물대장에는 설계자, **대통령령**으로 정하는 주요 공사의 시공자, 공사감리자를 적어야 한다(법 제22조 제6항).

사용승인의 효과는 형사처벌과 불이익 제재에 관한 규정 속에서 발견될 수 있다. 「건축법」은 사용승인을 받지 않은 건축물의 사용을 금지하고(법 제22조 제3항), 이에 위반한 경우 2년 이하의 징역 또는 1억원 이하의 벌금으로 처벌한다(법 제110조 제2호). 그리고 사용승인을 받지 않고 사용하는 건축물에 대해 사용금지를 명하고 이에 위반하면 이행강제금을 부과할 수 있다(법 제79조 제1항 및 제80조 제1항).

그러나 이에 못지않게 사용승인이 강제되는 이유는 건축물의 매매를 위한 동기 때문이다. 「건축법」상 사용승인이 발급된 후에 비로소 건축물대장이 발급되고 건축물대장의 발급으로 「부동산등기법」상 보존등기가 가능해진다. 건축물에 대한 등기가 이루어지지 않으면 민사상 매매계약이 사실상 어려워지므로 등기제도는 **건축주**가 사용승인을 신청하도록 사실상 강제하는 기능을 한다.[957]

---

957) 김종보, 건설법(제5판), 152면.

6. 사용승인과 취소소송

사용승인은 그 자체가 처분으로서 취소소송의 대상이 된다. 마찬가지로 사용승인에 대한 거부처분도 취소소송의 대상이 된다. 그러나 사용승인이 가지고 있는 건축허가에 대한 종속성 때문에 경우에 따라 취소소송이 제한될 수 있다. 예를 들면, 이웃주민이 사용승인을 다투는 취소소송을 제기한 경우, 건축허가의 범위 내에서 사용승인이 행해졌다면 이러한 청구는 허용될 수 없다. 물론 허가받은 사항의 범위를 넘어 부분적인 불법건축이 이루어지고, 이에 대해 사용승인이 발급되는 경우라면 사용승인 자체의 불법성이 있으며, 취소소송이 허용된다.[958][959]

제9절 **건축물의 설계·시공 및 공사감리**

Ⅰ. 건축관계자 등과 계약

1. 건축관계자

건축관계자란 **건축주**, 설계자, 공사시공자 또는 공사감리자를 말한다(법 제5조 제1항). **건축관계자**는 건축물이 설계도서에 따라 이 법과 이 법에 따른 명령이나 처분, 그 밖의 관계 법령에 맞게 건축되도록 업무를 성실히 수행하여야 하며, 서로 위법하거나 부당한 일을 하도록 강요하거나 이와 관련하여 어떠한 불이익도 주어서는 아니 된다(법 제15조 제1항). 이러한 의무위반에 대하여 형사처벌을 규정한 것은 없다. 이 법은 「건축법」 자체를 가리키고, "이 법에 따른 명령"은 "법률의 위임을 받아 규정되는 **대통령령** 등 하위의 법규명령"을 의미한다고 할 것이다.[960]

---

958) 김종보, 건설법(제5판), 153~154면.

959) 판례는 인접건물 소유자에게 건물 사용검사처분(준공처분)의 취소를 구할 법률상 이익이 있는지 여부에 대한 판시에서, 건축한 건물이 인접주택 소유자의 권리를 침해하는 경우 사용검사처분이 그러한 침해까지 정당화하는 것은 아닐 뿐만 아니라, 당해 건축물을 건축하는 과정에서 인접주택 소유자가 자신의 주택에 대하여 손해를 입었다 하더라도 그러한 손해는 금전적인 배상으로 회복될 수 있고, 일조권의 침해 등 생활환경상 이익침해는 실제로 위 건물의 전부 또는 일부가 철거됨으로써 회복되거나 보호받을 수 있는 것인데, 위 건물에 대한 사용검사처분의 취소를 받는다 하더라도 그로 인하여 **건축주**는 그 건물을 적법하게 사용할 수 없게 되어 사용검사 이전의 상태로 돌아가게 되는 것에 그칠 뿐이고, 위반건물에 대한 시정명령을 할 것인지 여부, 그 시기 및 명령의 내용 등은 행정청의 합리적 판단에 의하여 결정되는 것이므로, 건물이 이격거리를 유지하지 못하고 있고, 건축과정에서 인접주택 소유자에게 피해를 입혔다고 하더라도 인접주택 소유자는 그 건물에 대한 사용검사처분의 취소를 구할 법률상 이익이 있다고 볼 수 없다(대법원 1994. 1. 14. 선고 93누20481 판결).

960) 법제처 법령해석 사례, 국토교통부 ― 관리규약이 「주택법」 제42조 제1항에 따른 "이 법에 따른 명령"에 포함되는지(「주택법」 제42조제1항 등 관련), 안건번호 16—0291, 회신일자 2016. 10. 13.

2. 건축주와의 계약 등961)

건축관계자 간의 책임에 관한 내용과 그 범위는 이 법에서 규정한 것 외에는 **건축주**와 설계자, **건축주**와 공사시공자, **건축주**와 공사감리자 간의 계약으로 정한다(법 제15조 제2항). **국토교통부장관**은 계약의 체결에 필요한 표준계약서를 작성하여 보급하고 활용하게 하거나「건축사법」제31조에 따른 건축사협회, 「건설산업기본법」제50조에 따른 건설업자단체로 하여금 표준계약서를 작성하여 보급하고 활용하게 할 수 있다(법 제15조 제3항).

건축주와 **건축관계자** 간의 도급계약에서 도급은 일의 완성에 대하여 보수를 지급하는 낙성, 쌍무, 유상, 불요식계약이다. 도급은 불요식이지만 일정한 토목, 건축의 도급에 관하여「건설산업기본법」이 건설업에 등록제를 채택하고 도급계약을 규제하고 있다. 특히 건설공사의 도급계약은 계약서로 법정한 사항을 분명하게 적어야 하는데(건설산업기본법 제22조 제2항), 이는 계약서를 작성하여야만 도급계약이 성립한다는 의미가 아니라 계약내용을 서면으로 명백히 함으로써 사전에 분쟁을 예방하기 위한 것으로 이해하여야 한다.962) 또 원칙적으로 수급인은 그가 도급받은 건설공사의 일부를 동일한 업종에 해당하는 건설업자에게 하도급할 수 없는 하도급 제한이 따른다(건설산업기본법 제29조 제2항).

II. 건축물의 설계

1. 건축사의 설계

건축허가를 받아야 하거나 건축신고를 하여야 하는 건축물 또는 리모델링(주택법 제66조 제1항 또는 제2항)을 하는 건축물의 건축 등을 위한 설계는 건축사만이 할 수 있다. 다만, 다음 각 호 1. 바닥면적의 합계가 85㎡ 미만인 증축·개축 또는 재축, 2. 연면적이 200㎡ 미만이고 층수가 3층 미만인 건축물의 대수선, 3. 그 밖에 건축물의 특수성과 용도 등을 고려하여 **대통령령으로 정하는 건축물**의 건축 등의 어느 하나에 해당하는 경우에는 건축사의 설계의무가 면제된다(법 제23조 제1항). 법 제23조 제1항 제3호에서 "**대통령령으로 정하는 건축물**"이란 다음 각 호 1. 읍·면지역(시장 또는 군수가 지역계획 또는 도시·군계획에 지장이 있다고 인정하여 지정·공고한 구역은 제외한다)에서 건축하는 건축물 중 연면적이 200㎡ 이하인 창고 및 농막(「농지법」에 따른 농막을 말한다)과 연면적 400㎡ 이하인 축사, 작물재배사, 종묘배양시설, 화초 및 분재 등의 온실, 2. 영 제15조 제5항 각 호의 어느 하나에 해당하는 가설건축물로서 건축**조례**로 정하는 가설건축물의 어느 하나에 해당하는 건축물을 말한다(영 제18조).

국토교통부장관이 **국토교통부령**으로963) 정하는 바에 따라 작성하거나 인정하는 표준설계도서나 특

---

961) 1995. 1. 5. 법률 제4919호로 개정하여 신설되었으며, 1996. 1. 6.부터 시행되었다.

962) 김동근·정동근, 건축법 이론 및 실무, 진원사, 2016, 488면.

963) 2014. 5. 22. **국토교통부령** 제94호로 개정하여 2014. 5. 23.부터 시행하는「표준설계도서 등의 운영에 관한 규칙」에 의한다.

수한 공법을 적용한 설계도서에 따라 건축물을 건축하는 경우에는 <u>건축사에 의한 설계의무를 적용하지</u> <u>아니한다(법 제23조 제4항).</u> 여기서 '건축사'란 **국토교통부장관**이 시행하는 자격시험에 합격한 사람으로서 건축물의 설계와 공사감리(工事監理) 등의 업무를 수행하는 사람을 말한다(건축사법 제2조 제1호). '**설계**'란 자기 책임 아래(보조자의 도움을 받는 경우를 포함한다)[964] 건축물의 건축, 대수선, **용도변경**, 리모델링, 건축설비의 설치 또는 공작물(工作物)의 축조(築造)를 위한 다음 각 목 가. 건축물, 건축설비, 공작물 및 공간환경을 조사하고 건축 등을 기획하는 행위, 나. 도면, 구조계획서, 공사 설계설명서, 그 밖에 **국토교통부령**으로 정하는 공사에 필요한 서류[이하 '설계도서(設計圖書)'라[965] 한다]를 작성하는 행위, 다. 설계도서에서 의도한 바를 해설·조언하는 행위를 말한다(건축사법 제2조 제3호). '**설계자**'란 자기의 책임(보조자의 도움을 받는 경우를 포함한다)으로 설계도서를 작성하고 그 설계도서에서 의도하는 바를 해설하며, 지도하고 자문에 응하는 자를 말한다(법 제2조 제1항 제13호).

2. 설계도서의 법적 의의 및 설계의무 위반의 법적 효과

설계자는 건축물이 <u>이 법과 이 법에 따른 명령이나 처분, 그 밖의 관계 법령에 맞고 안전·기능 및</u> <u>미관에 지장이 없도록 설계하여야 하며,</u> **국토교통부장관**이 정하여 고시하는 설계도서 작성기준에 따라 <u>설계도서를 작성하여야 한다.</u>[966] 다만, 해당 건축물의 공법(工法) 등이 특수한 경우로서 **국토교통부령** 으로[967] 정하는 바에 따라 <u>건축위원회의 심의를</u> 거친 때에는 그러하지 아니하다(법 제23조 제2항). 설계도서를 작성한 <u>설계자</u>는 설계가 이 법과 이 법에 따른 명령이나 처분, 그 밖의 관계 법령에 맞게 작성되었는지를 확인한 후 설계도서에 서명·날인하여야 한다(법 제23조 제3항).

설계도서는 건축허가신청에 필요한 서류이며, 건축물을 시공하는 기초자료가 된다. 이러한 설계도서에 의한 건축허가가 발급되면, **건축주**는 설계도서대로 시공할 법적 의무를 부여받게 된다. 물론 **건축주**와 계약을 통해 시공자가 별도로 정해진 경우에는 그 효력이 시공자에게 미치게 된다. 건축사의 설계의무가 있음에도 이러한 의무에 위반되는 건축물은 건축허가를 받을 수 없다. 다만 이러한 의무위반 자체가 별도로 형사처벌 또는 과태료 부과대상이 되는 것은 아니다. 만약 건축허가를 받지 아니하고 불법건축을 한 경우 불법건축행위로 인한 처벌만 족하고, 건축사의 설계의무 위반에 따른 처벌은

---

964) 여기서 보조자란 해당 설계자 사무소에 소속되거나 설계자의 책임 하에 고용된 자를 말한다. 그들이 실제 설계에 참여하였다하더라도 책임과 권한은 설계자에게 있다는 뜻이다. 건축설계는 건축사, 구조설계는 구조기술자, 설비설계는 설비기술자, 토공사 관련 설계는 토목기술자가 그가 행하는 설계의 설계자에 해당되지만, 일반적으로 설계자라 함은 「건축사법」에 의한 등록한 건축사를 말한다(윤혁경, 건축법·조례 해설, 기문당, 2018, 1—109~110면).

965) 여기서의 **"설계도서"**란 건축물의 건축 등에 관한 공사용 도면, 구조 계산서, 시방서(示方書), 건축설비계산 관계서류, 토질 및 지질 관계서류, 기타 공사에 필요한 서류를 말한다(건축법 제2조 제1항 제14호 및 칙 제1조의2). 「건축법」에 의한 설계도서 중 설계도면, 시방서, 내역서 등의 내용이 다를 경우 계약내용에 따라야 할 것이나, 계약 등으로 정하지 아니한 일반적인 경우에는 공사시방서, 설계도면, 전문시방서, 표준시방서, 산출내역서, 상세 시공도면, 관계법령의 유권해석, 감리자의 의견 등의 순서로 적용한다(국토부, 건축행정, 2013, 50면).

966) 위임 행정규칙으로 「건축물의 설계도서 작성기준」(시행 2016. 12. 30. 국토교통부고시 제2016—1025호, 2016. 12. 30., 일부개정)을 말하다.

967) 건축물의 구조기준 등에 관한 규칙(시행 2017. 12. 1. **국토교통부령** 제458호, 2017. 10. 24., 일부개정) 제3조(적용범위 등)

없다.968)

Ⅲ. 건축물의 시공

1. 공사시공자의 공사 범위

「건축법」은 「건설산업기본법」 제2조 제4호에 따른 건설공사를 하는 자를 '공사시공자'라 하고 있다 (법 제2조 제1항 제16호).969) 공사시공자는 「건설산업기본법」상의 건설업자를 말하고, '건설업'이란 건설공사를 하는 업(業)을 말하며, '건설업자'란 「건설산업기본법」 또는 다른 법률에 따라 등록 등을 하고 건설업을 하는 자를 말한다(건설산업기본법 제2조 제7호).

「건축법」에서는 건축물의 시공을 누가 하는지에 대한 원칙적인 제한이 없고, 다만 「건설산업기본법」 제41조에서 일정 규모를 초과하는 건축물 등의 건설공사에 대하여 건설업자가 하도록 강제하고 있다. 1999. 4. 15. 「건설산업기본법」 제41조의 개정으로, 일정규모 이상의 건축물 등의 시공제한은 건설업 면허대여 등 부작용을 유발하고, 시공능력이 있는 발주자의 자유를 제한하는 규제가 되므로 건설공사 에서 건설업자가 시공할 수 제한을 폐지하고, 자기 건물을 스스로 건축하는 경우에는 「건설산업기본법」상 건설업 면허 없이도 시공할 수 있도록 제한이 삭제되었다. 그러나 2000. 1. 12. 개정으로 시공자의 제한이 부활하였다가 최근 2017. 12. 26.(시행 2018. 6. 27.) 법률 제15306호에 의한 「건설산업기본법」의 개정에서는, **건축주**가 직접 시공할 수 있는 건설공사의 범위를 연면적 200㎡ 이하의 건축물로 축소하고, 다중주택과 다가구주택, 공관, 그 밖에 **대통령령**으로 정하는 주거용 건축물은 **건축주**가 직접 시공할 수 없도록 하여, 건설업자에 의한 건설공사를 확대하였다.970)971)

---

968) 김종보, 건설법(제5판), 140면.

969) **「건설산업기본법」 제2조(정의)** 4. '건설공사'란 토목공사, 건축공사, 산업설비공사, 조경공사, 환경시설공사, 그 밖에 명칭에 관계없이 시설물을 설치·유지·보수하는공사(시설물을 설치하기 위한 부지조성공사를 포함한다) 및 기계 설비나 그 밖의 구조물의 설치 및 해체공사 등을 말한다. 다만, 다음 각 목 가. 「전기공사업법」에 따른 전기공사, 나. 「정보통신공사업법」에 따른 정보통신공사, 다. 「소방시설공사업법」에 따른 소방시설공사, 라. 「문화재 수리 등에 관한 법률」에 따른 문화재 수리공사의 어느 하나는 포함하지 아니한다.

970) 「건설산업기본법」 제41조(건설공사 시공자의 제한) ① 다음 각 호 1. 연면적이 200㎡를 초과하는 주거용 건축물, 2. 연면적이 200㎡이하인 주거용 건축물로서 다음 각 목 가. 「건축법」에 따른 공동주택, 나. 「건축법」에 따른 단독주택 중 다중주택, 다가구주택, 공관, 그 밖에 **대통령령**으로 정하는 경우, 다. 주거용 외의 건축물로서 많은 사람이 이용하는 건축물 중 학교, 병원 등 **대통령령**으로 정하는 건축물의 어느 하나에 해당하는 경우의 어느 하나에 해당하는 건축물의 건축 또는 대수선(大修繕)에 관한 건설공사는 건설업자가 하여야 한다(2017. 12. 26. 법률 제15306호 일부개정, 시행 2018. 6. 27.).

971) 민홍철의원의 대표발의 「건설산업기본법」 일부 개정 법률안(의안번호: 2005257, 발의 연월일: 2017. 1. 24.) 제안 이유를 보면 현행법은 일정한 연면적 이하 건축물 등의 건축 또는 대수선에 관한 건설공사에 대하여 건설업자가 아닌 **건축주**도 직접 시공할 수 있도록 예외적으로 허용하고 있다. 하지만 비건설업자 등 무자격자가 시공할 수 있는 건축물 범위가 지나치게 넓게 설정되어 있어 부실시공 및 하자보수 곤란 등 소비자 피해가 우려되고 있다. 특히, 소규모 건축물 시공의 경우 부가가치세와 소득세 등을 탈루하기 위하여 **건축주**의 직접시공으로 위장 신고 하고, 실제로는 무면허업자에게 도급을 주어 시공하는 이른바 '위장 직영시공' 형태가 시장에 만연해 있는 상황이 어서, 건설업을 등록하지 않은 **건축주**에게 소규모 건축물의 직접 시공을 허용하는 것은 자신이 사용하는 건축물

2. 공사시공자의 의무 및 업무

공사시공자는 **건축주**와의 계약대로 성실하게 공사를 수행하여야 하며, 이 법과 이 법에 따른 명령이나 처분, 그 밖의 관계 법령에 맞게 건축물을 건축하여 **건축주**에게 인도하여야 한다(법 제24조 제1항).

공사시공자는 건축물(건축허가나 **용도변경**허가 대상인 것만 해당된다)의 공사현장에 설계도서를 갖추어 두어야 한다(법 제24조 제2항). 공사시공자는 설계도서가 이 법과 이 법에 따른 명령이나 처분, 그 밖의 관계 법령에 맞지 아니하거나 공사의 여건상 불합리하다고 인정되면 **건축주**와 공사감리자의 동의를 받아 서면으로 설계자에게 설계를 변경하도록 요청할 수 있다. 이 경우 설계자는 정당한 사유가 없으면 요청에 따라야 한다(법 제24조 제3항). 공사시공자는 공사를 하는 데에 필요하다고 인정하거나 공사감리자로부터 상세시공도면을 작성하도록 요청을 받으면 상세시공도면을 작성하여 공사감리자의 확인을 받아야 하며, 이에 따라 공사를 하여야 한다(법 제24조 제4항).

공사시공자는 건축허가나 **용도변경**허가가 필요한 건축물의 건축공사를 착수한 경우에는 해당 건축공사의 현장에 **국토교통부령**으로 정하는 바에 따라 **건축허가 표지판을 설치**하여야 한다(법 제24조 제5항).

건설업자가 시공하지 아니하는 소규모 건축물의[972) **건축주**는 공사 현장의 공정 및 안전을 관리하기 위하여 건설기술인 1명을 현장관리인으로 지정하여야 한다(법 제24조 제6항 전단).[973) 현장관리인을 지정하지 아니하거나 착공신고서에 이를 거짓으로 기재한 자는 5천만원 이하의 벌금에 처한다(법 제111조 제3의2호). 이 경우 현장관리인은 **국토교통부령**으로 정하는 바에 따라 **공정 및 안전 관리 업무를** 수행하여야 하며, **건축주**의 승낙을 받지 아니하고는 정당한 사유 없이 그 공사 현장을 이탈하여서는 아니 된다(법 제24조 제6항 후단).[974) 공사 현장을 이탈한 현장관리인에게는 50만원 이하의 과태료를 부과한다(법 제113조 제3항).

공동주택, 종합병원, 관광숙박시설 등 **대통령령**으로 정하는 용도 및 규모의 건축물[1. 다중이용 건축물, 2. 특수구조 건축물, 3. 건축물의 하층부가 필로티나 그 밖에 이와 비슷한 구조(벽면적의 2분의 1 이상이 그 층의 바닥면에서 위층 바닥 아래면까지 공간으로 된 것만 해당한다)로서 상층부와 다른 구조형식으로 설계된 건축물(이하 "필로티형식 건축물"이라 한다) 중 3층 이상인 건축물(영 제18조의2 제1항)]의 공사시공자는 **건축주**, 공사감리자 및 **허가권자**가 설계도서에 따라 적정하게 공사되었는지를 확인할 수 있도록 공사의 공정이 **대통령령으로 정하는 진도에 다다른 때**마다[975) 사진 및 동영상을 촬영하고 보관하여야 한다. 이 경우 촬영 및 보관 등 그 밖에

의 시공에 과도한 제약을 두는 것이 바람직하지 않다는 취지에서 비롯된 것이나, 실제 이러한 건축물의 대부분이 다중이 함께 이용하거나 분양 또는 매매, 임대의 대상이 되고 있을 뿐만 아니라, 해당 규모 건축물의 시공능력을 갖춘 **건축주**도 극소수에 불과하다. 이에 비건설업자인 **건축주**가 직접 시공할 수 있는 범위를 합리적 수준으로 조정함으로써 공중의 안전을 확보하고 소비자의 피해를 예방하려는 것이다.

972) 여기서 소규모 건축물이란 「건설산업기본법」 제41조 제1항 각 호에 해당하지 아니하여 건설업자가 시공하지 않아도 되는 건축물을 말한다.

973) **「건설산업기본법」 제2조(정의)** 15. "건설기술인"이란 관계 법령에 따라 건설공사에 관한 기술이나 기능을 가졌다고 인정된 사람을 말한다.

974) 2018. 8. 14. 개정(법률 제15721호, 시행 2019. 2. 15.)으로 현장관리인의 지정 목적에 공사현장의 안전 관리를 추가하여 현장관리인이 공사현장의 공정 및 안전 관리 업무를 수행하도록 하고, 이를 위반한 경우에는 50만원 이하의 과태료를 부과하도록 하였다.

975) 제18조의2(사진 및 동영상 촬영 대상 건축물 등) ② 법 제24조 제7항 전단에서 "**대통령령으로 정하는 진도에 다다**

필요한 사항은 **국토교통부령**으로 정한다(법 제24조 제7항).

3. 공사현장의 위해 방지 및 토지 굴착 부분에 대한 조치

건축물의 공사시공자는 **대통령령**으로 정하는 바에 따라 공사현장의 위해를 방지하기 위하여 필요한 조치를 하여야 한다(법 제28조 제1항). 이에 따라 하위법령인 시행령에서는 건축물의 시공 또는 철거에 따른 유해·위험의 방지에 관한 사항은 산업안전보건에 관한 법령에서 정하는 바에 따른다(영 제21조). **허가권자**는 건축물의 공사와 관련하여 **건축관계자**간 분쟁상담 등의 필요한 조치를 하여야 한다(법 제28조 제2항).

건축물의 건축행위는 거의 필연적으로 토지에 대한 지반공사를 전제로 한다. 이러한 지반공사는 토지의 굴착행위로 시작되며, 연접한 토지들에 위험을 초래할 수 있다는 점에서 「건축법」에 의해 별도의 통제의 대상이 된다. 공사시공자는 대지를 조성하거나 건축공사를 하기 위하여 토지를 굴착·절토(切土)·매립(埋立) 또는 성토 등을 하는 경우 그 변경 부분에는 **국토교통부령**으로 정하는 바에 따라 공사 중 비탈면 붕괴, 토사 유출 등 위험 발생의 방지, 환경 보존, 그 밖에 필요한 조치를 한 후 해당 공사현장에 그 사실을 게시하여야 한다(법 제41조 제1항). **허가권자**는 제1항을 위반한 자에게 의무이행에 필요한 조치를 명할 수 있다(법 제41조 제2항).[976]

4. 건축자재의 제조 및 유통 관리

제조업자 및 유통업자는 건축물의 안전과 기능 등에 지장을 주지 아니하도록 건축자재를 제조·보관 및 유통하여야 한다(법 제52조의3 제1항). 여기서 "**제조업자**"란 건축물의 건축·대수선·**용도변경**, 건축설비의 설치 또는 공작물의 축조 등에 필요한 건축자재를 제조하는 사람을 말한다(법 제2조 제1항 제12의2호). "**유통업자**"란 건축물의 건축·대수선·**용도변경**, 건축설비의 설치 또는 공작물의 축조에 필요한 건축자재를 판매하거나 공사현장에 납품하는 사람을 말한다(법 제2조 제1항 제12의3호).

국토교통부장관, 시·도지사 및 시장·군수·구청장은 건축물의 구조 및 재료의 기준 등이 공사현장에서 준수되고 있는지를 확인하기 위하여 **제조업자 및 유통업자**에게 필요한 자료의 제출을 요구하거나 건축공사장, 제조업자의 제조현장 및 유통업자의 유통장소 등을 점검할 수 있으며 필요한 경우에는

른 때"란 다음 각 호의 구분에 따른 단계에 다다른 경우를 말한다.
1. 다중이용 건축물: 제19조 제3항 제1호부터 제3호까지의 구분에 따른 단계
2. 특수구조 건축물: 다음 각 목의 어느 하나에 해당하는 단계
   가. 매 층마다 상부 슬래브배근을 완료한 경우
   나. 매 층마다 주요구조부의 조립을 완료한 경우
3. 3층 이상의 필로티형식 건축물: 다음 각 목의 어느 하나에 해당하는 단계
   가. 기초공사 시 철근배치를 완료한 경우
   나. 건축물 상층부의 하중이 상층부와 다른 구조형식의 하층부로 전달되는 다음 1) 기둥 또는 벽체 중 하나, 2) 보 또는 슬래브 중 하나의 어느 하나에 해당하는 부재(部材)의 철근배치를 완료한 경우

976) 김종보, 건설법(제5판), 143면.

시료를 채취하여 성능 확인을 위한 시험을 할 수 있다(법 제52조의3 제2항).

국토교통부장관, **시·도지사 및 시장·군수·구청장**은 점검을 통하여 위법 사실을 확인한 경우 **대통령령**으로 정하는 바에 따라 공사 중단, 사용 중단 등의 조치를 하거나 관계 기관에 대하여 관계 법률에 따른 영업정지 등의 요청을 할 수 있다(법 제52조의3 제3항).

국토교통부장관, **시·도지사, 시장·군수·구청장**은 점검업무를 한국건설기술연구원, 한국시설안전공단, 한국토지주택공사, 그 밖의 **국토교통부장관**이 지정하여 고시하는 기관으로 하여금 대행하게 할 수 있다(법 제52조의3 제4항 영 제61조의4 제1항). 점검에 관한 절차 등에 관하여 필요한 사항은 **국토교통부령**으로 정한다(법 제52조의3 제5항).

IV. 건축물의 공사감리

1. 감리의 의의 및 법적 근거

'공사감리'라 함은 법정하는 바에 따라 건축물 및 건축설비 또는 공작물이 설계도서의 내용대로 시공되는지 여부를 확인하고, 품질관리·공사관리 및 안전관리 등에 대하여 지도·감독하는 행위를 말한다.[977]

「건축법」에서는 1970. 1. 1. 법률 제2188호(시행 1970. 3. 2.)로 제6조에 공사감리제도를 처음 도입한 이래 많은 변화가 있었다. 1986. 8. 4. 독립기념관 화재사건을 기화로 정부는 부실공사 방지를 위해 1987. 10. 24.(시행 1988. 1. 1.)「건설기술관리법」(이하 '구법(舊法)'이라 한다)을 제정하였으며, 제27조에 국가·지방자치단체 또는 정부투자기관이 발주하는 공공건설공사 중 일정규모 이상의 공사에 있어서는 감리전문회사의 시공감리 또는 전면책임감리를 받도록 하였는데, 이때 제28조에 감리전문회사가 등장하게 된다. 이후 1993. 6. 11. 법률 제4562호(시행 1994. 1. 1.)로 구법을 개정하여 공공기관이 발주하는 일정규모 이상의 건설공사에 대하여는 감리원이 감독업무와 감리업무를 함께 수행하도록 하는 한편, 감리원에게 공사 중지 또는 재시공에 관한 명령권 등의 권한을 부여하여 감리원의 권한과 책임을 대폭 강화한 '**책임감리**'제도를 도입하였다.[978] 이에 따라 「건축법」도 1995. 1. 5. 법률 제4919호로 개

---

[977] 공사감리는 비상주감리, 상주감리, 책임상주감리로 구분한다(건축공사 감리세부기준 1.3 용어의 정의 1).
  5. "비상주감리"라 함은 법에서 정하는 바에 따라 공사감리자가 당해 공사의 설계도서, 기타 관계서류의 내용대로 시공되는지의 여부를 확인하고, 수시로 또는 필요할 때 시공과정에서 건축 공사현장을 방문하여 확인하는 행위를 한다(건축공사 감리세부기준 1.3 용어의 정의 5).
  6. "상주감리"라 함은 법에서 정하는 바에 따라 공사감리자가 당해 공사의 설계도서, 기타 관계서류의 내용대로 시공되는지의 여부를 확인하고, 건축분야의 건축사보 한 명 이상을 전체 공사기간 동안 배치하여 건축 공사의 품질관리·공사관리 및 안전관리 등에 대한 기술지도를 하는 행위를 말한다(건축공사 감리세부기준 1.3 용어의 정의 6).
  7. "책임상주감리"라 함은 법에서 정하는 바에 따라 공사감리자가 다중이용 건축물에 대하여 당해 공사의 설계도서, 기타 관계서류의 내용대로 시공되는지 여부를 확인하고, 「건설기술 진흥법」에 따른 건설기술용역업자나 건축사를 전체 공사기간동안 배치하여 품질관리, 공사관리, 안전관리 등에 대한 기술지도를 하며, **건축두**의 권한을 대행하는 감독업무를 하는 행위를 말한다(건축공사 감리세부기준 1.3 용어의 정의 7).
[978] 동법에서 '책임감리'라 함은 국가·지방자치단체·정부투자기관 기타 **대통령령**이 정하는 기관이 발주하는 일정한 건

정(시행 1996. 1. 6.)하여 공사감리자는 공사시공자가 위법·부실시공을 하는 경우 시정 또는 재시공을 지시할 수 있도록 하여 위법·부실시공에 신속히 대응할 수 있도록 하기 위해 공사감리자에게 공사 중지 또는 재시공에 관한 명령권 등의 권한을 부여하였다(법 제21조 제2항).[979] 법률 명칭이 「건설기술진흥법」으로 개정되기까지 종래 구법은, 감리원(監理員)의 정의에 대하여 같은 법 제28조에 따른 감리전문회사에 소속되어 검측감리·시공감리 또는 책임감리를 하는 자로 정의하였고, 검측감리·시공감리 또는 책임감리에 대하여 각 정의 규정을 두었으나, 2013. 5. 22.(시행 2014. 5. 23.) 법명이 「건설기술관리법」에서 「건설기술진흥법」으로 개정된 법률에서는 감리원이라는 용어를 사용하지 않고, 구법에 없었던 감리에 대하여 정의를 내리고 있다.

즉 '**감리**'란 건설공사가 관계 법령이나 기준, 설계도서 또는 그 밖의 관계 서류 등에 따라 적정하게 시행될 수 있도록 관리하거나 시공관리·품질관리·안전관리 등에 대한 기술지도를 하는 건설사업관리 업무를 말하며(건설기술진흥법 제2조 제5호), 건축물의 시공에 있어 안전성을 담보하는 매우 중요한 제도이다.[980] 건설공사에 관한 감리는 '**건설기술**'(동법 제2조 제2호 가목)에 해당하는데, 다른 사람의 위탁을 받아 건설기술에 관한 업무를 수행하는 것을 '**건설기술용역**'이라 하고, 여기서 건설공사의 시공 및 시설물의 보수·철거 업무는 제외한다(동법 제2조 제3호). 건설기술용역을 영업수단으로 하려는 자는 「건설기술진흥법」 제26조에 따라 등록을 하여야 하며, 이를 건설기술용역업자라 한다(동법 제2조 제9호).

「건설기술진흥법」으로의 개정이유는 종래 구법까지 국내의 건설기술용역업은 미국·영국·일본 등 외국과 달리 설계, 감리 및 건설사업관리 등 세부업무별로 구분하여 각각 다른 기준에 따라 신고·등록·관리 및 사업수행능력평가 등을 하고 있어 설계나 감리 등을 함께 수행하는 업체나 발주청의 불필요한 부담이 발생하고 있고 업무 영역 사이에 기술교류도 단절되어 경쟁력 제고에 문제가 있는 것으로 보아, 입법자는 세분화된 건설기술 업무 영역을 '**건설기술용역업**'으로 통합하고자 한 것이었다.[981] 종전의 법에 의한 감리전문회사는 등록증을 제출하면 건설기술용역업의 전문분야로 등록한 것으로 보며(건설기술진흥법 시행령 부칙 제11조), 「건설기술진흥법」에서는 감리전문회사는 건설기술용역업자로 대체되었다.

2. 공사감리의 대상 및 설계자의 건축과정 참여

가. **건축주**는 **대통령령**으로 정하는 용도·규모 및 구조의 건축물을 건축하는 경우 건축사나 **대통령령**

설공사에 대하여 감리전문회사가 당해 공사의 설계도서 기타 관계서류의 내용대로 시공되는지의 여부를 확인하고, 품질관리·공사관리 및 안전관리 등에 대한 기술지도를 하며, 발주자의 위탁에 의하여 관계법령에 따라 발주자로서의 감독권한을 대행하는 것을 말하되, 책임감리는 이를 공사감리의 내용에 따라 대통령령이 정하는 바에 의하여 전면책임감리 및 부분책임감리로 구분한다.

979) 법제처 개정이유.
980) 김종보, 건설법(제5판), 144면.
981) 구 「건설기술관리법」에서 법률 명칭을 「건설기술진흥법」으로 전부개정 할 당시 법률 개정이유이다.

<u>으로 정하는 자</u>를[982] 공사감리자(공사시공자 본인 및 「독점규제 및 공정거래에 관한 법률」 제2조에 따른 계열회사는 제외한다)로 지정하여 공사감리를 하게 하여야 한다(법 제25조 제1항).

　　나. 「건설산업기본법」 제41조 제1항 각 호에 해당하지 아니하는 <u>소규모 건축물로서 **건축주가 직접 시공하는 건축물 및 주택으로 사용하는 건축물**</u>[983] 중 **대통령령으로 정하는 건축물**의[984] 경우에는 **대통**

---

982) 영 제19조(공사감리) ① **법 제25조 제1항에 따라** 공사감리자를 지정하여 공사감리를 하게 하는 경우에는 다음 각 호의 구분에 따른 자를 공사감리자로 지정하여야 한다.
　1. 다음 각 목의 어느 하나에 해당하는 경우: 건축사
　　가. 법 제11조에 따라 건축허가를 받아야 하는 건축물을 건축하는 경우
　　나. 영 제6조 제1항 제6호에 따른 건축물을 리모델링하는 경우
　2. 다중이용 건축물을 건축하는 경우: 「건설기술 진흥법」에 따른 건설기술용역사업자(공사시공자 본인이거나 「독점규제 및 공정거래에 관한 법률」 제2조에 따른 계열회사인 건설기술용역사업자는 제외한다) 또는 건축사(「건설기술 진흥법 시행령」 제60조에 따라 건설사업관리기술인을 배치하는 경우만 해당한다)
　② 제1항에 따라 다중이용 건축물의 공사감리자를 지정하는 경우 감리원의 배치기준 및 감리대가는 「건설기술 진흥법」에서 정하는 바에 따른다.
　⑤ 공사감리자는 수시로 또는 필요할 때 공사현장에서 감리업무를 수행해야 하며, 다음 각 호의 건축공사를 감리하는 경우에는 「건축사법」 제2조 제2호에 따른 건축사보(「기술사법」 제6조에 따른 기술사사무소 또는 「건축사법」 제23조 제9항 각 호의 건설기술용역사업자 등에 소속되어 있는 사람으로서 「국가기술자격법」에 따른 해당 분야 기술계 자격을 취득한 사람과 「건설기술 진흥법 시행령」 제4조에 따른 건설사업관리를 수행할 자격이 있는 사람을 포함한다. 이하 같다) 중 건축 분야의 건축사보 한 명 이상을 전체 공사기간 동안, 토목·전기 또는 기계 분야의 건축사보 한 명 이상을 각 분야별 해당 공사기간 동안 각각 공사현장에서 감리업무를 수행하게 해야 한다. 이 경우 건축사보는 해당 분야의 건축공사의 설계·시공·시험·검사·공사감독 또는 감리업무 등에 2년 이상 종사한 경력이 있는 사람이어야 한다.
　1. 바닥면적의 합계가 5천 제곱미터 이상인 건축공사. 다만, 축사 또는 작물 재배사의 건축공사는 제외한다.
　2. 연속된 5개 층(지하층을 포함한다) 이상으로서 바닥면적의 합계가 3천 제곱미터 이상인 건축공사
　3. 아파트 건축공사
　4. 준다중이용 건축물 건축공사
　⑥ 공사감리자는 깊이 10미터 이상의 토지 굴착공사 또는 높이 5미터 이상의 옹벽 등의 공사(「산업집적활성화 및 공장설립에 관한 법률」 제2조 제14호에 따른 산업단지에서 바닥면적 합계가 2천제곱미터 이하인 공장을 건축하는 경우는 제외한다)를 감리하는 경우에는 건축사보 중 건축 또는 토목 분야의 건축사보 한 명 이상을 해당 공사기간 동안 공사현장에서 감리업무를 수행하게 해야 한다. 이 경우 건축사보는 해당 공사의 시공·감독 또는 감리업무 등에 2년 이상 종사한 경력이 있는 사람이어야 한다. 〈신설 2020. 4. 21.〉
　⑧ 제5항 및 제6항에 따라 공사현장에 건축사보를 두는 공사감리자는 다음 각 호의 구분에 따른 기간에 **국토교통부령**으로 정하는 바에 따라 건축사보의 배치현황을 허가권자에게 제출해야 한다.
　1. 최초로 건축사보를 배치하는 경우에는 착공 예정일부터 7일
　2. 건축사보의 배치가 변경된 경우에는 변경된 날부터 7일
　3. 건축사보가 철수한 경우에는 철수한 날부터 7일
　⑨ 허가권자는 제8항에 따라 공사감리자로부터 건축사보의 배치현황을 받으면 지체 없이 그 배치현황을 「건축사법」에 따른 건축사협회 중에서 국토교통부장관이 지정하는 건축사협회에 보내야 한다.
　⑩ 제9항에 따라 건축사보의 배치현황을 받은 건축사협회는 이를 관리해야 하며, 건축사보가 이중으로 배치된 사실 등을 발견한 경우에는 지체 없이 그 사실 등을 관계 시·도지사에게 알려야 한다.
983) 2018. 8. 14. 개정(법률 제15721호, 시행 2019. 2. 15.)으로 **허가권자**가 공사감리자를 지정하여야 하는 대상 범위를 현행 '분양을 목적으로 하는 건축물'에서 '주택으로 사용하는 건축물'로 조정하였다.
984) 영 **제19조의2(허가권자가 공사감리자를 지정하는 건축물 등)** ① 법 제25조 제2항 각 호 외의 부분 본문에서 "**대통령령으로 정하는 건축물**"이란 다음 각 호의 건축물을 말한다.
　1. 「건설산업기본법」 제41조제1항 각 호에 해당하지 아니하는 건축물 중 다음 각 목 가. [별표 1] 제1호 가목의 단독주택, 나. 농업·임업·축산업 또는 어업용으로 설치하는 창고·저장고·작업장·퇴비사·축사·양어장 및 그 밖에 이와 유사한 용도의 건축물, 다. 해당 건축물의 건설공사가 「건설산업기본법 시행령」 제8조 제1항 각 호의 어느 하나에 해당하는 경미한 건설공사인 경우의 어느 하나에 해당하지 아니하는 건축물
　2. 주택으로 사용하는 다음 각 목 가. 아파트, 나. 연립주택, 다. 다세대주택, 라. 다중주택, 마. 다가구주택의 어느

령령으로 정하는 바에 따라 **허가권자**가 해당 건축물의 설계에 참여하지 아니한 자 중에서 공사감리자를 지정하여야 한다. 다만, 다음 각 호 1. 「건설기술 진흥법」 제14조에 따른 신기술 중 **대통령령**으로 정하는 신기술을 보유한 자가 그 신기술을 적용하여 설계한 건축물, 2. 「건축서비스산업 진흥법」 제13조 제4항에 따른 역량 있는 건축사로서 **대통령령**으로 정하는 건축사가 설계한 건축물, 3. 설계공모를 통하여 설계한 건축물의 어느 하나에 해당하는 건축물의 **건축주**가 **국토교통부령**으로 정하는 바에 따라 **허가권자**에게 신청하는 경우에는 해당 건축물을 설계한 자를 공사감리자로 지정할 수 있다(법 제25조 제2항).

다. **허가권자**가 공사감리자를 지정하는 건축물의 **건축주**는 착공신고를 하는 때에 감리비용이 명시된 감리 계약서를 **허가권자**에게 제출하여야 하고, 사용승인을 신청하는 때에는 감리용역 계약내용에 따라 감리비용을 지불하여야 한다. 이 경우 **허가권자**는 감리 계약서에 따라 감리비용이 지불되었는지를 확인한 후 사용승인을 하여야 한다(법 제25조 제11항). **허가권자**는 법 제25조 제11항의 감리비용에 관한 기준을 해당 지방자치단체의 **조례**로 정할 수 있다(법 제25조 제14항).[985]

라. 법 제25조 제2항에 따라 **허가권자**가 공사감리자를 지정하는 건축물의 **건축주**는 설계자의 설계의도가 구현되도록 해당 건축물의 설계자를 건축과정에 참여시켜야 한다. 이 경우 「건축서비스산업 진흥법」 제22조를 준용한다(법 제25조 제12항).[986] 법 제25조 제12항에 따라 설계자를 건축과정에 참여시켜야 하는 **건축주**는 법 제21조에 따른 착공신고를 하는 때에 해당 계약서 등 **대통령령**으로 정하는 서류[1. 설계자의 건축과정 참여에 관한 계획서, 2. **건축주**와 설계자와의 계약서(영 제19조의2 제6항)]를 **허가권자**에게 제출하여야 한다(법 제25조 제13항).

하나에 해당하는 건축물(각 목에 해당하는 건축물과 그 외의 건축물이 하나의 건축물로 복합된 경우를 포함한다)
 3. 삭제 〈2019. 2. 12.〉
② **시·도지사**는 법 제25조 제2항 각 호 외의 부분 본문에 따라 공사감리자를 지정하기 위하여 다음 각 호의 구분에 따른 자를 대상으로 모집공고를 거쳐 공사감리자의 명부를 작성하고 관리해야 한다. 이 경우 **시·도지사**는 미리 관할 시장·군수·구청장과 협의해야 한다.
 1. 다중이용 건축물의 경우: 「건축사법」 제23조제1항에 따라 건축사사무소의 개설신고를 한 건축사 및 「건설기술 진흥법」에 따른 건설기술용역사업자
 2. 그 밖의 경우: 「건축사법」 제23조제1항에 따라 건축사사무소의 개설신고를 한 건축사
③ 제1항 각 호의 어느 하나에 해당하는 건축물의 **건축주**는 법 제21조에 따른 착공신고를 하기 전에 **국토교통부령**으로 정하는 바에 따라 **허가권자**에게 공사감리자의 지정을 신청하여야 한다.
④ **허가권자**는 제2항에 따른 명부에서 공사감리자를 지정하여야 한다.
⑤ 제3항 및 제4항에서 규정한 사항 외에 공사감리자 모집공고, 명부작성 방법 및 공사감리자 지정 방법 등에 관한 세부적인 사항은 시·도의 **조례**로 정한다.
985) 2016. 2. 3. 법률 제14016호(시행 2017. 2. 4.) 개정에서, **허가권자**의 공사감리자 지정 및 감리비용 관리 체계를 마련하였다. 즉 소규모 건축물 및 분양을 목적으로 하는 건축물 등 **대통령령**으로 정하는 건축물에 대하여 **허가권자**가 공사감리자를 직접 지정하고, **허가권자**가 공사감리자를 지정한 경우 사용승인 전에 감리 계약서에 따라 감리비용이 지불되었는지를 확인하도록 하였다.
986) 2018. 8. 14. 개정(법률 제15721호, 시행 2019. 2. 15.)으로 **건축주**는 설계자의 설계의도가 구현될 수 있도록 건축물의 설계자를 건축 과정에 참여시키도록 하였다.

3. 공사감리자가 수행하여야 하는 감리업무 및 법적 지위

'**공사감리자**'라 함은 자기 책임(보조자의 조력을 받는 경우를 포함한다)으로 이 법으로 정하는 바에
따라 건축물·건축설비 또는 공작물이 설계도서의 내용대로 시공되는지의 여부를 확인하고, 품질관리·
공사관리 및 안전관리 등에 대하여 지도·감독하는 자를 말한다(법 제2조 제1항 15호).[987] 공사감리자
가 수행하여야 하는 감리업무는 다음 1. 공사시공자가 설계도서에 따라 적합하게 시공하는지 여부의
확인, 2. 공사시공자가 사용하는 건축자재가 관계 법령에 따른 기준에 적합한 건축자재인지 여부의
확인, 3. 그 밖에 공사감리에 관한 사항으로서 **국토교통부령**으로 정하는 사항[1. 건축물 및 대지가 관계법령
에 적합하도록 공사시공자 및 **건축주**를 지도, 2. 시공계획 및 공사관리의 적정여부의 확인, 3. 공사현장에서의 안전관리의
지도, 4. 공정표의 검토, 5. 상세시공도면의 검토·확인, 6. 구조물의 위치와 규격의 적정여부의 검토·확인, 7. 품질시험의
실시여부 및 시험성과의 검토·확인, 8. 설계변경의 적정여부의 검토·확인, 9. 기타 공사감리계약으로 정하는 사항(칙 제19조
의2)]과 같다.

대법원은 "건설공사의 감리자는 제3자적인 독립된 지위에서 부실공사를 방지할 목적으로 당해 공사
가 설계도서 기타 관계 서류의 내용에 따라 적합하게 시공되는지, 시공자가 사용하는 건축자재가 관계
법령에 의한 기준에 적합한 건축자재인지 여부를 확인하는 이외에도, 설계도서가 당해 지형 등에 적합
한지를 검토하고, 시공계획이 재해의 예방, 시공상의 안전관리를 위하여 문제가 없는지 여부를 검토,
확인하여 설계변경 등의 필요 여부를 판단한 다음, 만약 그 위반사항이나 문제점을 발견한 때에는 지
체 없이 시공자 및 발주자에게 이를 시정하도록 통지함으로써, 품질관리·공사관리 및 안전관리 등에
대한 기술지도를 하고, 발주자의 위탁에 의하여 관계 법령에 따라 발주자로서의 감독권한을 대행하여
야 할 책임과 의무가 있으므로, 만약 이에 위반하여 제3자에게 손해를 입혔다면 이를 배상할 책임이
있다고 할 것이다."고 판시하였다.[988] 따라서 공사감리자는 **건축주**의 비용으로 공적 임무를 수행하는
특별한 지위를 지니게 된다.[989]

이를 보장하기 위해 「건축법」은 공사감리자의 시정·재시공 요청권 및 공사중지 요청권을 명시적으
로 정하고 있다. 공사감리자는 공사감리를 할 때 이 법과 이 법에 따른 명령이나 처분, 그 밖의 관계
법령에 위반된 사항을 발견하거나 공사시공자가 설계도서대로 공사를 하지 아니하면 이를 **건축주**에게
알린 후 공사시공자에게 시정하거나 재시공하도록 요청하여야 하며, 공사시공자가 시정이나 재시공
요청에 따르지 아니하면 서면으로 그 건축공사를 중지하도록 요청할 수 있다. 이 경우 공사중지를 요
청받은 공사시공자는 정당한 사유가 없으면 즉시 공사를 중지하여야 한다(법 제25조 제3항). 공사감리

---

987) 공사감리자의 역할은 다음과 같다(국토부, 건축행정, 2013, 51면).
　1. 설계의도대로 시공되는지와 설계도의 내용과 달리 위법 시공을 하는지 여부를 확인(설계도서의 내용대로 시공되는
　　지 확인)
　2. 부실공사의 방지 및 설계내용의 기능 및 품질확보 확인(품질관리)
　3. 공사지연으로 인한 건축주의 피해방지 및 공사기간대로 진행하고 있는지의 확인(공정관리)
　4. 공사로 인한 주변대지와 주변건축물과의 안전성여부 및 공사과정에서의 안전 확인(안전관리)
988) 대법원 2001. 9. 7. 선고 99다70365 판결.
989) 김종보, 건설법(제5판), 143면.

자는 공사시공자가 시정이나 재시공 요청을 받은 후 이에 따르지 아니하거나 공사중지 요청을 받고도 공사를 계속하면 **국토교통부령**으로 정하는 바에 따라 이를 **허가권자**에게 보고하여야 한다(법 제25조 제4항). 공사감리자는 시공자가 이에 응하지 않는 경우 <u>위법건축공사보고서</u>를 작성하여 **허가권자**에게 제출하여야 한다(칙 제19조 제1항).

대통령령으로 정하는 용도 또는 규모의 공사[연면적의 합계가 <u>5천제곱미터 이상인 건축공사(영 제19조의2 제4항)</u>]의 공사감리자는 필요하다고 인정하면 공사시공자에게 상세시공도면을990) 작성하도록 요청할 수 있다(법 제25조 제5항).

공사감리자는 **국토교통부령**으로 정하는 바에 따라 감리일지를 기록·유지하여야 하고, 공사의 공정(工程)이 **대통령령으로 정하는 진도에 다다른 경우**에는991) 감리중간보고서를, 공사를 완료한 경우에는 <u>감리완료보고서</u>를 **국토교통부령**으로 정하는 바에 따라 각각 작성하여 **건축주**에게 제출하여야 한다(법 제25조 제6항 전단). 이러한 감리완료보고서는 이후의 사용승인신청서에 포함되게 되는데(법 제22조 제1항), 이 경우 **건축주**는 감리중간보고서는 제출받은 때, 감리완료보고서는 법 제22조에 따른 건축물의 사용승인을 신청할 때 **허가권자**에게 제출하여야 한다(법 제25조 제6항 후단).

건축주나 공사시공자는 법 제25조 제3항과 제4항에 따라 <u>위반사항에 대한 시정이나 재시공을 요청</u>하거나 위반사항을 **허가권자**에게 보고한 공사감리자에게 이를 이유로 공사감리자의 지정을 취소하거나 보수의 지급을 거부하거나 지연시키는 등 불이익을 주어서는 아니 된다(법 제25조 제7항).

4. 공사감리 세부기준의 고시

공사감리의 방법 및 범위 등은 건축물의 용도·규모 등에 따라 **대통령령**으로 정하되, 이에 따른 세부

---

990) 여기서 '상세시공도면'이라 함은 시공에 적용되는 자재, 공법 등에 관한 현치도, 가공도, 설치도, 조립도, 제품안내서 등을 말한다(건축공사 감리세부기준 1.3 용어의 정의 12).

991) 영 제19조의2 ③ **법 제25조 제6항에서 "공사의 공정이 대통령령으로 정하는 진도에 다다른 경우"**란 공사(하나의 대지에 둘 이상의 건축물을 건축하는 경우에는 각각의 건축물에 대한 공사를 말한다)의 공정이 다음 각 호의 구분에 따른 단계에 다다른 경우를 말한다.
　　1. 해당 건축물의 구조가 철근콘크리트조·철골철근콘크리트조·조적조 또는 보강콘크리트블럭조인 경우: 다음 각 목의 어느 하나에 해당하는 단계
　　　가. 기초공사 시 철근배치를 완료한 경우
　　　나. 지붕슬래브배근을 완료한 경우
　　　다. 지상 5개 층마다 상부 슬래브배근을 완료한 경우
　　2. 해당 건축물의 구조가 철골조인 경우: 다음 각 목의 어느 하나에 해당하는 단계
　　　가. 기초공사 시 철근배치를 완료한 경우
　　　나. 지붕철골 조립을 완료한 경우
　　　다. 지상 3개 층마다 또는 높이 20미터마다 주요구조부의 조립을 완료한 경우
　　3. 해당 건축물의 구조가 제1호 또는 제2호 외의 구조인 경우: 기초공사에서 거푸집 또는 주춧돌의 설치를 완료한 단계
　　4. 제1호부터 제3호까지에 해당하는 건축물이 3층 이상의 필로티형식 건축물인 경우: 다음 각 목의 어느 하나에 해당하는 단계
　　　가. 해당 건축물의 구조에 따라 제1호부터 제3호까지의 어느 하나에 해당하는 경우
　　　나. 제18조의2 제2항 제3호 나목에 해당하는 경우

기준이 필요한 경우에는 **국토교통부장관**이 정하거나 건축사협회로 하여금 **국토교통부장관**의 승인을 받아 정하도록 할 수 있다(법 제25조 제8항). **국토교통부장관**은 세부기준을 정하거나 승인을 한 경우 이를 고시하여야 한다(법 제25조 제9항).[992]

「주택법」 제15조에 따른 사업계획 승인 대상과 「건설기술 진흥법」 제39조 제2항에 따라 건설사업관리를 하게 하는 건축물의 공사감리는 제1항부터 제9항까지 및 제11항부터 제14항까지의 규정에도 불구하고 각각 해당 법령으로 정하는 바에 따른다(법 제25조 제10항).

V. 건축관계자 등에 대한 업무제한

1. 제정 취지

2016. 2. 3. 법률 제14016호 개정(시행 2017. 2. 4.)으로 **건축관계자** 등에 대한 업무제한 제도를 도입하였다(법 제25조의2 신설). 즉 (1) **대통령령**으로 정하는 주요 건축물에 대하여 **건축관계자** 등이 「건축법」 제40조(대지의 안전 등), 제41조(토지 굴착 부분에 대한 조치 등) 등을 위반하거나 중대한 과실로 건축물의 기초 및 주요구조부에 중대한 손괴를 일으켜 사람을 사망하게 한 경우에 1년 이내에서 업무정지를, **대통령령**으로 정하는 규모 이상의 재산상 피해가 발생한 경우에는 최초 적발 시 6개월 이내, 그로부터 2년이 지나기 전에 재차 적발 시 1년 이내의 업무정지를 명할 수 있도록 하였다. (2) 제40조, 제41조 등을 위반한(사망사고 및 재산상 피해 제외) 경우와 제28조를 위반하여 가설시설물이 붕괴한 경우에는 시정명령 후 시정조치 불이행 시 3개월 이내, 2년 이내 재적발 시 3개월 이내, 3차 적발시 1년 이내에서 업무정지를 명할 수 있도록 하였다.

2. 업무제한의 법적 근거

가. 업무정지

허가권자는 설계자, 공사시공자, 공사감리자 및 관계전문기술자(이하 '**건축관계자등**'이라 한다)가 **대통령령**으로 정하는 주요 건축물[1. 다중이용 건축물, 2. 준다중이용 건축물(영 제19조의3 제1항)][993]에 대하여 착

---

992) 1996. 5. 18. 건설교통부고시 제1996-131호로 제정(시행 1996. 5. 18.)한 위임 행정규칙으로 「건축공사 감리세부기준」은 감리자가 건축물의 공사감리를 수행함에 있어 필요한 사항을 규정하고 있다.
993) 영 제2조(정의) 17. "다중이용 건축물"이란 불특정한 다수의 사람들이 이용하는 건축물로서 다음 각 목 가. 다음 1) 문화 및 집회시설(동물원 및 식물원은 제외한다), 2) 종교시설, 3) 판매시설, 4) 운수시설 중 여객용 시설, 5) 의료시설 중 종합병원, 6) 숙박시설 중 관광숙박시설의 어느 하나에 해당하는 용도로 쓰는 바닥면적의 합계가 5천㎡ 이상인 건축물, 나. 16층 이상인 건축물의 어느 하나에 해당하는 건축물을 말한다.
17의2. "준다중이용 건축물"이란 다중이용 건축물 외의 건축물로서 다음 각 목 가. 문화 및 집회시설(동물원 및 식물원은 제외한다), 나. 종교시설, 다. 판매시설, 라. 운수시설 중 여객용 시설, 마. 의료시설 중 종합병원, 바. 교육연구시설, 사. 노유자시설, 아. 운동시설, 자. 숙박시설 중 관광숙박시설, 차. 위락시설, 카. 관광 휴게시설, 타. 장례시설의 어느 하나에 해당하는 용도로 쓰는 바닥면적의 합계가 1천㎡ 이상인 건축물을 말한다.

공신고 시부터 「건설산업기본법」 제28조에 따른 하자담보책임 기간에 제40조(대지의 안전 등), 제41조(토지 굴착 부분에 대한 조치 등), 제48조(구조내력 등), 제50조(건축물의 내화구조와 방화벽) 및 제51조(방화지구 안의 건축물)를 위반하거나 중대한 과실로 건축물의 기초 및 주요구조부에 중대한 손괴를 일으켜 사람을 사망하게 한 경우에는 1년 이내의 기간을 정하여 이 법에 의한 업무를 수행할 수 없도록 **업무정지**를 명할 수 있다(법 제25조의2 제1항).

허가권자는 **건축관계자** 등이 제40조(대지의 안전 등), 제41조(토지 굴착 부분에 대한 조치 등), 제48조(구조내력 등), 제49조(건축물의 피난시설 및 용도제한 등), 제50조(건축물의 내화구조와 방화벽), 제50조의2(고층건축물의 피난 및 안전관리), 제51조(방화지구 안의 건축물), 제52조(건축물의 마감재료) 및 제52조의4(건축자재의 품질관리 등)를 위반하여 건축물의 기초 및 주요구조부에 중대한 손괴를 일으켜 **대통령령**으로 정하는 규모(도급 또는 하도급받은 금액의 100분의 10 이상으로서 그 금액이 1억원) 이상의 재산상의 피해가 발생한 경우에는 다음 각 호 1. 최초로 위반행위가 발생한 경우: 업무정지일부터 6개월, 2. 2년 이내에 동일한 현장에서 위반행위가 다시 발생한 경우: 다시 업무정지를 받는 날부터 1년에서 정하는 기간 이내의 범위에서 다중이용건축물 등 **대통령령**으로 정하는 주요 건축물에 대하여 이 법에 의한 업무를 수행할 수 없도록 **업무정지**를 명할 수 있다(법 제25조의2 제2항).

나. 시정명령 및 업무정지 또는 과징금 부과

(1) 시정명령

허가권자는 **건축관계자** 등이 제40조(대지의 안전 등), 제41조(토지 굴착 부분에 대한 조치 등), 제48조(구조내력 등), 제49조(건축물의 피난시설 및 용도제한 등), 제50조(건축물의 내화구조와 방화벽), 제50조의2(고층건축물의 피난 및 안전관리), 제51조(방화지구 안의 건축물), 제52조(건축물의 마감재료) 및 제52조의3(복합자재의 품질관리 등)을 위반한 경우(제1항 및 제2항에 해당하는 위반행위는 제외한다)와 제28조를 위반하여 가설시설물이 붕괴된 경우에는 기간을 정하여 시정을 명하거나 필요한 지시를 할 수 있다(법 제25조의2 제3항).

(2) 업무정지 또는 과징금 부과

허가권자는 시정명령 등에도 불구하고 특별한 이유 없이 이를 이행하지 아니한 경우에는 다음 각 호 1. 최초의 위반행위가 발생하여 **허가권자**가 지정한 시정기간 동안 특별한 사유 없이 시정하지 아니하는 경우: 업무정지일부터 3개월, 2. 2년 이내에 제3항에 따른 위반행위가 동일한 현장에서 2차례 발생한 경우: 업무정지일부터 3개월, 3. 2년 이내에 제3항에 따른 위반행위가 동일한 현장에서 3차례 발생한 경우: 업무정지일부터 1년에서 정하는 기간 이내의 범위에서 이 법에 의한 업무를 수행할 수 없도록 업무정지를 명할 수 있으며(법 제25조의2 제4항), **허가권자**는 업무정지처분을 갈음하여 다음 각 호의 구분에 따라 **건축관계자** 등에게 과징금을 부과할 수 있다(법 제25조의2 제5항).

1. 법 제25조의2 제4항 제1호 또는 제2호에 해당하는 경우: 3억원 이하
2. 법 제25조의2 제4항 제3호에 해당하는 경우: 10억원 이하

다. 기존 계약에 대한 특례 등

건축관계자 등은 법 제25조의2 제1항, 제2항 또는 제4항에 따른 업무정지처분에도 불구하고 그 처분을 받기 전에 계약을 체결하였거나 관계 법령에 따라 허가, 인가 등을 받아 착수한 업무는 사용승인을 받은 때까지 계속 수행할 수 있다(법 제25조의2 제6항). 법 제25조의2 제1항부터 제5항까지에 해당하는 조치는 그 소속 법인 또는 단체에게도 동일하게 적용한다. 다만, 소속 법인 또는 단체가 위반행위를 방지하기 위하여 해당 업무에 관하여 상당한 주의와 감독을 게을리하지 아니한 경우에는 그러하지 아니하다(법 제25조의2 제7항). 법 제25조의2 제1항부터 제5항까지의 조치는 관계 법률에 따라 건축허가를 의제하는 경우의 **건축관계자** 등에게 동일하게 적용한다(법 제25조의2 제8항). **허가권자**는 법 제25조의2 제1항부터 제5항까지의 조치를 한 경우 그 내용을 **국토교통부장관**에게 통보하여야 한다(법 제25조의2 제9항). **국토교통부장관**은 법 제25조의2 제9항에 따라 통보된 사항을 종합관리하고, **허가권자**가 해당 **건축관계자** 등과 그 소속 법인 또는 단체를 알 수 있도록 **국토교통부령**으로 정하는 바에 따라 공개하여야 한다(법 제25조의2 제10항).

라. 청문

건축관계자등, 소속 법인 또는 단체에 대한 업무정지처분을 하려는 경우에는 청문을 하여야 한다(법 제25조의2 제11항).

VI. 허용 오차

「건축법」은 건폐율, 용적률 등 수치로 각종 건축기준을 정하고 있으며, 이와 같은 건축기준을 적용함에 있어 종전에는 어떠한 경우에도 법령에서 정한 수치의 한계를 초과할 수 없도록 되어 있었으며, 만일 수치의 한계를 초과하는 경우 법령을 위반한 건물이 되었다. 그러나 의도적으로 「건축법」을 위반한 경우에는 처벌을 받은 자가 이와 같은 조치에 불만이 있을 수 없겠으나 공사 중에 부득이하게 발생하는 오차로 인하여 이러한 처벌을 받게 될 경우 법집행의 합리성과 공정성면에서 문제가 있어 이와 같은 문제점을 해소하기 위하여 1991. 5. 31. 법률 제4381호로 개정(시행 1992. 6. 1.)하면서 도입하였다.

허용오차를 적용함에 있어 유의할 사항은 대지와 관련된 건축기준의 허용오차와 건축물과 관련된 건축기준의 허용오차가 동시에 적용되는 경우 2개의 허용오차 범위에 모두 만족하여야 하여야 한다. 가령 용적율은 1% 이내지만 건축물의 평면길이가 2%를 초과하는 경우 허용오차를 초과한 것으로 적

용하여야 하고, 반대로 건축물의 평면 길이가 2% 이내지만 용적율이 1%를 초과하는 경우 허용오차를 초과한 위반건축물로 적용하여야 한다.[994]

대지의 측량(「공간정보관리법」에 따른 지적측량은 제외한다)이나 건축물의 건축 과정에서 부득이하게 발생하는 오차는 이 법을 적용할 때 **국토교통부령**으로 정하는 범위에서 허용한다(법 제26조).[995]

VII. 공용건축물에 대한 특례

국가나 지방자치단체는 제11조(건축허가), 제14조(건축신고), 제19조(**용도변경**), 제20조(가설건축물) 및 제83조(옹벽 등의 공작물에의 준용)에 따른 건축물을 건축·대수선·**용도변경**하거나 가설건축물을 건축하거나 공작물을 축조하려는 경우에는 **대통령령**으로 정하는 바에 따라 미리 건축물의 소재지를 관할하는 **허가권자**와 협의하여야 한다(제29조 제1항). 국가나 지방자치단체가 건축물의 소재지를 관할하는 **허가권자**와 협의한 경우에는 제11조, 제14조, 제19조, 제20조 및 제83조에 따른 허가를 받았거나 신고한 것으로 본다(제29조 제2항).

협의한 건축물에는 제22조(건축물의 사용승인) 제1항부터 제3항까지의 규정을 적용하지 아니한다. 다만, 건축물의 공사가 끝난 경우에는 지체 없이 **허가권자**에게 통보하여야 한다(제29조 제3항).

국가나 지방자치단체가 소유한 대지의 지상 또는 지하 여유 공간에 구분지상권을 설정하여 주민편의시설 등 **대통령령**으로 정하는 시설을 설치하고자 하는 경우 **허가권자**는 구분지상권자를 **건축주로**

---

994) 윤혁경, 건축법·조례 해설, 1─719~720면.
995) 칙 제20조(허용오차) 법 제26조에 따른 허용오차의 범위는 별표 5와 같다.
[별표 5] 〈개정 2010.8.5.〉 건축허용오차(제20조 관련)
1. 대지관련 건축기준의 허용오차

항목	허용되는 오차의 범위
건축선의 후퇴거리	3퍼센트 이내
인접대지 경계선과의 거리	3퍼센트 이내
인접건축물과의 거리	3퍼센트 이내
건폐율	0.5퍼센트 이내(건축면적 5㎡를 초과할 수 없다)
용적률	1퍼센트 이내(연면적 30㎡를 초과할 수 없다)

2. 건축물관련 건축기준의 허용오차

항목	허용되는 오차의 범위
건축물 높이	2퍼센트 이내(1미터를 초과할 수 없다)
평면길이	2퍼센트 이내(건축물 전체길이는 1미터를 초과할 수 없고, 벽으로 구획된 각실의 경우에는 10센티미터를 초과할 수 없다)
출구너비	2퍼센트 이내
반자높이	2퍼센트 이내
벽체두께	3퍼센트 이내
바닥판두께	3퍼센트 이내

보고 구분지상권이 설정된 부분을 법 제2조 제1항 제1호의 대지로 보아 건축허가를 할 수 있다. 이 경우 구분지상권 설정의 대상 및 범위, 기간 등은 「국유재산법」 및 「공유재산법」에 적합하여야 한다 (제29조 제4항).

위의 특례 규정은 국가나 지방자치단체가 건축하는 경우로 한정하고 있으므로 국가나 지방자치단체의 위임위탁을 받아 수행하는 한국은행, 한국고속철도공단 등 공사나 공기업 등이 **건축주**로 하는 건축물은 이에 해당되지 않는다. 공용건축물의 특례에서 "특례"란 행정절차상의 특례를 인정하는 것이지 건축관계법령의 기준을 예외로 적용하는 등의 특례를 인정하는 것은 아니다. 따라서, 해당 공사의 착공신고 및 공사감리 등은 수행하여야 하는 것이며, 공사감리의 경우 「건축사법」에 따른 공용건축물 감리 특례사항에 적합한 경우라면 건축사업무신고를 하지 않은 자라도 국가 등에 소속된 자가 감리 등을 할 수 있다.996)

제10절 기타 건축행정

Ⅰ. 현장조사·검사 및 확인업무의 대행

1. 제정 취지

위법 건축물의 발생을 방지하기 위하여 **허가권자**가 건축물의 허가 또는 사용승인 시 건축사로 하여금 현장조사·검사 및 확인업무를 대행할 수 있도록 한 것으로, 해당 공사감리자나 설계자가 조사·검사·확인업무를 대행할 경우 자기가 설계하고 공사감리한 건축물에 대하여 형식적인 검사·확인이 될 수 있어 해당 건축물의 공사감리자나 설계자가 아닌 <u>제3의 건축사</u>로 하여금 동 업무를 대행토록 한 것이다. 건축허가나 사용승인을 위한 현장의 확인은 원칙적으로 공무원이 하는 것이 옳다. 하지만 공무원의 현장출입으로 인한 부조리가 생길 것이라는 이유로 애초에 제도적으로 접촉을 금하는 방안이 강구되었는데, 그것이 바로 현장조사·검사 및 확인업무의 대행이다.997) 1991. 5. 31. 전면개정으로 <u>단독주택 등 소규모 건축물</u>에 한하여 현장조사 및 검사 등의 업무를 건축사가 대행하던 것을 그 대행범위를 확대하여 건축사협회등 민간전문기관도 수행할 수 있도록 하였다. 이에 따라 1992. 5. 30. **대통령령** 제13655호로 개정(시행 1992. 6. 1.)된 시행령에 의하여 시장 등이 건축허가·중간검사 및 사용검사를 위하여 필요한 건축현장의 조사나 검사등의 업무를 일정한 용도와 규모이하의 건축물에 한하여 건축사로 하여금 대행하도록 하여 왔으나, 그 대상을 <u>4층 이하로서 연면적이 2천㎡ 미만인 모든 건축물</u>로 확대함으로써 **건축주**가 관청에 직접 출입하여야 하는 불편을 해소하였다.

996) 국토부, 건축행정, 2013, 290면.
997) 윤혁경, 건축법·조례 해설, 1—752면.

2. 업무대행·결과보고 및 수수료 지급

허가권자는 이 법에 따른 현장조사·검사 및 확인업무를 **대통령령**으로 정하는 바에 따라 「건축사법」 제23조에 따라 건축사사무소개설신고를 한 자에게 대행하게 할 수 있다(법 제27조 제1항). **허가권자**는 법 제27조 제1항에 따라 건축**조례**로 정하는 건축물의 <u>건축허가, 건축신고, 사용승인 및 임시사용승인</u>과 관련되는 현장조사·검사 및 확인업무를 건축사로 하여금 대행하게 할 수 있다. 이 경우 **허가권자**는 건축물의 <u>사용승인 및 임시사용승인</u>과 관련된 현장조사·검사 및 확인업무를 대행할 건축사를 다음 각 호 1. 해당 건축물의 설계자 또는 공사감리자가 아닐 것, 2. **건축주**의 추천을 받지 아니하고 직접 선정할 것의 기준에 따라 선정하여야 한다(영 제20조 제1항). 업무대행자의 업무범위와 업무대행절차 등에 관하여 필요한 사항은 건축**조례**로 정한다(영 제20조 제2항).

업무를 대행하는 자는 현장조사·검사 또는 확인결과를 **국토교통부령**으로 정하는 바에 따라 **허가권자**에게 <u>서면</u>으로 보고하여야 한다(법 제27조 제2항). **허가권자**는 제1항에 따른 자에게 업무를 대행하게 한 경우 **국토교통부령**으로 정하는 범위에서 해당 지방자치단체의 **조례**로 정하는 <u>수수료</u>를 지급하여야 한다(법 제27조 제3항).

II. 건축통계 등

허가권자는 다음 각 호 1. 법 제11조에 따른 <u>건축허가</u> 현황, 2. 제14조에 따른 <u>건축신고</u> 현황, 3. 제19조에 따른 **용도변경**허가 및 신고 현황, 4. 제21조에 따른 <u>착공신고</u> 현황, 5. 제22조에 따른 <u>사용승인</u> 현황, 6. 그 밖에 **대통령령**으로 정하는 사항(이하 "건축통계"라 한다)을 **국토교통부령**으로 정하는 바에 따라 **국토교통부장관**이나 **시·도지사**에게 보고하여야 한다(법 제30조 제1항).

건축통계의 작성 등에 필요한 사항은 **국토교통부령**으로 정한다(법 제30조 제2항).

III. 건축행정 전산화

국토교통부장관은 이 법에 따른 건축행정 관련 업무를 전산처리하기 위하여 <u>종합적인 계획을 수립·시행</u>할 수 있다(법 제31조 제1항).

허가권자는 제10조(건축 관련 입지와 규모의 사전결정), 제11조(건축허가), 제14조(건축신고), 제16조(허가와 신고사항의 변경), 제19조(**용도변경**), 제19조의2(복수 용도의 인정), 제20조(가설건축물), 제21조(착공신고 등), 제22조(건축물의 사용승인)까지, 제25조(건축물의 공사감리), 제29조(공용건축물에 대한 특례), 제30조(건축통계 등), 제38조(건축물대장), 제83조(옹벽 등의 공작물에의 준용) 및 제92조(조정 등의 신청)에 따른 신청서, 신고서, 첨부서류, 통지, 보고 등을 디스켓, 디스크 또는 정보통신망 등으로 제출하게 할 수 있다(법 제31조 제2항).

IV. 건축허가 업무 등의 전산처리 등

허가권자는 건축허가 업무 등의 효율적인 처리를 위하여 **국토교통부령**으로 정하는 바에 따라 전자정보처리 시스템을 이용하여 이 법에 규정된 업무를 처리할 수 있다(법 제32조 제1항).

전자정보처리 시스템에 따라 처리된 자료(이하 "전산자료"라 한다)를 이용하려는 자는 **대통령령**으로 정하는 바에 따라 관계 **중앙행정기관의 장**의 심사를 거쳐 다음 각 호 1. 전국 단위의 전산자료: **국토교통부장관**, 2. 특별시·광역시·특별자치시·도·특별자치도(이하 "시·도"라 한다) 단위의 전산자료: **시·도지사**, 3. 시·군 또는 구(자치구를 말한다) 단위의 전산자료: 시장·군수·구청장의 구분에 따라 **국토교통부장관, 시·도지사 또는 시장·군수·구청장**의 승인을 받아야 한다. 다만, 지방자치단체의 장이 승인을 신청하는 경우에는 관계 **중앙행정기관의 장**의 심사를 받지 아니한다(법 제32조 제2항).

국토교통부장관, 시·도지사 또는 시장·군수·구청장이 제2항에 따른 승인신청을 받은 경우에는 건축허가 업무 등의 효율적인 처리에 지장이 없고 **대통령령**으로 정하는 **건축주** 등의 개인정보 보호기준을 위반하지 아니한다고 인정되는 경우에만 승인할 수 있다. 이 경우 용도를 한정하여 승인할 수 있다(법 제32조 제3항).

법 제32조 제2항 및 제3항에도 불구하고 건축물의 소유자가 본인 소유의 건축물에 대한 소유 정보를 신청하거나 건축물의 소유자가 사망하여 그 상속인이 피상속인의 건축물에 대한 소유 정보를 신청하는 경우에는 승인 및 심사를 받지 아니할 수 있다(법 제32조 제4항).

법 제32조 제2항에 따른 승인을 받아 전산자료를 이용하려는 자는 사용료를 내야 한다(법 제32조 제5항).

법 제32조 제1항부터 제5항까지의 규정에 따른 전자정보처리 시스템의 운영에 관한 사항, 전산자료의 이용 대상 범위와 심사기준, 승인절차, 사용료 등에 관하여 필요한 사항은 **대통령령**으로 정한다(법 제32조 제6항).

V. 전산자료의 이용자에 대한 지도·감독

국토교통부장관, 시·도지사 또는 시장·군수·구청장은 필요하다고 인정되면 전산자료의 보유 또는 관리 등에 관한 사항에 관하여 제32조에 따라 전산자료를 이용하는 자를 지도·감독할 수 있다(법 제33조 제1항).

제1항에 따른 지도·감독의 대상 및 절차 등에 관하여 필요한 사항은 **대통령령**으로 정한다(법 제33조 제2항).

VI. 건축종합민원실의 설치

특별자치시장·특별자치도지사 또는 시장·군수·구청장은 **대통령령**으로 정하는 바에 따라 건축허가, 건축신고, 사용승인 등 건축과 관련된 민원을 종합적으로 접수하여 처리할 수 있는 민원실을 설치·운영하여야 한다(법 제34조).

| 제11절 | 건축물의 유지와 관리998) |

종래 「건축법」 제3장에 규정되어 있는 건축물의 유지·관리 등(법 제35조에서 제36조까지)은 삭제되었고, 건축지도원, 건축물대장, 등기촉탁에 관한 규정만 남아 있으며, 제2장 건축물의 건축의 규정(법 제10조에서 제34조까지)을 포함하여 **건축절차에 관한 규정**이라 할 수 있다.

I. 건축지도원

건축지도원이란 건축법규에 따른 명령이나 처분에 위반되는 건축물의 발생을 예방하고 건축물을 적법하게 유지·관리하도록 지도하는 자를 말한다. 특별자치시장·특별자치도지사 또는 시장·군수·구청장은 이 법 또는 이 법에 따른 명령이나 처분에 위반되는 건축물의 발생을 예방하고 건축물을 적법하게 유지·관리하도록 지도하기 위하여 **대통령령**으로 정하는 바에 따라 건축지도원을 지정할 수 있다(법 제37조 제1항). 법 제37조에 따른 건축지도원은 특별자치시장·특별자치도지사 또는 시장·군수·구청장이 특별자치시·특별자치도 또는 시·군·구에 근무하는 건축직렬의 공무원과 건축에 관한 학식이 풍부한 자로서 건축**조례**로 정하는 자격을 갖춘 자 중에서 지정한다(영 제24조 제1항).

건축지도원의 자격과 업무 범위 등은 **대통령령**으로 정한다(법 제37조 제2항). 건축지도원의 업무는 다음 각 호 1. 건축신고를 하고 건축 중에 있는 건축물의 시공 지도와 위법 시공 여부의 확인·지도 및 단속, 2. 건축물의 대지, 높이 및 형태, 구조 안전 및 화재 안전, 건축설비 등이 법령 등에 적합하게 유지·관리되고 있는지의 확인·지도 및 단속, 3. 허가를 받지 아니하거나 신고를 하지 아니하고 건축하거나 **용도변경**한 건축물의 단속이다(영 제24조 제2항). 건축지도원은 업무를 수행할 때는 권한을 나타내는 증표를 지니고 관계인에게 내보여야 한다(영 제24조 제3항). 건축지도원의 지정 절차, 보수 기준 등에 관하여 필요한 사항은 건축**조례**로 정한다(영 제24조 제4항).

---

998) 「건축법」 제3장에 속한다.

Ⅱ. 건축물대장[999]

1. 건축물대장의 의의 및 기재의 법적 근거

건축물대장은 **특별자치시장·특별자치도지사 또는 시장·군수·구청장**이 건축행정을 효율적으로 수행하기 위하여 건축물 및 그 대지에 관한 현황을 기록한 공적장부를 말하며, 이에 의하여 건축물의 소유·이용 상태를 확인하거나 건축정책의 기초자료로 활용한다.

특별자치시장·특별자치도지사 또는 시장·군수·구청장은 건축물의 소유·이용 및 유지·관리 상태를 확인하거나 건축정책의 기초 자료로 활용하기 위하여 건축물대장이 작성되어야 하는 경우로 다음 각 호 1. 사용승인서를 내준 경우,[1000] 2. 건축허가 대상 건축물(제14조에 따른 신고 대상 건축물을 포함한다) 외의 건축물의 공사를 끝낸 후 기재를 요청한 경우, 3. 삭제 〈2019. 4. 30.〉, 4. 그 밖에 **대통령령**으로 정하는 경우[1. 「집합건물법」 제56조 및 제57조에 따른 건축물대장의 신규등록 및 변경등록의 신청이 있는 경우, 2. 법 시행일 전에 법령 등에 적합하게 건축되고 유지·관리된 건축물의 소유자가 그 건축물의 건축물관리대장이나 그 밖에 이와 비슷한 공부(公簿)를 법 제38조에 따른 건축물대장에 옮겨 적을 것을 신청한 경우, 3. 그 밖에 기재내용의 변경 등이 필요한 경우(영 제25조)]의 어느 하나에 해당하면 건축물대장에 건축물과 그 대지의 현황 및 **국토교통부령**으로 정하는 건축물의 구조내력(構造耐力)에 관한 정보를[1001] 적어서 보관하고 이를 지속적으로 정비하여야 한다(법 제38조 제1항).

특별자치시장·특별자치도지사 또는 시장·군수·구청장은 건축물대장의 작성·보관 및 정비를 위하여 필요한 자료나 정보의 제공을 **중앙행정기관의 장** 또는 지방자치단체의 장에게 요청할 수 있다. 이 경우 자료나 정보의 제공을 요청받은 기관의 장은 특별한 사유가 없으면 그 요청에 따라야 한다(법 제38조 제2항).[1002] 지방자치단체 장에게의 요청은 시장·군수·구청장이 광역자치단체장에게 요청하는 경우이다.

건축물대장의 작성 근거는 「건축법」 제38조에 의하며, 같은 조 제3항에서 건축물대장의 서식, 기재 내용, 기재 절차, 그 밖에 필요한 사항은 **국토교통부령**으로 정하도록 하였는데, 이에 의한 위임 행정규

999) 건축물대장이 「건축법」에서 차지하는 위상은 비록 법 제38조 1개 조문에 불과하나, 감정평가실무에서는 건물과 토지의 물적관계를 증빙한다는 의미에서 비록 하위법령일지라도 이를 탐독할 필요가 있다.
1000) 사용승인된 내용에 따라 **특별자치시장·특별자치도지사 또는 시장·군수·구청장**이 **직권**으로 생성한다(건축물대장의 기재 및 관리 등에 관한 규칙 제12조).
1001) 「대장규칙」 **제7조의3(건축물의 구조내력에 관한 정보)** 법 제38조 제1항 각 호 외의 부분에서 "**국토교통부령**으로 정하는 건축물의 구조내력(構造耐力)에 관한 정보"란 다음 각 호 1. 지하수위, 2. 기초형식, 3. 설계지내력, 4. 구조설계 해석법, 5. 내진설계 적용 여부, 6. 법 제48조의3에 따른 내진능력, 7. 영 제2조 제18호에 따른 특수구조건축물(이하 "특수구조건축물"이라 한다) 해당 여부, 8. 특수구조건축물의 유형의 정보를 말한다.
1002) 동 조항은 2017. 10. 24. 법률 제14935호로 개정하여 2018. 4. 25.부터 시행한 것으로, 현행 「건축법」은 건축물의 주소를 조회하면 소유자 정보를 알 수 있으나, 건물을 여러 채 보유하고 있는 자가 상속인들에게 어떠한 건축물을 소유하고 있는지 구체적으로 알려주지 아니하고 사망한 경우 상속인들이 이를 정확히 확인하기 어려운 실정이어서, 이에 건축물 소유자가 신청하는 경우 또는 건축물 소유자가 사망한 경우 건축물 소유 정보를 관련 승인이나 심사를 받지 아니하고도 쉽게 알 수 있도록 제도를 마련하고, 건축물 소유자의 정확한 주소 확보를 위하여 건축물대장의 지속적인 정비를 의무화하며, 필요한 자료 및 정보의 제공을 **중앙행정기관의 장** 또는 지방자치단체의 장에게 요청하여 건축물대장의 소유자 주소 등을 정비할 수 있도록 하려는 것이다(법제처 개정이유).

591

칙은 2018.12.4. **국토교통부령** 제563호 개정(시행 2018.12.4.) 「건축물대장의 기재 및 관리 등에 관한 규칙」(이하 '대장규칙'이라 한다)을 말한다.[1003]

건축물대장 작성의 주된 목적은 건설법상의 각종 책임을 확정하고, 건축물에 대한 감독권을 유지하기 위한 것이다. 「건축법」도 이러한 점을 고려하여 **허가권자**에게 건축물의 소유·이용 상태를 확인하거나 건축정책의 기초자료로 활용하기 위하여 건축물대장을 작성할 의무를 부과하고 있다. 이러한 점에서 민사상 권리를 입증하는 등기부나 조세의 목적으로 작성되는 재산세 과세대장(지방세법 제121조)과 그 작성목적이 다르다. 건축물대장의 작성은 원칙적으로 건축감독의 목적을 기준으로 건축물의 위험방지와 관련된 사항의 기재를 우선해야 한다. 건축물대장이 작성되는 시점은 사용승인서가 신청되는 시점이며, 그 근거자료도 역시 사용승인 시 제출된 서류이다.[1004] 또한 누가 건물주(建物主)가 되는가 하는 것은 건축물대장이 우선적으로 결정할 일은 아니고 민사적 권리관계가 건축물대장에 우선한다. 따라서 매각(경락)허가결정서가 첨부되거나 신구 건물주간의 유효한 매매계약서가 존재하면 그에 따라 건축물대장상의 건물주가 되는 것이 옳다. 등기소도 건축물대장상 소유자로 등록되어 있는 자(부동산등기법 제65조 제1호)만이 보존등기를 할 수 있도록 하기보다 건물주가 변경되었다는 점을 증명하는 서류가 있으면 보존등기를 허용해야 한다.[1005]

2. 건축물대장의 기재 및 관리 등에 관한 규칙

이 규칙은 「건축법」 제38조·제39조 및 동법 시행령 제25조에 따라 **건축물대장의 서식·기재내용·기재절차·관리 및 등기촉탁의 절차 등**에 관하여 필요한 사항을 규정함을 목적으로 한다.

가. 건축물대장의 종류 및 작성방법
건축물대장의 종류는 다음 각 호 1. 일반건축물대장: 일반건축물에 해당하는 건축물 및 대지에 관한 현황을 기재한 건축물대장, 2. 집합건축물대장: 집합건축물에 해당하는 건축물 및 대지에 관한 현황을 기재한 건축물대장으로 구분한다(대장규칙 제4조).
건축물대장의 작성방법으로 건축물대장은 건축물 1동을 단위로 하여 각 건축물마다 작성하고, 부속건축물이 있는 경우 부속건축물은 주된 건축물대장에 포함하여 작성한다. 하나의 대지에 2 이상의 건축물(부속건축물을 제외한다)이 있는 경우에는 총괄표제부를 작성하여야 한다. 건축물대장에는 건축물현황도가 포함된다. **집합건축물대장**은 표제부와 전유부(專有部)로 나누어 작성한다. 건축물이 다가구주택인 경우에는 다가구주택의 호(가구)별 면적대장을 작성해야 한다(대장규칙 제5조).

나. 건축물대장의 생성
여기서 "생성"이라 함은 건축물이 신축·개축(전부를 개축하는 경우에 한한다)·재축·증축(기존 건축물과 별개의 동으로 증축한 것에 한한다) 등에 의하여 대지에 건축물의 건축공사가 완료된 후 건축물대장을 새로이 작성하는 것을 말한다(대장규칙 제2조 제1호). 동일 대지에 기존 건축물대장이 존재하는 경우에는 그 대장을 말소하거나 폐쇄하기 전에는 새로운 건축물대장을 작성할 수 없다(대장규칙 제6조).

1003) 동 규칙은 「건축법」 제38조·제39조 및 동법 시행령 제25조에 따라 건축물대장의 서식·기재내용·기재절차·관리 및 등기촉탁의 절차 등에 관하여 필요한 사항을 규정함을 목적으로 한다. 1992. 6. 1. 건설부령 제507호로 제정하여 같은 날부터 시행하였다.
1004) 김종보, 건설법(제5판), 155면.
1005) 김종보, 건설법(제5판), 157면.

특별자치시장·특별자치도지사 또는 시장·군수·구청장은 다음 각 호 1. 법 제22조 제2항에 따라 사용승인(다른 법령에 따라 사용승인으로 의제되는 준공검사·준공인가 등을 포함한다)을 하는 경우: 사용승인된 내용에 따라 생성, 2. 법 제29조에 따른 공용건축물의 공사완료를 통보받은 경우: 영 제22조 제3항 및 칙 제22조 제2항에 따라 제출된 서류에 따라 생성, 3. 「주한미군기지 이전에 따른 평택시 등의 지원 등에 관한 특별법」 제8조에 따라 반환되는 공여구역의 건축물에 대하여 국방부장관의 요청이 있는 경우: 해당 건축물에 대한 국유재산대장부본 및 건물배치도에 따라 생성의 구분에 따라 건축물대장을 생성하여야 한다. 다만, 법 제20조에 따른 가설건축물은 제외한다(대장규칙 제12조 제1항).

건축물의 공사를 완료한 자는 건축물대장생성신청서에 다음 각 호 1. 대지의 범위와 그 대지의 사용에 관한 권리를 증명하는 서류, 2. 건축물현황도, 3. 현황측량성과도(경계복원측량도로 갈음할 수 있다)의 서류를 첨부하여 특별자치시장·특별자치도지사 또는 시장·군수·구청장에게 신청하여야 한다(대장규칙 제12조 제2항).

건축물대장생성 신청을 받은 특별자치시장·특별자치도지사 또는 시장·군수·구청장은 신청내용이 건축물 및 대지의 실제 현황과 합치되고 건축법령이 정한 건축기준 및 관계 법령 등의 규정에 적합한 건축물에 대하여 건축물대장을 생성하여야 한다(대장규칙 제12조 제3항).

특별자치시장·특별자치도지사 또는 시장·군수·구청장은 건축물대장생성 신청이 없는 경우에는 건축주 또는 소유자에게 건축물대장생성의 신청을 권고하거나 직권으로 해당 건축물에 대한 건축물대장을 생성할 수 있다. 직권으로 건축물대장을 생성하는 경우에 특별자치시장·특별자치도지사 또는 시장·군수·구청장은 해당 건축물의 건축주 또는 소유자에게 그 사실을 통지하여야 한다(대장규칙 제12조 제4항). 직권에 의한 건축물대장생성 통지를 하려는 특별자치시장·특별자치도지사 또는 시장·군수·구청장이 통지받는 자의 주소 또는 거소를 알 수 없는 때에는 건축물대장생성 사실을 해당 특별자치시·특별자치도 또는 시·군·구의 게시판에 게시하거나 특별자치시·특별자치도 또는 시·군·구의 공보나 일간신문에 게재함으로써 건축주 또는 소유자에게 통지된 것으로 본다(대장규칙 제12조 제5항).

다. 건축물대장의 전환·합병
(1) 전환
"건축물대장의 전환"이라 함은 "일반건축물대장"이 "집합건축물대장"으로 되는 것을 말한다(대장규칙 제2조 제5호). 건축물의 소유자는 건축물대장의 전환을 하려는 경우에는 건축물대장전환신청서에 다음 각 호 1. 전환하려는 건축물의 건축물현황도(건축물현황도의 내용이 변경된 경우에 한한다), 2. 전환하려는 건축물의 등기사항증명서(등기필증의 제시로 갈음할 수 있다), 3. 해당 건축물에 거주하는 임차인에게 그 건축물의 **용도변경**으로 인하여 동 번호 및 호수 등이 변경된다는 사실을 통지하였음을 증명하는 서류를 첨부하여 특별자치시장·특별자치도지사 또는 시장·군수·구청장에게 해당 건축물대장의 전환을 신청하여야 한다(대장규칙 제15조 제1항).

특별자치시장·특별자치도지사 또는 시장·군수·구청장은 건축물대장을 전환하는 경우에는 「집합건물법」 등 관계 법령에 적합한지를 검토하고(대장규칙 제15조 제2항), 건축물대장을 전환한 때에는 기존 건축물대장을 폐쇄하여야 한다(대장규칙 제15조 제3항).

(2) 합병
"건축물대장의 합병"이라 함은 "집합건축물대장"이 "일반건축물대장"으로 되는 것을 말한다(대장규칙 제2조 제6호). 건축물의 소유자는 건축물대장의 합병을 하려는 경우에는 건축물대장 합병신청서에 다음 각 호 1. 합병하려는 건축물의 건축물현황도(건축물현황도의 내용이 변경된 경우에 한한다), 2. 합병하려는 건축물의 등기사항증명서(등기필증의 제시로 갈음할 수 있다)의 서류를 첨부하여 특별자치시장·특별자치도지사 또는 시장·군수·구청장에게 해당 건축물대장의 합병을 신청하여야 한다(대장규칙 제16조 제1항).

소유권·전세권 및 임차권의 등기 외의 권리에 관한 등기가 있는 건물에 관하여는 합병의 등기를 할 수 없다는 「부동산등기법」 제42조 제1항에 따라 합병의 등기를 할 수 없는 건축물의 건축물대장은 합병할 수 없다(대장규칙 제16조 제2항).

특별자치시장·특별자치도지사 또는 시장·군수·구청장은 건축물대장을 합병할 경우에도 「집합건물법」 등 관계 법령에 적합한지를 검토하고(대장규칙 제16조 제3항), 건축물대장의 합병을 한 때에는 기존 건축물대장을 폐쇄하여야 한다(대장규칙 제16조 제4항).

라. 건축물대장 등본·초본의 발급 및 열람

건축물대장의 등본·초본을 발급받거나 열람하려는 자는 다음 각 호 1. 별지 제1·3·5·7호 서식의 첫째면, 2. 각 서식의 전체면(건축물현황도를 제외한다), 3. 건축물현황도 중 필요한 부분을 선택하여 특별자치시장·특별자치도지사, 시장·군수·구청장(자치구가 아닌 구의 구청장을 포함한다) 또는 읍·면·동장(이하 "등본·초본발급 또는 열람기관의 장"이라 한다)에게 신청하여야 하고, 등본·초본발급 또는 열람기관의 장은 그에 따라 건축물대장의 등본·초본을 발급하거나 열람하게 하여야 한다. 다만, 건축물대장이 「공공기관의 정보공개에 관한 법률」 제9조 제1항 제2호 및 제4호에 해당하는 비공개대상정보인 경우에는 그러하지 아니하다(대장규칙 제11조 제1항).

건축물대장은 건축물의 현황 등을 기재하는 공적문서에 불과하다(건축물대장의 확인적 효력). 따라서 건축물대장이 존재하지 않거나 현황과 다른 기재가 존재한다고 하여도 기존의 권리·의무에 변동을 주지 않는다. 건축물관리대장 등본의 교부는 「민원 처리에 관한 법률」 제2조 제1호 가목 1)에 규정되어 있는 민원사항으로서 민원인의[1006] 신청이 있으면 행정관청으로서는 정당한 사유가 있는 경우를 제외하고는 즉시 이를 처리하여야 할 법령상의 의무를 부담하고 있다 할 것이고, 분양처분에 의하여 위 65세대를 분양받은 자가 적법하게 소유권을 취득한 것이 아니라는 사유만으로는 건축물관리대장등본의 발급을 거부하여야 할 정당한 사유가 있다고 볼 수 없다.[1007]

마. 건축물대장의 변경

건축물의 소유자는 가. 집합건축물대장의 전유부의 변경(대장규칙 제17조), 나. 건축물대장의 표시사항 변경(대장규칙 제18조), 다. 건축물대장의 소유자 변경(대장규칙 제19조), 라. 건축물대장의 지번 변경(대장규칙 제20조), 마. 건축물대장의 도로명주소 관한 사항을 변경하려는 때에는 일정한 서류를 첨부하여 **특별자치시장·특별자치도지사 또는 시장·군수·구청장**에게 신청하여야 하며, **특별자치시장·특별자치도지사 또는 시장·군수·구청장**은 이를 확인한 후 그 도로명주소를 변경하여야 한다(대장규칙 제20조의2).

바. 건축물대장 기초자료의 관리 및 건축물대장의 기재내용 정정

특별자치시장·특별자치도지사 또는 시장·군수·구청장은 건축물대장의 기재누락이나 소유권 불일치와 같은 오류사항 등을 조사하여 건축물대장 기초자료를 작성·관리할 수 있으며, **국토교통부장관**은 이에 필요한 세부기준을 정할 수 있다(대장규칙 제21조 제1항).

특별자치시장·특별자치도지사 또는 시장·군수·구청장은 건축물대장 기초자료 등을 통해 건축물대장의 기재내용에 잘못이 있거나 기재내용이 누락되어 있음을 발견한 경우에는 그 사실을 확인한 후 직권으로 이를 정정하거나 기재할 수 있다. 이 경우 **특별자치시장·특별자치도지사 또는 시장·군수·구청장**은 지체 없이 그 내용을 건축물의 소유자에게 통지하여야 한다(대장규칙 제21조 제2항).

건축물의 소유자는 건축물대장의 기재내용에 잘못이 있음을 발견한 경우에는 법정한 신청서에 다음 각 호 1. 건축물대장의 표시사항을 정정하려는 경우에는 잘못이 있는 부분의 건축물현황도면과 이를 증명하는 서류, 2. 건축물대장의 소유자에 관한 사항을 정정하려는 경우에는 건물 등기사항증명서(등기필증의 제시로 갈음할 수 있다), 3. 건축물대장의 지번에 관한 사항을 정정하려는 경우에는 토지대장 또는 임야대장. 이 경우 건축물의 대지위치에 관한 사항일 경우에는 현황측량성과도(「공간정보관리법」 제23조 제1항에 따라 지적측량을 실시하는 경우에 한정하며, 경계복원측량도로 갈음할 수 있다)를 포함한다. 4. 건축물대장에 도로명주소에 관한 사항을 정정하려는 경우에는 도로명주소개별대장의 서류를 첨부하여 그 잘못된 부분의 정정을 신청할 수 있다(대장규칙 제21조 제3항).

특별자치시장·특별자치도지사 또는 시장·군수·구청장은 건축물의 기재내용을 정정하려는 때에는 신청내용이 건축물 및 대지의 실제 현황과 합치되는지 여부를 대조·확인하여야 한다(대장규칙 제21조 제4항).

앞에서와 같이 건축물대장발급 자체에 대해서는 행정청이 거부할 수 없는 것이 원칙이지만(대장규칙 제11조 제1항), 건축물의 현황 등에 관한 포괄적인 사항을 기록하고 있는 건축물대장의 성격상 그 변경신청을 인정할 수 없는 것이 원칙이다.[1008] 그러나 예외적으로 **건축주명의변경**에 대해서는 건축물대장의 변경신청권이 인정되어야 하므로 모든 변경신청이 원천적으로 봉쇄되는 것은 아니다. 따라서 국민의 권리관계에 상당한 정도로 영향을 미치는 것으로 판단되는 사안에 있어서는 건축물대장 변경신청권이 인정된다고 보아야 한다.[1009] 또한 건축물이 철거 또는 멸실된 경우에 소유자나 관리자의 신청에 의하거나 행정청은 대장과 실질을 일치시키기 위해 건축물대장을 직권으로 말소할 수 있다(대장규칙 제22조 제3항).[1010]

사. 건축물의 철거·멸실 등에 따른 건축물대장의 말소 및 말소·폐쇄 방법

"말소"라 함은 철거·멸실 등으로 인하여 건축물의 전부 또는 일부가 없어진 경우에 해당 건축물대장을 "**말소**" 표시를 하고 더 이상 사용하지 아니하거나 건축물대장의 해당 사항을 지우는 것을 말한다(대장규칙 제2조 제7호). 건축물의 소유자나 관리자는 건축물의 전부 또는 일부가 철거·멸실 등으로 없어진 경우에는 건축물대장 말소신청서를 작성하여 **특별자치시장·특별자치도지사 또는 시장·군수·구청장**에게 건축물대장의 말소를 신청하여야 한다. 다만, 법 제36조에 따라 철거 또는 멸실 신고를 한 경우에는 그러하지 아니하다(대장규칙 제22조 제1항). 공용건축물의 경우에는 해당 기관의 장이 철거·멸실 등으로 없어진 건축물의 개요, 철거·멸실 등의 사유 및 철거·멸실 등 전·후 사진(영 제22조 제1항 단서에 따라 설계도서의 제출을 생략할 수 있는 건축물의 경우에는 해당 기관 장의 확인서로 사진을 갈음할 수 있다)을 첨부하여 문서로 요청하여야 한다(대장규칙 제22조 제2항).

특별자치시장·특별자치도지사 또는 시장·군수·구청장은 건축물이 철거·멸실되었음에도 소유자나 관리자가 건축물대장의 말소 신청을 하지 아니하거나 건축물의 철거 또는 멸실 신고가 없는 경우에는 직권으로 해당 건축물대장을 말소할 수 있다. 이 경우 지체 없이 그 내용을 건축물의 소유자에게 통지하여야 한다(대장규칙 제22조 제3항). 통지받는 자의 주소 또는 거소를 알 수 없는 때에는 건축물대장의 말소 사실을 해당 특별자치시·특별자치도 또는 시·군·구의 게시판에 게시하거나 공보나 일간신문에 게재함으로써 **건축주** 또는 소유자에게 통지된 것으로 본다(대장규칙 제12조 제5항 및 제22조 제4항). 기존 건축물대장을 말소하거나 폐쇄하려는 때에는 건축물대장 변동사항란에 그 사유 및 말소·폐쇄일자를 기재하고, 건축물대장의 첫째면에 "말소" 또는 "폐쇄" 표시를 하여야 한다. 다만, 건축물의 일부가 철거 또는 멸실된 경우에는 건축물대장의 해당 사항을 지우고 변동사항란에 그 사유 및 말소일자를 기재하여야 한다(대장규칙 제23조).

아. 위반건축물의 기재

허가권자는 법 제79조 제4항에 따라 시정명령을 할 때마다 건축물대장에 다음 각 호 1. "위반건축물"이라는 표시, 2. 위반일자, 3. 위반내용, 4. 시정명령한 내용의 사항을 기재하여야 한다(대장규칙 제8조 제1항).[1011]

1006) 「민원 처리에 관한 법률」 제2조 제2호. "민원인"이란 행정기관에 민원을 제기하는 개인·법인 또는 단체를 말한다. 다만, 행정기관(사경제의 주체로서 제기하는 경우는 제외한다), 행정기관과 사법(私法)상 계약관계(민원과 직접 관련된 계약관계만 해당한다)에 있는 자, 성명·주소 등이 불명확한 자 등 **대통령령**으로 정하는 자는 제외한다.

1007) 대법원 1992. 4. 14. 선고 91누5556 판결; 대법원 1992. 12. 22. 선고 92누7276 판결.

1008) 김종보, 건설법(제5판), 156면; 대법원 2014. 11. 27. 선고 2014다206075 판결 ① 건축물관리대장의 등재사항에 대한 정정신청을 거부한 행위가 항고소송의 대상이 되는 행정처분에 해당하는지 여부(소극): 건축물대장에 일정한 사항을 등재하거나 등재된 사항을 변경하는 행위는 행정사무집행의 편의와 사실증명의 자료로 삼기 위한 것일 뿐이고, 그 등재나 변경등재 행위로 인하여 그 건축물에 대한 실체상의 권리관계에 어떤 변동을 가져오는 것이 아니므로, 소관청이 등재사항에 대한 변경신청을 거부하였다고 하여 이를 항고소송의 대상이 되는 행정처분에 해당한다고 할 수 없고(대법원 1989. 12. 12. 선고 89누5348 판결 참조), 이러한 법리는 「대장규칙」 제8조 제2항(현행 「대장규칙」 제21조 제3항)에서 건축물대장의 기재사항에 대한 정정을 요구할 수 있는 권리를 인정하고 있더라도 마찬가지라 할 것이므로, 건축물대장의 정정신청을 거부한 행위의 취소를 구하는 이 사건 소는 부적법하다고 할 것이다(대법원 1998. 2. 24. 선고 96누5612 판결; 같은 취지로 대법원 1990. 10. 23. 선고 90누5467 판결; 대법원 1989. 12. 12. 선고 89누5348 판결; 대법원 1985. 3. 12. 선고 84누738 판결). 지적공부 정정신청을 거부한 조치가 행정소송의 대상인 행정처분인지 여부에 대해서도 설사 지적공부상 원고의 판시 답이 750평인데 552평으로, 소외 김 수정 소유의 답이 753평인데 951평으로 등재되어 있다 하더라도 기록에 의하면 더구나 원고소유의 토지의 면적은 등기부상 원고가 정정을 구하는 면적과 동일한 답 750평으로 기재되어 있으니 이에 대한 원고의 소유권에는 아무런 변함이 없다 할 것이므로 원고의 위와 같은 지적공부 정정신청을 거부한 피고의 조치가 행정소송의 대상이 되는 행정처분이 아니라 하여 각하한 원심의 조치는 정당하다(대법원 1984. 9. 25. 선고 84누80 판결)고 하여 처분성을 부정하였다.

② 이에 반해, **건축주**명의변경신고에 대한 수리거부행위가 취소소송의 대상이 되는 처분인지 여부(적극): **건축주**명의변경신고수리거부행위는 양수인이 건축공사를 계속하기 위하여 또는 건축공사를 완료한 후 자신의 명의로 소유권보존등기를 하기 위하여 가지는 구체적인 법적 이익을 침해하는 결과가 되었다고 할 것이므로, 취소소송의 대상이 되는 처분이라고 하지 않을 수 없다(대법원 1992. 3. 31. 선고 91누4911 판결).

③ 건축물대장에 건축물 대지로 잘못 기재된 지번의 토지 소유자라고 주장하는 자(A)가 지번의 정정신청을 거부하는 건축물 소유자(B)를 상대로 건축물대장 지번정정신청절차의 이행을 구할 소의 이익이 있는지 여부(적극): 「대장규칙」 제21조에 의하면, 건축물대장 소관청은 직권에 의한 정정을 제외하고는 건축물 소유자(B)의 신청에 의

III. 등기촉탁

1. 개정 취지

1999. 5. 9. 시행부터는 건축물대장의 기재내용 중 지번 또는 행정구역의 명칭 등의 변경이 있는 경우에 시장·군수·구청장이 관할등기소에 등기촉탁을 할 수 있도록 규정하였고, 그 후 2003. 8. 28. 시행부터는 건축물의 면적·구조·용도 등 건축물의 표시변경사항과 건축물 철거·멸실의 경우에는 소유자가 관할등기소에 등기하도록 함으로써 법무사 이용에 따르는 수수료 부담 및 시간소요로 인한 국민의 불편이 있어, **건축물의 표시변경과 철거·멸실에 관련된 사항에 대하여도 시장·군수·구청장이 등기를 촉탁할 수 있도록 하였고**, 동 규정을 개정하면서 그 범위를 구체적으로 정하고 있다.[1012]

2. 행정기관의 등기촉탁 절차

특별자치시장·특별자치도지사 또는 시장·군수·구청장은 다음 각 호 1. 지번이나 행정구역의 명칭이 변경된 경우, 2. 사용승인을 받은 건축물로서 사용승인 내용 중 건축물의 면적·구조·용도 및 층수가 변경된 경우, 3. 「건축물관리법」 제30조에 따라 건축물을 해체한 경우, 4. 「건축물관리법」 제34조에 따른 건축물의 멸실 후 멸실신고를 한 경우의 어느 하나에 해당하는 사유로 건축물대장의 기재

해서만 잘못된 부분을 정정할 수 있다. 따라서 건축물대장에 건축물 대지가 아닌 토지가 건축물지번으로 잘못 기재되어 있음을 이유로 잘못 기재된 지번의 토지소유자(A)가 건축물대장 소관청에 대하여 지번의 정정을 신청하더라도, 소관청으로서는 건축물 소유자(B)의 정정신청이 없다면 지번을 정정할 수 없다. 또한 동일 대지에 기존 건축물대장이 존재하는 경우 대장을 말소하거나 폐쇄하기 전에는 새로운 건축물대장을 작성할 수 없다는 「대장규칙」 제6조에 비추어, 건축물대장에 건축물 대지가 아님에도 건축물지번으로 잘못 기재된 토지가 있는 경우에 건축물 소유자(B)가 지번의 정정신청을 거부하고 있다면, 잘못 기재된 지번의 토지 소유자(A)는 사실상 토지 위에 건축물을 신축할 수 없고 그에 따른 소유권보존등기를 마칠 수도 없는 불이익을 받고 있다고 볼 수밖에 없다. 이러한 결과는 건축물대장에 건축물 대지로 잘못 기재된 지번의 토지 소유자(A)가 가지는 토지의 사용·수익이라는 소유권에 대한 건축물 소유자의 방해 행위로 평가할 수 있다. 사정이 이러하다면, 건축물대장에 건축물 대지로 잘못 기재된 지번의 토지 소유자(A)라고 주장하는 자가 지번의 정정신청을 거부하는 건축물 소유자(B)를 상대로 건축물대장 지번의 정정을 신청하라는 의사의 진술을 구하는 소는 토지 소유권의 방해배제를 위한 유효하고도 적절한 수단으로서 소의 이익이 있다.

1009) 김종보, 건설법(제5판), 156면.

1010) 그리고 대법원은 건축물에 관하여 건축물대장이 작성되고 그에 기한 소유권보존등기가 경료된 경우, 건축물이 가지는 건축관련 법령상의 위법사항이 치유되는지 여부에 대한 사례에서 "어느 건축물에 관하여 건축물대장이 작성되고 아울러 그에 기하여 소유권보존등기가 경료되었다고 하더라도 그로 인하여 당해 건축물이 가지는 건축관련 법령상의 위법사항까지 치유되는 것은 아니라고 할 것이라고" 판시하였다(대법원 1999. 3. 9. 선고 98두19070 판결).

1011) 헌법재판소는 "건축물대장상 '위법건축물' 표시의 말소신청 반려행위가 헌법소원요건을 갖추고 있는지 여부(소극)에 대한 결정에서, 건축물대장에 하는 '위법건축물'이라는 표시는 부동산 거래의 실제에 있어서 거래성사여부나 가격형성에 영향을 미칠 수 있는 요인으로 작용할 수는 있겠으나, 그 표시를 하거나 하지 않는 것이 결코 위법 여부를 좌우하는 것은 아니다. 위법사항이 시정되지 않은 상태에서 표시만 말소된다면 잘못된 정보로서 기능하게 될 뿐이며, 소유자가 「건축법」상의 시정명령이나 이행강제금부과처분을 받는 것을 면할 수는 없다. 그러므로 위 표시의 말소신청을 반려한 피청구인의 행위는 청구인의 권리나 법적지위에 영향을 미치는 바가 없어서 기본권을 침해할 가능성이 없으므로, 이를 취소하여 달라는 이 심판청구는 「헌법재판소법」 제68조 제1항의 헌법소원 요건을 갖추지 못하였다고" 하였다(헌재 2000. 8. 31. 99헌마602결정).

1012) 법제처 개정이유.

내용이 변경되는 경우(제2호의 경우 신규 등록은 제외한다) 관할 등기소에 그 등기를 촉탁하여야 한다. 이 경우 제1호와 제4호의 등기촉탁은 지방자치단체가 자기를 위하여 하는 등기로 본다(법 제39조 제1항).

등기촉탁의 절차에 관하여 필요한 사항은 **국토교통부령**으로 정한다(법 제39조 제2항).

제3장 건축허가요건

제1절 개설

「건축법」제40조부터 제68조까지는 <u>건축물의 위험방지를 위한 건축허가요건</u>(제4장 건축물의 대지와 도로, 제5장 건축물의 구조 및 재료 등, 제6장 지역 및 지구의 건축물, 제7장 건축설비)이 집중적으로 규정되어 있다. 「건축법」은 건축물로부터 발생하는 위험을 방지하기 위해 건축물의 건축행위를 일반적으로 금지시켜 놓고, 「건축법」이 규정하고 있는 허가요건을 충족하는 건축물에 대해서 개별적으로 그 건축을 허가하는 방식을 취하고 있다. 그러므로 「건축법」상 허가요건은 위험을 방지하기 위해 건축물이 갖추어야 할 기준으로 「건축법」이 정해 놓은 것을 말한다. 건축허가요건은 사람의 생명·신체의 안전과 관련되는 것이므로 그 중 하나라도 충족되지 않으면 건축허가는 거부되어야 한다. 또한 건축경찰법상의 관점에서만 본다면, 건축허가요건이 모두 충족되는 한 반드시 건축허가가 발급되어야 할 것이다(기속행위). 허가요건의 목적은 행정법규가 추구하는 공익을 위한 것이며, 법목적이 건축물의 대지·구조·설비 기준 및 용도 등을 정하고 건축물의 안전·기능·환경 및 미관의 향상을 목적(법 제1조)으로 하는 법목적 조항은 건축허가 요건을 해석함에 있어 가장 중요한 해석 기준이 된다. 따라서 건축경찰법으로서 「건축법」이 정하고 있는 건축허가 요건은 건축물로부터 오는 위험을 방지하기 위한 규정이라는 점에 입각하여 해석되어야 한다. [1013]

그리고 「건축법」에는 <u>2가지 차원의 건축허가요건</u>이 공존하고 있다. <u>첫째는 건축물 차원의 허가요건</u>으로, 건축물 자체가 갖추어야 하는 위험방지요건들로 구성되어 있으며, <u>건축경찰법이라는 목적에 충실한 규정들이다. 둘째는 도시환경 차원의 허가요건</u>으로, 개별 건축물 문제가 아닌 <u>건축물이 도시환경에 미치는 요소들의 관계에 대한 규정들로 구성된다. 「건축법」에서 도시환경 차원의 허가요건은 제4장 (건축물의 대지와 도로)과 제6장(지역 및 지구의 건축물)에서 규정하고 있다. 이러한 도시환경 차원의 허가요건은 엄격하게 말하자면, <u>토지의 효율성을 목적으로 하는 국토계획법적 허가요건</u>이다. 그럼에도 불구하고 도시환경 차원의 허가요건이 「건축법」에 남아 있는 이유는 첫째, 「건축법」이 1962년 제정 당시부터 <u>도시계획법적 성격의 조항들을 포함해 온 관습적인 측면에서 이해할 수 있으며, 둘째, <u>부분적</u>

[1013] 김종보, 건설법(제5판), 55면.

으로나마 건축위험 방지의 측면이 있다는 점을 들 수 있다.[1014) 결국 "제2절 건축물의 대지와 도로(법 제4장)"와 "제3절 지역 및 지구의 건축물(법 제6장)"에 관한 것은 건축물의 위험방지를 위한 건축허가 요건이라기보다 국토계획법적 허가요건에 해당하고 이들을 먼저 제2절에서 설명한다.[1015)

한편, 제3장은 건축기술적인 규정이 많은 한계로 「건축법」의 구성과 달리 **제2절 국토계획법적 요건** (제1항 건축물의 대지와 도로, 제2항 지역 및 지구의 건축물), **제3절 건축물의 위험방지요건**(Ⅰ. 구조 안전요건, Ⅱ. 피난요건, Ⅲ. 방화요건, Ⅳ. 침수방지요건, Ⅴ. 기타 위험방지요건),[1016) **제4절 건축물의 기능·소음방지 및 위생 요건**(Ⅰ. 의의, Ⅱ. 기능요건으로서의 건축설비, Ⅲ. 소음방지요건, Ⅳ. 위생요 건), **제5절 그 밖의 요건**을 구분하여 건축허가요건을 설명한다.

제2절   국토계획법적 요건

제1항 건축물의 대지와 도로[1017)

Ⅰ. 개설

「건축법」 제4장에 속하는 건축물의 대지와 도로는 대지와 도로에 관한 규정으로 나뉜다. 먼저 건축 물 대지의 효율적 이용에 관한 것은 국토계획법적 규율이지만 건축물의 대지로서 안전은 건축허가요건 이라 할 수 있다.

다음으로 도로의 건축허가요건은 건축물자체의 위험을 방지하기 위한 건축경찰법상의 건축허가요건 과는 성격이 다르고, 국토계획법적 허가요건에 가까운 것이다. 그럼에도 불구하고 도로의 건축허가요 건이 「건축법」에 남아 있는 이유는 우리나라의 「건축법」이 상당 기간 「국토계획법」의 기능을 중첩적 으로 수행해 왔다는 연혁적인 측면과 부분적으로 위험방지에도 일정한 기여를 했다는 점 때문이다. 가령 도로는 토지의 합리적 이용을 위해 건축물이 도시의 혈관기능을 하는 도로에 연결되어야 한다는 점, 건축물이 도로를 침범할 수 없다는 점 등에서 국토계획법적인 관점이 강한 허가요건이다. 그러나 다른 한편 화재 시 소방차가 진입할 수 있는 조건으로서 도로망과의 연결은 건축경찰법적인 위험방지 의 요소를 동시에 충족시킨다.[1018)

1014) [네이버 지식백과] 지역지구가 걸치는 경우의 조치 - 도시환경 차원의 허가요건 (그림으로 이해하는 건축법, 이재인).
1015) 제3장의 건축허가요건에서는 이 밖에도 「건축법」외 다른 법률에 의한 건축허가요건이 있다.
1016) 건축물의 위험을 방지하기 위한 요건의 법 구성 체계는 방화요건을 먼저 정하고 방화 등으로부터 피난요건을 정 하는 것이 바람직할 것으로 보인다.
1017) 「건축법」 제4장에 "건축물의 대지와 도로"라는 제목으로 규정되어 있다.
1018) 김종보, 건설법(제5판), 82면.

II. 건축물의 대지

1. 의의

건축물이 건축되는 '대지(垈地)'는, 원칙적으로 「공간정보관리법」에 따라 각 필지(筆地)로 나눈 토지를 말한다. 다만, 예외적으로 **대통령령**으로 정하는 토지는 **둘 이상의 필지를 하나의 대지**로 하거나, **하나 이상의 필지의 일부를 하나의 대지**로 할 수도 있다(법 제2조 제1항 제1호).[1019] 두 필지 이상의 대지에 하나의 건축물을 건축하는 경우 각 필지의 대지를 합하여 하나의 대지로 보아 건폐율·용적률 등을 산정하고, 법 제22조에 따른 사용승인을 신청할 때 둘 이상의 필지를 하나의 필지로 합칠 것을 조건으로 건축허가를 하는 경우에 그 필지가 합쳐지는 토지를 하나의 대지로 하였으나, 토지 소유자가 달라 「공간정보관리법」에 따른 토지 합병이 불가능하여 건축물의 사용승인 신청을 못하는 문제가 발생함에 따라 토지 소유자가 다른 경우는 제외한다. 하나의 대지를 공동 소유하는 경우 소유지분에 해당하는 범위를 분필하지 않는 한 「건축법」상 각각의 대지로 볼 수 없으며, 소유지분을 갖고 있는 1인이 건축허가를 신청하는 경우라도 전체 범위를 적용하여 「건축법」을 적용한다.[1020]

[1019] 영 제3조(대지의 범위) ① 법 제2조 제1항 제1호 단서에 따라 **둘 이상의 필지를 하나의 대지로 할 수 있는 토지**는 다음 각 호와 같다.
1. 하나의 건축물을 두 필지 이상에 걸쳐 건축하는 경우: 그 건축물이 건축되는 각 필지의 토지를 합한 토지
2. 「공간정보관리법」 제80조 제3항에 따라 합병이 불가능한 경우 중 다음 각 목 가. 각 필지의 지번부여지역(地番附與地域)이 서로 다른 경우[지번부여지역이란 지번을 설정하는 단위지역으로서 리(里), 동(洞) 또는 이에 준하는 지역을 말한다. 여기서 리, 동은 행정상 리, 동이 아닌 법정 리, 동을 말한다]. 나. 각 필지의 도면의 축척이 다른 경우, 다. 서로 인접하고 있는 필지로서 각 필지의 지반(地盤)이 연속되지 아니한 경우의 어느 하나에 해당하는 경우: 그 합병이 불가능한 필지의 토지를 합한 토지. 다만, 토지의 소유자가 서로 다르거나 소유권 외의 권리관계가 서로 다른 경우는 제외한다.
3. 「국토계획법」 제2조 제7호에 따른 도시·군계획시설에 해당하는 건축물을 건축하는 경우: 그 도시·군계획시설이 설치되는 일단(一團)의 토지
4. 「주택법」 제15조에 따른 사업계획승인을 받아 주택과 그 부대시설 및 복리시설을 건축하는 경우: 같은 법 제2조 제12호에 따른 주택단지
5. 도로의 지표 아래에 건축하는 건축물의 경우: 특별시장·광역시장·특별자치시장·특별자치도지사·시장·군수 또는 구청장(자치구의 구청장을 말한다)이 그 건축물이 건축되는 토지로 정하는 토지
6. 법 제22조에 따른 사용승인을 신청할 때 둘 이상의 필지를 하나의 필지로 합칠 것을 조건으로 건축허가를 하는 경우: 그 필지가 합쳐지는 토지. 다만, 토지의 소유자가 서로 다른 경우는 제외한다.
② 법 제2조 제1항 제1호 단서에 따라 **하나 이상의 필지의 일부를 하나의 대지로 할 수 있는 토지**는 다음 각 호와 같다.
1. 하나 이상의 필지의 일부에 대하여 도시·군계획시설이 결정·고시된 경우: 그 결정·고시된 부분의 토지
2. 하나 이상의 필지의 일부에 대하여 「농지법」 제34조에 따른 농지전용허가를 받은 경우: 그 허가받은 부분의 토지
3. 하나 이상의 필지의 일부에 대하여 「산지관리법」 제14조에 따른 산지전용허가를 받은 경우: 그 허가받은 부분의 토지
4. 하나 이상의 필지의 일부에 대하여 「국토계획법」 제56조에 따른 개발행위허가를 받은 경우: 그 허가받은 부분의 토지
5. 법 제22조에 따른 사용승인을 신청할 때 필지를 나눌 것을 조건으로 건축허가를 하는 경우: 그 필지가 나누어지는 토지
[1020] 「건축법」상의 "대지(垈地)"와 「공간정보관리법」상의 지목인 "대(垈)"는 구별되는 개념이며, 이 밖에도 "서로 인접하고 있는 필지로서 각 필지의 지반이 연속되지 아니한 경우"는 「공간정보관리법」 제80조 제3항에 따라 합병이 불가능하나 「건축법」에 따라 "둘 이상의 필지를 하나의 대지로 할 수 있는 토지"로 할 수 있는 예는 대지와 대지사이에 도로 등이 있는 경우 「공간정보관리법」에서는 각 필지의 지반이 연속되지 아니하여 두 필지(대지)의

현행 「건축법」상으로는 '1필지 1대지의 원칙'이 채택되어 있으며, 「건축법」은 건축허가 신청시에 건축할 대지의 소유에 관한 권리를 증명하는 서류를 제출하도록 함으로써(칙 제6조 제1항 제1의2호), 소유권의 객체인 필지와 건축허가요건인 대지의 소유·사용관계를 일치시키려는 노력을 하고 있다. 그러나 「건축법」상 대지는 건축허가를 위한 기본요소일 뿐 민사상 소유권 또는 거래의 객체로서의 필지와 항상 일치할 수만은 없다. 따라서 「건축법」상 대지는 「공간정보관리법」 또는 민사법상의 필지와 분리되어 다른 형태를 띠기도 한다. 그 대표적인 사례가 둘 이상의 필지가 하나의 대지를 이루거나 한 필지의 일부를 대지로 보는 「건축법」상의 예외조항 이다(법 제2조 제1항 제1호 단서 및 같은 법 시행령 제3조). 「공간정보관리법」상 지목이 대지가 아닌 경우 「국토계획법」상의 토지형질변경허가를 받고, 다시 「건축법」상 건축허가를 받아 건축물이 건축되는 절차를 거친다. 그러므로 「건축법」은 어떤 토지에 건물을 지어도 좋은지 여부에 대해 결정하는 기능은 원칙적으로 없다. 다만 대지로 신청된 당해 토지상에 건축이 가능하다는 것을 전제로 위험방지 요건만을 통제하는 기능을 담당할 뿐이다.[1021]

2. 대지의 안전요건

건축물을 건축하기 위한 토지로서의 대지는 그 자체가 함몰되거나, 침수되는 등의 위험성이 없어야 한다. 엄격히 본다면 이는 건축물 자체의 위험성과 별개로 보이나 건축물이 토지상에 건축되는 것이라는 점에서 보면 건축물의 위험상황과 불가분적으로 결합되어 있다.[1022]

대지는 인접한 도로면보다 낮아서는 아니 된다. 다만, 대지의 배수에 지장이 없거나 건축물의 용도상 방습(防濕)의 필요가 없는 경우에는 인접한 도로면보다 낮아도 된다(법 제40조 제1항). 습한 토지, 물이 나올 우려가 많은 토지, 쓰레기, 그 밖에 이와 유사한 것으로 매립된 토지에 건축물을 건축하는 경우에는 성토(盛土), 지반 개량 등 필요한 조치를 하여야 한다(법 제40조 제2항). 대지에는 빗물과 오수를 배출하거나 처리하기 위하여 필요한 하수관, 하수구, 저수탱크(貯水tank), 그 밖에 이와 유사한 시설을 하여야 한다(법 제40조 제3항).

3. 옹벽의 설치

옹벽의 축조에 관한 규정은 1962. 1. 20. 「건축법」 제정 당시부터 있었던 규정이다. 손궤(損潰: 무너져 내림)의 우려가 있는 토지에 대지를 조성하려면 **국토교통부령**으로 정하는 바에 따라 옹벽을 설치하거나 그 밖에 필요한 조치를 하여야 한다(법 제40조 제4항). 부분적으로 손궤의 우려가 있는 일부의 토지는 이를 방지하기 위해 옹벽의 설치가 의무화되어 있다.

옹벽은 건축물과 동시에 건축되는지 여부에 따라 법적 절차가 달라질 수 있다. **우선 사전설치로 건축**

합병이 불가하나, 건축법령에서는 대지와 대지 사이의 도로는 도로점용허가 등을 득하여 두 대지를 하나의 대지로 보아 건축이 가능하다 할 것이다(국토부, 건축행정, 2013, 16~17면).

[1021] 김종보, 건설법(제5판), 53~54면.
[1022] 김종보, 건설법(제5판), 73면.

허가 신청시 손괴의 우려가 있는 토지를 대지로 조성하고자 한다면, 건축허가를 위해서 「건축법 시행규칙」이 정하는 기준에 따라 옹벽설치의무가 부과된다(칙 제25조). [1023]

건축물이 이미 건축되어 있는 대지에 새롭게 옹벽을 설치하고자 하는 자는 특별자치시장·특별자치도지사 또는 시장·군수·구청장에게 신고하여야 한다(법 제83조 제1항). 이는 건축허가 당시에 존재하지 않던 위험성이 사후에 밝혀지거나, 또는 위험성이 그리 높지 않아 옹벽의 설치 의무가 면제되었던 토지에 사후적으로 옹벽을 축조하는 경우 그 신고의 요건 등을 정하는 조문이다. [1024]

4. 토지 굴착 부분에 대한 조치

공사시공자는 **대지를 조성**하거나 **건축공사**를 하기 위하여 토지를 굴착·절토(切土)·매립(埋立) 또는 성토 등을 하는 경우 그 변경 부분에는 **국토교통부령**으로[1025] 정하는 바에 따라 공사 중 비탈면 붕괴, 토사 유출 등 **위험 발생의 방지, 환경 보존**, 그 밖에 필요한 조치를 한 후 해당 공사현장에 그 사실을

1023) 칙 제25조(대지의 조성) 법 제40조 제4항에 따라 **손괴의 우려가 있는 토지에 대지를 조성하는 경우에는 다음 각 호의 조치**를 하여야 한다. 다만, 건축사 또는 「기술사법」에 따라 등록한 건축구조기술사에 의하여 해당 토지의 구조안전이 확인된 경우는 그러하지 아니하다.
   1. 성토 또는 절토하는 부분의 경사도가 1:1.5 이상으로서 높이가 1미터 이상인 부분에는 옹벽을 설치할 것
   2. 옹벽의 높이가 2미터 이상인 경우에는 이를 콘크리트구조로 할 것. 다만, [별표 6]의 옹벽에 관한 기술적 기준에 적합한 경우에는 그러하지 아니하다.
   3. 옹벽의 외벽면에는 이의 지지 또는 배수를 위한 시설외의 구조물이 밖으로 튀어나오지 아니하게 할 것
   4. 옹벽의 윗가장자리로부터 안쪽으로 2미터 이내에 묻는 배수관은 주철관, 강관 또는 흄관으로 하고, 이음부분은 물이 새지 아니하도록 할 것
   5. 옹벽에는 3제곱미터마다 하나 이상의 배수구멍을 설치하여야 하고, 옹벽의 윗가장자리로부터 안쪽으로 2미터 이내에서의 지표수는 지상으로 또는 배수관으로 배수하여 옹벽의 구조상 지장이 없도록 할 것
   6. 성토부분의 높이는 법 제40조에 따른 대지의 안전 등에 지장이 없는 한 인접대지의 지표면보다 0.5미터 이상 높게 하지 아니할 것. 다만, 절토에 의하여 조성된 대지 등 허가권자가 지형조건상 부득이하다고 인정하는 경우에는 그러하지 아니하다.
1024) 김종보, 건설법(제5판), 74면.
1025) 칙 제26조(토지의 굴착부분에 대한 조치) ① 법 제41조 제1항에 따라 대지를 조성하거나 건축공사에 수반하는 토지를 굴착하는 경우에는 다음 각 호에 따른 **위험발생의 방지조치**를 하여야 한다.
   1. 지하에 묻은 수도관·하수도관·가스관 또는 케이블등이 토지굴착으로 인하여 파손되지 아니하도록 할 것
   2. 건축물 및 공작물에 근접하여 토지를 굴착하는 경우에는 그 건축물 및 공작물의 기초 또는 지반의 구조내력의 약화를 방지하고 급격한 배수를 피하는 등 토지의 붕괴에 의한 위해를 방지하도록 할 것
   3. 토지를 깊이 1.5미터 이상 굴착하는 경우에는 그 경사도가 별표 7에 의한 비율 이하이거나 주변상황에 비추어 위해방지에 지장이 없다고 인정되는 경우를 제외하고는 토압에 대하여 안전한 구조의 흙막이를 설치할 것
   4. 굴착공사 및 흙막이 공사의 시공 중에는 항상 점검을 하여 흙막이의 보강, 적절한 배수조치 등 안전상태를 유지하도록 하고, 흙막이판을 제거하는 경우에는 주변지반의 내려앉음을 방지하도록 할 것
   ② 성토부분·절토부분 또는 되메우기를 하지 아니하는 굴착부분의 비탈면으로서 제25조에 따른 옹벽을 설치하지 아니하는 부분에 대하여는 법 제41조 제1항에 따라 다음 각 호에 따른 **환경의 보전을 위한 조치**를 하여야 한다.
   1. 배수를 위한 수로는 돌 또는 콘크리트를 사용하여 토양의 유실을 막을 수 있도록 할 것
   2. 높이가 3미터를 넘는 경우에는 높이 3미터 이내마다 그 비탈면적의 5분의 1 이상에 해당하는 면적의 단을 만들 것. 다만, 허가권자가 그 비탈면의 토질·경사도 등을 고려하여 붕괴의 우려가 없다고 인정하는 경우에는 그러하지 아니하다.
   3. 비탈면에는 토양의 유실방지와 미관의 유지를 위하여 나무 또는 잔디를 심을 것. 다만, 나무 또는 잔디를 심는 것으로는 비탈면의 안전을 유지할 수 없는 경우에는 돌붙이기를 하거나 콘크리트블록격자 등의 구조물을 설치하여야 한다.

게시하여야 한다(법 제41조 제1항). **허가권자**는 제1항을 위반한 자에게 의무이행에 필요한 조치를 명할 수 있다(법 제41조 제2항).

5. 대지의 조경과 공개공지의 확보

도시에 일정한 비율의 녹지와 공지(空地, Open Space)를[1026] 확보하는 것은 맑은 공기, 휴식 등을 위해 필수적인 것이다. 이러한 이상은 국토계획법적 수단에 의해 공원과 공개공지(公共空地)의[1027] 확보 등을 통해서도 달성되어야 하지만, 개별적인 건축물마다 일정한 조경공간과 공지를 확보하도록 요구하는 것도 병행되어야 한다. 이러한 관점에서 「건축법」은 일정면적 이상의 대지 또는 건축물에 대해 조경면적의 확보와 일정 비율 이상의 공개공지(공개공간) 확보를 의무화하고 있다. 이러한 허가요건도 역시 위험방지라는 경찰법적 요청보다는 토지의 효율성을 목적으로 하는 국토계획법적 규정에 가깝다고 할 수 있다.[1028]

「건축법」에서 공지를 확보하도록 하는 규정은 크게 ① 대지 안의 공지 규정(법 제58조), ② 대지의 조경 규정(법 제42조), ③ 공개공지 규정(법 제43조)이 있다. 이 규정들은 건축물의 건축 시 대지 안에 일정 공지를 의무적으로 확보하도록 한다는 공통점이 있다. 그러나 법 규정의 취지로 볼 때 ① 대지 안의 공지 규정이 건축물의 위험방지(건축경찰) 목적을 달성하기 위한 것이라면, ② ③ 조경 및 공개공지 규정은 지역의 환경을 쾌적하게 조성하기 위해서라는 점에서 규정 목적의 차이가 있다.[1029]

가. 조경의무가 있는 건축물

(1) 조경이라 함은 경관을 생태적·기능적·심미적으로 조성하기 위하여 식물을 이용한 식생공간을 만들거나 조경시설을 설치하는 것을 말한다(조경기준 제3조 제1호).

(2) 면적이 200㎡ 이상인 대지에 건축을 하는 **건축주**는 용도지역 및 건축물의 규모에 따라 해당 지방자치단체의 **조례**로 정하는 기준에 따라 대지에 조경이나 그 밖에 필요한 조치를 하여야 한다(법 제42조 제1항 본문).[1030]

[1026] 시가지에 확보된 건물로 차단되지 않은 영속적인 공원이나 녹지 등의 공간

[1027] '공공공지'라 함은 시·군내의 주요시설물 또는 환경의 보호, 경관의 유지, 재해대책, 보행자의 통행과 주민의 일시적 휴식공간의 확보를 위하여 설치하는 시설을 말한다(「도시계획시설규칙」 제59조).

[1028] 김종보, 건설법(제5판), 110~111면.

[1029] [네이버 지식백과] 이재인, 공개공지(공개공간) — 나의 땅을 공공이 사용할 수 있도록 하는 의무(그림으로 이해하는 건축법).

[1030] 「서울시 건축 **조례**」 제24조(대지안의 조경) ① 면적 200㎡ 이상인 대지에 건축물을 건축하고자 하는 자는 법 제42조 제1항에 따라 다음 각 호의 기준에 따른 식수 등 조경에 필요한 면적(이하 "조경면적"이라 한다)을 확보하여야 한다.
　1. 연면적의 합계가 2천㎡ 이상인 건축물: 대지면적의 15퍼센트 이상
　2. 연면적의 합계가 1천㎡ 이상 2천㎡ 미만인 건축물: 대지면적의 10퍼센트 이상
　3. 연면적의 합계가 1천㎡ 미만인 건축물: 대지면적의 5퍼센트 이상
　4. 삭제 〈2015.10.8.〉

다만, 조경이 필요하지 아니한 건축물로서 **대통령령**으로 정하는 건축물[1. **녹지지역**에 건축하는 건축물, 2. **면적 5천㎡ 미만**인 **대지**에 건축하는 **공장**, 3. **연면적**의 합계가 **1천500㎡ 미만인 공장**, 4. 「산업집적활성화 및 공장설립에 관한 법률」 제2조 제14호에 따른 **산업단지의 공장**, 5. 대지에 염분이 함유되어 있는 경우 또는 건축물 용도의 특성상 조경 등의 조치를 하기가 곤란하거나 조경 등의 조치를 하는 것이 불합리한 경우로서 건축**조례**로 정하는 건축물, 6. 축사, 7. 법 제20조 제1항에 따른 가설건축물, 8. 연면적의 합계가 1천500㎡ 미만인 물류시설(**주거지역** 또는 **상업지역**에 건축하는 것은 **제외한다**)로서 **국토교통부령**으로 정하는 것, 9. 「국토계획법」에 따라 지정된 **자연환경보전**지역·**농림**지역 또는 **관리**지역(지구단위계획구역으로 지정된 지역은 제외한다)의 건축물, 10. 다음 각 목 가. 「관광진흥법」 제2조 제6호에 따른 관광지 또는 같은 조 제7호에 따른 관광단지에 설치하는 관광시설, 나. 「관광진흥법 시행령」 제2조 제1항 제3호 가목에 따른 전문휴양업의 시설 또는 같은 호 나목에 따른 종합휴양업의 시설, 다. 「국토계획법 시행령」 제48조 제10호에 따른 관광·휴양형 지구단위계획구역에 설치하는 관광시설, 라. 「체육시설의 설치·이용에 관한 법률 시행령」 [별표 1]에 따른 골프장건축물(영 제27조 제1항)]의 어느 하나에 해당하는 건축물 중 건축**조례**로 정하는 건축물에 대하여는 조경 등의 조치를 하지 아니할 수 있으며, 옥상 조경 등 **대통령령**으로 따로 기준을 정하는 경우에는 그 기준에 따른다(법 제42조 제1항 단서). [1031]

(3) **국토교통부장관**은 식재 기준, 조경 시설물의 종류 및 설치방법, 옥상 조경의 방법 등 조경에 필요한 사항을 정하여 고시할 수 있다(법 제42조 제2항). [1032]

건축물의 옥상에 법 제42조 제2항에 따라 **국토교통부장관**이 고시하는 기준에 따라 조경이나 그 밖에 필요한 조치를 하는 경우에는 옥상부분 조경면적의 3분의 2에 해당하는 면적을 법 제42조 제1항에 따른 대지의 조경면적으로 산정할 수 있다. 이 경우 조경면적으로 산정하는 면적은 법 제42조 제1항에 따른 조경면적의 100분의 50을 초과할 수 없다(영 제27조 제3항).

---

5. 「서울시 도시계획 조례」 제54조 제3항에 따른 학교 이적지 안의 건축물: 대지면적의 30퍼센트 이상
② 제1항에 따른 조경면적은 다음 각 호의 기준에 따라 산정한다.
1. 공지(空地: 공터) 또는 지표면으로부터 높이 2미터 미만인 옥외부분의 조경면적을 모두 산입한다.
2. 온실로 전용되는 부분의 조경면적(채광을 하는 수평투영 면적으로 한다) 및 필로티 그 밖에 이와 유사한 구조의 부분으로서 공중의 통행에 전용되는 부분의 조경면적은 2분의 1을 조경면적으로 산정하되, 해당 대지의 조경면적 기준의 3분의 1에 해당하는 면적까지 산입한다.
③ 제1항 및 영 제27조 제2항에 따라 면적 200㎡ 이상 300㎡ 미만인 대지에 건축하는 건축물의 조경면적은 대지면적의 5퍼센트 이상으로 한다.
1031) 영 제27조 ② 법 제42조 제1항 단서에 따른 조경 등의 조치에 관한 기준은 다음 각 호와 같다. 다만, 건축조례로 다음 각 호의 기준보다 더 완화된 기준을 정한 경우에는 그 기준에 따른다.
  1. 공장(제1항 제2호부터 제4호까지의 규정에 해당하는 공장은 제외한다) 및 물류시설(제1항 제8호에 해당하는 물류시설과 주거지역 또는 상업지역에 건축하는 물류시설은 제외한다)
    가. 연면적의 합계가 2천제곱미터 이상인 경우: 대지면적의 10퍼센트 이상
    나. 연면적의 합계가 1천500제곱미터 이상 2천제곱미터 미만인 경우: 대지면적의 5퍼센트 이상
  2. 「공항시설법」 제2조 제7호에 따른 공항시설: 대지면적(활주로·유도로·계류장·착륙대 등 항공기의 이륙 및 착륙시설로 쓰는 면적은 제외한다)의 10퍼센트 이상
  3. 「철도의 건설 및 철도시설 유지관리에 관한 법률」 제2조 제1호에 따른 철도 중 역시설: 대지면적(선로·승강장 등 철도운행에 이용되는 시설의 면적은 제외한다)의 10퍼센트 이상
  4. 그 밖에 면적 200제곱미터 이상 300제곱미터 미만인 대지에 건축하는 건축물: 대지면적의 10퍼센트 이상
1032) 국토교통부고시 제2015—787호로 고시된 조경기준을 말한다(시행 2015. 11. 5.).

나. 공개공지 등의 확보

공개공지란 법 제43조 및 영 제27조의2에서 정한 바와 같이, 쾌적한 지역 환경을 위해 사적인 대지 안에 조성토록 강제하는, 일반 대중에게 상시 개방되는 공적 공간을 말하는 것으로(나의 땅을 공공이 사용할 수 있도록 하는 의무),[1033] 문화 및 집회시설, 판매 및 영업시설 등 다중이용시설 건축 시에 도심지 등의 환경을 쾌적하게 조성하기 위해 일반이 자유롭게 이용할 수 있도록 설치하는 개방된 소규모 휴식공간을 말한다.[1034]

공개공지에 관한 법 조문은 종래 도시설계지구제도와 같은 장에서 규율되던 것이나, 도시설계지구 관련 조문이 2000년 「도시계획법」 개정과정에서 「도시계획법」상의 지구단위계획제도로 통합되면서 같이 옮겨가지 못하고 「건축법」에 남아 있다. 「건축법」에서 규정하고 있는 공개공지의 설치기준은 아래와 같다.

(1) 설치의무 대상 지역

모든 건축물이 공개공지를 설치할 의무를 갖는 것은 아니며, 지역적으로 다음 각 호 1. **일반주거**지역, 준주거지역, 2. **상업**지역, 3. **준공업**지역, 4. **특별자치시장·특별자치도지사 또는 시장·군수·구청장**이 도시화의 가능성이 크거나 노후 산업단지의 정비가 필요하다고 인정하여 지정·공고하는 지역의 어느 하나에 해당하는 지역의 환경을 쾌적하게 조성하기 위하여 공간을 설치할 의무가 있다(법 제43조 제1항).[1035]

(2) 설치의무 대상 건축물의 용도 및 규모 등

대통령령으로 정하는 용도와 규모의 건축물은 일반이 사용할 수 있도록 **대통령령**으로 정하는 기준에 따라 소규모 휴식시설 등의 공개공지 또는 공개공간(이하 "공개공지등"이라 한다)을 설치하여야 한다(법 제43조 제1항). 법 제43조 제1항에 따라 다음 각 호 1. 문화 및 집회시설, 종교시설, 판매시설(「농수산물 유통 및 가격안정에 관한 법률」에 따른 농수산물유통시설은 제외한다), 운수시설(여객용 시설만 해당한다), 업무시설 및 숙박시설로서 해당 용도로 쓰는 바닥면적의 합계가 **5천㎡ 이상**인 건축물, 2. 그 밖에 다중이 이용하는 시설로서 건축**조례**로 정하는 건축물의 어느 하나에 해당하는 건축물의 대지에는 공개 공지 또는 공개 공간(이하 이 조에서 "공개공지등"이라 한다)을 설치해야 한다. 이 경우 공개 공지는 필로티의 구조로 설치할 수 있다(영 제27조의2 제1항).

1033) [네이버 지식백과] 이재인, 공개공지(공개공간) — 나의 땅을 공공이 사용할 수 있도록 하는 의무(그림으로 이해하는 건축법).
1034) 알기 쉬운 도시계획 용어 http://urban.seoul.go.kr/4DUPIS/wordsearch/main.do
1035) 2018. 8. 14. 개정(법률 제15721호, 시행 2019. 2. 15.)으로 지방자치단체장이 정비가 필요하다고 인정하여 지정·공고하는 노후 산업단지에 공개공지 확보를 의무화하고 용적률 등을 완화할 수 있도록 하였다.

(3) 설치의무 면적

공개공지의 면적은 **대지면적의 10% 이하의 범위**에서 건축**조례**로 정하도록 규정하고 있다(영 제27조의2 제2항 전단). 공개공지 규정은 조경의 의무설치 규정과 함께 토지의 건축적 사용을 도시환경 차원에서 중복하여 제한하는 규정이다. 따라서 조경면적과 「매장문화재 보호 및 조사에 관한 법률」 제14조 제1항 제1호에 따른 매장문화재의 현지보존 조치 면적을 공개공지등의 면적으로 할 수 있다(영 제27조의2 제2항 후단).

(4) 공개공지 설치 형식

제1항에 따라 공개공지등을 설치할 때에는 모든 사람들이 **환경친화적**으로 편리하게 이용할 수 있도록 긴 의자 또는 조경시설 등 건축**조례**로 정하는 시설을 설치해야 한다(영 제27조의2 제3항).

(5) 공개공지 설치시의 인센티브

공개공지등을 설치하는 경우에는 제55조(건폐율), 제56조(용적률)와 제60조(높이 제한)를 **대통령령**으로 정하는 바에 따라 완화하여 적용할 수 있다(법 제43조 제2항).

공개공지는 위험방지를 목적으로 하는 건축행위 규제가 아니다. 따라서 「건축법」에서는 공개공지 의무 대상 건축물(공개공지 의무 대상 건축물과 의무 대상이 아닌 건축물이 하나의 건축물로 복합된 경우를 포함)에 공개공지등을 설치하는 경우, 1. 법 제56조에 따른 용적률은 해당 지역에 적용하는 용적률의 1.2배 이하, 2. 법 제60조에 따른 높이 제한은 해당 건축물에 적용하는 높이기준의 1.2배 이하의 범위에서 완화 적용할 수 있도록 하는 보상 규정을 마련하고 있다. 만약 건축**조례**로 정한 기준이 완화 비율보다 큰 경우에는 해당 건축**조례**로 정한 바에 따른다(영 제27조의2 제4항).

가령 용적률 최대한도가 200%인 제2종일반주거지역에서 바닥면적 합계가 5,000㎡ 이상인 미술관을 건축할 경우, 공개공지를 설치해야 한다. 이때 제2종 일반주거지역의 용적률 최대한도인 200%의 1.2배를 인센티브로 받아 최대 240%까지 건축할 수 있게 된다. 반면에 공개공지 설치의무 대상 지역이 아니거나 의무 대상 지역이지만 법에 규정된 면적(5,000㎡) 미만으로 건축한 경우임에도 불구하고 「건축법」상의 설치기준에 적합한 공개공지를 설치한 경우에는 용적률 및 높이 제한의 인센티브 1.2배를 모두 받을 수 있다.[1036]

그러나 「주택법」 제15조 제1항에 따른 사업계획승인 대상인 공동주택의 경우, 공개공지를 자발적으로 설치했다 하더라도 일반인들이 주택단지 안에 들어가 공개공지를 이용하기가 사실상 어렵기 때문에 인센티브를 주지 않는다(영 제27조의2 제5항).

공개공지의 공간은 누구나 상시로 이용할 수 있다. 그러나 공적인 목적을 지닌 경우 연간 60일 이내

1036) [네이버 지식백과] 이재인, 공개공지(공개공간) — 나의 땅을 공공이 사용할 수 있도록 하는 의무(그림으로 이해하는 건축법).

의 기간 동안 건축**조례**로 정하는 바에 따라 주민들을 위한 문화행사를 열거나 판촉활동을 할 수 있다. 다만 울타리를 설치하는 등 공중이 해당 공개공지를 이용하는 데 지장을 주는 행위를 해서는 안 된다(영 제27조의2 제6항).

(6) 공개공지에 대한 행위제한

누구든지 공개공지등에 물건을 쌓아놓거나 출입을 차단하는 시설을 설치하는 등 공개공지등의 활용을 저해하는 행위를 하여서는 아니 된다(법 제43조 제4항). 제4항에 따라 제한되는 행위의 유형 또는 기준은 **대통령령**으로 정한다(법 제43조 제5항). 법 제43조 제4항에 따라 제한되는 행위는 다음 각 호 1. 공개공지등의 일정 공간을 점유하여 영업을 하는 행위, 2. 공개공지등의 이용에 방해가 되는 행위로서 다음 각 목 가. 공개공지등에 영 제27조의2 제3항에 따른 시설 외의 시설물을 설치하는 행위, 나. 공개공지등에 물건을 쌓아 놓는 행위, 3. 울타리나 담장 등의 시설을 설치하거나 출입구를 폐쇄하는 등 공개공지등의 출입을 차단하는 행위, 4. 공개공지등과 그에 설치된 편의시설을 훼손하는 행위, 5. 그 밖에 제1호부터 제4호까지의 행위와 유사한 행위로서 건축**조례**로 정하는 행위와 같다(영 제27조의 2 제7항).

(7) 공개공지에 대한 유지·관리

시·도지사 또는 시장·군수·구청장은 관할 구역 내 공개공지등에 대한 점검 등 유지·관리에 관한 사항을 해당 지방자치단체의 **조례**로 정할 수 있다(법 제43조 제3항).

Ⅲ. 「건축법」상 도로

1. 개설

건축허가요건으로서의 도로는 건축물 자체의 위험을 방지하기 위한 건축경찰법으로서의 건축허가요 건과는 성격이 다르고, 국토계획법적 허가요건에 가까운 것임을 전술하였다.[1037]

도로는 한편으로는 건축물을 짓기 위한 허가조건이면서, 다른 한편으로는 건축물의 건축을 제약하는 요소이기도 하다. 건축하고자 하는 토지가 도로에 접할 것을 건축허가요건으로 정하는 규정(법 제

[1037] 김종보, 건설법(제5판), 82면; 도로는 도시의 발달과 그 운명을 같이 해왔다. 역사상 모든 시가지가 먼저 도로의 위치 결정에서 출발했다는 점에서 도로와 도시의 형성은 불가분적 관계에 있다는 것을 알 수 있다. 도로는 토지의 사용관계와 밀접하게 관련되므로 민사적 관점이나 국유재산법적 측면에서도 많은 쟁점을 제공한다. 도로는 개발사업법의 기반시설의 무상양도, 토지의 손실보상, 종전자산평가 등과도 연결되어 있다. 김종보 교수는 만약 도로를 정확하게 이해할 수 있다면 건설법제 절반 이상을 이해한 것이라 평가해도 좋다고 한다. **사견**으로도 감정평가 관계법론을 논하면서 도로는 아무리 강조해도 지나치지 않는다.

44조)과 도로상에 건축할 수 없도록 하는 건축선 제도(법 제47조), 도로의 폭에 의해 건축물의 높이를 제한하는 사선제한(법 제60조) 등이 바로 이러한 도로와 건축허가의 관계를 잘 보여준다. [1038]

「건축법」에서 도로는 건축허가와 관련된 한도에서 제한적으로 설명되지만 도로에 대한 규율은 국토 전반과 연동하는 매우 중요한 것이어서 많은 법률에서 정하고 있다. [1039]

2. 「건축법」상 도로의 개념

가. 의의

현행법상 도시내부의 도로는 「국토계획법」상 도시·군계획시설(국토계획법 제2조 제6호 가목)이기도 하고, 다른 한편 「건축법」에 있어서 건축이 허용되기 위한 중요한 요소로서 기능하고 있다(법 제44~47조). 「건축법」은 건축허가와 관련된 도로개념이 반드시 필요해서 이를 정하고 있다. "**도로**"란 **보행**(步行)과 **자동차 통행**이 가능한 너비 4미터 이상의 도로(지형적으로 자동차 통행이 불가능한 경우와 막다른 도로의 경우에는 **대통령령으로 정하는 구조와 너비의 도로**)로서, 「국토계획법」, 「도로법」, 「사도법」, 그 밖의 관계 법령에 따라 **신설** 또는 **변경**에 관한 **고시**가 된 도로와 건축허가 또는 신고 시에 **시·도지사**(특별시장·광역시장·특별자치시장·도지사·특별자치도지사) 또는 시장·군수·구청장(자치구의 구청장을 말한다)이 위치를 지정하여 공고한 도로에 해당하는 도로나 **그 예정도로**를 말한다(법 제2조 제1항 제11호). 따라서 「건축법」상 도로의 개념은 개별법상 도로개념을 대부분(자동차전용도로 제외) 포괄하므로 가장 넓은 개념이다.

나. 「건축법」상 도로의 성립요건

도로는 학문적으로 공물(公物)이며 공공용물이다. 자연공물과 달리 인공공물의 경우 그 성립 요건은 형체적 요소와 의사적 요소를 함께 충족하여야 한다. 형체적 요소는 일반 공중의 이용에 제공될 수 있는 구조를 말하며, 의사적 요소는 도로로 제공하겠다는 행정주체의 의사표시를 말한다. [1040] 행정법학에서는 이러한 의사적 요소를 구성하는 행정주체의 의사표시를 공용개시행위라고 한다. [1041]

1038) 김종보, 건설법(제5판), 83~84면.

1039) 「도로법」 제2조 제1호에서 '도로'란 차도, 보도(步道), 자전거도로, 측도(側道), 터널, 교량, 육교 등 **대통령령**으로 정하는 시설로 구성된 것으로서 「도로법」 제10조에 열거된 것을 말하며, 도로의 부속물을 포함한다. 「도로법」은 공공용물로서의 도로 노선의 지정, 도로공사의 시행과 관련하여 도로의 개념을 정의한 것이다(도로법 제1조). 도로는 「도로법」 제25조에 따라 **도로구역으로 결정·고시**되면 「국토계획법」에 따른 도시·군관리계획 결정(도로법 제10조에 따른 도로 및 이와 관련하여 완충 목적으로 설치하는 도시·군계획시설인 녹지와 교통광장만 해당한다)·개발행위허가·실시계획인가가 의제되며, 이에 따라 「국토계획법」상 도시·군관리계획시설 및 「토지보상법」상 사업인정으로 간주된다(도로법 제29조 제1항 제4호 및 제82조 제2항).

1040) 김철용, 행정법(제6판), 842면; 김동희, 행정법Ⅱ, 269면.

1041) 이러한 공용개시행위(김철용) 또는 공용개시(김동희)를 김남진 교수는 공용지정이라고 부르고 있다(김남진·김연태, 행정법Ⅱ, 396면).

(1) 형체적(形體的) 요소

「건축법」에서 도로가 갖추어야 형체적 요소로서 도로는 원칙적으로 구조상 <u>보행과 자동차 통행 두 가지가 공히 가능</u>하여야 한다(법 제2조 제1항 제11호 전단). 따라서 보행 또는 자동차 통행이 불가능한 자동차전용도로·고가도로·고속도로와 보행자전용도로[1042] 등은 원칙적으로 「건축법」상 도로가 아니다(법 제44조 제1항 괄호 부분). 그리고 계단이나 급경사지 등 지형적으로 자동차의 통행이 불가능한 경우와 막다른 도로는 너비 4미터 이상을 갖추지 않아도 된다. 다만, **대통령령**으로 정하는 구조와 너비의 도로를 갖출 것을 요구하고 있다(법 제2조 제1항 제11호 괄호 부분).[1043] 「건축법」에서 말하는 도로는 건축물의 건축과 관련하여 건축법적 관점에서 판단되어야 하는 것이므로 「국토계획법」이 정하는 도로의 폭이나 「주택법」이 정하는 도로의 폭은 당해 법률상의 도로요건일 수 있으나 「건축법」이 요구하는 도로요건이 아니다.[1044]

(2) 의사적(意思的) 요소

「건축법」상 도로가 갖추어야 할 <u>의사적 요소로서 공용개시행위</u>는 다시 **'가'목의 도로**(법 제2조 제1항 제11호 가목)와 **'나'목의 도로**(법 제2조 제1항 제11호 나목)로 구별된다.

(가) **'가'목의 도로**란 도시 내 일정한 도로의 확보라고 하는 일반적 목적에 의한 도로의 지정을 말하는데, 즉 <u>「국토계획법」, 「도로법」, 「사도법」, 그 밖의 관계 법령에 따라 신설 또는 변경에 관한 고시가 된 도로나 아직 개설이 되지 아니한 예정도로의 경우라도 건축허가 요건을 갖춘 것</u>을 말한다. 다만, 해당 대지로의 출입에 지장이 없는 등 법 제44조의 규정에 따른 기능에 부합되는지의 여부는 별도로 검토되어야 하는데 결국은 법 제2조 제1항 제11호의 도로에 법 제44조의 2미터 이상이 도로에 접하여야 한다.[1045]

(나) **'나'목의 도로**로서 개별적인 건축허가와 관련하여 허가요건을 확보하기 위해 「건축법」에 근거하여 건축허가 또는 신고 시에 **시·도지사 또는 시장·군수·구청장**이 위치를 지정하여 공고한 도로도

1042) 법제처—97—0371, 2009. 12. 14.
1043) 영 제3조의3(지형적 조건 등에 따른 도로의 구조와 너비) 법 제2조 제1항 제11호 각 목 외의 부분에서 **"대통령령으로 정하는 구조와 너비의 도로"**란 다음 각 호의 어느 하나에 해당하는 도로를 말한다.
　1. **특별자치시장·특별자치도지사 또는 시장·군수·구청장**이 지형적 조건으로 인하여 **차량 통행을 위한 도로의 설치가 곤란하다고 인정**하여 그 위치를 지정·공고하는 구간의 너비 3미터 이상(길이가 10미터 미만인 막다른 도로인 경우에는 너비 2미터 이상)인 도로
　2. 제1호에 해당하지 아니하는 **막다른 도로**로서 그 도로의 너비가 그 길이에 따라 각각 다음 표에 정하는 기준 이상인 도로

막다른 도로의 길이	도로의 너비
10미터 미만	2미터
10미터 이상 35미터 미만	3미터
35미터 이상	6미터(도시지역이 아닌 읍·면지역은 4미터)

1044) 김종보, 건설법(제5판), 85~86면.
1045) 국토부, 건축행정, 2013, 45면.

「건축법」상 도로이므로 추후 동 도로를 이용하여 건축허가나 신고가 가능하다. 위 '나목'에 의하여 건축허가·신고 시에 **허가권자**가 그 위치를 지정·공고하고자 하는 경우에는 법 제45조 등을 거쳐 지정·공고하여야 한다.[1046]

(다) **'가'목의 도로**의 경우「도로법」제25조 도로구역의 결정고시가 그 예이고, **'나'목의 도로**는 **허가권자**가 지정한 도로로서 당초부터 도로가 없는 대지, 즉 건축이 불가능한 대지에 허가나 신고 시에 위치를 지정함으로써 비로소 건축이 가능한 효력을 가진다. 판례도 "특히 도로는 도로로서의 형태를 갖추고,「도로법」상 도로구역 결정·고시나「도시계획법」또는「도시재개발법」소정의 절차를 거쳐 도로를 설치하였을 때에 공공용물로서 공용개시행위가 있다 할 것이라고" 판시하였다.[1047] 이러한 도로의 공용지정행위는 건축허가와 별개의 처분이고 공고에 의해 효력이 발생하므로, 이러한 공고가 없는 경우 도로지정행위는 효력이 없다.[1048] 그러므로 건축허가를 받았다고 하여도 실질적인 도로지정행위가 없었다면, 건축허가 자체에 의해 도로가 개설되었다고 주장할 수 없다.[1049] 도로의 지정·공고를 공용개시행위로 이해하는 것에 대한 반론도 있다.[1050]

(라) 대법원은 도로가 오래 전부터 인근 주민들의 통행로로 사용되어 왔고 그 위에 보도블럭 또는 시멘트포장까지 하였다 하더라도 이러한 사실만으로는「건축법」상의 도로가 되었다고 할 수 없고,[1051] 따라서, 어느 토지의 일부가 사실상의 도로로 사용되고 그 부분에 대한 재산세가 면제되어 왔더라도,「도시계획법」,「도로법」,「사도법」기타 관계법령에 의하여 도로의 신설 또는 변경에 관한 고시가 되거나 건축허가 시 시장 또는 군수가 그 위치를 지정한 도로가 아니라면「건축법」제2조 제11호 소정의 도로라 할 수 없다고 판시하였다.[1052]

(3) 법 제2조 제1항 제11호의 예정도로

허가권자는 법 제2조 제1항 제11호 나목에 따라 건축**허가권자**가 그 위치를 지정·공고하는 도로(법

1046) 국토부, 건축행정, 2013, 45면.
1047) 대법원 2009. 10. 15. 선고 2009다41533 판결.
1048) 공용지정은 행정행위의 성격을 갖는다는 것이 종래의 학설이다(박윤흔·정형근, 최신 행정법강의(하), 423면; 김동희, 행정법Ⅱ, 269면). 그러나 공용지정은 행정행위뿐만 아니라, 법률·법규명령·자치법규 및 관습법 등 법규에 의해서도 행하여진다는 것이 오늘날 유력한 견해이다(김남진·김연태, 행정법Ⅱ, 397~399면; 홍정선, 행정법원론(하), 520면; 류지태·박종수, 행정법신론, 1033~1034면).
1049) 김종보, 건설법(제5판), 89면.
1050) 다만 **사견**으로는「건축법」상 도로는「사도법」에 의한 사도를 제외하고, 학문상 공물이다. 따라서「사도법」상 사도는 공물이 아니고 사유물이므로 공용개시행위가 필요 없고, 공사를 마치면 시장·군수·구청장으로부터 사용검사를 받아야 할 뿐이다(사도법 제6조). 부연하면 사도의 대응 개념인 공도(公道)가 공물임에는 의문이 없지만,「사도법」상 사도는 관리주체가 사도개설자라는 점에서 사유공물이 되지 못한다(사도법 제7조). 왜냐하면 행정주체는 공물의 관리권만 있으면 되고 공물의 소유권이 꼭 있을 필요가 없으며「건축법」제45조에 따라 건축**허가권자**가 그 위치를 지정·공고한 도로는 소유권은 사유일지라도 이해관계인(소유자 등)의 동의를 얻어 위치를 지정·공고하는 공용개시행위로 인하여 정당한 권원에 근거하여 건축**허가권자**가 관리한다는 점에서 사유공물에 해당한다고 이해한다.
1051) 대법원 1992. 7. 28. 선고 92누7337 판결; 대법원 1990. 2. 27. 선고 89누7016 판결.
1052) 대법원 1989. 6. 27. 선고 88누7767 판결.

제45조 제1항)에 대한 공용개시행위가 반드시 형체적 요소가 완성된 이후에 이루어져야 하는지에 대해서 원칙적으로 공용개시행위는 형체적 요소가 완성되기 전에도 이루어질 수 있다. 그 근거로 「국토계획법」상 도시·군계획결정이나 「도로법」상 도로구역결정이 선행되고 난 후 도로 공사가 비로소 착공될 수 있다. 따라서 「건축법」상의 개별적인 건축허가에 대한 도로지정·공고도 역시 형체적 요소가 완성되기 이전에 가능하다고 보고 있다. 이러한 공용개시의 의사표시는 장래 도로가 형체적 요소를 완성할 것을 조건으로 발급되는 조건부 처분이다. 다만 「건축법」에서는 이를 '예정도로'로 보고 도로에 준하여 취급하고 있다(법 제2조 제11호 후단).[1053] 즉 예정도로는 공용개시를 한 후 형체적 요건이 예정된 경우라 하겠다.

국토교통부도 「국토계획법」에 따라 신설·변경에 관한 고시가 된 도시계획예정도로라면 「건축법」 제2조 제1항 제11호 가목의 도로에 해당하고, 「건축법」 제44조 제1항의 규정과 관련해서는 건축이 가능할 것이라고 하였다.[1054][1055]

다. 법률상 도로와 사실상 도로

앞에서 설명한 바와 같이 도로가 갖추어야 할 요건을 모두 충족한 도로를 **법률상의 도로**라고 부르고, 이를 **사실상의 도로**와 구별한다. **사실상의 도로**란 도로로서 형체적 요건을 갖추었으나 의사적 요소를 결여한 도로를 말한다. **사실상의 도로**는 「건축법」상 도로에 해당되지 않는데 「건축법」상 도로는 의사적 요소까지 포함된 것을 도로로 본다(법 제2조 제1항 제11호).[1056]

대법원은 사실상 도로에 대하여 "국가나 지방자치단체가 도로를 점유하는 형태는 **도로관리청으로서의 점유**와 **사실상의 지배주체로서의 점유**로 나누어 볼 수 있는바, 기존의 **사실상의 도로**에 「도로법」에 의한 노선인정의 공고 및 도로구역의 결정이 있거나 「도시계획법」에 의한 도시계획사업의 시행으

1053) 김종보, 건설법(제5판), 87면.

1054) 국토교통부 FAQ 2013. 12. 11.

1055) 행정법학에서는 도로예정지와 함께 구 「하천법」 제11조 제1항에 따른 "하천관리청은 하천의 신설, 그 밖의 하천공사로 새로이 하천구역으로 편입될 토지를 하천예정지로 지정할 수 있는" 하천예정지를 예정공물이라 하고 있는데 예정공물은 공물에 준하여 취급되며 예정공물에 대하여 견해가 다음과 같이 다양하다.
예정공물의 정의에 대하여, 아직 일반 공중의 이용에 제공될 수 있는 형태를 구비하고 있지 아니하나 형태의 구비를 기다려 행정주체가 장차 공적목적에 제공하기로 결정한 물건(김철용, 행정법(제6판), 845면)이라 하여 공용개시행위가 행해지고 형체적 요소만을 갖추지 못한 상태로 정의하며, 정하중 교수도 공용지정은 있었으나 다만 형체적 요소가 갖추어지지 않아 현실적으로 공용되고 있지 않은 물건도 예정공물에 속한다고 하고 있다(정하중, 행정법개론, 1158면).
그러나 예정공물을 현재 공용개시도 되고 있지 않으나 장래 공물로 할 것이 예정되어 있는 물건이라고 정의하여 「하천법」 제11조를 예시한 정의 개념으로 공용개시행위 자체도 하지 않은 상태까지를 예정공물로 정의하기도 한다(박윤흔·정형근, 최신 행정법강의(하), 427면, 김동희, 행정법Ⅱ, 270면). 반면 장래에 공물로 할 것이 예정된 물건을 예정공물이라고 하여(김남진·김연태, 행정법Ⅱ, 403면) 양자 모두가 예정된 것인지 애매하다. 한편, 「하천법」 제11조는 하천예정지로 지정된 후 그 하천에 관한 사업이 3년 이내에 착수되지 아니하여 대부분 지정의 효력을 잃고 있으며, 하천예정지의 지정으로 인한 손실을 제대로 보상하지 않은 채 행위제한만 이루어지고 있어 국민의 사유재산권을 침해하고 불편을 가중시키고 있는 실정이어서 2015. 8. 11. 법률 제13493호 개정으로 하천법에서 삭제되었다.

1056) 김종보, 건설법(제5판), 87면.

로 도로설정이 된 때에는 이때부터 **도로관리청으로서의 점유를 개시**한 것으로 인정할 수 있고, 이러한 「도로법」 등에 의한 도로의 설정행위가 없더라도 국가나 지방자치단체가 **기존의 사실상 도로에 띠하여** 확장, 도로포장 또는 하수도 설치 등 도로의 개축 또는 유지보수공사를 시행하여 일반 공중의 교통에 이용한 때에는 이때부터 그 도로는 국가나 지방자치단체의 **사실상 지배**하에 있는 것으로 보아 **사실상 지배주체로서의 점유**를 개시한 것으로 인정할 수 있다고" 판시하였다.[1057][1058]

3. 「건축법」상 도로지정·폐지 또는 변경

가. 도로지정

(1) 도로지정의 요건

허가권자는 「건축법」 제2조 제1항 제11호 나목에 따라 도로의 위치를 지정·공고하려면 **국토교통부령**으로 정하는 바에 따라 그 도로에 대한 이해관계인의 동의를 받아야 한다. 다만, 다음 각 호 1. **허가권자**가 이해관계인이 해외에 거주하는 등의 사유로 이해관계인의 동의를 받기가 곤란하다고 인정하는 경우, 2. 주민이 오랫동안 통행로로 이용하고 있는 사실상의 통로로서 해당 지방자치단체의 **조례**로[1059] 정하는 것인 경우의 어느 하나에 해당하면 이해관계인의 **동의**를 받지 아니하고 건축위원회의 심의를 거쳐 도로를 지정할 수 있다(법 제45조 제1항).[1060][1061] 여기서의 이해관계인에는 그 도로에 편입되는 토지의 소유자 외에 도로의 지정으로 인하여 불이익을 받게 되는 자도 포함된다 할 것이다.[1062]

1057) 대법원 1991. 9. 24. 선고 91다21206 판결; 대법원 1992. 10. 27. 선고 91다35649 판결; 대법원 1993. 2. 23. 선고 92다34155 판결; 대법원 1993. 8. 24. 선고 92다19804 판결; 대법원 1994. 10. 28. 선고 94다34401 판결; 대법원 2002. 3. 12. 선고 2001다70900 판결; 대법원 2005. 8. 25. 선고 2005다21517 판결.

1058) 대법원은 사실상의 도로로 사용되는 토지상에 한 건축허가의 하자 유무에 대하여 "어느 토지의 일부가 오래전부터 사실상의 도로로 사용되어 왔고 인근주민들이 그 위에 시멘트포장까지 하였더라도 이러한 사유만으로 위 토지부분이 「건축법」상의 도로로 되었다고 할 수 없고, 또한 건축허가신청인은 신청당시 그 대지의 일부가 사실상 도로로 사용되고 있음을 허가관청에 신고할 의무가 있는 것은 아니므로 신청인이 사전에 이를 신고하지 아니하였거나 이로 인하여 허가관청이 그 토지부분을 도로로 지정할 기회를 갖지 못한 채 건축허가를 해 주었더라도 그 건축허가에 어떤 하자가 있다고 할 수 없다" 판시하였다(대법원 1990. 2. 27. 선고 89누7016 판결).

1059) 「서울시 건축 조례」(시행 2019. 7. 18. 서울특별시조례 제7265호, 2019. 7. 18. 일부개정) 제27조(도로의 지정) 법 제45조 제1항에 따라 주민이 장기간 통행로로 이용하고 있는 사실상의 도로로써 **허가권자**가 이해관계인의 동의를 얻지 아니하고 위원회의 심의를 거쳐 도로로 지정할 수 있는 경우는 다음 각 호 1. 복개된 하천·구거(도랑)부지, 2. 제방도로, 3. 공원 내 도로, 4. 도로의 기능을 목적으로 분할된 사실상 도로, 5. 사실상 주민이 이용하고 있는 통행로를 도로로 인정하여 건축허가 또는 신고하였으나, 도로로 지정한 근거가 없는 통행로의 어느 하나와 같다.

1060) 토지 매수인이 매수 토지의 통로로 이용되는 매도인 소유 토지 중 일부 지분을 직접 매수하면서 그 토지 전체를 통로로 사용할 것을 합의한 후 건축허가신청을 하면서 그 토지에 관한 매도인의 소유 지분에 대하여 건축허가신청을 위한 토지사용승낙의 의사표시를 구한 경우, 그 청구취지는 「건축법」상 건축허가에 필요한 도로를 개설하기 위한 범위 내에서 이해관계자의 **동의**를 구하는 것으로 보아야 한다(대법원 1998. 3. 10. 선고 97다50121 판결).

1061) 그러나 공로(公路)로 통하는 대지에 대하여 주위토지통행권이 있음을 확인하는 내용의 승소판결로써 **동의**에 갈음할 수 없다(대법원 1993. 5. 25. 선고 91누3758 판결).

1062) 정태용, 건축법, 292면.

도로의 지정으로 인하여 손실을 받는 자가 있으면 이로 인하여 이익을 받는 **건축주** 등이 이를 보상할 의무를 진다고 보아야 할 것이고 **허가권자**가 보상의무를 지는 것은 아니라 할 것이다.[1063] 개인의 토지가 공도에 편입되면 국가가 정당한 보상을 하고 도로를 개설하여야 하는 것이 손실보상의 법리이나, 「건축법」상 도로지정의 경우 도로부분에 대하여 건축을 할 수 없는 등 사용이 제한될 뿐 그 대지의 소유권은 소유자에게 있고, 도로지정으로 **건축주** 등을 포함한 소수 특정인에게만 이익이 한정된 것이므로 시민전체에게 부담을 지우는 손실보상은 곤란할 것을 이유로 들고 있다.[1064] 그렇지만 이 경우 이해관계인이 동의하였다는 사실이 손실보상을 포기한 것으로 간주되는 것은 아니라 할 것이다.[1065]

구 「건축법」(1975. 12. 31. 법률 제2852호로 개정되기 전의 것) 제2조 제11호 본문 후단에 의하여 도로지정이 있게 되면 그 도로부지 소유자들은 「건축법」에 따른 토지사용상의 제한을 받게 되므로 도로지정은 도로의 구간·연장·폭 및 위치 등을 특정하여 명시적으로 행하여져야 하고,[1066] 따라서 계쟁 도로가 시유지로서 토지대장상 지목이 도로이고 도시계획확인도면의 대로부지와 연결된 동일 지번의 토지라고 하더라도 그 사실만으로는 시장·군수의 도로지정이 있었다고 볼 수 없다.[1067] 또한 막다른 골목길을 유일한 통행로로 하고 있는 부지에 대한 건축허가나 그 부지상 건축물에 대한 준공검사가 있었다 하더라도 구 「건축법」 제33조 제1항이 건축물의 대지는 2m 이상을 도로에 접하여야 하는 규정을 들어 위 골목길에 대한 도로로서의 위치 지정이 있었던 것으로 보거나 지정처분이 있었음이 추정된다고 할 수는 없다.[1068]

도로지정행위가 없는 경우에는, 막다른 골목길이 오래 전부터 인근 주민들의 통행로로 사용되어 왔다고 하여 「건축법」상의 도로가 되는 것은 아니다. 다만, 1975. 12. 31. 개정(시행 1976. 2. 1. 법률 제2852호) 「건축법」 중 개정법률 부칙 제2조는 이 법 시행 당시 종전의 규정에 의한 도로로서 제2조 제11호의 규정에 적합하지 않은 것은 동 규정에도 불구하고 이를 도로로 본다고 규정하고 있고, 그 전의 「건축법」(1967. 3. 30. 법률 제1942호) 제2조 제15호는 "도로"라 함은 폭 4미터 이상의 도로와 다음에 게기하는 것의 하나에 해당하는 예정도로로서 폭 4미터 이상의 것을 말한다. 따라서 1976. 2. 1. 까지는 너비 4m 이상의 도로는 무조건 「건축법」상 도로로 하고, 너비 4m 미만의 도로는 반드시 도로로 지정하여야만 「건축법」상의 도로로 하였으므로, 1976. 2. 1. 전에 이미 주민들의 통행로로 이용되어 온 너비 4m 이상의 도로는 「건축법」상의 도로에 해당한다.[1069]

1063) 정태용, 건축법, 293면.
1064) 국토부, 건축행정, 2013, 332면.
1065) 정태용, 건축법, 293면.
1066) 대법원 1995. 3. 14. 선고 94누11552 판결; 대법원 1995. 9. 15. 선고 95누5035 판결; 대법원 1999. 2. 9. 선고 98두12802 판결; 대법원 1999. 8. 24. 선고 99두592 판결.
1067) 대법원 1991. 11. 26. 선고 90누9070 판결; 대법원 1999. 8. 24. 선고 99두592 판결.
1068) 대법원 1995. 3. 14. 선고 94누11552 판결; 대법원 1999. 2. 9. 선고 98두12802 판결.
1069) 대법원 1994. 1. 28. 선고 93누20023 판결; 대법원 1999. 2. 9. 선고 98두12802 판결.

(2) 도로지정의 효과

건축허가 또는 신고 시 시장·군수·구청장이 위치를 지정한 도로로 지정되었다고 해서 건축허가 등을 받은 사람이나 그 도로를 통행하여 온 사람에게 그 도로를 자유롭게 통행하고 제3자가 그 도로의 사용을 방해하는 경우에는 그 방해의 배제를 구할 수 있는 사법상의 권리가 부여되는 것은 아니다.[1070] 그 이유는 「건축법」상 지정도로를 자유로이 통행할 수 있다 해도 이는 위와 같은 공법적 규율에 따른 반사적 이익에 불과하다는 것이다.

갑은 자신의 토지에 건물을 신축하기 위해 건축허가를 받았다. 그런데 갑의 토지에 접한 도로부지의 소유자인 을은 원래 병 회사가 건축허가를 받는 과정에서 병 회사를 위해 토지사용승락을 해 주어 도로부지로 지정공고가 된 것인데 병 회사의 건축허가가 취소되었으므로 도로지정 역시 효력이 소멸되었다며 도로에 접하지 않는 갑의 건축허가는 무효라고 주장하고 있다. 대법원은 "「건축법」 제45조 제1항의 도로 위치의 지정·공고가 「건축법」 제11조 소정의 건축허가와는 그 처분의 근거 및 성질을 달리하는 별개의 처분이라는 점에서 건축**허가권자**가 건축허가와 관련하여 도로부지 소유자의 동의를 얻어 「건축법」상 도로의 위치를 지정·공고하였다면, 그 후 그 건축허가가 취소되더라도 「건축법」상 도로 위치의 지정·공고가 당연히 소급하여 효력을 상실하는 것은 아니라고" 판시한 바 있다.[1071]

따라서 기존의 도로지정공고는 효력이 있으므로 갑이 이를 진입로로 하여 받은 건축허가는 적법하고 을의 주장은 부당하다. 위 판례에서 비록 을이 병 회사를 위하여 도로부지에 대한 「건축법」상 도로 위치의 지정·공고에 동의하였을 뿐이고 갑이 신축할 건축물의 진입도로로 도로부지를 제공할 의사가 없다고 하더라도 이러한 사정만으로는 갑에 대한 건축허가처분으로 을의 권리가 침해된다고 보기는 어려우므로 을은 갑에 대한 건축허가처분에 대하여 무효확인을 구할 원고적격이 없다고 판단하였다.

(3) 도로지정과 주위토지통행권

「민법」 제219조에 따르면 어느 토지와 공로사이에 그 토지의 용도에 필요한 통로가 없는 경우에 그 토지소유자는 주위의 토지를 통행 또는 통로로 하지 아니하면 공로에 출입할 수 없거나 과다한 비용을 요하는 때에는 그 주위의 토지를 통행할 수 있고 필요한 경우에는 통로를 개설할 수 있다. 그러나 이로 인한 손해가 가장 적은 장소와 방법을 선택하여야 한다. 물론 통행권자는 통행지소유자의 손해를 보상하여야 한다.

대법원은 「건축법」에 의하면 건축물의 대지는 2미터 이상을 도로에 접하여야 하며(법 제44조 제1항), 이에 적합하지 아니할 경우에는 건축허가를 받을 수 없도록 규제하고 있는바, 이러한 규정은 건물의 신축이나 증·개축 허가 시 그와 같은 범위의 도로가 필요하다는 행정법규에 불과한 것이고, 위 규정 자체만으로 당연히 포위된 토지 소유자에게 그 반사적 이익으로서 「건축법」에서 정하는 도로의 폭이

1070) 대법원 2002. 5. 31. 선고 2002다9202 판결; 대법원 1995. 11. 7. 선고 95다2203 판결.
1071) 대법원 2008. 10. 9. 선고 2008두4008 판결.

나 면적 등과 일치하는 주위토지통행권이 바로 생긴다고 단정할 수는 없고,[1072] 사실상의 도로 위에 건축을 신축할 경우 인근주민이 노폭 1미터 정도의 협소한 우회도로를 사용할 수밖에 없게 되어 주위 토지통행권을 보장한 「민법」 제219조에 위반된다고 하더라도 이것은 위 도로소유자와 주민들 간에 민사절차에 의하여 해결되어야 할 문제이지 이를 이유로 일단 적법하게 행하여진 건축허가를 취소할 수는 없다고 할 것이다.[1073]

나. 도로의 폐지·변경

허가권자는 정한 도로를 폐지하거나 변경하려면 그 도로에 대한 이해관계인의 동의를 받아야 한다. 그 도로에 편입된 토지의 소유자, **건축주** 등이 **허가권자**에게 제1항에 따라 지정된 도로의 폐지나 변경을 신청하는 경우에도 또한 같다(법 제45조 제2항).

다. 도로관리대장의 작성·관리

허가권자는 도로를 **지정**하거나 **변경**하면 **국토교통부령**으로 정하는 바에 따라 도로관리대장에 이를 적어서 관리하여야 한다(법 제45조 제3항).[1074] 그러나 「건축법」상의 도로지정이라고 하는 것이 실질적으로 행하여진 이상 도로대장의 관리의무가 잘 이행되지 않는다고 지정행위의 효력이 영향을 받는 것은 아니다. 도로로 지정된 토지상에는 건축이 불가능하며, 건축물이 이미 축조된 경우에는 이에 대하여 철거명령을 내릴 수 있고, 건축선에 따른 건축제한(법 제47조)을 위반하면 3년 이하의 징역에 처해질 수 있다(법 제108조).

4. 「건축법」상 도로와 건축선(建築線)

가. 허가권자 지정 도로와 건축선 지정과의 차이

「건축법」상 도로지정과 **건축선 지정**은 밀접한 관계를 갖고 있고 또한 그 기능이 동일하므로 차이가 없는 것으로 혼돈할 수 있으나 다르다. 법 제2조 제1항 제11호 나목의 도로는 당초부터 도로가 없는 대지, 즉 건축이 불가능한 대지에 허가나 신고 시에 위치를 지정함으로써 비로소 건축이 가능한 효력을 갖는 반면, **건축선의 지정**은 처음부터 대지에 도로가 접하여 건축이 가능한 상태이나, 다만

1072) 대법원 1991. 6. 11. 선고 90다12007 판결; 대법원 1992. 4. 24. 선고 91다32251 판결; 대법원 1994. 2. 25. 선고 93누20498 판결.

1073) 대법원 1990. 2. 27. 선고 89누7016 판결.

1074) 칙 제26조의4(도로관리대장 등) 법 제45조 제2항 및 제3항에 따른 도로의 폐지·변경신청서 및 도로관리대장은 각각 [별지 제26호 서식] 및 [별지 제27호 서식]과 같다. 「건축법 시행규칙」[별지 제27호 서식] 도로관리대장 2면 중 제1면에는 대지위치, 지번, **건축주**, 생년월일(사업자 또는 법인등록번호), 허가(신고)번호, 도로 길이(m), 도로 너비(m), 도로 면적(㎡), 관련지번, 동의면적(㎡), 동의일자, 토지소유자, 생년월일(법인등록번호), 서명 또는 날인을 도로관리대장에서 기재하고, 2면 중 제2면에는 위치도 및 현황도가 첨부되어 있다.

도로의 너비가 부족한 경우 소요도로 너비만큼 건축할 수 있는 한계선을 지정하는 것으로 **허가권자**가 지정한 도로와는 다르다.[1075)

나. 건축선의 지정

[그림 5] 건축선

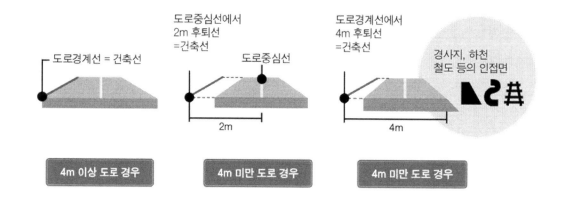

출처: 서울특별시 도시계획용어사전

도로와 접한 부분에 건축물을 건축할 수 있는 선(이하 "건축선"이라 한다)은 대지와 도로의 경계선으로 한다. 다만, 법 제2조 제1항 제11호에 따른 소요 너비에 못 미치는 너비의 도로인 경우에는 그 중심선으로부터 그 소요 너비의 2분의 1의 수평거리만큼 물러난 선을 건축선으로 하되, 그 도로의 반대쪽에 경사지, 하천, 철도, 선로부지, 그 밖에 이와 유사한 것이 있는 경우에는 그 경사지 등이 있는 쪽의 도로경계선에서 소요 너비에 해당하는 수평거리의 선을 건축선으로 하며, 도로의 모퉁이에서는 **대통령령**으로 정하는 선을 건축선으로 한다(법 제46조 제1항).

특별자치시장·특별자치도지사 또는 시장·군수·구청장은 시가지 안에서 건축물의 위치나 환경을 정비하기 위하여 필요하다고 인정하면 **대통령령**으로 정하는 범위에서 건축선을 따로 지정할 수 있다(법 제46조 제2항). 법 제46조 제1항에 따라 너비 8미터 미만인 도로의 모퉁이에 위치한 대지의 도로모퉁이 부분의 건축선은 그 대지에 접한 도로경계선의 교차점으로부터 도로경계선에 따라 다음의 표에 따른 거리를 각각 후퇴한 두 점을 연결한 선으로 한다(영 제31조 제1항).

1075) 윤혁경, 건축법·조례 해설, 1—107면.

도로의 교차각	당해 도로의 너비		교차되는 도로의 너비
	6 이상, 8 미만	4 이상, 6 미만	
90도 미만	4	3	6 이상, 8 미만
	3	2	4 이상, 6 미만
90도 이상, 120도 미만	3	2	6 이상, 8 미만
	2	2	4 이상, 6 미만

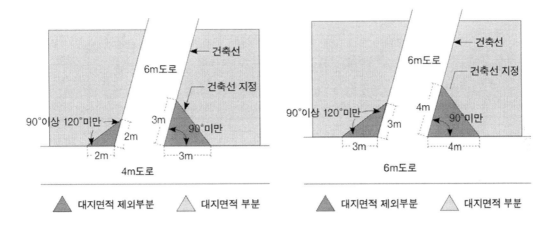

특별자치시장·특별자치도지사 또는 시장·군수·구청장은 법 제46조 제2항에 따라 「국토계획법」 제36조 제1항 제1호에 따른 도시지역에는 4미터 이하의 범위에서 건축선을 따로 지정할 수 있다(영 제31조 제2항).

특별자치시장·특별자치도지사 또는 시장·군수·구청장은 건축선을 지정하면 지체 없이 이를 고시 하여야 한다(법 제46조 제3항). 특별자치시장·특별자치도지사 또는 시장·군수·구청장은 제2항에 따라 건축선을 지정하려면 미리 그 내용을 해당 지방자치단체의 공보, 일간신문 또는 인터넷 홈페이지 등에 30일 이상 공고하여야 하며, 공고한 내용에 대하여 의견이 있는 자는 공고기간에 특별자치시장· 특별자치도지사 또는 시장·군수·구청장에게 의견을 제출(전자문서에 의한 제출을 포함한다)할 수 있 다(영 제31조 제3항).

다. 건축선에 따른 건축제한

건축물과 담장은 건축선의 수직면(垂直面)을 넘어서는 아니 된다. 다만, 지표(地表) 아래 부분은 그 러하지 아니하다(법 제47조 제1항). 즉 지하는 넘을 수 있다.

도로면으로부터 높이 4.5미터 이하에 있는 출입구, 창문, 그 밖에 이와 유사한 구조물은 열고 닫을 때 건축선의 수직면을 넘지 아니하는 구조로 하여야 한다(법 제47조 제2항). 출입구를 안쪽을 열리게 하거나 미닫이문으로 하여야 한다.

IV. 대지와 도로의 관계

1. 접도요건 및 입법 취지

접도요건이란 건축물이 건축되는 대지가 도로와 폭 2미터 이상 접할 것을 요구하고 있는 건축허가 요건을 말하고(법 제44조 제1항 본문), 접도의무라고도 한다. 모든 건축물은 그 허가요건으로서 그 대지가 도로와 접하여야 하고 이러한 요건이 충족되지 않는 대지를 맹지라 하며, 맹지상의 건축은 금지된다.

접도요건을 충족시키는 도로는 폭 4미터 이상의 통과도로이거나 「건축법」상 도로지정에 의해 장차 법률상의 폭을 확보할 수 있는 막다른 도로 등이다. 그리고 도로는 보행과 자동차 통행이 모두 가능한 도로이어야 하고, 도로 중에서도 차량의 통행이 불가능하거나 자동차만의 통행에 사용되는 도로는 접도요건을 충족시키는 도로가 될 수 없다.[1076]

법령의 개정으로 현행법상 접도요건을 충족하지 못하는 건축물이라 하여도 건축허가 당시에 적법한 건축물이었던 경우라면, 건축물의 실질적 불법이론에 따라 철거명령의 대상이 되지 않으나 **개축**을 하는 경우에는 존속보장의 범위를 넘는 것이므로 기존건축물과 달리 더 이상 접도요건이 충족되지 않는다. 그러나 **용도변경**과 같이 비록 형식적으로는 건축행위가 아니지만 실질적으로는 새로운 용도의 건축물을 만들어 내는 행위는 기존 건축물을 활용하는 수준을 넘는 것으로 보아 접도요건을 요구해야 한다. 이와는 대조적으로 **대수선**에는 기존 건축물을 활용하는 행위로서 접도요건을 새롭게 요구할 수는 없다.

위와 같은 건축물 대지의 접도의무를 규정한 취지는 건축물의 건축 이후 해당 건축물에 주거하는 자가 해당 건축물의 이용에 불편함이 없어야 함은 물론 화재·재난 등의 발생 시 긴급차량의 진입 등에 지장이 없도록 하여 건축물의 안전·기능의 향상에 이바지하고자 하는 법 목적에 부합하기 위한 것이다.[1077]

2. 접도요건에 대한 예외

「건축법」은 원칙적으로 건축물의 대지는 2미터 이상이 도로(자동차만의 통행에 사용되는 도로는 제외한다)에 접하여야 한다. 다만, 다음 각 호 1. 해당 건축물의 출입에 지장이 없다고 인정되는 경우, 2. 건축물의 주변에 **대통령령**으로 정하는 공지[광장, 공원, 유원지, 그 밖에 관계 법령에 따라 건축이 금지되고 공중의 통행에 지장이 없는 공지로서 **허가권자**가 인정한 것(영 제28조 제1항)]가 있는 경우, 3. 「농지법」 제2조 제1호 나목에 따른 농막을 건축하는 경우의 어느 하나에 해당하면 접도의무가 면제한다(법 제44조 제1항 단서). 가령 교통광장은 기반시설인 광장으로 도로가 아니지만 사람들의 출입에 지장이 없는 도로의 기능을 가지고 있다고 판단하여 땅이 교통광장에 접하여 있는 경우는 건축을 허가한다.

1076) 김종보, 건설법(제5판), 94면.
1077) 국토부, 건축행정, 2013, 323면.

국토교통부는 역 광장(철도용지)에 접한 대지와 시장부지에 접한 대지는 공지에 접한 것으로 해석하였다.[1078] 대법원은 현행「건축법」제44조 제1항 단서의 제1호의 해당 "건축물의 출입에 지장이 없다고 인정되는 경우"의 판단기준에 대해 "구「건축법」(1999. 2. 8. 법률 제5895호로 개정되기 전의 것) 제33조 제1항 단서 소정의 '기타 통행에 지장이 없는 경우'에 해당하는지를 판단함에 있어서는 위와 같은 건축물 대지의 접도의무를 규정하고 있는 취지를 고려하여 건축허가 대상 건축물의 종류와 규모, 대지가 접하고 있는 시설물의 종류 등 구체적인 사정을 고려하여 개별적으로 판단하여야 할 것이다. 이 사건 토지가「건축법」소정의 도로에 접해 있지는 않지만 하상도로나 제방 위의 도로를 이용하여 간선도로로 진입할 수 있는 경우, 구「건축법」제33조 제1항 단서 소정의 '기타 통행에 지장이 없는 경우'에 해당한다고" 판시하였다.[1079] 여기서 말하는 "도로"라 함은 동법 제2조 제1항 제11호에서 규정하는 도로에 해당하는 것으로서, 실제 도로로서의 효용을 다할 수 있는 정도의 구조형태를 갖춘 것만을 의미한다.[1080]

하천을 복개함으로 인해 도로가 확보되었으나 아직 공용개시행위가 없는 현황도로인 경우 또는 개인소유의 토지이지만 장기간 현황 도로로 사용되어 온 사실상의 도로 등이 있으면, 건축물의 출입에 지장이 없다고 인정될 수 있다. 이처럼 사실상 도로가 접도요건의 예외로서 인정되는 이상 법 제44조 제1항 본문의 도로는 법률상의 도로만을 지칭하는 것으로 해석하여야 한다. 그리고 사실상 도로는 접도요건을 충족하는 도로로서가 아니라 접도요건의 예외를 인정하는 예외항목에서 그 기능을 발휘하는 것으로 해석한다.[1081]

3. 건축 규모에 따른 접도요건의 강화

건축물의 대지가 접하는 도로의 너비, 대지가 도로에 접하는 부분의 길이, 그 밖에 대지와 도로의 관계에 관하여 필요한 사항은 **대통령령**에 위임하고 있다(법 제44조 제2항). 연면적의 합계가 **2천㎡**(공장인 경우에는 3천㎡) 이상인 건축물(축사, 작물 재배사, 그 밖에 이와 비슷한 건축물로서 건축**조례**로 정하는 규모의 건축물은 제외한다)의 대지는 너비 6미터 이상의 도로에 4미터 이상 접하여야 한다(영 제28조 제2항). 축사 및 작물 재배사에 대해서는 건축규제를 완화하는 것으로 개정되었다.「건축법」에서는 건축물의 규모가 큰 경우에는 그에 따른 사람들의 출입이 많다고 판단하여 도로 폭과 접도 너비를 확장하여 규정하고 이는 접도요건을 강화하고 있는 조항이다.

1078) 건교부건축 58070—1631, 1999. 5. 4. 등.
1079) 대법원 1992. 9. 14. 선고 91누8319 판결; 대법원 1999. 6. 25. 선고 98두18299 판결; 대법원 2003. 12. 26. 선고 2003두6382 판결.
1080) 대법원 1992. 9. 14. 선고 91누8319 판결.
1081) 김종보, 건설법(제5판), 94~95면.

제2항 지역 및 지구의 건축물[1082]

Ⅰ. 개요

"제3장 건축허가요건/제1절 개설"에서 전술한 바와 같이, 「건축법」에는 2가지 차원의 건축허가요건이 공존하고 있는데, 건축물 자체가 갖추어야 하는 위험방지요건과 도시환경 차원의 허가요건으로 구성되어 있는데, 「건축법」 제4장 건축물의 대지와 도로에 관한 규정과 더불어 제6장에 속하는 지역 및 지구의 건축물 규정도 「건축법」 고유의 위험방지허가요건이라기보다는 토지의 효율성을 목적으로 하는 국토계획법적 허가요건이다.

도시환경 차원의 허가요건을 이해하기 위해서는 「국토계획법」상의 도시계획과 건축허가의 관계를 이해할 필요가 있다. 「국토계획법」은 토지의 효율적 이용을 위해 건축행위를 일반적으로 금지시키고 도시계획과 그에 따른 요건이 충족되는 경우에 일반적 금지를 해제하여 건축허가를 발급하는 방식을 취하고 있다. 다만 도시계획에 의해 건축허가요건이 정해지는 것은 당해 필지에서 건축이 허용된다는 전제에서 의미를 갖는다. 물론 이러한 전제가 충족되면 도시계획의 종류에 따라 건축물의 용적률, 건폐율, 어떤 종류의 건축물을 지을 수 있는지의 여부인 건축물의 용도 등이 정해진다. 그런데 건축물의 건축은 토지의 필지 단위로 계획되는 반면, 지역·지구의 계획은 반드시 필지와 부합하는 것은 아니기 때문에, 한 필지의 대지에 용도지역과 용도지구가 중복될 수 있다는 문제가 있다. 다시 말해 건축계획 단위인 필지와 건축의 허용성이 반드시 일치하는 것은 아니기 때문에 건축계획과 허가과정에서 혼란스러운 면이 있다. 필지 단위로 건축을 하려는 입장에서는 하나의 대지 내에 용도지역이 걸쳐 있거나 지구가 중복해 있는 경우 각각의 건축허용성이 혼재하므로 혼란스럽다. 이에 「건축법」에서는 이런 경우 어떤 종류의 건축허용성을 따라야 하는지 그 관계를 정리해 놓았다.[1083]

Ⅱ. 건축물의 대지가 지역·지구 또는 구역에 걸치는 경우의 조치

하나의 대지에 지역·지구가 중복해 있는 경우 「건축법」은 건축허용성을 결정하기 위하여 개념적으로 크게 4가지의 원칙(과반의 원칙, 미관지구·방화지구 우선의 원칙, 녹지지역 각각의 원칙, **조례** 최우선의 원칙)을 제시하고 있다(법 제54조).

1. 과반의 원칙

대지가 이 법이나 다른 법률에 따른 **지역·지구**(녹지지역과 방화지구는 제외한다) 또는 **구역**에 걸

1082) 「건축법」 제6장에 속한다.

1083) https://terms.naver.com/entry.nhn?docId=3580463&cid=58765&categoryId=58768 [네이버 지식백과|지역지구가 걸치는 경우의 조치 - 도시환경 차원의 허가요건 (그림으로 이해하는 건축법, 이재인)

치는 경우에는 **대통령령**으로 정하는 바에 따라 그 **건축물과 대지의 전부**에 대하여 대지의 과반(過半)이 속하는 지역·지구 또는 구역 안의 건축물 및 대지 등에 관한 이 법의 규정을 적용한다(법 제54조 제1항). 「국토계획법」은 용도지역 등에 걸치는 건축물의 건축제한 등에 대하여 형태제한(건폐율·용적률)에 대해서는 가중평균치를 사용하는 것을 원칙으로 하고, 용도제한 등 기타 건축허가요건은 대지중 가장 넓은 면적이 속하는 용도지역에 관한 규정을 적용하는 것을 원칙으로 정하고 있다(국토계획법 제84조). 「건축법」은 이와 달리 필지의 과반이 속하는 용도지역에 의해 건축허가요건이 결정되는 것을 원칙으로 정하고 있다(법 제54조 제1항). 이는 입법적으로 중복이며 둘이 서로 충돌하는 경우 **건축주**에게 불이익한 방식으로 해석될 위험이 높다. 이론상 이는 용도지역에 관한 것으로 「국토계획법」상의 건축허가요건에 관한 사항이며 따라서 「국토계획법」 조항이 우선하는 것으로 해석해야 한다고 한다.[1084]

2. 방화지구 우선의 원칙

하나의 건축물이 방화지구와 그 밖의 구역에 걸치는 경우에는 그 전부에 대하여 방화지구 안의 건축물에 관한 이 법의 규정을 적용한다. 다만, 건축물의 방화지구에 속한 부분과 그 밖의 구역에 속한 부분의 경계가 방화벽으로 구획되는 경우 그 밖의 구역에 있는 부분에 대하여는 그러하지 아니하다(법 제54조 제2항).

3. 녹지지역 각각의 원칙

대지가 녹지지역과 그 밖의 지역·지구 또는 구역에 걸치는 경우에는 각 지역·지구 또는 구역 안의 건축물과 대지에 관한 이 법의 규정을 적용한다. 다만, 녹지지역 안의 건축물이 방화지구에 걸치는 경우에는 법 제54조 제2항에 따른다(법 제54조 제3항).[1085]

4. 조례 최우선의 원칙

해당 대지의 규모와 그 대지가 속한 용도지역·지구 또는 구역의 성격 등 그 대지에 관한 주변여건상

1084) 김종보, 건설법(제5판), 256면; 2000. 1. 28. 「도시계획법」이 전면개정되면서 「건축법」에 규정되어 있는 지역·지구안의 건축제한·건폐율 및 용적률에 관한 사항을 「도시계획법」에 직접 규정함으로써 「도시계획법」과 「건축법」으로 이원화되어 있는 지역·지구의 지정·관리체계를 「도시계획법」으로 일원화하려는 것이었으나, 「건축법」은 건폐율, 용적률에 대한 개념 등 제한적으로 도시계획과 관련된 허가요건을 규율대상으로 잔존시키면서 그 일환으로 용도지역 등이 걸치는 규율도 그대로 유지하고 있다.

1085) 종전에는 대지(垈地)가 방화지구(防火地區)를 제외한 2개 이상의 지역·지구 등에 걸쳐 있는 경우에는 당해 대지 전체에 대하여 그 대지의 과반(過半)이 속하는 지역·지구 등의 건축기준을 적용하도록 하였으나, 2001. 1. 16. 개정(시행 2001. 7. 17. 법률 제6370호)으로 대지가 녹지지역과 다른 지역·지구 등에 걸쳐 있는 경우 녹지지역에 대하여는 과반 여부에 관계없이 녹지지역에 관한 건축기준을 적용하도록 함으로써 녹지지역의 훼손을 최소화할 수 있도록 하였다. 국회 의안정보시스템 http://likms.assembly.go.kr/bill/billDetail.do?billId=016638[160523] 제안년월일: 2000. 12. 「건축법」 중 개정법률안(대안)(건설교통위원장)

필요하다고 인정하여 해당 지방자치단체의 **조례**로 적용방법을 따로 정하는 경우에는 그에 따른다(법 제54조 제4항).

III. 건축물의 건폐율 및 용적률

1. 건폐율

건폐율이란 대지면적에 대한 건축면적(대지에 건축물이 둘 이상 있는 경우에는 이들 건축면적의 합계로 한다)의 비율을 말하고, 최대한도는 「국토계획법」 제77조에 따른 <u>건폐율</u>의 기준에 따른다. 다만, 이 법에서 기준을 <u>완화하거나 강화</u>하여 적용하도록 규정한 경우에는 그에 따른다(법 제55조).

2. 용적률

용적률이란 대지면적에 대한 연면적(대지에 건축물이 둘 이상 있는 경우에는 이들 연면적의 합계로 한다)의 비율을 말하고, 최대한도는 「국토계획법」 제78조에 따른 용적률의 기준에 따른다. 다만, 이 법에서 기준을 <u>완화하거나 강화</u>하여 적용하도록 규정한 경우에는 그에 따른다(법 제56조).

IV. 대지의 분할 제한

건축물이 있는 대지는 **대통령령**으로 정하는[1. 주거지역: **60㎡**, 2. 상업지역: **150㎡**, 3. 공업지역: **150㎡**, 4. 녹지지역: **200㎡**, 5. 제1호부터 제4호까지의 규정에 해당하지 아니하는 지역: **60㎡**(영 제80조)] 범위에서 해당 지방자치단체의 **조례**로 정하는 면적에 못 미치게 분할할 수 없다(법 제57조 제1항).

건축물이 있는 대지는 법 제44조(대지와 도로의 관계), 제55조(건폐율), 제56조(용적률), 제58조(대지 안의 공지), 제60조(건축물의 높이 제한) 및 제61조(일조 등의 확보를 위한 건축물의 높이 제한)에 따른 기준에 못 미치게 분할할 수 없다(법 제57조 제2항).

법 제77조의6에 따라 <u>건축협정이 인가</u>된 경우 그 건축협정의 대상이 되는 대지는 <u>분할할 수 있다</u>(법 제57조 제3항).

V. 대지 안의 공지

대지안의 공지란 **건축선과 대지경계선**으로부터 일정한 이격거리를 확보하도록 요구하는 「건축법」

상의 제도를 말한다. 이러한 공지가 요구되는 이유는 채광·통풍의 요구, 피난·소화활동을 위한 공지확보, 위험물 취급 건축물로부터의 위해방지, 건축물의 유지관리를 위한 공지, 민사적 분쟁의 방지 등 다양하다.[1086) 건축물을 건축하는 경우에는 「국토계획법」에 따른 용도지역·용도지구, 건축물의 용도 및 규모 등에 따라 건축선 및 인접 대지경계선으로부터 6미터 이내의 범위에서 **대통령령**으로 정하는 바에 따라 해당 지방자치단체의 **조례**로 정하는 거리 이상을 띄워야 한다(법 제58조). 법 제58조에 따라 건축선(법 제46조 제1항에 따른 건축선을 말한다) 및 인접 대지경계선(대지와 대지 사이에 공원, 철도, 하천, 광장, 공공공지, 녹지, 그 밖에 건축이 허용되지 아니하는 공지가 있는 경우에는 그 반대편의 경계선을 말한다)으로부터 건축물의 각 부분까지 띄어야 하는 거리의 기준은 [별표 2]에서 정하고 있다(영 제80조의2). 일조권 제한과도 간접적으로 관련된다.[1087)

VI. 맞벽건축과 연결복도

1. 근거 규정

다음 각 호 1. **대통령령**으로 정하는 지역에서 도시미관 등을 위하여 둘 이상의 건축물 벽을 **맞벽**(대지경계선으로부터 50센티미터 이내인 경우를 말한다)으로 하여 건축하는 경우, 2. **대통령령**으로 정하는 기준에 따라 인근 건축물과 이어지는 **연결복도나 연결통로**를 설치하는 경우의 어느 하나에 해당하는 경우에는 법 제58조(대지 안의 공지) 및 일조권 관련 규정인 법 제61조(일조 등의 확보를 위한 건축물의 높이 제한), 「민법」 제242조(경계선부근의 건축)를 적용하지 아니한다(법 제59조 제1항).

맞벽, **연결복도·연결통로**의 구조·크기 등에 관하여 필요한 사항은 **대통령령**으로 정한다(법 제59조 제2항).

2. 맞벽건축

가. 맞벽건축의 허용 취지 및 근거

대지경계선을 기준으로 일정거리 이상 떨어지게 되어 있는 규정이 있다. 그러나 건축물과 건축물사이의 불필요한 공간을 없앤다면 공간을 보다 효율적으로 사용할 수 있을 것이다. 맞벽건축은 인접대지 사이의 간격을 좁히거나 없애고 남는 자투리 공간을 활용하여 작은 텃밭이나 주차공간 등으로 활용할 수도 있다.

1086) 김종보, 건설법(제5판), 74면.
1087) 1975. 12. 31.(시행 1976. 2. 1.) 관련 규정이 제정된 후 20여 년 동안 시행되어 왔으나 국민에게 과도한 부담을 준다는 이유로 규제개혁위원회에서 1999. 2. 8.(시행 1999. 5. 9.) 폐지하였다. 그러나 대지 안의 공지 규정은 원활한 도로소통, 통풍, 연소차단, 국민의 건강유지와 주거환경조성 등을 위하여 필요하다고 판단되어 2005. 11. 8. 개정(시행 2006. 5. 9.)으로 다시 부활·시행되고 있다.

맞벽건축이란 도시미관 등을 위하여 둘 이상의 건축물 벽을 대지경계선으로부터 50㎝ 이내로 건축할 수 있으므로 이웃 건축물과 벽을 맞댈 수도 있다. 이 때문에 간혹 일상에서는 합벽(合壁)이라고도 불린다.[1088] 맞벽은 「건축법」에서 크게 **건축물 차원**과 **도시환경 차원**의 2가지 의미로 사용된다. ① **건축물 차원**에서 맞벽은 방화구조의[1089] 하나로 '심벽(心壁)에 흙으로 맞벽치기한 것'으로 규정되어 있다(피난·방화규칙 제4조 제6호). ② **도시환경 차원**에서 맞벽건축이란 일정 지역에서 도시미관 등을 위하여 둘 이상의 건축물 외벽을 대지경계선으로부터 50㎝이내(0~50㎝)로 건축하는 것을 말한다(법 제59조 제1항 제1호).[1090]

맞벽건축은 토지이용의 효율성 도모와 도시미관에 기여하는 바가 클 수 있지만, 법 제59조 제1항에 따라 다른 법령과 상충될 수 있다. 우선 ① 용도지역·용도지구, 건축물의 용도 및 규모 등에 따라 건축선 및 인접대지 경계선으로부터 6m 이내의 범위에서 일정거리 이상 띄워서 건축하도록 하고 있는 「건축법」 제58조(대지 안의 공지), ② 일조권 관련 규정인 「건축법」 제61조(일조 등의 확보를 위한 건축물의 높이 제한), ③ 건물을 축조함에는 특별한 관습이 없으면 경계로부터 반미터 이상의 거리를 두어야 하는 「민법」 제242조(경계선부근의 건축)와 충돌될 수 있다.[1091] 따라서 「건축법」에서는 충돌하는 3가지 규정을 맞벽건축 시 적용하지 않도록 하고 있다(법 제59조 제1항).

[그림 6] 맞벽건축 전(위)과 후(아래)의 토지활용 비교

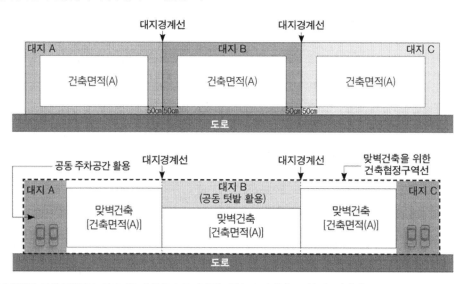

출처: 건축협정을 통한 맞벽건축-토지이용 효율성과 도시미관(그림으로 이해하는 건축법, 이재인)

1088) [네이버 지식백과]건축협정을 통한 맞벽건축 - 토지이용 효율성과 도시미관 (그림으로 이해하는 건축법, 이재인).

1089) "방화구조(防火構造)"란 화염의 확산을 막을 수 있는 성능을 가진 구조로서 **국토교통부령**으로 정하는 기준에 적합한 구조를 말한다(영 제2조 제8호).

1090) 건축협정을 통한 맞벽건축 - 토지이용 효율성과 도시미관 (그림으로 이해하는 건축법, 이재인).

1091) 「민법」 제242조(경계선부근의 건축) ①건물을 축조함에는 특별한 관습이 없으면 경계로부터 반미터 이상의 거리를 두어야 한다. ②인접지소유자는 전항의 규정에 위반한 자에 대하여 건물의 변경이나 철거를 청구할 수 있다. 그러나 건축에 착수한 후 1년을 경과하거나 건물이 완성된 후에는 손해배상만을 청구할 수 있다.

나. 맞벽건축이 가능한 지역 및 건축기준

법 제59조 제1항 제1호에서 "**대통령령**으로 정하는 지역"이란 다음 각 호 1. 상업지역(다중이용 건축물 및 공동주택은 스프링클러나 그 밖에 이와 비슷한 자동식 소화설비를 설치한 경우로 한정한다), 2. 주거지역(건축물 및 토지의 소유자 간 맞벽건축을 합의한 경우에 한정한다), 3. **허가권자**가 도시미관 또는 한옥 보전·진흥을 위하여 건축**조례**로 정하는 구역, 4. 건축협정구역의 어느 하나에 해당하는 지역을 말한다(영 제81조 제1항).

또한 맞벽건축은 건축물 상호 간의 벽을 맞대어 건축이 가능하므로, 화재 시 인접 세대에 확산의 위험성이 크다. 따라서 맞벽은 1. 주요구조부가 내화구조이어야 하고, 2. 마감재료는 불연재료를 사용해야 한다(영 제81조 제3항). 맞벽건축이 가능한 지역(건축협정구역은 제외한다)에서 맞벽건축을 할 때 맞벽 대상 건축물의 용도, 맞벽 건축물의 수 및 층수 등 맞벽에 필요한 사항은 건축**조례**로 정한다(영 제81조 제4항).

3. 연결복도·연결통로[1092]

가. 연결복도·연결통로의 설치의 건축유형 및 건축선에 따른 건축제한

연결복도나 연결통로는 건축물 간의 기능을 향상시키며, 건축물 사용자의 편의를 증진시키고자 하는 데 목적이 있다. 이 목적에 부합된다면 어떠한 건축적 상황도 「건축법」에서는 금지하지 않고 있다. 가령 동일 대지 내에서 동일 용도의 건축물 상호 간의 연결뿐 아니라, 용도가 서로 다른 건축물끼리도 연결이 가능하다. 두 건축물간 이웃 건축물의 **건축주**와 합의한 경우 건축물과 건축물 사이에 연결복도의 설치가 가능하다. 만약 연결복도 아래 부분이 도로나 타인 소유인 경우 도로점용 허가나 타인의 토지사용승낙을 받은 경우에 설치가 가능하다. 이 밖에 다음과 같은 여러 가지 유형이 가능하다. 즉 동일 대지 내에서 동일 용도의 건축물 상호 간의 연결뿐 아니라, 용도가 서로 다른 건축물끼리도 연결이 가능하다. 또한, 토지 및 건축물소유자가 다를 경우에도 소유자 간의 합의를 통해서 설치가 가능하다. 그뿐 아니라 지하에도 설치가 가능하다. 나아가 토지 소유자 및 **건축주**의 동의를 얻으면, 건축물을 가로질러서도 연결복도를 설치할 수 있다.

맞벽건축과 마찬가지로 **연결복도·연결통로**의 설치도 이웃관계 규정들과 상충된다. 따라서 「건축법」은 이 부분의 조율에 관해 ① 「건축법」 제58조(대지 안의 공지), ② 「건축법」 제61조(일조 등의 확보

1092) 도시화가 점점 가속화되면서 도시공간은 건축물과 도로가 점령했다. 결국 사람들은 보행권을 보장받기가 어려워졌고, 이 건물에서 저 건물로 옮겨가기 위해서는 지하나 횡단보도, 육교 등을 이용하는 불편함을 감수해야 한다. 특히 비라도 내리는 날이면 이동의 어려움은 말로 표현할 수 없다. 만약 건축물과 건축물을 하나로 연결한다면 보행의 불편 등을 많이 줄일 수 있을 것이다. 또한 건축물 상호 간에 지하주차장이 연결된다면, 이 또한 이용 편의를 증진시킬 수 있을 것이다. 따라서 「건축법」에서는 건축물 사용자의 편의를 증진하고 건축물 이용 동선을 줄여서 건축물의 기능 향상을 도모할 목적으로 건축물과 건축물을 연결하는 통로인 연결복도 또는 연결통로에 관한 규정을 마련했다[네이버지식백과[연결복도(연결통로)-건축물 상호 간의 연결(그림으로 이해하는 건축법, 이재인).

를 위한 건축물의 높이 제한) 및 ③ 「민법」 제242조의 적용을 하지 않을 수 있도록 하고 있다(법 제59조 제1항).

나. 연결복도·연결통로의 건축기준

연결복도·연결통로는 이를 통해 인근 건축물로 화재가 번질 수 있으므로 안전을 위하여 설치기준을 마련하고 있다. 안전기준은 기본적으로 연결복도가 지상에 설치될 것을 전제하고 있으며, 지하에 연결복도가 설치될 경우 충족할 수 없는 요건은 제외하고 있다.[1093] 그리하여 법 제59조 제1항 제2호에서 하위법령인 **대통령령**으로 **연결복도·연결통로**의 건축기준을 정하도록 위임하고 있다. 이에 따른 건축기준은 다음 각 호 1. 주요구조부가 내화구조일 것, 2. 마감재료가 불연재료일 것, 3. 밀폐된 구조인 경우 벽면적의 10분의 1 이상에 해당하는 면적의 창문을 설치할 것(다만, 지하층은 창문을 설치할 수 없는 경우가 많기 때문에 환기설비를 설치하면 창문을 설치하지 않아도 된다), 4. 너비 및 높이가 각각 5미터 이하일 것(다만, **허가권자**가 건축물의 용도나 규모 등을 고려할 때 원활한 통행을 위하여 필요하다고 인정하면 지방건축위원회의 심의를 거쳐 그 기준을 완화하여 적용할 수 있다), 5. 건축물과 복도 또는 통로의 연결부분에 자동방화셔터 또는 방화문을 설치할 것, 6. 연결복도가 설치된 대지 면적의 합계가 「국토계획법 시행령」 제55조에 따른 개발행위의 최대 규모 이하일 것(다만, 지구단위계획구역에서는 그러하지 아니하다)의 기준을 말한다(법 제59조 제1항 제2호 및 영 제81조 제5항). 상기의 조건에 부합하게 설치하되, 연결복도의 구조안전은 건축사 또는 구조기술사가 확인해야 한다(영 제81조 제6항).

VII. 건축물의 높이 제한

1. 개요

건축물의 안전과 일조, 채광, 통풍 등 위생적이고 쾌적한 환경 확보 및 도시미관과 토지이용의 효율을 위해 「국토계획법」과 「건축법」에서는 건축물의 높이를 다음 1. 용도지역에 의한 높이 제한, 2. 용도지구에 의한 높이 제한, 3. 「건축법」에 의한 가로구역별 높이 제한, 4. 「건축법」에 의한 일조권 확보를 위한 높이 제한과 같이 규제하고 있다.[1094]

즉 건축물의 높이 제한은 도시계획상 「국토계획법」을 통해 용도지역(건폐율·용적률)에 의한 높이 제한을 기본으로 하며 용도지구(최고·최저 고도지구) 지정에 의해 이를 완화 또는 강화하게 된다. 더불어 실제 건축에 있어서는 개별 건축물의 안전 및 일조 등 보다 구체적인 쾌적성과 미관을 확보하고

1093) [네이버지식백과] **연결복도(연결통로)**-건축물 상호 간의 연결(그림으로 이해하는 건축법, 이재인).
1094)

토지이용의 효율을 위해 추가적으로 건축물의 세부적인 높이 제한 사항을 규정하고 있다. [1095]

2. 가로구역별 건축물의 높이 제한

가. 지정 목적 및 연혁

「건축법」에 의해 지정되는 가로구역별 최고높이 제한지역은 도로로 둘러싸인 일단의 지역에 대해 도시관리계획, 당해 가로구역이 접하는 도로의 너비, 당해 가로구역의 상하수도등 간선시설의 수용능력, 도시미관 및 경관계획, 당해 도시의 장래 발전계획 등을 고려하여 지정하며, 각 가로구역별 여건에 맞추어 주위 환경과 조화를 이루는 건축을 유도하여 바람직한 도시경관을 조성하는 데 지정 목적이 있다. [1096]

종래 가로구역별 건축물의 높이가 정하여지지 아니한 가로구역의 경우 건축물의 각 부분의 높이는 전면 도로의 반대쪽 경계선까지의 수평거리의 1.5배를 넘을 수 없도록 법 제60조 제3항에 규정하고 있었으나, 2015. 5. 18. 법률 제13325호 개정(시행 2015. 5. 18.)으로 전면 도로에 따른 건축물의 높이 제한은 허용용적률로 개발이 어렵고 건축물의 외관이 계단(사선)형으로 건축되어 도시미관에 저해된다는 이유로 동조 제3항을 삭제하였다. 이러한 가로구역별 최고높이 제한지역의 지정을 통한 높이관리는 기존의 도로사선(斜線)에 의한 높이 제한을 합리적으로 대체하고 있으며 일조권에 의한 높이 제한을 보완하는 제도이다.

나. 근거 규정

(1) 즉 도시의 개방감 확보를 위하여, **허가권자**는 가로구역(街路區域: 도로로 둘러싸인 一團의 지역)을 단위로 하여 **대통령령**으로 정하는 기준과 절차에 따라 건축물의 높이를 지정·공고할 수 있다(법 제60조 제1항 본문). **허가권자**는 법 제60조 제1항에 따라 가로구역별로 건축물의 높이를 지정·공고할 때에는 다음 각 호 1. 도시·군관리계획 등의 토지이용계획, 2. 해당 가로구역이 접하는 도로의 너비, 3. 해당 가로구역의 상·하수도 등 간선시설의 수용능력, 4. 도시미관 및 경관계획, 5. 해당 도시의 장래 발전계획의 사항을 고려하여야 한다(영 제82조 제1항). **허가권자**는 가로구역별 건축물의 높이를 지정하려면 지방건축위원회의 심의를 거쳐야 한다. 이 경우 주민의 의견청취 절차 등은 「토지이용규제 기

법명	규정
「국토계획법」	1. 용도지역에 의한 높이 제한
	2. 용도지구에 의한 높이 제한
「건축법」	3. 가로구역별 높이 제한
	4. 일조권 확보를 위한 높이 제한

1095) 서울특별시 알기 쉬운 도시계획 용어, 2016. 12. 서울특별시 도시계획국.
1096) 위 각주와 같음.

본법」 제8조에 따른다(영 제82조 제2항). **허가권자**는 같은 가로구역에서 건축물의 용도 및 형태에 따라 건축물의 높이를 다르게 정할 수 있다(영 제82조 제3항).

(2) 다만, **특별자치시장·특별자치도지사 또는 시장·군수·구청장**은 가로구역의 높이를 완화하여 적용할 필요가 있다고 판단되는 대지에 대하여는 **대통령령**으로 정하는 바에 따라 건축위원회의 심의를 거쳐 높이를 완화하여 적용할 수 있다(법 제60조 제1항 단서). 특별시장이나 광역시장은 도시의 관리를 위하여 필요하면 가로구역별 건축물의 높이를 특별시나 광역시의 **조례**로 정할 수 있다(법 제60조 제2항). 법 제60조 제1항 단서에 따라 가로구역의 높이를 완화하여 적용하는 경우에 대한 구체적인 완화기준은 영 제82조 제1항 각 호의 사항을 고려하여 건축**조례**로 정한다(영 제82조 제4항).

다. 건축물의 높이

건축물의 높이 산정은 지표면으로부터 건축물의 상단까지의 수직거리이다. 그러나 법 제60조에 따른 건축물의 높이는 전면도로의 중심선으로부터의 높이로 산정한다(영 제119조 제1항 제5호). 물론 예외 규정도 영 제119조 제1항 제5호에서 규정하고 있다.[1097]

VIII. 일조 등의 확보를 위한 건축물의 높이 제한

일조(日照)와 관련된 「건축법」상의 건축허가요건도 궁극적으로는 인접한 토지소유자간의 원만한 토지사용을 조절하기 위하여 마련된 것이며, 건축경찰법으로서 위험방지라는 개념을 직접 목적으로 하는 것은 아니다. 다만 일조·채광으로부터의 이익은 살균 및 제습 등 넓게 보면 건축물의 위생에 영향을 주므로 간접적이기는 하지만 건축경찰법과 그 연결고리를 가지고 있다.[1098] 이에 반하여 주차장이나 도시미관을 위한 건축허가요건은 그나마 건축경찰법으로서의 성격을 찾기 어렵다.[1099]

1. 일조권의 의의 및 법적 근거

도시의 건축밀도가 높아지고 건축물이 고층화되면서, 특히 주거형식이 단독주택에서 공동주택으로 변화하면서, 주거지역의 채광 문제가 잦은 분쟁요소로 등장했다.[1100] 일조권이란 햇볕을 받아 쬘 수 있도록 법률상 보호되어 있는 권리,[1101] 다른 건축물로 햇볕을 차단당하지 않을 권리[1102] 정도로 정의

1097) 높이 산정에 관해서는 후술하는 제5장 보칙/제3절 기타 보칙에 관한 규정/V. 면적·높이 및 층수 등의 산정방법 /5. 건축물의 높이를 참조하라.
1098) 김종보, 건설법(제5판), 82면.
1099) 김종보, 건설법(제5판), 82면.
1100) [네이버 지식백과] 이재인, 일조권 소유와 채광권 취득 - 햇빛을 차단당하지 않을 권리(그림으로 이해하는 건축법).
1101) 이상천, 일조권, 동아대학교 출판부, 2007, 56면.
1102) 정태용, 건축법, 371면.

된다. 근거규범에 따른 일조권은 헌법상 기본권의 하나인 환경권(헌법 제35조) 및 재산권(헌법 제23조)의 일종으로 이해할 수 있다. 일조권을 환경권으로 이해하는 한 「건축법」은 「헌법」 제32조 제2항에서 말하는 환경권의 내용과 행사에 관하여 정하고 있는 법률에 해당하고, 일조권을 재산권으로 보장하고 있는 「헌법」 제23조 제1항 제2문의 근거를 두고 있는 것으로 이해하는 한 일조권의 내용과 한계를 정하고 있는 법률은 「민법」(제211조 이하)과 「건축법」, 「국토계획법」 등이다.[1103] 이의 근거법규에 따라 일조권은 헌법상 기본권인 환경권으로서의 일조권, 「건축법」상 주관적 공권으로서의 일조권, 사권으로서의 일조권 등으로 구분하여 살펴볼 수 있다.[1104] 헌법상 환경권으로서의 일조권이 국가에 대한 관계에서의 권리라면, 이러한 주관적 공권은 주로 공권력에 대항하는 공법상의 권리이다. 이에 반해 사권으로서의 일조권을 일조를 침해당한 자가 가해자를 상대방으로 한 다툼은 사법(私法)상의 권리이다.

2. 연혁 및 일조규정의 문제점

우리나라가 일조기준을 의식하고 처음 도입한 것은 1971. 12. 31. 영 제120조의2(인접대지의 경계선과의 거리와 건축물의 높이)에서 인데, 이 규정은 법률보다 하위법령인 **대통령령**에 규정된 것이었으며, 적용영역을 주거지역에 한정하면서 8미터라는 절대높이 기준을 채택하고 있었다. 건축법령이 일조권이라는 단어를 명시적으로 사용하는 것은 그 후 1976. 4. 15. 영 제167조(일조권등을 위한 건축물의 높이 제한)에서 이다. 1980. 11. 12. 동법 시행령의 개정으로 정북방향의 일정거리를 띄우는 형식의 일조규정이 현재와 유사한 형태로 완성되었다.[1105] 법률의 근거 없이 시행령에서만 규정되어 오다가 「건축법」에 등장한 것은 제도 시행 후 약 20년만인 1991. 5. 31. 법률 제4381호로 전면개정(시행 1992. 6. 1.) 하면서인데 전술한 구 「건축법」 제51조의 '건축물의 높이 제한'과 별도로, 법 제53조에 '일조등의 확보를 위한 건축물의 높이 제한'을 신설한 것이다. 그러면서 종래 시행령에서 "일조권등"과 달리 개정법에서는 "일조등"라고 조문제목을 수정하여 표현하고 있지만 일조권 분쟁에 의한 소송의 발생과 법원 판결과정에서 일조에 관한 이익은 공법상으로도 이미 주관적 공권 내지 법률상 이익에 해당되어 실질적으로는 일조권으로 고양되었다고 볼 수 있다.[1106] 여기서 일조등이란 일조·채광·통풍 등을 말한다.

현행의 일조권 규정은 인접대지 상호 간의 일조보호와 하나의 대지에서 건설되는 2개 이상의 공동주택 상호간의 일조보호로 크게 구분되어 규정되어 있다. 즉 개별필지단위로 적용되는 일조 규정과 하나의 대지 안에 다수 건축되는 공동주택의 인동거리 규정으로 나뉜다고 할 수 있다. 하나의 대지에 하나의 건축물을 건축하는 경우에 대한 것이 법 제61조 제1항이며, 이러한 요건에 추가적으로 하나의

1103) 이상천, 일조권, 67~74면; 김종보, 건설법(제5판), 100면.
1104) 이상천, 일조권, 59면.
1105) 윤혁경, 건축법·조례 해설, 1—1450면.
1106) 이상천, 일조권, 92면.

대지에 공동주택이 들어서는 경우 당해 공동주택 상호간의 일조권을 조절하고 있는 규정이 법 제61조 제2항이다.[1107]

특히 법률에서 정해야 할 사항임에도 **대통령령**에 포괄적으로 위임되어 있거나, 법률에는 높이 제한의 요건으로 규정되었음에도 불구하고, 시행령에서는 거리제한의 문제로 변용되어 있다는 점, 법률상 사선제한과 유사한 개념을 순수한 거리제한의 규정으로 변화시키고 있다는 등 입법기술에서 문제점이 있다. 또한 「건축법」상의 일조권의 문제는 「주택법」의 적용을 받아 건축되는 아파트 등에 어떠한 형태로 적용되어야 할 것인지도 선명하지 않다고 지적하고 있다.[1108]

3. 전용주거지역과 일반주거지역 안에서 건축하는 건축물의 높이 제한[1109]

가. 정북방향의 인접 대지경계선까지의 거리

전용주거지역과 일반주거지역 안에서 건축하는 건축물의 높이는 일조 등의 확보를 위하여 정북방향(正北方向)의 인접 대지경계선으로부터의 거리에 따라 **대통령령**으로 정하는 높이 이하로 하여야 한다(법 제61조 제1항). 그러므로 건축허가요건으로서 일조요건은 상업지역, 공업지역, 녹지지역, 준주거지역 등에는 적용되지 않는다. 법률에 의하여 적용 용도지역이 한정된 일조관련 건축허가요건은 다시 **대통령령**에 의해 구체적인 높이 제한규정으로 완성된다.

이에 따라 위임된 **대통령령**에서는 건축물의 각 부분을 정북(正北) 방향으로의 인접 대지경계선으로부터 다음 각 호 1. 높이 9미터 이하인 부분: 인접 대지경계선으로부터 1.5미터 이상, 2. 높이 9미터를 초과하는 부분: 인접 대지경계선으로부터 해당 건축물 각 부분 높이의 2분의 1 이상의 범위에서 건축 **조례**로 정하는 거리 이상을 띄어 건축하여야 한다(영 제86조 제1항). 그러나 「건축법」은 건축물의 높이를 제한하면서 시행령에 그 구체적인 높이 기준을 위임하고 있음에도 불구하고, 이와 같이 거리제한의 규정으로 변용시키고 있다는 문제점에 직면하고 있다.[1110]

나. 정남방향의 인접 대지경계선으로부터의 거리

정북방향으로 적용하던 일조기준을 다음 각 호 1. 「택지개발촉진법」 제3조에 따른 택지개발지구인 경우, 2. 「주택법」 제15조에 따른 대지조성사업지구인 경우, 3. 「지역 개발 및 지원에 관한 법률」 제11조에 따른 지역개발사업구역인 경우, 4. 「산업입지법」 제6조, 제7조, 제7조의2 및 제8조에 따른 국가산업단지, 일반산업단지, 도시첨단산업단지 및 농공단지인 경우, 5. 「도시개발법」 제2조 제1항 제1호에 따른 도시개발구역인 경우, 6. 「도시정비법」 제8조에 따른 정비구역인 경우, 7. 정북방향으로 도로,

---

1107) 김종보, 건설법(제5판), 103면.
1108) 김종보, 건설법(제5판), 104면.
1109) 높이 산정에 관해서는 후술하는 제5장 보칙/제3절 기타 보칙에 관한 규정/V. 면적·높이 및 층수 등의 산정방법 /5. 건축물의 높이를 참조하라.
1110) 이상천, 일조권, 108면; 김종보, 건설법(제5판), 104면.

공원, 하천 등 건축이 금지된 공지에 접하는 대지인 경우, 8. 정북방향으로 접하고 있는 대지의 소유자와 합의한 경우나 그 밖에 **대통령령**으로 정하는 경우의[1111] 어느 하나에 해당하면, 건축물의 높이를 정남방향(正南方向)으로 적용할 수 있도록 하고, 인접 대지경계선으로부터의 거리에 따라 **대통령령**으로 정하는 높이[시행령 제86조 제1항에 따른 높이의 범위에서 특별자치시장·특별자치도지사 또는 시장·군수·구청장이 정하여 고시하는 높이(영 제86조 제4항)] 이하로 할 수 있다(법 제61조 제3항). 특별자치시장·특별자치도지사 또는 시장·군수·구청장은 영 제86조 제4항에 따라 건축물의 높이를 고시하려면 국토교통부령으로 정하는 바에 따라 미리 해당 지역주민의 의견을 들어야 한다. 다만, 법 제61조 제3항 제1호부터 제6호까지의 어느 하나에 해당하는 지역인 경우로서 건축위원회의 심의를 거친 경우에는 그러하지 아니하다(영 제86조 제5항).

다. 적용기준의 제외[1112]

다음 어느 하나에 해당하는 경우에는 일조규정을 적용하지 아니한다.

(1) 2층 이하로서 높이가 8미터 이하인 건축물

해당 지방자치단체의 **조례**로 정하는 바에 따라 법 제61조 제1항부터 제3항까지의 규정을 적용하지 아니할 수 있다(법 제61조 제4항).

(2) 「건축법」에서 규정한 일정 구역·지구 안에서의 일조권 적용 제외(20m 이상 도로변에 접한 대지 상호간의 일조거리 배제)

공동주택이 아닌 일반건축물의 경우, 전용주거지역이나 일반주거지역에서 건축물을 건축할 경우 정북방향 인접대지 경계선에서 높이기준에 따라 일정거리 이상을 띄워서 건축해야 한다. 그러나 「건축법」에서 규정하는 다음 각 목 가. 지구단위계획구역(국토계획법 제51조), 경관지구(같은 법 제37조 제1항 제1호) 및 미관지구(같은 법 제37조 제1항 제2호), 나. 중점경관관리구역(경관법 제9조 제1항 제4호), 다. 특별가로구역(법 제77조의2 제1항),[1113] 라. 도시미관 향상을 위하여 **허가권자**가 지정·공고하는 구역의 어느 하나에 해당하는 구역안의 대지 상호간에 건축하는 건축물로서 해당 대지가 너비 20m 이상의 도로(자동차·보행자·자전거 전용도로를 포함하며, 도로에 공공공지, 녹지, 광장, 그 밖에 건축미관에 지장이 없는 도시·군계획시설이 접한 경우 해당 시설을 포함한다)에 접한 대지 상호 간에 건축

1111) 조문에서 위임한 사항을 규정한 하위법령이 없다.

1112) [네이버 지식백과] 이재인, 일조권 연혁 및 개요 - 「건축법」상의 일조권 기준(그림으로 이해하는 건축법).

1113) 특별가로구역: 다음 각 호 1. 삭제, 2. 경관지구, 3. 지구단위계획구역 중 미관유지를 위하여 필요하다고 인정하는 구역의 어느 하나에 해당하는 지구 또는 구역에서 도로에 인접한 건축물의 건축을 통한 조화로운 도시경관의 창출을 위하여 일부 규정을 적용하지 아니하거나 완화하여 적용할 수 있도록 **국토교통부장관** 및 **허가권자**가 **대통령령**으로 정하는 도로에 접한 대지의 일정 구역을 특별가로구역으로 지정할 수 있다(법 제77조의2 제1항).

하는 건축물의 경우에는 일조규정을 적용하지 않는다(영 제86조 제2항 제1호).

[그림 7] 「건축법」에서 규정한 일정 구역·지구 안에서의 일조권 적용 제외

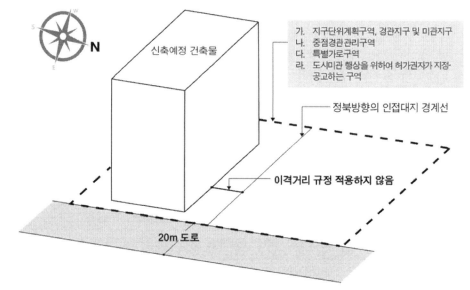

출처: [네이버 지식백과] 일조권 연혁 및 개요-건축법상의 일조권 기준(그림으로 이해하는 건축법, 이재인).

(3) 건축협정구역 안에서의 일조권 적용 제외

건축협정구역 안에서 대지 상호간에 건축하는 건축물(건축법 제77조의4 제1항에 따른 건축협정에 일정 거리 이상을 띄워 건축하는 내용이 포함된 경우만 해당)의 경우에는 일조규정을 적용하지 않는다 (영 제86조 제2항 제2호).

(4) **건축물의 정북방향의 인접대지가 전용주거지역이나 일반주거지역이 아닌 용도지역에 해당하는 경우,** 일조규정을 적용하지 않는다(영 제86조 제2항 제3호).

4. 공동주택에 대한 규제 강화

가. 의의

(1) 일반상업지역과 중심상업지역에 건축하는 것을 제외한 **공동주택**의 일조권 규정은 원칙적으로 일조 확보를 위한 건축물의 높이 제한 규정을 충족해야 하며, 동시에 채광창과 인동간격 규정을 중복 하여 충족시켜야 하는 구조를 지니고 있다. 「건축법」 제61조 제2항에서 일반상업지역과 중심상업지역 에 건축하는 경우 일조권 규정을 배제하는 이유는 도심공동화 방지를 위한 「건축법」의 배려차원으로 이해할 수 있다.[1114]

(2) "준주거지역에서 공동주택을 건축하는 경우에도 「건축법」 제61조 제1항에 따른 일조 등의 확보를 위한 정북방향의 건축물 높이 제한을 적용하여야 할 것"이라고 법제처에서 유권해석을 함으로써,[1115] 준주거지역 내 도시형 생활주택과 주상복합건축에 심각한 차질이 발생하였다. 이에 대해 준주거지역에 대해서는 2013. 5. 10.(법률 제11763호, 시행 2013. 5. 10.) 「건축법」 제61조의 제2항을 개정하였다.[1116] 이로써 동법 제61조 제1항은 배제되지만, 법 제61조 제2항은 일반상업지역과 중심상업지역 이외의 모든 공동주택이 적용대상이다. 다만 근린상업지역 또는 준주거지역의 건축물은 높이 제한이 완화될 뿐이다(영 제86조 제3항 제1호).

(3) 공동주택은 채광(採光) 등의 확보를 위하여 다음 각 호 1. 인접 대지경계선 등의 방향으로 채광을 위한 창문 등을 두는 경우(이를 '채광창'이라 한다), 2. 하나의 대지에 두 동(棟) 이상을 건축하는 경우(이를 '인동간격'이라 한다)의 어느 하나에 해당하는 **대통령령**으로 정하는 높이 이하로 하여야 한다(법 제61조 제2항).

나. 채광창 기준[1117]

(1) 공동주택이 아닌 건축물은 북측 인접대지 경계선에서 절대높이(9m) 및 건축물의 높이기준에 따라 정북방향으로 일정거리를 띄워야 하지만, 이와 달리 공동주택은 채광창이 있는 벽면의 직각 방향으로 적용을 받는다는 적용기준의 차이가 있다.

(2) 건축물(기숙사는 제외한다)의 각 부분의 높이는 그 부분으로부터 채광을 위한 창문 등이 있는 벽면에서 직각 방향으로 인접 대지경계선까지의 수평거리의 2배(근린상업지역 또는 준주거지역의 건축물은 4배) 이하로 해야 한다(영 제86조 제3항 제1호). 다시 말해서 동서남북의 향에 따라 기준을 적용하는 것이 아니라, 채광창이 있는 모든 벽면에서 일조권 적용을 받는다는 것이다. 때문에 일반건축물의 일조권과 구분하기 위하여 '채광창 방향'이라고 부르기도 한다.

(3) 공동주택 중 다세대주택은 아파트나 연립주택에 비해 규모가 작으므로 예외적으로 「건축법」상의 채광창 기준을 적용하지 않고, 채광을 위한 창문 등이 있는 벽면에서 직각 방향으로 인접대지 경계선까지 1m 이상만 띄우면 된다. 그러나 만약 건축물이 건축되는 지역의 건축**조례**가 이격거리를 1m

---

1114) 부연하면, 일반상업지역이나 중심상업지역은 보통 도심에 중심업무지구로서, 도시계획상의 밀도(건폐율 및 용적률)가 높게 정해져 있어 업무용 건축물들이 건축된다. 결국 낮에는 사람들이 붐비다가 업무시간 이후에는 텅 비게 되는 인구공동화현상이 발생하여 토지이용의 효율성이 떨어지게 되는 것이다. 따라서 토지이용의 효율성을 높이기 위해서는 주거용 건축물의 건축을 유도하여 24시간 도시를 활용하는 것이 좋다. 하지만 공동주택의 경우 일조권 규정 때문에 업무용 건축물만큼의 밀도(건폐율 및 용적률)로 건축할 수 없게 되어 실무적으로 사업성이 떨어지므로, 일반상업지역이나 중심상업지역에 공동주택의 건축을 꺼릴 수밖에 없다. 때문에 공동주택의 일조권 규정을 배제하여 공동주택 건축을 유도하려는 취지이다.

1115) 법제처 법령해석 사례, 국토해양부 ─ 준주거지역에서 공동주택을 건축하는 경우, 「건축법」 제61조제1항에 따른 일조 등의 확보를 위한 정북방향의 건축물 높이 제한을 적용하여야 하는지 여부(「건축법」 제61조 등 관련), 안건번호 11─0475, 회신일자 2011. 11. 24.

1116) 법제처 「건축법」 개정이유.

1117) https://terms.naver.com/entry.nhn?docId=3580553&cid=58765&categoryId=58768 [네이버 지식백과] 채광창과 인동간격-공동주택의 일조권(그림으로 이해하는 건축법, 이재인) 참고.

이상 띄우도록 규정하고 있다면 건축**조례**를 따라 이격해야 한다(영 제86조 제3항 단서조항).

다. 인동(隣棟)간격 기준[1118]

(1) '인동간격'이라 함은 일반적으로 일조권의 적용기준이 인접대지 경계선에서 신축할 건축물이 띄워야 할 거리를 규정하고 있는 반면, 공동주택은 여러 동이 한 대지 내에 건축됨에 따른 건축물 상호간에 드리우는 그림자를 고려하여 공동주택의 높이에 따라 상호 간에 띄워야 할 거리를 규정한 것을 말한다.

(2) 같은 대지에서 공동주택이 1. 두 동(棟) 이상의 건축물이 서로 마주 보고 있는 경우나, 2. 한 동의 건축물 각 부분이 서로 마주 보고 있는 경우, 일조 확보를 위하여 건축물 각 부분 사이를 규정에 의한 거리 이상으로 띄워 건축하도록 5가지 기준을 마련하고 있다. 다만, 그 대지의 모든 세대가 동지(冬至)를 기준으로 9시에서 15시 사이에 2시간 이상 계속하여 일조를 확보할 수 있는 거리 이상으로 건축한다면 「건축법」에서 규정하는 인동간격 기준을 적용하지 않아도 된다(영 제86조 제3항 제2호).

가. 채광을 위한 창문 등이 있는 벽면으로부터 직각 방향으로 건축물 각 부분 높이의 0.5배(도시형 생활주택의 경우에는 0.25배) 이상의 범위에서 건축**조례**로 정하는 거리 이상을 띄워서 건축해야 한다.

나. 서로 마주 보는 공동주택 중 남쪽 방향(마주 보는 두 동의 축이 남동에서 남서 방향인 경우만 해당)의 건축물 높이가 낮고, 주된 개구부(거실과 주된 침실이 있는 부분의 개구부)의 방향이 남쪽을 향하는 경우는 다음과 같다. 높은 건축물 각 부분의 높이의 0.4배(도시형 생활주택은 0.2배) 이상의 범위에서 건축**조례**로 정하는 거리 이상, 낮은 건축물 각 부분의 높이의 0.5배(도시형 생활주택은 0.25배) 이상의 범위에서 건축**조례**로 정하는 거리 이상을 띄워야 한다. 가령, 북쪽에 층고(層高) 3m인 20층 공동주택이 위치해 있고, 그 남쪽 방향에 동일한 층고 15층의 공동주택이 위치한 경우 인동간격을 계산해 보면 다음과 같다. ① 0.4 × 높은 건축물 높이(60m) = 24m ② 0.5 × 낮은 건축물 높이(45m) = 22.5m 이므로 인동간격은 둘 중 큰 값인 24m 이상으로 해야 한다. 동일 조건의 도시형 생활주택의 경우 인동간격을 계산해 보면 다음과 같다. ① 0.2 × 높은 건축물 높이(60m) = 12m ② 0.25 × 낮은 건축물 높이(45m) = 11.25m이므로 인동간격은 둘 중 큰 값인 12m 이상으로 해야 한다.

다. 공동주택과 부대시설 또는 복리시설이 서로 마주 보고 있는 경우에는 부대시설 또는 복리시설 각 부분 높이의 1배 이상을 띄워서 건축해야 한다.

라. 채광창(창 넓이가 0.5㎡ 이상인 창)이 없는 벽면과 측벽이 마주 보는 경우에는 8m 이상을 띄워서 건축해야 한다.

마. 측벽과 측벽이 마주 보는 경우[마주 보는 측벽 중 하나의 측벽에 채광을 위한 창문 등이 설치되어 있지 않은 바닥면적 3㎡ 이하의 발코니(출입을 위한 개구부 포함)가 설치되는 경우를 포함]에는 4m 이상을 띄워서 건축해야 한다.

1118) 앞의 각주와 같다.

라. 공동주택단지 안에 도로가 있는 경우의 인동간격 적용기준

주택단지에 두 동 이상의 건축물이 도로를 사이에 두고 서로 마주 보는 경우에는 인동간격 기준 제2호 가목부터 다목까지의 규정을 적용하지 않되, 해당 도로의 중심선을 인접대지 경계선으로 보아 채광창 기준을 적용한다(영 제86조 제3항 제3호).

5. 대지 사이에 건축이 금지된 공지가 있을 경우의 공동주택 외의 건축물 및 공동주택의 인접대지 경계선 산정방법

가. 공동주택 외의 건축물

건축물을 건축하려는 대지와 다른 대지 사이에 1. 공원(공원녹지법 제2조 제3호에 따른 도시공원 중 지방건축위원회의 심의를 거쳐 **허가권자**가 공원의 일조 등을 확보할 필요가 있다고 인정하는 공원 은 제외한다), 도로, 철도, 하천, 광장, 공공공지, 녹지, 유수지, 자동차 전용도로, 유원지, 2. 다음 각 목 가. 너비가 2미터 이하인 대지, 나. 면적이 분할제한 기준 이하인 대지에 해당하는 대지, 3. 제1호 및 제2호외에 건축이 허용되지 아니하는 공지와 같은 부지가 있는 경우에는 공동주택 외의 건축물은 그 반대편의 대지경계선(공동주택의 경우는 인접대지 경계선과 그 반대편 대지경계선의 중심선)을 인 접대지 경계선으로 한다(영 제86조 제6항).

나. 공동주택

영 제86조 제1항부터 제5항까지의 규정을 적용할 때 건축물(공동주택으로 한정한다)을 건축하려는 하나의 대지 사이에 제6항 각 호의 시설 또는 부지가 있는 경우에는 지방건축위원회의 심의를 거쳐 제6항 각 호의 시설 또는 부지를 기준으로 마주하고 있는 해당 대지의 경계선의 중심선을 인접 대지경 계선으로 할 수 있다(영 제86조 제7항).

〈표 35〉 일조권 침해에 관한 소송

6. 일조권 침해에 관한 소송
가. 소송의 유형 (1) 판례는 "토지의 소유자 등이 종전부터 향유하던 일조이익(日照利益)이 객관적인 생활이익으로서 가치가 있다고 인정되면 법적인 보호의 대상이 될 수 있는데, 그 인근에서 건물이나 구조물 등이 신축됨으로 인하여 햇빛이 차단되어 생기는 그늘, 즉 일영(日影)이 증가함으로써 해당 토지에서 종래 향유하던 일조량이 감소하는 일조방해가 발생한 경우, 그 일조방해의 정도, 피해이익의 법적 성질, 가해 건물의 용도, 지역성, 토지이용의 선후관계, 가해 방지 및 피해 회피의 가능성, 공법적 규제의 위반 여부, 교섭 경과 등 모든 사정을 종합적으로 고려하여 사회통념상 일반적으로 해당 토지 소유자의 **수인한도**를 넘게 되면 그 건축행위는 정당한 권리행사의 범위를 벗어나 사법상 위법한 가해행위로 평가된다."[1119] 그리고 "일조권 침해에 있어 객관적인 생활이익으로서 일조

이익을 향유하는 '토지의 소유자 등'은 토지소유자, 건물소유자, 지상권자, 전세권자 또는 임차인 등의 거주자를 말하는 것으로서, 당해 토지·건물을 일시적으로 이용하는 것에 불과한 사람은 이러한 일조이익을 향유하는 주체가 될 수 없다. 따라서 초등학교 학생들은 공공시설인 학교시설을 방학기간이나 휴일을 제외한 개학기간 중, 그것도 학교에 머무르는 시간 동안 일시적으로 이용하는 지위에 있을 뿐이고, 학교를 점유하면서 지속적으로 거주하고 있다고 할 수 없어서 생활이익으로서의 일조권을 법적으로 보호받을 수 있는 지위에 있지 않다고" 판시하였다.[1120]

(2) 「건축법」상 일조권과 민사상 일조권의 관계는 사실상 동전의 앞뒤를 구성한다. 각 입법이 공히 쾌적한 생활환경을 조성하여 서로 간의 피해를 주지 않도록 해야 한다는 동일한 목표 하에 입법되고, 다만 그 적용영역이 다를 뿐이다. 그러면서 일응 당해 건축허가처분이 건축관계법령의 적합여부에 대한 객관적 규범적합성의 문제와 침해되는 인근 주민의 이익이 수인한도를 넘는 것인가라는 구체적 불이익상황을 기준으로 설정할 수 있다. 이 두 기준으로 가해 건축물의 건축으로 일조침해가 초래되어 당사자 간 다툼으로 이어질 수 있는 유형을 나누어 보면, **제1유형**은 건축허가처분이 일조 확보를 위한 건축법령에 위반된 경우, **제2유형**으로 건축허가처분은 적법하나 실제 건축시공 내용이 건축허가 내용과 달라서 일조침해를 야기하게 된 경우, **제3유형**으로 건축허가처분이 적법하고 건축시공의 내용도 건축허가 내용에 부합하지만 그 건축의 결과 사실상 일조침해가 발생될 경우로 구분될 수 있다. 위 **제1·2유형**에는 ① 불법건축이 시공중에 있는 경우와 ② 공사가 완공된 경우로 나눌 수 있다. 다만, 제2유형에 있어 시공 중인 경우에는 행정청의 시정명령에 의하여 건축허가 내용과 다른 시공을 바로잡을 수 있지만 제3자로서는 행정청을 상대로 시정명령을 할 것을 사실상 촉구하는 것은 별론으로 하고 이를 소구할 수 없다. **제3유형**의 경우에는 私法上 법적수단에 호소할 수는 있지만 공법적 쟁송으로 다툴 수 없다.

(3) 결국, 위 세 가지 경우 중에서 건축허가처분취소소송을 구할 수 있는 경우는 **제1유형**의 경우뿐이고, **제2·3유형**의 경우에는 행정소송이 아닌,[1121] 「민법」 제750조 불법행위로 인한 손해배상청구소송에 의할 것이다.

나. 제1유형

위 제1유형에서도 건축허가처분이 일조 확보를 위한 건축법령에 위반된 경우인데, ① 불법건축물이[1122] 시공 중에 있는 경우 「건축법」은 위반건축물에 대한 시정명령 및 이행강제금 부과 등의 강제수단에 의할 것이나, ② 불법건축물이 건축공사를 완료하고 준공검사필증까지 교부받은 경우에도 인근주민은 건축허가의 취소처분을 구할 수 있는 법률상 이익이 있으므로 원고적격은 인정될 것이다(행정소송법 제12조).

그러나 대법원은 위법한 행정처분의 취소를 구하는 소는 위법한 처분에 의하여 발생한 위법상태를 배제하여 원상으로 회복시키고 그 처분으로 침해되거나 방해받은 권리와 이익을 보호, 구제하고자 하는 소송이라는 전제 하에 첫째, 건축허가의 취소 또는 무효확인을 받아 건축물의 건축을 저지함으로써 원고의 법률상 이익을 확보할 수 있는 단계는 지났다는 점, 둘째, 건축허가처분이 취소된다고 하여 건축물이 없는 상태가 되어 원상회복되고 원고의 법률상 이익이 확보되는 것이 아니라는 점, 셋째, 민사소송으로 건축물의 철거나 손해배상을 청구하는 경우 건축허가처분의 취소를 명하는 판결이 필요하지 않다는 점, 넷째, 의무이행소송이 인정되지 않으므로 허가권자에게 이격거리 등 확보를 위한 적극적 조치를 소구할 수도 없다는 이유로 건물완공 후의 건축허가취소소송의 소의 이익을 부정하고, 민사상 손해배상이나 철거청구 등의 유지청구만이 가능할 뿐, 건축허가처분의 취소나 무효확인을 구할 법률상 이익이 없다고 판시하였다.[1123]

다. 제2유형

위 제2유형 건축허가처분은 건축법령에 위반되지 않으나, 실제 건축시공 내용이 건축허가 내용과 달라서 일조침해를 야기하게 된 경우에 ① 공사시공 중에 제기하는 시정명령신청 거부처분취소소송과 ② 공사완공 후 제기하는 사용승인처분취소소송 두 가지 경우가 있다.

① 먼저 인근주민이 제기하는 시정명령신청 거부처분취소소송의 제기 가능성을 본다. 건축**허가권자**는 「건축법」 제79조 제1항에 의하여 허가취소·공사중지명령 및 철거명령 등의 시정명령을 할 수 있다. 불법건축으로 인하여 자신의 법률상 이익을 침해받은 인근주민은 건축**허가권자**에게 위와 같은 건축감독권을 발동하여 불법건축을 제지하여 줄 것을 신청하였고, 이에 **허가권자**가 인근주민의 건축감독권의 발동신청을 거부한다면 그 거부처분 취소소송을 제기할 수 있을 것인지가 문제된다.

대법원은 국민이 행정청에 대하여 제3자에 대한 건축허가와 준공검사의 취소 및 제3자 소유의 건축물에 대한 철거명령을 요구할 수 있는 법규상 또는 조리상 권리가 있는지 여부에 대하여 "행정청이 국민의 신청에 대하여 한 거부행위가 항고소송의 대상인 행정처분에 해당하기 위하여는 국민이 행정청에 대하여 그 신청에 따른 행정행위를 하여 줄 것을 요구할 수 있는 법규상 또는 조리상의 권리가 있어야 한다고 전제한 다음, 구「건축법」(1999. 2. 8. 법률 제5895호로 개정되기 전의 것) 및 기타 관계 법령에 국민이 행정청에 대하여 제3자에 대한 건축허가의 취소나 준공검사의 취소 또는 제3자 소유의 건축물에 대한 철거 등의 조치를 요구할 수 있다는 취지의 규정이 없고, 같은 법 제69조 제1항 및 제70조 제1항(현행은 제79조 제1항과 제80조 제1항)은 각 조항 소정의 사유가 있는 경우에 시장·군수·구청장에게 건축허가 등을 취소하거나 건축물의 철거 등 필요한 조치를 명할 수 있는 권한 내지 권능을 부여한 것에 불과할 뿐, 시장·군수·구청장에게 그러한 의무가 있음을 규정한 것은 아니므로 위 조항들도 그 근거 규정이 될 수 없으며, 그 밖에 조리상 이러한 권리가 인정된다고 볼 수도 없다"고 판시하여, 행정청의 시정명령신청 거부행위가 행정소송의 대상이 되는 행정처분에 해당되지 않는다고 판시하였다.

② 대법원은 건물 사용검사처분의 법적 성질 및 인접건물 소유자에게 그 처분의 취소를 구할 법률상 이익이 있는지 여부에 대하여 "건물 사용검사처분(준공처분)은 건축허가를 받아 건축된 건물이 건축허가사항대로 건축행정목적에 적합한가 여부를 확인하고 사용검사필증을 교부하여 줌으로써 허가 받은 자로 하여금 건축한 건물을 사용, 수익할 수 있게 하는 법률효과를 발생시키는 것에 불과하고, 건축한 건물이 인접주택 소유자의 권리를 침해하는 경우 사용검사처분이 그러한 침해까지 정당화하는 것은 아닐 뿐만 아니라, 당해 건축물을 건축하는 과정에서 인접주택 소유자가 자신의 주택에 대하여 손해를 입었다 하더라도 그러한 손해는 금전적인 배상으로 회복될 수 있고, 일조권의 침해 등 생활환경상 이익침해는 실제로 위 건물의 전부 또는 일부가 철거됨으로써 회복되거나 보호받을 수 있는 것인데, 위 건물에 대한 사용검사처분의 취소를 받는다 하더라도 그로 인하여 건축주는 그 건물을 적법하게 사용할 수 없게 되어 사용검사 이전의 상태로 돌아가게 되는 것에 그칠 뿐이고, 위반건물에 대한 시정명령을 할 것인지 여부, 그 시기 및 명령의 내용 등은 행정청의 합리적 판단에 의하여 결정되는 것이므로, 건물이 이격거리를 유지하지 못하고 있고, 건축과정에서 인접주택 소유자에게 피해를 입혔다고 하더라도 인접주택 소유자는 그 건물에 대한 사용검사처분의 취소를 구할 법률상 이익이 있다고 볼 수 없다."고 판시하였다.[1124]

③ 일조권 침해에 대해서 인근주민은 건축허가 자체가 위법한 제1유형의 경우에 한하여 취소소송을 제기할 수 있는데, 이 경우에도 원고적격이 범위가 좁고, 건축물이 준공된 이후에는 건축허가처분의 취소를 구할 소의 이익이 부정되고, 동시에 인근주민에게는 이미 준공 후인 사용승인처분을 다툴 법률상 이익도 없고, 철거 등 시정명령을 신청할 법규상·조리상 신청권도 인정되지 않는다. 결국, 인근주민으로서는 행정소송을 통하여 제대로 구제를 받기 어려우므로, 행정청의 직권발동에 전적으로 의지하거나 아니면 민사소송을 강구하여야 하는 것이다.[1125]

라. 제3유형

건축허가처분이 적법하고 건축시공의 내용도 건축허가 내용에 부합하지만, 그 건축의 결과 사실상 일조침해가 발생될 경우에는 행정소송으로 다툴 여지가 없고 「민법」제750조 불법행위를 원인으로 하는 손해배상청구소송에 의할 것이다.

대법원은 "건물의 신축으로 인하여 그 이웃 토지상의 거주자가 직사광선이 차단되는 불이익을 받은 경우에 그 신축행위가 정당한 권리행사로서의 범위를 벗어나 사법상 위법한 가해행위로 평가되기 위하여는 그 일조방해의 정도가 사회통념상 일반적으로 인용하는 **수인한도**를 넘어야 한다고 전제한 다음, 「건축법」등 관계 법령에 일조방해에 관한 직접적인 단속법규가 있다면 동 법규에 적합한지 여부가 사법상 위법성을 판단함에 있어서 중요한 판단자료가 될 것이지만, 이러한 공법적 규제에 의하여 확보하고자 하는 일조는 원래 사법상 보호되는 일조권을 공법적인 면에서도 가능한 한 보증하려는 것으로서 특별한 사정이 없는 한 일조권 보호를 위한 최소한도의 기준으로 봄이 상당하고, 구체적인 경우에 있어서는 어떠한 건물신축이 건축 당시의 공법적 규제에 형식적으로 적합하다고 하더라도 현실적인 일조방해의 정도가 현저하게 커 사회통념상 **수인한도**를 넘은 경우에는 **위법행위**로 평가될 수 있다."고 판시하였다.[1126] 또 "아파트와 같은 공동주택의 경우 동지를 기준으로 오전 9시부터 오후 3시까지 사이의 6시간 중 일조시간이 연속하여 2시간 이상 확보되는 경우 또는 동지를 기준으로 오전 8시부터 오후 4시까지 사이의 8시간 중 일조시간이 통틀어 4시간 이상 확보되는 경우에는 일응 **수인한도**를 넘지 않는 것으로 보아야 한다."고 판시하였다.[1127] 대법원이 인정한 사례로 "고층 아파트의 건축으로 인접 주택에 동지를 기준으로 진태양시(眞太陽時)[1128] 08:00~16:00 사이의 일조시간이 2분~150분에 불과하게 되는 일조 침해가 있는 경우, 그 정도가 수인한

도를 넘었다는" 이유로 아파트 높이가 건축 관련 법규에 위반되지 않았음에도 불구하고 불법행위의 성립을 인정하였다.1129)

제3절 건축물의 위험방지요건1130)

건축허가요건으로서 위험방지요건은 주로 직접적인 재난을 예방하거나 재난상황에서 인명피해를 줄이기 위한 건축허가요건이다. 구조안전요건, 피난요건, 방화요건, 침수방지요건, 기타위험방지요건 등이 있다. 「건축법」상 위험방지를 위한 기술적 기준들은 시대와 건축기술에 따라 변화의 속도가 빠르고, 그 기술적 측면 때문에 「건축법」 자체에서 모두 규정하는 것에는 한계가 있다. 이러한 이유로 「건축법」은 시행령, 시행규칙이라는 일련의 법령체계 이외에 또다시 부속법령을 제정하여 재난방지와 관련된 건축허가요건을 자세하게 정하고 있다. 건축물의 구조기준 등에 관한 규칙(이하 '구조규칙'이라 한다), 건축물의 피난·방화구조 등의 기준에 관한 규칙(이하 '피난·방화규칙'이라 한다), 건축물의 설비기준 등에 관한 규칙(이하 '설비규칙'이라 한다) 등이 그것인데 이하에서는 동 법령들을 건축법령상의 위험방지요건을 살펴본다.1131)

1119) 대법원 2008. 4. 17. 선고 2006다35865 전원합의체 판결.
1120) 대법원 2008. 12. 24. 선고 2008다41499 판결.
1121) 이상천, 일조권, 158~159면.
1122) 불법건축은 건축허가 자체를 받지 아니하고 건축물을 건축하는 경우를 형식적 불법이라 하고, 건축허가를 받았는지 여부와 상관없이 건축물의 건축이 개별법에서 정하는 건축허가요건을 충족하지 못하는 경우인 실질적 불법으로 나뉘며, "제6장 불법건축에 대한 강제수단"에서 상세하게 설명한다.
1123) 대법원 1981. 7. 28. 선고 81누53 판결; 대법원 1987. 5. 12. 선고 87누98 판결; 대법원 1987. 9. 8. 선고 86누375 판결; 대법원 1992. 4. 24. 선고 91누11131 판결; 대법원 1992. 4. 28. 선고 91누13441 판결; 대법원 1992. 10. 27. 선고 91누9329 판결; 대법원 1993. 6. 8. 선고 91누11544 판결; 대법원 1994. 1. 14. 선고 93누20481 판결; 대법원 1996. 11. 29. 선고 96누9768 판결; 대법원 2007. 4. 26. 선고 2006두18409 판결 등.
1124) 대법원 2000. 5. 16. 선고 98다56997 판결; 대법원 2004. 9. 13. 선고 2004다24212 판결.
1125) 이상천, 일조권, 184면.
1126) 대법원 1999. 1. 26. 선고 98다23850 판결.
1127) 대법원 2007. 9. 7. 선고 2005다72485 판결.
1128) '진태양시'는 지구에서 관측되는 태양이 아닌 실제 태양의 위치를 기준으로 삼는다. 나머지 시간 도출 방식은 동일하다. 1억 5천만km 떨어진 태양에서 지구로 도달하는 데 약 500초 걸리므로, 지구에서 겉으로 보이는 태양은 실제 태양보다 500초 전(前)의 위치로 관측된다. 500초 뒤쳐져 있다는 것은 겉보기 태양이 실제 태양에 비해 서쪽으로 0.0057° 치우쳐 있음을 의미한다. 결국 일주운동을 관측할 때 겉으로 보이는 태양이 실제 태양보다 1.37초 정도 빨리 남중하게 되어, 시태양시가 진태양시보다 1.37초 정도 앞선다. 지구는 타원궤도를 돌고 있기 때문에 이 차이는 1.35초~1.39초 정도 범위로 나타난다. [네이버 지식백과] True Solar Time — 진태양시 (지형 공간정보체계 용어사전, 2016. 1. 3., 구미서관)
1129) 대법원 2000. 5. 16. 선고 98다56997 판결.
1130) 「건축법」 제5장 건축물의 구조 및 재료 등에 대부분이 규정되어 있다.
1131) 김종보, 건설법(제5판), 57면.

Ⅰ. 구조안전요건

1. 의의

건축물은 사람이 기거하거나 머무는 구조를 전제로 하는 것이므로, 건축물로 부터의 위험을 방지하기 위해서는 그 구조상의 안전이 보장되어야 한다. 건축물이 평상시 또는 지진 등에 의해 무너지지 않아야 한다는 것은 건축물을 안전하게 사용하기 위한 가장 기본적인 것이기 때문이다. 따라서 건축물은 고정하중, 적재하중(積載荷重), 적설하중(積雪荷重), 풍압(風壓), 지진, 그 밖의 진동 및 충격 등에 대하여 안전한 구조를 가져야 한다(법 제48조 제1항). 이러한 「건축법」의 규정은 단순히 추상적인 원칙을 선언한 것에 그치는 것이 아니라, 불확정적인 개념을 사용한 건축허가요건이다.[1132]

2. 구조 안전의 확인

법 제11조 제1항에 따라 허가대상 건축물을 건축하거나 대수선하는 경우에는 **대통령령**으로 정하는 바에 따라 구조의 안전을 확인하여야 한다(법 제48조 제2항). 따라서 **대통령령**에서는 법 제48조 제2항에 따라 법 제11조 제1항에 따른 건축물을 건축하거나 대수선하는 경우 해당 건축물의 설계자는 **국토교통부령**인 「구조규칙」에 위임하여 구조기준 등에 따라 그 구조의 안전을 확인하도록 하고 있다(영 제32조 제1항). 영 제32조 제1항에 따라 구조 안전을 확인한 건축물 중 다음 각 호 1. 층수가 2층[주요 구조부인 기둥과 보를 설치하는 건축물로서 그 기둥과 보가 목재인 목구조 건축물(이하 "목구조 건축물"이라 한다)의 경우에는 3층] 이상인 건축물, 2. 연면적이 200㎡(목구조 건축물의 경우에는 500㎡) 이상인 건축물. 다만, 창고, 축사, 작물 재배사 및 표준설계도서에 따라 건축하는 건축물은 제외한다. 3. 높이가 13미터 이상인 건축물, 4. 처마높이가 9미터 이상인 건축물, 5. 기둥과 기둥 사이의 거리가 10미터 이상인 건축물, 6. 건축물의 용도 및 규모를 고려한 중요도가 높은 건축물로서 **국토교통부령**으로 정하는 건축물, 7. 국가적 문화유산으로 보존할 가치가 있는 건축물로서 **국토교통부령**으로 정하는 것, 8. 영 제2조 제18호 가목 및 다목의 건축물(가. 한쪽 끝은 고정되고 다른 끝은 지지(支持)되지 아니한 구조로 된 보·차양 등이 외벽의 중심선으로부터 3미터 이상 돌출된 건축물, 다. 특수한 설계·시공·공법 등이 필요한 건축물로서 **국토교통부장관**이 정하여 고시하는 구조로 된 건축물), 9. 단독주택 및 공동주택의 어느 하나에 해당하는 건축물의 **건축주**가 착공신고를 하는 때에 설계자로부터 구조 안전에 관한 확인 서류를 받아서 **허가권자**에게 제출하도록 하였다. 다만, 표준설계도서에 따라 건축하는 건축물은 제외한다(영 제32조 제2항).

지방자치단체의 장은 구조 안전 확인 대상 건축물에 대하여 허가 등을 하는 경우 내진(耐震)성능 확보 여부를 확인하여야 한다(법 제48조 제3항).

1132) 김종보, 건설법(제5판), 58면.

3. 「구조규칙」의 내용 및 법적 성격

건축물의 구조안전에 관한 사항들은 건축공법과 관련하여 기술적인 것이므로, 법률에서 각종 하중 등에 대한 구조내력의 기준이나 구조 계산의 방법 등에 대하여 모두 정하는 것은 어렵다. 따라서 이러한 구조내력의 기준과 구조계산의 방법 등의 기술적인 사항은 다시 국토부장관에게 위임되어 있으며, 이를 구체적으로 정하기 위해 제정된 부령이 「건축물의 구조기준 등에 관한 규칙」이다(법 제48조 제4항). 「구조규칙」은 1982. 11. 16. 제정하였는데, 동 규칙은 건축물의 구조내력(構造耐力)의 기준 및 구조계산의 방법과 그에 사용되는 하중(荷重) 등 구조안전에 관하여 필요한 사항을 규정함을 목적으로 하며(구조규칙 제1조), 현행 규칙은 2020. 2. 12. **국토교통부령** 제688호로 개정(시행 2020. 2. 12.)하였다. 「구조규칙」은 법률에서 위임한 사항을 정한 위임명령으로 법규명령으로 보는 것에 무리가 없으나, 동 규칙도 구조안전을 위한 각종 기술적 수준을 모두 정하지 못하여 제3조 제2항, 제9조 제2항에서 설계하중의 산정기준 및 방법, 제18조에서 지반의 허용지내력(許容地耐力) 등에 관해서는 **국토교통부장관**이 고시하는 「건축구조기준」에 위임하고 있다.[1133] 김종보 교수는 이러한 국토교통부 고시에 대해서도 비록 형식은 행정규칙이지만, 법령의 위임을 받아 그 위임받은 사항을 정하고 있으며 위 법규명령과 불가분적으로 결합되는 점에서 법규적 성격을 갖는 것이라고 한다.[1134]

4. 건축물의 내진능력

가. 건축물 내진능력의 의의 및 내진등급의 설정

내진능력이란 건축물이 지진 발생 시에 견딜 수 있는 능력을 말하며, 지진에 안전한 건축물이 되려면 내진설계를 하여 공사를 해야 한다. 내진설계란 지진 발생 시 건축물의 균열 또는 붕괴 사고로부터 안전하기 위해 내진을 적용하는 설계를 말한다.[1135]

1133) 국토교통부고시 제2019-117호, 2019. 3. 14.
1134) 김종보, 건설법(제5판), 58면; **사견**으로도 형식은 행정규칙이지만, 상위명령인 「구조규칙」의 개별적인 위임에 의하여 일정한 새로운 법규사항을 정하고 있다는 점에서 법규명령으로 본다.
1135) 1988. 8. 25.부터 내진설계의무대상 건축물을 규정하였으며 그 대상을 지속적으로 확대하고 있다.

〈표 36〉 허가일자로 확인해 보는 내진설계 적용 여부

허가신청일	내진설계 적용 여부
1988.3.1. 이전	• 내진설계 미적용
1988.8.25.~1996.1.5.	• 6층 이상의 건축물 • 연면적 10만㎡ 이상인 건축물 • 건설교통부령이 정하는 건축물
1996.1.6.~2005.7.17.	• 6층 이상 건축물 • 연면적 1만㎡ 이상 건축물 • 건설교통부령이 정하는 건축물
2005.7.18.~2015.9.21.	• 3층 이상 건축물 • 연면적 1천㎡ 이상 건축물 • 건설교통부령이 정하는 건축물

국토교통부장관은 지진으로부터 건축물의 구조 안전을 확보하기 위하여 건축물의 용도, 규모 및 설계구조의 중요도에 따라 내진등급(耐震等級)을 설정하여야 한다(법 제48조의2 제1항). 내진등급을 설정하기 위한 내진등급기준 등 필요한 사항은 **국토교통부령**으로 정한다(법 제48조의2 제2항).[1136)

나. 건축물의 내진능력 공개

(1) 개정 이유

현행법에 따르면 16층 이상인 건축물과 바닥면적이 5천㎡ 이상인 건축물 등을 건축하고자 하는 자는 사용승인을 받는 즉시 건축물이 지진 발생 시에 견딜 수 있는 능력을 공개하도록 하고 있으나 2016년 9월 발생한 경주지진(부상자: 23명, 재산상 피해: 5,120건)에서 피해가 소규모 저층 건축물에 집중되었으며, 이는 대부분이 암반층으로 이루어진 우리나라 지반특성에 따른 것으로 파악되고 있다.

2017. 12. 26. 법률 제15307호로 개정하여 2018. 6. 27.부터 시행하는 법률에서는 내진능력 공개대상을 내진설계 의무대상 건축물 범위인 **2층 이상의 건축물** 또는 **연면적이 200㎡ 이상인 건축물**로 확대함으로써 설계의무 범위와 정보관리의무 범위 간의 불일치를 해소하는 동시에 건축물의 내진능력에 대한 국민의 알권리 보장을 확대하고 건축물 이용자의 안전성을 제고하는 한편, 기존 건축물의 노후화 방지와 기능 개선의 차원에서 이루어지는 일부 개축 행위도 현행법상 리모델링의 범위에 포함하려는 것이다.

(2) 내진능력 공개 대상

다음 각 호는 건축허가 시 **허가권자**에게 내진구조 확인을 받아야 하는 대상 건축물이다. 즉 1. 층수가 2층(목구조 건축물의 경우에는 3층) 이상인 건축물, 2. 연면적이 200㎡(목구조 건축물의 경우에는 500㎡) 이상인 건축물, 3. 그 밖에 건축물의 규모와 중요도를 고려하여 **대통령령**으로 정하는 건축물[3. 높이가 13미터 이상인 건축물, 4. 처마높이가 9미터 이상인 건축물, 5. 기둥과 기둥 사이의 거리가 10미터 이상인 건축물, 6. 건축물의 용도 및 규모를 고려한 중요도가 높은 건축물로서 **국토교통부령**으로 정하는 건축물, 7. 국가적 문화유산으로

허가신청일	내진설계 적용 여부
2015.9.22.~2017.2.3.	• 3층 이상 건축물 • 연면적 5백㎡ 이상 건축물 • 국토교통부령이 정하는 건축물
2017.2.4.~2018.6.26.	• 2층 이상 건축물 • 연면적 5백㎡ 이상 건축물 • 국토교통부령이 정하는 건축물
2018.6.27.	• 2층 이상 건축물 • 연면적 2백㎡ 이상 건축물 • 국토교통부령이 정하는 건축물

출처: 국토교통부외, 만화로 체험하는 알기 쉬운 건축여행, 2017, 70면.

1136) **「구조규칙」 제60조(건축물의 내진등급기준)** 법 제48조의2 제2항에 따른 건축물의 내진등급기준은 [별표 12]에서 정하고 있다.

보존할 가치가 있는 건축물로서 **국토교통부령**으로 정하는 것, 8. 영 제2조 제18호 가목 및 다목의 건축물, 9. [별표 1] 제1호의 단독주택 및 같은 표 제2호의 공동주택(영 제32조의2 제2항 및 제3호부터 제9호까지)]의 어느 하나에 해당하는 건축물을 건축하고자 하는 자는 사용승인을 받는 즉시 내진능력을 공개하여야 한다(법 제48조의3 제1항 본문).

다만, 법 제48조 제2항에 따른 구조안전 확인 대상 건축물이 아니거나 내진능력 산정이 곤란한 건축물로서 **대통령령**으로 정하는 건축물[1. 창고, 축사, 작물 재배사 및 표준설계도서에 따라 건축하는 건축물로서 영 제32조 제2항 제1호 및 제3호부터 제9호까지의 어느 하나에도 해당하지 아니하는 건축물, 2. 영 제32조 제1항에 따른 구조기준 중 **국토교통부령**으로 정하는 소규모건축구조기준을 적용한 건축물(영 제32조의2 제1항)]은 공개하지 아니한다(법 제48조의3 제1항 단서).

내진능력의 산정 기준과 공개 방법 등 세부사항은 **국토교통부령**으로 정한다(법 제48조의3 제2항).[1137]

II. 피난요건

1. 의의[1138]

건축물에서 화재가 발생했을 경우 등의 위험을 방지하기 위해서 피난요건은 중요한 요건규정이다. 일반적으로 피난요건은 건축물의 화재상황을 염두에 두고 검토된다. 때문에 「건축법」에서는 대피 관련 규정의 상당부분을 화재상황으로 상정하고 있고, 피난규정은 후술하는 방화규정과 엄격하게 구분하고 있지 않다. 그러나 사람들이 건축물에서 대피하여야 하는 재난은 화재 외에도 지진, 홍수, 테러 등 다양하다는 점을 간과해서는 안 된다. 따라서 화재만을 대상으로 하는 방화규정과 다양한 대피상황을 염두에 두어야 하는 피난 관련 규정은 구분하여 이해할 필요가 있다.

피난이란 건축물 내에서 안전한 곳(공공공지 또는 도로)까지 막힘없이 안전하게 도달하는 것을 의미한다. 피난 관련 규정은 규모측면에 있어서 「건축법」 제50조의2의 고층건축물(30층 이상이거나 120m 이상인 건축물)과 기타 규모의 건축물을 구분하여 관리하고 있으며, 피난개념 측면에 있어서는 ① 건축물 내부에서의 대피통로[피난시설: 계단(직통계단, 피난계단, 특별피난계단, 옥외피난계단), 복도 및 보행거리 등]를 확보하기 위한 규정, ② 건축물 내부에서 밖으로 탈출하기 위한 출구규정, ③ 건축물 출구에서 안전한 장소(도로 또는 공공공지)까지 이동하거나 소화(消火)에 필요한 통로(대지 안의 통로)규정으로 크게 구분할 수 있다.

1137) **「구조규칙」 제60조의2(건축물의 내진능력 산정 기준 및 공개 방법)** ① 법 제48조의3 제1항에 따른 내진능력(이하 "내진능력"이라 한다)의 산정 기준은 [별표 13]과 같다.
② 법 제48조의3 제1항에 따른 건축물에 대하여 법 제22조에 따라 사용승인을 신청하는 자는 제1항에 따라 산정한 내진능력을 신청서에 적어 제출하여야 한다. 이 경우 [별표 13] 제2호 나목의 방식으로 내진능력을 산정한 경우에는 건축구조기술사가 날인한 근거자료를 함께 제출하여야 한다.
③ 법 제48조의3 제1항에 따른 내진능력의 공개는 내진능력을 건축물대장에 기재하는 방법으로 한다.
1138) [네이버 지식백과] 건축물의 피난규정-건축허가의 피난요건(그림으로 이해하는 건축법, 이재인).

2. 건축물의 용도 및 규모에 따른 피난시설

대통령령으로 정하는 용도 및 규모의 건축물과 그 대지에는 **국토교통부령**으로 정하는 바에 따라 복도, **계단**, **출입구**, 그 밖의 피난시설과 소화전(消火栓), 저수조(貯水槽), 그 밖의 소화설비 및 대지 안의 피난과 소화에 필요한 **통로**를 설치하여야 한다(법 제49조 제1항). 아래에서는 계단, 출구, 통로에 대하여 살피기로 한다.

2018. 8. 14. 개정(법률 제15721호, 시행 2019. 2. 15.)으로 국가 또는 지방자치단체는 건축물의 소유자나 관리자에게 법 제49조 제1항 및 제2항에 따른 피난시설 등의 설치, 개량·보수 등 유지·관리에 대한 기술지원을 할 수 있다(법 제49조의2).

가. 계단

건축계획에 있어 일반적으로 계단은 기능적 측면에서 다루어지며, 이것을 어떻게 설치할 것인가에 관한 문제는 전적으로 **건축주**와 설계자의 자유로운 판단에 의해 이루어진다. 다만 연면적 200㎡를 초과하는 건축물에 설치하는 계단 및 복도는 위험방지를 목적으로 「건축법」의 통제 대상이 된다(영 제48조 제1항).[1139] 건축물의 주요한 피난시설로서의 계단은 「건축법」에 의해 ① 직통계단, ② 피난계단, ③ 특별피난계단의 3가지 유형이 규정되어 있다. 「건축법」에서 규정하는 직통계단의 요건은 피난용 계단(피난계단 및 특별피난계단)이 갖추어야 하는 공통의 필수요건일 뿐 그 자체로서 피난용 계단의 역할은 하지 못한다. 「건축법」에 규정된 피난용 계단은 직통계단에 몇 가지 요건이 추가된 피난계단 및 특별피난계단이 있다. 재난상황에서 여러 명이 동일한 대피동선을 이용해야 하는 용도의 건축물이나, 대피동선이 긴 고층건축물, 비교적 대피에 어려움이 있는 지하층에 설치되는 직통계단은 피난계단 또는 특별피난계단의 구조로 하여야 한다(영 제35조 및 피난·방화규칙 제9조).[1140]

[그림 8] 「건축법」 피난의 개념

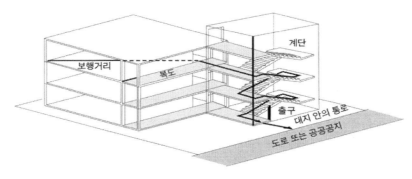

출처: 그림으로 이해하는 건축법, 이재인

1139) 「피난·방화규칙」 제15조에서 계단의 설치기준을 정하고 있다.

1140) [네이버] 피난계단과 특별피난계단 - 피난용 계단의 유형과 구조 (그림으로 이해하는 건축법, 이재인) https://terms.naver.com/entry.nhn?docId=3580207&cid=58765&categoryId=58768.

[그림 9] 피난용 계단의 종류와 요건

1. 피난계단

직통계단의 요건 + **피난계단의 요건**

2. 특별피난계단

직통계단의 요건 + **특별피난계단의 요건**

출처: 그림으로 이해하는 건축법, 이재인

(1) 직통계단의 설치

(가) 직통계단이란 건축물의 피난층(직접 지상으로 통하는 출입구가 있는 층 및 피난안전구역)을[1141] 제외한 모든 층에서 피난층 또는 지상으로 직접 연결되는 계단(경사로를 포함)을 말하고, 이러한 직통계단을 거실의 각 부분으로부터 계단에 이르는 보행거리가 30미터 이하가 되도록 설치하여야 한다.[1142][1143] 다만, 건축물(지하층에 설치하는 것으로서 바닥면적의 합계가 300㎡ 이상인 공연장·집회장·관람장 및 전시장은 제외한다)의 주요구조부가 내화구조 또는 불연재료로 된 건축물은 그 보행거리가 50미터(층수가 16층 이상인 공동주택은 40미터) 이하가 되도록 설치할 수 있으며, 자동화 생산시설에 스프링클러 등 자동식 소화설비를 설치한 공장으로서 **국토교통부령**으로 정하는 공장인 경우에는 그 보행거리가 75미터(무인화 공장인 경우에는 100미터) 이하가 되도록 설치할 수 있다(영 제34조 제1항).

(나) 건축물의 규모나 용도는 건축물의 이용자 수와 관계되며, 이용자의 수가 많다는 것은 재난상황에서 대피자의 수가 많다는 것을 의미한다. 따라서 법 제49조 제1항에 따라 피난층 외의 층이 다음 각 호 1. 제2종 근린생활시설 중 공연장·종교집회장, 문화 및 집회시설(전시장 및 동·식물원은 제외한다), 종교시설, 위락시설 중 주점영업 또는 장례시설의 용도로 쓰는 층으로서 그 층에서 **해당 용도로 쓰는 바닥면적의 합계가 200제곱미터**(제2종 근린생활시설 중 공연장·종교집회장은 각각 300제곱미터)

1141) 직접 지상으로 통하는 출구가 있는 층은 대개 1층이지만 대지 상황에 따라 2개 이상인 경우도 있다.
1142) 「건축법」에서 직통계단(경사로 포함)은 4가지 요건을 갖추어야 한다.
　① 직통의 구조일 것
　② 피난층 또는 지상까지 연결되어 있을 것
　③ 거실로부터 원칙적으로 30m 이내의 보행거리에 위치해 있을 것(영 제34조 제1항)
　④ 추가적으로 연면적 200㎡를 초과하는 건축물에 설치하는 계단은 '계단의 설치기준'을 따를 것(영 제48조 제1항, 피난·방화규칙 제15조 제1항에 따르면 연면적 200㎡를 초과하는 건축물에 설치하는 계단의 설치기준은 4가지가 있다)[네이버 지식백과 직통계단 - 피난계단의 요건 (그림으로 이해하는 건축법, 이재인).
1143) 피난·방화규칙 제15조(계단의 설치기준) ①건축법 시행령 제48조의 규정에 의하여 건축물에 설치하는 계단은 다음 각 호의 기준에 적합하여야 한다.
　1. 높이가 3미터를 넘는 계단에는 높이 3미터 이내마다 유효너비 120센티미터 이상의 계단참을 설치할 것
　2. 높이가 1미터를 넘는 계단 및 계단참의 양옆에는 난간(벽 또는 이에 대치되는 것을 포함한다)을 설치할 것
　3. 너비가 3미터를 넘는 계단에는 계단의 중간에 너비 3미터 이내마다 난간을 설치할 것. 다만, 계단의 단높이가 15센티미터 이하이고, 계단의 단너비가 30센티미터 이상인 경우에는 그러하지 아니하다.
　4. 계단의 유효 높이(계단의 바닥 마감면부터 상부 구조체의 하부 마감면까지의 연직방향의 높이를 말한다)는 2.1미터 이상으로 할 것

이상인 것, 2. 단독주택 중 다중주택·다가구주택, 제1종 근린생활시설 중 정신과의원(입원실이 있는 경우로 한정한다), 제2종 근린생활시설 중 인터넷컴퓨터게임시설제공업소(해당 용도로 쓰는 바닥면적의 합계가 300제곱미터 이상인 경우만 해당한다)·학원·독서실, 판매시설, 운수시설(여객용 시설만 해당한다), 의료시설(입원실이 없는 치과병원은 제외한다), 교육연구시설 중 학원, 노유자시설 중 아동관련 시설·노인복지시설·장애인 거주시설(「장애인복지법」 제58조 제1항 제1호에 따른 장애인 거주시설 중 **국토교통부령**으로 정하는 시설을 말한다. 이하 같다) 및 「장애인복지법」 제58조 제1항 제4호에 따른 장애인 의료재활시설(이하 "장애인 의료재활시설"이라 한다), 수련시설 중 유스호스텔 또는 숙박시설의 용도로 쓰는 3층 이상의 층으로서 그 층의 해당 용도로 쓰는 **거실의 바닥면적의 합계가 200제곱미터 이상인 것**, 3. 공동주택(층당 4세대 이하인 것은 제외한다) 또는 업무시설 중 오피스텔의 용도로 쓰는 층으로서 그 층의 해당 용도로 쓰는 **거실의 바닥면적의 합계가 300제곱미터 이상인 것**, 4. 제1호부터 제3호까지의 용도로 쓰지 아니하는 3층 이상의 층으로서 그 층 거실의 바닥면적의 합계가 400제곱미터 이상인 것, 5. 지하층으로서 그 층 거실의 바닥면적의 합계가 200제곱미터 이상인 것의 어느 하나에 해당하는 용도 및 규모의 건축물에는 **국토교통부령**으로 정하는 기준에 따라 피난층 또는 지상으로 통하는 **직통계단**을 **2개소 이상 설치**하여야 한다(영 제34조 제2항).

(2) 피난계단 및 특별피난계단의 설치

(가) 건축물의 모든 계단이 피난계단 또는 특별피난계단의 구조로 설치되어야 하는 것은 아니나, 5층 이상 또는 지하 2층 이하인 층에 설치하는 직통계단은 **국토교통부령**으로 정하는 기준에 따라 **피난계단 또는 특별피난계단**으로 설치하여야 한다. 다만, 예외적으로 건축물의 주요구조부가 **내화구조 또는 불연재료**로 되어 있는 경우로서 ① 5층 이상인 층의 바닥면적의 합계가 200㎡ 이하인 경우, ② 5층 이상인 층의 바닥면적 200㎡ 이내마다 방화구획이 되어 있는 경우에는 직통계단을 **피난계단 또는 특별피난계단** 구조로 설치하지 않아도 무방하다(영 제35조 제1항).

(나) 건축물(갓복도식 공동주택은 제외한다)[1144]의 **11층**(공동주택의 경우에는 16층) 이상인 층(바닥면적이 400㎡ 미만인 층은 제외한다) 또는 지하 3층 이하인 층(바닥면적이 400㎡미만인 층은 제외한다)으로부터 피난층 또는 지상으로 통하는 직통계단은 **특별피난계단**으로 설치하여야 한다(영 제35조 제2항).

(다) **판매시설**의 용도로 쓰는 층으로부터의 직통계단은 그 중 1개소 이상을 **특별피난계단**으로 설치

1144) '갓복도식 공동주택'이란 각 층의 계단실 및 승강기에서 각 세대로 통하는 복도의 한쪽 면이 외기(外氣)에 개방된 구조의 공동주택(피난방화규칙 제9조 제4항)으로 화재 시 연기의 배출이나 피난 등의 활동에 유리한 형태이므로 16층 이상이라도 직통계단을 특별피난계단 구조로 하지 않아도 된다고 규정하고 있다. 그러나 갓복도식 공동주택의 복도에 새시(미서기창)를 설치하는 경우는 화재 시 연기의 배출이나 피난 등의 활동을 현저히 저해할 수 있어, 갓복도식 공동주택으로 볼 수 없다. 따라서 특별피난계단이 설치되지 않은 16층 이상의 갓복도식 공동주택에 추후 새시를 설치한다면, 이는 불법건축물이 된다[네이버 피난계단과 특별피난계단 - 피난용 계단의 유형과 구조(그림으로 이해하는 건축법, 이재인).

하여야 한다(영 제35조 제3항).

(라) 건축물의 **5층 이상인 층**으로서 **문화 및 집회시설** 중 **전시장** 또는 **동·식물원**, **판매시설**, 운수시설(여객용 시설만 해당한다), **운동시설**, **위락시설**, **관광휴게시설**(다중이 이용하는 시설만 해당한다) 또는 **수련시설 중 생활권 수련시설**의 용도로 쓰는 층에는 영 제34조에 따른 **직통계단 외**에 그 층의 해당 용도로 쓰는 바닥면적의 합계가 2천㎡를 넘는 경우에는 그 넘는 2천㎡ 이내마다 **1개소의 피난계단 또는 특별피난계단**(4층 이하의 층에는 쓰지 아니하는 피난계단 또는 특별피난계단만 해당한다)을 설치하여야 한다(영 제35조 제5항). 판매시설은 많은 사람들이 몰려 재난상황에서 많은 사람들이 동일한 대피동선에 집중될 가능성이 크다. 따라서 판매시설은 일반 건축물 11층에 비해 5층으로 층수 조건을 강화하여 특별피난계단을 설치하도록 규정하고 있다. 다시 말해, 판매시설이 아닌 5층 이상 건축물의 계단 종류는 피난계단 또는 특별피난계단의 형식을 자유롭게 선택할 수 있지만(일반적으로는 특별피난계단보다는 피난계단을 설치한다), 판매시설의 경우는 11층 이상 건축물에 적용되는 특별피난계단을 설치하도록 강화하고 있다. 여기서 "그 중 1개소 이상"이라는 규정은, 계단이 2개 이상 설치되었다는 것을 전제로 한 규정이다.[1145]

(3) 옥외피난계단의 추가 설치

건축물의 3층 이상인 층(피난층은 제외한다)으로서 다음 각 호 1. 제2종 근린생활시설 중 공연장(해당 용도로 쓰는 바닥면적의 합계가 300㎡ 이상인 경우만 해당한다), 문화 및 집회시설 중 공연장이나 위락시설 중 주점영업의 용도로 쓰는 층으로서 그 층 거실의 바닥면적의 합계가 300㎡ 이상인 것, 2. 문화 및 집회시설 중 집회장의 용도로 쓰는 층으로서 그 층 거실의 바닥면적의 합계가 1천㎡ 이상인 것의 어느 하나에 해당하는 용도로 쓰는 층에는 직통계단 외에 그 층으로부터 지상으로 통하는 **옥외피난계단을 따로 설치**하여야 한다(영 제36조).

나. 지하층과 피난층 사이의 개방공간(Sunken Garden) 설치

바닥면적의 합계가 3천제곱미터 이상인 공연장·집회장·관람장 또는 전시장을 지하층에 설치하는 경우에는 각 실에 있는 자가 지하층 각 층에서 건축물 밖으로 피난하여 옥외 계단 또는 경사로 등을 이용하여 피난층으로 대피할 수 있도록 천장이 개방된 외부 공간을 설치하여야 한다(영 제37조). 썬큰가든(Sunken Garden)이란 도심의 빌딩이나 광장 등의 지하공간에 햇볕이 들어올 수 있도록 상부개방형 공원을 조성하여 채광이나 개방성 등을 확보하기 위해 만든 정원을 말한다.

1145) [네이버] 피난계단과 특별피난계단 - 피난용 계단의 유형과 구조(그림으로 이해하는 건축법, 이재인).

다. 출구

건축물의 문은 드나듦(出入)을 위한 건축요소이고 일상적으로는 출구보다 출입구라는 표현이 더 익숙하다. 그러나 「건축법」 제49조 제1항은 피난시설로서 "출입구"라고 하고 있지만, 입구로서의 문의 기능은 통제의 대상이 아니며, 바깥으로 나갈 수 있는 통로(출구)로서의 피난요건만이 관심의 대상이다. 이러한 관점에서 출구는 대피용 통로의 최종 목적지점이라는 의미를 갖는다. 실내·외 출구를 개념적으로 동일시하는 관점에서 규정하고 있다(영 제48조). 그러나 대피용 통로의 최종 목적지점이라는 피난 측면에서의 문은 (피난층) 외부출구에 국한된다고 판단한다. 또한 출구의 규정 범위는 피난층 외부출구뿐 아니라, 지하층에 설치되는 탈출구 및 옥상광장 등을 포함하는 것으로 보고 있다.[1146]

(1) 관람실 등으로부터의 출구 설치

법 제49조 제1항에 따라 다음 각 호 1. 제2종 근린생활시설 중 공연장·종교집회장(해당 용도로 쓰는 바닥면적의 합계가 각각 300㎡ 이상인 경우만 해당한다), 2. 문화 및 집회시설(전시장 및 동·식물원은 제외한다), 3. 종교시설, 4. 위락시설, 5. 장례시설의 어느 하나에 해당하는 건축물에는 **국토교통부령**으로 정하는 기준에 따라 관람실 또는 집회실로부터의 출구를 설치해야 한다(영 제38조).

(2) 건축물 바깥쪽으로 나가는 출구 설치(문의 개폐방향)

법 제49조 제1항에 따라 다음 각 호 1. 제2종 근린생활시설 중 공연장·종교집회장·인터넷컴퓨터게임시설제공업소(해당 용도로 쓰는 바닥면적의 합계가 각각 300㎡ 이상인 경우만 해당한다), 2. 문화 및 집회시설(전시장 및 동·식물원은 제외한다), 3. 종교시설, 4. 판매시설, 5. 업무시설 중 국가 또는 지방자치단체의 청사, 6. 위락시설, 7. 연면적이 5천㎡ 이상인 창고시설, 8. 교육연구시설 중 학교, 9. 장례시설, 10. 승강기를 설치하여야 하는 건축물에는 **국토교통부령**으로 정하는 기준에 따라 외부출구는 안여닫이를 사용할 수 없고 그 건축물로부터 바깥쪽으로 나가는 출구를 설치하여야 한다(영 제39조 제1항).

(3) 지하층 및 지하층의 탈출구

건축물에 설치하는 지하층의 구조 및 설비는 **국토교통부령**으로 정하는 기준에 맞게 하여야 한다(법 제53조). 지하층의 구조 및 설비는 건축허가요건 중 구조안전에 관한 요건과 기능요건이 되지만 지하층의 탈출구는 피난요건이 된다.[1147]

일반적으로 지하층을 갖춘 건축물은 복수층으로 이루어지므로 건축물의 각 층으로부터 지상으로 통

1146) [네이버 지식백과] 출구 - 대피용 통로의 최종 목적지점 (그림으로 이해하는 건축법, 이재인).
1147) 상세한 내용은 위생요건에서 설명한다.

하는 피난층까지 직통계단의 확보가 의무화되어 있다(영 제34조 제2항 제5호).[1148]

(4) 옥상광장 및 난간의 설치

(가) 옥상광장이란 일반적으로 건축물 상층부 구조물의 상단에 마련된 노대(露臺)의 구조를 띤 광장을 말한다.[1149] 옥상광장은 통상 평지붕 건축물의 최상층 지붕 윗부분(옥상)에 설치되지만, 반드시 최상층이 아니더라도 2층 이상의 층에서 피난의 용도에 사용되는 노대는 모두 「건축법」상의 옥상광장의 개념에 해당 될 수 있다. 「건축법」상 옥상광장이 건축물의 최상층 지붕 윗부분인 옥상과 다른 점은 피난을 위한 적극적인 접근성에 있다. 옥상은 평지붕으로 디자인하는 모든 건축물에 수동적으로 생기게 되지만, 옥상광장은 건축물 내부에서 옥상으로 접근할 수 있도록 능동적으로 설치하는 것이다. 「건축법」상 옥상광장이 되기 위한 요건은 옥상으로 올라갈 수 있도록 계단이 연결되어 있어야 하고 반드시 난간을 설치하여야 한다.

(나) 옥상광장도 모든 건축물에 그 설치의무가 부과되는 것은 아니며, 5층 이상인 층이 제2종 근린생활시설 중 공연장·종교집회장·인터넷컴퓨터게임시설제공업소(해당 용도로 쓰는 바닥면적의 합계가 각

1148) 김종보, 건설법(제5판), 71면.
1149) 건축은 빈 공간을 막아 사람들이 이용 가능한 영역으로 구성하는 행위로 볼 수 있다. 구조물의 바닥으로서 노대(露臺), 발코니(balcony), 베란다(veranda), 테라스(terrace), 데크(deck) 등이다. 이들 중 「건축법 시행령」에서는 노대와 발코니만이 사용되고 있다. 그런데 발코니는 법적 정의가 되어있는 반면, 노대는 개념 정의 없이 그때그때 필요에 따라 특정 부분이 노대에 해당하는지의 여부로 결정되고 있어 혼란스럽다. 또한 실무에서는 발코니라는 용어가 가장 대표적으로 이용되고 있으나, 구조적으로 차이가 있는 베란다와 발코니를 혼동하여 사용하고 있다(이재인, 발코니의 정의 ─ 발코니와 노대(그림으로 이해하는 건축법)). 즉, 노대는 영 제40조 제1항 옥상광장의 규정에 언급되고 있으며, 영 제2조 제14호 개정으로 "발코니"는 건축물의 내부와 외부를 연결하는 완충공간으로서 전망이나 휴식 등의 목적으로 건축물 외벽에 접하여 부가적(附加的)으로 설치되는 공간을 말한다. 이 경우 주택에 설치되는 발코니로서 **국토교통부장관**이 정하는 기준에 적합한 발코니는 필요에 따라 거실·침실·창고 등의 용도로 사용할 수 있다고 정의 하였다. 주택 발코니는 거실과 외부와의 완충공간으로서 용적률(바닥면적) 산정에서 제외(영 제119조 제1항) 되고, 입주민의 생활방식(침대사용, 컴퓨터등 설치)의 변화에 따라 발코니를 거실이나 침실로 확장하여 사용(약 40%)하고 있는 현실을 감안하여 2005. 12. 2.(**대통령령** 제19,163호) 「건축법 시행령」 개정 시 구조적 안전조치 등을 강화하면서 관련 제도를 현실에 부합되게 정비하였다. 발코니와 노대는 다른 개념인 것으로 볼 수도 있으나, 노대에 대하여 정의 규정을 두지 않아서 같은지 다른지 가늠하기 힘들다. 다만, 영 제119조 제1항 제3호 나목에 의하면, "주택의 발코니 등 건축물의 노대"라고 규정하고 있는 것을 볼 때, 노대는 "발코니처럼 외부로 돌출된 바닥 구조물을 포함하여 옥상광장처럼 개방형 구조로 된 바닥 구조물을 아우르는 폭넓은 대표 개념"으로 발코니라는 개념을 포함한 것으로 보인다.

[그림 10] 노대와 발코니 등의 정의

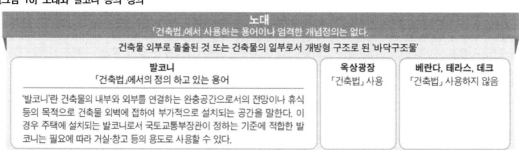

출처; [네이버 지식백과] 이재인, 발코니의 정의(그림으로 이해하는 건축법) 참조.

각 300㎡이상인 경우만 해당한다), 문화 및 집회시설(전시장 및 동·식물원은 제외한다), 종교시설, 판매시설, 위락시설 중 주점영업 또는 장례시설의 용도로 쓰는 경우에는 피난 용도로 쓸 수 있는 광장을 옥상에 설치하여야 한다(영 제40조 제2항).

(다) 통상 건축물로부터 발생하는 재난은 지진·화재 등이고, 「건축법」이 주목하여 건축허가요건을 마련하는 것도 역시 이와 관련된 피난·소화 등을 위한 것이나, 위험상황은 반드시 이에 한정되는 것이 아니다. 건축물은 아동·장애인·노약자 등 육체적 또는 정신적인 주의능력이 일반인에 못 미치는 사람들이 모두 함께 이용하는 것이므로 「건축법」에서 이를 직접 규율하고 있지는 않지만 동법 시행령이 이에 대한 일반적인 조문으로서 난간에 대한 규정을 마련하고 있다.[1150] 이에 따라, <u>옥상광장 또는 2층 이상인 층에 있는 노대(露臺)나 그 밖에 이와 비슷한 것의 주위에는 높이 1.2미터 이상의 난간을 설치하여야 한다(영 제40조 제1항 본문)</u>. 따라서 난간이 설치되어야 하는 건축물은 2층 이상의 베란다, 발코니, 테라스 등의 구조를 갖춘 경우 또는 옥상광장을 포함하고 있는 구조의 건축물이다. 여기서 옥상광장은 건축물의 최상층에 사람이 머물 수 있는 구조를 갖춘 일정 면적 이상에 해당되는 것으로 넓게 해석해야 할 것이다. 이는 단독주택, 공동주택, 근린생활시설 모두에 해당한다.

즉, 옥상광장을 반드시 설치해야 하는 의무대상 용도의 건축물뿐만 아니라(영 제40조 제2항), <u>5층 이하의 건축물이라도 **건축주**가 자발적으로 옥상광장을 설치한 경우라면 모든 노대구조의 주위에는 추락방지를 난간을 설치하여야 한다</u>. 이 요건은 일반적으로 노대 등에서의 추락을 방지하기 위한 요건이지만, 옥상광장이 피난의 용도로 사용되는 경우에도 역시 위험방지를 위해 필요하다. 다만, <u>그 노대 등에 출입할 수 없는 구조인 경우에는 옥상광장의 개념에 해당되지 아니하므로 난간 설치의무가 없다</u>(영 제40조 제1항 단서).

(라) 옥상계단은 물론이거니와 특히 노대에 관한 영 제40조 제1항 본문은 「건축법」의 위임근거 규정을 명시하고 있지 않아 법률체계상 문제가 있어 보인다. 「건축법」이 건축물의 안전에 관한 일반적인 사항을 규율하고 있다는 점에 비추어 「건축법」의 명시적인 위임이 반드시 필요하다. 현재로서는 난간에 관한 영 제40조 제1항 단서의 위임근거 조문은 건축설비의 기준 등을 **대통령령**에 위임하고 있는 「건축법」 제62조로 해석한다.[1151] 근거 규정이 노대와 계단의 설치에 규정되어 있다 보니 난간의 구조

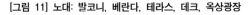

[그림 11] 노대: 발코니, 베란다, 테라스, 데크, 옥상광장

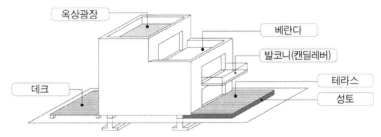

출처: [네이버 지식백과] 이재인, 발코니의 정의(그림으로 이해하는 건축법).
1150) 김종보, 건설법(제5판), 75면.

에 관해서는 「건축법」에 별도로 규정되어 있지 아니하므로 노대에서 **건축주**는 높이 1.2미터가 넘는 난간을 설치하면 되고, 따라서 목재, 철재의 난간을 불문하며 난간 사이의 간격 등도 **건축주**의 선택 범위에 놓여 있다. 물론 어린이의 머리 크기 등을 감안하여 안전한 구조로 설치 되어야 한다는 것은 해석에 의해 보충될 수 있을 것이나 입법을 통해 개선할 사항으로 지적받고 있다.[1152]

(마) <u>층수가 11층 이상인 건축물로서 11층 이상인 층의 바닥면적의 합계가 1만 ㎡이상인 건축물의 옥상에는 다음 각 호 1. 건축물의 지붕을 평지붕으로 하는 경우: 헬리포트를 설치하거나 헬리콥터를 통하여 인명 등을 구조할 수 있는 공간, 2. 건축물의 지붕을 경사지붕으로 하는 경우: 경사지붕 아래에 설치하는 대피공간의 구분에 따른 공간을 확보하여야 한다</u>(영 제40조 제3항). <u>헬리포트를 설치하거나 헬리콥터를 통하여 인명 등을 구조할 수 있는 공간 및 경사지붕 아래에 설치하는 대피공간의 설치기준은</u> **국토교통부령**으로 정한다(영 제40조 제4항).

라. 통로

<u>건축물의 대지 안에는 그 건축물 바깥쪽으로 통하는 주된 출구와 지상으로 통하는</u> **피난계단 및 특별 피난계단**<u>으로부터 도로 또는 공지</u>(공원, 광장, 그 밖에 이와 비슷한 것으로서 피난 및 소화를 위하여 해당 대지의 출입에 지장이 없는 것을 말한다)<u>로 통하는</u> **통로**<u>를 다음 각 호 1. 통로의 너비는 다음 각 목 가. 단독주택: 유효 너비 0.9미터 이상</u>, 나. 바닥면적의 합계가 500㎡ 이상인 문화 및 집회시설, 종교시설, 의료시설, 위락시설 또는 장례시설: 유효 너비 3미터 이상의 구분에 따른 기준에 따라 확보할 것, 다. 그 밖의 용도로 쓰는 건축물: 유효 너비 1.5미터 이상, 2. 필로티 내 통로의 길이가 2미터 이상인 경우에는 <u>피난 및 소화활동에 장애가 발생하지 아니하도록 자동차 진입억제용 말뚝 등 통로 보호시설을 설치하거나 통로에 단차(段差)를 둘 것의 기준에 따라 설치하여야 한다</u>(영 제41조 제1항).

<u>다중이용 건축물, 준다중이용 건축물 또는 층수가 11층 이상인 건축물이 건축되는 대지에는 그 안의 모든 다중이용 건축물, 준다중이용 건축물 또는 층수가 11층 이상인 건축물에 「소방기본법」 제21조에 따른 소방자동차</u>(이하 "소방자동차"라 한다)<u>의 접근이 가능한 통로를 설치하여야 한다.</u> 다만, 모든 다중이용 건축물, 준다중이용 건축물 또는 층수가 11층 이상인 건축물이 소방자동차의 접근이 가능한 도로 또는 공지에 직접 접하여 건축되는 경우로서 소방자동차가 도로 또는 공지에서 직접 소방활동이 가능한 경우에는 그러하지 아니하다(영 제41조 제2항).

3. 고층건축물의 피난 및 안전관리

"고층건축물"이란 층수가 30층 이상이거나 높이가 120미터 이상인 건축물을 말한다(법 제2조 제1항 제19호). <u>고층건축물에는</u> **대통령령**<u>으로 정하는 바에 따라</u> **피난안전구역**<u>을 설치하거나 대피공간을 확보</u>

1151) 김종보, 건설법(제5판), 76면.
1152) 김종보, 건설법(제5판), 76면.

한 계단을 설치하여야 한다. 이 경우 피난안전구역의 설치 기준, 계단의 설치 기준과 구조 등에 관하여 필요한 사항은 **국토교통부령**으로 정한다(법 제50조의2 제1항).

초고층 건축물에는 피난층 또는 지상으로 통하는 직통계단과 직접 연결되는 **피난안전구역**(건축물의 피난·안전을 위하여 건축물 중간층에 설치하는 대피공간을 말한다)을 지상층으로부터 최대 30개 층마다 1개소 이상 설치하여야 한다(영 제34조 제3항). 준초고층 건축물에는 피난층 또는 지상으로 통하는 직통계단과 직접 연결되는 **피난안전구역**을 해당 건축물 전체 층수의 2분의 1에 해당하는 층으로부터 상하 5개층 이내에 1개소 이상 설치하여야 한다(영 제34조 제4항).

고층건축물에 설치된 피난안전구역·피난시설 또는 대피공간에는 **국토교통부령**으로 정하는 바에 따라 화재 등의 경우에 피난 용도로 사용되는 것임을 표시하여야 한다(법 제50조의2 제2항). 고층건축물의 화재예방 및 피해경감을 위하여 **국토교통부령**으로 정하는 바에 따라 제48조부터 제50조까지 및 제64조의 기준을 강화하여 적용할 수 있다(법 제50조의2 제3항).

Ⅲ. 방화요건

1. 의의

대통령령으로 정하는 용도 및 규모의 건축물의 안전·위생 및 방화(防火) 등을 위하여 필요한 용도 및 구조의 제한, 방화구획(防火區劃), 화장실의 구조, 계단·출입구, 거실의 반자 높이, 거실의 채광·환기, 배연설비와 바닥의 방습 등에 관하여 필요한 사항은 **국토교통부령**으로 정한다(법 제49조 제2항). 모든 건축물은 아닌 **대통령령**으로 정하는 용도 및 규모의 건축물로 명시하고 있으며, 안전·위생 및 방화(防火) 등을 위한 요건인데 위생요건을 후술할 것이며, 안전 및 방화에 관해서는 여기서 방화요건에서 설명하면 안전에 관해서는 구조안전요건 및 기타위험방지요건으로 분류하기로 한다. 건축물의 화재 위험을 방지하기 위한 방화요건은 주요구조부와 지붕을 내화구조로 한다든지, 방화구획으로 설치하게 하는 구조제한을 가하고 있다.

2. 내화구조

가. 주요구조부와 지붕

(1) 문화 및 집회시설, 의료시설, 공동주택 등 **대통령령**으로 정하는 건축물은 **국토교통부령**으로 정하는 기준에 따라 <u>주요구조부와 지붕</u>을[1153] <u>내화(耐火)구조</u>로 하여야 한다. 다만, 막구조 등 **대통령령**으로 정하는 구조는 <u>주요구조부</u>에만 내화구조로 할 수 있다(법 제50조 제1항). 여기서 "**내화구조(耐火構**

1153) 2018. 8. 14. 개정(법률 제15721호, 시행 2019. 2. 15.)으로 **지붕**을 **내화구조**로 하도록 의무화하였고, 단서를 신설하였다.

造)"란 화재에 견딜 수 있는 성능을 가진 구조로서 **국토교통부령**으로 정하는 기준에 적합한 구조를 말한다(영 제2조 제7호). '**주요구조부**'란 내력벽(耐力壁), 기둥, 바닥, 보, 지붕틀 및 주계단(主階段)을 말한다. 다만, 사이 기둥, 최하층 바닥, 작은 보, 차양, 옥외 계단, 그 밖에 이와 유사한 것으로 건축물의 구조상 중요하지 아니한 부분은 제외한다(법 제2조 제1항 제7호).

법 제50조 제1항에 따라 다음 각 호 1. 제2종 근린생활시설 중 공연장·종교집회장(해당 용도로 쓰는 바닥면적의 합계가 각각 300제곱미터 이상인 경우만 해당한다), 문화 및 집회시설(전시장 및 동·식물원은 제외한다), 종교시설, 위락시설 중 주점영업 및 장례시설의 용도로 쓰는 건축물로서 관람실 또는 집회실의 바닥면적의 합계가 **200제곱미터**(옥외관람석의 경우에는 1천제곱미터) 이상인 건축물, 2. 문화 및 집회시설 중 전시장 또는 동·식물원, 판매시설, 운수시설, 교육연구시설에 설치하는 체육관·강당, 수련시설, 운동시설 중 체육관·운동장, 위락시설(주점영업의 용도로 쓰는 것은 제외한다), 창고시설, 위험물저장 및 처리시설, 자동차 관련 시설, 방송통신시설 중 방송국·전신전화국·촬영소, 묘지 관련 시설 중 화장시설·동물화장시설 또는 관광휴게시설의 용도로 쓰는 건축물로서 그 용도로 쓰는 바닥면적의 합계가 **500제곱미터** 이상인 건축물, 3. 공장의 용도로 쓰는 건축물로서 그 용도로 쓰는 바닥면적의 합계가 **2천제곱미터** 이상인 건축물(다만, 화재의 위험이 적은 공장으로서 **국토교통부령**으로 정하는 공장은 제외한다), 4. 건축물의 2층이 단독주택 중 다중주택 및 다가구주택, 공동주택, 제1종 근린생활시설(의료의 용도로 쓰는 시설만 해당한다), 제2종 근린생활시설 중 다중생활시설, 의료시설, 노유자시설 중 아동 관련 시설 및 노인복지시설, 수련시설 중 유스호스텔, 업무시설 중 오피스텔, 숙박시설 또는 장례시설의 용도로 쓰는 건축물로서 그 용도로 쓰는 바닥면적의 합계가 **400제곱미터** 이상인 건축물, 5. 3층 이상인 건축물 및 지하층이 있는 건축물[다만, 단독주택(다중주택 및 다가구주택은 제외한다), 동물 및 식물 관련 시설, 발전시설(발전소의 부속용도로 쓰는 시설은 제외한다), 교도소·감화원 또는 묘지 관련 시설(화장시설 및 동물화장시설은 제외한다)의 용도로 쓰는 건축물과 철강 관련 업종의 공장 중 제어실로 사용하기 위하여 연면적 50제곱미터 이하로 증축하는 부분은 제외한다]의 어느 하나에 해당하는 건축물(제5호에 해당하는 건축물로서 2층 이하인 건축물은 지하층 부분만 해당한다)의 **주요구조부**는 **내화구조**로 하여야 한다. 다만, 연면적이 50제곱미터 이하인 단층의 부속건축물로서 외벽 및 처마 밑면을 방화구조로 한 것과 무대의 바닥은 그러하지 아니하다(영 제56조 제1항).

(2) 영 제56조 제1항 제1호 및 제2호에 해당하는 용도로 쓰지 아니하는 건축물로서 그 지붕틀을 불연재료로 한 경우에는 그 지붕틀을 내화구조로 아니할 수 있다(영 제56조 제2항).

나. 방화지구 안의 건축물

「국토계획법」 제37조 제1항 제3호에 따른 방화지구 안에서는 건축물의 주요구조부와 지붕·외벽을 **내화구조**로 하여야 한다. 다만, **대통령령**으로 정하는 경우에는 그러하지 아니하다(법 제51조 제1항). 법 제51조 제1항에 따라 그 주요구조부 및 외벽을 내화구조로 하지 아니할 수 있는 건축물은 다음 각 호 1. 연면적 30제곱미터 미만인 단층 부속건축물로서 외벽 및 처마면이 내화구조 또는 불연재료로 된 것, 2. 도매시장의 용도로 쓰는 건축물로서 그 주요구조부가 불연재료로 된 것과 같다(영 제58조).

방화지구 안의 공작물로서 간판, 광고탑, 그 밖에 **대통령령**으로[1154] 정하는 공작물 중 건축물의 지붕 위에 설치하는 공작물이나 높이 3미터 이상의 공작물은 주요부를 불연(不燃)재료로 하여야 한다(법 제51조 제2항).

방화지구 안의 지붕·방화문 및 인접 대지 경계선에 접하는 외벽은 **국토교통부령**으로 정하는 구조 및 재료로 하여야 한다(법 제51조 제3항).

3. 방화구획 등의 설치

대통령령으로 정하는 용도 및 규모의 건축물은 **국토교통부령**으로 정하는 기준에 따라 **방화벽으로 구획**하여야 한다(법 제50조 제2항). 법 제50조 제2항에 따라 연면적 1천제곱미터 이상인 건축물은 **방화벽으로 구획**하되, 각 구획된 바닥면적의 합계는 1천제곱미터 미만이어야 한다. 다만, 주요구조부가 내화구조이거나 불연재료인 건축물과 영 제56조 제1항 제5호 단서에 따른 건축물 또는 내부설비의 구조상 방화벽으로 구획할 수 없는 창고시설의 경우에는 그러하지 아니하다(영 제57조 제1항). 영 제57조 제1항에 따른 방화벽의 구조에 관하여 필요한 사항은 **국토교통부령**으로 정한다(영 제57조 제2항). 연면적 1천제곱미터 이상인 목조 건축물의 구조는 **국토교통부령**으로 정하는 바에 따라 방화구조로 하거나 불연재료로 하여야 한다(영 제57조 제3항).

법 제49조 제2항에 따라 주요구조부가 내화구조 또는 불연재료로 된 건축물로서 연면적이 1천 제곱미터를 넘는 것은 **국토교통부령**으로 정하는 기준에 따라 내화구조로 된 바닥·벽·자동방화셔터(**국토교통부령**으로 정하는 기준에 적합한 것을 말한다. 이하 "자동방화셔터"라 한다) 및 제64조에 따른 갑종 방화문으로 구획(이하 **"방화구획"**이라 한다)해야 한다. 다만, 「원자력안전법」 제2조에 따른 원자로 및 관계시설은 「원자력안전법」에서 정하는 바에 따른다(영 제46조 제1항).

다음 각 호 1. 문화 및 집회시설(동·식물원은 제외한다), 종교시설, 운동시설 또는 장례시설의 용도로 쓰는 거실로서 시선 및 활동공간의 확보를 위하여 불가피한 부분, 2. 물품의 제조·가공·보관 및 운반 등에 필요한 고정식 대형기기 설비의 설치를 위하여 불가피한 부분. 다만, 지하층인 경우에는 지하층의 외벽 한쪽 면(지하층의 바닥면에서 지상층 바닥 아래면까지의 외벽 면적 중 4분의 1 이상이 되는 면을 말한다) 전체가 건물 밖으로 개방되어 보행과 자동차의 진입·출입이 가능한 경우에 한정한다. 3. 계단실부분·복도 또는 승강기의 승강로 부분(해당 승강기의 승강을 위한 승강로비 부분을 포함한다)으로서 그 건축물의 다른 부분과 방화구획으로 구획된 부분, 4. 건축물의 최상층 또는 피난층으로서 대규모 회의장·강당·스카이라운지·로비 또는 피난안전구역 등의 용도로 쓰는 부분으로서 그 용도로 사용하기 위하여 불가피한 부분, 5. 복층형 공동주택의 세대별 층간 바닥 부분, 6. 주요구조부가 내화구조 또는 불연재료로 된 주차장, 7. 단독주택, 동물 및 식물 관련 시설 또는 교정 및 군사시설

1154) 조문에서 위임한 사항을 규정한 하위법령이 없는 상태이다.

중 군사시설(집회, 체육, 창고 등의 용도로 사용되는 시설만 해당한다)로 쓰는 건축물, 8. 건축물의 1층과 2층의 일부를 동일한 용도로 사용하며 그 건축물의 다른 부분과 방화구획으로 구획된 부분(바닥면적의 합계가 500제곱미터 이하인 경우로 한정한다)의 어느 하나에 해당하는 건축물의 부분에는 영 제46조 제1항을 **적용하지 아니하거나** 그 사용에 지장이 없는 범위에서 제1항을 **완화하여 적용**할 수 있다(영 제46조 제2항).

건축물 일부의 주요구조부를 내화구조로 하거나 영 제46조 제2항에 따라 건축물의 일부에 영 제46조 제1항을 완화하여 적용한 경우에는 내화구조로 한 부분 또는 영 제46조 제1항을 완화하여 적용한 부분과 그 밖의 부분을 방화구획으로 구획하여야 한다(영 제46조 제3항).

공동주택 중 아파트로서 4층 이상인 층의 각 세대가 2개 이상의 직통계단을 사용할 수 없는 경우에는 발코니에 인접 세대와 공동으로 또는 각 세대별로 다음 각 호 1. 대피공간은 바깥의 공기와 접할 것, 2. 대피공간은 실내의 다른 부분과 방화구획으로 구획될 것, 3. 대피공간의 바닥면적은 인접 세대와 공동으로 설치하는 경우에는 3제곱미터 이상, 각 세대별로 설치하는 경우에는 2제곱미터 이상일 것, 4. **국토교통부장관**이 정하는 기준에 적합할 것의 요건을 모두 갖춘 대피공간을 하나 이상 설치하여야 한다. 이 경우 인접 세대와 공동으로 설치하는 대피공간은 인접 세대를 통하여 2개 이상의 직통계단을 쓸 수 있는 위치에 우선 설치되어야 한다(영 제46조 제4항). 영 제46조 제4항에도 불구하고 아파트의 4층 이상인 층에서 발코니에 다음 각 호 1. 인접 세대와의 경계벽이 파괴하기 쉬운 경량구조 등인 경우, 2. 경계벽에 피난구를 설치한 경우, 3. 발코니의 바닥에 **국토교통부령**으로 정하는 하향식 피난구를 설치한 경우, 4. **국토교통부장관**이 중앙건축위원회의 심의를 거쳐 제4항에 따른 대피공간과 동일하거나 그 이상의 성능이 있다고 인정하여 고시하는 구조 또는 시설(이하 이 호에서 "대체시설"이라 한다)을 설치한 경우(이 경우 대체시설 성능의 판단기준 및 중앙건축위원회의 심의 절차 등에 관한 사항은 **국토교통부장관**이 정하여 고시할 수 있다)의 어느 하나에 해당하는 구조 또는 시설을 설치한 경우에는 대피공간을 설치하지 아니할 수 있다(영 제46조 제5항).

요양병원, 정신병원, 「노인복지법」 제34조 제1항 제1호에 따른 노인요양시설(이하 "노인요양시설"이라 한다), 장애인 거주시설 및 장애인 의료재활시설의 피난층 외의 층에는 다음 각 호 1. 각 층마다 별도로 방화구획된 대피공간, 2. 거실에 접하여 설치된 노대등, 3. 계단을 이용하지 아니하고 건물 외부의 지상으로 통하는 경사로 또는 인접 건축물로 피난할 수 있도록 설치하는 **연결복도 또는 연결통로**의 어느 하나에 해당하는 시설을 설치하여야 한다(영 제46조 제6항).

4. 건축물 마감재료의 제한

가. 내부의 마감재료

대통령령으로 정하는 용도 및 규모의 건축물의 벽, 반자, 지붕(반자가 없는 경우에 한정한다) 등 **내부의 마감재료**는 방화에 지장이 없는 재료로 하되, 「실내공기질 관리법」 제5조 및 제6조에 따른 실내

공기질 유지기준 및 권고기준을 고려하고 관계 **중앙행정기관의 장**과 협의하여 **국토교통부령**으로 정하는 기준에 따른 것이어야 한다(법 제52조 제1항).

법 제52조 제1항에서 "**대통령령**으로 정하는 용도 및 규모의 건축물"이란 다음 각 호 1. 단독주택 중 다중주택·다가구주택, 1의2. 공동주택, 2. 제2종 근린생활시설 중 공연장·종교집회장·인터넷컴퓨터게임시설제공업소·학원·독서실·당구장·다중생활시설의 용도로 쓰는 건축물, 3. 위험물저장 및 처리시설(자가난방과 자가발전 등의 용도로 쓰는 시설을 포함한다), 자동차 관련 시설, 방송통신시설 중 방송국·촬영소 또는 발전시설의 용도로 쓰는 건축물, 4. 공장의 용도로 쓰는 건축물. 다만, 건축물이 1층 이하이고, 연면적 1천제곱미터 미만으로서 다음 각 목 가. 국토교통부령으로 정하는 화재위험이 적은 공장용도로 쓸 것, 나. 화재 시 대피가 가능한 국토교통부령으로 정하는 출구를 갖출 것, 다. 복합자재[불연성인 재료와 불연성이 아닌 재료가 복합된 자재로서 외부의 양면(철판, 알루미늄, 콘크리트박판, 그 밖에 이와 유사한 재료로 이루어진 것을 말한다)과 심재(心材)로 구성된 것을 말한다]를 내부 마감재료로 사용하는 경우에는 국토교통부령으로 정하는 품질기준에 적합할 것의 요건을 모두 갖춘 경우는 제외한다. 5. 5층 이상인 층 거실의 바닥면적의 합계가 500제곱미터 이상인 건축물, 6. 문화 및 집회시설, 종교시설, 판매시설, 운수시설, 의료시설, 교육연구시설 중 학교·학원, 노유자시설, 수련시설, 업무시설 중 오피스텔, 숙박시설, 위락시설, 장례시설, 「다중이용업소의 안전관리에 관한 특별법 시행령」 제2조에 따른 다중이용업의 용도로 쓰는 건축물, 7. 창고로 쓰이는 바닥면적 600제곱미터(스프링클러나 그 밖에 이와 비슷한 자동식 소화설비를 설치한 경우에는 1천200제곱미터) 이상인 건축물(다만, 벽 및 지붕을 국토교통부장관이 정하여 고시하는 화재 확산 방지구조 기준에 적합하게 설치한 건축물은 제외한다)의 어느 하나에 해당하는 건축물을 말한다. 다만, 그 주요구조부가 내화구조 또는 불연재료로 되어 있고 그 거실의 바닥면적(스프링클러나 그 밖에 이와 비슷한 자동식 소화설비를 설치한 바닥면적을 뺀 면적으로 한다. 이하 이 조에서 같다) 200제곱미터 이내마다 방화구획이 되어 있는 건축물은 제외한다(영 제61조 제1항).

나. 외벽에 사용하는 마감재료

대통령령으로 정하는 건축물의 **외벽**에 사용하는 마감재료는 방화에 지장이 없는 재료로 하여야 한다. 이 경우 마감재료의 기준은 **국토교통부령**으로 정한다(법 제52조 제2항). 법 제52조 제2항에서 "**대통령령**으로 정하는 건축물"이란 다음 각 호 1. 상업지역(근린상업지역은 제외한다)의 건축물로서 다음 각 목 가. 제1종 근린생활시설, 제2종 근린생활시설, 문화 및 집회시설, 종교시설, 판매시설, 운동시설 및 위락시설의 용도로 쓰는 건축물로서 그 용도로 쓰는 바닥면적의 합계가 2천제곱미터 이상인 건축물, 나. 공장(국토교통부령으로 정하는 화재 위험이 적은 공장은 제외한다)의 용도로 쓰는 건축물로부터 6미터 이내에 위치한 건축물의 어느 하나에 해당하는 것, 2. 의료시설, 교육연구시설, 노유자시설 및 수련시설의 용도로 쓰는 건축물, 3. 3층 이상 또는 높이 9미터 이상인 건축물, 4. 1층의 전부 또는 일부를 필로티 구조로 설치하여 주차장으로 쓰는 건축물의 어느 하나에 해당하는 것을 말한다(영 제61조 제1항).

5. 소방관이 진입할 수 있는 창의 설치

대통령령으로 정하는 건축물은 **국토교통부령**으로 정하는 기준에 따라 소방관이 진입할 수 있는 창을 설치하고, 외부에서 주야간에 식별할 수 있는 표시를 하여야 한다(법 제49조 제3항). 법 제49조 제3항에 따라 건축물의 11층 이하의 층에는 소방관이 진입할 수 있는 창을 설치하고, 외부에서 주야간에 식별할 수 있는 표시를 해야 한다. 다만, 다음 각 호 1. 영 제46조 제4항 및 제5항에 따라 대피공간 등을 설치한 아파트, 2.「주택건설기준 등에 관한 규정」제15조 제2항에 따라 비상용승강기를 설치한 아파트의 어느 하나에 해당하는 아파트는 제외한다(영 제51조 제4항).

6. 방화에 장애가 되는 복합용도의 제한

화재로 인한 대피 시 상대적으로 피난이 어려운 이용자들이 있다. 대표적으로 노인, 어린이, 병이나 출산으로 거동이 어려운 사람 등이다. 따라서「건축법」에서는 이러한 피난약자들의 안전을 도모하기 위하여 건축물의 용도복합을 제한하는 규정을 마련하고 있다.

법 제49조 제2항에 따라 의료시설·노유자시설(아동 관련 시설 및 노인복지시설만 해당한다)·공동주택·장례시설 또는 제1종 근린생활시설(산후조리원만 해당한다)과 위락시설·위험물저장 및 처리시설·공장 또는 자동차 관련 시설(정비공장만 해당한다)은 같은 건축물에 함께 설치할 수 없다. 따라서「건축법」에서는 이들 용도 상호간의 복합을 원칙적으로 금지하고 있다(영 제47조 제1항). 그러나 불가분의 이용성을 가지고 있는 용도, 토지의 효율적 이용을 목적으로 하는 경우, 혹은 초고층 건축물의 경우는 예외적으로 용도의 복합을 허용하고 있다(영 제47조 제1항 단서 조항).

Ⅳ. 침수방지요건

「자연재해대책법」제12조 제1항에 따른 자연재해위험개선지구 중 침수위험지구에 국가·지방자치단체 또는「공공기관운영법」제4조 제1항에 따른 공공기관이 건축하는 건축물은 침수 방지 및 방수를 위하여 다음 각 호 1. 건축물의 1층 전체를 필로티(건축물을 사용하기 위한 경비실, 계단실, 승강기실, 그 밖에 이와 비슷한 것을 포함한다) 구조로 할 것, 2. **국토교통부령**으로 정하는 침수 방지시설을 설치할 것의 기준에 따라야 한다(법 제49조 제5항).

V. 기타 위험방지요건

1. 위험방지를 위한 마감재료의 제한

욕실, 화장실, 목욕장 등의 바닥 마감재료는 미끄럼을 방지할 수 있도록 **국토교통부령**으로 정하는 기준에 적합하여야 한다(법 제52조 제3항).

2. 추락방지를 위한 안전시설의 설치

법 제49조 제2항에 따라 오피스텔에 거실 바닥으로부터 높이 1.2미터 이하 부분에 여닫을 수 있는 창문을 설치하는 경우에는 **국토교통부령**으로 정하는 기준에 따라 추락방지를 위한 안전시설을 설치하여야 한다(영 제51조 제3항).

3. 피뢰침

건축물에 대한 위험상황은 외부에서 초래될 수 있는데, 그러한 위험상황으로 상정될 수 있는 것 중의 하나가 바로 낙뢰로 인한 건축물의 붕괴위험이다. 「건축법」은 피뢰침에 대해 건축설비의 하나로 규정하고 있다(법 제2조 제1항 제4호). 건축물이 「건축법」에 의해 요구되는 구조안전요건을 갖추고, 방화구조를[1155] 갖춘 건축물이라 해도 우연적인 낙뢰에 대해서는 충분히 대비하기 어렵다. 피뢰설비는 건축물이 기능을 발휘하기 위한 요건이라 하기 보다는 낙뢰로 인한 건축물의 위험을 방지하기 위한 요건이라 할 수 있다.

따라서 「건축법」은 구조안전요건과 별도로 피뢰설비의 설치의무를 부과하여 가능한한 낙뢰로 인한 인명피해를 줄이기 위한 조항을 마련하고 있다. 「설비규칙」은 영 제87조 제2항의 설치기준을 위임을 받아 낙뢰의 우려가 있는 건축물, 높이 20미터 이상의 건축물 또는 공작물로서 높이 20미터 이상의 공작물(건축물에 영 제118조 제1항에 따른 공작물을 설치하여 그 전체 높이가 20미터 이상인 것을 포함한다)에는 피뢰설비의 설치의무대상으로 정하고 있다(설비규칙 제20조).

1155) "방화구조(防火構造)"란 화염의 확산을 막을 수 있는 성능을 가진 구조로서 **국토교통부령**으로 정하는 기준에 적합한 구조를 말한다(영 제2조 제8호).

제4절 건축물의 기능·소음방지 및 위생 요건

I. 의의

건축물의 기능 및 위생을 확보하기 위한 건축허가요건이 있다. 건축물의 **기능**은 건축물이 제대로 활용되기 위한 각종 설비의 기준을 정함으로써 확보되며, **위생**은 통풍·채광 등 건강한 생활을 보장하기 위한 요건들을 통해 보장된다. 건축물이 제대로 기능하고, 그 위생을 보장하는 것이 좁은 의미의 위험방지는 아니라 해도 넓게 보면 건축물로 인한 생명·신체의 위험방지라는 목적의 건축경찰법적 규정에 해당된다. 건축경찰법은 본질적으로 위험방지라는 목표를 위해 생겨난 것이지만, 건축물에 머무는 사람들의 위생과 건강한 삶을 확보하는 것도 생명·신체에 대한 위험의 발생을 막는 것과 차원을 같이 하는 것이기 때문이다. 따라서 건축물의 기능을 위해 마련된 건축설비에 관한 조문이 위험방지와 직결되기도 하고(승강기 등), 위생과 관련된 요건이 화재를 의식하는(반자높이 등) 등 이곳에서 설명되는 요건들은 위험방지요건과 상당한 정도의 같은 목적을 보일 수 있다. 설비 및 위생관련 요건은 상당히 공학적인 반면 법적인 쟁점을 담고 있는 경우가 많지 않다.[1156] 이 밖에도 소음문제가 중요한 생활불편 문제로서 대두되고 있으므로 같이 살피기로 한다.

II. 기능요건으로서의 건축설비[1157]

1. 건축설비의 의의

"건축설비"란 인간의 실내 생활환경과 건축물의 기능을 향상시키고, 인체의 위생 ·건강을 유지하기 위하여 건축물에 설비하는 모든 공작물의 총칭으로 건축물로부터 위험방지라는 건축경찰법적 요건이라기 보다는 건축물의 기능·환경 및 미관을 향상시킴으로써 공익이라는 법목적을 실현시키기 위한 기능요건이라 할 수 있다. 이러한 건축설비는 건축물에 설치하는 전기·전화 설비, 초고속 정보통신 설비, 지능형 홈네트워크 설비, 가스·급수·배수(配水)·배수(排水)[1158]·환기·난방·냉방·소화(消火)·배연(排煙) 및 오물처리의 설비, 굴뚝, 승강기, 피뢰침, 국기 게양대, 공동시청 안테나, 유선방송 수신시설, 우편함, 저수조(貯水槽), 방범시설, 그 밖에 **국토교통부령**으로 정하는 설비를 말한다(법 제2조 제1항 제4호).[1159]

1156) 김종보, 건설법(제5판), 77~78면.
1157) 「건축법」 제7장에 속한다.
1158) 배수(配水)는 수원지에서 급수관을 통하여 수돗물을 나누어 보냄의 뜻이고, 배수(排水)는 안에 있거나 고여 있는 물을 밖으로 퍼내거나 다른 곳으로 내보냄을 뜻한다.
1159) 법제처는 건축물에 "폐쇄회로텔레비전(CCTV), 방송설비, 구내통신, 주배선반(MDF), 무선랜 및 주차관제"설비를

2. 건축설비기준

건축설비는 그 내용이 다양하고 매우 기술적인 성격이 강하여 법률이 자세한 사항을 정하지 못하는 한계를 갖는다. 따라서「건축법」은 "건축설비의 설치 및 구조에 관한 기준과 설계 및 공사감리에 관하여 필요한 사항을 포괄적으로 **대통령령**으로 정하도록" 위임하고 있다(법 제62조). 건축설비에 관한 포괄적 위임을 받은 동법 시행령도 이에 대하여 원칙적인 규정만 정하고 하위법령인 **국토교통부령**「건축물의 설비기준 등에 관한 규칙」(이하 '설비규칙'이라 한다)에 재위임하고 있다. 법률상 워낙 폭넓은 위임이어서,「헌법」제75조의 "대통령은 법률에서 구체적으로 범위를 정하여 위임받은 사항에 관하여 **대통령령**을 발할 수 있다"라고 규정한 포괄적 위임의 금지원칙에 위반될 소지가 높고, 재위임의 근거가 법률상 없다는 점에서 법률유보원칙이 지켜진 것이냐에 대한 논란이 있는 위임의 방식이라 할 것이다.[1160] 우선 동법 시행령에 위임된 내용은 다음과 같다.

건축설비는 건축물의 안전·방화, 위생, 에너지 및 정보통신의 합리적 이용에 지장이 없도록 설치하여야 하고, 배관피트 및 닥트의 단면적과 수선구의 크기를 해당 설비의 수선에 지장이 없도록 하는 등 설비의 유지·관리가 쉽게 설치하여야 한다(영 제87조 제1항).

건축물에 설치하는 급수·배수·냉방·난방·환기·피뢰 등 건축설비의 설치에 관한 기술적 기준은 **국토교통부령**으로 정하되, 에너지 이용 합리화와 관련한 건축설비의 기술적 기준에 관하여는 산업통상자원부장관과 협의하여 정한다(영 제87조 제2항).

건축물에 설치하여야 하는 장애인 관련 시설 및 설비는「장애인·노인·임산부 등의 편의증진보장에 관한 법률」제14조에 따라 작성하여 보급하는 편의시설 상세표준도에 따른다(영 제87조 제3항).

건축물에는 방송수신에 지장이 없도록 공동시청 안테나, 유선방송 수신시설, 위성방송 수신설비, 에프엠(FM)라디오방송 수신설비 또는 방송 공동수신설비를 설치할 수 있다. 다만, 다음 각 호 1. 공동주택, 2. 바닥면적의 합계가 5천㎡ 이상으로서 업무시설이나 숙박시설의 용도로 쓰는 건축물에는 방송공동수신설비를 설치하여야 한다(영 제87조 제4항). 방송 수신설비의 설치기준은 과학기술정보통신부장관이 정하여 고시하는 바에 따른다(영 제87조 제5항).

연면적이 500㎡ 이상인 건축물의 대지에는 **국토교통부령**으로 정하는 바에 따라「전기사업법」제2조 제2호에 따른 전기사업자가 전기를 배전(配電)하는 데 필요한 전기설비를 설치할 수 있는 공간을 확보

설치하는 경우, 그 설계를「건축법」상의 건축사가 해야 하는지 아니면「정보통신공사업법」상의 용역업자가 해야 하는지에 대한 법령해석에서,「건축법」제19조의 규정에 의한 **건축물의 건축등**을 위한 설계를 하는 경우에는, "폐쇄회로텔레비전(CCTV), 방송설비, 구내통신, 주배선반(MDF), 무선랜 및 주차관제"설비도 유·무선네트워크, 정보통신기술 및 IT기기 등이 융합된 시설의 하나이므로,「건축법」제2조 제1항 제4호에서 건축설비의 종류로 명시되어 있지는 않으나, 이 시설들이 건축물의 안전이나 기능을 향상시키기 위해 건축물에 설치되는 것이라면(건축법 제1조) 이는 널리 '초고속 정보통신 및 지능형 홈네트워크'에 포함된다고 봄이 타당할 것이므로 설치를 위한 설계는「건축사법」제4조의 규정에 의한 **건축물의 건축등**의 범위에 포함되고,「건축법」제19조에서 규정하고 있는 **건축물의 건축등**을 위한 설계를 하는 경우에 이 시설들에 대한 설계는 건축사가 해야 한다고 해석하였다[법제처 법령해석 사례, 조달청 ―「건축법」제2조 및「정보통신공사업법」제2조(건축설비 및 정보통신설비의 설계자) 관련, 안건번호 07―0047, 회신일자 2017. 4. 13].

1160) 김종보, 건설법(제5판), 78면.

하여야 한다(영 제87조 제6항).

해풍이나 염분 등으로 인하여 건축물의 재료 및 기계설비 등에 조기 부식과 같은 피해 발생이 우려되는 지역에서는 해당 지방자치단체는 이를 방지하기 위하여 다음 각 호 1. 해풍이나 염분 등에 대한 내구성 설계기준, 2. 해풍이나 염분 등에 대한 내구성 허용기준, 3. 그 밖에 해풍이나 염분 등에 따른 피해를 막기 위하여 필요한 사항의 사항을 **조례**로 정할 수 있다(영 제87조 제7항).

건축물에 설치하여야 하는 우편수취함은 「우편법」 제37조의2의 기준에 따른다(영 제87조 제8항).

3. 승강기

건축주는 6층 이상으로서 연면적이 2천㎡ 이상인 건축물[층수가 6층인 건축물로서 각 층 거실의 바닥면적 300제곱미터 이내마다 1개소 이상의 직통계단을 설치한 건축물은 제외한다(영 제89조)]을 건축하려면 승강기를 설치하여야 한다. 이 경우 승강기의 규모 및 구조는 **국토교통부령**으로 정한다(법 제64조 제1항).

높이 31미터를 초과하는 건축물에는 **대통령령**으로 정하는 바에 따라 제1항에 따른 승강기뿐만 아니라 비상용승강기를 추가로 설치하여야 한다. 다만, **국토교통부령**으로 정하는 건축물의 경우에는 그리하지 아니하다(법 제64조 제2항). 법 제64조 제2항에 따라 높이 31미터를 넘는 건축물에는 다음 각 호 1. 높이 31미터를 넘는 각 층의 바닥면적 중 최대 바닥면적이 1천500제곱미터 이하인 건축물: 1대 이상, 2. 높이 31미터를 넘는 각 층의 바닥면적 중 최대 바닥면적이 1천500제곱미터를 넘는 건축물: 1대에 1천500제곱미터를 넘는 3천 제곱미터 이내마다 1대씩 더한 대수 이상의 기준에 따른 대수 이상의 비상용 승강기(비상용 승강기의 승강장 및 승강로를 포함한다. 이하 이 조에서 같다)를 설치하여야 한다. 다만, 법 제64조 제1항에 따라 설치되는 승강기를 비상용 승강기의 구조로 하는 경우에는 그러하지 아니하다(영 제90조 제1항). 제1항에 따라 2대 이상의 비상용 승강기를 설치하는 경우에는 화재가 났을 때 소화에 지장이 없도록 일정한 간격을 두고 설치하여야 한다(영 제90조 제2항). 건축물에 설치하는 비상용 승강기의 구조 등에 관하여 필요한 사항은 **국토교통부령**으로 정한다(영 제90조 제3항).

Ⅲ. 위생요건

1. 근거 규정

「건축법」상 위생요건은 화장실의 구조, 거실의 채광 및 환기 등, 거실 등의 방습 등에 관한 규정이 있는데, 이러한 허가요건은 법 제49조 제2항에서 안전·위생 및 방화(防火) 등 요건의 근거 규정을 두고 있고, 한편으로는 설비규칙·구조규칙에서, 다른 한편으로는 「건축법」상 정의 규정 등에서 다양한 형태로 규율하고 있다. 즉 **대통령령**으로 정하는 용도 및 규모의 건축물의 위생을 위하여 화장실의 구조, 계단·출입구, 거실의 반자 높이, 거실의 채광·환기와 바닥의 방습 등에 관하여 필요한 사항은 **국토교통**

부령으로 정한다(법 제49조 제2항).

2. 거실의 반자높이, 채광 및 환기 등

가. 거실의 반자높이

여기서 '**거실**'이란 건축물 안에서 거주, 집무, 작업, 집회, 오락, 그 밖에 이와 유사한 목적을 위하여 사용되는 방을 말한다(법 제2조 제1항 제6호). 건축법령에서의 거실의 정의는 피난 및 위생요건과 관련된 건축기준 등을 적용하기 위한 것으로, 객실에 딸린 화장실이나 현관 등은 거실면적에 포함시켜야 할 것이나, 계단실·엘리베이터·공용의 복도·화장실, 주차장 등은 포함되지 않으며, 창고의 경우 물품의 분류·정리·관리 등을 위한 작업공간은 거실로 보아 피난규정 등을 적용하는 것이 타당하다. 주택에 설치되는 발코니로서 **국토교통부장관**으로 정하는 기준에 적합한 발코니는 필요에 따라 거실·침실·창고 등 다양한 용도로 사용할 수 있도록 되어 있어 구조 변경한 발코니는 거실의 범위에 포함한다.[1161] 거실은 건축물 사용자가 비교적 장기간 체류하는 공간이므로 채광·환기 등이 확보되어야 하며 이를 위해 「건축법」은 일정한 건축물에 대해 거실의 시설기준을 정하고 있다. 따라서 「건축법」에서는 거실이 사람들의 거주에 적합한 공간이 되도록 반자높이, 채광, 환기, 방습(防濕), 차음(遮音) 등의 시설기준을 마련하여 일정한 건축물에 적용하도록 하고 있다. 「건축법」상 반자높이 기준은 '거실의 반자높이'를 위한 것이다. 거실의 반자는 높이 2.1m 이상으로 하여야 한다(피난·방화규칙 제16조 제1항). 반자높이가 2.1m 미만인 공간은 「건축법」상 거실로 인정받을 수가 없다. 반자높이는 방의 바닥면으로부터 반자까지의 높이로 한다. 다만 한 방 내에서 반자높이가 다른 부분이 있는 경우는 그 각 부분의 반자면적에 따라 가중평균한 높이(방의 부피/방의 면적)로 한다(영 제119조 제1항 제7호). 다시 말해 공장, 창고시설, 위험물저장 및 처리시설, 동물 및 식물 관련 시설, 자원순환 관련 시설 또는 묘지 관련시설은 거실 반자높이에 구애받지 않고(2.1m 미만도 가능) 자유롭게 건축할 수 있다는 의미로, 이들 용도는 사람들의 이용이 비교적 비상시적이라는 특성을 지닌다. 반면, 사람들이 밀집해 있는 문화 및 집회시설(전시장 및 동·식물원 제외), 종교시설, 장례식장 또는 위락시설 중 유흥주점의 용도에 쓰이는 건축물의 관람석 또는 집회실로서 그 바닥면적이 200㎡ 이상인 것의 반자의 높이는 「피난·방화규칙」 제16조 제1항에도 불구하고 4m(노대의 아랫부분의 높이는 2.7m) 이상이어야 한다. 그러나 이들 용도의 건축물들에 있어 기계환기장치를 설치하는 경우에는 2.1m 기준만 적용하면 된다(피난·방화규칙 제16조 제2항).[1162]

나. 채광 및 환기

법 제49조 제2항의 위임에 따라 단독주택 및 공동주택의 거실, 교육연구시설 중학교의 교실, 의료시

1161) 국토부, 건축행정, 2013, 35면.
1162) |네이버 지식백과| 이재인, 거실의 채광과 환기 — 양호한 실내환경 기준 1(그림으로 이해하는 건축법).

설의 병실 및 숙박시설의 객실에는 **국토교통부령**으로 정하는 기준에 따라 **채광 및 환기를 위한 창문 등이나 설비**를 설치하여야 한다(영 제51조 제1항). 채광을 위하여 거실에 설치하는 창문 등의 면적은 그 거실의 바닥면적의 10분의 1 이상이어야 하고, 환기를 위하여 거실에 설치하는 창문 등의 면적은 그 거실의 바닥면적의 20분의 1 이상이어야 한다(피난·방화규칙 제17조 제1항 및 제2항).

다. 배연설비

법 제49조 제2항에 따라 다음 각 호 1. **6층 이상**인 건축물로서 다음 각 목 가. 제2종 근린생활시설 중 공연장, 종교집회장, 인터넷컴퓨터게임시설제공업소 및 다중생활시설(공연장, 종교집회장 및 인터넷컴퓨터게임시설제공업소는 해당 용도로 쓰는 바닥면적의 합계가 각각 300㎡이상인 경우만 해당한다), 나. 문화 및 집회시설, 다. 종교시설, 라. 판매시설, 마. 운수시설, 바. 의료시설(요양병원 및 정신병원은 제외한다), 사. 교육연구시설 중 연구소, 아. 노유자시설 중 아동 관련 시설, 노인복지시설(노인요양시설은 제외한다), 자. 수련시설 중 유스호스텔, 차. 운동시설, 카. 업무시설, 타. 숙박시설, 파. 위락시설, 하. 관광휴게시설, 거. 장례시설의 어느 하나에 해당하는 용도로 쓰는 건축물, 2. 다음 각 목 가. 의료시설 중 요양병원 및 정신병원, 나. 노유자시설 중 노인요양시설·장애인 거주시설 및 장애인 의료재활시설의 어느 하나에 해당하는 용도로 쓰는 건축물의 어느 하나에 해당하는 건축물의 거실(피난층의 거실은 제외한다)에는 배연설비를 해야 한다(영 제51조 제2항).

3. 거실의 방습(防濕)

양호한 실내 환경을 위한 관리요소로는 창문을 통한 채광, 환기 외에도 습기의 방지 등이 있다. 법 제49조 제2항에 따라 방습과 관련된 규정은 ① 건축물의 최하층에 있는 목조 거실바닥은 지표면으로부터 45㎝ 이상으로 하여 방습조치를 취하도록 하고 있다. 다만, 최하층이 목조바닥이라 할지라도 지표면을 콘크리트 바닥으로 설치하는 등 방습을 위한 조치를 하는 경우에는 방습을 위한 목조바닥 높이기준을 적용받지 않는다. ② 물의 사용이 잦은 욕실(제1종 근린생활시설 중 목욕장의 욕실과 숙박시설의 욕실) 또는 조리장(제1종 근린생활시설 중 휴게음식점 및 제과점의 조리장, 제2종 근린생활시설 중 일반음식점, 휴게음식점 및 제과점의 조리장)의 바닥과 바닥으로부터 높이 1m까지의 안벽의 마감은 **내수재료**로 하여야 한다(영 제52조 및 피난·방화규칙 제18조). 내수재료란 벽돌·자연석·인조석·콘크리트·아스팔트·도자기질재료·유리 기타 이와 유사한 내수성 건축재료를 말한다(영 제2조 제6호, 피난·방화규칙 제2조).

이 밖에도 건축물의 벽으로서 직접 흙과 접하는 부분은 대문·담장 그 밖에 이와 유사한 공작물 또는 건축물을 제외하고는 내수재료를 사용하여야 한다(구조규칙 제5조 제4항). 구조부재로 사용되는 목재로서 벽돌·콘크리트·흙 그 밖에 이와 유사한 함수성(含水性)의 물체에 접하는 부분에는 방부제를 바르거나 이와 동등 이상의 효과를 가진 방부조치를 하여야 한다(구조규칙 제5조 제3항).

4. 지하층의 위생요건

가. 지하층의 의의

'지하층'이란 건축물의 바닥이 지표면 아래에 있는 층으로서 바닥에서 지표면까지 평균높이가 해당 층 높이의 2분의 1 이상인 것을 말한다(법 제2조 제1항 제5호). 경사지반일 경우에는 가중 평균 계산하여 2분 1 이상이 지표 아래에 있어야 한다. 건축물의 사용승인 후 지하층인지의 여부는 설계도서 등에 표시된 지표면을 기준으로 하는 것이 아니라 실제로 건축된 현상을 기준으로 판단하되, 건축 후 성토나 절토 등을 통해 지표면을 변경한 경우에는 그 변경후의 지표면을 기준으로 판단하는 것이 바람직하다. 건축허가를 받아 건축물을 건축하거나 사용승인을 받을 시점에서는 지하층에 해당된다 할지라도 사후 절토 등에 의하여 지하층 부분이 지상층화 된 경우에는 건축법령의 위반요소에 해당 될 수 있다(층수제한 등이 있는 지역에서 지하층이 지상층화 됨에 따라 층수에 포함되어 층수 초과 등의 위반).[1163] 지하층 산정방법에서 지표면은 각 층의 주위가 접하는 각 지표면 부분의 높이를 그 지표면 부분의 수평거리에 따라 가중평균한 높이의 수평면을 지표면으로 산정한다(영 제119조 제1항 제10호).

나. 위생요건

건축물에 설치하는 지하층의 구조 및 설비는 **국토교통부령**으로 정하는 기준에 맞게 하여야 한다(법 제53조). 지하층의 구조 및 설비는 건축허가요건 중 구조안전에 관한 요건과 기능요건이 되지만 지하층의 탈출구는 피난요건이 된다. 그 외 일정부분은 위생요건이 되기도 한다. 현행법상 지하층의 위생요건은 거실의 바닥면적이 50㎡ 이상인 층에는 환기통을 설치할 것과 거실의 바닥면적의 합계가 1천㎡ 이상인 층에는 환기설비를 설치할 것을 규정하고 있다(피난·방화규칙 제25조 제1항 제1호 및 제3호). 이 밖에도 지하층이 거실로 사용될 경우 채광창과 환기창의 요건도 준수되어야 한다.

다. 지하층의 구조 및 설비

(1) 법 제53조에 따라 건축물에 설치하는 지하층의 구조 및 설비는 다음 각 호 1. 거실의 바닥면적이 50제곱미터 이상인 층에는 직통계단 외에 피난층 또는 지상으로 통하는 비상탈출구 및 환기통을 설치할 것. 다만, 직통계단이 2개소 이상 설치되어 있는 경우에는 그러하지 아니하다. 1의2. 제2종근린생활시설 중 공연장·단란주점·당구장·노래연습장, 문화 및 집회시설 중 예식장·공연장, 수련시설 중 생활권수련시설·자연권수련시설, 숙박시설 중 여관·여인숙, 위락시설 중 단란주점·유흥주점 또는「다중이용업소의 안전관리에 관한 특별법 시행령」제2조에 따른 다중이용업의 용도에 쓰이는 층으로서 그 층의 거실의 바닥면적의 합계가 50제곱미터 이상인 건축물에는 직통계단을 2개소 이상 설치할 것, 2. 바닥면적이 1천제곱미터 이상인 층에는 피난층 또는 지상으로 통하는 직통계단을 영 제46조의 규정에

1163) 국토부, 건축행정, 2013, 33면.

의한 방화구획으로 구획되는 각 부분마다 1개소 이상 설치하되, 이를 피난계단 또는 특별피난계단의 구조로 할 것, 3. 거실의 바닥면적의 합계가 1천제곱미터 이상인 층에는 환기설비를 설치할 것, 4. 지하층의 바닥면적이 300제곱미터 이상인 층에는 식수공급을 위한 급수전을 1개소이상 설치할 것의 기준에 적합하여야 한다(피난·방화규칙 제25조 제1항).

(2) 「피난·방화규칙」 제25조 제1항 제1호에 따른 **지하층의 비상탈출구**는 다음 각 호 1. 비상탈출구의 유효너비는 0.75미터 이상으로 하고, 유효높이는 1.5미터 이상으로 할 것, 2. 비상탈출구의 문은 피난방향으로 열리도록 하고, 실내에서 항상 열 수 있는 구조로 하여야 하며, 내부 및 외부에는 비상탈출구의 표시를 할 것, 3. 비상탈출구는 출입구로부터 3미터 이상 떨어진 곳에 설치할 것, 4. 지하층의 바닥으로부터 비상탈출구의 아랫부분까지의 높이가 1.2미터 이상이 되는 경우에는 벽체에 발판의 너비가 20센티미터 이상인 사다리를 설치할 것, 5. 비상탈출구는 피난층 또는 지상으로 통하는 복도나 직통계단에 직접 접하거나 통로 등으로 연결될 수 있도록 설치하여야 하며, 피난층 또는 지상으로 통하는 복도나 직통계단까지 이르는 피난통로의 유효너비는 0.75미터 이상으로 하고, 피난통로의 실내에 접하는 부분의 마감과 그 바탕은 불연재료로 할 것, 6. 비상탈출구의 진입부분 및 피난통로에는 통행에 지장이 있는 물건을 방치하거나 시설물을 설치하지 아니할 것, 7. 비상탈출구의 유도등과 피난통로의 비상조명등의 설치는 소방법령이 정하는 바에 의할 것의 기준에 적합하여야 한다. 다만, 주택의 경우에는 그러하지 아니하다(피난·방화규칙 제25조 제2항).

5. 화장실 및 정화조

법 제49조 제2항은 건축물의 안전·위생요건으로 화장실의 구조에 대하여 규정하고 있으나, 하위 법령에서는 어떠한 구조로 해야 할지에 대하여 침묵하고 있다. 재래식 화장실이 구조상 유아 및 노약자의 생명을 위협할 수 있다는 점은 「건축법」 제정 이후 관심 밖의 영역이었다. 이러한 의미에서 화장실에 관한 「건축법」상의 기능위주의 규율은 비난의 대상임을 지적하고 있다.[1164]

정화조에 대해서는 「건축법」에서 규율하지 않고 「하수도법」 제34조에 의하여 개인하수처리시설의 설치에 관하여 규정하고 있다. 「건축법」은 건축설비의 하나로 오물처리의 설비를 규정하고 있으나(법 제2조 제1항 제4호), 정화조는 건축물의 기능요건이기도 하지만 위생요건으로 분류될 수 있다.

IV. 소음방지요건

1. 배경

거실은 기본적으로 조용한 실내 환경이 요구되며 기초생활 공간으로서의 주택은 더욱 그러하다. 최

1164) 김종보, 건설법(제5판), 77면.

근 대부분의 주거가 공동주거 형식으로 바뀌면서 세대 간에 발생하는 소음문제가 중요한 생활불편 문제로서 크게 주목을 받고 있다. 소리는 공기의 진동에 의해 전달되기 때문에 환기를 위해 창문을 열어둘 경우 통풍과 함께 주변에 있는 공장·건설공사·자동차 소음 등 다양한 소음이 들어올 수 있다. 건축물 외부에서 발생하는 이러한 소음들은 「소음·진동관리법」에서 일정 기준을 정하여 규제를 하고 있으며, 건축 계획적으로는 창호를 이중창으로 사용한다든지 기밀성이 높은 새시(sash)를 사용하는 등의 외부소음을 차단하는 대책을 강구한다. 소음문제는 특히 여러 가구나 세대가 함께 생활하는 공동주거 형식의 건축물에서 민감하다. 따라서 일정 공동주거 형식의 건축물에 대하여 가구·세대 간의 소음방지를 위하여 기준에 따라 경계벽 및 바닥을 설치하도록 규정을 마련하고 있다.[1165]

2. 근거 규정

대통령령으로 정하는 용도 및 규모의 건축물에 대하여 가구·세대 등 간 소음 방지를 위하여 **국토교통부령**으로 정하는 바에 따라 경계벽 및 바닥을 설치하여야 한다(건축법 제49조 제4항).

법 제49조 제4항에 따라 다음 각 호 1. 단독주택 중 다가구주택의 각 가구 간 또는 공동주택(기숙사는 제외한다)의 각 세대 간 경계벽(제2조 제14호 후단에 따라 거실·침실 등의 용도로 쓰지 아니하는 발코니 부분은 제외한다), 2. 공동주택 중 기숙사의 침실, 의료시설의 병실, 교육연구시설 중 학교의 교실 또는 숙박시설의 객실 간 경계벽, 3. 제2종 근린생활시설 중 다중생활시설의 호실 간 경계벽, 4. 노유자시설 중 「노인복지법」 제32조 제1항 제3호에 따른 노인복지주택의 각 세대 간 경계벽, 5. 노유자시설 중 노인요양시설의 호실 간 경계벽의 어느 하나에 해당하는 건축물의 경계벽은 **국토교통부령**으로 정하는 기준에 따라 설치해야 한다(영 제53조 제1항).

법 제49조 제4항에 따라 다음 각 호 1. 단독주택 중 다가구주택, 2. 공동주택(「주택법」 제15조에 따른 주택건설사업계획승인 대상은 제외한다), 3. 업무시설 중 오피스텔, 4. 제2종 근린생활시설 중 다중생활시설, 5. 숙박시설 중 다중생활시설의 어느 하나에 해당하는 건축물의 **층간바닥**(화장실의 바닥은 제외한다)은 **국토교통부령**으로 정하는 기준에 따라 설치해야 한다(영 제53조 제2항).

차음을 위한 경계벽 기준은 경계벽의 구조 및 두께 기준의 2가지로 규정하고 있다. (1) 건축물에 설치하는 경계벽은 내화구조로 하고, 지붕 밑 또는 바로 위층의 바닥판까지 닿게 하여야 한다(피난·방화규칙 제19조 제1항). (2) 경계벽은 소리를 차단하는데 장애가 되는 부분이 없도록 벽체구조에 따라 일정 두께 이상으로 해야 한다(피난·방화규칙 제19조 제2항).

1165) [네이버 지식백과] 이재인, 거실의 방습과 차음 — 양호한 실내환경 기준 2(그림으로 이해하는 건축법).

1. 프라이버시권을 위한 창문 등의 차면시설

인접 대지경계선으로부터 직선거리 2미터 이내에 이웃 주택의 내부가 보이는 창문 등을 설치하는 경우에는 차면시설(遮面施設)을 설치하여야 한다(영 제55조). 이웃 주택의 내부가 보이는 창문, 출입구, 그 밖의 개구부를 설치하는 경우에 이를 가릴 수 있는 시설로서 이는 거주민의 프라이버시권을 위한 규정이다.

2. 실내건축에서 방화 및 안전 요건

"실내건축"이란 건축물의 실내를 안전하고 쾌적하며 효율적으로 사용하기 위하여 내부 공간을 칸막이로 구획하거나 벽지, 천장재, 바닥재, 유리 등 **대통령령**으로 정하는 재료 또는 장식물을 설치하는 것을 말한다(법 제2조 제1항 제20호).

대통령령으로 정하는 용도 및 규모에 해당하는 건축물의 실내건축은 **방화**에 지장이 없고 사용자의 **안전**에 문제가 없는 구조 및 재료로 시공하여야 한다(법 제52조의2 제1항). 법 제52조의2 제1항에서 "**대통령령**으로 정하는 용도 및 규모에 해당하는 건축물"이란 다음 각 호 1. 다중이용 건축물, 2. 「건축물분양법」 제3조에 따른 건축물, 3. [별표 1] 제3호 나목 및 같은 표 제4호 아목에 따른 건축물(칸막이로 거실의 일부를 가로로 구획하거나 가로 및 세로로 구획하는 경우만 해당한다)의 어느 하나에 해당하는 건축물을 말한다. 실내건축의 구조·시공방법 등에 관한 기준은 **국토교통부령**으로 정한다(법 제52조의2 제2항).

특별자치시장·특별자치도지사 또는 시장·군수·구청장은 제1항 및 제2항에 따라 실내건축이 적정하게 설치 및 시공되었는지를 검사하여야 한다. 이 경우 검사하는 대상 건축물과 주기(週期)는 건축**조례**로 정한다(법 제52조의2 제3항).

3. 제조업자 및 유통업자의 안전과 기능요건

제조업자 및 유통업자는 건축물의 안전과 기능 등에 지장을 주지 아니하도록 건축자재를 제조·보관 및 유통하여야 한다(법 제52조의3 제1항).

국토교통부장관, 시·도지사 및 시장·군수·구청장은 건축물의 구조 및 재료의 기준 등이 공사현장에서 준수되고 있는지를 확인하기 위하여 제조업자 및 유통업자에게 필요한 자료의 제출을 요구하거나 건축공사장, 제조업자의 제조현장 및 유통업자의 유통장소 등을 점검할 수 있으며 필요한 경우에는 시료를 채취하여 성능 확인을 위한 시험을 할 수 있다(법 제52조의3 제2항).

국토교통부장관, 시·도지사 및 시장·군수·구청장은 제2항의 점검을 통하여 위법 사실을 확인한 경우 **대통령령**으로 정하는 바에 따라 공사 중단, 사용 중단 등의 조치를 하거나 관계 기관에 대하여 관계 법률에 따른 영업정지 등의 요청을 할 수 있다(법 제52조의3 제3항).

국토교통부장관, 시·도지사, 시장·군수·구청장은 제2항의 점검업무를 **대통령령**으로 정하는 전문기관으로 하여금 대행하게 할 수 있다(법 제52조의3 제4항). 제2항에 따른 점검에 관한 절차 등에 관하여 필요한 사항은 **국토교통부령**으로 정한다(법 제52조의3 제5항).

4. 건축물의 범죄예방

가. 범죄예방 기준의 고시

국토교통부장관은 범죄를 예방하고 안전한 생활환경을 조성하기 위하여 건축물, 건축설비 및 대지에 관한 범죄예방 기준을 정하여 고시할 수 있다(법 제53조의2 제1항).[1166]

나. 범죄예방 대상 건축물

대통령령으로 정하는 건축물은 범죄예방 기준에 따라 건축하여야 한다(법 제53조의2 제2항). 법 제53조의2 제2항에서 "**대통령령**으로 정하는 건축물"이란 다음 각 호 1. 다가구주택, 아파트, 연립주택 및 다세대주택, 2. 제1종 근린생활시설 중 일용품을 판매하는 소매점, 3. 제2종 근린생활시설 중 다중생활시설, 4. 문화 및 집회시설(동·식물원은 제외한다), 5. 교육연구시설(연구소 및 도서관은 제외한다), 6. 노유자시설, 7. 수련시설, 8. 업무시설 중 오피스텔, 9. 숙박시설 중 다중생활시설의 어느 하나에 해당하는 건축물을 말한다(영 제63조의2).

5. 지능형건축물의 인증

국토교통부장관은 지능형건축물(Intelligent Building)의 건축을 활성화하기 위하여 지능형건축물 인증제도를 실시한다(법 제65조의2 제1항).

국토교통부장관은 지능형건축물의 인증을 위하여 인증기관을 지정할 수 있고(법 제65조의2 제2항), 인증을 받으려는 자는 인증기관에 인증을 신청하여야 한다(법 제65조의2 제3항). 인증기관의 지정 기준, 지정 절차 및 인증 신청 절차 등에 필요한 사항은 **국토교통부령**으로 정한다(법 제65조의2 제5항).

국토교통부장관은 건축물을 구성하는 설비 및 각종 기술을 최적으로 통합하여 건축물의 생산성과 설비 운영의 효율성을 극대화할 수 있도록 다음 각 호 1. 인증기준 및 절차, 2. 인증표시 홍보기준,

---

[1166] 법 제53조의2 및 영 제61조의3(?)에 따라 범죄를 예방하고 안전한 생활환경을 조성하기 위하여 건축물, 건축설비 및 대지에 대한 범죄예방 기준을 정함을 목적으로 「범죄예방 건축기준 고시」(시행 2019. 7. 31. 국토교통부 고시 제2019-394호, 2019. 7. 24. 일부개정)를 정하고 있다.

3. 유효기간, 4. 수수료, 5. 인증 등급 및 심사기준 등의 사항을 포함하여 지능형건축물 인증기준을 고시한다(법 제65조의2 제4항).

허가권자는 지능형건축물로 인증을 받은 건축물에 대하여 조경설치면적을 100분의 85까지 완화하여 적용할 수 있으며, 용적률 및 건축물의 높이를 100분의 115의 범위에서 완화하여 적용할 수 있다(법 제65조의2 제6항).

6. 건축자재의 품질관리 등

복합자재[불연재료인 양면 철판, 석재, 콘크리트 또는 이와 유사한 재료와 불연재료가 아닌 심재(心材)로 구성된 것을 말한다]를 포함한 제52조에 따른 마감재료, 방화문 등 **대통령령**으로 정하는 건축자재의 제조업자, 유통업자, 공사시공자 및 공사감리자는 **국토교통부령**으로 정하는 사항을 기재한 품질관리서(이하 "품질관리서"라 한다)를 **대통령령**으로 정하는 바에 따라 **허가권자**에게 제출하여야 한다(법 제52조의4 제1항).

제1항에 따른 건축자재의 제조업자, 유통업자는 「과학기술분야 정부출연연구기관 등의 설립·운영 및 육성에 관한 법률」에 따른 한국건설기술연구원 등 **대통령령**으로 정하는 시험기관에 건축자재의 성능시험을 의뢰하여야 한다(법 제52조의4 제2항).

제2항에 따른 성능시험을 수행하는 시험기관의 장은 성능시험 결과 등 건축자재의 품질관리에 필요한 정보를 **국토교통부령**으로 정하는 바에 따라 기관 또는 단체에 제공하거나 공개하여야 한다(법 제52조의4 제3항).

제3항에 따라 정보를 제공받은 기관 또는 단체는 해당 건축자재의 정보를 홈페이지 등에 게시하여 일반인이 알 수 있도록 하여야 한다(법 제52조의4 제4항).

제1항에 따른 건축자재 중 **국토교통부령**으로 정하는 단열재는 **국토교통부장관**이 고시하는 기준에 따라 해당 건축자재에 대한 정보를 표면에 표시하여야 한다(법 제52조의4 제5항).

복합자재에 대한 난연성분 분석시험, 난연성능기준, 시험수수료 등 필요한 사항은 **국토교통부령**으로 정한다(법 제52조의4 제6항).

7. 관계전문기술자

'관계전문기술자'란 건축물의 구조·설비 등 건축물과 관련된 전문기술자격을 보유하고 설계와 공사감리에 참여하여 설계자 및 공사감리자와 협력하는 자를 말한다(법 제2조 제1항 제17호). 대규모 토지 굴착공사 등 각 분야의 전문기술자 등을 해당 분야의 설계·감리 등에 참여하도록 하고, 설계·감리 등에 참여한 관계전문기술자는 설계도서나 감리보고서 등에 서명하게 함으로써 건축관련 전문기술분야의 협력체계를 강화하고 분야별 업무와 책임한계를 명확히 하고자 한 것이다.[1167]

설계자와 공사감리자는 법 제40조(대지의 안전 등), 제41조(토지 굴착 부분에 대한 조치 등), 제48조

1167) 국토부, 건축행정, 2013, 52면.

(구조내력 등)부터 제50조(건축물의 내화구조와 방화벽)까지, 제50조의2(고층건축물의 피난 및 안전관리), 제51조(방화지구 안의 건축물), 제52조(건축물의 마감재료), 제62조(건축설비기준 등) 및 제64조(승강기)와 「녹색건축물 조성지원법」 제15조에 따른 대지의 안전, 건축물의 구조상 안전, 부속구조물 및 건축설비의 설치 등을 위한 설계 및 공사감리를 할 때 **대통령령**으로 정하는 바에 따라 다음 각 호 1. 「기술사법」 제6조에 따라 기술사사무소를 개설등록한 자, 2. 「건설기술진흥법」 제26조에 따라 건설기술용역업자로 등록한 자, 3. 「엔지니어링산업진흥법」 제21조에 따라 엔지니어링사업자의 신고를 한 자, 4. 「전력기술관리법」 제14조에 따라 설계업 및 감리업으로 등록한 자의 어느 하나의 자격을 갖춘 관계전문기술자(기술사법 제21조 제2호에 따라 벌칙을 받은 후 **대통령령**으로 정하는 기간이 경과되지 아니한 자는 제외한다)의 협력을 받아야 한다(법 제67조 제1항).

관계전문기술자는 건축물이 이 법 및 이 법에 따른 명령이나 처분, 그 밖의 관계 법령에 맞고 안전·기능 및 미관에 지장이 없도록 업무를 수행하여야 한다(법 제67조 제2항).

8. 기술적 기준

법 제40조(대지의 안전 등), 제41조(토지 굴착 부분에 대한 조치 등), 제48조(구조내력 등)부터 제50조(건축물의 내화구조와 방화벽)까지, 제50조의2(고층건축물의 피난 및 안전관리), 제51조(방화지구 안의 건축물), 제52조(건축물의 마감재료), 제52조의2(실내건축), 제62조(건축설비기준 등) 및 제64조(승강기)에 따른 대지의 안전, 건축물의 구조상의 안전, 건축설비 등에 관한 기술적 기준은 이 법에서 특별히 규정한 경우 외에는 **국토교통부령**으로 정하되, 이에 따른 세부기준이 필요하면 **국토교통부장관**이 세부기준을 정하거나 **국토교통부장관**이 지정하는 연구기관(시험기관·검사기관을 포함한다), 학술단체, 그 밖의 관련 전문기관 또는 단체가 **국토교통부장관**의 승인을 받아 정할 수 있다(법 제68조 제1항).

국토교통부장관은 제1항에 따라 세부기준을 정하거나 승인을 하려면 미리 건축위원회의 심의를 거쳐야 한다(법 제68조 제2항). **국토교통부장관**은 제1항에 따라 세부기준을 정하거나 승인을 한 경우 이를 고시하여야 한다(법 제68조 제3항). **국토교통부장관**은 제1항에 따른 기술적 기준 및 세부기준을 적용하기 어려운 건축설비에 관한 기술·제품이 개발된 경우, 개발한 자의 신청을 받아 그 기술·제품을 평가하여 신규성·진보성 및 현장 적용성이 있다고 판단하는 경우에는 **대통령령**으로 정하는 바에 따라 설치 등을 위한 기준을 건축위원회의 심의를 거쳐 인정할 수 있다(법 제68조 제4항).

9. 건축물의 구조 및 재료 등에 관한 기준의 관리

국토교통부장관은 기후 변화나 건축기술의 변화 등에 따라 제48조, 제48조의2, 제49조, 제50조, 제50조의2, 제51조, 제52조, 제52조의2, 제52조의3, 제53조의 건축물의 구조 및 재료 등에 관한 기준이 적정한지를 검토하는 모니터링(이하 이 조에서 "건축모니터링"이라 한다)을 **대통령령**으로 정하는 기간마다 실시하여야 한다(법 제68조의3 제1항). **국토교통부장관**은 **대통령령**으로 정하는 전문기관을 지정하여 건축모니터링을 하게 할 수 있다(법 제68조의3 제2항).

10. 부속구조물의 설치 및 관리

건축관계자, 소유자 및 관리자는 건축물의 부속구조물을 설계·시공 및 유지·관리 등을 고려하여 **국토교통부령**으로 정하는 기준에 따라 설치·관리하여야 한다(법 제48조의4). 위임된 **국토교통부령**은 「설비규칙」이다. 동 규칙은 「건축법」 제62조(건축설비기준 등), 제64조(승강기), 제67조(관계전문기술자) 및 제68조(기술적 기준)와 같은 법 시행령 제51조 제2항(건축물의 거실에는 **국토교통부령**으로 정하는 기준에 따라 배연설비(排煙設備)), 제87조(건축설비 설치의 원칙), 제89조(승용 승강기의 설치), 제90조(비상용 승강기의 설치) 및 제91조의3(관계전문기술자와의 협력)에 따른 건축설비의 설치에 관한 기술적 기준 등에 필요한 사항을 규정함을 목적으로 한다(설비규칙 제1조).

여기서 "부속구조물"이란 건축물의 안전·기능·환경 등을 향상시키기 위하여 건축물에 추가적으로 설치하는 급기(給氣) 및 배기(排氣)를 위한 건축 구조물의 개구부(開口部)인 환기구를 말한다(법 제2조 제1항 제21호 및 영 제2조 제19호).

제4장 국토계획법적 규정

특별건축구역, 건축협정, 결합건축규정들은 건축물로 인한 사람의 신체·생명에 대한 위험방지라는 건축경찰법적 측면보다 국토의 효율적 이용이라는 국토계획법적 규정들이다.

제1절 특별건축구역[1168]

Ⅰ. 특별건축구역의 의의

특별건축구역이란 조화롭고 창의적인 건축물의 건축을 통하여 도시경관의 창출, 건설기술 수준향상 및 건축 관련 제도개선을 도모하기 위하여 「건축법」 또는 관계 법령에 따라 특별히 지정되는 구역을 말한다. 특별건축구역으로 지정된 구역 안에서 「건축법」에 규정된 특례적용 가능한 건축물을 건축하는 경우에는 건폐율, 건축물의 높이, 일조권 등 건축규제를 배제·완화 또는 통합 적용할 수 있다(법 제2조 제1항 제18호). 2007. 10. 17. 「건축법」 개정(법률 제8,662호)에서 제도개선을 위하여 「건축법」 및 관계법령 일부 규정의 적용을 배제·완화하고 일부 통합적용이 가능하도록 특별건축구역 제도를 도입하였다.

Ⅱ. 특별건축구역의 지정

1. 지정권자 및 지정대상구역

국토교통부장관 또는 **시·도지사**는 다음 각 호 1. **국토교통부장관**이 지정하는 경우: 가. 국가가 국제행사 등을 개최하는 도시 또는 지역의 사업구역, 나. 관계법령에 따른 국가정책사업으로서 **대통령령**으로 정하는 사업구역,[1169] 2. **시·도지사**가 지정하는 경우: 가. 지방자치단체가 국제행사 등을 개최하는

1168) 「건축법」 제8장에 규정되어 있다.

도시 또는 지역의 사업구역, 나. 관계법령에 따른 도시개발·도시재정비 및 건축문화 진흥사업으로서 건축물 또는 공간환경을 조성하기 위하여 **대통령령**으로 정하는 사업구역,[1170] 다. 그 밖에 **대통령령**으로 정하는 도시 또는 지역의 사업구역의[1171] 구분에 따라 도시나 지역의 일부가 특별건축구역으로 특례 적용이 필요하다고 인정하는 경우에는 특별건축구역을 지정할 수 있다(법 제69조 제1항).

2. 특별건축구역을 지정할 수 없는 구역

다음 각 호 1. 「개발제한구역법」에 따른 개발제한구역, 2. 「자연공원법」에 따른 자연공원, 3. 「도로

1169) 영 제105조(특별건축구역의 지정) ① **법 제69조 제1항 제1호 나목**에서 "**대통령령**으로 정하는 사업구역"이란 다음 각 호의 어느 하나에 해당하는 구역을 말한다.
  1. 「신행정수도 후속대책을 위한 연기·공주지역 행정중심복합도시 건설을 위한 특별법」에 따른 행정중심복합도시의 사업구역
  2. 「공공기관 지방이전에 따른 혁신도시 건설 및 지원에 관한 특별법」에 따른 혁신도시의 사업구역
  3. 「경제자유구역의 지정 및 운영에 관한 특별법」 제4조에 따라 지정된 경제자유구역
  4. 「택지개발촉진법」에 따른 택지개발사업구역(국토교통부는 2011년 11월 7일 지속가능한 新주거문화 조성을 목표로 경기화성동탄 2지구 택지개발사업지구 및 경기성남고등보금자리 주택지구 내에 보금자리주택에 고품격 디자인 시범단지를 조성하기 위해 국토해양부 고시 제2011 - 650호로 특별건축구역 지정 및 지형도면 고시하였고, 2016년 12월 30일 경기화성동탄 2지구 택지개발사업지구 내에 장기임대 주택 100만호 기념단지 조성을 위해 특별건축구역을 국토교통부고시 제2016—1014호로 지정고시 하였다)
  5. 「공공주택 특별법」 제2조 제2호에 따른 공공주택지구
  6. 삭제 〈2014.10.14〉
  7. 「도시개발법」에 따른 도시개발구역
  8. 삭제 〈2014.10.14.〉, 9. 삭제 〈2014.10.14〉
  10. 「아시아문화중심도시 조성에 관한 특별법」에 따른 국립아시아문화전당 건설사업구역
  11. 「국토계획법」 제51조에 따른 지구단위계획구역 중 현상설계 등에 따른 창의적 개발을 위한 특별계획구역
  12. 삭제 〈2014.10.14.〉, 13. 삭제 〈2014.10.14.〉
1170) 영 제105조(특별건축구역의 지정) ② **법 제69조 제1항 제2호 나목**에서 "**대통령령**으로 정하는 사업구역"이란 다음 각 호의 어느 하나에 해당하는 구역을 말한다.
  1. 「경제자유구역의 지정 및 운영에 관한 특별법」 제4조에 따라 지정된 경제자유구역
  2. 「택지개발촉진법」에 따른 택지개발사업구역
  3. 「도시정비법」에 따른 정비구역
  4. 「도시개발법」에 따른 도시개발구역
  5. 「도시재정비특별법」에 따른 재정비촉진구역
  6. 「제주도특별법」에 따른 국제자유도시의 사업구역
  7. 「국토계획법」 제51조에 따른 지구단위계획구역 중 현상설계 등에 따른 창의적 개발을 위한 특별계획구역
  8. 「관광진흥법」 제52조 및 제70조에 따른 관광지, 관광단지 또는 관광특구
  9. 「지역문화진흥법」 제18조에 따른 문화지구
1171) 영 제105조(특별건축구역의 지정) ③ **법 제69조 제1항 제2호 다목**에서 "**대통령령**으로 정하는 도시 또는 지역"이란 다음 각 호의 어느 하나에 해당하는 도시 또는 지역을 말한다.
  1. 삭제 〈2014.10.14〉
  2. 건축문화 진흥을 위하여 **국토교통부령**으로 정하는 건축물 또는 공간환경을 조성하는 지역
  2의 2. 주거, 상업, 업무 등 다양한 기능을 결합하는 복합적인 토지 이용을 증진시킬 필요가 있는 지역으로서 다음 각 목의 요건을 모두 갖춘 지역
  가. 도시지역일 것
  나. 「국토계획법 시행령」 제71조에 따른 용도지역 안에서의 건축제한 적용을 배제할 필요가 있을 것
  3. 그 밖에 도시경관의 창출, 건설기술 수준향상 및 건축 관련 제도개선을 도모하기 위하여 특별건축구역으로 지정할 필요가 있다고 **시·도지사**가 인정하는 도시 또는 지역

법」에 따른 접도구역, 4. 「산지관리법」에 따른 보전산지, 5. 삭제 의 어느 하나에 해당하는 지역·구역 등에 대하여는 특별건축구역으로 지정할 수 없다(법 제69조 제2항).

3. 국방부장관과 협의

국토교통부장관 또는 **시·도지사**는 특별건축구역으로 지정하고자 하는 지역이 「군사기지 및 군사시설 보호법」에 따른 군사기지 및 군사시설 보호구역에 해당하는 경우에는 국방부장관과 사전에 협의하여야 한다(법 제69조 제3항).

Ⅲ. 특례사항 적용 건축물

특별건축구역에서 법 제73조에 따라 건축기준 등의 특례사항을 적용하여 건축할 수 있는 건축물은 다음 각 호 1. 국가 또는 지방자치단체가 건축하는 건축물, 2. 「공공기관운영법」 제4조에 따른 공공기관 중 **대통령령**으로 정하는 공공기관[1. 「한국토지주택공사법」에 따른 한국토지주택공사, 2. 「한국수자원공사법」에 따른 한국수자원공사, 3. 「한국도로공사법」에 따른 한국도로공사, 4. 삭제〈2009.9.21.〉, 5. 「한국철도공사법」에 따른 한국철도공사, 6. 「한국철도시설공단법」에 따른 한국철도시설공단, 7. 「한국관광공사법」에 따른 한국관광공사, 8. 「한국농어촌공사 및 농지관리기금법」에 따른 한국농어촌공사(영 제106조 제1항)]이 건축하는 건축물, 3. 그 밖에 **대통령령**으로 정하는 용도·규모의 건축물로서[1172] 도시경관의 창출, 건설기술 수준향상 및 건축 관련 제도개선을 위하여 특례 적용

1172) 영 **제106조(특별건축구역의 건축물)** ② 법 제70조 제3호에서 "대통령령으로 정하는 용도·규모의 건축물"이란 [별표 3]과 같다.

■ 건축법 시행령 [별표 3] 〈개정 2010.12.13〉

특별건축구역의 특례사항 적용 대상 건축물(제106조 제2항 관련)

용도	규모(연면적, 세대 또는 동)
문화 및 집회시설, 판매시설, 운수시설, 의료시설, 교육연구시설, 수련시설	2천제곱미터 이상
운동시설, 업무시설, 숙박시설, 관광휴게시설, 방송통신시설	3천제곱미터 이상
종교시설	-
노유자시설	5백제곱미터 이상
공동주택(아파트 및 연립주택만 해당한다)	300세대 이상(주거용 외의 용도와 복합된 경우에는 200세대 이상)
단독주택(한옥이 밀집되어 있는 지역의 건축물로 한정하며, 단독주택 외의 용도로 쓰이는 건축물을 포함할 수 있다)	50동 이상
그 밖의 용도	1천제곱미터 이상

비고
1. 위의 용도에 해당하는 건축물은 **허가권자**가 인정하는 비슷한 용도의 건축물을 포함한다.
2. 위의 용도가 복합된 건축물의 경우에는 해당 용도의 연면적 합계가 기준 연면적을 합한 값 이상이어야 한다. 다만, 공동주택과 주거용 외의 용도가 복합된 경우에는 각각 해당 용도의 연면적 또는 세대 기준에 적합하여야 한다.

이 필요하다고 허가권자가 인정하는 건축물의 어느 하나에 해당되어야 한다(법 제70조).

Ⅳ. 특별건축구역의 지정절차 등

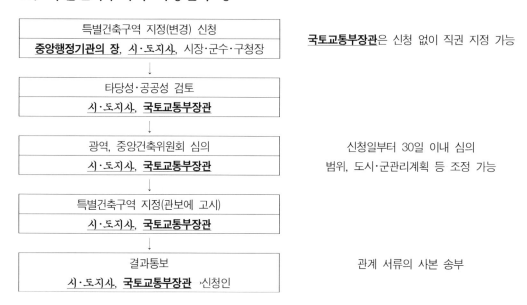

특별건축구역 지정(변경) 신청 **중앙행정기관의 장**, **시·도지사**, 시장·군수·구청장	**국토교통부장관**은 신청 없이 직권 지정 가능
↓	
타당성·공공성 검토 **시·도지사**, **국토교통부장관**	
↓	
광역, 중앙건축위원회 심의 **시·도지사**, **국토교통부장관**	신청일부터 30일 이내 심의 범위, 도시·군관리계획 등 조정 가능
↓	
특별건축구역 지정(관보에 고시) **시·도지사**, **국토교통부장관**	
↓	
결과통보 **시·도지사**, **국토교통부장관** ,신청인	관계 서류의 사본 송부

1. 특별건축구역 지정(변경) 신청 및 지정 제안

중앙행정기관의 장, 법 제69조 제1항 각 호의 사업구역을 관할하는 **시·도지사 또는 시장·군수·구청장**(이하 '지정신청기관'이라 한다)은 특별건축구역의 지정이 필요한 경우에는 다음 각 호 1. 특별건축구역의 위치·범위 및 면적 등에 관한 사항, 2. 특별건축구역의 지정 목적 및 필요성, 3. 특별건축구역 내 건축물의 규모 및 용도 등에 관한 사항, 4. 특별건축구역의 도시·군관리계획에 관한 사항. 이 경우 도시·군관리계획의 세부 내용은 **대통령령**으로 정한다. 5. 건축물의 설계, 공사감리 및 건축시공 등의 발주방법 등에 관한 사항, 6. 법 제74조에 따라 특별건축구역 전부 또는 일부를 대상으로 통합하여 적용하는 미술작품, 부설주차장, 공원 등의 시설에 대한 운영관리 계획서. 이 경우 운영관리 계획서의 작성방법, 서식, 내용 등에 관한 사항은 **국토교통부령**으로 정한다. 7. 그 밖에 특별건축구역의 지정에 필요한 **대통령령**으로 정하는 사항의 자료를 갖추어 **중앙행정기관의 장** 또는 **시·도지사**는 **국토교통부장관**에게, 시장·군수·구청장은 특별시장·광역시장·도지사에게 각각 특별건축구역의 지정을 신청할 수 있다(법 제71조 제1항).

지정신청기관 외의 자는 법 제71조 제1항 각 호의 자료를 갖추어 제69조 제1항 제2호의 사업구역을 관할하는 **시·도지사**에게 특별건축구역의 지정을 제안할 수 있다(법 제71조 제2항).

특별건축구역 지정 제안의 방법 및 절차 등에 관하여 필요한 사항은 **대통령령**으로 정한다(법 제71조 제3항).

2. 특별건축구역 타당성·공공성 검토와 중앙건축위원회 심의

국토교통부장관 또는 특별시장·광역시장·도지사는 특별건축구역 지정신청이 접수된 경우에는 특별건축구역 지정의 필요성, 타당성 및 공공성 등과 피난·방재 등의 사항을 검토하고, 지정 여부를 결정하기 위하여 지정신청을 받은 날부터 30일 이내에 **국토교통부장관**이 지정신청을 받은 경우에는 **국토교통부장관**이 두는 건축위원회(이하 "중앙건축위원회"라 한다), 특별시장·광역시장·도지사가 지정신청을 받은 경우에는 각각 특별시장·광역시장·도지사가 두는 건축위원회의 심의를 거쳐야 한다(법 제71조 제4항).

3. 특별건축구역의 범위 조정, 직권 및 변경 지정

국토교통부장관 또는 특별시장·광역시장·도지사는 각각 중앙건축위원회 또는 특별시장·광역시장·도지사가 두는 건축위원회의 심의 결과를 고려하여 필요한 경우 특별건축구역의 범위, 도시·군관리계획 등에 관한 사항을 조정할 수 있다(법 제71조 제5항).

국토교통부장관 또는 시·도지사는 필요한 경우 직권으로 특별건축구역을 지정할 수 있다. 이 경우 제1항 각 호의 자료에 따라 특별건축구역 지정의 필요성, 타당성 및 공공성 등과 피난·방재 등의 사항을 검토하고 각각 중앙건축위원회 또는 **시·도지사**가 두는 건축위원회의 심의를 거쳐야 한다(법 제71조 제6항).

지정신청기관은 특별건축구역 지정 이후 변경이 있는 경우 변경지정을 받아야 한다. 이 경우 변경지정을 받아야 하는 변경의 범위, 변경지정의 절차 등 필요한 사항은 **대통령령**으로 정한다(법 제71조 제9항). 특별건축구역의 지정신청기관이 다음 각 호 1. 특별건축구역의 범위가 10분의 1(특별건축구역의 면적이 10만 제곱미터 미만인 경우에는 20분의 1) 이상 증가하거나 감소하는 경우, 2. 특별건축구역의 도시·군관리계획에 관한 사항이 변경되는 경우, 3. 건축물의 설계, 공사감리 및 건축시공 등 발주방법이 변경되는 경우, 4. 그 밖에 특별건축구역의 지정 목적이 변경되는 등 **국토교통부령**으로 정하는 경우의 어느 하나에 해당하여 법 제71조 제9항에 따라 특별건축구역의 변경지정을 받으려는 경우에는 **국토교통부령**으로 정하는 자료를 갖추어 **국토교통부장관** 또는 특별시장·광역시장·도지사에게 변경지정 신청을 하여야 한다. 이 경우 특별건축구역의 변경지정에 관하여는 법 제71조 제2항 및 제3항을 준용한다(영 제107조 제4항).

4. 특별건축구역 지정의 해제

국토교통부장관 또는 **시·도지사**는 다음 각 호 1. 지정신청기관의 요청이 있는 경우, 2. 거짓이나 그 밖의 부정한 방법으로 지정을 받은 경우, 3. 특별건축구역 지정일부터 5년 이내에 특별건축구역 지정목적에 부합하는 건축물의 착공이 이루어지지 아니하는 경우, 4. 특별건축구역 지정요건 등을 위반하였으나 시정이 불가능한 경우의 어느 하나에 해당하는 경우에는 특별건축구역의 전부 또는 일부에 대하여 지정을 해제할 수 있다. 이 경우 **국토교통부장관** 또는 특별시장·광역시장·도지사는 지정신청기관의 의견을 청취하여야 한다(법 제71조 제10항).

5. 지정, 변경·해제의 고시

국토교통부장관 또는 **시·도지사**는 특별건축구역을 지정하거나 변경·해제하는 경우에는 **대통령령**으로 정하는 바에 따라 주요 내용을 관보(**시·도지사**는 공보)에 고시하고, **국토교통부장관** 또는 특별시장·광역시장·도지사는 지정신청기관에 관계 서류의 사본을 송부하여야 한다(법 제71조 제7항).

관계 서류의 사본을 받은 지정신청기관은 관계 서류에 도시·군관리계획의 결정사항이 포함되어 있는 경우에는 「국토계획법」 제32조에 따라 지형도면의 승인신청 등 필요한 조치를 취하여야 한다(법 제71조 제8항).

6. 특별건축구역 지정·변경시의 효력

특별건축구역을 지정하거나 변경한 경우에는 「국토계획법」 제30조에 따른 도시·군관리계획의 결정(용도지역·지구·구역의 지정 및 변경을 제외한다)이 있는 것으로 본다(법 제71조 제11항).

V. 특별건축구역 내 건축물의 심의 등

1. 심의 대상

특별건축구역에서 법 제73조에 따라 건축기준 등의 특례사항을 적용하여 건축허가를 신청하고자 하는 자(이하 "허가신청자"라 한다)는 다음 각 호 1. 법 제5조에 따라 기준을 완화하여 적용할 것을 요청하는 사항, 2. 법 제71조에 따른 특별건축구역의 지정요건에 관한 사항, 3. 법 제73조 제1항의 적용배제 특례를 적용한 사유 및 예상효과 등, 4. 법 제73조 제2항의 완화적용 특례의 동등 이상의 성능에 대한 증빙내용, 5. 건축물의 공사 및 유지·관리 등에 관한 계획의 사항이 포함된 특례적용계획서를 첨부하여 제11조에 따라 해당 **허가권자**에게 건축허가를 신청하여야 한다. 이 경우 특례적용계획서의 작성방법 및 제출서류 등은 **국토교통부령**으로 정한다(법 제72조 제1항).

건축허가는 해당 건축물이 특별건축구역의 지정 목적에 적합한지의 여부와 특례적용계획서 등 해당 사항에 대하여 제4조 제1항에 따라 **시·도지사 및 시장·군수·구청장**이 설치하는 건축위원회(이하 "지방건축위원회"라 한다)의 심의를 거쳐야 한다(법 제72조 제2항).

2. 교통영향평가심의와의 통합심의 및 변경심의

허가신청자는 법 제72조 제1항에 따른 건축허가 시「도시교통정비 촉진법」제16조에 따른 교통영향평가서의 검토를 동시에 진행하고자 하는 경우에는 같은 법 제16조에 따른 교통영향평가서에 관한 서류를 첨부하여 **허가권자**에게 심의를 신청할 수 있다(법 제72조 제3항).

제3항에 따라 교통영향평가서에 대하여 지방건축위원회에서 통합심의한 경우에는「도시교통정비 촉진법」제17조에 따른 교통영향평가서의 심의를 한 것으로 본다(법 제72조 제4항).

제1항 및 제2항에 따라 심의된 내용에 대하여 **대통령령**으로 정하는 변경사항이 발생한 경우에는 지방건축위원회의 변경심의를 받아야 한다. 이 경우 변경심의는 제1항에서 제3항까지의 규정을 준용한다(법 제72조 제5항).

3. 건축제도의 개선 및 건설기술 향상을 위한 모니터링 대상 건축물 지정

국토교통부장관 또는 특별시장·광역시장·도지사는 건축제도의 개선 및 건설기술의 향상을 위하여 **허가권자**의 의견을 들어 특별건축구역 내에서 제1항 및 제2항에 따라 건축허가를 받은 건축물에 대하여 모니터링(특례를 적용한 건축물에 대하여 해당 건축물의 건축시공, 공사감리, 유지·관리 등의 과정을 검토하고 실제로 건축물에 구현된 기능·미관·환경 등을 분석하여 평가하는 것을 말한다. 이하 이 장에서 같다)을 실시할 수 있다(법 제72조 제6항).

허가권자는 법 제72조 제1항 및 제2항에 따라 건축허가를 받은 건축물의 특례적용계획서를 심의하는 데에 필요한 **국토교통부령**으로 정하는 자료를 특별시장·광역시장·특별자치시장·도지사·특별자치도지사는 **국토교통부장관**에게, 시장·군수·구청장은 특별시장·광역시장·도지사에게 각각 제출하여야 한다(법 제72조 제7항).

4. 설계자의 계속적인 참여보장

건축허가를 받은「건설기술 진흥법」제2조 제6호에 따른 발주청은 설계의도의 구현, 건축시공 및 공사감리의 모니터링, 그 밖에 발주청이 위탁하는 업무의 수행 등을 위하여 필요한 경우 설계자를 건축허가 이후에도 해당 건축물의 건축에 참여하게 할 수 있다. 이 경우 설계자의 업무내용 및 보수 등에 관하여는 **대통령령**으로 정한다(법 제72조 제8항).

VI. 관계 법령의 적용 특례

특별건축구역에 건축하는 건축물에 대하여는 다음 각 호 1. 법 제42조(대지의 조경), 제55조(건축물의 건폐율), 제56조(건축물의 용적률), 제58조(대지 안의 공지), 제60조(건축물의 높이 제한) 및 제61조(일조 등의 확보를 위한 건축물의 높이 제한), 2. 「주택법」 제35조 중 **대통령령**으로 정하는 규정을 적용하지 아니할 수 있다(법 제73조 제1항).

특별건축구역에 건축하는 건축물이 제49조(건축물의 피난시설 및 용도제한 등), 제50조(건축물의 내화구조와 방화벽), 제50조의2(고층건축물의 피난 및 안전관리), 제51조(방화지구 안의 건축물)부터 제53조(지하층)까지, 제62조(건축설비기준 등) 및 제64조(승강기)와 「녹색건축물 조성 지원법」 제15조에 해당할 때에는 해당 규정에서 요구하는 기준 또는 성능 등을 다른 방법으로 대신할 수 있는 것으로 지방건축위원회가 인정하는 경우에만 해당 규정의 전부 또는 일부를 완화하여 적용할 수 있다(법 제73조 제2항).

「소방시설 설치·유지 및 안전관리에 관한 법률」 제9조와 제11조에서 요구하는 기준 또는 성능 등을 **대통령령**으로 정하는 절차·심의방법 등에 따라 다른 방법으로 대신할 수 있는 경우 전부 또는 일부를 완화하여 적용할 수 있다(법 제73조 제3항).

VII. 통합적용계획의 수립 및 시행

1. 통합적용계획의 수립

특별건축구역에서는 다음 각 호 1. 「문화예술진흥법」 제9조에 따른 건축물에 대한 미술작품의 설치, 2. 「주차장법」 제19조에 따른 부설주차장의 설치, 3. 「공원녹지법」에 따른 공원의 설치의 관계 법령의 규정에 대하여는 개별 건축물마다 적용하지 아니하고 특별건축구역 전부 또는 일부를 대상으로 통합하여 적용할 수 있다(법 제74조 제1항). 지정신청기관은 관계 법령의 규정을 통합하여 적용하려는 경우에는 특별건축구역 전부 또는 일부에 대하여 미술작품, 부설주차장, 공원 등에 대한 수요를 개별법으로 정한 기준 이상으로 산정하여 파악하고 이용자의 편의성, 쾌적성 및 안전 등을 고려한 통합적용계획을 수립하여야 한다(법 제74조 제2항).

2. 통합적용계획의 시행

지정신청기관이 통합적용계획을 수립하는 때에는 해당 구역을 관할하는 **허가권자**와 협의하여야 하며, 협의요청을 받은 **허가권자**는 요청받은 날부터 20일 이내에 지정신청기관에게 의견을 제출하여야 한다(법 제74조 제3항).

지정신청기관은 도시·군관리계획의 변경을 수반하는 통합적용계획이 수립된 때에는 관련 서류를 「

국토계획법」제30조에 따른 도시·군관리계획 결정권자에게 송부하여야 하며, 이 경우 해당 도시·군관리계획 결정권자는 특별한 사유가 없는 한 도시·군관리계획의 변경에 필요한 조치를 취하여야 한다(법 제74조 제4항).

VIII. 건축주 등의 의무

특별건축구역에서 제73조에 따라 건축기준 등의 적용 특례사항을 적용하여 건축허가를 받은 건축물의 공사감리자, 시공자, **건축주**, 소유자 및 관리자는 시공 중이거나 건축물의 사용승인 이후에도 당초 허가를 받은 건축물의 형태, 재료, 색채 등이 원형을 유지하도록 필요한 조치를 하여야 한다(법 제75조 제1항).

IX. 허가권자 등의 의무

허가권자는 특별건축구역의 건축물에 대하여 설계자의 창의성·심미성 등의 발휘와 제도개선·기술발전 등이 유도될 수 있도록 노력하여야 한다(법 제76조 제1항).

허가권자는 제77조 제2항에 따른 모니터링 결과를 **국토교통부장관** 또는 특별시장·광역시장·도지사에게 제출하여야 하며, **국토교통부장관** 또는 특별시장·광역시장·도지사는 제77조에 따른 검사 및 모니터링 결과 등을 분석하여 필요한 경우 이 법 또는 관계 법령의 제도개선을 위하여 노력하여야 한다(법 제76조 제2항).

X. 특별건축구역 건축물의 검사

국토교통부장관 및 **허가권자**는 특별건축구역의 건축물에 대하여 제87조에 따라 검사를 할 수 있으며, 필요한 경우 제79조에 따라 시정명령 등 필요한 조치를 할 수 있다(법 제77조 제1항).

국토교통부장관 및 **허가권자**는 제72조제6항에 따라 모니터링을 실시하는 건축물에 대하여 직접 모니터링을 하거나 분야별 전문가 또는 전문기관에 용역을 의뢰할 수 있다. 이 경우 해당 건축물의 **건축주**, 소유자 또는 관리자는 특별한 사유가 없으면 모니터링에 필요한 사항에 대하여 협조하여야 한다(법 제77조 제2항).

XI. 특별가로구역의 지정

국토교통부장관 및 **허가권자**는 도로에 인접한 건축물의 건축을 통한 조화로운 도시경관의 창출을 위하여 이 법 및 관계 법령에 따라 일부 규정을 적용하지 아니하거나 완화하여 적용할 수 있도록 다음 각 호 1. 삭제, 2. 경관지구, 3. 지구단위계획구역 중 미관유지를 위하여 필요하다고 인정하는 구역의 어느 하나에 해당하는 지구 또는 구역에서 **대통령령**으로 정하는 도로에 접한 대지의 일정 구역을 특별가로구역으로 지정할 수 있다(법 제77조의2 제1항).

국토교통부장관 및 **허가권자**는 특별가로구역을 지정하려는 경우에는 다음 각 호 1. 특별가로구역의 위치·범위 및 면적 등에 관한 사항, 2. 특별가로구역의 지정 목적 및 필요성, 3. 특별가로구역 내 건축물의 규모 및 용도 등에 관한 사항, 4. 그 밖에 특별가로구역의 지정에 필요한 사항으로서 **대통령령**으로 정하는 사항의 자료를 갖추어 **국토교통부장관** 또는 **허가권자**가 두는 건축위원회의 심의를 거쳐야 한다(법 제77조의2 제2항).

국토교통부장관 및 **허가권자**는 특별가로구역을 지정하거나 변경·해제하는 경우에는 **국토교통부령**으로 정하는 바에 따라 이를 지역 주민에게 알려야 한다(법 제77조의2 제3항).

XII. 특별가로구역의 관리 및 건축물의 건축기준 적용 특례

국토교통부장관 및 **허가권자**는 특별가로구역을 효율적으로 관리하기 위하여 **국토교통부령**으로 정하는 바에 따라 제77조의2 제2항 각 호의 지정 내용을 작성하여 관리하여야 한다(법 제77조의3 제1항).

특별가로구역의 변경절차 및 해제, 특별가로구역 내 건축물에 관한 건축기준의 적용 등에 관하여는 제71조 제9항·제10항(각 호 외의 부분 후단은 제외한다), 제72조 제1항부터 제5항까지, 제73조 제1항 (제77조의2 제1항 제3호에 해당하는 경우에는 제55조 및 제56조는 제외한다)·제2항, 제75조 제1항 및 제77조 제1항을 준용한다. 이 경우 "특별건축구역"은 각각 "특별가로구역"으로, "지정신청기관", "**국토교통부장관** 또는 **시·도지사**" 및 "**국토교통부장관**, **시·도지사** 및 **허가권자**"는 각각 "**국토교통부장관** 및 **허가권자**"로 본다(법 제77조의3 제2항).

특별가로구역 안의 건축물에 대하여 **국토교통부장관** 또는 **허가권자**가 배치기준을 따로 정하는 경우에는 제46조 및 「민법」 제242조를 적용하지 아니한다(법 제77조의3 제3항).

제2절   건축협정[1173]

Ⅰ. 의의

건축협정이란 2개 이상의 대지에서 토지 및 건축물 소유자 간 건축물의 건축·대수선 또는 리모델링에 관해서 체결할 수 있는 협정을 말한다.

건축협정을 통해 합리적이고 주민의 자율적인 건축을 도모하고자 도입되었다. 건축협정이 체결되면 다수의 대지들은 합필하지 않고도 하나의 대지로 간주되며, 협정이 체결된 대지에서는 건축물의 건축·대수선·리모델링, 각 건축물의 위치·용도·형태·높이·층수, 부대시설(담장, 조경, 주차장 등)의 위치·형태 등에 관한 사항들을 주민 간 협의를 통해 결정할 수 있다.[1174]

Ⅱ. 건축협정의 체결

1. 건축협정 체결 지역 등

토지 또는 건축물의 소유자(공유자를 포함한다. 이하 이 항에서 같다), 토지 또는 건축물의 지상권자, 그 밖에 해당 토지 또는 건축물에 이해관계가 있는 자로서 건축**조례**로 정하는 자 중 그 토지 또는 건축물 소유자의 동의를 받은 자[영 제110조의3 제1항), 이하 "소유자등"이라 한다는 전원의 합의로 다음 각 호 1. 「국토계획법」 제51조에 따라 지정된 지구단위계획구역, 2. 「도시정비법」 제2조 제2호 가목에 따른 주거환경개선사업을 시행하기 위하여 같은 법 제8조에 따라 지정·고시된 정비구역, 3. 「도시재정비특별법」 제2조 제6호에 따른 존치지역, 4. 「도시재생법」 제2조 제1항 제5호에 따른 도시재생활성화지역, 5. 그 밖에 **시·도지사 및 시장·군수·구청장**(이하 "건축협정인가권자"라 한다)이 도시 및 주거환경개선이 필요하다고 인정하여 해당 지방자치단체의 **조례**로 정하는 구역의 어느 하나에 해당하는 지역 또는 구역에서 건축물의 건축·대수선 또는 리모델링에 관한 협정(이하 "건축협정"이라 한다)을 체결할 수 있다(법 제77조의4 제1항).

둘 이상의 토지를 소유한 자가 1인인 경우에도 그 토지 소유자는 해당 토지의 구역을 건축협정 대상 지역으로 하는 건축협정을 정할 수 있다. 이 경우 그 토지 소유자 1인을 건축협정 체결자로 본다(법 제77조의4 제2항).

1173) 「건축법」 제8장의2에 규정되어 있다.
1174) 서울특별시 알기 쉬운 도시계획 용어.

2. 건축협정 체결 시 준수사항

소유자등은 건축협정을 체결(토지 소유자 1인이 건축협정을 정하는 경우를 포함한다)하는 경우에는 다음 각 호 1. 이 법 및 관계 법령을 위반하지 아니할 것, 2. 「국토계획법」 제30조에 따른 도시·군관리 계획 및 이 법 제77조의11 제1항에 따른 건축물의 건축·대수선 또는 리모델링에 관한 계획을 위반하지 아니할 것의 사항을 준수하여야 한다(법 제77조의4 제3항).

3. 건축협정 체결 내용

건축협정은 다음 각 호 1. 건축물의 건축·대수선 또는 리모델링에 관한 사항, 2. 건축물의 위치·용도·형태 및 부대시설에 관하여 **대통령령**으로 정하는 사항[1. 건축선, 2. 건축물 및 건축설비의 위치, 3. 건축물의 용도, 높이 및 층수, 4. 건축물의 지붕 및 외벽의 형태, 5. 건폐율 및 용적률, 6. 담장, 대문, 조경, 주차장 등 부대시설의 위치 및 형태, 7. 차양시설, 차면시설 등 건축물에 부착하는 시설물의 형태, 8. 법 제59조 제1항 제1호에 따른 맞벽 건축의 구조 및 형태, 9. 그 밖에 건축물의 위치, 용도, 형태 또는 부대시설에 관하여 건축**조례**로 정하는 사항(영 제110조의3 제2항)]을 포함하여야 한다(법 제77조의4 제4항).

소유자등이 건축협정을 체결하는 경우에는 건축협정서를 작성하여야 하며, 건축협정서에는 다음 각호 1. 건축협정의 명칭, 2. 건축협정 대상 지역의 위치 및 범위, 3. 건축협정의 목적, 4. 건축협정의 내용, 5. 건축협정을 체결하는 자(이하 "협정체결자"라 한다)의 성명, 주소 및 생년월일(법인, 법인 아닌 사단이나 재단 및 외국인의 경우에는 「부동산등기법」 제49조에 따라 부여된 등록번호를 말한다), 6. 건축협정운영회가 구성되어 있는 경우에는 그 명칭, 대표자 성명, 주소 및 생년월일, 7. 건축협정의 유효기간, 8. 건축협정 위반 시 제재에 관한 사항, 9. 그 밖에 건축협정에 필요한 사항으로서 해당 지방자치단체의 **조례**로 정하는 사항이 명시되어야 한다(법 제77조의4 제5항).

시·도지사가 필요하다고 인정하여 **조례**로 구역을 정하려는 때에는 해당 시장·군수·구청장의 의견을 들어야 한다(법 제77조의4 제6항).

Ⅲ. 건축협정운영회의 설립

협정체결자는 건축협정서 작성 및 건축협정 관리 등을 위하여 필요한 경우 협정체결자 간의 자율적 기구로서 운영회(이하 "건축협정운영회"라 한다)를 설립할 수 있다(법 제77조의5 제1항).

건축협정운영회를 설립하려면 협정체결자 과반수의 동의를 받아 건축협정운영회의 대표자를 선임하고, **국토교통부령**으로 정하는 바에 따라 건축협정인가권자에게 신고하여야 한다. 다만, 제77조의6에 따른 건축협정 인가 신청 시 건축협정운영회에 관한 사항을 포함한 경우에는 그러하지 아니하다(법 제77조의5 제2항).

IV. 건축협정의 인가·변경인가 및 관리

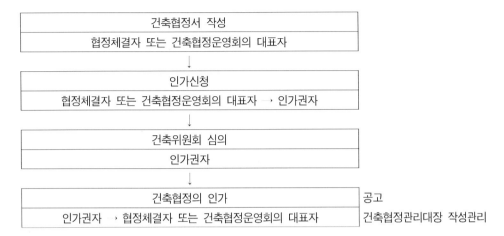

협정체결자 또는 건축협정운영회의 대표자는 건축협정서를 작성하여 **국토교통부령**으로 정하는 바에 따라 해당 건축협정인가권자의 인가를 받아야 한다. 이 경우 인가신청을 받은 건축협정인가권자는 인가를 하기 전에 건축협정인가권자가 두는 건축위원회의 심의를 거쳐야 한다(법 제77조의6 제1항).

건축협정 체결 대상 토지가 둘 이상의 특별자치시 또는 시·군·구에 걸치는 경우 건축협정 체결 대상 토지면적의 과반(過半)이 속하는 건축협정인가권자에게 인가를 신청할 수 있다. 이 경우 인가 신청을 받은 건축협정인가권자는 건축협정을 인가하기 전에 다른 특별자치시장 또는 시장·군수·구청장과 협의하여야 한다(법 제77조의6 제2항).

건축협정인가권자는 건축협정을 인가하였을 때에는 **국토교통부령**으로 정하는 바에 따라 그 내용을 공고하여야 한다(법 제77조의6 제3항).

협정체결자 또는 건축협정운영회의 대표자는 인가받은 사항을 변경하려면 **국토교통부령**으로 정하는 바에 따라 변경인가를 받아야 한다. 다만, **대통령령**으로 정하는 경미한 사항을 변경하는 경우에는 그러하지 아니하다(법 제77조의7 제1항). 변경인가에 관하여는 법 제77조의6을 준용한다(법 제77조의7 제2항).

건축협정인가권자는 제77조의6 및 제77조의7에 따라 건축협정을 인가하거나 변경인가하였을 때에는 **국토교통부령**으로 정하는 바에 따라 건축협정 관리대장을 작성하여 관리하여야 한다(법 제77조의8).

V. 건축협정의 폐지

협정체결자 또는 건축협정운영회의 대표자는 건축협정을 폐지하려는 경우에는 협정체결자 과반수의 동의를 받아 **국토교통부령**으로 정하는 바에 따라 건축협정인가권자의 인가를 받아야 한다. 다만, 제77조의13에 따른 특례를 적용하여 제21조에 따른 착공신고를 한 경우에는 **대통령령**으로 정하는 기간이 경과한 후에 건축협정의 폐지 인가를 신청할 수 있다(법 제77조의9 제1항).

건축협정의 폐지에 관하여는 제77조의6 제3항을 준용한다(법 제77조의9 제2항).

VI. 건축협정의 효력 및 승계

건축협정이 체결된 지역 또는 구역(이하 "건축협정구역"이라 한다)에서 건축물의 건축·대수선 또는 리모델링을 하거나 그 밖에 **대통령령**으로 정하는 행위를 하려는 소유자등은 제77조의6 및 제77조의7에 따라 인가·변경인가된 건축협정에 따라야 한다(법 제77조의10 제1항).

제77조의6 제3항에 따라 건축협정이 공고된 후 건축협정구역에 있는 토지나 건축물 등에 관한 권리를 협정체결자인 소유자등으로부터 이전받거나 설정받은 자는 협정체결자로서의 지위를 승계한다. 다만, 건축협정에서 달리 정한 경우에는 그에 따른다(법 제77조의10 제2항).

VII. 건축협정에 관한 계획 수립 및 지원

건축협정인가권자는 소유자등이 건축협정을 효율적으로 체결할 수 있도록 건축협정구역에서 건축물의 건축·대수선 또는 리모델링에 관한 계획을 수립할 수 있다(법 제77조의11 제1항).

건축협정인가권자는 **대통령령**으로 정하는 바에 따라 도로 개설 및 정비 등 건축협정구역 안의 주거환경개선을 위한 사업비용의 일부를 지원할 수 있다(법 제77조의11 제2항).

VIII. 경관협정과의 관계

소유자등은 제77조의4에 따라 건축협정을 체결할 때 「경관법」 제19조에 따른 경관협정을 함께 체결하려는 경우에는 「경관법」 제19조 제3항·제4항 및 제20조에 관한 사항을 반영하여 건축협정인가권자에게 인가를 신청할 수 있다(법 제77조의12 제1항).

건축협정인가권자는 건축협정에 대한 인가를 하기 전에 건축위원회의 심의를 하는 때에 「경관법」 제29조 제3항에 따라 경관위원회와 공동으로 하는 심의를 거쳐야 한다(법 제77조의12 제2항).

건축협정을 인가받은 경우에는 「경관법」 제21조에 따른 경관협정의 인가를 받은 것으로 본다(법 제77조의12 제3항).

IX. 건축협정에 따른 특례

법 제77조의4 제1항에 따라 건축협정을 체결하여 제59조 제1항 제1호에 따라 둘 이상의 건축물 벽을 맞벽으로 하여 건축하려는 경우 맞벽으로 건축하려는 자는 공동으로 건축허가를 신청할 수 있다(법 제77조의13 제1항).

제1항의 경우에 제17조(건축허가 등의 수수료), 제21조(착공신고 등), 제22조(사용승인) 및 제25조(건축물의 공사감리)에 관하여는 개별 건축물마다 적용하지 아니하고 허가를 신청한 건축물 전부 또는 일부를 대상으로 통합하여 적용할 수 있다(법 제77조의13 제2항).

건축협정의 인가를 받은 건축협정구역에서 연접한 대지에 대하여는 다음 각 호1. 법 제42조에 따른 대지의 조경, 2. 법 제44조에 따른 대지와 도로와의 관계, 3. 삭제, 4. 법 제53조에 따른 지하층의 설치, 5. 법 제55조에 따른 건폐율, 6. 「주차장법」 제19조에 따른 부설주차장의 설치, 7. 삭제, 8. 「하수도법」 제34조에 따른 개인하수처리시설의 설치의 관계 법령의 규정을 개별 건축물마다 적용하지 아니하고 건축협정구역의 전부 또는 일부를 대상으로 통합하여 적용할 수 있다(법 제77조의13 제3항). 용적률은 해당되지 않는다.

관계 법령의 규정을 적용하려는 경우에는 건축협정구역 전부 또는 일부에 대하여 조경 및 부설주차장에 대한 기준을 이 법 및 「주차장법」에서 정한 기준 이상으로 산정하여 적용하여야 한다(법 제77조의13 제4항).

건축협정을 체결하여 둘 이상 건축물의 경계벽을 전체 또는 일부를 공유하여 건축하는 경우에는 제1항부터 제4항까지의 특례를 적용하며, 해당 대지를 하나의 대지로 보아 이 법의 기준을 개별 건축물마다 적용하지 아니하고 허가를 신청한 건축물의 전부 또는 일부를 대상으로 통합하여 적용할 수 있다(법 제77조의13 제5항).

건축협정구역에 건축하는 건축물에 대하여는 제42조(대지의 조경), 제55조(건축물의 건폐율), 제56조(건축물의 용적률), 제58조(대지 안의 공지), 제60조(건축물의 높이 제한) 및 제61조(일조 등의 확보를 위한 건축물의 높이 제한)와 「주택법」 제35조를 **대통령령**으로 정하는 바에 따라 완화하여 적용할 수 있다. 다만, 제56조를 완화하여 적용하는 경우에는 제4조에 따른 건축위원회의 심의와 「국토계획법」 제113조에 따른 지방도시계획위원회의 심의를 통합하여 거쳐야 한다(법 제77조의13 제6항). 통합 심의를 하는 경우 통합 심의의 방법 및 절차 등에 관한 구체적인 사항은 **대통령령**으로 정한다(법 제77조의13 제7항).

건축협정구역 내의 건축물에 대한 건축기준의 적용에 관하여는 제72조 제1항(제2호 및 제4호는 제외한다)부터 제5항까지를 준용한다. 이 경우 "특별건축구역"은 "건축협정구역"으로 본다(법 제77조의13 제8항).

X. 건축협정 집중구역의 지정 등

건축협정인가권자는 건축협정의 효율적인 체결을 통한 도시의 기능 및 미관의 증진을 위하여 제77조의4 제1항 각 호의 어느 하나에 해당하는 지역 및 구역의 전체 또는 일부를 건축협정 집중구역으로 지정할 수 있다(법 제77조의14 제1항).

건축협정인가권자는 건축협정 집중구역을 지정하는 경우에는 미리 다음 각 호 1. 건축협정 집중구역의 위치, 범위 및 면적 등에 관한 사항, 2. 건축협정 집중구역의 지정 목적 및 필요성, 3. 건축협정 집중구역에서 제77조의4 제4항 각 호의 사항 중 건축협정인가권자가 도시의 기능 및 미관 증진을 위하여 세부적으로 규정하는 사항, 4. 건축협정 집중구역에서 제77조의13에 따른 건축협정의 특례 적용에 관하여 세부적으로 규정하는 사항에 대하여 건축협정인가권자가 두는 건축위원회의 심의를 거쳐야 한다(법 제77조의14 제2항).

건축협정 집중구역의 지정 또는 변경·해제에 관하여는 제77조의6 제3항을 준용한다(법 제77조의14 제3항).

건축협정 집중구역 내의 건축협정이 제2항 각 호에 관한 심의내용에 부합하는 경우에는 제77조의6 제1항에 따른 건축위원회의 심의를 생략할 수 있다(법 제77조의14 제4항).

제3절   결합건축[1175]

I. 제정 취지

2016. 1. 19. 법률 제13785호 개정하여 2017. 1. 20.부터 시행하였으며 개정이유는 개별 건축물의 노후화가 빠르게 진행됨에 따라 노후건축물 대체 투자수요가 잠재되어 있으나 규제 및 인센티브 부족 등으로 건축투자로 연결되지 못하는 실정이다. 이에 노후 상가건축물의 재건축 활성화를 위하여 「건축법」 또는 「민법」의 일부규정을 배제하고, 소규모 건축물의 재건축 또는 리모델링 시 사업성을 높일 수 있도록 결합건축 제도를 신설하여 건축투자시장 활성화에 기여하도록 하려는 것이다.

노후건축물이 밀집되어 정비가 필요한 구역 내 **건축주**가 서로 합의한 경우 「건축법」 제56조에 따른 용적률을 개별 대지마다 적용하지 아니하고, 2개의 대지 간 통합하여 적용하도록 하였다(법 제77조의14부터 제77조의16까지 신설). "결합건축"이란 법 제56조에 따른 용적률을 개별 대지마다 적용하지 아니하고, 2개 이상의 대지를 대상으로 통합적용하여 건축물을 건축하는 것을 말한다(법 제2조 제1항 제8의2호).

1175) 「건축법」 제8장의3에 규정되어 있다.

Ⅱ. 결합건축 대상지

다음 각 호 1. 「국토계획법」 제36조에 따라 지정된 상업지역, 2. 「역세권의 개발 및 이용에 관한 법률」 제4조에 따라 지정된 역세권개발구역, 3. 「도시정비법」 제2조에 따른 정비구역 중 주거환경개선사업의 시행을 위한 구역, 4. 그 밖에 도시 및 주거환경 개선과 효율적인 토지이용이 필요하다고 **대통령령**으로 정하는 지역의 어느 하나에 해당하는 지역에서 대지간의 최단거리가 100미터 이내의 범위에서 **대통령령**으로 정하는 범위에 있는 2개의 대지의 **건축주**가 서로 합의한 경우 2개의 대지를 대상으로 결합건축을 할 수 있다(법 제77조의15 제1항).

다음 각 호의 어느 하나에 해당하는 경우에는 제1항 각 호 1. 국가·지방자치단체 또는 「공공기관운영법」 제4조 제1항에 따른 공공기관이 소유 또는 관리하는 건축물과 결합건축하는 경우, 2. 「소규모주택정비법」 제2조 제1항 제1호에 따른 빈집 또는 「건축물관리법」 제42조에 따른 빈 건축물을 철거하여 그 대지에 공원, 광장 등 **대통령령**으로 정하는 시설을 설치하는 경우, 3. 그 밖에 **대통령령**으로 정하는 건축물과 결합건축하는 경우의 어느 하나에 해당하는 지역에서 **대통령령**으로 정하는 범위에 있는 3개 이상 대지의 **건축주** 등이 서로 합의한 경우 3개 이상의 대지를 대상으로 결합건축을 할 수 있다(법 제77조의15 제2항). 제1항 및 제2항에도 불구하고 도시경관의 형성, 기반시설 부족 등의 사유로 해당 지방자치단체의 **조례**로 정하는 지역 안에서는 결합건축을 할 수 없다(법 제77조의15 제3항). 제1항 또는 제2항에 따라 결합건축을 하려는 2개 이상의 대지를 소유한 자가 1명인 경우는 제77조의4 제2항을 준용한다(법 제77조의15 제4항).

Ⅲ. 결합건축의 절차

결합건축을 하고자 하는 **건축주**는 제11조에 따라 건축허가를 신청하는 때에는 다음 각 호 1. 결합건축 대상 대지의 위치 및 용도지역, 2. 결합건축협정서를 체결하는 자(이하 "결합건축협정체결자"라 한다)의 성명, 주소 및 생년월일(법인, 법인 아닌 사단이나 재단 및 외국인의 경우에는 「부동산등기법」 제49조에 따라 부여된 등록번호를 말한다), 3. 「국토계획법」 제78조에 따라 **조례**로 정한 용적률과 결합건축으로 조정되어 적용되는 대지별 용적률, 4. 결합건축 대상 대지별 건축계획서의 사항을 명시한 결합건축협정서를 첨부하여야 하며 **국토교통부령**으로 정하는 도서를 제출하여야 한다(법 제77조의16 제1항).

허가권자는 「국토계획법」 제2조 제11호에 따른 도시·군계획사업에 편입된 대지가 있는 경우에는 결합건축을 포함한 건축허가를 아니할 수 있다(법 제77조의16 제2항).

허가권자는 건축허가를 하기 전에 건축위원회의 심의를 거쳐야 한다. 다만, 결합건축으로 조정되어 적용되는 대지별 용적률이 「국토계획법」 제78조에 따라 해당 대지에 적용되는 도시계획**조례**의 용적률의 100분의 20을 초과하는 경우에는 **대통령령**으로 정하는 바에 따라 건축위원회 심의와 도시계획위원회 심의를 공동으로 하여 거쳐야 한다(법 제77조의16 제3항).

결합건축 대상 대지가 둘 이상의 특별자치시, 특별자치도 및 시·군·구에 걸치는 경우 제77조의6 제2항을 준용한다(법 제77조의16 제4항).

IV. 결합건축의 관리

허가권자는 결합건축을 포함하여 건축허가를 한 경우 **국토교통부령**으로 정하는 바에 따라 그 내용을 공고하고, 결합건축 관리대장을 작성하여 관리하여야 한다(법 제77조의17 제1항).

허가권자는 제77조의15 제1항에 따른 결합건축과 관련된 건축물의 사용승인 신청이 있는 경우 해당 결합건축협정서상의 다른 대지에서 착공신고 또는 **대통령령**으로 정하는 조치가 이행되었는지를 확인한 후 사용승인을 하여야 한다(법 제77조의17 제2항).

허가권자는 결합건축을 허용한 경우 건축물대장에 **국토교통부령**으로 정하는 바에 따라 결합건축에 관한 내용을 명시하여야 한다(법 제77조의17 제3항).

결합건축협정서에 따른 협정체결 유지기간은 최소 30년으로 한다. 다만, 결합건축협정서의 용적률 기준을 종전대로 환원하여 신축·개축·재축하는 경우에는 그러하지 아니한다(법 제77조의17 제4항).

결합건축협정서를 폐지하려는 경우에는 결합건축협정체결자 전원이 동의하여 **허가권자**에게 신고하여야 하며, **허가권자**는 용적률을 이전받은 건축물이 멸실된 것을 확인한 후 결합건축의 폐지를 수리하여야 한다. 이 경우 결합건축 폐지에 관하여는 제1항 및 제3항을 준용한다(법 제77조의17 제5항).

결합건축협정의 준수 여부, 효력 및 승계에 대하여는 제77조의4 제3항 및 제77조의10을 준용한다. 이 경우 "건축협정"은 각각 "결합건축협정"으로 본다(법 제77조의17 제6항).

제5장 보칙

Ⅰ. 건축위원회의 설치 및 심의대상

1. 설치 및 심의대상

국토교통부장관, **시·도지사 및 시장·군수·구청장**은 다음 각 호 1. 「건축법」과 **조례**의 제정·개정 및 시행에 관한 중요 사항, 2. 건축물의 건축등과 관련된 분쟁의 조정 또는 재정에 관한 사항. 다만, **시·도지사 및 시장·군수·구청장**이 두는 건축위원회는 제외한다. 3. 건축물의 건축등과 관련된 민원에 관한 사항. 다만, **국토교통부장관**이 두는 건축위원회는 제외한다. 4. 건축물의 건축 또는 대수선에 관한 사항, 5. 다른 법령에서 건축위원회의 심의를 받도록 규정한 사항을 조사·심의·조정 또는 재정(이하 이 조에서 "심의등"이라 한다)하기 위하여 각각 건축위원회를 두어야 한다(법 제4조 제1항).

대법원은 "구 「건축법」(2007. 1. 3. 법률 제8219호로 개정되기 전의 것) 제4조 제1항이 건축위원회를 반드시 설치하여야 한다고 규정하고 있는 취지는 건축허가행정의 공정성·전문성을 도모하려는 데 있는 것으로 보이므로, 건축계획심의신청을 받은 행정청으로서는 해당 건축물에 대한 건축허가가 불가능함이 객관적으로 명백하지 아니한 이상 건축위원회의 심의에 회부하여야 하고, 건축계획심의신청에 대한 반려처분이 항고소송의 대상이 되는 행정처분에 해당 한다."고 판시하였다.[1177]

각 건축위원회의 조직·운영, 그 밖에 필요한 사항은 **대통령령**으로 정하는 바에 따라 **국토교통부령**이나 해당 지방자치단체의 **조례**(자치구의 경우에는 특별시나 광역시의 **조례**를 말한다. 이하 같다)로 정한다(법 제4조 제5항).

1176) 제1편 국토계획법/제7장 보칙/제2절 도시계획위원회/Ⅰ. 법적 성격 참조.
1177) 대법원 2007. 10. 11. 선고 2007두1316 판결.

2. 건축위원회의 사무의 정보보호

건축위원회 또는 관계 행정기관 등은 제4조의5의 민원심의 및 제92조의 분쟁조정 신청과 관련된 정보의 유출로 인하여 신청인과 이해관계인의 이익이 침해되지 아니하도록 노력하여야 한다(법 제104조의2).

II. 중앙건축위원회

1. 중앙건축위원회의 설치 및 심의대상

법 제4조 제1항에 따라 국토교통부에 두는 건축위원회(이하 "중앙건축위원회"라 한다)는 다음 각 호 1. 법 제23조 제4항에 따른 표준설계도서의 인정에 관한 사항, 2. **건축물의 건축등**과 관련된 분쟁의 조정 또는 재정에 관한 사항, 3. 법과 이「건축법 시행령」의 제정·개정 및 시행에 관한 중요 사항, 4. 다른 법령에서 중앙건축위원회의 심의를 받도록 한 경우 해당 법령에서 규정한 심의사항, 5. 그 밖에 **국토교통부장관**이 중앙건축위원회의 심의가 필요하다고 인정하여 회의에 부치는 사항을 조사·심의·조정 또는 재정(이하 "심의등"이라 한다)한다(영 제5조 제1항).

2. 심의 생략 대상

심의 등을 받은 건축물이 다음 각 호 1. 건축물의 규모를 변경하는 것으로서 다음 각 목 가. 건축위원회의 심의등의 결과에 위반되지 아니할 것, 나. 심의등을 받은 건축물의 건축면적, 연면적, 층수 또는 높이 중 어느 하나도 10분의 1을 넘지 아니하는 범위에서 변경할 것 의 요건을 모두 갖춘 경우, 2. 중앙건축위원회의 심의등의 결과를 반영하기 위하여 **건축물의 건축등**에 관한 사항을 변경하는 경우의 어느 하나에 해당하는 경우에는 해당 **건축물의 건축등**에 관한 중앙건축위원회의 심의 등을 생략할 수 있다(영 제5조 제2항).

3. 구성 및 임기

중앙건축위원회는 위원장 및 부위원장 각 1명을 포함하여 70명 이내의 위원으로 구성한다(영 제5조 제3항).

중앙건축위원회의 위원은 관계 공무원과 건축에 관한 학식 또는 경험이 풍부한 사람 중에서 **국토교통부장관**이 임명하거나 위촉한다(영 제5조 제4항).

중앙건축위원회의 위원장과 부위원장은 제4항에 따라 임명 또는 위촉된 위원 중에서 **국토교통부장관**이 임명하거나 위촉한다(영 제5조 제5항).

공무원이 아닌 위원의 임기는 2년으로 하며, 한 차례만 연임할 수 있다(영 제5조 제6항).

4. 위원의 제척·기피·회피

중앙건축위원회의 위원(이하 이 조 및 제5조의3에서 "위원"이라 한다)이 다음 각 호 1. 위원 또는 그 배우자나 배우자이었던 사람이 해당 안건의 당사자(당사자가 법인·단체 등인 경우에는 그 임원을 포함한다. 이하 이 호 및 제2호에서 같다)가 되거나 그 안건의 당사자와 공동권리자 또는 공동의무자인 경우, 2. 위원이 해당 안건의 당사자와 친족이거나 친족이었던 경우, 3. 위원이 해당 안건에 대하여 자문, 연구, 용역(하도급을 포함한다), 감정 또는 조사를 한 경우, 4. 위원이나 위원이 속한 법인·단체 등이 해당 안건의 당사자의 대리인이거나 대리인이었던 경우, 5. 위원이 임원 또는 직원으로 재직하고 있거나 최근 3년 내에 재직하였던 기업 등이 해당 안건에 관하여 자문, 연구, 용역(하도급을 포함한다), 감정 또는 조사를 한 경우의 어느 하나에 해당하는 경우에는 중앙건축위원회의 심의·의결에서 제척(제척)된다(영 제5조의2 제1항).

해당 안건의 당사자는 위원에게 공정한 심의·의결을 기대하기 어려운 사정이 있는 경우에는 중앙건축위원회에 기피 신청을 할 수 있고, 중앙건축위원회는 의결로 이를 결정한다. 이 경우 기피 신청의 대상인 위원은 그 의결에 참여하지 못한다(영 제5조의2 제2항).

위원이 제1항 각 호에 따른 제척 사유에 해당하는 경우에는 스스로 해당 안건의 심의·의결에서 회피 (回避)하여야 한다(영 제5조의2 제3항).

5. 위원의 해임·해촉

국토교통부장관은 위원이 다음 각 호 1. 심신장애로 인하여 직무를 수행할 수 없게 된 경우, 2. 직무 태만, 품위손상이나 그 밖의 사유로 인하여 위원으로 적합하지 아니하다고 인정되는 경우, 3. 제5조의2 제1항 각 호의 어느 하나에 해당하는 데에도 불구하고 회피하지 아니한 경우의 어느 하나에 해당하는 경우에는 해당 위원을 해임하거나 해촉(解囑)할 수 있다(영 제5조의3).

6. 운영세칙

영 제5조, 제5조의2 및 제5조의3에서 규정한 사항 외에 중앙건축위원회의 운영에 관한 사항, 수당 및 여비의 지급에 관한 사항은 **국토교통부령**으로 정한다(영 제5조의4).

7. 중앙건축위원회의 운영 등

건축법 제4조 제1항 및 영 제5조의4에 따라 국토교통부에 두는 건축위원회(이하 "중앙건축위원회"라 한다)의 회의는 다음 각 호에 따라 운영한다(칙 제2조 제1항).

1. 중앙건축위원회의 위원장은 중앙건축위원회의 회의를 소집하고, 그 의장이 된다.

2. 중앙건축위원회의 회의는 구성위원(위원장과 위원장이 회의 시마다 확정하는 위원을 말한다) 과반수의 출석으로 개의(개의)하고, 출석위원 과반수의 찬성으로 조사·심의·조정 또는 재정(이하 "심의 등"이라 한다)을 의결한다.

3. 중앙건축위원회의 위원장은 업무수행을 위하여 필요하다고 인정하는 경우에는 관계 전문가를 중앙건축위원회의 회의에 출석하게 하여 발언하게 하거나 관계 기관·단체에 대하여 자료를 요구할 수 있다.

4. 중앙건축위원회는 심의신청 접수일부터 30일 이내에 심의를 마쳐야 한다. 다만, 심의요청서 보완 등 부득이한 사정이 있는 경우에는 20일의 범위에서 연장할 수 있다.

중앙건축위원회의 회의에 출석한 위원에 대하여는 예산의 범위에서 수당 및 여비를 지급할 수 있다. 다만, 공무원인 위원이 그의 소관 업무와 직접적으로 관련하여 출석하는 경우에는 그러하지 아니하다 (칙 제2조 제2항).

중앙건축위원회의 심의등 관련 서류는 심의등의 완료 후 2년간 보존하여야 한다(칙 제2조 제3항).

중앙건축위원회에 회의록 작성 등 중앙건축위원회의 사무를 처리하기 위하여 간사를 두되, 간사는 국토교통부의 건축정책업무 담당 과장이 된다(칙 제2조 제4항).

이 규칙에서 규정한 사항 외에 중앙건축위원회의 운영에 필요한 사항은 중앙건축위원회의 의결을 거쳐 위원장이 정한다(칙 제2조 제5항).

8. 중앙건축위원회의 심의등의 결과 통보

국토교통부장관은 중앙건축위원회가 심의등을 의결한 날부터 7일 이내에 심의등을 신청한 자에게 그 심의등의 결과를 서면으로 알려야 한다(칙 제2조의2).

Ⅲ. 지방건축위원회

1. 지방건축위원회 설치 및 심의 대상

법 제4조 제1항에 따라 특별시·광역시·특별자치시·도·특별자치도(이하 "시·도"라 한다) 및 시·군· 구(자치구를 말한다. 이하 같다)에 두는 건축위원회(이하 "지방건축위원회"라 한다)는 다음 각 호 1. 건축선의 지정에 관한 사항, 2. 법 또는 이 「건축법 시행령」에 따른 **조례**(해당 지방자치단체의 장이 발의하는 **조례**만 해당한다)의 제정·개정 및 시행에 관한 중요 사항, 3. 삭제, 4. 다중이용 건축물 및 특수구조 건축물의 구조안전에 관한 사항, 5. 삭제, 6. 삭제, 7. 다른 법령에서 지방건축위원회의 심의 를 받도록 한 경우 해당 법령에서 규정한 심의사항, 8. 특별시장·광역시장·특별자치시장·도지사 또는 특별자치도지사(이하 "**시·도지사**"라 한다) 및 시장·군수·구청장이 도시 및 건축 환경의 체계적인 관리를 위하여 필요하다고 인정하여 지정·공고한 지역에서 건축**조례**로 정하는 <u>건축물의 건축등</u>에 관한 것으로서 **시·도지사 및 시장·군수·구청장**이 지방건축위원회의 심의가 필요하다고 인정한 사항(이 경우 심의 사항은 **시·도지사 및 시장·군수·구청장**이 건축 계획, 구조 및 설비 등에 대해 심의 기준을 정하여 공고한 사항으로 한정한다)에 대한 심의 등을 한다(영 제5조의5 제1항).

심의 등을 받은 건축물이 제5조 제2항 각 호의 어느 하나에 해당하는 경우에는 해당 건축물의 건축 등에 관한 지방건축위원회의 심의 등을 생략할 수 있다(영 제5조의5 제2항).

2. 건축위원회의 건축 심의 등

대통령령으로 정하는 건축물을 건축하거나 대수선하려는 자는 **국토교통부령**으로 정하는 바에 따라 **시·도지사 또는 시장·군수·구청장**에게 제4조에 따른 건축위원회(이하 "건축위원회"라 한다)의 심의를 신청하여야 한다(법 제4조의2 제1항).

심의 신청을 받은 **시·도지사 또는 시장·군수·구청장**은 **대통령령**으로 정하는 바에 따라 건축위원회에 심의 안건을 상정하고, 심의 결과를 **국토교통부령**으로 정하는 바에 따라 심의를 신청한 자에게 통보하여야 한다(법 제4조의2 제2항).

건축위원회의 심의 결과에 이의가 있는 자는 심의 결과를 통보받은 날부터 1개월 이내에 **시·도지사 또는 시장·군수·구청장**에게 건축위원회의 재심의를 신청할 수 있다(법 제4조의2 제3항).

재심의 신청을 받은 **시·도지사 또는 시장·군수·구청장**은 그 신청을 받은 날부터 15일 이내에 **대통령령**으로 정하는 바에 따라 건축위원회에 재심의 안건을 상정하고, 재심의 결과를 **국토교통부령**으로 정하는 바에 따라 재심의를 신청한 자에게 통보하여야 한다(법 제4조의2 제4항).

3. 건축위원회 회의록의 공개

<u>**시·도지사 또는 시장·군수·구청장**</u>은 제4조의2제1항에 따른 심의(같은 조 제3항에 따른 재심의를 포함한다. 이하 이 조에서 같다)를 신청한 자가 요청하는 경우에는 **대통령령**으로 정하는 바에 따라 건축위원회 심의의 일시·장소·안건·내용·결과 등이 기록된 회의록을 공개하여야 한다. 다만, 심의의 공정성을 침해할 우려가 있다고 인정되는 이름, 주민등록번호 등 **대통령령**으로 정하는 개인 식별 정보에 관한 부분의 경우에는 그러하지 아니하다(법 제4조의3).

4. 지방건축위원회 조직 및 운영

지방건축위원회는 위원장 및 부위원장 각 1명을 포함하여 25명 이상 150명 이하의 위원으로 성별을 고려하여 구성한다(영 제5조의5 제3항).

지방건축위원회의 위원은 다음 각 호 1. 도시계획 및 건축 관계 공무원, 2. 도시계획 및 건축 등에서 학식과 경험이 풍부한 사람의 어느 하나에 해당하는 사람 중에서 **시·도지사 및 시장·군수·구청장**이 임명하거나 위촉한다(영 제5조의5 제4항).

지방건축위원회의 위원장과 부위원장은 제4항에 따라 임명 또는 위촉된 위원 중에서 **시·도지사 및 시장·군수·구청장**이 임명하거나 위촉한다(영 제5조의5 제5항).

5. 위원의 임명·위촉·제척·기피·회피·해촉·임기 등에 관한 사항

지방건축위원회 위원의 임명·위촉·제척·기피·회피·해촉·임기 등에 관한 사항, 회의 및 소위원회의 구성·운영 및 심의등에 관한 사항, 위원의 수당 및 여비 등에 관한 사항은 **조례**로 정하되, 다음 각 호의 기준에 따라야 한다(영 제5조의5 제6항).

1. 위원의 임명·위촉 기준 및 제척·기피·회피·해촉·임기

    가. 공무원을 위원으로 임명하는 경우에는 그 수를 전체 위원 수의 4분의 1 이하로 할 것

    나. 공무원이 아닌 위원은 건축 관련 학회 및 협회 등 관련 단체나 기관의 추천 또는 공모절차를 거쳐 위촉할 것

    다. 다른 법령에 따라 지방건축위원회의 심의를 하는 경우에는 해당 분야의 관계 전문가가 그 심의에 위원으로 참석하는 심의위원 수의 4분의 1 이상이 되게 할 것. 이 경우 필요하면 해당 심의에만 위원으로 참석하는 관계 전문가를 임명하거나 위촉할 수 있다.

    라. 위원의 제척·기피·회피·해촉에 관하여는 제5조의2 및 제5조의3을 준용할 것

    마. 공무원이 아닌 위원의 임기는 3년 이내로 하며, 필요한 경우에는 한 차례만 연임할 수 있게 할 것

2. 심의등에 관한 기준

    가. 「국토계획법」 제30조 제3항 단서에 따라 건축위원회와 도시계획위원회가 공동으로 심의한 사항에 대해서는 심의를 생략할 것

    나. 제1항 제4호에 관한 사항은 법 제21조에 따른 착공신고 전에 심의할 것. 다만, 법 제13조의2에 따라 안전영향평가 결과가 확정된 경우는 제외한다.

    다. 지방건축위원회의 위원장은 회의 개최 10일 전까지 회의 안건과 심의에 참여할 위원을 확정하고, 회의 개최 7일 전까지 회의에 부치는 안건을 각 위원에게 알릴 것. 다만, 대외적으로 기밀 유지가 필요한 사항이나 그 밖에 부득이한 사유가 있는 경우에는 그러하지 아니하다.

    라. 지방건축위원회의 위원장은 다목에 따라 심의에 참여할 위원을 확정하면 심의등을 신청한 자에게 위원 명단을 알릴 것

    마. 삭제 〈2014. 11. 28.〉

    바. 지방건축위원회의 회의는 구성위원(위원장과 위원장이 다목에 따라 회의 참여를 확정한 위원을 말한다) 과반수의 출석으로 개의(開議)하고, 출석위원 과반수 찬성으로 심의등을 의결하

며, 심의등을 신청한 자에게 심의등의 결과를 알릴 것

사. 지방건축위원회의 위원장은 업무 수행을 위하여 필요하다고 인정하는 경우에는 관계 전문가를 지방건축위원회의 회의에 출석하게 하여 발언하게 하거나 관계 기관·단체에 자료를 요구할 것

아. **건축주**·설계자 및 심의등을 신청한 자가 희망하는 경우에는 회의에 참여하여 해당 안건 등에 대하여 설명할 수 있도록 할 것

자. 제1항 제4호, 제7호 및 제8호에 따른 사항을 심의하는 경우 심의등을 신청한 자에게 지방건축위원회에 간략설계도서(배치도·평면도·입면도·주단면도 및 **국토교통부장관**이 정하여 고시하는 도서로 한정하며, 전자문서로 된 도서를 포함한다)를 제출하도록 할 것

차. 건축구조 분야 등 전문분야에 대해서는 분야별 해당 전문위원회에서 심의하도록 할 것(제5조의6제1항에 따라 분야별 전문위원회를 구성한 경우만 해당한다)

카. 지방건축위원회 심의 절차 및 방법 등에 관하여 국토교통부장관이 정하여 고시하는 기준에 따를 것

6. 지방건축위원회 심의의 효과

지방건축위원회는 의결기관이 아닌 자문기관이므로 **허가권자**가 지방건축위원회의 심의결과에 구속되는 것은 아니다. 건축위원회에서 당해 건축물의 건축이 부적합하다고 심의하였다는 사유만으로는 건축허가신청을 거부할 수 없다.[1178] 그러나 **허가권자**가 지방건축위원회의 심의결과를 수용하지 아니하는 경우에는 이에 관한 정당한 사유를 제시하여야 할 것인데, 실무상 대부분의 경우 **허가권자**는 지방건축위원회의 심의결과에 따른다. 그러나 지방건축위원회의 심의결과 그 자체를 행정쟁송의 대상이 되는 처분으로 보기는 어려울 것이다.[1179]

건축심의는 건축허가의 한 과정이다. 건축심의대상인 건축물의 건축허가신청서를 제출할 때에 건축심의도면을 함께 제출하고, **허가권자**는 지방건축위원회의 심의를 거친 후 건축허가 여부를 결정하는 것이 원칙이다. 그런데 지방건축위원회의 심의 결과 보완 또는 수정이 필요하게 되는 경우에는 이미 제출한 건축허가신청서류도 함께 수정하여야 하는 번거로움이 있으므로, 실무에서는 먼저 지방건축위원회의 심의를 거친 후 건축허가를 신청하도록 하고 있다.[1180]

건축허가신청을 한 후 건축허가를 받기 전에 건축기준이 변경되는 경우에는 신청당시의 건축기준에 의하지 아니하고 새로운 건축기준에 의하여 건축허가를 하게 된다.[1181] 그래서 건축법령이 개정되어

1178) 대법원 2000. 3. 14. 선고 98두4658 판결.

1179) 정태용, 건축법, 111면.

1180) 정태용, 건축법, 111면.

1181) 행정처분은 원칙적으로 처분시의 법령과 허가기준에 의하여 처리되어야 하고 허가신청 당시의 기준에 따라야 하는 것은 아니라 할 것이며, 허가신청 후 허가기준이 변경되었다 하더라도 소관 행정청이 허가신청을 수리하고도 이유 없이 처리를 늦추어 그 사이에 허가기준이 변경된 것이 아닌 이상 새로운 허가기준에 따라서 처분을 하여

건축기준이 강화되는 경우에는 "개정규정은 이 법 시행 후 최초로 건축허가를 신청하는 건축물부터 적용한다"는 경과규정을 두어 건축기준이 강화됨에 따라 불이익을 받게 되는 사례를 방지하고 있다. 건축심의와 건축허가신청을 분리하여 운영하고 있는 경우 건축심의는 신청하였을 뿐 아직 건축허가를 신청하지 못한 때에는 이러한 경과규정을 적용받지 못하므로 강화된 건축기준이 적용되는 불이익을 당하게 된다. 건축기준이 변경되는 경우 특별한 사정이 없는 한 건축심의를 신청한 때에도 경과규정이 적용될 수 있도록 하는 것이 좋을 것이라는 견해도 있다.[1182]

제2절 **전문위원회**

Ⅰ. 전문위원회 설치

국토교통부장관, 시·도지사 및 시장·군수·구청장은 건축위원회의 심의등을 효율적으로 수행하기 위하여 필요하면 자신이 설치하는 건축위원회에 다음 각 호 1. 건축분쟁전문위원회(국토교통부에 설치하는 건축위원회에 한정한다), 2. 건축민원전문위원회(시·도 및 시·군·구에 설치하는 건축위원회에 한정한다), 3. 건축계획·건축구조·건축설비 등 분야별 전문위원회를 두어 운영할 수 있다(법 제4조 제2항).

전문위원회는 건축위원회가 정하는 사항에 대하여 심의등을 한다(법 제4조 제3항). 전문위원회의 심의등을 거친 사항은 건축위원회의 심의등을 거친 것으로 본다(법 제4조 제4항).

전문위원회의 구성·운영에 관한 사항, 수당 및 여비 지급에 관한 사항은 **국토교통부령** 또는 건축**조례**로 정한다(영 제5조의6 제2항).

Ⅱ. 건축민원전문위원회[1183]

1. 건축민원전문위원회 설치

건축민원전문위원회는 **건축물의 건축등**과 관련된 다음 각 호 1. 건축법령의 운영 및 집행에 관한 민원, 2. **건축물의 건축등**과 복합된 사항으로서 법 제11조 제5항 각 호에 해당하는 법률 규정의 운영

야 한다(대법원 1993. 2. 12. 선고 92누4390 판결; 대법원 1996. 8. 20. 선고 95누10877 판결).

1182) 정태용, 건축법, 111~112면.

1183) 「건축법」 일부개정법률안 (박기춘의원 대표발의) 제안이유; 건축민원은 법무, 세무등과 같이 국민의 실생활과 밀접하여 관심이 높은 다수 민원으로 매년 지속적인 증가와 함께 국민의 요구사항과 수준이 높아지면서 민원처리에 대한 불만제기 민원도 증가하고 있으나 만족도는 오히려 떨어지는 악순환이 지속되어 왔음. 따라서 국민의 입장에서 불만민원 등에 대한 구제기능을 강화할 필요가 있어 불만민원을 보다 객관적으로 검토·심의할 수 있는 '건축민원전문위원회'를 설치하여 건축 민원의 대국민 행정서비스 질을 높이고자 하는 것임. 발의연월일: 2013. 10. 4.

및 집행에 관한 민원, 3. 그 밖에 **대통령령**으로 정하는 민원|특별시장·광역시장·특별자치시장·특별자치도지사 또는 시장·군수·구청장(이하 "**허가권자**"라 한다)의 처분이 완료되기 전의 것으로 한정하며, 이하 "질의민원"이라 한다|을 심의하며, **시·도지사**가 설치하는 건축민원전문위원회(이하 "광역지방건축민원전문위원회"라 한다)와 시장·군수·구청장이 설치하는 건축민원전문위원회(이하 "기초지방건축민원전문위원회"라 한다)로 구분한다(법 제4조의4 제1항).

광역지방건축민원전문위원회는 **허가권자**나 도지사(이하 "**허가권자**등"이라 한다)의 제11조에 따른 건축허가나 사전승인에 대한 질의민원을 심의하고, 기초지방건축민원전문위원회는 시장(행정시의 시장을 포함한다)·군수·구청장의 제11조 및 제14조에 따른 건축허가 또는 건축신고와 관련한 질의민원을 심의한다(법 제4조의4 제2항).

건축민원전문위원회의 구성·회의·운영, 그 밖에 필요한 사항은 해당 지방자치단체의 **조례**로 정한다(법 제4조의4 제3항).

2. 질의민원 심의의 신청

건축물의 건축등과 관련된 질의민원의 심의를 신청하려는 자는 법 제4조의4 제2항에 따른 관할 건축민원전문위원회에 심의 신청서를 제출하여야 한다(법 제4조의5 제1항).

심의를 신청하고자 하는 자는 다음 각 호 1. 신청인의 이름과 주소, 2. 신청의 취지·이유와 민원신청의 원인이 된 사실내용, 3. 그 밖에 행정기관의 명칭 등 **대통령령**으로 정하는 사항을 기재하여 문서로 신청하여야 한다. 다만, 문서에 의할 수 없는 특별한 사정이 있는 경우에는 구술로 신청할 수 있다(법 제4조의5 제2항).

건축민원전문위원회는 신청인의 질의민원을 받으면 15일 이내에 심의절차를 마쳐야 한다. 다만, 사정이 있으면 건축민원전문위원회의 의결로 15일 이내의 범위에서 기간을 연장할 수 있다(법 제4조의5 제3항).

3. 심의를 위한 조사 및 의견 청취

건축민원전문위원회는 심의에 필요하다고 인정하면 위원 또는 사무국의 소속 공무원에게 관계 서류를 열람하게 하거나 관계 사업장에 출입하여 조사하게 할 수 있다(법 제4조의6 제1항). 건축민원전문위원회는 필요하다고 인정하면 신청인, **허가권자**의 업무담당자, 이해관계자 또는 참고인을 위원회에 출석하게 하여 의견을 들을 수 있다(법 제4조의6 제2항). 민원의 심의신청을 받은 건축민원전문위원회는 심의기간 내에 심의하여 심의결정서를 작성하여야 한다(법 제4조의6 제3항).

4. 의견의 제시 등

건축민원전문위원회는 질의민원에 대하여 관계 법령, 관계 행정기관의 유권해석, 유사판례와 현장여건 등을 충분히 검토하여 심의의견을 제시할 수 있다(법 제4조의7 제1항). 건축민원전문위원회는 민원심의의 결정내용을 지체 없이 신청인 및 해당 **허가권자**등에게 통지하여야 한다(법 제4조의7 제2항).

심의 결정내용을 통지받은 **허가권자**등은 이를 존중하여야 하며, 통지받은 날부터 10일 이내에 그 처리결과를 해당 건축민원전문위원회에 통보하여야 한다(법 제4조의7 제3항). 심의 결정내용을 시장·군수·구청장이 이행하지 아니하는 경우에는 제4조의4 제2항에도 불구하고 해당 민원인은 시장·군수·구청장이 통보한 처리결과를 첨부하여 광역지방건축민원전문위원회에 심의를 신청할 수 있다(법 제4조의7 제4항).

처리결과를 통보받은 건축민원전문위원회는 신청인에게 그 내용을 지체 없이 통보하여야 한다(법 제4조의7 제5항).

5. 사무국

건축민원전문위원회의 사무를 처리하기 위하여 위원회에 사무국을 두어야 한다(법 제4조의8 제1항). 건축민원전문위원회에는 다음 각 호 1. 건축민원전문위원회의 심의·운영에 관한 사항, 2. **건축물의 건축**등과 관련된 민원처리에 관한 업무지원 사항, 3. 그 밖에 위원장이 지정하는 사항의 사무를 나누어 맡도록 심사관을 둔다(법 제4조의8 제2항). 건축민원전문위원회의 위원장은 특정 사건에 관한 전문적인 사항을 처리하기 위하여 관계 전문가를 위촉하여 제2항 각 호의 사무를 하게 할 수 있다(법 제4조의8 제3항).

III. 건축분쟁전문위원회

1. 건축분쟁전문위원회 목적 및 설치

건축물의 건축 등 건축과정에서 발생하는 각종 분쟁을 신속하고 객관적으로 해결함으로써 불필요한 비용, 시간 부담을 경감하고 국민의 재산보호 등 국민 불편의 해소를 목적으로 한다.

건축등과 관련된 다음 각 호 1. **건축관계자**와 해당 **건축물의 건축등**으로 피해를 입은 인근주민(이하 "인근주민"이라 한다) 간의 분쟁, 2. 관계전문기술자와 인근주민 간의 분쟁, 3. **건축관계자**와 관계전문기술자 간의 분쟁, 4. **건축관계자** 간의 분쟁, 5. 인근주민 간의 분쟁, 6. 관계전문기술자 간의 분쟁, 7. 그 밖에 **대통령령**으로 정하는 사항의 분쟁(건설산업기본법 제69조에 따른 조정의 대상이 되는 분쟁은 제외한다)의 조정(調停) 및 재정(裁定)을 하기 위하여 국토교통부에 건축분쟁전문위원회(이하 "분쟁위원회"라 한다)를 둔다(법 제88조 제1항).[1184] 「환경분쟁조정법」은 조정(調停) 및 재정(裁定)을 포괄하는 개념으로 조정(調整)이라는 용어를 사용하고 있다. "조정"(調整)이란 환경분쟁에 대한 알선(斡旋)·조정(調停)·재정 및 중재(仲裁)를 말한다(환경분쟁조정법 제2조 제3호).

조정은 분쟁당사자 중 한쪽이 신청하고, 재정은 당사자 간의 합의로 신청한다.

2. 분쟁위원회의 구성

분쟁위원회는 위원장과 부위원장 각 1명을 포함한 15명 이내의 위원으로 구성한다(법 제89조 제1항).

분쟁위원회의 위원은 건축이나 법률에 관한 학식과 경험이 풍부한 자로서 다음 각 호 1. 3급 상당 이상의 공무원으로 1년 이상 재직한 자, 2. 삭제〈2014. 5. 28.〉, 3. 「고등교육법」에 따른 대학에서 건축공학이나 법률학을 가르치는 조교수 이상의 직(職)에 3년 이상 재직한 자, 4. 판사, 검사 또는 변호사의 직에 6년 이상 재직한 자, 5. 「국가기술자격법」에 따른 건축분야 기술사 또는 「건축사법」 제23조에 따라 건축사사무소개설신고를 하고 건축사로 6년 이상 종사한 자, 6. 건설공사나 건설업에 대한 학식과 경험이 풍부한 자로서 그 분야에 15년 이상 종사한 자의 어느 하나에 해당하는 자 중에서 **국토교통부장관**이 임명하거나 위촉한다. 이 경우 제4호에 해당하는 자가 2명 이상 포함되어야 한다(법 제89조 제2항).

분쟁위원회의 위원장과 부위원장은 위원 중에서 **국토교통부장관**이 위촉한다(법 제89조 제4항).

공무원이 아닌 위원의 임기는 3년으로 하되, 연임할 수 있으며, 보궐위원의 임기는 전임자의 남은 임기로 한다(법 제89조 제5항).

분쟁위원회의 회의는 재적위원 과반수의 출석으로 열고 출석위원 과반수의 찬성으로 의결한다(법 제89조 제6항).

다음 각 호 1. 피성년후견인, 피한정후견인 또는 파산선고를 받고 복권되지 아니한 자, 2. 금고 이상의 실형을 선고받고 그 집행이 끝나거나(집행이 끝난 것으로 보는 경우를 포함한다)되거나 집행이 면제된 날부터 2년이 지나지 아니한 자, 3. 법원의 판결이나 법률에 따라 자격이 정지된 자의 어느 하나에 해당하는 자는 분쟁위원회의 위원이 될 수 없다(법 제89조 제7항).

위원의 제척·기피·회피 및 위원회의 운영, 조정 등의 거부와 중지 등 그 밖에 필요한 사항은 **대통령령**으로 정한다(법 제89조 제8항).

3. 대리인

당사자는 다음 각 호 1. 당사자의 배우자, 직계존·비속 또는 형제자매, 2. 당사자인 법인의 임직원,

1184) 조정 및 재정 제외 대상(한국시설안전공단, 2017 건축분쟁조정사례집, 12면)
- 건설분쟁조정위원회 분쟁 조정 대상(건설산업기본법 제69조)
- 다른 위원회 조정 절차를 거치거나 법원에 제소한 경우
- 분쟁의 성질상 위원회에서 조정을 하는 것이 맞지 않는 경우
- 신청서에 흠결이 있는 경우 등

3. 변호사에 해당하는 자를 대리인으로 선임할 수 있다(법 제91조 제1항). 대리인의 권한은 서면으로 소명하여야 한다(법 제91조 제3항). 대리인은 다음 각 호 1. 신청의 철회, 2. 조정안의 수락, 3. 복대리인의 선임의 행위를 하기 위하여는 당사자의 위임을 받아야 한다(법 제91조 제4항).

4. 조정등의 신청

건축물의 건축등과 관련된 분쟁의 조정 또는 재정(이하 "조정등"이라 한다)을 신청하려는 자는 분쟁위원회에 조정등의 신청서를 제출하여야 한다(법 제92조 제1항).

조정신청은 해당 사건의 당사자 중 1명 이상이 하며, 재정신청은 해당 사건 당사자 간의 합의로 한다. 다만, 분쟁위원회는 조정신청을 받으면 해당 사건의 모든 당사자에게 조정신청이 접수된 사실을 알려야 한다(법 제92조 제2항).

분쟁위원회는 당사자의 조정신청을 받으면 60일 이내에, 재정신청을 받으면 120일 이내에 절차를 마쳐야 한다. 다만, 부득이한 사정이 있으면 분쟁위원회의 의결로 기간을 연장할 수 있다(법 제92조 제3항).

5. 조정등의 신청에 따른 공사중지

시·도지사 또는 시장·군수·구청장은 위해 방지를 위하여 긴급한 상황이거나 그 밖에 특별한 사유가 없으면 조정등의 신청이 있다는 이유만으로 해당 공사를 중지하게 하여서는 아니 된다(법 제93조 제3항).

6. 조정위원회와 재정위원회

조정은 3명의 위원으로 구성되는 조정위원회에서 하고, 재정은 5명의 위원으로 구성되는 재정위원회에서 한다(법 제94조 제1항).

조정위원회의 위원(이하 "조정위원"이라 한다)과 재정위원회의 위원(이하 "재정위원"이라 한다)은 사건마다 분쟁위원회의 위원 중에서 위원장이 지명한다. 이 경우 재정위원회에는 제89조 제2항 제4호에 해당하는 위원이 1명 이상 포함되어야 한다(법 제94조 제2항).

조정위원회와 재정위원회의 회의는 구성원 전원의 출석으로 열고 과반수의 찬성으로 의결한다(법 제94조 제3항).

7. 조정을 위한 조사 및 의견 청취

조정위원회는 조정에 필요하다고 인정하면 조정위원 또는 사무국의 소속 직원에게 관계 서류를 열람하게 하거나 관계 사업장에 출입하여 조사하게 할 수 있다(법 제95조 제1항).

조정위원회는 필요하다고 인정하면 당사자나 참고인을 조정위원회에 출석하게 하여 의견을 들을 수 있다(법 제95조 제2항).

분쟁의 조정신청을 받은 조정위원회는 조정기간 내에 심사하여 조정안을 작성하여야 한다(법 제95조 제3항).

8. 조정의 효력

조정위원회는 조정안을 작성하면 지체 없이 각 당사자에게 조정안을 제시하여야 한다(법 제96조 제1항).

조정안을 제시받은 당사자는 제시를 받은 날부터 15일 이내에 수락 여부를 조정위원회에 알려야 한다(법 제96조 제2항).

조정위원회는 당사자가 조정안을 수락하면 즉시 조정서를 작성하여야 하며, 조정위원과 각 당사자는 이에 기명날인하여야 한다(법 제96조 제3항).

당사자가 조정안을 수락하고 조정서에 기명날인하면 당사자 간에 조정서와 동일한 내용의 합의가 성립된 것으로 본다(법 제96조 제4항).

9. 분쟁의 재정

재정은 문서로써 하여야 하며, 재정 문서에는 다음 각 호 1. 사건번호와 사건명, 2. 당사자, 선정대표자, 대표당사자 및 대리인의 주소·성명, 3. 주문(主文), 4. 신청 취지, 5. 이유, 6. 재정 날짜의 사항을 적고 재정위원이 이에 기명날인하여야 한다(법 제97조 제1항).

이유를 적을 때에는 주문의 내용이 정당하다는 것을 인정할 수 있는 한도에서 당사자의 주장 등을 표시하여야 한다(법 제97조 제2항).

재정위원회는 재정을 하면 지체 없이 재정 문서의 정본(正本)을 당사자나 대리인에게 송달하여야 한다(법 제97조 제3항).

10. 재정을 위한 조사

재정위원회는 분쟁의 재정을 위하여 필요하다고 인정하면 당사자의 신청이나 직권으로 재정위원 또는 소속 공무원에게 다음 각 호 1. 당사자나 참고인에 대한 출석 요구, 자문 및 진술 청취. 2. 감정인의 출석 및 감정 요구, 3. 사건과 관계있는 문서나 물건의 열람·복사·제출 요구 및 유치, 4. 사건과 관계있는 장소의 출입·조사의 행위를 하게 할 수 있다(법 제98조 제1항).

당사자는 조사 등에 참여할 수 있다(법 제98조 제2항). 재정위원회가 직권으로 조사 등을 한 경우에는 그 결과에 대하여 당사자의 의견을 들어야 한다(법 제98조 제3항).

재정위원회는 당사자나 참고인에게 진술하게 하거나 감정인에게 감정하게 할 때에는 당사자나 참고인 또는 감정인에게 선서를 하도록 하여야 한다(법 제98조 제4항).

법 제98조 제1항 제4호의 경우에 재정위원 또는 소속 공무원은 그 권한을 나타내는 증표를 지니고 이를 관계인에게 내보여야 한다(법 제98조 제5항).

11. 재정의 효력 등

재정위원회가 재정을 한 경우 재정 문서의 정본이 당사자에게 송달된 날부터 60일 이내에 <u>당사자 양쪽이나 어느 한쪽으로부터 그 재정의 대상인 **건축물의 건축등**의 분쟁을 원인으로 하는 소송이 제기 되지 아니하거나 그 소송이 철회되면 당사자 간에 재정 내용과 동일한 합의가 성립된 것으로 본다</u>(법 제99조).

12. 시효의 중단 및 조정 회부

당사자가 재정에 불복하여 소송을 제기한 경우 시효의 중단과 제소기간의 산정에 있어서는 재정신청을 재판상의 청구로 본다(법 제100조).

분쟁위원회는 재정신청이 된 사건을 조정에 회부하는 것이 적합하다고 인정하면 직권으로 직접 조정할 수 있다(법 제101조).

13. 비용부담

분쟁의 조정 등을 위한 감정·진단·시험 등에 드는 비용은 당사자 간의 합의로 정하는 비율에 따라 당사자가 부담하여야 한다. 다만, 당사자 간에 비용부담에 대하여 합의가 되지 아니하면 조정위원회나 재정위원회에서 부담비율을 정한다(법 제102조 제1항).

조정위원회나 재정위원회는 필요하다고 인정하면 **대통령령**으로 정하는 바에 따라 당사자에게 비용을 예치하게 할 수 있다(법 제102조 제2항).

비용의 범위에 관하여는 **국토교통부령**으로 정한다(법 제102조 제3항).

14. 분쟁위원회의 운영 및 사무처리 위탁[1185]

국토교통부장관은 분쟁위원회의 운영 및 사무처리를 「시설물의 안전 및 유지관리에 관한 특별법」 제45조에 따른 한국시설안전공단에 위탁할 수 있다(법 제103조 제1항). 이에 따라 한국시설안전공단에 상설사무국을 설치하여 운영하고 있다.

분쟁위원회의 운영 및 사무처리를 위한 조직 및 인력 등은 **대통령령**으로 정한다(법 제103조 제2항).

국토교통부장관은 예산의 범위에서 분쟁위원회의 운영 및 사무처리에 필요한 경비를 한국시설안전 공단에 출연 또는 보조할 수 있다(법 제103조 제3항).

15. 조정 등의 절차

법 제88조부터 제103조까지의 규정에서 정한 것 외에 분쟁의 조정등의 방법·절차 등에 관하여 필요한 사항은 **대통령령**으로 정한다(법 제104조).

IV. 분야별로 전문위원회 구성

국토교통부장관, 시·도지사 또는 시장·군수·구청장은 법 제4조 제2항에 따라 다음 각 호 1. 건축계획 분야, 2. 건축구조 분야, 3. 건축설비 분야, 4. 건축방재 분야, 5. 에너지관리 등 건축환경 분야, 6. 건축물 경관(경관) 분야(공간환경 분야를 포함한다), 7. 조경 분야, 8. 도시계획 및 단지계획 분야, 9. 교통 및 정보기술 분야, 10. 사회 및 경제 분야, 11. 그 밖의 분야의 분야별로 전문위원회를 구성·운영할 수 있다(영 제5조의6 제1항).

1185) 「건축법」 일부개정법률안(이명수의원 대표발의) 발의연월일: 2013. 11. 19. 건축물의 공사과정에서 발생하는 다양한 건축 관련 분쟁을 효율적으로 조기에 해결하고자 2006년부터 국토교통부와 특별·광역시·도에 "건축분쟁전문위원회"를 설치 운영토록 하고 있으나, 공사과정에 발생하는 이해관계가 복잡하고 다양한 건축분쟁 업무를 실질적으로 담당할 수 있는 사무기구 등 실무자의 부재로 전문가에 의한 공정한 심사와 신속하고 합리적인 분쟁조정이 어려워 증가하는 건축 관련 분쟁조정에 즉기에 대처하지 못하는 등 그 운영 실적도 연간 5건 미만으로 위원회 활동이 유명무실한 실정이다. 따라서, 건축에 관계되는 자와 인근주민 갈등의 건축분쟁 조정의 전문성을 확립하고, 기술인력 및 장비가 없는 국가 및 지방자치단체보다 더욱 효과적이고 능률적으로 분쟁조정 기능을 수행하기 위해서는 이미 사무국을 두고 「주택법」에 의한 "하자심사·분쟁조정위원회" 운영으로 축적된 경험과 전문성이 높으며, 또한 건축물 등 시설물의 안전진단 등 관련 기술에 대한 전문성이 높은 「시설물의 안전관리에 관한 특별법」에 따른 "한국시설안전공단"에 "건축분쟁전문위원회"와 그 사무를 처리를 운영하게 하려는 것임. 아울러, 건축분쟁 조정의 장기화로 인한 불편 해소와 손실 등을 최소화하기 위하여 조정기간을 단축하는 한편 「건축법」에서 규정하였던 위원회 운영 등에 관한 사항을 하위법령으로 위임하는 등 그동안 제도 운영상 나타난 미비점을 개선 보완하고자 하는 것이다.

제3절 기타 보칙에 관한 규정

Ⅰ. 감독 처분

1. 위법·부당한 명령의 취소권자

국토교통부장관은 **시·도지사 또는 시장·군수·구청장**이 한 명령이나 처분이 이 법이나 이 법에 따른 명령이나 처분 또는 **조례**에 위반되거나 부당하다고 인정하면 그 명령 또는 처분의 취소·변경, 그 밖에 필요한 조치를 명할 수 있다(법 제78조 제1항). 특별시장·광역시장·도지사는 시장·군수·구청장이 한 명령이나 처분이 이 법 또는 이 법에 따른 명령이나 처분 또는 **조례**에 위반되거나 부당하다고 인정하면 그 명령이나 처분의 취소·변경, 그 밖에 필요한 조치를 명할 수 있다(법 제78조 제2항).

시·도지사 또는 시장·군수·구청장이 조치명령을 받으면 그 시정 결과를 **국토교통부장관**에게 지체 없이 보고하여야 하며, 시장·군수·구청장이 조치명령을 받으면 그 시정 결과를 특별시장·광역시장·도지사에게 지체 없이 보고하여야 한다(법 제78조 제3항).

2. 건축행정의 건실화를 위한 지도·점검 계획의 수립

국토교통부장관 및 **시·도지사**는 건축허가의 적법한 운영, 위법 건축물의 관리 실태 등 건축행정의 건실한 운영을 지도·점검하기 위하여 **국토교통부령**으로 정하는 바에 따라 매년 지도·점검 계획을 수립·시행하여야 한다(법 제78조 제4항).

3. 위법·부당한 건축심의에 대한 조치

국토교통부장관 및 **시·도지사**는 법 제4조의2에 따른 건축위원회의 심의 방법 또는 결과가 이 법 또는 이 법에 따른 명령이나 처분 또는 **조례**에 위반되거나 부당하다고 인정하면 그 심의 방법 또는 결과의 취소·변경, 그 밖에 필요한 조치를 할 수 있다. 이 경우 심의에 관한 조사·시정명령 및 변경절차 등에 관하여는 **대통령령**으로 정한다(법 제78조 제5항).

Ⅱ. 권한의 위임과 위탁

국토교통부장관은 이 법에 따른 권한의 일부를 **대통령령**으로 정하는 바에 따라 **시·도지사**에게 위임할 수 있고(법 제82조 제1항)고, **시·도지사**는 이 법에 따른 권한의 일부를 **대통령령**으로 정하는 바에 따라 시장(행정시의 시장을 포함한다)·군수·구청장에게(법 제82조 제2항), 시장·군수·구청장은 이 법에 따른 권한의 일부를 **대통령령**으로 정하는 바에 따라 구청장(자치구가 아닌 구의 구청장을 말한다)·동장·읍장 또는 면장에게 위임할 수 있다(법 제82조 제3항). 여기서 "위임(委任)"이란 법률에 규정된 **행정기관의 장**의 권한 중 일부를 그 하급행정기관의 장이나 지방자치단체의 장에게 맡겨 그의 권한과 책임 아래 행사하도록 하는 것을 말한다(행정권한의 위임 및 위탁에 관한 규정 제2조 제1호).

국토교통부장관은 법 제31조 제1항과 제32조제1항에 따라 건축허가 업무 등을 효율적으로 처리하기 위하여 구축하는 전자정보처리 시스템의 운영을 **대통령령**으로 정하는 기관 또는 단체에 위탁할 수 있다(법 제82조 제4항).[1186] 여기서 "위탁(委託)"이란 법률에 규정된 **행정기관의 장**의 권한 중 일부를 다른 **행정기관의 장**에게 맡겨 그의 권한과 책임 아래 행사하도록 하는 것을 말한다(행정권한의 위임 및 위탁에 관한 규정 제2조 제2호).

Ⅲ. 옹벽 등의 공작물에의 준용[1187]

대지를 조성하기 위한 옹벽, 굴뚝, 광고탑, 고가수조(高架水槽), 지하 대피호, 그 밖에 이와 유사한 것으로서 **대통령령**으로 정하는 공작물을 축조하려는 자는 **대통령령**으로 정하는 바에 따라 **특별자치시장·특별자치도지사 또는 시장·군수·구청장**에게 신고하여야 한다(법 제83조 제1항).

법 제14조, 제21조 제5항, 제29조, 제40조 제4항, 제41조, 제47조, 제48조, 제55조, 제58조, 제60조, 제61조, 제79조, 제84조, 제85조, 제87조와 「국토계획법」제76조는 **대통령령**으로 정하는 바에 따라 제1항의 경우에 준용한다(법 제83조 제3항).

Ⅳ. 면적·높이 및 층수 등의 산정방법

건축물의 대지면적, 연면적, 바닥면적, 높이, 처마, 천장, 바닥 및 층수의 산정방법은 **대통령령**으로 정한다(법 제84조). 법 제84조에 따라 건축물의 면적·높이 및 층수 등은 다음 각 호의 방법에 따라 산정한다(영 제119조 제1항 각호 외).

영 제119조 제1항 각 호(제10호는 제외한다)에 따른 기준에 따라 건축물의 면적·높이 및 층수 등을 산정할 때 지표면에 고저차가 있는 경우에는 건축물의 주위가 접하는 각 지표면 부분의 높이를 그 지

[1186] 영 **제117조(권한의 위임·위탁)** ⑤ 법 제82조 제4항에서 **"대통령령**으로 정하는 기관 또는 단체"란 다음 각 호의 기관 또는 단체 중 **국토교통부장관**이 정하여 고시하는 기관 또는 단체를 말한다.
　1.「공공기관운영법」제5조에 따른 공기업
　2.「정부출연연구기관 등의 설립·운영 및 육성에 관한 법률」 및 「과학기술분야 정부출연연구기관 등의 설립·운영 및 육성에 관한 법률」에 따른 연구기관

[1187] 제2장 건축물의 건축(건축절차)/제7절 허가·신고대상 가설건축물 및 신고대상 공작물/Ⅴ. 신고대상 공작물에서 설명하였다.

표면 부분의 수평거리에 따라 가중평균한 높이의 수평면을 지표면으로 본다. 이 경우 그 고저차가 3미터를 넘는 경우에는 그 고저차 3미터 이내의 부분마다 그 지표면을 정한다(영 제119조 제2항).

다음 각 호 1. 다음 각 목 가. 문화 및 집회시설(공연장·관람장·전시장만 해당한다), 나. 교육연구시설(학교·연구소·도서관만 해당한다), 다. 수련시설 중 생활권 수련시설, 업무시설 중 공공업무시설의 어느 하나에 해당하는 시설로서 해당 용도로 쓰는 바닥면적의 합계가 1천제곱미터 이상일 것, 2. 지면과 접하는 저층의 일부를 높이 8미터 이상으로 개방하여 보행통로나 공지 등으로 활용할 수 있는 구조·형태일 것의 요건을 모두 갖춘 건축물의 건폐율을 산정할 때에는 제1항 제2호에도 불구하고 지방건축위원회의 심의를 통해 제2호에 따른 개방 부분의 상부에 해당하는 면적을 건축면적에서 제외할 수 있다(영 제119조 제3항).

영 제119조 제1항 제5호 다목 또는 제1항 제9호에 따른 수평투영면적의 산정은 제1항 제2호에 따른 건축면적의 산정방법에 따른다(영 제119조 제4항).

1. 대지면적

대지의 수평투영면적으로 한다. 다만, 다음 각 목의 어느 하나에 해당하는 면적은 제외한다(영 제119조 제1항 제1호).

가. 법 제46조 제1항 단서에 따라 대지에 건축선이 정하여진 경우: 그 건축선과 도로 사이의 대지면적

나. 대지에 도시·군계획시설인 도로·공원 등이 있는 경우: 그 도시·군계획시설에 포함되는 대지(「국토의 계획 및 이용에 관한 법률」 제47조 제7항에 따라 건축물 또는 공작물을 설치하는 도시·군계획시설의 부지는 제외한다)면적

2. 건축면적

건축면적은 건축물의 외벽(외벽이 없는 경우에는 외곽 부분의 기둥을 말한다)의 중심선으로 둘러싸인 부분의 수평투영면적을 말하는데 보통은 1층의 바닥면적이 해당된다. 이는 건폐율(건축면적/대지면적 × 100) 산정의 기준이 되며, 이에 비해 바닥면적과 연면적은 용적률(지상층 연면적/대지면적 × 100) 산정의 기준이 된다. 다만, 다음 각 목의 어느 하나에 해당하는 경우에는 해당 각 목에서 정하는 기준에 따라 산정한다(영 제119조 제1항 제2호).

가. 처마, 차양, 부연(附椽),[1188] 그 밖에 이와 비슷한 것으로서 그 외벽의 중심선으로부터 수평거리 1미터 이상 돌출된 부분이 있는 건축물의 건축면적은 그 돌출된 끝부분으로부터 다음의 구분에 따른 수평거리를 후퇴한 선으로 둘러싸인 부분의 수평투영면적으로 한다.[1189]

[1188] 부연은 겹처마에서 처마 끝에 걸리는 방형 서까래인데 처마를 깊게 할 목적으로 사용하지만 장식적인 효과도 있다.
[1189] 건축면적(수평투영면적) 산정 기준
　① 건축물 외벽 중심선 또는

(1) 「전통사찰의 보존 및 지원에 관한 법률」 제2조 제1호에 따른 전통사찰: 4미터 이하의 범위에서 외벽의 중심선까지의 거리

(2) 사료 투여, 가축 이동 및 가축 분뇨 유출 방지 등을 위하여 상부에 한쪽 끝은 고정되고 다른 쪽 끝은 지지되지 아니한 구조로 된 돌출차양이 설치된 축사: 3미터 이하의 범위에서 외벽의 중심선까지의 거리(두 동의 축사가 하나의 차양으로 연결된 경우에는 6미터 이하의 범위에서 축사 양 외벽의 중심선까지의 거리를 말한다)

(3) 한옥: 2미터 이하의 범위에서 외벽의 중심선까지의 거리

(4) 「환경친화적자동차의 개발 및 보급 촉진에 관한 법률 시행령」 제18조의5에 따른 충전시설(그에 딸린 충전 전용 주차구획을 포함한다)의 설치를 목적으로 처마, 차양, 부연, 그 밖에 이와 비슷한 것이 설치된 공동주택(「주택법」 제15조에 따른 사업계획승인 대상으로 한정한다): 2미터 이하의 범위에서 외벽의 중심선까지의 거리

(5) 그 밖의 건축물: 1미터

나. 다음의 건축물의 건축면적은 **국토교통부령**으로 정하는 바에 따라 산정한다.

(1) 태양열을 주된 에너지원으로 이용하는 주택·(3) 단열재를 구조체의 외기측에 설치하는 단열공법으로 건축된 건축물: 영 제119조 제1항 제2호 나목에 따라 태양열을 주된 에너지원으로 이용하는 주택의 건축면적과 단열재를 구조체의 외기측에 설치하는 단열공법으로 건축된 건축물의 건축면적은 건축물의 외벽중 내측 내력벽의 중심선을 기준으로 한다. 이 경우 태양열을 주된 에너지원으로 이용하는 주택의 범위는 **국토교통부장관**이 정하여 고시하는 바에 의한다(칙 제43조 제1항).

(2) 창고 중 물품을 입출고하는 부위의 상부에 한쪽 끝은 고정되고 다른 쪽 끝은 지지되지 아니한 구조로 설치된 돌출차양: 영 제119조 제1항 제2호 나목에 따라 창고 중 물품을 입출고하는 부위의 상부에 설치하는 한쪽 끝은 고정되고 다른 끝은 지지되지 아니한 구조로 된 돌출차양의 면적 중 건축면적에 산입하는 면적은 다음 각 호 1. 해당 돌출차양을 제외한 창고의 건축면적의 10퍼센트를 초과하는 면적, 2. 해당 돌출차양의 끝부분으로부터 수평거리 6미터를 후퇴한 선으로 둘러싸인 부분의 수평투영면적에 따라 산정한 면적 중 작은 값으로 한다(칙 제43조 제1항).

다. 다음의 경우에는 건축면적에 산입하지 아니한다.

(1) 지표면으로부터 1미터 이하에 있는 부분(창고 중 물품을 입출고하기 위하여 차량을 접안시키는 부분의 경우에는 지표면으로부터 1.5미터 이하에 있는 부분)

(2) 「다중이용업소의 안전관리에 관한 특별법 시행령」 제9조에 따라 기존의 다중이용업소(2004년

---

② 건축물 외곽부분 기둥 중심선
③ 평지붕이 아닌 지붕의 경우(처마, 차양, 부연 등): 끝부분에서 1m 후퇴한 면적
　가. 한옥 지붕: 끝부분에서 2m 후퇴한 면적
　나. 전통사찰의 지붕: 끝부분에서 4m 후퇴한 면적
　다. 캔틸레버(cantilever) 돌출 차양 설치 축사: 끝부분에서 3m 후퇴한 면적
　[네이버 지식백과] 건축면적 - 면적 산정 (그림으로 이해하는 건축법, 이재인)

5월 29일 이전의 것만 해당한다)의 비상구에 연결하여 설치하는 폭 2미터 이하의 옥외 피난계단(기존 건축물에 옥외 피난계단을 설치함으로써 법 제55조에 따른 건폐율의 기준에 적합하지 아니하게 된 경우만 해당한다)

(3) 건축물 지상층에 일반인이나 차량이 통행할 수 있도록 설치한 보행통로나 차량통로

(4) 지하주차장의 경사로

(5) 건축물 지하층의 출입구 상부(출입구 너비에 상당하는 규모의 부분을 말한다)

(6) 생활폐기물 보관함(음식물쓰레기, 의류 등의 수거함을 말한다. 이하 같다)

(7) 「영유아보육법」 제15조에 따른 어린이집(2005년 1월 29일 이전에 설치된 것만 해당한다)의 비상구에 연결하여 설치하는 폭 2미터 이하의 영유아용 대피용 미끄럼대 또는 비상계단(기존 건축물에 영유아용 대피용 미끄럼대 또는 비상계단을 설치함으로써 법 제55조에 따른 건폐율 기준에 적합하지 아니하게 된 경우만 해당한다)

(8) 「장애인·노인·임산부 등의 편의증진 보장에 관한 법률 시행령」 별표 2의 기준에 따라 설치하는 장애인용 승강기, 장애인용 에스컬레이터, 휠체어리프트 또는 경사로

(9) 「가축전염병 예방법」 제17조 제1항 제1호에 따른 소독설비를 갖추기 위하여 같은 호에 따른 가축사육시설(2015년 4월 27일 전에 건축되거나 설치된 가축사육시설로 한정한다)에서 설치하는 시설

(10) 「매장문화재 보호 및 조사에 관한 법률」 제14조 제1항 제1호 및 제2호에 따른 현지보존 및 이전보존을 위하여 매장문화재 보호 및 전시에 전용되는 부분

(11) 「가축분뇨의 관리 및 이용에 관한 법률」 제12조 제1항에 따른 처리시설(법률 제12516호 가축분뇨의 관리 및 이용에 관한 법률 일부개정법률 부칙 제9조에 해당하는 배출시설의 처리시설로 한정한다)

(12) 「영유아보육법」 제15조에 따른 설치기준에 따라 직통계단 1개소를 갈음하여 건축물의 외부에 설치하는 비상계단(같은 조에 따른 어린이집이 2011년 4월 6일 이전에 설치된 경우로서 기존 건축물에 비상계단을 설치함으로써 법 제55조에 따른 건폐율 기준에 적합하지 않게 된 경우만 해당한다)

3. 바닥면적

바닥면적과 연면적은 용적률(지상층 연면적/대지면적 × 100) 산정의 기준이 되며, 건축면적은 건폐율(건축면적/대지면적 × 100) 산정의 기준이 된다.

바닥면적은 건축물의 각 층 또는 그 일부로서 벽, 기둥, 그 밖에 이와 비슷한 구획의 중심선으로 둘러싸인 부분의 수평투영면적으로 한다. 다만, 다음 각 목의 어느 하나에 해당하는 경우에는 각 목에서 정하는 바에 따른다(영 제119조 제1항 제3호).

가. 벽·기둥의 구획이 없는 건축물은 그 지붕 끝부분으로부터 수평거리 1미터를 후퇴한 선으로 둘러싸인 수평투영면적으로 한다.

나. 건축물의 노대등의 바닥은 난간 등의 설치 여부에 관계없이 노대등의 면적(외벽의 중심선으로부

터 노대등의 끝부분까지의 면적을 말한다)에서 노대등이 접한 가장 긴 외벽에 접한 길이에 1.5미터를 곱한 값을 뺀 면적을 바닥면적에 산입한다.

다. 필로티나 그 밖에 이와 비슷한 구조(벽면적의 2분의 1 이상이 그 층의 바닥면에서 위층 바닥 아래면까지 공간으로 된 것만 해당한다)의 부분은 그 부분이 공중의 통행이나 차량의 통행 또는 주차에 전용되는 경우와 공동주택의 경우에는 바닥면적에 산입하지 아니한다.

라. 승강기탑(옥상 출입용 승강장을 포함한다), 계단탑, 장식탑, 다락 |층고(層高)가 1.5미터(경사진 형태의 지붕인 경우에는 1.8미터) 이하인 것만 해당 〈개정 2020.4.21〉|, 건축물의 외부 또는 내부에 설치하는 굴뚝, 더스트슈트, 설비덕트, 그 밖에 이와 비슷한 것과 옥상·옥외 또는 지하에 설치하는 물탱크, 기름탱크, 냉각탑, 정화조, 도시가스 정압기, 그 밖에 이와 비슷한 것을 설치하기 위한 구조물과 건축물 간에 화물의 이동에 이용되는 컨베이어벨트만을 설치하기 위한 구조물은 바닥면적에 산입하지 아니한다.

마. 공동주택으로서 지상층에 설치한 기계실, 전기실, 어린이놀이터, 조경시설 및 생활폐기물 보관함의 면적은 바닥면적에 산입하지 아니한다.

바. 「다중이용업소의 안전관리에 관한 특별법 시행령」 제9조에 따라 기존의 다중이용업소(2004년 5월 29일 이전의 것만 해당한다)의 비상구에 연결하여 설치하는 폭 1.5미터 이하의 옥외 피난계단(기존 건축물에 옥외 피난계단을 설치함으로써 법 제56조에 따른 용적률에 적합하지 아니하게 된 경우만 해당한다)은 바닥면적에 산입하지 아니한다.

사. 영 제6조 제1항 제6호에 따른 건축물을 리모델링하는 경우로서 미관 향상, 열의 손실 방지 등을 위하여 외벽에 부가하여 마감재 등을 설치하는 부분은 바닥면적에 산입하지 아니한다.

아. 영 제119조 제1항 제2호 나목 (3)의 건축물의 경우에는 단열재가 설치된 외벽 중 내측 내력벽의 중심선을 기준으로 산정한 면적을 바닥면적으로 한다.

자. 「영유아보육법」 제15조에 따른 어린이집(2005년 1월 29일 이전에 설치된 것만 해당한다)의 비상구에 연결하여 설치하는 폭 2미터 이하의 영유아용 대피용 미끄럼대 또는 비상계단의 면적은 바닥면적(기존 건축물에 영유아용 대피용 미끄럼대 또는 비상계단을 설치함으로써 법 제56조에 따른 용적률 기준에 적합하지 아니하게 된 경우만 해당한다)에 산입하지 아니한다.

차. 「장애인·노인·임산부 등의 편의증진 보장에 관한 법률 시행령」 별표 2의 기준에 따라 설치하는 장애인용 승강기, 장애인용 에스컬레이터, 휠체어리프트 또는 경사로는 바닥면적에 산입하지 아니한다.

카. 「가축전염병 예방법」 제17조 제1항 제1호에 따른 소독설비를 갖추기 위하여 같은 호에 따른 가축사육시설(2015년 4월 27일 전에 건축되거나 설치된 가축사육시설로 한정한다)에서 설치하는 시설은 바닥면적에 산입하지 아니한다.

타. 「매장문화재 보호 및 조사에 관한 법률」 제14조 제1항 제1호 및 제2호에 따른 현지보존 및 이전 보존을 위하여 매장문화재 보호 및 전시에 전용되는 부분은 바닥면적에 산입하지 아니한다.

파. 「영유아보육법」 제15조에 따른 설치기준에 따라 직통계단 1개소를 갈음하여 건축물의 외부에

설치하는 비상계단의 면적은 바닥면적(같은 조에 따른 어린이집이 2011년 4월 6일 이전에 설치된 경우로서 기존 건축물에 비상계단을 설치함으로써 법 제56조에 따른 용적률 기준에 적합하지 않게 된 경우만 해당한다)에 산입하지 않는다.

4. 연면적

하나의 건축물 각 층의 바닥면적의 합계로 하되, 용적률을 산정할 때에는 다음 각 목 가. 지하층의 면적, 나. 지상층의 주차용(해당 건축물의 부속용도인 경우만 해당한다)으로 쓰는 면적, 다. 법 제34조 제3항 및 제4항에 따라 초고층 건축물과 준초고층 건축물에 설치하는 피난안전구역의 면적, 라. 영 제40조 제3항 제2호에 따라 건축물의 경사지붕 아래에 설치하는 대피공간의 면적에 해당하는 면적은 제외한다(영 제119조 제1항 제4호).

5. 건축물의 높이

지표면으로부터 그 건축물의 상단까지의 높이[건축물의 1층 전체에 필로티(건축물을 사용하기 위한 경비실, 계단실, 승강기실, 그 밖에 이와 비슷한 것을 포함한다)가 설치되어 있는 경우에는 법 제60조 및 법 제61조 제2항을 적용할 때 필로티의 층고를 제외한 높이로 한다. 다만, 다음 각 목의 어느 하나에 해당하는 경우에는 각 목에서 정하는 바에 따른다(영 제119조 제1항 제5호).

가. 법 제60조(가로구역별 건축물의 높이 제한)에 따른 건축물의 높이는 전면도로의 중심선으로부터의 높이로 산정한다. 다만, 전면도로가 다음의 어느 하나에 해당하는 경우에는 그에 따라 산정한다.

(1) 건축물의 대지에 접하는 전면도로의 노면에 고저차가 있는 경우에는 그 건축물이 접하는 범위의 전면도로부분의 수평거리에 따라 가중평균한 높이의 수평면을 전면도로면으로 본다.

(2) 건축물의 대지의 지표면이 전면도로보다 높은 경우에는 그 고저차의 2분의 1의 높이만큼 올라온 위치에 그 전면도로의 면이 있는 것으로 본다.

나. 일조 등의 확보를 위한 건축물의 높이 제한(법 제61조)에 따른 건축물 높이를 산정할 때 건축물 대지의 지표면과 인접 대지의 지표면 간에 고저차가 있는 경우에는 그 지표면의 평균 수평면을 지표면으로 본다. 다만, 법 제61조 제2항에 따른 높이를 산정할 때 해당 대지가 인접 대지의 높이보다 낮은 경우에는 해당 대지의 지표면을 지표면으로 보고, 공동주택을 다른 용도와 복합하여 건축하는 경우에는 공동주택의 가장 낮은 부분을 그 건축물의 지표면으로 본다.

다. 건축물의 옥상에 설치되는 승강기탑·계단탑·망루·장식탑·옥탑 등으로서 그 수평투영면적의 합계가 해당 건축물 건축면적의 8분의 1(「주택법」 제15조 제1항에 따른 사업계획승인 대상인 공동주택 중 세대별 전용면적이 85㎡ 이하인 경우에는 6분의 1) 이하인 경우로서 그 부분의 높이가 12미터를 넘는 경우에는 그 넘는 부분만 해당 건축물의 높이에 산입한다.

라. 지붕마루장식·굴뚝·방화벽의 옥상돌출부나 그 밖에 이와 비슷한 옥상돌출물과 난간벽(그 벽면

적의 2분의 1 이상이 공간으로 되어 있는 것만 해당한다)은 그 건축물의 높이에 산입하지 아니한다.

6. 처마높이

지표면으로부터 건축물의 지붕틀 또는 이와 비슷한 수평재를 지지하는 벽·깔도리 또는 기둥의 상단까지의 높이로 한다(영 제119조 제1항 제6호).

7. 반자높이

방의 바닥면으로부터 반자까지의 높이로 한다. 다만, 한 방에서 반자높이가 다른 부분이 있는 경우에는 그 각 부분의 반자면적에 따라 가중평균한 높이로 한다(영 제119조 제1항 제7호).

8. 층고

방의 바닥구조체 윗면으로부터 위층 바닥구조체의 윗면까지의 높이로 한다. 다만, 한 방에서 층의 높이가 다른 부분이 있는 경우에는 그 각 부분 높이에 따른 면적에 따라 가중평균한 높이로 한다(영 제119조 제1항 제8호).

9. 층수

승강기탑(옥상 출입용 승강장을 포함한다), 계단탑, 망루, 장식탑, 옥탑, 그 밖에 이와 비슷한 건축물의 옥상 부분으로서 그 수평투영면적의 합계가 해당 건축물 건축면적의 8분의 1(주택법 제15조 제1항에 따른 사업계획승인 대상인 공동주택 중 세대별 전용면적이 85㎡ 이하인 경우에는 6분의 1) 이하인 것과 지하층과 필로티, 다락은 건축물의 층수에 산입하지 아니하고, 층의 구분이 명확하지 아니한 건축물은 그 건축물의 높이 4미터마다 하나의 층으로 보고 그 층수를 산정하며, 건축물이 부분에 따라 그 층수가 다른 경우에는 그 중 가장 많은 층수를 그 건축물의 층수로 본다(영 제119조 제1항 제9호).[1190]

V. 보고와 검사 등

국토교통부장관, 시·도지사, 시장·군수·구청장, 그 소속 공무원, 제27조에 따른 업무대행자 또는 제37조에 따른 건축지도원은 건축물의 **건축주** 등, 공사감리자, 공사시공자 또는 관계전문기술자에게 필요한 자료의 제출이나 보고를 요구할 수 있으며, 건축물·대지 또는 건축공사장에 출입하여 그 건축물, 건축설비, 그 밖에 건축공사에 관련되는 물건을 검사하거나 필요한 시험을 할 수 있다(법 제87조 제1항).

1190) 필로티란 벽 면적의 공간이 1/2 이상으로 되어 있고 공중의 통행, 주차에 전용되는 공간을 말한다.

검사나 시험을 하는 자는 그 권한을 표시하는 증표를 지니고 이를 관계인에게 내보여야 한다(법 제87조 제2항).

허가권자는 **건축관계자** 등과의 계약 내용을 검토할 수 있으며, 검토결과 불공정 또는 불합리한 사항이 있어 부실설계·시공·감리가 될 우려가 있는 경우에는 해당 **건축주**에게 그 사실을 통보하고 해당 건축물의 건축공사 현장을 특별히 지도·감독하여야 한다(법 제87조 제3항).

VI. 지역건축안전센터 설립

시·도지사 및 시장·군수·구청장은 다음 각 호 1. 법 제21조, 제22조, 제27조 및 제87조에 따른 기술적인 사항에 대한 보고·확인·검토·심사 및 점검, 1의2. 제11조, 제14조 및 제16조에 따른 허가 또는 신고에 관한 업무, 2. 법 제25조에 따른 공사감리에 대한 관리·감독, 3. 삭제, 4. 그 밖에 **대통령령**으로 정하는 사항의 업무를 수행하기 위하여 관할 구역에 지역건축안전센터를 둘 수 있다(법 제87조의2 제1항).

체계적이고 전문적인 업무 수행을 위하여 지역건축안전센터에 「건축사법」 제23조 제1항에 따라 신고한 건축사 또는 「기술사법」 제6조 제1항에 따라 등록한 기술사 등 전문인력을 배치하여야 한다(법 제87조의2 제2항).

지역건축안전센터의 설치·운영 및 전문인력의 자격과 배치기준 등에 필요한 사항은 **국토교통부령**으로 정한다(법 제87조의2 제3항).

VII. 건축안전특별회계의 설치

시·도지사 또는 시장·군수·구청장은 관할 구역의 지역건축안전센터 설치·운영 등을 지원하기 위하여 건축안전특별회계(이하 "특별회계"라 한다)를 설치할 수 있다(법 제87조의3 제1항).

특별회계는 다음 각 호 1. 일반회계로부터의 전입금, 2. 법 제17조에 따라 납부되는 건축허가 등의 수수료 중 해당 지방자치단체의 **조례**로 정하는 비율의 금액, 3. 제80조에 따라 부과·징수되는 이행강제금 중 해당 지방자치단체의 **조례**로 정하는 비율의 금액, 4. 제113조에 따라 부과·징수되는 과태료 중 해당 지방자치단체의 **조례**로 정하는 비율의 금액, 5. 그 밖의 수입금의 재원으로 조성한다(법 제87조의3 제2항).

특별회계는 다음 각 호 1. 지역건축안전센터의 설치·운영에 필요한 경비, 2. 지역건축안전센터의 전문인력 배치에 필요한 인건비, 3. 법 제87조의2 제1항 각 호의 업무 수행을 위한 조사·연구비, 4. 특별회계의 조성·운용 및 관리를 위하여 필요한 경비, 5. 그 밖에 건축물 안전에 관한 기술지원 및 정보제공을 위하여 해당 지방자치단체의 **조례**로 정하는 사업의 수행에 필요한 비용의 용도로 사용한다 (법 제87조의3 제3항).

Ⅷ. 벌칙 적용 시 공무원 의제

다음 각 호 1. 법 제4조에 따른 건축위원회의 위원, 1의2. 법 제13조의2 제2항에 따라 안전영향평가를 하는 자, 1의3. 법 제52조의3 제4항에 따라 건축자재를 점검하는 자, 2. 법 제27조에 따라 현장조사·검사 및 확인업무를 대행하는 사람, 3. 법 제37조에 따른 건축지도원, 4. 법 제82조제 4항에 따른 기관 및 단체의 임직원, 5. 법 제87조의2 제2항에 따라 지역건축안전센터에 배치된 전문인력의 어느 하나에 해당하는 사람은 공무원이 아니더라도 「형법」 제129조부터 제132조까지의 규정과 「특정범죄 가중처벌 등에 관한 법률」 제2조와 제3조에 따른 벌칙을 적용할 때에는 공무원으로 본다(법 제105조).

제6장 불법건축에 대한 강제수단

「건축법」제78조 이하에서는 「건축법」을 위반하지 못하도록 강제하는 조항들 즉, 행정형벌, 철거명령, 이행강제금 등 불법건축에 대한 강제수단(제9장 보칙·제10장 벌칙)이 규정되어 있다.

「건축법」은 건축경찰법으로서 불법건축으로 인한 위험을 방지하기 위한 강제수단으로 1차적으로 건축 중인 건축물에 대한 허가취소·공사중지명령 및 철거명령을 하거나, 관허사업의 제한, 이행강제금을 부과하고 최후의 수단으로 행정벌이 가해진다.

1차적 강제수단으로서의 공사중지명령 및 철거명령의 연혁은 1962. 1. 20. 법률 제984호 제정 당시부터 규정되어 있었다. 1967. 3. 30. 개정으로 허가취소를 규정하였고, 그 후 1972. 12. 30. 위반건축물에 대한 조치의 강화 일환으로 전화·전기·수도를 설치하거나 공급거부 및 관허사업의 제한을 신설하였다. 1991. 5. 31.(시행 1992. 6. 1.) 법률 제4381호 개정으로 이행강제금 규정을 신설하였다.

제1절 불법건축의 의의

I. 불법건축의 의의

건축물이 위법하게 건축될 때 그 건축하는 행위 또는 그 행위의 결과를 불법건축이라 한다. 즉 불법건축은 건축관계법률에 반하여 건축물을 건축하는 행위를 말한다. 건축관계법률로 대표되는 것이 「건축법」, 「국토계획법」, 「도로법」, 「공원녹지 법」 등이 당해 법률의 제정목적에 따라 건축행위를 제한한다. 불법건축은 건축허가 자체를 받지 아니하고 건축물을 건축하는 경우를 형식적 불법이라 하고, 건축허가를 받았는지 여부와 상관없이 건축물의 건축이 개별법에서 정하는 건축허가요건을 충족하지 못하는 경우인 실질적 불법으로 나뉜다.

Ⅱ. 형식적 불법과 공사중지명령

불법건축으로 형식적 불법은 건축허가를 받지 않고 건축물을 건축하는 행위이고 이러한 행위를 방치하는 것은 그 법이 정하고 있는 허가요건에 반하는 건축물(실질적 불법)이 출현하는 계기가 되므로 당연히 금지되어야 한다. 형식적 불법에 대해서는 우선 의무위반에 대한 사후적 제재로서 행정형벌이 마련되어 있다. 건축허가 없이 건축행위를 한 자를 3년 또는 2년 이하의 징역 등에 처할 수 있도록 정하고 있는 규정이 있고(법 제108조 제1항 및 제110조 제1호), 형식적 불법으로 인한 행정형벌은 건축물의 완공여부와 상관없이 부과될 수 있다.

형식적 불법을 막기 위한 수단은 행정형벌에 국한되는 것은 아니고, 「건축법」·「국토계획법」 등은 건축허가 없는 건축행위에 대해 공사중지를 명할 수 있는 법적 근거조문을 별도로 두고 있다(법 제79조 제1항, 국토계획법 제133조 제1항). 건축허가를 받지 않은 건축물의 건축은 당연히 중지되어야 할 것이지만, 명시적으로 공사중지를 명함으로써 또 하나의 행정법상 의무를 부과할 수 있다. 공사시공자가 이 의무를 위반하면 별도로 처벌되거나(법 제110조 제5호, 「국토계획법」 제142조) **건축주**에게 이행강제금이 부과되므로(법 제80조 제1항), 공사중지명령은 형식적 불법을 강제하기 위한 주요한 수단이 된다.

그러나 건축행위가 더 이상 필요 없게 되는 순간, 즉 건축물의 완공으로 형식적 불법을 직접 저지할 수 있는 처분권은 사라지게 되고, 이제 형식적 불법을 이유로는 행정형벌만을 부과할 수 있을 뿐이다.[1191]

Ⅲ. 실질적 불법과 해체(철거)명령

건축행위가 건축허가를 받았는가의 형식적인 기준과는 별도로, 당해 건축물이 건축허가요건을 충족하지 못하는 경우 이를 실질적 불법이라고 한다. 「건축법」이 불법건축을 제한하고 있다면, 실질적 불법성을 띠는 건축물의 출현을 사전에 막을 수 있어야 하고, 만약 이를 사전에 막지 못한 경우에는 사후에 그러한 건축물을 제거할 수 있어야 한다. 불법건축물의 사전적 억제를 위한 것이 형식적 불법개념이라면, 불법건축물의 출현에 대하여 사후적으로 그를 시정하거나 제거하기 위한 개념이 실질적 불법개념이다. 건축허가가 없는 건축물이라 하여도 만약 당해 법률에서 허용하고 있는 내용의 건축물이라면 법률의 본질적인 목적이 훼손되는 것은 아니다. 그러나 건축요건을 위반한 건축물이 건축되면, 「건축법」이 통제하려 했던 의도하지 않는 건축물이 나타나는 것이다. 건축허가제도는 「건축법」이 그 목적을 달성하기 위한 절차적 수단으로 채택한 것이므로 허가를 받지 않는 것(형식적 불법)은 수단을 침해하는 것이지만, 실질적 불법은 그 법률 자체의 종국목적을 침해하는 행위이다.

1191) 김종보, 건설법(제5판), 173~175면.

어떠한 건축물이 실질적 불법인가를 판단하는 것은 원칙적으로 건축허가요건의 해석문제이다. 대법원은 실질적 불법이라는 개념은 사용하지 않고 불법건축물의 철거대집행계고처분의 요건으로 "건축물의 방치가 심히 공익을 해칠 것"을 요구하고 있다.[1192] 이와 같은 판결은 「행정대집행법」 제2조 대집행 요건의 문구를 인용한 것으로, 이처럼 심히 공익을 해치거나, 건축감독권을 무력화시키거나 하는 경우는 건축물이 실질적 불법성을 띠는 경우이다. 대법원은 건축물이 도시계획선을 침범하여 건축되거나,[1193] 주거지역내 허용되지 않는 공장의 증축행위,[1194] 「건축법」상의 이격거리 위반 및 「국토계획법」상의 용적률 초과 건축행위,[1195] 자연녹지지역내 공장의 신축,[1196] 대지 안의 공지 미달,[1197] 소방법 위반의 불법건축물[1198] 등이 실질적 불법에 해당한다고 판시했다.

이에 반하여 개발제한구역내 허가를 받지 않는 증·개축이라 하여도 법령상 증·개축이 허용되는 건축물에 해당하거나,[1199] 사실상의 도로를 침범한 건축은[1200] 실질적 불법이 인정되지 않는 경우이다. 건축물이 실질적 불법에 해당하면 이를 이유로 증축허가, 대수선허가, **용도변경**허가 등을 거부할 수 있다.[1201] 그러나 실질적 불법의 가장 중요한 법적 의미는 철거명령이나 이행강제금 등 실질적 불법을 제거하기 위한 적극적 수단과 관련되어 있다.

제2절 간접적 강제 수단

통상 행정법학은 이하의 것들을 행정벌과 비교하여 새로운 의무이행확보 수단을 다루고 있다. 다른 한편으로는 행정벌을 과하기 전에 간접적 강제수단으로 규정되어 있다는 점에서 이렇게 표현하기로 한다.

1192) 대법원 1995. 6. 29. 선고 94누11354,94누11361(병합) 판결; 대법원 1995. 2. 17. 선고 94누13350 판결; 대법원 1993. 9. 14. 선고 92누16690 판결; 대법원 1991. 3. 8. 선고 90누9643 판결; 대법원 1989. 10. 10. 선고 88누11230 판결 등.
1193) 대법원 1992. 8. 14. 선고 92누3885 판결; 대법원 1990. 1. 25. 선고 89누4543 판결.
1194) 대법원 1992. 4. 24. 선고 91누8111 판결.
1195) 대법원 1992. 3. 10. 선고 91누4140 판결.
1196) 대법원 1997. 11. 14. 선고 97누7936 판결.
1197) 대법원 1997. 8. 26. 선고 96누8529 판결.
1198) 대법원 1989. 3. 28. 선고 87누930 판결.
1199) 대법원 1992. 4. 10. 선고 91누7200 판결.
1200) 대법원 1995. 9. 15. 선고 95누5035 판결; 대법원 1992. 7. 28. 선고 92누7337 판결.
1201) 대법원 1994. 4. 26. 선고 93누11326 판결.

Ⅰ. 건축 중인 건축물에 대한 강제 조치

법 제79조의 표제를 "위반 건축물 등에 대한 조치 등"이라 하고 있으나, 법 제79조의 법문의 내용을 개정 전 법 제81조와 비교해 보면 "건축 중인 건축물에 대한 강제 조치"로 이해할 수 있다.

1. 허가취소·공사중지명령 및 해체(철거)명령[1202]

가. 법적 근거

허가권자는 이 법 또는 이 법에 따른 명령이나 처분에 위반되는 대지나 건축물에 대하여 ① 이 법에 따른 허가 또는 승인을 취소하거나, ② 그 건축물의 **건축주**·공사시공자·현장관리인·소유자·관리자 또는 점유자(이하 "**건축주등**"이라 한다)에게 공사의 중지를 명하거나, ③ 상당한 기간을 정하여 그 건축물의 해체·개축·증축·수선·**용도변경**·사용금지·사용제한, 그 밖에 필요한 조치를 명할 수 있다(법 제79조 제1항). 즉, **허가권자**는 불법건축물에 대하여 허가취소, 공사중지명령, 해체(철거)명령을 할 수 있다.

공사중지명령과 해체(철거)명령은 건축법령상 과거의 의무위반행위로 야기되어 현재에도 존재하는 위법상태를 제거하는 것을 명하는 행정행위로서 시정명령이라 한다. 시정명령은 학문상 하명에 해당한다. 공사중지나 해체(철거)의 시정명령을 받은 자는 시정의무를 부담하게 되며 시정의무를 이행하지 않는 경우에는 행정강제(대집행 또는 집행벌)의 대상이 되고, 시정의무 위반에 대하여는 행정벌이 가해진다. 그러나 위법행위가 있었더라도 그 위법행위의 결과가 더 이상 존재하지 않는다면 시정의 대상이 없어진 것이므로 당연히 시정명령은 할 수 없을 것이다.[1203]

「건축법」은 건축 중인 위반건축물에 대한 의무이행을 확보하기 위하여 의무위반에 대한 제재를 정하고 있는데 각종 벌칙의 전제로서 제재적 행정처분은 경제활동에 대한 행정상 감독수단으로 허가 또는 승인을 취소하는 형태로 행해진다.[1204]

나. 위반 건축물 등에 대한 실태조사 및 정비

허가권자는 이 법 또는 이 법에 따른 명령이나 처분에 위반되는 대지나 건축물에 대한 실태를 파악하기 위하여 조사를 할 수 있다(법 제79조 제5항). 제5항에 따른 실태조사의 방법 및 절차에 관한 사항은 **대통령령**으로 정한다(법 제79조 제6항). **허가권자**는 법 제79조 제5항에 따른 실태조사를 매년 정기적으로 하며, 위반행위의 예방 또는 확인을 위하여 수시로 실태조사를 할 수 있다(영 제115조 제1항).

1202) 종래에는 「건축법」 제36조 제1항에 따라 건축물의 소유자나 관리자는 건축물을 철거하려면 철거를 하기 전에 **특별자치시장·특별자치도지사** 또는 **시장·군수·구청장**에게 신고하도록 하였으나, 2019. 4. 30. 「건축물관리법」의 제정(법률 제16416호)으로 철거에서 해체로 바뀌면서 「건축물관리법」으로 옮겨서 규율하고 있다. 근거법이 바뀌면서 허가를 받도록 하였다.

1203) 박균성, 행정법론(상), 611면.

1204) 홍준형, 행정법, 612면.

허가권자는 실태조사를 하려는 경우에는 조사 목적·기간·대상 및 방법 등이 포함된 실태조사 계획을 수립해야 한다(영 제115조 제2항). 실태조사는 서면 또는 현장조사의 방법으로 실시할 수 있다(영 제115조 제3항).

허가권자는 실태조사를 한 경우 법 제79조에 따른 시정조치를 하기 위하여 정비계획을 수립·시행해야 하며, 그 결과를 **시·도지사**(특별자치시장 및 특별자치도지사는 제외한다)에게 보고해야 한다(영 제115조 제4항).

허가권자는 위반 건축물의 체계적인 사후 관리와 정비를 위하여 **국토교통부령**으로 정하는 바에 따라 위반 건축물 관리대장을 작성·관리해야 한다. 이 경우 전자적 처리가 불가능한 특별한 사유가 없으면 전자적 처리가 가능한 방법으로 작성·관리해야 한다(영 제115조 제5항).

제1항부터 제4항까지에서 규정한 사항 외에 실태조사의 방법·절차에 필요한 세부적인 사항은 건축 **조례**로 정할 수 있다(영 제115조 제6항).

2. 공급 거부의 가능 여부

법 제79조 제1항의 "그 밖에 필요한 조치"의 일환으로 전기·전화·수도 또는 도시가스공급시설의 설치 또는 공급의 중지를 할 수 있는지가 논란이 될 수 있다. 문헌에 따라 아직 이러한 견해가 남아 있다.[1205]

여기서 공급거부라 함은 행정법상의 의무의 위반에 대하여 행정상의 서비스 또는 재화의 공급을 거부하는 행정제재의 수단으로서, 허가나 승인이 취소된 건축물 또는 시정명령을 받고 이행하지 아니한 건축물에·대하여 전기·전화·수도 또는 도시가스공급시설의 설치 또는 공급의 중지를 요청할 수 있도록 하고, 이 같은 요청을 받은 자는 특별한 이유가 없는 한 이에 응하여야 한다고 규정한 구「건축법」제69조 제2항이 가장 전형적인 유형이었다. 동 규정은 부당결부금지원칙에 위배된다는 논란이 일어 2005. 11. 8.(시행 2006. 5. 9.) 법률 제7696호 개정으로 결국 폐지되고 말았다.[1206]

공급거부는 새로운 행정상의 의무이행확보 수단으로 부각되었지만, 생존배려행정·복리행정을 추구하는 현대행정법의 이념에 비추어 그 정당성이 문제되지 않을 수 없었다. 특히, 법치행정의 원리로부터 도출되는 비례의 원칙, 부당결부금지의 원칙과 관련하여 그 허용여부가 논란이 되었다. 가령「전기사업법」제14조나「수도법」제39조는 "정당한 사유" 없이 공급을 거절할 수 없다고 규정하고 있는데, 「건축법」상 의무위반에 대하여 전기·수도·전화 등의 공급을 중지한다고 할 때, 이것이 정당한 사유에 해당한고 볼 수 있는지가 문제된다. 이 경우 구「건축법」제69조 제2항의 관계규정에 비추어 법령상의 사유가 존재하는 것으로 볼 수 있을 것이다. 그러나 여기서 정당한 사유는 이행이 확보되어야 할 의무와 거부되는 공급 간에 충분한 실질적(사물적) 관련을 요구하는 것으로 해석되므로, 수도·전기 등의 공급거부는 당해 급부를 공급받기 위한 요건을 충족하지 못하거나(가령 전기요금을 납기일까지 납부하

1205) 윤혁경, 건축법·조례 해설, 1—1869면.
1206) 홍준형, 행정법, 617면.

지 아니하는 경우) 당해 급부행정상의 의무위반이 있는 경우에만 허용되는 것으로 보아야 한다. 이러한 사유를 넘어서 다른 법령에 의하여 부과된 의무의 위반·불이행에 대하여 그 의무이행확보수단으로 당해 급부의 공급을 거부 또는 중단하는 것은 당해 행정작용이 추구하는 목적과는 무관한 다른 행정목적을 위한 것이라는 점에서 그 위법성 여부가 문제되는 것이라는 견해가 있다.[1207]

이러한 결론은 이른바 부당결부금지원칙에 의하여 뒷받침되고 있다. 이렇게 본다면 그러한 당해 공급관계상의 사유 이외의 다른 법령에 의하여 부과된 의무의 불이행에 대해 공급의 거부를 규정한 「건축법」은 위헌의 문제가 있는 것이 된다.[1208]

사견으로는 이미 2005. 11. 8.(시행 2006. 5. 9.) 법률 제7696호 개정되기 전에도 동조 제1항에서 "기타 필요한 조치"를 명할 수 있도록 하고 있었다는 점에서 동항을 근거로 하기는 어려울 것으로 보인다. 또한 공급거부는 침해적 권력적 사실행위라는[1209] 점에서 명시적인 법률상의 근거가 있어야 하며, 법 제79조 제1항의 "그 밖에 필요한 조치"라는 법문으로는 제재조치에 대한 명확성의 원칙에 위배되어 보인다.

3. 청문[1210]

허가권자는 허가나 승인을 취소하려면 청문을 실시하여야 한다(법 제86조). 행정제재적 명령이나 처분을 함에 있어서는 미리 처분의 상대방에게 의견진술의 기회를 주어야 한다는 의미이고, 이는 불이익처분 상대방의 이익을 배려한 절차적 보장의 결과이다.[1211]

그러나 청문절차를 거치지 아니하면 위법한 것이나 무효가 아닌 취소사유에 불과 할 것이다. 대법원도 "시장 또는 군수가 미리 청문절차를 거치지 아니한 채 건축허가를 취소한 처분은 「건축법」 제42조의3 단서 소정의 예외적인 경우(다만, 당해 **건축주**등이 정당한 사유 없이 이에 응하지 아니하거나 주소불명 등으로 의견진술의 기회를 줄 수 없는 경우에는 그러하지 아니하다)가 아닌 한 위법한 것이라고 " 판시했다.[1212] "건축허가취소처분이 의견진술 절차 없이 이루어진 절차적인 위법사유가 있으나, 이를 이유로 취소처분을 취소하고 당초의 건축허가를 유지하는 것은 현저히 공공복리에 적합하지 아니하다는 이유로 사정판결을 할 사유가 있다"고 판시하였다.[1213]

1207) 박윤흔·정형근, 최신 행정법강의(상), 573면; 김동희, 행정법Ⅰ, 488면.
1208) 홍준형, 행정법, 617면.
1209) 박균성, 행정법론(상), 606면.
1210) 제1편 국토계획법/제7장 보칙/제3절 기타 보칙에 관한 규정/Ⅴ. 법률 등의 위반자에 대한 감독처분/4. 청문을 참조하라.
1211) 홍준형, 행정법, 614면.
1212) 대법원 1990. 1. 25. 선고 89누5607 판결.
1213) 대법원 2005. 12. 8. 선고 2003두10046 판결.

II. 관허사업의 제한

1. 의의

관허사업의 제한이라 함은 행정법상 의무를 위반하거나 불이행한 자에 대하여 각종 인·허가를 거부할 수 있게 함으로써 행정법상 의무의 준수 또는 의무의 이행을 확보하는 간접적 강제수단을 말한다.[1214]

허가권자는 허가나 승인이 취소된 건축물 또는 시정명령을 받고 이행하지 아니한 건축물을 사용하여 영업을 하기 위하여 영업허가를 신청한 경우에는 **관계 행정기관의 장**에게 다른 법령에 따른 영업이나 그 밖의 행위를 허가·면허·인가·등록·지정 등을 하지 아니하도록 요청할 수 있다. 다만, **허가권자**가 기간을 정하여 그 사용 또는 영업, 그 밖의 행위를 허용한 주택과 **대통령령**으로 정하는 경우에는 그러하지 아니하다(제79조 제2항). 요청을 받은 자는 특별한 이유가 없으면 요청에 따라야 한다(제79조 제3항).

2. 제3자가 해당 건축물에서 영업 등을 하기 위해 다른 법령에 따라 행위 허가 등을 신청한 경우도 포함되는 것인지?[1215]

「건축법」 제79조 제2항의 적용 대상을 해당 건축물에서 영업 등을 하기 위해 허가 등을 신청한 모든 자로 해석한다면, 예컨대 선의로 건축물을 임차하여 영업 등의 목적으로 사용하려는 자와 같이 위법행위와 전혀 무관한 자로서 시정명령을 이행할 아무런 권한과 책임이 없는 자에게도 해당 조항이 적용되는 불합리한 결과가 발생할 수 있으므로 그 적용 대상을 시정명령 대상자가 영업 허가 등을 신청한 경우로 한정할 필요가 있다는 의견이 있을 수 있다.

그러나, 「건축법」 제79조 제2항에 따른 허가 등의 제한 요청 여부는 행정관청의 재량이므로 해당 관청이 개별적·구체적인 사정을 고려하여 허가 등의 제한 요청을 하지 않음으로써 위와 같은 불합리한 결과를 막을 수 있는 길이 열려 있는 반면, 「건축법」 제79조 제2항의 적용 대상을 시정명령을 받은 자가 직접 영업 등을 하기 위해 허가 등을 신청한 경우로 한정하여 해석할 경우에는 시정명령을 받은 **건축주**가 해당 건축물에서 직접 영업 등을 하지 않고 타인에게 임대하는 방법으로 해당 조항의 적용을 회피할 수 있어 위법 건축물에 대한 조치를 강화하고 시정명령의 실효성을 확보하기 위해 신설된 해당 조항의 입법목적을 달성하기가 어렵게 될 수도 있다는 점에 비추어 볼 때, 그와 같은 의견은 타당하지 않다고 할 것이다.

따라서 「건축법」 제79조 제2항에 따라 **허가권자**가 다른 법령에 따른 영업 등의 행위 허가 등을 하지 않도록 요청할 수 있는 경우에는 같은 조 제1항에 따른 시정명령을 받은 자가 해당 건축물에서 영업

1214) 박균성, 행정법론(상), 608면.
1215) 법제처 법령해석 사례, 민원인 — 시정명령 불이행 건축물에 대한 다른 법령에 따른 행위 허가 등의 제한 요청 규정의 적용 대상(건축법 제79조 제2항 등 관련), 안건번호 16—0663, 회신일자 2017. 1. 23.

등을 하기 위해 다른 법령에 따라 행위 허가 등을 신청한 경우뿐만 아니라, 같은 조 제1항에 따른 시정 명령을 받은 자 외의 제3자가 해당 건축물에서 영업 등을 하기 위해 다른 법령에 따라 행위 허가 등을 신청한 경우도 포함된다.

Ⅲ. 직접강제

허가권자는 시정명령을 하는 경우 **국토교통부령**으로 정하는 바에 따라 건축물대장에 위반내용을 적어야 한다(제79조 제4항). 이 조항은 2005.11.8. 법률 제7696호로 개정하면서 신설하였다.

Ⅳ. 이행강제금[1216]

1. 이행강제금의 의의

이행강제금은 비대체적 작위의무 또는 부작위의무를 강제하기 위하여 일정 기한까지 이행하지 않으면 금전적 부담을 과한다는 뜻을 미리 계고하여 의무자에게 심리적 압박을 가함으로써 의무이행을 간접적으로 강제하는 수단이다.[1217] 이행강제금이 도입되기 이전에, 비대체적 작위의무 또는 부작위의무의 이행을 확보하기 위한 수단으로는 형사처벌 또는 과태료처분 등이 활용되었다. 그러나「건축법」위반에 대하여 형사처벌이나 과태료부과 이후에도 위반행위가 시정되지 않는 경우에는 다시 부과할 수 없으므로 위법건축물이 그대로 존치되는 상황이 발생하였다. 이와 같은 상황에 대처하기 위하여 1991. 5. 31. 개정된「건축법」에서 이행강제금제도가 채택되었던 것이다. 이와 같이 이행강제금제도는 처음에는 비대체적 작위의무·부작위의무의 이행을 강제하기 위한 수단으로 등장하였으나, 현재에는 대체적 작위의무의 간접강제 수단으로도 활용되는 등 다양한 적용가능성을 가지고 있으며,[1218] 의무이행을 강제하고 법위반 상태를 해소하기 위한 간편하고 손쉬운 방법으로 인식되는 등 현대 행정의 법집행 수단으로서 중요한 지위를 차지하고 있다. 이행강제금제도는 현재 다수의 법률에서 채택하고 있으며, 특히 건축행정의 영역에서「건축법」위반 상태를 시정하기 위한 가장 합목적적인 수단으로 인식되어 빈번히 활용되고 있는 상황이다.[1219]

1216) 홍준형, 행정법, 603면.
1217) 김남진·김연태, 행정법 I , 532~533면; 대법원 2015. 6. 24. 선고 2011두2170 판결.
1218) 헌재 2004. 2. 26. 2001헌바80·84·102·103, 2002헌바26(병합) 전원재판부.
1219) 김연태, "「건축법」상 이행강제금 부과의 요건과 한계에 관한 고찰", 고려법학 제70호, 2013. 9., 157~158면.

2. 이행강제금의 법적 성격

이행강제금은 행정상의 의무이행을 강제하는 수단으로서 급부의무를 발생시키는 급부하명에 해당한다. 이행강제금에 대한 정확한 이해를 위하여 다른 행정상의 수단과의 구별, 그리고 대집행 및 직접강제 등 다른 강제수단과의 관계에 대하여 고찰해 보기로 한다.

가. 이행강제금과 행정벌

이행강제금은 행정상 강제집행의 수단이다. 이행강제금은 행정법상의 의무이행을 강제하는 것을 직접 목적으로 하는 점에서 과거의 의무위반에 대하여 제재를 가함을 직접 목적으로 하는 행정벌과 차이가 있다.

위에서 언급한 바와 같이 「건축법」상 이행강제금은 시정명령 불이행을 이유로 부과되던 과태료에 관한 규정을 개선하기 위하여 1991년 법 개정 시에 채택된 제도이다. 즉 개정 전의 구 「건축법」(1991. 5. 13. 법률 제4381호로 개정되기 전의 것) 제56조의2 제1항에 의하면 시정명령의 불이행을 이유로 과태료를 부과하도록 규정하고 있었는바, 과태료는 행정질서벌로서 과거의 행정법상 의무위반사실에 대한 제재수단의 의미가 강한 것으로 이를 반복적으로 부과할 수 없고, 따라서 위법건축물에 대한 시정명령 불이행에 대하여 과태료를 부과하더라도 위법건축물은 그대로 방치되는 결과가 발생하므로, 위법건축물의 시정을 위하여 시정명령 이행확보수단으로 이행강제금제도가 채택되었던 것이다.[1220]

이행강제금은 형벌의 성격을 가지지 않으며, 따라서 고의·과실을 요구하지 않는다. 형벌로서의 성격을 가지지 않기 때문에 이행강제금은 동일한 사안에 대하여 형사벌과 병과하여 부과될 수 있으며,[1221] 또한 의무이행을 강제하기 위한 수단이므로 반복적으로 부과될 수 있다. 반면에 과거의 법위반에 대한 제재로서 사후에 부과될 수는 없다.[1222]

나. 이행강제금과 대집행의 관계

이행강제금은 일반적으로 부작위의무 또는 비대체적 작위의무를 강제하기 위하여 일정 기한까지 이행하지 않으면 금전상 불이익을 과한다는 뜻을 미리 계고하여 의무자에게 심리적인 압박을 가함으로써 의무이행을 간접적으로 강제하는 수단이며, 이에 대하여 대집행은 다른 사람이 대신할 수 있는 작위의무에 대한 강제수단으로서, 의무자가 대체적 작위의무를 이행하지 않는 경우에 행정청이 이를 스스로 행하거나 또는 제3자로 하여금 행하게 함으로써 의무의 이행이 있었던 것과 같은 상태를 실현하는 것

1220) 김연태, 위의 논문, 159면.
1221) 「건축법」 제78조에 의한 무허가 건축행위에 대한 형사처벌과 「건축법」 제83조 제1항에 의한 시정명령 위반에 대한 이행강제금의 부과는 그 처벌 내지 제재대상이 되는 기본적 사실관계로서의 행위를 달리하며, 또한 그 보호법익과 목적에서도 차이가 있으므로 헌법 제13조 제1항이 금지하는 이중처벌에 해당한다고 할 수 없다(헌재 2004. 2. 26. 2001헌바80·84·102·103, 2002헌바26(병합) 전원재판부).
1222) 김연태, 앞의 논문, 160면.

을 말한다.[1223] 이와 관련하여 우선 대체적 작위의무 불이행에 대하여 이행강제금을 부과할 수 있는지, 이행강제금의 부과·징수 이후에 새로운 시정명령의 불이행 시에 이행강제금의 부과가 아닌 대집행이 가능한지 등 이행강제금과 대집행의 관계에 대한 검토가 필요하다.[1224]

헌법재판소는 2004. 2. 26. 2001헌바80, 84, 102, 103, 2002헌바26(병합) 결정에서 "전통적으로 행정 대집행은 대체적 작위의무에 대한 강제집행수단으로, 이행강제금은 부작위의무나 비대체적 작위의무에 대한 강제집행수단으로 이해되어 왔으나, 이는 이행강제금제도의 본질에서 오는 제약은 아니며, 이행강제금은 대체적 작위의무의 위반에 대하여도 부과될 수 있다"고 하여, 이행강제금은 대체적 작위의무 위반에 대하여도 부과될 수 있음을 분명히 하였다.

「건축법」은 위법건축물에 대한 공사중지명령이나 철거명령과 같은 시정명령을 이행하지 않는 경우에 이행강제금을 부과할 수 있도록 규정하고 있는데(같은 법 제80조), 이는 철거명령과 같은 대체적 작위의무에 해당하는 위법건축물의 시정명령의 불이행에 대하여 대집행하는 것을 배제하는 것은 아니라고 보아야 할 것이다.[1225] 따라서 이행강제금을 부과·징수한 이후 다시 시정명령을 발하고, 그 명령 불이행시에 이행강제금의 부과가 아닌 대집행이 가능한지 여부가 문제된다. 이행강제금은 행정법상의 의무이행을 강제하는 것을 직접 목적으로 하는 강제집행의 수단이다. 위법건축물의 시정을 위하여 대집행이 아닌 이행강제금을 선택하였으나, 그 목적을 달성하지 못하였고 이후 이행강제금을 재차 부과한다고 하더라도 의무자가 시정조치를 이행하는 것을 기대할 수 없다고 판단되는 때에는 추가적인 이행강제금 부과는 목적달성에 적합한 수단이 아니므로, 이 경우에는 대집행을 통하여 위법건축물을 시정하는 것이 가능하다고 보아야 할 것이다. 물론 시정명령을 발할 당시에 이행강제금 부과로는 의무자의 의무이행을 강제하는 것이 불가능하다는 것이 인식되었을 경우에는 처음부터 이행강제금 부과의 요건은 충족되지 못하였으므로 이 경우 이행강제금 부과는 위법한 것이 된다.[1226]

3. 이행강제금의 부과 요건과 절차

가. 부과 요건

(1) 이행강제금의 부과 요건은 행정의 상대방에게 요구된 「건축법」상의 작위 또는 부작위의무의 불이행이어야 하고, 그 의무자의 의사에 좌우되며, 그에게 법적 또는 사실적으로 가능한 것이어야 한다. 2019. 4. 23. 개정(시행 2020. 4. 24. 법률 제16380호)으로 이행강제금의 감경 대상이 되는 주거용 건축물의 연면적을 85제곱미터 이하에서 60제곱미터 이하로 축소하고, 영리목적을 위한 위반이나 상습적 위반 등의 경우에 대한 가중 금액의 상한을 이행강제금 부과금액의 100분의 50에서 100분의 100으로 상향하였다.

1223) 김남진·김연태, 행정법 I, 521면.
1224) 김연태, 위의 논문, 162면.
1225) 김연태, 위의 논문, 165면 참고.
1226) 김연태, 앞의 논문, 167면.

(2) **허가권자**는 시정명령을 받은 후 시정기간 내에 시정명령을 이행하지 아니한 **건축주등**에 대하여 는 그 시정명령의 이행에 필요한 상당한 이행기한을 정하여 그 기한까지 시정명령을 이행하지 아니하 면 다음 각 호 1. 건축물이 건폐율이나 용적률을 초과하여 건축된 경우(부작위의무) 또는 허가를 받지 아니하거나 신고를 하지 아니하고 건축된 경우(작위의무)에는 「지방세법」에 따라 해당 건축물에 적용 되는 1㎡의 시가표준액의 100분의 50에 해당하는 금액에 위반면적을 곱한 금액 이하의 범위에서 위반 내용에 따라 **대통령령**으로 정하는 비율[다음 각 호 1. 건폐율을 초과하여 건축한 경우: 100분의 80, 2. 용적률을 초과하여 건축한 경우: 100분의 90, 3. 허가를 받지 아니하고 건축한 경우: 100분의 100, 4. 신고를 하지 아니하고 건축한 경우: 100분의 70의 구분에 따른 비율을 말한다. 다만, 건축조례로 다음 각 호의 비율을 낮추어 정할 수 있되, 낮추는 경우에 도 그 비율은 100분의 60 이상이어야 한다(영 제115조의3 제1항)]을 곱한 금액, 2. 건축물이 <u>제1호 외의 위반</u> 건축 물에 해당하는 경우에는 「지방세법」에 따라 그 건축물에 적용되는 시가표준액에 해당하는 금액의 100 분의 10의 범위에서 위반내용에 따라 **대통령령**으로 정하는 금액의 이행강제금을 부과한다. 다만, 연면 적(공동주택의 경우에는 세대 면적을 기준으로 한다)이 60㎡ 이하인 주거용 건축물과 제2호 중 주거용 건축물로서 **대통령령**으로 정하는 경우에는1227) 앞에서 전술한 각 호의 어느 하나에 해당하는 금액의 2분의 1의 범위에서 해당 지방자치단체의 **조례**로 정하는 금액을 부과한다(법 제80조 제1항).

(3) **허가권자**는 영리목적을 위한 위반이나 상습적 위반 등 **대통령령**으로 정하는 경우[다음 각 호 1. 임대 등 영리를 목적으로 법 제19조를 위반하여 **용도변경**을 한 경우(위반면적이 50제곱미터를 초과하는 경우로 한정한다), 2. 임대 등 영리를 목적으로 허가나 신고 없이 신축 또는 증축한 경우(위반면적이 50제곱미터를 초과하는 경우로 한정한다), 3. 임대 등 영리를 목적으로 허가나 신고 없이 다세대주택의 세대수 또는 다가구주택의 가구수를 증가시킨 경우(5세대 또는 5가구 이상 증가시킨 경우로 한정한다), 4. 동일인이 최근 3년 내에 2회 이상 법 또는 법에 따른 명령이나 처분을 위반한 경우, 5. 제1호부터 제4호까지의 규정과 비슷한 경우로서 건축**조례**로 정하는 경우의 어느 하나에 해당하는 경우를 말한다. 다만, 위반행위 후 소유권이 변경된 경우는 제외한다(영 제115조의3 제2항)]에 법 제80조 제1항에 따른 금액을 100 분의 100의 범위에서 <u>가중</u>할 수 있다(법 제80조 제2항).

나. 부과 절차

허가권자는 최초의 시정명령이 있었던 날을 기준으로 하여 1년에 2회 이내의 범위에서 해당 지방자 치단체의 **조례**로 정하는 횟수만큼 그 시정명령이 이행될 때까지 반복하여 이행강제금을 부과·징수할 수 있다(법 제80조 제5항).

1227) 영 제115조의2(이행강제금의 부과 및 징수) ① 법 제80조 제1항 각 호 외의 부분 단서에서 "**대통령령**으로 정하 는 경우"란 다음 각 호의 경우를 말한다. 〈개정 2011. 12. 30.〉
   1. 법 제22조에 따른 사용승인을 받지 아니하고 건축물을 사용한 경우
   2. 법 제42조에 따른 대지의 조경에 관한 사항을 위반한 경우
   3. 법 제60조에 따른 건축물의 높이 제한을 위반한 경우
   4. 법 제61조에 따른 일조 등의 확보를 위한 건축물의 높이 제한을 위반한 경우
   5. 그 밖에 법 또는 법에 따른 명령이나 처분을 위반한 경우(별표 15 위반 건축물란의 제1호의2, 제4호부터 제9호 까지 및 제13호에 해당하는 경우는 제외한다)로서 건축**조례**로 정하는 경우
   ② 법 제80조 제1항 제2호에 따른 이행강제금의 산정기준은 별표 15와 같다.

허가권자는 이행강제금을 부과하기 전에 이행강제금을 부과·징수한다는 뜻을 미리 문서로써 계고(戒告)하여야 한다(법 제80조 제3항). **허가권자**는 이행강제금을 부과하는 경우 금액, 부과 사유, 납부기한, 수납기관, 이의제기 방법 및 이의제기 기관 등을 구체적으로 밝힌 문서로 하여야 한다(법 제80조 제4항). 이행강제금 부과처분에 대하여 불복하는 경우 행정심판 또는 행정소송을 제기 할 수 있다.[1228]

[그림 12] 이행강제금 부과 절차

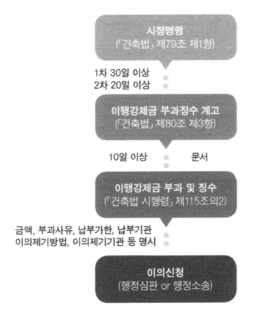

출처; [네이버 지식백과] 이재인, 불법건축물의 통제와 관리(그림으로 이해하는 건축법) 참조.

다. 강제징수

허가권자는 시정명령을 받은 자가 이를 이행하면 새로운 이행강제금의 부과를 즉시 중지하되, 이미 부과된 이행강제금은 징수하여야 한다(법 제80조 제6항).

허가권자는 이행강제금 부과처분을 받은 자가 이행강제금을 납부기한까지 내지 아니하면 「지방행정제재·부과금의 징수 등에 관한 법률」에 따라 징수한다(법 제80조 제7항).

4. 이행강제금 부과에 대한 특례

허가권자는 이행강제금을 다음 각 호 1. 축사 등 농업용·어업용 시설로서 500㎡(「수도권정비계획법」 제2조 제1호에 따른 수도권 외의 지역에서는 1천㎡) 이하인 경우는 5분의 1을 감경 2. 그 밖에 위반 동기, 위반 범위 및 위반 시기 등을 고려하여 **대통령령**으로 정하는 경우(제80조 제2항에 해당하는 경우

1228) 김남진·김연태, 행정법Ⅰ, 536면.

는 제외한다)에는 2분의 1의 범위에서 **대통령령**으로 정하는 비율을 감경에서 정하는 바에 따라 감경할 수 있다. 다만, 지방자치단체의 **조례**로 정하는 기간까지 위반내용을 시정하지 아니한 경우는 제외한다 (법 제80조의2 제1항).

허가권자는 법률 제4381호 「건축법」 개정법률의 시행일(1992년 6월 1일을 말한다) 이전에 이 법 또는 이 법에 따른 명령이나 처분을 위반한 주거용 건축물에 관하여는 **대통령령**으로 정하는 바에 따라 제80조에 따른 이행강제금을 감경할 수 있다(법 제80조의2 제2항).

V. 「행정대집행법」 적용의 특례

허가권자는 법 제11조, 제14조, 제41조와 제79조 제1항에 따라 필요한 조치를 할 때 다음 각 호 1. 재해가 발생할 위험이 절박한 경우, 2. 건축물의 구조 안전상 심각한 문제가 있어 붕괴 등 손괴의 위험 이 예상되는 경우, 3. **허가권자**의 공사중지명령을 받고도 불응하여 공사를 강행하는 경우, 4. 도로통행 에 현저하게 지장을 주는 불법건축물인 경우, 5. 그 밖에 공공의 안전 및 공익에 심히 저해되어 신속하 게 실시할 필요가 있다고 인정되는 경우로서 **대통령령**으로 정하는 경우[「대기환경보전법」에 따른 대기오염물 질 또는 「물환경보전법」에 따른 수질오염물질을 배출하는 건축물로서 주변 환경을 심각하게 오염시킬 우려가 있는 경우를 (영 제119조의2)]의 어느 하나에 해당하는 경우로서 「행정대집행법」 제3조 제1항과 제2항에 따른 절차에 의하면 그 목적을 달성하기 곤란한 때에는 해당 절차를 거치지 아니하고 대집행할 수 있다(법 제85조 제1항).

대집행은 건축물의 관리를 위하여 필요한 최소한도에 그쳐야 한다(법 제85조 제2항).

제3절	벌칙(직접적 강제 수단)[1229]

I. 행정벌

1. 벌칙1

법 제23조, 제24조 제1항, 제52조의3 제1항, 제25조 제3항 및 제35조를 위반하여 설계·시공·공사감 리 및 유지·관리와 건축자재의 제조 및 유통을 함으로써 건축물이 부실하게 되어 착공 후 「건설산업기 본법」 제28조에 따른 하자담보책임 기간에 건축물의 기초와 주요구조부에 중대한 손괴를 일으켜 일반 인을 위험에 처하게 한 설계자·감리자·시공자·제조업자·유통업자·관계전문기술자 및 **건축주**는 10년

1229) 「건축법」상 제10장에 속한다.

이하의 징역에 처한다(법 제106조 제1항).

제1항의 죄를 범하여 사람을 죽거나 다치게 한 자는 무기징역이나 3년 이상의 징역에 처한다(법 제106조 제2항).

2. 벌칙2

업무상 과실로 법 제106조 제1항의 죄를 범한 자는 5년 이하의 징역이나 금고 또는 5억원 이하의 벌금에 처한다(법 제107조 제1항).

업무상 과실로 법 제106조 제2항의 죄를 범한 자는 10년 이하의 징역이나 금고 또는 10억원 이하의 벌금에 처한다(법 제107조 제2항).

3. 벌칙3

다음 각 호의 어느 하나에 해당하는 자는 3년 이하의 징역이나 5억원 이하의 벌금에 처한다(법 제108조 제1항).

1. 도시지역에서 제11조 제1항, 제19조 제1항 및 제2항, 제47조, 제55조, 제56조, 제58조, 제60조, 제61조 또는 제77조의10을 위반하여 건축물을 건축하거나 대수선 또는 **용도변경**을 한 **건축주** 및 공사시공자
2. 제52조 제1항 및 제2항에 따른 방화에 지장이 없는 재료를 사용하지 아니한 공사시공자 또는 그 재료 사용에 책임이 있는 설계자나 공사감리자
3. 제52조의3 제1항을 위반한 건축자재의 제조업자 및 유통업자
4. 제52조의4 제1항을 위반하여 품질관리서를 제출하지 아니하거나 거짓으로 제출한 제조업자, 유통업자, 공사시공자 및 공사감리자

제1항의 경우 징역과 벌금은 병과(倂科)할 수 있다(법 제108조 제2항).

4. 벌칙4

다음 각 호의 어느 하나에 해당하는 자는 2년 이하의 징역이나 2억원 이하의 벌금에 처한다(법 제109조).

1. 법 제27조 제2항에 따른 보고를 거짓으로 한 자
2. 법 제87조의2 제1항 제1호에 따른 보고·확인·검토·심사 및 점검을 거짓으로 한 자

5. 벌칙5

다음 각 호의 어느 하나에 해당하는 자는 2년 이하의 징역 또는 1억원 이하의 벌금에 처한다(법

제110조).

1. <u>도시지역 밖에서</u> 법 제11조 제1항, 제19조 제1항 및 제2항, 제47조, 제55조, 제56조, 제58조, 제60조, 제61조, 제77조의10을 위반하여 건축물을 건축하거나 대수선 또는 **용도변경**을 한 **건축주** 및 공사시공자

1의2. 법 제13조 제5항을 위반한 **건축주** 및 공사시공자

2. 법 제16조(변경허가 사항만 해당한다), 제21조제5항, 제22조 제3항 또는 제25조제7항을 위반한 **건축주** 및 공사시공자

3. 법 제20조 제1항에 따른 허가를 받지 아니하거나 제83조에 따른 신고를 하지 아니하고 가설건축물을 건축하거나 공작물을 축조한 **건축주** 및 공사시공자

4. 다음 각 목의 어느 하나에 해당하는 자

  가. 법 제25조 제1항을 위반하여 공사감리자를 지정하지 아니하고 공사를 하게 한 자

  나. 법 제25조 제1항을 위반하여 공사시공자 본인 및 계열회사를 공사감리자로 지정한 자

5. 법 제25조 제3항을 위반하여 공사감리자로부터 시정 요청이나 재시공 요청을 받고 이에 따르지 아니하거나 공사 중지의 요청을 받고도 공사를 계속한 공사시공자

6. 법 제25조 제6항을 위반하여 정당한 사유 없이 감리중간보고서나 감리완료보고서를 제출하지 아니하거나 거짓으로 작성하여 제출한 자

6의2. 법 제27조 제2항을 위반하여 현장조사·검사 및 확인 대행 업무를 한 자

7. 삭제

8. 법 제40조 제4항을 위반한 **건축주** 및 공사시공자

8의2. 법 제43조 제1항, 제49조, 제50조, 제51조, 제53조, 제58조, 제61조 제1항·제2항 또는 제64조를 위반한 **건축주**, 설계자, 공사시공자 또는 공사감리자

9. 법 제48조를 위반한 설계자, 공사감리자, 공사시공자 및 제67조에 따른 관계전문기술자

9의2. 법 제50조의2 제1항을 위반한 설계자, 공사감리자 및 공사시공자

9의3. 법 제48조의4를 위반한 **건축주**, 설계자, 공사감리자, 공사시공자 및 제67조에 따른 관계전문기술자

10. 삭제, 11. 삭제

12. 법 제62조를 위반한 설계자, 공사감리자, 공사시공자 및 제67조에 따른 관계전문기술자

6. 벌칙6

다음 각 호의 어느 하나에 해당하는 자는 5천만원 이하의 벌금에 처한다(법 제111조)

1. 법 제14조, 제16조(변경신고 사항만 해당한다), 제20조제3항, 제21조제1항, 제22조제1항 또는 제83조제1항에 따른 신고 또는 신청을 하지 아니하거나 거짓으로 신고하거나 신청한 자

2. 법 제24조 제3항을 위반하여 설계 변경을 요청받고도 정당한 사유 없이 따르지 아니한 설계자

3. 법 제24조 제4항을 위반하여 공사감리자로부터 상세시공도면을 작성하도록 요청받고도 이를 작성하지 아니하거나 시공도면에 따라 공사하지 아니한 자

3의2. 법 제24조 제6항을 위반하여 현장관리인을 지정하지 아니하거나 착공신고서에 이를 거짓으로 기재한 자

3의3. 삭제

4. 법 제28조 제1항을 위반한 공사시공자

5. 법 제41조나 제42조를 위반한 **건축주** 및 공사시공자

5의2. 제43조제4항을 위반하여 공개공지등의 활용을 저해하는 행위를 한 자

6. 법 제52조의2를 위반하여 실내건축을 한 **건축주** 및 공사시공자

6의2. 제52조의4제5항을 위반하여 건축자재에 대한 정보를 표시하지 아니하거나 거짓으로 표시한 자

7. 삭제 8. 삭제

II. 양벌규정

법인의 대표자, 대리인, 사용인, 그 밖의 종업원이 그 법인의 업무에 관하여 제106조의 위반행위를 하면 행위자를 벌할 뿐만 아니라 그 법인에도 10억원 이하의 벌금에 처한다. 다만, 법인이 그 위반행위를 방지하기 위하여 해당 업무에 관하여 상당한 주의와 감독을 게을리하지 아니한 때에는 그러하지 아니하다(법 제112조 제1항).

개인의 대리인, 사용인, 그 밖의 종업원이 그 개인의 업무에 관하여 제106조의 위반행위를 하면 행위자를 벌할 뿐만 아니라 그 개인에게도 10억원 이하의 벌금에 처한다. 다만, 개인이 그 위반행위를 방지하기 위하여 해당 업무에 관하여 상당한 주의와 감독을 게을리하지 아니한 때에는 그러하지 아니하다(법 제112조 제2항).

법인의 대표자, 대리인, 사용인, 그 밖의 종업원이 그 법인의 업무에 관하여 법 제107조부터 제111조까지의 규정에 따른 위반행위를 하면 행위자를 벌할 뿐만 아니라 그 법인에도 해당 조문의 벌금형을 과(科)한다. 다만, 법인이 그 위반행위를 방지하기 위하여 해당 업무에 관하여 상당한 주의와 감독을 게을리하지 아니한 때에는 그러하지 아니하다(법 제112조 제3항).

개인의 대리인, 사용인, 그 밖의 종업원이 그 개인의 업무에 관하여 법 제107조부터 제111조까지의 규정에 따른 위반행위를 하면 행위자를 벌할 뿐만 아니라 그 개인에게도 해당 조문의 벌금형을 과한다. 다만, 개인이 그 위반행위를 방지하기 위하여 해당 업무에 관하여 상당한 주의와 감독을 게을리하지 아니한 때에는 그러하지 아니하다(법 제112조 제4항).

Ⅲ. 행정질서벌(과태료)

1. 200만원 이하의 과태료

다음 각 호의 어느 하나에 해당하는 자에게는 200만원 이하의 과태료를 부과한다(법 제113조 제1항).

1. 법 제19조 제3항에 따른 건축물대장 기재내용의 변경을 신청하지 아니한 자
2. 법 제24조 제2항을 위반하여 공사현장에 설계도서를 갖추어 두지 아니한 자
3. 법 제24조 제5항을 위반하여 건축허가 표지판을 설치하지 아니한 자
4. 법 제52조의3 제2항에 따른 점검을 거부·방해 또는 기피한 자
5. 법 제48조의3 제1항 본문에 따른 공개를 하지 아니한 자

2. 100만원 이하의 과태료

다음 각 호의 어느 하나에 해당하는 자에게는 100만원 이하의 과태료를 부과한다(법 제113조 제2항).

1. 법 제25조 제4항을 위반하여 보고를 하지 아니한 공사감리자
2. 법 제27조 제2항에 따른 보고를 하지 아니한 자
3. 삭제
4. 삭제
5. 삭제 〈2016. 2. 3.〉
6. 법 제77조 제2항을 위반하여 모니터링에 필요한 사항에 협조하지 아니한 **건축주**, 소유자 또는 관리자
7. 삭제 〈2016. 1. 19.〉
8. 법 제83조 제2항에 따른 보고를 하지 아니한 자
9. 법 제87조 제1항에 따른 자료의 제출 또는 보고를 하지 아니하거나 거짓 자료를 제출하거나 거짓 보고를 한 자

3. 50만원 이하의 과태료

법 제24조 제6항을 위반하여 공정 및 안전 관리 업무를 수행하지 아니하거나 공사 현장을 이탈한 현장관리인에게는 50만원 이하의 과태료를 부과한다(법 제113조 제3항).

4. 부과징수권자

과태료는 **대통령령**으로 정하는 바에 따라 **국토교통부장관**, **시·도지사 또는 시장·군수·구청장**이 부과·징수한다(법 제113조 제4항).

[색인]

(ㅎ)

[참고 문헌]

강태성, 물권법(제8판), 대명출판사, 2018.

곽윤직·김재형, 물권법, 박영사, 2015.

김남진·김연태, 행정법 I, 법문사, 2017.

_____, 행정법 II, 법문사, 2017.

김남철, 행정법강론, 박영사, 2016.

김동근·정동근, 건축법 이론 및 실무, 진원사, 2016.

김동희, 행정법 I, 박영사, 2015.

_____, 행정법 II, 박영사, 2015.

김백진, 국유재산법, 한국학술정보, 2013.

김성수, 일반행정법, 홍문사, 2014.

김용담, 주석민법 제4판, 한국사법행정학회, 2016.

김조영, 재건축재개발 등 정비사업 법령해설집, 도서출판 국토, 2019.

김종보, 건설법의 이해 제6판, 피데스, 2018.

_____, 법학자의 눈으로 본 도시와 건축, 피데스, 2010.

김철용, 행정법 제6판, 고시계사, 2017.

_____, 행정법 제8판, 고시계사, 2019.

_____, 행정법입문, 고시계사, 2010.

김현진, 동산·채권담보권 연구, 경인문화사, 2013.

김향기, 행정법개론, 탑북스, 2016.

길준규, 행정법총론, 법영사, 2015.

_____, 행정법각론, 법영사, 2015.

류지태·박종수, 행정법신론, 박영사, 2011.

류해웅, 부동산공법론, 탑북스, 2011.

맹신균, 도시 및 주거환경정비법 해설[개개발·재건축](상), 법률&출판, 2016.

_____, 도시 및 주거환경정비법 해설, 법률&출판, 2018.

박균성, 행정법론(상), 박영사, 2017.

_____, 행정법론(하), 박영사, 2017.

박균성, 행정법입문, 박영사, 2017.

박균성, 행정법입문, 박영사, 2017.

박상기외 12인, 법학개론, 박영사, 2018.

박윤흔·정형근, 최신행정법강의(상), 박영사, 2009.

_____, 최신행정법강의(하), 박영사, 2009.

박홍일, 부동산공시법, 서울디지털대학교, 2017.

신봉기, 행정법개론, 삼영사, 2016.

석종현, 신토지공법론, 경진사, 1991.

_____, 신토지공법론(제11판), 삼영사, 2016.

_____·송동수, 일반행정법(상), 삼영사, 2015.

성낙인, 헌법학, 법문사, 2014.

성중탁, 도시정비사업의 법적 쟁점과 해설, 집문당, 2016.

송덕수, 민법강의(제12판), 박영사, 2019.

송덕수, 신민법입문, 박영사, 2016.

송옥렬, 상법강의 제9판, 홍문사, 2019.

이시윤, 신민사집행법, 박영사, 2014.

이상천, 일조권, 동아대학교 출판부, 2007.

이상훈·석호영, 부동산공법론, 박영사, 2018.

_____, 부동산공시법, 부연사, 2017.

이재상, 형법총론, 박영사, 2003.

이재상·장영민·강동범, 형법총론, 박영사, 2018.

_____, 형법각론, 박영사, 2018.

임승순, 조세법, 박영사, 2013.

임종훈, 한국입법과정론, 박영사, 2012.

오영근, 형법입문, 박영사, 2012.

유석주, 부동산등기법(제9개정판), 삼조사, 2019.

윤재윤, 건설분쟁관계법, 박영사, 2018.

윤혁경, 건축법·조례 해설, 기문당, 2018.

지원림, 민법강의, 홍문당, 2011.

정남철, 행정구제의 기본원리, 법문사, 2015. 건축신고와 인인보호

정태용, 국토계획법, 법령정보관리원, 2013.

_____, 건축법해설, 한국법제연구원, 2006.

정하중, 행정법개론, 법문사, 2018.

정형근, 행정법, 피엔씨미디어, 2016.

홍준형, 행정법, 법문사, 2017.

홍정선, 기본행정법, 박영사, 2013.

_____, 신지방자치법, 박영사, 2015.

_____, 행정법원론(상), 박영사, 2015.

_____, 행정법원론(하), 박영사, 2015.

_____, 행정법입문, 박영사, 2012.

국회예산정책처, 국가재정법 이해와 실제, 2014. 5.

기획재정부, 2010 국유재산업무편람.

국토교통부, 2016 국토의 계획 및 이용에 관한 연차보고서.

국토교통부, 2018년도 부동산 가격공시에 관한 연차보고서.

국토교통부, 국토의 계획 및 이용에 관한 법률 해설집, 2018.

국토교통부, 국토의 계획 및 이용에 관한 법률 해설집, 2015. 1.

국토교통부, 건축행정 길라잡이, 2013. 12.

국토교통부·한국감정원, 2019년 공동주택가격 조사·산정 업무요령.

국토교통부·한국감정원, 2018년 표준지공시지가 조사·평가 업무요령.

국토교통부·한국감정원, 2019년 감정평가정보체계 업무요령.

국토교통부·한국감정원, 감정평가 타당성조사 5개년 사례집.

국토교통부·한국감정원, 2019 부동산 가격공시업무 관련 판례 및 질의회신.

법무부, 동산·채권 등의 담보에 관한 법률, 2010. 12.

법제처, 2018 자치법규 입안 길라잡이.

법원공무원교육원, 2017 부동산등기실무.

법원행정처, 부동산등기실무(Ⅰ), 2015.

법원행정처, 부동산등기실무(Ⅱ), 2015.

법원행정처, 부동산등기실무(Ⅲ), 2015.